L'empire du Levant

Du même auteur chez le même éditeur

L'Empire des steppes, Attila, Gengis Khan, Tamerlan, Paris, Payot, 1939 ; nouv. éd., 1989.
Histoire de l'Arménie, Paris, Payot, 1947 ; rééd. 1995.
Histoire de la Chine, Paris, Payot, 1994 ; nouv. éd., 2000.

Bibliothèque historique Payot

René Grousset
L'empire du Levant
Histoire de la question d'Orient

© 1949, 1979, 1992, Éditions Payot, 106, bd Saint-Germain, Paris VIe.

PRÉFACE

L'histoire de la question d'Orient ne commence pas, comme on le croit trop souvent, au dix-septième siècle. Pour être intelligible, elle doit aller de la période hellénique aux événements actuels.

J'ai cherché dans cet esprit à suivre l'évolution des frontières — spirituelles et politiques — entre l'Europe et l'Asie.

Je définis l'Europe : l'ensemble des pays héritiers de la culture hellénique. La première fois que l'esprit européen prit conscience de lui-même, ce fut en Grèce, au ve siècle avant J.-C. Il se posa en s'opposant aux Asiatiques en ces journées de Marathon et de Salamine qui, en consacrant la liberté de l'Hellade, se trouvèrent avoir assuré pour huit siècles l'indépendance du génie grec, c'est-à-dire l'apparition de l'esprit européen. Depuis lors, la notion d'une Europe n'a cessé de s'élargir et de s'étoffer, sans que, pour autant, la donnée initiale se modifiât trop radicalement. L'empire romain, ce fut l'intégration de la Latinité et, par elle, du monde occidental tout entier à la civilisation grecque. Le christianisme médiéval, ce fut l'accession, à cette même culture, du monde germanique et du monde slave. Les temps plus proches, enfin, représentent le retour de la civilisation ainsi élaborée à ses sources spirituelles, la renaissance de l'esprit scientifique grec dans la science moderne.

Les frontières de l'Europe ainsi définie avec l'Asie ont singulièrement varié au cours des siècles. Pour l'Athénien du ve siècle, elles se situaient entre Milet et Sardes, la frange littorale des colonies grecques d'Ionie étant comme une armée de débarquement lancée par l'hellénisme à l'assaut de la massive Asie. Avec Alexandre les frontières de l'Europe, englobant d'un seul coup toute l'Asie Antérieure, sont brusquement portées jusqu'au delà de Samarqand et de Lahore, au seuil de l'Asie Centrale et de l'Inde gangétique. A l'époque des rois grecs de Bactriane, vers 150 avant J-C., la vallée du Caboul, où va bientôt s'élaborer une école de sculpture hellénistique singulièrement féconde, se trouve en Europe, comme sont en Europe Antioche et Alexandrie.

Cette expansion ne put se maintenir sur tous les points. Cent ans avant J.-C. la frontière orientale de l'Europe avait reculé de l'Indus à l'Euphrate. Sous les derniers Séleucides, pendant toute la durée de l'empire romain et aux deux premiers siècles de l'empire byzantin, de 129 avant J.-C. à 640 de notre ère, l'Euphrate resta la ligne de séparation entre la civilisation gréco-latine et le monde oriental. Du moins le Proche Orient à l'ouest de l'Euphrate — Asie Mineure, Syrie, Égypte — continua-t-il pendant tout ce temps à être le siège d'une hellénisation ininterrompue.

Mais cette conquête politique, cette hégémonie spirituelle de l'hellénisme dans l'Asie proche eurent comme conséquence inattendue la pénétration du monde hellénistique par l'esprit oriental. A partir du IIe siècle de notre ère, les religions orientales, tant sémitiques qu'iraniennes et égyptiennes, s'élancent à la conquête du monde romain. Au IVe siècle l'appareil même des monarchies orientales est copié par les derniers des Césars. L'empire byzantin ne sera, à bien des égards, que l'iranisation, au point de vue politique, la sémitisation, au point de vue religieux, de l'empire romain et de l'esprit grec. Hâtons-nous d'ajouter que ces influences asiatiques, l'Europe les assimilera largement. La chrétienté s'affirmera l'héritière de la culture gréco-romaine. Sainte-Sophie, puis nos cathédrales continueront le Parthénon ; les imagiers de Reims reprendront la tradition de Phidias. Après la grande crise de conscience du IVe siècle, l'Europe continuera.

Cependant à la pénétration morale de l'Europe par l'Asie, pénétration qui détermine le caractère principal du Bas Empire, s'ajoute vers le milieu du VIIe siècle la grande révolte de l'Asie qu'on appelle l'Islam. Du premier coup l'invasion musulmane couvre la Syrie et l'Égypte. Le domaine de l'hellénisme est réduit à l'Asie Mineure. Alexandrie, qui depuis 332 avant J.-C. avait succédé à Athènes comme capitale de la pensée hellénique, cessa, en 643 de notre ère, de faire partie de l'Europe. Les frontières européennes reculèrent brusquement des cararactes du Nil et de l'Euphrate au Taurus.

Pendant plus de deux siècles (VIIe-IXe), les Byzantins luttèrent péniblement pour conserver du moins contre les invasions arabes le plateau d'Anatolie. Luttes obscures mais qui n'en revêtent pas moins pour l'avenir de notre civilisation un intérêt de premier ordre. Que serait-il advenu de l'Europe, si la digue byzantine avait cédé, si la conquête musulmane, au lieu de n'aboutir qu'en 1453 et quand l'Occident aurait atteint sa majorité, avait réussi dès 673 ou 717 à prendre Constantinople ? Aucune renaissance n'eût été possible, le fleuve européen eût été coupé de sa source grecque.

Du reste, par delà les terres submergées par la marée arabe, un îlot chrétien résistait, l'îlot arménien. A diverses reprises recouvert par la vague, il finissait toujours par émerger et sous la dynastie bagratide l'Arménie réussit à rétablir son indépendance (885-1045). Terre chrétienne *in partibus infidelium*, colonie européenne, fragment de l'Europe aventuré en pleine Asie, elle avait l'immense mérite de tenacement subsister.

Byzance elle-même, un moment réduite à une pénible défensive, était au Xe siècle le siège d'une brillante renaissance militaire et contre-attaquait sur tous les fronts. Contre-attaque qui avec Nicéphore Phocas, Jean Tzimiscès et Basile II recouvrait la Syrie septentrionale y compris la grande ville d'Antioche, la Mésopotamie édessénienne, voire l'Arménie.

Cette reconquête « romaine » fut néanmoins plus brillante que solide. Au milieu du XIe siècle déferla contre elle une seconde invasion musulmane plus grave que la première, celle des Turcs Seldjoukides. Les Arabes n'avaient déshellénisé et resémitisé que la Syrie, la Mésopotamie et l'Égypte. Les Turcs déshellénisèrent et touranisèrent la majeure partie de l'Asie Mineure. En moins de vingt ans, de 1064 à 1081, la péninsule anatolienne devint un nouveau Turkestan, les frontières de l'Europe reculèrent de l'Arménie au Bosphore. Les Turcs étaient à Nicée. 1453 faillit survenir dès 1081.

L'intervention de l'Occident conjura le destin. Pour relayer Byzance défaillante, pour repousser l'Asie des avancées européennes, l'Occident se mit en marche et ce furent les croisades.

Du XIIe au XVe siècle, les peuples occidentaux, en particulier les Français et les Italiens, colonisèrent le Levant, c'est-à-dire (dans l'ordre chronologique) la Syrie-Palestine, Chypre, la partie maritime de la péninsule balkanique, surtout la Grèce continentale et insulaire, même la Crimée. Leur influence se fit également sentir sur le royaume arménien de Cilicie qui tint à honneur d'imiter nos institutions féodales.

Ce fut la première expansion coloniale de l'Occident. Elle eut pour cause au début, puis tout au moins pour prétexte l'élan spirituel des croisades, pour mobiles durables le désir de conquêtes territoriales chez les barons français, l'intérêt commercial chez les républiques maritimes italiennes. Elle s'appuya sur des leviers spirituels puissants, sur des idées-forces agissantes : délivrance du Saint-Sépulcre, réduction des chrétientés « schismatiques » à l'unité romaine. Et sur des forces matérielles non moins vigoureuses : besoin d'expansion d'une jeune Europe renouvelée, d'une chevalerie bouillonnante de sève, ne rêvant qu'épopées, mais épopées profitables ; impérialisme économique et naval de républiques maritimes également débordantes d'activité, capables, plus encore que les barons, de poursuivre de longs desseins et de vastes pensées.

Ainsi soutenue au départ, l'entreprise réussit. On parla français à Saint-Jean-d'Acre, à Nicosie, à Athènes. On parla italien de la Crète à la Crimée. Des intérêts économiques en apparence indestructibles rattachèrent les Échelles du Levant à Pise, à Gênes, à Venise, à Marseille et à Barcelone. Une communauté de culture rendit fraternelles nos cathédrales de France et celles de Tortose, de Famagouste ou de Rhodes. Pour un contemporain de Philippe-Auguste ou de saint Louis, nul doute que ce rayonnement spirituel n'ait paru définitif. Nul doute que cette mainmise économique n'ait semblé inébranlable pour un contemporain de Marco Polo ou de Pegolotti.

Pourtant, de cette brillante expansion rien n'est resté. L'Islam ou l'hellénisme ont tout recouvert ou recouvré, et les vestiges de la domination franque ne sont plus qu'un souvenir archéologique (1). Jamais colonisation n'aura été plus complètement balayée. *Or cette colonisation représentait le meilleur de l'effort européen pendant plus de trois siècles.*

Que s'est-il passé ? Comment une première fois l'Europe a-t-elle été chassée des mers orientales ?

Cette Europe médiévale, en apparence si homogène en son catholicisme romain, à première vue si solidement construite sur

(1) La Syrie franque a duré de 1098 à 1291, la domination latine en Chypre de 1191 à 1571. Pour la Grèce continentale, la domination franque, apparue après 1201, a achevé de disparaître en 1458 (l'Acropole d'Athènes enlevée par les Turcs au dernier duc florentin).

la double assise de la papauté et du Saint Empire, elle était la division même. Quand elle eut, par l'élan de la croisade et grâce à la maîtrise de la mer, conquis la Palestine et la Syrie maritime, elle y introduisit comme régime politique et social le système féodal le plus rigoureux, système dont les institutions, si on les appliquait au pied de la lettre, vouaient l'État à la paralysie. Et il s'agissait d'une colonie militaire campée en territoire ennemi ! Puis, à l'heure où cette colonie de Terre Sainte aurait eu le plus besoin de renforts, le détournement de la quatrième croisade vint diriger vers d'autres cieux l'expansion franque, disperser de Jaffa et d'Antioche à Constantinople et à l'Elide l'effort, l'intérêt, les colons de l'Occident. Finalement les colons manquèrent partout. Le deuxième empereur latin, Henri de Hainaut, en faisait la constatation pour la Romanie, comme Guillaume de Tyr l'avait faite pour la Terre Sainte.

Non seulement l'Occident dispersa son effort, mais il était divisé contre lui-même. Si la troisième croisade ne réussit qu'à demi, la faute en revient à la rivalité de Philippe-Auguste et de Richard Cœur de Lion. Si la récupération de Jérusalem par Frédéric II fut rendue vaine, ce fut par l'antagonisme des guelfes et des gibelins. Puis, au xive siècle, la France, absorbée chez elle par la guerre de Cent ans, passa la main. L'Orient latin qui, aux xiie-xiiie siècles, avait été un Orient français, devint un Orient italien et subsidiairement aragonais ou catalan. Mais ici encore, divisions et haines inexpiables. Ces républiques italiennes, Venise surtout, avec leur politique commerciale à longue échéance, disciplinées par le réalisme même de la *pratica della mercatura*, avaient, on l'a dit, plus de suite dans les desseins que les barons dont elles héritèrent. Encore eût-il fallu qu'elles ne s'entre-détruisissent point. Or l'empire vénitien de la mer Égée et l'empire génois de la mer Noire n'eurent pas d'ennemis plus acharnés que, respectivement, les Génois et les Vénitiens.

Le résultat fut l'effondrement, pan par pan, de l'Orient latin et aussi de l'Orient byzantin, chacun entraînant l'autre dans sa chute. Au commencement du xiie siècle l'Europe, avec son comté d'Edesse, avait en Syrie atteint et dépassé l'Euphrate. Au début du xve siècle elle avait encore, par ses comptoirs génois, poussé ses entreprises jusqu'à l'embouchure du Don, près de Rostov. Or, en 1453 la frontière de l'Europe aura reculé jusqu'au Danube. Vers 1530 elle passera entre Vienne et Budapest. Bien loin que « nos gens » tiennent, comme naguère, les ports de Syrie ou de Grèce, les pirates barbaresques feront d'Alger la course jusqu'aux côtes de Naples ou de Provence. Les Turcs, ces mêmes Turcs qu'au temps des croisades nos chevaliers avaient relancés jusqu'à l'Euphrate, assiégeront Vienne et Malte.

C'est dire que les croisades ne doivent être considérées ni comme des entreprises de pure idéologie, ni comme des guerres de magnificence. Elles représentent le réflexe défensif de l'Europe contre la menace asiatique. Au même titre que l'expédition d'Alexandre ou que les campagnes de Trajan contre les Parthes, d'Héraclius contre les Sassanides, elles s'insèrent dans la *défense de l'Occident*. L'histoire des rapports de l'Orient et de l'Occident est ainsi rythmée par de grands mouvements de flux et de reflux : poussée de l'Asie et son arrêt aux Guerres Médiques ; contre-offensive macédonienne et romaine ; poussée de l'Islam arabe au viie siècle, puis contre-offensive byzantine au xe ; poussée des Turcs Seldjouqides au xie siècle, puis contre-attaque des croisades au xiie ; nouvelle poussée des Turcs Ottomans depuis Brousse jusqu'à Vienne du xive au xviie, puis leur reflux définitif jusqu'à Andrinople en 1912.

Remarquons que sous l'appellation de croisades ont été englobées bien des équipées qui n'avaient de la croisade que le nom, j'entends qui ne pouvaient guère se réclamer de la défense de l'Europe. Tel fut le cas pour les diverses expéditions de la Latinité en terre byzantine. Expéditions, avouons-le, regrettables, puisqu'elles n'aboutirent finalement qu'à briser la force byzantine (encore fort réelle au xiiie siècle) sans la remplacer par rien, faisant ainsi dans les Balkans le lit de la conquête ottomane.

Il est vrai que la quatrième croisade et le lotissement, qui s'ensuivit, des terres grecques en seigneuries latines n'étaient qu'une des manifestations du besoin d'expansion coloniale de l'Occident. La preuve en est qu'à peine cette première colonisation européenne était-elle détruite, à peine l'empire ottoman se trouvait-il maître de la totalité des anciennes terres byzantines, l'expansion maritime de l'Europe repartit vers de nouveaux horizons. Les mers de Syrie et de Grèce étaient perdues pour les escadres parties de Gênes ou de Venise ? Les escadres parties de Lisbonne cinglèrent vers l'océan Indien. Vaincue, envahie chez elle par l'Asie, l'Europe, parce qu'elle était restée maîtresse de la mer, tourna l'Asie et la prit à revers. L'occupation de Goa, de Ceylan, de Malacca par les Portugais compensa la chute de Constantinople. Mouvement tournant qui aboutit à une situation bien curieuse, puisque au début du xixe siècle l'Asie commençait encore au sud du bas Danube, tandis que l'Europe contrôlait déjà tout l'océan Indien.

L'histoire des rapports Orient-Occident que j'ai tenté d'esquisser dans le présent volume comprend naturellement quatre parties. On a d'abord montré quel fut le legs de l'Antiquité et ce qui, à l'avènement de l'empire chrétien, vers 323, subsistait des résultats de la conquête alexandrine. On a ensuite étudié l'histoire de la question d'Orient sous ses trois aspects successifs : solution byzantine (ou arabo-byzantine) au haut moyen âge, solution franque du xiiie au xve siècle, solution turque à partir de 1360 et surtout de 1453.

Je tiens, en terminant, à bien spécifier que le présent ouvrage ne saurait comporter à l'égard des cultures extra-européennes aucun préjugé défavorable. Les peuples musulmans en particulier ont donné au monde des civilisations trop hautes pour qu'un esprit impartial puisse jamais avoir contre eux pareille tendance.

J'exprime toute ma reconnaissance à mon savant confrère, M. Jean Longnon, qui a bien voulu, en me faisant bénéficier de travaux en partie inédits, me signaler diverses améliorations et corrections dont j'ai pu faire profiter l'édition présente.

TABLE DES MATIÈRES

Préface 7

PREMIÈRE PARTIE

LE LEGS DE L'ANTIQUITÉ

Chapitre premier. — L'Hellénisme et la Question d'Orient 21

1. *La conquête hellénique* 21
   Le panhellénisme et le monde perse, p. 21. — Alexandre, fondé de pouvoir de la Ligue Hellénique, p. 22. — Alexandre, successeur des Achéménides, p. 24. — Rôle historique de l'empire séleucide, p. 26. — Une Grèce coloniale : l'hellénisme indo-afghan, p. 28. — Antiochos III et l'hellénisme séleucide, p. 29. — L'hellénisation en Syrie, p. 30. — L'hellénisation en Babylonie et en Iran, p. 35. — Les idées d'Antiochos Épiphane, p. 36.

2. *La réaction asiatique contre l'hellénisme* 38
   Ascension des Parthes, p. 38. — Recul de l'hellénisme de l'Iran à la Syrie, p. 40. — Un empire arménien : Tigrane le Grand, p. 42. — Recul de l'hellénisme en Syrie. L'expansion araméenne, p. 42. — L'échec des Séleucides et sa portée historique, p. 44.

Chapitre II. — Rome et la Question d'Orient 46

1. *La conquête romaine* 46
   Le double personnage de Mithridate Eupator. L'héritier des Achéménides. Le philhellène, p. 46. — Pompée et la Question d'Orient, p. 49. — Rome et les Parthes, p. 51. — Échec aux Romains. Crassus et Antoine, p. 53. — Trajan sur les pas d'Alexandre, p. 55.

2. *La réaction sassanide* 57
   La révolution sassanide. Sa portée dans la Question d'Orient, p. 57. — L'empereur Valérien, prisonnier de Châhpouhr, p. 61. — Le premier empire arabe : Palmyre, p. 61. — Mani et le syncrétisme sassanide, p. 64.

DEUXIÈME PARTIE

LA QUESTION D'ORIENT AU MOYEN AGE : LA SOLUTION BYZANTINE

CHAPITRE PREMIER. — BYZANCE, REMPART DE LA CIVILISATION EUROPÉENNE 67

1. *De Julien à Héraclius* 67

L'empire chrétien et le monde sassanide, p. 67. — Conversion de l'Arménie au christianisme : portée de l'événement, p. 68. — Les derniers Romains et la Question d'Orient. L'empereur Julien, p. 69. — La lutte du Christ et de Zarathouchtra, p. 71. — Révolte de la chrétienté arménienne : le héros Vardan Mamikonian, p. 73. — Vahan Mamikonian, libérateur de la chrétienté arménienne, p. 74. — Rupture religieuse entre l'Arménie et Byzance, p. 76. — La chrétienté sassanide passe au nestorianisme : accalmie dans les guerres de religion, p. 78. — Reprise du duel entre l'Iran et Byzance, p. 79. — Khousrô Anôcharvan et l'empereur Justinien, p. 81. — Khousrô II et l'alliance byzantine, p. 83. — Khousrô II et la grande guerre : les Perses, maîtres de l'Asie byzantine, p. 84. — La croisade d'Héraclius, p. 84.

2. *Ruée arabe et tenacité byzantine* 91

Expansion de la race arabe avant l'Islam, p. 91. — Conquête de la Syrie et de l'Égypte par les Arabes. Rôle des monophysites, p. 93. — L'invasion arabe en Arménie, p. 96. — Blocus et défense de Constantinople. Le feu grégeois, p. 98. — L'Arménie entre Byzance et les Arabes, p. 99. — Siège de Constantinople par les Arabes. Léon l'Isaurien, sauveur de la chrétienté, p. 101. — Reprise de la poussée arabe sous les khalifes abbâssides, p. 103.

CHAPITRE II. — L'ÉPOPÉE BYZANTINE 109

1. *La dynastie « macédonienne »* 109

Basile Ier le Macédonien et l'heure de Byzance, p. 109. — Romain Lécapène et Jean Kourkouas, p. 110. — La guerre hamdânide sous Constantin Porphyrogénète et Romain II, p. 112. — L'épopée byzantine sous Nicéphore Phocas, p. 114. — L'épopée byzantine sous Jean Tzimiscès, p. 116. — L'épopée byzantine sous Basile II, p. 123. — Retour sur l'histoire de l'Arménie, p. 127. — La dynastie bagratide d'Achot Msaker à Sembat le Confesseur, p. 130. — Achot le Grand. Restauration de la royauté arménienne dans la maison des Bagratides, p. 132. — La royauté bagratide au x⁰ siècle. De Sembat le Martyr au Roi de Fer, p. 135. — La royauté arménienne sous Abas, p. 138. — La royauté bagratide sous Achot III, p. 139. — L'Arménie sous Sembat II et Gagik Ier, p. 142. — Formation territoriale du royaume de Géorgie, p. 145. — Annexion du Taykh par l'empereur Basile II, p. 147. — Basile II et le roi d'Arménie Gagik Ier, p. 150. — Règne de Hovhannès Sembat. Décadence de la royauté bagratide, p. 152. — Guerre de l'empereur Basile II contre la Géorgie, p. 153. — Cession du Vaspourakan à l'empire byzantin, p. 154. — Annexion du royaume d'Ani à l'empire byzantin, p. 155.

2. *L'invasion seldjouqide* 159

Les incursions turques sous Toghril-beg, p. 159. — L'invasion seldjouqide sous Alp-Arslan, p. 161. — L'empereur Romain Diogène. Désastre de Mantzikert, p. 164. — La première tentative franque au Levant : Roussel de Bailleul, p. 168. — Occupation de l'Asie Mineure par les Turcs Seldjouqides, p. 170. — Les Arméniens dans la débâcle byzantine, p. 173. — Le premier État arménien de l'Anti-Taurus : Philaretos, p. 176. — L'héritage de Philaretos et la Première Croisade, p. 182.

TROISIÈME PARTIE

LA QUESTION D'ORIENT AU MOYEN AGE : LA SOLUTION FRANQUE

CHAPITRE PREMIER. — LES ÉTATS CROISÉS DE SYRIE ET DE PALESTINE 186

1. *Le Royaume de Jérusalem* 186

Origines de l'idée de croisade en Occident, p. 186. — Urbain II et l'idée de croisade. L'idée de croisade et le fait de colonisation, p. 188. — La Première Croisade : points de droit et solutions de fait, p. 191. — Causes de la réussite de la Première Croisade. L'anarchie du monde musulman à l'arrivée des Croisés, p. 194. — La Première Croisade en Syrie. Conquête d'Antioche et de Jérusalem, p. 195. — Godefroi de Bouillon, avoué du Saint-Sépulcre, p. 197. — Caractère de l'occupation franque, p. 198. — Échec des croisades de renfort, p. 199. — Premier gouvernement de Bohémond Ier à Antioche, p. 203. — Baudouin Ier et l'élément arménien : les origines du comté d'Edesse, p. 204. — Baudouin Ier, fondateur du royaume de Jérusalem, p. 205. — Conquête du littoral palestinien par Baudouin Ier, p. 206. — Raymond de Saint-Gilles. Premières conquêtes toulousaines dans la région de Tripoli, p. 208. — Gouvernement de Tancrède à Antioche, p. 209. — Prise de Tripoli, p. 211. — Baudouin Ier et la contre-croisade turque, p. 212. — La descente vers la mer Rouge. L'Islam coupé en deux, p. 213. — La colonisation, p. 213. — Politique religieuse de Baudouin Ier, p. 213. — Établissement de l'hégémonie royale sur les États francs, p. 214. — Le mariage sicilien, p. 215. — Baudouin II, roi de Jérusalem et régent d'Antioche, p. 218. — Captivité de Baudouin II et conquête de Tyr, p. 219. — Seconde régence de Baudouin II à Antioche. Première tentative franque contre Damas. Avènement de Zengi, p. 219. — Foulque d'Anjou et l'équilibre des forces, p. 221. — La Syrie franque entre l'atâbeg Zengi et la menace byzantine : l'empereur Jean Comnène à Antioche, p. 221. - La coalition franco-byzantine et son échec, p. 222. - L'alliance franco-damasquine contre Zengi, p. 223. — Jocelin II et la chute d'Édesse, p. 224. — La Deuxième Croisade, p. 225. - - Conséquences de la Deuxième Croisade, p. 227. — Gouvernement personnel de Baudouin III, p. 228. - - Baudouin III, Renaud de Châtillon et l'empereur Manuel Comnène, p. 229. — La question d'Égypte : politique d'Amaury Ier, p. 231. — Le protectorat franc au Caire, p. 234. — Échec d'Amaury Ier. Saladin maître de l'Égypte, p. 235. - Résultat néfaste des campagnes d'Égypte : l'unité syro-égyptienne, p. 235. — La dernière parade : reconstitution de l'alliance franco-byzantine, p. 236. — Le Roi Lépreux : échec à Saladin, p. 237. — Renaud de Châtillon, seigneur d'Outre-Jourdain, p. 238. — Avènement de Guy de Lusignan, p. 240. - - Désastre de Tibériade. Prise de Jérusalem par Saladin, p. 241.

2. *Le Royaume de Saint-Jean d'Acre* 243

Conrad de Montferrat et la résistance à Tyr, p. 243. Croisade de Frédéric Barberousse, p. 244. — Philippe-Auguste et Richard Cœur de Lion. Prise de Saint-Jean-d'Acre, p. 245. - - Campagne de Richard en Palestine. Traité avec Saladin, p. 245. - Restauration et survie du royaume franc au XIIIe siècle. Nouveaux mobiles et nouveaux aspects, p. 247. — Le royaume d'Acre de la troisième à la cinquième croisade, p. 250. — Jean de Brienne et la croisade hongroise, p. 253. — Réouverture de la Question d'Égypte, Jean de Brienne et le légat Pélage, p. 254. Négociations de Frédéric II avec la cour d'Égypte, p. 255. — Voyage de Frédéric II en Terre Sainte, p. 256. - La guerre des Lombards, p. 258. — La croisade de Thibaut IV, p. 260. — L'affaire de la succession d'Antioche, p. 261. — Louis IX et la Question d'Égypte, p. 263. — Séjour de Louis IX en Terre

Sainte, p. 268. — La rivalité vénéto-génoise en Syrie et ses conséquences, p. 269. — Les Francs de Syrie entre Mongols et Mamelouks : le problème des alliances, p. 270. — Baïbars : démantèlement de la Syrie franque, p. 273. — Fin du comté de Tripoli, p. 274. — 1291. Le drame final, p. 276.

3. *Histoire intérieure de la Syrie franque*............ 277

La royauté franque, p. 277. — Institutions judiciaires du royaume de Jérusalem, p. 282. — Principales baronnies du royaume de Jérusalem, p. 284. — Organisation militaire du royaume de Jérusalem, p. 285. — Le système de fortifications, p. 286. — Templiers, Hospitaliers et Teutoniques, p. 291. — Histoire du Patriarcat latin de Jérusalem sous la domination franque, p. 295. — Histoire intérieure du comté d'Edesse, p. 297. — Histoire intérieure de la principauté d'Antioche, p. 301. — Histoire intérieure du comté de Tripoli, p. 306. — La maison d'Ibelin, p. 309. — Les communautés syriaques : Jacobites et Nestoriens, p. 311. — Les chrétientés indigènes : la confession grecque, p. 313. — Les colons latins en Syrie, p. 314. — Le métissage. Les Poulains, p. 315. — La domination franque et la population musulmane, p. 317. — La foi et le commerce. Rôle des républiques maritimes italiennes dans la Syrie franque, p. 319. — Carte économique de la Syrie franque, p. 323. — L'architecture franque en Syrie et en Palestine, p. 324. — La littérature « franque » en Syrie, p. 325. — Tableau des dynasties franques de Syrie, p. 328.

CHAPITRE II. — HISTOIRE DE CHYPRE SOUS LES LUSIGNAN. 333

1. *La dynastie des Lusignan*...................... 333

Guy et Amaury de Lusignan, p. 333. — Séparation des couronnes de Chypre et de Jérusalem. Régence de Gautier de Montbéliard et gouvernement personnel de Hugues Ier, p. 335. — Chypre et la guerre des Lombards, p. 335. — Avènement de la maison d'Antioche-Lusignan : Hugues III, p. 338. — Règne de Henri II, p. 338. — Hugues IV et la Sainte Union, p. 340. — La croisade chypriote. Pierre Ier et la prise d'Alexandrie, p. 341. — Les malheurs du règne de Pierre II. La mainmise génoise sur Famagouste, p. 347. — Le protectorat génois et la Maona Cypri, p. 350. — L'agression égyptienne de 1426. Captivité du roi Janus, p. 351. — Réapparition de l'influence byzantine, p. 353. — Un prélat de la Renaissance : l'archevêque-roi Jacques II, p. 354. — Règne de Catherine Cornaro, p. 357. — La domination vénitienne à Chypre. Conquête de l'île par les Turcs, p. 358.

2. *La vie à Chypre sous les Lusignan*.................. 359
Caractère de la royauté à Chypre, p. 359. — Du roi féodal au prince de Machiavel, p. 362. — La cour et l'administration, p. 363. — La noblesse française de Chypre, p. 364. — Rôle du royaume de Chypre dans le commerce du Levant, p. 367. — Richesse de Chypre, p. 370. — Les colonies italiennes, p. 370. — Les négociants levantins, p. 371. — Enrichissement de la bourgeoisie, p. 372. — Situation politique et sociale de l'élément grec, p. 373. — Le problème ecclésiastique, p. 375. — La vie intellectuelle, p. 379. — L'architecture gothique, p. 381. — Dynastie franque de Chypre, p. 384.

CHAPITRE III. — LA PETITE ARMÉNIE (CILICIE)........... 385

1. *L'Arménie cilicienne. Histoire politique*............. 385
Origines du peuplement arménien dans le Taurus, p. 385. — Débuts de la maison roubénienne. De Constantin Ier à Léon Ier, p. 388. — Expulsion définitive des Byzantins : de Thoros II à Mleh, p. 390. — Un grand règne : Léon II, p. 394. — Héthoum le Grand et l'avènement de la dynastie héthoumienne, p. 396. — Les derniers Héthoumiens : de Léon III à Léon V, p. 399. — L'Arménie entre les Lusignan et la réaction anti-franque, p. 401.

2. *Institutions et civilisation du royaume d'Arménie*..... 404
Le royaume d'Arménie et l'influence franque, p. 404. — Réaction arménienne contre la francisation, p. 407. — L'Église arménienne à l'époque roubénienne, p. 408. — L'Église arménienne, Byzance et le Saint-Siège, p. 409. — Le royaume arménien de Cilicie et le commerce du Levant, p. 414. — Dynasties de la Petite Arménie, p. 416.

3. *En marge de la grande histoire : La croisade géorgienne.* 417
La résistance géorgienne sous Bagrat IV et Giorgi II, p. 417. — La croisade géorgienne sous Davith II le Restaurateur, p. 418. — La croisade géorgienne sous Giorgi III et Thamar, p. 422.

CHAPITRE IV. — LA « CROISADE » BYZANTINE DES COMNÈNE. 425

1. *La reconquête byzantine de 1097 à 1176*............. 425
Alexis Comnène et la reconquête de l'Anatolie occidentale, p. 425. — La reconquête byzantine sous Jean Comnène, p. 429. — Manuel Comnène et le sultanat turc d'Asie Mineure, p. 433.

2. *La revanche seldjoukide : Myrioképhalon*............ 436
Le désastre byzantin de Myrioképhalon, p. 436. — Conséquences du désastre de Myrioképhalon, p. 438.

CHAPITRE V. — L'HÉGÉMONIE LATINE DANS LES MERS DE GRÈCE.. 442

TABLE DES MATIÈRES 19

1. *La Quatrième Croisade*............................. 44
Les précédents de la Quatrième Croisade, p. 442. —
La Quatrième Croisade, p. 443.

2. *La « Romanie » sous les empereurs latins*.............. 447
Règne de l'empereur Baudouin de Flandre, p. 447. —
Henri de Hainaut et le redressement de l'Empire Latin,
p. 452. — L'Empire latin dans la maison de Courtenay,
p. 461. — Les derniers exploits de Jean de Brienne,
p. 464. — Règne de Baudouin II. Narjot de Toucy,
p. 465. — Jugement sur l'Empire Latin, p. 466. —
L'hégémonie commerciale de Venise en Romanie, p. 467.

3. *La domination latine en Morée. De Guillaume de Champlitte à Guillaume de Villehardouin*............... 470
Guillaume de Champlitte et la fondation de la principauté de Morée, p. 470. — Geoffroi Ier de Villehardouin et l'escamotage de la succession des Champlitte,
p. 476. — Conquête de l'Arcadie et de la Laconie par
Geoffroi Ier, p. 478. — Organisation de la principauté
de Morée par Geoffroi 1er, p. 479. — Geoffroi Ier et
l'élément grec, p. 481. — La principauté de Morée
comme grande puissance. Règne de Geoffroi II de Villehardouin, p. 482. — Règne de Guillaume de Villehardouin. L'apogée, p. 484. — Le désastre de Pélagonie,
p. 491. — Cession des forteresses laconiennes, p. 492.
— Le duché d'Athènes d'Othon de la Roche à Gautier
de Brienne, p. 497.

4. *La vie en Morée sous les Villehardouin*.............. 501
Le prince et les barons d'après les *Assises* et la *Chronique de Morée*, p. 501. — Les grands vassaux de la
principauté de Morée, p. 503. — La cour et les
grandes charges, p. 505. — Constitution de la principauté de Morée, p. 505. — La question de l'élément
grec, p. 507. — Les mœurs chevaleresques dans la
Morée latine, p. 510. — La littérature française en
Morée, p. 512.

5. *La Morée latine aux XIVe et XVe siècles*............ 514
La Morée sous le gouvernement de Charles d'Anjou,
p. 514. — Isabelle de Villehardouin et Florent de
Hainaut, p. 515. — Isabelle de Villehardouin et
Philippe de Savoie, p. 517. — La Morée sous Philippe de Tarente, p. 519. — La Morée sous Mathilde
de Hainaut, p. 522. — Jean de Gravina. Reconquête
de l'Arcadie par les Grecs, p. 524. — Catherine de
Valois, p. 525. — La principauté de Morée sous Marie de Bourbon, p. 526. — Le grand-maître Johan
Fernandez de Heredia, p. 527. — La Compagnie
Navarraise, p. 528. — Centurione Zaccaria, p. 529. —
La reconquête grecque, p. 530. — La Grande Compagnie Catalane en Béotie et en Attique, p. 532. —

Organisation du duché catalan d'Athènes, p. 535. — Émules des Médicis : les Acciaiuoli, p. 539.

6. *L'empire colonial italien dans les mers grecques* 545
Venise et l'Eubée, p. 545. — Les Cyclades sous la domination vénitienne, p. 551. — Les îles Ioniennes. Céphalonie, Zante et Leucade, p. 580. — Histoire de Corfou, p. 564. — La Crète et le régime vénitien, p. 566. — Les bases navales vénitiennes en Grèce, p. 569. — L'empire génois en mer Égée, p. 570. — Les comptoirs génois de « Gazarie », p. 575. — Les Chevaliers de Rhodes. L'apogée, p. 581. — Les Chevaliers de Rhodes. Le déclin, p. 587. — Monuments des Hospitaliers à Rhodes, p. 589. — Dynasties franques de Romanie et de Grèce, p. 590.

QUATRIÈME PARTIE

LA QUESTION D'ORIENT AU MOYEN AGE : LA SOLUTION TURQUE

CHAPITRE PREMIER. — LES ÉTAPES DE LA CONQUÊTE TURQUE 594

1. *Chute de l'hellénisme anatolien* 594
L'empire de Nicée et la stabilisation de la frontière gréco-turque, p. 594. — Arrêt et reprise de la poussée turque vers les mers helléniques, p. 596. — Les émirats turcomans de l'Anatolie intérieure, p. 598. — Les émirats riverains de la mer Égée, p. 599. — Fondation de l'État ottoman : Ertoghroul, Othmân et Orkhan, p. 605.

2. *Conquête des Balkans par les Osmanlis* 608
Mourad Ier. Prise d'Andrinople et bataille de Kossovo, p. 608. — Bàyazîd Yildirim et la croisade de Nicopolis, p. 612. — La bataille d'Ankara ou Byzance sauvée, p. 619. — 1403. L'anarchie turque et la survie byzantine, p. 623.

CHAPITRE II. — SOLUTION TURQUE DE LA QUESTION D'ORIENT 626

1. *De Mourad II à la prise de Constantinople* 626
Le relèvement ottoman à la fin du règne de Mohammed Ier, p. 626. — Mourad II et la reprise de l'avance ottomane, p. 627. — Mahomet II et la prise de Constantinople, p. 633.

2. *La menace turque et l'Occident* 640
Conséquences de la chute de Constantinople. Autres conquêtes de Mahomet II, p. 640. — Règnes de Bàyazîd II et de Sélim Ier : l'Empire ottoman, puissance mondiale, p. 642. — Soliman le Magnifique. Défense de Vienne. Résistance de Malte, p. 643. — Sélim II et la bataille de Lépante, p. 645.

PREMIÈRE PARTIE

LE LEGS DE L'ANTIQUITÉ

CHAPITRE PREMIER

L'HELLÉNISME ET LA QUESTION D'ORIENT

1. La conquête hellénique

Le panhellénisme et le monde perse

La Question d'Orient est le problème des rapports de l'Europe et de l'Asie. Problème politique qui périodiquement s'est tranché sur les champs de bataille. Problème culturel qui tantôt aboutissait à l'élaboration de quelque syncrétisme religieux, tantôt s'exaspérait en guerres de religion. Comme l'a bien remarqué Hérodote, l'opposition de l'Europe et de l'Asie est pour la première fois apparue avec netteté lors des Guerres Médiques (490-469). L'Asie Antérieure tout entière, du Bosphore à l'Indus, venait d'être unifiée dans l'empire perse achéménide. De son côté, l'hellénisme, préfiguration et virtualité de toute la culture européenne, prenait conscience de lui-même (1). Ce sont tous les peuples du vieil Orient, des Égyptiens et des Lydiens aux Indiens et aux Saka, que Xerxès traînait après lui à l'assaut de la Grèce (2). Et c'est l'Orient tout entier que les Grecs mirent en déroute aux champs historiques de Platées (479). L'accord de Callias, qui mit pratiquement fin aux Gerres Médiques (449), libéra de la domination perse les cités grecques du littoral anatolien, du Bosphore à la Carie. Grâce à l'expérience que valut aux Grecs l'expédition des Dix Mille (401-400), le roi de Sparte Agésilas entreprit même la conquête de l'Anatolie occidentale (396-394), mais cette tentative, qui annonce celle d'Alexandre, échoua devant de nouvelles guerres fratricides entre Hellènes (3). Comme conséquence de ces divisions, l'hellénisme subit bientôt un sensible recul, puisque, par le traité d'Antalcidas, il dut rétrocéder à la Perse toute la Grèce d'Asie (387-386).
Le traité d'Antalcidas fut ressenti par l'hellénisme comme une

(1) Hérodote, l. VIII, c. 144.
(2) Hérodote, l. VII, c. 61-99.
(3) Xénophon, *Helléniques*, l. III, c. iv, et l. IV, c. i ; Xénophon, *Agésilas*, c. I ; Diodore de Sicile, l. XIV, c. 79-80.

grave humiliation. Isocrate, qui l'a si énergiquement réprouvé (1), ne cessa depuis lors de chercher dans le monde grec un chef capable de fédérer les Hellènes pour, d'abord, effacer cette honte, pour reprendre ensuite la tentative d'Agésilas et conquérir la partie occidentale de l'Asie Mineure jusqu'à une ligne Cilicie-Sinope. C'est le programme qu'il proposait au roi de Macédoine Philippe, désigné par lui comme l'éventuel généralissime des forces grecques contre le Grand Roi (2).

Ce programme allait être réalisé, puis singulièrement dépassé. Au printemps de 337, au congrès de Corinthe, la Ligue Hellénique nomma Philippe chef de guerre contre les Perses. Philippe ayant été assassiné sur ces entrefaites, il allait appartenir à son fils Alexandre de mener à bien l'immense entreprise.

Alexandre, fondé de pouvoir de la Ligue Hellénique

L'œuvre d'Alexandre est double. Lorsque, héritier des projets de son père et du programme d'Isocrate, il partit en guerre contre l'empire perse, son expédition avait le même caractère que, soixante ans auparavant, celle d'Agésilas. Comme autrefois Agésilas, il allait, protagoniste de l'hellénisme, chercher en Asie la revanche des invasions de Datis et de Xerxès. La victoire du Granique (juin 334) lui ayant livré l'Asie Mineure, il s'y conduisit exactement comme son précurseur Agésilas. Il délivra du joug barbare les cités grecques de la côte et rendit la liberté aux Ioniens en chassant de cette région les petits tyrans locaux établis par les Perses. A ce moment il était tout à son rôle de défenseur de l'hellénisme. Il effaçait la honte du traité d'Antalcidas et complétait Marathon et Salamine. Pendant la traversée de l'Asie Mineure, de Sardes à Gordion et de Gordion à Issos, son point de vue ne changea guère. Le centre du plateau anatolien ne semble d'ailleurs pas l'avoir beaucoup intéressé. S'il prit au passage possession de la Phrygie, il négligea complètement des provinces entières : Paphlagonie, Cappadoce, Pont, Arménie, qui avaient pourtant fait partie de l'empire achéménide, mais qui ne furent soumises à la domination macédonienne (et de façon assez éphémère) que par ses successeurs (3). De leur côté, les Perses, après leur défaite du Granique, avaient essayé de circonscrire le désastre. Ils abandonnaient en somme assez facilement à l'hellénisme la péninsule d'Asie Mineure, qui est comme un petit continent à part, bien distinct de l'Iran et orienté vers l'Égéide.

---

(1) Isocrate, *Panégyrique*, 121, 175-180 ; *Panathénaïque*, 106. Cf. Georges Mathieu, *Les idées politiques d'Isocrate*, p. 53.
(2) Isocrate, *Philippe*, 120. Cf. Mathieu, *op. cit.*, p. 163.
(3) Cf. Justin, l. XXXVIII, c. vii, § 2.

Au contraire, la victoire remportée par Alexandre à Issos, aux portes ciliciennes (12 novembre 333), l'engagea vraiment sur des voies nouvelles. Dès ce moment son expédition était quelque chose de plus qu'une simple campagne de revanche panhellénique. De nouveaux problèmes se posaient devant lui. Il allait avoir à adopter une politique indigène.

Avant de s'attaquer à la masse formidable et compacte du monde iranien, il obliqua vers la Syrie. Pour réaliser le programme du panhellénisme, il devait d'abord donner à l'Hellade toutes les côtes de la Méditerranée orientale, c'est-à-dire la façade européenne de l'Asie. Aussi distingua-t-il d'emblée l'importance de la Syrie, porte ouverte à l'hellénisme sur l'intérieur du continent asiatique. Toutefois ses fondations de ce côté font défaut. Il était réservé à ses héritiers, Antigone d'abord, Séleucos ensuite, de mettre en lumière par la fondation d'Antigonia-Antioche l'intérêt qu'avait la Grèce extérieure à la colonisation du bassin de l'Oronte. L'attention d'Alexandre en Syrie fut absorbée par une tâche plus urgente : la prise de Tyr. Et c'est une constatation significative de voir le vengeur des griefs millénaires de l'hellénisme dans le monde interrompre un an sa marche à travers l'Asie, à seule fin de réduire la cité phénicienne.

Les Phéniciens, c'étaient, pour la marine et le commerce helléniques, les rivaux de toujours. Depuis les origines de son histoire, la Grèce les avait trouvés partout sur son chemin : en Chypre, en Sicile, à Salamine, à Mycale. La haine du nom punique et de la thalassocratie tyrienne remontait aux premiers âges de la navigation grecque. Aussi la destruction de Tyr par Alexandre se trouva conforme au programme traditionnel et aux intérêts vitaux de l'hellénisme (août 332). Cette destruction était la condition nécessaire de l'expansion de la Grèce extérieure et de la fondation d'Alexandrie. Tyr une fois tombée, l'empire de la Méditerranée orientale appartint vraiment aux Hellènes.

Après la chute de Tyr, Alexandre se dirigea sur l'Égypte. L'Égypte n'avait jamais été pour les Perses qu'une possession plus nominale que réelle. Durant soixante ans, de 405 à 342, elle était demeurée indépendante du Grand Roi et il y avait dix ans à peine qu'elle avait perdu ses derniers pharaons lorsque Alexandre entra à Memphis. Tout de suite, il comprit que l'Égypte, avec ses traditions millénaires et son génie particulariste, était un monde à part, qu'il ne pouvait traiter comme le reste de l'Orient. Épousant contre le Perse envahisseur et sacrilège les anciens griefs des Psammétique et des Nectanébo (on fera même de lui un fils de Nectanébo II), il se posa en successeur des pharaons et se fit initier dans l'oasis d'Ammon aux mystères du grand dieu thébain. Alexandre, roi des Deux-Égyptes, rouvrit ainsi l'histoire pharaonique qu'Artaxerxès III avait prétendu clore. Mais en recueillant l'héritage des Thoutmès et des Ramsès, il n'oublia point la diffusion de l'hellénisme dans le monde, et la fondation d'Alexandrie dans une position commerciale unique, d'Alexandrie appelée d'emblée à devenir la capitale de la Grèce extérieure, répondit à cette pensée profonde. Tandis qu'Alexandre affirmait ainsi d'une part l'individualité historique de la vallée du Nil et de la civilisation égyptienne, d'autre part la nécessité pour l'hellénisme de s'y faire une place, un de ses lieutenants, le plus sagace et le plus froid, Ptolémée Lagos, l'observait, qui devait un jour réaliser cette œuvre. Héritier des pharaons et *basileus* grec, Alexandre fut sur le Nil le premier des Lagides (1). Ajoutons que la divinisation du conquérant macédonien devait avoir une influence déterminante non seulement sur la titulature de tant de rois hellénistiques et, par contre-coup, des Césars, mais aussi sur le vocabulaire et la pensée théologiques du syncrétisme alexandrin.

Alexandre successeur des Achéménides

L'Égypte une fois soumise ou plutôt délivrée et restaurée au profit de l'hellénisme, Alexandre aborda la question iranienne. Dans le camp macédonien, plus d'un général, Parménion entre autres, était d'avis de se contenter des terres méditerranéennes conquises depuis trois ans (2). Avec Parménion, les esprits modérés pensaient que le véritable domaine de l'hellénisme en Asie était l'Asie Mineure, la Syrie et l'Égypte. A leur avis, évidemment, la Grèce extérieure ne devait pas s'éloigner de la mer natale, sous peine de s'exposer à de terribles retours de la barbarie Et il faut bien reconnaître que l'événement, au bout de deux siècles, devait donner raison à cette manière de voir. Ce que l'hellénisme a finalement maintenu des conquêtes macédoniennes, ce que l'empire romain a conservé pour lui pendant près de sept siècles contre toutes les réactions asiatiques, c'est précisément le pays situé entre l'Euphrate et la mer. Et les Perses eux-mêmes sentaient bien qu'au fond l'horizon du monde hellénique s'arrêtait à l'Euphrate, puisque Darius III offrait à Alexandre un partage de l'Asie sur ces bases.

Il est certain que l'hellénisme, malgré sa prodigieuse faculté d'assimilation, ne réussit à pénétrer sérieusement que la péninsule d'Asie Mineure, la vallée de l'Oronte et la vallée du Nil (3).

---

(1) Cf. Arrien, III, 4 ; Diodore, l. XVII, c. 51 ; Plutarque, *Alexandre*, 28 ; G. Maspero, *Comment Alexandre devint dieu en Égypte*, Annuaire de 'École des Hautes Études, 1897, p. 5-30. Réserves de Bouché-Leclercq (*Histoire des Lagides*, t. III, p. 23). — Sur Alexandre en général, voir la vivante restitution de Radet.

(2) Arrien, II, 25, 2.

(3) On a même pu soutenir qu'Alexandre avait moins *hellénisé l'Asie* qu'il n'avait *asiatisé le monde grec*. En réalité, l'asiatisation ne sera triom-

Encore l'œuvre d'hellénisation était-elle commencée en Anatolie depuis les Mermnades et en Égypte depuis les colons de Naucratis. Mais il faut savoir gré à Alexandre d'avoir tenté malgré tout l'escalade de ce plateau d'Iran et l'accès de cette Asie Centrale dont la masse faisait paraître la Grèce si chétive et si fragile. L'hellénisme sur ces hauts plateaux devait maintenir sa domination deux siècles à peine. Mais si le conquérant ne s'était pas engagé sur le plateau d'Iran, puis dans la passe de Khaïber, l'art gandharien ne serait pas né, la foi bouddhique et l'iconographie grecque ne se seraient pas rencontrées et indissolublement liées, les missionnaires bouddhistes n'auraient pas fait pénétrer à leur suite la sculpture hellénistique à travers les oasis de la Kachgarie jusqu'aux frontières chinoises, et tout un pan de l'édifice humain nous ferait défaut.

La conquête de l'Iran par Alexandre fut la plus laborieuse. La victoire d'Arbèles (1er octobre 331) lui livra la Perse occidentale, mais il lui fallut trois ans (330-327) pour soumettre l'Iran oriental (Bactriane, Sogdiane, etc.) Dans cette région — les oasis de l'actuel Turkestan russe et les vallées afghanes — il établit, comme jalons du commerce et de la civilisation, des communautés helléniques, depuis Alexandreia Areiôn (Hérat) jusqu'à Alexandreia Eskhaté (Khodjend en Ferghâna) En Afghanistan, il fonda de même une Alexandrie du « Caucase » (c'est-à-dire de l'Hindou-Kouch) identifiée par J. Hackin avec le site de Parvân (Djébel-Séiâdj), au nord de Caboul, et une Alexandrie d'Arachosie qui est Qandahar (1).

Dans l'Inde il est remarquable que la conquête macédonienne se soit limitée au bassin de l'Indus, Pendjâb et Sind. Comme l'a rappelé M Foucher, il s'agissait là de provinces qui avaient naguère fait partie de l'empire perse achénénide (2) Sans doute ce fut la mutinerie de ses troupes qui arrêta Alexandre au seuil du monde gangétique, mais l'instinct des vétérans macédoniens ne les trompait pas : si le Pendjâb est géographiquement et historiquement une dépendance du monde iranien, le bassin du Gange où ils refusèrent de s'engager représentait vraiment un monde nouveau : l'Inde tropicale, l'Asie des moussons, déjà tout l'Extrême-Orient. En arrêtant sa marche à l'Hyphase (Bias),

phante qu'à l'époque du bas-empire romain, sous les Dioclétien, les Constantin et les Théodose, lorsque le césarisme romain se mettra à imiter les institutions et jusqu'à l'appareil extérieur des monarchies asiatiques (en l'espèce, de l'empire perse sassanide), tandis que la pensée gréco-romaine se laissera pénétrer de croyances iraniennes (mithriacisme), égyptiennes (sérapisme), ou sémitiques (hérésies chrétiennes). Un Athénien du temps de Périclès, transporté dans la Constantinople théodosienne, s'y serait cru à Suse, à la cour du Grand Roi.

(1) Hackin, *Recherches archéologiques à Bégram*, 1939, p. 4 ; Bazin-Foucher, *Journal Asiatique*, 1938, p. 514 ; Foucher, *Vieille route de l'Inde*, 1942, p. 51.
(2) A. Foucher, *C. R. de l'Académie des Inscriptions*, 1938, p. 350.

à la fin de juillet 326, Alexandre fixa la limite extrême de l'hellénisme. *L'Europe, qui avant lui s'arrêtait à Byzance, alla désormais jusqu'au bassin oriental de l'Indus.*

De son retour de l'Inde en Iran (août 325) à sa mort à Babylone (13 juin 323), Alexandre acheva d'organiser son empire iranien.

La politique iranienne d'Alexandre est bien curieuse. Au début, nous l'avons vu, c'était un Hellène qui vengeait sur Persépolis l'incendie d'Athènes par les hordes de Xerxès (1). Mais en cours de conquête son point de vue avait changé. La culture iranienne, héritière de toute la riche civilisation matérielle d'Assour et de Babylone, le séduisit, en partie, n'en doutons point, par le faste des institutions monarchiques. L'Orient conquit son vainqueur. A la fin de sa vie, l'ancien généralissime de la Ligue Hellénique était un roi achéménide, l'héritier légitime des Darius et des Xerxès et, par delà ceux-ci, des Sargon et des Assourbanipal. Ou plutôt, *basileus* macédonien pour les Grecs, il entendait être pour ses nouveaux sujets iraniens un Grand Roi. Hellénisme et parsisme allaient désormais de pair à ses yeux. Au risque de mécontenter ses vétérans macédoniens, il appela donc les Perses aux mêmes privilèges qu'eux. Il prit parmi les Perses plusieurs de ses satrapes. Il procéda à des mariages mixtes, célébrés en série, entre Macédoniens et femmes iraniennes. Par sa volonté l'empire achéménide continua après Arbèles. Alexandre se montra à cet égard beaucoup plus résolument « asiatique » que ne le furent jamais ses successeurs, les Séleucides du IIIe siècle (2).

Si nous devions résumer son œuvre en une seule formule, nous dirions qu'après avoir réalisé le programme d'expansion hellénique de Cimon, d'Agésilas et d'Isocrate, le conquérant macédonien, une fois maître de l'Iran, devint, par un de ces retournements dont l'histoire est coutumière, un Grand Roi iranien, le dernier des Achéménides.

Rôle historique de l'empire séleucide

Après les luttes entre les lieutenants d'Alexandre pour le partage de son empire (323-301), presque toutes ses possessions asiatiques échurent finalement à Séleucos Nicator. L'empire séleucide, c'était l'ancien empire perse, amputé seulement de l'Égypte et de la Palestine, hellénisé en surface et ayant transporté son centre de gravité de Suse à Antioche, en Syrie, non loin de la Méditerranée.

Les Séleucides se trouvaient ainsi à la fois les héritiers princi-

---

(1) C'est ce que spécifie Alexandre lui-même dans Arrien, III, 18, 11-12.
(2) Cf. Arrien, VII, 6 ; Plutarque, *Alexandre*, 71 ; Diodore, XVII, 100, 108.

paux d'Alexandre et les héritiers des vieilles dominations orientales. Depuis les premiers conquérants d'Our et d'Agadé, tous les potentats du passé, Assyriens, Babyloniens, Mèdes, Achéménides, se trouvaient avoir travaillé pour Séleucos. Tous avaient concouru à l'édification de cette vaste unité politique de l'Asie Antérieure où, de la Bactriane à la Phénicie, étaient venues se fondre les vieilles civilisations. La mission des Seleucides consista à superposer à cet assemblage de races, de langues et de religions, le droit, la langue et la culture helléniques. S'ils y avaient durablement réussi, le bénéfice principal de la conquête macédonienne eût été conservé pour l'Europe. La frontière de l'hellénisme, c'est-à-dire de l'Europe, serait restée fixée à l'Indus. Tandis que les rois de Macédoine de la dynastie antigonide, recommençant l'histoire, s'absorbaient en Grèce à d'obscures querelles de bourgades et qu'en Égypte les Lagides, tout au développement de leur thalassocratie égéenne, poursuivaient une politique étroitement particulariste, il existait une question d'Orient qu'ils méconnaissaient les uns et les autres, mais qui intéressait singulièrement le roi d'Antioche. Car la question d'Orient au IIIe siècle avant J.-C., le problème de l'hellénisation de l'Asie, c'était la question vitale de l'État séleucide. Les frontières de celui-ci allaient de Sardes à Bactres, du Liban à l'Hindou-Kouch. A lui de défendre un hellénisme d'importation récente dans les vallées de l'Halys et de l'Oronte, du Tigre et de l'Euphrate, de l'Oxus et de l'Iaxartes.

Besogne ingrate. En Égypte, par exemple, les Lagides trouvaient le cadre géographique et historique d'un grand État centralisé, une race unifiée par des institutions millénaires. Mais dans l'Orient séleucide, quel lien entre le parsisme de l'Iran, la vieille civilisation assyro-babylonienne de Mésopotamie, le demi-hellénisme des Lydiens, la culture syriaque de l'Oronte ? Deux siècles de domination achéménide avaient réuni les races sans les mêler, les Perses ne s'étant jamais souciés d'iraniser leurs trente-deux satrapies. Elles avaient vécu isolées sous le même sceptre. Le Séleucide auquel, par les guerres des Diadoques, ce sceptre était maintenant échu, ne pouvait s'appuyer sur aucune nationalité dominante (1).

Restait l'élément gréco-macédonien, réparti entre tous les États des Diadoques. Mais sur ce terrain le Séleucide était-il mieux partagé ? En Égypte, on l'a vu, les Ptolémées trouvaient l'œuvre d'hellénisation déjà commencée par les colons de Naucratis. En Asie Mineure les dynastes de Bithynie et de Pergame allaient régner sur des cantons que la proximité de l'Ionie et la tradition des Mermnades avaient sérieusement hellénisés. En

---

(1) Cf. Bouché-Leclercq, *Histoire des Séleucides*, t. II, p. 615.

Syrie et en Perse, rien que l'empreinte hâtive du grand Macédonien, indications qu'il s'agissait de comprendre, ébauches à réaliser. C'était toute l'Asie barbare, araméenne ou iranienne qu'il s'agissait de rendre grecque. Et par delà cette Asie Antérieure qui pour la génération de Philippe et de Démosthène avait été encore l'Asie inconnue, le continent mystérieux et hostile, les nomades de l'Asie Centrale se pressaient aux Marches des T'ien-chan. Enfin dans l'Inde même une poussée nationale conduite par Tchandragoupta, le Sandrocottos des historiens grecs, venait de chasser les garnisons macédoniennes du Pendjâb et de rejeter l'hellénisme au nord de l'Hindou-Kouch. Séleucos Ier, après une expédition sans résultats, dut renoncer au Pendjâb et au Caboul (305-304).

En Asie Mineure même, aux portes de la Grèce, la réaction indigène commença dès le lendemain des funérailles de Séleucos Ier. Quatre États autonomes plus ou moins bien hellénisés se partagèrent le nord de la péninsule : les royaumes de Pergame (283-133), de Bithynie (297-74), de Pont (333 à 63 de notre ère) et de Cappadoce (257 à 17 de notre ère). Un seul de ces États relevait directement de l'hellénisme, celui de Pergame, où la dynastie des Attalides n'eut d'autre ambition que de refaire avec l'aide de Rome l'ancien royaume lydien des Mermnades au temps de Crésus. Les royaumes anatoliens de l'intérieur, au contraire, restaient bien moins ouverts à la pénétration grecque, comme le Pont qui, sous la dynastie des Mithridate, servit de refuge aux influences iraniennes dans cette partie de l'Orient. Pont, Bithynie, Cappadoce représentaient autant de retours de la « barbarie » contre l'œuvre d'Alexandre.

Les Séleucides, engagés dans une longue lutte fratricide contre l'autre dynastie macédonienne du Levant, — contre les Lagides d'Égypte, — ne purent jamais ramener sous le joug les nouveaux royaumes indigènes de l'Anatolie septentrionale. A plus forte raison ne purent-ils pas, dans l'Iran oriental, empêcher la nation iranienne des Parthes (1) de se révolter au sud-est de la mer Caspienne ni les gouverneurs grecs de la Bactriane de proclamer leur indépendance (v. 250 av. J.-C.).

Une Grèce coloniale : l'hellénisme indo-afghan

J'ai raconté ailleurs l'histoire de ces rois gréco-bactriens appelés à une si brillante fortune (2). Qu'il suffise de rappeler ici que cet État hellénique des Marches afghanes, après s'être consolidé sous

---

(1) En iranien ancien, *Parthava* (« les gens de la lisière, des Marches »), plus tard *Pahlava*, d'où le nom de leur langue, *pahlavî (pehlvi)*.
(2) René Grousset, *L'Asie orientale des origines au XVe siècle (Histoire Générale Glotz*, Presses Universitaires, *Moyen Age*, t. X), 1941, p. 54-61.

les deux Diodotos et sous Euthydème de Magnésie (v. 250-189), devait, avec Démétrios (v. 189-166) et Ménandre (v. 166-145), reconquérir sur les Indiens la vallée du Caboul et le Pendjâb. Ménandre aurait même poussé les armes helléniques bien plus loin vers l'est qu'Alexandre lui-même, puisqu'il aurait descendu le bassin du Gange jusqu'à Pâtalipoutra, l'actuel Patna. Les belles monnaies grecques trouvées dans les anciennes cités du Caboul, à Kâpiçî (l'actuel Bégram, au nord de la ville de Caboul), à Pouchkalâvati, la Peucelaotis des géographes grecs (l'actuel Charsadda) et à Taxila, au Pendjâb, nous montrent l'étendue de l'hellénisme en ces régions (1). La province du Kapiça (région de Caboul) et celle du Gandhâra (région de Péchaver) devaient rester si imprégnées d'hellénisme que, même après la chute des rois indo-grecs (les derniers d'entre eux disparurent entre 50 et 30 avant J.-C.), c'est dans ce pays qu'on devait voir apparaître au premier siècle de notre ère l'art grécobouddhique, œuvre posthume de la domination grecque en ces confins (2).

Les rois indo-grecs avaient donc maintenu jusqu'aux approches de notre ère une lointaine marche hellénique en Afghanistan et dans l'Inde du Nord-Ouest. De nouveau la frontière de l'Europe touchait au bassin du Gange. Mais la révolte des Parthes coupait du reste du monde grec cette Hellade indo-afghane. Et la révolte parthe, pour limitée qu'elle fût d'abord à un médiocre district de l'actuel Khorassan, n'en constituait pas moins la première manifestation de la grande réaction iranienne contre l'œuvre d'Alexandre.

Antiochos III et l'hellénisme séleucide

Ainsi l'empire séleucide avait perdu successivement le nord de l'Asie Mineure et l'Iran oriental. Ajoutons qu'en Syrie même, aux portes de sa capitale, il était paralysé par la présence de ses rivaux, les Lagides d'Égypte, encore maîtres de la Palestine et de la Phénicie.

Ce fut alors que monta sur le trône de Séleucos un prince en qui, selon le mot de Renan, « sembla se retrouver quelque chose du génie d'Alexandre », Antiochos III (223-187).

(1) Hackin, *Répartition des monnaies anciennes en Afghanistan*, Journal Asiatique, avril-juin 1935, p. 287 ; cf. W. Tarn, *The Greeks in Bactria and India*, Cambridge, 1938, et le c. r. de Mme Bazin-Foucher, Journal Asiatique, juillet-septembre 1938, p. 515.
(2) Cf. Foucher, *L'art gréco-bouddhique du Gandhâra*, 3 volumes parus, 1905, 1918, 1922, et *La vieille route de l'Inde, de Bactres à Taxila*, t. I, 1942, t. II, 1946 (Éditions d'art et d'histoire) ; J. Hackin, *L'œuvre de la Délégation archéologique française en Afghanistan, 1922-1932*, Publications de la Maison franco-japonaise, Tôkyô, 1933 ; J. Hackin, *Recherches archéologiques à Bégram*, 1939 (Éditions d'art et d'histoire).

La tâche que se proposa Antiochos III était immense : faire cesser en Asie Mineure et en Iran les dissidences qui menaçaient d'épuiser l'hellénisme, arrêter dans ces mêmes pays la réaction indigène chaque jour plus menaçante, rendre à l'empire séleucide sa façade méditerranéenne en enlevant la Phénicie et la Palestine aux Lagides et rétablir ainsi le contact avec le foyer d'émigration grec, solliciter cet afflux perpétuel d'aventuriers et de colons sans lequel l'État séleucide était condamné à devenir une monarchie purement asiatique où les éléments indigènes finiraient par étouffer l'élément grec ; pour cela, reprendre pied en Grèce et y apparaître comme le vrai, le seul *basileus* macédonien.

Ce programme, en vingt ans d'une chevauchée presque ininterrompue, Antiochos III le réalisa entièrement. On le vit ramener dans l'obéissance l'Asie Mineure (213), l'Arménie (212), les Parthes (211), le roi grec de Bactriane (208) (1), réduire le royaume de Pergame à sa capitale (199), enlever à l'Égypte la Phénicie et la Palestine (201-198).

A cette date Antiochos III avait donc reconstitué en Asie l'empire d'Alexandre. S'il conservait en Arménie, en Parthie et en Bactriane le système des monarchies vassales, il faut se souvenir qu'en bien des cas Alexandre n'avait pas agi autrement. Il fallut la fatale journée de Magnésie pour transformer rétrospectivement cette reconquête « macédonienne » en un raid sans résultat. La date où nous sommes arrivés a donc une importance considérable dans l'histoire. C'est la dernière où la solution macédonienne de la question d'Orient parut encore prévaloir. Jamais l'hellénisation de l'Orient n'avait semblé aussi assurée ni aussi étendue.

L'hellénisation en Syrie

Le centre de cette œuvre d'hellénisation était la Syrie du Nord. La situation géographique du pays explique ce rôle. Par les ports de la Phénicie et les ponts de l'Euphrate, la région du bas Oronte était le carrefour où le commerce méditerranéen rejoignait les caravanes de l'Iran. Par les Pyles ciliciennes et les Échelles du Liban elle livrait passage au trafic entre l'Asie Mineure et l'Égypte. La colonisation séleucide, attirée par ces facilités commerciales, fit du pays une nouvelle Macédoine (2). Les noms des cités syriennes au IIIe siècle avant J.-C. suffiraient à attester le programme politique de la dynastie. « Les Macédoniens d'Antigone et de Séleucos avaient porté dans ce pays leurs souvenirs les

---

(1) Polybe, l. VIII, c. 23, l. X, c. 28-31 et 49, l. XI, c. 34 ; Cf. Tarn, *The Greeks in Bactria and India* (1938), p. 82.
(2) Cf. E. Bikerman, *Institutions des Séleucides*, Geuthner, 1938, p. 79.

plus vivants, les cultes, les noms de chez eux. La mythologie grecque s'y créa une seconde patrie (1), mais de tous les Immortels ce furent Apollon et les nymphes qui fréquentèrent le plus volontiers les paysages de Syrie : c'est qu'ils se croyaient en Grèce. » Le canton montagneux au nord de l'embouchure de l'Oronte évoquait la Piérie dominant le Tempé. L'Oronte était un autre Axios. Au bourg de Daphné près d'Antioche vivait la nymphe aimée d'Apollon. Un jeu de mots faisait retrouver sur le mont Amanos la trace d'Oreste. « Dans le charme infini de la nature, dit trop joliment Renan, la rudesse macédonienne s'évanouit. » L'esprit de Lucien montrera ce que la pensée antique devra à la légèreté syrienne.

Cependant il ne faut pas s'y tromper. « L'établissement de communautés helléniques dans l'Asie barbare ne fut pas le résultat d'une immigration spontanée, mais l'œuvre méthodique et patiente de la politique séleucide. » Au milieu d'un monde hostile, les Séleucides implantèrent et protégèrent des centres de colonisation bien choisis, groupés autour des principales villes. Les classes inférieures de la population, conservant la culture araméenne, restèrent, de ce fait, pratiquement en dehors de la vie publique : les citadins gréco-macédoniens, véritable bourgeoisie du Levant, formaient la classe politique et militaire (2). Le gros de ces colons était établi dans la région du bas Oronte, autour des grandes villes d'Antioche, Séleucie, Laodicée et Apamée (3).

Antigone, à l'époque où il était maître de l'Asie macédonienne, avait, en 306, fondé sur les bords de l'Oronte la cité d'Antigonia. Séleucos Nicator donna à cette ville le nom d'Antioche et (non sans en déplacer légèrement le site) en fit sa capitale. Le choix d'Antigone et de Séleucos correspondait à des nécessités stratégiques et commerciales permanentes. « Antioche, note Mommsen, était une position centrale pour un empire qui embrassait l'Asie Mineure, la vallée de l'Euphrate, l'Iran et ne voulait pas s'éloigner de la mer. » A Antioche se rejoignaient les trois principales routes de l'Asie Antérieure : 1º la Voie Royale qui allait de Sardes en Égypte par Iconium, Tarse, les Pyles ciliciennes, Tyr et Gaza ; 2º la route qui descendait l'Euphrate par Thapsaque et Babylone jusqu'au golfe Persique ; 3º enfin la piste de caravanes qui, par Hiérapolis, Édesse, Nisibe et Ecbatane, gagnait Bactres et la Haute Asie (4).

(1) Cf. Strabon, XVI, II, 5.
(2) Cf. Bikerman, *Institutions des Séleucides*, p. 157, 159.
(3) Strabon, XVI, II, 4.
(4) Cf. Cœdès, *Textes d'auteurs grecs et latins relatifs à l'Extrême-Orient*, 1910 ; Albert Herrmann, *Die alten Seidenstrassen zwischen China und Syrien*, 1910 ; A. Herrmann, *Das Land der Seide im Licht der Antike*, 1938 ; A. Herrmann, *Atlas of China*, 1935, carte 27 ; Foucher, *La vieille route de l'Inde*, p. 5.

Antioche, surgie de terre par le caprice d'un conquérant, se cherchait un passé plus lointain. Par la fille d'Inachos et par le Triptolème du mont Silpios, elle se réclamait d'Argos et d'Athènes. Ces légendes provenaient de l'élément athénien qu'Antigone avait établi à Antigonia et que Séleucos Ier transporta dans sa ville nouvelle. Mais la majorité des colons était originaire de Crète ou de Macédoine. Athéniens, Macédoniens ou Crétois, ils ne tardèrent pas à fusionner. Grâce à eux, Antioche devint au IIIe siècle avant J.-C. une des capitales de l'hellénisme. Elle partagea avec Alexandrie et Pergame l'honneur de remplacer Athènes à la tête du monde grec. Comme Alexandrie, elle renfermait une nombreuse population indigène qui constituait la plèbe des faubourgs. Cette population parlait araméen, mais comme elle n'avait pas derrière elle la culture millénaire de l'élément égyptien des villes du Delta, elle s'hellénisa plus vite. Les unions, de plus en plus fréquentes, entre Grecs et Syriens, concoururent à la fusion des races (1).

Alexandrie avait son port, ses immenses relations commerciales, et, au point de vue culturel, son Musée et sa bibliothèque. Antioche, à certains égards moins bien partagée, eut pour elle un des sites les plus agréables de l'Orient. Entre les pentes boisées du mont Silpios et l'Oronte, elle offrait au voyageur à peine sorti du désert « ses jardins de myrtes, de buis fleuris et de lauriers, ses grottes, ses cascades, son grand *corso*, ses temples, ses bains et ses portiques où se pressait une population de cinq cent mille habitants de toute race, de tout culte, de tout dialecte, la plus affairée, la plus bruyante et la plus mobile population du Levant ». La capitale séleucide était à la fois un centre d'affaires et une ville de plaisirs. Elle était célèbre par ses courses et ses fêtes, le luxe qui s'y étalait, les cultes élégants et légers de ses Apollons et de ses nymphes, toute sa vie cosmopolite de bazar levantin. On parlait d'elle sous les grandes tentes de l'Arabe comme au fond des campements parthes et sans doute jusque dans les cités indo-grecques de la vallée du Caboul.

A 9 kilomètres de la grande ville, dans un paysage de lauriers, de cyprès, de gazons et de fontaines, se trouvaient « les délices d'Antioche », Daphné, cité des eaux. Cette bourgade, qui renfermait un temple d'Apollon Pythien, était la villégiature favorite des Syriens élégants, « un Tibur oriental » où les vices d'Asie — « le fanatisme de l'orgie » — se relevaient de fantaisie hellénique. D'Antioche dépendait aussi le port de Séleucie, — Séleucie de Piérie, — qui commandait l'embouchure de l'Oronte dans la mer de Chypre. L'Oronte, navigable entre Antioche et la mer,

---

(1) Cf. Polybe, XXXII, 6, 6 ; Plutarque, *Flamininus*, 17 ; Tite-Live, XXXVIII, 17, 10-11.

mettait les deux villes en communication. Plus au sud le port de Laodicée (Lattakié) était moins bien partagé. Séparé de l'Oronte par la chaîne côtière, il se bornait à un trafic local avec l'Égypte (1).

En remontant l'Oronte après Antioche on trouvait Apamée et Larissa. La ville d'Apamée renfermait une colonie militaire de vétérans macédoniens. Séleucos Nicator lui donna pour cette raison le nom de Pella et y introduisit le culte de Zeus Bottiéen (2). Larissa avait, comme son nom l'indique, reçu une colonie thessalienne. Mais ici encore la plupart des nouveaux noms étaient macédoniens (3). Alep s'appela Beroea et Qinnesrîn s'appela Chalcis. Entre Alep et l'Euphrate s'éleva une nouvelle Maronée, et la ville macédonienne de Cyrrhos donna son nom au canton de Cyrrhestique au pied du mont Amanos (4).

Ces fondations hellénistiques transplantèrent en pays araméen les formes de la cité grecque (5). Religion, institutions municipales, monuments, jeux et fêtes, rien ne manquait de ce qui pouvait, — superficiellement tout au moins —, donner au citoyen d'Antioche ou de Séleucie l'illusion d'habiter Athènes ou Corinthe. Cependant le milieu fut le plus fort. Les colons ne surent pas plus à Antioche qu'à Séleucie préserver leurs caractères ethniques contre l'action de la race et du climat. Ces souples Hellènes s'adaptaient trop vite. Les Romains qui firent la guerre à Antiochos III ne voyaient déjà dans ses sujets grecs que des « Syriens », nous dirions des Levantins. Les Grecs de l'Hellade eux-même parlaient de ceux de l'Oronte comme de créoles, sinon de métis. Il n'est pas jusqu'aux auteurs gréco-syriens comme Posidonios d'Apamée qui ne nous montrent leurs compatriotes passant leur vie à se baigner, à se parfumer et, quand il fallait aller au combat, y allant comme à une mascarade (6). Il semble qu'on entende les chroniqueurs francs du xiiie siècle déclamer contre les « Poulains » (7). A en croire Lucien, le génie grec aurait été gravement déformé par cette Asie aux divinités monstrueuses, à la lourde sensualité. Mais précisément l'existence d'un Lucien dans le sauvage district de Kharpout prouve qu'en face de l'Asie la pensée grecque conserva longtemps l'arme de son sens critique et de son ironie.

En adoptant les dieux asiatiques, les Grecs essayèrent de les ramener à leur mesure, de les humaniser, mais ils n'y parvinrent

(1) Strabon, XVI, ii, 9.
(2) *Ibid.*, XVI, ii, 10.
(3) Bikerman, p. 79.
(4) Strabon, XVI, ii, 8 : Cf. Dussaud, *Topographie historique de la Syrie*, p. 467 ; Bikerman, p. 80.
(5) Cf. Bikerman, p. 157 et sq.
(6) Posidonios d'Apamée, *Fragm. hist. graec.*, fragm. 10. Cf. Bikerman, p. 72.
(7) Voir plus loin, p. 315-316.

guère. Les Astarté et les Baal locaux transparaissent sous le vêtement hellénique. Sous le nom d'Artémis Persiké, Antioche adopta la Déesse-mère. Séleucie de Piérie révéra la pierre conique, symbole du Baal phénicien, — Zeus Kéraunios, au dire des Grecs. Un peu de bonne volonté, au besoin quelques jeux de mots (et Dieu sait si les Grecs usèrent du jeu de mots comme instrument d'exégèse) et voilà tous les cultes identifiés. Séleucos Nicator, trouvant une Astarté en honneur à Laodicée, reconnut tout de suite en elle l'Artémis Brauronia des Athéniens. Tel fut le procédé. Il ne fut dieu si mal famé qui n'en profitât. La reine Stratonice, femme d'Antiochos Ier, bâtit un temple à l'Atargatis de Bambyké et à ses eunuques sacrés (1). Mithra, Isis, Sérapis, on le sait, convertirent si bien les Grecs d'Asie ou d'Égypte que ceux-ci faillirent les mener à la conquête de Rome (2).

En tout cela, si les Séleucides comme les Lagides péchèrent contre l'esprit grec, la faute en remonte à Alexandre lui-même. D'ailleurs, il s'en fallut de peu que cette méthode n'entraînât l'hellénisation complète du monde syriaque. Ce n'était pas sans fruit que chez ces mobiles Levantins la mode travaillait pour la civilisation grecque. Quand on songe que dans le sacerdoce juif la manie du bel air faisait d'un Onias ou d'un Jésus un Ménélas ou un Jason, on ne s'étonne plus de voir la jeunesse araméenne s'adapter si vite. Et que l'on ne dise pas que cette hellénisation, toute de surface, fut sans profit pour la civilisation grecque. A l'époque séleucide cette semence produisit une splendide moisson. La philosophie stoïcienne, née en Chypre et en Cilicie, donna ses premiers enseignements à Tarse, à Mallos, à Soli, à Tyr, à Sidon, sous le gouvernement des Antiochos et des Ptolémées. Les royaumes macédoniens de la Grèce extérieure n'eussent-ils laissé aucun autre témoignage de leur activité qu'ils auraient assez fait pour la civilisation antique en lui donnant les maîtres d'Épictète et de Marc-Aurèle (3).

Après la Syrie la région qui garda le plus longtemps l'empreinte des Séleucides fut la Mésopotamie. La Mésopotamie du Nord-Ouest, que les Grecs appelaient la Syrie des Rivières, rappelait en effet la Syrie par sa population araméenne. Les Séleucides la divisèrent en deux provinces : l'Osrhoène et la Mygdonie. L'Osrhoène (Diyâr Moudar) avait pour chef-lieu la ville actuelle d'Orfa, en syriaque Orhâi, que les Macédoniens appelèrent Edesse en souvenir d'une ancienne capitale de leur patrie (4). La Myg-

---

(1) Cf. Lucien, *Sur la déesse syrienne*, 17-27 (trad. Talbot, t. II, p. 448-452). Voir Franz Cumont, *Les religions orientales dans le paganisme romain*, p. 180 et sq.
(2) Cf. Lucien, *L'assemblée des dieux* (ibid., II, p. 480).
(3) Cf. Strabon, XIV, v, 8 et 13-15. (trad. Tardieu, t. III, p. 173, 176-180).
(4) Cf. Honigmann, *Orfa*, Encyclopédie de l'Islam, p. 1062.

donie, ainsi appelée d'un canton de la Haute-Macédoine, eut pour chef-lieu Nisibe qui reçut le nom d'Antioche de Mygdonie (1). Plus au sud, sur l'Euphrate, Thapsaque devint Amphipolis, et Doura devint Europos. Malgré ces changements onomastiques, malgré la présence de colons grecs ou macédoniens dans ces postes principaux, l'hellénisation du pays resta superficielle. Edesse allait d'ailleurs s'affirmer comme le centre de la culture syriaque, qui, contrariée en Syrie par la diffusion de l'hellénisme, se développa plus librement à l'est de l'Euphrate.

L'hellénisation en Babylonie et en Iran

En descendant en Babylonie on s'enfonçait davantage encore en pays araméen. Séleucos Ier y fonda Séleucie du Tigre, agglomération qui aurait compté par la suite jusqu'à six cent mille âmes et où en 275 Antiochos Ier transporta les débris de la population de Babylone (2). C'était donc, plus encore qu'Antioche, une ville cosmopolite où l'élément araméen doublait l'élément grec. Ses foules indigènes, sa garnison « macédonienne », sa communauté hellénique, son commerce tant avec l'Iran qu'avec le golfe Persique, autant de points sur lesquels nous voudrions être mieux informés. Pour gouverner cette nouvelle Babylone, la politique séleucide s'appuya sur le sacerdoce « chaldéen ». Nous possédons des inscriptions cunéiformes où les Séleucides sont mentionnés avec la titulature des anciens rois de Babylone, en héritiers légitimes des Hammourabi et des Nabuchodonosor. Il est en effet remarquable que la domination séleucide se traduisit ici par une renaissance de la littérature babylonienne (3). La protection des Séleucides allait permettre aux « prêtres chaldéens », tous plus ou moins astrologues, de pénétrer dans le monde méditerranéen et, un peu plus tard, d'aller faire recette jusqu'à Rome (4).

En Iran l'action des Séleucides fut interrompue trop tôt par la révolte parthe. Cependant la Médie et même la Perse propre conservèrent quelques traces de leur domination. En Médie, Séleucos Ier hellénisa Rhagès (Reiy) qui devint Europos et Antiochos Ier fonda une Achaïa. Dans la Perse propre, — le Fars actuel —, s'élevèrent une Laodicée, une Méthone et une Antioche de Perside, Grèce d'exil perdue dans la région de Bouchir et qui nous est connue par un décret de son *ecclésia* (5). En Mar-

---

(1) Strabon, XVI, I, 23. Cf. Honigmann, *Nasibîn*, Enc. Isl., p. 917.
(2) Cf. Appien, *Syr.*, 58. Pline, VI, § 122.
(3) W. Tarn, *La civilisation hellénistique*, p. 125. On sait qu'un prêtre de Bel, Bérose, dédia à Antiochos Ier son histoire babylonienne.
(4) Cf. Franz Cumont, *Les religions orientales*, p. 191 et sq.
(5) Dittenberger, *Orientis graeci inscriptiones selectae*, I, 233; Cf. Bikerman, *Institutions des Séleucides*, p. 242. Sur l'identification : Antioche de Perside =

giane Antiochos Ier fortifia la ville de Merv dont il fit une Antioche.

On a souvent dénié à la race hellénique toute aptitude à l'impérialisme unitaire. On peut supposer cependant qu'en présence de problèmes d'une ampleur insoupçonnée les communautés grecques perdues au milieu du monde barbare finirent par connaître un sentiment de cette sorte. La fidélité à la famille séleucide que semblent attester un certain nombre d'inscriptions paraît représenter une manifestation de ce panhellénisme. En ce qui concerne plus particulièrement l'Iran, si la colonisation séleucide n'y eut pas les mêmes résultats qu'en Syrie, c'est que le temps lui manqua. La guerre désastreuse d'Antiochos III contre les Romains (191-189) arrêta le développement de son empire et laissa celui-ci sans défense contre la réaction de l'élément indigène.

Les idées d'Antiochos Épiphane

Définitivement vaincu par les Romains à Magnésie (190), Antiochos III dut accepter le traité d'Apamée qui marqua le recul de l'empire séleucide, c'est-à-dire de l'œuvre d'Alexandre (188). Il perdit, à l'exception de la Cilicie, ses possessions d'Asie Mineure données par les Romains au roi de Pergame et vit les Parthes et les Gréco-Bactriens s'affranchir de sa suzeraineté. En Arménie deux anciens « stratèges » d'Antiochos III, Artaxias et Zariadris, se détachèrent de la cour d'Antioche pour former deux royaumes indépendants, le premier en Grande Arménie, le second en Petite Arménie (Sophène et Arzanène), c'est-à-dire dans les districts sud-occidentaux du pays (1). L'empire séleucide, devenu dès lors un simple royaume de Syrie, tomba au rang de puissance secondaire. Cependant, quelques années après, un fils d'Antiochos III, Antiochos IV Épiphane (175-164), essaya encore de relever sa maison.

Quand les hasards de la succession royale l'appelèrent au trône, Antiochos Épiphane se trouvait à Athènes où il menait la vie d'un simple particulier. Ce descendant d'une lignée de rois semblait même devenu un véritable Athénien : le peuple de la ville l'avait nommé stratège. Une fois de retour à Antioche, il entreprit d'appliquer ses idées aux Syriens.

Antiochos Épiphane a été très diversement jugé. Il a eu des adversaires implacables qui poursuivent encore sa mémoire.

Bouchir, cf. W. Tarn, *Journal of Egyptian archæology*, 1929, 11 et Bikerman, p. 157, 160.

(1) La Sophène s'étendait entre Mélitène à l'ouest et Amida à l'est, au sud d'Arsamosata. L'Arzanène s'étendait d'Amida au Tigre, au sud de Tigranocerte. Cf. Strabon, l. XI, ch. xiv, § 2 et 5, trad. Tardieu, t. II, p. 457-460 ; Bouché-Leclercq, *Histoire des Séleucides*, t. I, p. 222.

Ce qu'on ne peut lui dénier, c'est son philhellénisme. « Il aimait la Grèce, dit Renan, et il s'envisageait comme le représentant de l'esprit hellénique en Orient. Il était fort intelligent, généreux, porté au grand, et il fit d'Antioche un des points rayonnants les plus actifs de l'hellénisme. » Avec lui une renaissance grecque parut transformer la monarchie asiatique et ce fut justement ce qui choqua son entourage. Le républicanisme de ce « stratège athénien » scandalisa la cour. On tint sa simplicité démocratique pour un manque de tenue (1). Son enthousiasme d'helléniste parut du cabotinage. Ayant passé sa jeunesse à Athènes et à Rome, ne s'avisa-t-il pas de porter la toge et de briguer des citoyens d'Antioche les fonctions d'édile ou de tribun ? Et sans doute y eût-il chez Épiphane quelque extravagance d'archéologue. Mais qui jurerait qu'Hadrien et Julien, deux des meilleurs esprits de l'antiquité, en aient été exempts ? Dilettante libéral, esthète alexandrin épris du vocabulaire de la liberté gréco-romaine, il avait aussi l'étoffe d'un grand roi. Sa politique ne fut pas uniquement celle d'un archéologue fantasque, comme le croit Polybe, celle d'un persécuteur comme l'affirment les auteurs sacrés.

Considérons l'État séleucide tel qu'en 188 l'avait laissé la paix d'Apamée. Les ambitions territoriales lui étaient interdites. S'il voulait continuer à faire figure de grand État hellénique, ce ne pouvait être sur le terrain militaire. Les Romains lui défendaient de faire triompher l'hellénisme par la force des armes. Pourtant l'expansion de la nationalité grecque était en Asie toute sa raison d'être. L'État séleucide devait donc être amené à entreprendre la conquête de l'âme asiatique par l'introduction de la culture grecque jusque dans la masse indigène. Où l'impérialisme territorial d'Antiochos III avait échoué, la pénétration morale restait possible. Le système d'Épiphane, ce programme d'helléniste et d'intellectuel pour l'éducation athénienne des Araméens, c'était en somme l'adaptation de la pensée d'Alexandre aux nécessités du protectorat romain. L'hellénisme asiatique, limité en étendue, allait se développer en profondeur.

L'action hellénisante d'Antiochos Épiphane se fit sentir dans toute la Syrie. Il agrandit Antioche d'un nouveau quartier, le quartier d'Épiphanie (2). Il y appela des immigrants athéniens auxquels il conféra des privilèges. Il embellit la ville de monuments comme le Bouleuthérion et le Temple de Zeus Olympien. « C'est surtout le Zeus Olympien, le dieu panhellénique, qu'il cherchait à introduire. Il plaça dans le sanctuaire de Daphné sa grande statue chryséléphantine. » Des jeux olympiques furent institués à Daphné et à Tyr. Par ailleurs la procession de Daphné

---

(1) Polybe, XXVI, 1. XXX, 25-26. Diodore, XXXI, 16.
(2) Strabon, XVI, ii, 4.

chercha à reproduire la cavalcade des Panathénées. Mais il y a plus. Élevé à Athènes et à Rome dans la pratique des institutions républicaines, Antiochos IV affecta d'accorder aux libertés municipales de la ville d'Antioche une telle importance qu'on le vit, nous l'avons dit, briguer lui-même des électeurs les fonctions d'agoranome ou de démarque (1). Enfin, en dehors de sa capitale, il s'intéressa à diverses villes, notamment, en Coelé-Syrie, à Hama qui devint Épiphanie, en Cilicie, à Adana qui devint Antioche du Saros, en Babylonie, dans la région de l'actuel Bassora, à Charax qui devint elle aussi une Antioche et en Médie à Écbatane (Hamadhan) qui devint une seconde Épiphanie (2).

L'Orient s'hellénisait sans effort. En Phénicie, notamment, les Melkarth devenaient des Héraclès, les Baal des Zeus et les Astarté des Aphrodite. Antiochos Épiphane pensa pouvoir rendre le même service à Iahvé de Jérusalem en le transformant en Zeus Olympien. Une fois cette idée entrée dans son esprit, il s'y attacha avec passion. « L'hellénisation de la Judée fut poussée à outrance. Un gymnase fut bâti à Jérusalem, la jeunesse y afflua. On vit des prêtres abandonner leur service à l'autel pour aller à la palestre. Ce fut une vraie fièvre d'innovation et de transformation. Chacun chercha à se donner la tournure d'un Grec. » Le grand prêtre juif Jésus se fit appeler Jason, et ses successeurs Onias et Joachim prirent les noms de Ménélas et d'Alcimos. A partir de l'an 168 le culte juif cessa officiellement à Jérusalem et Zeus s'installa au Temple sous la protection d'une garnison grecque (3).

Les Araméens de la Syrie s'étaient pliés à ces transformations. Mais chez les Juifs le sémitisme se ressaisit rapidement, entretenu par la foi monothéiste (4). La révolte juive, commencée en 166, ne fut pas domptée par la prise de Jérusalem (163). En 143-142, le troisième successeur d'Antiochos Épiphane, Démétrios II, devra reconnaître l'indépendance de la Judée.

2. La réaction asiatique contre l'hellénisme

Ascension des Parthes

L'hellénisme était partout en recul. Tandis que les Juifs se rendaient indépendants en Palestine, les Parthes se rendaient maîtres de l'Iran.

(1) Polybe, XXVI, 1 : Cf. Bikerman, p. 157-158.
(2) Cf. W. Tarn, *La civilisation hellénistique*, p. 139-140.
(3) Notons que le syncrétisme judéo-grec ne devait pas se faire sentir seulement dans le domaine philosophique, — et je renvoie ici au livre classique d'Émile Bréhier sur *les idées philosophiques et religieuses de Philon d'Alexandrie* — mais aussi, plus tard, dans le domaine de l'art. Voir : Du Mesnil du Buisson, *Les peintures de la synagogue de Doura-Europos*, 245-256 ap. J.-C., Rome, Institut Biblique, 1939.
(4) Diodore de Sicile, l. XXXIV-XXXV, trad. Hoefer, t. IV, p. 403 : Cf. Bouché-Leclercq, *Histoire des Séleucides*, t. II, p. 585-588.

Les Parthes, on l'a vu, étaient une tribu iranienne établie de longue date au Khorassan où leur pays avait naguère constitué une satrapie achéménide. Leur caractère iranien, jadis mis en doute, n'est plus discuté aujourd'hui (1). Ils ont même donné leur nom — *pehlvi* en langue iranienne — à la langue classique de la Perse à l'époque hellénistique et romaine. Ils s'étaient révoltés contre l'autorité séleucide sous la direction d'une vivace dynastie, la dynastie arsacide, ainsi appelée du nom de son fondateur Archak ou Arsace Ier (vers 250-248) et destinée à régner sur eux de 250 avant J.-C. à 224 de notre ère. On a vu que la campagne d'Antiochos III pour les ramener à l'obéissance (v. 209 av. J.-C.) avait été sans lendemain (2). Sous leur roi Mithradâta ou Mithridate Ier (v. 170-138), ils profitèrent des troubles de l'empire séleucide pour lui arracher la Médie (vers 160) (3), puis la Perside, la Susiane et finalement la Babylonie elle-même (4). A l'est, vers 160-159, Mithridate Ier enleva aux rois grecs de Bactriane (au roi Eucratidès) « les satrapies d'Aspionos et de Tourioua », ou mieux de Tapuria et de Traxiané, situées, semble-t-il, la première sur le haut Atrek, la seconde dans la vallée de Kasaf-roûd, c'est-à-dire l'une et l'autre autour de l'actuelle Méched (5). Le Séleucide Démétrios II essaya en 140-139 de reconquérir sur les Parthes la Babylonie et la Médie. Les populations « habituées de longue date à la domination macédonienne et supportant mal l'arrogance des Parthes », dit Justin (6), l'avaient appelé et firent cause commune avec lui. Sans doute, comme le spécifie Josèphe, s'agit-il ici des « Hellènes et Macédoniens », c'est-à-dire des colons grecs établis en Babylonie, en Susiane, en Perse et en Médie et qui, contre la reconquête « barbare » se tournaient d'instinct vers le Séleucide (7). Justin nous dit aussi que Démétrios II fut aidé par les Bactriens, ce qui laisserait supposer en faveur des Séleucides une diversion du roi grec de Bactriane Héliokès Dikaios (8). Mais Démétrios II, après avoir traversé en libérateur la Babylonie, fut capturé en Médie par les Parthes qui, sous prétexte de négociations, l'avaient

(1) Il est exact que Strabon notamment (l. XI, ch. IX, § 2-3) donne le fondateur des Arsacides comme de race scythe. Mais nous savons aujourd'hui que les Scythes (ou Saka) étaient aussi des Iraniens, au même titre que les Mèdes, Perses et Bactriens. D'où la remarque de Justin (XLI, I, *var.*) que la langue parthe est intermédiaire entre le perse et le scythe.
(2) Polybe, X, 28-31.
(3) Justin, l. XLI, ch. VI, § 6. Cf. W. Tarn, *The Greeks in Bactria*, p. 219.
(4) La dernière mention de la souveraineté du Séleucide Démétrios II dans les textes cunéiformes est de 144 av. J.-C. (Bouché-Leclercq, *Histoire des Séleucides*, t. II, p. 595 ; Cf. W. Tarn dans *Cambridge Ancient History*, t. IX, p. 579-580).
(5) Strabon, l. XI, ch. 11, § 2 : Cf. Tarn, *Seleucid-Parthian studies*, dans *Proceed. of British Academy*, 1930, p. 20-24.
(6) Justin, l. XXXVI, ch. 1, § 1.
(7) Josèphe, XIII, 5, 11.
(8) Cf. W. Tarn, *The Greeks in Bactria and India*, p. 273.

attiré dans un guet-apens et qui recouvrèrent aussitôt toutes les provinces contestées, y compris la Babylonie (139).

Un dernier Séleucide énergique, le propre frère de Démétrios II, Antiochos VII Sidétès (138-129) fit un suprême effort pour sauver les résultats de la conquête macédonienne. Il commença par s'en prendre aux Juifs et en 132 après un siège mémorable s'empara de Jérusalem. Il se contenta d'ailleurs de ramener les Juifs dans l'obéissance et montra la plus grande tolérance envers leur religion (1). Leur ethnarque, l'Asmonéen Jean Hyrcan, l'accompagna même chez les Parthes. Antiochos Sidétès, en effet, s'attaqua ensuite aux Parthes (130). De nouveau les populations de la Babylonie et des autres provinces contestées accueillirent les Séleucides en libérateurs. A Séleucie du Tigre les colons grecs manifestèrent leur joie en se jetant sur leurs gouverneurs parthes (2). Non seulement les colons gréco-macédoniens des villes, mais, au témoignage de Justin, les chefs indigènes « accoururent à la rencontre d'Antiochos et se donnèrent à lui en maudissant la morgue des Parthes. Vainqueur des Parthes en trois batailles, il occupa la Babylonie et reçut le nom de Grand. Tous les peuples passèrent à son parti et il ne resta plus aux Parthes que leur territoire ancestral » (3). A cette date Antiochos VII avait donc, du consentement général des populations, rendu à l'hellénisme la Babylonie, la Susiane, la Perside et la Médie. Mais croyant l'ennemi définitivement abattu, il se laissa surprendre en Médie dans ses quartiers d'hiver par un retour offensif des Parthes. Il fit preuve d'un grand héroïsme, mais fut écrasé sous le nombre (vers février 129) (4).

Recul de l'hellénisme de l'Iran à la Syrie

La mort d'Antiochos VII et la destruction de son armée, — la dernière armée « macédonienne » qui ait tenté de reconquérir l'Asie, — provoquèrent la ruine définitive de l'œuvre d'Alexandre le Grand à l'est de l'Euphrate. La Médie, la Perside, la Susiane et la Babylonie tombèrent sans espoir de retour sous la domination des Parthes. Le roi parthe Frahâdh ou Phraate II (138-128) qui avait vaincu Antiochos VII récupéra ces provinces et fit trembler les Grecs de Séleucie qui l'avaient trahi (5). La date de 129 avant J.-C. est donc une date capitale dans l'histoire de l'Asie. De l'Oxus à l'Euphrate l'iranisme triomphait définitivement de l'hellénisme. *Le reflux de l'Asie sur l'Europe commençait.*

(1) Josèphe, XIII, 8, 2-4.
(2) Diodore, l. XXXV, 19 (Hoefer, t. IV, p. 416-417).
(3) Justin, l. XXXVIII, ch. x, 5-6.
(4) Diodore, XXXV, 15-17 ; Justin, XXXVIII, 10 ; Josèphe, XIII, 8,4.
(5) Diodore, XXXV, 19.

Le royaume des Séleucides fut réduit aux limites de la Syrie et des dépendances immédiates de ce pays, Cilicie et Commagène. Devant l'anarchie où se débattaient les derniers Séleucides, peut-être Phraate II après sa victoire eût-il été tenté, comme le veut Justin, de passer l'Euphrate et de pénétrer jusqu'en Syrie s'il n'avait été pris à revers, du côté de l'Est Iranien, par des invasions de Scythes (1). Nous savons en effet que, précisément à cette époque, vers 130 avant J.-C., la Bactriane venait d'être enlevée aux Grecs par des tribus scythiques appelées par Trogue Pompée « les Saraucæ et Asiani » et par Strabon « les Asioi, Pasianoi, Tokharoi et Sakarauloi » (2). Les Tokharoi ont été rapprochés par plusieurs orientalistes du peuple connu des annalistes chinois sous le nom de Yue-tche et qui avait émigré vers 165-160 de la province actuellement chinoise du Kan-sou en Sogdiane (3). Quant aux « Saraucæ » ou « Sakarauloi », leur nom se ramènerait à celui des Saka-Rawaka, tribu de Saka (ou Çaka) déjà connue puisque son nom figure parmi les contingents des peuples vassaux des Achéménides à la bataille d'Arbèles. « Saka » était le nom dont les Perses désignaient en général les peuples appelés Scythes par les Grecs, c'est-à-dire les peuples nomades, de race également iranienne, qui menaient la vie pastorale dans les steppes de la Russie méridionale ou des Turkestans. Le nom de Saka est plus particulièrement appliqué à celles de ces tribus qui vivaient sur les deux versants des monts T'ien-chan, au Ferghâna, à Kachghar et à Khotan. Leur langue, récemment retrouvée, est connue des philologues sous le nom d'*iranien oriental* (4).

Les Saka et autres tribus nomades sorties de l'Asie Centrale venaient vers 130 avant J.-C. d'enlever la Bactriane aux derniers rois grecs de ce pays lorsque le roi parthe Phraate II, alors menacé par la tentative de reconquête séleucide d'Antiochos Sidétès, leur demanda des renforts. Les contingents saka arrivèrent après la victoire de Phraate, mais n'en exigèrent pas moins le paiement d'une solde. Éconduits, ils se mirent à ravager le pays parthe. Phraate marcha contre eux, en se faisant aider par les Grecs séleucides qu'il venait de faire prisonniers. Ces derniers se vengèrent en se tournant contre lui. L'armée parthe fut écrasée et Phraate resta parmi les morts (5).

(1) Justin, XLII, 2.
(2) Trogue Pompée, *Prologue du livre XLI.* Strabon, l. XI, ch. 8, 2.
(3) Cf. Bailey, *Ttaugara*, dans *Bulletin of the School of Oriental studies*, VIII, 4 (1936), p. 916 ; René Grousset, *L'Orientalisme et les études historiques*, Revue Historique, Bulletin Critique, t. CXXXI, fasc. 1, janvier-mars 1937.
(4) Cf. Sten Konow, *Saka studies*, Oslo, 1932. — E. Herzfeld, *Archäologische Mitteilungen aus Iran*, t. IV, p. 1-116 (1932). — Sten Konow, *Khotanische Grammatik*, Leipzig, 1941. — Sten Konow, *Note sur une nouvelle forme aberrante du khotanais*, Journal Asiatique, 1943 (1946).
(5) Justin, l. XLII, ch. I.

Ardavân ou Artaban Ier, oncle de Phraate II et qui succéda à celui-ci à la tête de l'empire parthe (128-123), eut la chance de voir les hordes saka évacuer la Parthie, mais il voulut porter lui-même la guerre chez elles — sans doute du côté de la Bactriane, — et fut blessé à mort par la tribu des Tokhares (1). Son fils Mithradâta ou Mithridate II le Grand (123-88) contint enfin les hordes (2). Il semble qu'il leur ait enlevé le pays de Merv ainsi que la Drangiane ou Seistan, province où s'établit la maison seigneuriale parthe des Surên, voire l'Arachosie (de Qandahar à Ghazna) où régna ensuite un satrape saka nommé Azès (3). A l'ouest, Mithridate II profita des querelles des derniers Séleucides pour franchir l'Euphrate. En 93 ses troupes firent une incursion en Commagène et y tuèrent Antiochos X (4). Enfin, moyennant la cession d'un certain nombre de districts, Mithridate II aida à se rétablir sur le trône d'Arménie le roi Dikran ou Tigrane le Grand, de la dynastie des Artaxiades, qui devint ainsi son vassal (vers 95).

Un empire arménien. Tigrane le Grand

A ce moment se produisit en Orient l'intermède inattendu d'une hégémonie arménienne (5). En effet après la mort de Mithridate II la monarchie parthe subit une éclipse. D'autre part en Syrie la famille séleucide, dont les membres se consumaient en misérables querelles, avait perdu toute autorité. Le roi d'Arménie Tigrane le Grand (95-54) en profita pour assumer au détriment des Parthes Arsacides le titre de Roi des Rois et pour arracher à leur clientèle l'Adiabène (Assyrie), la Gordyène, la Mygdonie ou pays de Nisibe et l'Osrhoène ou pays d'Édesse (6), bref tout le nord de la Mésopotamie. En 84-83 les Syriens, lassés des discordes de la famille séleucide, lui offrirent le trône d'Antioche qu'il devait conserver jusqu'en 69 av. J.-C. (7).

Recul de l'hellénisme en Syrie. L'expansion araméenne

La domination grecque disparaissait de toutes parts. Dans la Mésopotamie septentrionale, région nominalement rattachée

(1) Justin, l. XLII, ch. II, 1-2.
(2) Justin, *ibid.*
(3) Cf. W. Tarn, *The Greeks in Bactria*, p. 54-55 et 281.
(4) Bouché-Leclercq, *Histoire des Séleucides*, p. 421.
(5) Strabon, l. XI, ch. XIV, § 5 et 15. La royauté arménienne avait été fondée par le satrape Artaxias qui, après le traité d'Apamée (188), s'était rendu indépendant des Séleucides.
(6) Le phylarque d'Edesse, Abgar Ier Pêqâ (92-68), dut reconnaître la suzeraineté de Tigrane. A Nisibe, Tigrane, après avoir enlevé la ville aux Parthes, laissa comme gouverneur son propre frère, Gouras (Ghôr).
(7) Justin, XL, 1, 3-4. Voir notre *Histoire de l'Arménie*, Payot, 1946.

à l'empire parthe, puis au nouvel empire arménien, la population araméenne sur laquelle l'hellénisme n'avait jamais exercé qu'une action toute superficielle, se trouva pratiquement autonome. Ce fut alors qu'un chef de la tribu des Karèn, nommé Aryoû, fonda en Osrhoène (l'actuel Diyâr Moudar), autour d'Édesse (en syriaque Orhâi, l'actuel Orfa), un émirat autonome (vers 132 avant J.-C.). Ses successeurs, connus des auteurs grecs sous le simple titre de toparques et de phylarques, devaient régner sur Édesse jusqu'en 244 de notre ère. « Considérés par les Romains comme des Arabes (1), ces princes portèrent des noms nabatéens (Ma'noû, Bakroû, 'Abdoû, Sahroû, Gebar'oû, Aryoû), proprement arabes (Abgar, Maz'oûr, Wâ'il), ou parthes (Phradacht, Pharnataspat ou Parthamaspatès) » (2). La principauté ainsi créée, souvent désignée sous le nom de principauté des Abgar, du nom de plusieurs de ses chefs (onze princes du nom d'Abgar, contre neuf du nom de Ma'noû), sut traverser toutes les vicissitudes de la suzeraineté arménienne, parthe, puis romaine et se perpétuer plus de trois siècles (132 av. J.-C. — 244 A. D.) sans perdre son caractère araméen (3). Protégée contre l'hellénisme par le cours de l'Euphrate et contre l'iranisme par le Tigre et le désert, Édesse, sous le gouvernement des Abgar et des Ma'noû, put vivre de sa vie propre. Elle fut l'initiatrice de la réaction sémitique qui commençait à se faire sentir en Orient contre l'hellénisme et qui ne devait plus cesser jusqu'à la grande révolte arabe de l'Islam. La prédication du christianisme (4), loin de porter atteinte à l'originalité de ce pays, devait y favoriser au contraire l'éclosion d'une riche littérature syriaque (dialecte araméen oriental) dont le rôle devait un jour être capital dans la formation de la civilisation arabe (5).

Triomphante à Édesse, la réaction sémitique se fit sentir jusque dans la Syrie séleucide, dernière citadelle de l'hellénisme au Levant. L'élément araméen qui constituait le fond de la

---

(1) Tacite, *Annales*, XII, 12, 14.— Pline, *Histoire naturelle*, V, 85.
(2) Honigmann, *Orfa*, Encyclopédie de l'Islam, p. 1062.
(3) Cf. Rubens Duval, *Histoire politique et religieuse d'Édesse*, Paris, 1892, 8°, 302 p. — Gutschmid, *Untersuchungen ueber die Geschichte des Königreichs Osrhoëne* dans *Mem. de l'Acad. Imp. des Sciences de St. Pétersb.*, VIII° série, XXXV, n° 1, 1887. — Honigmann, *Orfa*, l. c. Pour les monnaies, De Morgan, *Numismatique orientale*, p. 232-237.
(4) D'après la légende, le prince d'Edesse Abgar V Oukkâmâ (4 av. J.-C. 7 A. D. et 13-50 A. D.) aurait confessé la foi chrétienne dès l'année 29 ou 32. En réalité ce fut sans doute sous le règne d'Abgar IX bar Ma'noû (179-214) que le christianisme dut être élevé au rang de religion de l'État, sans d'ailleurs que le fait soit certain. En tout cas, Abgar IX fut l'ami du savant chrétien Bardaiçân (Bardesane) et il interdit le culte païen local de Tar'athâ.
Cf. R. A. Lipsius, *Die edessenische Abgarsage kritisch untersucht*, Brunswick, 1880 ; Tixeront, *Les origines de l'Église d'Édesse et la légende d'Abgar*, 1888 ; J. P. Martin, *Les origines de l'Église d'Édesse et des Églises syriennes*, 1889.
(5) Rubens Duval, *La littérature syriaque*, 1900 ; Chabot, *Littératur syriaque*, 1934.

population rurale, prit sa revanche sur la bourgeoisie grecque des grandes villes. En même temps, à mesure que s'était affaiblie l'autorité des derniers Séleucides, l'infiltration arabe avait gagné du terrain dans la vallée de l'Oronte. Des tribus de bédouins venus du désert installaient leurs tentes au milieu des cultures. Une de ces tribus, celle des Nabâtou, ou Nabatéens de Pétra et de Bosra, s'empara de Damas (v. 85 av. J.-C.) (1). Son chef, Hârithat III, devenu « Aretas le Philhellène » (v. 86-62), fit figure de roi et battit le prince juif Alexandre Jannée. En 84 le Séleucide Antiochos XII périt dans une expédition contre ces mêmes Nabatéens. Pendant ce temps un autre émir arabe, « Sampsikéramos », s'installait à Homs (Émèse) (2). En 67 il fit prisonnier Antiochos XIII. La Syrie tout entière, à l'exception d'Antioche et de quelques autres grandes villes, était, à cette date, tombée au pouvoir des émirs arabes et des paysans araméens. Le génie sémitique avait triomphé de l'hellénisme. L'œuvre des Séleucides avait échoué.

L'échec des Séleucides et sa portée historique.

Quelles sont les raisons de cet échec ? La dynastie des Séleucides n'avait certes pas manqué de qualités. On ne compte guère de rois fainéants parmi eux. Toujours à cheval, à la tête d'une armée ou d'une bande, ils n'ont guère eu les loisirs littéraires des Ptolémées. Ils n'ont pas eu, non plus, tous leurs vices. Dans cet empire militaire, des princes qui se seraient enfermés avec leurs grammairiens et leurs favoris n'eussent pas régné huit jours. Le premier Séleucos fut, avant tout, un brillant cavalier, un aventurier épique. Brillant cavalier, Antiochos le Grand ne fut pas autre chose, avec sa fougue primesautière, ses qualités séduisantes, sa grande allure, mais aussi sa légèreté et ses subites défaillances. Antiochos Épiphane présente le plus curieux mélange de génie et de présomption, Hellène passionné qui, pour avoir jadis rêvé sur l'Acropole, se crut de taille à vaincre le génie du désert. Les derniers descendants de la dynastie, après le désastre d'Antiochos Sidétès en Médie en 129, finirent en héros de cape et d'épée, en aventuriers sans avoir et un peu fous, un jour grands-rois d'Asie, le lendemain réduits pour vivre au pillage des sanctuaires. Leur caractère à tous, avec ses exagérations et ses lacunes, ne vaut-il pas cependant le bourgeoisisme lâche et

---

(1) Josèphe, XIII, 15, 2. Cf. Vincent, *Les Nabatéens* dans *Revue Biblique*, VII, 1898, p. 567-588 ; Dussaud, *Numismatique des rois de Nabatène*, Journal Asiatique, 1904, p. 189-238 ; A. B. W. Kennedy, *Petra, its history and monuments*, 1925 ; A. Kammerer, *Petra et la Nabatène*, Paris, 1929 ; E. Honigmann, *Nabatéens*, Enc. de l'Islam, t. III, p. 856.
(2) Sur la famille des Sampsikéram ou Samsigéram à Émèse, cf. Waddington, *Inscriptions grecques et latines de la Syrie*, p. 589.

faisandé de la cour d'Alexandrie ? En tout cas, s'ils échouèrent, ce ne fut ni faute de courage ni faute d'activité.

Que leur manqua-t-il donc ? Précisément d'avoir eu derrière eux un peuple homogène qui comprît leur mission. Héritiers principaux d'Alexandre et représentants de la Grèce extérieure en face du monde barbare, les plus intelligents d'entre eux essayèrent en vain de donner à l'hellénisme la grande notion que les Grecs n'eurent jamais, la notion de l'unité politique. Même après Alexandre l'hellénisme ne s'éleva au-dessus des querelles de cités que pour tomber dans les querelles dynastiques. Alexandrie, Antioche et Pergame remplacèrent Sparte, Athènes et Thèbes et le morcellement continua. Si la tentative des Séleucides présente un réel intérêt historique, c'est précisément parce que ce fut la seule tentative de l'hellénisme pour s'organiser en empire unitaire à la manière de l'empire perse ou de l'empire romain.

La Grèce et Rome apprirent bientôt ce qu'elles avaient perdu en laissant périr les Séleucides. En 64 avant notre ère, l'hellénisme avait fait place en Iran à la réaction parthe et en Syrie à l'infiltration arabe. Et en Asie Mineure se produisait avec Mithridate Eupator une restauration « achéménide » qui entama la Grèce propre et menaça Rome.

CHAPITRE II

ROME ET LA QUESTION D'ORIENT

1. La conquête romaine

*Le double personnage de Mithridate Eupator.
L'héritier des Achéménides. Le philhellène*

Sans aucun soupçon des grands problèmes asiatiques, Rome, après la journée de Magnésie (190), avait livré l'empire macédonien d'Asie à toutes les réactions indigènes. Mais lorsqu'elle eut annexé en Asie Mineure le royaume de Pergame (130), son point de vue commença à changer. Héritière, malgré elle, de la tradition macédonienne, « il lui fallut renoncer à toute parcelle de son empire oriental ou étendre sa domination jusqu'aux limites extrêmes qu'avait atteintes le domaine moral de l'hellénisme ». Ce fut alors que derrière les provinces hellénisées de l'Anatolie occidentale, les Romains se heurtèrent à un pays et à un monarque restés, sous une hellénisation superficielle, nettement « barbares », au sens que Grecs et Romains attachaient à ce mot : au royaume de Pont et à son roi Mithridate Eupator (1).

Les Mithridate étaient une famille de la noblesse perse qui sous les Achéménides avait rempli différentes fonctions en Asie Mineure. A la faveur de l'anarchie que provoquèrent les guerres fratricides entre les successeurs d'Alexandre, Mithridate III appelé Ktistès (le Fondateur) (302-266) se proclama roi indépendant dans la « Cappadoce pontique » (280) (2). L'iranisme, subjugué dans sa patrie par les premiers Séleucides, trouva un asile dans le nouveau royaume, à l'abri des puissantes chaînes des Alpes pontiques, loin des grandes routes parcourues par les armées hellénistiques. « Perses d'origine, les Mithridate tinrent à le rester, ne fût-ce que pour conserver leur prestige aux yeux des populations tout éblouies encore des souvenirs des Achéménides ».

Le héros de la dynastie, Mithridate VI Eupator (121-63), descendait de cette lignée de satrapes perses, mais sa mère était une princesse séleucide. Ses monnaies et ses bustes nous montrent bien cette double hérédité, « singulier amalgame de brutalité et de raffinement, de barbarie et de culture, de passion sensuelle et de lucide intelligence. Les jambes passées dans les bouffantes

---

(1) Voir la description du Pont dans Strabon, XII, III. Cf. *Studia Pontica*, I, J. C. Anderson, *A journey of exploration in Pontus* ; II, Franz Cumont et Eugène Cumont, *Voyage d'exploration archéologique dans le Pont et la Petite Arménie*.
(2) Cf. Théodore Reinach, *Mithridate Eupator*, p. 7-8.

anaxyrides, la tête coiffée de la tiare, il a l'aspect d'un Perse, porte le nom d'un dieu iranien, sacrifie, selon les rites des mages, sur des bûchers dont la flamme monte vers le roi du ciel, Ahoura Mazda, mais en même temps il prodigue les dons aux sanctuaires de l'Hellas et se vante de réincarner Dionysos, il s'instruit dans les lettres et les arts de la Grèce » (1). Nul doute que pour l'histoire il incarne le retour offensif des Darius et des Xerxès vers les rives de la mer Égée. Mais comme tous les monarques orientaux de son temps, comme les Parthes Arsacides eux-mêmes et bien plus encore, il sut se poser en philhellène. Que ce philhellénisme ne fût qu'un vernis assez superficiel, peu importe, car les contemporains, à commencer par les Grecs eux-mêmes, s'y sont laissé tromper.

C'est d'ailleurs grâce, précisément, à son apparent philhellénisme que Mithridate Eupator put mener si loin sa tentative de restauration iranienne. Et tout d'abord il débuta dans la grande politique comme protecteur de l'hellénisme au nord de la mer Noire. Les colonies grecques de la Chersonèse Pontique ou Bosphore Cimmérien, l'actuelle Crimée, savoir la ville dorienne de Chersonèsos au sud-ouest de Sébastopol, les villes ioniennes de Théodosie, Panticapée (Kertch) et Phanagoria (à l'extrémité de la presqu'île de Taman) étaient chaque jour plus gravement menacées par la poussée des tribus scythes de l'intérieur et, derrière celles-ci, de la tribu sarmate des Roxolans (2). Le roi Pairisadès V, le dernier représentant de la dynastie grecque (ou gréco-thrace) locale des Spartocides, fit appel à Mithridate (110). En quatre campagnes les armées de celui-ci refoulèrent les Scythes (110-107). Pairisadès ayant péri pendant la lutte, Mithridate resta roi du Bosphore Cimmérien (107) (3). Sauveur de l'hellénisme en ces régions, ayant triomphé des hordes scythiques contre lesquelles avaient naguère échoué Darius et les lieutenants d'Alexandre, il sut s'attacher leurs tribus, ainsi que les Sarmates et Iazyges (4) de l'Ukraine méridionale, voire les Bastarnes, peuple germanique de la Moldavie qui, tous, lui fournirent des mercenaires. Sur la côte occidentale de la Transcaucasie, il annexa la Colchide (Mingrélie et Iméréthie) où les

(1) Carcopino, La République romaine de 133 à 44. Des Gracques à Sylla, p. 417. A l'heure du désastre le « sultan » rejettera le vêtement d'emprunt hellénique, lorsqu'il enverra l'ordre d'exécuter toutes les femmes de son « harem ». Il aura de même fait exécuter ou assassiner tous ses fils, à l'exception du seul Pharnace qui vengera ses frères en le trahissant. Cf. Appien, Mithridate, 82 ; Plutarque, Lucullus, XVII-XIX, trad. Pierron, t. II, p. 517-519.
(2) Rappelons que les Sarmates, comme les Scythes, parlaient des dialectes iraniens. Cf. Benveniste, Un témoignage classique sur la langue des Sarmates, Journal Asiatique, juillet septembre 1932, p. 135.
(3) Strabon, VII, 4 ; Th. Reinach, Mithridate, p. 57-73 ; Max Ebert, Südrussland im Altertum (1921), p. 250.
(4) Les Iazyges, comme les Roxolans, étaient des tribus sarmates.

ports de Dioscurias et de Phaselis, — d'anciennes colonies ioniennes — servirent à ses constructions navales (1).

Mithridate s'occupa ensuite d'unifier sous son autorité l'Asie Mineure. Il commença par placer ses créatures sur les trônes de Bithynie et de Cappadoce (90), mais il entra ainsi en conflit avec les Romains. Sa première campagne (88) ne fut marquée que par des succès. Il chassa les Romains de leur « province d'Asie », c'est-à-dire de la Phrygie, de la Mysie, de l'Ionie et de la Carie, voire des îles, Lesbos, Chios, etc. (2). En un seul jour il fit massacrer en Asie 80.000 ressortissants italiens.

Non seulement les Cyclades furent occupées, mais les armées de Mithridate débarquèrent en Grèce où le parti démocrate athénien en lutte contre la faction aristocratique protégée par Rome, les accueillit en libératrices. En cette année 88, la conquête macédonienne était si bien effacée que, — retour inattendu des fuyards du Granique —, une garnison « perse » venait camper sur l'Acropole, et cela aux applaudissements des Athéniens. « Bientôt tout l'Orient hellénique allait être réuni sous le même sceptre et le roi de Pont achèverait de s'absorber dans le Grand Roi » (3).

Les Romains brisèrent dans l'œuf ce nouvel empire achéménide. Sylla, placé à la tête des légions, chassa les Pontiques d'Athènes (1er mars 86), puis les écrasa à Chéronée (printemps 86) et à Orchomène (automne 86). Mithridate, relancé en Asie, se résigna à évacuer toutes ses conquêtes anatoliennes et à se retirer dans son patrimoine du Pont (paix de Dardanos, août 85) (4).

La guerre reprit quand les Romains, par suite du testament du dernier roi de Bithynie, eurent annexé cette province (74). Mithridate essaya de la leur disputer, mais il en fut chassé (été de 73) par Lucullus, un des meilleurs capitaines romains, qui envahit le Pont lui-même. Lucullus dispersa l'armée pontique à Cabira (Niksar) (72) et obligea Mithridate à se réfugier chez le roi d'Arménie Tigrane (5). En 69, Lucullus s'empara de Sinope, le principal port pontique et la résidence préférée de Mithridate (6). Il envahit ensuite l'Arménie, écrasa l'armée arménienne devant Tigranocerta (7) le 6 octobre 69 et s'empara de cette

---

(1) Appien, *Mithridate*, 15 ; Strabon, XI, ii, 18.
(2) Appien, *Mithridate*, 18-21.
(3) Th. Reinach, *Mithridate Eupator*, p. 148.
(4) Appien, *Mithridate*, 38-58.
(5) Appien, 71-82 ; Plutarque, *Lucullus*, VIII-XIX, trad. Pierron, t. II, p. 503-521.
(6) Appien, 83 ; Plutarque, *Lucullus*, XXIII-XXIV ; Strabon, XII, iii, 11.
(7) Arménien : Tigranakert. Sans doute à l'est du Batman-sou, au sud-est et près de Maiyâfâriqîn, sinon cette dernière ville elle-même, comme le veut Lehmann-Haupt ; Cf. Plutarque, *Lucullus*, XXIV-XXVIII ; Strabon, XI, XIV, 15.

capitale. Toutefois ce fut à son successeur, Pompée, que fut réservé l'honneur d'en finir avec les deux rois. Mithridate étant rentré dans le Pont, Pompée l'y relança et le vainquit près de Dasteira ou Nicopolis (Piousk, district d'Endérès) (été de 66). A l'automne de la même année Pompée pénétra en Arménie, atteignit la ville d'Artaxata (Ardachar) et força Tigrane à renoncer à toutes ses conquêtes et à se reconnaître, pour le royaume d'Arménie, client du peuple romain. Mithridate s'était enfui vers la Colchide où il pouvait compter sur l'appui des montagnards du Caucase, notamment des Ibères (Géorgie) et des Albaniens (Chirvan). Pompée pénétra en Ibérie, s'empâra de la ville d'Harmoziké (Kartli-Armazi, au nord de Tiflis), força le roi ibère à se reconnaître client (printemps de 65), puis alla écraser les Albains dans leur pays (été-automne 65) (1). Pendant ce temps Mithridate avait fui de la Colchide vers le Bosphore Cimmérien, à Panticapée. Le vieux roi songeait à y lever une nouvelle armée et à marcher sur Rome par la voie du Danube, à la tête des Sarmates, des Bastarnes et des Celtes, quand ses soldats, effrayés d'un projet aussi démesuré, se mutinèrent. Il se suicida dramatiquement (été de 63) (2). A ce moment, Pompée se trouvait en Palestine. Considérant la guerre pontique comme liquidée, il venait, à Antioche, de déclarer la Syrie province romaine (hiver 64-63), après quoi il s'occupa des Juifs. A l'automne de 63, après un siège de trois mois, il prit Jérusalem d'assaut et mit fin à l'indépendance juive (3).

Pompée et la Question d'Orient

Le pays juif et araméen était sans défense. Mithridate était mort. En Iran les Parthes Arsacides se relevaient à peine des ravages des Saka. Le roi d'Arménie se soumettait. Il appartenait à Pompée d'imprimer aux rapports du monde oriental et du monde gréco-romain une forme nouvelle. En Anatolie comme en Arménie, en Mésopotamie comme en Syrie, il fixa les principes de la politique romaine, tels que devait les suivre encore dix siècles plus tard l'empereur byzantin Jean Tzimiscès. L'œuvre d'Alexandre avait été détruite au bout de deux cents ans. Celle de Pompée, pour infiniment moins glorieuse qu'elle fût, devait durer plus d'un demi-millénaire.

Tout ce qui dans l'œuvre d'Alexandre s'était affirmé viable, le conquérant romain le prit à son compte. Toutes les régions où

---

(1) Appien, *Mithridate*, 98-107 ; Plutarque, *Pompée*, XXXII-XXXV ; Strabon, XI, III, 5 ; Cf. Allen, *History of the Georgian people*, 1932 (p. 43).
(2) Appien, *Mithridate*, 109-112.
(3) Josèphe, *Antiquités*, XIV, 29-36, 53-59, et *B. J.*, I, 131-140 ; Strabon, XVI, II, 40.

l'hellénisme avait fait sérieusement ses preuves, il les couvrit de la force romaine. Toutes les parties aventureuses de l'épopée macédonienne, le génie positif de Rome y renonça. Ce fut une reprise de la tradition séleucide, mais une reprise après expérience. D'ailleurs, quand Rome prit en main les intérêts de l'hellénisme, que restait-il de l'œuvre d'Alexandre et de Séleucos ? A peu près rien. Le Parthe était à Séleucie, l'Arménien à Antioche, l'Arabe à Damas, le roi de Pont à Athènes. Si de l'an 63 avant J.-C. à l'an 1081 de notre ère, les bienfaits de la conquête macédonienne subsistèrent pour la civilisation, c'est que Rome sauva cette œuvre en la restreignant à ses parties solides. L'Asie Mineure et la Syrie paraissaient suffisamment hellénisées. Pompée les rattacha à l'empire romain. L'Iran était la proie des Parthes et des Saka. Malgré quelques menaces il n'y intervint point. Pour ce qui est de la Mésopotamie, grecque de surface, araméenne de fond, il hésita et Rome hésita après lui pendant cinq siècles.

En tout cela les Romains se montrèrent les héritiers conscients des Macédoniens. Comme les Macédoniens, ils furent en Asie les soldats de l'hellénisme. Ils ne latinisèrent que leurs provinces occidentales et barbares. Partout où ils trouvèrent l'hellénisme, ils le respectèrent comme une des deux formes officielles de leur domination. A l'est de la mer Ionienne et des Syrtes, l'empire romain fut toujours un empire grec. Et dès lors, qu'on se rappelle ce qu'ont duré, pour l'Anatolie par exemple, la période hellénistique - d'Alexandre à Mithridate -, et la période romaine — de Pompée aux Paléologues. On s'apercevra que l'hellénisme doit à la « Paix Romaine » le meilleur de ses conquêtes. L'indéfendable Iran une fois sacrifié, c'est sous les Césars qu'Alexandre a conquis l'Asie. *Rome en Orient ne fit pas œuvre romaine, mais œuvre macédonienne.* Les héritiers de Pompée en Orient purent jusqu'à Constantin XI s'appeler empereurs romains. Le jour vint après Justinien et il aurait pu venir dès Dioclétien où l'histoire les désigna de leur vrai titre : les *basileis*, les empereurs grecs. Dans la Question d'Orient, les Romains apportaient en effet au monde grec une force inestimable qu'Alexandre et les Séleucides avaient vainement tenté de lui donner : l'unité politique. L'empire byzantin devait, en face de l'Asie révoltée, représenter le programme d'Alexandre, le panhellénisme macédonien **réalisé et réalisé pour les Grecs, mais réalisé grâce à Rome.**

Dans la Syrie que Pompée venait de réduire en province romaine, son souci de restaurer l'hellénisme séleucide fut manifeste. La réaction de l'élément araméen fut enrayée, l'infiltration arabe fut arrêtée. L'élément grec fut partout protégé et encouragé. Les cheikhs nomades qui opprimaient les cités syriennes furent pris ou durent regagner le désert. Antioche et Séleucie de Piérie connurent une sorte de renaissance. Leurs libertés municipales furent rétablies, les souvenirs de la période macédonienne se virent remis en honneur. Sur la rive gauche du Jourdain, Pompée fonda même une nouvelle Séleucie (1). Ce dernier nom est significatif : le premier *imperator* romain en Syrie n'est, à bien des égards, que le dernier des Séleucides. L'émir nabatéen Hârithat (Arétas) III menacé jusque chez lui, en Arabie Pétrée, par les armées romaines (2), se reconnut client et, à ce titre, conserva Damas. Quant au royaume juif, Pompée, après avoir pris d'assaut Jérusalem, évita de l'annexer directement. La tentative malheureuse d'Antiochos Épiphane prouvait qu'il fallait ménager les sentiments religieux des monothéistes. Cependant Rome, héritière de la politique séleucide, ne pouvait supporter la théocratie nationaliste des Macchabées. Les Romains trouvèrent un moyen terme. Ils donnèrent la couronne de Judée à une dynastie iduméenne, aux Hérode. Assez naturalisés pour être supportés par leurs sujets, les Hérode restaient assez étrangers au judaïsme pour faire en Palestine les affaires des Romains.

Après la réduction de la Syrie en province romaine, Pompée évita d'entrer en lutte avec l'empire parthe. L'Euphrate marqua la frontière des deux dominations. Mais dix ans ne s'étaient pas écoulés que cette frontière était franchie. Les terribles « guerres parthiques » commençaient. Sous des noms divers, elles devaient se poursuivre pendant six siècles.

Rome et les Parthes

A l'époque où Pompée annexa la Syrie, les Parthes, gouvernés par la dynastie arsacide, possédaient les trois quarts de l'Iran. Les Saka et les Tokhares dont l'invasion avait bouleversé l'Est-Iranien, n'avaient pas tardé à se cantonner dans les provinces de l'actuel Afghanistan : Bactriane, Drangiane (Seistan) et Arachosie, d'où leur expansion s'était détournée vers l'Inde (3). Les Parthes restaient maîtres, outre la Parthie propre, de l'Hyrcanie, de la Médie, de la Perside (Fars), de la Susiane et de la Babylonie. C'était le noyau même de l'ancien empire perse achéménide. Aussi l'Arsacide Mithridate Ier (v. 170-138), après la conquête de ces provinces, vers 160-150, assuma-t-il le titre de Grand Roi, porté depuis par tous ses successeurs. Il renvendi-

(1) Voir dans le même esprit le nom de Pompeiopolis donné à Soli en Cilicie (Strabon, XIV, v, 8). Une autre Pompeiopolis (Tachkoprou) fut fondée en Paphlagonie.
(2) Josèphe, XIII, 15.
(3) Voir René Grousset, *L'empire des steppes*, p. 66-68 et l'*Asie Orientale*, p. 62-63 et 189-190.

quait implicitement de la sorte, par delà les Séleucides, l'héritage des Darius et des Xerxès (1).

Justin insiste sur le caractère « scythe » des Parthes (2). Les Scythes et Saka (la première appellation, grecque, étant en principe attribuée aux nomades de la Russie méridionale, la seconde, iranienne et sanskrite, aux nomades, de même race, du Turkestan russe ou de la Kachgarie) étaient eux-mêmes, nous l'avons vu, des Iraniens, mais des Iraniens restés barbares dans les steppes du Nord. Entre « Scythes » et Iraniens sédentaires la différence n'était donc nullement ethnique ou linguistique (3), mais purement et simplement culturelle. Justin dépeint les Parthes comme des archers à cheval, passant leur vie sur leur monture et, à la guerre, criblant l'adversaire de flèches « dans une fuite simulée », tous caractères bien connus des tribus scythiques (4). Le même Justin nous les montre exposant leurs morts (5), tandis que les Achéménides enterraient les leurs (6). On peut en inférer qu'ils étaient plus près du zoroastrisme que les Achéménides. D'après Andreas et Christensen, ce serait sous le règne de l'Arsacide Mithridate Ier, vers 147 avant J.-C., qu'aurait été effectuée la compilation du *Vendîdâd*, loi religieuse zoroastrienne comprenant l'ensemble des règles sur l'impureté et la purification, les péchés et les pénitences.

Comme tous les souverains de leur temps, les Arsacides suivirent la mode en « hellénisant ». Si Mithridate Ier relève sur ses monnaies le titre achéménide de Grand Roi, c'est en caractères grecs : *basileôs megalou*. Toutes les légendes de la numismatique parthe sont en effet grecques. Mithridate Ier et nombre de ses successeurs s'y parent du qualificatif de « philhellène » (7). A la manière des Séleucides et des Lagides, Mithridate II se décerne en outre les surnoms d'Épiphane, Évergète, Dikaios (8). Mais ce vernis d'hellénisme devait être fort superficiel. Les langues parlées, à l'exception des colonies grecques comme Séleucie du Tigre, étaient toujours l'iranien — le « pehlvi », c'est-à-dire,

(1) De Morgan, *Numismatique orientale*, p. 128-129, 132, 152 ; Rawlinson, *Parthia*, p. 63. De l'Arsacide Ardavân ou Artaban III (11-40 de notre ère), Tacite nous dit qu' « il parlait des anciennes frontières des Perses et des Macédoniens et qu'il menaçait, avec une insolente jactance, de reprendre tout ce qu'avaient possédé Cyrus et Alexandre » (*Annales*, VI, 31).
(2) Justin, XLI, I, 1 et 10.
(3) Justin, XLI, II, 3, montre bien que la langue parthe comme la langue scythe n'est qu'un dialecte iranien : « Leur langue (des Parthes) tient le milieu entre le scythe et le mède ».
(4) Justin, XLI, II, 7, III, 4.
(5) *Ibid.*, XLI, III, 5.
(6) Benveniste, *The Persian religion according to the chief Greek texts*, Paris, 1929, p. 49 ; Cf. Unvala, *Observations on the religion of the Parthians*, Bombay, 1925.
(7) A. Christensen, *Études sur le Zoroastrisme de la Perse antique*, Copenhague 1928, p. 43.
(8) De Morgan, *Numismatique orientale*, p. 132-136.

précisément, le dialecte « parthe » — en Iran et l'araméen en Mésopotamie et les actes étaient rédigés en écriture araméenne comme sous les Achéménides. Du reste, le déclin progressif de l'hellénisme dans l'empire parthe est illustré par la dégénérescence des caractères grecs sur les monnaies arsacides de Mithridate Ier (v. 170-138 avant J.-C.) à Artavazde (227-228 de notre ère) (1). Enfin les Parthes établirent en Iran un régime essentiellement féodal, caractérisé par la prééminence d'un certain nombre de grandes familles comme les Sourên (Surena), les Kârên et les Gêv, et par le servage de la population rurale (2). Dans une telle société, les colonies grecques comme celle de Séleucie du Tigre devaient se sentir assez perdues. Séleucie, nous assure Tacite, avait gardé « l'esprit de son fondateur », c'est-à-dire la conscience de son hellénisme. « Trois cents citoyens, choisis d'après leur fortune ou leurs lumières, lui composent un sénat. Le peuple a sa part de pouvoir. Quand ces deux ordres sont unis, on ne craint rien du Parthe » (3). La colonie grecque conservait donc dans l'empire féodal arsacide son autonomie municipale, mais la suite nous apprendra qu'elle regardait naturellement, au point de vue politique comme au point de vue culturel, vers le monde gréco-romain. De leur côté les Romains, désormais constitués en défenseurs de l'hellénisme dans le Proche-Orient, ne se devaient-ils pas de lui rendre ses provinces perdues ? Et ce fut ainsi que dès l'époque de César la marche vers Carrhes et vers Séleucie devint un des principaux objectifs de la politique romaine.

Malgré la continuité de cette politique et la valeur des légions, aucune des tentatives de Rome pour abattre l'empire parthe, pour annexer tout au moins la Babylonie, ne fut couronnée de succès.

Échec aux Romains. Crassus et Antoine

La première tentative eut lieu sous le règne de l'Arsacide Orodès Ier (57-v. 38). Le triumvir romain Crassus, dans le temps où César conquérait la Gaule, voulut recommencer en Iran l'expédition d'Alexandre. Au lieu de prendre pour base de ses opérations le massif d'Arménie, comme l'y conviait le roi d'Arménie Artavazde III, Crassus suivit les perfides conseils du prince d'Édesse Abgar II (4) et s'engagea dans les solitudes de la Djeziré où il fut encerclé et écrasé par les Parthes près de Kar-

(1) *Ibid.*, p. 147-148.
(2) Cf. Christensen, *L'Iran sous les Sassanides*, p. 16.
(3) Tacite, *Annales*, l. VI, 42 ; Rawlinson, *Parthia*, p. 81-82.
(4) Abgar II bar Abgar, de la famille de Maz'oûr (d'où chez Florus son nom de Mazorus), fut roi d'Édesse de 68 à 53.

rhai ou Carrhes (Harrân) (28 mai 53) et finalement massacré (1er juin). Vingt mille Romains ou auxiliaires perdirent la vie, dix mille furent faits prisonniers. Orodès déporta ceux-ci dans la région de Merv (1).

Ce désastre eut les plus graves conséquences. « Les Parthes, s'unissant aux Arabes, ne prétendirent à rien de moins qu'à chasser Rome de la Syrie. Comme les Grecs d'au-delà de l'Euphrate avaient attendu des Romains leur délivrance (2), les Juifs et les autres Sémites occidentaux attendirent la leur des Arsacides. » C'était bien le duel de deux mondes qui commençait. Jusque-là la domination des Parthes était restée assez précaire. La journée de Carrhes la consacra. Le roi Orodès apparut vraiment comme l'héritier des Achéménides. Les ennemis de Rome, les Asiatiques un moment déconcertés par la chute de Mithridate Eupator et de Tigrane, avaient retrouvé un chef. Quand l'auteur de l'*Apocalypse*, ce Sémite passionné qui puisa son génie dans sa haine de l'hellénisme, prophétisait la mort de la Bête romaine, c'était des cavaliers parthes qu'il attendait le salut.

Le triumvir Antoine songea en 36 avant J.-C. à recommencer la tentative de Crassus. Sur la proposition du roi d'Arménie Artavazde III, toujours allié des Romains, il prit pour base de départ ce pays et pénétra dans l'empire parthe par l'Atropatène, l'actuel Azerbaidjan persan, où il assiégea la ville de Praaspa (Marâgha) Mais le roi arsacide Frahâdh ou Phraate IV (de 37 à 2 avant J.-C.) obligea les Romains à lever le siège. La retraite de l'armée romaine fut pénible et le désastre évité de justesse (3).

L'échec d'Antoine, succédant au désastre de Crassus, affermit définitivement la dynastie arsacide. Depuis lors, le public romain admit le partage du monde civilisé entre les deux dominations. Un *modus vivendi* s'établit. Le roi parthe Phraate IV († 2 av. J.-C.) finit ses jours en bonne amitié avec l'empereur Auguste qui s'efforçait adroitement de faire pénétrer l'influence romaine dans ses États (4). A cet effet, Auguste et ses successeurs gagnèrent à la civilisation latine plusieurs jeunes Arsacides élevés auprès d'eux et qu'ils cherchèrent à placer ensuite sur le trône de Ctésiphon, mais chaque fois que ce calcul parut réussir, une réaction du tempérament semi-nomade se produisit chez les Parthes qui chassèrent les clients de Rome pour appeler d'autres prétendants arsacides restés fidèles aux coutumes de leur race (5).

(1) Plutarque, *Crassus*, XXXI-XXXIII.
(2) Plutarque, *Crassus*, trad. Pierron, t. II, p. 636.
(3) Plutarque, *Antoine*, XXXVII-XLII ; Dion Cassius, *Hist. Rom.* XLIX, Minorsky dans un article récent (*Roman and Byzantine campaigns in Atropatene*, Bull. School Orient. Stud. 1944. XI, 2, p. 258-263) situe Praaspa ou Phraata à Marâgha au lieu de Takht-i Soleimân.
(4) *Res gestae Divi Augusti*, V, 40-43, VI, 4-6.
(5) Tacite, *Annales*, II, 2-3.

A cette époque la rivalité partho-romaine avait pour enjeu principal le protectorat du royaume d'Arménie, la couronne arménienne passant tour à tour à des clients de l'empire parthe ou à des clients de Rome. Les compétitions s'accrurent après la disparition de la dynastie arménienne des Artaxiades, vers l'an 10 de notre ère (1). Rome et les Parthes finirent par aboutir à un compromis par l'attribution du trône d'Arménie à un cadet arsacide qui reconnut le protectorat romain. Ce fut ainsi que Terdat ou Tiridate Ier, frère du roi parthe Valgach ou Vologosos Ier, vint à Rome recevoir la couronne d'Arménie des mains de Néron (66 de notre ère) (2).

Trajan sur les pas d'Alexandre

Ce fut encore la question d'Arménie qui sous l'empereur Trajan provoqua la reprise des « guerres parthiques », le roi parthe Khousrô ou Chosroès ayant chassé d'Arménie un client des Romains pour le remplacer par un prince de son choix. Trajan, qui était résolu à en finir avec les Parthes, commença par s'emparer de l'Arménie qu'il réduisit en province romaine (114) (3). Cette annexion était appuyée par une alliance avec les peuples du Caucase, notamment avec les Albaniens du Chirvan qui reçurent un nouveau roi des mains de Trajan. De l'Arménie soumise, Trajan alla prendre ses quartiers d'hiver à Édesse où le roi local, Abgar VII, s'était rallié à la cause romaine.

Au printemps de 115 Trajan enleva aux Parthes la Mésopotamie septentrionale (Nisibe) (4). En 116 il conquit de même l'Assyrie et la Babylonie et entra en vainqueur dans les deux villes jumelles de Ctésiphon et de Séleucie dont la première jouait le rôle de capitale parthe. Les deux régions furent à leur tour réduites en provinces romaines et Trajan s'avança jusqu'à Charax Spasinou au voisinage du golfe Persique (5). Voyant un vaisseau qui appareillait de là pour les Indes, le conquérant romain exprima le regret que son âge ne lui permît pas d'aller y chercher les traces d'Alexandre (6). Du moins après la prise de Ctésiphon avait-il fait frapper l'éloquente médaille : *Parthia capta*.

L'avance des Romains vers l'Iran se trouva brusquement compromise par une révolte terrible, celle du monde sémitique.

(1) Voir notre *Histoire de l'Arménie*, t. I, Payot, 1946.
(2) Tacite, *Annales*, l. XV, c. 39 ; Dion Cassius, *Hist. Rom.* LXII, 23, LXIII, 1-7 ; Suétone, *Néron*, XIII ; Pline l'Ancien, XXXIII, 54. Sur le traité de Rhandéia de 63, notre *Histoire de l'Arménie* sous presse aux Éditions Payot.
(3) Dion Cassius, *Hist. Rom.*, LXVIII, 19-20.
(4) Dion Cassius, LXVIII, 23.
(5) *Ibid.*, LXVIII, 26-29.
(6) *Ibid.*, LXVIII, 29.

Le mouvement commença par les colonies juives de la Cyrénaïque, de l'Égypte et de Chypre, gagna les éléments juifs de l'Osrhoène, de la région de Nisibe, de l'Assyrie et de la Babylonie et s'étendit enfin aux populations araméennes de ces contrées, ainsi qu'aux tribus arabes du voisinage (117). Les Romains durent reconquérir Édesse, Nisibe et Séleucie soulevées, noyer la révolte dans le sang (1). Bien entendu, les Parthes avaient profité des embarras des Romains pour reprendre l'offensive. Fort heureusement les princes arsacides étaient, comme à leur ordinaire, divisés entre eux. Trajan, renonçant à conquérir l'Iran, accorda l'investiture à un de ces prétendants arsacides qui se reconnut son client, le Tigre devant marquer la frontière des deux États (2). Quand il mourut sur le chemin du retour à Sélinus en Cilicie (début d'août 117), s'il n'avait pas réussi à détruire l'empire parthe, il pouvait du moins se vanter d'avoir donné à l'empire romain la frontière du Zagros.

La révolte de 117 n'en était pas moins un symptôme fort grave. A l'heure où le plus grand des empereurs romains tentait de restaurer l'empire d'Alexandre, toute l'âme sémitique avait affirmé sa haine de la Grèce et de Rome. Depuis la prise de Jérusalem par Titus (70), le nationalisme et le piétisme juifs s'étaient exaspérés. Les zélotes, sectaires héroïques qui repoussaient toute compromission avec l'hellénisme, travaillaient sourdement les masses. Rome méprisait leur impuissance, mais à chaque défaillance de la force romaine, ils couraient aux armes. Ces révoltes juives sont d'ailleurs intéressantes à suivre parce qu'elles permettent de deviner l'évolution de l'âme orientale sous la domination romaine. Elles continuent les révoltes des Macchabées et elles annoncent l'approche de l'Hégire. Ce fut vraiment entre « l'Europe » et « l'Asie » la première *guerre de religion*, au sens moderne du mot, le premier soubresaut de l'antique Orient qui, par delà un philhellénisme de surface, essayait de rejeter la Grèce Extérieure à la mer.

Le successeur de Trajan, Hadrien, le plus grec des empereurs, se persuada de l'impossibilité d'helléniser jamais cette irréductible Asie. Quand il eut dompté les Juifs de l'empire, il liquida les conquêtes de son prédécesseur. Il évacua volontairement la Babylonie et l'Assyrie, même la Mésopotamie occidentale jusqu'à l'Euphrate, et rétablit en Arménie le système du protectorat au bénéfice d'une branche collatérale des Arsacides.

Cependant Trajan eut des imitateurs. Deux fois encore, sous

---

(1) *Ibid.*, LXVIII, 29-32. Ce fut sous le règne du prince d'Edesse Abgar VII bar Izat (109-116) que la ville fut prise d'assaut et incendiée par Lucius Quietus. Après une courte annexion romaine (116-118), la dynastie édessénienne fut restaurée dans la personne d'Ilour ou Yaloud et de Pharnataspat (118).

(2) *Ibid.*, LXVIII, 30. Médaille : « Rex Parthis datus ».

Marc-Aurèle et sous Septime Sévère, les légions romaines reprirent le chemin de la Mésopotamie. En 165 les lieutenants de Marc-Aurèle écrasèrent les Parthes à Doura-Europos sur l'Euphrate, à une cinquantaine de kilomètres au sud-est du confluent du Khabour, et enlevèrent définitivement à l'ennemi cette importante place-frontière ainsi que la ville d'Édesse (1). En 166 l'armée romaine atteignit les deux capitales parthes, Séleucie, qui fut livrée aux flammes, et Ctésiphon où le palais royal arsacide fut également brûlé (2). Néanmoins Marc-Aurèle ne songea pas à annexer comme Trajan la Babylonie. Il se contenta de rattacher à l'empire, dans le nord-ouest de la Mésopotamie, l'Osrhoène ou région d'Édesse où la principauté des Abgar retourna dans la clientèle romaine (3). En Arménie le protectorat romain fut rétabli et affermi. L'empereur Septime Sévère alla plus loin. En 194-195 il enleva aux Parthes et réannexa la Mésopotamie septentrionale autour de Nisibe dont il fit une colonie. Le roi parthe Vologasos IV étant venu en 197 assiéger Nisibe, Septime Sévère entreprit une nouvelle campagne au cours de laquelle il s'empara de Ctésiphon. Pour la troisième fois la capitale arsacide fut livrée au pillage par les légions victorieuses qui y firent cent mille prisonniers (novembre 197). Les Parthes n'obtinrent la paix qu'en se reconnaissant tributaires et Septime Sévère ajouta à ses titres celui de *Parthicus maximus* (4).

La dynastie arsacide et l'empire même des Parthes ne devaient survivre que peu de temps à ce désastre. Une réaction du nationalisme iranien allait balayer ces souverains trop faibles et les remplacer par la dynastie sassanide.

2. LA RÉACTION SASSANIDE

La révolution sassanide. Sa portée dans la Question d'Orient

Dans l'empire féodal des Parthes Arsacides, la Perside ou province du Pârs, l'actuel Fârs, qui avait pour capitale la ville d'Istakhr ou mieux Stakhr, l'ancienne Persépolis, formait un royaume provincial au pouvoir d'une série de rois dont nous

(1) Dion Cassius, LXXII, 2; Cf. Franz Cumont, *Les fouilles de Salihiyeh* dans : *Syria*, IV, 1923, p. 56 et *Fouilles de Doura-Europos*, 1926, p. LII et p. 410, n° 53 ; Baur et Rostovtzeff, *The excavations at Dura-Europos* (1928-1929), *preliminary reports*, New Haven, 1929 et 1931. Il y a lieu de remarquer que ce fut alors que le prince d'Edesse Ma'nou VIII, jusque-là client des Parthes (139-163) et désormais client des Romains (167-179) prit sur ses monnaies le titre de *Philorômaios*.
(2) Dion Cassius, LXXI, 2.
(3) Le roi d'Edesse Manou VIII (139-163 et 167-179) met sur ses monnaies l'effigie de Marc-Aurèle à côté de la sienne et s'intitule, on vient de le voir, *philorômaios* (De Morgan, *Numismatique orientale*, p. 236).
(4) Dion Cassius, LXXV, 9 ; Hérodien, l. III, c. xxx. *Histoire Auguste*, *Sévère*, 14-16.

possédons quelques monnaies (1). Ces princes s'appellent le plus souvent Artakhchatr ou Dâryav, c'est-à-dire Artaxerxès ou Darius comme les Achéménides, Pêrôz comme plus tard les Sassanides, Manoutchitr comme dans l'épopée. Il est à remarquer que les légendes de leurs monnaies ne sont jamais en grec comme celles des Parthes, mais en langue perse mêlée d'araméen et en caractères dérivés des caractères araméens d'époque achéménide (2). A l'écart dans ses montagnes, le Fârs qui avait été naguère la patrie des Achéménides, se présentait donc comme un conservatoire des traditions perses, lorsque, vers 212 de notre ère, un noble perse de la région de l'actuel Chiraz, nommé Pâbhagh, fils de Sâssân, fonda dans ce pays une nouvelle dynastie provinciale, la dynastie sassanide. Le fils de Pâbhagh, Ardachêr, vainquit et tua dans une grande bataille à Hormizdaghân le dernier roi parthe, l'Arsacide Ardavân ou Artaban V (28 avril 224) et fit une entrée triomphale dans la capitale parthe, Ctésiphon (3). Pendant les années suivantes, Ardachêr fit reconnaître son autorité dans les diverses provinces de l'Iran : Médie, Seïstan, Khorassan, Margiane et Arie. Les Kouchan ou Indo-Scythes de l'Afghanistan et du Pendjâb auraient même reconnu sa suzeraineté (4). Ayant ainsi substitué son autorité à celle des souverains parthes, le fondateur de la dynastie sassanide se proclama à leur place roi des rois, en perse *châhânchâh*, en lecture araméenne *malkan malka*. Les reliefs rupestres de Naqch-è-Radjab et de Naqch-è-Rostam, près de Persépolis, nous montrent l'investiture d'Ardachêr par le dieu suprême du zoroastrisme, Ahoura-Mazdâh ou Ohrmazd (5). Les monnaies des rois sassanides les qualifieront d'ailleurs de « serviteurs de Mazdâh ». Nous y verrons figurer au revers un pyrée flamboyant.

Le mazdéisme ou plus exactement le zoroastrisme est donc, avec l'avènement de la dynastie sassanide, devenu religion d'État. Ce caractère strictement confessionnel du nouvel empire constitue une de ses caractéristiques par rapport à l'époque parthe, l'autre marque propre du régime sassanide étant une centralisation inconnue des Arsacides (6).

L'Église zoroastrienne se composait du bas clergé des mages

(1) De Morgan, *Numismatique orientale*, p. 270-288.
(2) De Morgan, *Numismatique orientale*, p. 275 ; Justi, dans *Grundriss der iranischen Philologie*, t. II, p. 486 ; Herzfeld, *Paikuli*, p. 68.
(3) Noeldeke, *Geschichte der Perser und Araber zur Zeit der Sasaniden, aus der arabischen Chronik des Tabarî*, p. 411 ; Christensen, *L'Iran sous les Sassanides*, p. 81-84.
(4) Herzfeld, *Paikuli*, p. 36 et sq. ; Christensen, *L'Iran sous les Sassanides*, p. 84. Pour Ghirschmann (*Journal Asiatique*, 1945), la défaite des Kouchan fut l'œuvre du 2e roi sassanide, Châhpouhr Ier, entre 241 et 251.
(5) Sarre-Herzfeld, *Iranische Felsreliefs*, p. 67 et 98 et pl. 5 et 12 ; Herzfeld, *Paikuli*, p. 84 et sq.
(6) Cf. Christensen, *L'Iran sous les Sassanides*, p. 93.

ou *môghân* et du haut clergé des *môbadh*, chefs du districts ecclésiastiques, les uns et les autres subordonnés à un grand pontife, le *môbadhân môbadh* qui était la seconde personne de l'État, venant immédiatement en dignité après le roi et directeur spirituel de ce dernier. La consécration du roi dépendait en dernier ressort du *môbadhân môbadh* qui avait le privilège de le couronner (1). Ce clergé s'appuyait sur la « Bible du zoroastrisme », l'*Avesta* dont, selon la tradition parsie, une rédaction aurait déjà été exécutée sur l'ordre du roi parthe Vologasos Ier (51-77), mais dont le premier roi sassanide Ardachêr Ier aurait fait faire une rédaction plus complète (2). Le deuxième Sassanide, le roi Châhpouhr Ier (241-272), aurait réuni un concile pour fixer définitivement le canon avestique. La soi-disant lettre de Tansar au roi de Tabaristân, qui, si elle ne remonte pas à l'époque d'Ardachêr Ier, date du moins des environs de 560, sous le règne de Khousrô Ier (3), montre bien le rôle joué dans l'État par le clergé, rôle qui ne peut se comparer qu'à celui de l'Église catholique auprès d'un Philippe II avec, en plus, un nationalisme intransigeant. « La Religion et la Royauté, fera dire ce texte à Ardachêr, sont deux sœurs qui ne peuvent exister l'une sans l'autre. La Royauté est le soutien de la Religion et la Religion affermit la Royauté ».

La force de l'Église zoroastrienne en face de la royauté elle-même était assurée par la rigoureuse hiérarchie qui subordonnait les mages locaux aux *môbadh* provinciaux et ceux-ci au *môbadhan môbadh*, ce « pape du mazdéisme » (4). L'existence d'une Église aussi puissante donna à l'empire sassanide en plein monde antique quelques-uns des caractères de nos sociétés médiévales. « Puissant instrument de guerre et de politique au service de la dynastie, œuvre d'un clergé très fermé, très haute dans sa morale, très raffinée dans ses dogmes, mais très exigeante dans son culte, cette religion d'État devint rapidement oppressive. » Tous les non-croyants, qu'ils fussent chrétiens, ou, comme les mazdakistes et les manichéens, simplement hérétiques, en firent la cruelle expérience. Alors que l'empire romain, au IIIe siècle, s'ouvrait libéralement aux dévotions iraniennes comme le culte de Mithra, l'empire perse se fermait aux croyances — anciennes ou nouvelles — du monde gréco-romain. « Le clergé mazdéen, remarque Noeldeke, était aussi puissant que n'importe quel clergé chrétien et il ne le cédait à personne pour son ardeur persécutrice. Les prêtres ont, unis à la noblesse, fait la vie dure à plus d'un roi » (5).

(1) Noeldeke, *Tabari*, p. 96.
(2) Christensen, *l. c.*, p. 33-34 et 136-137.
(3) Christensen, *L'empire des Sassanides* (1907), p. 112.
(4) Labourt, *Le christianisme dans l'empire perse*, p. 5-6.
(5) Noeldeke, *Tabari*, p. 451.

Quant à la royauté sassanide, elle fut infiniment plus forte et mieux obéie que la royauté parthe. L'empire parthe avait été un empire féodal au point d'en devenir presque fédéral. L'empire sassanide continua à être féodal, mais la féodalité fut désormais étroitement subordonnée au pouvoir royal. Les *marzbân* ou satrapes des provinces se virent tenus sous la surveillance directe et constante du souverain. Les autonomies provinciales du temps des Parthes disparurent. Sept grandes familles, remontant pour la plupart à l'époque arsacide (1), se partageaient, il est vrai, et parfois à titre héréditaire, les grandes charges, mais il s'agissait là de charges de cour plutôt que de délégations territoriales (2). Par delà le régime parthe, la Perse sassanide retrouva l'absolutisme et la centralisation monarchiques des Achéménides.

Logiquement, pour rester fidèle à son nationalisme iranien l'empire sassanide aurait dû conserver sa capitale dans le Fârs, à Stakhr-Persépolis par exemple. Mais les nécessités politiques l'emportèrent. A l'exemple des Parthes, les grands rois sassanides eurent leur capitale à Ctésiphon et le fondateur de la dynastie reconstruisit la ville jumelle de Séleucie sous le nom de Vêh-Ardachêr (3). Or les deux cités étaient situées en dehors du territoire ethniquement iranien. La Babylonie, l'Assyrie et les autres parties de la Mésopotamie soumises aux Sassanides restaient en effet des pays de langue sémitique, araméenne et les Sassanides ne pouvaient songer à leur imposer le parler pehlvi. Bien mieux, comme nous le verrons, l'élément araméen fut bientôt renforcé sur la rive droite de l'Euphrate par une pénétration arabe continue qui accentua le sémitisme de la région. C'est donc avec raison que les rois sassanides, à partir du règne de Châhpouhr Ier (241-272), prennent sur leurs monnaies le titre de *Châhânchâh î Erân ou Anêrân*, « Roi des rois de l'Iran et du Non-Iran » (4).

Ce titre allait être justifié davantage encore par leurs prétentions territoriales sur l'Orient romain.

D'après Hérodien, Ardachêr revendiqua toutes les provinces de l'Asie romaine comme ayant naguère fait partie de l'empire achéménide qu'il entendait restaurer dans son intégrité (5). De fait, le *Kârnâmagh î Ardachêr*, texte pehlvi d'époque sassanide, et à l'époque musulmane le *Châh-nâmeh* de Firdousi prétendent rattacher la famille sassanide à « Dârây », c'est-à-dire à Darius (6). Quant à Alexandre le Grand, si les mêmes épopées

(1) Notamment les Kârên, les Soûrên, les Aspâhbadh, tous de race pehlvie, c'est-à-dire parthe, les Spandiyâdh et les Mihrân (Christensen, *L'Iran sous les Sassanides*, p. 98).
(2) *Ibid.*, p. 103.
(3) Christensen, *L'Iran sous les Sassanides*, p. 89-90.
(4) Herzfeld, *Paikuli*, p. 41 ; Christensen, *L'Iran...*, p. 215.
(5) Hérodien, l. VI, c. VI, trad. Léon Halévy, p. 201.
(6) Christensen, *Les gestes des rois dans les traditions de l'Iran antique*, Paris, 1936, p. 78.

cherchent à sauver l'honneur iranien en faisant de lui un cadet achéménide venu réclamer son patrimoine (1), la tradition zoroastrienne ne voyait en lui qu'un affreux persécuteur, incendiaire de Persépolis et destructeur du premier *Avesta*. Ce fut donc comme vengeurs des Achéménides que les Sassanides prirent les armes contre Rome, héritière d'Alexandre en Asie.

L'empereur Valérien, prisonnier de Châhpouhr

Sous le règne d'Ardachêr lui-même, la guerre contre Rome n'amena pas de décision. Mais son fils et successeur Châhpouhr Ier (241-272) remporta des succès inespérés. En 253 il chassa de l'Arménie le roi Tiridate II, client des Romains, et nomma à la place un prince vassal. En 260 il fit prisonnier près d'Édesse l'empereur romain Valérien. Un relief célèbre de Naqch-è-Rostam, près de Persépolis, montre Châhpouhr qui, d'un geste majestueux, fait grâce de la vie à Valérien pliant le genou devant son cheval (2). Les Perses, ne trouvant plus d'armée romaine devant eux, prirent et pillèrent Antioche, Tarse et Césarée de Cappadoce, ramenant avec eux des myriades de captifs. Ces prisonniers romains furent employés à de grands travaux, notamment, d'après la tradition, à la construction de ponts et de digues à Choustèr et à Goundêchâhpouhr, en Susiane (3).

Un empereur romain prisonnier des Perses, s'humiliant aux pieds du Grand Roi, c'était le désastre de Crassus renouvelé et accru. Néanmoins pas plus que lors de la journée de Carrhes, les maîtres de l'Iran ne purent arracher à Rome la Syrie ou l'Asie Mineure. Châhpouhr lui-même, talonné par de nouveaux contingents romains, dut précipitamment repasser l'Euphrate. Édesse resta terre romaine.

Le premier empire arabe : Palmyre

Entre les Romains paralysés par leurs guerres civiles et les Sassanides dont les razzias en terre romaine avaient tourné court, on vit s'élever en Orient une puissance nouvelle, celle de Palmyre (4).

---

(1) H. Massé, *Firdousi et l'épopée nationale (1935)*, p. 133.
(2) Sarre-Herzfeld, *Iranische Felsreliefs (1910)*, pl. 44 et p. 222. Aussi pages 220, 223, pl. 43 et 45.
(3) Noeldeke, *Tabari*, p. 33, n. 2. Pour les sources occidentales, Zosime, 1, 3. ; Zonare, XII, 23 ; Ammien Marcellin, XXIII, 5, 3. *Histoire Auguste, XXX tyr.*, 12, 1-2.
(4) Cf. Dussaud, *Topographie historique de la Syrie* (1927), p. 246-274 : Alois Musil, *Palmyrena*, New-York, 1928 ; Chabot, *La frontière de l'Euphrate, de Pompée à la conquête arabe* (1907), p. 328-335 ; Chabot, *Choix d'inscriptions de Palmyre* (1922) ; J. Cantineau, *Inventaire des inscriptions de Palmyre*, Beyrouth, 1920 et sq ; Cumont, *Fouilles de Doura-Europos*,

L'oasis de Tadmor ou Palmyre, dans le désert de Syrie, habitée par une population araméenne, devait sa fortune à sa position au croisement des caravanes. A l'ouest, elle communiquait avec la Méditerranée par Apamée, Antioche et Séleucie de Piérie, par Émèse (Homs) et Antarados (Tortose) ou par Damas, Baalbek et Beryte (Beyrouth) ou Tyr. A l'est, elle était en liaison avec la Mésopotamie par les ponts de l'Euphrate à Soura (près de Qalaat-Djaber) et à Doura-Europos (Sâlihîyeh), d'où, en descendant l'Euphrate, on atteignait Ctésiphon-Séleucie, Vologasias près de l'ancienne Babylone, et Charax Spasinou vers l'embouchure des deux fleuves dans le golfe Persique. De puissantes compagnies d'armateurs de caravanes avaient fait de Palmyre une des villes les plus riches de l'Orient. Les « chefs de caravanes » *(sunodiarkhai)* de Palmyre nous ont laissé de nombreux monuments avec inscriptions grecques et araméennes. Toute cette richesse se traduisait en effet dans le domaine de l'art par de magnifiques monuments et de remarquables statues-portraits.

Les Palmyréniens étaient eux-mêmes des Araméens, mais soumis à une aristocratie arabe (1). Ils étaient depuis le Ier siècle de notre ère dans la clientèle de Rome. Au commencement du IIIe siècle, Palmyre obéissait à un prince nommé Odenath (Oudhaina) assez romanisé, tout au moins en apparence, pour porter le *gentilice* de Septimius et le titre de sénateur. Son second fils et deuxième successeur, Odenath II (258-266), rendit à l'empire romain les plus signalés services lors de l'invasion du roi de Perse Châhpouhr (260). Non seulement il aida les Romains à repousser ce prince jusqu'à l'Euphrate, mais encore il dégagea la Mésopotamie romaine et relança les Perses jusqu'à Ctésiphon. Il reçut alors de l'empereur Gallien le titre de *dux Romanorum*, général des troupes romaines en Orient, et se donna lui-même pour les Orientaux celui de roi (2). Dans l'anarchie où les rivalités des « Trente Tyrans » plongeaient l'empire, il administra ainsi au nom de Rome toute la Syrie. A sa mort, sa veuve Zénobie (Zainab), femme remarquablement douée, exerça le pouvoir au nom de leur fils Waballath (266-273) (3). Zénobie ajouta à ses possessions l'Égypte et l'Asie Mineure, bref l'ensemble des provinces romaines d'Orient, du reste sans entrer en conflit avec les Romains puisqu'elle prétendait n'exercer le pouvoir qu'en leur nom.

Textes, 1926, p. XLVII-LXIV ; A. Kammerer, *Petra et la Nabatène* (1930), ch. XV ; Charlesworth, *Les routes et le trafic commercial dans l'empire romain*, trad. fr. (1938), p. 63 et sq ; J. Février, *Essai sur l'histoire politique et économique de Palmyre*, 1931 ; Poidebard et Mouterde, *La voie antique des caravanes entre Palmyre et Hit*, Syria, XII, 1931, p. 101.
(1) C. Brockelmann, *Précis de linguistique sémitique*, p. 15 (28).
(2) *Histoire Auguste, XXX tyr.* 15, 1-2. *Gallien*, 10, 1.
(3) *Ibid., Gallien*, 13, 2 et *Aurelien*, 38, 1.

Parlant couramment le grec, sinon le latin, elle n'en montrait pas moins des sympathies fort nettes aux cultes sémitiques, notamment au judaïsme et au christianisme, comme on le voit par le choix qu'elle fit, comme ministre, de Paul de Samosate, évêque d'Antioche (1). Il semble en effet qu'à l'exemple de Paul et de ses théories « adoptianistes », la reine de Palmyre, Arabe ou Égyptienne d'origine, « ait songé à faire triompher un large syncrétisme absorbant et conciliant toutes les religions » (2). Ainsi la conquête pacifique de l'Orient gréco-romain par le monde sémitique ne s'accomplissait pas seulement dans le domaine politique, mais aussi dans le domaine spirituel.

Cette curieuse formation politique n'eut qu'un temps. Lorsque, en 271, Zénobie et Waballath, franchissant la dernière étape, eurent pris le titre impérial, l'empereur Aurélien qui, en raison des circonstances, avait jusque-là toléré leurs empiètements, leur déclara la guerre. Vainqueur des Palmyréniens devant Émèse, Aurélien prit Palmyre (mai-juin 272) et captura Zénobie qui orna son triomphe. Palmyre s'étant de nouveau révoltée, il la livra au pillage (fin de 272) (3). La cité du désert cessa depuis lors de jouer un rôle quelconque.

Il faut s'arrêter un instant sur cette étrange aventure d'un émirat palmyrénien détachant des Romains, sans lutte ni rupture, toutes leurs provinces asiatiques. En réalité l'événement ne faisait que sanctionner les conséquences d'une révolution passée inaperçue : la mainmise de la race arabe sur une partie de l'Orient hellénistique. Il y avait là une lente et insensible prise de possession, analogue à la pénétration des Slaves dans les Balkans au VIIIe siècle. « Ce serait une erreur, note Dussaud, de croire que la pénétration des éléments arabes en Grèce date de la conquête musulmane. L'élan qui permit aux Musulmans de rompre les lignes byzantines au Yarmouk et d'envahir la Syrie a marqué l'apogée de la puissance arabe. Mais il ne constitue que l'amplification d'une tendance qui a laissé de nombreuses traces dans l'histoire. La conquête musulmane répond au mouvement normal des populations arabes qui tendaient à s'établir en territoire sédentaire. » A chaque fois que la puissance grecque ou romaine faiblissait — à la chute des Séleucides, à l'époque de Zénobie — les progrès de la race arabe apparaissaient au grand jour. Cette conquête sans drapeau prépare et annonce de loin l'heure de l'Islam.

Quant aux Perses Sassanides, l'échec des tentatives de Châh-pouhr Ier en Syrie et en Anatolie les obligea à ajourner leurs

---

(1) Cf. G. Bardy, *Paul de Samosate*, Louvain, 2e éd., 1929.
(2) M. Besnier, *L'empire romain de l'avènement des Sévères au concile de Nicée*, p. 220.
(3) *Histoire Auguste, Aurélien*, 22-31.

revendications. Les pays à l'ouest de l'Euphrate restèrent pour quatre siècles officiellement acquis à Rome, c'est-à-dire à l'hellénisme. L'empire perse se trouvait d'ailleurs paralysé par des difficultés intérieures, notamment par la diffusion du manichéisme.

Mani et le syncrétisme sassanide

Pour enfermé qu'il fût dans son nationalisme iranien et sa foi zoroastrienne, l'empire sassanide, nous l'avons vu, n'en comprenait pas moins dans ses provinces du sud-ouest, en Babylonie et en Assyrie, une large zone de race sémitique, de culture araméenne où se trouvaient même ses plus considérables agglomérations urbaines et jusqu'à sa capitale, Ctésiphon. Or cette région restée en liaison linguistique et culturelle avec la Syrie, s'était très vite ouverte à la prédication du christianisme. Les communautés chrétiennes, comme d'ailleurs les communautés juives, y étaient déjà fort nombreuses. Ajoutons que sur leur frontière orientale, du côté de l'Afghanistan, les Sassanides exercèrent à plusieurs reprises leur suzeraineté sur divers districts de la Bactriane et du Caboul — le pays des « Kouchân » — qui professaient alors la religion bouddhique ; les fresques ou les statues trouvées par la Délégation Archéologique Française, notamment par M. et Mme Hackin à Bâmiyân, à Kakrak, à Fondoukistân et dans les autres districts afghans du voisinage nous montrent l'art sassanide associé sur ces confins aux symboles de la grande religion indienne (1).

Le monde sassanide, quoiqu'il s'en défendît, se trouvait donc être un carrefour d'idées iraniennes, d'idées chrétiennes et d'idées bouddhiques et c'est ce syncrétisme, à bien des égards plus large que le syncrétisme purement gréco-sémitique d'Alexandrie, qui se traduisit dans les doctrines manichéennes (2).

Mani (v. 215-276) appartenait à une famille iranienne, mais il semblerait qu'il ait employé aussi bien le syriaque que le pehlvi. Il commença par adhérer aux doctrines chrétiennes ou plutôt à l'interprétation qu'en donnaient les sectes gnostiques (3). Sous

---

(1) Cf. A. et Y. Godard et J. Hackin, *Les antiquités bouddhiques de Bâmiyân*, Mémoires de la Délégation Archéologique française en Afghanistan, Éditions d'Art et d'Histoire, Paris 1928 ; Hackin et Jean Carl, *Nouvelles recherches archéologiques à Bâmiyân, ibid*', 1933 ; Hackin et Jean Carl, *Recherches archéologiques au col de Khair-khaneh, ibid*, 1936 ; Hackin et Mme Hackin, *Recherches archéologiques à Bégram, ibid*., 1939 ; Hackin, *L'art indien et l'art iranien en Asie Centrale*, dans l'*Histoire universelle des arts* dirigée par L. Réau, t. IV, *Arts musulmans et Extrême-Orient*, 1939, p. 255.

(2) On trouvera sur l'état actuel de l'histoire du manichéisme, y compris le résultat de la découverte des papyrus du Fayoum, une bibliographie au point dans Christensen, *L'Iran sous les Sassanides* (Musée Guimet, 1936), p. 175-177; Cf. J. Przyluski, *Mani et Plotin*, Bulletin de la Classe de Lettres de l'Acadé. .° Royale de Belgique, XIX, 1933, 10-12 (1934), p. 322.

(3) Cf. V aldschmidt et Lentz, *Die Stellung Jesu im Manichäismus*, 1933.

l'influence de la gnose il chercha à fonder une religion universelle harmonisant le christianisme et le dualisme zoroastrien. Ayant voyagé dans l'Inde, il en rapporta la doctrine bouddhique ou plutôt pan-indienne de la transmigration qu'il intégra à son système (1). Ce syncrétisme où le milieu araméen comme le milieu iranien retrouvait les éléments de ses traditions, paraît avoir eu des deux côtés un succès considérable. Le roi Châhpouhr Ier semble y avoir été assez favorable : Mani lui dédia même une de ses œuvres, le *Châhpouhraghân* (2). Mais l'Église zoroastrienne, comme d'ailleurs l'Église chrétienne, ne tarda pas à attaquer le novateur et finit par obtenir sa condamnation. Le roi sassanide Vahrâm Ier (273-276) le fit jeter dans une prison où il mourut.

Le manichéisme allait avoir une longue carrière puisqu'il devait en Occident obtenir un moment l'adhésion d'un esprit comme saint Augustin et se prolonger jusqu'au XIIIe siècle dans les « Cathares » de notre Guerre des Albigeois, tandis qu'en Extrême-Orient on le verra au VIIIe siècle convertir un moment les Turcs Ouighour de la Haute Mongolie (3). Mais dans l'empire sassanide il avait échoué dans la mission que son fondateur lui avait assignée. Destiné à servir de trait d'union entre le christianisme et le zoroastrisme, entre le monde romain et le monde sassanide, il était des deux côtés récusé comme hérétique. Rome et l'Iran restaient en présence.

Entre eux, à vrai dire, la paix n'avait jamais été qu'une trêve. C'est que, comme naguère les Parthes, les Sassanides disputaient toujours aux Romains la Mésopotamie septentrionale (Nisibe) et le protectorat de l'Arménie. Sous le règne du Sassanide Vahrâm II (276-293) l'empereur romain Carus pénétra jusqu'à Ctésiphon et en 283 les Romains imposèrent une paix qui leur donnait satisfaction sur les deux points contestés (4). Le jeune prince arsacide Terdat ou Tiridate III, qui avait grandi à Rome, fut placé par l'empereur Dioclétien sur le trône d'Arménie (287). La lutte recommença du fait d'un nouveau roi sassanide, Narsê (293-302) qui, dès 294, chassa Tiridate et se subordonna de nouveau l'Arménie. Le second de Dioclétien, le « César » Galère, éprouva d'abord un échec près de Carrhes, mais écrasa ensuite l'armée perse dans une grande bataille où il s'empara du camp et des femmes de Narsê. Celui-ci, à la paix de 297, dut abandonner définitivement aux Romains le protectorat de

---

(1) W. Jackson, *Journal of the American Oriental Society*, t. XLV, p. 246 et sq.
(2) Cf. Schmidt et Polotsky, *Ein Mani-Fund in Egypten*, Sitz. Preuss. Akad, 1933, p. 47
(3) Cf. René Grousset, *L'empire des steppes*, p. 173 et sq.
(4) *Histoire-Auguste, Carus*, 8, 1 ; Eutrope, IX, 12.

l'Arménie où Tiridate III fut restauré, ainsi que cinq provinces dans la haute vallée du Tigre. Dans les territoires ainsi récupérés les Romains fortifièrent Amida (Diyarbékir), ville qui devait jouer un rôle considérable à l'époque suivante (1), et Nisibe qui devint leur principal entrepôt commercial de ce côté (2).

Mais bientôt, par la conversion de Constantin au christianisme, la question d'Orient allait changer d'aspect.

(1) Eutrope, IX, 15. Amida fut fortifiée par l'empereur Constance (Ammien Marcellin, VIII, 9, trad. Nisard, p. 105).
(2) Cf. Marquart, *Erânschahr*, p. 169, et Poidebard, *Syria*, XI, 1930, p. 33-42.

DEUXIÈME PARTIE

LA QUESTION D'ORIENT AU HAUT MOYEN AGE
LA SOLUTION BYZANTINE

CHAPITRE PREMIER

BYZANCE, REMPART DE LA CIVILISATION EUROPÉENNE

1. De Julien a Héraclius

L'empire chrétien et le monde sassanide

Au commencement du ive siècle de notre ère, sous le règne de l'empereur Constantin (306-337) et du roi de Perse Châhpouhr II (310-379), la question d'Orient entra dans une phase nouvelle. En effet, du jour où Constantin se rallia au christianisme, les intérêts de la politique romaine au Levant se confondirent avec ceux de cette religion. Or, précisément à la même époque, l'empire perse sassanide se rattachait plus étroitement que jamais à la religion zoroastrienne. Tandis que Constantin convoquait le concile de Nicée (325), Châhpouhr II réunissait de son côté un synode national dirigé par le grand môbadh ou mage Adhourbadh-î-Marhspandân et qui fixa définitivement le texte de la « bible zoroastrienne », l'*Avesta* (1). L'antique lutte de l'hellénisme et du génie de l'Orient affecta dès lors un caractère religieux. Ce fut des deux côtés une guerre sainte. A cet égard l'Islam devait seulement aggraver une situation qui exista dès le ive siècle. Lorsque l'hellénisme et l'âme asiatique furent enfermés chacun dans l'armature rigide d'un dogme (et il n'était pas de dogmes plus intransigeants que ceux du zoroastrisme sassanide), lorsque le frottement des races et des civilisations s'aviva de deux fanatismes rivaux, la haine entre l'*Hellène* et le *Barbare*, devenus l'*Orthodoxe* et l'*Infidèle*, prit un caractère inexpiable. La réaction asiatique se traduisit dans le parsisme, puis dans l'islam, mais sous ces noms divers elle resta aussi intransigeante : depuis Châhpouhr II et Constantin, la question d'Orient fut le choc de deux croisades adverses.

La conversion de Constantin ne posa pas seulement sous une forme nouvelle la question des rapports entre l'empire romain et

---

(1) Cf. A. Christensen, *L'Iran sous les Sassanides*, Annales du Musée Guimet, t. XLVIII, 1936. p. 137.

l'empire perse. Elle provoqua chez les Perses eux-mêmes une question fort grave. La Perse sassanide comptait de nombreuses chrétientés, notamment en Babylonie, autour de Séleucie-Ctésiphon, en Assyrie et en Adiabène autour de Nisibe et d'Arbèle, en Susiane (Khouzistan), autour de Goundêchahpouhr (Beit-Lapat). Après la conversion de Constantin, les chrétiens de Perse, opprimés par l'Église mazdéenne, se tournèrent vers lui comme vers un protecteur naturel. Leurs chefs, le *katholikos* Simon Barsabba'ê, le théologien Afraat, ne cachaient pas leurs sympathies romaines. « Les Nazaréens, disait Châhpouhr II, habitent notre territoire et partagent les sentiments de César, leur coreligionnaire et notre ennemi... Simon veut exciter ses fidèles à la rébellion contre mon empire. Il veut en faire les esclaves de César ! » (1). Ce fut moins comme chrétiens que comme partisans des Romains que les évêques de Perse furent l'objet d'une persécution générale (340-379).

Conversion de l'Arménie au christianisme

Cette persécution s'accompagna d'une nouvelle rupture entre la Perse et l'empire romain (338) (2). L'enjeu — et la principale victime — de la guerre fut, une fois de plus, l'Arménie. À la vérité, c'était là depuis longtemps le sort de ce pays. Depuis l'avènement de la dynastie locale des Arsacides (53-429), l'Arménie, on l'a vu, apparaissait à la fois comme une dépendance culturelle de l'Iran et comme une dépendance politique de l'empire romain ; de ce fait, elle se trouvait périodiquement écartelée entre les deux influences. Mais l'Arsacide Tiridate III fit définitivement pencher vers Rome le destin de l'Arménie lorsque sur les instances de saint Grégoire l'Illuminateur (Grigor Loussavoritch), il accepta le baptême (vers 301, ou mieux, d'après Adontz, 288) (3). Décision capitale. Dans le grand duel qui commençait entre l'Europe et l'Asie, l'Arménie prenait parti pour la chrétienté, c'est-à-dire pour l'Europe. Comme la France et ses

---

(1) *Acta martyrum et sanctorum*, éd. Bedjan, t. II, p. 136 et 143. Cf. J. Labourt, *Le christianisme dans l'empire perse sous la dynastie sassanide*, p. 461.

(2) Sur les guerres de Châhpouhr II contre les empereurs de la dynastie constantinienne, cf. Ammien Marcellin, l. XVIII, c. 4-10, XIX, c. 1-9 et XXIV-XXV.

(3) Pour l'histoire du règne de Tiridate III et la prédication de saint Grégoire l'Illuminateur, voir la chronique d'Agathange dans la Collection des historiens de l'Arménie par V. Langlois, I, p. 150, 175. Aussi l'histoire du Taron par Zénob, *ibid.*, I, p. 337- et sq. Notons qu'avant de se convertir, Tiridate III s'était montré persécuteur (martyre de sainte Rhipsimé). Cf. Ormanian, *L'Église arménienne* (1910), p. 10 ; Tournebize, *Histoire... de l'Arménie*, p. 452. Sur la conversion de la Géorgie, cf. P. Peeters, *Les débuts du christianisme en Géorgie d'après les sources hagiographiques*. Acta Bollandiana, I., fasc. 1-2, p. 17-18. Sur la date de 288, Adontz, *Vestiges d'un ancien culte en Arménie*, Mélanges Franz Cumont, 1936, p. 513.

quatorze siècles d'histoire sortent du baptistère de Reims, l'Arménie est née dans le sanctuaire où Grégoire l'Illuminateur baptisa le roi Tiridate (1).

Châhpouhr II, engagé dans une lutte à fond contre le christianisme, ne pouvait sur ses frontières laisser l'Arménie devenir la citadelle de cette religion. Vers 350 il attira dans une conférence le roi d'Arménie Tigrane VII, successeur de Tiridate III et chrétien comme ce dernier, et le fit prisonnier. Il lui aurait même fait crever les yeux, traitement qui semble en réalité avoir été infligé par les Perses (vers 367) non à Tigrane VII, mais au fils de celui-ci, au roi d'Arménie suivant, Archak II (2).

Les derniers Romains et la question d'Orient

Bien entendu, la guerre avait recommencé entre Châhpouhr II et les Romains alors gouvernés par l'empereur chrétien Constance. Le théâtre des opérations fut, en haute Mésopotamie, la région de Nisibe, ville que les Perses assiégèrent trois fois en vain (338, 346, 350) et la région de Singara (Sindjar) où eut lieu en 348 une bataille nocturne célèbre. La guerre changea d'aspect lorsque l'empereur Julien, le dernier grand soldat de l'histoire romaine, en prit la direction (mars 363). Après avoir longé l'Euphrate par Callinicum (Raqqa) et Circesium, Julien franchit le Chaboras (Khabour) pour entrer dans la Mésopotamie sassanide (3), puis il continua à descendre la rive gauche de l'Euphrate. Il prit Pirisabora (Anbar), triompha des Perses dans toutes les rencontres, puis, marchant toujours en direction sud-est, parvint aux ruines de Séleucie du Tigre (4). Malgré l'opposition des Perses il fit passer le Tigre à son armée et atteignit sur l'autre rive Ctésiphon qu'il ne se hasarda pas à attaquer. Il remonta alors le Tigre en direction de l'Assyrie. Le 16 juin, les Romains furent assaillis par l'armée perse qu'ils repoussèrent, mais qui continua à les harceler pendant leur retraite. Le 27 juin 363, au cours d'un de ces combats, Julien qui s'exposait sans ménagements, fut mortellement blessé (5).

Par un curieux paradoxe, l'empereur « apostat » avait défendu en héros les frontières de ce monde romain qui était en train de devenir « la chrétienté », et ce fut l'empereur chrétien Jovien, son successeur, qui démantela ces mêmes frontières. Pour ob-

---

(1) Ormanian, *L'Église arménienne*, p. 9-11.
(2) Ammien Marcellin, XVIII, 5, trad. Nisard, p. 98. Sur les embarras des Perses pendant ce temps du côté de la Sakasthène (Séistan) et du Khorassan, cf. Marquart, *Erânschahr*, p. 36 et 50.
(3) Ammien Marcellin, XXIII, 5, 15-25.
(4) *Ibid.*, XXIV, 5, 3-4.
(5) Ammien Marcellin, XXIV, 8 ; XXV, 1-3. Cf. J. Bidez, *Vie de l'empereur Julien*, p. 316-331.

tenir la paix de Châhpouhr II, Jovien rétrocéda à celui-ci non seulement les cinq provinces transtigritanes jadis conquises par Dioclétien et Galère, mais encore le nord-est de la Mésopotamie, y compris les deux places fortes de Singara (Sindjar) et de Nisibe (363) (1). Le christianisme fut le premier à pâtir de ces rétrocessions, comme le prouve l'exemple du Père syriaque saint Éphrem obligé à quitter alors Nisibe, sa patrie, pour venir s'établir à Édesse (2). Pis encore : Jovien, lâchement, abandonna en même temps à la suzeraineté sassanide le roi chrétien d'Arménie jusque-là client des Romains, Archak (Arsace) II, que, quatre ans après, Châhpouhr put impunément attirer à sa cour et faire exécuter (367) (3). L'empereur Valens entreprit, il est vrai, de restaurer sur le trône d'Arménie le fils d'Archak. Grâce aux embarras des Sassanides, alors aux prises avec les Kouchan du côté de l'Afghanistan, il y réussit (368), mais il se brouilla ensuite avec son protégé et le fit lui-même périr (374). Valens envoya régner en Arménie un autre Arsacide, Varazdat, puis il le détrôna comme il avait détrôné son prédécesseur (374-378) (4).

Reconnaissons que pendant toute cette période la politique asiatique de l'empire chrétien fut passablement incohérente et propre à lui aliéner les sympathies de ses alliés naturels, tant arméniens que syriaques.

Après la mort de Châhpouhr II (379), la lutte des Sassanides contre le monde romain parut s'apaiser. Le nouveau roi de Perse Ardachêr II (379-383) fut paralysé par ses démêlés avec les grands qui finirent par le détrôner. Châhpouhr III (383-388) signa la paix avec les Romains (384). En butte, lui aussi, à l'hostilité des grands, il fut assassiné par eux. Vahrâm IV qui vint ensuite (388-399) et qui d'ailleurs devait périr de même, resserra ses liens avec le monde romain : c'était l'époque où la horde nomade des Huns Hephthalites menaçait le Khorassan, et la Perse avait besoin de garder les mains libres à l'Ouest. Il est vrai qu'elle y gagna. Par l'accord conclu entre 387 et 390 (5) avec l'empereur

(1) Ammien Marcellin, XXV, 5 et sq. Trad. Nisard, p. 240-241.
(2) Saint Ephrem, né vers 306 à Nisibe, célèbre par ses poésies religieuses en syriaque, vint s'établir à Edesse en 363. Il y fonda la fameuse école dite « École des Perses » qui fut un des centres les plus actifs de la littérature chrétienne syriaque. Saint Ephrem mourut à Edesse le 9 juin 973. Cf. Rubens Duval, *Littérature syriaque*, p. 329-336 ; J. B. Chabot, *Littérature syriaque*, p. 25-30 ; J. B. Chabot, *L'École de Nisibe*, J. A., 1896, p. 43-93 ; Baumstark, *Geschichte des syrischen Litteratur*, Bonn, 1922, p. 113 et sq ; Th. Hermann, *Die Schule von Nisibis* dans *Zeitschrift f. neutestam. Wiss.*, 1926, p. 89 et sq.
(3) Ammien Marcellin, l. XXVII, ch. xii, trad. Nisard, p. 282 ; Faustus de Byzance, dans Langlois, I, p. 286 et sq. Cf. Christensen, p. 302-303.
(4) Ammien Marcellin, l. XXX, ch. I, p. 330. Cf. Justi, *Grundriss der iranischen Philologie*, II, p. 524 et sq ; Christensen, *L'Iran sous les Sassanides*, p. 234.
(5) Noeldeke, *Études sur la Perse ancienne*, p. 156.

Théodose, celui-ci abandonna définitivement aux Perses le protectorat de l'Arménie en ne conservant sous la domination romaine que quelques provinces occidentales à l'ouest de Théodosiopolis (Erzéroum) et de Martyropolis (Maiyâfâı iqîn), ainsi devenues villes frontières de l'empire romain. Les principaux districts retenus par Rome étaient la Sophène (pays de Kharpout) la Sophanène (au sud de Martyropolis, à l'est d'Amida), l'Asthianène et la Bélabitène (à l'ouest de l'embouchure du Gœk-sou) (1).

L'abandon de l'Arménie constituait pour le monde romain un recul dont la gravité n'a pas besoin d'être soulignée. A la veille des grandes invasions en Occident, le dernier empereur romain « unitaire » laissait se démanteler le bastion oriental de la chrétienté. L'Arménie chrétienne se voyait, au seuil des temps nouveaux, abandonnée par le monde gréco-romain, livrée à ses propres moyens, vouée, bon gré mal gré, à graviter dans l'orbite de l'Iran mazdéen aujourd'hui, musulman demain. Les conséquences de cette orientation n'ont pas besoin d'être soulignées.

La lutte du Christ et de Zarathouchtra

Il est vrai qu'entre Sassanides et Romains le rapprochement paraissait se maintenir. Le roi sassanide Yazdgard Ier (399-421) pratiqua au dehors une politique d'amitié envers la cour de Constantinople et à l'intérieur entra en conflit avec la noblesse perse et avec le clergé zoroastrien. A ces deux titres il se montra tolérant envers le christianisme, reçut à sa cour Mâroûthâ, évêque de Martyropolis, et autorisa ce prélat à réunir à Séleucie du Tigre en 410 un concile où les chrétientés indigènes adoptèrent les définitions théologiques du concile de Nicée. A l'issue de ce synode, Yazdgard autorisa l'exercice du culte chrétien et la construction d'églises (2). La hiérarchie ecclésiastique fut régulièrement organisée avec un patriarche à Séleucie-Ctésiphon et des métropolites à Beit-Lapat ou Goundêchâhpouhr en Susiane, à Prat de Maichan ou de Mésène (près de l'actuel Bassora), à Karka de Beit-Slokh ou Kerkouk, au Beit-Garmai, à Arbèl en Assyrie et à Nisibe en Mésopotamie septentrionale. Il est à remarquer que tous ces sièges métropolitains étaient situés dans les provinces sémitiques et de langue araméenne de l'empire sassanide, mais parmi les trente évêchés ordinaires une partie

---

(1) Cf. Chapot, *La frontière de l'Euphrate*, p. 10-11. Ces frontières devaient se perpétuer dans l'ensemble jusqu'au viie siècle. Voir la *carte de la Mésopotamie et de la IVe Arménie vers 600*, dans Honigmann, *Die Ostgrenze des Byzantinischen Reiches von 363 bis 1071*, Bruxelles, 1935 et le texte même de Honigmann, *ibid.*, p. 9.

(2) *Synodicon orientale*, éd. Chabot, dans *Notices et extraits de ms*, t. XXXVII, p. 254-260. Cf. Labourt, *Le christianisme dans l'empire perse*, p. 87-103.

était attribuée à des provinces ethniquement iraniennes et du reste les actes des martyrs nous montrent qu'un certain nombre d'Iraniens authentiques, voire de grands seigneurs, avaient embrassé le christianisme. « L'Église chrétienne de Perse, hier encore dispersée par la persécution et minée par le schisme, était maintenant officiellement protégée et reconnue par le Roi des Rois. » On vit même le patriarche Yahballâhâ Ier (415-420) envoyé en ambassade à Constantinople par Yazdgard « pour la concorde des deux empires » (417-418). Il fallut les imprudences de certains prêtres chrétiens de la Susiane, qui allèrent jusqu'à détruire des pyrées mazdéens, pour obliger Yazdgard à des mesures de répression locales (420).

Dans le royaume d'Arménie désormais étroitement subordonné à la Perse, le christianisme prospérait plus encore. Sous le règne de l'Arsacide Vram-Chapouh (v. 387-419) qui gouverna en parfait accord avec le clergé, la conversion du pays s'acheva. Sous ce règne et sous le premier patriarcat (387-428) de saint Sahak ou Isaac le Grand, saint Mesrop Machtotz créa entre 392 et 405 les 36 lettres primitives de l'alphabet arménien, permettant ainsi de traduire en arménien l'Ancien Testament (1). Cette traduction, achevée en 433 après une dernière révision par saint Sahak et qui fut suivie de la traduction d'un grand nombre d'ouvrages grecs, créa de toutes pièces la littérature arménienne, littérature rapidement destinée à devenir si riche, comme le montre déjà l'exemple de Korioun et d'Eznik de Kolb (2). La nation arménienne prit ainsi conscience d'elle-même, précisément à l'heure où les vicissitudes de l'histoire menaçaient de l'absorber dans l'empire perse. Elle parvint de la sorte à échapper aux dangers de l'assimilation et à conserver, à défaut de l'indépendance politique, son autonomie spirituelle.

Sur le trône de Perse, Yazdgard Ier avait eu pour successeur un de ses fils, Vahrâm V, surnommé Gôr (l'Onagre) (v. 421-438). Signe des temps : Vahrâm Gôr ne triompha de ses compétiteurs et ne s'empara de Ctésiphon que grâce à l'aide des Arabes Lakh-

---

(1) L'élaboration de l'alphabet arménien est localisée à Balahovit (Palou). Cf. Korioun, *Biographie de saint Mesrob*, trad. Emin, dans la collection des *Historiens de l'Arménie* de Langlois, t. II, p. 9 ; Lazare de Pharpi, *Histoire d'Arménie*, n. 9-11, 18. Moïse de Khorèn, III, ch. LII ; Ormanian, *L'Église arménienne* (1910), p. 18 ; Tournebize, *Histoire... de l'Arménie*, p. 503, 510. Aussi la brochure collective *Célébration solennelle du XVe centenaire de la traduction arménienne de la Bible*, Leroux, 1938, notamment, p. 18, lettre de Meillet et p. 47, étude d'Adontz. Et L. Mariès dans *Cérémonie consacrée à Antoine Meillet*, Bibliothèque arménienne Nubar, Paris, 1937, p. 41. Et surtout le P. Paul Peeters, *Pour l'histoire des origines de l'alphabet arménien*, Revue des Études Arméniennes, IX, 1929, 1, p. 203-237.

(2) Voir notamment, à propos de la *Réjutation des Sectes* d'Eznik de Kolb (texte des environs de 445-448), les travaux du P. Mariès, *Le de Deo d'Eznik*, Revue des Études Arméniennes, IV, 1924, p. 113-205 et V, 1925, p. 13-130; et du même, même revue, VIII, 1928, p. 81.

mides de Hîra, sur la rive droite du bas Euphrate. L'émir Jakhmide al-Moundhir Ier apparut ainsi comme l'arbitre des querelles de famille entre princes sassanides. Ce fut la première révélation de la puissance arabe dans la grande histoire (1). Sans doute désireux de se concilier la sympathie de l'Église zoroastrienne et des grands, Vahrâm Gôr ordonna une persécution contre le christianisme et, finalement, entra en conflit avec l'empire romain, devenu depuis quelque temps l'empire byzantin (2). Les Byzantins, bien qu'ils ne pussent enlever aux Perses la ville de Nisibe, eurent en général le dessus. D'autre part Vahrâm Gôr aurait eu besoin d'avoir les mains libres pour aller repousser aux frontières du Khorassan et de la Bactriane les Hephthalites et d'autres hordes nomades de l'Asie Centrale (3). Il conclut donc avec l'empereur Théodose II en 422 une paix par laquelle la liberté de conscience était garantie aux chrétiens dans l'empire perse et aux mazdéens dans l'empire romain.

Nous avons vu qu'en Arménie les Perses avaient maintenu une royauté vassale avec des princes de l'antique famille arsacide. Mais les féodaux arméniens intriguèrent eux-mêmes auprès de la cour de Perse pour faire déposer leur dernier roi, l'Arsacide Ardacher (428). Vahrâm Gôr annexa directement l'Arménie qui fut dès lors gouvernée par un simple *marzbân* ou margrave sassanide (429).

Révolte de la chrétienté arménienne.
Le héros Vardan Mamikonian

Avec Yazdgard II (438-457), fils et successeur de Vahrâm Gôr, la guerre religieuse recommença. Non seulement il persécuta les chrétientés de l'empire sassanide proprement dit (4), mais il prétendit obliger la population arménienne à abandonner le christianisme pour la religion de Zarathouchtra. Son *hazârbadh* (= vizir) Mihr Narsê, non moins ennemi que lui du christianisme (5), promulgua en ce sens des édits (449) en exécution desquels plusieurs confesseurs arméniens, notamment les saints Atom Gnouni et Manadjihr Rechtouni subirent le martyre (6).

---

(1) Noeldeke, *Tabari*, p. 90-91.
(2) Labourt, *Le christianisme et l'empire perse*, p. 110-118.
(3) Marquart, *Erânschahr*, p. 52 ; Noeldeke, *Tabari*, p. 103.
(4) Cf. Labourt, *Le christianisme et l'empire perse*, p. 126.
(5) Cf. Christensen, *L'Iran sous les Sassanides*, p. 268 ; Tournebize, *Histoire... de l'Arménie*, p. 514.
(6) Ce fut alors, on l'a vu, que le célèbre apologiste Eznik de Kolb écrivit sa *Réfutation des sectes* (paganisme, mazdéisme, philosophie grecque, manichéisme). Cf. L. Mariès, *Le de Deo d'Eznik de Kolb connu sous le nom de : Contre les sectes*, Paris, 1924, et N. Adontz, *Le questionnaire de saint Grégoire l'Illuminateur et ses rapports avec Eznik*, Revue de l'Orient chrétien, 1925-1926, p. 309-377.

Le patriarche Hovsep (Joseph) Ier de Holotzim (440-454) réunit alors à Artachat un concile ou plutôt une assemblée générale tant laïque qu'ecclésiastique où la résistance fut décidée (450) (1). Les dix principaux *nakhararq* (satrapes) arméniens n'en furent pas moins mandés à la cour de Perse et obligés de se prêter à un simulacre de conversion au mazdéisme. Mais lorsque les *môbadh* perses se présentèrent pour démolir les églises et les remplacer par des pyrées, le peuple arménien se souleva sous le commandement de Vardan Mamikonian (les Mamikonian étaient une des principales familles seigneuriales du pays) (2). Toutefois les Perses s'étaient assuré le concours d'un autre *nakharar*, Vassak seigneur de Siouniq (Siounie) qui fit cause commune avec eux. Vardan Mamikonian les affronta dans une grande bataille à Avaraïr, près des sources du Deghmoud (Aqtchaï), affluent méridional de l'Araxe (2 juin 451). Après des prodiges de valeur, il fut écrasé sous le nombre et périt avec ses compagnons, non sans avoir tué plus de trois mille Perses (3). Le patriarche Hovsep, accusé d'avoir été l'instigateur de la révolte, fut arrêté (451), conduit en Perse et finalement martyrisé le 25 juillet 454 avec plusieurs autres membres du clergé dont la mémoire est célébrée sous le nom des « saints *Lévondian* » (« Léonciens ») (4).

Vahan Mamikonian, libérateur de la chrétienté arménienne

Sous le roi sassanide Pérôz (459-484), fils et successeur de Yazdgard II, la résistance morale de la chrétienté arménienne continua, dirigée notamment par le patriarche Gut ou Giut Ier d'Arahez (461-478). Accusé d'enfreindre les ordres des gouverneurs sassanides et, ce qui était pis, de s'entendre secrètement avec les Byzantins, Gut fut cité à la cour de Perse (471) et exilé au village d'Othmous dans le Vanand (472) où il devait décéder en 478 (5). Cependant les Sassanides, obligés de lutter contre les Huns Hephthalites aux Marches du Khorassan, avaient relâché la persécution religieuse contre les Arméniens. Tout au moins

(1) Voir Lazare de Pharpi, ch. 23 et Elisée Vardapet, *Histoire de Vardan et de la guerre des Arméniens*, ch. II, dans Langlois, t. II, p. 183, 192-196. Cf. Tournebize, *Histoire... de l'Arménie*, p. 79 et 515-516.
(2) Voir le manifeste et l'appel de secours adressés par les insurgés arméniens à l'empereur Théodose II dans Elisée Vardapet, c. III, trad. Langlois, 206 *b* et Lazare de Pharpi, XXIX et XXXVI.
(3) Sur l'inutile appel aux Byzantins et la trahison de Vassak, cf. Elisée Vardapet, ch. III, dans Langlois, p. 206-207 et sq. et Lazare de Pharpi, ch. xxx, *ibid.*, p. 294 et sq. Sur la campagne d'Avaraïr, Elisée, ch. v, *l. c.*, p. 216 et sq., ch. vi, p. 221-222 ; Lazare de Pharpi, 27-36 ; Thomas Ardzrouni, trad. Brosset, p. 71. Cf. Tournebize, p. 81-82 et 524-531. Sur Elisée Vardapet comme historien de Vardan Mamikonian, Nève, *L'Arménie chrétienne et sa littérature*, p. 306-315.
(4) Cf. Tournebize, p. 532-546 d'après Lazare de Pharpi, trad. Langlois, II, ch. 47, p. 313 et Elisée Vardapet, II, ch. 8, p. 237.
(5) Cf. Tournebize, p. 549 ; Ormanian, *L'Église arménienne*, p. 22-23.

par la crainte de nouvelles insurrections armées, laissaient-ils s'établir une certaine tolérance de fait. La révolte arménienne éclata cependant vers 481 sous la direction de Vahan Mamikonian, chef de la famille de ce nom et neveu du héros Vardan Mamikonian (1). Vahan, que secondait le patriarche Hovhannès Ier Mandakouni (2), remporta d'abord de brillants succès. Il chassa les Perses de Dovin (Douine), tandis que son frère Vassak mettait en fuite une de leurs armées à la bataille d'Akori au sud d'Etchmiadzin et de l'Araxe et au nord du Grand Ararat (3). Cependant le roi sassanide Pérôz envoya en Arménie de nouvelles forces qui submergèrent les insurgés. Le chef arménien Sahak Bagratouni, un des associés de Vahan Mamikonian, fut tué (482) (4). Le général perse Zarmihr Karèn enleva aux Arméniens leur capitale de Dovin et força Vahan Mamikonian à se réfugier sur les confins de l'empire byzantin. Vahan rentra cependant bientôt en Arménie où il commença contre les troupes d'occupation perses une opiniâtre guerilla (5).

La situation de l'Arménie changea brusquement par contre-coup des remous de peuples de l'Asie Centrale. La horde nomade des Huns Hephthalites, maîtresse du Turkestan Occidental (Turkestan russe actuel) et d'une partie de l'Afghanistan, menaçait toujours la province sassanide du Khorassan. En 484 le roi Pérôz marcha contre ces barbares, mais il fut tué par eux, et son armée complètement détruite (6). Les Hephthalites occupèrent alors pendant quelque temps les districts de Merv-è-Roûd et de Hérat, aux Marches du Khorassan (7).

Les Arméniens se trouvèrent les bénéficiaires de cette catastrophe. Les généraux perses Zarmihr Karèn et Mihrân se hâtèrent d'évacuer l'Arménie pour aller sauver l'Iran des Barbares (8). Le nouveau roi de Perse Valâch (484-488), à l'instigation d'ailleurs de Zarmihr, fit sa paix avec le chef arménien Vahan Mamikonian en lui accordant non seulement toute liberté pour la religion chrétienne, mais encore — clause assez humiliante — l'autorisation de démolir tous les pyrées mazdéens établis en Arménie. Il conféra même à Vahan la dignité de *marzbân*,

---

(1) Sur la personnalité de Vahan Mamikonian et les événements d'Arménie des années 484-485, voir P. Peeters, *Sainte Sousanik*, dans *Analecta Bollandiana*, LIII, 1935, p. 288 et sq.
(2) Hovhannès Ier Mandakouni, patriarche de l'Église arménienne de 478 à 490.
(3) Cf. Tournebize, p. 82-83 et 550-552.
(4) Cf. Tournebize, p. 83.
(5) Tournebize, p. 551.
(6) Lazare de Pharpi, ch. 73, trad. Langlois, II, p. 349-351 ; Cf. Noeldeke, *Tabari*, p. 124, 128 et sq. ; Christensen, *L'Iran sous les Sassanides*, p. 289, 292.
(7) Marquart, *Erânschahr*, p. 60-63.
(8) Cf. Lazare de Pharpi, trad. Langlois, p. 352 ; Noeldeke, p. 127 et sq., 139, etc.

c'est-à-dire de « margrave » royal de l'Arménie. Le héros arménien avait donc obtenu l'autonomie de fait pour sa patrie qu'il gouverna sous la suzeraineté sassanide de 485 à 505 (1).

Le saint patriarche Hovhannès Ier Mandakouni vint se fixer à Dovin sous la protection du glorieux Mamikonian. Il y mourut entouré de respect universel en 490. « Il avait su si bien réparer grâce à la sagesse de son administration les ruines accumulées par les guerres des dernières années que son nom reste le plus honoré de l'Église arménienne après celui de saint Sahak » (2). Cependant le roi de Perse Kavâdh Ier, pendant son premier règne (488-496) laissa procéder à de nouvelles mesures de prosélytisme zoroastrien en terre arménienne. Il en résulta une nouvelle révolte dirigée par Vahan Mamikonian, révolte d'ailleurs cette fois encore victorieuse, puisque Kavâdh dut confirmer les pouvoirs de Vahan et la liberté du christianisme en Arménie. A la mort de Vahan, la cour de Ctésiphon laissa le gouvernement de l'Arménie à son frère Vard (511-514) (3).

Rupture religieuse entre l'Arménie et Byzance

L'Arménie, tout en restant sujette de l'empire perse sassanide, avait donc conquis une certaine autonomie politique avec la liberté de sa foi chrétienne. Vers la même époque elle commença à revendiquer son autonomie religieuse en se séparant de la confession grecque. Cette séparation fut accomplie en plusieurs étapes. Le « départ » fut même insensible.

On sait que le concile gréco-romain de Chalcédoine (451) avait fixé, conformément à la formule du pape Léon le Grand, la doctrine orthodoxe sur l'union, dans la personne du Christ, de la nature humaine et de la nature divine (4). Les Pères de Chalcédoine anathématisèrent à la fois les monophysites, tenants de la doctrine d'Eutychès qui ne voyaient dans le Christ qu'une seule nature, la nature divine, et les nestoriens qui, non contents de voir en lui deux « natures », y voyaient aussi deux « personnes », la divine et l'humaine. Mais les ménagements que, dans leur désir de faire l'union sur une formule transactionnelle, les Pères de Chalcédoine avaient manifestés sinon pour les idées, du moins pour la personne de plusieurs prélats nestoriens, les firent accuser par les monophysites d'avoir penché vers le nestorianisme. Ce

---

(1) Lazare, ch. 75-76, p. 353-355 ; Cf. Tournebize, p. 85 et Christensen, *L'Iran sous les Sassanides*, p. 290. Sur le roi de Géorgie contemporain de ces événements, Vakhtang Ier Gourgaslan (v. 446-499), et sa politique d'équilibre entre les Perses et les Byzantins contre lesquels ils guerroya tour à tour, cf. Brosset, *Histoire de la Géorgie*, I, 151 et sq.
(2) Ormanian, *L'Église arménienne*, p. 24.
(3) Cf. Tournebize, p. 85-86.
(4) Cf. Tixeront, *Histoire des dogmes*, t. III, p. 89-98.

fut dans cet esprit que l'Église arménienne se prononça. Notons que les Pères arméniens n'avaient pu, en raison des circonstances, figurer à Chalcédoine : la date du concile (451) est celle du désastre arménien d'Avaraïr (1). D'autre part, pendant la lutte héroïque que les Arméniens avaient livrée à la Perse pour sauver leur foi chrétienne (450-485), l'empire byzantin ne leur avait prêté aucun secours. L'hostilité contre les actes de Chalcédoine déclarés entachés d'un nestorianisme latent, l'hostilité aussi contre l'Église byzantine qui les avait approuvés se développèrent lentement. Il est vrai qu'à Constantinople un nouvel empereur, Zénon (474-491), promulguait en 482 le document connu sous le nom d'*Hénôtikon* qui semblait abandonner en faveur du monophysisme les définitions de Chalcédoine (2), et son successeur, l'empereur Anastase (491-518), se montrait franchement monophysite. Il ne faut donc pas s'étonner si le patriarche arménien Babgèn d'Othmous (490-515), dans un synode national tenu à Dovin en 506, rejeta comme nestoriennes les définitions de Chalcédoine (3) : il était en cela d'accord avec la cour impériale. Mais en 519 un nouvel empereur, Justin, revint à l'orthodoxie chalcédonienne. Seulement ce retour ne fut pas suivi par les Arméniens qui en restèrent au monophysisme. Le patriarche arménien Nersès II Achtaraketsi, aussi appelé Nersès du Bagrévand (4) et qui occupa le siège pontifical de 548 à 557, présida à Dovin en 554 un nouveau concile national où l'œuvre de Chalcédoine fut cette fois expressément condamnée (5). La rupture de l'Église arménienne avec l'Église byzantine sera consommée un demi-siècle plus tard, quand le patriarche arménien Abraham Ier d'Albathank (6) proclamera au troisième concile de Dovin en 608-609 « qu'il n'existe dans le Christ qu'une seule nature sans confusion », ce qui est la définition même du monophysisme (7).

La tradition veut qu'un de ces synodes, celui de 554-555, ait été tenu sous la protection du roi de Perse (8). L'assertion n'est rien moins que prouvée, mais il est certain que la constitution de l'Église arménienne en Église indépendante, sa rupture théologique avec l'Église byzantine ne pouvaient qu'être agréables à la Cour de Ctésiphon. Entre l'Arménie et Byzance un fossé

---

(1) Cf. Ormanian, p. 27.
(2) Cf. Tixeront, *Histoire des dogmes*, III, p. 107-111.
(3) Cf. Tournebize, p. 88-89, avec rectifications p. 320-323 ; Ormanian, p. 27-28.
(4) Achtarak est une localité du Bagrévand.
(5) Tournebize, p. 90-91, rectifié p. 327-329 ; Ormanian, p. 29.
(6) Abraham Ier d'A/bathank, patriarche de 607 à 615. Le concile de Dovin de 608-609 tenu sous sa présidence consomma la rupture de l'Église arménienne avec l'Église géorgienne représentée par le patriarche Kurion, la première décidément monophysite, la seconde grecque-orthodoxe.
(7) Cf. Tournebize, p. 91-93 et 346-348 ; Ormanian, p. 32.
(8) Cf. Tournebize, p. 90. Pour plus de détails sur toutes ces questions je me permets de renvoyer à mon *Histoire de l'Arménie*, Payot, 1946.

spirituel était maintenant creusé que rien par la suite ne devait combler. Sans nous engager sur le terrain théologique, nous noterons que l'Arménie achevait ainsi de conquérir sa complète indépendance morale : le monophysisme la préservait de l'absorption par les Byzantins comme le christianisme l'avait délivrée de la menace d'absorption par la Perse.

La chrétienté sassanide passe au nestorianisme.
Accalmie dans les guerres de religion

Dans le même temps s'était produit dans l'Église chrétienne de Perse un événement non moins capital et qui allait ici encore changer les dispositions des autorités sassanides à l'égard de la chrétienté locale : cette Église se convertit au nestorianisme (1).

C'était l'époque où l'empire byzantin, comme on vient de le voir, semblait pencher vers le monophysisme. Or, sur sa frontière orientale, dans la grande ville d'Édesse, prospérait depuis 363 (2) une école théologique célèbre appelée « École des Perses » parce que c'était là que les communautés chrétiennes de l'Iran, persécutées chez elles par la royauté sassanide, recrutaient leurs docteurs. Mais à l'opposé des tendances en cours à Constantinople, les docteurs de l'« École des Perses » poussaient, en matière de christologie, le dyophysisme jusqu'au nestorianisme, puisque, non contents d'admettre deux *natures* en Jésus-Christ, ils allaient jusqu'à y reconnaître deux *personnes* (3). Ils entrèrent ainsi en conflit avec l'autorité byzantine qui, à partir de 457, se mit à les expulser d'Édesse. Leur chef Barçauma de Nisibe et les autres prélats de même doctrine se réfugièrent alors en territoire sassanide, à Nisibe où ils fondèrent une nouvelle « École des Perses » adhérant ouvertement désormais au nestorianisme. Chez les Byzantins l'École d'Édesse devait d'ailleurs être définitivement fermée par ordre impérial en 489 (4).

L'influence de Barçauma put dès lors s'exercer librement sur l'Église chrétienne d'obédience sassanide (Irâq et Iran). Au synode de Beit-Lapat (Goundêchâhpouhr, en Susiane), en avril

---

(1) Cf. Rubens Duval, *Histoire... d'Edesse*, p. 145, 174 et sq. ; Rubens Duval, *Littérature syriaque*, p. 343 ; Labourt, *Le christianisme dans l'empire perse*, p. 131-152.
(2) Voir plus haut, p. 70, n. 2.
(3) Voir dans Tixeront, *Histoire des dogmes*, t. III, p. 24-35, l'exposé des théories de Nestorius, et *ibid.*, t. III, p. 81-89, l'exposé des théories d'Eutychès, avec les nuances, fort subtiles, des unes et des autres. Et pour l'évolution de la christologie nestorienne, Labourt, p. 248.
(4) Assemani, *Bibliotheca orientalis*, t. III, p. 63-66; Cf. Labourt, *Le christianisme dans l'empire perse*, p. 138, n. 1, 140-141 et 288-301 ; Rubens Duval, *Littérature syriaque*, p. 341-347 ; Chabot, *L'école de Nisibe*, Journal Asiatique, 1896, p. 43-93 ; Baumstark *Gesch. d. syr. Litteratur*, Bonn, 1922, p. 113 et sq. ; Th. Hermann, *Die Schule von Nisibis vom 5-7 Jahrb.* dans *Zeitschr. f. neutestam. Wiss.*, 1926, p. 89 et sq.

484, il fit adopter par cette Église le credo nestorien, adoption confirmée au colloque de Beit-Adrai par le patriarche même de l'Église perse, le katholikos Acace (août 485) (1).

Ce ralliement de l'Église chrétienne de Perse au nestorianisme eut des conséquences politiques immédiates. Le roi Pérôz, bien que peu favorable, on l'a vu, aux chrétiens, l'appuya de son autorité. Il y voyait avec raison le moyen de détacher enfin de Byzance ses sujets chrétiens. Il était d'ailleurs devenu le protecteur personnel de Barçauma à qui le roi suivant, Valâch, devait maintenir sa faveur (2). Le chroniqueur Bar Hebræus fait dire à Barçauma s'adressant à Pérôz : « Si nous ne proclamons pas un dogme différent de celui de l'empereur romain, jamais tes sujets chrétiens ne te seront sincèrement attachés. Aide-moi donc à rendre nestoriens tous les chrétiens de ton empire. De la sorte ils haïront les Romains, et les Romains les détesteront » (3). Discours évidemment apocryphe mais qui ne trahit guère la réalité. De fait, Pérôz accorda son appui à Barçauma et à la nouvelle École de Nisibe. Après lui tous les rois sassanides eurent tendance à considérer l'Église chrétienne, désormais nestorienne, de Perse avec des yeux nouveaux. Du moment qu'elle avait rompu avec Byzance pour se constituer en Église indépendante de Byzance, voire hostile à Byzance, elle apparaissait à la Cour de Ctésiphon comme désormais inoffensive ; mieux encore : comme une Église vraiment indigène, qu'on pouvait tolérer sur un pied presque officiel après le mazdéisme d'État. « De même, fait dire Tabari au roi Hormizd IV, que notre trône royal ne peut se tenir sur ses deux pieds de devant s'il ne s'appuie également sur ceux de derrière, notre gouvernement ne peut être stable si nous faisons révolter contre nous les chrétiens » (4).

Le nestorianisme devint ainsi un peu comme la seconde religion nationale de l'empire perse.

Reprise du duel entre l'Iran et Byzance

La royauté sassanide subissait d'ailleurs une période d'effacement, par suite de luttes politiques et religieuses dans la société mazdéenne elle-même. Le successeur de Pérôz, le roi Valâch (484-488) finit misérablement. Le clergé mazdéen, d'accord avec

---

(1) *Synodicon orientale, Recueil des actes synodaux de l'Église de Perse*, ed. Chabot, dans *Notices et extraits de manuscrits*, t. XXXVII, 299-309, 534, etc ; Cf. Labourt, *Le christianisme dans l'empire perse*, p. 138-139 ; Christensen, *L'Iran sous les Sassanides*, p. 292-293.
(2) Cf. Labourt, p. 149 et Christensen, *L'Iran sous les Sassanides*, p. 287 et 292.
(3) Bar Hebraeus, *Chronicon ecclesiasticum*, II, 63-78 ; Cf. Labourt, p. 135 et 139.
(4) *Tabari*, trad. Noeldeke, *Geschichte der Perser und Araber*, p. 268. Cf. Labourt, p. 200.

la noblesse, lui fit crever les yeux (488). Son neveu Kavâdh 1er (488-531), pour briser la puissance de l'Église mazdéenne et de la noblesse, appuya le révolutionnaire Mazdak qui voulait abolir l'inégalité sociale, établir le partage des terres et la communauté des femmes. Les prêtres et les nobles déposèrent ce monarque subversif (vers 496), mais il fut restauré grâce à l'aide de la horde des Huns Hephthalites (vers 498-499) (1). Peut-être afin de regrouper les classes dirigeantes autour de lui, pour se rallier définitivement le clergé mazdéen et la noblesse, il recommença en 502 la guerre contre Byzance.

Le grand duel qui s'ouvrait ainsi allait se poursuivre avec des accalmies qui ne seraient que des trèves, pendant cent vingt-six ans (502-628) et aboutir à l'épuisement simultané de l'empire byzantin et de l'empire perse au profit du seul monde arabe. Sous le règne de Kavâdh, d'ailleurs, les opérations se limitèrent à une guerre de sièges sur le *limes* byzantino-perse. Kavâdh enleva aux Byzantins Théodosiopolis (Erzéroum) (août 502) et Amida (Diyarbékir) (10 janvier 503), mais Amida fut reprise par les Byzantins en 504, et Kavâdh, menacé par les Huns du côté du Caucase, conclut avec l'empereur Anastase un armistice de sept ans (506) (2). En réalité, la lutte ne reprit qu'en 527, vers la fin du règne de Kavâdh en Perse et de l'empereur Justin à Constantinople. Elle eut pour cause ou pour prétexte la rivalité des deux empires au Caucase. Si l'Arménie, par son adhésion au monophysisme, s'était séparée de Byzance, l'Ibérie (Géorgie) était restée fidèle à l'orthodoxie byzantine (3). Aussi le roi de Perse Kavâdh qui s'accommodait du christianisme en Arménie, voulut-il obliger les Ibères à embrasser la foi zoroastrienne. Gourgèn, roi des Ibères, implora l'aide des Byzantins, appel qui fut, semble-t-il, une des causes directes de la reprise des hostilités (527) (4).

Les principales opérations furent conduites par le roi arabe de Hira, le Lakhmide al-Moundhir III (règne de 505 à 554), client des Perses, qui en 529 dirigea une razzia à travers la Syrie jusqu'à Antioche. « C'était un païen sauvage qui en un seul jour offrit les 400 religieuses d'un couvent syrien en sacrifice sanglant à la déesse al-Ouzzâ. » Il immola de même le fils d'al-Hârith ibn Djabala, chef d'une tribu arabe rivale, celle des Ghassanides, laquelle dans le désert de Syrie guerroyait pour l'empire byzantin comme les Lakhmides guerroyaient pour la Perse (5). Al-Hârith

---

(1) Noeldeke, *Tabari*, p. 427 et sq ; Christensen, *L'Iran sous les Sassanides*, p. 343-345.
(2) Procope, *De bello persico*, éd. de Bonn, t. I, p. 34-47; Cf. Marquart, *Erânschâhr*, p. 63-64 et 107.
(3) Voir plus haut, p. 77, n. 6,
(4) Cf. Sanders, *Kaukasien*, p. 88.
(5) Cf. Rothstein, *Die Dynastie der Lakhmiden* (1899), p. 89.

réussit d'ailleurs à défendre contre les Lakhmides les cheikhs fidèles de la région de Palmyre. En juin 554, il devait finir par écraser à al-Hiyâr, près de Qinnesrîn, le féroce al-Moundhir qui resta sur le champ de bataille. Mais le rôle tenu par ces deux tribus arabes est symptômatique. Elles se battent aujourd'hui l'une contre l'autre pour le compte des deux grands empires civilisés voisins. Le jour est proche où tous ces nomades feront leur unité et alors les vieilles dominations sédentaires s'écrouleront sous leurs coups.

De leur côté, Perses et Byzantins se livraient en Mésopotamie occidentale à une guerre de places. Le général byzantin Bélisaire défit les Perses à Dara (530), puis se fit battre par eux à Callinicum (Raqqa) (19 avril 531). Le décès du roi Kavâdh Ier (13 septembre 531) amena un armistice (1).

Khousrô Anôcharvan et l'empereur Justinien

Le nouveau roi de Perse Khousrô. Ier Anôcharvan (531-578) et l'empereur Justinien (527-565) — deux des plus grands souverains de l'histoire médiévale — commencèrent par conclure une paix qui se voulait éternelle (septembre 532). Les Byzantins reconnaissaient aux Perses le protectorat de l'Ibérie et les Perses reconnaissaient aux Byzantins la possession de la Lazique, l'ancienne Colchide (2). En réalité, ce ne fut qu'une trêve de huit ans (532-540). D'ailleurs, dans le désert de Syrie, les Arabes des deux partis, Lakhmides du côté de la Perse, Ghassanides du côté de Byzance, n'avaient guère cessé de guerroyer les uns contre les autres.

La guerre recommença donc en 540. Au cours d'un raid en Syrie, les Perses surprirent Antioche. Après avoir fait un énorme butin dans les palais et les églises, ils les incendièrent et déportèrent une partie de la population (540). Khousrô établit ces captifs dans un des faubourgs de Ctésiphon, où ils fondèrent une nouvelle Antioche, Vêh-Antiokh-Khousrô, *alias* Roûmaghân (« la ville des Romains ») qu'on croit avoir retrouvée sur l'emplacement de l'actuel Bostân-è-Kesrâ (3). L'autre théâtre des hostilités fut le Caucase. De la Lazique propre, les Byzantins avaient étendu leur domination sur l'Aphkhazie et plusieurs districts de l'Iméréthie. Ils avaient élevé des forteresses à Sébastopolis (Soukhoum), Pitiunt (Pitsounda) et à Pétra (en Gourie). Pétra, prise par les Perses en 541, fut reconquise par les Byzan-

(1) Cf. E. Honigmann, *Die Ostgrenze des byzantinischen Reiches von 363 bis 1071*, Bruxelles 1935, p. 17 *(Grenzkrieg 530-531)*.
(2) Procope, *De bello persico*, 111-114. ; Diehl, *Justinien*, p. 211-212.
(3) Procope, *De bello persico*, 186-191 ; Tabari, 165, 239. Fouilles de MM. Reuther et Bachmann, *ap.* Christensen, *L'Iran sous les Sassanides*, p. 381.

tins dix ans plus tard. Au cours des années 551-553, la guerre ruina les villes de l'antique Colchide, Kotatissium (Koutaïs), Rhodopolis (Vardis-tzikhé), Archaeopolis (Nakalakevi), jusqu'à Phasis (Poti) (1). Devant la fatigue des belligérants une trêve intervint en 555, transformée en paix en 562 (2). Les Perses évacuèrent la Lazique (Colchide) contre paiement d'un tribut annuel de 60.000 aurei. Justinien obtint en outre pleine tolérance religieuse pour les chrétiens habitant l'empire perse, « sous condition qu'ils ne se livrent à aucun prosélytisme auprès des zoroastriens ». A la suite de cette paix, il réussit même à placer sur le trône d'Ibérie avec le titre de curopalate un des chefs locaux de sa clientèle, Gouaram, lequel s'établit à Tiflis, ville qui commençait à remplacer les anciennes capitales ibériennes (3). L'empereur, qui pendant ce temps reconquérait sur les Vandales et les Ostrogoths l'Afrique et l'Italie, n'avait pu distraire pour la lutte contre les Sassanides que d'assez faibles contingents réduits à la défensive. Il n'en avait pas moins maintenu finalement la frontière « romaine » tant au Caucase qu'en Mésopotamie.

Du reste, Khousrô Anôcharvan se montrait chez lui assez tolérant envers ses sujets chrétiens, en l'espèce envers l'Église nestorienne. Deux patriarches nestoriens, le saint prélat Mârabhâ (540-552) et Joseph (552-567), furent personnellement bien vus du monarque, encore que Mârabhâ et ses fidèles aient été un moment victimes des persécutions du clergé zoroastrien pendant la guerre contre Byzance. Joseph, lui, avait été élu sur la désignation de Khousrô dont il était le médecin (4).

Les relations ne tardèrent pas à se gâter avec l'empire byzantin du fait des affaires d'Arabie et d'Arménie. Entre 520 et 523 le négus d'Abyssinie (royaume d'Aksoum) Ela Atsbéha, monarque chrétien et, comme tel, client de Byzance, avait fait la conquête du Yémen ou royaume d'Himiyar, dans le sud-ouest de l'Arabie, conquête définitivement consolidée en 525 (5). Or vers 570 Khousrô Anôcharvan envoya au Yémen une petite armée qui chassa les Abyssins et soumit le pays à la suzeraineté sassanide (6). C'était un sérieux recul pour l'influence byzantine. — En Arménie un marzbân ou gouverneur sassanide intolérant ayant voulu imposer le zoroastrisme, le chef de la maison des Mamikonian, Vardan II, se révolta avec l'aide du patriarche arménien Hovhannès II Gabélian (7). Il chassa les Perses de

(1) Procope, *De bello gothico*, 513-515, 522-523, 525 ; Brosset, *Histoire de la Géorgie*, I, 213 et Add. et Ec., Add. IV ; W. E. D. Allen, *History of the Georgian people* (1932), p. 78 ; Diehl, *Justinien*, p. 216.
(2) Ménandre, 351-353, 359-364.
(3) Brosset, *Histoire de la Géorgie*, I, 215-219.
(4) Labourt, p. 163-199.
(5) Procope, *De bello persico*, 104-105 ; Diehl, *Justinien*, p. 395.
(6) Noeldeke, *Tabari*, p. 167, 264, 349-351.
(7) Patriarche de 557 à 574.

Dovin, tua le marzbân et appela à son aide l'empereur byzantin Justin II (571-572) (1).
Justin II répondit à cet appel. La guerre dura de 572 à 591. En novembre 573 Khousrô s'empara de la puissante forteresse de Dara, qui défendait la frontière romaine en Mésopotamie, face à la place perse de Nisibe. En 575 il pénétra jusqu'en Cappadoce et brûla Sébaste (Sivas), mais pendant sa retraite se fit battre par les Byzantins près de Mélitène (2). A leur tour les Byzantins qui occupèrent alors une partie de l'Arménie perse ne purent s'y maintenir. L'hostilité confessionnelle entre « chalcédoniens » et monophysites rendait d'ailleurs souvent difficile la coopération des troupes impériales et des insurgés arméniens.

Khousrô II et l'alliance byzantine

Hormizd IV (579-590) qui succéda à son père Khousrô Anocharvan, se montra favorable à ses sujets chrétiens qu'il refusa de persécuter malgré les invites du clergé zoroastrien. « De même, répondait-il aux môbadh, que notre trône royal ne peut se tenir sur ses deux pieds de devant s'il ne s'appuie aussi sur les deux pieds de derrière, ainsi notre gouvernement ne peut être stable et assuré si nous provoquons la révolte des chrétiens » (3). L'Église chrétienne de Perse, depuis sa conversion au nestorianisme, était, nous l'avons vu, assez nettement séparée de Byzance pour que l'État sassanide pût la considérer comme intégrée au monde iranien. En effet, dans le même temps, Hormizd IV continuait la guerre contre les Byzantins. Toutefois sa dureté envers la noblesse et le haut clergé mazdéen provoqua sa perte. Il fut détrôné (été de 590), puis assassiné, tandis que la couronne était disputée entre son fils Khousrô II Abharvêz et l'usurpateur Vahrâm Tchobên, général de la puissante famille des Mihrân qui prétendait descendre des Arsacides.

Khousrô II, en état d'infériorité, se réfugia en territoire byzantin où il sollicita la protection de l'empereur Maurice. Celui-ci la lui accorda moyennant rétrocession des villes de Dara et de Martyropolis (Maiyâfâriqîn). Khousrô bénéficiait en outre de l'appui de l'Église nestorienne de Perse dont le patriarche Sabhrîchô fut son ami (4). Les forces réunies des Byzantins, des Arméniens et des partisans de Khousrô II écrasèrent Vahrâm Tchobên près de Ganzak en Azerbaïdjan (été de 591) (5). Khousrô II, restauré sur le trône de ses pères, remercia l'empe-

---
(1) Cf. Tournebize, p. 93-94 ; Stein, *Studien zur Geschichte des byzantinischen Reiches unter den Kaisern Justinus II und Tiberios* (1919), 23-24.
(2) *Ibid.*, p. 66-68.
(3) Noeldeke, *Tabari*, p. 268.
(4) Sabhrîchô, patriarche de 596 à 604. Cf. Labourt, p. 210-213.
(5) Cf. Théophylacte, *ap.* Christensen, *L'Iran sous les Sassanides*, p. 440.

reur Maurice en lui rétrocédant non seulement Dara et Martyropolis, mais encore la partie occidentale de l'Arménie perse, de sorte que la frontière irano-byzantine passa par une ligne lac de Van-Tiflis (1).

Khousrô II et la grande guerre.
Les Perses maîtres de l'Asie byzantine

Khousrô II montrait la plus grande reconnaissance envers les Byzantins à qui il devait le trône. A l'intérieur aucun roi sassanide ne fut plus favorable au christianisme. Il fut, on l'a vu, l'ami du patriarche Sabhrîchô. Son médecin, Gabriel de Chiggar, très influent sur lui, était chrétien (2). Enfin, deux de ses épouses, l'Araméenne Chîrîn (originaire du Khouzistan ou Susiane) et la Byzantine Maria étaient également chrétiennes. Chîrîn, en particulier, « jardin de la beauté, rivale de la pleine lune », exerça un grand empire sur lui (3). Brusquement les révolutions de Byzance firent succéder à l'entente des deux empires une furieuse rivalité où s'usèrent leurs dernières forces.

En novembre 602, l'empereur Maurice fut renversé et massacré par l'horrible usurpateur Phocas. Khousrô II, se posant en vengeur de Maurice, déclara la guerre aux Byzantins (603). Il les battit à Arxamon, entre Nisibe et Édesse, et prit la célèbre place-forte de Dara (605) (4). Les Perses ravagèrent la Syrie et la Palestine (607), puis l'Anatolie (608) où ils poussèrent leurs razzias jusqu'à Chalcédoine (Kadi-keuï), sur la mer de Marmara, en face de Constantinople (609).

La croisade d'Héraclius

Ce fut alors que monta sur le trône impérial un des grands souverains de l'histoire byzantine, Héraclius (610-641). Ce bel homme « de complexion robuste, aux cheveux d'or roux, à la barbe touffue, aux grands yeux bleus limpides », allait se montrer, dans les conjonctures les plus graves, « un admirable soldat, brave jusqu'à la témérité, payant hardiment de sa personne, toujours au premier rang, cavalier infatigable, par surcroît général expérimenté, pieux enfin, d'une piété ardente et enthou-

---

(1) La frontière allait de Tiflis à Dara en passant par Dovin, Makou, e. de Van et Mokh. Voir la carte de Gelzer dans son édition de Georges de Chypre, p. LI et 46 (*Georgii Cyprii descriptio orbis romani*, Bibl. Teubner, 1890). Bibliographie dans Laurent, *L'Arménie entre Byzance et l'Islam*, p. 188.
(2) Gabriel était d'ailleurs un monophysite. Son crédit auprès du roi lui servit contre les nestoriens et en général contre les dyophysites. Cf. Labourt, *l.c.*, p. 219-230.
(3) Cf. Firdousi, *Châh-nâmeh*, éd. Mohl, VII, p. 294, etc.
(4) Guidi, *Chronique syriaque anonyme*, trad. Noeldeke, p. 17.

siaste qui lui a valu d'être appelé le premier des croisés » (1). De fait l'heure était venue de défendre la chrétienté contre l'assaut du mazdéisme. En 612 les Perses avaient pénétré en Cappadoce jusqu'à Césarée. En 613 ils envahirent la Syrie, battirent les Byzantins près d'Antioche et occupèrent Damas. En mai 614 ils s'emparèrent de Jérusalem, emmenèrent en captivité le patriarche Zacharie, incendièrent la basilique de l'Anastasis et enlevèrent la Vraie Croix qu'ils emportèrent à Ctésiphon (2). En 615 une armée perse, traversant l'Asie Mineure, atteignait de nouveau Chalcédoine. En 619 une autre armée perse faisait la conquête de l'Égypte et l'escadre sassanide apparaissait devant Constantinople.

Tandis que les Perses remportaient en Asie ces victoires retentissantes, en Europe la horde mongole des Avar, venue de la Hongrie où elle campait, envahissait la Thrace et venait assiéger Constantinople (619). Jérusalem tombée, Constantinople encerclée du côté de l'Europe par les Avar, du côté de la mer par les Perses : la partie semblait perdue pour Héraclius qui songeait à se retirer à Carthage.

Il en fut empêché par le patriarche Sergius qui ranima son courage et lui prêcha la guerre sainte en mettant à sa disposition les trésors ecclésiastiques. Ce sont là des mouvements que nous retrouverons dans l'histoire des croisades et, de fait, c'est bien à une croisade que nous assistons ici, croisade s'il en fut jamais puisque les armées chrétiennes s'ébranlent à la voix du chef de l'Église et qu'elles ont pour objectif la délivrance du Saint-Sépulcre et la reconquête de la Vraie Croix (3).

Aux ouvertures de paix d'Héraclius, Khousrô II venait de répondre par un manifeste qui était comme une déclaration de guerre au christianisme : « Tu prétends mettre ta confiance en Dieu ; pourquoi donc n'a-t-il pas sauvé de mes mains Césarée, Jérusalem et Alexandrie ? Est-ce que je ne pourrais point aussi détruire Constantinople ? Ne te laisse point abuser par un vain espoir en ce Christ qui n'a pu se sauver lui-même des mains des Juifs quand ils le crucifiaient ! » (4). Après avoir fait lire publiquement ce manifeste pour exciter l'indignation des fidèles, Héraclius le 5 avril 622 s'embarqua pour l'Asie afin de reconquérir l'Anatolie sur les Perses (5). Il débarqua dans le golfe d'Alexan-

(1) Diehl, *Le monde oriental de 395 à 1081*, p. 142.
(2) *Chron. anon.*, trad. Noeldeke, p. 24 ; Noeldeke, *Tabari*, p. 291-292; Cf. Couret, *La prise de Jérusalem par les Perses en 614*. Revue de l'Orient chrétien, VI, 1901.
(3) Cf. Drapeyron, *L'empereur Héraclius*, p. 104 et sq., 111 et sq., d'après Théophane, Nicéphore, le *Bellum Avaricum* de Georges Pisidès et le *Chronicon paschale*.
(4) Sebéos, *Histoire d'Héraclius*, trad. Macler, ch. 26, p. 79-80; Cf. Drapeyron, *Héraclius*, p. 133-134.
(5) Cédrénus, I, 718, ap. Drapeyron, 150.

drette, à Issos, en Cilicie, où il appela à lui les garnisons voisines, reconstitua l'armée et, en des discours enflammés, lui prêcha la guerre sainte (1). Vers le début de l'automne 622, il remonta de Cilicie en Cappadoce, ce qui amena le général perse Chahrvarâz (le « sanglier de l'empire ») à évacuer Chalcédoine et à reculer jusqu'en Cappadoce Pontique, vers les sources de l'Halys. Héraclius qui l'y rejoignit, y livra une série de combats où les Byzantins eurent finalement l'avantage (2).

L'Asie Mineure semblait dégagée. En hâte, Héraclius dut retourner à Constantinople menacée d'une nouvelle invasion des Avar. Au printemps de 623 il reprit l'offensive en Asie Mineure. Il débarqua à Trébizonde, traversa le Pont, pénétra en Arménie, occupa Dovin, la capitale arménienne, envahit la province perse d'Azerbaidjan, faillit y surprendre Khousrô II dans la résidence royale de Ganzak (Leylân ?) et atteignit « Thèbarmaïs » (Chîz, Takht-i Soleimân ?) où il détruisit le temple du feu sacré d'Adhour-Gouchnasp (3). De là, traînant 50.000 prisonniers, il revint hiverner en Albanie (Chirvân).

La campagne de 624 eut pour théâtre ces extrêmes confins caucasiens, vers le confluent de la Koura et de l'Araxe, puis l'Arménie où l'empereur se mesura avec Chahrvarâz qu'il mit en fuite (décembre 624) (4). En mars 625, Héraclius regagna la Cilicie par Martyropolis (Maiyâfâriqîn), Amida (Diyârbékir), Samosate et Germanicée (Marach). Puis d'Adana, par la Cappadoce (via Sébaste) il revint hiverner dans le Pont, près de Trébizonde.

Khousrô II forma alors une coalition avec le qaghan des Avar pour encercler Constantinople tandis qu'Héraclius s'attardait au pied du Caucase. De fait, en juin 626 les hordes avares accourues de Hongrie vinrent assiéger « la ville gardée de Dieu », tandis que, de nouveau, Chahrvarâz, traversant l'Asie Mineure à la tête de l'armée perse, venait camper sur l'autre rive de la Marmara, à Chalcédoine. C'était tout l'assaut de la « barbarie ». D'un côté, écrit Georges Pisidès, « on eût dit que les anciennes fables qui nous représentaient les géants issus de la terre se réalisaient. Huit myriades de guerriers étaient réunies. Le Slave coudoyait le Hun, le Scythe se rencontrait avec le Bulgare ». De l'autre côté, continue le poète byzantin retrouvant, par l'analogie des situations, la terminologie d'Hérodote, « le Mède » (5). Si les Avar avaient pu opérer leur jonction ou simplement établir un contact suffisant avec les Perses, Constantinople

---

(1) Pisidès, *De expeditione persica*, acr. II, v. 78-116 *ap.* Drapeyron, p. 162-163.
(2) Pisidès, *De exp. pers.*, acr. III, v. 200-278 ; Drapeyron, p. 165-180.
(3) Localisations de Minorsky. BSOAS, 1944, XI, 248-258, qui contre Diehl descend, peut-être avec raison, cette campagne à mars 628. Cf. Cédrénos *ap.* Drapeyron, p. 193 ; Christensen, p. 443 et 462-463.
(4) Théophane, I, p. 480, *ap.* Drapeyron, p. 202.
(5) Pisidès, *Bellum Avaricum*, p. 719, *ap.* Drapeyron, *Héraclius*, p. 227.

eût été perdue, le flambeau de la civilisation européenne aurait été éteint. Mais l'admirable patriarche Sergius et le patrice Bonus à qui l'empereur avait confié la défense de la capitale, ne laissèrent se relâcher ni leur vigilance, ni leur vaillance. L'image de la « Théotokos » portée sur les murs par Sergius ne veillait-elle pas sur la ville ? Du reste, la maîtrise de la mer restée aux Byzantins empêcha les Perses de communiquer avec les Avar. Tous les assauts de ces derniers contre la Muraille échouèrent comme échouèrent leurs tentatives de prise à revers par la Corne d'Or (juillet-août 626). Leur qaghan découragé leva le siège et reprit le chemin de la Hongrie (1).

Pendant ce temps Héraclius prenait lui-même l'empire perse à revers du côté du Caucase en s'alliant avec les Khazar, peuple turc de la steppe russe (2). Dans une entrevue qu'il eut sur la Koura avec leur khan « Ziebil » ou Djibghou (3), il promit au chef turc la main d'une porphyrogénète et reçut de lui 40.000 auxiliaires, aide singulièrement précieuse en un tel moment. Le roi d'Ibérie (Géorgie), Stéphanos Ier, bien que chrétien orthodoxe, avait embrassé le parti perse. Un détachement byzantin, secondé par les Khazar, vint à l'été de 627 l'assiéger dans Tiflis. La citadelle fut prise après un long siège et le khan khazar envoya à Héraclius le crâne de Stéphanos. L'empereur nomma à la place de celui-ci comme *mthawar* d'Ibérie le représentant d'une famille noble du pays, Adarnarsè ou Adarnasè (4).

Tandis que ses alliés khazar en finissaient avec la résistance ibérienne, Héraclius était allé porter la guerre au cœur de l'empire sassanide. Franchissant l'Araxe sans doute en face d'Etchmiadzin, il traversa l'Arménie du côté de l'Ararat, puis gagna la région à l'ouest du lac d'Ourmia, en Atropatène, l'actuel Azerbaïdjan. De là il descendit en Assyrie, passa le grand Zab le 1er décembre 627, et le 12 il détruisit une armée sassanide près des ruines de Ninive. Les armes du général ennemi, tué dans la bataille, et un butin considérable restèrent entre ses mains. Il se trouvait, et les chroniques byzantines ne manquent pas de nous le rappeler, près des champs historiques d'Arbèles où neuf siècles auparavant Alexandre avait vaincu un autre Roi des Rois.

Repassant le grand Zab, Héraclius marcha vers les « paradis », c'est-à-dire vers les parcs et châteaux royaux de cette région, notamment vers celui de Dastgard, la Daskara des auteurs arabes, aujourd'hui Zendân, situé « sur la grande route militaire de Cté-

---

(1) Drapeyron, p. 228-240.
(2) Cf. W. Barthold, article *Khazar*, Encyclopédie de l'Islam, t. II, p. 990.
(3) Marquart voit dans le nom du chef khazar le titre soghdo-turc bien connu de *yabghou*.
(4) Brosset, *Histoire de la Géorgie*, I (Chronique Géorgienne), p. 225-231 ; Allen, *History of the Georgian people*, p. 79 ; Minorsky, art. *Tiflis*, Encyclopédie de l'Islam, p. 792.

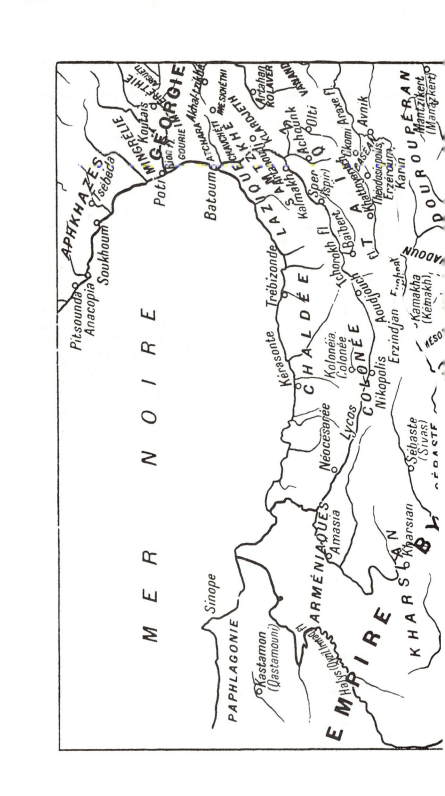

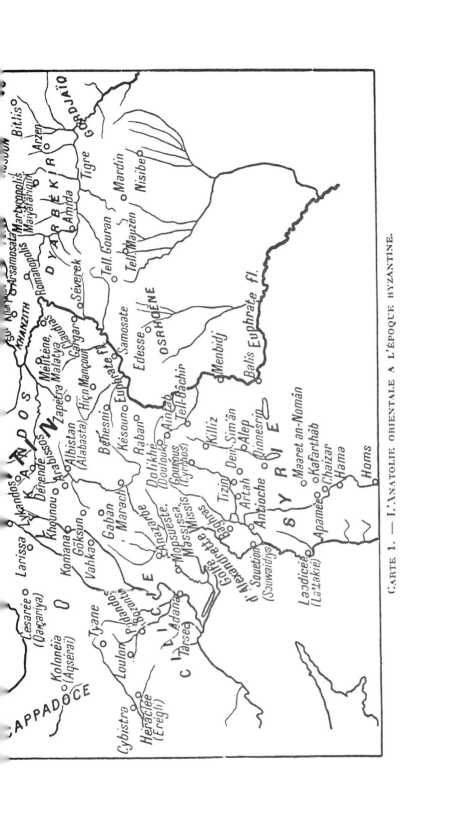

CARTE 1. — L'ANATOLIE ORIENTALE A L'ÉPOQUE BYZANTINE.

siphon à Hamadhan, à 107 kilomètres environ de Ctésiphon, près de l'ancienne ville d'Artamita » (1). Dans les premiers jours de janvier 628 le héros byzantin entra dans Dastgard d'où Khousrô II venait de s'enfuir. Un butin énorme y tomba entre ses mains, or et argent non monnayé, tapis brodés, tissus de soie, stocks de sucre, d'épices et d'aromates. Surtout Héraclius s'y empara de trois cents étendards romains jadis capturés par les Perses, en même temps qu'il y délivrait une foule de chrétiens enlevés par Khousrô II en Syrie, en Asie Mineure ou en Égypte (2). Pour venger les grandes villes byzantines détruites par les Perses, il livra aux flammes les palais de Dastgard. Après ce raid foudroyant, il franchit la chaîne du Zagros en direction de l'Azerbaïdjan. Le 11 mars 628 il était de nouveau à Ganzak ou Gandzak, sans doute l'actuel Leylân, au sud de Maragha.

Cette suite de désastres avait fini par provoquer en Perse une révolte générale. Khousrô II fut détrôné le 25 février 628 par son propre fils Chêrôê et exécuté quatre jours plus tard (3). Héraclius, dans une lettre triomphale adressée le 15 mai 628 au peuple de Constantinople, célébra sa victoire : « Il est tombé, l'orgueilleux, l'impie Chosroès ! Il a été précipité dans les enfers ! Il affectait le mépris pour le Christ et pour la Parthénos, pour la Théotokos, et il est tombé avec fracas ! Il s'en est allé dans les flammes pour brûler avec ses pareils ! » (4). Puis il vint triompher à Constantinople au milieu d'un enthousiasme prodigieux (14 septembre 628). Quant à Chahrvarâz qui avait depuis longtemps quitté Chalcédoine pour se retirer vers la Cappadoce, Héraclius y eut avec lui à Arabissos en juin 629 une entrevue au cours de laquelle le général perse accepta d'évacuer le reste du territoire byzantin pour aller revendiquer le trône de Ctésiphon.

La « croisade » d'Héraclius se termina, comme il se devait, dans Jérusalem reconquise. Il était allé recevoir à Hiérapolis (Menbidj) la Vraie Croix restituée par les Perses. Le 23 mars 630 il la rapporta triomphalement dans la ville sainte. « L'empereur portait lui-même la Croix et il gravit le Calvaire, chargé de ce précieux fardeau. Il la remit au patriarche Zacharie. De grandes actions de grâces furent rendues et le patriarche put, comme le vieillard Siméon, s'endormir paisiblement dans le Seigneur » (5).

(1) Sarre-Herzfeld, *Archäologische Reise*, II, p. 76 et sq. et *Iranische Felsreliefs*, p. 237.
(2) Cf. Drapeyron, p. 251-252 ; Christensen, *L'Iran....* p. 463.
(3) Noeldeke, *Tabari*, p. 361, 363 et sq. Voir le récit de Sébéos, trad. Macler, ch. 27, p. 85.
(4) Drapeyron, p. 267-269.
(5) Drapeyron, p. 284. — La victoire d'Héraclius, si elle n'avait pas été suivie par l'invasion arabe, aurait peut-être eu pour conséquence le rattachement religieux de l'Arménie à Byzance. L'empereur amena en effet le patriarche arménien Yezr (Esdras) Ier de Parajenakert (patriarche de 630 à 641) à approuver, au concile d'Erzéroum (Théodosiopolis, en arménien

En réalité Byzance victorieuse était aussi affaiblie que la Perse vaincue. Les deux grands empires civilisés qui prétendaient se partager l'Orient, sortaient également épuisés de ce duel gigantesque de vingt-trois années, et cela quand l'union de toutes leurs forces n'eût pas été de trop contre le péril qui pour tous deux montait du désert : la révolte arabe.

Cette nouvelle épreuve, surgissant après le terrible ébranlement des années 605-628, faillit arracher à Byzance toutes ses provinces asiatiques et raya pour toujours la Perse mazdéenne de la liste des nations.

2. Ruée arabe et ténacité byzantine

Expansion de la race arabe avant l'Islam

La conquête de l'Orient par la race arabe ne date pas de Mahomet (1). Bien avant lui les tribus du désert s'étaient glissées sur les confins du monde byzantin et du monde perse, profitant de toutes les défaillances des deux empires pour poursuivre silencieusement leur infiltration anonyme. Cette lente pénétration ne se remarquait guère, poussière de tribus nomades venues à petites étapes, qui apparaissaient au seuil du désert et empiétaient progressivement sur les cultures, si bien qu'un jour le gouverneur sassanide ou le gouverneur byzantin, au lieu de commander à des Perses ou à des Grecs, se trouvait n'avoir plus sous ses ordres que des Sémites. Au reste la pacifique reconquête araméenne avait précédé l'arabisation et la facilitait. Peu à peu en Babylonie chez les Sassanides, en Syrie chez les Byzantins les vieux noms sémitiques des eaux et des montagnes reparaissaient et les noms officiels, les noms iraniens ou grecs, n'étaient plus que des mots savants, bons pour les seuls bureaux. Du Zagros à la mer Rouge la domination perse ou byzantine subsistait, mais la terre était redevenue araméenne et arabe.

Entre le IVe et le VIe siècle la conquête arabe se matérialisa par l'apparition de deux émirats organisés. L'un, celui des Lakhmides, établi à Hîra, sur la rive droite de l'Euphrate et qui dépendait de l'empire perse, l'autre celui des Ghassanides, établi au Haouran et dans la Belqâ, sur le *limes* de la Syrie et qui dépendait de l'empire romain. Les Byzantins, on l'a vu, employaient les Ghassanides contre la Perse et les Perses employaient

---

Karin) en 632, l'acceptation du dogme byzantin, avec célébration d'une messe commune, le monothélisme d'Héraclius servant de pont entre chalcédoniens et monophysites. (On sait que le monothélisme admettait dans le Christ une volonté unique, commune à sa nature divine et à sa nature humaine.) Cf. Ormanian, *L'Église arménienne*, p. 34 et Tournebize, p. 351. Sur le monothéisme, cf. Tixeront, *Histoire des dogmes*, t. III, p. 160-192.

(1) Cf. Dussaud, *Les Arabes en Syrie avant l'Islam* (1907).

de même les Lakhmides contre l'empire byzantin. Au demeurant les deux émirats profitaient des guerres perpétuelles entre la Perse et Byzance pour razzier également l'un et l'autre empire, de sorte que, dans ces luttes interminables, c'était la race arabe, c'étaient les nomades qui gagnaient à tous les coups. Nous avons vu le rôle joué à cet égard par le Ghassanide al-Hârith ibn Djabala (v. 528-569) (1) et par le Lakhmide al-Moundhir III (505-554), et combien, sous couleur de servir les intérêts de leurs suzerains respectifs, ils agissaient pour leur propre compte. Néanmoins Byzantins et Sassanides étaient obligés de les flatter jusqu'à sanctionner leurs empiètements. L'empereur Justinien nomma en 529 al-Hârith ibn Djabala chef de toutes les tribus arabes de Syrie avec les titres de phylarque et de patrice, qui dans la Byzance de cette époque, représentaient la plus haute dignité après la dignité impériale. Dans l'autre camp le Lakhmide de Hîra, al-Moundhir Ier, avait joué un rôle si important auprès des Sassanides qu'il avait été chargé de l'éducation du prince Vahrâm Gor et nous avons vu qu'en 420 il réussit à placer son protégé sur le trône de Ctésiphon (2).

La cour de Ctésiphon et celle de Constantinople finirent l'une et l'autre par se lasser des empiètements de leurs clients respectifs. L'émir ghassanide al-Moundhir (3), brillant vassal et lieutenant des Byzantins (l'empereur Tibère II avait remplacé son « diadème » par une couronne véritable) n'en protégeait pas moins le monophysisme, odieux à l'orthodoxie grecque. En 581 il fut arrêté en trahison et emmené en captivité à Constantinople. Ses quatre fils se révoltèrent et ravagèrent cruellement le territoire impérial. L'empereur Tibère II envoya contre eux une expédition qui captura l'aîné d'entre eux, an-Nou'mân, et détruisit définitivement l'émirat ghassanide.

Même aventure à Hîra. Le Lakhmide an-Nou'man III, vassal de Khousrô II, déplut à ce prince qui le fit périr en prison (vers 602). A la place des Lakhmides, Khousrô II établit à Hîra des gouverneurs dépendant directement du trône de Ctésiphon.

Le résultat de cette double mesure fut également funeste pour les deux empires. Les Byzantins en Syrie, les Perses en Irâq,

---

(1) En grec *Aretas tou Gabala*.
(2) Cf. Christensen, *L'Iran...*, p. 269-271.
(3) En grec Alamoundaros. Sur les Ghassanides et les Lakhmides, voir Mas'oûdî, *Prairies d'or*, trad. Barbier de Meynard et Pavet de Courteille, t. III, p. 181-222. Noeldeke, *Die Ghassânischen Fürsten*, Abhandl. d. königl. preuss. Akad. d. Wiss. 1887 ; G. Rothstein, *Die Dynastie der Lakhmiden*, Berlin, 1889-1899 ; Articles *Ghassan*, par J. Schleifer, dans l'*Encyclopédie de l'Islam*, t. II, p. 150, *Hîra* par Fr. Buhl, *ibid.*, p. 334 et *(Banou)-Lakhm* par Lammens, t. III, p. 12. Mgr R. Devreesse, *Le christianisme dans la province d'Arabie*, dans : Vivre et Penser, 2e série, p. 110-146 et ; *Arabes, Perses et Arabes Romains, Lakhmides et Sassanides*, *ibid.*, p. 263-307 (avec 2 cartes), Paris, Firmin Didot, 1942.

au lieu d'avoir affaire à des princes arabes responsables et qu'ils pouvaient toujours contrôler, ne se trouvèrent plus en présence que d'une poussière de tribus nomades qui leur échappaient entièrement. Entre 604 et 611 la tribu arabe des Bakr tailla en pièces une armée sassanide à Dhoû-qâr, sur la rive droite du bas Euphrate, entre Wâsit et Koûfa. La bataille de Dhoû-qâr, même s'il ne s'agit que d'un épisode purement local, révéla au monde arabe la faiblesse du vaste empire sassanide. L'heure de l'islam était venue.

Conquête de la Syrie et de l'Égypte par les Arabes

Le succès de l'islam ne s'explique que parce que la révolution musulmane survint au milieu du réveil de l'antique Orient dressé contre l'hellénisme et contre cette forme finale de l'hellénisme : l'orthodoxie byzantine. L'antagonisme, on l'a vu, était bien antérieur à Mahomet. Ce ne fut même pas Mahomet qui le changea en une guerre de religion, puisque sous Khousrô II et Héraclius c'était déjà à une véritable guerre de religion que s'étaient rués l'un contre l'autre l'Iran mazdéen et Byzance. Ce n'est pas non plus l'Islam qui a le premier poussé les tribus du désert à l'assaut de la Syrie byzantine et de l'Irâq sassanide (1). Nous avons vu que depuis longtemps les Arabes de Palmyre, du Haouran (Ghassanides) ou de Hîra avaient commencé leur pénétration en pays sédentaire. Mais Mahomet vint donner à tous ces Orientaux en révolte un corps de doctrine, une conscience et un drapeau. Selon l'expression du regretté Nau, « son islamisme fut avant tout du panarabisme » (2). On entrait dans le moyen âge, les vieilles querelles s'avivaient. Depuis la conversion de Constantin, surtout depuis la condamnation du nestorianisme (431) et du monophysisme (451), l'ancien hellénisme et la « romanité » se présentaient à l'Asie sous la forme d'un credo. Avec le Coran le monde arabe répondait par le *djihâd*, la terrible guerre sainte musulmane (3). La question d'Orient devint ainsi pour de longs siècles une question religieuse.

La conquête arabe commença sous le khalife Aboû-bakr (632-634) par le démantèlement des Marches de Syrie et de Babylonie. Du côté de la Babylonie les Arabes enlevèrent aux Sassanides Hîra que les Lakhmides n'étaient plus là pour défendre (633). En Palestine ils écrasèrent l'armée byzantine à Adjnâ-

---

(1) Voir la crainte qu'inspirent déjà à Ammien Marcellin, soldat perspicace, les Sarrasins (Saraceni) « que je ne nous souhaite ni pour amis ni pour ennemis » (Ammien Marcellin, l. XIV, ch. 4, éd. Nisard, p. 6-7, sous la date de 359 A. D.).
(2) Cf. Nau, *Un colloque du patriarche jacobite Jean*, Journal Asiatique, 1915, I, p. 228.
(3) Cf. D. B. Macdonald, art. *Djihâd*, Enc. de l'Isl., t. I, p. 1072.

deïn le 30 juillet 634, victoire à la suite de laquelle les Byzantins se replièrent sur Damas. Jusque-là l'avance musulmane de ce côté n'avait encore que le caractère d'une vaste razzia. Mais voici que la population indigène — Juifs, Samaritains, chrétiens monophysites —, en haine de l'orthodoxie byzantine, faisait ouvertement ou tacitement cause commune avec l'envahisseur (1). En septembre 635 Damas capitula, de l'assentiment, semble-t-il, du clergé, sans doute mécontent de l'attitude théologique de l'empereur Héraclius (2). Il n'est pas sûr que le général musulman Khalîd ait envoyé à Héraclius le message que lui attribuent les annalistes : « Allah a donné cette terre à notre père Abraham et à sa postérité. Nous sommes les enfants d'Abraham. Tu as assez longtemps possédé notre pays. Abandonne-le nous de bon gré. » En revanche il paraît vraisemblable que, comme le veut Eutychius, les habitants de Homs, au moment de l'invasion musulmane, aient déclaré à Héraclius qu'ils ne voyaient en lui, du fait de son monothélisme, qu'un ennemi de leur foi (3).

Ce fut ainsi que les querelles théologiques de la société byzantine préparèrent les voies à la conquête musulmane ; ou plutôt les dissidences religieuses qui, en pays sémitique, opposaient de la sorte monophysites à « chalcédoniens », représentaient le revêtement dogmatique qu'en ces siècles de théologie devait nécessairement se donner la révolte des races indigènes pour secouer la domination grecque.

Héraclius, sortant enfin de sa torpeur, envoya en Syrie une nouvelle armée, de 80.000 hommes que les Arabes écrasèrent sur les bords du Yarmoûk, affluent oriental du Jourdain, le 20 août 636. Cette victoire livra à brève échéance aux Arabes les deux métropoles de la Syrie septentrionale, Alep et Antioche. Héraclius en qui on ne reconnaissait plus le héros de la guerre perse, abandonna lâchement le sol syrien. Le patriarche de Jérusalem Sophronius — un ennemi acharné du monothélisme impérial — défendit deux ans la ville sainte contre le blocus arabe, puis, moyennant certaines concessions religieuses, finit par capituler (638). Césarée qui était la résidence du gouverneur byzantin succomba à son tour (640). Toute la Syrie-Palestine était perdue pour Byzance. Quant à l'empire perse sassanide, les Arabes en

(1) Lammens, *La Syrie*, t. I, p. 55.
(2) Héraclius avait adopté la théorie du patriarche Sergius en faveur du monothélisme qui cherchait à établir un moyen terme entre monophysites et « chalcédoniens ». Mais il ne fit que s'attirer l'hostilité des dyophysites représentés par le patriarche de Jérusalem Sophronius qui condamna le monothélisme comme conduisant au monophysisme, l'hostilité aussi des monophysites qui virent dans le monothélisme un piège pour leur faire admettre les « deux natures » en Jésus-Christ.
(3) *Eutychii Alexandrini patriarchae Annales* dans Migne, *Patrologia graeca*, t. CXI, col. 1088.

firent la conquête en deux batailles (Qâdisiya (1), 637, Néhâvend, 642).

En Égypte plus encore qu'en Syrie les Arabes trouvèrent le terrain tout préparé par l'hostilité de la chrétienté copte, qui était monophysite, contre l'orthodoxie byzantine. Sous le règne d'Héraclius, le patriarche Cyrus (vers 631-640) avait voulu ramener les Coptes au dyophysisme chalcédonien et chasser leur patriarche, Benjamin, qui s'y refusait (2). Lorsqu'en décembre 639, les Arabes, sous le commandement de 'Amr ibn al-'Aç, envahirent l'Égypte, Benjamin leur assura le concours de la population copte moyennant restitution des biens d'église confisqués par les Byzantins. Alexandrie capitula le 29 septembre 643 par la lâcheté, cette fois, du patriarche orthodoxe Cyrus (3).

La conquête d'Alexandrie couronna celle du reste de l'Égypte et de la Syrie. La chute de cette ville, considérée comme la seconde capitale de l'hellénisme, eut un retentissement presque égal à celui, huit siècles plus tard, de la chute de Constantinople. La plus importante des colonies macédoniennes était irrémédiablement perdue. « La Grèce extérieure était jetée à la mer. Il y avait mille ans qu'Alexandrie avait été fondée. Pendant ces dix siècles, la civilisation hellénique, répandue en Égypte et en Syrie, y avait produit les savants les plus illustres de l'antiquité, une philosophie qui fut le mélange des idées grecques et des mystères de l'Orient. Mais elle avait perdu peu à peu sa force d'expansion. Elle devait battre en retraite, laisser aux indigènes qu'elle ne pouvait plus diriger un territoire qu'elle avait usurpé... Héraclius assista, immobile, à cette destruction de l'œuvre d'Alexandre. »

La débyzantinisation ne fut pas moins rapide en Syrie. Là aussi elle fut caractérisée par la collaboration de la population indigène et des conquérants arabes, collaboration d'autant plus étroite que les khalifes omaiyades (660-750) fixèrent précisément leur résidence en Syrie, à Damas. Les Syriens chrétiens — monophysites ou même melkites, c'est-à-dire « chalcédoniens » — jusque-là employés dans les bureaux de l'administration byzantine, n'hésitèrent pas à entrer au même titre dans le *dîwân* des khalifes. L'ancien administrateur financier de la Damascène pour Héraclius, ibn-Sardjoun (Sergius), reçut ainsi du khalife Mo'âwiya (660-680) la gestion des impôts et la comptabilité de

---

(1) Au sud de Nadjaf, à 30 km. de Koûfa. Cf. Caetani, *Annali dell'Islam*, III, p. 629 et sq.
(2) Amélinau, *Fragments coptes pour servir à l'histoire de la conquête de l'Égypte par les Arabes*, Journal Asiatique, 1888, II, p. 389. Cf. Henri Munier, ap. *Précis de l'Histoire de l'Égypte*, t. II (1932), p. 69 et Michel le Syrien, ap. G. Wiet, dans *Histoire de la nation égyptienne*, t. IV (1937), p. 17.
(3) Cf. G. Marçais, *Le monde oriental de 395 à 1081*, p. 194.

l'armée arabe. « Il fut une sorte de grand chancelier et l'homme de confiance de Mo'âwiya et de son successeur » (1)

L'invasion arabe en Arménie

La Mésopotamie byzantine (Édesse) et la haute Mésopotamie perse (Nisibe) avaient, bien entendu, été submergées par l'invasion. De là, les Arabes envahirent l'Arménie. Le 6 octobre 642 ils surprirent la capitale du pays, Dovin (2), d'où ils ramenèrent une multitude de captifs (3). Le chef de la puissante maison arménienne des Rechtouni, Théodoros, dont la seigneurie avait pour base l'îlot d'A*l*thamar, dans le lac de Van, harcela la retraite des envahisseurs. Le 10 août 643, à la tête de 600 hommes, il surprit et massacra une colonne arabe qui venait de s'emparer d'Artsaph dans le district de Kogovit (4). Jusque-là l'invasion arabe s'était d'ailleurs limitée à de simples razzias. L'empereur byzantin Constant II (641-668) put encore désigner des préfets et des gouverneurs de l'Arménie, choisis dans la noblesse locale, notamment Théodoros Rechtouni et le chef d'une autre grande famille féodale, Varaztirotz, chef de la maison des Bagratouni ou Bagratides, puis le fils de Varaztirotz, nommé Sembat (5). Mais depuis le synode de Théodosiopolis de 632 où le principe du ralliement à l'orthodoxie grecque avait été arraché par l'empereur Héraclius au patriarche Yezr Ier (voir p. 90, n. 5), les Byzantins tracassaient l'Église arménienne, tandis que les Arabes, là comme en Syrie et en Égypte, se présentaient comme les protecteurs du monophysisme. « Les Infidèles ne nous gênent point dans la manifestation de notre foi », répondaient les Arméniens aux objurgations de Constant II. Théodoros Rechtouni finit en 653 par conclure sur le dos de Byzance un accord avec le chef arabe Mo'âwiya. Par cet accord l'Arménie reconnaissait la souveraineté des Arabes qui s'engageaient à protéger sa foi monophysite contre l'intrusion de l'Église byzantine. Les Arméniens s'engageaient de leur côté à entretenir contre les retours offensifs des forces byzantines une armée de 15.000 cavaliers (6).

L'empereur Constant II, furieux de voir le monophysisme arménien se mettre sous la protection arabe, entra en Arménie

---

(1) *Tabari*, II, 205, 837 ; Cf. Lammens, *La Syrie*, t. I, p. 70.
(2) Prononcer : *Douine.*
(3) Date donnée par les sources arabes : 6 dhoûlqada 21 (Huart. *Hist. des Arabes*, I, p. 236). Discussion de la chronologie des sources arméniennes dans Tournebize, p. 96 et 354.
(4) Sébéos, ch. 33, p. 109-110 ; Lévond, ch. 3, p. 10 ; Asolik, l. II, ch. 4, p. 153. Cf. Tournebize, p. 354.
(5) Cf. Laurent, *L'Arménie entre Byzance et l'Islam*, p. 334.
(6) Sébéos, ch. 35, p. 133 ; Lévond, 4, p. 13 ; Théophane, *Chronographie* dans Migne, *P. G.*, CVIII, 701, 1325 ; Cf. Tournebize, *Histoire*, p. 366-367. Pour le détail, notre *Histoire de l'Arménie* (Payot).

avec une forte armée et, par Théodosiopolis, pénétra jusqu'à Dovin. Il obtint le ralliement de deux grandes familles seigneuriales, ennemies de la maison des Rechtouni, les Bagratouni ou Bagratides et les Mamikonian, ainsi que de la noblesse du Sper et du Tayq. Il déclara déchu Théodoros Rechtouni et nomma à sa place Mouchel Mamikonian. Puis il amena le patriarche Nersès Chinol (1) — lequel était d'ailleurs l'adversaire de Théodoros Rechtouni — à accepter les définitions du concile de Chalcédoine et la messe grecque (2).

Cette pression aliéna au *basileus* les sympathies arméniennes. A peine eut-il quitté le pays (654) que les Arabes le réoccupèrent. Le patriarche Nersès Chinol se réfugia au Tayq, son canton d'origine, par crainte de la vengeance de Théodoros Rechtouni. Ce dernier, à l'arrivée des Byzantins, s'était retiré dans sa forteresse d'Althamar, sur le lac de Van. Il en ressortit après leur départ, et, avec l'aide des Arabes, repoussa les Impériaux jusqu'à la mer Noire. Il se rendit même à Damas auprès du khalife Mo'âwiya qui le nomma *marzbân* ou gouverneur de l'Arménie, ainsi que de l'Ibérie (Géorgie) et de l'Aghovanie (3). Toutefois l'Ibérie resta liée au système byzantin : la communauté confessionnelle sur la base du credo « chalcédonien » commanda la mouvance politique. Le général byzantin Maurianos profita de l'hiver pour rentrer en Arménie. Au printemps il fut battu devant Nakhitchevan par les Arméniens et les Arabes et rejeté en Ibérie. Les Arabes enlevèrent même Théodosiopolis (Karin, Erzéroum) aux Byzantins (655).

La guerre civile qui divisa à ce moment le monde arabe, — la lutte pour le khalifat entre 'Alî et Mo'âwiya, lutte qui se prolongea de 657 à 661 — amena les troupes arabes à évacuer pour un temps l'Arménie qui fut aussitôt réoccupée par les Byzantins (657). Constant II en nomma gouverneur, avec le titre de curopalate, le chef de la maison des Mamikonian, Hamazasp Mamikonian (4). Cependant, en 661, le khalife Mo'âwiya devenu seul maître de l'empire arabe, exigea des Arméniens le retour à la vassalité. Comprenant que la résistance était inutile, le vieux patriarche Nersès Chinol, avant de mourir, conseilla la soumission (5). Sur sa recommandation, Mo'âwiya nomma gouverneur de l'Arménie un des chefs locaux, Grigor Mamikonian dont la

---

(1) Nersès III d'Ichkhan, surnommé Nersès Chinol, élu patriarche en 641 se retire des affaires en 652, réoccupe son siège en 658, décédé en 661.
(2) Sébéos, III, ch. 35, p. 136-138. Cf. Tournebize, p. 367.
(3) Cf. Hübschmann, *Zur Geschichte Armeniens u. der ersten Kriege der Araber* (1875), p. 42, n. 1.
(4) Sébéos, III, ch. 36, p. 142; Cf. Hübschmann, *l. c.*, p. 42 ; H. Thopdschian, *Zeitschrift für armenische Philologie*, II, 70-71 ; Ghazarian, *ibid.*, II, p. 173-174 ; Tournebize, *Histoire...*, p. 366-367 ; Laurent, *L'Arménie entre Byzance et l'Islam*, p. 38, 198 et 200-201.
(5) Lévond, ch. 4-5, p. 14 ; Jean Katholikos, ch. 12, p. 78.

famille, à travers les changements de protectorat, gardait ainsi le pouvoir. Grigor Mamikonian resta à la tête de l'Arménie de 661 à 685.

Comme on le voit, que la suzeraineté appartînt aux Byzantins ou aux Arabes, les grandes familles seigneuriales arméniennes, tout en se disputant l'hégémonie, maintenaient l'autonomie effective du pays.

Pendant ce temps, les Arabes avaient lancé dans les eaux grecques une flotte qui battit près de Phœnix, sur la côte de Lycie, l'escadre byzantine commandée par l'empereur Constant II en personne (655) (1) et ils dirigeaient sur terre une incursion en Cappadoce du côté de Césarée. Ce ne fut qu'en 659 que Constant II put amener le khalife Mo'âwiya à conclure la paix. A cette date les possessions asiatiques de Byzance se limitaient pratiquement à l'Asie Mineure. Comme, en Europe, la péninsule des Balkans, Grèce comprise, était en proie à la pénétration slave, le territoire de l'Empire en Orient paraissait si réduit que Constant II alla s'établir dans l'Italie méridionale où il finit ses jours (663-668). Les Arabes en profitèrent pour reprendre la lutte en dirigeant une razzia à travers l'Asie Mineure jusqu'à Chalcédoine (663). Pendant quelque temps il ne se passa presque pas d'année sans que ces razzias recommençassent (2). En revanche, les Mardaïtes ou Djarâdjin a, montagnards chrétiens (monophysites ou monothélites) de l'Amanos et du Taurus, pénétrèrent, à partir de 666 et à l'instigation de Byzance, jusqu'au Liban d'où ils organisèrent contre le khalifat, toujours installé à Damas, une guerilla redoutable (3)

Blocus et défense de Constantinople. Le feu grégeois

L'empereur Constantin IV (668-685) vit le péril arabe se faire plus menaçant encore. Ce que visait maintenant le khalife Mo'âwiya, ce n'était rien de moins que la conquête de Constantinople elle-même. En 673 une grande flotte arabe traversa la mer Égée, l'Hellespont et apparut devant l'énorme cité qu'elle bloqua d'avril à septembre, essayant vainement de forcer le port que défendait l'escadre byzantine, puis elle vint hiverner devant Cyzique. Utilisant Cyzique comme base d'opérations, les Arabes pendant cinq ans s'obstinérent dans leur effort, revenant à chaque

---

(1) Théophane le Confesseur, *Chronographie*, p. 332 et Michel le Syrien, trad. Chabot, II, p. 445-446; Cf. Marius Canard, *Les expéditions des Arabes contre Constantinople*, dans *Journal Asiatique*, 1926, p. 64.
(2) Cf. M. Canard, *l. c.*, p. 67-77.
(3) Cf. Wellhausen, *Kämpfe mit der Romäer in der Zeit der Umaijiden*, p. 16-8, 24 ; Lammens, *Études sur le règne du calife Mo'âwiya*, I, 14-22.Sur les Mardaïtes, Michel le Syrien, trad. Chabot, II, 479 ; Lammens, *Mardaïtes*, Encycl. de l'Islam, III, p. 288 ; E. Honigmann, *Ostgrenze des byzantinischen Reiches*, p. 41.

été assiéger par mer la capitale chrétienne. Constantin IV dirigea la défense avec une énergie, un courage qui ont fait l'admiration de l'histoire. Un Grec de Syrie réfugié à Constantinople, Callinicos, venait de découvrir la formule du célèbre « feu grégeois » qui constitua pour les assiégés une arme terrible (1). En 677 la flotte arabe, ayant éprouvé de lourdes pertes, se décida à la retraite. En cours de route, elle fut en partie détruite par une tempête sur les côtes de la Pamphylie. Le khalife Mo'âwiya conclut alors la paix avec Constantin IV en payant à celui-ci un tribut annuel de 3.000 livres d'or (678). Constantin IV apparut comme le sauveur de la chrétienté (2).

L'Arménie entre Byzance et les Arabes

L'empereur Justinien II (685-695) compromit ces heureux résultats. A la demande des Arabes, il consentit à rappeler du Liban et de l'Amanos les Mardaïtes qu'il transféra en territoire impérial, notamment en Pamphylie, du côté d'Adalia. C'était priver l'empire d'un bastion avancé singulièrement précieux. Puis il rompit la paix avec les Arabes (692), mais se fit battre par eux à Sébastopolis (3). Justinien II fut plus heureux du côté de l'Arménie qu'il réoccupa, en partie grâce à l'appui des Khazar, cette horde turque naguère alliée d'Héraclius et qui habitait toujours les steppes de la basse Volga, du Don inférieur et de la Kouma. De 687 à 693 les Byzantins se trouvèrent ainsi de nouveau maîtres de l'Arménie (4), mais le peuple arménien n'eut guère à se féliciter de cette délivrance. Les Khazar que Justinien II avait pris à sa solde se conduisaient en barbares — qu'ils étaient. Ils avaient tué le chef de la noblesse arménienne, Grigor Mamikonian (685). Le chef d'une autre grande famille arménienne, Achot Bagratouni, ou le Bagratide, qui succéda à Grigor, fut jugé trop puissant par les Byzantins qui lui opposèrent un compétiteur. L'Arménie était vraiment prise entre deux feux, entre les invasions arabes et les tracasseries byzantines, car Achot, récusé par les Byzantins, fut tué peu après par des bandes arabes (690). D'autre part, Justinien II garda quelque temps auprès de lui le patriarche arménien Sahak (Isaac) III de Dzo-

---

(1) Théophane le Confesseur, *Chronographie*, ap. Diehl, *Le monde oriental de 395 à 1081*, p. 241.
(2) Bien des points restent obscurs dans les relations arabo-byzantines à cette époque, pour Chypre, par exemple. Il semble qu'en 686 Chypre ait été déclarée territoire neutre sous un condominium arabo-byzantin marqué par un double tribut. Cf. A. Lombard, *Constantin V*, p. 34.
(3) Théophane, 365, *ap.* Diehl, *l. c.*, p. 244.
(4) Théophane, *l. c.* et Lévond, ch. 5, p. 16 ; Asolik, II, ch. 2, p. 129. Cf. J. Laurent, *L'Arménie entre Byzance et l'Islam*, p. 203.

rapor (1) pour lui imposer l'union confessionnelle (690) (2). Il est à remarquer que ces tracasseries religieuses entre chrétiens ulcéraient autant le peuple arménien que les ravages des musulmans. Aussi, de l'aveu du chroniqueur arménien Lévond, quand les Arabes, en 693-694, reconquirent l'Arménie sur Byzance, ils furent cette fois accueillis avec moins d'hostilité par la plupart des chefs de la noblesse arménienne, à commencer par Sembat le Bagratide (3) que le khalife Abd al-Malik nomma gouverneur indigène du pays. Le patriarche arménien Sahak III partit pour Damas afin d'obtenir en faveur de son Église la protection d'Abd al-Malik. Il mourut en cours de route à Harrân, mais reçut posthumément satisfaction (703) (4).

Le rapprochement arabo-arménien, il est vrai, dura peu, les Arabes s'étant de nouveau aliéné les sympathies arméniennes par leurs confiscations et leurs massacres. Leur ancien client, Sembat le Bagratide, se révolta le premier contre eux. Poursuivi par une de leur colonnes et rejoint près d'Akori, au nord de l'Ararat, il réussit cependant à traverser l'Araxe, surprit les ennemis et les tailla en pièces à Vardanakert, mais après ce brillant fait d'armes il dut aller se réfugier chez les Byzantins. Ceux-ci l'établirent au Tayq, province de l'Arménie byzantine située aux sources de l'Euphrate et du Tchorokh, puis à Poti, jusqu'au jour où, lassé des tracasseries confessionnelles des prélats grecs qui voulaient toujours ramener les Arméniens à l'orthodoxie, il passa de nouveau aux Arabes (711). Ses vicissitudes sont un vivant symbole du destin de l'Arménie, tour à tour opprimée par les Arabes pour sa fidélité à la foi chrétienne et tourmentée par les Byzantins pour son attachement au monophysisme (5). Le protectorat arabe, quand il ne se faisait pas persécuteur, assurait de moins à l'Église arménienne toute indépendance envers l'Église grecque. Le patriarche arménien Hovhannès III Otznetsi ou Jean III d'Otzoun (surnommé Imastasser ou le Philosophe, catholicos de 717 à 728) profita de cette latitude pour réunir en 726 à Manazkert ou Mantzikert (6) un concile qui resserra — contre Byzance — l'accord dogmatique de l'Église arménienne avec l'Église monophysite syriaque (7).

(1) Sahak III de Dzorapor, patriarche arménien de 678 à 703.
(2) Cf. Tournebize, *Histoire... de l'Arménie*, p. 139 et 368.
(3) Lévond, ch. 5, p. 16 et 18. Cf. Laurent, p. 203, 204.
(4) Lévond, ch. 5, p. 25-30 ; Kirakos de Gandzak, ch. 2, p. 33 ; Jean Katholikos, ch. 13, p. 85.
(5) Lévond, ch. 5, p 22, 25, 33. Vardan, trad. Muyldermans, p. 95-96. Cf. Tournebize, p. 368 et Laurent, p. 205-206.
(6) Mantzikert en arabe, Manazkert en arménien.
(7) Asolik, II, 2, trad. Dulaurier, p. 131 ; Bar Hebraeus, *Chron. eccles.*, trad. Assemani, I, 299-303. Michel le Syrien, l. XI, ch. 20, II³, 1904, p. 457-461. Cf. Tournebize, p. 140-142 et 388-400, et Ormanian, p. 36.

Siège de Constantinople par les Arabes:
Léon l'Isaurien sauve la chrétienté

Pendant ce temps, la guerre continuait entre Arabes et Byzantins. Sous l'empereur Tibère III (698-705) les Byzantins reprirent Samosate (700), battirent les Arabes en Cilicie (703) et les chassèrent de Chypre. Succès éphémères. Les Arabes, sous le khalifat de Walîd Ier (705-715) s'emparèrent de Tyane en Cappadoce, envahirent la Cilicie (710, 711), prirent Amasia dans la Cappadoce Pontique (712), Antioche de Pisidie (713) et ravagèrent la Galatie (714). Le khalife Soulaïmân (715-717) chargea son frère Maslama de la conduite de la guerre en Asie Mineure avec une armée destinée dans sa pensée à s'emparer de Constantinople (1). Maslama passa par Amorium, en Phrygie, arriva jusqu'à Pergame en Mysie, dont il s'empara (716), traversa l'Hellespont en face d'Abydos et, par la Thrace, vint assiéger Constantinople du côté de la terre. L'attaque de la muraille commença le 15 août 717. Dans les premiers jours de septembre la flotte arabe qui venait de rejoindre, investit la ville par mer. Jamais la capitale de la chrétienté n'avait couru un tel péril. Mais un homme supérieur venait de monter sur le trône impérial, Léon III l'Isaurien (717-740). Son énergie, son adresse, sa bravoure eurent raison de toutes les tentatives des assiégeants. D'autre part, cette fois encore, le feu grégeois fit merveille. Enfin la marine arabe était montée par des chrétiens orientaux, coptes ou syriens, qui ne servaient l'Islam qu'avec répugnance. En août 718, après un an de siège, Maslama se résigna à la retraite. Il avait perdu, dit-on, près de 150.000 hommes et pendant son retour une tempête détruisit presque toute sa flotte.

Léon l'Isaurien, suivant l'exemple de Constant IV, venait à nouveau de sauver la Chrétienté à l'orient comme, quatorze ans plus tard, Charles Martel allait la sauver en Occident. Les journées de Constantinople (717-718) s'égalent à la journée de Poitiers (732). N'oublions pas ce qui serait advenu de la civilisation européenne si la catastrophe de 1453 s'était produite dès le VIIIe siècle, quand l'Occident redevenu barbare se trouvait encore incapable de recueillir l'héritage sacré de l'hellénisme, et reconnaissons toute l'étendue de notre dette envers les vaillants *basi-*

---

(1) Critique des sources, — Théophane le Confesseur, Nicéphore le Patriarche, Agapios de Menbidj, Michel le Syrien (Chabot, II, 483), Tabarî, Mas'oûdî, etc. —, dans : Brooks, *The campains of 716-718 from Arab sources* (*Journ. Hellen. studies*, 1899) ; dans Wellhausen, *Kämpfe der Araber mit den Romäern in der Zeit der Umaiyden*, Nachr. d. kgl. Ges. d. Wiss. Göttingen, Ph.-hist. Kl. 1901, p. 440-442 ; et dans Marius Canard, *Les expéditions des Arabes contre Constantinople*, Journal Asiatique, 1926, p. 80-94. Aussi Schenk, *Kaiser Leo III*, dans : *Byzantinische Zeitschrift*, t. V, 1896, p. 22-26.

leis qui, au prix d'une lutte incessante, ont assuré la continuité de notre culture.

La force d'expansion du monde arabe était brisée. Mais la guerre de frontière n'en continua pas moins avec, souvent, des succès pour l'envahisseur En 725 les Arabes prirent Césarée de Cappadoce et menacèrent même Nicée. Léon l'Isaurien obtint alors contre les Arabes, ainsi que naguére Héraclius contre les Perses, l'alliance des Turcs Khazar de la steppe russe. En 732 il avait fait épouser à son fils, le futur Constantin V, la fille de leur qaghan baptisée sous le nom d'Irène (1). A la demande de Byzance, les Khazar effectuèrent contre les Arabes par le Caucase, du côté de l'Arménie et de l'Azerbaidjan, une diversion qui procura, aux populations de l'Asie-Mineure quelques années de répit (2).

La guerre recommença en 737. En 739 les Arabes vinrent assiéger Tyane dans le sud de la Cappadoce, sans succès d'ailleurs. La même année Léon III et Constantin V leur infligèrent une grande défaite à Akroïnon près de Synnada, l'actuel Afiounqara-hissar, en Phrygie, défaite qui arrêta pour longtemps les tentatives musulmanes en Asie Mineure (3). Constantin V, « prince intelligent, instruit, énergique, grand homme de guerre et grand administrateur », acheva pendant son long règne (740-775) ce redressement. En 745 il enleva aux Arabes, aux confins de la Cilicie et de la Syrie septentrionale, Germanicée (Marach) et Doliché (Douloûk), mais, prévoyant un retour offensif de l'Islam, il transporta en Thrace la population chrétienne de ces villes (4). En 746 une escadre byzantine, montée par des marins du thème des Cibyrrhéotes (Carie, Lycie et Pamphylie), détruisit une flotte arabe devant Céramée, en Chypre. Cette victoire rendit ou confirma aux Byzantins la possession de Chypre. Pendant les années suivantes la guerre civile qui marqua dans l'empire arabe la chute de la dynastie omaiyade et l'avènement de la dynastie abbâsside (747-751) permit à Constantin V de faire de nouveaux progrès. En 751 il porta la guerre sur les confins arméniens et enleva aux Arabes Théodosiopolis (Erzeroum), Mélitène (Malatya) et Claudias (Hiçn-qalaudia, sur les bords de l'Euphrate, à l'est de Mélitène). Constantin V s'avança même jusqu'à Arsamosate (Chimchat sur l'Euphrate, à l'est de Kharpout). Mais là non plus il ne songea pas à annexer le territoire, se contentant de détruire Théodosiopolis, Mélitène et Claudias, de transporter

Cf. Maurice Mercier et A. Seguin, *Charles Martel et la bataille de Poitiers*, Geuthner, 1944.
(1) Cf. Théophane, Nicéphore, Zonaras et Cédrénos *ap.* Alfred Lombard, *Constantin V, empereur des Romains* (1902), p. 31.
(2) Schenk, *Kaiser Leo III*, p. 27.
(3) Théophane et Denys de Tell-mahré *ap.* Wellhausen, *Die Kämpfe der Araber mit den Romäer*, p. 414-445 et Lombard, *Constantin V*, p. 32.
(4) Critique de Théophane, Nicéphore et Cédrénos *ap.* Lombard, p. 33.

en Thrace la population chrétienne et de disperser la population musulmane (1).

Les Abbâssides, une fois installés sur le trône khalifal, ne se résignèrent pas à ces échecs. Sous le khalife al-Mançoûr (754-775), ils reconstruisirent Théodosiopolis et Mélitène, mais les opérations se réduisirent à une guerre de frontières. C'est ainsi que vers 768 les Arabes reprirent Marach aux Byzantins et les Byzantins Arsamosate aux Arabes. En Cilicie les Byzantins réussirent à conserver Mopsuete (Mamistra, Missis) (2). Luttes en apparence obscures, mais qui n'en intéressent pas moins la grande histoire car, au milieu de cette guerre de sièges pour des places-frontières dix fois perdues et reconquises, ce qui était finalement en jeu, ce n'était rien de moins que la survie, pour de longs siècles encore, ou la mort prématurée de l'hellénisme, c'est-à-dire, répétons-le, tout l'avenir de notre civilisation.

Reprise de la poussée arabe sous les khalifes abbâssides

Mais pour Byzance les revers suivaient vite les succès. Sur le trône de Baghdâd, la dynastie abbâsside produisait maintenant une série de grands souverains, les khalifes al-Mahdî (775-785), Hâroûn ar-Rachîd (786-809), al-Amîn (809-813) et al-Ma'moûn (813-833), tandis qu'à Constantinople se succédaient des gouvernements faibles avec l'impératrice Irène (780-790, 797-802), Nicéphore Ier (802-811), Michel Ier Rangabé (811-813) et Léon V l'Arménien (813-820).

Les incursions des Arabes recommencèrent en Asie Mineure. En 782 ils battirent une armée byzantine à Darénon et conduisirent une chevauchée jusqu'à Chrysopolis (Scutari), en face de Constantinople. En même temps la guerre de sièges continuait autour de la ville-frontière de Kamakha sur le haut Euphrate (3). En 784 les Arabes firent capituler les Byzantins à Thébasa, en Cappadoce (4). En 798, ils ravagèrent de nouveau la Cappadoce et la Galatie. En 804 ils défirent en Phrygie les armées de l'empereur Nicéphore Ier. En 806 ils s'emparèrent d'un certain nombre de forteresses cappadociennes : Héraclée, Thébasa, Malakopea, Sidéropalon, Tyane, et poussèrent jusqu'à Ancyre. La flotte musulmane ravageait en même temps Chypre (805) et Rhodes (807) (5). Nicéphore, pour obtenir la paix, dut, — traité humiliant s'il en fut —, devenir tributaire de Hâroûn ar-Rachîd.

(1) Lévond, 8, p. 126 ; Cf. Lombard, p. 35-36, et Laurent, *L'Arménie*, p. 184 et 208 (d'après Théophane, Nicéphore, Tabari et Baladhouri).
(2) Lombard, p. 39.
(3) Laurent, *L'Arménie...*, p. 198, n. 2 ; Honigmann, *Ostgrenze des byzantinischen Reiches*, p. 57.
(4) Honigmann, p. 47.
(5) Brooks, *Byzantines and Arabs in the time of the early Abbassids* dans

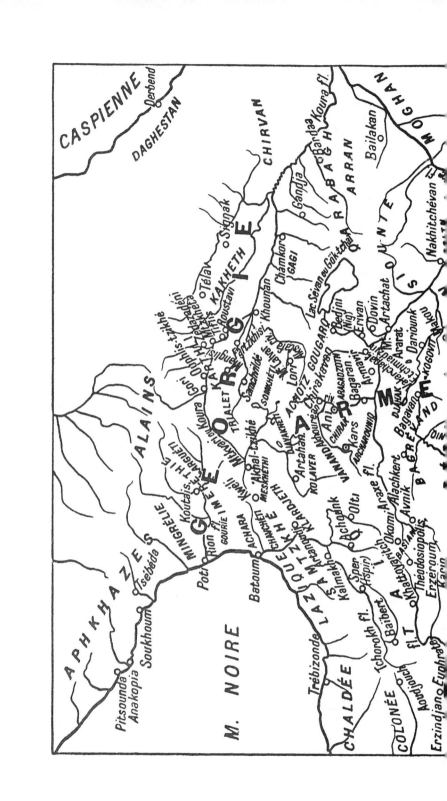

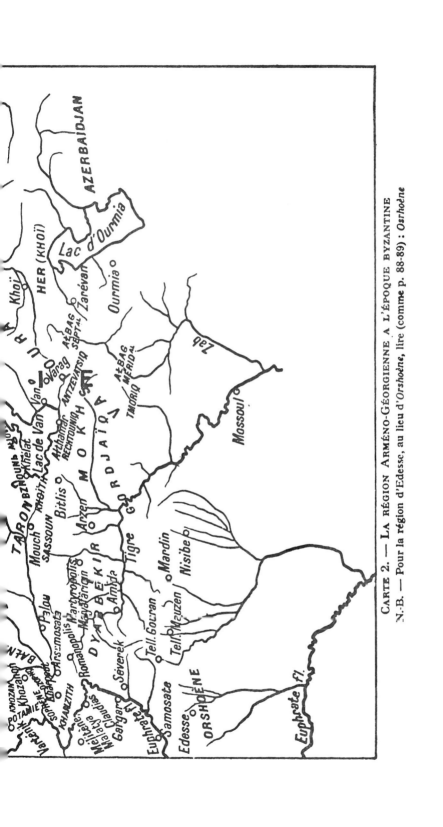

CARTE 2. — LA RÉGION ARMÉNO-GÉORGIENNE A L'ÉPOQUE BYZANTINE

N.-B. — Pour la région d'Edesse, au lieu d'*Orshoëne*, lire (comme p. 88-89) : *Osrhoëne*

Les empereurs byzantins de la dynastie d'Amorium (820-867) ne cessèrent à leur tour de mener une pénible lutte défensive contre les Abbâssides pour la sauvegarde de l'Asie Mineure. Sous l'empereur Michel II le Bègue (820-829) des corsaires arabes émigrés d'Espagne et établis à Alexandrie enlevèrent à l'empire byzantin l'île de Crète (827) (1). La même année la dynastie arabe des Aghlabites qui régnait en Tunisie commença la conquête de la Sicile, conquête qui, malgré tous les efforts des Byzantins, devait être terminée en 860.

L'empereur Théophile (829-842) répondit à une incursion du khalife Ma'moûn contre les forteresses byzantines de la Cappadoce (830) en venant lui-même piller les villes, alors arabes, de la Cilicie, Tarse et Missis (Mamistra, Mopsueste) (831), mais la même année il se fit battre par le fils de Ma'moûn près d'Antigou en Cappadoce (2). Suivirent des opérations de siège conduites par Ma'moûn en personne contre les forteresses du Taurus entre la Cilicie arabe et la Cappadoce byzantine, autour d'Héraclée, Podandos et Tyane (832, 833) (3).

En 837 l'empereur Théophile, profitant des embarras intérieurs des Abbâssides, en l'espèce de la révolte de la secte communiste des Khourranîya sous leur chef Bâbek, prit l'offensive et à la tête de 100.000 hommes s'empara de Zapétra (l'actuel Wîrânchehir sur le Sultan-sou, au sud-ouest de Malatya), d'Arsamosata (Chimchat) et de Mélitène (Malatya) (4). Le khalife abbâsside Mo'taçim (833-842), une fois délivré de la révolte de Bâbek, dirigea, avec une armée de plus de 200.000 hommes, une expédition punitive qui prit pour objectif la ville d'Amorium, en Phrygie, berceau de la dynastie byzantine (838). Les Arabes battirent Théophile au mont Anzen, près de Dazimon (l'actuel Dazmana près Tourkhal) (5) le 22 juillet 838. La ville d'Ancyre (Ankara), abandonnée par une partie de ses habitants, fut prise et détruite par Mo'taçim (6). Le 1er août 838 Mo'taçim vint en personne assiéger Amorium défendue par le patrice Aetius, commandant du thème des Anatoliques. Le 12 la ville fut prise, par trahison,

Engl. Hist. Rev., XVI, 1901, p. 86. ; Gelzer, *Genesis der byzantinische Themenverfassung*, p. 105 ; Honigmann, *Ostgrenze*, p. 47.
(1) Discussion de la chronologie de Tabari et d'Ibn al-Athîr *ap.* Vasiliev, *La dynastie d'Amorium*, trad. Grégoire et Canard (1935), p. 52-57 et 438.
(2) Sur cette ville, *ibid.*, p. 111, n. 3.
(3) *Ibid.*, p. 111-123.
(4) Michel le Syrien, trad. Chabot, III, p. 88-89. Mas'oûdî, *Prairies d'or*, VII, 133-134. Cf. Vasiliev, *Dynastie d'Amorium*, p. 137-141.
(5) Ramsay, *Historical geography of Asia Minor*, p. 329 identifie à tort Dazimon avec Toqat. Vasiliev, *Dynastie d'Amorium*, p. 154-155, rectifie : Dazmana près Tourkhal dans la région de l'Halys. Récit de la bataille dans Michel le Syrien, III, 95.
(6) Sur Ancyre, cf. Jerphanion, *Mélanges d'archéologie anatolienne* dans *Mélanges de l'Université Saint-Joseph*, t. XIII, 1928 (1930), p. 144-219 ; P. Witteck, *Zur Geschichte Angoras im Mittelalter* dans *Festschrift f. G. Jacob*, Leipzig, 1932, p. 329-351 ; Vasiliev, *Dynastie d'Amorium*, p. 152-159.

semble-t-il. Le khalife la fit détruire, réduisit toute la population en eslavage et commença par massacrer 6 000 de ces captifs (1). Quant aux officiers supérieurs, ils furent emmenés à Sâmarrâ, la résidence d'al-Mo'taçim, et comme ils refusaient obstinément de se convertir à l'Islam, ils furent mis à mort après sept ans de captivité (5 mars 845). Ce sont les « quarante deux martyrs d'Amorium » dont la constance héroïque atteste le caractère de « croisades avant la lettre » qu'affectent ces vieilles guerres byzantino-arabes. Au reste tel était le sentiment de l'empereur Théophile qui, après la chute d'Amorium, demanda du secours au doge de Venise Pierre Trandenico, à l'empereur franc Louis le Débonnaire, même, pour prendre les Abbâssides à revers, au khalife de Cordoue Abd ar-Rahmân II (2). D'ailleurs Théophile ne s'abandonnait pas. L'expédition arabe qui avait abouti à la destruction d'Amorium n'était qu'une colossale razzia à la suite de laquelle les vainqueurs, traînant après eux leurs captifs et leur butin, évacuèrent la Phrygie et la Cappadoce, et en 841 les Byzantins à leur tour assaillirent le territoire abbâsside où ils réoccupèrent Germanicée (Marach) et le pays de Mélitène (Malaya) (3). Le khalife al-Mo'taçim, résolu à frapper la chrétienté à la tête, préparait une expédition contre la ville même de Constantinople quand la mort arrêta ses projets (842).

Le successeur de Théophile, son fils Michel III (842-867), commit la faute grave de pousser dans les bras des Arabes les « Pauliciens ». Il s'agissait d'une secte de chrétiens iconoclastes accusés de contaminations manichéennes et, comme tels, réprouvés par l'orthodoxie byzantine. Ils étaient particulièrement nombreux en Cappadoce, notamment dans la Cappadoce Pontique ou Thème des Arméniaques, lorsque la régente Théodora (842-856), mère de Michel III, ordonna contre eux une persécution où cent mille de ces sectaires auraient péri. Le reste s'était réfugié en territoire arabe, auprès de l'émir de Malatya qui les établit autour de la place forte de Tephriké ou Téphrice (Divrigi, sur le Tchalta-tchaï, affluent occidental du haut Euphrate) (4). Ces hommes qui avaient jusque-là servi de garde-frontières à l'empire byzantin jouèrent désormais le même rôle — contre Byzance — en faveur de l'empire arabe.

(1) Vasiliev, *l. c.*, p. 160-177 ; Michel le Syrien, trad. Chabot, III, 100-102 ; Tabari, *ap.* Vasiliev, *l. c.* p. 295-310. Sur le site d'Amorium, Ramsay, *Historical geography of Asia Minor*, p. 230.
(2) Réception d'une ambassade byzantine par Louis le Débonnaire à Ingelheim le 17 juin 839. Cf. Vassiliev, *Dynastie d'Amorium*, p. 177-187.
(3) Michel le Syrien, III, 102 ; Honigmann, *Ostgrenze*, p. 52.
(4) Sur les Pauliciens à Téphrikè, cf. Ramsay, *Historical geography of Asia Minor*, p. 342 ; Laurent, *L'Arménie entre Byzance et l'Islam*, p. 250-251 ; Honigmann, *Ostgrenze des byz. Reiches*, p. 55-56, et Vasiliev, *Dynastie d'Amorium*, p. 231. Également dans Vasiliev, p. 227-228, bibliographie de la question paulicienne.

Les succès byzantins n'en continuèrent pas moins. Dès 856 nous voyons une expédition byzantine, conduite par Pétronas, oncle maternel de Michel III, ravager le district arabe d'Arsamosate, s'avancer jusqu'aux environs d'Amida (Diyarbékir), puis se diriger au nord-ouest, sur Téphriké et y saccager de même la réserve paulicienne.

En 859 Michel III en personne conduisit une chevauchée vers Samosate, ramenant ainsi les armes byzantines jusqu'à l'Euphrate. En 863 l'émir de Mélitène répondit par une razzia à travers le thème des Arméniaques (Cappadoce Pontique), razzia au cours de laquelle il surprit le port byzantin d'Amisos (Samsoun), mais Pétronas le rejoignit à Poson, à l'est de Gangra, dans la région de l'Halys en Paphlagonie (1). L'émir fut cerné et subit une défaite écrasante où il trouva la mort. La plupart des siens furent également tués ou faits prisonniers (3 septembre 863) (2).

Ajoutons que le 22 mai 853 la flotte byzantine avait surpris en Égypte la ville de Damiette qui avait été complètement pillée (3).

Ainsi, sur mer comme sur terre, la dynastie d'Amorium avait repris l'initiative dans le duel de Byzance et de l'Islam, lorsqu'elle fut remplacée sur le trône des Césars par la dynastie macédonienne (867).

(1) Localisation de Vasiliev, *Dynastie d'Amorium*, p. 251-252.
(2) Date donnée par Tabari. Cf. Vasiliev, *l. c.*, p. 256.
(3) *Ibid.*, p. 212-218.

CHAPITRE II

L'ÉPOPÉE BYZANTINE

1. La dynastie « macédonienne »

Basile Ier le Macédonien et l'heure de Byzance

La dynatie « macédonienne » qui gouverna l'empire byzantin de 867 à 1056 était en réalité d'ascendance arménienne (1). Depuis que les districts occidentaux de l'ancienne Arménie à l'ouest d'Erzéroum et de Malatya avaient été annexés à l'empire, la robuste population arménienne qui en était originaire et qui avait ensuite essaimé à travers la Cappadoce orientale avait fourni à Byzance quantité de soldats et de capitaines. L'empereur Basile Ier (867-886) était de ceux-là. Simple paysan, il s'était élevé au plus hauts grades de l'armée par sa belle prestance, son intelligence, son habileté, son énergie, et l'assassinat de Michel III lui avait finalement valu le trône. « Excellent soldat, bon administrateur, souple diplomate », il allait se montrer un des meilleurs souverains qu'ait eus Byzance, comme sa dynastie devait être une des plus grandes de l'histoire impériale.

Au moment où cette maison prenait en main les destinées du vieil empire, la puissance arabe s'effondrait. La dynastie des khalifes abbâssides, à partir du règne de Motawakkil (847-861) tombait en décadence. Son pouvoir politique allait être progressivement réduit à Baghdâd et à l'Irâq-Arabî, tandis que dans les provinces se fondaient un grand nombre de dynasties musulmanes théoriquement soumises à l'autorité khalifale, pratiquement autonomes. C'étaient, en Égypte, les Toûloûnides (868-905), puis les Ikhchîdites (935-969), en attendant les khalifes Fâtimides (969-1171), ces derniers complètement indépendants, au spirituel comme au temporel, de l'obédience abbâsside ; en Mésopotamie et dans la Syrie septentrionale, les Hamdânides de Mossoul (929-991) et d'Alep (944-1003), ceux de Mossoul remplacés ensuite par les Oqaylides (990-1096) et ceux d'Alep par les Mirdâsides (1023-1079) ; au Diyârbékir, les Marwânides (990-1096) ; au Tabaristan, les Alides (864-928) ; dans l'Iran oriental les Tâhirides (820-872), les Çaffârides (868-903) et les Sâmânides (874-999), en Perse et en Irâq les Bouwayhides ou Bouïdes (932-1055). A l'exception des Fâtimides qui dressèrent un khalifat alide dissident contre le khalifat abbâsside de Bagh-

---

(1) Cf. N. Adontz, *L'âge et l'origine de l'empereur Basile Ier*, dans *Byzantion*, t. VIII, fasc. 2 (1933), p. 475-500, et t. IX, fasc. 1 (1934), p. 223-260.

dâd, toutes ces dynasties feignaient de reconnaître l'autorité spirituelle de la maison d'Abbâs. En réalité, qu'elles fussent iraniennes comme les Tâhirides, les Çaffârides, les Sâmânides et les Bouïdes, ou arabes comme toutes les autres maisons que nous venons d'énumérer, elles agissaient au point de vue politique en toute indépendance. Le grand empire arabe unitaire qui s'étendait hier encore du Turkestan à l'Égypte, de la Cilicie à l'Indus, se voyait désormais remplacé par une multitude de petites principautés provinciales, ennemies les unes des autres et qui, usant leurs forces dans ces querelles, allaient se trouver en état d'infériorité chronique en face de l'empire byzantin rénové.

Basile Ier commença par fermer les voies d'accès par où les rezzous arabes montaient périodiquement de la Cilicie ou des confins euphratésiens vers la Cappadoce. De 871 à 882 il fit occuper toutes les « pyles », toutes les passes du Taurus et de l'Antitaurus qui constituaient effectivement les portes de l'Asie Mineure. En même temps, il faisait un effort décisif dans la région contestée du nord-est anatolien, entre Sébaste (Sivas) sur l'Halys et Mélitène (Malatya) près de l'Euphrate, région où se trouvait l'enclave paulicienne de Téphriké devenue le bastion du pays musulman. En 872 Téphriké fut enfin prise et détruite, le chef paulicien Chrysocheir fut tué et sa tête envoyée à Basile (1). Plus au sud, en 873, les Byzantins prirent et pillèrent Zapétra dans la haute vallée du Sultan-sou et Samosate sur l'Euphrate, sans toutefois pouvoir encore emporter Mélitène (2). La montagneuse région de l'Anti-Taurus, entre Césarée et Marach, par où les Arabes s'étaient si souvent infiltrés sur le plateau anatolien, fut définitivement reconquise (877), tandis que l'occupation, en 876, de la forteresse de Loulon (Lou'lou'a), dans le Taurus cilicien, ouvrait aux colonnes byzantines descendant d'Héraclée ou de Tyane la route de Tarse (3). Des expéditions heureuses furent poussées en Cilicie même, mais sans pouvoir encore, pour le moment, prendre Tarse ni aucune des autres grandes villes du pays (878-883) (4).

Romain Lécapène et Jean Kourkouas

Le redressement parut s'arrêter sous le fils de Basile Ier, Léon VI le Sage (886-912). Les Arabes, solidement installés en Crète,

(1) Cf. Vogt, *Basile Ier*, p. 324. Bibliographie dans Laurent, *L'Arménie*, p. 256, n. 2.
(2) Constantin Porphyrogénète, *ap.* Honigmann, *Ostgrenze*, p. 58-59 ; Laurent, *L'Arménie*, p. 257.
(3) Honigmann, *Ostgrenze*, p. 60.
(4) Vogt, *Basile Ier*, p. 331-334. Topographie dans Laurent, p. 258. Voir dans Honigmann, *Ostgrenze*, p. 62-64 la critique des sources (Cédrénos, le Continuateur de Théophane) sur ces campagnes des confins ciliciens.

venaient d'envoyer de là dans les eaux byzantines, sous le commandement du renégat Léon de Tripoli, une escadre qui menaça Constantinople et pilla Thessalonique, la seconde ville de l'empire en Europe (juillet 904). Une partie de la population de Thessalonique fut massacrée. Le reste — 22.000 jeunes gens et jeunes filles — fut vendu sur les marchés de Chandax (la capitale arabe en Crète) et de Tripoli (1). En même temps la prise de Taormina consommait la conquête de la Sicile par les Arabes qui de là menaçaient Rome elle-même (902). Sous le règne du fils de Léon VI, Constantin VII Porphyrogénète (913-959) qui dut consentir à se laisser associer le grand amiral Romain II Lécapène (919-944) (2), les succès reprirent. En 924 la flotte impériale détruisit dans les eaux de Lemnos l'escadre de Léon de Tripoli. L'empire disposait maintenant d'un groupe de grands capitaines qui allaient imprimer à la reconquête « romaine » une impulsion décisive, notamment Jean Kourkouas (Gourgèn), général d'origine arménienne qui de 922 à 944 commanda en Asie Mineure où ses exploits lui valurent d'être célébré par le Continuateur de Théophane comme « un autre Trajan ». « Il doubla, dit avec quelque exagération cette source, l'étendue de la Romanie ; auparavant les infidèles occupaient le pays jusqu'à l'Halys ; il porta jusqu'au Tigre et à l'Euphrate les frontières de l'empire. » A côté de lui, deux autres généraux de sa famille, son frère Théophile Kourkouas et le fils de Théophile, le futur empereur Jean Tzimiscès, se signalèrent par leur valeur. Puis un autre capitaine arménien, le magistros Mélias (Mlèh, en arménien), enfin Bardas Phocas et ses fils Léon et Nicéphore, ce dernier destiné, lui aussi, à revêtir la pourpre (3). Ajoutons à nouveau que le morcellement de l'empire arabe allait singulièrement faciliter la tâche de l'armée byzantine.

La guerre contre les Arabes commença sous le règne de Romain Lécapène (4) par un brillant fait d'armes, la prise de Théodosiopolis (Erzeroum) par Jean Kourkouas et son frère Théophile après un siège de sept mois (vers 928 ou un peu plus tard) (5). Pour s'assurer l'alliance des Arméniens et des Géorgiens, les Byzantins remirent par la suite Théodosiopolis au prince arméno-géorgien du Tayq (ou Tao), Davith le Curopalate (978) (6).

(1) Récit de la prise de Thessalonique par Jean Caméniate dans Schlumberger, *Nicéphore Phocas*, p. 35-38.
(2) Cf. Runciman, *The emperor Romanus Lecapenus*, 1929.
(3) Cf. Rambaud, *L'empire grec au Xe siècle, Constantin Porphyrogénète*, p. 420-421.
(4) Cf. Runciman, *Romanus Lecapenus*, p. 120-177.
(5) Date acceptée par Rambaud, *L'empire grec au Xe siècle*, p. 422. Variations chez Runciman, p. 135-140, entre 930-931 et 949. Mais Michel le Syrien (III, p. 123) place la prise de Théodosiopolis vers 934-935. Discussion e cette chronologie dans Honigmann, *Ostgrenze*, p. 79.
(6) Honigmann, *Ostgrenze*, p. 80. Davith le Curopalate, prince de Tayq

Autre conquête importante, le 19 mai 934 Jean Kourkouas et Mélias (Mleh) enlevèrent Mélitène (Malatya) à l'émir local. La population fut chassée et la ville rasée (1). A l'est de Mélitène, de l'autre côté de l'Euphrate, Romain Lécapène fonda la forteresse de Romanopolis (2). Cependant les Byzantins rencontrèrent un adversaire sérieux dans la personne du Hamdânide Saîf ad-Daoula, depuis émir d'Alep (944-967), qui reprit un moment l'avantage (936-939) et poussa une razzia jusqu'à Colonée dans la Cappadoce Pontique (3). Mais les Byzantins se ressaisirent vite (941-942), poussant à leur tour des pointes vers le Tigre supérieur en direction de Maiyâfâriqîn (4). En 944 Jean Kourkouas obligea l'émir d'Édesse à rendre une relique fameuse, l'étoffe sur laquelle était imprimé le visage du Christ (5).

La guerre hamdânide sous Constantin Porphyrogénète et Romain II

La disgrâce imméritée de Jean Kourkouas et la chute de l'empereur Romain Lécapène, qui laissa le trône au seul Constantin Porphyrogénète (944), eurent pour résultat de ralentir un instant les opérations, tout au moins du côté byzantin. L'émir d'Alep, le Hamdânide Saîf ad-Daoula, en profita. Dès 944 il avait battu les Byzantins près de Germanicée (Marach). En 946 et en 947 il défit encore leur général Bardas Phocas. En 949 la chance revint aux Byzantins. Sous le commandement de Jean Kourkouas rentré en grâce, ils battirent Saîf ad-Daoula devant Germanicée et s'emparèrent de cette ville qui fut démantelée (printemps de 949) (6). Les Byzantins coururent jusqu'à la banlieue de Tarse.

Les années suivantes virent alterner les razzias hamdânides en territoire byzantin, chantées par le grand poète arabe al-Moutanabbî, et les ravages des Byzantins en territoire hamdânide (7). En 950 Saîf ad-Daoula fit une grande expédition en Cappadoce, à travers le thème de Lykandos, la montagneuse région de Tzamandos dans l'Anti-Taurus et le thème de Kharsian. Il revenait,

est célèbre pour avoir fait construire le monastère de la Vierge de Khakhouli en Meskhéthie (Cf. Karst, *Littérature géorgienne chrétienne*, p. 21, 24).
(1) Michel le Syrien, III, p. 122-123. Autres sources *ap.* Rambaud, *L'empire grec*, p. 423 ; Cf. Runciman, *Romanus Lecapenus*, p. 142, rectifié par Honigmann, *Ostgrenze*, p. 73.
(2) Cf. Honigmann, *Ostgrenze*, p. 90-91.
(3) Cf. N. Adontz, *Les Taronites en Arménie*, dans *Byzantion*, t. X, 1935, p. 540-541.
(4) Maiyâfâriqîn dans les années 939-940 était sous la dépendance de Saîf ad-daoula (*ibid.*, p. 541). De même en 949 (Schlumberger, *Nicéphore Phocas* p. 132).
(5) Bibliographie dans Rambaud, *L'empire grec*, p. 108.
(6) Kamâl-ad-Din dans Freytag, *Zeitschrift d. deutsch. morgenland. Ges.*, XI, 187 ; Honigmann, *Mar'ash*, Encycl. de l'Islam, III, p. 285.
(7) Schlumberger, *Nicéphore Phocas*, p. 132-133 ; M. Canard, dans *Al-Mutanabbi* (Recueil du Millénaire, Beyrouth, 1936), p. 100-101.

chargé de dépouilles, quand il fut surpris et battu dans les défilés par Bardas Phocas (20 novembre 950). En 953 ce fut au tour des Byzantins de ravager la région d'Antioche et d'Alep, puis de se faire battre par Saîf ad-Daoula pendant leur retraite aux environs de Marach. Dans l'intervalle (952) l'infatigable émir avait reconstruit Marach. De leur côté les Byzantins, commandés par des capitaines comme Léon Phocas, le cubicúlaire Basile et Jean Tzimiscès, poussèrent jusqu'à Amida (Diyarbékir), Martyropolis (Maiyâfâriqîn), Arzen et Nisibe (957-959) (1). Toutefois il ne s'agissait là que de « contre-rezzous », ces quatre villes ayant continué, après le passage des Byzantins, à faire partie du domaine hamdânide. Au contraire, la victoire que les Byzantins remportèrent sur Saîf ad-Daoula à Ra'bân en octobre-novembre 958, leur assura définitivement la possession de Samosate (2). La frontière byzantine, en 960, était du nord au sud jalonnée par les villes — désormais réintégrées dans le domaine « romain » — d'Arsamosate (Chimchât), Romanopolis, Karkaron (Gargar), Samosate (Soumaisât), Behesni, Koukousos (Göksun), Comana et Podandos (Bozanti) (3). A l'automne de 960 Saîf ad-Daoula conduisit encore une dernière razzia jusqu'à Kharsian, en Cappadoce, mais au retour il fut surpris par Léon Phocas au défilé du Kylindros (passe de Koussouk sur le haut Djeihoun) et perdit toute son armée, désastre qui acheva de l'abattre (8 novembre 960) (4). Les marches byzantines du côté de la Cappadoce furent désormais à l'abri de ses incursions.

Les thèmes de Colonée, de Sébaste, de Kharsian et de Cappadoce avaient cessé de jouer le rôle de marches-frontières. Ce rôle était désormais dévolu aux thèmes nouvellement créés dans les territoires reconquis, savoir ceux de Mésopotamie (5), de Khanzit (6), de Lykandos ou Likandos (7), la curatorie de Mélitène, la marche de Samosate et, en Cilicie occidentale, le gouvernement de Séleucie (Selefké). A la mort de Constantin Porphyrogénète

(1) Schlumberger, *Nicéphore Phocas*, p. 135, et Honigmann, *Ostgrenze*, p. 93.
(2) Honigmann, *Ostgrenze*, p. 85 ; Cf. *Zeit. deut. morg. Ges.*, XI, p. 194.
(3) Honigmann, Carte *Fines orientales imperii byzantini circa 960*, dans ses *Ostgrenze*.
(4) Localisation par Honigmann, *Ostgrenze*, p. 85-86. Sources dans Schlumberger, *Nicéphore Phocas*, p. 139-146.
(5) Forteresses et localités du thème de Mésopotamie d'après Honigmann *(Ostgrenze)* : Kamakha, Barzanissa (Wartanîs, Vardénik), Tchemechkacag, Khozanon, Kharpezikion, Abdela (Abdallî).
(6) Forteresses et localités du thème de Khanzit, d'après Honigmann : Kharpete (Kharpout), Mourinik, Dadima Tilion (at-Tall), Kolkhis (al-Koulkous), Arsamosata (Chimchât) et Romanopolis.
(7) Localités du thème de Lykandos d'après Honigmann : Arômainé (Hoçn ar-Roummâna), Taranta (Taranda, Derendé), Sirikha (Kémèr), Komana (Chahr), Khônion (Khounou), Arabisos (Yarpoûz), Sgénin (Izgin), Sarbapin (Qara-uyuq), Wîrânchéher, Sôzopetra (Zibatra), Kokousos (Goksun), Kadismatin (Kertizmen), Plabta (Abouloustan, Albistân) et Alicheber.

(959), « l'Euphrate était redevenu la base d'opérations, le Tigre l'objectif des légions romaines. Les anciens échecs étaient vengés La route était ouverte vers Tarse, vers Antioche, vers Chypre et Jérusalem » (1).

L'épopée byzantine sous Nicéphore Phocas

Sous le règne de Romain II (959-963), fils de Constantin Porphyrogénète, la reconquête byzantine prit une allure décisive. Le meilleur général de l'empire, Nicéphore Phocas, débarqua en Crète (960) et reconquit l'île sur les Arabes (prise de Chandax, 7 mars 961) (2). Puis il commença la conquête de la Cilicie en enlevant à l'émir de Tarse la ville d'Anazarbe (vers le début de 962) et la forteresse de Sis (3). Franchissant ensuite les passes de l'Amanos (commencement de décembre 962), il alla attaquer le hamdânide Saîf ad-Daoula dans sa capitale d'Alep. Il prit au passage Marach, Doulouk, Aïntâb, Menbidj, défit Saîf ad-Daoula sur les bords du Qouwaik, devant Alep et le 23 décembre 962 prit la ville d'assaut (4). Alep fut mise à sac, tandis que les esclaves chrétiens étaient délivrés. « Les fantassins byzantins, poursuivant dans les ruelles sombres et tortueuses, par le dédale des bazars, les femmes sarrasines d'Alep, vengeaient inconsciemment trois siècles de désastres presque incessants, trois siècles de souffrances presque inouïes pour ces malheureuses populations chrétiennes d'Asie Mineure et de Syrie » (5). Mais comme on ne put prendre la citadelle, Nicéphore au bout de huit jours évacua sa conquête et rentra en Asie Mineure.

A la mort de Romain II, son fils Basile II était encore mineur. Nicéphore Phocas fut proclamé co-empereur et épousa l'impératrice douairière Théophano. « Admirable soldat, tacticien habile, général incomparable », il allait pendant six années de règne (963-969) achever de rendre aux armes « romaines » la suprématie en Orient. A l'été de 964 il conduisit en Cilicie une nouvelle campagne au cours de laquelle il enleva aux Arabes Adana (6). Au retour de cette campagne, à l'hiver de 964, il aurait adressé au khalife de Baghdad al-Motî une lettre menaçante pour l'inviter à rendre aux chrétiens tout le pays qui leur avait naguère appartenu. Véritable manifeste de croisade qui, même s'il s'agit d'un document apocryphe, répond à l'état d'esprit du monde byzantin à cette époque. De même la réponse attribuée au kha-

---

(1) Rambaud, *L'empire grec au Xe siècle*, p. 427-436.
(2) Schlumberger, *Nicéphore Phocas*, p. 75-97.
(3) *Ibid.*, p. 193-204.
(4) *Ibid.*, p. 216-242.
(5) *Ibid.*, p. 243.
(6) Cf. Cédrénos, Léon Diacre et Ibn al-Athîr *ap.* Schlumberger, p. 424, n. 1.

life et conçue en termes non moins hyperboliques menace Byzance de la levée d'une contre-croisade, depuis la Syrie hamdânide jusqu'à l'Iran bouïde et à la Transoxiane samanide (1).

A la même époque (964-965) Nicéphore Phocas envoya en Chypre un corps expéditionnaire qui reconquit définitivement l'île sur les Arabes. Puis il vint en personne compléter la conquête de la Cilicie par la prise de Mopsueste ou Missis (Massissa, Mamistra) (13 juillet 965) et de Tarse (16 août 965) (2). La Cilicie, redevenue terre byzantine, fut repeuplée d'éléments chrétiens (3). En 966 un détachement byzantin exécuta en pays musulman une marche au cours de laquelle il insulta les murailles d'Amida (Diyârbékir), de Dârâ et de Nisibe. La même année Nicéphore assiégea en Syrie Menbidj qui se racheta en livrant une image célèbre du Christ, puis, tandis qu'un de ses lieutenants allait prendre Bâlis, il vint, par Qinnesrîn, Tîzîn et Artâh qui fut enlevée d'assaut, assiéger Antioche (23 octobre 966), sans pouvoir encore s'en emparer (4). Le décès de l'émir d'Alep Saïf ad-Daoula (janvier 967) acheva d'affaiblir la résistance arabe.

En 968 Nicéphore Phocas entreprit en Mésopotamie et en Syrie une dernière expédition. Après avoir ravagé la région de Maiyâfâriqîn qui appartenait toujours aux Hamdânides (5), il descendit en Syrie. Renonçant pour le moment à prendre Antioche et Alep, il s'empara des villes secondaires de Ma'arret an-No'mân, Ma'arret Maçrîn, Kafarthab, Chaïzar et Hama qui fut incendiée. A Homs, Nicéphore Phocas fit sa prière orthodoxe dans la mosquée qui se trouvait une ancienne église chrétienne, y enleva le chef de saint Jean-Baptiste, puis livra la ville aux flammes. Il se rabattit ensuite sur la côte libanaise, enleva d'assaut 'Arqa, saccagea les faubourgs continentaux de Tripoli (la cité péninsulaire était hors de ses atteintes), puis, remontant vers le nord, occupa Tortose, Maraqiya (Maraclée), Djabala et Lattakié (l'ancien port de Laodicée) dont le gouverneur arabe se soumit spontanément (6). En réalité, il s'agissait bien plus d'une expédition punitive, d'une campagne de dévastation systématique que d'une tentative d'annexion. Ne resta rattachée à l'empire byzantin que la région

---

(1) Le texte, en arabe, de ces deux manifestes se trouve à la Bibliothèque de Léningrad. Schlumberger, qui en insère la traduction par Houdas (p. 427-430), le jugeait authentique. S'il s'agit seulement d'un « morceau de littérature » du temps, du moins montre-t-il bien l'état d'esprit respectif du milieu abbâsside et du milieu byzantin.
(2) Schlumberger, p. 480-500 ; Honigmann, *Ostgrenze*, p. 93.
(3) La Cilicie devait en principe rester aux chrétiens jusqu'en 1375.
(4) Yahyâ ibn Sa'îd al-Antâkî, trad. Kratchkovsky et Vasiliev, p. 107 et sq. *Patrol. Or.*, XVIII, Paris, 1924, p. 805. Cf. Honigmann, *Ostgrenze*, p. 92-93.
(5) Saïf ad-Daoula venait d'y être enterré.
(6) Schlumberger, p. 702-704. *Ibid.*, p. 705, n. 5, critique des sources byzantines (Léon Diacre et Cédrénos). Honigmann, *Ostgrenze*, p. 94, d'après Bar Hebræus et Kemâl ad-Dîn.

côtière septentrionale avec Tortose, Maraqiya, Balaneôs (Boulounyâs), Djabala, Lattakié et « Souetion », la Souwaidiya arabe (1). Manquait à cet ensemble la ville d'Antioche. Pour en assurer le blocus, Nicéphore Phocas, avant de quitter le pays, fit élever une forteresse à Baghrâs, position qui commande le débouché de la Cilicie en Syrie (2).

En partant (nov-déc. 968), le basileus avait laissé le commandement de l'armée de Syrie à son neveu Pierre Phocas et à Michel Bourtzès. Un an plus tard les guerres civiles entre les chefs arabes d'Alep permirent à Michel Bourtzès d'escalader par surprise les murs d'Antioche. L'arrivée, trois jours après, du gros des forces byzantines sous Pierre Phocas assura la conquête définitive de la grande cité (29 octobre 969) (3). La population musulmane fut chassée et Antioche repeuplée d'éléments chrétiens, notamment d'Arméniens (4). Antioche devait rester byzantine de 969 à 1078 et même 1085. « Par la prise d'Antioche, dit Schlumberger, bien des siècles de misère et de défaite se trouvaient vengés, la conquête de la Cilicie était consolidée et l'annexion totale de la Syrie ne pouvait être qu'une question de temps. Jamais depuis Mahomet l'Islam n'avait été si complètement écrasé » (5).

Aussitôt après la prise d'Antioche, Pierre Phocas, profitant des dissensions entre les partis alépins, attaqua la ville d'Alep et après vingt-sept jours de siège la prit d'assaut. Le vizir Qarghouya résista dans la citadelle, puis conclut un accord par lequel il reconnaissait la suzeraineté du *basileus* sur l'ensemble de la principauté d'Alep (décembre 969-janvier 970). L'Oronte marqua la limite entre cette principauté tributaire et le territoire d'Antioche directement annexé et gouverné désormais par un fonctionnaire byzantin portant le titre de duc (6).

L'épopée byzantine sous Jean Tzimiscès

Nicéphore Phocas fut assassiné dans la nuit du 10 au 11 décembre 969 par son émule de gloire, l'autre grand général byzantin, Jean Tzimiscès, qui était l'amant de l'impératrice Théophano avec la complicité de laquelle le meurtre s'accomplit. Tzimiscès qui, comme beaucoup de capitaines byzantins de ce temps, était

---

(1) Tracé approximatif de la frontière dans Honigmann, *Ostgrenze*, p. 94-96, et l'excellente carte jointe (*Syria byzantina*, c. ann. 1050). Ajoutons une garnison byzantine, laissée en flèche à Beyrouth et qui fut chassée en 971-975 par les Fâtimides (Schlumberger, *Épopée byzantine*, t. I, p. 280).
(2) Schlumberger, *Nicéphore Phocas*, p. 708.
(3) Schlumberger, *Nicéphore Phocas*, p. 718-724 (d'après Kemâl ad-Dîn et Cedrenos).
(4) J. Laurent, *Byzance et les Turcs Seldjoucides*, p. 69-70 (d'après Yahyâ d'Antioche).
(5) Schlumberger, *Nicéphore Phocas*, p. 725-726.
(6) *Ibid.*, p. 727-733, d'après Kemâl ad-Dîn et Léon Diacre.

d'origine arménienne, reprit dès qu'il le put, — dès qu'il eut repoussé des Balkans une formidable invasion russe — le programme de l'expansion byzantine en Asie.

Une révolution d'importance considérable venait de se produire dans le monde musulman. La dynastie tunisienne des Fâtimides venait (969) de s'emparer de l'Égypte. Le khalife fâtimide al-Mo'izz (952-975) régnait maintenant d'Alger à Damas. On sait que les Fâtimides constituaient un khalifat chî'ite dissident par rapport au khalifat sunnite des 'Abbâssides de Baghdâd. Avec leurs solides troupes africaines, ils intervinrent aussitôt en Syrie et en 970-971 ils vinrent pendant cinq mois assiéger Antioche, sans d'ailleurs pouvoir enlever cette ville aux Byzantins (1). Après leur départ, Michel Bourtzès, nommé duc d'Antioche par Jean Tzimiscès, acheva de fortifier la ville. Vers la même époque, en octobre-novembre 969, les Byzantins ruinèrent Homs, résidence du Hamdânide Sa'ad ad-Daoula, fils et successeur de Saîf (2). En 972 les Byzantins sous le commandement de l'Arménien Mlèh, reprirent Mélitène (Malatya) et saccagèrent en Mésopotamie la région d'Édesse et de Nisibe (3), mais les musulmans n'avaient pas dit leur dernier mot : l'émir hamdânide de Mossoul, Aboû Taghlib, battit et captura Mlèh devant Amida (Diyârbékir) (4 juillet 973) (4).

A l'automne de 974, l'empereur Jean Tzimiscès, après une intervention dans les affaires arméniennes dont nous reparlerons plus loin, descendit en Mésopotamie pour venger la défaite de Mlèh. Il pilla et incendia Maiyâfâriqîn, occupa Amida (Diyârbékir) qui se racheta, et entra en vainqueur dans Nisibe abandonnée par la population musulmane et d'où il rapporta les reliques du saint local Jacques. De là il songea même un instant à profiter de la décadence du khalifat 'abbâsside à la fin du règne de Motî pour entreprendre une marche sur Baghdâd (5). Il se contenta finalement de revenir « triompher » à Constantinople avec un énorme butin.

Pendant ce temps, ainsi que nous venons de le voir, le khalifat fâtimide d'Afrique avait, de l'Égypte, rapidement étendu son pouvoir sur les dépendances asiatiques de ce dernier pays, Palestine et Damascène. En 974-975 les Fâtimides venaient de chasser la garnison byzantine de Beyrouth. En revanche ils venaient eux-mêmes d'être éliminés de Damas par

---

(1) Yahyâ ap. Schlumberger, *Épopée byzantine*, t. I, p. 221-222 et Honigmann, *Ostgrenze*, p. 97.
(2) Schlumberger, *Épopée*, I, p. 226 ; Honigmann, p. 97.
(3) Sac de Nisibe par Mlèh, octobre 972. Cf. Bar Hebraeus, p. 192. Z. D. M. G., X, 486 ; Honigmann, *Nastbîn*, Enc. Isl., p. 919.
(4) Mathieu d'Edesse, I, XIII, trad. Dulaurier, *Bibliothèque historique arménienne*, p. 12-13. Schlumberger, p. 228-232 ; Honigmann, *Ostgrenze*, p. 97-98.
(5) Schlumberger, p. 255-262.

un aventurier turc nommé Aftékîn qui se réclama du khalifat abbâsside de Baghdâd (1). Au printemps de 975 Jean Tzimiscès quitta Constantinople pour repousser les empiètements des Égyptiens en Syrie et profiter en Damascène de la dissidence d'Aftékîn. Cette campagne nous est connue par quelques renseignements de Léon Diacre, de Bar Hebræus et de Yahyâ ibn Sa'îd al-Antâkî et surtout par le chroniqueur arménien Matthieu d'Édesse qui insère ici une « lettre de Jean Tzimiscès au roi d'Arménie Achot III ». Qu'il s'agisse d'un document authentique ou d'un exercice littéraire à la manière des discours prêtés par les historiens grecs ou latins à leurs héros, ce dernier texte reste particulièrement intéressant. (2)

Le point de départ de la chevauchée byzantine fut Antioche. De là, d'après Léon Diacre, les Byzantins seraient d'abord allés prendre Menbidj (3). Dans le courant d'avril, Jean Tzimiscès quitta Antioche pour remonter la vallée de l'Oronte. Il prit en quelques jours Apamée (4). A Homs, dit la lettre de Tzimiscès, « les habitants, qui sont nos tributaires, sont venus à nous et nous ont reçu avec honneur » (5). De là, remontant toujours le cours de l'Oronte, il atteignit Balbek. « Les habitants étant sortis avec des intentions hostiles, nos troupes les mirent en fuite et les firent passer sous le tranchant du glaive. Nous commençâmes le siège et nous leur enlevâmes une multitude de prisonniers, jeunes garçons et jeunes filles. Les nôtres s'emparèrent de beaucoup d'or et d'argent et d'une quantité de bestiaux » (6). Al-Makîn confirme que Balbek fut prise par les Byzantins (7). La date de l'événement — le 29 mai — est donnée par Yahyâ, source directe et précise (8).

Jean Tzimiscès franchit ensuite l'Anti-Liban et arriva devant Damas. L'émir de Damas, le turc Aftékîn, en lutte, nous l'avons vu, avec les Fâtimides, accueillit le *basileus* en ami. A l'approche des Byzantins, il sortit de la ville avec un brillant cortege, les notables, les prêtres, le peuple, et vint apporter à Tzimiscès les clés de Damas (9). « Nous nous dirigions vers la grande ville de

(1) Ibn al-Athîr *ap.* Honigmann, *Ostgrenze*, p. 102. Cf. Schlumberger, *Épopée*, p. 280.
(2) Matthieu d'Edesse, I, ch. 16. Lettre traduite dans Dulaurier, *Bibliothèque historique arménienne, Matthieu d'Edesse et Grégoire le Prêtre* (1858), p. 16-23. Reproduite dans Schlumberger, *Épopée*, I, p. 283-290. *L'Histoire de Yahyâ ibn-Saïd d'Antioche* a été traduite par Kratchkovski et Vasiliev dans la *Patrologia Orientalis* de Graffin et Nau, t. XVIII (1924), p. 825 (127), 826 (128).
(3) Léon Diacre, *ap.* Schlumberger, *Épopée*, I, p. 294.
(4) Léon Diacre, *ibid.*
(5) Matthieu d'Edesse, *ap.* Dulaurier, *l. c.*, ch. 16, p. 18.
(6) *Ibid.*, p. 18.
(7) *Historia Saracenorum, ap.* Schlumberger, *l. c.*, p. 294.
(8) *Patrologia Orientalis*, XXIII, Paris, 1932, p. 160. Cf. Honigmann, *Ostgrenze*, p. 99.
(9) Léon Diacre, *ap.* Schlumberger, p. 294-295.

Damas dans l'intention de l'assiéger, écrit Tzimiscès lui-même dans sa lettre au roi d'Arménie. Mais le gouverneur, qui était un vieillard très prudent, envoya à Notre Royauté des députés apportant de riches présents et chargés de nous supplier de ne pas les réduire en servitude, de ne pas les traîner en esclavage comme les habitants de Balbek et de ne pas ruiner leur pays comme chez ces derniers. Ils vinrent nous offrir de magnifiques présents, quantité de chevaux de prix et de beaux mulets, avec de superbes harnais ornés d'or et d'argent. Les tributs des Arabes qui s'élevaient à 40.000 tahégans furent distribués à nos soldats. Les habitants nous remirent un écrit par lequel ils nous promettaient de rester sous notre obéissance de génération en génération, à jamais. Nous établîmes pour commander à Damas un homme éminent de Baghdâd nommé le Turc (Aftékîn) qui était venu, accompagné de cinq cents cavaliers, nous rendre hommage et qui embrassa le christianisme (?). Il s'engagea aussi par serment à nous payer un tribut perpétuel. Ils s'obligèrent en même temps à combattre nos ennemis » (1).

Si la conversion d'Aftékîn au christianisme est plus que douteuse, il est certain que l'émir turc, menacé par la puissance, alors à son apogée, des Fâtimides, ne devait pas être fâché d'obtenir la protection des Byzantins, d'autant que ceux-ci, sous condition de vassalité et de tribut, lui laissaient le gouvernement du pays. Au témoignage de Bar Hebræus, le *basileus* sut s'attacher par son attitude chevaleresque les sentiments du chef turc à qui il demanda de lui faire l'honneur d'une fantasia. « L'émir courut donc et reçut les louanges du *basileus* pour sa belle tenue. Il en fut si touché qu'il descendit de cheval et baisa la terre devant Tzimiscès. De nouveau l'autocrator lui ordonna de remonter à cheval, mais comme il déclara qu'il se contenterait du tribut d'une année, le chef, une fois encore, mit pied à terre et se prosterna dans la poussière. Alors Jean, par assaut de courtoisie, lui demanda comme souvenir la noble bête avec laquelle il avait si superbement couru aux applaudissements de l'armée, puis encore sa lance et son épée qu'il avait si habilement maniées. L'autre, transporté de reconnaissance pour une attention si délicate, ajouta à ces dons celui des riches vêtements qu'il portait. Il donna encore de précieux aromates, dix chevaux de prix et de nombreux javelots. Mais l'empereur accepta seulement ce cheval, cette lance et cette épée et rendit le reste, satisfait des dispositions excellentes dans lesquelles il trouvait le grand chef sarrasin. Lui-même fit don à Phatgan (= Aftékîn) de superbes vêtements d'apparat, d'objets d'orfèvrerie, de tissus d'argent et de ses plus beaux mulets (2).

(1) Matthieu d'Edesse, *l. c.*, ch. 16, p. 18-19.
(2) Bar Hebræus, *ap.* Schlumberger, *Épopée*, I, p. 296-297. La vassalité

De Damas, la grande armée byzantine, par Bâniyâs évidemment, pénétra en Palestine. Elle se rendit directement à Tibériade, chef-lieu de la Galilée. Depuis le désastre des soldats d'Héraclius, il y avait trois cent trente-cinq ans que les armées romaines et chrétiennes n'avaient foulé cette terre sacrée. « Nous nous préparions à assiéger Tibériade, dit la lettre de Tzimiscès à Achot III, mais les habitants vinrent nous annoncer leur soumission et nous apporter, comme ceux de Damas, beaucoup de présents et 30.000 tahégans. Ils nous demandèrent de placer à leur tête un commandant à nous et nous donnèrent un écrit par lequel ils s'engageaient à nous rester fidèles et à nous payer tribut à perpétuité. Nous leur avons épargné le pillage parce que c'était la patrie des saints apôtres. Il en a été de même à Nazareth où la Vierge Marie entendit de la bouche de l'Ange la bonne nouvelle. Étant allés au mont Thabor, nous montâmes sur le lieu où le Christ, notre Dieu, fut transfiguré. Pendant que nous faisions halte, des gens vinrent à nous, de Ramla et de Jérusalem, solliciter Notre Royauté et implorer notre merci. Nous établîmes des chefs militaires sur tous les thèmes soumis par nous et devenus nos tributaires, à Paneas (Bâniyâs) (1), à Génésareth et à Acre. Les habitants s'engagèrent par écrit à nous payer chaque année un tribut perpétuel et à vivre sous notre autorité. De là nous nous portâmes vers Césarée, ville située sur les bords de la mer et qui fut réduite, et si ces maudits Africains ne s'étaient pas réfugiés dans les forteresses du littoral, nous serions allés, soutenus par le secours de Dieu, dans la cité sainte de Jérusalem et nous aurions pu prier dans ces lieux vénérés » (2).

Si les détails de la lettre de Jean Tzimiscès relatifs à sa chevauchée à travers la Syrie, Damascène comprise, sont en principe corroborés par les sources byzantines ou arabes (3), il n'en va pas de même pour ce qui a trait à la Palestine Les renseignements fournis par l'Arabe chrétien Yahyâ d'Antioche (4) montrent qu'en ce qui concerne la Palestine les résultats de l'expédition de Jean Tzimiscès furent beaucoup moins considérables que ce que donnerait à croire la lettre insérée sous le nom de celui-ci par Matthieu d'Édesse (5). Barthold allait même jusqu'à soupçonner que tout le récit de l'invasion de la Palestine est du domaine de la fantaisie (6). Il est vrai que le regretté N. Adontz a,

de Damas envers l'empire byzantin devait, de toute façon, prendre fin en 982, quand les Fâtimides, ayant vaincu Aftékîn, recouvrèrent la ville (cf. Sch umberger, *ibid.*, p. 544.)
(1) Et non Bethsan, mauvaise lecture. Cf. Honigmann, *Ostgrenze*, p. 99, n. 6.
(2) Matthieu d'Edesse, *l. c.*, ch. 16, p. 19-20.
(3) Léon Diacre, Yahyâ d'Antioche.
(4) Les mémoires de Yahyâ vont jusqu'en 1026-1027. Il mourut en 1066.
(5) Vasiliev, *Histoire de l'empire byzantin* (1932), t. I, p. 411.
(6) Barthold dans *Zapiski Kollegii Vostokovedov*, Léningrad, 1925, I, p. 466-467.

par une meilleure lecture du texte, apporté de nouveaux arguments en faveur de l'authenticité (1). Quoi qu'il en soit de la nature de la lettre —, écrite par Jean Tzimiscès à Achot III ou forgée par quelque scribe arménien d'après le récit de chefs de même race ayant suivi le *basileus* —, celui-ci dut avoir à expliquer comment, ayant atteint Damas et se trouvant ainsi aux portes de Jérusalem, la « croisade byzantine » avait tourné court sans aller délivrer le Saint-Sépulcre.

Que la délivrance du Saint-Sépulcre ait été l'objectif final de Jean Tzimiscès, c'est ce qui semble ressortir de ses négociations antérieures avec les Vénitiens. En effet le doge Pietro Candiano IV, en proscrivant en 972 tout commerce avec les Arabes, déclarait agir à la demande des *basileis* qui se proposaient de récupérer la Terre sainte (2). Il faut en conclure que Jean Tzimiscès fut obligé malgré lui d'ajourner son grand projet. Après avoir rattaché à l'empire la vallée de l'Oronte et la Damascène, il ne se sentit pas suffisamment en force pour arracher la Judée aux Égyptiens.

Au reste, des garnisons fâtimides tenaient les villes du littoral libanais et Jean Tzimiscès devait, pour consolider la soumission de l'hinterland, commencer par les conquérir. S'il n'est pas sûr qu'il ait descendu en personne aussi au sud que Césarée, il est certain qu'il atteignit Sidon, où, dit Bar Hebræus, la population sortit tout entière au devant de lui, demandant l'*aman* et offrant de riches présents (3). Au contraire Beyrouth fut défendue, le général fâtimide Noçair ou Nâçir s'y étant enfermé avec une garnison. Tzimiscès s'en empara de haute lutte et y fit prisonniers Noçair, ainsi que mille guerriers égyptiens. D'après Léon Diacre, le *basileus* rapporta de Beyrouth une image miraculeuse du crucifiement, épisode que la lettre de Tzimiscès à Achot III situe à Djâbala (5). Remontant toujours vers le nord, le long de la corniche libanaise, l'armée byzantine parvint devant Tripoli. Dans un défilé près de cette ville, elle tailla en pièces un détachement fâtimide qui s'y était posté en embuscade. Tzimiscès se vante lui-même d'avoir « saccagé les vignes, les oliviers et les jardins de la province de Tripoli » (6), mais, comme l'attestent

(1) N. Adontz, *La lettre de Tzimiscès au roi Ashot* dans *Notes arméno-byzantines*, Byzantion, t. IX, fasc. 1 (1934), p. 371.
(2) « Ad recuperandam terram sanctam » (Dandolo, *Chronicon*, p. 210) ; Cf. Camillo Manfroni, *Storia della marina italiana dalle invasioni barbariche al trattato di Ninfeo (400-1261)*, Livorno, 1899, p. 74-76.Heyd, t. f., t. I, p. 113.
(3) Matthieu d'Edesse, *l. c.*, ch. 16, p. 21. Bar Hebræus, Léon Diacre et Yahyâ, *ap.* Schlumberger, p. 297, 299.
(4) Matthieu d'Edesse, ch. 16, p. 20. Bar Hebraeus *ap.* Schlumberger, p. 298.
(5) Schlumberger, p. 290 et 298. Détails sur la lutte de Noçair et de Jean Tzimiscès dans Ibn al-Athîr, *ap.* Honigmann, *Ostgrenze*, p. 102.
(6) Matthieu d'Edesse, *l. c.*, ch. 16, p. 22.

Léon Diacre et Yahyâ, il ne put prendre la Tripoli péninsulaire (al-Mina) défendue par l'escadre égyptienne (1).

Remontant toujours vers le nord le long de la côte, Jean Tzimiscès prit Boulounyâs (Balanée) et Djabala (2). Puis il alla, dans le massif en arrière de Lattakié, s'emparer des deux forteresses de Çahyoûn (le « château de Saone » des croisés) et de Barzoûya (Borzeï) que nous verrons jouer un si grand rôle à l'époque des croisades (3). Çahyoûn était défendue par un Arabe chrétien nommé Koulaïb qui rendit spontanément la place et prit du service dans l'armée byzantine : il fut nommé patrice et devint gouverneur impérial d'Antioche (4).

En septembre 975, Jean Tzimiscès, après cette tournée triomphale, était de retour à Antioche. Dans la lettre que lui attribue Matthieu d'Édesse, le chroniqueur arménien lui fait célébrer en un langage magnifique cette série de succès : « Par la puissance du Dieu incréé, il ne se trouva pas un coin de terre ou de mer qui ne se soumît à nous. Nos conquêtes se sont étendues jusqu'à la grande Babylone. Nous avons dicté nos lois aux musulmans, car pendant cinq mois nous avons parcouru ce pays à la tête de forces imposantes, détruisant les villes, ravageant les provinces sans que l'émir al-moumenin (= le khalife fâtimide d'Égypte) osât sortir de Babylone (= du Caire) à notre rencontre ou envoyer de la cavalerie au secours de ses troupes... Maintenant toute la Phénicie, la Palestine et la Syrie sont délivrées de la tyrannie des musulmans et obéissent aux Romains. En outre la grande montagne du Liban s'est placée sous notre domination. Tous les Arabes qui l'occupaient sont tombés entre nos mains. Nous avons gouverné la Syrie avec douceur, humanité et bienveillance. L'empire de la Croix a été étendu au loin de tous côtés. Partout dans ces lieux, le nom de Dieu est loué et glorifié. Partout est établie ma domination, dans tout son éclat et dans toute sa majesté. Aussi notre bouche ne cesse d'adresser à Dieu de solennelles actions de grâces pour nous avoir accordé d'aussi magnifiques triomphes ! » (5).

Jean Tzimiscès mourut à Constantinople au retour de cette expédition, le 19 janvier 976. Les résultats territoriaux de sa chevauchée syrienne ne lui survécurent guère, du moins en ce qui concerne la Cœlé-Syrie, la Damascène et la Phénicie méridionale et centrale. La frontière méridionale des possessions byzantines continua à passer entre Arqa et Tortose, en n'englobant que la Phénicie septentrionale, savoir Tortose

---

(1) Schlumberger, p. 299.
(2) C'est l'invraisemblable « Djouel qui est Gabaon » de la traduction de Matthieu d'Edesse, ch. 16, p. 22.
(3) Matthieu d'Edesse, ch. 16, p. 22.
(4) Yahyâ *ap.* Schlumberger, p. 299.
(5) Matthieu d'Edesse, ch. 16, p. 22-23.

(et, dans l'hinterland, Hoçn al-Akrâd), Maraclée, Marqab, Boulounyâs et Djabala, plus, bien entendu, au nord, la province d'Antioche (port de Lattakié et château de Çahyoûn, ville d'Antioche, ports de Souwaidiya et d'Alexandrette, châteaux de Qoçair et de Baghrâs) (1).

L'épopée byzantine sous Basile II

La mort de Jean Tzimiscès laissa le trône au seul Basile II qui continua à l'occuper quarante-neuf ans (976-1025). Autant que Nicéphore Phocas et Tzimiscès, ce fut un des plus grands empereurs « romains » du moyen âge. « Soldat admirable, écrit Charles Diehl, cavalier merveilleux, véritable homme de fer, grand général, il ne se plaisait que dans les camps, partageait toutes les fatigues de ses troupes et savait, par sa science de la stratégie, les conduire à la victoire. C'était davantage encore un homme d'État. Énergique, dur, absolu, de volonté autoritaire et forte, obstiné dans ses desseins, parfois violent et colère, il voulait être obéi et tenait plus à être craint qu'aimé. »

Dans la Syrie du nord, l'émir hamdânide Sa'd ad-Daoula, un moment chassé d'Alep, ainsi qu'on l'a vu, par son lieutenant Qarghoûya, recouvra sa capitale (977). Attaqué en novembre 981 par le duc byzantin d'Antioche Bardas Phocas, il dut se reconnaître à son tour vassal et tributaire de l'empire pour une somme de 200.000 dirhems ou 20.000 dinars (2). Lorsqu'un des lieutenants de Sa'd ad-Daoula se révolta contre lui à Homs avec l'appui des Fâtimides, Sa'd, par crainte de ces derniers, fit appel à ses suzerains byzantins. De fait, Bardas Phocas, accouru à son secours, s'empara de Homs sur les rebelles (29 octobre 983) (3). En 985, brouille entre Sa'd ad-Daoula et les Byzantins. Bardas Phocas prit Killiz et assiégea Apamée et Kafarthâb, tandis que les Alépins ruinaient les monastères de saint Siméon Stylite (Dair Sim'ân dans le Qal'at Sim'an). Après quoi Sa'd demanda l'*aman* et recommença à payer le tribut (4). En 991 le duc byzantin d'Antioche Michel Bourtzès sauva encore Sa'd de l'attaque d'un ancien vizir très appuyé par l'Égypte. Le protectorat byzantin sur Alep se montrait donc parfaitement réel (5). Après la mort de Sa'd (6 déc. 991), les Fâtimides essayèrent de profiter de la minorité de son fils Sa'îd ad-Daoula pour s'emparer d'Alep (992).

---

(1) Honigmann, *Ostgrenze*, carte *Syria byzantina*, c. *1050*.
(2) Yahyà, *Patrologia Orientalis*, l. c., p. 407. Cf. Schlumberger, *Épopée*, I, p. 546 ; Honigmann, p. 104.
(3) Critique des versions divergentes de Yahyà et de Kemâl ad-Dîn dans Schlumberger, p. 550-560, et dans Honigmann, p. 104, n. 6.
(4) Yahyà *ap.* Schlumberger, p. 564-571 ; Honigmann, p. 104-105.
(5) Kémâl ad-Dîn *ap.* Schlumberger, *Épopée*, t. II, *Basile II*, p. 61-65 et Honigmann, p. 105.

Le régent d'Alep fit aussitôt appel aux Byzantins. Le duc byzantin Michel Bourtzès obligea les Égyptiens à lever le siège. Les Égyptiens vinrent par représailles l'assiéger lui-même dans Antioche, mais durent renoncer à prendre la ville (été de 992) (1). Cependant l'Égypte fâtimide gagna à cette campagne Homs, arrachée aux gens d'Alep.

En 993 les Égyptiens revinrent à l'attaque, enlevant aux Alépins Chaïzar et Apamée. Lattakié s'étant révoltée contre les Byzantins, la population musulmane en fut déportée par Michel Bourtzès et remplacée par des éléments chrétiens. En 994 nouveau siège d'Alep par les Égyptiens. Michel Bourtzès vint une fois encore avec Léon Mélissène au secours de la ville, mais se fit battre par l'armée d'Égypte au gué de l'Oronte (al-Maqloûb), dans le Roudj (2). Les Égyptiens vainqueurs coururent jusque sous les murs d'Antioche, mais ne purent prendre ni cette ville ni même Alep qu'ils se contentèrent de tenir étroitement bloquée.

L'empereur Basile II, bien qu'engagé en Europe dans une guerre terrible contre les Bulgares, résolut de venger la défaite de ses lieutenants, sauver Alep et dégager Antioche. « Accours, basileus, lui écrivait l'émir d'Alep. Le seul bruit de ton approche forcera les Égyptiens à lever le siège. Songe que si notre cité succombe, il en sera presque aussitôt de même de celle d'Antioche. Une fois celle-ci abattue, Constantinople sera en péril. »

Basile II agit avec une célérité étonnante. Avec une quarantaine de mille hommes appartenant aux troupes d'élite des divers thèmes traversés et dont chacun avait reçu une mule de course rapide et une monture de réserve, il accourut du Bosphore à Antioche (avril 995). Son arrivée « en coup de foudre » amena les Égyptiens à lever aussitôt le siège d'Alep et à se retirer précipitamment à Damas (5 mai). Sauvé par lui, l'émir d'Alep vint se prosterner à ses pieds (3). Basile II chassa ensuite les garnisons égyptiennes de Chaïzar, de Homs et de Rafaniya. Sur la côte il prit ou reprit Tortose (4), mais ne put, lui non plus, enlever la cité péninsulaire de Tripoli. En repartant pour l'Europe, il nomma duc d'Antioche Damien Dalassène qui vint en 996 ravager en territoire fâtimide les faubourgs de 'Arqa et de Tripoli.

Le khalife fâtimide al-'Azîz fit alors prêcher la guerre sainte contre les Byzantins et commença à construire une puissante escadre, mais ses navires furent victimes d'un incendie avant d'avoir pris la mer. La populace du Caire se jeta sur les marchands occidentaux soupçonnés de cet attentat, en particulier sur l'im-

---

(1) Kémal ad-Dîn ap. Schlumberger, II, p. 70-77. Rectifications de Honigmann, p. 105-106.
(2) Schlumberger, p. 80, rectifié par Honigmann, p. 106.
(3) Yahyâ, Kémâl ad-Dîn et Ibn-al-Athîr ap. Schlumberger, p. 85-95.
(4) Schlumberger, p. 95-96, rectifié par Honigmann, p. 106, n. 5.

portante colonie amalfitaine, voire sur les chrétiens melkites et nestoriens qui furent massacrés (1). Une seconde flotte aussitôt construite permit enfin aux Égyptiens d'assiéger par terre et par mer la ville byzantine de Tortose. Mais cette flotte fut détruite par la tempête et l'approche de Damien Dalassène mit en fuite l'armée de terre. Damien Dalassène en profita pour prendre ou reprendre Rafaniya, et aussi al-Lakma (997) (2). En 998 il vint assiéger Apamée, battit devant cette ville une armée de secours fâtimide, mais fut tué dans l'action, ·événement qui transforma la victoire byzantine en déroute (19 juillet 998) (3).

La nouvelle de ce désastre engagea une fois de plus Basile II à interrompre la guerre bulgare pour faire campagne en Syrie. Le 20 septembre 999 il campait à Djisr al-Hadîd, le « pont de fer » sur l'Oronte. Après· avoir donné une sépulture aux ossements de ses soldats tombés devant Apamée, il chassa la garnison égyptienne de Chaïzar et repeupla la ville avec des colons arméniens. De fait Chaïzar allait rester possession byzantine de 999 à 1081 (4). Puis, par Hoçn Aboû Qoubaîs, le basileus alla dans les monts Ansarié ruiner le château de Maçyâth et brûler, une fois de plus, celui de Rafaniya (5). Il prit et saccagea Homs (ou simplement la banlieue de Homs ?) (6), traversa le pays de Balbek, et se rabattant enfin sur la côte libanaise, prit et brûla Arqa et bloqua quelque temps Tripoli sans pouvoir, cette fois encore, s'en emparer (9-13 décembre 999) (7). Des coureurs byzantins allèrent piller la campagne de Beyrouth et de Djoubaïl (8). En janvier 1000, par Lattakié, Basile II regagna Antioche où il établit comme duc Nicéphore Ouranos et d'où il alla prendre ses cantonnements d'hiver en Cilicie.

En somme les deux grandes puissances du Levant, l'empire byzantin sous Basile II (976-1025) et le khalifat fâtimide du Caire sous al-Hâkim (996-1020) s'équilibraient. Les Fâtimides n'avaient pu arracher aux Byzantins et aux clients de Byzance la Syrie du Nord et les Byzantins n'avaient pu enlever à l'Égypte ou aux clients de l'Égypte la Palestine, la Phénicie et la majeure partie de la Cœlé-Syrie, Chaïzar exceptée. En l'an 1000 le khalife al-Hâkim se décida à envoyer à Constantinople une ambassade

---

(1) Yahyâ et Maqrîzî *ap.* Schlumberger, 99-101. Notons qu'il ne fut pas touché aux monophysites coptes, c'est-à-dire à l'église chrétienne indigène.
(2) Sur al-Lakma, Dussaud, *Topographie historique*, p. 147 et sq.
(3) Yahyâ, *Patrologia orientalis, l. c.*, p. 455 et sq. *ap.* Schlumberger, p. 110-111.
(4) Michel le Syrien, III, p. 178 ; Schlumberger, p. 151 ; Derenbourg, *Vie d'Ousâma*, p. 14 (citant Aboul Fidâ) ; Laurent, *Byzance et les Turcs Seldjoucides*, p. 27, n. 3.
(5) Kémâl ad-Dîn *ap.* Schlumberger, p. 150-152 ; Honigmann, p. 107.
(6) Réserves de Honigmann, *l. c.*
(7) Yahyâ, *ap.* Schlumberger, p. 155-156.
(8) Yahyâ, *ap.* Honigmann, 107-108.

qui conclut l'année suivante la paix avec Basile II sur la base du *statu quo* et sous la forme d'une trêve de dix ans (1).

La terrible persécution ordonnée par al-Hâkim contre les chrétiens en 1009-1010 aurait pu amener une rupture entre les deux puissances. L'homme était fou et persécuta de même les musulmans orthodoxes (sunnites). Il n'en est pas moins vrai que ses tracasseries contre les chrétiens, coptes compris, furent intolérables. « Il les condamna à porter des marques distinctives humiliantes, leur interdit de posséder des esclaves, d'avoir des musulmans à leur service, s'empara des biens d'église, fit brûler un nombre considérable de croix et procéder à une destruction systématique des églises. Au dire, sans doute exagéré, des historiens arabes, il aurait, entre 1014 et 1016, provoqué la destruction de 30.000 églises tant en Égypte qu'en Syrie. Il avait même décidé l'exil de tous les chrétiens, mais l'arrêt fut rapporté avant commencement d'exécution. Une mesure de licenciement général des fonctionnaires chrétiens aboutit de même à un échec complet » (2). En septembre-octobre 1009 Hâkim donna l'ordre de détruire à Jérusalem l'église du Saint-Sépulcre. L'édifice fut presque entièrement démoli (3).

L'empereur Basile II, qui, en Europe, était en train de conquérir la Bulgarie, ne chercha pas à venger ces outrages. Sans doute il porta à l'Égypte un coup sensible en interdisant tout commerce avec elle (1013-1015). En même temps il recevait un grand nombre de chrétiens chassés par la persécution et qu'il installait en terre d'empire, dans la région d'Antioche et de Lattakié, tel l'historien arabe chrétien Yahyâ qui vint ainsi se fixer à Antioche. Mais il n'est pas douteux que le grand *basileus* pouvait répondre à la persécution en relevant le défi par les armes. Byzance, à l'apogée de sa force, avait là l'occasion de remplir pleinement sa mission historique en prenant quatre vingts ans avant les Francs l'initiative de la croisade. En négligeant d'attacher à son nom la gloire de délivrer le Saint-Sépulcre, elle laissa passer l'heure du destin...

En réalité, Basile II, préoccupé d'assurer à l'empire byzantin une base territoriale massive en pays chrétien par l'annexion de la Bulgarie en Europe et, comme on va le voir, de l'Arménie en Asie, semble s'être quelque peu désintéressé des affaires syriennes. Satisfait de posséder solidement la région d'Antioche ainsi que la côte septentrionale, avec Lattakié et Tortose, sans parler, en Cœlé-Syrie, de la ville isolée de Chaïzar, il laissa les Fâtimides conserver près de Chaïzar la ville d'Apamée et même,

(1) Yahyâ, *Patrologia orientalis*, *l. c.*, p. 458 et sq. ; Schlumberger, p. 201-204.
(2) G. Wiet, dans *Précis de l'histoire d'Égypte*, t. II (1932), p. 181-182.
(3) Vincent et Abel, *Jérusalem*, II, 249.

à partir de 1017, se subordonner Alep. Par la suite Alep fut enlevée aux Égyptiens, par la maison arabe des Mirdâsides qui devait la posséder de 1023 à 1079 sans que les Byzantins cherchassent à profiter de ces guerres civiles musulmanes.

Sous le règne de l'empereur Romain III Argyre (1028-1034), les affaires de Syrie parurent cependant se réveiller. L'émir mirdâside d'Alep, Chibl ad-Daoula, ayant repoussé avec pertes une attaque du duc byzantin d'Antioche (31 octobre 1029), Romain III se rendit en personne en Syrie, mais Chibl ad-Daoula le mit en déroute devant 'Azâz (10 août 1030), déroute heureusement sans conséquences territoriales (1).

Le prestige des armes byzantines fut rétabli par Georges Maniakès, gouverneur militaire de la marche-frontière de Samosate. Maniakès profita de querelles entre les tribus arabes d'Édesse pour s'emparer par surprise de la citadelle de cette ville. Il s'y vit aussitôt assiégé par les émirs de Maiyâfâriqîn et d'Alep, mais réussit à conserver la place (hiver 1030-1031) (2). Une tentative de la tribu arabe des Noumaïrites pour recouvrer Édesse échoua, les Byzantins n'ayant pas cessé de conserver la citadelle (1036-1037). Édesse devait rester byzantine jusqu'en 1086-1087. Les Byzantins possédèrent de même au sud-est d'Édesse la petite place d'Aksâs, Khesôs ou Kisâs, et au nord-est, dans le bassin du haut Khabour, celle de Tell-Gouran, enfin, au nord de Tell-Gouran, à l'est de Nisibe, la place de Sévérak ou Suvérek (Souwaida) (3). En revanche, Harrân et Tell-Mauzan (Wîrân-chehr) restaient aux musulmans (4). Notons que dans le butin fait à Édesse se trouvait la fameuse lettre apocryphe du Christ à l'ancien roi local, Abgar V Oukkâmâ, qui fut envoyée en grande pompe à Constantinople.

Ajoutons qu'en 1048 l'empereur Constantin Monomaque obtint du gouvernement égyptien licence de faire restaurer l'église du Saint-Sépulcre.

Retour sur l'histoire de l'Arménie

A l'époque où nous sommes arrivés, l'intérêt de la question d'Orient se déplace de la Syrie vers l'Arménie. En Syrie la frontière arabo-byzantine est définitivement stabilisée sur le tracé

---

(1) Matthieu d'Edesse, I, ch. 42, *l. c.*, p. 45-46 ; Michel le Syrien (Chabot), III, p. 136 ; Bar Hebræus, p. 229 ; Psellos, Cédrénos (p. 492) et Zonaras (II, p. 181), *ap.* Schlumberger, *Épopée*, t. III, p. 79-87 ; Honigmann, *Ostgrenze*, p. 111-112.
(2) Matthieu d'Edesse, I, ch. xliii, p. 46-51 ; Michel le Syrien, trad. Chabot, III, p. 147 ; Bar Hebræus, II, p. 214 ; Rubens Duval, *Histoire d'Edesse* (1892), p. 269-272 ; Honigmann, *Orfa*, Enc. de l'Islam, III, p. 1065 ; Honigmann, *Ostgrenze*, p. 135.
(3) Identification dans Honigmann, *Ostgrenze*, p. 136.
(4) Honigmann, *Ostgrenze*, carte *Syria byzantina c. 1050*.

que nous venons d'indiquer et les événements qui s'y produiront par la suite ne seront que le contre-coup de ceux dont l'Arménie sera le théâtre. En Arménie au contraire tous les problèmes se posent à la fois. C'est, comme la Syrie, une marche-frontière de la chrétienté face à l'Islam, et bientôt, au moment de l'invasion turque, la plus menacée des Marches. Mais en même temps cette Marche chrétienne est divisée par la lutte entre le nationalisme arménien et l'impérialisme byzantin ou, pour parler le langage théologique de l'époque, entre le monophysisme de l'Église arménienne et l'orthodoxie « chalcédonienne » de l'Église grecque. Les problèmes qui se posent ici et qui ne sont qu'un des aspects de la question d'Orient y revêtent de ce fait une complexité particulière.

Nous avons vu (p. 99) qu'au commencement du VIIIe siècle, l'Arménie était déjà disputée entre les Byzantins et les Arabes. La constitution féodale du pays donnait à cette lutte un caractère très original. Les principales familles seigneuriales arméniennes, comme les Bagratouni ou Bagratides et les Mamikonian, passaient à tour de rôle, suivant leur intérêt du moment, au service du *basileus* ou du khalife. La résistance que les Arméniens opposaient à la domination arabe pour le maintien de leur foi chrétienne et à la pression de l'Église byzantine pour la sauvegarde de leurs croyances monophysites se compliqua ainsi de tous les contre-coups de leurs querelles féodales.

Pour comprendre la suite de cette histoire qui intéresse toute l'évolution de la question d'Orient, force nous est donc de rappeler, d'après l'excellent tableau de J. Laurent, la situation territoriale des principales baronnies arméniennes aux VIIe-VIIIe siècles.

Au moment de la conquête arabe la puissante maison seigneuriale des Mamikonian était maîtresse du Taron, du Bagrévand et de l'Aragatzotn (pays à l'est d'Ani), sans parler de domaines étendus dans l'Archarouniq (au sud de Kars) et dans la partie méridionale du Tayq. « Ils possédaient d'une façon continue le pays compris entre Valarchapat et Dovin au delà de l'Araxe, vers le nord, et Mouch sur l'Euphrate au sud. Ils tenaient donc un tiers de l'Arménie dans la région qui longeait la frontière byzantine (1). » Quant à l'autre grande famille féodale, celle des Bagratides, elle possédait « l'Ingilène, le pays de Sper et de Baïbert dans la haute vallée du Tchorokh, entre Erzéroum et Trébizonde, le canton de Kogovit avec Dariounq au sud de l'Ararat, ceux de Tmoriq sur le Zab et de Goltn à l'est de Nakhitchévan (2) ». Les domaines des Bagratides, plus morcelés que

---

(1) J. Laurent, *L'Arménie entre Byzance et l'Islam jusqu'en 886* (1912), p. 92.
(2) *Ibid* p. 85-86.

ceux des Mamikonian, se trouvaient, on le voit, coupés par ces derniers. Une troisième grande famille, celle des Ardzrouni, possédait « le petit A/bag et ses environs immédiats, dans la vallée du grand Zab, dans la province de Gordjaïq (1) ». Enfin une quatrième maison seigneuriale, celle des Rechtouni, avait un moment en grande partie détenu le pays qui environne le lac de Van : « au sud de ce lac elle avait le canton de Rechtouniq et au nord celui de Bznouniq qui comprenait Khélath et s'étendait jusqu'à Bitlis ». Mais sous la domination arabe les Rechtouni furent dépossédés au profit des trois autres maisons rivales (2).

De 732 à 750, Achot, chef de la maison bagratide, s'assura l'hégémonie en pays arménien grâce à la protection du khalife omaiyade Merwân. Il en profita pour faire exiler par ses amis arabes les deux principaux représentants de la maison rivale, celle des Mamikonian. L'un des deux princes Mamikonian fut même supplicié par Merwân. De ces complaisances envers l'Islam les Bagratides recueillirent de notables agrandissements territoriaux. Vers 750 ils avaient ainsi en partie dépossédé les Mamikonian à qui ils avaient enlevé le Bznouniq avec Khélath et le Taron *lato sensu* ou pays de Mouch et de Bitlis. Mais en cette même année 750 les Mamikonian se révoltèrent contre la domination musulmane et contre les Bagratides qui s'en faisaient les complices. Les chefs mamikonian Grigor et Davith prirent la tête du mouvement national chrétien ; les Arabes, à l'instigation des Bagratides, firent étrangler Davith, mais Grigor Mamikonian se vengea sur Achot le Bagratide à qui il fit crever les yeux (3).

Les Bagratides, du reste, étaient allés trop vite. Eux qui avaient misé sur l'appui des Arabes, se voyaient abandonnés par ceux-ci. En effet, c'était le moment où dans l'empire arabe le khalifat venait de passer de la dynastie des Omaiyades à celle des 'Abbâssides. Or Achot le Bagratide s'était compromis en soutenant jusqu'au bout les Omaiyades. Les 'Abbâssides vainqueurs disgrâcièrent les Bagratides qu'ils abandonnèrent à la jalousie des autres maisons féodales arméniennes et qui perdirent ainsi une partie de leurs domaines dans le Tayq, le pays de Dariounq (canton de Kogovit), le Vaspourakan et le pays de Khélath. Il est vrai que les Mamikonian, du fait de leur révolte contre la suzeraineté khalifale, ne purent recueillir de cet héritage que le Tayq, près de la frontière byzantine. « Khélath resta aux Musulmans, tandis que le Vaspourakan allait passer aux Ardzrouni (4). »

Après un régime d'administration arabe directe fort dur, la

(1) *Ibid.*, p. 87-88.
(2) *Ibid.*, p. 89-90.
(3) *Lévond*, ch. 8, p. 110 et 116-119. Vardan, trad. Muyldermans, p. 106. Cf. Laurent, p. 93, 94, 207.
(4) Cf. Laurent, p. 94.

cour 'abbâsside rendit l'autorité au Bagratide Sahak (Isaac), prince du Taron, puis à un autre Bagratide, le prince Sembat, fils d'Achot l'Aveugle. En 771-772 se produisit néanmoins une révolte presque générale des Arméniens contre la domination arabe, révolte à laquelle participèrent Sembat, chef de la famille bagratide et Mouchel, chef de la famille des Mamikonian, enfin réconciliés. Mais cette prise d'armes chrétienne, après de brillants succès initiaux (prise de Dovin), se termina par le désastre du Bagrévand où Sembat et Mouchel trouvèrent tous deux la mort (25 avril 772) (1). Les Mamikonian, décimés et dépouillés, furent dès lors, après trois siècles de gloire, réduits à un rôle insignifiant. Les Bagratides eux-mêmes se virent, pour un temps, presque aussi affaiblis.

Les bénéficiaires de cette situation furent les représentants de la troisième grande maison féodale arménienne, celle des Ardzrouni. Le chef ardzrouni Hamazasp non seulement n'avait point participé à la révolte nationale chrétienne de 772, mais encore, pour faire sa cour aux Arabes, avait fait exécuter les princes Mamikonian réfugiés sur son territoire (2). Les Ardzrouni profitèrent de la faveur que leur conduite leur valut auprès du khalife pour s'agrandir au détriment des deux autres maisons rivales. Ce fut ainsi qu'ils évincèrent du Vaspourakan les Bagratides. « Lorsque la paix fut rétablie, les Ardzrouni, maîtres du Dariounq (canton de Kogovit, au nord du Vaspourakan), enlevé aux Bagratides, tenant Makou en Artaz et leurs anciens domaines dans la vallée du Grand Zab et sur les rives du lac de Van, possédaient une principauté qui s'étendait depuis les frontières de la province d'Ararat et les bords de l'Araxe jusqu'aux rives du lac d'Ourmiah et à celles du Grand Zab. Sur ce territoire les Mamikonian et les Bagratides ne pouvaient plus rien. Les Ardzrouni exerçaient désormais sur le sud-est de l'Arménie une primauté incontestée (3). »

A l'heure où elle aurait eu tout à gagner à réaliser son unité politique pour résister à la fois aux Arabes et à Byzance, l'Arménie s'installait définitivement dans le morcellement féodal.

La dynastie bagratide, d'Achot Msaker à Sembat le Confesseur

Les Arabes, un peu après leur victoire du Bagrévand (772), mirent à la tête de l'Arménie un Arménien renégat, Tadjat Antzévatsi (778), mais les Ardzrouni, maintenant assez puissants pour pouvoir se montrer indociles envers la cour arabe, le combattirent sans merci. Du reste, Tadjat Antzévatsi fut tué en défen-

---
(1) Lévond, ch. 8, p. 141-148. Cf. Laurent, p. 146.
(2) Vardan, trad. Muyldermans, p. 111 ; Cf. Laurent, p. 95.
(3) Laurent, p. 96. Voir notre *Histoire de l'Arménie*, Payot, 1946.

dant pour le compte du khalife la frontière septentrionale de l'Arménie contre une attaque des Khazar, Turcs païens des steppes de la Russie méridionale. Le khalifat de Baghdâd se résigna alors à replacer à la tête de l'Arménie un Bagratide, Achot Msaker (ou le Carnivore) (806). Pour la cour 'abbâsside il s'agissait à la fois de faire échec aux Ardzrouni, devenus trop puissants et déjà indociles, et de neutraliser l'attraction exercée sur l'Arménie par les Byzantins (1).

Le gouvernement d'Achot Msaker (806-827) fut heureux pour l'Arménie en général, pour la maison bagratide en particulier. « Il acquit les provinces de Chirak et d'Archarouniq, l'Achotz, le Tayq oriental où il construisit le fort de Kalmak sur le moyen Tchorokh, et même le Taron. » Il apaisa la vieille querelle de sa maison avec les Ardzrouniens du Vaspourakan en leur donnant en mariage une de ses filles (2). On lui attribue la fondation de la capitale arménienne, Ani. Enfin d'après le regretté N. Adontz, ce serait vers l'époque d'Achot Msaker qu'il faudrait placer le fameux Moïse de Khoren, auteur de la première histoire d'Arménie et qui précisément se signale par ses sympathies bagratides et son hostilité aux Mamikonian (3).

Les deux fils d'Achot Msaker, Bagarat et Sembat, se partagèrent sa succession, du consentement des Arabes, heureux de voir la principauté bagratide s'affaiblir par ce partage. Bagarat eut le Taron, Khoïth et le Sassoun, « c'est-à-dire la haute vallée de l'Euphrate oriental et ses abords ». Sembat, avec le titre de généralissime (*sparapet*), eut les terres de l'Araxe autour de Bagaran (4). Sembat fut cependant assez fort pour faire révoquer par le khalife un gouverneur arabe deplaisant (840). De 842 à 847 l'Arménie fut d'ailleurs en révolte permanente contre les représentants de la cour de Baghdâd. Le khalife Motawakkil entendit ramener à l'obéissance ces vassaux insoumis. Il échoua d'abord contre l'union d'Achot Ardzrouni, seigneur du Vaspourakan, et de Bagarat le Bagratide, seigneur du Taron (850). Son lieutenant, l'émir Yoûsouf réussit enfin à intimider le prince de Vaspourakan et à capturer Bagarat en l'attirant sous un faux prétexte dans la citadelle de Khélath (851). De là Yoûsouf envoya son captif à la cour khalifale de Sâmarrâ où on l'obligea à apostasier (5).

---

(1) Laurent, p. 99; Cf. Brosset, *Add.*, p. 159 ; Marquart, *Osteuropäische und ostasiatische Streifzüge (Studien zur Geschichte des IXen und Xen Jahrhundert, 840-940)*, 1903, p. 451.
(2) Vardan, trad. Brosset, *Add.*, 159 et trad. Muyldermans, p. 110-117 (avec les notes de Muyldermans). Aussi Marquart, *Streifzüge*, 403-405 et 453, et Laurent, p. 104. Sur son philhellénisme, cf. Adontz dans *Byzantion*, t. XI 1936, p. 598.
(3) Adontz, *La date... de Moïse de Chorène*, dans *Byzantion*, t. IX, 1936, p. 97.
(4) Laurent, p. 105.
(5) Thomas Ardzrouni, trad. Brosset, II, ch. 5-6, p. 103-104. ; Jean Katholikos, ch. 13, p. 105 ; Cf. Tournebize, p. 101-102 et Laurent, p. 117-118.

Outrés de la déloyauté de Yoûsouf, les habitants de la province arménienne du Sassounq se révoltèrent contre lui, le battirent et le tuèrent (mars 852) (1). Le khalife Motawakkil chargea un de ses généraux, le mercenaire turc Bougha l'Aîné, de réprimer l'insurrection. De 852 à 855, Bougha mit l'Arménie à feu et à sang. Il saccagea le Sassounq et le Taron, puis le Vaspourakan, la région de l'Ararat et l'Outi (2). Il captura les deux Bagratides du Taron, Achot et Davith, fils de Bagarat et les envoya à Baghdâd où on les chargea de fers. La noblesse du Vaspourakan fut systématiquement massacrée. Le seigneur du Vaspourakan, Achot Ardzrouni, essaya en vain de désarmer Bougha par des présents. Finalement il dut se livrer à celui-ci comme otage. Il y eut d'ailleurs des défaillances, au moins passagères. Les fonctions de *sparapet* ou généralissime arménien étaient alors occupées par le Bagratide Sembat dont le frère Bagarat de Taron avait été peu auparavant fait prisonnier par Yoûsouf. Malgré cette injure de famille, Sembat, dans l'espoir d'apaiser Bougha et de servir d'intercesseur entre celui-ci et les Arméniens, parut se faire son allié (3). Il n'en fut pas moins envoyé par l'émir, de gré ou de force et avec les autres chefs arméniens, à la cour de Sâmarrâ, résidence du khalife Motawakkil qui les mit tous en demeure d'embrasser l'islamisme. Beaucoup obtempérèrent, du moins en apparence, sans d'ailleurs, comme ils l'avaient espéré, recouvrer sur le champ leur liberté. Plusieurs refusèrent et furent martyrisés. Sembat refusa aussi jusqu'au bout d'apostasier. Il mourut en prison pour sa foi vers 856 et mérita dans l'histoire le nom de Sembat le Confesseur (Khostovanol) (4).

Le féroce Bougha ne commit pas moins de ravages à travers la Siounie et la Géorgie (5).

Achot le Grand. Restauration de la royauté arménienne dans la maison des Bagratides

Les Arabes, après leurs victoires de 852-855, paraissent s'être contentés des conversions simulées qu'ils avaient arrachées aux malheureux princes arméniens déportés à Sâmarrâ. Ils laissèrent aux héritiers légitimes de ces princes le patrimoine ancestral, de

---

(1) Cf. Thomas Ardzrouni, l. II, ch. 7, p. 105. L'ancien Sanassounq ou Sassounq était situé entre le Taron (Mouch) au nord et Maiyâfâriqîn au sud.
(2) L'Outi était situé sur la rive droite de la Koura inférieure, dans la région de Gandja (Elizabethpol). Sur ces campagnes, Thomas Ardzrouni, l. III, ch. 1-5, p. 110-127 ; Jean Katholikos, ch. 13, p. 105-115 ; Asolik, II, ch. 2, p. 135 ; Cf. Laurent, p. 119.
(3) Cf. Tournebize, p. 102-103 et J. Laurent, p. 126-127.
(4) Jean Katholikos, ch. 13-14, p. 115-117 ; Thomas Ardzrouni, III, c. 15, p. 166-167 ; Cf. Tournebize, p. 103 et Laurent, p. 127.
(5) Cf. Étienne Orbélian, *Histoire de la Siounie*, c. 37, trad. Brosset, t. I, p. 104-105. Aussi Brosset, *Histoire de la Géorgie*, I, p. 261 et sq., 275-279.

sorte que l'Arménie se releva assez vite de son désastre. Le fils de Sembat le Confesseur, Achot Medz (le Grand) (c. 856-890) se montra un des meilleurs princes de la maison bagratide. Il avait succédé à son père dans la région de Bagaran (région au sud d'Ani) et le bassin supérieur de l'Araxe, à quoi il ajouta divers autres cantons (1). Le khalife abbâsside Mountaçir qui considérait que le péril pour les Arabes venait maintenant surtout des Ardzrouni du Vaspourakan, s'appuya sur Achot Medz et en novembre 862 le nomma *ichkhan des ichkhan*, prince des princes d'Arménie. L'investiture fut solennellement donnée à Achot par le gouverneur arabe 'Alî al-Arménî (2). Mais, bien entendu, son autorité effective ne s'exerçait que sur son domaine personnel, « des sources de l'Euphrate méridional jusqu'aux abords du lac Sévan, savoir le district de Bagaran, celui de Chirak, l'Archarouniq, le Vanand ou pays de Kars, le Tayq oriental, le Djahak (ou Sourmali) et l'Aragatzotn jusque près d'Érivan (3) ». L'antique capitale arménienne, Dovin, ne lui appartint point, mais resta ville arabe, comme résidence du gouverneur abbâsside. La résidence d'Achot fut plus modestement Bagaran sur l'Akhouréan, non loin de l'Araxe. Partout ailleurs régnaient des dynasties provinciales arméniennes, quand ce n'étaient pas des émirs arabes.

Achot Medz, pour faire accepter son principat par les autres dynasties arméniennes, multiplia avec elles les alliances de famille. Il donna une de ses filles à un des Ardzrouni du Vaspourakan (le prince Dérénik), une autre à un prince de Siounie, une de ses petites-filles au prince de Taron, une autre à un cadet ardzrounien (4). Il finit par jouir ainsi d'un prestige considérable. Appuyé sur les Ardzrouni du Vaspourakan, il put battre les émirs arabes d'Arzèn, de Mantzikert et de Bardaa (863, 870, 877, 878-879) (5). En 885 l'émir de Mantzikert essaya de coaliser contre lui les autres chefs arabes de la région, mais fut vaincu et dût prêter hommage à Achot (6). La cour de Baghdâd, incapable de protester, crut habile de flatter Achot Medz. Elle rétablit en sa faveur la royauté arménienne (885). La couronne lui fut apportée au nom du khalife Mo'tamid par Ahmed ibn Iça (7).

(1) Jean Katholikos, ch. 16, p. 120 et sq. ; Aso*l*ik, III, ch. 2, trad. Macler p. 7-8 : Cf. Laurent, p. 127.
(2) Jean Katholikos, ch. 18, p. 124-125 ; Vardan, trad. Muyldermans, ch. 4, p. 139. ; Étienne Orbélian, *Histoire de Siounie*, trad. Brosset, ch. 37, p. 107. Pour la date (entre 861 et 863), Laurent, p. 267, n. 7 et Muyldermans dans son Vardan *(La domination arabe en Arménie)*, p. 127, n. 6.
(3) Cf. Laurent, p. 270, n. 3.
(4) Laurent, p. 268. Pour le détail fort compliqué de l'histoire du Vaspourakan à cette époque, voir notre *Histoire de l'Arménie* (Payot).
(5) Détail de ces campagnes locales dans Laurent, p. 280-282. Ajoutons la répression de révoltes féodales arméniennes dans le Gougarq et le Vanand.
(6) Discussion des sources dans Laurent, p. 325.
(7) Jean Katholikos, ch. 18, p. 124-125. Étienne Orbélian, ch. 37, p. 107,

Couronné roi d'Arménie par le khalife, Achot eut à cœur de faire confirmer son élévation par les Byzantins. Dès 867, alors qu'il n'était que « prince des princes », il avait envoyé à Constantinople une profession de foi de loyalisme et même de sujétion (1). Bien que soumis en fait au protectorat arabe, Achot affectait de considérer le *basileus* comme n'ayant jamais cessé d'être en droit le souverain de l'Arménie. La politique arménienne allait ainsi tenir la balance égale et bénéficier auprès de chacune des deux grandes puissances voisines de ses bonnes relations avec l'autre. Il y eut des deux côtés émulation à flatter le Bagratide pour l'attirer à soi. Dès qu'Achot Medz eut reçu du khalife la royauté sur l'Arménie, l'empereur Basile Ier se hâta de lui envoyer, lui aussi, une couronne royale et le patriarche byzantin Photius lui adressa une lettre de félicitations accompagnée d'un morceau de la vraie croix (2).

Les protestations de vassalité d'Achot Medz envers Byzance n'entraînèrent d'ailleurs aucune concession de fond sur le terrain confessionnel. Vers 860 le patriarche Photius lui avait une première fois écrit, ainsi qu'au patriarche arménien Zakharia de Tzak (patriarche de 855 à 878), pour solliciter l'Église arménienne de se rallier à l'orthodoxie. Zakharia convoqua alors à Chirakavan ou Erazgavorq, ville située dans le Chirak, entre Kars et l'Araxe, et qui était une des résidences favorites du roi Achot Medz, un concile qui, sans faire de concessions véritables aux « chalcédoniens », évita d'accentuer le fossé avec eux (862) (3). Après Zakharia, le siège patriarcal arménien fut occupé par Géorg II de Garni (878-898), ami du roi Achot et élu à son instigation (4). Achot se montra d'ailleurs le constant protecteur du clergé arménien dont les annalistes ne tarissent pas d'éloges à son égard.

Si Achot Medz ne parvint pas et sans doute ne songea même pas à supprimer les principautés locales, si dans le sud de l'Arménie les princes Ardzrouni du Vaspourakan restèrent presque aussi puissants que lui, il n'en avait pas moins réussi, par son prestige personnel, par sa politique habile, prudente et ferme, à donner une réelle consistance au titre royal à lui conféré par le khalife

Vardan, trad. Muyldermans, ch. 4, p. 134 ; Samuel d'Ani, trad. Brosset-p. 427 ; Kirakos de Gandzak, trad. Brosset, 2, p. 41-42 ; Tournebize, *Histoire... de l'Arménie*, p. 105-106 ; Laurent, p. 282.
(1) Texte dans Laurent, p. 188.
(2) Vardan, éd. Émin, p. 116 ; Kirakos, trad. Brosset, p. 42 ; Samuel d'Ani, p. 427 ; Cf. Laurent, p. 283.
(3) Vardan, IV, 3, trad. Muyldermans, p. 128-138 ; Cf. Migne, *Patrologie Grecque*, CII, 701-718. Quant à l'interprétation théologique du concile, Tournebize (p. 144) y voit « un revirement de l'Église arménienne en faveur des décrets de Chalcédoine ». Au contraire, Mgr Ormanian (p. 37) nie ce rapprochement.
(4) Jean Katholikos, ch. 17, p. 124.

et par le *basileus*. Jouant adroitement de cette double suzeraineté, il était parvenu à tirer le maximum de bénéfice de ses relations de vassal envers l'empire byzantin comme envers l'empire abbâsside et à les neutraliser l'un par l'autre pour le plus grand avantage de son pays.

La royauté bagratide au Xe siècle. De Sembat le Martyr au Roi de Fer

Le fils et successeur d'Achot Medz, le deuxième roi bagratide Sembat Ier qui devait mériter par sa mort le nom de Sembat le Martyr (Sembat Nahadak), eut un règne assez agité (890-914). A l'exemple de son père il fut reconnu roi simultanément par le khalife de Baghdâd Mou'tadid et par l'empereur byzantin Léon VI. Il eut cependant à lutter pendant trois ans contre son oncle Abas, seigneur de Kars, qui briguait le trône. Après avoir triomphé de ce compétiteur, il fut solennellement couronné à Chirakavan ou Erazgavorq avec l'agrément de l'émir turc Afchîn, gouverneur abbâsside de l'Azerbaidjan et représentant du khalife, et sacré par le patriarche Géorg II (1). Mais bientôt il eut à subir les attaques de ce même Afchîn. Celui-ci envahit le district de Chirak et fit prisonnier le patriarche Géorg II qu'il ne libéra que contre une forte rançon (895). Peu après, Sembat se trouvant paralysé par une révolte du prince ardzrounien du Vaspourakan, Afchîn en profita pour venir assiéger et prendre la forteresse de Kars d'où il emmena en otages à Dovin la femme et la belle-fille du malheureux roi.

L'émir Yoûsouf, frère et successeur d'Afchîn comme gouverneur abbâsside de l'Azerbaidjan (901), continua ses incursions en Arménie. Contre le roi Sembat il lia partie avec le plus puissant des princes arméniens, Gagik, prince du Vaspourakan, de la maison des Ardzrouni. Pour contrecarrer la royauté bagratide, Yoûsouf, agissant au nom du khalife de Baghdâd, alla jusqu'à accorder également à Gagik le titre royal (908) (2). Depuis ce jour, il y eut donc en Arménie deux royautés forcément rivales : au nord la dynastie bagratide dans la région d'Ani ; au sud la dynastie ardzrounienne du Vaspourakan, avec pour capitale la ville de Van.

Sembat Ier s'efforça en vain d'apaiser le redoutable Yoûsouf. Le savant patriarche Hovhannès V qu'il lui envoya avec des

---

(1) Jean Katholikos, ch. 21, p. 132 et ch. 22, p. 146 ; Asołik, III, ch. 3, trad. Macler, p. 10 ; Cf. Dulaurier, *Recherches sur la chronologie arménienne*, t. I, p. 269 ; Rambaud, *L'empire grec au Xe siècle*, p. 501.
(2) Thomas Ardzrouni, III, ch. 32, p. 227-230 ; Jean Katholikos, ch. 48, p. 199-200. Détail des faits dans notre *Histoire de l'Arménie*.

présents (1), fut retenu prisonnier. En 909 Yoûsouf ravagea la province de Sioûnie et le pays de Chirak. L'année suivante il défit Sembat dans le district de Nig, au nord d'Érivan, et saccagea cette région. Le nouveau « roi » de Vaspourakan, Gagik Ardzrouni, finit par comprendre que sa trahison amenait la ruine de tout le pays. Il se rallia à Sembat Ier. Mais tandis que Sembat résidait dans le château de Kapouyt (ou « Château-Bleu »), à l'ouest de l'Ararat, Yoûsouf vint l'y bloquer. L'ayant fait capituler, il lui accorda d'abord la libre sortie, puis, se ravisant, l'attira dans un guet-apens et le fit jeter dans un cachot à Dovin. En 913 il conduisit son prisonnier devant le fort d'Erendjak en Siounie (près de Nakhitchévan), qu'il assiégeait, et comme le malheureux refusait d'engager la garnison à se rendre, il le fit torturer jusqu'à la mort. Le cadavre de « Sembat le Martyr » fut ramené à Dovin et cloué sur une croix (2).

Le fils du martyr, le roi Achot II Erkath (« l'homme de fer ») (914-929) entreprit de délivrer l'Arménie septentrionale des bandes de Yoûsouf qui la ravageaient cruellement. En désespoir de cause, il se tourna vers les Byzantins. Le patriarche Hovhannès V écrivit en ce sens en 920 à l'empereur Constantin Porphyrogénète (3). Achot II se rendit donc à Constantinople où Constantin et Romain Lécapène lui réservèrent une réception magnifique et reçut en rentrant un contingent d'auxiliaires byzantins (923) (4). Cette protection allait intimider les Arabes.

De retour chez lui, à Chirakavan (Erazgavorq), Achot II, voulant marquer sa prééminence sur les autres princes arméniens, notamment sur les rois ardzrouniens du Vaspourakan, obtint enfin de la cour de Baghdâd le titre de roi des rois *(châhânchâh)* d'Arménie. En réalité, sa situation restait précaire, et le terrible Yoûsouf suscita contre lui un anti-roi dans la personne d'un autre Bagratide, cousin germain d'Achot II, que l'émir couronna dans Dovin (5). A force d'énergie, le « roi de fer », toujours à cheval, parvint à réprimer cette révolte, ainsi que celles de divers autres vassaux qu'il châtia impitoyablement, faisant couper le nez ou crever les yeux des principaux rebelles (6). Ajoutons à ces luttes les combats opiniâtres que le

(1) Hovhannès V, de Drachkhonakert, surnommé Patmaban ou l'Historien ; patriarche de 897 ou 899 à 931. Il est connu comme historien sous le nom de Jean Katholikos.
(2) Jean Katholikos, ch. 71-75, p. 230-234 ; Asolik, III, ch. 4, p. 18-19 ; Étienne Orbélian, *Histoire de la Siounie*, t. I, ch. 38, p. 117.
(3) Jean Katholikos, ch. 106-107, p. 270-282; Cf. Rambaud, *L'empire grec*, p. 503-504.
(4) Sources byzantines, *ap.* Rambaud, p. 504 ; Cf. Jean Katholikos, ch. 108, p. 283 et Samuel d'Ani, année 923, p. 435.
(5) Jean Katholikos, ch. 120, p. 293.
(6) Révolte de Vassak, seigneur du Gougarq (la Gogarène de Strabon, au nord d'Ani et de l'actuel Alexandropol, sur la frontière géorgienne), qu'Achot Erkath vainquit à Askouret (près d'Akhaltsikh) ; révolte de Movsès

Roi de fer eut encore à livrer contre les bandes de l'émir Yoûsouf (bataille du lac Sévan).

Quant à l'autre roi arménien, Gagik Ardzrouni, roi du Vaspourakan (c. 908-936), devant le péril arabe il s'était rapproché du monarque bagratide. L'émir Yoûsouf évita d'ailleurs de l'attaquer, se contentant de prélever sur lui un tribut annuel. La tranquillité relative dont le Vaspourakan bénéficiait par rapport au royaume bagratide, fut mise à profit par Gagik Ardzrouni. « Il tenait la forteresse de Van et avait mis sa résidence à Vostan sur les bords méridionaux du lac, ville qu'il avait ornée d'un palais somptueux. Il avait aussi bâti une belle église dans l'îlot d'Althamar, qui lui servait de refuge (1). » Ce fut dans ses États que le patriarche Hovhannès V, fuyant les guerres qui dévastaient le royaume bagratide, chercha un asile. Hovhannès s'installa d'abord, vers 924, au monastère de Dzoro-vanq (le Monastère de la Vallée) (Salnabad), à proximité de Van, puis dans l'îlot d'Althamar qui devint ainsi résidence patriarcale et où en 931 il termina ses jours (2). Les trois patriarches suivants : Stéphannos II (931-932), Theodoros ou Thoros Ier (932-938) et Yeliché ou Élisée Ier (938-943) continuèrent à résider à Althamar, sous la protection des rois de Vaspourakan.

Ce royaume sud-arménien, après la mort de Gagik Ardzrouni, passa à son fils aîné, Achot Dérénik (936-958). Le nouveau roi commit la faute de disgrâcier le meilleur capitaine de son père, Aboulgharib Havnouni. Pour se venger, ce dernier appela l'émir de Her (Khoï, au nord du lac d'Ourmia) qui fit Achot Dérénik prisonnier. Le clergé, indigné, excommunia Aboulgharib qui, pris de remords, facilita l'évasion du roi (3). Comme le prouve cet incident, les petites royautés arméniennes étaient toujours à la merci d'une féodalité turbulente qui n'hésitait pas à faire appel aux musulmans. Achot Dérénik eut pour successeur son frère Abousahl Hamazasp qui consolida le trône (958-968).

(Moïse), gouverneur de l'Outi qu'Achot terrassa de sa main dans un combat au Sissagan, entre le lac Sévan et l'Araxe ; révolte de Sahak, seigneur de Gardman, dans l'Outi, qu'Achot captura au Gougarq et dont il fit brûler les yeux ; révolte d'Amram Tzoulik, nouveau gouverneur de l'Outi, etc. Voir Jean Katholikos, ch. 135, p. 305-306, ch. 152-155, p. 326-331 ; Étienne Orbélian, *Histoire de la Siounie*, t. I, ch. 38, p. 118-119 ; Cf. Tchamitch, trad. Avdall, II, 57 et Brosset, *Histoire de la Siounie*, t. II, p. 29.

(1) Sur les constructions de Gagik Ardzrouni, voir Thomas Ardzrouni, III, ch. 35-36, p. 234-238.

(2) Cf. Ormanian, *L'Église arménienne*, p. 38 ; Tournebize, p. 150. Sur Althamar, cf. Lynch, *Armenia*, t. II, p. 129-135 et Strzygowski, *Baukunst der Armenier*, t. I, p. 82, 289.

(3) Matthieu d'Édesse, I, 19 et 20, trad. Dulaurier, p. 26. Cf. Tournebize, p. 116-117 et 117, n. 1.

La royauté arménienne sous Abas

Dans l'Arménie septentrionale, le roi bagratide Achot II avait, à force d'énergie, de sévérité et de valeur militaire, opéré un redressement de la royauté. Son frère et successeur Abas en bénéficia (929-953).

Du vivant d'Achot II, Abas avait eu une conduite fort blâmable : il avait essayé de faire assassiner le roi son frère. Une fois sur le trône, il se montra un bon roi. Il négocia avec l'émir de Dovin le rachat d'un grand nombre de prisonniers chrétiens et, avec son général Géorg Marzbédouni, il chassa du pays les dernières bandes musulmanes. Il transporta sa résidence de Chirakavan ou Erazgavorq à Kars, ville dont le site se prête bien à la défense. Il orna sa nouvelle capitale de monastères, d'hôpitaux et d'églises, notamment d'une belle cathédrale (1). Le calme qu'il fit régner dans l'Arménie septentrionale contrastait avec les troubles qui agitaient l'Arménie du sud, le royaume du Vaspourakan.

Vers 943 éclata un conflit confessionnel autant qu'ethnique entre Abas et les Aphkhazes. Les Aphkhazes, peuple caucasien du nord-ouest, dans la région de Soukoum-kalé, dominaient à cette époque dans la Mingrélie, l'Iméréthie et le Karthli, bref la Géorgie occidentale (2). Comme les autres peuples de la Géorgie, ils professaient l'orthodoxie grecque. En ce temps-là le roi arménien Abas allait consacrer à Kars une nouvelle église, bien entendu selon le rite monophysite grégorien qui était celui de la communauté arménienne. A l'improviste un chef aphkhaze — nos sources l'appellent Ber —, intervint avec prétention de faire consacrer l'édifice selon le rite orthodoxe. Ber envahit sous ce prétexte l'Arménie bagratide, mais fut battu, fait prisonnier et Abas lui fit crever les yeux. Au témoignage du chroniqueur Samuel d'Ani, cet acte de vengeance confessionnelle excita contre les Arméniens une grande indignation chez les Géorgiens et chez les autres peuples orthodoxes du Caucase, ainsi, naturellement, que chez les Byzantins. Ces derniers se mirent à persécuter par représailles les Arméniens vivant en territoire d'empire et dont ils exigèrent qu'ils se fissent « rebaptiser » suivant le rite orthodoxe. Un grand nombre d'Arméniens ainsi tracassés émigrèrent en pays bagratide, notamment dans le Vanand et le Chirak. De son côté le patriarche arménien Anania Ier de Moks (943-967) anathématisait avec non moins de véhémence les « chalcédoniens » et les obligeait à se faire « rebaptiser » selon le rituel grégorien (3).

---

(1) Cf. Tournebize, p. 117.
(2) Sur l'histoire des Aphkhazes (les Abasges des Grecs), voir plus loin, p. 146.
(3) Samuel d'Ani, année 943. Cf. Brosset, *Additions*, XIII ; Tchamitch, II, 830-840 ; Tournebize, p. 117, 151, 360.

Toute l'histoire de l'Arménie dans ses rapports avec Byzance est dominée par le fait qu'Arméniens et Byzantins — pour le plus grand malheur des uns et des autres, pour le plus grand préjudice de la défense chrétienne — se traitaient réciproquement d'hérétiques. Leur haine confessionnelle fut souvent plus forte que leur solidarité naturelle contre l'Islam.

La question des rapports arméno-byzantins se posait avec d'autant plus d'acuité qu'en 966 (ou entre 966 et 968) (1) l'importante province arménienne du Taron (pays de Mouch) fut annexée à l'empire byzantin après la mort du Bagratide local (2), Achot. Les deux fils d'Achot, Grigor et Bagarat, cédèrent le Taron à l'empire et reçurent en échange la dignité de patrice avec de vastes domaines (3).

La royauté bagratide sous Achot III

Le roi bagratide Abas eut pour successeur un prince dont les chroniqueurs ne nous permettent pas de savoir à coup sûr s'il était son fils ou son neveu : Achot III Olormadz ou le Charitable (*alias* le Miséricordieux) qui régna de 953 à 977.

Achot III est célèbre dans l'histoire de la civilisation arménienne pour avoir établi sa capitale à Ani, ville qu'il embellit et fortifia (4). Ce fut à Ani qu'en 961 il reçut l'onction royale des mains du patriarche Anania. Malheureusement il commit en même temps la faute de céder à son frère Mouchel la ville de Kars et la province de Vanand avec le titre de roi (962). Il y eut dès lors deux « royaumes » bagratides, celui d'Ani et celui de Kars. Bien que le premier ait conservé la prééminence, ce morcellement n'en fut pas moins fatal à la puissance arménienne.

Par ailleurs, la Siounie, vaste baronnie qui s'étendait depuis le lac Sévan au nord jusqu'à l'Araxe au sud, à travers le pays de Nakhitchévan et de Djoulfa, se rendit indépendante en 970.

(1) Le chroniqueur arménien Asolik (l. III, ch. 8, p. 43-44) donne pour l'annexion du Taron la date de 415 de l'ère arménienne, soit 966-967. Le chroniqueur byzantin Cédrénos place l'annexion en 968. Cf. Adontz, *Les Taronites en Arménie et à Byzance*, dans *Byzantion*, t. X, 1935, p. 541-542.
(2) On a vu, p. 131, que le prince bagratide Achot Msaker († 827) avait laissé deux fils. L'aîné, Bagarat, eut le Taron, en Arménie méridionale ; le cadet, Sembat le Confesseur, eut les possessions du Nord, le Bagaran et les autres territoires de l'Araxe. C'est la branche issue de Sembat qui avait donné naissance à la maison royale bagratide. La branche taronite avait été moins brillante. Cf. Laurent, *L'Arménie entre Byzance et l'Islam*, p. 105.
(3) Cf. Asolik, III, 8, p. 44 ; Skylitzès-Cédrénos, II, p. 373, 3. — Critique des sources dans Honigmann, *Ostgrenze*, p. 148 et dans Adontz, *Notes arméno-byzantines*, Byzantion, t. IX, fasc. 1, 1934, p. 374-375, et Adontz, *Les Taronites...*, Byzantion, t. X, 1935, p. 541-542.
(4) Sur Ani et ses monuments d'époque bagratide, voir H. F. B. Lynch, *Armenia*, t. I, p. 369-390, et J. Strzygowki, *Die Baukunst der Armenier und Europa* (1918), t. I, p. 272 et sq., II. 696 et sq. Les murs d'Ani furent bâtis par Achot III autour de 964.

En même temps, dans l'Arménie méridionale, le royaume du Vaspourakan, propriété de la dynastie des Ardzrouni, se morcelait à son tour. Après la mort du roi ardzrounien Abousahl-Hamazasp (v. 970), ses domaines furent partagés entre ses trois fils, Achot-Sahak, Gourgèn-Khatchik et Sénéqérim-Hovhannès. Achot-Sahak qui succéda à son père dans la royauté avec la possession du Vaspourakan propre, à l'est du lac de Van (c. 970-c. 990 ?), laissa à Gourgèn-Khatchik l'Antzévatsiq, au sud-est du lac, et à Sénéqérim-Hovhannès le Rechtouniq, au sud du même lac (1). Par suite de ces partages f miliaux le morcellement dans l'Arménie méridionale ou Arménie ardzrounienne fut poussé aussi loin que dans l'Arménie du Nord ou Arménie bagratide. Toutefois à la mort d'Achot-Sahak (entre 983 et 990), son frère Gourgèn-Khatchik lui succéda sur le trône de Vaspourakan, de sorte que la division se trouva limitée à la seule province du Rechtouniq.

En dépit de l'affaiblissement politique que tous ces partages ne pouvaient manquer d'entraîner, le xe siècle fut l'âge d'or de la civilisation arménienne. Comme les Bagratides embellissaient Ani, les derniers Ardzrouni ornaient de palais et d'églises leur résidence de Vostan, ou Ostan, sur la rive méridionale du lac de Van (2). Le Vaspourakan, nous l'avons vu, avait eu aussi pendant quelque temps (depuis 924) l'honneur d'abriter le siège patriarcal dans l'îlot d'Althamar, sur les bords du lac de Van. Le patriarche Anania Ier de Moks (943-967), devant les incursions musulmanes, s'établit dans une autre localité du Vaspourakan, le monastère du mont Varag qui semblait particulièrement bien défendu contre les coups de surprise (948) (3). Puis, quand le morcellement du royaume ardzrounien eut accru l'insécurité, il abandonna décidément le pays et alla se fixer dans le domaine bagratide, à Arkina, dans le Chirak, au nord-est d'Ani, sur les bords de l'Akhouréan (959) (4). Ce fut ainsi que le siège patriarcal, après un séjour de trente-cinq ans dans l'Arménie méridionale (924-959), retourna dans l'Arménie du Nord.

Le successeur d'Anania, le patriarche Vahan Ier de Siounie (967-969) entreprit d'apaiser le différend confessionnel entre l'Église arménienne et l'Église grecque. Il rechercha un accord

---

(1) Cf. Dulaurier, dans sa traduction de Matthieu d'Edesse et de Grégoire le Prêtre, p. 375 ; Tournebize, p. 118 d'après Brosset, *apud.* trad. de Thomas Ardzrouni, p. 248 ; Honigmann, *Ostgrenze*, p. 168.
(2) Sur Vostan, cf. Lynch, *Armenia*, t. II, p. 123 ; Strzygowski, *Baukunst der Armenier*, t. I, p. 700.
(3) Sur le monastère du mont Varag, voir Lynch, *Armenia*, p.113-114, et Strzygowski, *Baukunst*, t. I, p. 83.
(4) Sur la cathédrale d'Arkina, élevée en 973 par Achot III, Strzygowski, *Baukunst*, t. II, p. 590-591, 699. Sur ces transferts du siège patriarcal, Matthieu d'Edesse, I, xxi, et Samuel d'Ani dans Migne, *P. G.*, xix, 718. Cf. Tournebize, p. 150-151, et Ormanian, *L'Église arménienne*, p. 38-39.

en ce sens avec l'évêque orthodoxe Théodore de Mélitène et avec les prélats géorgiens, mais ces concessions lui aliénèrent le clergé arménien qui, dans un concile réuni à Ani, le déposa et éleva à sa place un autre patriarche, Stéphannos III de Sévan (969). Vahan se retira auprès du roi de Vaspourakan Abousahl-Hamazasp qui le prit sous sa protection. De fait, le nouveau patriarche Stéphannos étant venu avec une troupe au Vaspourakan pour arrêter Vahan, ce fut lui qui se vit appréhendé par Abousahl-Hamazasp et enfermé dans la forteresse d'Althamar où l'infortuné prélat décéda peu après (971). Sa mésaventure n'est qu'un épisode de la rivalité entre le Vaspourakan et l'Arménie bagratide, rivalité débordant ici sur le plan ecclésiastique. Il ne resta plus à l'Église arménienne qu'à se choisir un nouveau patriarche dans la personne de Khatchik Ier Archarouni (972-992), lequel résida à Arkina sous la protection des Bagratides. Son élection marqua le triomphe du parti anti-grec, ou plutôt, comme il avait été élu d'un commun accord par les partisans de Vahan Ier et par ceux de Stéphannos III, son patriarcat marqua le rétablissement de la concorde confessionnelle entre Arméniens (1).

Ces péripéties montrent l'âpreté des discussions dogmatiques qui séparaient l'Église arménienne des « chalcédoniens » tant byzantins que géorgiens. Aussi une vive inquiétude s'emparat-elle des Arméniens lorsqu'en 974 l'empereur byzantin Jean Tzimiscès, avant d'entreprendre sa grande expédition en Syrie, dirigea une démonstration sur les frontières arméniennes.

Le *basileus* traversa l'Euphrate, pénétra dans la province arméno-byzantine du Taron (pays de Mouch) et fit halte devant la forteresse d'Aïtséatsberd. Le Taron, on l'a vu, avait un moment formé une principauté arménienne particulière sous une branche de la famille bagratide (2). Il venait, vers 966 (3), d'être annexé à l'empire byzantin qui enfonçait par là un coin en terre arménienne. A l'approche de la grande armée byzantine les princes arméniens se sentirent menacés. Ils se réunirent tous avec leurs guerriers dans la province de Touroubéran, dans la région de Mantzikert ou Manazkort, à proximité de l'armée byzantine. Étaient présents le Bagratide Achot III, roi d'Ani et roi des rois arméniens, son neveu Abas, prince héritier de Kars (4), les cadets ardzrouniens du Vaspourakan, Gourgèn-Khatchik et Sénéqérim-

---

(1) Asolik, III, 20-21. Cf. Tournebize, p. 154 ; Ormanian, p. 39 et Schlumberger, *Épopée byzantine*, t. I, p. 250-251.
(2) Cf. Laurent, *L'Arménie entre Byzance et l'Islam*. p. 105.
(3) Cf. Adontz, *Les Taronites en Arménie et à Byzance* dans *Byzantion*, t. X, 1935, p. 541-542.
(4) Le roi de Kars était Mouchel (962-984), frère du roi d'Ani Achot III. Abas était son fils. Abas devait régner sur Kars après son père, de 984 à 1029.

Hovhannès (1). La concentration des forces arméniennes, tant ardzrouniennes que bagratides, prouve que devant la menace byzantine les vieilles rivalités régionales avaient fait place à une sorte d'« union sacrée ». Les princes arméniens eurent d'ailleurs l'adresse de faire agir en leur faveur auprès de Jean Tzimiscès l'ancien patriarche arménien Vahan de Siounie, celui-là même qu'Achot III avait fait déposer comme trop grécophile. Jean Tzimiscès (qui était lui-même d'origine arménienne) ne désirait pas pousser les choses à bout. Soit qu'il fût impressionné par la levée en masse de l'Arménie serrée autour d'Achot III, soit qu'il eût hâte d'aller entreprendre sa « croisade » contre l'Islam en Syrie, il se déclara satisfait des protestations d'amitié et même de vassalité que les princes arméniens ne manquèrent pas de lui prodiguer. Sur sa demande ceux-ci lui fournirent des vivres en abondance et surtout un contingent de 10.000 guerriers d'élite qui se distinguèrent particulièrement dans la campagne de Syrie (2).

L'Arménie sous Sembat II et Gagik Ier

A la mort d'Achot III, son fils aîné Sembat II, surnommé Tiézérakal ou « le Dominateur », fut couronné « roi des rois » dans la cité d'Ani. Son règne (977-990) fut relativement pacifique. Il eut cependant à lutter contre son oncle Mouchel, roi de Kars, qui, ayant le dessous, appela à l'aide le curopolate Davith, prince arméno-géorgien du Tayq (3) et vassal de l'empire byzantin. L'intervention de Davith fut décisive : pour ne pas se brouiller avec lui et, derrière lui, avec les Byzantins, Sembat II dut renoncer à se venger de Mouchel. Sembat II fut plus heureux contre les musulmans. Ceux-ci, on s'en souvient, possédaient toujours au cœur de l'Arménie un point d'appui, la ville de Dovin, résidence d'un émir. Sembat remporta des succès marqués sur cet émir (4).

Sembat II est surtout célèbre pour avoir embelli Ani, sa capitale. Il acheva en huit années d'entourer la ville d'un double mur flanqué de tours rondes. En 989 il jeta les fondations de la célèbre cathédrale d'Ani dont la construction fut confiée à l'architecte Terdat (Tiridate) et qui d'après Asolik devait être achevée en 1001 par la reine Katramidé, belle-sœur de Sembat II (5).

(1) Matthieu d'Edesse, trad. Dulaurier (1858), I, ch. xv, p. 14-15 ; Schlumberger, *Épopée byzantine*, t. I, p. 244-247.
(2) Matthieu d'Edesse, p. 15. Sur la campagne de Syrie, voir plus haut, p. 118.
(3) Le Tayq ou Tao, est le pays aux sources du Kour et du Tortoun (région d'Olti), du Tchorokh (région de Sper et de Baibert) et de l'Euphrate, au nord d'Erzéroum. Sur le curopalate Davith, voir plus bas, p. 143 et 148-149.
(4) Cf. Kévork Aslan, p. 308.
(5) Asolik, ch. 30, p. 139. Cf. Brosset, *Les ruines d'Ani*, p. 23, et Strzygowski, *Baukunst der Armenier*, p. 184 et 590.

Sembat II eut pour successeur son frère Gagik Ier qui régna à Ani de 990 à 1020. Nous venons de voir que ce fut la femme de Gagik, la reine Katramidé, qui termina la construction de la cathédrale d'Ani. Par ailleurs le patriarche Sargis Ier (1) accrut encore l'importance de cette capitale en y transférant en 992-993 le siège patriarcal (2).

Sous ce règne, en 996, le curopalate Davith, seigneur du Tayq, enleva aux musulmans la ville de Mantzikert (en arménien Manazkert), située au nord du lac de Van, dans le canton de l'Apahouniq. L'émir d'Azerbaidjân — il s'appelait Mamlân — organisa une expédition pour reprendre la place. Davith appela à l'aide les princes arméniens. Deux d'entre eux se présentèrent : le Bagratide Abas, second roi de Kars (3), et un autre Bagratide, Gourgèn qui régnait à Lori dans le Gougarq (4). Avec leur aide, Davith battit les musulmans et les poursuivit jusqu'à Ardjèch, au nord-est du lac de Van. A la suite de cette brillante expédition, Mantzikert et Ardjèch, ainsi que le Bagrévand (Alachkert) devinrent possessions de Davith de Tayq et, de ce fait, terres vassales de l'empire byzantin (993-994) (5). La ville de Khélâth resta seule de ce côté aux Musulmans, une attaque contre cette place ayant échoué (998) (6). De même, au nord, Dovin resta jusqu'au bout une citadelle musulmane.

L'époque où nous sommes arrivés représente l'apogée de la civilisation médiévale arménienne. Nous avons déjà mentionné la construction des grands édifices religieux dont le plus célèbre est la cathédrale d'Ani due à l'architecte Terdat (Tiridate) (entre 989 et 1001). A côté de ce monument célèbre, Ani allait voir s'élever plusieurs autres édifices, marquant tous « une vraie renaissance de la rotonde » : citons seulement avec J. Baltrusaitis, le Temple Hexagone (1000), Saint-Sauveur (1035) et Sourb-Grigor (1040), enfin l'église des Saints-Apôtres qui date du Xe siècle mais dont l'inscription la plus ancienne n'est que de 1031 (7). Ajoutons Horomos Vanq (Khochavanq) à 15 kilomètres environ au nord-est d'Ani. Brûlé en 982 par les Musulmans, ce monastère qui semble avoir servi de sépulture aux

---

(1) Sargis Ier de Sevan, patriarche de 992 à 1019.
(2) On se rappelle que le siège patriarcal était précédemment (959-992) à Arkina.
(3) Abas, fils de Mouchel et roi de Kars de 984 à 1029.
(4) Gourgèn était le frère des deux rois bagratides d'Ani Sembat II et Gagik Ier. Il était devenu en 982 roi du Gougarq avec, pour capitale, la ville de Lori dans le district du Tachir, bassin supérieur du Berdoudj. Ses successeurs qui portèrent le titre de « rois des Aghovan », formèrent la branche « gorigéane » de la famille bagratide. Cf. Laurent, p. 292 ; Schlumberger *Épopée*, II, p. 186 ; L. Movsésian, *Histoire des rois kurikian de Lori*, Revue des Études Arméniennes, VII, 1927, p. 210-266.
(5) Honigmann, *Ostgrenze*, p. 154 ; Markwart, *Südarmenien*, p. 472.
(6) Honigmann, p. 155, d'après Asolik, III, ch. 40, p. 154-155.
(7) Cf. J. Baltrusaitis, *Le problème de l'ogive et l'Arménie*, Paris, 1936, p. 31.

rois d'Arménie, de « Saint-Denis arménien », fut reconstruit et parachevé dans les années 1013-1035 par les rois Gagik Ier et Hovhannès Sembat (1). Rappelons que Strzygowski a cherché dans le traitement de la coupole arménienne le secret de nos cathédrales (2). La question a été récemment reprise par J. Baltrusaitis à qui nous renvoyons le lecteur (3).

Par ailleurs, la littérature arménienne de ce temps a produit des œuvres importantes. Citons notamment parmi les chroniqueurs Thomas Ardzrouni qui nous a laissé une histoire de sa maison jusqu'en 907 (4) — le *katholikos* ou patriarche Hovhannès ou Jean V de Drachkhonakert surnommé *Patmaban* ou l'Historien, patriarche de 897 à 925, qui a écrit une histoire de l'Arménie des origines à cette année 925 (5) — et enfin Asolik ou Étienne de Taron que nous avons plusieurs fois cité, auteur d'une autre histoire de l'Arménie des origines à 1004 (6). Il faut mentionner aussi le grand lyrique Grégoire de Narek — Grigor Narekatsi — (951-1003), auteur de poèmes religieux d'un souffle puissant (7).

Vers la fin du Xe siècle, la culture arménienne représentait, dans l'ensemble de la civilisation chrétienne, un élément original, bien distinct de la culture byzantine, actif et plein de vitalité. Il en allait de même au point de vue politique. Sans doute l'Arménie souffrait de son morcellement en plusieurs royaumes et principautés trop souvent ennemis, trop souvent indociles envers leur suzerain théorique, le « roi des rois » bagratide d'Ani. Elle souffrait aussi de la persistance, au cœur de son territoire, d'enclaves musulmanes comme Dovin et Khélâth. La féodalité arménienne, toute à ses querelles de baronnie à baronnie, avait trop souvent fait preuve de tendances anarchiques dont n'avaient pas manqué de profiter ses adversaires musulmans. Mais ces mêmes féodaux représentaient une force qui, sans l'aide d'aucune autre nation chrétienne, pas même de Byzance, avait réussi à affranchir le pays de la domination arabe. Cette belliqueuse féodalité, avec le peuple de montagnards qui la suivait sur les champs de bataille, constituait la plus robuste race militaire de

(1) Baltrusaitis, *l. c.*, p. 17 et 33.
(2) Cf. Strzygowski, *Baukunst der Armenier*, p. 716-717, 777 et sq., 814-818, etc. ; Karl Roth, *Sozial und Kulturgeschichte des byzantinischen Reiches*, 1919, p. 77, 83, etc. ; V. Totomiantz, *Le rôle des Arméniens dans la civilisation mondiale*, Belgrade, 1938, p. 70-77.
(3) Baltrusaitis, *l. c.*, p. 57-61. Du même auteur, *Études sur l'art médiéval en Géorgie et en Arménie*, Paris, Presses Universitaires, 1929.
(4) Continuée plus tard de 907 à 1226. Traduction française par Brosset, *Collection d'historiens arméniens*, t. I (1874), p. 1-266.
(5) Traduction française de Saint-Martin, 1841, d'ailleurs insuffisante. Cf. F. Nève, *L'Arménie chrétienne et sa littérature*, p. 317-340.
(6) Traduction Dulaurier et Macler, 1883, 1917.
(7) Cf. F. Nève, *L'Arménie chrétienne et sa littérature*, p. 256-268 ; Archag Tchobanian, *Grégoire de Naregh*, Mercure de France, novembre 1900 ; Archag Tchobanian, *Poèmes arméniens anciens et modernes* (1902), p. 48-52.

l'Orient chrétien. Dans le duel de plus de trois siècles entre l'Arménie et les Arabes, c'était l'Arménie qui, finalement, avait vaincu. Ce bastion chrétien, surplombant les terres musulmanes, restait la marche avancée de l'Europe en pleine Asie.

Formation territoriale du royaume de Géorgie

La famille arménienne des Bagratides ne s'était pas contentée d'acquérir la meilleure partie de l'Arménie septentrionale et l'hégémonie, tout au moins nominale, sur l'ensemble du pays arménien. Elle avait encore essaimé en Géorgie.

La branche géorgienne des Bagratides remontait à Vassak, un des fils du prince arménien Sembat qui avait été tué, on l'a vu, par les Arabes à la bataille de Bagrévand en 772 (1). Vassak, fuyant les ravages des Arabes, chercha fortune en Géorgie. Ce pays, il est vrai, subissait, lui aussi, les invasions musulmanes : depuis 645 les Arabes s'étaient installés à Tiflis d'où nous voyons dans les années 786 et suivantes leur gouverneur Khouzaima ibn-Khâzim diriger des expéditions dans les vallées voisines (2). Vassak se fixa à l'abri de ces incursions en Haute-Géorgie, dans les monts du Klardjeth. Son fils Adarnasé et son petit-fils Achot fondèrent une solide principauté dans ces parages, au pays d'Artanoudj, dans le canton de Kholaver et la région de la ville actuelle d'Ardahan. Achot, le troisième prince de cette lignée, accrut son autorité en devenant le beau-père du roi des Aphkhazes — chrétiens comme lui —, et en entrant dans la clientèle de l'empire byzantin. Avec l'appui des Aphkhazes il reprit en 829 à l'émir de Tiflis la vallée de la Koura jusqu'au Ksani, à l'ouest de Tiflis, c'est-à-dire une bonne partie du Karthli. Les Byzantins le nommèrent curopalate et le khalife, de son côté, le reconnut comme chef des Géorgiens (3).

Le fils d'Achot, Bagrat Ier (v. 829 ou 833-876), fut refoulé dans son patrimoine du Klardjeth par un retour offensif de l'émir de Tiflis, puis il rétablit quelque peu ses affaires en se montrant vassal fidèle du khalifat de Baghdâd et put ainsi recouvrer la vallée de la Koura jusques y compris Ouphlis-tzikhé ou Ouplistzikhé, au centre du Karthli, à l'ouest de Tiflis (843) (4). En

(1) Voir plus haut, p. 130.
(2) Cf. Minorsky, *Tiflis*, Encyclopédie de *l'Islam*, t. III, p. 792-793. Sur le martyre du prince géorgien Artchil par ordre de Mouça en 785-786, cf. Lévond, p. 160 ; Brosset, *Géorgie*, t. I, p. 253 ; Marquart, *Streifzüge*, p. 416.
(3) *Chronique géorgienne*, dans Brosset, *Histoire de la Géorgie*, t. I, p. 249, 260-263. Vardan, traduction Marquart, dans *Osteuropäische und Ostasiatische Streifzüge (840-940)*, 1903, p. 404-410 ; Laurent, *L'Arménie entre Byzance et l'Islam*, p. 99-100, 107-108.
(4) *Chronique géorgienne*, p. 265-266 ; Marquart, *Streifzüge*, p. 174, 411, 414, 422, 453 ; Laurent, p. 108-109, 320-321.

même temps un cadet de cette maison s'établissait à Kalmakh, dans le Tayq (1).

Toutefois sous Bagrat Ier et aussi sous son fils Davith (876-881), la prépondérance en Géorgie passa de leur famille (famille bagratide) à une autre maison caucasienne, celle des rois aphkhazes (côte du nord-ouest, sur la mer Noire). La dynastie des Antchabadzé qui régnait sur les Aphkhazes était d'ailleurs culturellement « géorgisée ». Durant le troisième quart du VIIIe siècle, un de ses princes, l'*eristhaw* Lévan (Léon) II prit possession de toute l'Iméréthie et assuma le titre de roi *(mépé)* (2). Les Aphkhazes comme les Géorgiens professaient l'orthodoxie grecque et, comme tels, se trouvaient dans la dépendance morale de Byzance. La politique byzantine en profitait pour intervenir chez les uns et les autres, départageant et souvent entretenant leurs querelles. Ce fut ainsi qu'elle suscita une intervention d'Adarnasè, roi des Aphkhazes, dans les querelles intestines de la maison bagratide de Géorgie, intervention au cours de laquelle le curopalate bagratide Davith fut tué (881) (3).

C'est entre 850 et 950 que se place l'apogée de la dynastie aphkhaze. Elle régnait alors non seulement sur l'Aphkhazie propre, mais aussi sur la Mingrélie, l'Iméréthie et une partie du Karthli (4). Elle semblait appelée à absorber le reste du Karthli, voire à renverser la dynastie locale des Donauri dans la province géorgienne orientale de la Kakhétie. Les « curopalates » bagratides du Klardjeth et de l'Artanoudj, qui subissaient une éclipse, paraissaient à la veille d'être éliminés aussi. Leurs cousins, les Bagratides du Tayq, alors puissants parce qu'appuyés sur Byzance, durent intervenir en leur faveur (5).

Cette rivalité prit fin par suite d'un mariage dynastique. Bagrat III, fils du curopalate bagratide Gourgèn, avait pour mère la fille du dernier prince antchabadzé d'Aphkhazie, le roi Thewdos II. Il hérita par sa mère du trône aphkhaze (989) et par son père du trône bagratide géorgien (1008) (6). Bagrat III (v. 989-1014) unifia ainsi au profit de la branche géorgienne des Bagratides une bonne partie du pays géorgien. La capitale officielle était alors à Mtskhéta, ou Mtzkhéta, sur la Koura, au nord-ouest de Tiflis, mais la résidence princière était le plus souvent Koutaïs (7). Quant à Tiflis, elle était toujours au pouvoir d'un émir musulman.

(1) Cf. *Chronique géorgienne*, p. 274 ; Laurent, p. 278.
(2) Cf. Brosset, *ibid.*, p. 249, 259 et sq. ; Guliya, *Istoria Abkhazii*, t. I, p. 181 et sq. ; Allen, *History of the Georgian people*, p. 81.
(3) *Chronique géorgienne*, p. 270 et sq. ; Laurent, p. 279.
(4) Cf. Barthold, *Abkhazes*, Encycl. de l'Islam, I, p. 72.
(5) Allen, p. 84.
(6) Brosset, *Histoire de la Géorgie*, t. I, p. 292-301 et *Additions*, p. 179 ; Schlumberger, *Épopée*, t. II, p. 176 ; Allen, *History of the Georgian people*, p. 84 ; Minorsky, *Tiflis*, Enc. de l'Islam, p. 793-794.
(7) Minorsky, *ibid.*, p. 794.

Sous le règne de Giorgi Ier (1014-1027), fils de Bagrat III, la Géorgie, comme nous allons le voir, eut à faire face aux visées annexionnistes de l'empereur byzantin Basile II. En même temps se fortifiait le pouvoir de la puissante maison féodale des Orbélian, d'origine arménienne, établie depuis 876 dans le Trialeth ou Trialethi, district du Karthli au sud-ouest de Tiflis, sur le cours supérieur de la rivière Ktzia ou Khrami (1).

Anticipons pour dire que sous le roi de Géorgie Bagrat IV (1027-1072), fils de Giorgi, l'émirat de Tiflis devait être enfin abaissé. Ce fut le prince orbélian Liparit III, le plus puissant des féodaux, qui faillit y réussir le premier. Il avait capturé l'émir de Tiflis et attendait la reddition de la place, mais Bagrat IV, craignant que la possession de Tiflis ne donnât trop d'importance aux Orbélian, obligea son vassal à mettre l'émir en liberté (1035). En 1038 Bagrat IV accompagné de Gagik, prince de Kakhétie (Géorgie orientale), vint lui-même assiéger Tiflis. La place était à toute extrémité, la garnison musulmane allait se rendre quand Bagrat, craignant, cette fois encore, que les Orbélian ne fussent les seuls bénéficiaires de la conquête, leva brusquement le siège (2). Exaspéré, Liparit se révolta contre le roi et entreprit contre lui une lutte acharnée, non sans obtenir l'aide des Byzantins toujours heureux de diviser pour régner. Grâce à l'appui de ces derniers, Liparit força un moment Bagrat IV à se réfugier « en Haute Géorgie, aux flancs du Caucase », puis à Trebizonde et finalement à Constantinople où l'empereur Constantin Monomaque se réconcilia avec lui et l'aida à remonter sur le trône de Géorgie, tandis que Liparit obtenait en fief par compensation la province de Meskhéthi, à l'ouest d'Akhaldzikhé.

En dépit de cette guerre civile, la libération du territoire géorgien devait être sérieusement avancée par Bagrat IV qui réduisit enfin en vassalité les musulmans de Tiflis (3).

Revenons maintenant en arrière pour suivre la politique de Basile II en Transcaucasie.

Annexion du Tayq par l'empereur Basile II

Les rapports des princes arméniens et géorgiens avec Byzance au Xe siècle avaient été, nous venons de le voir, assez incertains. Les princes géorgiens, qui cependant partageaient l'orthodoxie grecque, avaient vu la politique byzantine intervenir dans leurs querelles pour les attiser à plaisir. Avec les Arméniens, c'était bien

---

(1) Voir Brosset, *Addenda*, p. 213 et sq. ; Brosset, *Rapport sur un voyage archéologique dans la Géorgie et l'Arménie* (1859), t. III, XIe rapport, p. 31-32.
(2) Brosset, *Histoire de la Géorgie*, t. I, p. 317.
(3) Brosset, *Histoire...*, I, p. 318-322, et *Additions*, p. 218 et sq.; Schlumberger, *Épopée*, III, p. 208-212 et 546-548.

pis. Quoique théoriquement solidaires comme défenseurs de la chrétienté devant le péril musulman, Byzantins et Arméniens se trouvaient profondément divisés par la question confessionnelle. L'Église byzantine, nous l'avons dit, ne voyait dans les monophysites qu'étaient les Arméniens, que des hérétiques. L'Église arménienne rendait la pareille aux « chalcédoniens » de Byzance. Toutefois, jusqu'au règne de l'empereur Basile II, les rapports politiques entre l'Armenie et Byzance avaient été suffisamment distants pour rester corrects et même officiellement amicaux. Les rois arméniens affectaient à l'égard du *basileus* la plus parfaite déférence protocolaire. Ils avaient soin de se considérer toujours comme ses clients. Le cas échéant, ils n'hésitaient même pas à se dire ses sujets, à condition toutefois que le *basileus* ne fît pas mine de prendre de telles protestations au pied de la lettre et de vouloir occuper l'Arménie, car, en ce cas, ils étaient prêts à faire trêve à leurs querelles et à réunir leurs forces pour lui barrer la route, ainsi qu'on l'avait bien vu lors de la démonstration de l'empereur Jean Tzimiscès sur leurs frontières en 974 (1).

Avec l'empereur Basile II (976-1025) ces rapports se modifièrent. Pour le malheur de l'Arménie et, à plus ou moins longue échéance, de Byzance elle-même, Basile II inaugura en terre arménienne une politique d'annexions territoriales par paliers, ne visant à rien de moins qu'à l'absorption finale de tout le pays par l'empire. Et comme ce prince se trouvait un des politiques les plus fermes en même temps qu'un des plus grands soldats de l'histoire byzantine, il poursuivit cette politique avec une énergie et une habileté qui brisèrent tous les obstacles et la firent rapidement triompher.

Basile II commença par la principauté du Tayq ou Tao, alors au pouvoir d'une branche de la famille bagratide et dont nous avons vu la formation (2). Comme on l'a dit, cette principauté avait été singulièrement agrandie par son seigneur, le « curopalate » Davith qui y avait ajouté dans le Touroubéran ou Douroupéran, au nord du lac de Van, les villes de l'Apahouniq, savoir Mantzikert ou Manazkert et Ardèjch enlevées toutes deux aux musulmans et même, plus au nord, une bonne partie du Bagrévand ou pays d'Alachkert ou Valarchakert (993-994) (3). Ce dernier représentant de la branche bagratide du Tayq était une forte personnalité dont l'influence se fit sentir non seulement en Arménie mais aussi en Géorgie, au point que les chroniqueurs

---

(1) Voir plus haut, p. 141-142.
(2) Rappelons que le Tayq (ou Tao) est le pays au sud du Tchorokh supérieur. Il avait pour centres principaux Baïbert, Sper (ou Ispir), Achounk et Olti. Voir plus haut, p. 142. Sur Davith de Tayq, voir Brosset, *Histoire de la Géorgie*, t. I, p. 297 et sq., et *Additions*, p. 176-188.
(3) Voir plus haut, p. 143.

byzantins lui donnent le titre d' « archonte des Ibères », c'est-à-dire des Géorgiens. Le titre byzantin de curopalate était héréditaire dans sa famille et lui-même est qualifié d'allié et vassal de l'empire (1). C'est à titre de vassal qu'en 978 les Byzantins lui avaient cédé la ville de Théodosiopolis ou Karin, l'actuelle Erzéroum, à laquelle se rattachait la province de Baséan, situèe au nord-est d'Erzéroum, entre les sources de la rivière d'Olti et les sources de l'Araxe (2). Cette attribution de territoires avait été consentie à Davith pendant une des guerres civiles byzantines, pour l'aide qu'il avait apportée aux Impériaux contre l'anticésar Bardas Skléros (3). Mais pendant une autre révolte contre l'empereur Basile II, celle de Bardas Phocas (987-989), Davith soutint les rebelles. Après la défaite définitive de ceux-ci, il dut, pour obtenir de Basile II son pardon, promettre de léguer à l'empire byzantin la totalité de ses États (4).

Or, le 31 mars de l'an mille, Davith de Tayq mourut, empoisonné, semble-t-il, par une hostie de l'archevêque géorgien Hilarion (5), non sans qu'on eût le droit de soupçonner Basile II d'être l'instigateur du crime (6). L'empereur se trouvait en Syrie, sur le point, espérait-on, de mener à bien la « croisade byzantine » tant attendue contre l'Islam. Il renonça brusquement à ce dessein et ajourna indéfiniment la délivrance de Jérusalem pour venir en Transcaucasie prendre possession de l'héritage escompté.

Ce fut là dans l'histoire de la question d'Orient un « tournant » d'une singulière importance. Depuis près d'un siècle, « l'épopée byzantine » était dirigée vers la Syrie et la Djéziré ; la « reconquête impériale » s'opérait au détriment du monde arabe. Cette restauration romaine et chrétienne était conforme à la vocation historique de l'empire byzantin, au double principe qui était sa raison d'être. Brusquement Basile II décida que la poussée des légions « romaines » s'arrêterait en Syrie, en terre musulmane, à hauteur de Lattakié et de Chaïzar pour s'exercer désormais en terre chrétienne, dans le massif d'Arménie...

L'itinéraire de Basile II est ici facile à suivre sur la carte. Il se

(1) Schlumberger, *Épopée*, t. I, p. 418.
(2) Schlumberger, *ibid.*, p. 419 et Honigmann, *Ostgrenze*, p. 80, d'après Asolik, III, 15, p. 59-60 ; tenir compte des observations d'Adontz, *Tornik le Moine*, Byzantion, XIII, 1938, p. 150-151.
(3) Sur la participation des Géorgiens de Davith à la répression de la révolte de Bardas Skléros, Brosset, *Histoire de la Géorgie, Add.*, X, p. 189 et sq., et Schlumberger, *l. c.*, p. 426-432.
(4) Schlumberger, *l. c.*, p. 31 (critique des récits de Skylitzès et de Cédrénos).Aussi la critique d'Asolik par Adontz, *Tornik le Moine* dans *Byzantion, l. c.*, p. 150-151.
(5) Matthieu d'Edesse, ch. 24, trad. Dulaurier, *l. c.*, p. 33-34.
(6) Honigmann, *Ostgrenze*, p. 156. Davith venait en effet de désigner comme fils adoptif le roi de Géorgie et d'Aphkhazie Bagrat III (Brosset, *Histoire de la Géorgie*, t. I, p. 292). Basile II aurait fait empoisonner à temps Davith pour empêcher cette adoption de jouer.

rendit de la Syrie byzantine au Tayq par Mélitène, alors ville impériale, le district de Hanzith ou Khanzith (pays de Kharpout), le district de Khozan et Erez ou Erzenga, l'actuel Erzindjan (1). A Havatchitch, la Khabtzizin des géographes byzantins, l'actuel Aoudjoûch, près des sources du Kelkid-sou (2), il reçut l'hommage de ses nouveaux sujets, les nobles du Tayq, et aussi des rois du voisinage, venus faire acte de vassalité, savoir : 1º le roi géorgien Bagrat III, « roi de Géorgie et des Aphkhazes » (3) ; 2º le roi arménien Abas, roi de Kars ; 3º deux autres « rois » arméniens, les deux frères Sénéqérim-Hovhannès et Gourgèn-Khatchik, de la dynastie ardzrounienne du Vaspourakan (4). La présence du roi de Géorgie Bagrat III est ici symptomatique. Ce prince avait, nous le savons, espéré recueillir dans l'héritage du curopalate Davith le Tayq, voisin de ses États. Devant la force byzantine il fit contre mauvaise fortune bon cœur et se résigna à voir le Tayq annexé à l'empire (5). Quant aux deux princes ardzrouniens du Vaspourakan qui étaient venus faire leur cour à Basile II, celui-ci déclara les prendre sous sa protection. Il adressa en ce sens des lettres menaçantes aux émirs musulmans du voisinage pour leur interdire toute déprédation au détriment du Vaspourakan (« l'Aspracanie » des nomenclatures byzantines). La protection impériale pouvait certes avoir ici son utilité. Le danger était qu'elle ne se transformât en protectorat. De fait, la sollicitude de Basile II pour les princes du Vaspourakan ne laissait pas que de trahir les visées annexionnistes du *basileus* sur l'Arménie méridionale (6).

Basile II et le roi d'Arménie Gagik Ier

Après avoir annexé le Tayq, Basile II alla prendre possession des autres parties de l'héritage du curopalate Davith. Il occupa ainsi Mantzikert (Manazkert ou Malazkert) dans l'Apahouniq et Alachkert (Valarchakert) au Bagévand (début de 1001). Devant cette dernière place il campa assez longtemps, espérant y recevoir l'hommage du « roi des rois » d'Arménie, le bagratide

(1) Notons qu'à Erzindjan Basile II reçut la visite et l'hommage de l'émir de Maiyâfâriqîn (Schlumberger, *Épopée*, II, p. 174 ; Honigmann, *Ostgrenze*, p. 156).
(2) Identification de Franz Cumont, *Studia Pontica*, II, p. 354 et carte XXVI. Cf. Honigmann, *Ostgrenze*, p. 195-196, et sa carte *Armenia byzantina*, c. *1050*.
(3) Voir plus haut, p. 146, Bagrat III était accompagné de son père Gourgèn, de qui il tenait ses droits sur la Géorgie bagratide.
(4) Asolik, l. III, ch. 46, p. 168. Cf. Schlumberger, II, p. 176-179, et Honigmann, *Ostgrenze*, p. 157.
(5) Cf. Brosset, *Histoire de la Géorgie*, t. I, p. 301, et Schlumberger, t. II, p. 179.
(6) Asolik, III, ch. 46, p. 168-169. Cf. Schlumberger, II, p. 180, et Honigmann, *Ostgrenze*, p. 157.

Gagik Ier, roi d'Ani (1). Mais Gagik Ier, seul de tous les princes arméniens, ne se rendit pas à l'invitation impériale. Il craignait en se mettant dans la main du *basileus*, d'être amené à accepter quelque diminution de souveraineté ou quelque cession territoriale. Basile II, furieux de cette abstention significative, témoigna aussitôt son mécontentement. Parmi les princes arméniens en mauvais termes avec le « roi des rois » d'Ani, se trouvait Abousahl, seigneur de la province de Kogovit, au nord-est du lac de Van, au sud de l'Ararat. Bien que fils d'une sœur de Gagik Ier, Abousahl complotait contre lui. L'empereur reçut le mécontent et l'excita encore contre Gagik. Ce dernier, prévenu du rôle que jouait son neveu, fit ravager le Kogovit. Toutefois il n'y eut pas d'hostilités directes entre le *basileus* et le maître d'Ani.

En quittant Alachkert, Basile II alla prendre possesssion d'une dernière partie de l'héritage du curopalate Davith, savoir Oukhtik, l'actuel Olty, au cœur du Tayq. Il installa dans toutes les forteresses de cette montagneuse région des garnisons impériales. Il visita encore Théodosiopolïs ou Karin (Erzéroum), puis, par Hattoyaritch (Kaghdaritch), il regagna les thèmes byzantins d'Asie Mineure (2).

Les rapports politiques entre Byzance et les Arméniens étaient toujours et plus que jamais envenimés par leurs éternelles querelles théologiques. Beaucoup d'Arméniens, on le sait, vivaient en terre d'empire, dans les « thèmes » orientaux de l'Asie Mineure, savoir dans le thème dit de Chaldée (Trébizonde), dans le thème de Colonée (Colonée ou Qaloûniya et Châbîn Qara-hissar), dans le thème dit de Mésopotamie (Varténik, au nord de Kharpout et au sud-ouest d'Erzindjan), dans le thème des Arméniaques (Amasia et Sinope), dans le thème de Sébaste (l'actuel Sivas), dans le thème de Kharsian (l'actuel Karchanâ et Césarée de Cappadoce), dans le thème de Lykandos ou Likandos (Louqandoû) et·dans le thème de Cappadoce (Nazianze et Tyane). Or, dans toute cette région, sous le règne de Basile II, le clergé grec entreprit une recrudescence de tracasseries, voire de persécutions contre les résidents arméniens. Les métropolites grecs de Sébaste et de Mélitène exigeaient de ces monophysites une adhésion formelle aux définitions christologiques du concile de Chalcédoine. Le métropolite de Sébaste, notamment, força deux évêques arméniens de son territoire à abjurer et jeta les récalcitrants dans des prisons d'où plusieurs ne sortirent jamais. Le patriarche arménien Khatchik (972-992) engagea avec lui une retentissante

---

(1) Sur ce prince, voir plus haut, p. 143. Sur ces événements, Asolik, III, ch. 43, p. 165. Cf. Schlumberger, II, p. 193-194 et Honigmann, p. 157.
(2) Asolik, III, 43, p. 165. Cf. Schlumberger, *Épopée*, II, p. 192-194, et Honigmann, *Ostgrenze*, p. 157. Pour le tracé de la frontière byzantine après ces annexions, Honigmann, p. 158 et sq.

polémique doctrinale (1). Khatchik eut comme successeur sur le siège patriarcal arménien Sargis (Serge) de Sévan (992-1019) qui. dès 993, transporta, comme on l'a vu, sa résidence d'Arkina à Ani, auprès du « roi des rois » Gagik Ier, affirmant ainsi, face aux Byzantins, l'union étroite du patriarcat national et de la royauté bagratide (2).

Règne de Hovhannès Sembat. Décadence de la royauté bagratide.

Gagik Ier avait été un souverain ferme qui avait fait échec aux intrigues byzantines contre le royaume d'Ani. Son fils aîné, qui lui succéda, Hovhannès Sembat le Pacifique (1020-1039), ne montra pas la même énergie. Indolent de tempérament et rendu impropre au métier des armes par sa corpulence et sa petite taille, Hovhannès Sembat vit se dresser contre lui son frère cadet, Achot IV dit le Vaillant (Achot Qatj). Cette guerre fratricide faillit ruiner le pouvoir des Bagratides. Le roi du Vaspourakan, l'ardzrounien Sénéqérim Hovhannès (1003-1021), en profita pour se faire l'arbitre entre les deux rivaux et, naturellement, soutint le cadet révolté contre le roi légitime. Achot IV battit devant Ani l'armée de son aîné et poursuivit celui-ci jusqu'à la rivière Akhouréan. Le patriarche arménien Pétros (Pierre) Gétadardz (1019-1054) s'efforça de réconcilier les frères ennemis. Finalement le roi Hovhannès Sembat garda Ani et le reste de la province de Chirak, mais il dut céder à Achot IV les districts du nord-est (1021).

Après ces pénibles débuts, l'autorité de Hovhannès Sembat restait mal assise. Le roi de Géorgie et d'Aphkhazie Giorgi Ier (1014-1027) (3) s'était jusque-là montré son protecteur et avait contribué à le réconcilier avec l'anti-roi Achot IV. Brusquement Giorgi Ier se brouilla avec Hovhannès Sembat. Il envoya une armée contre Ani, fit piller cette ville, enleva le malheureux « roi des rois » et ne le libéra que contre cession de diverses forteresses. Ce fut le signal d'une anarchie généralisée. Quant à l'anti-roi Achot IV, il alla solliciter l'appui de l'empereur Basile II. Avec les secours qu'il reçut de Byzance, il assura sa domination sur les cantons qu'il avait arrachés à son frère. Devenu dès lors l'égal de celui-ci, il parut comprendre les dangers que leur discorde faisait courir à leur maison et se contenta de guerroyer contre leurs vassaux rebelles (4).

(1) Matthieu d'Edesse, I, xxv (p. 34 de Dulaurier) minimise les faits. Aso/ik, III, ch. 20-21, p. 74-123, montre au contraire toute l'âpreté de la polémique.
(2) Cf. Vardan, Aso/ik et Matthieu d'Edesse à la suite de la traduction de Matthieu par Dulaurier, p. 389.
(3) Voir plus haut, p. 147.
(4) Cf. Schlumberger, II, p. 494-495 ; Tournebize, p. 123.

Guerre de l'empereur Basile II contre la Géorgie

Après sa victoire sur le « roi des rois » arménien, le roi de Géorgie Giorgi Ier sentit croître son ambition. Le vaincu, Hovhannès Sembat, était devenu son client ou tout au moins son allié. Giorgi s'attaqua alors aux Byzantins, auxquels il enleva les forteresses du Tayq (entre 1014 et 1018) (1). L'empereur Basile II était occupé en Europe à achever l'annexion de la Bulgarie. En 1021, se trouvant enfin libre de ce côté, il se retourna contre les Géorgiens. De Théodosiopolis (Erzéroum) où il fit étape, il marcha vers l'est, en traversant le district arménien du Baséan (pays de Hasan-kalé) où il détruisit la ville d'Okomi (actuel Ougoumi), près des sources de l'Araxe. De là, il passa dans le Vanand, au sud-ouest de Kars (2). De son côté, Giorgi saccagea la ville forte, restée byzantine, d'Oukhtik, l'actuel Olty, dans le Tayq. Basile II se lança à sa poursuite et le rejoignit près du lac Balakatsis, l'actuel Tchaldyr-göl, au nord de Kars, dans la province géorgienne de Djavakhéthi (3). Cette bataille entre Byzantins et Géorgiens fut indécise, bien qu'un des chefs géorgiens, Rad (ou Érat), fils du haut baron Liparit Ier Orbélian, y ait été tué. L'armée géorgienne battit en retraite à travers la province de Djavakhéthi en Géorgie méridionale, en direction d'Akhaltzikhé, talonnée par Basile II qui massacrait au passage tous les Géorgiens tombés entre ses mains. Le conquérant byzantin s'avança jusque dans la province de Thrialeth (Thrielkh), en direction de Tiflis, puis, la mauvaise saison arrivant, il se replia vers Artan (Ardahan), aux sources de la Koura, et enfin sur Trébizonde (hiver de 1021-1022) (4).

Au printemps, Basile II revint camper dans le district de Baséan, — aux sources de l'Araxe. Il y apprit que le roi Giorgi de Géorgie et le roi arménien d'Ani, Hovhannès Sembat, avaient lié partie avec des généraux byzantins rebelles qui se révoltèrent en ce moment en Asie Mineure et qui, du reste, furent rapidement domptés (5). Giorgi vint offrir la bataille à Basile II à Chelpha et le 11 septembre 1022 subit une grave défaite. Il consentit enfin à implorer la paix en reconnaissant à l'empire byzantin

---

(1) Yahyà d'Antioche, Skylitzès, Asolik et Aristakès Lastivertzi *apud* Brosset, *Histoire de la Géorgie*, I, p. 294, et Schlumberger, II, p. 474-476.
(2) Aristakès, ch. 2, p. 22-23 ; Cf. Schlumberger, II, p. 481 et Honigmann *Ostgrenze*, p. 162.
(3) La *Chronique géorgienne* situe la bataille à Chirimni ou Chirimk, au sud de Kars.
(4) Cédrénos, II, p. 477 ; Asolik, III, 44, p. 166 ; Aristakès, trad. Prudhomme, 2, p. 22-25 ; Samuel d'Ani ; Yahyâ, p. 61. Cf. Brosset, *Histoire de la Géorgie*, I, 306 et sq. et Schlumberger, *Épopée*, II, 481-489.
(5) Yahyà d'Antioche, *ap.* Schlumberger, II, 515 et Honigmann, 164.

tout l'héritage du feu curopalate de Tayq (1). Giorgi céda même en otage au *basileus* son fils, le futur Bagrat IV.

Avant de quitter la Transcaucasie, Basile II songea enfin à la guerre musulmane. A la fin de 1022, il alla en Azerbaidjan assiéger l'émir de Her (Khoï), au nord du lac d'Ourmia, pour le punir de ses ravages au Vaspourakan. L'émir se reconnut tributaire (2). Puis, par le Vaspourakan le conquérant byzantin rentra à Constantinople.

Cession du Vaspourakan à l'empire byzantin

Il faut ici revenir en arrière pour parler de l'attitude de Basile II dans les affaires arméniennes.

Le roi bagratide d'Ani, ou, comme il s'intitulait, le « roi des rois » Hovhannès Sembat avait, on l'a vu, moralement appuyé le roi de Géorgie Giorgi Ier dans la lutte de celui-ci contre Byzance. Giorgi une fois repoussé par les Byzantins jusqu'au cœur de la Géorgie, Hovhannès Sembat redouta la colère de l'empereur Basile II qui semblait le menacer d'une attaque pour le printemps de 1022. D'autre part, comme nous le verrons, les premières bandes de Turcs, avant-coureurs de la grande invasion seldjouqide, venaient en 1021 de faire leur apparition en Arménie. Elles avaient opéré une incursion dans le Rechtouniq, province au sud du lac de Van, qui faisait partie du royaume ardzrouni du Vaspourakan. Le prince Davith, fils du roi de Vaspourakan Sénéqérim Hovhannès, s'était porté à leur rencontre, aidé par le magnat géorgien Liparit Orbélian, et avait eu grand peine à les repousser (3). L'Arménie se trouvait ainsi menacée à la fois par l'invasion turque à l'est et par la conquête byzantine à l'ouest.

Découragé, Hovhannès Sembat décida de se placer sous la protection des Byzantins en se reconnaissant formellement leur vassal. Une telle détermination, de la part du « roi des rois » d'Ani, ne doit pas nous surprendre. Nous avons vu quel homme faible c'était et son impuissance à se faire obéir de ses parents et de ses vassaux. Mais ce qui fut infiniment plus grave, c'est qu'il s'engagea à léguer ses États à l'empire en ne conservant dès lors son royaume qu'à titre viager. Il chargea le patriarche arménien Pétros d'apporter à l'empereur Basile II (lequel hivernait

---

(1) Skylitzès, Cédrénos (II, 478) ; Aristakès, ch. 3, p. 32-36 ; Cf. Brosset, *Histoire de la Géorgie*, I, *Chronique Géorgienne*, p. 308-309 ; Schlumberger, II, p. 524-531 et Honigmann, p. 165. Sur le tracé de la nouvelle frontière byzantino-géorgienne, voir Honigmann, *ibid.* (*Ostgrenze*), p. 165-166 et sa carte *Armenia byzantina circa 1050*. Exagérations dans Schlumberger, p. 531. (Bien loin qu'il s'agisse de Tiflis, il n'est tout au plus question que de quelques forteresses-frontières isolées dans le Djavakhethi et le Chavchethi).
(2) Aristakès, ch. 4, p. 36-37. Cf. Honigmann, p. 166-167.
(3) Matthieu d'Edesse, I, ch. XXXVIII, p. 40-42. Cf. Honigmann, *Ostgrenze*, p. 164.

à Trébizonde, hiver de 1021-1022) une lettre officielle en ce sens, avec, — geste symbolique —, les clés de la ville d'Ani (1). C'était, à plus ou moins brève échéance, l'annexion du « cœur de l'Arménie » à l'empire byzantin.

Ce qui aggrava les conséquences de cet acte, c'est que le roi du Vaspourakan, l'ardzrounien Sénéqérim-Hovhannès, prit une décision analogue. Menacé, lui aussi, par les incursions des bandes turques qui, venues de l'Iran oriental, commençaient à inquiéter les frontières orientales de l'Arménie, Sénéqérim-Hovhannès, ne se jugeant pas en état de les repousser seul, décida, en ce même hiver de 1021-1022, de céder ses États aux Byzantins. Il obtint sans peine en échange la possession, évidemment plus paisible, du territoire de Sébaste, l'actuel Sivas, dans le thème byzantin de ce nom, en Asie Mineure. Son fils, le prince Davïth, alla conclure un accord en ce sens avec l'empereur Basile II, à Trébizonde. Bien entendu, Basile II acceptait avec empressement un tel accord qui donnait pratiquement aux Byzantins toute l'Arménie méridionale. Dès 1022 l'ancien royaume du Vaspourakan ou pays de Van devint ainsi le « catépanat » byzantin de « Bâspracanie » ou d' « Aspracanie », tandis que son dernier souverain allait s'installer dans un exil doré autour de Sivas. Quarante mille habitants du Vaspourakan d'après certaines sources, quatorze mille seulement selon d'autres auraient accompagné leur roi dans cet exode (2). Ainsi commença l'émigration arménienne de la Grande Arménie vers la Cappadoce, émigration dont nous verrons les conséquences politiques considérables à la fin du xie siècle et surtout aux xiie-xiiie siècles, quand elle aboutira à la création d'une « Petite Arménie » dans le Taurus (3).

Sénéqérim-Hovhannès eut comme successeurs dans son domaine du thème de Sivas ses trois fils Davith (1027-1037), Atom (1037-1080) et Abousahl (également 1037-1080). Nous verrons la fin tragique des deux derniers (4).

Annexion du royaume d'Ani à l'empire byzantin

Basile II n'avait pas seulement réuni à l'empire le Tayq et le Vaspourakan. Dans sa politique à longue portée, il avait préparé

---

(1) Sources : Aristakès (ch. 2, p. 27-28) ; et Cédrénos (p. 557), *apud* Honigmann, p. 167-168.
(2) Sources : Cédrénos, II, p. 464 ; Aristakès de Lastiverd, p. 31-32 ; Michel le Syrien, trad. Chabot, III, l. 13, ch. 5, p. 133 ; Bar Hebraeus, *Chronicon Syriacum*, p. 213. Cf. Schlumberger, II, p. 500-511. Rectifications de Honigmann, *Ostgrenze*, p. 169, avec, p. 170, l'identification du tracé de la nouvelle frontière byzantine.
(3) Voir plus loin, p. 175.
(4) Sch'umberger, *Épopée*, t. III, p. 200. Sur le rôle subordonné des princes ardzrouniens à Sivas et sur la suspicion que firent dès le début peser sur eux, au double point de vue ethnique et confessionnel, les autorités byzantines voir Matthieu d'Edesse, ch. 54 et 55, p. 67-68.

pour ses successeurs l'annexion à plus ou moins brève échéance des autres provinces arméniennes. En 1021, nous venons de le voir, il avait obtenu du « roi des rois » bagratide d'Ani, du faible Hovhannès Sembat, la promesse que ce dernier léguerait ses États à l'empire. Les Arméniens purent espérer que ce fatal engagement avait été oublié parce que Hovhannès Sembat vécut vingt ans encore Du reste la suspicion qui entourait le patriarche Pétros, principal négociateur de la promesse de cession, prouve que le sentiment arménien réagissait. Après cette négociation, Pétros, n'osant sans doute rentrer en Arménie, s'était retiré à Sébaste (Sivas), auprès de l'ex-roi de Vaspourakan, Sénéqérim Ardzrouni, c'est-à-dire en territoire byzantin. En 1025 il revint à Ani, mais devant la défiance dont il était l'objet, il alla s'établir au monastère de Dzoro-vanq (Salnabad), près de Van, dans le Vaspourakan, c'est-à-dire toujours en territoire byzantin (1030). En 1034 le roi Hovhannès Sembat le manda à Ani pour l'y déposer et l'enfermer dans la forteresse de Bedjni sous la garde de Vahram Pahlavouni, le chef du parti national anti-byzantin. On éleva à sa place un autre patriarche, Dioskoros de Sanahin (1036), mais le choix se trouva malheureux et l'année suivante il fallut chasser Dioskoros et rétablir Pétros (1037) (1).

La promesse de cession du royaume d'Ani aux Byzantins semblait quelque peu oubliée quand le roi Hovhannès Sembat mourut sans enfant (1041). Comme il fut suivi de près dans la tombe par son frère Achot IV, la question du rattachement à Byzance se posa à nouveau, d'autant que le patriarche Pétros, négociateur de la promesse de cession, restait secrètement dévoué à la politique byzantine. L'héritier du trône d'Ani était un jeune homme de quinze ans, Gagik II, fils d'Achot IV. Il était intelligent, cultivé, mais ne paraissait pas de taille à conjurer l'inévitable. La cour de Constantinople — en l'espèce les empereurs Michel IV le Paphlagonien (1034-1041) et Michel V le Calfat (1041-1042) — n'oubliait pas le testament arraché au feu roi. Du reste, parmi les féodaux arméniens, il se trouva un traître, Sargis de Siouniq (Siounie), dit Vest-Sargis (Serge le Vestiaire), pour faire appel à l'occupation byzantine (2). Une armée impériale chargée de faire respecter le fameux testament, marcha donc sur Ani. Mais la noblesse arménienne, conduite par Vahram Pahlavouni, se serra autour du jeune roi et, sous les murs mêmes d'Ani, sur les bords de l'Akhouréan, tailla en pièces les Byzantins (3). Après cette brillante victoire et à l'instigation d'un autre

(1) Matthieu d'Edesse, trad. Dulaurier, I, ch. 49-50, p. 61-63. Cf. Tournebize, p. 155 et Ormanian, p. 40-41.
(2) Aristakès de Lastiverd, trad. Prudhomme (1864), ch. 10, p. 60-62 ; Matthieu d'Edesse, ch. 56, p. 68.
(3) Matthieu d'Edesse, ch. 58, p. 69-70.

personnage de la maison des Pahlavouni, le célèbre Grigor ou Grégoire Magistros, neveu de Vahram, on procéda, pour bien marquer le rejet des prétentions byzantines, au sacre du jeune roi, alors âgé de seize ans. Le patriarche Pétros lui-même ne put s'y refuser et présida en personne au couronnement dans la cathédrale d'Ani (1042) (1). Gagik II put même se venger du traître Vest-Sargis qu'il captura et força à rendre gorge. Sur l'autre « front » arménien, Grégoire Magistros, établi dans son château héréditaire de Bedjni, district de Nig, sur le fleuve Khourastan, l'actuel Zangi, dans la province de l'Ararat, au nord d'Érivan, repoussa de cette marche-frontière toutes les tentatives d'invasion des bandes turques (2). Contre les Byzantins à l'ouest comme contre les Turcs à l'est l'indépendance arménienne semblait sauvée.

Cependant l'empereur byzantin Constantin Monomaque (1042-1054) n'oubliait pas, lui non plus, les imprudentes promesses du feu roi. Il exigeait à son tour la cession du royaume d'Ani. Deux nouvelles armées byzantines furent successivement envoyées par lui contre Ani sans pouvoir d'ailleurs triompher de la résistance arménienne. Alors Monomaque ne rougit pas de faire prendre l'Arménie à revers par l'émir de Dovin, Abou'l Ouswâr (1044). (3). Par ailleurs, le roi Gagik II commit la faute de disgrâcier son principal défenseur, Grégoire Magistros, qui se retira à Constantinople où Monomaque se l'attacha en le comblant de titres et d'honneurs (4).

Sous la pression du traître Vest-Sargis et aussi, hélas, du patriarche Pétros, Gagik II, que les Byzantins désespéraient de détrôner par la force des armes, se laissa persuader d'aller négocier un accord à Constantinople même, auprès de l'empereur Constantin Monomaque. Par un surcroît d'aveuglement il confia la garde d'Ani au patriarche et à Vest-Sargis qui, après son départ, n'allaient pas tarder à livrer la ville aux Byzantins (1045) (5). La politique impériale était parvenue à ses fins. Quant à l'infortuné Gagik II, une fois qu'il se fut naïvement livré entre les mains de Monomaque, il se vit sommé par celui-ci de faire une cession en règle de tout son royaume. Ayant d'abord refusé, il fut relégué sur un îlot. Au bout d'un mois de persécutions, il finit, de guerre lasse, par céder (6). Il obtint, en compensation, de vastes do-

(1) Matthieu d'Édesse, ch. 59, p. 70. Sur Grégoire Magistros (v. 1000-1058), voir Langlois, *Mémoire sur la vie et les écrits de Grégoire Magistros*, Journal Asiatique, janvier 1869.
(2) Matthieu d'Edesse, ch. 60, p. 71. Cf. Schlumberger, *Épopée*, III, p. 479.
(3) Cf. Honigmann, *Ostgrenze*, p. 174-175.
(4) Arístakès, ch. 10, p. 66-67 ; Cédrénos, II, p. 559.
(5) Aristakès, ch. 10, p. 69 ; Samuel d'Ani, année 1042 ; Kirakos de Gandzak, p. 48 ; Matthieu d'Edesse, ch. 66, p. 79, édulcore les faits. Cf. Schlumberger, *Épopée*, III, p. 487.
(6) Aristakès, ch. 10, p. 69-70 ; Matthieu d'Edesse, ch. 65, p. 76. Continua-

maines dans les thèmes byzantins de l'Asie Mineure orientale, savoir les thèmes de Cappadoce, de Kharsian et de Lykandos, avec les villes de Kalon-Peghat et de Bizou (1045) (1). Le patriarche arménien Pétros qui avait cependant ses responsabilités dans la reddition d'Ani, fut lui-même attiré à Constantinople (1048). Lui non plus ne put jamais retourner en Arménie (2).

Toute l'Arménie, à l'exception du petit royaume bagratide de Kars (qui n'allait d'ailleurs guère tarder à subir le même sort) et de la Siounie, se trouvait donc annexée à l'empire byzantin. Un proche avenir allait prouver que ce fut un malheur pour l'Arménie comme pour Byzance. L'Arménie, en aliénant sa liberté au profit des Byzantins, allait-elle du moins obtenir de ceux-ci une protection efficace contre le péril turc? Ce fut le contraire qui se produisit. « Jusqu'alors elle avait su arrêter toutes les invasions. L'insurrection spontanée des diverses vallées, les prises d'armes soudaines des *ichkhan* étaient la meilleure tactique contre les incursions des Caucasiens, les algarades sarrasines, les irruptions des cavaliers turcs. Mais quand l'Arménie eut perdu ses dynastes, quand il fallut, pour repousser une invasion, attendre les ordres et les secours de Byzance, tout fut perdu. L'empereur n'apprenait l'invasion que lorsque le pays était en flammes et ses stratèges n'arrivaient à la rescousse que lorsque les barbares étaient déjà rentrés chez eux. L'Arménie, si vigilante jadis, était toujours surprise (3). »

Du reste l'annexion de l'Arménie coïncide avec le moment où à Byzance la forte armature militaire qui avait permis « l'épopée » d'un Nicéphore Phocas, d'un Jean Tzimiscès et d'un Basile II était en train de s'effondrer sous les coups du « parti civil » (4). On le vit bien lorsque, au lendemain de l'occupation d'Ani, les Byzantins, voulant jouer leur rôle de protecteurs de la chrétienté arménienne, essayèrent d'abattre leur ancien allié, l'émir de Dovin, Abou'l Ouswâr. S'étant avancés jusque sous les murs de Dovin, ils y subirent un désastre (automne 1045). Une seconde campagne byzantine contre l'émir ne fut pas plus heureuse et le prince Vahram Pahlavouni qui combattait dans l'armée impériale fut tué par les musulmans (1047) (5). La démoralisation

tion de Thomas Ardzrouni, p. 248 ; Vahram d'Edesse, *Chronique rimée*, v. 121.
(1) Cf. Honigmann, *Ostgrenze*, p. 175.
(2) Il s'établit en 1053 à Sébaste (Sivas), auprès du prince ardzrounien Atom. Source : Aristakès, ch. 14, p. 88-89. Cf. Schlumberger, III, p. 491-494 ; Tournebize, p. 155 et Ormanian, p. 41.
(3) Rambaud, *L'empire grec au Xe siècle. Constantin Porphyrogénète*, p. 520.
(4) Cf. Carl Neumann, *La situation mondiale de l'empire byzantin avant les croisades*, trad. Renaud et Kozowski, p. 80.
(5) Sources : Aristakès, ch. 10, p. 70 ; Matthieu d'Edesse, ch. 68, p. 80. Cf. Schlumberger, III, p. 495-498 et Honigmann, *Ostgrenze* p. 176.

chez les Arméniens était d'autant plus grande qu'après l'annexion d'Ani le clergé grec, agissant désormais en maître, put tracasser impunément les fidèles de l'Église nationale monophysite pour les ramener de force à l'orthodoxie.

2. L'invasion seldjouqide

Les incursions turques sous Toghril-beg

La reconquête byzantine en Asie avait coïncidé avec une éclipse de la puissance musulmane. La décadence où était tombée au xe siècle la dynastie des khalifes abbâssides et le lotissement de leur empire entre un grand nombre de dynasties provinciales de souche arabe ou iranienne avaient singulièrement facilité les récupérations territoriales des grands *basileis* de la dynastie macédonienne.

Brusquement, au milieu du xie siècle, l'Islam recouvra une vigueur nouvelle grâce à l'entrée en scène d'une race militaire jeune, la race turque qui vint relayer dans la domination politique du monde musulman les Arabes et les Persans trop civilisés. Il s'agissait en l'espèce des Turcs Seldjouqides.

Les Seldjouqides faisaient partie des tribus Ghouzz qui nomadisaient dans la région de la mer d'Aral (1). Leur chef Toghril-beg, dans les années 1038-1040, conquit sur d'autres Turcs (les Ghaznévides) le Khorassan, puis il enleva à la dynastie iranienne des Bouïdes l'Iraq-Adjémi et l'Iraq-Arabi. Il entra à Ispahan en 1051 et à Baghdâd en 1055. Le khalife abbâsside al-Qâïm le reconnut comme son vicaire temporel. De ce jour, le sultan seldjouqide doubla le khalife arabe au nom duquel il reprit à son propre compte la guerre sainte musulmane quelque peu tombée en oubli depuis près d'un siècle.

L'empire byzantin et spécialement sa nouvelle marche-frontière arménienne ne tardèrent pas à subir le contre-coup de l'installation des Seldjouqides en terre arabo-persane. Dès 1048, le gouverneur byzantin d'Ani, Katakalon Kékauménos, et celui du Vaspourakan, Aaron, eurent à repousser une incursion turque aux frontières sud-est de cette province, aux sources du Grand Zab. En 1049 des bandes turques, sous les ordres d'un cousin de Toghril-beg nommé Ibrâhîm Inal, ravagèrent le Vaspourakan, le Baséan et le pays de Théodosiopolis ou Karin (Erzéroum), à l'ouest. Au nord-ouest, elles poussèrent jusqu'au Tayq, au sud-ouest jusqu'au Taron. Les Turcs emportèrent et incendièrent Arzen qui est pour certains Erzeroum elle-même et pour d'autres

---

(1) Sur l'origine des Seldjouq je me permets de renvoyer à mon *Empire des steppes*, p. 203-205.

une ville voisine, moins importante, située un peu plus au nord, l'actuel Qara-Ars (1). Le 18 septembre 1049 ils rencontrèrent l'armée byzantine commandée par Katakalon à Kapétrou ou Kapoutrou dans la province de Baséan (2). Ils furent repoussés, mais le prince géorgien Liparit III Orbélian, qui commandait un corps auxiliaire, fut fait prisonnier et conduit au sultan Toghril-beg, lequel lui permit d'ailleurs de se racheter (3).

Depuis lors, les Turcs Seldjouqides ne cessèrent de ravager l'Arménie. En 1052 les bandes d'un de leurs chefs, Qoutloumouch, dévastèrent le petit royaume de Kars — le dernier royaume arménien non encore annexé par Byzance et où régnait le bagratide Gagik (4). En 1054-1055 le sultan Toghril-beg en personne prit les forteresses de Berkri et d'Artzès ou Ardjèch (à la pointe nord-est du lac de Van) et assiégea Mantzikert dont le gouverneur impérial, l'Arménien Vasil, résista bien. De là, Toghril envoya deux expéditions : l'une au nord-ouest, par le Tayq, en direction de la Géorgie occidentale, de l'Aphkhazie et de la Lazique, l'autre droit à l'ouest, vers l'anti-Taurus. Les Turcs envahirent le Vanand et écrasèrent l'armée du roi Gagik de Kars. Toutefois Toghril-beg ne put prendre Kars, non plus qu'Avnik dans le Baséan. Il se contenta de venir dévaster la plaine du Baséan et les cantons au nord d'Erzéroum. Au retour, il échoua de nouveau devant Mantzikert (5).

L'émir de Dovin et de Gandja, Abou'l Ouswâr, que les Byzantins avaient commis la faute de ne pas déposséder quand ils en avaient encore la possibilité, se déclara le vassal de Toghril-beg et alla insulter les murailles d'Ani et en dévaster la banlieue (1055-1056) (6).

Sous le règne de l'empereur Isaac Comnène (1057-1059) l'invasion turque continua. En octobre 1057, les Seldjouqides pillèrent et incendièrent Mélitène, place byzantine ouverte, au cours de scènes affreuses décrites par Matthieu d'Édesse (7).

(1) Erzeroum pour Schlumberger, III, 557 ; Qara-Ars pour Honigmann, *Ostgrenze*, p. 180 (et sa carte *Armenia byzantina c. 1050*). Matthieu d'Edesse (mais son récit est ici souvent erroné) décrit une grande ville, ce qui correspondrait plutôt à Erzéroum (ch. 73, p. 83). Pour J. Laurent (*Byzance et les Turcs Seldjoucides*, p. 22-23), Arzèn est bien Erzeroum.
(2) Localisation *ap.* Honigmann, p. 180.
(3) Sources : Cédrénos-Skylitzès, II, p. 576-580 ; Aristakès, ch. 13, p. 84-85 ; Matthieu d'Edesse, ch. 74, p. 87-88 ; Étienne Orbélian, *Histoire de la Siounie*, ch. 66, p. 214-215 ; Cf. Schlumberger, III, 551-564 ; J. Laurent, *Byzance et les Turcs Seldjoucides*, p. 22 ; Honigmann, *Ostgrenze*, p. 180.
(4) Voici la liste des princes de ce royaume bagratide de Kars détaché du royaume d'Ani et qui lui survécut : Mouchel 962-984, Abas 984-1029, Gagik-Abas 1029-1064 (mort en Asie Mineure byzantine en 1080).
(5) Sources : Matthieu d'Edesse, ch. 78, p. 98-102 ; Aristakès, ch. 16, p. 91-101 ; Cédrénos-Skylitzès, II, 587, 590 et sq. ; Cf. Schlumberger, III, 599-600 ; Laurent, *Byzance et les Seldjoucides*, p. 23 ; Honigmann, *Ostgrenze*, p. 181-182.
(6) Aristakès, ch. 17, p. 103.
(7) Aristakès, ch. 21, p. 120 ; Matthieu d'Edesse, ch. 81, p. 107-108 ; Michel le Syrien, trad. Chabot, III, p. 158-159.

En 1058 ils ravagèrent le Taron d'où ils furent finalement repoussés par le gouverneur impérial, l'Arménien Thornik Mamikonian (1). Sous le règne de l'empereur Constantin X Doukas (1059-1067), la poussée turque prit des allures catastrophiques. Une armée turque, courant jusqu'en Cappadoce, alla piller Sébaste (Sivas) (juillet 1059). Atom et Abousahl, les malheureux princes arméniens de la dynastie ardzrounienne qui avaient reçu Sébaste en fief des Byzantins comme compensation pour la cession de leur royaume du Vaspourakan, n'eurent que le temps de s'enfuir (2).

L'invasion seldjouqide sous Alp Arslan

Le sultan seldjouqide Alp Arslan, neveu et successeur de Toghril-beg, donna une nouvelle impulsion à la conquête turque (1063-1072). En 1063 il envahit la Géorgie méridionale, savoir les provinces de Kangarq et Gougarq, Djavakhéti et Klardjéthi (3). De là il pénétra jusque dans la province byzantine du Tayq ou Tao. Le roi bagratide d'Aghovanie (Lori), Kiouriké, se reconnut son vassal et lui donna sa fille en mariage (4).

En cette même année 1064, pendant l'été, Alp Arslan vint assiéger Ani, l'ancienne capitale arménienne, alors possession byzantine. La place, défendue par un Arménien et un Géorgien au service de Byzance, Grigor et Bagrat, résista assez longtemps. Il semble qu'Alp Arslan était sur le point de se décourager quand Grigor et Bagrat, abandonnant la ville elle-même, se retirèrent dans la citadelle d'où ils s'enfuirent un peu plus tard. Le massacre de la population arménienne d'Ani par les Turcs fut horrible (16 août 1064) (5).

Un détail frappa vivement l'imagination des contemporains : la grande croix d'argent qui surmontait la coupole de la cathédrale d'Ani fut abattue par Alp Arslan qui l'envoya à Nakhitchevan pour servir de seuil à la grande mosquée (6). Par ailleurs, au moment de l'entrée des Turcs, nous dit Matthieu d'Édesse, les notables arméniens « coururent se prosterner sur les tombeaux

---

(1) Aristakès, ch. 21, p. 122-123 ; Matthieu d'Édesse, ch. 81, p. 109.
(2) Matthieu d'Édesse, ch. 84, p. 111. Aussi Michel le Syrien, III, p. 158-159.
(3) *Chronique géorgienne*, ap. Brosset, *Histoire de Géorgie*, I, p. 327.
(4) L'Aghovanie arménienne, capitale Lori, était située au sud du haut Bortchala, dans le nord du canton de Gougarq. Cf. Movsésian, *Histoire des rois... de Lori*, Revue des Études Arméniennes, 1927, p. 209, sq. ; J. Laurent, *L'Arménie entre Byzance et l'Islam*, p. 292. Sur ces événements, voir Matthieu d'Édesse, ch. 88, p. 121.
(5) Sur cette date, J. Laurent, *Byzance et les Seldjoucides*, p. 24. Sources : Attaliatès, p. 79-80 ; Skylitzès, p. 653-654 ; Samuel d'Ani, p. 449 ; Aristakès, ch. 24, p. 139-140 ; Matthieu d'Édesse, ch. 88, p. 123-124. Voir Brosset, *Dispersion des habitants d'Ani* dans *Les ruines d'Ani*, p. 138 et suivantes.
(6) Matthieu, ch. 88, p. 125.

des anciens rois d'Arménie en les invoquant avec des larmes : Levez-vous, défendez cette cité qui fut jadis votre patrimoine ! » De fait, le peuple arménien qui avait remis ses destinées entre les mains de Byzance, s'estimait trahi par « les infâmes chefs romains » (1).

Le dernier roi arménien, le bagratide Gagik-Abas de Kars, évita par sa diplomatie envers Alp Arslan un sort pareil. Mais sentant que la chute de Kars n'était qu'une question de temps, il céda en 1064 cette ville et son territoire à l'empereur byzantin Constantin X Doukas qui lui octroya en échange un domaine dans la Cappadoce orientale, à Tzamandos, Larissa, Comana et Amasia (2). En cette même année Kars fut prise par les Turcs (3).

Le dernier témoin de l'indépendance arménienne avait disparu. L'Arménie n'était plus qu'un champ de bataille que se disputaient au milieu des pires catastrophes Turcs et Byzantins. « Ce fut ainsi, s'écrie dramatiquement Matthieu d'Édesse, que la nation arménienne fut réduite en servitude. Tout notre pays fut inondé de sang. La maison de nos pères fut ruinée et détruite, elle fut démantelée et croula jusqu'aux fondements. Notre front fut courbé sous le joug des Infidèles, des hordes venues de l'étranger (4). »

La haine confessionnelle entre Byzantins et Arméniens avait paralysé la défense. Bien caractéristiques sont à cet égard les insinuations des chroniqueurs byzantins contre les officiers arméniens, les insinuations des chroniqueurs arméniens contre les généraux byzantins. Massacrés dans leur patrie par les Turcs, les Arméniens, une fois émigrés en terre d'empire, avaient plus que jamais à subir les tracasseries du clergé grec qui cherchait à leur faire abjurer le monophysisme. Le patriarche arménien Khatchik II (5), mandé à Constantinople, y fut soumis à une forte pression en vue d'obtenir son adhésion à l'orthodoxie. Il refusa obstinément et au bout de trois ans (1054-1057) fut relégué au monastère de Thavblour ou Thauplur près de Kokousos (Göksun) en Cappadoce. L'empereur Constantin Doukas (1059-1067) manda dans le même esprit de Sivas à Constantinople les deux princes ardzrouniens Atom et Abousahl. Ceux-ci répondirent ne pouvoir souscrire au concile de Chalcédoine sans y être autorisés par l'ancien « roi des rois » d'Ani, le bagratide Gagik II. Gagik se rendit alors à son tour à Constantinople et composa, en réponse aux théologiens byzantins, un long exposé christologique qui nous a été transmis par Matthieu d'Édesse et où il justifiait

---

(1) Matthieu, ch. 88, p. 125.
(2) Matthieu, ch. 88, p. 125-126 ; Vardan. Emin, p. 127.
(3) Barthold, *Kars*, Encyclopédie de l'Islam, t. II, p. 820.
(4) Matthieu d'Edesse, ch. 88, p. 126.
(5) Khatchik II d'Ani, coadjuteur en 1049 du patriarche Pétros Ier. Seul patriarche en 1054. Il décéda à Thavblour vers 1060-1061.

les positions de l'Église arménienne (1). Un synode arménien réuni à l'instigation du patriarche Khatchik II confirma cette attitude et refusa explicitement d'adhérer aux définitions de l'orthodoxie grecque. La partie sud-est de la Cappadoce où s'était établi Khatchik se trouvait d'ailleurs le lieu de rassemblement de l'exode arménien. Il y fut l'âme de la résistance confessionnelle et du regroupement de ses compatriotes, mais il mourut de chagrin en apprenant les ravages des Turcs en Grande Arménie (2).

La Syrie byzantine subissait comme l'Arménie les périodiques attaques des Seldjouqides. A partir de 1065 presque chaque année Édesse et Antioche eurent à se défendre « et à sauver, quand elles le pouvaient, les moissons de leurs campagnes » : dévastation de la campagne de 'Azâz, d'Artâh et d'Antioche en 1066 ; dévastation de la campagne d'Édesse en 1065, 1067, 1068, 1071 (3). L'invasion de 1067-1068 fut particulièrement terrible. Les Seldjouqides assiégèrent Doulouk (Dolikhé) et saccagèrent la campagne d'Antioche (4). En 1068 ils assiégèrent Antioche elle-même. Le « duc » byzantin d'Antioche était impuissant contre cette mobile cavalerie turque qui surgissait de toutes parts. Et ici encore les divisions entre confessions chrétiennes jouaient leur rôle. Sous la rubrique de 1065-1066, Matthieu d'Édesse nous montre la défense de cette ville paralysée par la haine entre deux généraux impériaux, le « duc » d'Antioche et le gouverneur d'Édesse, le premier étant arménien, le second grec : le gouverneur d'Édesse s'efforce de faire battre son collègue d'Antioche par les Turcs : « O Romains parjures, s'écrie ici le chroniqueur arménien, voilà encore une de vos trahisons habituelles (5) ! »

Même son de cloche chez les Syriens monophysites que chez les Arméniens. Michel le Syrien écrit à propos de la politique religieuse de Constantin Doukas : « Une persécution fut suscitée par les Chalcédoniens (c'est-à-dire par les Byzantins) non seulement contre nous, mais aussi contre les Arméniens qui étaient dans l'empire des Romains. Un édit parut, ordonnant de les poursuivre s'ils n'acceptaient pas l'hérésie (= le symbole de Chalcé-

---

(1) Matthieu d'Edesse, ch. 93, p. 133-150. Cf. Tournebize, p. 156-157.
(2) Cf. Ormanian, *L'Église arménienne*, p. 41 ; Tournebize, p. 158-159.
(3) Sources : Attaliatès, p. 95 et sq. et 118-120 ; Skylitzès, p. 661-663 ; Matthieu d'Edesse, ch. 91, p. 130-131 et ch. 102, p. 164-166 ; Bar Hebraeus, *Chronicon Syriacum*, p. 264 et 267 ; Cf. Laurent, *Byzance et les Seldjoucides*, p. 24-25.
(4) Matthieu d'Edesse, ch. 96, p. 156-157 ; Cf. Honigmann, *Ostgrenze*, p. 118-119. Les Turcs prirent Artâh (1067) mais en 1068 les Byzantins recouvrèrent la place. Cf. Claude Cahen, *La campagne de Mantzikert*, dans *Byzantion*, IX, fasc. 2, (1934), p. 622.
(5) Matthieu d'Edesse, ch. 91, p. 130-131. Sur Khatchatour, rectifications de J. Laurent, *Byzance et les Seldjoucides*, p. 41, n. 3. L'attaque contre Edesse en 1066-1067 fut conduite par Gumuchtékin. Cf. Honigmann, p. 189.

doine sur les deux natures du Christ). Ainsi, tandis qu'au dehors les vrais chrétiens étaient persécutés par les déprédations et les pillages des Turcs, au dedans ils étaient encore plus opprimés par les Chalcédoniens (1) ! »

Pendant ce temps, les courses des Turcs, dépassant l'Arménie et la Syrie byzantine, atteignaient l'Asie Mineure. En 1067 Césarée de Cappadoce fut ruinée par une de leurs bandes. En 1068 ce fut le tour de Néocésarée et d'Amorium, en 1069 d'Iconium, en 1070 de Chonæ (2). Toutefois, pendant cette phase de l'invasion turque, il s'agissait seulement de dévastations et non encore d'occupation : « on ne comprendrait rien si on ne faisait une distinction radicale entre les bandes turques autonomes et le sultan seldjouqide, celles-là envahissant et dévastant spontanément chaque année le territoire grec, celui-ci ne demandant qu'à établir entre les deux empires des relations pacifiques... Après chaque raid, la bande repart mettre en sûreté le butin ramassé (3). »

L'empereur Romain Diogène. Désastre de Mantzikert

En 1067 un véritable empereur militaire, Romain IV Diogène, était monté sur le trône de Constantinople. Après des années de gouvernement de la bureaucratie métropolitaine et des courtisans, tout était à reprendre. L'empire byzantin, pour faire face à l'invasion seldjouqide, devait retrouver la forte discipline de Basile II. Romain Diogène s'y employa. Il chercha à reconstituer l'armée où malheureusement des recrues indisciplinées et des mercenaires peu sûrs, — Normands d'Italie et Ouzes-Comans de la Russie méridionale —, remplaçaient de plus en plus les vieilles légions anatoliennes. Avec ces éléments disparates Romain entreprit de nettoyer de bandes turques l'Asie Mineure jusqu'à l'Euphrate. Au cours de marches pénibles il y réussit à peu près, bien que la mobilité des coureurs turcs rendît bien précaire cette reconquête.

Dès 1068, Romain Diogène exécuta à l'est de la Cappadoce une série de marches par Sébaste (Sivas), Colonée, Lykandos et Césarée pour aboutir à Marach, aux confins syro-ciliciens (4). A la fin de cette année, il s'empara, en Syrie, de Hiérapolis (Menbidj), sur la rive occidentale de l'Euphrate, et mit garnison dans Artâh,

---

(1) Michel le Syrien, trad. Chabot, III, p. 166.
(2) Attaliatès, p. 94, 105, 121, 136, 140 : Skylitzès, p. 661, 670, 684 ; Bar Hebraeus, *Chronicon syriacum*, p. 264, 266, — *apud* J. Laurent, *Byzance et les Turcs Seldjoucides*, p. 25.
(3) Claude Cahen, *La campagne de Mantzikert d'après les sources musulmanes*, Byzantion, t. IX, fasc. 2 (1934), p. 621.
(4) Sources : Attaliatès, p. 105, 110, 118, 121, 125 ; Skylitzès, p. 670, 673 et Bar Hebraeus, *Chron. Syr.*, p. 265-266, *ap.* J. Laurent, *Byzance et les Seldjoucides*, p. 25.

à l'est d'Antioche (1). Mais pendant ce temps les coureurs turcs pillaient, comme on l'a vu, Néocésarée dans le Pont et bloquaient Tzamandos, dans le thème de Lykandos ; ils poussaient même leurs dévastations jusqu'à Amorium, au cœur de la Phrygie, qui était saccagée à son tour (2). Cependant il y a lieu de noter que, si les Turcs, en des raids inattendus, allaient ainsi saccager les places les plus éloignées, ils évitaient de se mesurer avec l'armée impériale et qu'au retour ils subissaient le plus souvent de fortes pertes et devaient abandonner leur butin (3). En 1069, malgré la révolte imprévue du mercenaire normand Crispin qui ravagea pour son propre compte le « thème de Mésopotamie » (au sud-ouest d'Erzindjan, au nord-ouest de Kharpout) (4), Romain Diogène chassa les Turcs des environs de Césarée de Cappadoce et pénétra en Arménie occidentale, mais son lieutenant Philarétos qui commandait à Mélitène se fit battre par l'ennemi près de cette ville. D'autres Turcs pillèrent Iconium, en pleine Asie Mineure, sans que Romain Diogène pût les arrêter à leur retour, en Cilicie. En 1070 les Turcs s'avancèrent même jusqu'à Chonæ, l'ancienne ville de Colosses, tout à l'ouest de la Phrygie, qu'ils pillèrent. La même année, le général byzantin Manuel Comnène fut battu et pris par les Turcs près de Sébaste (Sivas) (5). Mais pendant ce temps, dans la Djéziré, Édesse, pourtant si aventurée, résistait à tous les assauts (6).

Notons au passage que jusqu'au bout le désaccord persistait entre les Byzantins et leurs sujets arméniens. Après le sac de Sébaste (Sivas) par les Turcs, la population grecque rendit responsables les immigrés arméniens, entre autres les princes ardzrouniens Atom et Abousahl, accusés d'avoir trahi Manuel Comnène et pactisé avec les Turcs. Lorsqu'en 1071 l'empereur Romain Diogène se rendit à Sébaste, il fit (si nous en croyons Matthieu d'Édesse) piller les établissements arméniens et chassa les deux princes ardzrouniens (7). D'après la même source, Romain Diogène aurait annoncé qu'après en avoir fini avec les Turcs, il détruirait la confession arménienne (8).

Cependant le sultan seldjoukide Alp Arslan était venu en personne guerroyer sur la frontière byzantine. En 1070 il avait pris Mantzikert, au nord du lac de Van, une des dernières places

---

(1) Cf. Michel le Syrien, III, p. 168.
(2) Attaliatès, p. 105, 121, 136, 140 ; Skylitzès, p. 670, *l. c.*
(3) J. Laurent, *l. c.*, p. 26, n. 1 et 3.
(4) Attaliatès, p. 122-125, 170-171 ; Psellos, p. 285. Cf. Laurent, p. 58.
(5) Attaliatès, p. 139-140. Cf. Laurent, p. 25, n. 4.
(6) Siège de 1070 dans Matthieu d'Édesse, ch. 102, p. 163-166. D'après cette source, le gouverneur impérial d'Édesse était un prince bulgare, « Vasil, « fils d'Alôsian ». Mais Honigmann, *Ostgrenze*, p. 143, rétablit : Vasil, fils d'Aboukhab.
(7) Matthieu d'Édesse, ch. 103, p. 166-167.
(8) Matthieu d'Édesse, ch. 103, p. 166.

arméniennes que les Byzantins possédassent encore (1), bloqué Amida (Diyârbékir) et dévasté une fois de plus la province de Mélitène. Il descendit ensuite sur Édesse dont le 10 mars 1070 il entreprit le siège. Le commandant de la place pour l'empire byzantin était un certain Basile (le prince bulgare Basile, « fils d'Alosian » ou Basile fils d'Aboukhab ?) (2). Au bout de cinquante jours d'efforts inutiles, le sultan leva le siège (3). Il se tourna alors contre l'émir arabe d'Alep, le Mirdâside Rachîd ad-Daoula Mahmoûd qui refusait de lui livrer ses contingents. Il força Alep à capituler et y maintint d'ailleurs le Mirdâside comme vassal. Brusquement les nouvelles qu'il reçut d'Arménie le déterminèrent à quitter la Syrie (mai 1071).

L'empereur Romain Diogène venait en effet d'entreprendre une nouvelle campagne pour reconquérir l'Arménie (printemps de 1071) (4). Il aurait eu avec lui de 200 à 300.000 hommes, assemblage d'ailleurs disparate de levées récentes et mal disciplinées et de mercenaires francs (normands) et comans. Arrivé à Arzen (Erzéroum), il envoya en reconnaissance des détachements comans et francs, ces derniers sous les ordres de l'aventurier normand Roussel de Bailleul, dans la région d'Akhlâth ou Khélâth, au sud-ouest de Mantzikert, au nord-ouest du lac de Van. Alp Arslan était à Mossoul lorsque le qadi de Mantzikert et d'autres fuyards de cette ville vinrent implorer son intervention (5). Il partit aussitôt avec ce qu'il put ramasser de troupes — 14.000 hommes, Turcs ou Kurdes — à la rencontre du *basileus*.

A ce moment Romain Diogène envoya en renfort au détachement de Roussel de Bailleul qui marchait sur Khélâth un second contingent commandé par le Géorgien Joseph Trakhaniotès. Ces troupes arrivèrent devant Khélâth, tandis que Romain lui-même assiégeait et faisait capituler Mantzikert. L'empereur, après avoir ainsi dispersé ses forces, n'avait plus avec lui qu'une centaine de mille hommes lorsque parut Alp Arslan.

Le choc se produisit devant Mantzikert le vendredi 19 août 1071 (6). Il semble que les Turcs aient, en feignant de reculer, attiré les Byzantins dans une embuscade où ceux-ci furent écrasés.

(1) *Ibid.*, ch. 102, p. 163.
(2) Cf. Laurent, *Échos d'Orient*, 37ᵉ année, 1934, p. 392, n. g. et Honigmann, *Ostgrenze*, p. 143.
(3) Matthieu d'Edesse, ch. 102, p. 163-166.
(4) Sur cette campagne, « la campagne de Mantzikert », voir J. Laurent, *Des Grecs aux Croisés*, dans *Byzantion*, 1924, p. 367-449 et Claude Cahen, *La campagne de Mantzikert d'après les sources musulmanes*, dans *Byzantion*, 1934, p. 613-642.
(5) Claude Cahen, *l. c.*, p. 628-629.
(6) Date acceptée après discussion des sources par Laurent (*Byzance et les Seldjoucides*, p. 43, n. 10) et Claude Cahen (*La campagne de Mantzikert*, p. 632-634) ; Honigmann (*Ostgrenze*, p. 190) rappelle que Kamâl ad-Dîn donnait le 25 août.

On parla aussi de trahisons : les auxiliaires comans (ouzes) et petchénégues, qui étaient de race turque, auraient abandonné l'armée byzantine pour passer à Alp Arslan. D'autre part on a accusé un des généraux byzantins, Andronic Doukas, qui commandait les réserves, d'avoir, en haine de Romain, provoqué la débandade. Quant à Nicéphore Bryenne et à Roussel de Bailleul, ils auraient abandonné leur consigne pour s'enfuir vers le « thème de Mésopotamie » et Constantinople (1). Il semble toutefois que la ruse de guerre d'Alp Arslan suffise à expliquer en soi l'issue de la journée (2). Romain, resté seul avec une poignée de fidèles, se défendit en héros jusqu'à ce que, blessé, son cheval tué sous lui, il fut fait prisonnier et conduit à Alp Arslan.

La défaite de Mantzikert fut peut-être le plus grand désastre de l'histoire byzantine. Les chroniqueurs de l'Orient latin comme Guillaume de Tyr ne s'y sont pas trompés (3). Ils y ont vu l'éviction de l'empire byzantin comme protagoniste de la chrétienté en face de l'Islam et la justification de l'entrée en scène des Francs pour remplacer Byzance à la tête de la « croisade ». Aux yeux des Occidentaux la fatale journée de Mantzikert signifia cela : l'annonce que le Byzantin hors de combat devait céder la place aux Latins, la justification, en fait comme en droit, de la croisade franque : 1071 appelle 1095.

Mais ici encore il y a lieu de remarquer que si la journée de Mantzikert allait entraîner ces graves conséquences historiques, ce fut parce que les désordres de la société byzantine accrurent l'étendue du désastre. Aux yeux des vainqueurs eux-mêmes, leur succès (peut-être assez inattendu dans son ampleur) consacrait seulement leur prise de possession de l'Arménie avec, en expectative, la chute prochaine d'Édesse et d'Antioche. Ce fut en ce sens que le sultan Alp Arslan conclut un accord avec l'empereur prisonnier (4). Car le conquérant turc entre les mains duquel le hasard des batailles avait fait tomber le successeur des Césars mit son honneur à le traiter avec la plus insigne courtoisie. Après une courte captivité il le renvoya chargé de cadeaux en territoire byzantin (5) et, au lieu d'exploiter son succès en envahissant

(1) Skylitzès, II, 695, 22.
(2) Sources habituellement citées : Attaliates, p. 159 et sq. ; Psellos, p. 279 ; Bryenne, I, c. 16-17, p. 41-43 ; Skylitzès, p. 695 et sq. ; Aristakès, ch. 25, p. 144-145 ; Matthieu d'Édesse, ch. 103, p. 167-170 ; Michel le Syrien, III, p. 169-170 ; Bar Hebraeus, *Chron. Syr.*, p. 268 et al-Makin (Elmacin). Claude Cahen, *l. c.*, p. 614-618, a renouvelé la question grâce aux sources arabes, notamment à Imâd ad-Dîn, à Kémâl ad-Dîn et surtout à Qalânisî et à Sibt ibn al-Djouzî.
(3) Guillaume de Tyr, l. I, ch. 9.
(4) Discussion dans Laurent (*Byzance et les Seldjoucides*, p. 95) pour savoir si Romain Diogène a ou non promis aux Turcs la cession d'Édesse et d'Antioche. L'auteur conclut, d'après Aristakès, p. 147, que l'accord dut reconnaître le maintien du *statu quo* à cette date de 1071.
(5) Voir à ce sujet l'unanimité des sources citées plus haut et résumées par Claude Cahen, p. 636-639.

l'Asie Mineure dégarnie de troupes ou simplement en attaquant Édesse et Antioche, il alla, à l'autre extrémité de son empire, soumettre la Transoxiane où il mourut, remplacé par son fils Malik-châh (1072). Ce furent les Byzantins eux-mêmes qui, par leurs divisions insensées, s'interdirent de circonscrire le désastre et, après l'Arménie, ouvrirent eux-mêmes l'Asie Mineure tout entière aux Turcs. Pendant la captivité de Romain Diogène on avait vu à Constantinople le représentant du parti civil et de la bureaucratie métropolitaine, Michel VII Doukas, saisir la couronne impériale. Lorsque le héros malheureux fut de retour en terre byzantine, il fut déclaré déchu. Vaincu près d'Amasia par les généraux de Michel VII, il fut capturé à Adana, eut les yeux crevés et mourut de ce supplice (1).

Selon la remarque de J. Laurent, c'est de cette guerre civile entre Michel Doukas et Romain Diogène que date, bien plus encore que du désastre de Mantzikert, l'effondrement de la puissance byzantine devant les Turcs (2). En effet, les armées byzantines, n'étant plus occupées qu'à s'entre-détruire, désertèrent la garde des frontières où les bandes seldjoucides s'engouffrèrent sans rencontrer d'obstacles.

La première tentative franque au Levant :
Roussel de Bailleul

Roussel de Bailleul était cet aventurier normand, entré au service des Byzantins, que nous avons vu servir de lieutenant à l'empereur Romain Diogène dans la campagne de Mantzikert. Venu des Deux Siciles où ses compatriotes étaient en train de se tailler un royaume au détriment des Byzantins comme des Arabes, il conçut le projet de profiter de même de la guerre entre les Byzantins et les Turcs pour se tailler un État indépendant des uns et des autres en Asie Mineure (3). En 1073, chargé d'accompagner le général byzantin Isaac Comnène, il se révolta et se mit à conquérir pour son propre compte la Lycaonie (région d'Iconium) et la Galatie (région d'Ankara), attaquant les Byzantins aussi bien que les Turcs. Isaac Comnène, pris entre deux ennemis, fut capturé par les Seldjoucides près de Césarée (Qaiçariya) (1073). L'empereur Michel VII envoya en Asie Mineure une nouvelle armée commandée par son oncle, le césar Jean Doukas. Jean

---

(1) Attaliatès, 168, 178 ; Skylitzès, 702 et sq. ; Psellos, 279 et sq. Voir l'horreur qu'inspire à l'Arménien Matthieu d'Édesse (ch. CIII, p. 170), pourtant hostile à Romain Diogène, la barbarie de ses bourreaux byzantins. Cf. Rambaud, *Michel Psellos*, Revue Historique, 1877, p. 275 ; Schlumberger, *Deux chefs normands du XIe siècle, Hervé et Roussel de Bailleul*, Revue Historique, 1881, p. 297-298 ; Laurent, *Byzance et les Seldjoucides*, p. 61.
(2) Laurent, *op. cit.*, p. 63 et Claude Cahen, *art. cit.*, p. 641.
(3) Cf. Schlumberger, *Deux chefs normands du XIe siècle. Hervé et Roussel de Bailleul*, l. c., p. 298-301.

Doukas rencontra Roussel au pont de Zompi, sur le haut Sangarios, au sud d'Amorium (Ammouriyé). Il fut défait à son tour et fait prisonnier. Roussel vainqueur traversa toute la Bithynie et vint incendier Chrysopolis (Scutari) en face de Constantinople (1). Pour couvrir la conquête normande d'un voile de légitimité, il proclama empereur son prisonnier, Jean Doukas (2).

Ce fut alors que l'empereur Michel VII, pour empêcher les Normands de conquérir l'Asie Mineure comme ils avaient conquis la Grande Grèce, fit appel aux Seldjouqides. Geste gros de conséquences, car l'établissement définitif de la race turque dans la péninsule date de là. Le cadet seldjouqide Soulaïmân ibn Qoutloumouch, avec l'assentiment du nouveau sultan Malik-châh, conclut avec Michel VII le pacte demandé. Il s'engagea à envoyer des troupes au secours du basileus et obtint en échange cession des provinces byzantines déjà occupées (1074) (3).

Une forte armée seldjouqide pénétra alors en Cappadoce. Cent mille de ces Turcs s'avancèrent jusque dans la région de Nicomédie, jusqu'au Bosphore où Chrysopolis allait devenir leur repaire (4). Roussel de Bailleul, qui n'avait pas plus de trois mille hommes avec lui, fut écrasé sous le nombre au mont Sophon et fait prisonnier. Il réussit cependant à se racheter et essaya encore de tenir campagne dans les montagnes du thème Arméniaque, dans la région de Sivas, battant de nouveau Turcs et Impériaux et menaçant les ports du Pont. Enfin un nouveau général byzantin, Alexis Comnène, le futur empereur, réussit où tous avaient échoué (5). Envoyé dans la région d'Amasia que ravageait Roussel, il rallia les troupes fidèles et resserra le pacte conclu avec les Seldjouqides. Un nouveau capitaine turc nommé Toutakh venait justement de pénétrer en Asie Mineure. Roussel et Alexis se disputèrent son alliance. Il se décida en faveur du second, attira Roussel dans une entrevue, s'empara de lui et le livra à Alexis Comnène. Les Normands, privés de leur chef, mirent bas les armes.

Ainsi s'évanouit la perspective d'un État normand d'Asie Mineure, précédant d'une vingtaine d'années la formation de la principauté normande d'Antioche...

Les Normands étaient pour le moment écartés de la terre d'Asie. Mais les Turcs se trouvaient définitivement établis en Cappadoce.

---

(1) Attaliatès, p. 188.
(2) Attaliatès, p. 189, 195 ; Bryenne, II, ch. 15-17.
(3) Attaliatès, 190 ; Cf. Laurent, *Byzance et les Seldjoucides*, p. 93.
(4) Attaliatès, 190, 267, 279 ; Cf. Laurent, p. 93, n. 4.
(5) Bryenne, l. II, 81-95 ; Anne Comnène, *Alexiade*, I, 15-23 ; Chalandon, *Essai sur le règne d'Alexis Comnène* (1900), p. 30-31.

Occupation de l'Asie Mineure par les Turcs Seldjouqides

Une nouvelle guerre-civile à Byzance allait livrer aux Turcs Seldjouqides la. Phrygie et la Bithynie jusqu'à la Marmara, la Lydie et l'Ionie jusqu'à l'Égée.
Au début de 1078 l'incapable empereur Michel VII Doukas fut renversé par Nicéphore III Botaniatès, stratège du thème des Anatoliques (région d'Amorium en Phrygie)(1). Or, pour triompher de son adversaire, Botaniatès avait enrôlé en masse les bandes turques. Ces Turcs occupèrent avec lui et pour lui les villes de l'Hellespont, de la Propontide et du Bosphore, Cyzique, Nicée, Nicomédie, Chalcédoine, Chrysopolis. Ce fut donc ainsi qu'ils s'installèrent pour la première fois à Nicée : à titre de garnison impériale, comme mercenaires de Botaniatès (1078) (2). Mais ces étranges gardiens.se transformèrent bientôt en maîtres. Leurs bandes, parcourant le pays, attaquaient les paisibles petites villes bithyniennes, rançonnaient la campagne, coupaient les communications entre Constantinople et l'intérieur de l'Asie Mineure. « A Chrysopolis, où ils sont entrés peu auparavant, les Turcs vivent encore, en 1078-1079, dans un camp et sous la tente. Ils courent de là jusqu'à Nicée, à travers le plat pays. Dans Nicée même où ils sont entrés en amis et sans luttes, ils ont cependant fait disparaître la population chrétienne presque tout entière (3). » Dès la fin de 1078 les capitaines de cette garnison turque de Nicée résistaient à Botaniatès qui les avait si follement introduits dans la place (4). Leur révolte contre lui trouva bientôt, pour se couvrir, le plus opportun des prétextes : un nouveau prétendant byzantin, Nicéphore Mélissène, venait de surgir en Ionie. Les Turcs de Nicée prirent parti pour lui contre Botaniatès et, sous son nom, continuèrent la lutte contre Byzance (1081) (5).
Comme trois ans plus tôt l'avait fait Botaniatès, Mélissène en effet n'hésita pas à appeler à son tour les Seldjouqides. Il conclut avec leur chef, Soulaïmân ibn Qoutloumouch un pacte qui, cette fois, en raison de la situation générale, constituait une véritable trahison envers la chrétienté. Au dire de certains chroniqueurs, tandis que Soulaïmân s'engageait à fournir à Mélissène des troupes pour s'emparer de Constantinople, Mélissène aurait, par avance, concédé au Seldjoukide la moitié des villes et des provinces à conquérir sur Botaniatès. En réalité, il n'est pas sûr

---

(1) Botaniatès revêtit les insignes impériaux dans son gouvernement des Anatoliques le 2 juillet 1077. Il fut acclamé empereur à Sainte-Sophie le 7 janvier 1078.
(2) Attaliatès, p. 241, 266-269, 276-278. Cf. J. Laurent, *Byzance et les Turcs Seldjoucides*, p. 98.
(3) J. Laurent, p. 99, d'après Attaliatès, *l. c.*
(4) Attaliatès, p. 306 (Laurent, p. 98).
(5) Laurent, p. 98.

que le pacte ait eu cette précision (1). Mais dans la pratique ce fut encore pis. Mélissène, parti de la région de Cos avec de nouvelles bandes seldjouqides, les mena occuper — et cette fois définitivement — Nicée et toute la côte de Bithynie, depuis Chrysopolis jusqu'à Cyzique où les garnisons turques déjà établies par Botaniatès firent naturellement cause commune avec elles (1081) (2).

A ce moment les Turcs de Soulaïmân agissaient encore, du moins en théorie, comme alliés du prétendant byzantin. Mais lorsque, quelque semaines plus tard, au cours de cette même année 1081, Mélissène se fut soumis à Alexis Comnène devenu seul *basileus*, Soulaïmân et ses Turcs refusèrent de reconnaître le nouvel empereur et, cessant de se couvrir du prête-nom d'un nouveau prétendant, ils gardèrent pour eux-mêmes Nicée et toutes les places de la Bithynie où Mélissène après Botaniatès les avait si imprudemment installés. Ce fut alors, semble-t-il, que Soulaïmân établit officiellement sa résidence à Nicée qui devint ainsi aux environs de 1081 la première capitale du futur sultanat seldjouqide d'Asie Mineure destiné à durer plus de deux siècles (1081-1302) (3). Les Byzantins perdirent même un moment Nicomédie (Izmîd) que l'empereur Alexis Comnène ne devait recouvrer qu'après la mort de Soulaïmân († 1086) (4). Sur la mer Égée les Turcs occupèrent Smyrne où nous voyons établi en 1081 l'émir Tzakhas, aventurier audacieux qui se créa une marine et s'empara des grandes îles de la côte d'Asie (5).

Les Seldjouqides, en effet, n'étaient pas les seuls chefs turcs à profiter de ce lotissement général. Dans le nord-est de la péninsule, en Cappadoce, une autre maison turque, celle des Dânichmendites, fondait un puissant émirat autour de Qaiçâriya, de Sivas et d'Amasia, émirat primitivement indépendant de celui des Seldjouqides de Nicée. Cette multiplicité d'émirats locaux créés simultanément par les diverses bandes turques qui s'étaient associées à la poussée seldjouqide et qui, sous le nom du Seldjouqide, opéraient chacune pour son propre compte, devait rendre singulièrement difficile la contre-attaque chrétienne : à l'époque des croisades, les croisades anatoliennes de Raymond de Saint-Gilles, du comte de Nevers, de Guillaume IX d'Aquitaine et de Welf IV de Bavière, en 1101, échoueront devant le pullulement

---

(1) J. Laurent, p. 98, confrontant les témoignages de Bryenne, IV, c. 3 et d'Attaliatès.
(2) Bryenne, IV, c. 31, 34. *Alexiade*, II, c. 3, p. 90. Cf. Laurent, p. 98.
(3) Bryenne, IV, c. 2, p. 130. *Alexiade*, c. XI, p. 178, dans Laurent, p. 8, 12, 98 ; Cf. Honigmann, *Iznîq*, dans Encyclopédie de *l'Islam*, II, p. 606.
(4) Cf. Mordtmann, *Izmîd*, Encyclopédie de l'Islam, II, 606, d'après l'*Alexiade*, I, 212, 247 et II, 72.
(5) Nous ne connaissons ce personnage que par son nom hellénisé et d'après Anne Comnène. Cf. Mordtmann, *Izmîr*, Encyclopédie de l'Islam, II, 604.

de cette féodalité turque en Galatie, en Paphlagonie et en Cappadoce (1).

Notons cependant avec J. Laurent que si à l'avènement d'Alexis Comnène, en 1081, les Turcs se trouvaient en fait maîtres de l'Asie Mineure depuis l'Euphrate jusqu'à la Marmara, il n'y avait nullement eu là le résultat d'une conquête méthodique politiquement organisée. Rien d'analogue ici à ce qui se passa pour le sultanat seldjouqide d'Iran avec Toghril-beg, Alp-Arslan et Malik-châh. Les émirs locaux comme Tzakhas à Smyrne ou Dânichmend en Cappadoce ne paraissent pas avoir obéi au seldjouqide Soulaïmân ibn-Qoutloumouch, émir de Nicée : la création du « sultanat de Roum » au profit de la famille de Soulaïmân sera l'œuvre de son fils Qilidj Arslan après 1092. « En 1081, écrit J. Laurent, les Turcs n'étaient encore que des pillards errants ; leur installation dans le pays de Nicée n'était pas le résultat d'une politique voulue et réfléchie, mais un heureux hasard dû aux divisions et à la faiblesse des Byzantins. A part cette exception fortuite, ils étaient encore occupés à parcourir et à piller dans tous les sens l'Asie Occidentale dont les populations chrétiennes ou pactisaient avec eux (2) ou bien, réfugiées derrière les murs de leurs forteresses, résistaient un peu partout à l'invasion (3). » Ce fut ainsi que le littoral de la mer Noire avec Trébizonde (4) et la côte méridionale de l'Asie Mineure jusqu'à la Cilicie paraissent être toujours restés en majeure partie au pouvoir des Byzantins. Bien mieux, tandis qu'au seuil de la Marmara Nicée était occupée par les Turcs depuis 1081, là-bas au nord de la Syrie ou même de l'autre côté de l'Euphrate Antioche et Édesse se trouvaient toujours aux mains de garnisons byzantines ou de chefs arméniens théoriquement sujets de Byzance, Antioche jusqu'en 1084, Édesse jusque vers 1087. Au cœur même du plateau anatolien, tandis que la trahison de Mélissène avait installé Soulaïmân ibn-Qoutloumouch sur la Marmara, nombre de places tenaient encore. C'est ainsi qu'on discute pour savoir si Qoniya, l'ancien Iconium, la future capitale des Seldjouqides d'Asie Mineure, a succombé entre 1072 et 1081 ou, comme le veut Qazwînî dans le *Târîkh-i Guzîdé*, seulement vers 1087 (5).

Bientôt cependant les villes les plus fortes durent capituler

(1) Voir plus loin, p. 199.
(2) Indulgence de Matthieu d'Edesse envers le sultan seldjouqide, Malik-châh : « Son cœur était rempli de mansuétude et d'affection pour les chrétiens. Il se montrait comme un père tendre pour les pays qu'il traversait » (Matthieu, ch. cxxx, p. 196). Bienveillance de Michel le Syrien (III, p. 170) envers Alp Arslan lui-même « qui était juste et dont on rapporte beaucoup de belles actions ».
(3) J. Laurent, *Byzance et les Seldjoucides*, p. 13.
(4) Trébizonde était encore aux Byzantins fin 1071. Après une brève occupation turque, ils l'avaient déjà recouvrée en 1075 (Laurent, p. 67, note 2 d'après Attaliatès, p. 167).
(5) *Târîkh-i Guzîdé*, p. 191, 333, *ap.* Laurent, p. 12.

car autour d'elles la terre était détruite par les razzias périodiques des bandes turcomanes. « Le pays s'était vidé de ses habitants. Les Turcs passés, les habitants s'enfuyaient, craignant leur retour. En quelques années, la Cappadoce, la Phrygie, la Bithynie et la Paphlagonie perdirent la plus grande partie de leur population grecque. Les vallées et les plaines qui s'étendent de Césarée et de Sébaste à Nicée et à Sardes demeurèrent presque vides. Et comme elles étaient devenues incultes, les Turcs y promenaient avec satisfaction leurs tentes et leurs troupeaux, tout comme dans les déserts d'où ils étaient sortis (1). » Ajoutons que certains chefs turcs paraissent avoir adroitement exploité le malaise social de la population anatolienne. Comme le remarque Zetterstéen, « une grande partie de la population des campagnes était tombée sous la dépendance des riches propriétaires et beaucoup de domaines étaient cultivés par des esclaves. Soulaïmân ibn-Qoutloumouch les déclara libres contre versement d'un certain impôt et gagna ainsi leur ardente sympathie (2) ».

Ces considérations expliquent le sort ultérieur de la reconquête byzantine sous les Comnènes. Dans les régions restées cultivées et urbaines de la côte, en Bithynie, en Mysie, en Ionie, en Lydie, le peuplement grec survécut au coup de surprise de l'occupation turque et, du reste, cette occupation présentait déjà un certain caractère d'organisation politique régulière. Pour ces deux raisons la reconquête des Comnènes et la première croisade qui en sera l'instrument pourront chasser l'envahisseur parce qu'elles auront prise sur lui. Au contraire sur le plateau de Phrygie et de Cappadoce ni le passage des croisades, de Godefroi de Bouillon à Frédéric Barberousse, ni les campagnes périodiques de Jean et de Manuel Comnène ne pourront reprendre la terre car la terre même aura été transformée ; Phrygie et Cappadoce seront devenues ce qu'elles sont encore, un nouveau Turkestan, un prolongement de la steppe kirghize.

Les Arméniens dans la débâcle byzantine

Au milieu de la débâcle commune, les rancœurs des Arméniens contre Byzance s'exaspéraient. L'empire byzantin avait obligé les dynasties arméniennes à lui abandonner les unes après les autres leur territoire : la dynastie ardzrounienne du Vaspourakan en 1022, la dynastie bagratide d'Ani en 1045, la dynastie bagratide de Kars en 1064. Du moins les Arméniens, en cédant à la pression byzantine, en faisant le sacrifice de leur indépendance, avaient-ils été en droit d'espérer que les forces du puissant empire

---

(1) J. Laurent, *l. c.*, p. 109.
(2) K. V. Zetterstéen, *Sulaimân b. Kutulmish* dans *Encyclopédie de l'Islam*, p. 558.

« romain » les défendraient contre l'invasion turque mieux qu'ils n'auraient pu se défendre eux-mêmes. Or la dissolution de la grande armée byzantine par suite des guerres civiles des années 1057-1081 avait livré les Arméniens sans défense à l'invasion turque. La prise d'Ani (1064) et le désastre de Mantzikert (1071) entraînèrent la conquête de tout leur pays par les Seldjouqides (1).

Les Arméniens furent exaspérés. Ils avaient naguère, aux IXe-Xe siècles, tantôt en pliant temporairement, tantôt en résistant avec héroïsme, su maintenir seuls leur autonomie contre la puissance arabe. Aujourd'hui, l'empire byzantin qui avait, contre leur gré, assumé la mission de les défendre contre les Turcs, les abandonnait dès le premier choc à la conquête musulmane. Et ces Byzantins qui ne savaient pas les défendre, qui les avaient obligés à émigrer en masse et qui les avaient presque déportés en Cappadoce, n'en continuaient pas moins à les y persécuter dans leur foi monophysite. « Qui pourrait retracer, s'écrie Matthieu d'Édesse, les malheurs de la nation arménienne, ses douleurs et ses larmes, tout ce qu'elle eut à souffrir des Turcs dans le temps où notre royaume avait perdu ses maîtres légitimes que lui avaient enlevés ses faux défenseurs, l'impuissante, l'efféminée, l'ignoble nation des Grecs ! Ceux-ci avaient dispersé les plus courageux d'entre les enfants de l'Arménie après les avoir arrachés de leur foyer, de leur patrie. Ils avaient détruit notre trône national, abattu ce mur protecteur que formaient notre brave milice et nos intrépides guerriers, — ces Grecs qui ont fait, de leur promptitude à prendre la fuite, leur titre de renommée et de gloire, semblables au pusillanime pasteur qui se sauve en apercevant le loup. Ils n'eurent point de repos qu'ils n'eussent renversé le rempart de l'Arménie, la poitrine héroïque de ses fils... Lorsque les Turcs eurent subjugué l'Arménie, les Grecs imaginèrent de renouveler la guerre contre elle sous une autre forme : ils entreprirent de lui opposer la controverse religieuse. Pleins de répugnance et de mépris pour les luttes guerrières et la valeur militaire, ils y renoncèrent pour chercher à introduire dans l'Église des disputes et des troubles, en abandonnant avec empressement toute résistance contre les Perses [c'est-à-dire contre les Seldjouqides]. Leurs efforts se bornèrent à détourner de la vraie foi les fidèles croyants [c'est-à-dire les monophysites] et à les anéantir... Leurs soins les plus constants furent pour écarter sans cesse de l'Orient tout ce qu'il y avait d'hommes de cœur et

(1) Matthieu d'Edesse date de la chute d'Ani en 1064 l'asservissement de l'Arménie aux Turcs (ch. 88, p. 126), et de l'avènement du sultan Malik-châh (1072) la fin des massacres et le commencement d'une administration turque régulière : « le règne de Malik-châh fut favorisé de Dieu. Son empire s'étendit au loin et il accorda le repos à l'Arménie » (ch. 104, p. 172). **Le passage est à retenir.**

de vaillants généraux d'origine arménienne et les éloigner en les forçant de demeurer parmi eux (1). »

En effet, l'émigration arménienne vers la Cappadoce, émigration sollicitée et même imposée par les Byzantins, n'avait pas eu lieu sans que la même hostilité entre les deux races ou plutôt entre les deux confessions continuât à se manifester sur ce nouveau théâtre. On a vu qu'après la cession plus ou moins forcée de leurs États à Byzance, les rois arméniens avaient reçu de vastes domaines en terre cappadocienne. L'ancien roi de Vaspourakan Sénéqérim-Hovhannès et ses deux fils Atom et Abousahl avaient ainsi reçu la région de Sébaste ou Sivas (1021) ; l'ancien « roi des rois » d'Ani, Gagik II, un fief dans le thème de Lykandos, au sud-est de Césarée (Qaiçariya) (1045) et l'ancien roi de Kars, Gagik-Abas, Amasia et Comana dans le nord de la Cappadoce (1064). Une forte immigration arménienne les y avait suivis, immigration que la poussée seldjouqide après le désastre de Mantzikert accrut encore. Or les Byzantins qui avaient ainsi fait de la Cappadoce une Nouvelle Arménie ne tardèrent pas à en prendre ombrage, sinon au point de vue ethnique (leur empire était par définition universel et international), du moins au point de vue confessionnel. L'ex-roi d'Ani, Gagik II, nous dit Matthieu d'Édesse, « séjournait comme un exilé au milieu de la cruelle et perfide nation des Grecs. Il ne cessait de nourrir dans son cœur un profond chagrin né du souvenir du trône de ses pères que lui avaient fait perdre les apostats (= les Arméniens ralliés à l'orthodoxie grecque) qui l'avaient trahi et la race perverse des hérétiques (= l'Église grecque) (2) ».

Gagik, dans ses nouveaux domaines de Cappadoce, était particulièrement en mauvais termes avec le métropolite grec de Césarée, Marcos, qui tracassait sans relâche les immigrés arméniens pour les forcer à embrasser l'orthodoxie. Marcos poussait l'animosité contre eux jusqu'à donner à son chien le nom d' « Armen ». Gagik II, informé de cette insulte, fit enfermer le métropolite et le chien dans un sac, puis fit frapper le sac à coups de bâton jusqu'à ce que l'animal, rendu furieux, eût déchiré à mort l'infortuné prélat (3). Les Byzantins devaient se venger plus tard de Gagik II. En 1079, comme il passait devant Kuzistra (Djousastroûn) (4), forteresse qui appartenait à trois chefs byzantins, trois frères que nous ne connaissons que comme « les fils

---

(1) Matthieu d'Edesse, ch. 84, p. 113-114.
(2) Matthieu, ch. 65, p. 78.
(3) Matthieu d'Edesse, ch. 104, p. 152-154. Cf. Vahram d'Edesse, *Chronique rimée*, vers 137 et sq., p. 497 ; Kirakos de Gandzak, trad. Brosset, p. 53 ; Dardel *(Doc. arm.,* II), ch. v. Sur la date (entre 1072 et 1079), voir Laurent, *Byzance et les Seldjoucides*, p. 78, n. 5.
(4) Et non, comme on l'a cru, Cybistra. Cf. Laurent, p. 80 ; Honigmann, *Ostgrenze*, p. 46, n. 3.

de Mandalé » (c'est-à-dire de Pantaléon), ceux-ci se saisirent de lui. En vain les autres princes arméniens émigrés en Cappadoce, savoir Gagik-Abas, l'ex-roi de Kars et les anciens princes de Vaspourakan, les deux frères ardzrouniens Atom et Abousahl, vinrent assiéger Kuzistra pour délivrer Gagik II. La forteresse résista et les trois chefs byzantins étranglèrent le captif dont le cadavre fut suspendu au rempart. Ainsi finit le dernier « roi des rois » bagratide d'Arménie (1). A leur tour les princes ardzrouniens Atom et Abousahl, ainsi que Gagik-Abas, l'ex-roi de Kars, furent tués par ordre des Byzantins sous le règne de l'empereur Nicéphore III Botaniatès, vers 1079-1080 (2).

La mise à mort par les Byzantins des derniers représentants des trois dynasties royales arméniennes précéda de très peu la conquête de la Cappadoce par les Turcs. La population arménienne récemment émigrée de la Grande Arménie dans cette province, repartit pour un nouvel exode. Elle se dirigea en masse vers les villes de l'Anti-Taurus ou de la plaine cilicienne, vers Marach et Tarse, même vers Doulouk et Édesse (3). L'immigration arménienne allait s'y organiser sous la direction de chefs nouveaux : Roubèn, Ochin et Philarétos.

Le premier État arménien de l'Anti-Taurus : Philarétos

Quand le dernier « roi des rois » bagratide Gagik II eut été assassiné par les Byzantins à Kuzistra en 1079, un de ses lieutenants nommé Roubèn ou Roupèn (4) se révolta contre Byzance et vint s'établir en haute Cilicie, au nord du district de Kobidar, où il occupa le château de Bartzerberd (« la haute forteresse ») (5), entre Tyane (près de l'actuel Nigdé) et Sis. Solidement établi dans ce nid d'aigle, il devait y donner naissance à l'illustre dynastie appelée de son nom la dynastie « roubénienne » (6). Par la suite, l'histoire arménienne officielle voudra rattacher Roubèn à la famille bagratide, faire de lui le parent, voire le continuateur direct de l'infortuné Gagik II. En réalité, on doit convenir que les

---

(1) Matthieu d'Edesse, ch. 109, p. 183-184 ; Samuel d'Ani, *l. c.* (traduction Brosset, dans *Collection d'auteurs arméniens*), p. 453 ; Vahram d'Edesse, *l. c.* (*Historiens des Croisades, Documents Arméniens*), I, p. 497. Cf. Schlumberger, *Épopée byzantine*, III, p. 490 ; Tournebize, p. 136.
(2) Cf. Laurent, p. 76, n. 4 et 88, n. 1 et 2.
(3) Matthieu d'Edesse, ch. 118, p. 182.
(4) En arménien oriental Roubèn (Rubèn). Roupèn en prononciation arménienne occidentale.
(5) En arménien oriental Bardzerberd (arabe : Barsbirt). Cette forteresse était située sur un affluent du haut Pyrame (Djahan-tchaï), à une journée de marche environ en amont de Sis.
(6) Sources : Matthieu d'Edesse, ch. 151, p. 216-217 ; Kirakos de Gandzak, *l. c.*, p. 58 et sq. (et dans le Recueil des historiens des croisades, *Documents arméniens*, t. I, p. 415). Vahram d'Edesse, *Chronique rimée*, vers 160 et sq., p. 497 ; Michel le Syrien, trad. Chabot, III, p. 187. Cf. Tournebize, p. 168-169.

débuts de ce fondateur de dynastie furent obscurs et que nous ne savons rien de positif sur ses origines.

Un autre chef arménien nommé Ochin fonda vers le même temps et dans la même région une seigneurie analogue. Il serait originaire de Maïriatsdjourk (« la rivière des sapins ») près de Gandzak (l'actuel Elisabetpol), dans le nord-est de l'Arménie où se trouvait le fief de sa famille. Vers 1073 il serait venu en Haute Cilicie s'installer avec son frère Bazouni dans la forteresse de Lambron (Nimroûn), forteresse du Taurus située sur le cours supérieur de la rivière de Tarse (Tarsous-tchaï), au débouché des Pyles Ciliciennes (1). Ochin devait être, lui aussi, la souche d'une illustre famille régnante arménienne, la dynastie héthoumienne.

Mais, pour le moment, ces deux maisons destinées à un si brillant avenir étaient éclipsées par un aventurier audacieux, Philarétos Brakhamios, comme l'appellent les Byzantins, ce dernier nom n'étant d'ailleurs que la forme hellénisée du nom arménien bien connu de Vahram (2). C'était en effet un Arménien qui avait longtemps servi dans l'armée byzantine et qui avait même abjuré le monophysisme de son peuple pour l'orthodoxie grecque (3), ce qui lui a valu un concert de malédictions non seulement des chroniqueurs syriaques (4), mais même des écrivains arméniens ses compatriotes (5). Il avait servi sous l'empereur Romain Diogène et commandé pendant la campagne de Mantzikert un corps d'armée byzantin appuyé sur la forteresse de Romanopolis (Palou) (1071). A la chute de Romain, en cette même année 1071, il refusa de reconnaître le nouvel empereur, Michel VII Doukas. Il prit à sa solde une troupe de 8.000 mercenaires Francs, sous les ordres d'un certain Raimbaud, sans doute un ancien compagnon et compatriote du Normand Roussel de Bailleul. Fortement installé dans la montagneuse région de Marach, ville dont Romain Diogène lui avait naguère confié la garde, il forma autour de cette place, de Raban et d'Ablastha, sur les deux rives du haut Djeïhoun, une solide principauté dont il élimina les fonctionnaires byzantins comme il sut la défendre contre les Turcs (6). Le cas échéant, d'ailleurs, il n'hésitait pas a s'allier à ceux-ci contre ses propres compatriotes. Il réclama l'hommage d'un autre chef arménien, Thornik fils

---

(1) Sources : Matthieu d'Édesse, ch. 151, p. 217 ; Samuel d'Ani, année 1075, *Alexiade*, XII, 2, p. 137 ; Raoul de Caen, 39-40 (*Hist. Occid.*, t. III, p. 634) et Albert d'Aix, XI, 10 (*ibid.*, t. IV, p. 683).
(2) Sur ce curieux personnage, voir J. Laurent, *Byzance et Antioche sous le curopalate Philarète*, dans la *Revue des Études Arméniennes*, t. IX, 1929 p. 61-72.
(3) Matthieu d'Édesse, ch. 106, p. 173.
(4) Michel le Syrien, trad. Chabot, t. III, l. XV, ch. 4, p. 173.
(5) Matthieu, *l. c.*, p. 173.
(6) Cf. Attaliatès, p. 301. Voir Laurent, art. cit., p. 61-62.

de Mouchel, qui, au milieu de l'invasion turque, s'était maintenu dans le Sanassounq, ou Sassoun (1). Sur le refus de Thornik, il l'attaqua avec ses mercenaires normands, mais il se fit battre et le commandant de ceux-ci, Raimbaud, fut tué à cette occasion dans le district de Hanzit (2). Il suscita alors contre Thornik (du moins si nous en croyons Matthieu d'Édesse) une invasion de Turcs qui tuèrent celui-ci près d'Achmouchat (Arsamosate, Chimchât) : le crâne de Thornik fut apporté à Philarétos qui partagea les dépouilles du mort avec l'émir de Maiyâfarîqîn (1073-1074) (3).

Indépendamment de la haine confessionnelle dont ses compatriotes le poursuivaient pour son « apostasie » en faveur de l'orthodoxie grecque, Philarétos était évidemment un aventurier sans scrupules qui ne reculait devant aucune trahison pour asseoir sa puissance entre la débâcle byzantine et la conquête turque. Cette conquête en effet ne pouvait, du jour au lendemain, devenir partout effective. Quelles que fussent la mobilité des bandes turques et l'activité des émirs qui les commandaient, ils ne pouvaient être partout présents pour recueillir tous les districts tombés en déshérence par la carence de l'empire byzantin. Philarétos se glissait entre les deux empires, se présentant aux Byzantins comme leur homme, leur fondé de pouvoir (n'était-il pas l'ancien lieutenant de Romain Diogène ?), en même temps qu'il se présentait aux Turcs comme un esprit accommodant, sans fanatisme, aussi capable de s'entendre avec eux qu'avec les chrétiens. Les Grecs et les Arméniens — qu'ils le voulussent ou non — trouvaient sur ses terres un refuge contre la conquête turque. A la souplesse diplomatique il joignait d'ailleurs une réelle force militaire, composée de contingents arméno-grecs et aussi, on l'a vu, du corps de ses 8.000 Normands ou autres « Francs » (4). Enfin, aventurier lui-même s'il en fut, ses pouvoirs n'en étaient pas moins réguliers, légitimes en droit byzantin. «. Comme il était, de tous les généraux byzantins investis par l'empereur, le seul qui fût resté dans le pays après la débâcle grecque de 1071, les individus et les villes fidèles à l'empire se donnèrent à lui (5). » Il finit par avoir une armée de 30.000 hommes et se rendit maître d'une véritable principauté où il put se donner comme le représentant officiel de l'autorité byzantine (6).

(1) Le Sanassounq (*Sanasounitai* des Byzantins) est en principe le district au nord-est de Maiyâfâriqîn, à l'ouest de Bitlis, au sud-ouest du Taron, aux sources du Qoulp-sou et du Batmân-sou.
(2) Le district de Hanzit, on l'a vu, est situé dans une boucle de l'Euphrate, entre Malatya et Kharpout. Sur ces faits, Matthieu d'Edesse, ch. 106, p. 173-174.
(3) Matthieu d'Edesse, ch. 107, p. 175-176 ; Cf. Laurent, article cité, p. 63-64.
(4) Matthieu, ch. 106, p. 174.
(5) Laurent, p. 83 ; Cf. Michel le Syrien, III, p. 174 et 187.
(6) Cf. Michel le Syrien, III, p. 173-174 et Bar Hebraeus, *Chronicon Syriacum*, p. 257, 272.

Le gouvernement byzantin, à l'époque de Romain Diogène (1070-1071), avait confié à Philarétos les villes de Mélitène (Malatya) et de Marach, l'ancienne Germanicée, qui furent le point de départ de sa puissance. Les Byzantins, il est vrai, l'avaient ensuite éliminé de Mélitène qu'ils confièrent en 1074 à l'un de leurs généraux, Nicéphore Mélissène, mais Philarétos ne tarda pas à se rendre de nouveau maître de la ville. Il fit alors administrer Mélitène par un autre chef arménien, Thoros fils de Héthoum (1). (Par la suite, Mélitène sera gouvernée par d'autres lieutenants de Philarétos, l'Arménien Hareb, Balatianos et enfin le célèbre Gabriel) (2). Philarétos se trouva bientôt commander depuis Romanopolis (Palou) et Kharpert (Kharpout) au delà de l'Euphrate, jusqu'à Mopsueste (Mamistra, Missis), Anazarbe et Tarse en Cilicie, en passant par Mélitène, Gargar, Ablastha, Raban, Kéçoun et Marach (3). En 1077 il avait envoyé s'emparer d'Édesse un de ses lieutenants, Basile fils d'Aboukhab, officier d'origine arméno-géorgienne, qui du temps de Romain Diogène avait déjà, on l'a vu, commandé dans cette ville au nom de l'empereur (4). Édesse était alors au pouvoir, nous dit Matthieu, d'un certain Léon Tavadanos (ou plutôt Léon, frère de Tavadanos) qui la gouvernait au nom de l'empire byzantin. Léon résista, mais les habitants, dont beaucoup devaient être arméniens, se révoltèrent, le massacrèrent et remirent la ville entre les mains de Basile (5). A la mort de Basile, en 1083, les gens d'Édesse portèrent au pouvoir un autre Arménien nommé Sembat, qui est, comme Basile, loué par Matthieu pour sa vaillance et sa piété, ce qui prouve qu'il s'agissait d'un monophysite. Mais au bout de six mois, Sembat fut renversé à l'instigation de Philarétos qui annexa directement Édesse à ses possessions (23 septembre 1083) (6). Matthieu, qui, pour des raisons confessionnelles, hait Philarétos, nous le montre exerçant de cruelles vengeances sur l'aristocratie arménienne locale, entendez sur les Arméniens monophysites (7). — Philarétos posséda sûrement aussi Samosate qui ne lui fut enlevée qu'en 1085 par l'émir de Harrân, Charaf ad-Daoula (8).

Antioche, au milieu de la conquête turque, partout ailleurs triomphante, était, on l'a vu, restée au pouvoir des Byzantins.

(1) Nous verrons plus tard ce Thoros gouverner Edesse. Cf. p. 183 et 204,
(2) Liste donnée par Michel le Syrien, III, 173-174. Cf. Honigmann, *Malatya*, Encyclopédie de l'Islam, p. 211.
(3) Laurent, *Byzance et les Seldjoucides*, p. 84.
(4) Basile, en arménien Barsel. Sur ces événements, voir plus haut, p. 166. Cf. J. Laurent, *Edesse entre 1071 et 1098*, dans *Byzantion*, I, 1924, p. 387.
(5) Matthieu d'Edesse, ch. 116, p. 180-181 : Cf. Laurent, *Edesse entre 1071 et 1098*, l. c., p. 393.
(6) Matthieu, ch. 122, p. 186-187 ; Cf. Laurent, *Byzantion*, 1924, p. 397-399.
(7) Matthieu, l. c., ch. 122, p. 187.
(8) Bar Hebræus, p. 258 ; Cf. Honigmann, *Ostgrenze*, p. 143.

Le « duc » impérial d'Antioche était encore en 1078 Isaac Comnène auquel succéda, cette même année, le seigneur arménien Vassak Pahlavouni, fils du célèbre Grégoire Magistros (1). Or, pendant l'hiver de 1078-1079, Vassak « fut tué dans la rue du marché d'Antioche, nous dit Matthieu, par les perfides Grecs », c'est-à-dire qu'il fut assassiné par des conspirateurs de race grecque ou de rite orthodoxe (2). Ses troupes « et la noblesse d'Antioche », craignant évidemment que le Turcs ne profitassent des circonstances pour s'emparer de la ville, appelèrent Philarétos et se donnèrent à lui (3). Michel ajoute que Philarétos châtia aussitôt les assassins de Vassak, ce qui prouve qu'en dépit de son orthodoxie, l'aventurier ne se désolidarisait pas entièrement de ses compatriotes (4). Bien entendu cependant, cette prise de possession s'opéra sous la fiction de la souveraineté byzantine. (En revanche l'autre place byzantine de la Syrie, Chaïzar sur l'Oronte, fut conquise par les musulmans. Le 19 décembre 1081, l'émir arabe 'Alî ibn Mounqidh enleva la citadelle de Chaïzar à l'évêque qui l'administrait pour le compte de l'empire byzantin) (5).

A Antioche comme à Édesse, comme dans les autres places byzantines de la région, les populations chrétiennes se tournaient donc vers Philarétos, vers cet Arménien énergique et adroit comme vers un sauveur. Coupées de toute possibilité de secours byzantin depuis l'occupation de l'Asie Mineure par les Seldjouqides, elles n'avaient rien d'autre à faire que de se constituer en principautés autonomes sous la direction de l'élément arménien récemment immigré, seul élément militaire parmi elles. De fait, c'est bien d'une Nouvelle Arménie que Philarétos jetait les bases en ces années décisives qui séparent le désastre de Mantzikert de la première croisade. C'était du futur royaume roubénien et héthoumien du XIIIe siècle qu'il traçait le plan (6). Ou plutôt, l'État féodal qu'improvisait cet aventurier lucide était singulièrement plus étendu que ne devait l'être plus tard le royaume régulier des Roubèn et des Héthoum, puisque, appuyé sur une immigration arménienne dense et solidement assis sur l'Anti-Taurus, il englobait à la fois la Cilicie, la Mélitène, Édesse et Antioche.

(1) Cf. note de Langlois dans sa traduction de Matthieu d'Edesse, p. 418. Sur Grégoire Magistros et sa famille, Langlois, *Collection des historiens de l'Arménie*, I, p. 401. Sur Antioche en 1078, J. Laurent, *Revue des Études Arméniennes*, 1929, p. 66.
(2) Matthieu, ch. 111, p. 178.
(3) Matthieu, ch. 111, p. 179. Cf. Laurent, *Rev. d. Et. Arm.*, 1929, p. 67.
(4) Matthieu, ch. 111, p. 179.
(5) Michel le Syrien, III, p. 178. L'évêque de Chaïzar, devant le blocus étroit établi par les Mounqidhites, leur vendit la forteresse « moyennant certains avantages qui furent stipulés d'un commun accord » (Kamâl ad-Dîn, dans Derenbourg, *Vie d'Ousâma ibn Mounqidh*, t. I, p. 24). Cf. aussi Honigmann, *Shaizar*, Encyclopédie de l'Islam, p. 297.
(6) Voir plus loin, 3e partie, chapitre III, § 1. p. 385-416.

Bien que Philarétos ait en fait systématiquement dépouillé l'empire byzantin au détriment duquel il constituait sa curieuse principauté, l'empereur Nicéphore III Botaniate lui fut favorable. Désespérant sans doute de reconquérir ces marches lointaines, ou comprenant l'utilité d'un tel bastion chrétien resté debout au milieu de la conquête seldjoukide, Nicéphore eut la sagesse de rétablir des relations amicales avec l'heureux aventurier. Philarétos, de son côté, s'empressa de reconnaître une fois de plus la théorique souveraineté du *basileus* dont l'investiture légitimait son pouvoir aux yeux des populations (1). Mais en même temps, comme on vient de l'annoncer, Philarétos jugeait prudent de contracter une contre-assurance musulmane. Vers 1080 il se reconnut, pour la possession d'Antioche, vassal de la maison arabe des 'Oqailides qui régnait à Mossoul (2). Si nous en croyons Matthieu d'Édesse et Michel le Syrien, il aurait également cherché à se faire garantir ses possessions par le sultan seldjoukide Malik-châh et n'aurait pas hésité, dans cette intention, à feindre une conversion à l'islamisme (3).

Quoique théoriquement rallié à l'orthodoxie grecque, Philarétos dut, comme chef de la Nouvelle Arménie, avoir d'incessants rapports avec l'Église grégorienne, c'est-à-dire monophysite. Il aurait voulu s'attacher le patriarche arménien Grigor II (4). Il l'avait chargé d'une mission dans sa querelle avec Thornik de Sassoun, mission que le prélat décline (5). Par la suite, il invita Grigor à revenir et à établir son siège auprès de lui. Le patriarche refusa encore. Philarétos fit alors nommer patriarche, — ou anti-patriarche —, Sargis de Honi (6) qui fut sacré à Honi, le Khônion des géographes byzantins, l'actuel Khounou, au nord de Göksun, sur les terres de l'aventurier (1076). De son côté, Grigor se rendit à Ani, dans la Grande Arménie alors soumise aux Seldjoukides, et y sacra en qualité de coadjuteur son propre neveu Barsel (Basile) Ier dit d'Ani (1081) (7). Pendant ce temps, dans les États de Philarétos, l'anti-patriarche Sargis de Honi, décédé dès 1077, avait eu comme successeur Thoros Alakhosik (1077-1090). Or, en 1085 les Turcs s'étant emparés de la région de Honi, Philarétos invita Thoros à transporter le siège patriarcal auprès de lui,

---

(1) Attaliatès, p. 301 et Skylitzès, p. 741, *ap.* Chalandon, *Alexis Comnène*, p. 96 et J. Laurent, *Byzance et Antioche*, R. E. A., 1929, p. 67-68.
(2) Il s'agit du 'oqailide Charaf ad-Daoula Mouslim, émir de Mossoul de 1061 à 1085. Matthieu d'Édesse (ch 125, p. 190-191) le vante comme protecteur des chrétiens.
(3) Matthieu d'Édesse, ch. 128, p. 196 ; Michel le Syrien, III, l. 15, ch. 4, p. 173.
(4) Grigor II, patriarche arménien de 1065 à 1105 (?).
(5) Voir notre *Histoire de l'Arménie*. Cf. Matthieu, ch. 106, p. 174.
(6) Sargis de Honi est considéré, dans les listes canoniques, comme anti-patriarche (1076-1077).
(7) Barsel d'Ani, coadjuteur (1081-1105), puis seul patriarche 1105-1113. Sur ces événements, Matthieu d'Édesse, ch. 107, p. 176-177.

à Marach. Thoros, qui paraît s'être accommodé du protectorat turc, refusa. Philarétos fit alors nommer patriarche Polos de Varag, lequel résida docilement à Marach, auprès de lui (1086) (1). Ainsi, la *diaspora* arménienne avait comme conséquence le schisme, avec un patriarche à Ani, un autre à Honi et un troisième à Marach (2).

L'héritage de Philarétos et la première croisade

Cependant les Seldjouqides ne pouvaient à la longue laisser s'affermir la principauté arménienne qui, engagée comme un coin dans leurs possessions, leur barrait la route de la Syrie. Le seldjouqide Soulaïmân ibn-Qoutloumouch, le conquérant de l'Asie Mineure, profita d'une absence de Philarétos ainsi que des discordes familiales chez celui-ci (le propre fils de l'Arménien aurait conspiré avec les Turcs) (3). Le 1er décembre 1084 il mit à l'improviste le siège devant Antioche et trois jours après s'en empara (4). Antioche tomba donc au pouvoir des Turcs, pour bien peu de temps d'ailleurs : dès 1098, comme nous le verrons, elle sera délivrée par la première croisade (5).

Peu après la chute d'Antioche, le patriarche arménien Barsel (Basile) Ier, désespérant du relèvement politique de son peuple, se résigna à une démarche importante. Devant « les persécutions infligées par les Turcs aux fidèles, les impôts qui frappaient les églises et les couvents, devant les exactions contre le clergé », il alla implorer la clémence du « maître du monde », le sultan seldjouqide Malik-châh. « Ayant emporté de grosses sommes d'or et d'argent », il vint les offrir au sultan et obtint de lui des diplômes « assurant de sa protection l'Église arménienne et exemptant d'impôts les édifices religieux, les prêtres et les moines ». C'était, on le voit, un véritable ralliement de l'Église arménienne à l'empire turc. Les éloges que Matthieu d'Édesse décerne à ce propos à Malik-châh semblent prouver que la cour seldjouqide répondit à cette manifestation de loyalisme par la promesse d'un traitement libéral (6).

(1) Matthieu d'Édesse, ch. 125, p. 191 ; Cf. Tournebize, p. 166.
(2) Matthieu, ch. 126, p. 192.
(3) Anne Comnène, VI, ch. 9, p. 300. Réserves de Laurent, *Revue des Études Arméniennes*, 1929, p. 71.
(4) Chronologie de Mîkhâïl al-Antâkî dans la vie de saint Jean Damascène, trad. Graf dans *Der Katholik*, XCIII, 1913, p. 168 et sq. ; Cf. Honigmann, *Ostgrenze*, p. 123-124. Anne Comnène prétend que Soulaïmân fut appelé par les gens d'Antioche eux-mêmes pour les délivrer de la tyrannie de Philarétos (*Alexiade*, 169). Il n'est pas impossible que les intrigues entre confessions chrétiennes aient fait à ce point le jeu des Turcs. Sur la date du 4 décembre pour la prise d'Antioche par les Turcs, cf. Peeters, *Analecta Bollandiana*, 33, 1914, p. 79.
(5) Voir plus loin, p. 195.
(6) Matthieu d'Édesse, ch. 134, p. 201.

Quant à Édesse, Philarétos pendant une absence en avait confié la garde à un certain *parakimoumène*, mais celui-ci fut assassiné par un autre de ses officiers, peut-être un Syrien, nommé Barsama (Barçauma ?) (1). Philarétos alla implorer l'aide du sultan seldjouqide Malik-châh. Un lieutenant de Malik-châh, l'émir Bouzân, marcha contre Édesse et, au bout de six mois de siège, s'en empara : la population avait fini par se révolter contre Barsama et avait ouvert ses portes aux Turcs (1086-1087).

Bien entendu, Malik-châh ne rendit pas Édesse à Philarétos, mais laissa la ville en fief à l'émir Bouzân. Philarétos dut se contenter de conserver Marach (2) et sans doute aussi Malatya. Il disparut peu après avoir vu la dissolution de son éphémère principauté. Toutefois nous ne devons pas oublier que c'est malgré tout à lui qu'est dû l'enracinement définitif de la nation arménienne dans la région de l'Anti-Taurus et dans la région d'Édesse.

A Édesse l'émir Bouzân avait promis de respecter les biens de la population arménienne qui lui avait, en somme, livré la ville. Néanmoins, sur la dénonciation d'éléments hostiles, il fit périr, sans doute pour s'adjuger leurs avoirs, douze notables arméniens (3). Édesse devait rester à Bouzân jusqu'au jour où cet émir fut vaincu et tué par le cadet seldjouqide Toutouch (1094). Quand Toutouch eut péri à son tour dans d'autres guerres entre épigones seldjouqides (1095), un habile Arménien nommé Thoros (« Thoros fils de Héthoum »), ancien lieutenant de Philarétos, réussit à éliminer la petite garnison turque de la citadelle et, avec l'aide de la population arménienne, à se rendre maître de la ville (4). Les chefs turcomans du voisinage, Soqmân ibn Ortoq, émir de Saroûdj, et le Baldouqiya, émir de Samosate (5), vinrent assiéger Édesse. Non seulement Thoros leur résista, mais il résista de même au roi seldjouqide d'Alep, Ridwân, venu l'assiéger à son tour (1095-1096) (6). Nous verrons Thoros accueillir en 1098 à Édesse un des chefs de la première croisade, Baudouin de Bou-

---

(1) Matthieu, ch. 128, p. 195-196 ; Bar Hebræus, *Syr.*, p. 282 ; Ibn al-Athîr, *Kâmil*, p. 244.

(2) « Les Turcs, dit Michel le Syrien, enlevèrent à Philarétos Kaisoun, Raban, les villes du Djeihoun et d'autres, mais Marach resta en sa possession » Michel le Syrien, III, l. 15, ch. 4, p. 174, note avec addition de la version arabe. Aussi Bar Hebræus, *Chronicon syriacum*, p. 259. Cf. Honigmann, *Ostgrenze*, p. 144 et Claude Cahen, *La Syrie du Nord à l'époque des croisades*, p. 181.

(3) Matthieu d'Édesse, ch. 128, p. 195-196 et 130, p. 197-199. ; Bar Hebraeus, *Chron. syr.*, p. 259 et sq. Cf. Honigmann, *Ostgrenze*, p. 143-144.

(4) Thoros avait été gouverneur de Malatya pour Philarétos. Cf. Miche le Syrien, III, p. 173 ; Matthieu d'Édesse, ch. 145, p. 209-210. Voir Honigmann, *Orfa*, Enc. Isl., p. 1066.

(5) Cf. Claude Cahen, *La Syrie du Nord*, p. 180-181.

(6) Matthieu d'Édesse, ch. 146, p. 210-211. Cf. Honigmann, *Ostgrenze*, p. 144-145.

logne et ce qui en résulta : la transformation de la seigneurie arménienne en un comté franc d'Édesse (1).

Un autre chef arménien, Ko*l* Vasil, s'était, vers la même époque, rendu maître de Kaisoun et de Raban (2). Il s'y maintint de 1082 environ à sa mort en 1112 et joua un rôle actif dans les guerres des Francs d'Édesse et d'Antioche contre les Turcs. Comme avant lui Philarétos, c'était — et son surnom : Ko*l* c'est-à-dire « le voleur » (de territoires) nous le rappelle —, un aventurier sans grands scrupules. Néanmoins, au contraire du « chalcédonien » Philarétos, il a trouvé grâce devant les chroniqueurs ses compatriotes en raison de sa foi arménienne sans compromission. Matthieu d'Édesse l'appelle « l'illustre guerrier autour duquel s'étaient groupés les débris de notre armée nationale (3) ».

Quant à Marach dont nous avons vu que Philarétos était resté maître après la perte de ses autres possessions, elle tomba après lui au pouvoir des Turcs. Toutefois elle fut peu après reprise aux Turcs par la première croisade (vers le 13 octobre 1097) (4). Conformément à des engagements antérieurs (5), les croisés la remirent à l'empereur byzantin Alexis Comnène. Celui-ci y installa comme gouverneur, avec le titre de « prince des princes » (en arménien *ichkhan ichkhanats*), l'Arménien Thatoul qui devait en rester maître jusqu'en 1104 (6). Ainsi, l'immigration arménienne en ces régions était devenue si dense que Grecs comme Turcs étaient obligés d'en tenir compte et de choisir souvent dans cet élément leurs propres représentants locaux.

Le cas était le même à Mélitène ou Malatya. La ville, on l'a vu, avait un moment appartenu à Philarétos dont le dernier représentant y fut un certain Khôril ou Gabriel (7). Cet adroit personnage était, comme Philarétos lui-même, arménien de race et grec orthodoxe de religion (8). Bien que théoriquement sujet de l'empire byzantin, il envoya sa femme à Baghdâd pour faire confirmer par le khalife abbâsside et par le sultan seldjouqide

---

(1) Voir plus bas, p. 204 et 297. Cf. J. Laurent, *Des Grecs aux Croisés étude sur l'histoire d'Édesse de 1071 à 1098*, dans *Byzantion*, 1924, I, 367.

(2) Si nous nous fions au passage précité de Michel le Syrien (p. 174, version arabe), Kaisoun et Raban furent enlevées à Philarétos par les Turcs. Ces deux villes durent être ensuite soustraites aux Turcs par Ko*l* Vasil.

(3) Matthieu d'Edesse, ch. 187, p. 258-259. Aussi ch. 197, p. 264-265, ch. 198, p. 265-266, ch. 210, p. 281 ; Cf. Claude Cahen, *La Syrie du Nord à l'époque des croisades*, p. 181 et 265.

(4) *Histoire anonyme de la première croisade*, éd. Bréhier, I, 11, p. 64-65.

(5) Voir plus loin, p. 195.

(6) En 1103-1104, Thatoul dut céder Marach au baron franc Jocelin Ier de Courtenay, seigneur de Turbessel, le futur comte d'Edesse (Claude Cahen, *La Syrie du Nord*, p. 237). Sur Thatoul, Matthieu d'Edesse, ch. 166, p. 229-230. Cf. Chalandon, *Les Comnènes* I, p. 220, II, p. 105 et Honigmann, *Mar'ash*, Encycl. Isl., p. 285.

(7) Michel le Syrien, III, p. 179.

(8) Guillaume de Tyr, X, 21.

son pouvoir sur Malatya (1). Assiégé plusieurs fois dans cette ville par les Turcs, il réussit longtemps, à force de diplomatie, à se débarrasser d'eux. La première fois, ce fut en obtenant la médiation du chef turcoman Gumuchtékin ibn Dânichmend, émir de Sivas (2). La seconde fois, en 1097, quand il fut assiégé par le Seldjouqide d'Asie Mineure, Qilidj Arslan Ier, il fut dégagé fort opportunément par l'arrivée de la Première Croisade. Il sut se ménager, comme on le verra, l'amitié des barons francs qui intervinrent à diverses reprises en sa faveur contre l'émir Gumuchtékin. Il fut particulièrement lié avec le deuxième comte franc d'Édesse, Baudouin II du Bourg, le futur roi de Jérusalem, auquel il donna en mariage sa fille Morfia (3). C'était là un de ces mariages franco-arméniens qui allaient se multiplier au cours des croisades (4). Toutefois la poussée turque devait finir par l'emporter. En 1103 Malatya fut prise par les Dânichmendites qui firent aussitôt périr Gabriel (5).

Si nous cherchons à résumer ces événements, nous constaterons sous leur confusion apparente, sous la multiplicité des petites seigneuries arméniennes, la plupart éphémères, fondées dans le dernier quart du XIe siècle autour de l'Anti-Taurus et du grand coude de l'Euphrate, un phénomène d'une grande importance historique : le regroupement de la *diaspora* arménienne dans cette région. Soit sous des chefs nationaux, soit sous les ordres des chefs croisés qui se substituèrent à eux, cette immigration arménienne dense devait jouer un rôle considérable dans l'histoire de l'Orient latin (6).

(1) Michel le Syrien, III, p. 179.
(2) Michel, *ibid.*
(3) Matthieu d'Édesse, ch. 149, p. 211-212, et ch. 167, p. 230 231, Michel le Syrien, III, p. 187, 192. Cf. Guillaume de Tyr, X. 23 ; XI, 11 ; XII, 4.
(4) Voir plus bas, p. 205, 298, 316. Aussi Honigmann, *Malatya* Enc. Isl., p. 211.
(5) Michel, III, p. 187-188 et 192.
(6) Voir plus bas, p. 385-416, l'histoire de l'État arménien de Cilicie et aussi, p. 297 301, l'histoire du comté d'Édesse.

TROISIÈME PARTIE

LA QUESTION D'ORIENT AU MOYEN AGE
LA SOLUTION FRANQUE

CHAPITRE PREMIER

LES ÉTATS CROISÉS DE SYRIE ET DE PALESTINE

1. Le Royaume de Jérusalem

Origines de l'idée de croisade en Occident

La croisade, — quelles qu'en soient la théorie juridique et religieuse (1) ou les origines immédiates (2), — est née d'un réflexe défensif de l'Europe devant la menace asiatique (3).

(1) Erdmann, *Die Entstehung des Kreuzzugs-Gedanken*, Stuttgart, 1935 (8°, 420 p.) ; Michel Villey, *La Croisade, essai sur la formation d'une théorie juridique*, Paris, 1942 (8°, 284 p.) ; Paul Rousset, *Les origines et les caractères de la Première Croisade*, Neuchatel, 1945 (8°, 208 p.).
(2) A. Fliche, *Urbain II et la croisade*, Revue d'Histoire de l'Église de France, t. XIII, 1927, p. 289 ; René Crozet, *Le voyage d'Urbain II et ses négociations avec le clergé de France*, Revue Historique, t. CLXXIX, 1937 ; Fliche, *L'action de la papauté en vue de la croisade*, Revue d'Histoire ecclésiastique, 1938, p. 765.
(3) Bibliographie générale :
Sources : *Recueil des historiens des Croisades*, publié par les soins de l'Académie des Inscriptions (Paris, depuis 1841, folio) : 1° *Historiens occidentaux*, 5 tomes parus (1844-1895) ; 2° *Historiens orientaux* (= arabes), 5 tomes parus (1872-1906) ; 3° *Historiens grecs*, 2 tomes (1875-1881) ; 4° *Documents arméniens*, 2 tomes (1869-1906) ; 5° *Lois*, 2 tomes (1841-1843). Pour la critique des sources, voir Claude Cahen, *La Syrie du Nord à l'époque des Croisades*, 1940, pp. 3-32 *(les sources latines)* et 33-93 *(les sources arabes)* ; et Jorga, *Les narrateurs de la première croisade*, 8°, 93 p., Paris, 1928.
Röhricht, *Regesta regni hierosolymitani, 1097-1291*, Innsbrück, 1893, 8°, et *Additamentum, ibid.*, 1904, 8°.
Publications de la Société de l'Orient Latin : *Archives de l'Orient Latin*, 2 vol. 4° (1881-1884) ; *Revue de l'Orient Latin*, Paris, 1893-1908.
Schlumberger, *Numismatique de l'Orient Latin*, Paris, 1878, 4°.
Ouvrages d'ensemble. – Ducange, *Les familles d'outre-mer*, éd. Rey, Paris, 1869 *(Doc. inédits Hist. Fr.)* ; Rey, *Les colonies franques de Syrie aux XIIᵉ et XIIIᵉ siècles*, Paris, 1883 ; Röhricht, *Geschichte des Königreichs Jerusalem*, Innsbrück, 1898, 8° ; W. B. Stevenson, *The Crusaders in the East*, Cambridge, 1907, 8° ; L. Bréhier, *L'Église et l'Orient au Moyen-Age. Les Croisades*, P. 1912, in-12° ; Jean Longnon, *Les Français d'Outre-mer au Moyen-Age*, Paris, 1929 ; R. Grousset, *Histoire des Croisades et du Royaume Franc de Jérusalem*, Paris (Plon), 3 vol. 8°, 1931-1936 ; D. C. Munro, *The kingdom of the Crusaders*, New-York, 1936, in-12° ; P. Deschamps, *Les châteaux des croisés en Terre sainte*, 2 vol. parus, Paris, 4° (1931-1939) ; Claude Cahen, *La Syrie du Nord à l'époque des Croisades*, Paris, 1940, 8°.
Géographie. — Dussaud, *Topographie historique de la Syrie*, Paris, 1927, 8° ; Abel, *Géographie de la Palestine*, 2 vol., 8°, Paris, 1936-1938.

Comment l'Occident fut-il amené à intervenir ainsi dans la question d'Orient ?

Les prises d'armes de l'Occident contre le monde musulman sont bien antérieures à la première croisade. L'Occident avait eu depuis longtemps à lutter contre les musulmans parce que les musulmans l'attaquaient directement chez lui. L'Espagne avait été presque entièrement conquise par les Arabes dès 711-718 et, depuis lors, la Galice, les Asturies et les vallées pyrénéennes qui avaient échappé à la conquête luttaient péniblement pour refouler l'envahisseur. Au siècle suivant, les Arabes de Tunisie (dynastie des Aghlabites) conquirent sur les Byzantins la Sicile (prise de Palerme 830, de Messine 842 et de Syracuse 876). Ils prirent même pied dans la péninsule italienne où ils occupèrent Bari (848) et Tarente (856). Une de leurs bandes, ayant abordé à Ostie, était allée, audace et sacrilège inouïs, piller à Rome la basilique de Saint-Paul hors les murs (août 846) (1). Le vaillant empereur carolingien Louis II — un grand souverain méconnu — leur reprit, il est vrai, Bari (871) et les Byzantins, sous le règne de Basile Ier le Macédonien, leur reprirent, de leur côté, Tarente (880). Mais les Arabes conservèrent plus longtemps la Sicile. Il fallut, pour les en chasser, l'arrivée des Normands. Le chef normand Roger Ier, frère du célèbre Robert Guiscard, réussit, après une lutte opiniâtre, à délivrer l'île (prise de Messine 1061, de Catane et de Palerme 1072, de Trapani 1077, de Taormine 1079, de Syracuse 1085, de Girgenti 1086 et de Noto 1091). Devenu comte de Sicile, Roger Ier enleva même aux Arabes l'île de Malte (1091-1092) (2).

Les républiques maritimes italiennes avaient été amenées très tôt à s'associer à cet effort, menacées qu'elles étaient chez elles par les corsaires arabes. Gênes avait été surprise et pillée par eux en 935, Pise en 1004 et 1011. Aidés par les Génois, les Pisans réagirent énergiquement et en 1016 ils chassèrent de la Sardaigne les Arabes qui venaient de s'y établir (3). En 1034 les Pisans, achevant de prendre leur revanche, firent une descente en Algérie où ils pillèrent Bône (4). En 1087, sur l'initiative du pape Victor III, les escadres pisanes et génoises opérèrent encore une descente en Tunisie. La capitale tunisienne, Mehdia, fut prise (août 1087). Avant de se rembarquer, les vainqueurs délivrèrent un grand nombre de captifs chrétiens (5). Au siècle suivant, les

---

(1) Cf. C. Manfroni, *Storia della marina italiana dalle invasioni barbariche al trattato di Ninfeo*, p. 50.
(2) Chalandon, *Histoire de la domination normande en Italie et en Sicile*, t. I, p. 191-211 et 327-339.
(3) Les Arabes, d'après Ibn al-Athir, s'étaient établis en Sardaigne en 1015. Cf. Manfroni, p. 92-96 ; Schaube, *Handelsgeschichte*, p. 49-50.
(4) Cf. Manfroni, p. 96.
(5) Cf. Manfroni, p. 99-102 ; Schaube, p. 50-51.

Normands de Sicile franchiront à leur tour la mer et viendront, eux aussi, relancer les musulmans jusqu'en Tunisie et en Tripolitaine. Le roi Roger II de Sicile occupera ainsi Tripoli (juin 1146), Mehdia, Sousse et Sfax (juillet-août 1148), toutes villes qui resteront au pouvoir des Normands une dizaine d'années (reprise, par les musulmans, de Sfax en 1156, de Tripoli en 1158 et de Mehdia en 1160) (1).

En Espagne la *reconquista* chrétienne était depuis longtemps commencée. C'était bien, cette fois, une croisade avant la lettre, non seulement, comme on l'a dit « une croisade à domicile », mais même, tout au moins au début, une entreprise chrétienne internationale, puisque, à diverses reprises, les barons français furent appelés à y prendre part (2). « La première croisade française », selon le mot d'Augustin Fliche, fut celle que conduisirent en Aragon en 1063-1065, à l'appel du pape Alexandre II, le Champenois Eble de Roucy et le duc d'Aquitaine Guy-Geoffroi. « Le monde occidental, sur l'ordre du pape, se précipite à l'assaut de l'Islam : l'idée de croisade est née » (Fliche) (3). En 1085, dix ans avant le « Dieu le veut » de Clermont-Ferrand, la *reconquista* chrétienne aboutit de ce côté à un premier résultat décisif : la reprise de Tolède par le roi de Castille Alphonse VI.

Urbain II et l'idée de croisade.
L'idée de croisade et le fait de colonisation

La *reconquista* espagnole avait préparé les esprits à l'idée de croisade. Le pape Grégoire VII (1073-1085) qui avait activement poussé aux expéditions en Espagne, envisagea l'envoi d'un secours militaire à l'empire byzantin, mais si l'idée était dans l'air, ce fut le pape Urbain II qui la réalisa. Remarquons qu'Urbain avait été moine de Cluny. Or l'influence clunisienne s'était activement exercée en faveur de la *reconquista* espagnole. On saisit là un lien de plus entre celle-ci et la croisade proprement dite. D'autre part, si Urbain II, antérieurement à la croisade, put se montrer favorable au recrutement de mercenaires francs par l'empereur byzantin Alexis Comnène (concile de Plaisance, 1er-7 mars 1095), il est faux que ce prince ait fait appel à lui en vue de la prédication de la guerre sainte. L'initiative de la croisade fut bien l'œuvre propre du pontife. Il en garda longtemps le secret et ne révéla son projet que soigneusement mûri, dans un manifeste solennel, au concile de Clermont-Ferrand, le 27 novembre 1095. Ce jour-là il appela la chrétienté aux armes pour

---

(1) Chalandon, *Domination normande*, t. II, p. 160-161 et 237-240.
(2) Cf. T. Boissonade, *Du nouveau sur la Chanson de Roland*, p. 31 et sq.
(3) Fliche, *L'Europe occidentale de 888 à 1125*, p. 551-552.

la délivrance du Saint-Sépulcre, pour la délivrance aussi des chrétiens d'Orient opprimés par l'Islam.

En quoi cet appel se distinguait-il de ceux qu'avaient antérieurement lancés les autres papes ou les princes « latins » en vue de telle expédition contre les musulmans de Sicile, d'Espagne ou d'Afrique ?

Jusque-là les expéditions contre les musulmans en Sicile par exemple ou dans les ports de l'Afrique du Nord, avaient conservé un caractère purement politique. Même en Espagne où la *reconquista*, nous l'avons vu, n'avait pas été sans se présenter comme une préfiguration de la croisade, il ne s'était agi encore que d'une entreprise circonscrite à la péninsule, au bénéfice de la Castille ou de l'Aragon. L'idée d'Urbain II, idée-force, idée en marche qui allait bouleverser le monde, se distingua des entreprises antérieures par son caractère proprement religieux, originairement désintéressé, entièrement international. Ce fut toute la chrétienté que le pape appela à la lutte contre l'Islam. Depuis que les premiers khalifes arabes avaient proclamé contre les chrétiens le *djihâd*, la guerre sainte musulmane, les États chrétiens, malgré le caractère confessionnel que nous avons souligné chez eux, n'avaient opposé à l'Islam qu'une résistance isolée ; et s'il y avait bien eu de leur part guerre religieuse, c'était encore une guerre nationale, voire une guerre de nationalité (Byzance, Arménie). Avec Urbain II, la chrétienté répond à l'Islam par une guerre sainte générale. A ce titre la croisade s'oppose et s'égale vraiment au *djihâd* ; on peut dire que la croisade est un *contre-djihâd*.

D'où le succès sans précédent de la prédication de 1095, succès qui laissa bien loin en arrière celui des initiatives clunisiennes en vue de l'envoi de chevauchées champenoises, bourguignonnes ou aquitaines en Espagne. La croisade se propagea avec une rapidité inouïe, parce que ce fut une idée passionnelle suscitant une mystique collective, comme plus tard l'idée de liberté, l'idée de nationalité, l'idée de justice sociale. Ce fut l'idéologie, ce fut la mystique créées à Clermont par Urbain II qui, agissant à plein sur la psychologie des foules, provoquèrent l'extraordinaire élan spirituel de 1095. Élan populaire d'abord. A la voix du pape répondit le cri de « Dieu le veut » *(Deus lo volt)* qui a traversé les siècles. Ses auditeurs se « croisèrent » (en cousant, comme insigne de leur vœu, une croix d'étoffe sur leur vêtement). L'élan partit des masses : la prédication et le succès d'un Pierre l'Ermite, pauvre homme par ailleurs que les événements n'allaient pas tarder à ramener à sa mesure, en portent témoignage. Cet élan gagnera progressivement la chevalerie, puis le monde des barons, sans parvenir pour cette fois (le fait est significatif) à enrôler aucun des princes régnants : la raison d'État restait encore réfractaire à ce grand mouvement d'idéologie internationale.

L'élément idéologique ainsi apparu — la mystique de croisade — ne disparaîtra jamais entièrement. Nous en verrons les réveils, de plus en plus affaiblis, il est vrai, au cours des croisades ultérieures. Nous le retrouverons intact en 1248 et en 1270 chez un Louis IX. Mais presque tout de suite il aura dû composer avec *le fait de conquête*, puis avec *le fait de colonisation*.

Le fait de conquête tout d'abord. La prédication de la croisade tomba dans une Europe en pleine expansion. Elle déchaîna l'impérialisme politique de la féodalité capétienne et lotharingienne, l'impérialisme économique et naval des républiques maritimes italiennes. Dans une société tumultueuse, encore mal assise, bouillonnant de sève, la rémission des fautes accordée aux croisés par l'Église refit une virginité et assura un alibi à bien des consciences troubles, aventuriers et chevaliers-brigands. Tous ces éléments douteux, un moment courbés devant le souffle mystique de 1095, reprirent, une fois en terre d'Asie, leurs brutaux instincts de lucre et de pillage. Parmi les barons eux-mêmes le vœu de 1095 se transformera vite en la plus profitable des aventures. Les plus intelligents d'entre eux, un Baudouin Ier, un Bohémond, un Tancrède, verront dans la croisade l'occasion inespérée de se tailler des seigneuries au soleil d'Orient. Le croisé deviendra un *conquistador* pour lequel tous les procédés seront bons, — violence, parjure, assassinat même (Baudouin Ier à Édesse) —, pourvu qu'il arrondisse son lot. Pour y parvenir, Baudouin Ier et Bohémond n'hésiteront pas à abandonner le gros de la croisade bien avant la délivrance de Jérusalem. Or ce seront précisément ces deux étranges croisés qui se trouveront finalement les principaux bénéficiaires de l'entreprise dont ils avaient, avec un tel cynisme, trahi l'esprit : Bohémond sera le fondateur de la principauté d'Antioche ; Baudouin Ier, le fondateur du royaume de Jérusalem. On voit à quel point l'idéologie de croisade allait servir de paravent à des réalités singulièrement différentes.

Après le fait de conquête, *le fait de colonisation*. Les États francs de Syrie et de Palestine une fois sortis de la réussite de la croisade, les nécessités de la colonisation imprimeront à l'histoire de l'Orient latin des tendances diamétralement opposées à l'esprit de 1095. Il faudra, à Jérusalem, à Tripoli, à Antioche, à Édesse, trouver un *modus vivendi* avec les États musulmans du voisinage, vivre en permanente symbiose avec les fellahs musulmans restés en terre franque, accepter un minimum de tolérance religieuse entre chrétienté et islam. D'Acre ou de Tyr on ne verra plus le musulman avec les mêmes yeux que de Clermont. Le colon franc de Terre sainte, le « Poulain », comme l'appelleront par méprís les pèlerins encore fidèles à l'esprit de 1095, se sera adapté au voisinage musulman et à la vie orientale. Il montrera à l'égard des idées, des coutumes, voire de la foi musulmanes un libéralisme qui scandalisera le pèlerin. Inversement, le pèlerin, le croisé des croisades ultérieures feront, aux yeux du Poulain, figure de fanatiques. C'est qu'entre les premiers et le second il y aura toutes les nécessités d'une politique indigène, d'une politique musulmane dont un Urbain II n'avait pu avoir aucun soupçon mais qui ne devaient pas tarder à s'imposer au réalisme des « barons de Terre Sainte ».

On peut dire que l'histoire de l'Orient latin sera celle de la sourde opposition et des incessants compromis entre l'*idée de croisade* et *le fait colonial*. Hâtons-nous d'ajouter que les deux points de vue se compléteront. Sans l'élan spirituel de la croisade, sans la mystique du concile de Clermont, il n'y aurait jamais eu en Syrie de colonies franques. Et sans le réalisme colonial d'un Baudouin Ier, l'œuvre de la croisade n'eût pas duré dix ans.

Quant aux raisons qui ont déterminé la papauté à lancer l'appel de la croisade, elles sont évidentes. Jérusalem, qui avait déjà souffert sous la dynastie des Fâtimides (destruction de l'église du Saint-Sépulcre par le khalife Hâkim, 1009) (1), avait, en 1071, été enlevée aux Fâtimides par un aventurier turc, puis, à partir de 1079, elle avait été officiellement rattachée à l'empire turc seldjouqide. Or, en dépit de l'accès de folie passagère d'un Hâkim, la domination égyptienne avait été beaucoup plus libérale que ne menaçait de l'être la domination turque. Il y avait désormais là pour les pèlerins de nouveaux périls.

Non seulement les Turcs étaient maîtres de la ville sainte, mais, de Nicée où ils se trouvaient installés sur les bords de la Marmara, en face de Constantinople, ils semblaient à la veille de franchir les Détroits, de passer en Europe, de détruire l'empire byzantin. Quels que soient les mobiles religieux qui aient inspiré Urbain II, la croisade, dans son cadre historique, se présente comme un réflexe défensif de l'Europe (on disait alors « la Chrétienté »), une levée en masse de l'Occident venant relayer sur le front d'Asie l'empire byzantin en détresse.

L'expansion de l'Occident aux dépens du monde musulman était commencée. La croisade n'en fut que le plus brillant épisode.

La première Croisade : points de droit et solutions de fait

La première réponse à l'appel d'Urbain II fut donnée par les croisades populaires dont la plus considérable est celle de Pierre

(1) Voir plus haut, p. 126.

l'Ermite. Les bandes indisciplinées que conduisait Pierre, après avoir pillé sur leur passage les campagnes hongroises et byzantines — elles s'attirèrent de ce fait les représailles des Byzantins (juillet 1096) —, atteignirent Constantinople et, une fois transportées en Asie, allèrent se faire massacrer par les Turcs à Hersek sur la côte de Bithynie (21 octobre 1096).

La croisade des barons fut mieux organisée (1). Urbain II lui avait donné comme chef le légat Adhémar de Monteil, évêque du Puy, qui, effectivement, jusqu'à son décès à Antioche (1er août 1098), joua un rôle fort utile, tout de conciliation entre les divers barons croisés. En fait, ceux-ci conservèrent leur indépendance. Ils étaient partis en quatre groupes, avec Constantinople comme point de concentration. Le premier groupe était conduit par le duc de Basse-Lotharingie, c'est-à-dire de Brabant, Godefroi de Bouillon, vaillant guerrier et chrétien sincère, qu'accompagnait son frère Baudouin de Boulogne, un tout autre homme, celui-là, personnalité beaucoup plus forte sinon aussi recommandable dont nous verrons le rôle capital comme véritable fondateur du royaume de Jérusalem. L'armée de Godefroi traversa avec beaucoup de discipline la Hongrie et les provinces byzantines d'Europe et atteignit Constantinople le 23 décembre 1096.

Le deuxième groupe était constitué par les Normands de l'Italie méridionale sous le commandement de Bohémond de Tarente — un des fils du célèbre Robert Guiscard —, et de son neveu Tancrède. Pleins de fougue normande et d'intrigue napolitaine, Bohémond et Tancrède apporteront à la croisade leur expérience du milieu oriental qu'ils connaissent bien par les récentes guerres de Robert Guiscard contre Byzance et par le contact des Arabes de Sicile. Personnalités puissantes au demeurant, ils seront avec Baudouin Ier les meilleurs hommes de la conquête franque. Par l'Épire et la Macédoine, ils arrivèrent en avril 1097 à Constantinople où leur approche faisait trembler l'empereur Alexis Comnène : quelques années plus tôt (1081-1085) ce même Bohémond n'avait-il pas tenté, avec son père Robert Guiscard, d'arracher l'Épire et la Macédoine aux Byzantins ? (2). Néanmoins Bohémond et Tancrède, aussi souples diplomates que redoutables guerriers, surent provisoirement mettre une sourdine à leur ambition et même se faire (toujours à titre provisoire) les avocats du *basileus* auprès des autres chefs croisés.

Le troisième groupe de croisés, formé de Français du Midi, était conduit par Raymond de Saint-Gilles, comte de Toulouse, personnage inégal, plein de prétentions, qui aspirait au premier

---

(1) Cf. Hagenmeyer, *Chronologie de la première croisade*, Revue de l'Orient latin, t. VI et VII, Paris, 1902 ; F. Chalandon, *Histoire de la première croisade*, Paris 1925 (8°, 380 p.).
(2) Cf. Chalandon, *Domination normande*, t. I, p. 265-283.

rôle et, pour le moment, allait se montrer intraitable à l'égard des thèses juridiques byzantines, en attendant de se faire par la suite l'homme de cette même politique byzantine au Levant. Le quatrième groupe était constitué par les Français du Nord avec, notamment, le comte de Normandie, Robert Courte-Heuse et le comte de Flandre Robert II.

A Constantinople où avait lieu la concentration générale, les chefs croisés se trouvaient devant un problème de droit international. Les terres qu'ils allaient conquérir sur les Turcs, tout au moins celles de la Syrie septentrionale comme Antioche et Lattakié, avaient tout récemment encore appartenu à l'empire byzantin (les Turcs n'avaient enlevé Antioche aux Impériaux qu'en 1084) (v. p. 182). L'empereur Alexis Comnène rappela aux Croisés ces titres juridiques, cette hypothèque sur les anciennes possessions impériales et, après des négociations orageuses qui faillirent dégénérer en lutte ouverte (attaque de Godefroi de Bouillon contre les murailles de Constantinople vers la porte de Gyrolimne), il finit, à force de caresses et de menaces, par obtenir satisfaction : les chefs croisés s'engagèrent à lui remettre leurs conquêtes éventuelles dans les anciennes provinces d'empire, ou tout au moins à les tenir de lui en fief ; en foi de quoi ils durent lui prêter serment de fidélité (avril 1097) (1).

Les croisés, étant alors passés en Asie, vinrent, en Bithynie, investir la ville de Nicée, alors siège du royaume (depuis sultanat) seldjouqide d'Anatolie. Ayant forcé la place à capituler, ils acceptèrent, conformément aux accords de Constantinople, de la laisser aux Byzantins (26 juin 1097) (2). Nous verrons plus loin (p. 426) que Nicée ne fut pas la seule ville récupérée par les Byzantins sur les Turcs à la faveur de la première croisade : tandis que les croisés allaient s'engager sur les routes de l'Anatolie orientale et de la Syrie, l'empereur Alexis Comnène, profitant des embarras des Turcs, devait enlever encore à ceux-ci le reste de la Bithynie, l'Ionie (1097), la Lydie et la Phrygie occidentale (1098). C'est là, rappelons-le, un résultat indirect mais non le moindre de la première croisade. L'initiative du pape Urbain II avait ainsi atteint un de ses premiers buts qui était de dégager Constantinople et de rendre à l'hellénisme la meilleure partie de l'Asie Mineure. La prise de Constantinople par les Turcs, l'entrée des Turcs en Europe, qu'on pouvait croire prochaines dans les

(1) Seul Raymond de Saint-Gilles s'y refusa jusqu'au bout. Le fait est sans importance puisque Raymond devint par la suite plus byzantinophile qu'aucun de ses compagnons. Sur les laborieuses négociations entre Croisés et Byzantins, voir, pour Godefroi de Bouillon, Albert d'Aix, *Hist. Occ.*, t. IV, l. II, c. 10-11, p. 305-309 et, pour le comte de Toulouse, Raymond d'Aguilers, *ibid.*, III, 3, p. 238. Critique des sources latines et de l'*Alexiade* dans Chalandon, *Alexis Comnène*, p. 175-189 et *La première croisade*, p. 119 et 199.
(2) *Histoire anonyme de la première croisade*, éd. Bréhier (Classiques de l'Histoire de France), 7-8, p. 35-43.

sombres années 1081-1097, reculaient jusqu'à 1453. C'est là un fait d'une importance historique qui dépasse peut-être en portée la conquête même de Jérusalem.

Causes de la réussite de la première croisade :
l'anarchie du monde musulman à l'arrivée des croisés

La relative facilité avec laquelle les croisés et leurs alliés byzantins s'étaient emparés de Nicée, capitale du royaume seldjouqide d'Asie Mineure, était révélatrice de l'état du monde musulman à cette date.

Remarquons en effet combien l'heure était favorable pour les croisés. Si la croisade avait été prêchée une dizaine d'années plus tôt, elle se serait heurtée au grand empire seldjouqide unitaire du sultan Malik-châh, au monde turc obéissant à un seul maître depuis Boukhara jusqu'à la Méditerranée, et rien ne dit qu'elle n'eût pas échoué. Au contraire, survenant après le partage seldjouqide de 1092, en pleines guerres de succession entre épigones seldjouqides, elle allait bénéficier d'un concours de circonstances inespéré. Seldjouqides d'Asie Mineure, de Syrie, d'Iran, tous étaient brouillés entre eux. La croisade pourra écraser séparément ceux d'Asie Mineure sans que ceux de Syrie ou d'Iran interviennent. En Syrie même les deux rois seldjouqides d'Alep et de Damas, Ridwân (1) et Doqâq, sont des frères ennemis qui combattront séparément la croisade et séparément aussi se feront battre. Les Seldjouqides d'Iran qui théoriquement conservent l'hégémonie et détiennent la dignité sultanienne, sont également en proie à des luttes fratricides (2). Ils finiront cependant par intervenir en Syrie, mais trop tard, quand Antioche sera perdue.

Si les épigones seldjouqides, malgré leurs liens de parenté, n'allaient pas arriver à s'unir contre la croisade, à plus forte raison l'union devait elle être impossible entre eux et le gouvernement fâtimide d'Égypte. Tout séparait les Fâtimides des Seldjouqides. Haine de race : les Seldjouqides étaient des Turcs d'Asie Centrale, les Fâtimides des Arabes africains. Haine religieuse : les Seldjouqides étaient des musulmans sunnites, leur sultan (celui d'Iran) se considérait comme le vicaire temporel du khalife de Baghdâd. Les Fâtimides étaient musulmans chî'ites, leur khalife du Caire était le pontife même du chî'isme. Aussi non seulement le gouvernement égyptien ne secourra-t-il pas les Seldjouqides de Syrie contre la croisade, mais il profitera de ce qu'ils sont aux prises avec elle devant Antioche pour leur enlever Jérusalem (26 août 1098) (3).

(1) *Ridwân*, de préférence à *Rodwân* (J. Deny).
(2) René Grousset, *L'empire des steppes*, p. 210-214.
(3) L'armée égyptienne conquit Jérusalem sur les Ortoqides, émirs turcs

L'état du monde musulman au moment de l'arrivée des croisés explique pour une bonne part leur succès en dépit des fautes qu'ils allaient commettre.

La première croisade en Syrie.
Conquête d'Antioche et de Jérusalem

Après la prise de Nicée, les croisés avaient entrepris la traversée de l'Asie Mineure en diagonale, du nord-ouest au sud-est. Le 1er juillet 1097, ils vainquirent près de Dorylée (Eski-chéhir) le roi seldjouqide d'Asie Mineure Qilidj-Arslan et purent dès lors achever sans obstacle sérieux la traversée de la péninsule par Qonya et l'Anti-Taurus, les Turcs se contentant de faire le vide devant eux (1). Dans l'Anti-Taurus et la région de Marach ils furent aidés par l'élément arménien, récemment immigré, comme on l'a vu, en ces régions (2). De là ils descendirent dans la Syrie du Nord et vinrent mettre le siège devant Antioche, place qui appartenait à un émir turc vassal des Seldjouqides, nommé Yaghî-Siyân (20 octobre 1097).

Le siège d'Antioche, siège pénible s'il en fut, dura plus de sept mois au cours desquels plus d'un caractère mal trempé (Pierre l'Ermite notamment) déserta. Le roi seldjouqide d'Alep, Ridwân, tenta de dégager la ville dont il était suzerain, mais fut repoussé (9 février 1098). Le 3 juin, Antioche fut enfin prise grâce à l'initiative du prince italo-normand Bohémond. Une grande armée de secours envoyée par le sultan seldjouqide d'Iran sous les ordres de l'émir de Mossoul Karbouqa, arriva trop tard et fut détruite devant Antioche (28 juin). Le fougueux et rusé Bohémond à qui étaient dus ces succès et qui avait jeté son dévolu sur Antioche réussit malgré l'opposition de certains autres chefs croisés (de Raymond de Saint-Gilles) à rester seul maître de la grande cité. Quant aux droits antérieurs de l'empire byzantin sur la ville, il affecta de les considérer comme abolis, bien que Byzance, comme nous aurons l'occasion de le constater par la suite, n'y eût jamais renoncé (3).

Pendant ce temps, comme nous le verrons, un autre chef croisé,

---

vassaux des Seldjouqides et depuis fieffés au Diyârbékir où nous les retrouverons. Cf. Qalânisî, *Damascus chronicle*, trad. Gibb (1932), p. 45.

(1) *Histoire anonyme*, l. c., 9, p. 45-53 ; Albert d'Aix, l. II, c. 37, p. 328-331.
(2) Sur l'immigration arménienne en Cappadoce, dans l'Anti-Taurus et les districts de Marach, de Samosate et d'Édesse au xie siècle, voir plus haut, p. 175 et sq. et 184.
(3) Sur les manœuvres de Bohémond pour devenir et rester maître d'Antioche, voir notamment Raymond d'Aguilers, 7, p. 246, 13-14, p. 261-262, 267-268 ; l'*Histoire anonyme*, ch. 20, p. 101-103 et Albert d'Aix, l. V, c. 33, p. 453. Cf. Chalandon, *Première croisade*, p. 202-228. Sur le réveil de la question d'Antioche du fait des empereurs Jean et Manuel Comnène, voir plus bas, p. 222 et 229-230.

Baudouin de Boulogne, frère de Godefroi de Bouillon, était allé, de son côté, fonder un comté autonome à Édesse (Orfa). Disons seulement ici qu'appelé contre les Turcs par Thoros, prince arménien de cette ville (1), Baudouin s'arrangea pour le laisser périr dans une émeute et se substitua à lui (9 mars 1098).

A ce moment la croisade parut s'émietter. Chaque baron cherchait à se tailler quelque fief dans la Syrie du Nord. Exemple contagieux que celui de Bohémond et de Baudouin, se désintéressant de la délivrance de Jérusalem pour se consacrer le premier à sa principauté d'Antioche, le second à son comté d'Édesse ! L'indignation de la foule des pèlerins força enfin, sous la menace de l'émeute, les autres chefs croisés à accomplir leur vœu. En janvier 1099 l'armée reprit donc sa marche de la Syrie du Nord vers Jérusalem sous la direction de Raymond de Saint-Gilles qui avait, le premier, cédé à la pression de la foule (Godefroi de Bouillon rejoignit peu après). Les croisés remontèrent, via Ma'arrat an-Nomân et Chaïzar, la vallée de l'Oronte, puis suivirent la côte en passant sous Tripoli, Beyrouth, Tyr et Acre, jusqu'au nord de Jaffa, mais sans s'attarder à prendre aucune de ces villes qui restèrent au pouvoir des musulmans. Entre Arsouf et Jaffa ils laissèrent la côte pour gagner le plateau de Judée et la route de Jérusalem. Ils étaient à cette époque, réduits à quelque 40.000 combattants.

Comme on l'a vu (p. 194), les Égyptiens (Fâtimides) avaient profité des embarras des Turcs Seldjouqides, alors aux prises avec la croisade devant Antioche, pour enlever à ces derniers (en l'espèce aux émirs Ortoqides) Jérusalem (26 août 1098) ainsi que le reste de la Judée. Non seulement ils avaient espéré que les croisés ne leur en disputeraient pas la possession, mais ils avaient envoyé aux chefs francs sous Antioche une ambassade chargée de proposer un dépècement des possessions turques sur ces bases : la Syrie du Nord aux Francs, la Palestine à l'Égypte (2). Les croisés avaient feint d'entrer dans ces vues, les guerres entre musulmans ne pouvant que faire le jeu de l'invasion. Du reste, la dynastie fâtimide, déjà en décadence, était loin de représenter une force militaire aussi redoutable que les Turcs.

Le siège de Jérusalem par les croisés commença à la mi-juin 1099. La ville fut prise le 15 juillet après un assaut terrible où Godefroi de Bouillon paya bravement de sa personne, mais qui fut malheureusement suivi d'un affreux massacre (3). Massacre aussi impolitique qu'inhumain et dont l'exemple empêcha sans doute

---

(1) Sur Thoros, voir plus haut, p. 183 ; aussi p. 297.
(2) Sur l'ambassade égyptienne reçue par les croisés devant Antioche, voir Raymond d'Aguilers, c. 7-8, p. 247, 249.
(3) L'*Historien anonyme*, c. 38, p. 205-207 et Raymond d'Aguilers, 20, p. 300, témoins oculaires, ne dissimulent pas leur horreur de ce massacre. Et, plus tard, le jugement sévère de Guillaume de Tyr, l. VIII, ch. 20, p. 354.

les croisés de se rendre maîtres d'emblée des villes de la zone côtière, pourtant si indispensables à leur établissement. Les habitants, craignant un sort pareil à celui des Hiérosolymites, se préparèrent à offrir une résistance désespérée.

Godefroi de Bouillon avoué du Saint-Sépulcre

Dans Jérusalem délivrée quel chef les croisés allaient-ils choisir ? A qui allaient-ils confier la garde de la ville sainte ? Ils hésitèrent entre Raymond de Saint-Gilles et Godefroi de Bouillon et donnèrent la préférence à ce dernier (22 juillet 1099). Il est à remarquer que Godefroi ne prit point le titre de roi, mais seulement celui d' « avoué du Saint-Sépulcre », *ecclesiæ Sancti Sepulcri advocatus*, titre modeste et comme provisoire qui réservait le statut définitif du nouvel État franc (1).

Les possessions de Godefroi de Bouillon étaient à ce moment fort restreintes, savoir : 1º les deux villes saintes, Jérusalem et Bethléem ; 2º le port de Jaffa ; 3º la route entre Jaffa et Jérusalem par Lydda et Ramla. Ajoutons la Samarie avec Naplouse, occupée vers le 25 juillet 1099. Le tout faillit être remis en question par une contre-attaque fâtimide montée d'Égypte avec des forces supérieures (peut-être 20.000 hommes), mais que Godefroi, encore aidé par plusieurs autres chefs croisés (Raymond de Saint-Gilles, Robert de Normandie, Robert de Flandre), mit en déroute devant Ascalon le 12 août 1099 (2). Après cette victoire qui consolidait l'établissement franc, les autres chefs croisés, à l'exception du prince italo-normand Tancrède, quittèrent Godefroi. L'importance d'un tel abandon ne saurait être exagérée. Cette démobilisation prématurée aurait pu avoir des conséquences catastrophiques. Si l'Islam avait été moins démoralisé, moins désuni, les fragiles établissements francs eussent été balayés. Le prestige militaire des Francs en imposa heureusement aux musulmans, mais la conquête franque se trouva désormais limitée à une guerre de sièges sans rien de l'avance foudroyante qu'on aurait pu prévoir.

Du moins Tancrède, resté auprès de Godefroi de Bouillon, mit-il au service de celui-ci sa fougue raisonnée. Le principal était d'élargir du côté de la Galilée — la Palestine fertile — la conquête jusque-là limitée à l'aride plateau judéen. Tancrède occupa donc Tibériade et les autres bourgs de la Galilée pour le compte

---

(1). Sur l'élection de Godefroi de Bouillon, Foucher de Chartres, l. I, c. 30, p. 361 et Albert d'Aix, l. VI, c. 33, p. 485-486. L'*Histoire anonyme de la première croisade*, c. 39, éd. Bréhier, p. 207. dit simplement : « elegerunt ducem Godefridum principem civitatis ». Raymond d'Aguilers (p. 300-301) montre que le clergé essaya de faire élire le patriarche le chef laïque.

(2) *Histoire anonyme*, c. 39, p. 212-216 ; Raymond d'Aguilers, c. 21, p. 303 et sq. ; Albert d'Aix, l. VI, c. 42-50, p. 191-197.

de Godefroi qui lui en accorda l'investiture. Ainsi fut fondée la
« princée de Galilée », destinée à devenir le principal fief du
royaume de Jérusalem (1). Au printemps de 1100 Tancrède,
soutenu par Godefroi, guerroya à l'est de Tibériade, dans la
province du Sawâd, la « Terre de Suète » des chroniqueurs, contre
un émir local, vassal du roi turc de Damas Doqâq (2). Tancrède
devait un peu plus tard compléter l'occupation de la Galilée
en enlevant aux Fâtimides d'Égypte, avec l'aide d'une flotte
vénitienne, le port de Caïffa au pied du Carmel (c. 20 août
1100) (3).

Mais un grave malaise pesait sur la politique franque. Quel
serait le statut définitif des nouvelles possessions franques et
singulièrement de Jérusalem ? État laïc ou patrimoine ecclésiastique, la ville sainte appartiendrait-elle à l'avoué du Saint-
Sépulcre ou au Saint-Sépulcre même, c'est-à-dire à l'Église ?
Dans les derniers mois du gouvernement de Godefroi de Bouillon,
la question, jusque-là réservée, se posa à nouveau par suite de
l'arrivée de l'archevêque de Pise Daimbert qui se fit nommer
patriarche de Jérusalem (26-31 décembre 1099). Prélat autoritaire, imbu d'idées théocratiques, Daimbert revendiqua de Godefroi de Bouillon la possesssion pure et simple de Jérusalem. Godefroi, sa piété l'emportant, était en train de céder quand il mourut,
usé par les fatigues de la guerre et le climat (18 juillet 1100) (4).

Caractère de l'occupation franque

Le gouvernement de Godefroi de Bouillon, bien que n'ayant
duré qu'un an (22 juillet 1099-18 juillet 1100), annonçait déjà
nombre de caractères du futur royaume latin.

Le caractère le plus frappant est la faible densité des troupes
d'occupation franques. Baudouin de Boulogne et Bohémond
étant respectivement restés à Édesse et à Antioche, et une fois
partis Raymond de Saint-Gilles, Robert de Normandie et Robert
de Flandre, il n'était demeuré avec Godefroi que Tancrède avec
quelque trois cents chevaliers. L'établissement franc s'était
cependant maintenu en raison de la prostration et des divisions
du monde musulman. Mais la hâte avec laquelle la plupart des
croisés, leur vœu une fois accompli, étaient rentrés en Europe,
cette « démobilisation » hâtive, prématurée, allait -avoir de

---

(1) Raoul de Caen, *Gesta Tancredi*, c. 139, p. 703 ; Baudri de Bourgueil, *ibid.*, IV, p. 111.
(2) Albert d'Aix, l. VII, c. 16-17, p. 518.
(3) *Historia de translatione S. Nicolai*, c. 42, *H. O. C.*, t. V, p. 277.
(4) Sur le différend entre Daimbert et Godefroi de Bouillon et l'acceptation finale du second, voir; à la génération suivante, l'étonnement de l'archevêque Guillaume de Tyr, l. 9, ch. 16, p. 388. Cf. Hansen, *Das Problem des
Kirchenstaates in Jerusalem*, Fribourg (Suisse), 1928.

graves conséquences pour l'avenir. Satisfaits d'avoir soumis Antioche et Jérusalem, les chrétiens négligèrent, quand ils étaient en force, d'en finir avec l'islam syrien. Plus tard, il sera trop tard. Ils se contenteront alors d'achever la conquête de la Syrie occidentale et de la Palestine, mais en dépit de leurs efforts ils ne pourront jamais s'emparer d'Alep, de Hama, de Homs ni de Damas. La Syrie intérieure, étayée sur toute l'Asie seldjouqide et abbâsside, restera donc au pouvoir des musulmans. De ce fait, la Syrie franque se verra réduite à une frange côtière plus ou moins profonde suivant les époques, mais toujours menacée d'être rejetée à la mer par les poussées venues de l'arrière-pays.

Les causes de cette situation doivent être recherchées dans le caractère initial de la croisade, mouvement idéologique et crise morale collective. De tels mouvements, une fois le but atteint, tombent d'un seul coup. De là vient que la croisade, après avoir lancé sur l'Asie des centaines de mille hommes, se soit ensuite elle-même « liquidée » en cette démobilisation quasi-totale dont l'imprudence nous surprend ; qu'elle n'ait laissé à Godefroi de Bouillon, pour assurer l'occupation et achever la conquête, que des effectifs squelettiques, effectifs qu'une vigoureuse prédication du *djihâd*, si l'Islam avait été capable de réagir aussitôt, eût noyés sous le nombre. Même quand les « années creuses » de la « démobilisation » auront fait place à une organisation rationnelle de la défense franque, lors de la levée générale de 1124 par exemple, l'ensemble des quatre États francs ne pourra mettre sur pied que 1100 chevaliers.

Échec des croisades de renfort

Il est vrai que la papauté n'avait pas été sans discerner ce péril. Dès le lendemain de la prise de Jérusalem, elle s'était précisément préoccupée d'envoyer en Palestine des croisades de renfort ou d' « exploitation » destinées à assurer une occupation plus dense du pays. La première de ces croisades de renfort fut composée de Lombards qui passèrent de Constantinople en Asie en avril-mai 1101 et à la tête desquels se plaça le comte de Toulouse, Raymond de Saint-Gilles. Mais au lieu de suivre l'itinéraire de la première croisade, les Lombards, sous prétexte d'aller délivrer le prince normand Bohémond, alors prisonnier des Turcs à Niksar, dans le nord-est de l'Anatolie, se dirigèrent de ce côté, sur un itinéraire absurde. Ils furent encerclés et exterminés par les Turcs entre Ankara et Amasia (juillet-août 1101) [1]. Raymond de Saint-Gilles qui s'était laissé imposer par ses troupes cette marche insensée, se sauva par la fuite et gagna à franc

---

[1] Albert d'Aix, l. VIII, c. 3 et sq., p. 560-572.

CARTE 3. — LE COMTÉ D'ÉDESSE
N. B. Lire, comme dans le contexte : Tell

N MAXIMUM D'EXTENSION
Tell Mauzen, Diyâr-Modar, Diyâr-Békir

étrier les ports grecs de la mer Noire. Deux autres armées croisées commandées l'une par le comte Guillaume de Nevers, l'autre par Guillaume IX de Poitiers et Welf IV de Bavière, cherchèrent au contraire à reprendre l'itinéraire de Godefroi de Bouillon, la traversée de l'Anatolie du nord-ouest au sud-est. Elles n'en furent pas moins, elles aussi, détruites par les Turcs près d'Érégli, à l'est de Qonya, celle de Guillaume de Nevers en août 1101, celle du comte de Poitiers et du duc de Bavière le 5 septembre de la même année (1).

Ce triple désastre devait avoir des conséquences fort graves pour l'avenir de la Syrie franque. Sur-le-champ, il n'est pas sûr que la chrétienté en ait même réalisé toute l'importance. Jérusalem, Antioche, Édesse restaient aux Francs : n'était-ce pas le principal ? Mais les résultats de la bataille de Dorylée étaient compromis. Et surtout, pour la Syrie franque, le problème démographique allait désormais se poser dans toute son acuité. Les quelque 200.000 hommes qui étaient allés se faire massacrer en 1101 dans les solitudes de l'Anatolie, cette immigration de tout un peuple destinée à transformer l'établissement de fortune de Godefroi de Bouillon en une colonie de peuplement, la Syrie franque ne les retrouva jamais plus. Tout au long de leur histoire, les États francs souffriront ainsi d'une cruelle pénurie d'hommes. Cette oliganthropie, qui ne fera que s'aggraver par la suite, sera le mal secret dont périra un jour l'Orient latin.

L'Orient latin qui, de la Syrie à la Grèce, fut proprement la première expansion coloniale de l'Occident, devait périr comme périssent d'ailleurs toutes les colonies : faute de colons.

Une autre conséquence grave du désastre de 1101 fut la fermeture de la route d'Anatolie devant les Francs. Le *barrage* turc d'Anatolie qui avait un moment cédé en 1097 devant la surprise de la première croisade, se referma, coupant de l'Europe les colonies européennes d'Asie. Nous le verrons arrêter pratiquement la deuxième croisade, ne se rouvrir qu'en 1190 sous la poussée de Frédéric Barberousse, puis se refermer pour toujours. Les colonies franques de Syrie, ainsi coupées de l'Occident par la voie de terre, ne purent plus communiquer avec celui-ci que par mer, communication hasardeuse qui, en tout cas, ne permettait point l'arrivée de grandes masses humaines. De fait, la première croisade et les croisades malheureuses de 1101 avaient mis en mouvement des foules énormes, faisant figure de véritables migrations de peuples. Au contraire, les croisades maritimes, même les plus fournies, n'amèneront avec elles que des contingents restreints de pèlerins et de chevaliers. Les colonies franques de Syrie qui, par le pont de l'empire byzantin, auraient pu de-

(1) Albert d'Aix, l. VIII, c. 30-40. p. 575 et sq.

venir le prolongement continu de la chrétienté, restèrent effectivement des colonies, des annexes lointaines qu'aux mauvais jours la chrétienté abandonnera à leur sort.

Premier gouvernement de Bohémond Ier à Antioche

A défaut du concours de grandes croisades d'exploitation, les chefs des jeunes États francs besognaient de leur mieux.

Il semblait que, pour le moment, l'aile marchante des Francs fût représentée par ceux de la Syrie septentrionale. On a vu (p. 195) à la suite de quelles manœuvres, aussi adroites que dénuées de scrupules, le prince italo-normand Bohémond de Tarente avait réussi, après la conquête d'Antioche sur les Turcs (3 juin 1098), à rester seul maître de la ville en évinçant les autres chefs croisés et en déclarant périmés les droits antérieurs de l'empire byzantin sur cette même ville. Ainsi fut fondée la « principauté d'Antioche », théoriquement indépendante du futur royaume de Jérusalem comme elle entendait l'être de l'empire byzantin, et qui devait durer de 1098 à 1268.

La conquête d'Antioche, comme celle de Jérusalem, n'était qu'un commencement. Les Normands, là comme en Italie, allaient faire tache d'huile. La politique de Bohémond eut à cet égard un double objectif : chasser à l'ouest les Byzantins du port de Laodicée, l'actuel Lattakié, où ils venaient de s'établir, écraser à l'est les Seldjouqides d'Alep. Bohémond échoua contre les Byzantins au siège de Lattakié (septembre 1099), mais il fut plus heureux contre les Seldjouqides d'Alep (Ridwân) qu'il défit à Kellâ et dont il vint menacer la capitale (juillet 1100) (1). Sur ces entrefaites, il reçut un appel du prince arménien de Malatya, Gabriel, menacé lui-même par le prince turc de Sivas, Gumuchtékîn ibn-Dânichmend.

La protection de l'élément arménien était partout un des principes de la politique franque et, plus que partout ailleurs, sur ces marches-frontières arméno-anatoliennes. Bohémond se rendait donc à cet appel lorsqu'il fut surpris et capturé par Gumuchtékîn qui le jeta dans une prison à Néocésarée (Niksar), au fond de la Cappadoce Pontique (juillet 1100) (2). Sa captivité l'empêcha d'intervenir dans les affaires de Jérusalem au moment précis où la mort de Godefroi de Bouillon semblait lui réserver de ce côté un rôle important. De ce fait, la première place revint à son voisin et rival, au comte d'Édesse Baudouin Ier.

---

(1) Albert d'Aix, l. VI, c. 55-60 ; Qalânisî, ap. Cl. Cahen, *Syrie du Nord*, p. 228.
(2) Foucher de Chartres, l. I, c. 35 ; Raoul de Caen, p. 701 ; Albert d'Aix, l. VII, c. 27-30, p. 524-525 ; Michel le Syrien, trad. Chabot, III, 189

Baudouin Ier et l'élément arménien :
origines du comté d'Edesse

Nous avons fait plus haut allusion à l'opposition qui ne devait pas tarder à se manifester entre *l'idée de croisade* et *le fait colonial*. Rien n'illustre mieux cette opposition que l'histoire de la fondation du comté latin d'Édesse.

Comme on l'a vu, Baudouin de Boulogne, frère de Godefroi de Bouillon et qui, à tous égards, — sauf pour la valeur militaire —, lui ressemblait si peu, s'était, dès avant le siège d'Antioche, détaché sans scrupule du gros de la première croisade pour aller se tailler quelque principauté particulière du côté de la Commagène et de l'Osrhoène, régions où plusieurs dynastes arméniens, en lutte avec les Turcs, faisaient appel à son aide. Il occupa ainsi Tell-Bâchir, la Turbessel des écrivains latins (octobre 1097) et Râwandân, la Ravendel des mêmes sources, puis il se rendit à Édesse où le prince arménien local, nommé Thoros (= Théodoros), désirait le prendre à sa solde contre les Turcs du voisinage. Nous avons annoncé plus haut (p. 196) ce qu'il advint de cet imprudent appel : Baudouin, sous menace de défection, obligea bientôt Thoros à l'adopter comme successeur, après quoi, cyniquement, il laissa massacrer le malheureux dans une émeute fomentée par la populace. Le chef croisé, qui était certainement d'intelligence avec les émeutiers, resta alors seul maître du pouvoir (9 mars 1098) (1).

Ainsi fut fondé le comté d'Édesse, destiné à durer de 1098 à 1144.

Il faut avouer qu'une telle prise de possession, dans des conditions en soi aussi odieuses, s'éloignait singulièrement de l'idéal de la croisade, tel que l'avait prêché un Urbain II. Mais par delà le concile de Clermont, Baudouin de Boulogne se rattachait aux grands aventuriers francs ou varègues de l'époque byzantine dont un Roussel de Bailleul avait été le plus fameux représentant (2). La croisade, pour lui, n'était qu'un prétexte à acquérir par tous les moyens, meurtre compris, des terres au soleil d'Orient.

Baudouin justifia du moins sa prise de possession d'Édesse en chassant les Turcs des régions voisines, ce pourquoi les Arméniens l'avaient appelé. Il se fit céder en 1098 la place de Samosate par un seigneur turcoman local, de la tribu des Baldouqiya (3) et, en 1099, il occupa Bîredjîk, importante tête de pont sur l'Euphrate (4).

(1) Foucher, I.I, c. 14 ; Albert,I. III. c. 20-24 et 31 ; Matthieu d'Edesse, c. 36-38 ; Michel le Syrien, 183, 188. *Chronique anonyme syriaque*, in *J. R. A. S.*, 1933, p. 70-71.
(2) Voir plus haut, p. 168.
(3) Sur ce nom, Claude Cahen, *Syrie du Nord*. p. 181, n. 4.
(4) Cf. Dussaud, *Topographie historique de la Syrie antique et médiévale*, p. 461.

A Édesse, Baudouin, en dépit du meurtre de l'infortuné Thoros, s'appuya sur l'élément arménien qui était, à son arrivée, l'élément chrétien dominant. Il épousa même une Arménienne, Arda, nièce du seigneur de Gargar, donnant ainsi l'exemple de ces « mariages arméniens » qui devaient devenir si fréquents dans la noblesse franque au cours des croisades. Mais les notables arméniens d'Édesse, qui l'avaient aidé à s'emparer du pouvoir, conspirèrent contre lui lorsqu'ils se virent préférer des chevaliers francs. Il les châtia durement, à la manière byzantine, yeux crevés, poignets coupés, etc. Néanmoins l'élément arménien resta assez étroitement associé à la domination franque dont il devait se montrer, quarante-huit ans plus tard, le dernier défenseur.

Baudouin Ier était tout occupé de l'agrandissement de son comté euphratésien et on peut l'imaginer rêvant, de cette marche extrême, à des chevauchées plus hardies encore vers le Diyârbékir ou Mossoul quand le décès de son frère Godefroi de Bouillon l'appela inopinément en Palestine.

Baudouin Ier fondateur du royaume de Jérusalem

A Jérusalem, la mort de Godefroi de Bouillon avait posé la question de succession, question particulièrement délicate dans un État naissant dont le statut juridique n'avait même pas été défini. Le patriarche Daimbert, dont nous avons vu les visées théocratiques, avait aussitôt envoyé un messager à Antioche pour offrir à Bohémond, avec qui il était personnellement lié, la place du défunt. Mais le sort en décida autrement. Bohémond, on l'a vu, venait d'être fait prisonnier par les Turcs Dânichmendites de Cappadoce, et c'était Baudouin qui inopinément allait se présenter.

Quand il apprit le décès de son frère Godefroi, Baudouin confia le comté d'Édesse à son cousin Baudouin du Bourg (depuis, Baudouin II) et partit pour Jérusalem afin d'y recueillir la succession du défunt (2 octobre 1100). Sa marche d'Édesse à Jérusalem ne fut pas sans péril. Le Seldjouqide de Damas, Doqâq, essaya de lui barrer la route dans les gorges du Nahr al-Kalb, au nord de Beyrouth (1). Baudouin, prévenu à temps par le qâdî de Tripoli, bouscula Doqâq et, par Jaffa, atteignit, le 10 novembre 1100, la ville sainte. Là, le patriarche dut, bon gré, mal gré, s'incliner devant le fait accompli. Baudouin était un tout autre homme que Godefroi de Bouillon. Politique ambitieux et dur, dénué des scrupules religieux qui avaient arrêté son frère, il ne se contenta point de « l'avouerie du Saint-Sépulcre », mais

---

(1) Foucher de Chartres, II, c. 2, p. 374-376 ; Albert d'Aix, l. VII, c. 34, p. 528-530.

d'emblée, exigea le titre royal. De nouveau Daimbert dut s'incliner : le jour de Noël 1100 il sacra Baudouin « roi de Jérusalem », dans l'église de la Vierge, à Bethléem (1). La royauté ainsi créée de toutes pièces, Baudouin, pour frapper les esprits, allait l'entourer de tout l'appareil des monarchies orientales, faisant, aux yeux de ses sujets ou voisins musulmans, volontairement figure de « sultan chrétien ». Le seul baron qui, sur place, aurait pu faire de l'opposition, était le « prince de Galilée », Tancrède, mais il fut, sur ces entrefaites, appelé par les Francs d'Antioche pour assurer la régence de leur terre pendant la captivité de son oncle Bohémond. Baudouin Ier, débarrassé sans heurt de cet adversaire éventuel, inféoda la « princée » de Galilée à Hugues de Fauquenberge, ou Hugues de Saint-Omer (1101).

Conquête du littoral palestinien par Baudouin Ier

A l'avènement de Baudouin Ier, le royaume de Jérusalem ne possédait que le seul port de Jaffa, le reste du littoral palestinien restant aux mains des Égyptiens ou d'émirs vassaux de l'Égypte, grave inconvénient pour une colonie qui ne pouvait communiquer avec la chrétienté que par la voie maritime. Ce fut donc à la conquête du littoral que se consacra d'abord Baudouin, en enlevant aux Égyptiens les ports d'Arsoûf (début d'avril 1101) et de Césarée (17 mai 1101). Cependant le gouvernement du Caire n'avait pas renoncé à la possession de la Palestine. Une première armée égyptienne, forte d'environ 20.000 hommes, fut arrêtée et dispersée par Baudouin devant Ramla le 7 septembre 1101. Une seconde offensive égyptienne, l'année suivante, faillit réussir. Le 17 mai 1102 dans cette même plaine de Ramla, les Égyptiens, revenus à la charge, battirent la petite armée de Baudouin, lequel échappa à grand peine. L'arrivée d'une flotte de pèlerins lui permit de rétablir la situation (2). Il se remit alors à sa tâche principale, l'occupation des villes du littoral, mais il était forcé chaque fois d'attendre l'apparition de quelque escadre occidentale, indispensable pour assurer le blocus maritime pendant qu'il attaquait par terre. Or, de même que les barons s'estimaient dégagés de leur vœu quand, au cours de leur pèlerinage, ils avaient participé à quelque action militaire, de même les escadres italiennes ou scandinaves venues pèleriner et commercer en Terre sainte se jugeaient en règle avec la foi quand elles avaient concouru à la conquête d'un port. Dans ces conditions l'annexion du littoral exigea plusieurs années. Mais Baudouin restait aux aguets et dès que des navires chrétiens faisaient

(1) Foucher, II, c. 6 ; Albert, VII, c. 43.
(2) Foucher, II, c. 11, 15, 19-20 ; Albert, VII, c. 64-65, et IX, c. 3-6 ; Guibert de Nogent, VII, c. 24.

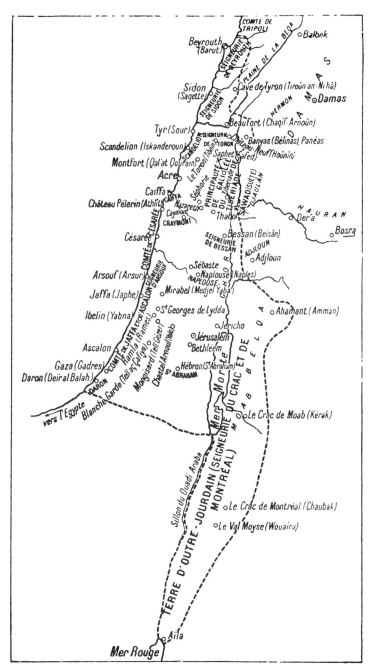

CARTE 4. — LE ROYAUME DE JÉRUSALEM.
DESCENTE VERS LA MER ROUGE.

escale sur la côte, il les mettait à contribution. Le 26 mai 1104 la présence d'une escadre génoise lui permit ainsi d'enlever aux Égyptiens le port de Saint-Jean-d'Acre. Il mit encore à profit l'arrivée de nouvelles forces génoises et pisanes pour prendre Beyrouth (13 mai 1110), puis la présence simultanée de l'armada norvégienne du roi Sigurd et de l'escadre vénitienne commandée par le doge Ordelafo Falier pour faire capituler Sidon (4 décembre 1110) (1). A cette date tout le littoral palestinien, à l'exception de Tyr au nord et d'Ascalon au sud, avait donc été arraché à l'Égypte. L'œuvre de Baudouin Ier se serait-elle limitée à cette conquête qu'il mériterait déjà d'être considéré comme le véritable fondateur de l'État franc de Palestine.

Raymond de Saint-Gilles.
Premières conquêtes toulousaines dans la région de Tripoli

Rien ne ressemble moins à l'exécution d'un plan méthodique que la conquête franque en Syrie. Cette conquête s'est effectuée au hasard des ambitions individuelles, chaque baron jetant son dévolu sur une province et s'efforçant de s'en rendre maître au hasard des circonstances, sans, le plus souvent, coordonner ses efforts avec ceux du baron voisin. Au nord du royaume de Jérusalem, le comte de Toulouse, Raymond de Saint-Gilles, qui, on s'en souvient, était un des héros de la première croisade, avait jeté son dévolu sur la côte libanaise, en particulier sur la région de Tripoli qui appartenait à la famille arabe des Banoû-'Ammâr. Avec l'aide d'escadres génoises, il enleva aux Banoû-'Ammâr Antartous ou Tortose (21 avril 1102) et Djoubaïl, l'ancienne Byblos que les Francs appelèrent Gibelet ou Giblet (28 avril 1104) (2). Entre temps il commença le siège de la ville maritime de Tripoli, laquelle correspond à l'actuel quartier d'al-Mînâ. Ne pouvant s'en emparer, en raison de la situation péninsulaire de la place, il la bloqua en construisant sur la terre ferme le fort du Mont-Pèlerin ou Château Saint-Gilles, lequel correspond à la citadelle du Tripoli actuel (1103). Mais il s'agissait d'un blocus purement terrestre, Tripoli étant toujours ravitaillée par les Égyptiens du côté de la mer ; et même du côté de la terre les Turcs de Damas arrivaient à lui faire parvenir des renforts : Saint-Gilles n'en main-

---

(1) Date de la prise de Beyrouth d'après Foucher, II, c. 42, p. 421. Pour la date de la prise de Sidon, Qalânisî, p. 107 ; Foucher, II, c. 44, donne le 5 décembre.
(2) La date de la prise de Tortose est discutée. Nous suivons le *Chronicon Sancti Maxentii*, éd. Marchegay, p. 421, relativement corroboré par Qalânisî, trad. Gibb, p. 55. La date de la prise de Giblet est donnée dans le « Code arabe Quatremère » (cf. Heyd, *Hist. du Commerce du Levant*, t. I, p. 139), en principe confirmé par Qalânisî (trad. Gibb, p. 61). Sur la prise de Giblet, le concours des Génois et les privilèges qui leur furent concédés, voir Caffaro *De liberatione civitatum Orientis*, Hist. Occ., t. V, c. XXVI, p. 72.

tint pas moins le blocus avec une ténacité qui l'honore. A sa mort (28 février 1105), il fut remplacé par son cousin Guillaume Jourdain, comte de Cerdagne, qui continua avec la même obstination le blocus de Tripoli. Guillaume s'empara du bourg de 'Arqa, l'Arcas des Francs, au nord-est de la ville convoitée (mars-avril 1109), ainsi que des châteaux du Djébel 'Akkâr (1).

Gouvernement de Tancrède à Antioche

Ce n'était là que guerres de sièges. La guerre de mouvement se faisait dans la Syrie du Nord. De ce côté, le départ du comte d'Édesse Baudouin Ier, parti pour recevoir la couronne de Jérusalem, et la capture, par les Turcs, du prince d'Antioche Bohémond auraient pu ébranler la domination franque. Fort heureusement Baudouin Ier, en partant, avait, on l'a vu, confié le comté d'Édesse à un autre chef de guerre de grande classe, son cousin Baudouin du Bourg qui devait le conserver de 1100 à 1118. Et à Antioche, l'énergique Tancrède, nommé régent à la place de son oncle Bohémond, assura la défense de la principauté.

La personnalité de Tancrède mériterait une étude particulière. Sans être un guerrier moins audacieux que Bohémond, il devait montrer moins d'imprudence. En tout cas, il sut défendre et accroître le domaine à lui confié sans subir d'échec notoire, ni compromettre ses acquisitions. Pendant cette régence (1101-1103), il donna à la principauté d'Antioche sa façade maritime en enlevant une première fois Lattakié aux Byzantins (hiver 1102-1103) (2). Vers mai 1103 l'émir turc de Sivas, Ibn-Dânichmend, qui tenait Bohémond prisonnier, le libéra contre rançon à la suite d'une adroite comédie jouée par l'ingénieux chef normand. Bohémond reprit alors des mains de Tancrède le gouvernement d'Antioche, mais ce retour allait durer peu de temps.

En effet, au printemps de 1104, le comte d'Édesse Baudouin du Bourg, Bohémond et Tancrède entreprirent de concert la conquête de la Djézireh, en direction de Mossoul. Ils commencèrent par le siège de Harrân, l'ancienne Carrhes. Que serait-il arrivé s'ils avaient réussi ? On entrevoit une conquête franque gagnant sur la Mésopotamie, menaçant Mossoul, Baghdâd, le Khalifat... Avec des hommes tels que les trois chefs francs, en ce monde oriental si étonnamment plastique des années 1100, tout semblait possible. Mais s'étant trop fiés à leur audace, ils furent défaits par les princes turcs du voisinage (l'atâbeg de Mossoul et les Ortoqides du Diyârbékir) sur les bords du Balikh, près de

---

(1) La date de la conquête de 'Arqa s'infère de Qalânisî, *l. c.*, p. 87-88.
(2) Raoul de Caen, ch. 144, 146.

Harrân, le 7 mai 1104 (1). Rencontre curieuse : c'était sur ce même champ de bataille de « Carrhes » qu'au temps de Crassus avait été arrêtée la marche en avant des légions romaines. Le désastre franc de Harrân eut les mêmes conséquences. Il marqua l'arrêt du comté d'Édesse du côté de l'Orient. Baudouin du Bourg fut fait prisonnier et Tancrède eut grand'peine à sauver Édesse de l'attaque des vainqueurs. Les Turcs d'Alep et leur roi, le Seldjouqide Ridwân, en profitèrent de leur côté pour menacer la principauté d'Antioche que les Byzantins prirent à revers sur sa façade maritime en récupérant Lattakié (1104).

Ainsi attaquée des deux côtés par l'implicite coalition turco-byzantine, la principauté d'Antioche semblait perdue. Bohémond comprenant la gravité de la situation, s'embarqua alors pour l'Europe afin d'y chercher des renforts et aussi de se venger de Byzance, qui restait toujours dans l'esprit de ce Normand d'Italie l'ennemie principale. Reprenant le programme de son père, Robert Guiscard (2), il vint attaquer l'empire byzantin par Durazzo sur la côte d'Albanie, mais il se vit bientôt assiégé devant cette place et dut finalement capituler, voyant ainsi s'évanouir toutes ses espérances (1107-1108). Pis encore, il dut accepter un traité reconnaissant la domination byzantine sur Antioche. Mais ce traité ne fut jamais appliqué. En effet Bohémond n'eut jamais, après cette humiliation, le courage de regagner l'Orient. Il devait mourir en Italie sans avoir revu la Syrie (mars 1111). Son neveu Tancrède le remplaça de nouveau à Antioche, d'abord comme régent (1104-1111), puis comme prince (1111-1112).

Aussi énergique que Bohémond, mais moins dangereusement aventureux, Tancrède rétablit les affaires de la principauté. Vainqueur des Turcs d'Alep à Tizîn (20 avril 1105), il s'empara du pays ennemi en terre d'Outre-Oronte jusqu'aux portes d'Alep. Au sud, il conquit sur des chefs arabes l'importante place d'Apamée sur le moyen Oronte (14 septembre 1106). Sur la côte, il enleva définitivement Lattakié aux Byzantins (milieu de 1108) (3). En 1110 il devait arracher aux Turcs d'Alep deux des principales places de la région d'Outre-Oronte, Athârib et Zerdanâ.

Tancrède fut donc le second fondateur et le véritable organisateur de la principauté d'Antioche. Politique habile autant que fougueux guerrier, il sut, comme le roi Baudouin Ier, s'adapter au milieu oriental. C'est ainsi que ses monnaies le représentent coiffé du turban, — un turban, il est vrai, surmonté de la croix —,

(1) Albert d'Aix, IX, 38-42. ; Raoul de Caen, 148-150 ; Foucher de Chartres, II, 27 ; Matthieu d'Edesse, 73 ; Michel le Syrien, 195.
(2) Voir plus haut, p. 192. Cf. Chalandon, *Domination normande*, t. I, p. 268-281.
(3) Albert d'Aix, IX, 47, X, 18-24 ; Raoul de Caen, ch. 154-156 ; Foucher de Chartres, II, 30. Chronologie rétablie dans Claude Cahen, *Syrie du Nord*, p. 244, n. 12.

avec, en caractères grecs, la curieuse légende : le grand émir Tankridos.

De son côté, Baudouin du Bourg, sorti de captivité vers août-septembre 1108, reprit la direction du comté d'Édesse. A défaut de la route de Harrân qui lui était désormais barrée, le comté poussa son expansion du côté de Mârdîn, dans la province de Chabakhtân où les Francs s'établirent notamment à Tell-Mauzen.

Prise de Tripoli

Au milieu des conquêtes franques, une ville musulmane restait imprenable, la Tripoli maritime, « Gibraltar syrien » défendu, on l'a vu, par sa situation péninsulaire et qui résistait depuis cinq ans au blocus terrestre établi par les Toulousains. Guillaume Jourdain, après Raymond de Saint-Gilles, continuait ce blocus, lorsqu'il vit débarquer de France en février-mars 1109 un compétiteur inattendu, son cousin Bertrand, fils de ce même Raymond de Saint-Gilles. La dispute éclata aussitôt entre eux, Guillaume cherchant secours auprès de Tancrède, régent d'Antioche, et Bertrand auprès du roi de Jérusalem, Baudouin Ier. Pour empêcher la querelle de profiter aux seuls assiégés, Baudouin Ier se rendit en arbitre devant Tripoli. Il amena tous les autres princes francs —, Baudouin du Bourg, comte d'Édesse, Tancrède, régent d'Antioche, et, bien entendu, Bertrand et Guillaume Jourdain, — à unir leurs forces contre les défenseurs de la ville. Grâce à cette union, grâce aussi au concours d'une escadre génoise, les chrétiens obtinrent enfin la capitulation de Tripoli (12 juillet 1109 ?) (1).

Ainsi fut définitivement fondé le quatrième État franc, le « comté de Tripoli », destiné à durer de 1109 à 1289, qui engloba l'ensemble des conquêtes toulousaines au Liban et dont Bertrand resta seul maître, son compétiteur Guillaume Jourdain ayant été très opportunément assassiné sur ces entrefaites. Les comtes de Tripoli furent depuis lors vassaux des rois de Jérusalem (2). Cet État essentiellement maritime et, par conséquent, plus facile à défendre que les autres (Tripoli devait survivre à Édesse, à Jérusalem et à Antioche) eut un moment l'ambition de s'étendre vers l'est du côté de la Beqa et de Homs. Les chroniqueurs, anticipant sur des événements qui ne se produisirent d'ailleurs pas, appellent parfois les comtes toulousains « seigneurs de la Cha-

---

(1) Date donnée par Qalânisî, trad. Gibb, p. 89. Sur la conquête de Tripoli, Albert d'Aix, XI, c. 10-14 ; Foucher, II, c. 40-41 ; aussi, pour l'aide génoise et l'origine de la seigneurie de la famille génoise des Embriaci à Giblet, Caffaro, *De liberatione civitatum Orientis*, ch. XXVII, *Hist. Occ.*, t. V, p. 72-75.
(2) Vassalité formellement attestée par Foucher de Chartres, l. II, c. 41, p. 420 et par Guillaume de Tyr, l. XI, c. 10, *in fine*.

melle », c'est-à-dire, semble-t-il, de Homs (1). En réalité, la maison de Toulouse ne réussit pas plus à prendre Balbek et Homs que les princes d'Antioche ne purent prendre Alep ou que les rois de Jérusalem ne purent prendre Damas. La Syrie intérieure resta au pouvoir de l'Islam et, de ce fait, l'œuvre des croisades resta toujours précaire et fragile.

Dans la principauté d'Antioche, à Tancrède décédé le 12 décembre 1112 succéda son neveu Roger de Salerne (1112-1119), paladin éblouissant dont nous verrons les prouesses et la mort épique.

Baudouin Ier et la contre-croisade turque

Cependant, si l'Égypte fâtimide avait été incapable de secourir à temps Tripoli, l'Islam turc avait fini par s'émouvoir des progrès des Francs. De 1110 à 1115 le sultanat seldjouqide d'Iran, répondant d'ailleurs aux sollicitations du khalifat abbâsside de Baghdâd, n'envoya pas en Syrie moins de quatre expéditions, véritables « contre-croisades » turques, destinées à rejeter les Francs à la mer. En septembre 1111 une armée turque, commandée par Maudoùd, atâbeg de Mossoul, échoua dans la vallée du moyen Oronte, devant la résistance des princes francs — Tancrède prince d'Antioche, Baudouin du Bourg comte d'Édesse, Bertrand comte de Tripoli — groupés autour du roi Baudouin Ier (2). Nouvelle attaque en 1113, conduite encore par Maudoùd. Cette fois Maudoùd battit et faillit capturer Baudouin Ier à Sinn an-Nabra au sud-ouest du lac de Tibériade (28 juin 1113). Toutefois la mésentente qui ne tarda pas à se produire entre Maudoùd et les musulmans de Syrie sauva les Francs et il fut assassiné le 2 octobre 1113 dans la grande mosquée de Damas, peut-être à l'instigation de l'atâbeg de cette ville, le Turc Toghtékîn (3). Lorsqu'une nouvelle armée seldjouqide venant de l'Iran apparut en 1115, les chefs de la Syrie musulmane, à commencer par les régents d'Alep et par Toghtékîn, firent contre elle cause commune avec les Francs.

Le fait est instructif. Ainsi, dix-sept ans à peine après l'installation des croisés en Syrie, l'élément franc s'était si bien adapté au milieu, il s'était si bien fait admettre par ses voisins, les États turco-arabes de la Syrie intérieure, que ceux-ci en arrivaient, le cas échéant, à le préférer à leurs propres coreligionnaires, les Seldjouqides de l'Iran et de l'Iraq. Plutôt que de re-

---

(1) Du moins si « la Chamelle » est bien toujours identique à Homs, opinion tout dernièrement mise en doute par M. Jean Richard.
(2) Qalânisî, trad. Gibb, p. 118-119 ; Derenbourg, Vie d'Ousâma, t. I, p. 90 91 ; Foucher de Chartres, II, c. 45 ; Albert d'Aix, XI, c. 40.
(3) Qalânisî, p. 134-142 ; Foucher de Chartres, II, c. 49-51 ; Albert d'Aix, XII, c. 11-12.

tomber sous l'autorité du sultan seldjouqide, les régents d'Alep et l'atâbeg de Damas n'hésitaient pas à se coaliser avec le roi de Jérusalem et avec le prince d'Antioche. Aucun exemple ne montre mieux l'habile politique musulmane d'un Baudouin Ier. Grâce à cette complicité des musulmans syriens, Roger d'Antioche put détruire l'armée d'invasion à Tell-Dânîth, à l'est de l'Oronte (14 septembre 1115) (1).

La descente vers la mer Rouge. L'Islam coupé en deux

Au sud de la Palestine, le roi Baudouin Ier mena à bien l'occupation du Moab (Transjordanie) et de l'Ouadi Mousa; en Arabie Pétrée. En 1115 il construisit dans cette dernière région la forteresse de Montréal (Chaubak), destinée à dominer tout l'Ouadi Araba. En 1116, il construisit de même le château du Val-Moïse (Ou'aira) et poussa jusqu'à Aïla, au fond du golfe d'Aqaba, sur la mer Rouge où il établit un poste militaire (2).

Par la possession de ces terres désertiques, les Francs coupaient en deux le monde islamique, séparaient l'Afrique de l'Asie musulmane et contrôlaient le commerce des caravanes entre le Caire d'une part, Damas et Baghdâd de l'autre.

La colonisation

L'activité de Baudouin Ier se retrouve dans tous les domaines. Ce fut ainsi qu'il eut en Terre sainte une politique démographique, une politique de peuplement. Les Francs, on l'a vu, ne formaient que les cadres du royaume. Pour repeupler les villes et les campagnes (les musulmans ayant en grand nombre émigré), Baudouin fit venir des pays restés sous la domination musulmane, notamment de la Transjordanie et du Haouran, tous les chrétiens indigènes, de rite grec ou syriaque, désireux de recevoir des terres, immigration, semble-t-il, assez dense pour assurer l'avenir agricole et commercial du royaume (3).

Politique religieuse de Baudouin Ier

La politique religieuse du premier roi de Jérusalem (c'est à cela qu'avait abouti la croisade !) fut un scandale pour les âmes pieuses, parce que nettement orientée contre les prétentions temporelles de l'Église. Baudouin Ier, nous l'avons vu, eut à lutter à son avènement contre les tendances théocratiques du

---

(1) Gautier le Chancelier, 85-95 ; Foucher, II, c. 53-54 ; Albert d'Aix, XII, c. 19-20.
(2) Foucher, II, c. 55, 57 ; Albert d'Aix, XII, c.21-22.
(3) Guillaume de Tyr, l. XI, c. 27.

fougueux patriarche de Jérusalem, Daimbert de Pise. Après d'âpres démêlés (les Normands d'Antioche étant intervenus en faveur du patriarche) le roi avait obtenu la déposition de Daimbert (octobre 1102) (1). En 1112 il fit élire patriarche un prélat de sainteté très discutée, mais tout dévoué à sa cause, Arnold ou Arnoul de Roeux, surnommé Malecorne (2). Le patriarcat qui avait voulu commander à la royauté n'en fut plus dès lors que le docile instrument.

Ainsi prit définitivement fin la tentative d'établir à Jérusalem un État théocratique avec, pour le patriarche, un « domaine temporel » analogue au Patrimoine de Saint-Pierre, à Rome.

Établissement de l'hégémonie royale sur les États francs

La politique de Baudouin Ier ne fut pas moins adroite envers les autres princes francs.

Dans ce domaine aussi tout était à créer. Lors de la fondation des deux États francs du Nord, nul ne s'était soucié des droits de la couronne de Jérusalem, pour la bonne raison que la couronne de Jérusalem, à cette époque, n'existait pas. La principauté d'Antioche, le comté d'Édesse, même le comté de Tripoli furent théoriquement et juridiquement indépendants du roi de Jérusalem. Mais dans la pratique la situation était différente et tout à l'avantage de Baudouin Ier. Son cousin, Baudouin du Bourg, à qui il avait cédé le comté d'Édesse, lui devait tout. A partir de 1109 le comte de Tripoli, Bertrand, qui lui devait également la couronne (peut-être au prix d'un assassinat), se reconnut son vassal, ainsi que le fait est formellement attesté par Albert d'Aix (3). Enfin si la principauté d'Antioche resta en droit toujours indépendante ainsi que l'a définitivement établi Claude Cahen, l'aide que Baudouin Ier, puis ses successeurs ne devaient pas cesser d'apporter aux heures de péril à cette principauté contribua à la faire graviter dans l'orbite de la royauté hiérosolymite. A chaque vacance du trône dans l'État fondé par Bohémond, ce seront les rois de Jérusalem, nous le verrons, qui assumeront la régence à Antioche.

On voit l'œuvre immense accomplie dans tous les domaines par le premier roi de Jérusalem. Tout ici était à créer. Il créa tout. D'un assemblage de quatre États sans lien entre eux, semés au hasard de la conquête entre Édesse et la mer Rouge, il fit, sinon une unité juridique (ce n'était pas en son pouvoir), du moins une unité morale et militaire effective. Par sa politique

(1) Albert d'Aix, VII, c. 58-61 ; IX, c. 16-17.
(2) Cf. Guillaume de Tyr, XI, c. 15.
(3) Albert d'Aix, c. 8-11. Et sur l'assassinat, si opportun, de Guillaume Jourdain, *ibid.*, VII, c. 15 et Foucher de Chartres, II, c. 41.

lucide et tenace, Baudouin Ier fut, comme nous l'annoncions plus haut, non seulement le fondateur du royaume de Jérusalem, mais, face au monde musulman, le fédérateur des diverses principautés franques. Son intérêt personnel, son instinct de domination, son âpreté à se subordonner hommes et institutions coïncidèrent très étroitement avec l'intérêt, avec le salut de la Syrie franque.

Le mariage sicilien

La désinvolture du premier roi de Jérusalem envers l'Église (envers aussi, reconnaissons-le, la morale courante) se révèle bien dans ses aventures conjugales. — Dans sa vie conjugale, en effet, Baudouin Ier se montra toujours le politique froid, intéressé et quelque peu cynique que nous avons appris à connaître. Quand il n'était encore que comte d'Édesse, pays où il s'appuyait sur l'élément arménien, il avait épousé l'Arménienne Arda. A Jérusalem, où elle ne pouvait plus lui servir, il la répudia sans façon en la mettant d'office au couvent. Par la suite il se remaria avec la comtesse douairière Adélaïde de Sicile qui lui apportait une dot considérable pour remplir son trésor, sans parler de l'alliance si précieuse des Normands de l'Italie méridionale dont la flotte, comme nous l'avons vu, contrôlait la Méditerranée centrale (1) (1113). Mais à la fin, devant la pression du Saint-Siège, il dut la renvoyer, ce qui, par parenthèse, lui permit d'éluder une clause du contrat promettant la succession de Jérusalem au comte Roger II de Sicile (1117) (2). Il mourut peu après, au retour d'une expédition à la frontière égyptienne (1118).

L'œuvre de Baudouin Ier

La puissante personnalité de Baudouin Ier domine son temps. Politique sans scrupule dès que l'intérêt du royaume était en jeu, mais homme d'État de grande classe en même temps que magnifique guerrier, il se montra un organisateur remarquable, le véritable constructeur de la Syrie franque. Sa royauté de hasard, il en fit un État régulier, stable, juridiquement assis, au service duquel il mit toutes les ressources d'un esprit aussi souple dans ses moyens que tenace dans ses desseins. Il créa de toutes pièces

---

(1) Voir plus haut, p. 188.
(2) Albert d'Aix, XII, c. 13 14 et 23 ; Foucher, II, c. 51, 59 60 ; Guibert de Nogent, VII, 47 ; Guillaume de Tyr, XI, 21, 29. Sur l'engagement pris par les envoyés de Jérusalem, au moment de la conclusion du mariage, que la succession de Jérusalem, si Baudouin Ier et Adélaïde n'avaient pas d'enfants, reviendrait à Roger II de Sicile, fils du premier mariage d'Adélaïde, voir Chalandon, *Histoire de la domination normande en Italie et en Sicile*, t. I, p. 361.

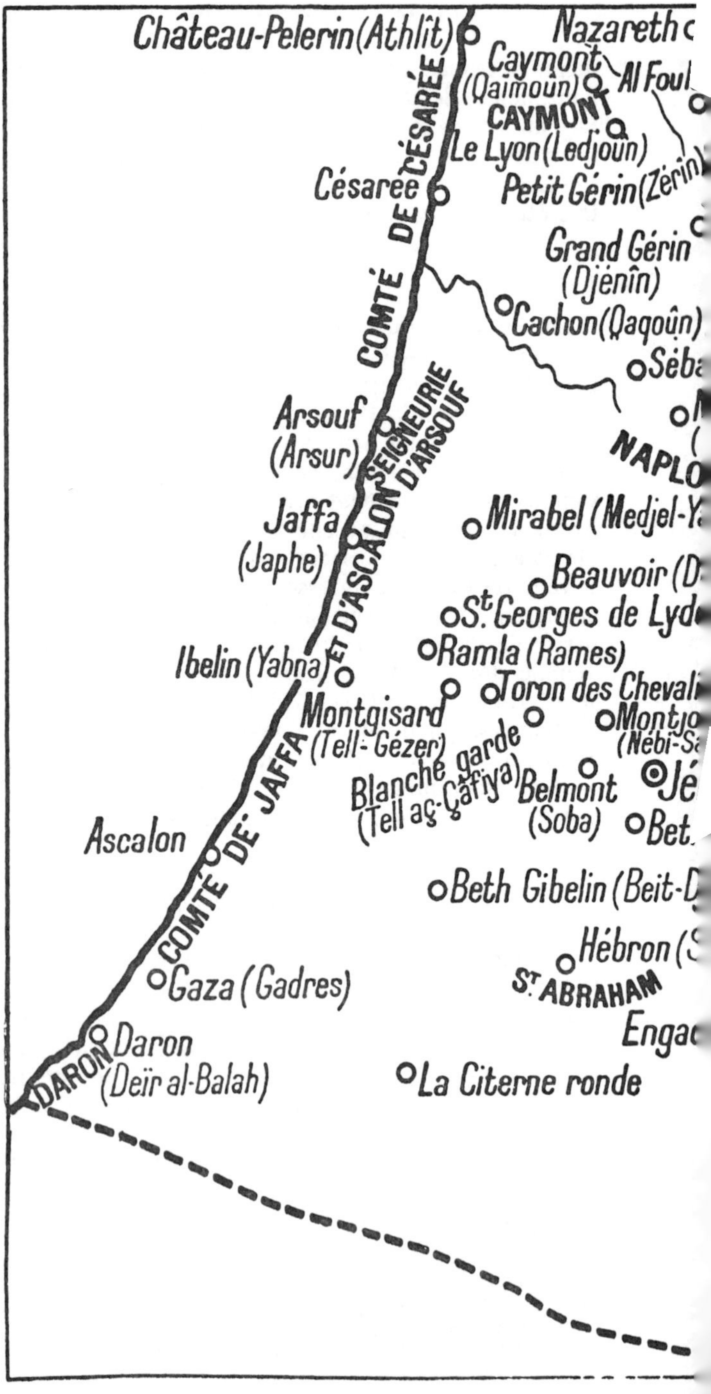

CARTE 5. - JUDÉE ET

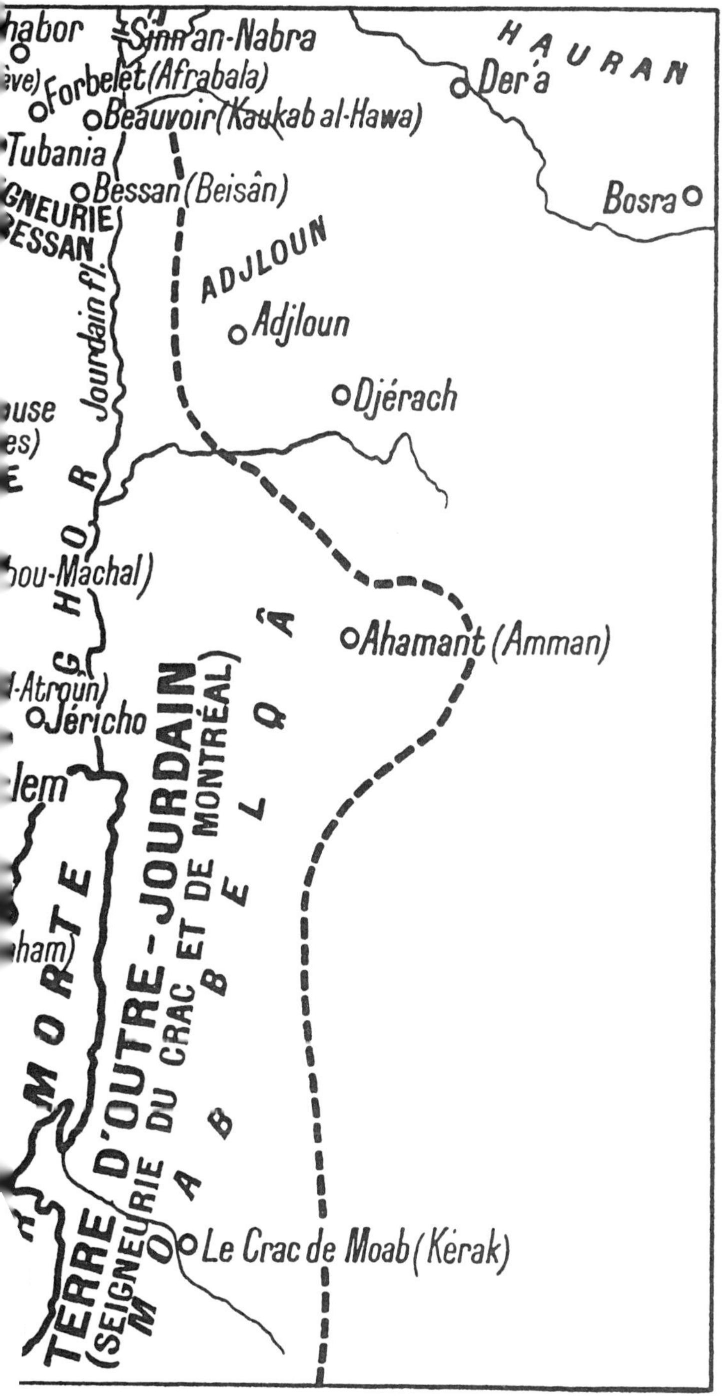

IE A L'ÉPOQUE FRANQUE.

une tradition que ses successeurs n'eurent qu'à suivre. Aussi peu « croisé » que possible, il nous offre le spectacle inattendu d'un véritable Philippe Auguste palestinien. Dans sa personne nous voyons comment *l'esprit de croisade*, en moins d'une décade, a fait place à *l'esprit colonial*.

Baudouin II, roi de Jérusalem et régent d'Antioche

Baudouin Ier ne laissait pas de postérité. Il eut pour successeur à Jérusalem son cousin Baudouin du Bourg, jusque-là comte d'Édesse et qui devint ainsi le roi Baudouin II (1118). Quant au comté d'Édesse, le nouveau roi le céda peu après (1119) à l'ancien seigneur de « Turbessel » (Tell-Bâchir), Jocelin Ier de Courtenay.

Politique consciencieux, appliqué, tenace, au demeurant rusé et plein d'adresse, avec cela fort pieux, Baudouin II se montra, lui aussi, déjà adapté au milieu oriental. Comme son prédécesseur, il avait, à Édesse, épousé une Arménienne, la princesse Morfia. Aussi actif que Baudouin Ier, il n'eut pas trop de toutes ses qualités pour faire face à une situation soudain difficile. Une catastrophe imprévue remit en effet en question la domination franque sur l'Oronte. Le 28 juin 1119, un chef turc du Diyârbékir, Ilghâzî l'Ortoqide, émir de Mârdîn, vainquit et tua à Tell-'Aqibrîn, l'*Ager sanguinis* des chroniqueurs, à mi-chemin entre Antioche et Alep, le prince Roger d'Antioche, victime de son imprudente et folle bravoure (1). Les bandes turques poussèrent jusque sous les murs d'Antioche, même jusqu'à la mer. Baudouin II accourut aussitôt de Jérusalem à Antioche, assuma la régence de la principauté, mit la ville en état de résister et par sa froide énergie, dans une défensive qui se refusait à toute imprudence, il arrêta les Turcs (seconde bataille de Dânîth, 14 août 1119) (2). Chaque fois que la principauté d'Antioche se trouva de nouveau menacée, en 1120, en 1122, il revint et repoussa l'ennemi. Évitant les batailles hasardeuses, comme celle où avait succombé l'infortuné Roger, mais sachant, quand il le fallait, payer bravement de sa personne, il fatigua les Turcs par sa défensive méthodique qui ne donnait prise à aucune de leurs habituelles ruses de guerre. A ce jeu, ce fut lui qui gagna. Il finit par récupérer ainsi toutes les places d'Outre-Oronte : Athârib, Zerdanâ, Ma'arrat an-No'mân et Kafarthâb.

---

(1) Voir le récit pathétique de ce drame chez Gautier le Chancelier, témoin oculaire, 100-110 ; Orderic Vital, IV, p. 224-225 ; Matthieu d'Édesse, p. 122-123.

(2) Gautier, 121-123 ; Foucher de Chartres, III, c. 5.

Captivité de Baudouin II et conquête de Tyr

La ténacité de Baudouin II portait ses fruits, les conséquences du désastre de Tell-'Aqibrîn se trouvaient réparées, dans la Syrie du Nord comme en Palestine la situation était enfin consolidée quand une double mésaventure survint aux princes francs. Un chef turc du Diyârbékir, Balak l'Ortoqide, captura coup sur coup le comte d'Édesse, Jocelin de Courtenay (septembre 1122) et le roi de Jérusalem, Baudouin II lui-même (18 avril 1123). Balak enferma ses deux prisonniers dans la lointaine forteresse de Kharpout (1). Mais la domination franque était déjà si enracinée que l'événement, contrairement à toute prévision, ne tira pas à conséquence. Sans doute, les Fâtimides d'Égypte essayèrent de profiter des circonstances pour envahir la Judée, mais le connétable Eustache Garnier, seigneur de Sidon, nommé régent du royaume de Jérusalem en l'absence de Baudouin II, repoussa brillamment l'attaque égyptienne. Son successeur à la tête de la régence, Guillaume de Bures, seigneur de Tibériade, fit mieux encore. Il profita de la présence d'une escadre vénitienne conduite par le doge Domenico Michiel en personne, pour enlever aux Égyptiens l'importante ville de Tyr qui avait constitué jusque-là une incommode enclave musulmane au milieu des autres ports chrétiens du littoral (7 juillet 1124) (2). Cette précieuse acquisition acheva d'assurer aux Francs la maîtrise de la mer. Quand, en août 1124, Baudouin II sortit enfin de captivité (Jocelin, lui, s'était déjà échappé), il eut la satisfaction de retrouver son royaume agrandi.

Seconde régence de Baudouin II à Antioche.
Première tentative franque contre Damas. Avènement de Zengi

Baudouin II, sorti de captivité, reprit comme régent d'Antioche la lutte contre les Turcs. A la fin de cette même année 1124, il fut sur le point, grâce à la complicité des bédouins, de s'emparer d'Alep. La ville fut sauvée par un énergique capitaine turc, Boursouqî, déjà atâbeg de Mossoul et qui ajouta ainsi Alep à ses possessions (1125). Baudouin II repoussa d'ailleurs, avec l'aide du comte Pons de Tripoli et du comte d'Édesse Jocelin Ier de Courtenay, la coalition formée par Boursouqî avec un autre chef turc, Toghtekîn, atâbeg de Damas (bataille de 'Azâz, 11-13 juin 1125). Enfin en 1126, Baudouin II put remettre la principauté d'Antioche à l'héritier légitime, fils de Bohémond Ier, au jeune

---

(1) Foucher, III, c. 23-26. ; Matthieu d'Edesse, p. 133-135 ; Kamâl ad-Dîn, p. 635-637.
(2) Foucher, III, c. 27-36 ; Qalânisî, p. 170-172 ; Guillaume de Tyr, l. XIII, c. 1-11.

Bohémond II auquel il donna en mariage sa fille cadette, Alix. Malheureusement, Bohémond II fut tué en 1130, à la fleur de l'âge, et le roi dut assumer à nouveau la pénible régence d'Antioche.

Du côté de la Palestine, Baudouin II se tourna contre Damas dont l'atâbeg, Toghtekîn, après avoir été un moment (1115) l'allié des Francs, était devenu leur plus redoutable adversaire. L'annexion de cette ville n'eût pas été moins nécessaire que celle d'Alep à la sécurité de la Syrie franque. Baudouin, qui avait été obligé de lâcher prise devant Alep, essaya de prendre Damas à revers par le Haouran. Vainqueur de l'atâbeg Toghtekîn à Chaqhab (25 janvier 1126), il poursuivit l'ennemi jusqu'à la banlieue de Damas, mais, là non plus, ne put atteindre son but (1). Où les armes n'avaient pas réussi, il tenta de recourir à la ruse. En 1129, il noua à Damas même d'utiles relations avec la secte hérétique musulmane des Ismâïliens ou « Assassins » qui, en haine de l'islam officiel et des pouvoirs établis, faillirent lui livrer la grande ville. Leur complot fut d'ailleurs découvert à temps par les autorités damasquines et l'attente de Baudouin II se trouva déçue. Les Ismâïliens réussirent du moins à lui livrer l'importante place-frontière de Paneas ou Bâniyâs, au nord-est de la Galilée (septembre 1129) (2).

Ainsi, malgré l'habileté de Baudouin II, la Syrie intérieure — Alep et Damas —, restait aux musulmans. De ce fait, l'établissement des Francs dans la Syrie maritime se trouvait toujours menacé. Le danger, toutefois, ne paraissait pas grave tant que l'émiettement musulman persistait. Mais voici qu'en 1128 Alep passa à une personnalité de premier plan, le capitaine turc Zengî, déjà atâbeg de Mossoul. Le constant objectif de Zengî (1128-1146), puis de son fils Noûr ad-Dîn (1146-1174) sera de faire en leur faveur l'unité politique de la Syrie musulmane, certains qu'une fois cette unité réalisée, ils pourraient rejeter les Francs à la mer. Inversement, toute la politique des rois de Jérusalem (ils furent parfaitement conscients du péril) consista à empêcher cette unité, à maintenir le morcellement musulman en protégeant les États syro-musulmans secondaires contre les visées annexionnistes de la dynastie zengide.

Sous le règne de Baudouin II, la défense militaire de la Syrie franque reçut un sérieux appoint par la création ou la militarisation des « Ordres ». Ce fut alors en effet que l'ordre religieux des Hospitaliers, organisé par le bienheureux Gérard (d'Amalfi ou de Martigues ?) († v. 1120), fut transformé en milice de chevaliers-moines par le deuxième grand-maître, Raymond du Puy.

---

(1) Qalânisî, p. 175-177 ; Foucher, III, c. 50.
(2) Qalânisî, p. 194.

En 1118, Hugues de Payens avait fondé l'Ordre, celui-là militaire dès l'origine, des Templiers. Nous verrons plus loin (p. 291) l'importance de cette double création pour l'histoire intérieure et extérieure de l'Orient latin.

Foulque d'Anjou et l'équilibre des forces

Baudouin II ne laissa pas de fils. En juin 1129, il avait marié sa fille aînée, Mélisende, au comte d'Anjou Foulque V. La loi salique n'était pas en vigueur dans le royaume franc et les princesses héritières transmettaient le trône à leur époux ou plutôt associaient celui-ci au trône. A la mort de Baudouin II (21 août 1131), Foulque devint donc régulièrement roi de Jérusalem. Ce fut ainsi que la maison d'Ardenne transmit la couronne à la maison d'Anjou.

Foulque, qui avait en Europe jeté les bases du futur empire Plantagenêt, était un homme mûr, plein d'expérience. Dès son avènement il eut à faire respecter l'autorité royale menacée par la rébellion de Hugues du Puiset, comte de Jaffa et soupirant de sa femme Mélisende, par les agissements de sa propre belle-sœur, la princesse douairière d'Antioche, Alix, qui n'avait pas hésité à faire contre lui appel à l'atâbeg Zengî, et par la révolte du comte Pons de Tripoli qui soutenait Alix (1). Il vint à bout de toutes ces révoltes, exila Hugues du Puiset et força Alix et le comte de Tripoli à se soumettre (1132) (2). Il est vrai que les Turcs de Damas profitèrent de ces troubles pour reprendre aux Francs la ville-frontière de Panéas ou Bânlyâs, au nord-est de la Galilée (11-15 décembre 1132). Nous verrons d'ailleurs que Foulque ne devait pas tarder à récupérer cette place. Ajoutons que, pour assurer un défenseur à la principauté d'Antioche et l'arracher aux intrigues d'Alix, il maria l'héritière de cette baronnie, la jeune Constance, à Raymond de Poitiers, fils cadet du duc d'Aquitaine, Guillaume IX (1136).

La Syrie franque entre l'atâbeg Zengî et la menace byzantine : l'empereur Jean Comnène à Antioche

Les dissensions entre princes francs étaient d'autant plus regrettables que la situation de la Syrie franque par rapport au monde musulman allait être remise en question. Les progrès des États francs, on l'a vu, avaient été grandement facilités par le morcellement de la Syrie musulmane. Les atâbegs turcs qui régnaient à Mossoul, à Alep, à Damas étaient en rivalité cons-

---
(1) Guillaume de Tyr, l. XIV, c. 4-5.
(2) *Ibid.*, l. XIV, c. 12-15.

tante les uns avec les autres et c'est à cet état de choses que les chefs de la première croisade, puis Baudouin Ier et Baudouin II avaient dû le plus clair de leurs succès. Cette situation changea lorsqu'une personnalité de premier plan, l'atâbeg Zengî, eut réuni sous son autorité Mossoul et Alep (1129-1146), qu'il y eut ajouté Hama (1130) et qu'il commença à convoiter Damas.

En face de la monarchie franque, qui jusque-là avait eu trop beau jeu avec l'anarchie musulmane, voici que se dressait en Syrie même une monarchie musulmane solide, capable de faire reculer les Francs : en 1135 Zengî enleva à la principauté d'Antioche plusieurs places de la région d'Outre-Oronte, notamment Ma'arrat an-No'mân et Kafarthâb.

D'autre part, les Byzantins dont les Francs avaient négligé les droits en fondant la principauté d'Antioche et qui avaient quelque temps semblé se résigner à cette éviction, allaient reparaître aux frontières syriennes. En 1137 le péril zengide et la menace byzantine surgirent simultanément. Zengî vint assiéger dans le comté de Tripoli la forteresse de Montferrand, ou Ba'rîn. Le roi Foulque, qui, avec le comte Raymond II de Tripoli, se porta au secours de la place, y fut fait prisonnier par le redoutable atâbeg (1). En même temps les Byzantins venaient brusquement de réveiller la question d'Antioche (2). Ils réclamaient l'exécution du pacte conclu en 1097 par les premiers croisés et qui leur promettait la souveraineté ou la suzeraineté de la ville, promesse dont les avait frustrés en 1098 « l'usurpation » du premier Bohémond. L'empereur Jean Comnène — un basileus militaire digne de rivaliser avec les croisés — venait de descendre de Cilicie en Syrie où il avait mis le siège devant Antioche (août 1137). Ne pouvant résister sur les deux fronts, les Francs se résignèrent à céder aux exigences byzantines. Le prince d'Antioche Raymond de Poitiers reconnut la suzeraineté impériale (3), et vint prêter hommage entre les mains de Jean Comnène. Ajoutons que cette attitude était conforme à l'avis du roi Foulque qui, consulté, avait loyalement reconnu qu'en droit Antioche relevait de l'empire byzantin (4).

La coalition franco-byzantine et son échec

Au fond, la menace byzantine et la menace zengide qui auraient pu prendre les Francs dans un étau, s'étaient neutralisées. La crainte de faire le jeu de Zengî avait empêché Byzantins et

---

(1) Guillaume de Tyr, l. XIV, c. 23-25 ; Qalânisî, p. 242-243.
(2) Voir p. 195.
(3) Guillaume de Tyr, l. XIV, c. 27. Aussi Kinnamos, I, 8, p. 18-19 et Nikétas Khoniatès, p. 36, mis en œuvre par Chalandon, *Les Comnène*, t. II p. 129-133.
(4) Orderic Vital, XIII, 34.

Francs d'en venir les uns contre les autres à des actions irréparables. D'autre part, la présence de l'armée byzantine dans la Syrie du Nord et l'accord franco-byzantin qui suivit intimidèrent visiblement Zengî. Séance tenante, il relâcha le roi Foulque. De fait, la nouvelle alliance franco-byzantine commençait à jouer. Jean Comnène vint aider Raymond de Poitiers à recouvrer sur l'atâbeg plusieurs places entre Antioche et Alep, notamment Athârib et Kafarthâb (avril 1138), puis il alla avec Raymond assiéger la ville arabe de Chaïzar sur le moyen Oronte (avril-mai). Le siège échoua par la mauvaise entente entre Francs et Byzantins. Jean Comnène, mécontent du manque d'esprit de collaboration chez les Francs (spécialement chez Raymond de Poitiers), voulut resserrer son autorité sur Antioche, mais devant la résistance de l'élément latin, — une véritable émeute populaire fomentée en sous-main par Jocelin II de Courtenay d'accord avec Raymond de Poitiers —, il dut abandonner précipitamment cette ville (1).

Il n'est pas douteux qu'en face de la réaction musulmane qui s'avérait de plus en plus menaçante, la coalition franco-byzantine s'imposait. Malheureusement, quand les cours en admettaient le principe, la méfiance populaire entre Grecs et Latins en faisait échouer l'application. La ruine de l'Orient latin et la chute de Byzance seront, à la longue, les conséquences de ce lamentable état d'esprit.

L'alliance franco-damasquine contre Zengî

Devant la coalition des forces franco-byzantines, Zengî avait un moment tremblé. Leur désunion le rassura. Après le départ des Byzantins, il reprit tranquillement sa marche conquérante en cherchant à annexer l'autre royaume musulman, Damas (décembre 1139). Mais le roi Foulque, avec un sens politique fort avisé, se fit le défenseur de l'indépendance damasquine. Il conclut avec le régent de Damas, le Turc Mou'în ad-Dîn Ounour, une étroite alliance, cimentée par les ambassades du célèbre émir Ousâma ibn Mounqidh qui nous en a laissé le passionnant récit. Devant la coalition franco-damasquine, Zengî dut lâcher prise. A l'approche de l'armée de secours envoyée par Foulque, il leva le siège de Damas (4 mai 1140). En remerciement, Ounour aida lui-même Foulque à se remettre en possession de la ville de Bâniyâs (Panéas) que les Francs avaient récemment perdue (juin 1140) (2).

(1) Guillaume de Tyr, l. XV, c. 165 ; Kinnamos et Nikétas Khoniatès, *ap.* Chalandon, *Les Comnène*, t. II, p. 134-142 ; Qalânisî, p. 249-252 ; Ousâma, *Autobiographie*, trad. Derenbourg, R. O. L., 1894, p. 439 sq. ; Michel le Syrien, 247.
(2) Guillaume de Tyr, l. XV, c. 7-11 ; Qalânisî, p. 259-261 ; Ousâma,

La politique du roi Foulque, politique conservatrice destinée à préserver le *statu quo* syrien contre la réaction musulmane incarnée dans Zengî, fut donc fort lucide. Elle comporta d'une part un rapprochement très net avec Byzance, d'autre part une politique musulmane compréhensive, axée sur l'alliance damasquine. L'autobiographie d'Ousâma nous montre l'intimité qui s'établit alors entre barons francs et émirs damasquins avec, des deux côtés, un esprit de tolérance religieuse très en avance sur le temps (amitié d'Ousâma et des Templiers) (1).

Jocelin II et la chute d'Édesse

Le roi Foulque avait triomphé de tous les périls surgis au cours de son règne et il goûtait en paix les résultats de sa sagesse quand il mourut à Acre vers le 10 novembre 1143, d'une chute de cheval. Aucun événement ne pouvait être plus fâcheux. La couronne passa, sous la régence de sa veuve Mélisende, à leur fils aîné, Baudouin III, enfant remarquablement doué, mais qui n'avait que treize ans. Or Mélisende, après les orages sentimentaux de sa jeunesse, se révélait une femme intrigante, n'aimant le pouvoir que pour ses satisfactions personnelles, dénuée d'esprit politique. L'atâbeg Zengî profita de cette régence pour aller attaquer le plus excentrique des États francs, le comté d'Édesse. Le comte d'Édesse, Jocelin II (1131-1146), fils dégénéré du grand Jocelin de Courtenay, n'était connu que par ses vices. Il négligeait le rude séjour de sa capitale pour sa résidence, moins exposée, de Turbessel (Tell-Bâchir), à l'ouest de l'Euphrate. Il était encore absent quand Édesse, en dépit de la résistance de l'élément arménien, tomba au pouvoir de Zengî (23 décembre 1144). Zengî étant mort peu après (14 septembre 1146), Jocelin II mit à profit les troubles de successsion pour rentrer dans Édesse dont la population arménienne, toujours dévouée aux Francs, lui ouvrit avec empressement les portes (27 octobre 1146), mais le fils de Zengî, Noûr ad-Dîn, qui venait de succéder à son père comme atâbeg d'Alep, accourut à la tête de forces supérieures et reconquit définitivement la ville (3 novembre). Jocelin II s'échappa presque seul. Les Turcs firent payer cher à la population arménienne le loyalisme qu'elle avait jusqu'au bout témoigné aux Francs. Toute cette région de l'actuel Orfa qui, sous le régime franc, était devenue pour une bonne part une colonie arménienne, fut d'office turcisée ; toute la population arménienne fut massacrée.

Autobiographie, p. 394-411 et 456-465 et Derenbourg, *Vie d'Ousâma*, t. I, p. 173-190 ; Ibn al-Athîr, *Historiens Orientaux des croisades*, t. I, p. 435-437 ; Kmâ ad Dîn, *ibid.*, p. 682-683.
(1) Ousâma, *Autobiographie*, p. 459 ; Derenbourg, *Vie d'Ousâma*, I, p. 187-188.

Le prince d'Antioche, Raymond de Poitiers, brouillé avec Jocelin II, avait refusé de secourir Édesse. Il paya bientôt son égoïsme. Noûr ad-Dîn lui enleva l'importante place d'Artâh ou Artésie qui couvrait Antioche du côté du nord-est (1147) (1).

La deuxième croisade

Des quatre États francs du Levant il n'en restait plus que trois. La revanche musulmane avait rejeté les Francs loin des marches de la Djéziré, vers la Syrie propre, et même là elle refoulait de plus en plus la principauté d'Antioche à l'ouest de l'Oronte. L'Orient latin était partout en recul. Cette situation provoqua en Europe la prédication d'une deuxième croisade, prêchée notamment par saint Bernard (assemblée de Vézelay) et à la tête de laquelle se placèrent l'empereur germanique Conrad III et le roi de France Louis VII. La deuxième croisade fut donc une croisade de souverains, tandis que la première n'avait été qu'une entreprise de barons.

Conrad III et Louis VII suivirent séparément la route habituelle du Danube à travers la Hongrie et l'empire byzantin. Ils atteignirent séparément aussi Constantinople en septembre-octobre 1147 et passèrent en Asie Mineure. Là comme déjà en Thrace leurs rapports avec les Byzantins furent franchement mauvais. Nous ne nous étonnerons donc pas quand nous verrons un peu plus tard (1204) tous ces griefs accumulés aboutir à la conquête de l'empire byzantin par les Francs. Conrad III, qui s'avançait le premier, prit la route de la Phrygie, en suivant sensiblement l'itinéraire de la première croisade. Il fut arrêté par les Turcs Seldjoukides dans la région d'Eski-chéhir ou de Dorylée, sur les bords du Bathys (26 octobre), subit de lourdes pertes, et dut opérer jusqu'à Nicée une retraite désastreuse. Louis VII, pour éviter la traversée de l'Anatolie seldjoukide, suivit la route de l'Ionie qui présentait l'avantage de passer exclusivement par le territoire byzantin ; puis en janvier 1148 il dut s'engager dans les montagnes de la Pisidie, zone frontière byzantino-turque où il fut encerclé dans les défilés par les Seldjoukides et, malgré sa valeur personnelle, perdit à son tour beaucoup de monde. Il se rabattit sur la côte, jusqu'au port d'Adalia (Sattalie). Là, il prit sur lui de laisser sur la plage ses fantassins, abandon regrettable, car les malheureux furent presque aussitôt massacrés par les Turcs avec, d'ailleurs, la demi-complicité des

(1) Guillaume de Tyr, l. XVI, c. 4-5 ; Michel le Syrien, trad. Chabot, III, II, p. 255-270 ; L'Anonyme syriaque, trad. Chabot, *Mélanges Schlumberger*, t. I, p. 169-179 et trad. Tritton *J. R. A. S.*, 1933, p. 280-298 ; Nersès Chnorhali, *Élégie sur la prise d'Édesse* (Hist. des croisades, Doc. arméniens, t. I), p. 247-263 ; Grégoire le Prêtre, *ibid.*, p. 158-161 ; Ibn al-Athîr (*Hist. des croisades, Hist. orientaux,* t. I), p. 445-448.

Byzantins. Quant à lui, il s'embarqua avec sa chevalerie pour Antioche (fin février 1148) (1).

La deuxième croisade avait mal commencé. Allait-elle mieux finir ? Il eût fallu pour cela aux croisés un minimum de sens politique. Or Louis VII, malgré sa vaillance de soldat et sa visible honnêteté, en était cruellement dépourvu. Quand, avec les restes de son armée, il débarqua à Saint-Siméon (Eskélé, près Souwaidiya), le port d'Antioche, le 19 mars 1148, le prince d'Antioche, Raymond de Poitiers, accourut au devant de lui. Légitimement, comme le bon sens semblait le commander, Raymond espérait que les forces françaises iraient directement attaquer le principal ennemi des chrétiens, l'atâbeg d'Alep, Noûr ad-Dîn, reprendre à celui-ci les places d'Outre-Oronte et Édesse elle-même, puisque, aussi bien, la perte d'Édesse était la raison même de la croisade. A la surprise, puis à la colère de Raymond, il n'en fut rien. Louis VII voulut-il, par scrupule religieux, se consacrer d'abord au pèlerinage des Lieux saints ? Fut-il jaloux de l'intimité de sa femme, Aliénor d'Aquitaine, avec Raymond de Poitiers (Aliénor était la nièce de Raymond) ? Quoi qu'il en fût, il quitta brusquement Antioche et emmenant de force sa femme avec lui, il partit pour Jérusalem.

À Jérusalem s'opéra donc le regroupement des croisés, du moins de ce qui en restait. Louis VII y retrouva l'empereur Conrad III arrivé avec les débris de la croisade allemande. Ici, nouvelle faute politique. Les deux souverains se virent sollicités par le gouvernement de la régente Mélisende d'aller assiéger Damas.

Il ne pouvait y avoir de conseil plus inopportun. C'était l'abandon de la sage, de la judicieuse politique du roi Foulque, lequel, nous l'avons vu, avait toujours reconnu nécessaire de soutenir l'État musulman le plus faible — en l'espèce, Damas — contre l'État musulman le plus fort — en la circonstance, Alep — (2). Encore, à tant faire qu'à attaquer Damas, eût-il fallu que l'attaque fût poussée à fond. Mais à tant de fautes diplomatiques on ajouta les erreurs stratégiques les plus évidentes, erreurs peut-être voulues, car le siège de Damas fit apparaître d'étranges intrigues. Après s'être emparés le 24 juillet 1148 et grâce à une terrible charge de Conrad III, de la banlieue sud-ouest de la ville, du côté des jardins, les croisés, au lieu d'exploiter leur avantage

---

(1) Odon de Deuil, dans Migne, *Patr. Lat.*, t. CLXXXV, p. 1231-1244 ; Kinnamos et Nikétas Khoniatès *ap.* Chalandon, *Les Comnène*, t. II, p. 269-315.

(2) Déjà en 1147 le gouvernement de la régente Mélisende avait très impolitiquement rompu l'alliance damasquine pour entreprendre la conquête du Haouran, expédition qui échoua et aurait même tourné au désastre, sans la précoce bravoure du jeune Baudouin III, alors âgé de dix-sept ans (Guillaume de Tyr, l. XVI, c. 7-13 ; Qalânisî, p. 276-279).

et sur le conseil de certains barons syriens, abandonnèrent inexplicablement ce secteur pour aller, sur de nouveaux frais, recommencer l'attaque au sud-est, du côté du désert où elle n'avait plus aucune chance de réussir. Peut-être les barons syriens qui auraient conseillé ce changement de front étaient-ils mécontents que Damas eût été promise au comte de Flandre, Thierry d'Alsace, plutôt qu'à l'un d'entre eux. Toujours est-il que le 28 juillet, l'armée chrétienne leva le siège et regagna Jérusalem (1).

Les croisés consacrèrent le reste de leur séjour à leurs dévotions et rentrèrent chez eux sans avoir rien fait.

Conséquences de la deuxième croisade

La deuxième croisade, ineptement conduite, fut donc un total échec. Prêchée en vue de la récupération d'Édesse, elle n'avait ni recouvré cette ville, ni soulagé la principauté d'Antioche, ni même, comble d'ironie, combattu un instant le principal adversaire des chrétiens, l'atâbeg Noûr ad-Dîn. En revanche, on avait rompu avec les Damasquins, alliés traditionnels des Francs. Quand Louis VII se rembarqua après les Pâques de 1149, il laissait derrière lui un désenchantement profond. De plus, comme l'avaient prouvé les intrigues auxquelles était due la levée du siège de Damas, le divorce venait d'éclater entre les croisés et les Francs de Syrie. Aux yeux des croisés, les Francs créoles, les « Poulains », comme on les appelait, passaient pour à demi musulmans. Et aux yeux des « Poulains » les croisés n'étaient que des fanatiques qui ne comprenaient rien aux nécessités de la politique locale. Le résultat sera l'abstention prolongée des Occidentaux dans les affaires de Terre sainte. Jusqu'en 1187 ils se désintéresseront du sort des États francs et ne reprendront le chemin de la Syrie, au moment de la troisième croisade, que quand il sera trop tard, après la chute de Jérusalem.

Tout se passa en effet comme si la deuxième croisade n'avait pas eu lieu. L'atâbeg Noûr ad-Dîn qui avait un moment tremblé, reprit sa marche conquérante. Le 29 juin 1149 il vainquit et tua à Fons Murez ou M'arathâ le prince d'Antioche Raymond de Poitiers. Il enleva alors à la principauté d'Antioche toutes les places d'Outre-Oronte, y compris Hârim (Harrenc) et (26 juillet 1149) Apamée (2). Le comté d'Édesse était définitivement perdu, la principauté d'Antioche était amputée de moitié. C'était le démantèlement des possessions franques dans le Nord que la deuxième croisade était allée consommer en Syrie !

---

(1) Guillaume de Tyr, l. XVII, c. 2-7 ; Qalânisî, p. 283-287.
(2) Guillaume de Tyr, l. XVII, c. 9-10 ; Michel le Syrien, trad. Chabot, III, III, p. 289-290 ; Qalânisî, p. 290-294 ; Ibn al-Athîr, p. 471-478.

Gouvernement personnel de Baudouin III

Cependant, en Palestine même, le royaume de Jérusalem conservait toute sa force. Et deux grands règnes, celui de Baudouin III et celui d'Amaury Ier, allaient lui donner un nouvel éclat. Le jeune roi Baudouin III avait jusque-là régné sous la régence de sa mère, l'impérieuse Mélisende. Sans tenir grief à cette femme de ses orages de jeunesse, au temps de son intrigue avec le comte de Jaffa, Hugues du Puiset, nous devons convenir que dans la mesure où elle peut être tenue pour responsable des décisions politiques des années 1147-1148 — expédition du Haourân, détournement de la deuxième croisade vers Damas —, elle fut mal inspirée. Baudouin III, ayant atteint sa vingt-deuxième année, fut couronné pour Pâques 1152. Il dut néanmoins recourir à la contrainte, en appeler aux armes, pour obliger sa mère à lui abandonner effectivement la ville de Jérusalem et le pouvoir.

Baudouin III nous est décrit par Guillaume de Tyr comme un des personnages les plus sympathiques de l'histoire franque. C'était un grand jeune homme robuste, actif, enjoué, fort intelligent, lettré et, comme le font remarquer avec un curieux patriotisme palestinien les chroniqueurs locaux, le premier roi franc né en Terre sainte. Pour ses débuts il fit un coup de maître. Le 19 août 1153, il enleva aux Égyptiens la ville d'Ascalon, la dernière place du littoral qui, depuis Godefroi de Bouillon, eût jusque-là résisté aux Francs (1). Acquisition complémentaire fort importante pour un État qui « ne respirait que sur la mer ». Au nord-est, reprenant la sage politique de son père, Foulque, si malencontreusement interrompue par la deuxième croisade, il protégea tant qu'il le put l'indépendance de l'émirat de Damas contre les convoitises de Noûr ad-Dîn. Mais il ne put finalement empêcher le redoutable atâbeg d'annexer Damas (25 avril 1154) (2). Événement, reconnaissons-le, d'une gravité exceptionnelle. De l'Euphrate au Haourân toute la Syrie musulmane, — tout l'hinterland syrien — était désormais unifiée sous un pouvoir fort. Baudouin III fit du moins partout ailleurs échec à Noûr ad-Dîn. En 1157 il repoussa une attaque de celui-ci contre la place-frontière de Panéas ou Bâniyâs en Haute-Galilée. En 1158 il aida les gens d'Antioche à reconquérir la place de Hârim sur l'atâbeg, puis il défit ce dernier à Butaha, au nord-est du lac de Tibériade (3). En somme grâce à son activité, à son sens politique et

---

(1) Guillaume de Tyr, l. XVII, ch. 21-30.
(2) Qalânisî, p. 318.
(2) Guillaume de Tyr, l. XVIII, c. 21 ; Qalânisî, p. 344. *Livre des Deux Jardins*, p. 98-101.

à sa vaillance, l'unification de la Syrie musulmane se trouva neutralisée et même, comme le prouve la reconquête de Hârim, les Francs recouvrèrent et conservèrent l'avantage.

Baudouin III, Renaud de Châtillon et l'empereur Manuel Comnène

Tandis que Baudouin III montrait dans le gouvernement du royaume palestinien cette précoce sagesse, dans la Syrie du Nord, au contraire, s'amoncelaient de nouveaux orages et, cette fois, par la faute même des Francs. Une intrigue amoureuse, comme il arriva plus d'une fois dans cette facile société créole, était à l'origine des événements. A Antioche, la princesse Constance, veuve de Raymond de Poitiers, avait épousé en 1153 un cadet sans fortune dont la prestance l'avait séduite, Renaud de Châtillon. En fait, Renaud était un magnifique guerrier, mais il n'allait pas tarder à se révéler aussi comme un aventurier sans scrupules avec des manières de chevalier-brigand. Ce fut ainsi qu'il alla, en pleine paix, saccager l'île byzantine de Chypre, acte de brigandage qui ne devait pas tarder à provoquer contre lui une expédition de représailles de l'empereur Manuel Comnène. Éventualité menaçante car sous ce basileus-guerrier l'empire byzantin du XIIe siècle était en train d'atteindre son apogée, empire de nouveau mondial qui faisait sentir son action diplomatique et militaire de l'Italie à la Syrie.

Au contraire, c'était vers l'alliance byzantine que regardait Baudouin III, conformément à une politique qui avait déjà été celle de son père, Foulque d'Anjou. Pour sceller ce rapprochement, Baudouin demanda et obtint en 1158 la main d'une nièce de Manuel, la toute jeune et charmante Théodora Comnène, mariage qui fit entrer le royaume de Jérusalem — pour son plus grand avantage, reconnaissons-le, — dans l'orbite de la diplomatie byzantine.

Mais ce mariage n'empêchait pas le *basileus* de poursuivre la traditionnelle politique byzantine dans la Syrie du Nord. Manuel était décidé à trancher une fois pour toutes l'irritante, l'éternelle question d'Antioche, à réparer de ce côté l'échec de son père Jean Comnène (1) et tout d'abord à se venger sur Renaud de Châtillon du sac de Chypre. Après avoir reconquis la Cilicie sur les Arméniens (1158) (2), s'étant ainsi assuré la continuité territoriale nécessaire avec les terres franques, il allait envahir la principauté d'Antioche quand Renaud, sentant la partie perdue d'avance, fit amende honorable et se rendit en suppliant au camp

---

(1) Voir plus haut, p. 222-223, les événements de 1138 à Antioche.
(2) Voir plus loin, p. 390.

impérial de Mamistra (Missis), « pieds nus et tendant son épée à l'empereur ». Au prix de cette humiliation, sans précédent de la part d'un prince franc envers la cour byzantine, Manuel consentit à lui laisser ses États, mais à titre de fief d'Empire. En avril 1159, le *basileus* fit son entrée solennelle dans Antioche, tandis que Renaud de Châtillon, pour que sa vassalité fût bien évidente, tenait les rênes du coursier impérial. Baudouin III vint aussi à Antioche faire sa cour à l'empereur, mais l'accueil qui lui fut réservé se trouva tout différent. Il était lui, par son récent mariage, le neveu du *basileus* et ce dernier paraît s'être lié avec lui d'une affection sincère. Surtout Baudouin III comprenait la nécessité d'une étroite alliance franco-byzantine pour faire échec à l'Islam, en l'espèce à Noûr ad-Dîn.

Le faisceau des forces byzantines et franques semblait ainsi constitué. Allait-il se tourner contre Noûr ad-Dîn, aboutir au siège d'Alep, réussir cette grande œuvre que la deuxième croisade s'était révélée incapable d'entreprendre ? Jamais les destinées de l'Orient chrétien ne furent à ce point dans la balance. Que n'aurait pu l'union de la grande armée byzantine et de tous les princes latins assaillant l'atâbeg dans sa capitale ? Les résultats de l'unification musulmane dans la Syrie intérieure pouvaient sans doute être encore conjurés. On pouvait tout espérer, quand la méfiance latente entre Grecs et Latins fit une fois encore ajourner l'entreprise (1)...

Ainsi un mauvais sort semblait peser sur les relations franco-byzantines. En 1138, c'était l'incompréhension ou la mauvaise volonté des princes francs, — en l'espèce, Raymond de Poitiers et Jocelin II de Courtenay — qui, malgré le désir de collaboration de l'empereur Jean Comnène, avait fait échouer le siège de Chaïzar. En 1159, ce fut au contraire la mauvaise volonté de Manuel Comnène qui empêcha toute action sérieuse contre Noûr ad-Dîn. Le *basileus*, pratiquant la vieille politique byzantine, cherchait à tenir la balance égale entre Francs et musulmans de Syrie pour rester lui-même l'arbitre de cet équilibre. Politique funeste qui devait un jour amener la victoire de l'Islam à la fois sur les Francs et sur les Byzantins.

Peu après le départ de l'armée byzantine, Renaud de Châtillon fut fait prisonnier par les gens de Noûr ad-Dîn. Il devait rester dix-sept ans dans les prisons d'Alep (1160-1177). On ne peut se dissimuler que son éloignement de la scène politique fut plutôt un bien pour les Francs. Quant à Baudouin III, il mourut à Beyrouth le 10 janvier 1162, à peine âgé de trente-trois ans et sans doute empoisonné par son médecin. La disparition de ce

---

(1) Guillaume de Tyr, l. XVIII, c. 22-25. Et Kinnamos, IV, 17-21, étudié par Chalandon, *Les Comnène*, t. II, p. 439-455.

prince dont la sagesse égalait l'activité, fût une perte grave pour la Terre sainte. En effet, son successeur, avec des qualités non moins brillantes, n'allait pas faire preuve de la même prudence en engageant la France du Levant dans de prestigieuses mais dangereuses aventures.

La question d'Égypte. Politique d'Amaury I*er*

A la mort de Baudouin III, la couronne de Jérusalem passa à son frère Amaury I*er* (1162).

Personnalité puissante que ce gros homme bouillant d'activité. Politique taciturne et soldat infatigable, diplomate lucide, au courant de toutes les choses de l'Islam, Amaury I*er* allait en effet orienter la croisade dans des voies nouvelles où elle pouvait, suivant l'issue, tout gagner ou tout perdre.

Jetons un regard sur la carte historique de cette époque. La constitution du royaume musulman syrien unitaire de Noûr ad-Dîn interdisait désormais aux Francs l'espoir de conquérir Alep ou Damas, maintenant qu'au surplus la grande concentration franco-byzantine de 1159 s'était dispersée sans rien faire. Au contraire, le khalifat fâtimide d'Égypte était tombé au dernier degré de la décadence. La question d'Égypte était ouverte. Tout le problème était de savoir qui succéderait aux Fâtimides. Ce fut donc de ce côté que se tourna Amaury. Au reste, ne lui reprochons pas sa décision : il n'avait pas le choix. Il lui fallait s'occuper des affaires égyptiennes s'il ne voulait pas que l'Égypte passât sous le protectorat de Noûr ad-Dîn. En effet, les querelles intérieures du gouvernement fâtimide « provoquaient » l'intervention étrangère : le vizir égyptien Châwar, chassé par une faction rivale, s'était réfugié auprès de Noûr ad-Dîn et en 1164 un des lieutenants de Noûr ad-Dîn, l'énergique Chîrkoûh, était venu le réinstaller au Caire. Mais comme Chîrkoûh ne parlait plus de quitter l'Égypte, Châwar, pour se débarrasser de ce protecteur encombrant, fit appel au roi Amaury.

Ainsi chacune des deux grandes puissances syriennes était appelée par un des partis égyptiens et la vallée du Nil était un champ clos où elles venaient vider leur querelle. Le roi de Jérusalem accourut et assiégea Chîrkoûh dans Bilbeïs. Mais sa présence en Égypte dégarnissait fâcheusement la défense chrétienne en Syrie. Pour dégager son lieutenant, Noûr ad-Dîn opéra en effet dans la Syrie septentrionale, puis aux confins galiléens de puissantes diversions au cours desquelles il enleva aux Francs Hârim et Paneas, pertes sensibles pour la Terre sainte, car la chute de la première place démantelait la défense d'Antioche comme la chute de la seconde découvrait la Galilée. De plus, devant Hârim le prince d'Antioche Bohémond III avait été vaincu et fait pri-

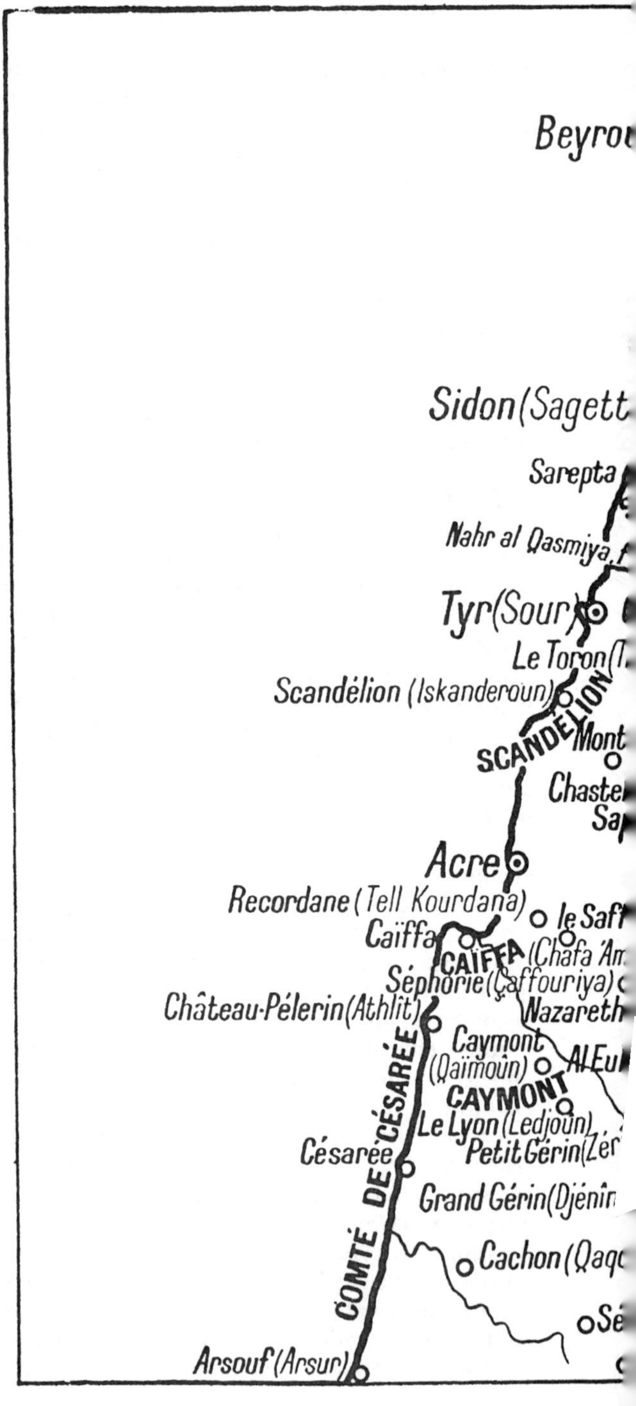

Beyrou[th]

Sidon (Sagett[e]

Sarepta

Nahr al Qasmiya

Tyr (Sour)

Le Toron (T[

Scandélion (Iskanderoun)

SCANDÉLION

Mont

Chaste[l
Sa[

Acre

Recordane (Tell Kourdana)   le Saf[
Caïffa   (Chafa 'Am
CAIFFA
Séphorie (Çaffouriya)
Château-Pélerin (Athlit)   Nazareth
Caymont
(Qaïmoùn)   Al Eu[
CAYMONT
Le Lyon (Ledjoûn)
Césarée   Petit Gérin (Zér[

Grand Gérin (Djénir[

Cachon (Qaqo[

Sé[

Arsouf (Arsur)

COMTÉ DE CÉSARÉE

Carte 6. — Gal[

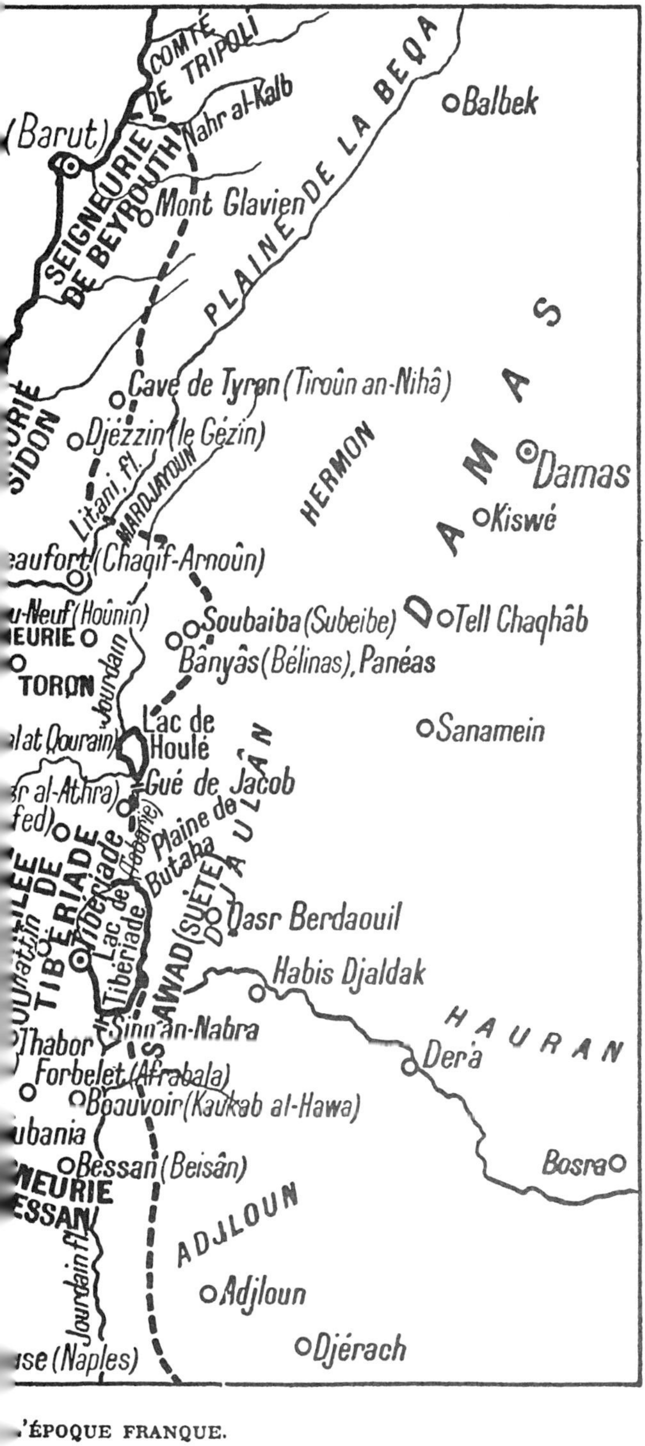

'ÉPOQUE FRANQUE.

sonnier (11 août 1164). Le roi de Jérusalem comprit qu'à pousser plus loin ses succès en Égypte, il risquait de perdre la Terre sainte et, de son côté, Noûr ad-Dîn avait hâte de sauver Chîrkoûh. Un compromis intervint : Amaury et Chîrkoûh évacuèrent simultanément l'Égypte (novembre 1164) (1).

Le protectorat franc au Caire

La perte des deux importantes places-frontières de Hârim et de Paneas, nous l'avons dit, était douloureuse, la première pour la principauté d'Antioche, la seconde pour le royaume de Jérusalem. Cependant dans l'ensemble Amaury pouvait s'estimer assez satisfait. En tout état de cause il avait empêché Noûr ad-Dîn d'établir son protectorat sur la vallée du Nil. Mais en 1167 la question rebondit tout à coup : l'atâbeg, qui, par les rapports de ses lieutenants, avait pu mesurer la décadence fâtimide, envoya de nouveau en Égypte son fidèle Chîrkoûh à la tête d'une armée, avec, cette fois, mission de conquérir purement et simplement le pays. Et de nouveau le vizir égyptien Châwar fit dans sa détresse appel à Amaury

Ce fut le point culminant de l'amitié franco-égyptienne. Amaury, arrivé en Égypte sur les talons de Chîrkoûh, fut reçu par la cour du Caire comme un véritable sauveur. Reculant lentement devant lui, Chîrkoûh remonta vers la Haute-Égypte où Amaury vint lui livrer combat à Babeïn (18 mars 1167), combat indécis à la suite duquel Amaury redescendit vers le Caire, tandis que Chîrkoûh, par un trait de grand capitaine, allait s'emparer d'Alexandrie. Toutes les forces franco-égyptiennes vinrent alors assiéger cette place. En août, après une belle défense, Chîrkoûh rendit la ville à Châwar sous condition de pouvoir rentrer librement en Syrie (2).

Plus encore qu'en 1164 les Francs pouvaient être satisfaits de leur politique. C'était, en effet, un très grand succès pour Amaury qui venait de nouveau de sauver l'indépendance égyptienne et cette fois sans être obligé de payer sa réussite par la perte de places-frontières syriennes. Le gouvernement fâtimide, pour lui témoigner sa reconnaissance et aussi pour s'assurer son appui ultérieur, lui consentit un tribut annuel de 100.000 pièces d'or et — mieux encore — accepta, comme protection, la présence d'une garnison franque au Caire. En fait, un véritable protectorat franc, librement agréé, venait de s'établir en Égypte.

(1) Guillaume de Tyr, l. XIX, c. 6-8 ; Ibn al-Athîr, *Kâmil attawârîkh*, p. 533-535 et *Atâbegs*, p. 215-217.
(2) G. de T., l. XIX, c. 12-33 ; *Kâmil at-tawârîkh*, p. 547-551. *Livre des Deux Jardins*, p. 130-134.

Échec d'Amaury Ier. Saladin maître de l'Egypte

C'était, répétons-le, pour les Francs un magnifique succès. Malheureusement pour eux, ils ne surent pas s'en contenter. Ayant obtenu le protectorat de l'Égypte, ils voulurent faire la conquête directe du pays. Ils commettaient ainsi une double faute : au point de vue moral ils se donnaient tous les torts en abusant de leur force contre une puissance amie ; et au point de vue politique ils allaient faire cesser l'heureuse division du monde musulman, provoquer contre eux le faisceau reconstitué des forces islamiques. En octobre-novembre 1168, Amaury, après avoir un instant hésité, envahit donc l'Égypte. Le 13 novembre il apparut devant la ville de Fostât, le Vieux-Caire. Pris à l'improviste, les Égyptiens, pour l'empêcher de s'en rendre maître recoururent à un parti désespéré : ils brûlèrent la ville, incendie analogue par ses conséquences à celui de Moscou devant Napoléon Ier. De fait, Amaury, comprenant que le coup était manqué, évacua alors le pays et rentra tristement en Palestine.

Mais là ne se limitèrent point les dégâts. Au moment de l'invasion franque, le gouvernement du Caire, affolé, avait fait appel à Noûr ad-Dîn. Ce dernier lui envoya aussitôt une armée, toujours sous le commandement de Chîrkoûh qui devenait décidément le spécialiste des affaires égyptiennes. Parvenu au Caire le 8 janvier 1169, Chîrkoûh, dix jours après, supprima le vizir Châwar et s'arrogea le vizirat. L'habile général décéda deux mois et demi après (23 mars), mais il laissait comme héritier de sa conquête et de son titre un politique de génie, son neveu Çalâh ad-Dîn, notre Saladin (1).

Résultat néfaste des campagnes d'Égypte. L'unité syro-égyptienne

Ainsi la néfaste expédition franque de 1168 avait eu comme résultat de remplacer en Égypte le gouvernement fâtimide, gouvernement faible, pacifique, vieilli, décadent et, de surcroît client de la cour de Jérusalem, par un pouvoir jeune, fort, belliqueux et irréductiblement hostile ! La succession d'Égypte était résolue et dans le pire sens. Non seulement toute la Syrie musulmane était depuis 1154 unifiée sous le chef énergique qu'était Noûr ad-Dîn, mais encore l'Égypte elle-même appartenait désormais au lieutenant du redoutable atâbeg, à un lieutenant d'ailleurs supérieur à son maître en valeur intellectuelle comme en conceptions politiques, en science militaire comme en orga-

---

(1) G. de T., l. XX, c. 4-10 ; Ibn al-Athîr, Atâbegs, p. 246-253 et Kâmil at-tawârîkh, p. 553-560. Livre des Deux Jardins, p. 112-119 et 136-145.

nisation administrative, à l'homme de génie qu'était Saladin ! Pour ajouter à cette révolution politique, Saladin allait bientôt procéder à une révolution religieuse, d'une immense portée dans le monde d'Islam. En septembre 1171 il allait éteindre le khalifat fâtimide et rattacher l'Égypte au khalifat abbâsside de Baghdâd. Ainsi devait prendre fin le schisme religieux qui depuis deux siècles séparait les musulmans d'Égypte des musulmans de Syrie et qui avait tant contribué au succès des croisades.

La dernière parade : reconstitution de l'alliance franco-byzantine

Le roi Amaury n'avait pas attendu ces ultimes conséquences des événements de 1168 pour mesurer l'étendue de la faute commise. Il recourut à la seule riposte possible : resserrer l'alliance conclue par son prédécesseur avec l'empire byzantin. En 1168, il avait, lui aussi, épousé une princesse grecque, Marie Comnène, nièce de l'empereur Manuel. Pour reconquérir l'Égypte, il sollicita l'aide de Manuel. Sans doute celui-ci comprenait-il maintenant de son côté les néfastes résultats de la vieille politique byzantine en vue du maintien de l'équilibre entre Francs et musulmans. La destruction de la dynastie égyptienne au profit d'un lieutenant de Noûr ad-Dîn devenait un péril pour les Byzantins comme pour les Francs. En juillet 1169, Manuel envoya donc au roi de Jérusalem une puissante escadre avec un corps expéditionnaire. Cette force accompagna Amaury qui, le 16 octobre, alla mettre le siège devant Damiette, une des « clés du Delta ». Mais le manque d'entente entre Grecs et Latins provoqua l'échec de l'entreprise. Fait étrange, ce furent les Francs qui secondèrent mal la bonne volonté du commandant grec Kontostéphanos. Le 13 décembre les coalisés levèrent le siège de Damiette.

Une fois de plus la vieille méfiance entre les tenants des deux cultures avait paralysé l'offensive chrétienne...

En dépit de cet échec, le salut, pour les Francs, n'en résidait pas moins dans l'alliance byzantine. Amaury, qui en était tout le premier convaincu, prit une grande décision : il s'embarqua le 10 mars 1171 pour Constantinople, résolu à y être, comme il l'annonça à ses barons, son propre ambassadeur. Sa démarche répondait de tous points aux désirs du moment à la cour byzantine. Il fut reçu avec beaucoup d'amitié par Manuel Comnène et un pacte diplomatique ferme fut conclu. De fait, maintenant que, d'Alep au Caire, le monde musulman avait réalisé sa redoutable unité sous la direction de Noûr ad-Dîn et de son lieutenant Saladin, l'union des forces chrétiennes, tant byzantines que franques, devenait une nécessité (1). Mais pour ne pas recom-

(1) G. de T., l. XX, c. 13-16 et 21-23. Pour le côté byzantin, d'après Nikétas Khoniatès et Kinnamos, Chalandon, *Les Comnène*, t. II, p. 538-549.

mencer les fautes des campagnes précédentes, l'expédition devait, cette fois, être longuement préparée. Amaury attendait pour reprendre les hostilités sur le sol égyptien, l'arrivée d'une nouvelle armada byzantine, lorsqu'il fut emporté par le typhus à Jérusalem le 11 juillet 1174.

Deux mois avant lui, était mort son vieil adversaire, l'atâbeg d'Alep-Damas Noûr ad-Dîn (15 mai 1174).

A tous égards, l'heure de Saladin était venue.

Le roi lépreux. Échec à Saladin

Quelles que fussent les responsabilités d'Amaury Ier dans la fatale décision de l'automne 1168 qui avait provoqué l'union de l'Égypte avec l'Islam syrien, il avait aussitôt entrepris la politique de redressement nécessaire et, grâce à l'alliance franco-byzantine, il est permis de croire qu'il pouvait réussir. Mais le mauvais destin de la Syrie franque voulut que cet homme fort laissât le pouvoir, à l'heure la plus grave, à un héritier frappé d'un mal terrible.

Le successeur d'Amaury Ier fut, en effet, son fils Baudouin IV, un adolescent de treize ans, doué de toutes les qualités de l'esprit et du cœur, mais malheureusement atteint de la lèpre. A Alep, Noûr ad-Dîn n'avait, lui aussi, laissé comme héritier qu'un enfant : son lieutenant Saladin en profita pour enlever à cet enfant Damas (27 novembre 1174) en ne lui laissant — très momentanément — qu'Alep (1).

L'unité de l'Islam syro-égyptien se trouvait, à cette exception près, virtuellement réalisée avec toutes ses conséquences politiques. Maître de l'Égypte et de Damas, Saladin allait consacrer tous ses efforts d'abord à enlever Alep à l'héritier de Noûr ad-Dîn, puis à chasser les Francs de leurs possessions syriennes. Ceux-ci d'ailleurs se rendirent pleinement compte du péril. Toute la politique de Baudouin IV et de son meilleur conseiller, le comte de Tripoli Raymond III, consista à maintenir contre l'empire aiyoubide les derniers vestiges de l'État zengide, à secourir Alep contre les attaques de Saladin. Ils y réussiront pendant neuf ans, car ce ne sera qu'en 1183 que ce dernier achèvera, par l'annexion d'Alep, l'unification des terres musulmanes.

Il est vrai que le jour où cette annexion se trouva acquise, les Francs se virent en présence de la pire situation qu'ils pussent imaginer. La Syrie musulmane tout entière une fois unie à l'Égypte sous le commandement de l'homme supérieur qu'était Saladin, les États francs étaient non seulement encerclés, mais encore en état d'infériorité permanente. Leur ancienne supé-

---

(1) Behâ ad-Dîn, *Vie du sultan Yoûsouf*, p. 58-59.

riorité, il faut le redire, avait été faite du morcellement musulman. Du jour où le monde islamique se trouva politiquement unifié depuis les cataractes du Nil jusqu'à l'Euphrate, les jours de l'Orient latin furent comptés.

Mais l'Orient latin ne s'abandonna pas. Malgré sa cruelle maladie, le jeune Baudouin IV prit personnellement une part active à la lutte contre Saladin. Il remporta même sur celui-ci, le 25 novembre 1177, entre Montgisard (Tell-Djazer) et Blanche-garde (Tell aç-Çâfiya), une des plus brillantes victoires des croisades. Les annalistes musulmans sont ici d'accord avec les chroniqueurs chrétiens pour rendre hommage à son magnifique héroïsme (1). Toutefois, devant l'aggravation de son état, il fallait aviser. Sa sœur aînée, Sibylle, veuve d'un marquis de Montferrat, était l'héritière du trône. Légère et passionnée, elle se remaria avec l'élu de son cœur, Guy de Lusignan, cadet de la grande famille poitevine, mais personnellement assez démuni de sens politique, auquel elle fit donner le comté de Jaffa (1180), en attendant le trône. Baudouin IV, après avoir consenti à ce mariage, voulut se raviser, exhéréda Guy et lui enleva même Jaffa en rendant toute sa confiance au comte Raymond III de Tripoli. Il se creusa ainsi entre Guy et Raymond III un fossé qu'élargirent encore les intrigues de la camarilla.

Renaud de Châtillon, seigneur d'Outre-Jourdain

Nous entrons ici dans une période où toute décision allait se révéler lourde de conséquences. Depuis l'annexion de Damas par Saladin, il n'y avait plus une faute à commettre. En 1180, Baudouin IV, toujours bien inspiré quand il agissait par lui-même ou sur les conseils du comte Raymond III de Tripoli, avait conclu avec Saladin une trêve indispensable au royaume épuisé. Il avait compté sans l'ancien prince-consort d'Antioche, le néfaste Renaud de Châtillon (2).

Sorti, après une captivité de dix-sept ans, des prisons d'Alep, Renaud, venait, par un nouveau mariage, de devenir seigneur de la terre d'Outre-Jourdain, c'est-à-dire de la Transjordanie et du Ouadi Mousa (1177). On a vu l'importance stratégique et commerciale de ce territoire. Les forteresses qui le jalonnaient, le Crac de Moab (l'actuel Kérak) et Montréal (l'actuel Chaubak), contrôlaient la route des caravanes entre la Syrie musulmane et l'Égypte, coupant ainsi en deux les possessions de Saladin. Elles contrôlaient de même la route du *hadjj*, du pèlerinage musulman

---

(1) G. de T., l. XI, c. 20-21 ; Michel le Syrien, t. III, p. 375 ; Behâ ad-Dîn, *Vie du sultan Yoûsouf*, p. 46. *Livre des Deux Jardins*, p. 185-187 ; *Kâmil at-tawârîkh*, p. 628.
(2) Voir plus haut, p. 229.

de Damas à la Mecque. Or, à l'été de 1181, Renaud de Châtillon, sans dénoncer les trêves précédemment conclues, sans consulter le roi, se jeta sur une caravane qui se rendait par cette piste de Damas à la Mecque, et l'enleva, acte de banditisme qui, dans l'état du « nationalisme » musulman désormais réveillé, prenait les allures d'une intolérable provocation (1). En vain Baudouin IV lui enjoignit-il d'accorder les satisfactions que réclamait Saladin. Renaud refusa. La guerre reprit aussitôt

Soulignons cette insubordination de la grande féodalité envers la royauté franque. Les deux principaux vassaux du domaine royal étaient, on vient de le voir, Renaud de Châtillon comme seigneur d'Outre-Jourdain, et Raymond III comme prince-consort de la « princée de Galilée » (seigneurie de Tibériade). Le malheureux Baudouin IV, tiraillé entre eux, était obligé de suivre tantôt l'un, tantôt l'autre, heureux quand c'était le sage Raymond qui le dirigeait, mais non moins engagé, le cas échéant, par les folies de Renaud. La maladie du jeune roi provoquait ainsi un sensible fléchissement de l'autorité royale, et cela au moment où la grande guerre commençait.

Au cours de cette nouvelle campagne, Baudouin IV se couvrit une fois encore de gloire, obligeant Saladin à reculer en Galilée et devant Beyrouth (juillet-août 1182) et poussant jusqu'à la banlieue de Damas (octobre 1182) (2). Malheureusement Renaud de Châtillon rendait tout accord impossible en provoquant directement, en achevant d'exaspérer le sentiment islamique. Avec une audace inouïe qui fait honneur à son imagination mais qui allait avoir de funestes conséquences, il lança sur le golfe d'Aqaba, en mer Rouge, une escadre qui alla enlever les navires musulmans, piller les ports du Hedjaz et, — sacrilège inouï —, menacer les villes saintes de l'Islam, la Mecque et Médine (hiver 1182-1183).

Les Francs auraient voulu soulever contre eux une vague de fond panislamique qu'ils ne se seraient pas comportés autrement. Saladin furieux vint, en novembre 1183, assiéger la résidence de Renaud, le Crac de Moab, qui ne fut sauvé que par l'intervention rapide de l'admirable Baudouin IV (3). Cependant l'état de ce dernier empirait de jour en jour. A son chevet, les partis, cyniquement, se disputaient le pouvoir. Il mourut le 16 mars 1185, âgé de vingt-quatre ans. Face à une situation tragique, presque désespérée, il avait jusqu'au bout maintenu l'intégrité du territoire franc. Aucune figure plus héroïque n'illustre l'histoire des croisades.

(1) *Chronique d'Ernoul*, p. 54 56. *Livre des Deux Jardins*, p. 214.
(2) Guillaume de Tyr, l. XXII c. 15-21. *Kâmil at-tawârîkh*, p. 652 653.
(3) G. de T., l. XXII, c. 25-27. *Deux Jardins*, p. 231-232 et 250 ; Behâ ad-Dîn. p. 81.

Avènement de Guy de Lusignan

Nous sommes arrivés ici au tournant décisif de l'histoire des croisades, une de ces rencontres où la lente poussée des événements — ce qu'on appellerait l'inéluctabilité des situations — se trouve brusquement accélérée par la faute des personnalités responsables.

La mort de Baudouin IV allait, en effet, marquer la fin, sinon de la monarchie franque, du moins de l'autorité monarchique. A sa place, on proclama roi son neveu Baudouin V, un enfant de cinq ou six ans, né d'un premier mariage de sa sœur Sibylle. La régence avait été confiée par le défunt roi au comte de Tripoli, Raymond III.

Il ne pouvait y avoir de meilleur choix. Raymond III, comte de Tripoli (1152-1187), devenu en outre par mariage seigneur de Tibériade ou de Galilée (1174), était un politique circonspect, ayant l'expérience des affaires et connaissant bien le monde musulman qu'il avait été à même d'étudier de près au cours d'une assez longue captivité. Y ayant noué de précieuses amitiés, en rapports personnels avec Saladin, il mit ces relations à profit pour conclure ou renouveler les trêves avec le souverain musulman, trêves dont avait le plus grand besoin le royaume encerclé et épuisé. En présence de l'unité musulmane reconstituée il était en effet d'élémentaire sagesse d'éviter les aventures et de maintenir à tout prix la paix.

C'était la dernière chance du sort. Malheureusement l'enfant Baudouin V — « Baudouinet », comme l'appellent les chroniqueurs — mourut sur ces entrefaites (vers septembre 1186) et ce décès remit tout en question. La mère de l'enfant, la princesse Sibylle, sœur de Baudouin IV, s'était remariée, on l'a vu, avec Guy de Lusignan qu'elle cherchait aujourd'hui à faire nommer roi, encore qu'il fût bien connu pour son peu de sens politique (sa « simplesse » dira le poète Ambroise). Une partie des barons (dont les représentants de la famille des Ibelin que nous verrons jouer un si grand rôle par la suite) auraient préféré porter au trône le comte Raymond III de Tripoli dont ils appréciaient la sagesse, mais Guy de Lusignan, il faut bien le reconnaître, avait le droit pour lui, comme époux de l'héritière du trône. Il avait surtout en sa faveur le patriarche de Jérusalem Héraclius, prélat politicien et viveur, le grand-maître du Temple Gérard de Ridefort qui poursuivait Raymond d'une âpre rancune personnelle, et le néfaste Renaud de Châtillon. Raymond et ses partisans furent joués par cette camarilla. Avec l'appui de Gérard et de Renaud, le patriarche Héraclius couronna Sibylle qui aussitôt associa son mari au trône (1).

(1) *Chronique d'Ernoul et de Bernard le Trésorier*, éd. Mas Latrie, p. 129

Désastre de Tibériade. Prise de Jérusalem par Saladin

Les conséquences de ce choix allaient être catastrophiques. C'était, en effet, le parti de la guerre qui l'emportait sur le parti de la paix. L'incorrigible Renaud de Châtillon, fidèle à ses habitudes de chevalier-brigand, rompit une fois de plus les trêves en enlevant une caravane musulmane qui se rendait d'Égypte à Damas. L'exaspération dans le monde musulman fut à son comble. En mai 1187 Saladin vint à son tour ravager le fief de Renaud, la terre de Kérak, puis il envahit la Galilée. Devant le péril commun, Raymond III qui avait plus ou moins fait dissidence, se réconcilia avec Guy de Lusignan et l'armée franque au complet se concentra à Séphorie (Çaffoûriya) dont les fontaines et les ruisseaux étaient propiees à la cavalerie et qui se trouvait heureusement située pour surveiller le pays, à mi-chemin entre Tibériade et la Méditerranée (2). Cette armée comptait environ 1.500 chevaliers et 20.000 fantassins ou auxiliaires indigènes, les plus gros effectifs depuis longtemps mis en ligne. Mais Saladin, avec des forces incomparablement supérieures, s'empara de Tibériade. Raymond III prodiguait les recommandations de prudence, jusqu'à déconseiller, lui, pourtant le principal intéressé (puisqu'il était seigneur de Tibériade), toute tentative pour aller délivrer la ville. En dépit de ses avertissements, de ses pathétiques adjurations, le destin s'accomplit. Guy de Lusignan, écoutant les avis insensés du grand-maître Gérard de Ridefort qui taxait de lâcheté les conseils du comte, fit mouvement de Séphorie vers Tibériade. Le 4 juillet son armée fut encerclée par Saladin sur la butte de Hattîn, sans eau, par une journée torride. Tous les Francs furent tués ou pris. On compta parmi les prisonniers Guy de Lusignan, Renaud de Châtillon et Gérard de Ridefort. Saladin fit tuer Renaud, mais il épargna Guy ainsi que le grand-maître (1).

Le désastre de Hattîn entraîna l'effondrement immédiat et presque total de l'œuvre des croisades. Le roi prisonnier, l'armée franque détruite, le royaume de Jérusalem était à la merci de Saladin. En effet la colonisation franque, nous l'avons vu, n'avait jamais été très dense. Or, à Hattîn, toute la chevalerie, sans parler des « sergents » roturiers, avait été tuée ou prise. La colonie, saignée à blanc, se trouvait vide de colons. Saladin n'eut qu'à

---

139 ; *Eracles* (éd. des *Historiens occidentaux des Croisades*), t. II, l. XXIII, c. 17-21, p. 25-33 ; *Kâmil at-tawârîkh*, t. I, p. 674 ; *Livre des Deux Jardins*, p. 257-258.

(1) Ernoul, ch. XII, p. 140-154 ; *Eracles*, l. XXIII, c. 24-29, p. 34-46 ; Behâ ad-Dîn, p. 91 ; *Deux Jardins*, p. 261-262.

(2) Ernoul, ch. xiii-xiv, p. 155-171 ; *Eracles*, l. XXIII, c. 32-45, p. 49-68 ; *Kâmil at-tawârîkh*, p. 682-687 ; *Deux Jardins*, p. 263-277.

cueillir, en une immense rafle, les villes franques. Il conquit coup sur coup Saint-Jean-d'Acre (10 juillet), Jaffa, Beyrouth (6 août) et, à l'exception de Tyr, tous les autres ports de la côte (car il eut l'habileté d'occuper d'abord le littoral pour couper les Francs des renforts venus par mer). Le 20 septembre il investit Jérusalem où l'un des barons palestiniens, Balian d'Ibelin, essaya d'organiser la résistance en armant la population civile et en conférant la chevalerie aux bourgeois. Devant l'attitude énergique de Balian qu'il craignait de pousser à quelque résolution désespérée et avec lequel il entretenait d'ailleurs des relations de haute courtoisie, Saladin, pour éviter une inutile effusion de sang, consentit à un accord : il fut entendu que la population franque pourrait se retirer moyennant rançon. Cet accord fut scrupuleusement respecté. Le 2 octobre 1187, Saladin prit possession des murailles et des tours de Jérusalem, tandis que ses troupes, avec la plus grande correction, protégeaient l'exode des Francs qui allèrent se rembarquer soit à Tyr, soit à Tripoli, soit même en Égypte. Il fallut même — détail suggestif — que ses agents, dans les ports, défendissent les malheureux émigrants contre la rapacité des marins génois ou autres qui refusaient de les transporter ou menaçaient de s'en débarrasser sur quelque côte déserte. Tous les chroniqueurs sont d'accord pour vanter l'humanité, la générosité, l'esprit chevaleresque du conquérant musulman. Avec un non moindre libéralisme, il refusa de laisser abattre l'église du Saint-Sépulcre (1).

La belle résistance de Balian d'Ibelin à Jérusalem avait jeté un dernier rayon de gloire sur les derniers jours de la ville sainte. Le royaume de Jérusalem n'en était pas moins tout entier perdu pour les Francs, exception faite, on le verra, de la cité maritime de Tyr. Du comté de Tripoli où le comte Raymond III ne survécut point à la catastrophe qu'il avait tout fait pour empêcher, n'échappèrent à la conquête que Tripoli même, qui fut sauvée par l'arrivée d'une escadre des Normands de Sicile, commandée par le comte de Malte, Margarit de Brindisi, — plus Tortose et, dans la montagne, la forteresse des Hospitaliers dite « le Crac des Chevaliers ». De la principauté d'Antioche, où le faible Bohémond III était bien incapable de s'opposer à la ruée musulmane, les Francs ne conservèrent guère qu'Antioche et sa banlieue et le château de Marqab qui appartenait aux Hospitaliers et qui fut, comme Tripoli, sauvé par la proximité de l'escadre siculo-normande de Margarit (2). Quant aux deux ports de Djabala et de

---

(1) *Ernoul*, ch. xv-xvi, p. 172-188, et xviii, p. 220-235 ; *Eracles*, l. XXIII, c. 46-64, p. 70-101 ; *Kâmil at-tawârîkh*, p. 683-704 ; *Deux Jardins*, p. 276-340. Le chapitre xvii de la *Chronique d'Ernoul* est une description topographique de Jérusalem sous la date de 1187.
(2) Sur la campagne de Margarit, cf. Chalandon, *Histoire de la domination normande en Italie et en Sicile*, t. II, p. 416-417.

Lattakié, ils tombèrent, eux aussi, au pouvoir de Saladin (juillet 1188). La reddition de ces deux dernières places se produisit à l'instigation d'un fonctionnaire arabe au service de l'administration franque, le qadi de Djabala à qui Bohémond III avait commis la faute d'accorder sa confiance. De fait, la reconquête musulmane emportait tout, et les notables musulmans employés par les princes chrétiens étaient les premiers à faire défection.

2. LE ROYAUME DE SAINT-JEAN-D'ACRE

Conrad de Montferrat et la résistance à Tyr

L'œuvre de la Première Croisade et de la dynastie des Baudouin était-elle irrémédiablement anéantie ? L'Occident renoncerait-il à ses colonies, la chrétienté à l'idéal que représentait pour elle le Saint-Sépulcre ? Ici comme si souvent dans l'histoire, ce fut du hasard que vint la première chance de salut. Au moment même où s'écroulait le royaume de Jérusalem, un croisé nouveau venu, le marquis piémontais Conrad de Montferrat, avait débarqué à Tyr (juillet 1187). Cet homme énergique et résolu s'improvisa chef de la ville à l'abandon, la mit en état de défense, repoussa toutes les attaques de Saladin et fut vraiment la pierre angulaire de la reconquête (1). Saladin le sentit si bien qu'à l'été de 1188 il libéra Guy de Lusignan dont il connaissait la médiocrité. Le sultan espérait sans doute annihiler les deux hommes en les opposant. De fait, Conrad refusa d'ouvrir à Guy les portes de la ville de Tyr dont il entendait, l'ayant sauvée, rester seul maître. Guy de Lusignan, rassemblant tout ce qu'il put trouver de troupes, alla alors avec un beau courage, qu'on n'eut pas attendu de ce caractère faible, mettre le siège devant Saint-Jean-d'Acre. Geste audacieux, si l'on songe à son manque de troupes. Comme naguère Raymond de Saint-Gilles devant Tripoli après la Première Croisade, « il assiégeait Acre à lui tout seul ».

Mais le temps des croisades foudroyantes était révolu. Le siège d'Acre devait durer près de deux ans (28 août 1189-12 juillet 1191) et dégénérer en une épuisante guerre de tranchées. Les Francs y endurèrent des souffrances terribles, car Saladin s'était porté au secours de la place et il entourait leur camp, si bien qu'ils se trouvaient à la fois assiégeants et assiégés. De surcroît, ils continuaient à se quereller entre partisans de Guy de Lusignan et partisans de Conrad de Montferrat. Les premiers avaient évidemment le droit pour eux, puisque Guy avait été

---

(1) *Ernoul*, p. 181-183, 236-237, 240-242, 244 ; *Eracles*, l. XXIII, c. 49, p. 75 et sq., l. XXIV, c. 3, p. 107 et sq.

sacré roi de Jérusalem et qu'aucune Haute Cour n'avait prononcé sa déchéance, mais la majorité des barons ne lui pardonnait pas le désastre de Tibériade, « la perte de la terre ». Du reste Conrad de Montferrat, pour accroître ses chances, pour donner à ses actes de prétendant des titres juridiques, allait épouser la princesse Isabelle, fille cadette du feu roi de Jérusalem Amaury Ier et belle-sœur, par conséquent, de Guy (1191) (1). Cette querelle devait, pendant toute la durée de la troisième croisade, troubler les rapports non seulement entre Francs de Syrie, mais aussi entre Croisés.

Croisade de Frédéric Barberousse

Cependant à la longue la chrétienté avait fini par s'émouvoir. Le roi normand de Sicile Guillaume II fut le premier à préparer des secours. Nous avons vu qu'en effet il envoya aussitôt dans les mers du Levant son amiral Margarit ou Margaritone de Brindisi qui sauva à temps Tripoli, Marqab et aida Conrad de Montferrat à défendre Tyr. Guillaume II était même décidé à prendre la direction de la guerre sainte (peut-être espérait-il, en restaurant le premier le royaume de Jérusalem, le rattacher à ses États, ce qui était l'ambition de tous les rois normands de Sicile depuis Roger II), mais il mourut à Palerme le 18 novembre 1188 sans pouvoir mettre ses projets à exécution (2). Du reste, la chute de Jérusalem avait provoqué en Occident la prédication d'une troisième croisade à laquelle participèrent, à défaut du roi de Sicile, les trois plus puissants souverains de l'Occident : l'empereur germanique Frédéric Barberousse, le roi de France Philippe Auguste et le roi d'Angleterre Richard Cœur de Lion.

Frédéric Barberousse se trouva prêt le premier. Il traversa, à la tête d'une puissante armée, les provinces byzantines d'Europe. Passé en Asie par Gallipoli (fin mars 1190), il traversa de même les provinces byzantines de Lydie et de Phrygie, puis le sultanat seldjouqide d'Asie Mineure. En principe, pour la traversée de la péninsule, il suivit l'itinéraire de la première croisade, de la Marmara à la Cilicie. Route dangereuse, on s'en souvient, puisqu'elle avait été fatale aux croisades de renfort de 1101 comme à la Deuxième Croisade de Conrad III et de Louis VII en 1147-1148. Mais Frédéric chassa les Turcs Seldjouqides devant lui, rendit vaine leur tactique de harcèlement et finalement les battit devant Qonya, leur capitale, qu'il prit d'assaut (18-20 mai 1190). De là il atteignit sans autre combat la Cilicie. Il avait donc réussi sans grande difficulté cette traversée de l'Anatolie

(1) *Ernoul*, p. 267-268 ; *Eracles*, l. XXIV, c. 11-12, p. 152-154.
(2) Chalandon, *Domination normande en Italie et en Sicile*, t. II, p. 416-417.

turque réputée presque impossible, il avait vengé l'échec de son oncle Conrad III, brisé la force seldjouqide, rétabli la liberté des communications terrestres entre l'Orient Latin et l'Europe. Il se préparait à descendre en Syrie, lorsqu'il se noya dans le Sélef le 10 juin 1190 (1). Privée de chef, son armée se dispersa.

Philippe Auguste et Richard Cœur de Lion
Prise de Saint-Jean-d'Acre

Quant à Philippe Auguste et à Richard, ce ne fut que le 4 juillet 1190 qu'ils partirent de Vézelay pour la croisade. Leurs rapports, fort mauvais, n'allaient pas faciliter la réussite de l'expédition. Ils firent en Sicile une escale qu'ils prolongèrent (assez inexplicablement) pendant six mois (2). Philippe s'embarqua à Messine le 30 mars 1191, et Richard le 10 avril. Philippe débarqua devant Acre le 20 avril. Richard fut jeté par la tempête dans l'île de Chypre où, chemin faisant, il profita du mauvais accueil des Byzantins pour leur enlever l'île (6 mai-6 juin 1191).

La troisième croisade eut donc pour premier résultat, au moment où les victoires de Saladin venaient de réduire la Syrie franque à une étroite bande côtière, de la doubler d'une annexe insulaire destinée, en cas de définitif naufrage, à lui servir de refuge. Conquête de hasard, de grande importance pour l'avenir.

La présence du roi de France et du roi d'Angleterre enfin réunis devant Acre permit de donner au siège une allure décisive. Après de furieux assauts où les deux souverains payèrent bravement de leur personne, la place capitula (12 juillet) (3).

Acre une fois prise, les dissensions recommencèrent entre Philippe Auguste et Richard. Le premier soutenait les prétentions au trône de Conrad de Montferrat, le second celles de Guy de Lusignan. Du reste, Philippe Auguste avait hâte de rentrer en France. Le 2 août, estimant son vœu accompli, il se rembarqua en laissant d'ailleurs ses troupes — 10.000 chevaliers, sans compter les sergents, sous les ordres du duc de Bourgogne Hugues III, — à la disposition de la croisade.

Campagne de Richard en Palestine. Traité avec Saladin

Richard Cœur de Lion restait donc seul à la tête de la croisade,

(1) Cf. *Historia de expeditione Frederici imperatoris*, éd. Chroust, Berlin, 1928, *Mon. Germ. Hist., Scriptorum germanicorum nova series*, t. V.
(2) Cf. Chalandon, *Histoire de la domination normande en Italie et en Sicile*, t. II, p. 435-442.
(3) Sur le siège de Saint-Jean-d'Acre, voir le poème d'Ambroise, *Estorie de la guerre sainte*, éd. Gaston Paris (1907), vers 2787-5244 ; Behâ ad-Dîn, 140-238, — tous deux témoins oculaires.

magnifique soldat dont l'épopée d'Ambroise nous conte les prouesses inouïes. Toutefois sa violence l'emportait parfois à d'étranges excès. Après la prise d'Acre, il commit, pour commencer, un acte de barbarie qui était une faute politique en massacrant les prisonniers musulmans. Saladin, jusque-là si humain, se livra à des représailles de même ordre. L'histoire des croisades, de la prise de Jérusalem par les Francs en 1099 à la reprise définitive des ports par les Mamelouks en 1291, est ainsi jalonnée des deux côtés par une série d'actes de cruautés qui la déparent.

La Première Croisade, on s'en souvient, avait négligé la conquête de la côte pour se consacrer d'abord à celle de Jérusalem. La prostration et le morcellement du monde musulman avaient permis une telle tactique. Maintenant, l'unification du monde musulman sous les ordres de Saladin mettait Jérusalem à l'abri, tandis que la maîtrise absolue de la mer incitait la Troisième Croisade à attaquer les ports. Richard entreprit donc la reconquête du littoral depuis Acre jusqu'à Ascalon, tâche néanmoins difficile, car Saladin et toute l'armée musulmane suivaient sa marche en le harcelant. Une brillante victoire devant Arsoûf, le 7 septembre 1191, assura au roi d'Angleterre une supériorité décisive : c'était vraiment la revanche de Hattîn (1). Saladin, ne pouvant défendre les villes côtières, se résigna à un pénible sacrifice : il les fit raser, faisant ainsi le vide devant l'ennemi. Richard ne se découragea point et fit reconstruire Jaffa, mais, bien qu'il soit resté toute une année encore en Palestine, bien qu'à deux reprises il se soit approché de la banlieue de Jérusalem, au point d'en entrevoir à l'horizon le panorama, il n'osa ou ne put entreprendre le siège de la ville sainte. Les circonstances, en effet, étaient tout autres qu'en 1099. En 1099, les Égyptiens avaient laissé tranquillement les Francs se consacrer au siège. Aujourd'hui la grande armée musulmane, supérieure en nombre et d'une redoutable mobilité, risquait de prendre les assiégeants à revers et, tout d'abord, de les couper de leurs communications avec le littoral. Richard, politique irréfléchi, soldat d'une bravoure folle, était un capitaine fort clairvoyant. Il ne se hasarda pas à une telle imprudence. Le 1er août 1192 et, de nouveau, le 5 août il remporta du moins sur Saladin à Jaffa deux magnifiques victoires où il acheva de gagner sa réputation de prestigieux soldat (2) ; mais, comme les actes d'agression de son frère Jean sans Terre et de Philippe Auguste le rappelaient en Europe, de guerre lasse il conclut la paix avec le sultan (3 septembre 1192), puis se rembarqua avec la masse des pèlerins (9 octobre).

(1) Ambroise, vers 6126-6682 ; Behâ ad-Dîn, p. 258-261.
(2) Ambroise, vers 11035-11238 et 11345-11652 ; Behâ ad-Dîn, p. 333-341.

On s'étonne que le Moyen Age ne se soit pas davantage scandalisé — tant du côté musulman que du côté chrétien — devant l'esprit de cette paix. Il s'agissait en effet d'un véritable compromis non seulement politique, mais aussi religieux et moral. Les Francs obtenaient le territoire réoccupé par leurs armes, c'est-à-dire la zone côtière, de Tyr à Jaffa. L'intérieur, y compris Jérusalem, restait au pouvoir de Saladin, mais celui-ci leur accordait toutes garanties pour la liberté du pèlerinage aux Lieux Saints. La Troisième Croisade, après avoir débuté par le charnier d'Acre et continué par le massacre des prisonniers musulmans, puis par les mesures de représailles de Saladin, avait donc eu pour résultat inattendu d'établir entre chrétiens et musulmans un *modus vivendi* religieux et le commencement d'un régime de tolérance réciproque (1). Nous verrons cet esprit nouveau, si opposé à l'esprit de croisade, gagner progressivement non seulement parmi les Francs de Syrie mais chez les Occidentaux eux-mêmes et aboutir à l'islamophilie avouée d'un Frédéric II.

Restauration et survie du royaume franc au XIIIe siècle
Nouveaux mobiles et nouveaux aspects

Jérusalem restant aux musulmans, le royaume franc qui continuait à en porter le nom eut désormais pour capitale de fait Saint-Jean-d'Acre. Sous cette forme il allait bénéficier d'une survie d'exactement un siècle (1191-1291).

Malgré cette continuité apparente, les différences allaient être sensibles entre les deux époques.

Les colonies franques de Syrie-Palestine avaient été créées en 1098-1099 par l'élan spirituel de la croisade. Elles avaient été maintenues au XIIe siècle par une monarchie locale forte, agissant par ses propres moyens, pour des fins politiques, militaires et territoriales, au bénéfice prépondérant d'une noblesse d'origine française. Une fois partiellement restaurées, après la catastrophe de 1187, par la troisième croisade de 1191, ces colonies devront leur survie moins aux dynasties franques locales, désormais trop faibles, qu'à l'aide permanente de l'Occident. Or, l'intérêt que l'Occident portera ainsi à l'Orient latin ne proviendra plus uniquement désormais de considérations religieuses, mais aussi de préoccupations économiques, de l'importance qu'auront prise les Échelles de Syrie pour le commerce du Levant. De là le rôle croissant des éléments commerciaux génois, pisans et vénitiens qui, à la fin, primeront presque l'élément nobiliaire français.

On voit le double caractère moral et social de cette évolution.

---

(1) Behâ ad-Dîn, p. 342-350.

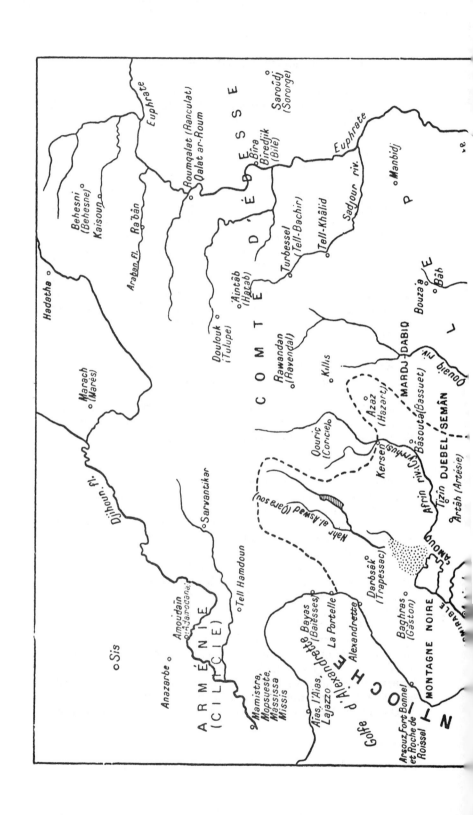

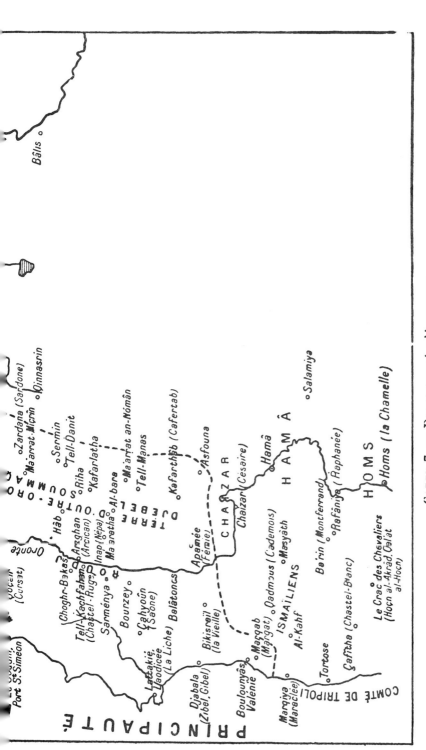

CARTE 7. — PRINCIPAUTÉ D'ANTIOCHE.

Au point de vue moral, c'était la foi qui dans les deux dernières années du xie siècle avait créé l'Orient latin. Ce fut la recherche des épices qui au xiiie siècle le maintint debout. Qu'importait dès lors que Jérusalem fût perdue, pourvu que les souks et les docks de Tripoli, de Tyr et d'Acre restassent aux Francs ? La preuve, c'est que, quand la diplomatie de Frédéric II aura, de 1229 à 1244, rendu cette Jérusalem aux Francs, ils n'en sauront plus que faire, s'en désintéresseront et continueront à se presser dans les bonnes cités marchandes de la côte. La Syrie franque du xiie siècle avait été dominée par l'idée religieuse, celle du xiiie siècle le fut par l'intérêt commercial.

Il en résulta un assez curieux déplacement des valeurs sociales. Le personnage dominant au xiie siècle, c'était le chevalier : les *Assises* de Jérusalem nous montrent la saisissante différence de traitement qui, en matière de droit pénal, le sépare du roturier. Au xiiie siècle, le premier rôle tendra de plus en plus à être joué par le roturier, pourvu que celui-ci ait derrière lui les ballots de marchandises du *fondaco* génois ou vénitien et la protection consulaire d'une des puissantes républiques maritimes italiennes. Dans la Jérusalem du xiie siècle nous avons l'impression d'être dans la France capétienne. Dans le Saint-Jean-d'Acre du xiiie nous avons parfois la sensation de nous trouver dans une commune marchande italienne. En 1288 nous verrons les commerçants génois déposer la plus ancienne dynastie franque, celle de Tripoli, et organiser cette ville en commune à la manière municipale italienne.

Cette ascension du roturier aux dépens de la noblesse, en même temps que le triomphe du mobile commercial sur le mobile religieux, va caractériser l'évolution des colonies franques dans la seconde phase de leur existence.

Le « royaume d'Acre » de la troisième à la cinquième croisade

Le royaume d'Acre, ainsi réduit au Sahel palestinien, était, malgré ses dimensions restreintes, plus difficile peut-être à administrer que l'ancien royaume des Baudouin. Trop d'influences commerciales et bancaires, désormais toutes puissantes, s'y faisaient sentir. Sa destinée (le lien dynastique étant pratiquement rompu) restait fonction de trop de problèmes internationaux en Occident même. De plus, une fois encore, les luttes de partis venaient tout brouiller. Pour régner sur l'État littoral ainsi restauré, deux candidats se disputaient, on l'a vu, les suffrages : Guy de Lusignan et Conrad de Montferrat. Bien que Richard Cœur de Lion préférât Guy, il avait dû, sur les instances des barons palestiniens qui ne pardonnaient pas à ce dernier le désastre de Hattîn, se résigner à l'élévation de Conrad. Personne.

en effet, n'était plus digne de la couronne que le marquis de Montferrat. C'était lui qui, par sa résistance à Tyr, avait arrêté net la conquête musulmane et commencé la reconquête franque. Il était l'homme fort, l'homme providentiel. Richard dédommagea Guy en lui donnant, comme nous le verrons, l'île de Chypre (1192) (1).

Conrad restait donc seul maître du « royaume » quand un drame rapide vint l'abattre à la veille même de son couronnement : le 28 avril 1192, il fut assassiné à Tyr par des Ismaïliens (2). Les barons reportèrent alors leurs suffrages sur un croisé français, le comte Henri II de Champagne qui avait la chance d'être apparenté à la fois à Philippe Auguste et à Richard Cœur de Lion (il réconciliait ainsi les deux partis) et auquel ils firent épouser la veuve de Conrad, la princesse Isabelle, dernière héritière de la dynastie de Jérusalem (5 mai 1192). Henri de Champagne se montra d'ailleurs un prince sage, un administrateur prudent et ferme, un négociateur adroit qui sut maintenir les trêves, si nécessaires, avec les musulmans. Chez ceux-ci, Saladin était décédé le 4 mars 1193, mais les princes de sa dynastie — la dynastie aiyoubide —, continuèrent en général sa politique de paix avec les Francs et de tolérance envers le christianisme. Satisfaits de la récupération de Jérusalem, ils se résignaient assez facilement, semble-t-il, à laisser la côte aux Francs et cherchaient à tirer parti des avantages commerciaux que leur valait ce voisinage (3). Toutefois ce *modus vivendi* restait précaire et toujours à la merci de l'arrivée de nouveaux pèlerins dont le zèle intempestif ne s'embarrassait pas des calculs des politiques.

De fait, les hostilités parurent reprendre en septembre 1197 par suite du débarquement de croisés allemands envoyés en avant-garde et d'ailleurs en assez petit nombre par l'empereur Henri VI. Les Aiyoubides ripostèrent en pillant Jaffa. Henri de Champagne mourut sur ces entrefaites à Acre en tombant d'une fenêtre de son château (10 septembre 1197) (4) et ce décès, dans des conjonctures aussi graves, pouvait avoir de redoutables conséquences. Mais les barons palestiniens surent trouver l'homme nécessaire. Ils donnèrent la « couronne de Jérusalem » au roi de Chypre, Amaury de Lusignan. Amaury était le frère de Guy de Lusignan et son successeur dans le nouvel État insulaire, mais il s'était révélé en tout un politique autrement habile (5). Les barons lui firent épouser la reine Isabelle, veuve pour la

---

(1) Voir plus loin, p. 334, la fondation du royaume Lusignan de Chypre qui fut la conséquence de cette donation.
(2) Ernoul, c. xxv, p. 289-290 ; Ambroise, vers 8601-8665, 8879-8908 ; Eracles, II, l. XXVI, c. 13, p. 192.
(3) Ernoul, c. xxv-xxviii ; Eracles, l. XXVI, c. 18-28, p. 200-216.
(4) Ernoul, c. xxvii, p. 304-307.
(5) Voir plus loin, p. 334 ; Jean d'Ibelin, *Lois*, t. I, p. 429-430.

seconde fois et qui se trouvait toujours dépositaire de la légitimité.

A Acre comme en Chypre, Amaury de Lusignan fut un excellent roi. Sans grande guerre, sans alarmer l'Islam par des menaces ou des démonstrations bruyantes, il reprit aux musulmans Beyrouth, conquête précieuse qui rétablissait les communications entre les terres d'Acre et le comté de Tripoli (24 octobre 1197) (1). En réalité il se réservait. Il faisait une politique d'attente, dans l'expectative des grands renforts promis par l'Occident. Le pape Innocent III était précisément en train (1199) de faire prêcher une quatrième croisade. On verra comment cette croisade fut « détournée » contre les Byzantins et aboutit à la fondation inattendue d'un « empire franc » à Constantinople (1204) (2).

Disons tout de suite que ces événements causèrent à la Syrie franque un préjudice grave. Ils la privèrent de renforts indispensables et, en dispersant d'Acre à Constantinople l'effort des Francs, achevèrent d'anémier les colonies de Terre sainte. On peut dire que l'éphémère empire latin intercepta la vie de la Syrie franque. Devant une telle issue, le roi Amaury n'avait qu'à renoncer aux grandes entreprises. Aussi bien avait-il eu la sagesse de ne rien brusquer jusque-là. En septembre 1204, il renouvela donc les trêves avec le sultan Malik al-'Adil, frère et principal successeur de Saladin. A cette occasion, il fit encore admettre par le sultan la rétrocession, au domaine chrétien, de Sidon au nord, de Lydda et de Ramla au sud. Lopin par lopin, l'ancien royaume, peu à peu, se reconstituait.

Il eût semblé avantageux pour l'Orient latin que le royaume d'Acre et celui de Chypre continuassent à rester unis. Mais les règles successorales ne devaient pas tarder à jouer. A la mort d'Amaury de Lusignan (1er avril 1205), les deux couronnes de Chypre et de Jérusalem furent donc de nouveau séparées. Le royaume de Chypre alla au fils du défunt, à Hugues Ier, tandis que le royaume de Jérusalem — c'est-à-dire de Saint-Jean-d'Acre —, revint à une fille que la reine Isabelle avait eue de son mariage avec Conrad de Montferrat, la jeune Marie de Jérusalem (3). Comme Marie n'avait que quatorze ans, la régence fut confiée à son oncle maternel, Jean d'Ibelin, sire de Beyrouth (4). Avec Jean nous voyons la puissante famille des Ibelin, déjà si importante à la fin du XIIe siècle, s'asseoir sur les marches du trône.

Tandis qu'Acre et Chypre disjoignaient de nouveau leurs

---

(1) *Ernoul*, c. XXVIII, p. 311-314 ; *Eracles*, l. XXVII, c. 6-8, p. 224 226, *Kâmil at-tawârîkh*, t. II, p. 86.
(2) Voir plus loin, p. 444-445.
(3) La reine Isabelle mourut sur ces entrefaites en 1205-1206.
(4) *Eracles*, l. XXX, c. LI, p. 305 ; *Ernoul*, c. XXXV, p. 407.

destinées, dans les États francs du Nord il s'était produit, au contraire, un regroupement territorial. Le comte de Tripoli, Raymond III, mort sans enfant, avait décidé d'adopter un des fils de son voisin Bohémond III le Bègue, prince d'Antioche (1187). Le bénéficiaire de cette mesure se trouva être d'abord le fils aîné de Bohémond III, Raymond IV d'Antioche qui effectivement gouverna Tripoli de 1187 à 1189 environ. En 1189 le prince d'Antioche Bohémond III rappela Raymond auprès de lui pour l'associer au gouvernement d'Antioche et envoya à sa place régner à Tripoli son cadet Bohémond IV qui devint ainsi d'abord comte de Tripoli (vers 1189), puis qui, en 1201 et par l'éviction d'un neveu, devint aussi prince d'Antioche (1). La principauté d'Antioche et le comté de Tripoli vécurent depuis lors (et sauf pendant l'équipée de Raymond-Roubèn, 1216-1219) sous le régime de l'union personnelle. Mais cette union ne dut pas aller toujours sans froissements. Nous verrons plus loin (p. 308) que jusqu'à la fin les barons de l'ancien comté toulousain du Liban conservèrent une attitude frondeuse à l'égard de la maison normande ou normanno-poitevine d'Antioche.

Jean de Brienne et la croisade hongroise

L'histoire du royaume de Jérusalem-Acre au XIIIe siècle est celle d'un État où, grâce à l'absence de loi salique et au couronnement de princes-consorts, la dynastie change presque à chaque règne. En 1210 la jeune reine Marie de Jérusalem ayant atteint ses dix-neuf ans, son oncle maternel et régent, Jean d'Ibelin, sur le conseil de Philippe Auguste, la maria au baron champenois Jean de Brienne. Le choix pouvait paraître étrange : Jean approchait de la soixantaine, mais c'était un des plus valeureux chevaliers de son temps. De fait comme roi de Jérusalem (1210-1225), puis comme empereur de Constantinople (1231-1237), ce vieillard allait encore fournir une étonnante carrière.

Cependant la trêve qui — à quelques opérations locales près — durait entre Francs et musulmans depuis la fin de la troisième croisade, touchait à son terme. Le Saint Siège dont la conquête de Constantinople avait déçu les espérances, ne pouvait se désintéresser plus longtemps du sort de Jérusalem. En 1216 le pape Honorius III prit donc l'initiative d'une cinquième croisade. Non seulement cette croisade fut prêchée en Occident, mais encore l'éloquent archevêque d'Acre, Jacques de Vitry, fut chargé de réveiller dans la Syrie franque le zèle, quelque peu assoupi, des foules. Ses paroles mêmes — bien que peut être em-

---

(1) *Eracles*, l. XXIII, c. 47, p. 72, l. XXVI, c. 25, p. 213, l. XXXI, c. 3, p. 313. Voir plus loin, p. 262. Une blessure à l'œil valut depuis à Bohémond IV le surnom de « le Borgne ».

preintes de quelque exagération oratoire — nous montrent que les colons syriens, beaucoup plus préoccupés de commerce que de croisade — et de commerce avec les pays musulmans —, s'accommodaient fort bien du *modus vivendi* de 1192 (1). Dès cette époque, comme nous l'annoncions plus haut, les intérêts économiques primaient au Levant les considérations spirituelles et la fougueuse éloquence de Jacques de Vitry eut fort à faire pour secouer la mollesse de ces créoles.

En réalité, les invites pontificales ne réussirent à émouvoir les souverains d'aucune des grandes puissances occidentales. En France, Philippe Auguste ne songeait qu'à exploiter tous les résultats de la victoire de Bouvines. En Angleterre, Jean sans Terre venait de mourir (1216), remplacé par un enfant, Henri III. Dans le Saint Empire, où Othon IV de Brunswick disputait le trône à Frédéric II de Hohenstaufen, les luttes civiles paralysaient toute activité extérieure. En septembre 1217 on vit bien débarquer à Acre deux princes croisés, le roi de Hongrie André II et le duc d'Autriche Léopold VI, mais les Hongrois exécutèrent une chevauchée sans résultat jusqu'à Beïsan (novembre 1217), puis échouèrent devant la forteresse aiyoubide du mont Thabor (29 novembre-7 décembre). Le roi André II, malade et découragé, rentra alors en Europe (début de 1218). Cependant, comme d'autres croisés, français, italiens ou frisons, continuaient à débarquer à Acre, Jean de Brienne décida d'utiliser ces renforts pour attaquer l'Égypte.

Réouverture de la Question d'Égypte.
Jean de Brienne et le légat Pélage

Jean de Brienne, reprenait ainsi le programme du roi Amaury Ier et des Byzantins en 1169, projet que la mort de ce roi, puis la catastrophe de 1187 avaient fait si malheureusement abandonner.

L'idée était judicieuse. L'Égypte représentait évidemment la partie la plus riche — la plus vulnérable aussi, tout au moins en son Delta — de l'empire aiyoubide. En se saisissant de ses ports, Damiette ou Alexandrie, les Francs pouvaient acquérir une monnaie d'échange pour récupérer Jérusalem. « Les clés de Jérusalem étaient au Caire ». Le 29 mai 1218, Jean de Brienne débarqua devant Damiette dont il entreprit le siège. Malgré l'activité du sultan Malik al-Kâmil, un des souverains les plus remarquables de la dynastie aiyoubide et qui venait (août 1218)

---

(1) Jacques de Vitry, *Historia Orientalis*, éd. Bongars, *Gesta Dei per Francos*, t. I et Martène, *Thesaurus*, t. III, § 70-79, 82, etc. Lettres de Jacques de Vitry *in* Röhricht, *Zeitschrift für Kirchengeschichte*, XIV (1894), p. 109-112, etc.

de succéder à son père Malik al-'Adil, les Francs finirent par s'emparer de Damiette (5 novembre 1219). Le gage était précieux, car le sultan eût volontiers échangé Jérusalem contre Damiette. Il était de l'intérêt évident des Francs d'accepter le marché, et le roi Jean de Brienne était tout le premier de cet avis, mais le légat Pélage, prélat autoritaire et brouillon qui s'était substitué à lui dans la direction, même politique et militaire, de la croisade, fit rejeter les propositions aiyoubides. En juillet 1221, Pélage, de son propre chef, sans consulter Jean de Brienne, décida de marcher de Damiette sur le Caire, et cela au moment où commençait la crue du Nil. Le résultat ne se fit pas attendre. Dans les derniers jours d'août, l'armée franque, perdue au milieu de l'inondation, se trouva trop heureuse d'accepter les conditions, fort humaines d'ailleurs, que Malik al-Kâmil accorda à Jean de Brienne. Les Francs, en livrant Damiette, purent se rembarquer pour la Palestine (capitulation de Barâmoûn, 30 août 1221) (1).

La cinquième croisade avait déçu toutes les espérances que la chrétienté avait fondées sur elle. Comble d'amertume : elle avait échoué par l'orgueil buté d'un seul homme, alors que le gage de Damiette permettait de recouvrer enfin cette Jérusalem pour laquelle mouraient tant de chrétiens !

Négociations de Frédéric II avec la Cour d'Égypte

Pour sortir la Syrie franque de l'ornière où elle s'enlisait, un concours extérieur puissant était indispensable. Jean de Brienne crut l'avoir trouvé lorsque, en 1225, il maria sa fille, Isabelle de Jérusalem, avec l'empereur Frédéric II.

Il n'était pas de plus puissant souverain que Frédéric II, empereur germanique, roi d'Arles et roi de Sicile : que ne pourrait la Terre sainte avec un tel défenseur ? Le mariage fut célébré à Brindisi le 9 novembre 1225. Mais Jean de Brienne n'avait pas prévu ce qui allait s'ensuivre. Dans le droit franc de Terre sainte, Jean n'avait jusque-là assumé les fonctions de roi de Jérusalem que comme régent pour le compte de sa fille. Du jour du mariage, ces mêmes fonctions passaient légalement à l'époux de celle-ci. Frédéric II ajouta donc à ses couronnes du Saint Empire et des Deux Siciles celle de Jérusalem en éliminant — assez brutalement d'ailleurs — son naïf beau-père qui se trouva lamentablement joué (2).

(1) *Eracles*, l. XXXI, c. 14-15, l. XXXII, c. 1-17, p. 326-352 ; *Ernoul*, c. xxxvi-xxxviii, p. 413-447, Olivier le Scolastique, c. 10-80 ; *Kâmil at-tawârikh*, t. II, p. 114-125. *Histoire des patriarches d'Alexandrie*, Revue de l'Orient Latin, 1907, p. 243-260.

(2) *Eracles*, l. XXXII, c. 20, p. 358 ; *Ernoul*, c. xxxix, p. 449-451

L'éviction de Jean de Brienne par Frédéric, pour inélégante qu'elle fût dans l'application, était donc juridiquement inattaquable. Encore eût-il fallu que le second prît au sérieux les nouveaux devoirs qui lui incombaient désormais. De fait, la papauté qui avait favorisé ce mariage en espérant que Frédéric II assumerait aussitôt la direction de la Guerre Sainte, pressait l'empereur de se croiser. Mais Frédéric avait de tout autres pensées ; pendant trois ans encore il différa de mois en mois l'exécution de son vœu, apportant à trouver prétextes et délais une ingéniosité, une mauvaise foi aussi qui allaient finir par lasser la patience du Saint Siège.

En réalité, nul n'était plus éloigné que Frédéric de l'ancienne idéologie de croisade. Bien loin d'être un ennemi de l'Islam qu'il avait appris à connaître auprès de ses sujets arabes de Sicile, il s'intéressait personnellement à la culture islamique et entretenait des rapports courtois avec plusieurs souverains musulmans, notamment avec le sultan d'Égypte Malik al-Kâmil lui-même, un des esprits les plus éclairés de son temps. Ce prince, neveu et principal héritier de Saladin, se trouvait alors aux prises avec des rivalités de famille. Il était brouillé avec son frère Malik al-Mou'azzam, sultan de Damas, qui songeait à faire contre lui appel aux Khwârizmiens, Turcs à demi-barbares de la Haute Asie dont les bandes, rompues par Gengis-khan, erraient en saccageant tout sur leur passage, aux confins du Diyârbékir et de la Djéziré. Contre cette menace, dont l'islamisme des Khwârizmiens n'atténuait en rien la gravité, al-Kâmil prit une contre-assurance en recherchant l'alliance de Frédéric : il laissait entendre qu'il rendrait Jérusalem aux Francs si ceux-ci l'aidaient contre son frère et, éventuellement, contre les Khwârizmiens. Il envoya dans cet esprit en ambassade à Frédéric l'émir Fakhr ad-Dîn qui se rendit, porteur de riches présents, du Caire en Sicile (1226-1227) (1). Frédéric, de son côté, envoya en mission en Égypte Thomas d'Acerra et l'évêque Bérard de Palerme.

Voyage de Frédéric II en Terre sainte

Ce fut donc d'accord avec la cour du Caire qu'au début de 1227 l'empereur fit partir pour la Terre sainte un premier contingent de troupes qui enlevèrent Sidon au sultan de Damas, relevèrent les murs de Césarée et aidèrent le grand maître Hermann von Salza, chef de l'Ordre Teutonique, à élever la forteresse de Montfort (Qal'at-Qouraïn), en Haute Galilée. Mais cette diplomatie à double face était trop subtile pour être ap-

---

(1) *Kâmil at-tawârîkh*, p. 167-171 ; *Collier de perles*, p. 183-187 ; Maqrîzî, *Rev. Or. lat.*, 1902, p. 509-511, 527-529, 1903-1904, p. 291-292

préciée des tiers. Le pape Grégoire IX, vieillard ardent et plein de zèle apostolique, exaspéré par ces demi-mesures et ces atermoiements, en arriva à excommunier Frédéric II (28 septembre 1227). Celui-ci finit cependant par s'embarquer, mais il s'embarqua toujours excommunié (28 juin 1228).

Conditions singulières, reconnaissons-le, pour entreprendre une croisade. D'autre part, les calculs de la savante politique frédéricienne se trouvèrent au dernier moment dérangés. Dans l'intervalle, en effet, le sultan de Damas, al-Mou'azzam, était mort (12 novembre 1227), de sorte que le sultan d'Égypte, al-Kâmil, libéré de cette menace et n'ayant plus de raison majeure pour rechercher l'alliance de l'empereur, allait se montrer beaucoup plus réticent à l'égard de celui-ci.

Frédéric II parut comme à plaisir vouloir soulever de nouvelles difficultés tandis qu'il faisait escale en Chypre (21 juillet-3 septembre 1228). Le jeune roi de Chypre, Henri Ier de Lusignan, n'ayant que onze ans, la régence, comme on le verra plus loin, était exercée par Jean d'Ibelin, seigneur de Beyrouth. Frédéric, au cours de scènes orageuses, exclut Jean d'Ibelin de la régence qu'il s'attribua, ainsi que la suzeraineté sur la couronne de Chypre, mais cette mesure et aussi l'excommunication dont il était frappé lui aliénèrent la noblesse franque (1).

Reconnaissons toutefois qu'en droit impérial cette intervention, pour brutale qu'elle fût, restait parfaitement légale. La dynastie des Lusignan, nous le verrons (p. 334), tenait sa royauté du père de Frédéric II, l'empereur Henri VI. La couronne de Chypre était donc vassale du Saint Empire et le suzerain, pour raison valable, était toujours libre de modifier, en cas de minorité, la composition de la régence chez ses vassaux.

Les affaires de Chypre une fois réglées comme nous le verrons plus loin (p. 336), Frédéric II débarqua à Acre le 7 septembre 1228. Il dut alors, bon gré mal gré, faire figure de croisé, en évitant d'ailleurs soigneusement d'en venir aux mains avec l'armée musulmane. Ce fut ainsi qu'en novembre il accomplit une marche militaire le long de la côte jusqu'à Jaffa. Surtout il négociait avec le sultan al-Kâmil avec lequel il finit par conclure un accord destiné, dans sa pensée, à clore l'ère des croisades, à mettre fin, des deux côtés, à la guerre sainte en instaurant un régime de tolérance religieuse réciproque (traité de Jaffa, 11 février 1229). Par ce traité, si en avance sur les idées du temps, al-Kâmil rendit aux Francs ce qui leur tenait le plus à cœur : les trois villes saintes, Jérusalem, Bethléem et Nazareth, plus, en Haute Galilée, la seigneurie du Toron, l'actuel Tibnîn, et en Phénicie le territoire de Sidon.

---

(1) Voir plus loin, p. 336. Cf. Novare dans *Gestes des Chiprois*, § 126-134.

C'était là un magnifique résultat. Ainsi, les rétrocessions que Richard Cœur de Lion, malgré sa supériorité militaire, avait été impuissant à provoquer, la diplomatie de Frédéric II les obtenait sans combat, de la seule amitié du sultan. En tout autre temps, la chrétienté se fût exclamée d'admiration devant un tel succès. Mais ce n'était là qu'une partie de l'œuvre frédéricienne. Les clauses territoriales s'accompagnaient en effet d'une véritable tentative d'apaisement religieux. Jérusalem était politiquement rendue aux Francs, mais, reconnue ville sainte pour les deux cultes, elle se voyait soumise à une sorte de condominium religieux : les chrétiens recouvraient le Saint-Sépulcre, mais les musulmans gardaient l'ensemble du Haram ach-Chérîf, avec la Qoubbat aç-Çakhra ou « mosquée d'Omar » *(Templum Domini)* et la mosquée al-Aqçâ *(Templum Salomonis)*.

Ce pouvait être, c'était dans la pensée de Frédéric tout au moins, la fin de l'immense guerre de religion qui durait entre chrétienté et Islam depuis six siècles.

Frédéric II, qui avait conscience d'avoir bien mérité de la chrétienté, fit son entrée dans Jérusalem délivrée le 17 mars 1229. Le lendemain il prit au Saint-Sépulcre la couronne royale de Jérusalem, mais l'interdit jeté sur lui par Grégoire IX le poursuivait et ameutait contre lui barons de Terre sainte, Templiers et Hospitaliers. Il ne pouvait compter que sur l'Ordre Teutonique dont le grand maître, Hermann von Salza, était son collaborateur direct. De retour à Acre il faillit en venir aux hostilités avec les Templiers et avec les partisans de Jean d'Ibelin. Il se rembarqua le 1er mai 1229 dans une atmosphère de guerre civile (1). La querelle des Guelfes et des Gibelins avait gagné la Syrie ! Elle allait rapidement stériliser les résultats de l'adroite diplomatie impériale.

La guerre des Lombards

Par cette querelle l'Orient latin tout entier allait être ébranlé. Aussitôt après le départ de Frédéric, les barons de Terre sainte et leur chef Jean d'Ibelin, seigneur de Beyrouth, commencèrent la lutte contre ses représentants. Jean d'Ibelin, qui avait eu, nous le savons par Philippe de Novare, un dernier scrupule à combattre l'empereur en personne, n'éprouva pas les mêmes hésitations contre les quelques seigneurs chypriotes qui s'étaient ralliés au parti Hohenstaufen et qui avaient été, de ce fait, investis de l'autorité impériale dans l'île. Passé de Syrie en Chypre, il battit ces agents impériaux devant Nicosie (14 juillet

---

(1) Novare, § 135-139 ; *Ernoul*, c. 40, p. 457-468 ; *Eracles*, p. 371-385 ; Abou'l Fidâ, p. 103-104 ; *Collier de Perles*, p. 189-193 ; Maqrîzî, *Revue de l'Orient latin*, 1903-1904, p. 520-527.

1229), prit l'un après l'autre les châteaux où ils s'étaient réfugiés (prise de Dieud'amour, mi-mai 1230) et resta rapidement maître de l'île au nom du jeune roi Henri Ier. Mais Frédéric II ne pouvait se résigner si facilement à l'abolition de la suzeraineté impériale sur le royaume Lusignan. En février 1231, il envoya au Levant un corps expéditionnaire commandé par le maréchal Riccardo Filangieri, lequel enleva Beyrouth à Jean d'Ibelin et occupa également Tyr.

La confiscation de son principal fief syrien constituait pour le chef des Ibelin un dommage grave. Par ailleurs, la plupart des barons de Terre sainte, sentant leurs franchises menacées par l'absolutisme frédéricien, se groupèrent contre le maréchal impérial. Contre lui, la ville d'Acre se constitua, sous le patronage de la Confrérie de Saint-André, en commune autonome, curieuse introduction, dans la capitale même de la Syrie franque, des institutions municipales de France et d'Italie. Jean d'Ibelin, acclamé comme chef par cette commune et par les barons palestiniens qui s'y étaient affiliés, marcha contre les Impériaux. Mais les premières rencontres lui furent défavorables. Filangieri, qui paraît avoir été un homme énergique et un bon général, lui infligea une surprise complète et le battit à Casal-Imbert (az-Zîb, à 6 kilomètres au sud du cap Naqoura, entre Tyr et Acre) (3 mai 1232), puis alla ramener Chypre dans l'obéissance. La révolte de l'Orient latin semblait domptée quand Jean d'Ibelin, par sa froide résolution, ranima le courage des siens et ramena la chance sous ses drapeaux. Étant passé à son tour dans l'île, il remporta sur Filangieri une victoire décisive près d'Agridi (15 juin 1232) (1). Les Impériaux, chassés de Chypre et ayant sur ces entrefaites également perdu Beyrouth, ne conservèrent que Tyr. Ils s'y cramponnèrent et s'y maintinrent en état d'hostilité contre Jean d'Ibelin, puis, après la mort de celui-ci (1236), contre son fils Balian III qui lui avait succédé dans la seigneurie de Beyrouth. Mais cette dernière forteresse impériale ne pouvait subsister indéfiniment au milieu d'un pays entièrement hostile, et le 12 juin 1243 Balian III finit par enlever Tyr aux Impériaux.

Tyr fut alors donnée à un parent des Ibelin, à Philippe de Montfort, personnalité puissante dont la famille était déjà célèbre par le rôle qu'elle avait joué en France dans la guerre des Albigeois. Tyr et le Toron (Tibnîn) devaient rester à Philippe de Montfort jusqu'à son décès (1243-1270), puis passer à son fils Jean (1270-1283). Nous verrons l'attitude des Montfort lors des querelles qui divisèrent un peu plus tard la Syrie franque dans la guerre de Saint Sabas (p. 269-270) (2).

(1) Voir plus loin, p. 337. Cf. Novare, § 140-209 ; *Eracles*, l. XXXIII, c. 10-36, p. 376-402.
(2) Novare, § 225-232 ; *Eracles*, l. XXXIII, c. 55, p. 126.

La croisade de Thibaut IV

Les Hohenstaufen étaient chassés de Syrie. C'était bien taillé, mais il fallait recoudre. Or, il se produisit alors dans la Syrie franque le même phénomène qu'une vingtaine d'années plus tard en Allemagne et en Italie. La puissance impériale une fois abattue, il n'y eut plus aucun principe fédérateur, ce fut le morcellement et l'anarchie. Que les Ibelin le voulussent ou non, Frédéric II, comme roi de Jérusalem, était le seul détenteur légal de l'autorité franque. L'expulsion de ses représentants par les barons eut pour résultat de supprimer en fait sinon en droit l'autorité monarchique, le pouvoir central. Peu importait que la fiction des droits de Frédéric ou de son fils Conrad IV fût maintenue par les Ibelin eux-mêmes. Tout se passa dans la pratique comme si ces droits étaient abolis. L'ancien royaume de Jérusalem devint dans la réalité une sorte de république féodale dirigée par la famille d'Ibelin dont les diverses branches possédaient les seigneuries de Beyrouth, de Jaffa et d'Arsoûf. A Acre, notamment, capitale de cet étrange royaume sans roi, la situation des sires d'Ibelin était prépondérante.

Les bonnes intentions d'un Jean d'Ibelin ne sont pas ici en cause, ni les griefs trop réels qu'il avait contre la brutalité ou la déloyauté de Frédéric II, non plus que le bien-fondé de l'attitude juridique qu'il avait adoptée en s'opposant aux violations des franchises locales par le roi-empereur, tout en continuant à reconnaître les droits royaux de la maison de Souabe. Le résultat seul compte, et le résultat, ce fut, comme nous le disions, l'anarchie. Il faut le répéter : malgré la valeur personnelle des sires d'Ibelin, — Jean et son fils Balian III furent de très nobles figures —, cette anarchie mettait en péril les colonies franques. Le pape Grégoire IX (qui n'était peut-être pas sans remords pour l'inopportunité avec laquelle il avait en 1229 renouvelé dans Jérusalem délivrée l'excommunication contre Frédéric II), fut le premier à sentir le danger. Il provoqua en 1239 la mise en branle d'une nouvelle croisade.

Participèrent à cette croisade un grand nombre de barons français, notamment Thibaut IV, comte de Champagne et roi de Navarre, le duc de Bourgogne Hugues IV, le comte de Bretagne Pierre Mauclerc et le comte Henri de Bar. Croisade uniquement féodale et française, comme on le voit, mais à laquelle manquait un chef, l'aimable poète qu'était Thibaut IV restant quelque peu dépourvu d'autorité. Les croisés partirent d'Acre le 2 novembre 1239 pour aller relever les murailles d'Ascalon, la forteresse la plus méridionale de la côte en direction de l'Égypte. L'avant-garde, qui s'était lancée à l'aventure avec une imprudence, une insouciance sans exemple, sous les ordres du comte de Bar, se fit massacrer ou capturer dans cette folle équipée devant Gaza (12-13 novembre). Toutefois cette catastrophe partielle n'entraîna pas de conséquences fâcheuses. Du reste la seule présence des croisés avait des résultats heureux. L'empire aiyoubide était à cette époque disputé entre deux princes de cette famille, aç-Çâlih Aiyoûb, sultan d'Égypte, et aç-Çâlih Ismâ'îl, sultan de Damas, respectivement petit-neveu et neveu du grand Saladin. Menacé par Aiyoûb, Ismâ'îl sollicita l'alliance des Francs et, à cet effet, leur rétrocéda la Galilée avec les forteresses de Beaufort (Chaqîf-Arnoûn) et de Çafed et la ville de Tibériade (1240). Dans un sentiment analogue, pour ne pas se trouver en reste, le sultan d'Égypte abandonna aux Francs Ascalon (1).

Ces récupérations territoriales auxquelles, d'ordinaire, l'histoire ne prête pas grande attention, n'en étaient pas moins fort importantes, d'autant qu'elles avaient été obtenues (comme d'ailleurs celles de Frédéric II) par la seule voie diplomatique. A cette date en effet l'ancien royaume de Jérusalem se trouvait à peu près reconstitué dans ses limites historiques, exception faite de la Samarie (Naplouse) et de la région d'Hébron (2) Mais pour que de tels résultats fussent consolidés, il aurait fallu que la guerre des Guelfes et des Gibelins qui faisait rage en Italie, n'empêchât pas le roi-empereur Frédéric II d'envoyer les renforts nécessaires pour occuper solidement les territoires recouvrés. Faute de telles précautions, jamais restauration ne fut plus éphémère. Le 23 août 1244 Jérusalem fut définitivement enlevée aux Francs par des bandes de Turcs Khwârizmiens qui avaient partie liée avec le sultan d'Égypte (3). Le 17 juin 1247 les Francs reperdirent de même Tibériade et le 15 octobre Ascalon. Tous les résultats du savant travail diplomatique de Frédéric II, toutes les heureuses conséquences de la croisade de 1239 étaient définitivement anéantis.

L'affaire de la succession d'Antioche

L'historien des croisades doit presque toujours suivre séparément l'évolution du royaume de Jérusalem et l'évolution de la principauté d'Antioche. Tandis que ces événements se déroulaient en Palestine, la principauté d'Antioche, à laquelle s'était rattaché, en 1201, par une union dynastique, le comté de Tripoli, menait une existence particulière. On a vu que Raymond III,

---

(1) Novare, § 215-219 ; *Eracles*, l. XXXIII, c. 47-49, p. 416-420 et *ibid.*, ms. *de Rothelin*, c. XXXII-XXXV, p. 552-555.
(2) Voir carte 9, p. 271.
(3) *Eracles*, l. XXXIII, c. 56, p. 427-428 et ms. *de Rothelin*, c. 41, p. 563-565.

le dernier comte de Tripoli de la dynastie toulousaine, mort sans enfant, avait adopté un cadet de la dynastie d'Antioche, Raymond IV d'Antioche qui lui avait succédé comme comte de Tripoli (1187-1189). Puis, Raymond IV, ayant été rappelé à Antioche par son père Bohémond III qui l'associa au pouvoir dans la principauté du Nord, avait été remplacé comme comte de Tripoli par son frère Bohémond IV (1189). Or, Raymond IV à qui Bohémond III destinait sa succession, décéda avant ce dernier. A la mort de Bohémond III (1201), le trône d'Antioche n'en aurait pas moins dû revenir au fils mineur de Raymond IV, au jeune Raymond-Roubèn, mais le comte de Tripoli Bohémond IV dépouilla cet enfant, son neveu, et se trouva ainsi réunir les deux couronnes (1201). Cependant tout espoir n'était pas perdu pour la victime de cette spoliation. Raymond-Roubèn (« Raymond Rupin » chez les chroniqueurs de langue française), se trouvait, comme nous le verrons plus loin, un demi-arménien, sa mère appartenant à la famille royale d'Arménie (Cilicie) (1). Le roi d'Arménie Léon II prit fait et cause pour lui et, après bien des efforts inutiles, réussit un moment, en mars 1216, à le restaurer comme prince d'Antioche, tandis que Bohémond IV se voyait réduit au comté de Tripoli.

Cette restauration amena dans la Syrie du Nord une étroite union franco-arménienne ou plutôt l'établissement d'un véritable protectorat arménien sur Antioche. Mais elle dura peu. En 1219 Bohémond IV chassa Raymond-Roubèn et resta définitivement maître des deux territoires (2). Naturellement les rapports franco-arméniens redevinrent alors fort tendus. Le fils de Bohémond IV, Bohémond V (1233-1251) qui fut comme lui prince d'Antioche et comte de Tripoli, resta également en mauvais termes avec les Arméniens, d'autant qu'un litige territorial venait encore envenimer les relations : le roi d'Arménie convoitait la place-frontière de Gaston ou Baghrâs, défendue par les Templiers (3).

La tension des rapports franco-arméniens ne pouvait que nuire aux intérêts de la principauté d'Antioche comme de l'Arménie qui, face au péril turc, auraient eu l'une et l'autre mieux à faire que de se quereller. En revanche, l'union, sous la même dynastie, des deux États francs du Nord, Antioche et Tripoli, ne pouvait en soi que leur être favorable. En entraînant une concentration des forces franques, cette union aurait dû leur rendre à tous deux un regain de vigueur bien qu'à de certains

---

(1) Voir plus loin, p. 395.
(2) *Eracles*, l. XXVI, c. 25, p. 213 et variantes p. 229-230 ; l. XXXIX, c. 3, p. 313, l. XXXII, c. 15, p. 317 ; *Annales de Terre Sainte*, Archives de l'Orient latin, t. II, p. 435-437.
(3) *Eracles*, l. XXXIX, c. 6, p. 317-318.

indices nous devinions que l'aristocratie toulousaine du comté avait accepté sans enthousiasme l'union avec les Normands d'Antioche.

Malheureusement les résultats de cette union dynastique furent en partie annihilés, comme on vient de le voir, par la lutte de Bohémond IV et de Bohémond V contre le royaume d'Arménie. Fait d'autant plus grave qu'à diverses reprises Bohémond IV, pour résister aux Arméniens, n'hésita pas à faire appel au sultan aiyoubide d'Alep, devenu l'arbitre des querelles entre chrétiens. Ainsi chez les chrétiens la discorde était partout, aussi bien dans la Syrie du Nord, divisée par ces querelles, que du côté de la Palestine franque, en proie à la lutte des Guelfes et des Gibelins

Louis IX et la question d'Égypte

L'Occident avait de lourdes responsabilités dans la décadence des États francs de Syrie. Si Jérusalem avait été pour la seconde fois perdue, c'était bien parce que sa récupération n'avait été envisagée que sous l'angle de la querelle des Guelfes et des Gibelins. Rien n'avait été fait pour mettre la ville sainte en état de défense, pour consolider à cet égard l'œuvre de Frédéric II. La catastrophe une fois arrivée, on comprit enfin la gravité de la situation et le roi de France Louis IX prit la croix. La seconde perte de Jérusalem, on l'a vu, est du 23 août 1244, et c'est en décembre de la même année que Louis IX annonça son intention. Toutefois les circonstances politiques ne lui permirent que quatre ans plus tard de réaliser son vœu.

Il y a lieu de noter qu'il s'agissait là d'une entreprise purement française, mieux encore : officiellement due à l'État capétien, aucun autre souverain ne s'étant associé au saint roi. Celui-ci mit à la voile à Aigues-Mortes le 25 août 1248. Il aborda le 17 septembre à Chypre où devait avoir lieu la concentration générale de l'armée Le roi de Chypre Henri Ier lui offrit dans sa capitale de Nicosie la plus affectueuse hospitalité avec tout le ravitaillement nécessaire : le caractère nettement français du royaume des Lusignan facilita cette intimité.

Où allait porter l'effort de la croisade ? Les tentatives antérieures, à commencer par l'expérience de Richard Cœur de Lion lui-même, prouvaient qu'on ne pouvait désormais emporter Jérusalem de haute lutte. Reprenant la tactique d'Amaury Ier et de Jean de Brienne, Louis IX décida donc d'attaquer l'empire aiyoubide en son point le plus vulnérable, l'Égypte. Le choix était excellent, puisque Jean de Brienne avait bien failli (si on l'eût écouté) obtenir par cette voie la libération de Jérusalem. Après avoir hiverné en Chypre, l'armée s'embarqua à Limassol dans les derniers jours de mai 1249. Le 5 juin elle débarqua devant

Carte 8. — L'Orient Lat[in]

Damiette, clé du Delta oriental. Et tout marcha d'abord avec une rapidité surprenante. Cette ville de Damiette qui, on s'en souvient, avait résisté un an et demi à la cinquième croisade, fut prise par Louis IX dans les vingt-quatre heures (6 juin) (1). Il n'était pas possible de commencer la campagne sous de meilleurs auspices. Cependant l'état-major ne crut pas devoir en profiter pour marcher immédiatement sur le Caire : la crue (juillet-septembre) allait commencer.

Nul doute que le roi de France ait eu raison de ne pas renouveler à cet égard la faute du légat Pélage (voir p. 255). Toutefois la conjoncture prouve que le débarquement avait eu lieu trop tard, que l'époque en avait été mal choisie et que l'armée s'était beaucoup trop attardée en Chypre. Du moins, à défaut de la marche sur le Caire, pouvait-on mettre ce contre-temps à profit pour occuper les autres ports du Delta. Pour commencer, le comte de Bretagne, Pierre Mauclerc, proposait d'aller, grâce à la supériorité navale des croisés, s'emparer d'Alexandrie comme on s'était emparé de Damiette. L'idée était excellente. Elle fut malheureusement écartée... Le sultan aç-Çâlih Aiyoûb offrait d'autre part d'échanger Jérusalem et la Galilée contre le gage de Damiette. Louis IX refusa, renouvelant ainsi la lourde faute du légat Pélage. Lui qui, par la suite, lors de son séjour en Palestine, devait si finement comprendre la nécessité de manœuvrer diplomatiquement au milieu des discordes musulmanes, semble avoir, par rigidité doctrinale, totalement méconnu au début l'intérêt des négociations. Ne voulant pas imiter les tractations et collusions d'un Frédéric II, il en arriva à écarter sans discussion l'occasion unique de délivrer la ville sainte en épargnant le sang de ses soldats et, à la baisse des eaux, le 20 novembre, il commença la marche sur le Caire. A ce moment le sultan décédait (23 novembre), mais l'entourage tint la nouvelle secrète jusqu'à l'arrivée de son fils Tourân-châh. L'armature de l'État égyptien qui aurait pu s'effondrer dans la guerre civile (on était, de fait, à la veille d'une révolution), tint encore le temps qu'il fallut...

En dépit de la haute valeur du saint roi, les opérations militaires, par la faute, d'ailleurs, de ses lieutenants, ne furent guère mieux conduites que la préparation diplomatique. L'étude de cette campagne est pénible... La route du Caire était barrée par le canal du Bahr aç-Çaghîr, derrière lequel, à la séparation du Nil et du canal, se dressait la ville forte de Mançoûra, élevée par les Égyptiens au moment de la cinquième croisade pour défendre l'accès de leur capitale. Le 8 février 1250, Louis IX, ayant découvert un gué, réussit à passer le canal. Au cours de cette déli-

---

(1) Joinville, c. xxxv, § 164-165 ; Nangis, c. xxxiii-xxxiv ; Abou'l Fidâ, p. 126 ; Maqrîzî, *R. O. L.*, 1907, p. 203-204 ; *Ms. de Rothelin*, c. 59-60, p. 589 591-592.

cate opération, son frère Robert d'Artois, avec les Templiers, commandait l'avant-garde. Mais Robert, — le mauvais génie de l'expédition — au lieu d'attendre, conformément aux instructions du roi, que toute l'armée fût regroupée derrière lui, s'élança follement avec les siens — une poignée de chevaliers — à l'attaque de Mançoûra. Il y périt sur l'heure et les mamelouks ennemis, contre-attaquant, vinrent à l'improviste assaillir le gros de l'armée française au moment où celle-ci se regroupait à peine après la traversée du canal. Instants dramatiques. Louis IX, environné par les charges furieuses des mamelouks, réussit cependant à les repousser, aussi grand dans cette journée terrible comme soldat que comme capitaine. Il faut lire dans Joinville le récit de ces heures décisives où le roi sauva l'armée par son sang-froid, son stoïcisme et sa bravoure. Les jours suivants, d'autres assauts mamelouks furent repoussés de même, mais il n'était plus question de reprendre l'avance vers Mançoûra. Dès ce moment, la croisade avait échoué (1)...

La marche sur le Caire s'avérait impossible. Pour ne pas renouveler jusqu'au bout l'erreur de Pélage, il devenait urgent de rompre le contact pendant qu'il en était temps encore, et de battre en retraite sur Damiette. Louis IX estima que l'honneur militaire le lui interdisait. Pendant cinquante-cinq mortelles journées, du 11 février au 5 avril, il se cramponna héroïquement et contre toute prudence aux rives du Bahr aç-Çaghîr. Stationnement fatal : que pouvait-on espérer, à s'obstiner ainsi quand la route du Caire était barrée ? Chaque jour qui passait rendait plus difficile le « décollage ». De surcroît, au milieu de ce réseau de canaux et de marais, parmi ces charniers, une terrible épidémie de typhus s'abattit sur la troupe. Quand on se décida à la retraite, il était trop tard. En cours de route, Louis IX lui-même, épuisé par la dysenterie, dut être emporté presque mourant, dans une masure. L'armée, privée de son chef, décimée par l'épidémie, encerclée par les mamelouks, trahie aussi, semble-t-il, capitula (6 avril 1250).

Le desastre, on le voit, était pire que celui de Pélage et de Jean de Brienne en 1221. Du moins Brienne avait-il réussi à sauver son armée, à éviter la capitulation... L'amertume dut être d'autant plus profonde que deux fois de suite, en 1249 comme en 1219, les croisés avaient tenu en main ce gage de Damiette contre lequel il leur eût été loisible d'obtenir la délivrance de Jérusalem, et deux fois de suite ils avaient refusé l'échange...

La situation fut encore aggravée du fait d'une révolution qui éclata alors au Caire et qui bouleversa les données de la poli-

---

(1) Joinville, c. XLI-LV, § 192-279 ; *Rothelin*, c. 63-64, p. 600-608 ; Maqrîzî, p. 217-220 ; *Collier de Perles*, p. 208-209.

tique musulmane. Le 2 mai 1250, le sultan Tourân-châh fut massacré par ses mamelouks qui éteignirent en Égypte la dynastie aiyoubide et s'emparèrent eux-mêmes du pouvoir et du trône. Ces soldats brutaux faillirent massacrer de même Louis IX devenu leur captif. Leurs prétentions étaient d'autant plus élevées, leur insolence d'autant plus grande que c'était à eux, à leur valeur militaire qu'étaient dues la victoire de la Mançoûra et la capitulation de l'armée franque. Il faut lire dans Joinville le récit de ces dramatiques journées où Louis IX, en face des pires menaces, fit preuve d'un stoïcisme admirable. Finalement les chefs mamelouks ratifièrent l'accord préparé à son sujet par le défunt sultan. Les clauses en comportaient le rachat du roi et de l'armée contre livraison de Damiette et versement de 500.000 livres tournois. Il y avait seulement quelque amertume à penser que ce même gage de Damiette, monnayé en temps utile, aurait valu aux Francs la récupération de Jérusalem.

Le 8 mai, le roi de France, enfin sorti de prison, put s'embarquer pour la Syrie (1).

Séjour de Louis IX en Terre sainte

La partie la plus utile de la croisade de Louis IX n'est sans doute pas sa campagne d'Égypte mais son action dans la Syrie franque. Il prolongea en effet pendant quatre ans son séjour dans ce dernier pays (13 mai 1250-24 avril 1254). Le chevalier sans peur et sans reproche se transforma en un administrateur vigilant, en un diplomate plein de sagacité. Il mit en état de défense les villes du *sahel* chrétien, Acre, Césarée, Jaffa et Sidon, et dans cette société en pleine anarchie rétablit la discipline à tous les degrés, notamment en exigeant l'obéissance des orgueilleux Templiers. Tous les particularismes, tous les intérêts propres, tant féodaux qu'économiques, durent plier devant son autorité morale, devant son inflexible douceur. Le roi nominal de Jérusalem, à cette date, était l'empereur germanique Conrad IV, qui vivait en Allemagne et à qui en Syrie personne n'obéissait. A défaut de ce souverain fantôme, Louis IX, pendant toute la durée de son séjour, exerça véritablement les fonctions de chef de l'État franco-syrien. A l'extérieur il manœuvra adroitement entre les Mamelouks, désormais maîtres de l'Égypte, et les Aiyoûbides, restés maîtres de la Syrie musulmane. Lui qui pendant son hivernage en Chypre avait *a priori* refusé toute éventuelle alliance musulmane, toute négociation en vue de dissocier les puissances islamiques, il montrait aujourd'hui à ce jeu une maîtrise inatten-

(1) Joinville, c. LVIII-LXXIX ; *Rothelin*, c. 66-69, p. 612-621 ; Abou'l Fidâ, p. 129 ; *Collier de perles*, p. 203-213 ; Maqrîzî, p. 220-232 ; *Deux Jardins*, p. 198-200.

due. Instruit par l'expérience, connaissant maintenant le milieu oriental, il reprenait en somme la politique de Frédéric II. Élargissant même l'horizon qui avait été celui du grand Hohenstaufen, il cherchait des alliances jusqu'auprès du grand maître des Assassins du Djébel Alaouite, jusqu'auprès des Mongols (ambassade de Rubrouck en Mongolie, 1253-1254). Quand la mort de sa mère l'obligea à se rembarquer (24 avril 1254), il avait excellemment besogné pour le salut de la Syrie franque (1). On peut seulement regretter qu'il n'ait pas possédé dès son arrivée en Orient cette « connaissance de l'Est » qui lui permit de faire œuvre si utile à la fin de son séjour...

La rivalité vénéto-génoise en Syrie et ses conséquences

La croisade de Louis IX fut la dernière tentative importante faite par la chrétienté pour sauver ses colonies de Syrie. Si le saint roi n'avait pu l'emporter militairement en Égypte, du moins avait-il rétabli l'union et la discipline dans le « royaume d'Acre ». Mais le redressement ainsi opéré par Louis IX ne dura guère. Après son départ l'anarchie recommença. La prépondérance des intérêts économiques qui constitue la caractéristique de l'époque explique pour une part cette anarchie. Les républiques maritimes italiennes enrichies par le commerce du Levant faisaient la loi dans les Échelles syriennes et malheureusement y transportaient toutes leurs querelles. Ce fut ainsi que la ville de Saint-Jean d'Acre, capitale officielle du « royaume » mais qui depuis l'expulsion des Impériaux s'était organisée en commune autonome, fut désolée par la rivalité de la colonie génoise et de la colonie vénitienne abritées dans ses murs. Déjà en 1250, tandis que Simone Malocello était consul de Gênes à Acre, une rixe sérieuse avait éclaté. Un Vénitien ayant assassiné un Génois, les Génois avaient pillé le quartier vénitien. Bientôt la lutte s'envenima. Pendant deux ans (1256-1258) Génois et Vénitiens se livrèrent à Acre, de quartier à quartier, à une guerre véritable qui eut pour prétexte initial la possession de l'église de Saint-Sabas et qui finit par s'étendre à toute la Syrie franque.

Toute la Syrie franque prit en effet parti pour l'une ou l'autre des deux républiques, chacun rejoignant l'un des deux camps au gré de ses sympathies et plus encore de ses antipathies naturelles. Du côté des Vénitiens on vit se ranger les sires d'Ibelin, maîtres de Beyrouth et de Jaffa, les Templiers, l'Ordre Teutonique, les Pisans et les Provençaux. Du côté des Génois, Philippe

---

(1) Joinville, c. LXXX-LXXXI ; *Rothelin*, c. 70-75, p. 623 ; Nangis, c. XXVII-XXX et XLI, XLII ; Abou'l Fidà, p. 130-132. Sur les relations de Louis IX avec les Mongols, je me permets de renvoyer à mon *Empire des steppes* (Payot, éditeur), p. 342 (voyage de Rubrouck).

de Montfort, seigneur de Tyr — cependant parent des Ibelin —, les Hospitaliers (toujours dans le camp opposé à celui des Templiers) et les Catalans. La Syrie franque se trouva coupée en deux et Saint-Jean-d'Acre fut à moitié ruinée par ces batailles de rues qui nous rappellent les âpres luttes entre Guelfes et Gibelins dans les cités toscanes à l'époque de Dante.

Si l'on songe à la fragilité de la colonisation franque, de toutes parts menacée et enserrée par les musulmans et dont toutes les fautes étaient guettées par ces derniers, la guerre de Saint-Sabas apparaîtra comme un véritable suicide. Mais ce n'était pas impunément que ce malheureux pays avait laissé les intérêts commerciaux et bancaires faire chez lui la loi aux partis politiques. La guerre civile gagna même la principauté d'Antioche-Tripoli où elle se greffa sur de vieilles rivalités féodales, car Bohémond VI se rangea du côté des Vénitiens, tandis que son vassal, Bertrand de Giblet (Djoubaïl), dont la famille était d'origine génoise, tenait naturellement pour les Génois. L'hostilité entre les deux maisons dégénéra en une haine inexpiable. Bohémond VI fut blessé de la main de Bertrand (1258), mais Bertrand fut peu après assassiné et sa tête fut apportée à Bohémond (1).

La guerre civile ainsi allumée dans l'ancien comté de Tripoli devait avoir, trente ans plus tard, les conséquences les plus graves. Nous verrons en effet que l'hostilité des sires de Giblet contre la dynastie des Bohémond ne devait plus s'éteindre jusqu'au jour où le dernier des Giblet détrônerait la dernière héritière des Bohémond et déclarerait déchue la maison d'Antioche, non sans provoquer ainsi l'invasion mamelouke et la chute de Tripoli (2).

*Les Francs de Syrie entre Mongols et Mamelouks :
le problème des alliances*

Toutes ces guerres civiles affaiblissaient dangereusement la Syrie franque. Du moins eût-il fallu qu'un minimum d'union fût obtenu dans les relations avec le monde musulman. Or, les Francs n'étaient pas moins divisés sur la politique extérieure.

C'était le problème des rapports franco-mongols qui provoquait ces divergences. En 1260 les Mongols de Perse, commandés par l'ilkhan Hulègu, petit-fils de Gengis-khan, envahirent la Syrie musulmane dont les principales villes, Alep, Hama, Homs et Damas, tombèrent sans grande résistance entre leurs mains

---

(1) *Chronique* dite (à tort) *du Templier de Tyr*, dans *Gestes des Chiprois*, éd. Raynaud, § 269-296 ; *Eracles*, l. XXXIV, c. 3, p. 443-444 et *Rothelin* (ibid.), c. 79, p. 634-635 ; *Archives de l'Orient latin*, t. II, p. 225-230.
(2) Voir plus loin, p. 276.

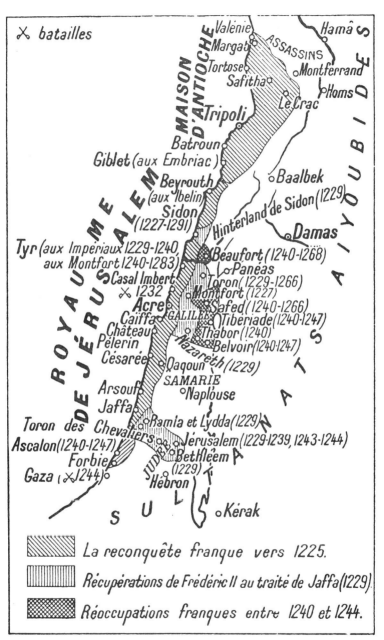

CARTE 9. — RECONQUÊTES FRANQUES EN SYRIE ENTRE 1225 ET 1244.

(prise d'Alep, 24 janvier 1260, prise de Damas, 1ᵉʳ mars). Les derniers représentants de la dynastie de Saladin, les derniers sultans aiyoubides d'Alep et de Damas, disparurent dans la tourmente.

Les Francs allaient donc avoir à choisir et à choisir d'urgence : s'allieraient-ils à Hulègu contre les musulmans ou aux musulmans contre Hulègu ? Il semblait *a priori* que la première solution dût être adoptée. Les Mongols, qui se trouvaient faire la guerre aux puissances musulmanes, avaient les mêmes ennemis naturels que les Francs ; de plus, une partie d'entre eux professaient le christianisme nestorien, notamment leur général Kitbouqa qui était en Syrie le principal lieutenant de Hulègu. Aussi le roi d'Arménie (Cilicie) Héthoum le Grand n'hésita-t-il pas à unir ses forces aux leurs dans cette guerre au monde musulman. Héthoum fut imité par le prince d'Antioche-Tripoli Bohémond VI, lequel était d'ailleurs son gendre. Tous deux assistèrent dans les rangs mongols à la prise d'Alep, puis à la prise de Damas. Bohémond VI contribua avec Kitbouqa à faire transformer en églises chrétiennes plusieurs mosquées de Damas (1). Le choix du prince d'Antioche se comprend : Damas, Alep, les cités inviolées qui avaient résisté à tous les efforts de la croisade, voyaient pour la première fois des chrétiens pénétrer en vainqueurs dans leurs murs. L'expédition de Hulègu, aux yeux de Bohémond et de Héthoum, prenait les allures d'une « croisade mongole ».

Si un tel exemple avait été suivi, si tous les Francs de Syrie avaient secondé la conquête mongole, il y aurait eu sans doute bien des chances pour que l'Islam syro-égyptien fût définitivement écrasé. Mais ce fut le contraire qui se produisit. Les barons francs d'Acre et des seigneuries voisines repoussèrent l'alliance mongole. Julien, seigneur de Sidon, assaillit même un détachement mongol et tua un neveu de Kitbouqa. Il s'attira une sévère contre-attaque au cours de laquelle les soldats de Kitbouqa vinrent saccager la ville de Sidon. Il y avait là une question de niveau culturel. Les barons d'Acre, effrayés par la barbarie des Mongols et depuis longtemps en rapports d'amitié avec les cours musulmanes, se sentaient beaucoup plus d'affinités avec celles-ci qu'avec ceux-là. Ils préférèrent donc s'entendre contre ces mêmes Mongols avec les Mamelouks d'Égypte auxquels ils permirent d'emprunter le territoire franc pour tourner l'armée de Kitbouqa. Ce fut en partie grâce à cette « neutralité bienveillante » des Francs que les chefs mamelouks Qoutouz et Baïbars purent,

---

(1) Rachîd ad-Dîn, trad. Quatremère, *Histoire des Mongols de Perse*, p. 330-353 ; Abou'l Fidà, p. 140-143 ; Hayton, *La flor des estoires d'Orient*, ch. xx-xxiv, Doc. arméniens, t. II, p. 170-174 ; Kirakos, *Journal Asiatique*, 1858, t. I, p. 498 ; Vartan, *ap. Journal Asiatique*, 1860, t. II, p. 293 ; Bar Hebræus, *Chronicon syriacum*, p. 533 ; *Chiprois*, éd. Kohler, p. 751-752.

à la bataille de Aïndjâloût en Galilée, écraser et tuer Kitbouqa (3 septembre 1260). Les Mongols furent d'un seul coup rejetés en Perse et les Mamelouks ajoutèrent la Syrie musulmane à l'Égypte (1).

Le résultat de cette belle politique fut donc d'installer les nouveaux maîtres du Caire à Damas et à Alep. C'était la situation du temps de Saladin renouvelée et aggravée.

Baïbars : démantèlement de la Syrie franque

Les Francs ne tardèrent pas à mesurer la faute énorme qu'ils avaient commise en favorisant le triomphe des Mamelouks. Cette « grande compagnie » turque, véritable armée permanente quand les Francs, en dehors des Ordres militaires, ne disposaient que de temporaires levées féodales, était un des meilleurs instruments de guerre de l'époque. Le sultanat mamelouk se présentait comme une monarchie absolue, obéie de la frontière nubienne à l'Euphrate. Ce qui avait assuré le succès des Francs au début du XIIe siècle, c'était leur forte monarchie militaire, contrastant avec l'anarchie musulmane. Maintenant la situation était exactement renversée : monarchie musulmane et anarchie franque. De surcroît, de 1260 à 1277 les Mamelouks eurent à leur tête un homme de guerre de premier ordre, le sultan Baïbars qui, résolu à rejeter les Francs à la mer, poursuivit sans répit l'exécution de ce programme. Coup sur coup, il leur enleva Césarée (27 février 1265), Arsoûf (26 avril), Çafed (25 juillet 1266), Jaffa (7 mars 1268), Beaufort (Chaqîf-Arnoûn) (15 avril) et Antioche (mai 1268) (2). Le prince d'Antioche-Tripoli, Bohémond VI, se trouva ainsi réduit au comté de Tripoli. L'annonce d'une huitième croisade dirigée par Louis IX rendit quelque espoir aux Francs, mais le fatal détournement de l'expédition vers Tunis où le saint roi trouva la mort (25 août 1270) ruina cette ultime espérance. Baïbars tranquillisé enleva encore aux Templiers Çâfithâ ou Chastel-Blanc (février 1271), puis aux Hospitaliers l'imprenable Crac des Chevaliers (15 mars-8 avril 1271) (3). Le débarquement à Acre, le 9 mai 1271, du prince Édouard d'Angleterre (le futur roi Édouard Ier) fut sans grand résultat. Néanmoins Baïbars conclut avec les Francs le 22 avril 1272 une trêve de dix ans, précieux répit pour le pays épuisé.

A la vérité, cette trêve était bien précaire et ne garantissait

---

(1) Hayton, *Flor des estoires d'Orient*, p. 174 ; « Templier de Tyr », § 303, 308-310 ; *Rothelin*, c. 81, p. 637 ; Rachîd ad-Dîn, p. 347-353 ; Abou'l Fidâ, p. 143 ; Kirakos, *Journal Asiatique*, 1858, I, p. 498.
(2 *Annales de Terre Sainte*, p. 451-453 ; *Eracles*, l. XXXIV, c. 6-11, p. 450-457 ; Maqrîzî, *ap.* Röhricht, *Derniers temps du royaume de Jérusalem*, Archives de l'Orient latin, t. II, 1, p. 375.
(3) Voir Deschamps, *Le Crac des Chevaliers*, p. 132-136.

guère contre une nouvelle invasion mameloukc les débris des possessions franques. Du moins les Francs auraient-ils dû mettre à profit cette courte pause pour se préparer au combat final. C'est ce qu'essaya de leur persuader le roi Hugues III d'Antioche-Lusignan qui avait réuni sur sa tête les deux couronnes de Chypre (25 décembre 1267) et de « Jérusalem » (24 septembre 1269). Et il est certain que l'union des barons d'Acre et de Chypre sous les ordres de la maison de Lusignan apparaissait comme la meilleure planche de salut. Mais cette concentration des forces franques vit se dresser contre elle une des principales autorités de la Terre sainte, le grand maître des Templiers, Guillaume de Beaujeu. Guillaume de Beaujeu avait formé le projet de faire donner la couronne de « Jérusalem » au roi de Sicile Charles d'Anjou. Il mit au service de ce programme toute la puissance de son Ordre, toutes les ressources aussi d'un esprit énergique et tenace. Systématiquement, il entrava tous les efforts que tentait Hugues III pour rétablir son autorité. Découragé, ulcéré même, Hugues abandonna le séjour d'Acre pour se retirer en Chypre (1276) (1). — L'insatiable Charles d'Anjou, pour qui avait travaillé le grand-maître, put alors revendiquer le trône de Terre Sainte. Son représentant, le comte de Marseille Roger de San Severino, vint prendre possession d'Acre (1277). Héritier des ambitions de Frédéric II et rêvant comme lui d'une domination méditerranéenne, Charles d'Anjou pouvait peut-être intimider la cour du Caire avec laquelle il était d'ailleurs en rapports diplomatiques courtois. De fait, tant qu'il porta la couronne de « Jérusalem », les Mamelouks, de peur de provoquer quelque grande croisade franco-sicilienne, s'abstinrent de nouvelles attaques, mais le drame des Vêpres siciliennes mit prématurément fin à cette tentative de domination angevine au Levant (1282) (2). Alors les possessions franques se virent abandonnées à elles-mêmes et tout espoir de les sauver fut perdu.

Fin du comté de Tripoli

Dans ce pays condamné, l'anarchie se prolongea jusqu'à la dernière heure. Jusqu'à la dernière heure, les discordes civiles désolèrent les débris du territoire franc. Dans le comté de Tripoli notamment, la minorité de Bohémond VI et la régence de sa mère Lucienne de Segni (1237-1252) avaient été marquées par la querelle du parti « poulain », c'est-à-dire créole, et du parti « romain », ainsi nommé parce qu'il était dirigé par le frère de la princesse, par le comte romain Paul de Segni qu'elle avait

---

(1) *Eracles*, l. XXXIV, c. 28, p. 474 ; *Chiprois, Templier de Tyr*, § 396.
(2) *Eracles*, l. XXXIV, c. 33, p. 478 ; *Templier de Tyr*, § 398.

Carte 10. — Le Comté de Tripoli.

fait évêque de Tripoli. Le gouvernement personnel de Bohémond VI (1252-1275) avait amené l'éviction de la camarilla des « Romains » et le triomphe des Poulains. Encore n'étaient-ce là que querelles de cour. Mais une véritable guerre civile à l'état endémique se perpétuait entre la dynastie d'Antioche-Tripoli et ses principaux vassaux, les sires de Giblet (Djoubaïl). Nous avons vu que Bohémond VI avait été blessé de la main de Bertrand de Giblet, puis que Bertrand avait été assassiné, sans doute à l'instigation de Bohémond VI (1258). La querelle s'envenima encore sous le règne de Bohémond VII (1275-1287) qui continua la lutte contre le chef de la maison rivale, Guy II de Giblet, lequel était appuyé par les Templiers. Guy, fait prisonnier par Bohémond, subit une condamnation atroce. Il fut enterré vivant (1282). Un tel drame montre l'exaspération des passions partisanes dans ces dernières colonies franques encerclées par les Mamelouks. Des haines inexpiables s'accumulaient ainsi contre la maison d'Antioche-Tripoli. A la mort de Bohémond VII, les habitants de Tripoli profitèrent de l'absence d'héritier direct pour proclamer la déchéance de sa dynastie. A l'instigation de Barthélemy de Giblet (un cadet de la famille de ce nom), ils se constituèrent en commune autonome sous le protectorat génois (1288) (1). Quant à l'union en face du péril extérieur, nul n'y songeait...

Or, l'attaque mamelouke approchait. A la fin de février 1289, le sultan mamelouk Qalâoun avec 140.000 hommes vint assiéger Tripoli que la flotte génoise fut incapable de secourir. La ville fut prise d'assaut le 28 avril. La population chrétienne tout entière fut massacrée. Rien ne montre mieux la décadence des Francs que leur impuissance à défendre la Tripoli péninsulaire, « le Gibraltar syrien » d'al-Mina, alors qu'ils conservaient la maîtrise incontestée de la mer (2).

1291. Le drame final

Après la chute de Tripoli, les jours de Saint-Jean-d'Acre étaient comptés. On reste stupéfait qu'aucune des cours occidentales n'ait compris l'urgence d'un secours immédiat. C'était l'époque où le roi de France Philippe le Bel et le roi d'Angleterre Édouard Ier éconduisaient le prélat nestorien Rabban Çauma, envoyé en ambassade par le khan mongol de Perse pour leur proposer une coalition destinée à écraser les Mamelouks, à sauver Acre et à récupérer Jérusalem (1287) (3). A défaut des

---

(1) *Eracles*, l. XXXIV, c. 21, p. 468 ; *Chiprois (Templier de Tyr)*, § 391-393, 399-400, 409-412, 466-472.
(2) *Chiprois*, § 474-478 ; Abou'l Fidâ, p. 159-162.
(3) Vie syriaque du patriarche Mar Yahballaha III dans Chabot, *Relations du roi Argoun avec l'Occident*, Revue de l'Orient latin, 1894, p. 106-111. Cf. René Grousset, *L'empire des Steppes*, p. 449 et sq.

chevaliers de France et d'Angleterre, on vit arriver à Acre une croisade populaire italienne dont la composition rappelait les lamentables bandes de Pierre l'Ermite en 1096. Ces pèlerins indisciplinés commirent la folie de rompre inconsidérément les trêves en attaquant sans provocation la population musulmane du voisinage. C'était violer le droit des gens et, dans le combat suprême, mettre tous les torts du côté des chrétiens. Le sultan mamelouk al-Achraf Khalîl qui n'attendait qu'une telle occasion, en prit prétexte pour venir assiéger Acre avec 220.000 hommes (5 avril 1291). La ville d'Acre où avaient reflué tous les éléments de la résistance, comptait, sur 35.000 habitants environ, 14.000 combattants à pied et 800 chevaliers ou sergents montés. Le jeune roi de Chypre Henri II, qui, en 1286, avait également reçu la couronne de « Jérusalem », était présent, mais ce jeune homme débile ne pouvait être d'un grand secours personnel à la place assiégée dont il avait du moins voulu partager les périls. La défense fut dirigée par le grand-maître du Temple Guillaume de Beaujeu, le grand-maître et le maréchal de l'Hôpital Jean de Villiers et Matthieu de Clermont, Jean de Grailly commandant du contingent capétien et le chevalier suisse Otton de Granson, commandant du contingent anglais.

La conduite de ces hommes fut héroïque et racheta les fautes qu'ils avaient naguère commises par leur esprit partisan et leurs discordes. Le siège de Saint-Jean-d'Acre qui est la dernière page de l'histoire de la Syrie franque, en est en effet une des plus belles. La plupart des défenseurs furent tués, dont Guillaume de Beaujeu et Matthieu de Clermont. On put transporter à Chypre le roi Henri II avec une partie des non-combattants. Tout le reste fut massacré, mais périt en luttant jusqu'au dernier souffle (prise d'Acre, 18 mai 1291). La forteresse du Temple fut la dernière à succomber. Elle fut emportée le 28 mai dans un assaut final qui coûta autant de pertes aux Mamelouks qu'aux défenseurs (1).

Les autres places du littoral encore au pouvoir des Francs furent évacuées sans combat, Tyr en cette même fin de mai, Sidon et Beyrouth en juillet, Tortose en août.

3. Histoire intérieure de la Syrie franque

La royauté franque

Les origines de la royauté franque à Jérusalem manquent, il faut bien l'avouer, de titres juridiques. Aucun des deux grands pouvoirs de ce temps, la papauté et le Saint-Empire, n'investit la

---

(1) *Chiprois*, § 480-508 ; Abou'l Fidà, p. 163.

nouvelle monarchie. Dès le début, une curieuse indécision et, semble-t-il, un certain malaise avaient fait adopter, comme on l'a vu, une solution toute provisoire qui n'était qu'une sorte de compromis : Godefroi de Bouillon avait été élu par ses pairs comme « avoué du Saint-Sépulcre ». Le point à retenir est le principe même de ce choix entre pairs qui rendait la couronne originairement élective. Baudouin Ier fut acclamé un peu parce qu'il était le frère de Godefroi, beaucoup parce qu'il était indispensable et que, du reste, il s'imposa. Et là est le fait nouveau : sans titre juridique bien sérieux, la royauté hiérosolymite s'appuya sur les titres de fait les plus incontestables : ceux de l'épée. Elle fut acceptée et se consolida parce que dans la personne de Baudouin Ier elle assura le salut quotidien du royaume. Le cas de Baudouin II est analogue à celui de son prédécesseur. Il fut choisi par les seigneurs et par les prélats palestiniens comme parent de Baudouin Ier et aussi parce qu'étant le candidat le plus capable, fort opportunément présent sur les lieux.

On voit la courbe de l'évolution suivie par l'institution royale. En somme, la royauté franque était l'œuvre personnelle de Baudouin Ier qui avait préalablement fait échouer la tentative de pouvoir théocratique du patriarche Daimbert. Puis, à partir de Baudouin II, l'élection fit place à l'hérédité et à l'hérédité la plus directe, sans loi salique (1). L'absence de loi salique, coïncidant avec l'absence fréquente d'héritiers mâles, eut pour résultat d'appeler sans cesse au trône des familles nouvelles. La couronne passa ainsi, par les femmes, par le mariage de Mélisende avec Foulque, de la maison de Rethel (1118-1131) à la maison d'Anjou (1131-1186). Après l'extinction de la lignée masculine chez les Angevins, deux princesses angevines, Sibylle et Isabelle, portèrent la couronne, la première dans la maison de Lusignan (1186-1192), la seconde, par ses trois mariages, dans les maisons de Montferrat (1190-1192), de Champagne (1192-1197) et, de nouveau, de Lusignan (1197-1205). Toujours par transmission féminine les droits à la couronne de Jérusalem furent ensuite portés par une Montferrat, la reine Marie, dans la maison de Brienne (1205-1225), puis par une Brienne, la jeune Isabelle, dans la maison impériale de Souabe où la royauté resta (du moins théoriquement) de 1225 à 1268. La couronne revint enfin, toujours en vertu des mêmes principes, dans la maison de Lusignan (1269-1291). Elle devait demeurer dans la maison de Lusignan, à titre, en quelque sorte, posthume, après la chute d'Acre, les rois de Chypre étant restés jusqu'à leur disparition rois titulaires de Jérusalem (1291-1489).

En principe, la royauté, initialement élective, devint donc

---

(1) *Assises*, t. I, *Livre au Roi* chap. v, 609-610.

rapidement héréditaire, l'hérédité étant à la fin si rigidement respectée qu'on admit dans la personne des Hohenstaufen une royauté qui ne résidait point, une royauté qui prétendait gouverner Acre du fond de l'Italie ou de l'Allemagne. Toutefois, si la royauté devint ainsi très vite héréditaire, elle fut loin d'avoir en Terre sainte le même caractère qu'en France. En France la royauté se considérait comme antérieure à la féodalité, et le fait était exact si, par delà le Capétien, on remontait à l'onction de Pépin le Bref ou au baptême de Clovis. En Terre sainte au contraire, c'était de toute évidence la puissance féodale qui, au jour de la conquête, s'était établie la première (nous avons vu avec quelle désinvolture, au gré de quelle course de vitesse et de quels appétits individuels), et ce ne fut qu'ensuite, devant la nécessité de posséder un chef de guerre, qu'à la dernière heure, au moment de la démobilisation générale, elle se couronna de l'institution monarchique (1). Le royaume de Jérusalem -- qu'elle qu'ait pu être, dans la pratique, l'autorité personnelle de tel ou tel roi — resta en droit un État aristocratique dans lequel en dernier ressort la véritable souveraineté résidait non dans le roi mais dans le corps de la noblesse réuni en assemblée sous le nom de *Cour des Liges* ou *Haute Cour* (2).

Qu'il s'agisse là d'une conception éminemment juridique dont la forte personnalité des cinq premiers rois de Jérusalem tint peut-être assez peu de compte, il n'importe ici. Le point essentiel reste cette prééminence théorique de la Haute Cour. Présidée par le roi ou, à défaut, par un des grands officiers — sénéchal, connétable, maréchal, etc. —, la Haute Cour n'était composée à l'origine que des vassaux directs, mais depuis Amaury 1er (1162) elle comptait aussi les arrière-vassaux (3). Et l'on peut se demander, par parenthèse, si un esprit aussi réaliste qu'Amaury 1er n'admit pas à dessein les arrière-vassaux pour noyer la résistance des hauts barons. Quoi qu'il en soit, les attributions de cette assemblée étaient vraiment souveraines. « Elle conserva, note Dodu, une autorité indépendante et supérieure à celle du roi. Tandis que le prince n'exerçait à proprement parler que le pouvoir militaire, la Haute Cour eut tous les attributs du pouvoir souverain. Elle était l'assemblée des barons et le roi n'était que le premier des barons. Sans son

---

(1) La Monte, *Feudal monarchy in the kingdom of Jerusalem*, 1932. Voir le discours de Balian de Sidon à Filangieri en 1231 chez le continuateur de Guillaume de Tyr, l. XXXIII, ch. 24, p. 389.

(2) Dodu, *Institutions monarchiques du royaume de Jérusalem*, p. 160. Sur les origines et le caractère de la Haute-Cour, voir dans les *Assises*, le *Livre de Jean d'Ibelin*, ch. II, p. 23. Sur les dignitaires, sénéchal, connétable, maréchal, *ibid.*, ch. CCLVI-CCLVIII, p. 407-413.

(3) Sur la ligece, Jean d'Ibelin, ch. CXL, p. 214 ; Philippe de Novare, ch. L, p. 525 ; *Clef des Assises*, § 214, I, p. 595. Cf. *Assise sur la ligèce*, I, ch. CXCIX, p. 320.

approbation, sans son consentement, celui-ci ne pouvait rien entreprendre ni ordonner. (1)»

Le cérémonial même, à l'avènement d'un nouveau prince, marquait fortement les origines théoriquement électives de son pouvoir. Avant d'être reconnu, de recevoir l'hommage de ses vassaux, le roi devait prêter serment de respecter les coutumes et *assises* du royaume, c'est-à-dire les prérogatives et franchises féodales (2). Il ne pouvait ni légiférer, ni concéder de fief, ni punir un vassal sans l'assentiment préalable de la Haute Cour. Les textes à l'appui de ce système sont formels. Mentionnons, par exemple la réponse de Jean d'Ibelin à Filangieri en 1229 (3) et encore l'avis motivé donné dans le même sens à Filangieri par Balian de Sidon (4). Même dans une question qui intéresse personnellement l'honneur de Foulque d'Anjou comme la liaison de sa femme avec Hugues du Puiset, le roi doit soumettre l'affaire au jugement de la Haute Cour (5). Le refus d'obéissance au roi, si celui-ci viole son serment de respecter les « usages », est formellement reconnu par les *Assises* (6). Nous retrouverons des dispositions analogues dans les *Assises de Romanie*, recueil du droit constitutionnel de la Morée latine (voir p. 501).

A s'en tenir au pied de la lettre, la royauté hiérosolymite était donc ligotée par la plus restrictive des Grandes Chartes. Mais de telles dispositions ne valent que par ce qu'en font les hommes. Or, rarement vit-on personnalités plus fortes que les cinq premiers rois de Jérusalem. On imagine mal un Baudouin Ier ou un Amaury Ier se pliant docilement à ce parlementarisme féodal et se laissant mettre en tutelle. Nul doute qu'avec de tels chefs les inconvénients du système ne se soient pas fait trop sentir, d'autant que l'état de guerre à peu près permanent obligeait la noblesse à s'en remettre dans la pratique au chef de guerre qu'était le roi. Mais à partir de la mort d'Amaury Ier (1174) les circonstances changèrent. La lèpre de Baudouin IV, l'élection contestée de Guy de Lusignan affaiblirent dangereusement la royauté, en rendant du coup à la noblesse aussi bien en fait qu'en droit toute sa puissance. A partir de 1186 ce fut bien pis ; la royauté et le royaume jouèrent alors de malheur : l'extinction de la lignée masculine de la famille d'Ardenne-Anjou, la succession de plusieurs règnes féminins où le roi n'était en réalité qu'un prince-consort, puis une suite de minorités que nous avons énumérés plus haut empêchèrent la royauté de se relever. On put croire un moment que le relèvement allait se produire quand

(1) Dodu, *Institutions monarchiques*, p. 161-162.
(2) *Assises*, t. I, Jean d'Ibelin, c. cxciii, p. 310.
(3) Novare, *Chiprois*, c. 127, éd. Raynaud, p. 42.
(4) *Continuation d'Eracles*, l. XXXIII, ch. 24, p. 389.
(5) Guillaume de Tyr, I. XIV, ch. xiii-xv.
(6) *Assises*, II, *Livre des bourgeois*, XXVI, p. 33-34.

elle passa dans la maison de Souabe. Ce fut le contraire qui arriva. Elle fut alors définitivement annihilée parce que ni Frédéric II ni Conrad IV ne « résidèrent ». Après l'expulsion des représentants de Frédéric en 1232 et 1243 tout se passa comme si la royauté était abolie. Et, bien que théoriquement respectée, elle fut vraiment abolie dans la pratique. La Haute Cour, peuplée par la famille des Ibelin, leurs clients et leurs amis, devint en fait comme en droit souveraine. La Syrie franque ne fut plus désormais qu'une république féodale, une confédération de baronnies.

Nous avons ici affaire à un régime analogue à celui qui aurait été celui de l'Angleterre après la promulgation de la *Magna Carta* si Jean sans Terre n'avait pas eu de successeur résidant. Cette république féodale, au début, se géra d'ailleurs assez bien parce que, comme nous l'avons vu, elle fut très intelligemment dirigée par la plus puissante des familles seigneuriales, celle des Ibelin dont les diverses branches possédaient les seigneuries de Beyrouth, d'Arsoûf et de Jaffa et dont l'influence morale était hautement respectée. Les Ibelin exerçaient en particulier une action prépondérante sur la Confrérie de Saint-André, association qui, à partir de 1232, organisa la ville d'Acre en une véritable commune autonome à la manière des cités toscanes ou lombardes (1).

Ce régime purement féodal se maintint avec une cohésion incontestable tant que vécut son inspirateur Jean Ier d'Ibelin, « le vieux sire de Beyrouth », seigneur de cette ville de 1197 à 1236 et personnalité à tous égards remarquable en qui s'incarne l'idéal de « prud'homie » qui fut celui de l'élite française de son temps. Par sa dignité de vie, son sentiment de l'honneur et du droit, sa haute sagesse enveloppée, le cas échéant, d'une finesse narquoise qui est bien de chez nous, par cette fleur de courtoisie qu'a chanté chez lui Philippe de Novare, « le vieux sire de Beyrouth » restera le type même du parfait chevalier, tel que le conçut la France au XIIIe siècle. Sans titre juridique spécial, par le seul rayonnement de sa personnalité, il fut, sa vie durant, le véritable chef du royaume d'Acre. Mais une telle situation était éminemment viagère et, de fait, elle ne survécut guère au « vieux sire ». Encore son fils, Balian III, seigneur de Beyrouth de 1236 à 1247, conserva-t-il assez de prestige pour maintenir l'union, comme on le vit en 1243, quand il chassa les Impériaux de Tyr. Mais après lui le régime tomba en décadence, sapé par les intérêts économiques des colonies vénitienne, génoise, pisane, marseillaise et barcelonaise et par la politique particulière des Ordres militaires. La république féodale fit place à l'anarchie féodale.

(1) Cf. Beugnot, ap. *Assises*, t. I, p. 131, note *b* et t. II, p. xxxi. *Ibid.* (successibilité), p. 399.

Institutions judiciaires du royaume de Jérusalem

On a remarqué que les pays dont la constitution est quelque peu flottante (l'Angleterre par exemple) sont souvent ceux qui la respectent le mieux, tandis que des institutions soigneusement définies ne sont pas nécessairement le gage d'une pratique constitutionnelle correcte. Le fait se vérifie en Syrie. Si la royauté, à l'époque où elle correspondait à un pouvoir réel (1100-1232), s'était vue trop souvent entravée par son caractère féodal et si la « république des barons » qui la remplaça (1232-1291) sombra dans l'anarchie, ce ne fut pas faute d'avoir, l'une et l'autre, possédé des institutions précises. Dès l'époque de Godefroi de Bouillon et de Baudouin Ier aurait été commencée la rédaction d'un corps d' « assises », us et coutumes, rédaction qui aurait été continuée par les rois suivants et dont le texte aurait été déposé au Saint-Sépulcre (1).

Il est assez vraisemblable que pendant la première période (1100-1187) le coutumier dont il s'agit n'engageait l'autorité royale que dans la mesure où celle-ci consentait à n'en pas « tourner » le dispositif. On voit mal un Baudouin Ier se laissant ligoter par de savantes considérations juridiques. Ces textes ayant été, en tout cas, perdus lors de la prise de Jérusalem par Saladin (octobre 1187), il y fut suppléé au XIIIe siècle par un certain nombre de traités dont les plus connus sont au nombre de quatre. Tout d'abord *le Livre de Philippe de Novare*, traité de droit féodal écrit, semble-t-il, avant 1253. Puis, *le Livre de Jean d'Ibelin*, comte de Jaffa (à ne pas confondre avec le Vieux Sire de Beyrouth), ouvrage écrit vers 1253 et qui est un développement de celui de Novare. Enfin *le Livre au Roi* qui traite de l'autorité royale et des devoirs des seigneurs et *le Livre des assises des bourgeois*, traité de droit civil qui aurait été rédigé entre 1229 et 1244 (2).

Il s'agit cette fois d'un ensemble de textes constitutionnels, administratifs et juridiques qui règlent très effectivement la vie politique dans la Syrie franque du XIIIe siècle. Ces textes nous montrent le fonctionnement de quatre cours à la fois juridiques et politiques : la *Haute Cour*, la *Cour des Bourgeois*, la *Cour du Raïs* et la *Cour Ecclésiastique* (3). La *Haute Cour*, de beaucoup la plus importante, en principe présidée par le roi, était, on l'a vu, composée jusqu'en 1162 des seuls vassaux directs

---

(1) *Assises de la Haute Cour*, Beugnot, t. I, ch. 47, p. 521 ; Jean d'Ibelin, Beugnot, t. I, p. 21.
(2) Cf. Maurice Grandclaude, *Étude critique sur les livres des Assises de Jérusalem*, Paris, 1923, p. 68 et suiv.
(3) Cf. D. Hayek, *Le droit franc en Syrie pendant les croisades. Institutions judiciaires*, Paris, 1925.

du roi, et, depuis cette date, de tous les seigneurs, tant vassaux qu'arrière-vassaux. Au point de vue politique, on l'a vu aussi, c'était le conseil directeur du gouvernement ; au titre juridique elle était appelée à connaître de toutes les questions intéressant les nobles. La *Cour des Bourgeois*, présidée par le vicomte et composée en principe de douze jurés ou notables, jugeait les hommes libres de naissance roturière et de langue latine (1). Plus de trente villes dans le seul « royaume » possédaient des « cours des bourgeois » (2).

Le fait est intéressant en ce qu'il nous montre le développement pris par la bourgeoisie commerçante et, par voie de conséquence, l'activité de la vie économique dans la Syrie franque. Il y a là tout un côté de l'histoire de l'Orient latin que nous connaissons mal parce que notre attention est surtout attirée par les chroniqueurs sur l'histoire militaire qui est l'histoire de la classe noble, mais un côté qui n'en a pas moins une capitale importance : sans l'intérêt économique que présentait la Syrie franque, il n'est pas sûr que de 1191 à 1291 les Occidentaux auraient fait un si durable effort pour s'y maintenir si périlleusement.

La troisième cour était la *Cour du Raïs*, présidée par le fonctionnaire indigène ainsi nommé et composée de jurés indigènes. Elle connaissait des litiges survenus entre Syriens (3). Chaque agglomération ou district important avait son *raïs* chargé d'administrer et de juger les indigènes d'après leur législation particulière. Le témoignage d'Ibn Djobaïr nous amène à penser que ces « tribunaux indigènes » fonctionnaient, en somme, à la satisfaction des musulmans eux-mêmes.

Enfin il existait des tribunaux de commerce appelés *Cours de la Fonde* (en italien du *fondaco*, c'est-à-dire du bazar) qui étaient présidés par un *bailli de la Fonde* et qui fonctionnaient dans les principaux centres du trafic. De même, des tribunaux maritimes nommés *Cours de la Chaîne*, également composés de jurés et présidés par un bailli, jugeaient toutes les affaires qui intéressaient la navigation dans les grands ports comme Beyrouth, Sidon, Tyr, Acre et Jaffa (4). L'importance du trafic des Échelles syriennes avec les républiques maritimes italiennes, aussi avec le royaume normand, puis hohenstaufen et finalement angevin de

---

(1) Sur le droit des bourgeois de contresigner les chartes royales, droit reconnu par le *Cartulaire du Saint-Sépulcre*, cf. Dodu, *Institutions*, p. 272.
(2) Les Cours de bourgeois auraient, comme la Haute Cour, été instituées par Godefroi de Bouillon. Cf. *Assises*, t. I, *Livre de Jean d'Ibelin*, ch. II, p. 23, contredit par ch. XXIV, p. 47 et la discussion de Dodu, *Institutions*, p. 278-279.
(3) Sur l'institution de la Cour du Raïs, Ibelin, ch. IV, t. I, p. 26.
(4) Description de la *Fonde* d'Acre par Djobaïr en 1184, dans *Hist. orientaux (des Croisades)*, t. III, p. 449. Sur la compétence des cours de fonde, *Assises*, t. II, *Livre des Assises de la Cour des Bourgeois*, ch. CCXLI, p. 171.

Sicile, avec, également, Barcelone, Marseille et Montpellier, explique l'activité des juridictions que nous venons de mentionner.

Principales baronnies du royaume de Jérusalem

La carte féodale du royaume de Jérusalem est assez simple. Au temps de sa plus grande extension, il comprenait, en plus du domaine royal et des terres des Ordres, quatre grands fiefs : 1º *le comté de Jaffa et d'Ascalon*, qui constituait une marche sur la frontière d'Égypte, mais qui changea trop souvent de titulaire pour qu'une famille puissante ait pu, de longtemps, s'y établir. Il fut parfois donné au frère ou au beau-frère du roi (le futur Amaury Ier, Guy de Lusignan). De 1118 à 1135 il appartint à la famille du Puiset, mais les romanesques malheurs de Hugues du Puiset, sous le règne de Foulque d'Anjou, empêchèrent cette maison de s'y enraciner. Il finit par passer aux Ibelin (vers 1247-1268). 2º *la seigneurie du Crac de Montréal et d'Outre-Jourdain*, autre marche du côté de l'Arabie. C'était territorialement le plus grand fief du royaume, bien que son domaine fût surtout composé de déserts. Il appartint aux maisons du Puy (1118-1135), de Milly (1135-1148), du Toron (1168-1173) et finalement au fameux Renaud de Châtillon (1177-1187). 3º *la princée de Galilée ou de « Tabarie » (Tibériade)* qui défendait le pays en direction de Damas et du Haourân. Nous avons vu les noms de ses principaux titulaires : Tancrède (1099-1101), Hugues de Saint-Omer ou de Fauquenberge (1101-1106), Gervais de Bazoches (1106-1108), Jocelin de Courtenay (1112-1119), Guillaume de Bures (1120-1141), Elinand (1142-1148), Gautier de Saint-Omer (1159-1171) et Raymond III de Tripoli (1171-1187). 4º *le comté de « Sagette » (Sidon)* dont les principaux titulaires furent Eustache Garnier (1111-1123), Renaud de Sidon (1171-1187) et Julien de Sidon (1247-1260) (1). Ajoutons les fiefs secondaires : Daron, « Saint-Abraham » (Hébron), « Arsur » (Arsoûf), Césarée, « Naples » (Naplouse), « Bessan » (Beïsân), « Caïmont » (Qaïmoûn), Cayphas (Caïffa), « le Toron » (Tibnîn), « Scandelion » (Iskanderoûn), et « Barut » (Beyrouth). La seigneurie de Césarée fut fondée au bénéfice d'Eustache Garnier (1101-1123). Mentionnons parmi ses titulaires Gautier Ier (1123-1149), Gautier II (1182-1191) et Gautier III (1217-1229). La seigneurie du Toron appartint à la famille des Onfroi dont Onfroi Ier (1107-1136) le connétable Onfroi II (1137-1179) et Onfroi IV (1179-1180). Plus tard, elle passa aux Montfort : Philippe de Montfort (1240-1270) et Jean de Montfort (1270-1283). Enfin la seigneurie de

---

(1) *Assises*, t. I, *Livre de Jean d'Ibelin*, ch. CCLXIX, p. 417.

Beyrouth appartint d'abord à la maison des Brisebarre (1125-1166), puis à celle des Ibelin (1205-1291) (1).

Organisation militaire du royaume de Jérusalem

L'armée du royaume de Jérusalem ne différait guère, théoriquement, de ce que nous savons des armées occidentales de ce temps. Elle était commandée par le roi et, après lui, par le sénéchal, le connétable et le maréchal (2). Elle se composait essentiellement de levées féodales, les vassaux étant astreints au service dans certaines conditions données (3). A la « semonce » du roi, ils devaient se présenter avec leur contingent équipé par leurs soins et proportionné à l'importance de leur fief, en vue d'une campagne pouvant atteindre une durée d'un an, tout au moins dans le territoire du royaume. Cette dernière restriction est importante. Nous verrons comment les intéressés la feront jouer (sous le règne de Hugues III par exemple) pour le plus grand désavantage de la défense franque.

Mais nous sommes en Orient : à côté des chevaliers, l'armée comprenait des sergents à cheval, « soudoyers » recrutés principalement parmi les Syriens chrétiens, et la cavalerie légère des *turcopoli* ou *turcoples*, recrutés parmi les métis ou parmi les indigènes et formant des sortes de « goums » au service des Latins (4). Il faut y ajouter d'autres éléments indigènes comme les archers maronites, particulièrement importants dans le comté de Tripoli (5).

L'ensemble de ces divers éléments représentait-il une force suffisante pour défendre un pays aussi menacé que la Syrie franque ? Reconnaissons-le tout de suite : chevaliers et soudoyers, éléments francs et auxiliaires indigènes, l'ensemble ne constitua jamais une masse très considérable. Lors des levées générales ordonnées par Baudouin II dans l'ensemble des États francs pour la défense d'Antioche, nous ne voyons figurer que 1.100 chevaliers. En 1182, Baudouin IV bat Saladin avec 700 chevaliers. A la bataille de Hattîn, en 1187, Guy de Lusignan ne dispose en tout que de 20 à 21.000 hommes. Les *Assises* (I, p. 422) nous disent qu'à l'époque de Jean d'Ibelin les feudataires devaient au roi un effectif de 577 chevaliers et que, de leur côté, les églises et la bourgeoisie devaient 5.025 sergents à pied. Quant aux

---

(1) Voir plus loin, p. 330 la liste des seigneurs de Beyrouth.
(2) Jean d'Ibelin, *ibid.*, ch. CCLVI-CCLVII, p. 410.
(3) Ibelin, ch. CCXVII, p. 345-346, CCXXII, p. 353, CCXXVI, p. 357 ; *La Clef des Assises*, n° CCLXVIII, p. 598.
(4) Les *eschieles* (escadrons) *de Turcoples* sont mentionnées dans les *Assises*, t. II, *Livre au Roi*, ch. IX, p. 612-613.
(5) Guillaume de Tyr, l. XXII, ch. 7 ; Jacques de Vitry, *ap.* Bongars, p. 1093.

Ordres militaires, Templiers et Hospitaliers, ils pouvaient en moyenne mettre en ligne chacun environ 500 chevaliers et 500 turcoples, soit, pour les deux ordres, environ 2.000 lances. En réalité, les Ordres militaires représentaient la seule « armée permanente » du royaume, chargée de parer au plus pressé, d'assurer la défense des points les plus exposés en attendant que les levées seigneuriales eussent le temps de se réunir. Dans l'ensemble, les effectifs progressivement disponibles, suffisants pour l'habituelle guerre de forteresses, risquaient d'être submergés devant les centaines de mille hommes que l'Islam était capable de lancer sur la Syrie franque, comme ce fut le cas en 1187 et sous le règne de Baïbars.

Le système de fortifications

Quand un pays n'a pas d'effectifs suffisants pour décourager l'invasion, force lui est de recourir à l'art de l'ingénieur. Du jour où les Francs furent réduits à la défensive, il devint primordial pour eux de barrer par des ouvrages imprenables les voies historiques des invasions. Ils s'y surpassèrent. La défense du royaume de Jérusalem était assurée par un système de fortifications remarquablement cohérent, tant de « villes avec château » que de forteresses isolées (1).

Je ne puis que résumer ici les remarquables travaux de M. Paul Deschamps. Tout d'abord en ce qui concerne le Royaume. Godefroi de Bouillon et Baudouin Ier avaient fortifié Jérusalem, « Saint-Abraham » (Hébron), Jaffa qui était le port de Jérusalem, ainsi que « Rames » (Ramla) et « Saint-Georges-de-Lydde » (Lydda) sur la route historique qui monte de Jaffa à Jérusalem. En Galilée, Tancrède qui, on s'en souvient, avait un moment possédé la « princée » de ce nom (1099-1100), avait personnellement fortifié « Tabarie » (Tibériade), capitale de ladite principauté. Il s'agissait là de positions centrales correspondant à la première occupation franque en ces mêmes années 1099-1100.

Le problème devint plus vaste quand le littoral tout entier fut tombé au pouvoir des Francs. Il s'agissait d'une défense côtière contre les surprises venues de l'intérieur, car à l'ouest la maîtrise de la mer était acquise aux chrétiens. La défense de la

---

(1) Rey, *Étude sur les monuments de l'architecture militaire des Croisés en Syrie*, Paris, 1871 ; C. Enlart, *Les monuments des Croisés dans le royaume de Jérusalem*, Architecture religieuse et civile, Paris, 1925-1927 ; Paul Deschamps, *Les châteaux des Croisés en Terre Sainte. La défense du royaume de Jérusalem*, Paris, Geuthner, 1939 (un volume de texte, 4°, 267 p. et un album de planches) ; R. Dussaud, *Topographie historique de la Syrie antique et médiévale*, 8°, 632 p., Paris, Geuthner, 1924 ; Dussaud, Deschamps, Seyrig, *La Syrie antique et médiévale illustrée*, 160 planches, Geuthner, 1931 ; Paul Deschamps, *L'architecture militaire en Terre Sainte*, Appendice au *Manuel d'archéologie française* de C. Enlart, 2e partie, t. II, 1932, p. 635-652.

côte était assurée par un chapelet de villes fortes, savoir, du Nord au Sud : « Barut » (Beyrouth) conquise en 1110, « Sagette » (Sidon) en 1110 également, « Sour » (Tyr) en 1124, « Scandélion » (Iskandéroûn), forteresse élevée en 1116 à mi-chemin entre Tyr et Acre, au nord du cap Naqoura, Acre conquise en 1104, Cayphas ou Caïffa, en 1100, « Château-Pèlerin » ou Pierre-Encise (Athlît), forteresse élevée en 1218 au sud de Caïffa, entre cette ville et Césarée, « Césaire » (Césarée) conquise en 1101, « Arsur » (Arsoûf) conquise aussi en 1101, « Japhe » (Jaffa) conquise en 1100, « Escalone » (Ascalon) conquise en 1153, « Gadres » (Gaza) en 1150 et enfin « Daron » (Deïr al-Balah), château construit avant 1170 pour surveiller la frontière d'Égypte.

Quelle que fût l'importance de ces places, il s'agissait plutôt de réduits qui n'avaient à affronter l'ennemi qu'à la dernière extrémité, quand tout l'hinterland était perdu. Le premier choc devait être supporté par le système de fortifications du nord et de l'est. Au nord, la forteresse du Mont Glavien (Deïr al-Qal'a, à l'est de Beyrouth ?), élevée en 1124, défendait Beyrouth, et la Cave de Tyron (Tiroùn an-Nihâ) couvrait la région de Sidon. La région de Tyr était défendue au grand coude du Nahr al-Qâsmiya, vers l'entrée de la vallée de la Beqâ', aux derniers contreforts du Liban, par Beaufort (Chaqîf-Arnoûn) construit en 1139 ; un peu plus au sud, par le Toron (Tibnîn) fortifié en 1105. La Haute-Galilée, en plus de ces forteresses, était défendue par Châteauneuf (Hoûnîn), reconstruit en 1178, à la descente du Mardj-'Ayoûn vers le lac de Hoûlé, et, au nord-est, par la place de « Bélinas » (Bâniyâs, Paneas) et sa forteresse de « Subeibe » (1129). Entre le lac de Hoûlé et le lac de Tibériade s'élevaient les forteresses du Chastelet (Qaçr al-Athra) (1178) et de Saphet (Çafed), cette dernière construite en 1140 et rebâtie par les Templiers en 1240. La région d'Acre était défendue au nord-est par le château de Montfort (Qal'at-Qouraïn) (1227), et au sud-est par le Saffran (Chafa-'Amr). Au centre de la Galilée, le château de Séphorie (Çaffoûriya) près des « fontaines » de ce nom, servit à diverses reprises de point de concentration à l'armée qui trouvait à y abreuver sa cavalerie. La Galilée méridionale, avec la plaine d'Esdrelon, était jalonnée par les chateaux de Caymont (Tell Qaïmoûn), la Fève (al-Foûla), Forbelet ('Afrabalâ) et, près du Jourdain, Belvoir (Kaukab al-Hawa), ainsi que par la ville de « Bessan » (Baïsân), cette dernière fortifiée par Tancrède. La « Terre de Suète » (Saouâd), ainsi que l'accès du Jourdain au confluent du Yarmoûk, étaient gardés par le « Château de Baudouin » (Qaçr-Bardaouil) (1105) et par les grottes-forteresses de Habîs-Djaldak (1).

---

(1) Cf. Paul Deschamps, *Ahamant et el-Habis*, Revue Historique, juillet-août 1933.

Si l'on retrace sur une carte physique de la Palestine et du Liban la ligne de ces forteresses, on restera dans l'admiration devant la clairvoyance des ingénieurs militaires qui en ont conçu le dispositif. La France du Levant a possédé « des Vauban médiévaux » qui lui font singulièrement honneur. La plupart des buttes dominant les vallées ont été utilisées au mieux, les percées par où pouvait pénétrer l'invasion ont été fortifiées aux points les mieux choisis, les obstacles naturels ont été adaptés à des fins militaires avec une connaissance remarquable de la topographie. Sans les fautes politiques inouïes qui furent commises, il y avait là un système défensif capable de défier le temps.

Il en allait de même du côté de l'Arabie Petrée et de l'Égypte. Entre la côte philistine (Jaffa-Ascalon) et Jérusalem se dressait un autre système de forteresses : Mirabel (Medjdel Yaba), Belveir (Deïr Aboû-Machal), Ibelin (Yabna), ce dernier bourg étant le fief de la famille de ce nom, fortifié en 1141 ; puis Montgisard (Tell Djézer), le Toron des Chevaliers (al-Atroûn), Blanchegarde) (Tell aç-Çafiya), Beth Gibelin (Beit-Djibrin), ce dernier datant de 1134, et Chastel Arnoul (Yalo), datant de 1132.

La « Terre d'Oultre le Jourdain » (Transjordanie), particulièrement importante parce que cette steppe désertique coupait, comme on l'a vu, l'Islam asiatique de l'Islam égyptien, comprenait en premier lieu l'ancien pays d'Ammon et de Moab, à l'est de la mer Morte. Cette région était tenue par le Crac de Moab, l'actuel Kérak, forteresse construite en 1142. La seconde partie de cette principauté correspondait au sillon du Ouadi Mousa dans l'ancienne Idumée, l'ancien royaume nabatéen de Pétra. Là s'élevaient la forteresse franque de Montréal (Chaubak), construite en 1115, et le château du Val-Moyse (Ou'ara) construit en 1116. Sur le golfe d'Aqaba les Francs avaient encore fortifié Aïla et l'îlot de Grayé. Par là ils avaient accès à la mer Rouge et nous avons vu que Renaud de Châtillon en profita pour lancer de ce côté une flotte qui alla en 1182-1183 menacer Djedda, le port de la Mecque.

Les autres États francs n'étaient pas moins bien défendus. Le comté de Tripoli, naturellement protégé par le Djebel 'Akkâr et par les monts Ansarié, comptait du sud au nord les « villes avec château-fort » de « Giblet » (Byblos, Djoubaïl), Néphin (Anfeh), « Triple » (Tripoli) et Tortose (Antartous). A l'intérieur, le château de « Jibel Acar » (Djebel 'Akkâr) défendait la trouée du Nahr al-Kébîr, tandis que le Crac des Chevaliers défendait la trouée de Homs (1). Ainsi étaient surveillées les deux percées par où, « au défaut des montagnes », pouvait, de l'Est, survenir l'invasion.

(1) Paul Deschamps, *Le Crac des Chevaliers*, Paris, 1934, Geuthner, 1 vol. 4° de 327 p. et 1 vol. de planches. Richard, *Le Comté de Tripoli*, carte 6.

Plus au nord-est, Montferrand (Ba'rin) surveillait la plaine de Hama et nous avons vu le rôle joué par cette petite mais importante citadelle, sous le règne de Foulque d'Anjou qui, d'ailleurs, la perdit. Sur le revers occidental du même massif, Chastel Blanc (Çafîtha) défendait la côte de Tortose contre les incursions descendues des monts Ansarié.

Dans la principauté d'Antioche, le problème défensif était moins simple que dans le comté de Tripoli où la chaîne du Liban, puis celle des monts Ansarié formaient à la Riviera libanaise un écran naturel. L'État franc de l'Oronte manquait en effet d'unité géographique, l'hinterland et la côte étant séparés par une chaîne littorale qui rend les communications difficiles. De plus, la présence permanente des musulmans à Chaïzar et à Hama menaçait toujours de couper la liaison entre la principauté d'Antioche et le comté de Tripoli à hauteur de Marqab et de Lattakié. Aussi le littoral était-il défendu par une ligne de villes fortes ou de forteresses importantes, savoir, en allant du sud au nord : le château de Margat (Marqab), la ville de « Zibel » (Djabala), la ville de « la Liche » (Lattakié) en arrière de laquelle s'élevait encore le puissant château de « Saone » (Çahyoûn) (1). La vallée de l'Oronte était non moins menacée, du fait qu'Alep restait toujours aux musulmans et servait de centre de rassemblement à toutes les contre-croisades. Aussi la ligne de l'Oronte, en descendant du sud au nord, était-elle défendue par la ville de « Fémie » (Apamée), derrière laquelle, au nord-est, se dressait le bourg fortifié de Capharda (Kafartâb), défendue aussi par Chastel Ruge (sans doute Tell Kachfahân ?). La terre d'Outre-Oronte, plus menacée encore et qui, à vrai dire, fut pour les Francs moins une possession, au sens stable du mot, qu'un champ de bataille perpétuel, fut l'objet de non moindres précautions. En plus de « Capharda », déjà nommée, sa défense comprenait, du sud au nord, les bourgs fortifiés de « Sardone » (Zerdanâ), « Cerep » (Athârib), « Sarmit » (Sarmîn), « Harrenc » (Hârim) et la ville fortifiée d' « Artésie » (Artâh). Harrenc et Artésie défendaient à l'est du fameux Pont de fer (Djisr al-Hadîd) les avancées immédiates d'Antioche. La passe de Beïlân, entre Antioche et Alexandrette, a toujours été une des portes par où les invasions se sont engouffrées de l'Asie Mineure vers la plaine du bas Oronte. Elle était gardée par le château de « Gaston » (Baghrâs) ; l'hinterland du port d'Alexandrette était gardé de même par le château de « Trabessac » (Darbsâk). Au nord-est, la vallée inférieure du Nahr 'Afrîn, par où pouvaient passer les invasions venues de l'Euphrate, était défendue par le château de « Hazart » ('Azâz).

(1) Paul Deschamps, *Le château de Saone*, Gazette des Beaux-Arts, déc. 1930, p. 329-364.

Quant au comté d'Édesse, c'était le plus aventuré des États francs, si aventuré même que son demi-siècle d'existence semble une gageure, un miracle quotidien. Encore sa partie occidentale, couverte par l'Euphrate, était-elle relativement abritée par le fleuve, quoiqu'elle restât à la merci des invasions turques descendues du Diyârbékir. Mais à l'est du fleuve, dans cette Marche en transition entre la Djéziré et les hauteurs de Mârdîn, la défense était particulièrement hasardeuse. Les Francs, cependant, ne négligèrent rien, pas plus dans leurs territoires ciseuphratésiens qu'en terre transeuphratésienne. Mentionnons à l'ouest de l'Euphrate la ville forte de Turbessel (Tell-Bâchir) et les châteaux de « Ravendal » (Râwandân), Hatab ('Aïntâb), Tulupe (Doulouk) et Ranculat (Qal'at ar-Roûm), ainsi que la ville forte de Samosate. Sur la rive orientale du grand fleuve, les villes fortes de « Bile » (Biredjik), « Sororge » (Saroûdj), Édesse (Orfa) ; et enfin aux marches du Diyârbékir, sur la route de Mârdîn, la forteresse de Tell Gourân et le bourg fortifié de Tell Mauzân. Il suffit de regarder une carte pour remarquer la hardiesse de cette pointe franque en direction de Mârdîn.

Quelle était l'architecture militaire à qui nous devons ce nombre incroyable de forteresses ou de bourgs fortifiés ? Elle se répartit, en principe, entre deux types déjà bien étudiés par Rey et définitivement classés par Enlart et par Deschamps. Un premier type, propagé surtout par les Hospitaliers, consiste en forteresses élevées « en saillant », sur des collines escarpées et, autant que possible, isolées, avec une double enceinte flanquée de tours rondes et épousant la forme du plateau ; plus un donjon protégeant le point faible. Ce type, imité des forteresses de la Seine ou de la Loire aux xie-xiie siècles (Château-Gaillard, Coucy), a inspiré notamment le château de Margat (Marqab) et le Crac des Chevaliers (1).

Rappelons que le site de Marqab était particulièrement important parce qu'il défendait la côte au point le plus faible, face à l'avancée musulmane constituée de ce côté par les émirats de Hama et de Chaïzar et par les châteaux de montagne des Ismaïliens. Il avait été pris par les chrétiens en 1140 (2). En raison de son importance, il fut en 1186 confié à la garde vigilante des Hospitaliers. Quant au futur Crac des Chevaliers, la forteresse arabe qui en occupait l'emplacement avait été conquise par Tancrède en 1110 et cédée par lui en 1112 au comte Pons de

---

(1) Le Crac des Chevaliers s'appelait en arabe, à l'époque des Croisades, « le Château des Kurdes » : Hoçn al-Akrâd. Son nom arabe actuel est Qal'at al-Hoçn.
(2) Je me conforme ici à la chronologie généralement admise. Cependant il y a lieu de rappeler que, d'après le *Tachrîf*, le chef musulman Ibn Mouhriz aurait cédé Marqab au prince d'Antioche Roger de Salerne en 1117-1118. Cf. Van Berchem, *Voyage en Syrie*, I, 318.

Tripoli. Mais pour assurer la garde de ce bastion essentiel qui fermait aux invasions la fameuse « trouée de Homs », il fallait de même qu'à Marqab une garnison permanente comme les Ordres militaires seuls étaient capables d'en fournir. Le Crac fut donc, lui aussi, confié (en 1142 par le comte Raymond II de Tripoli) aux Hospitaliers (1).

La seconde école, propagée principalement par les Templiers et inspirée des châteaux byzantins ou arabes, est caractérisée par des enceintes flanquées de tours rectangulaires peu saillantes. En revanche la défense y est assurée par des fossés d'une énorme profondeur taillés dans le roc ou par des talus escarpés. A ce type appartiennent les remparts et le château de Tortose, le Chastellet, Château Pèlerin ('Athlît), Chastel Blanc (Çafîtha), ainsi que le Château de Raymond de Saint-Gilles à Tripoli et le Crac de Moab (Kérak).

Ainsi, nous retrouvons jusque dans le témoignage des pierres la rivalité qui séparait sur tous les terrains chevaliers du Temple et chevaliers de l'Hôpital, ces frères ennemis qui ne surent s'unir qu'à l'heure du sacrifice suprême, lors de la défense d'Acre en 1291.

Les deux systèmes de fortifications semblent combinés au château de Saone, à Beauvoir, à Giblet, à Blanche-Garde et à Beaufort.

L'histoire de cette architecture militaire est d'ailleurs intimement liée à celle de l'art franc en Syrie que nous aborderons plus loin (voir p. 324-325).

Templiers, Hospitaliers et Teutoniques

Les Ordres militaires sont une institution essentiellement liée à l'idée de croisade ou du moins (puisqu'ils sont postérieurs à la première croisade) liée à la vie des États francs. Sans doute cette institution fut-elle, par la suite, imitée ou adaptée ailleurs (l'Ordre Teutonique trouvera une nouvelle activité sur la Baltique), mais l'origine en remonte nettement à la défense du Saint-Sépulcre. De fait, les Ordres jouèrent, surtout à partir de la seconde moitié du XIIe siècle, un rôle considérable dans la défense des États latins.

L'origine de ces confréries militaires varie suivant les cas. L'Ordre de l'Hôpital de Saint-Jean de Jérusalem était au début une institution purement charitable, fondée vers 1070 par des pèlerins d'Amalfi, ville qui avait alors une grande importance commerciale et dont les flottes devancèrent dans les mers du Levant les escadres de Gênes et de Venise. Lors de la première

---

(1) Cf. Deschamps, *Le Crac des Chevaliers*, p. 116.

croisade, il avait à sa tête le bienheureux Gérard, originaire, selon les uns d'Amalfi, selon les autres de Martigues, qui, en tout cas, le réforma profondément (vers 1100-1120). Le successeur de Gérard, Raymond du Puy qui fut grand-maître de l'Hôpital entre 1125 et 1158 environ, en fit un ordre militaire, une confrérie de chevaliers-moines (1).

On voit l'évolution qui, sur cette terre de combat, avait transformé une confrérie charitable en une milice toujours prête à l'action. Il en alla autrement pour l'Ordre du Temple. Cet ordre avait été fondé en 1118 par le chevalier champenois Hugues de Payens (grand-maître de 1118 à 1136). Il eut dès le début un caractère nettement militaire. Il tirait son nom du *Templum Salomonis* (l'actuelle Mesdjid-al-Aqsâ) où il s'était installé (2).

Les deux ordres portaient comme vêtement monastique un véritable uniforme militaire d'une somptueuse austérité. L'insigne des Templiers était la croix rouge sur un manteau d'uniforme blanc pour les chevaliers, noir pour les sergents. L'insigne des Hospitaliers était la croix blanche sur un manteau noir en temps de paix et sur un surtout rouge à la guerre. Dans la mêlée ces uniformes, pour le reste de l'armée, « étaient comme un drapeau ».

Voués aux mêmes tâches, fils de la même chevalerie, recrutés dans les mêmes milieux, les deux ordres avaient une constitution analogue. Ils étaient divisés en trois classes : les chevaliers (recrutés dans la noblesse), les sergents (recrutés dans la roture) et les chapelains. Chacun d'eux avait à sa tête un grand-maître élu par le chapitre des chevaliers et gouvernant l'ordre sous le contrôle du chapitre. Le prestige des grands-maîtres était, en soi, considérable. Quand il s'attachait à une personnalité forte, l'autorité des chefs d'ordres militaires balançait presque celle des princes souverains. Le grand-maître était secondé par un certain nombre de grands officiers : grand précepteur, maréchal, hospitalier, drapier, trésorier, amiral et turcoplier. Au point de vue territorial les domaines des deux ordres étaient groupés en « commanderies » administrées par un commandeur local.

Le Temple et l'Hôpital étaient, comme l'Église romaine dont ils étaient les soldats, des institutions essentiellement internationales. Néanmoins si l'on consulte les listes de leurs grands dignitaires, on constate que la plupart d'entre eux aux XIIe-

---

(1) Delaville le Roulx, *Cartulaire général de l'Ordre des Hospitaliers de saint Jean de Jérusalem* (1100-1310), Paris, 1894-1906, 4 vol. f° ; *Les Hospitaliers en Terre Sainte et à Chypre*, Paris, 1904, 4°, 440 p. Sur les *Hospitaliers à Rhodes*, voir p. 584.

(2) R. Röhricht, *Zusätze und Verbesserungen zu Du Cange*, « Les familles d'Outre-mer », Berlin, 1886, p. 16-23 ; De Curzon, *Règle du Temple*, Soc. de l'Hist. de France, 1886 ; H. Prutz, *Entwickelung und Untergang des Tempelherrordens*, Berlin, 1887 ; Marcel Lobet, *Histoire des Templiers*, Liège, 1943 ; John Charpentier, *L'Ordre des Templiers*, Paris 1944.

xiiie siècles appartenaient aux pays de langue française. Il en allait autrement des Chevaliers Teutoniques. Ce troisième ordre militaire, dont les origines remontent à 1143, se recrutait, comme son nom l'indique, en pays allemand. Il fut réorganisé en 1198 sur le modèle des deux ordres précédents par le grand-maître Heinrich Walpot, mais ce fut le successeur de celui-ci, Hermann von Salza, grand-maître de 1210 à 1239, qui donna aux Teutoniques toute leur importance (1). Cette importance, à l'époque dont il s'agit, provient du fait que la couronne de Jérusalem échut à l'empereur germanique Frédéric II dont Hermann von Salza fut le conseiller fidèle. Chrétien ardent en même temps que tout dévoué à la personne de Frédéric, Hermann servit de lien entre ce dernier et l'Église romaine. Si la croisade frédéricienne réussit, ce fut en partie grâce à lui. L'élimination de la maison de Souabe par les barons de Terre sainte diminua l'importance des Chevaliers Teutoniques qui trouvèrent par la suite un nouveau champ d'activité dans les Provinces Baltiques.

L'histoire politique des Ordres militaires — spécialement des Hospitaliers et des Templiers — est celle d'une ascension continue. Simples auxiliaires au début, ils ne tardent pas à devenir indispensables et à la fin traitent presque avec les rois sur un pied d'égalité, de puissance à puissance. Ce changement s'explique par les services qu'ils rendaient, services qui les faisaient considérer comme irremplaçables. En effet, tandis que les dynasties franques ne disposaient en principe que de levées féodales temporaires (ou du concours, plus temporaire encore, de quelque croisade), les Ordres militaires constituaient une sorte d'armée permanente, toujours à pied d'œuvre. Aussi fit-on de plus en plus appel à eux pour garder les forteresses les plus importantes, aux points les plus menacés. Ce fut ainsi que les Hospitaliers se virent confier dans le royaume de Jérusalem les châteaux de Belvoir ou Cocquet (av. 1168), Forbelet ('Afrabalâ), Calansué (Kalansâoué), Belmont (Soba), Beth-Gibelin et Bethsura (Beit-Soûr). Les Templiers reçurent de leur côté les châteaux de Beaufort et de Saphet (l'un et l'autre après 1240), du Chastellet, au sud du Gué de Jacob (1178), du Saffran, de Château-Pèlerin ou 'Athlît (1218) et la Fève ou al-Foûla, de Cachon (Qâqoûn), du Casal des Plaines (1191) et du Toron des Chevaliers, au sud-est de Ramla. Enfin l'Ordre Teutonique reçut en 1227 Montfort au nord-est d'Acre.

On remarquera que la plupart de ces donations faites aux Ordres ne datent que de la fin du xiie siècle et surtout du xiiie. Tant que la royauté hiérosolymite avait été forte, tant que ses

---

(1) Strehlke, *Tabulae ordinis Teutonici*, 1869 ; Röhricht, *Zusätze und Verbesserungen*, p. 12-16 ; O. Schrieber, *Zur Chronologie der Hochmeister des Deutschen Ordens*. Königsberg, 1912.

baronnies avaient vécu d'une vie puissante, elles n'avaient pas eu à se dépouiller en faveur des chevaliers-moines.

Dans le comté de Tripoli, au contraire, l'aliénation des forteresses en faveur des Ordres militaires commença plus tôt, sans doute parce que cette baronnie, étirée tout en longueur sur la corniche libanaise et tyrienne, était plus difficile à défendre. La moitié du comté de Tripoli fut donc concédée aux Ordres. Les Hospitaliers y reçurent les châteaux de Coliat (1127), 'Akkâr et Archas (v. 1170), surtout le fameux Crac des Chevaliers (1142). Les Templiers y reçurent de même Arima, Chastel Blanc (Çafîtha) et Tortose (avant 1179).

Dans la principauté d'Antioche, les Ordres militaires furent loin d'avoir une position aussi importante. Cependant les Hospitaliers y avaient reçu la puissante forteresse de Margat (Marqab), ainsi que Valénie (Boulounyâs) (en 1186). Les Templiers, de leur côté, se firent donner au nord-ouest d'Antioche le château de Gaston (Bâghrâs) qu'ils eurent, comme on l'a vu, à disputer aux Arméniens de Cilicie, Port-Bonnel (Arsouz) et la Roche de Roissel.

Que faut-il penser des Ordres militaires ? Les jugements les plus contradictoires ont été portés sur eux au gré des tendances politiques, suivant ce qu'on imagine avoir été leur vie officielle ou secrète. Tel ne s'intéresse aux Templiers que parce qu'il voit en eux les dépositaires d'un ésotérisme manichéen, plus ou moins en rapport avec l'ésotérisme de leurs vis-à-vis musulmans, les Ismâ'îliens. Notons que les mêmes passions politiques sinon philosophiques ont troublé le jugement des anciens chroniqueurs, de Guillaume de Tyr, l'ennemi des Hospitaliers, à Joinville, l'adversaire des Templiers. Essayons de nous abstraire de ces controverses pour prononcer un jugement objectif. Reconnaissons de bonne foi que les ordres militaires, par leur garde vigilante à tous les postes d'honneur et de péril, par leur héroïsme sur tous les champs de bataille, rendirent d'immenses services à la Syrie franque. Mais avouons aussi que leur orgueil, leur soif des richesses (ils faisaient la banque, principalement les Templiers) (1), leur insubordination (2), la politique particulière qu'ils poursuivaient, même dans les rapports avec les États musulmans (3), finirent par nuire plus d'une fois aux intérêts de l'Orient latin. Bien avant Philippe le Bel, le roi Amaury Ier de Jérusalem, en 1173, songea à dissoudre l'Ordre du Temple et Saint-Louis, pendant son séjour en Palestine, en 1251-1252,

---

(1) Voir Joinville, ch. LXXV, § 380-385. Cf. *Eracles*, t. II, p. 90 ; *Ernoul*, p. 226.
(2) Guillaume de Tyr, l. XVII, ch. 3-6, sur les Hospitaliers ; Joinville § 511-514.
(3) Joinville, ch. XCIX, § 511-514. Cf. traduction de Guillaume de Tyr, l. XX, c. 29.

infligea une humiliation publique au grand-maître, Renaud de Vichier (1).

Au reste les vices de l'institution se développèrent avec l'âge, en même temps que ses mérites. Dans la seconde phase de l'histoire franco-syrienne, les Ordres constituèrent de plus en plus autant d'États dans l'État, situation qui, lorsque la royauté se fut affaiblie après 1185 et surtout quand elle eut pratiquement disparu en 1233, montra tous ses inconvénients. Deux grands-maîtres du Temple, Gérard de Ridefort (1186-1189) et Guillaume de Beaujeu (1273-1291), personnalités fortes (le second avec des intentions d'ailleurs louables, le premier, semble-t-il, purement néfaste) doivent à l'histoire un compte sévère. De fait, ces deux hommes, à un siècle d'intervalle, conduisirent le pays aux abîmes, Gérard de Ridefort pour avoir entraîné Guy de Lusignan dans la « marche à la mort » de Séphorie à Hattîn (1187) (2), Guillaume de Beaujeu pour avoir fait échouer la tentative de restauration monarchique de Hugues III (1276) (3). De surcroît, Templiers et Hospitaliers étaient divisés par une tenace rivalité qui les opposa dans toutes les guerres civiles du xiiie siècle, notamment, comme on l'a vu, pendant la guerre de Saint-Sabas, à Acre (1256-1258) (4). Querelle de moines qui prenait chaque fois ici les allures d'une affaire d'État, pour le plus grand malheur de l'État dont ni les uns ni les autres, au milieu de leurs passions partisanes, ne semblaient, par moments, se soucier.

*Histoire du Patriarcat latin de Jérusalem
sous la domination franque*

Le décès, au cours de la première croisade (1er août 1098), du légat pontifical Adhémar de Monteil, évêque du Puy, changea peut-être la destinée de la Terre sainte. Qui sait si ce grand prélat (qu'Urbain II avait, en somme, constitué le chef de la croisade) n'eût pas fait de Jérusalem un « royaume de clergie », comme l'étaient devenues ces deux autres capitales, Rome et Aix-la-Chapelle ? On a vu qu'en tout cas, après la conquête de Jérusalem par les Francs, le premier soin de ceux-ci, avant même de s'être prononcés sur le statut définitif du gouvernement laïque à instaurer, avait été de constituer fortement le patriarcat latin de la ville sainte. La question s'était même franchement posée de savoir si Jérusalem serait organisée en État laïque ou en patri-

---

(1) Guillaume de Tyr, dans l'adaptation française médiévale de l'*Éracles* l. XX, ch. 29, sur ce projet d'Amaury d'entreprendre la dissolution du Temple Sur l'espèce de « lit de justice » de Louis IX contre les Templiers, Joinville § 511-514.
(2) *Ernoul*, ch. xiii, p. 161-162.
(3) *Éracles*, p. 474 ; *Chiprois*, § 396.
(4) *Chiprois*, § 280-285.

moine ecclésiastique, c'est-à-dire en domaine temporel du Patriarcat. Le patriarche Daimbert de Pise (1100-1102) avait essayé d'arracher cette dernière solution à la piété de Godefroi de Bouillon, mais, malgré l'intervention des Normands d'Antioche, Baudouin Ier avait fait déposer Daimbert (1). Solution brutale mais qui a peut être épargné bien des troubles à la Syrie franque : que fût-il advenu, si, dès le premier jour, on avait vu s'y développer cette querelle du Sacerdoce et de l'Empire qui en Europe a arrêté net le développement politique de l'Allemagne et de l'Italie ? En faisant finalement élever au siège patriarcal son partisan dévoué (j'allais écrire : son complice), Arnoul de Roeux (patriarche de 1112 à 1118), prélat douteux peut-être, mais royaliste ardent, Baudouin Ier réussit à subordonner définitivement le patriarcat à la royauté. Le patriarche Étienne de Chartres essaya bien encore en 1129 de tenir tête au roi Baudouin II (dont il était d'ailleurs parent), mais ce fut la dernière tentative de ce genre et les patriarches suivants secondèrent fidèlement la politique royale (2).

Il est vrai que l'appui de la couronne permit au patriarcat de Jérusalem de l'emporter plus d'une fois dans des questions purement ecclésiastiques. Dans l'ancienne répartition ecclésiastique byzantine, l'archevêché de Tyr, avec l'évêché suffragant de Beyrouth, relevait non du patriarche de Jérusalem, mais de celui d'Antioche. La question d'obédience se posa quand Beyrouth (1110), puis Tyr (1124) eurent été politiquement annexées au royaume de Jérusalem. Un conflit fort vif éclata à ce sujet dès 1110 entre les deux patriarches latins, celui de Jérusalem, Gibelin, et celui d'Antioche, Bernard de Valence (3). Finalement, ce fut le patriarcat de Jérusalem qui l'emporta. Les évêchés latins de Beyrouth, Sidon, Tyr, Acre et Paneas, bien qu'anciennes dépendances de l'Église d'Antioche, furent rattachés à celle de Jérusalem, parce que faisant partie du royaume de Jérusalem et non de la principauté d'Antioche (4). En revanche, bien que le comté de Tripoli fût, depuis 1109, vassal (tout au moins en fait, dans la personne de ses comtes) du royaume de Jérusalem, les évêchés latins de ce comté (Giblet, Tripoli, Tortose) continuèrent,

(1) L'opposition des Normands à l'institution de la royauté à Jérusalem se comprend : si la ville sainte avait été transformée en terre d'Église, le prince d'Antioche eût été le plus haut prince temporel des nouvelles possessions franques. Voir sur cette question Albert d'Aix, l. VII, c. 58-61, l. IX, c. 16-17 et en seconde main, Guillaume de Tyr, l. IX, c. 16 ; l. X, c. 4, 7.
(2) Guillaume de Tyr, l. XIII, c. 25.
(3) Foucher de Chartres, l. III, c. 34-35 ; Guillaume de Tyr, l. XI, c. 28; l. XIV, c. 11.
(4) La patriarcat latin de Jérusalem comprit les archevêchés de Tyr, Nazareth et Pétra, et les évêchés de Beyrouth, Sidon, Paneas, Acre, Tibériade, Césarée, Sébaste, Lydda, Bethléem et Saint-Abraham (Hébron).

comme dans l'ancienne répartition byzantine, à relever du patriarche latin d'Antioche.

Plusieurs patriarches de Jérusalem comme Ebremar de Thérouanne (1103-1107), Arnoul de Rœux (1112-1118) et Amaury de Nesle (1158-1180) se signalèrent par leur héroïsme en portant la Vraie Croix au milieu des batailles. Les patriarches Gormond de Picquigny (1118-1128) et Guillaume de Messines (1130-1145) remplirent de même noblement leur rôle, le premier pendant la captivité de Baudouin II (1123-1124), le second pendant que Foulque d'Anjou se trouvait bloqué par Zengî dans Montferrand (Ba'rîn) en 1137. En revanche, le patriarche Héraclius (1180-1189), prélat politicien et dissolu, fut un des mauvais conseillers que l'histoire rend responsables de l'avènement de Guy de Lusignan, c'est-à-dire de la chute du royaume.

Histoire intérieure du comté d'Édesse

Le comté d'Édesse (1), le plus éphémère des quatre États francs (1098-1144 ou 1146), n'était pas, au fond, une fondation franque. C'était une fondation arménienne qui remontait à l'Arménien Thoros (vers 1094-1098) (2). En appelant à son aide, contre les Turcs, le futur Baudouin Ier, Thoros avait été rapidement amené, devant les exigences du nouveau venu, à admettre que la seigneurie d'Édesse serait arméno-franque (3). La mauvaise foi et la brutalité de Baudouin renversèrent les termes. Édesse devint un comté franco-arménien. On a vu en effet (4) comment Baudouin provoqua parmi les éléments arméniens mécontents de Thoros une émeute qui assassina ce dernier et laissa le croisé franc seul maître de ce pays. On a vu aussi comment une tentative de révolte arménienne fut matée par Baudouin avec sa rudesse ordinaire, en faisant aveugler ou cruellement mutiler les chefs du complot. Mais Baudouin, après avoir imposé la domination franque, après avoir établi la chevalerie franque comme classe dominante, maintint immédiatement au-

(1) Rappelons qu'*Edesse*, l'actuel *Orfa*, est appelée en syriaque *Orhâi*, en arménien *Ourhay* et en arabe *al-Rouhâ'*. C'est du mot arabe qu'est tiré le nom de la ville en français médiéval : *Rohès* ou *Rohas*. L'Edesse byzantine, arménienne et franque a eu son historien, l'Arménien Matthieu d'Edesse (Matt'êos Ourhayetsi) dont le récit s'étend de 952 à 1136. Cf. F. Nève *L'Arménie chrétienne et sa littérature*, p. 341-370.
(2) Cf. J. Laurent, *Edesse entre 1071 et 1098* dans *Byzantion*, t. I, 1924, p. 387 ; Chabot, *Edesse pendant la première croisade*, dans les *C. R. de l'Acad. des Inscriptions*, 1918, p. 431-442.
(3) Remarquons que c'était un autre Arménien, Bagrat (Pakrad), frère de *Kol* Vasil (ce dernier, seigneur de Kaisoun et de Raban), qui avait, le premier, lié partie avec Baudouin et qui lui avait sans doute donné l'idée de chercher fortune en terre arménienne. Après avoir enlevé Raouandan (Ravendel) aux Turcs, Baudouin inféoda la place à Bagrat, puis se brouilla avec lui et le força à la lui rendre (Albert d'Aix, l. III, ch. 18, p. 351).
(4) P. 204.

dessous l'élément arménien comme élément associé à cette domination, bien au-dessus de l'élément syriaque. La preuve que les Arméniens y trouvèrent leur compte est qu'ils se montrèrent jusqu'au bout les défenseurs fidèles et souvent héroïques du comté d'Édesse, tandis que les chrétiens syriaques avaient tendance à trahir les Francs en faveur des Turcs. Le mariage de Baudouin Ier avec l'Arménienne Arda symbolisa cette union (1).

Baudouin II, comte d'Édesse de 1100 à 1118, amplifia cette politique. Non seulement il épousa, lui aussi, une Arménienne, la princesse Morfia, fille de Gabriel ou Khôril, prince de Malatya (Mélitène), mais la douceur de son caractère, contrastant avec la brutalité de Baudouin Ier, acheva de lui attacher les sentiments des Arméniens. Le coadjuteur du patriarcat arménien, Barsèl (Basile) Ier, vint en 1003 d'Ani à Édesse sanctionner cette intimité. Baudouin II « accueillit le pontife avec de grands égards, lui fit don de plusieurs villages, le combla de présents et lui témoigna une grande amitié » (2). L'alliance de famille de Baudouin II avec le seigneur de Malatya assurait très loin dans le nord, sur le haut Euphrate, le rayonnement de son influence. Son appui permit à Gabriel de résister quelque temps encore aux attaques des Turcs Dânichmendites de Cappadoce que secondait à l'intérieur de Malatya la défection latente de l'évêque syriaque, et ce ne fut qu'en 1103 que Malatya fut prise par les Turcs. Du côté du nord-est, Baudouin II occupa des postes aussi avancés que Tell-Gourân, Tell Mauzân et al-Koradi, en plein Chabakhtân, tout près de Mârdîn. Vers le sud-est, on a vu qu'avec l'aide des princes normands d'Antioche il essaya vainement en 1104 de s'emparer de Harrân, première étape sur la voie de Mossoul.

Un temps d'arrêt fut provoqué par le désastre de Harrân où Baudouin II fut fait prisonnier par les Turcs (1104). Le prince normand Richard de Salerne qui administra le pays pendant sa captivité (1104-1108), est accusé par les sources syriaques (3) d'avoir par cupidité pressuré la population indigène. Une fois libéré, Baudouin II dut faire face à de violentes contre-attaques turques. Bien qu'assisté par le prince d'Antioche Tancrède et même par le roi de Jérusalem Baudouin Ier, il dut, devant ces perpétuelles razzias turques, se résigner en 1110 à faire évacuer la rive orientale de l'Euphrate, la campagne ouverte autour d'Édesse par les populations rurales arméniennes ou syriaques. Il chercha à les transporter à l'ouest du fleuve du côté de Sa-

---

(1) Sur le point de vue arménien dans l'histoire de l'Orient latin en général, du comté d'Édesse en particulier, je renvoie encore à l'étude de F. Nève sur Matthieu d'Edesse dans F. Nève, *L'Arménie chrétienne et sa littérature* (1886), p. 341-370.
(2) Matthieu d'Edesse, Doc. arm., t. I, c. xxx, p. 70-71 (*alias*, c. cxxx).
(3) L'Anonyme syriaque, dans *J. R. A. S.*, 1933, p. 80.

mosate, mais l'exode n'alla pas sans l'intervention de la cavalerie turque qui massacra en masse les émigrants (1110) (1).

Après ces événements les villes du comté d'Edesse situées sur la rive gauche de l'Euphrate, à commencer par Édesse même qui était presque imprenable, continuèrent à abriter une population arménienne et syriaque fort dense, d'autant plus dense qu'une partie de l'élément rural y avait trouvé refuge, Mais les campagnes, jusque-là si riches et en majorité habitées par des chrétiens indigènes, étaient dépeuplées et ruinées. Au contraire les terres du comté d'Édesse situées sur la rive droite du fleuve, protégées par lui, restaient en pleine prospérité. Elles formaient en partie la seigneurie de « Turbessel » (Tell Bâchir), fief principal du comté et dont le possesseur était Jocelin 1er de Courtenay. Le contraste entre la situation économique des deux régions provoqua la disgrâce de Jocelin que Baudouin II dépouilla de son fief (fin 1112 ou commencement 1113) (2).

La ruine des terres, jusque-là si prospères, d'Édesse, suscita un mouvement de désaffection non seulement parmi l'élément syriaque toujours hostile aux Francs (3), mais même chez les Arméniens. En 1113 certains éléments arméniens d'Édesse auraient songé à s'entendre avec les Turcs. L'annaliste arménien Matthieu d'Édesse (4) le nie, il est vrai, tandis que l'Anonyme syriaque l'affirme en avouant implicitement que des éléments syriaques prirent part au complot (5). La répression de Baudouin II fut énergique. Il chassa d'Édesse les éléments douteux et les déporta pour un temps à Samosate (mai 1113-février 1114). Dans le même esprit il annexa au comté d'Édesse les principautés arméniennes voisines, savoir : 1º Kaisoûn et Raban, 2º al-Bîra ou Bîredjik, 3º les environs de Cyrrhus, 4º Gargar (1116-1117) (Matthieu d'Edesse, ch. 73-74, al. 223-224) (6).

Baudouin II, étant devenu roi de Jérusalem (1118), fit gouverner pendant quelques mois Édesse par Galéran du Puiset, seigneur de Bîredjik (1118-1119), puis, s'étant réconcilié avec l'ancien seigneur de Turbessel Jocelin 1er de Courtenay, il le nomma comte d'Édesse. On voit comment le comté d'Édesse se trouvait étroitement rattaché au royaume de Jérusalem. Deux fois de suite les comtes d'Édesse — Baudouin 1er en 1100, Baudouin II en 1118 — étant devenus rois de Jérusalem, ils avaient inféodé le comté à qui bon leur semblait et le nouveau

(1) Matthieu d'Edesse, ch. LIV, p. 93-94, alias ch. CCIV, p. 273.
(2) Guillaume de Tyr, l. XI, c. 22.
(3) Le récit de l'Anonyme Syriaque traduit par Chabot et Tritton est à certains moments un pamphlet anti-franc.
(4) P. 104-105.
(5) J. R. A. S., 1933, p. 83-85.
(6) Seigneurs arméniens dépouillés : Vasil Tgha à Kaisoun-Raban ; A elgharib à Bîra ; Bagrat (f.ère de Kol Vasil) près Cyrrhus ; Constantin à Gargar.

comte investi par eux, leur devant tout, était resté leur vassal.

Le gouvernement de Jocelin Ier de Courtenay comme comte d'Édesse (1119-1131) fut coupé en deux par sa captivité. En effet, ayant été fait prisonnier par les Turcs (1123), la régence fut assurée par Geoffroi le Moine, comte de Marach. Mais Jocelin s'était fait profondément aimer de ses sujets arméniens. En apprenant sa captivité, cinquante d'entre eux partirent sous un déguisement pour Kharpout où il était retenu prisonnier ainsi que le roi Baudouin II. Aidés de la population arménienne de la ville, ces cinquante hommes massacrèrent la petite garnison turque et s'emparèrent de Kharpout. Ils payèrent de leur vie leur héroïsme, car les Turcs revinrent en masse, mais Jocelin put s'échapper (1).

Le dévouement et l'héroïsme des Arméniens dans ce hardi coup de main prouvent leur attachement à Jocèlin de Courtenay. Le texte de l'Anonyme syriaque (2) montre que Jocelin avait su s'attacher l'élément syriaque lui-même.

Par ailleurs nous aurons une idée de la poussée de Jocelin vers l'Est quand nous saurons que sous la conduite de ce « baron d'avant-garde » les Francs étaient un moment parvenus en 1128-1129 jusqu'aux portes d'Amid (Diyârbékir), de Naçîbîn et de Ras al-'Aïn (3).

L'œuvre de Jocelin fut détruite par son fils Jocelin II (1131-1146). Fils d'une Arménienne, c'est le type du baron créole, préférant à la société des Francs celle des Arméniens et des Syriens (4) et se mêlant des querelles théologiques syriaques (5), ce qui ne l'empêchait point d'aller, sous prétexte de pèlerinage, piller le trésor patriarcal jacobite au monastère de Mar Bar Çauma. Délaissant le séjour d'Édesse pour celui de Turbessel, son absentéisme fut la cause principale de la chute d'Édesse. L'atâbeg Zengî étant venu assiéger la ville (28 novembre 1144), la défense, en l'absence de Jocelin II et d'une garnison franque suffisante, fut laissée au soin des chrétiens indigènes, arméniens et syriaques, dirigés par leurs prélats (l'évêque arménien Ananias et l'évêque syriaque Basile Bar Choumana). Arméniens et Syriens firent d'ailleurs vaillamment leur devoir (6). Après la chute d'Édesse (23 décembre 1144), l'atâbeg Zengî, impitoyable envers les Francs, chercha à s'assurer le ralliement des chrétiens indigènes, principalement des Syriens dont l'évêque, Basile Bar Choumana, devint effectivement son ami. Mais si l'élément sy-

---

(1) Foucher de Chartres, l. III, c. 23-26 ; Guillaume de Tyr, l. XI, c. 18-19 ; Matthieu d'Edesse, p. 133-135.
(2) *L. c.*, p. 99-100.
(3) Bar Hebræus, p. 289. Cf. Honigmann, *Nastbîn*, Enc. Isl., p. 919.
(4) Guillaume de Tyr, l. XVI, c. 4.
(5) Michel le Syrien, trad. Chabot, III, II, p. 256-260.
(6) Michel, III, II, 260 ; Anonyme Syriaque, *l. c.*, 282-287 ; Nersès Chnorhali, *Élégie sur la prise d'Edesse*, Doc. Arm., t. I, p. 247-263.

riaque se rallia très facilement à la domination turque pour laquelle il avait toujours eu d'obscures sympathies, l'élément arménien ne se prêta qu'à une soumission de pure forme et ce fut lui qui, en 1146, s'entendit secrètement avec Jocelin II pour provoquer une réoccupation franque. Ce furent en effet les Arméniens qui, le 27 octobre 1146, aidèrent les Francs dans leur coup de main sur Édesse. Mais, comme on l'a vu, Jocelin II dut dès le 3 novembre prendre la fuite devant l'arrivée des forces turques. Les malheureux Arméniens payèrent pour lui et furent massacrés en masse. Cette seconde prise d'Édesse par les Turcs eut comme conséquence la déchristianisation radicale de la ville. L'élément syriaque lui-même, en dépit de sa francophobie, fut expulsé (1).

Histoire intérieure de la principauté d'Antioche

La principauté d'Antioche, on l'a vu, était essentiellement constituée par la vallée du bas Oronte avec le littoral correspondant. Bohémond Ier (1098-1100, 1103-1104) et Tancrède (1101-1103, 1104-1112) — surtout Tancrède —, ajoutèrent à ce noyau la vallée du moyen Oronte jusqu'en aval de Chaïzar et la zone correspondante de la terre d'Outre-Oronte jusqu'aux approches d'Alep. Cette extension territoriale vers l'est résista au désastre de Tell 'Aqibrîn (1119, mort de Roger d'Antioche), mais ne survécut pas au désastre de Ma'aratha (1149, mort de Raymond de Poitiers), désastre qui coûta aux Francs toute la terre d'Outre-Oronte et que rendit définitif la défaite de Hârim (1164, capture de Bohémond III). Mais ainsi réduite au bas Oronte, la principauté devait se perpétuer, comme on l'a vu, jusqu'en 1268.

La première question qui se pose est celle des rapports juridiques de la principauté d'Antioche avec le royaume de Jérusalem d'une part, avec l'empire byzantin d'autre part.

À diverses reprises, on l'a vu, les rois de Jérusalem se trouvèrent amenés à exercer la régence dans la principauté d'Antioche. Baudouin II fut ainsi régent après la mort de Roger et en l'absence du jeune Bohémond II (1119-1126), puis après la mort de Bohémond II et pour le compte de sa fille Constance (1130-1131). Foulque d'Anjou fut de même régent auprès de Constance de 1131 à 1136, c'est-à-dire jusqu'au mariage de la jeune fille avec Raymond de Poitiers. Un peu plus tard, après la mort de Raymond et jusqu'au remariage de Constance avec Renaud de Châtillon, ce fut Baudouin III qui assuma la régence (1149-1153).

Mais cette tutelle de certains rois de Jérusalem sur la principauté du Nord fut purement personnelle et occasionnelle. En

---

(1) Anonyme syriaque, p. 292-298 ; Michel le Syrien, III, 270 et suiv.

droit la principauté ne fut jamais vassale du royaume. Du reste, quand Bohémond l'avait fondée (1098), le royaume n'existait pas encore et le chef normand se garda bien d'en faire hommage à Godefroi de Bouillon ou à Baudouin Ier quand, par la suite, il se rendit auprès d'eux à Jérusalem. La principauté était donc, de fondation, indépendante du royaume. Elle eut ses *Assises*, distinctes de celles de Jérusalem (1), sa Cour des barons, sa Cour des bourgeois qui ne relevaient en rien des institutions similaires de Jérusalem, son chancelier, son connétable, son sénéchal, ses deux maréchaux, égaux en dignité aux hauts fonctionnaires analogues du royaume.

Il n'en allait pas de même à l'égard de l'empire byzantin. L'hypothèque byzantine, reconnue par les croisés lors des accords de Constantinople en 1097, visait particulièrement Antioche, d'autant que cette ville n'avait été enlevée par les Turcs aux Byzantins qu'en 1084 et que les droits de l'empire y étaient donc encore tout récents. Cette hypothèque pesa pendant près d'un siècle sur la nouvelle principauté. Bien que les accords de 1097 eussent été, dès 1098, répudiés par Bohémond Ier, il dut, dix ans plus tard, après sa capitulation de Durazzo, en reconnaître la valeur et admettre explicitement la suzeraineté de l'empereur Alexis Comnène (2). Il est vrai que Tancrède, resté maître d'Antioche (1104-1112), refusa à son tour d'appliquer l'accord de Durazzo qui demeura lettre morte. Mais en 1137, on l'a vu, l'empereur Jean Comnène, en mettant le blocus devant Antioche, obligea Raymond de Poitiers à reconnaître sa suzeraineté. Il est vrai aussi que l'émeute savamment machinée de la population d'Antioche contre les autorités byzantines (1138) amena le *basileus* à se contenter d'une suzeraineté purement nominale. Mais en 1159 l'empereur Manuel Comnène, arrivé devant Antioche à la tête de toutes les forces byzantines, contraignit Renaud de Châtillon à se plier à une vassalité effective. Bohémond III, quand il gouverna personnellement (1163), accepta sans réticences la suzeraineté impériale, comme le prouve son voyage à Constantinople en 1165. Mais la perte de la Cilicie par les Byzantins (1173) et le désastre que les Turcs leur infligèrent à Myrioképhalon, en Phrygie (1176), en coupant territorialement la principauté de l'empire, rendirent caducs les droits impériaux.

La principauté d'Antioche fondée en 1098 par une dynastie italo-normande (Bohémond Ier de Tarente) conserva l'empreinte normande dont ses institutions attestent la persistance. A Bohé-

---

(1) Les *Assises d'Antioche* dont le texte original est perdu, nous sont parvenues dans leur ancienne traduction arménienne (édition et traduction Alishan, Venise, 1876).
(2) Le traité de Durazzo est analysé, d'après l'*Alexiade* (XIII, 12, 231-239) dans Chalandon, *Les Comnène*, t. I, p. 246-248

mond succédèrent son neveu Tancrède (1111), puis Roger, neveu de Tancrède (1112), Bohémond II, fils de Bohémond Ier (1126) et Constance, fille de Bohémond II (1130). En 1136, Constance, ayant épousé Raymond de Poitiers, l'associa au trône. La dynastie normanno-poitevine, issue de ce mariage dans la personne de Bohémond III (1163-1201), régna à Antioche jusqu'à la conquête musulmane en 1268.

La majeure partie des familles nobles de la principauté étaient, comme la dynastie, d'origine normande. Tels, les Sourdeval, les Chevreuil (les uns et les autres venus d'Italie), de Saint-Lô, de Vieux-Pont, des Loges, de l'Isle, Fraisnel, d'Angerville, de Corbon et de Barneville. Signalons cependant les Mansel qui venaient sans doute du Maine, les Tirel venus de Picardie, les Monchy venus d'Artois et les Mazoir qui seraient originaires du Plateau Central. Les Mazoir, les des Monts et les Mansel se succédèrent dans la charge de connétable, tandis que plusieurs Tirel occupèrent le maréchalat (1). Le fief le plus considérable était celui des Mazoir qui comprit un moment Valénie (Boulounyâs) (1109) et Marqab (1118). Un autre fief important fut celui des seigneurs de Saone (Çahyoûn) qui semblent avoir possédé aussi « Sardoine » (Zerdanâ) (2). D'autres fiefs sont mentionnés à Harrenc (Hârim), à Cérep (Athârib) et à Capharda (Kafartâb). Mais en général la dynastie normande, à l'inverse de ce qui se passait dans le royaume de Jérusalem, le comté de Tripoli et le comté d'Édesse, se garda d'aliéner son territoire en faveur de grands vassaux. Rappelons avec Claude Cahen qu'il y a là un fait proprement normand, puisqu'on constate une politique analogue partout où des princes normands se sont établis, en Normandie et en Angleterre comme dans les Deux-Siciles.

Dans cet État plus centralisé que les trois autres États francs, les grands officiers sont les mêmes qu'ailleurs : un chancelier un connétable, deux maréchaux, un sénéchal. L'administration locale comportait des « ducs », titre et fonctions ici hérités des Byzantins (ducs d'Antioche, de Lattakié, de Djabala) et un vicomte d'Antioche. La ville d'Antioche se signala par la création, en octobre 1193, d'une « commune d'Antioche », organisée sous les auspices du patriarche Aymeri de Limoges avec toutes les classes de la population latine, nobles, clercs et bourgeois, pour résister à une tentative de mainmise arménienne. Précisément parce qu'elle s'était constituée pour lutter contre la menace arménienne, la commune engloba, il semble bien, l'élément grec qui était, du reste, l'élément urbain indigène dominant à Antioche. Bohémond IV, dont la commune soutenait les droits

(1) Claude Cahen, *La Syrie du Nord à l'époque des Croisades* (1940), p. 535-538 (aussi, p. 462, liste des connétables et maréchaux).
(2) *Ibid.*, p. 538-539.

contre le candidat arménien, la favorisa. La commune était dirigée par un collège de consuls (comme dans les communes du Midi de la France) présidé par un maire (comme dans les communes de langue d'oïl) et, comme la commune d'Acre (« confrérie de Saint-André » à partir de 1231), elle avait sa « campane », sa cloche comme signe de ralliement (1).

Pour en finir avec les institutions civiles d'Antioche, remarquons que l'union personnelle du comté de Tripoli avec la principauté ne fut pas nécessairement une cause de force pour celle-ci. Les derniers Bohémond eurent tendance à déserter cette marche-frontière presque encerclée par les musulmans, pour le séjour, autrement confortable, de Tripoli, sur la belle *riviera* libanaise. Le cas fut patent pour la régente Lucie de Segni (1251-1252) qui se préoccupait uniquement de Tripoli, laissant Antioche à l'abandon (2). Et quand Antioche fut conquise par les Mamelouks (1268), Bohémond VI lui-même, prince pourtant énergique et lucide, se trouvait absent, en séjour à Tripoli.

Le patriarcat latin d'Antioche joua un rôle considérable (3). Il ne fut d'ailleurs pas fondé au lendemain même de la conquête. Bohémond Ier, peut-être lié par les anciens accords avec l'empereur Alexis Comnène, laissa en place la patriarche grec Jean. De fait, la population citadine chrétienne indigène était en majorité grecque. Mais Jean s'étant retiré à Constantinople en 1100, les Francs se hâtèrent de nommer patriarche un des leurs, Bernard de Valence, qui occupa le siège de 1100 à 1135. Bernard éleva très haut le prestige de sa fonction, se faisant le *defensor civitatis* et l'organisateur de la résistance en 1119 après le désastre de Tell-Aqibrîn où le prince Roger avait trouvé la mort. Son successeur Raoul de Domfront (1135-1139), prélat impérieux et enfoncé dans le siècle, profita de la minorité de la princesse Constance pour accroître l'autorité patriarcale, mais Raymond de Poitiers qu'il aida alors à faire élever au trône (1136), ne tarda pas à se fatiguer de ses prétentions et prétexta sa dureté envers son chapitre pour le faire déposer (1139) (4). Aymeri de Limoges, patriarche de 1139 à 1194, contribua à sauver la principauté quand Raymond de Poitiers eut été tué par les Turcs et il fut même un moment chargé par le roi Baudouin III du gouvernement provisoire (1149) (5). Pendant le veuvage de la princesse Constance (1149-1153), il exerça une action prépon-

(1) *Ibid.*, p. 653-659.
(2) Joinville, § 522-523.
(3) Du patriarcat d'Antioche dépendaient l'archevêché latin d'Edesse, celui d'Albara et d'Apamée, celui de Tulupe (Doulouk) et de Hiérapolis (Menbidj) et les évêchés de Laodicée, Djabala, Valénie (Boulounyâs), Tortose, Tripoli et Giblet (Djoubaïl).
(4) Guillaume de Tyr, l. XIV, c. 17 ; l. XV, c.11
(5) Guillaume de Tyr, l. XVII, c. 10.

dérante sur le gouvernement, mais quand Constance se fut remariée avec Renaud de Châtillon (1153), ce dernier prit ombrage de l'autorité acquise par Aymeri. Il jeta le prélat en prison, puis l'exposa nu au brûlant soleil de l'été syrien (1). Aymeri se retira alors à Jérusalem, sans d'ailleurs renoncer au siège patriarcal. Revenu par la suite à Antioche, il sauva la ville après le désastre du 11 août 1164 (défaite de Hârim, capture de Bohémond III) en organisant la résistance contre Noûr ad-Dîn.

On a vu qu'en 1137 et surtout en 1159 la principauté d'Antioche avait dû reconnaître la suzeraineté byzantine. Cette suzeraineté s'affirma encore lorsque Bohémond III, fait prisonnier par Noûr ad-Dîn, fut rendu à la liberté sur l'intervention diplomatique de l'empereur Manuel Comnène (1165). Bohémond III fit une visite de reconnaissance à Constantinople (1165). Au cours de ses entrevues avec le *basileus*, il accepta de recevoir à Antioche un patriarche grec qui fut Athanase II (1165-1170). A l'arrivée d'Athanase, le patriarche latin Aymeri de Limoges se retira au château de Cursat (Qoçaïr) en jetant l'interdit sur Antioche. Contre le clergé grec triomphant, il s'allia à l'Église jacobite, c'est-à-dire à l'Église monophysite syriaque dont le patriarche se trouvait être le célèbre chroniqueur « Michel le Syrien » (2). En 1170 Athanase II étant mort, Bohémond III réintronisa Aymeri de Limoges.

Le péril grec à peine écarté pour la latinité d'Antioche, survint le danger arménien. Le prince arménien Léon II, ayant capturé au guet-apens de Baghrâs Bohémond III (1194), essaya de se faire livrer la ville d'Antioche par son captif à qui il arracha des ordres en conséquence. Mais, comme on l'a vu, la population latine et grecque de la cité se constitua en commune sous la direction du patriarche Aymeri de Limoges et repoussa les Arméniens (1194) (3).

L'affaire rebondit sous le patriarcat de Pierre d'Angoulême (1197-1208), quand le trône d'Antioche fut disputé, comme on l'a vu aussi, entre Bohémond IV (1201-1233) et son neveu Raymond-Roubèn. Ce dernier, qui était également le petit-neveu du roi d'Arménie Léon II, bénéficiait de toute l'aide des Arméniens. Au contraire Bohémond IV était soutenu par l'élément grec, toujours important à Antioche. Le patriarche Pierre d'Angoulême, considérant que, pour l'Église latine, le danger principal venait des Grecs, se prononça en faveur de Raymond-Roubèn

---

(1) Guillaume de Tyr, l. XV, c. 18 ; l. XVII, c. 18 ; l. XVIII, c. 1.
(2) Guillaume de Tyr, l. XIX, c. 10 ; Michel le Syrien, trad. Chabot, III, p. 326-332, et version arménienne, *Doc. arm.*, t. I, p. 360 ; Bar Hebræus, *Chron. eccles.*, trad. Abbeloos et Lamy, II, p. 546, 598 ; *Chron. syr.*, p. 361-371.
(3) *Eracles*, t. II de l'éd. des *Hist. Occid.*, variantes, p. 207-209 ; *Annales de Terre Sainte*, Arch. Or. Lat., t. II, 2, p. 434.

et poussa au complot de l'hiver 1207-1208 pour livrer à ce dernier la ville d'Antioche. Le complot ayant échoué, Bohémond IV jeta Pierre d'Angoulême dans une prison où il le fit mourir de soif (1208) (1). En même temps il accordait sa faveur au patriarche grec Siméon III. Le nouveau patriarche latin Pierre II de Locedio (1208-1217) se fit l'âme du complot qui, avec l'appui des Arméniens, plaça enfin Raymond-Roubèn sur le trône d'Antioche (1216). Mais quand Bohémond IV fut restauré (1219), le parti arméno-latin se trouva définitivement perdant (2). Bohémond IV fut à diverses reprises excommunié pour son attitude (et encore une fois en 1230). L'apaisement définitif ne devait intervenir qu'après sa mort (1233).

Histoire intérieure du comté de Tripoli

Le comté de Tripoli ne fut pas créé d'un seul coup dès 1098-1099 comme la principauté d'Antioche et le royaume de Jérusalem. Ce n'est qu'en 1102, on l'a vu (3), que le comte de Toulouse Raymond de Saint-Gilles en entreprit la laborieuse conquête en s'emparant de Tortose. Et ce ne sera qu'en 1109 que son fils Bertrand, aidé de tous les autres princes francs, enlèvera Tripoli aux Arabes.

Le comté de Tripoli fut par excellence un « État du Grand Liban ». Au début, il avait fait un effort pour s'adjoindre, comme l'avaient fait les autres États francs, un hinterland en débordant au nord-est sur la vallée du haut Oronte, au sud-est sur la Beqa'. L'objectif de Raymond de Saint-Gilles dans cette direction était Homs que les Francs appelaient « la Chamelle ». Raymond faillit s'en emparer en 1103 (4). En dépit de son échec, son successeur Guillaume Jourdain (1105-1109) sera appelé par Albert d'Aix prince de la Chamelle (5). Et il est certain que seule la conquête de Homs eût assuré la survie du comté de Tripoli, comme seule la conquête de Damas eût assuré la survie du royaume de Jérusalem, comme seule la conquête d'Alep eût consolidé la principauté d'Antioche. A défaut de Homs, le comté de Tripoli s'assura les crêtes méridionales des monts Ansarié : le Crac des Chevaliers,

---

(1) *Annales de Terre Sainte*, l. c., p. 436 ; *Eracles*, l. XXXI, c. 3, p. 313-314 ; *Chiprois*, § 65. Cf. Claude Cahen, *La Syrie du Nord*, p. 612, 655.
(2) Voir p. 262.
(3) Voir p. 208. Sur l'histoire du comté de Tripoli, cf. Jean Richard, *Le Comté de Tripoli sous la dynastie toulousaine*, tome XXXIX de la Bibliothèque Archéologique et Historique du Service des Antiquités de Syrie et du Liban, Paris, Geuthner, 1945, plein d'observations nouvelles.
(4) Qalânisî, trad. Gibb, p. 57-58.
(5) Albert d'Aix, l. IX, c. 50. L'identification de cette « Chamelle » avec Homs a été jusqu'ici traditionnellement admise. Ajoutons qu'à l'heure où nous écrivons, elle pourrait être remise en question par M. Richard, l'historien du comté de Tripoli, qui songe aussi à « la Camel » des Toulousains, identifiée avec al-Akma, conquise par eux antérieurement à 1109.

conquis par Tancrède en 1110 et cédé par lui au comte Pons (1112), puis Raphanée (Rafâniya) et Montferrand (Ba'rîn), conquis par ce même Pons, la première place le 31 mars 1126, la seconde antérieurement à 1132. Du côté de la Beqa' le comte Bertrand avait de même occupé vers 1109-1110 Monestre (Mounaitira, Mneitri) qui domine Balbek. Mais ce n'étaient là que des tours de guet. Le comté resta en réalité une *Riviera* libanaise, étirée en longueur entre la montagne et la mer. Les comtes de la maison de Toulouse y acceptèrent la création de fiefs relativement considérables comme ceux de Néphin (Enfé), Boutron (Batroûn) et Giblet (Djoubaïl) qui réduisaient encore l'étendue de leur terre propre. En 1258 nous verrons les seigneurs de Giblet, les Embriaci, venir insulter le comte leur suzerain jusque sous les murs de Tripoli.

A la différence du royaume de Jérusalem et de la principauté d'Antioche, le comté de Tripoli faillit dès le début se rompre en deux, il est vrai toujours au profit de la maison régnante : en 1109 il se trouva partagé par l'arbitrage du roi Baudouin Ier entre les deux prétendants toulousains, Guillaume Jourdain et Bertrand. Il fallut l'assassinat — si opportun —, de Guillaume Jourdain pour rétablir l'unité (1110) (1). De même en 1148 le comte de Toulouse Alphonse Jourdain vint de France disputer le comté à Raymond II qui était son petit-neveu. Mais Alphonse Jourdain fut, lui aussi, opportunément empoisonné (2).

Malgré ces compétitions meurtrières entre membres de la dynastie toulousaine, le pays paraît avoir été assez attaché à cette maison. Il semble même l'avoir regrettée lorsqu'elle eut été remplacée par la maison d'Antioche. Quatre-vingt-six ans plus tard, en 1287, nous verrons les chevaliers et les bourgeois, « la commune de Tripoli », protester contre le régime despotique que leur avaient fait subir les trois derniers Bohémond, ce qui semble bien impliquer une comparaison flatteuse pour la maison de Toulouse (3).

Les colons latins du comté de Tripoli étaient de souche soit française du Midi, soit italienne. Au premier groupe appartenaient les familles d'Agout, de Puylaurens, Porcelet, de Montolieu (ou Montolif), de Roncherolles, de Fontenelle, de Cornillon, de Farabel. De recherches de M. Richard sur la titulature comtale, il résulte que la langue en usage dans le comté fut, non la langue d'oil comme dans le reste de la Terre sainte, mais bien la langue d'oc. Il y avait là un principe de particularisme qui

(1) Voir p. 211.
(2) Guillaume de Tyr, l. 6, c. 28. Raymond II devait être à son tour assassiné en 1152 dans des circonstances assez mystérieuses, à la suite de scènes de jalousie à l'égard de sa femme Hodierne de Jérusalem (Guillaume de Tyr, l. 17, c. 19).
(3) *Gestes des Chiprois*, § 468.

explique que le comté toulousain du Liban se soit par la suite, au XIIIe siècle, montré jusqu'au bout réfractaire à la domination normanno-poitevine des princes d'Antioche (1).

Quant à l'élément italien, il fut représenté dès l'origine par la famille Embriaco, de souche génoise, qui avait reçu en 1109 le fief de Giblet (Djoubaïl) sous la suzeraineté du comte de Tripoli et sous le contrôle de la Seigneurie de Gênes. Les Embriaci se francisèrent assez vite et s'affranchirent de la tutelle politique de Gênes, mais ils n'en restèrent pas moins, chaque fois que les intérêts de leur ancienne patrie se trouvaient en jeu, fort dévoués au parti génois. Comme tels et aussi comme principaux vassaux du comté, ils s'érigèrent en chefs de la noblesse latine dans son opposition à l'autorité comtale, du moins quand cette dernière, après l'extinction de la dynastie toulousaine, fut représentée par la maison d'Antioche.

Une seconde vague d'italianisation se manifesta lorsqu'en 1235 Bohémond V eut épousé la princesse romaine Lucie, fille du comte de Segni, Paolo de Conti. Lucie peupla le pays de personnalités romaines, dont son frère Paolo II de Segni qu'elle fit évêque de Tripoli. Après la mort de Bohémond V (1251), Lucie, comme régente pour leur fils Bohémond VI, gouverna avec le clan romain (2). Contre ce clan se dressa la féodalité tripolitaine conduite par un cadet de la maison Embriaco, Bertrand de Giblet, lequel, on l'a vu, blessa de sa main Bohémond VI sous les murs de Tripoli (1258), puis fut assassiné à l'instigation de la Cour. On a vu également (3) qu'en 1282 le seigneur de Giblet Guy (ou Guido) Embriaco, à la tête de la noblesse soulevée, essaya de détrôner Bohémond VII, mais fut capturé par lui dans un coup de main sur Tripoli et se vit condamné à être enterré vivant. On a vu enfin qu'un de ses parents, Barthélemy de Giblet, se vengea après la mort de Bohémond VII en se mettant à la tête de la « commune de Tripoli » qui déclara déchue, pour cause de tyrannie, la dynastie des Bohémond et plaça le pays sous le protectorat de Gênes : attitude conforme à la constante politique des Embriaci (4).

Quels liens juridiques unissaient le comté de Tripoli au royaume de Jérusalem ? Au début ces liens n'existaient pas. Rien dans les *Assises de Jérusalem* n'y fait allusion. Ni Raymond de Saint-Gilles (1102-1105), ni Guillaume Jourdain (1105-1110) ne furent vassaux de Baudouin Ier. Mais pour l'emporter sur Guillaume Jourdain, Bertrand (1109-1112) reconnut explicitement la suze-

---

(1) Je ne puis que renvoyer ici à Jean Richard, *Le Comté de Tripoli* (Geuthner 1945), notamment pages 74-78, 89-92, etc.
(2) *Eracles*, l. XXXIV, c. 21, p. 468.
(3) P. 276.
(4) *Ibid.*

raineté de ce même roi et Guillaume de Tyr (1) nous affirme que depuis cette prestation de serment (1109) les comtes de Tripoli étaient juridiquement devenus liges du royaume de Jérusalem. Toutefois, si le fils et successeur de Bertrand, le comte Pons (1112-1137), se conduisit également en vassal fidèle de Baudouin II (1118-1131), il essaya, à l'avènement du roi Foulque (1131), de rompre cette allégeance. Non seulement il refusa d'aider Foulque à mettre à la raison, à Antioche, la princesse douairière Alix, mais encore il prit les armes en faveur de celle-ci Foulque le vainquit à Chastel-Ruge près de Kachfahân et le força à rentrer dans la vassalité (2). Les services que Foulque rendit peu après à Pons assiégé par les musulmans dans Montferrand (Ba'rîn) resserrèrent ces liens. Les resserrèrent davantage encore la régence qu'après l'assassinat du comte Raymond II (1152) le roi Baudouin III dut assumer comme tuteur du jeune Raymond III, puis la régence que le roi Amaury Ier exerça de même à Tripoli quand Raymond III fut prisonnier de l'atâbeg Noûr ad-Dîn (1164-1172).

Ces liens de vassalité se distendirent quand la dynastie toulousaine se fut éteinte (1187) et que le comté de Tripoli eut été rattaché par un lien personnel à la principauté d'Antioche (1201). En tant que princes d'Antioche, les Bohémond, on l'a vu, n'avaient jamais dû l'hommage au roi de Jérusalem. Et comme, peu après (à partir de 1232), l'autorité royale cessa pratiquement d'exister dans l'ancien royaume, ils se trouvèrent aussi indépendants dans leur comté libanais que dans leur principauté du Nord.

L'histoire intérieure du comté de Tripoli nous est mal connue, mais c'est pour nous un trait de lumière que le « manifeste » publié en 1287 par les barons locaux contre la domination de la maison d'Antioche considérée jusqu'au bout comme une étrangère. Ainsi de 1201 à 1287 la dynastie normanno-poitevine d'Antioche n'avait pas réussi à se faire vraiment accepter par les descendants de Toulousains ou de Génois de Tripoli ou de Giblet. Il y a là un phénomène de persistance culturelle et sans doute, comme le suggère M. Richard à propos de la langue d'oc de Tripoli, un phénomène de persistance dialectale qui mérite d'être signalé.

La Maison d'Ibelin

Après les maisons régnantes, une place à part dans l'histoire de la Syrie franque doit être faite à la maison d'Ibelin (3).

(1) L. XI, c. 10.
(2) Guillaume de Tyr, l. XIV, c. 5.
(3) Cf. Ducange-Rey, *Les familles d'Outre-mer*, p. 360-379.

Le fondateur de cette maison, Balian Ier, dit Balian le Français (mort avant 1155), appartenait à la famille des vicomtes de Chartres. Venu en Terre sainte, il devint seigneur d'Ibelin (Yabna) et de Rama (Ramla), au sud et au sud-est de Jaffa, par son mariage avec la fille du seigneur local. Un de ses fils, Baudouin seigneur de Mirabel (Medjdel-Yaba), se signala en 1186 comme chef de l'opposition des barons contre l'avènement de Guy de Lusignan. Un autre de ses fils, Balian II (mort après 1193), épousa la reine douairière de Jérusalem, Marie Comnène (veuve d'Amaury Ier) et essaya en 1187, après le désastre de Hattîn, de sauver Jérusalem : on a vu qu'il réussit du moins à obtenir de Saladin la libre évacuation de la population chrétienne. Dans ces circonstances tragiques, il avait fait figure de régent du royaume.

Le fils aîné de Balian II, Jean Ier d'Ibelin († en 1236), reçut en 1197 de Henri de Champagne la seigneurie de Beyrouth. « Le vieux sire de Barut », comme l'appellent les chroniques, fut bayle du royaume de Jérusalem de 1205 à 1210 pendant la minorité de la reine Marie de Jérusalem-Montferrat, qui était sa nièce, puis, de même, bayle du royaume de Chypre de 1227 à 1229, pendant la minorité du roi Henri Ier de Lusignan qui était aussi son neveu. Il fut le chef de la noblesse franque de Terre sainte et de Chypre contre l'empereur Frédéric II et, au cours de la guerre dite « des Lombards » (1229-1232), il réussit à chasser les Impériaux de l'île et du continent à l'exception de Tyr (1). Reconnu comme chef par la commune d'Acre, c'est-à-dire par la bourgeoisie de la capitale franque comme par les barons de Terre sainte (1229), il fut, en réalité, le roi sans couronne du pays (2). Juriste consommé, il maintint contre l'absolutisme impérial les droits constitutionnels de la noblesse franque, de la Haute Cour des liges, droits juridiquement égaux, sinon supérieurs à ceux de la couronne (3). Son neveu Jean d'Ibelin-Jaffa († en 1266) qui reçut le comté de Jaffa vers 1250 et fut bayle du royaume de Jérusalem de 1254 à 1256, codifia les théories constitutionnelles de la noblesse de Terre sainte dans le premier livre des *Assises* dont il est en effet l'auteur. Quant aux fils du « vieux sire de Barut », ils continuèrent également son œuvre. L'aîné, Balian III, seigneur de Beyrouth de 1236 à 1247, acheva l'expulsion des Impériaux (prise de Tyr, 1243) (4). Un des frères cadets de Balian III, Jean d'Ibelin-Arsur, ainsi appelé comme seigneur de la ville d'Arsoûf, au nord de Jaffa († 1268), fut bayle du royaume de Jérusalem de 1256 à 1258.

(1) Novare, *Chiprois*, § 191-194.
(2) Voir p. 259-260 et 336-337.
(3) Novare, § 127.
(4) Novare, § 227. Voir plus haut, p. 259.

Les diverses branches de la famille d'Ibelin conservèrent leurs seigneuries palestiniennes jusqu'à la conquête mamelouke (chute d'Arsoûf, 1266, de Jaffa, 1268, et de Beyrouth, 1291). Les Ibelin se retirèrent alors en Chypre où ils continuèrent à jouer un rôle de premier plan. Étroitement apparentés par d'incessants mariages à la famille royale de Lusignan, ils vécurent comme à Acre sur les marches du trône (1). En Chypre comme à Acre les Ibelin se montrèrent les défenseurs des « droits des liges », c'est-à-dire de la théorie constitutionnelle très élaborée qui faisait résider la souveraineté non dans la couronne mais dans la Haute Cour féodale.

Les Ibelin sont les plus brillants représentants de la civilisation française en Terre sainte au XIIIe siècle. Le « Vieux Sire de Barut », répétons-le ici encore, resta un modèle pour la société médiévale par sa parfaite tenue morale, son respect absolu de la parole donnée (2), ses qualités de juriste non moins remarquables que ses vertus chevaleresques, cette « prud'homie », pleine à la fois de dignité, de bonne grâce et de malice (3), cette loyauté avisée, cette noblesse de cœur qui se dégagent de l'histoire de sa vie dans Philippe de Novare (4). Mais il ne faut pas se dissimuler que les théories constitutionnelles dont il était le protagoniste, l'esprit des *Assises*, le « juridisme » féodal qu'il fit triompher eurent pour résultat de ruiner dans la Syrie franque l'autorité et jusqu'à la notion de l'État, d'y substituer l'anarchie des barons et finalement de paralyser la résistance franque devant la reconquête musulmane.

Les communautés syriaques : Jacobites et Nestoriens

L'étude particulière des quatre États francs nous a montré le rôle considérable joué par les diverses chrétientés indigènes. Le moment est venu de passer en revue celles-ci. Ces chrétientés orientales, on l'a vu, se composaient de Syriens, appartenant aux trois Églises jacobite, nestorienne et grecque, et d'Arméniens appartenant à l'Église grégorienne.

Les Jacobites, de croyance monophysite, de rite syriaque, de langue arabe, représentaient l'élément principal, exception faite du comté d'Édesse où dominaient les Arméniens et de la ville d'Antioche où dominaient les Grecs. Leur nombre (et aussi celui des Syriens de rite grec) avait dû, dans le royaume de Jérusalem, s'accroître depuis 1115. A cette date, en effet, le roi Baudouin Ier, désireux de repeupler ses États où l'émigration des

(1) Voir p. 338-339.
(2) Novare, § 129, 175.
(3) Novare, § 206-208.
(4) Novare, § 212.

musulmans avait creusé des vides considérables, avait attiré de Transjordanie en Palestine tous les Syriens chrétiens désireux de recevoir des terres (1). L'évêque jacobite de Jérusalem résidait au monastère de la Madeleine le patriarche jacobite d'Antioche au monastère de Mar Bar Çauma près de Malatya (2). Cette communauté était évidemment séparée de l'Église romaine par un abîme confessionnel sur le problème, si délicat, de la christologie. Néanmoins, tant que dura la domination franque les chefs monophysites ne manquèrent pas d'entretenir de bonnes relations avec les maîtres de l'heure. L'Église jacobite compta d'ailleurs quelques prélats remarquables. Mentionnons seulement trois d'entre eux : Michel le Syrien, patriarche de 1166 à 1199, qui nous a laissé une précieuse chronique et qui fut en rapports d'amitié avec les patriarches latins Amaury de Nesle et Aymeri de Limoges (3), - Ignace II, patriarche de 1222 à 1253, qui en 1237-1247 négocia avec la papauté en vue de la réconciliation des Jacobites avec l'Église romaine (4) ; — Abou'l Faradj Bar Hebræus enfin (1226-1286), primat jacobite de la province d'Orient en 1264 et, lui aussi, chroniqueur précieux.

Il est délicat de se demander quels purent être les sentiments réels des communautés jacobites envers l'autorité franque. Si nous en croyons certains passages de Michel le Syrien et surtout de l'Anonyme Syriaque édité par Chabot et par Tritton, ces sentiments n'auraient été rien moins que loyalistes et, devant la brutalité du régime franc, ces « Arabes chrétiens » se seraient sentis secrètement solidaires de leurs compatriotes musulmans. De leur côté, les chroniqueurs francs montrent la méfiance qu'en cas de désastre faisait toujours naître chez les barons latins l'attitude de l'élément chrétien indigène. Mais sans doute s'agit-il chaque fois de cas d'espèce qu'il serait injuste de généraliser.

Une place à part doit être réservée aux Maronites du Liban qui, au témoignage de Guillaume de Tyr, fournissaient comme archers d'excellents auxiliaires aux armées franques et qui en 1181 se rallièrent à l'Église romaine dans la personne du patriarche Aymeri de Limoges (5).

(1) Guillaume de Tyr, l. XI, c. 27. Voir dans la traduction française, éd. Paulin Paris, p. 289 291, l. XIX, c. 24 et aussi Ernoul, c. IV, éd. Mas Latrie, p. 27-30, la proposition du prince arménien Thoros II au roi Amaury Ier en 1167, de provoquer l'immigration de 30.000 colons arméniens en Palestine « pour peupler de chrétiens votre terre ».
(2) Voir dans Michel le Syrien, trad. Chabot, III, p. 301-304, le miracle accompli en faveur du fils d'un chevalier franc d'Antioche par le saint jacobite Bar Çauma et la construction qui s'ensuivit, d'une église jacobite dont l'inauguration fut présidée par Renaud de Châtillon (9 décembre 1156).
(3) Michel le Syrien, trad. Chabot, p. 332, et version arménienne, Doc. arm., t. I, p. 360 ; Bar Hebræus, Chron. eccles., trad. Abbeloos et Lamy, t. II, p. 598.
(4) Bar Hebræus, Chronicon ecclesiasticum, 666 668.
(5) Guillaume de Tyr, l. XXII, c. 8.

Les Nestoriens, chrétiens orientaux de rite syriaque, comme les monophysites, mais, au point de vue de la christologie, de dogmes radicalement opposés (deux personnes dans le Christ), étaient moins nombreux en Syrie, leurs principaux centres se trouvant en Assyrie et en Irâq. Ils avaient à Jérusalem un archevêque relevant de leur *catholicos* de Séleucie-Baghdâd. Ils habitaient plus particulièrement Tripoli, où ils avaient des écoles, notamment des écoles de médecine (ils étaient, depuis le temps de l'École d'Édesse et de l'École de Nisibe, célèbres comme médecins), aussi Djoubaïl, Beyrouth et Acre (1).

Les chrétientés indigènes. La confession grecque

Les Syriens de rite grec étaient, sans doute, les moins biens vus par les autorités franques. Leurs sympathies byzantines faisaient suspecter leur loyalisme. Lors de la prise de Jérusalem par Saladin en 1187 on les accusa de pactiser avec l'ennemi. « La majorité de la population de Jérusalem, dit l'*Histoire des patriarches d'Alexandrie*, se composait de chrétiens grecs ou *melkites* qui portaient une haine mortelle aux Latins. » Un d'entre eux, Joseph Batit, était devenu l'homme de confiance de Saladin qui l'employa à accélérer la capitulation de la ville sainte (2). Les Francs, pour des raisons purement politiques, avaient plus de bienveillance pour les Églises syriaques qui, monophysite ou nestorienne, étaient également « hérétiques », que pour l'Église grecque qui n'était que « schismatique ». Néanmoins à Antioche les Grecs qui constituaient l'élément principal de la population indigène (comme les Arméniens à Édesse), semblent, en 1194, avoir été admis à côté de la bourgeoisie franque dans l'organisation de la « commune d'Antioche » (3). Nous avons vu du reste que les Latins d'Antioche, et Bohémond IV tout le premier, avaient été bien aises de pouvoir s'appuyer sur l'élément grec urbain pour résister aux tentatives de domination arménienne (années 1207 et suivantes).

Quelles que fussent les querelles confessionnelles entre chrétiens des divers rites et malgré la suspicion dont pouvaient être l'objet de la part des Latins les Jacobites à Édesse, les Arméniens à Antioche et les Grecs à Jérusalem, le régime franc montra un remarquable libéralisme envers ces frères séparés : face à l'Islam, les Francs étaient bien forcés de s'appuyer sur tous les chrétiens sans exception, en dépit du désaccord sur la

---

(1) Sur l'église nestorienne, voir l'étude récente (avec bibliographie au point) de Jean Deauviller, *Le droit chaldéen* (Paris, Letouzey, 1939).
(2) *Histoire des patriarches d'Alexandrie* dans Reinaud, *Extraits des historiens arabes*, p. 207.
(3) Cf. Claude Cahen, *La Syrie du Nord...*, p. 333 et 656.

nature du Christ ou sur la procession du Paraclet. Tous les Syriens chrétiens, quelle que fût leur confession, furent semblablement admis dans les rangs de la bourgeoisie. Nous savons que dans la « Cour des Bourgeois » ou « Cour du Vicomte » ils pouvaient prêter serment, même contre un Latin. Une telle disposition juridique montre l'importance qui leur était reconnue dans la société de croisade. Comme les bourgeois latins, ils avaient le droit de posséder des terres et des « casaux » (le casal étant un hameau ou un village habité par des serfs cultivateurs). Ils étaient administrés suivant leurs coutumes particulières par leurs propres magistrats, les *raïs*, dont les attributions étaient identiques à celles des vicomtes latins (1).

Dans l'ensemble et nonobstant d'inévitables froissements, les rapports des Latins et des chrétientés indigènes furent assez bons pour que l'époque des « Francs » ait laissé chez ces dernières un heureux souvenir.

Les colons latins en Syrie

Les principautés latines de Syrie-Palestine sont souvent désignées sous le nom de « colonies franques ». Le mot peut prêter à équivoque. En réalité, la Syrie franque ne fut jamais une colonie de peuplement. L'échec des « croisades de renfort » qui en 1101 allèrent se perdre dans les solitudes de l'Anatolie est sans doute la cause de cette oliganthropie initiale. Toujours est-il que l'immigration ne fut à aucun moment assez nombreuse pour créer une classe rurale latine : la population rurale resta donc composée, comme nous l'avons vu, de Syriens chrétiens (rites syriaque ou grec) ou de musulmans dans le royaume de Jérusalem, le comté de Tripoli et la principauté d'Antioche, de Syriens chrétiens et d'Arméniens dans le comté d'Édesse. L'immigration demeura limitée aux cadres nobiliaires et à la bourgeoisie urbaine. Tout au plus y eut-il, comme il arrive en terre coloniale, promotion sociale des immigrants, le petit hobereau devenant un grand seigneur, voire un prince (Renaud de Châtillon), le pauvre roturier se transformant en un gros bourgeois citadin, propriétaire de fermes et de champs étendus (exemple cité par Foucher de Chartres). Mais une fois accomplie cette ascension sociale qui était le fait même de la colonisation, les plans sociaux restèrent bien délimités. D'une part, des chevaliers pourvus de fiefs ou groupés dans les forteresses autour des barons et qui constituaient l'armature même du régime franc, lequel fut et resta essentiellement un régime d'occupation mili-

(1) *Assises de Jérusalem*, c. 59, 60, 61, 62. *Cod. Dipl.*, t. I, p. 264 : *Cartulaire du Saint-Sépulcre*, n° 61, p. 123, n° 81, p. 160.

taire. D'autre part une bourgeoisie urbaine vite prospère, qui, le cas échéant, savait prendre les armes et, à cette occasion, pouvait accéder à la noblesse : en 1152 ce furent les bourgeois de Jérusalem qui, en l'absence de l'armée royale, repoussèrent brillamment un coup de main des Turcomans Yâroùqî (1) ; en 1187, Balian II d'Ibelin, pour essayer de défendre Jérusalem contre Saladin, conféra la chevalerie aux principaux bourgeois de la ville (2).

Dans ces limites il y eut réellement colonisation : la Syrie franque fut (comme tant de colonies européennes modernes) une colonie de cadres, mais de cadres établis à demeure, adaptés au milieu, sans désir de retour.

Le texte capital, souvent cité, est ici celui de Foucher de Chartres. Aux environs de 1125 (il écrivait entre 1101 et 1127) l'ancien chapelain de Baudouin Ier nous a laissé de la colonisation ainsi entendue un tableau saisissant : « Occidentaux, nous voilà transformés en habitants de l'Orient. L'Italien ou le Français d'hier est devenu, transplanté, un Galiléen ou un Palestinien. L'homme de Reims ou de Chartres s'est transformé en Syrien ou en citoyen d'Antioche. Déjà nous avons oublié nos lieux d'origine. Ici l'un possède déjà maison et domesticité avec autant d'assurance que si c'était par droit d'héritage immémorial dans le pays. L'autre a déjà pris pour femme une Syrienne, une Arménienne, parfois même une Sarrasine baptisée. Tel habite avec toute une belle-famille. Nous nous servons tour à tour des diverses langues en usage ici. Le colon est devenu un indigène, l'immigré s'assimile à l'habitant. Chaque jour, des parents ou des amis viennent d'Occident nous rejoindre. Ils n'hésitent pas à abandonner là-bas tout ce qu'ils possédaient. En effet, celui qui n'avait que quelques deniers se trouve ici à la tête de la fortune. Tel qui, en Europe, ne possédait même pas un village, se voit, en Orient, seigneur d'une ville entière. Pourquoi reviendrions-nous en Occident, puisque l'Orient comble nos vœux (3) ? »

Le métissage. Les Poulains

Foucher de Chartres est ici formel. Ce qu'il nous montre, dès la première génération, ce n'est pas seulement l'adaptation coloniale et la naissance d'une société créole, c'est aussi, en termes exprès, le métissage. Les métis de Francs et de Syriennes, ou (mais sans doute plus rarement) de Syriens et de femmes franques

---

(1) Guillaume de Tyr, l. XVII, c. 20. Cf. René Grousset, *Sur un passage obscur de Guillaume de Tyr* (Mélanges Dussaud, t. II).
(2) *Eracles*, t. II, l. XXIII, c. 46, p. 70.
(3) Foucher de Chartres, l. III, c. 37. Cf. Jacques de Vitry, *Hist. orient.*, 1083.

étaient désignés sous le nom de *Poulains* et c'est sous ce terme que les Occidentaux, dès la deuxième génération, finirent par englober tous les Francs créoles (1). Cette appellation ou plutôt l'extension de cette appellation est-elle justifiée ? Y eut-il vraiment brassage de races ? Pour répondre à cette question, il faut sans doute établir une distinction entre les diverses classes sociales. Les unions francosyriennes mentionnées par Foucher de Chartres et attestées par l'existence des Poulains (au sens étroit du mot) durent, semble-t-il, rester le fait de la bourgeoisie. Pour la haute noblesse, il s'agit uniquement d'unions franco-arméniennes. Nous songeons surtout ici au comté d'Édesse et à la Cilicie. Dans le comté d'Édesse, l'élément chrétien dominant à l'arrivée des croisés, était, nous l'avons dit, l'élément arménien dont les chefs francs purent tout de suite apprécier les qualités militaires. Les Francs se l'associèrent étroitement et on a vu que le comté d'Édesse, pendant sa brève existence (1098-1146), fut un comté franco-arménien (2). Plus loin, en Cilicie, les Arméniens possédaient un État propre gouverné par de brillantes dynasties et qui fut presque continuellement l'allié des Francs. Les diverses dynasties franques traitèrent avec ces princes arméniens sur un pied d'égalité totale. C'était là une question d'affinités sociales. Tandis que les barons francs eussent vainement cherché auprès des Syriens chrétiens une classe nobiliaire à laquelle ils pussent s'unir sans déchoir, ils trouvaient cette classe toute constituée parmi les *nakhararq* de la montagne cilicienne. Aussi, laissant le métissage franco-syrien aux éléments roturiers et commerçants de la population latine, recherchèrent-ils — aussi leur plus haute noblesse rechercha-t-elle continûment — les unions matrimoniales arméniennes. Baudouin Ier, Baudouin II, le comte d'Édesse Jocelin Ier de Courtenay épousèrent, on l'a vu, des princesses arméniennes. La reine Mélisende, régente de Jérusalem de 1143 à 1152, était une demi-arménienne et la dynastie hiérosolymite, à partir de Baudouin III (1143), eut ainsi du sang arménien. Au XIIIe siècle, la famille d'Ibelin, la maison princière d'Antioche, la maison royale des Lusignan (Chypre-Jérusalem) ne cessèrent de contracter mariage dans la

(1) « Polini dicuntur qui de patre francigeno et matre syriana, vel de matre francigena et patre syriano generati sunt » (Suger, *Vita Ludovici VII*, § 24). Guillaume de Neubrige (*Chronicum*, l. III, c. 15) qui étend le nom à tous les Francs créoles, les accuse de s'être laissé corrompre par les mœurs indigènes : « Novi indigenae quos Pullanos vocabant, Saracenorum in vicinia, non multum ab eis fide vel moribus discrepabant, atque tanquam quidam neutri esse videbantur ». Accusations analogues chez le traducteur de Guillaume, l. XVII, c. 6 et chez Jacques de Vitry, § 72.
(2) Voir notamment pour le gouvernement de Baudouin II, Matthieu d'Édesse, *Doc. arm.*, t. I, p. 70 et sq., ch. 30, *alias*, p. 253, ch. 180. Cf. Ba sile, *Oraison funèbre de Baudouin de Marach*, Doc. arm., t. I, p. 205-222.

famille royale d'Arménie (1). C'est en ce sens que l'on peut dire que la haute noblesse franque fut, à la fin, effectivement composée de « Poulains ».

Ajoutons à ces unions franco-arméniennes ou franco-syriennes l'influence croissante, plus forte à chaque génération, du milieu oriental, du climat et de la vie indigène. Les mœurs créoles allaient dans le même sens que le métissage. Nous renvoyons à ce sujet au tableau (quelque exagéré et déclamatoire qu'il puisse être) tracé à propos de la prédication de la cinquième croisade (1216-1217) par Jacques de Vitry (voir plus haut, p. 253-254).

La domination franque et la population musulmane

Le problème le plus délicat était celui des rapports franco-musulmans. Problème toujours ardu pour un conquérant chrétien en terre d'Islam. Problème particulièrement épineux quand ce conquérant était un croisé qui voyait dans les disciples de « Mahom » les « païens » de la *Chanson de Roland*, tandis que, pour les musulmans, le chrétien restait, du fait de la croyance à la trinité, un « polythéiste ».

Malgré ce point de départ peu favorable, les nécessités de la cohabitation firent leur œuvre. En dépit même de l'état de guerre presque constant qui succéda à la croisade proprement dite, la vie des États croisés comporta une symbiose franco-musulmane reposant sur un minimum de mutuelle tolérance. Il n'est pas d'hostilité qui résiste à l'imbrication des intérêts économiques. Puis, il arriva, pour paradoxal qu'il parût, que Francs et Musulmans de Syrie eussent à défendre contre des tiers (ceux-ci fussent-ils musulmans) cette même Syrie, leur patrimoine commun. Nous avons vu les alliances, parfois éphémères, parfois assez durables, ainsi conclues entre princes francs et princes musulmans, par exemple entre Baudouin Ier et Roger d'Antioche d'une part et l'atâbeg de Damas Toghtékîn d'autre part en 1115, ou encore — et il s'agissait, cette fois, non plus d'un simple accord occasionnel de guerre, mais d'un système diplomatique stable, — entre le roi Foulque d'Anjou et le régent de Damas Mou'in ad-Dîn Ounour dans les années 1137-1144. L'autobiographie d'Ousâma nous montre l'amitié véritable qui s'établit entre les deux cours lors des visites que lui-même et son maître Ounour firent alors à Foulque (2). Beaucoup de chefs francs avaient d'ailleurs appris la langue arabe, comme ce fut le cas de l'historien Guillaume, archevêque de Tyr de 1175 à

(1) Voir plus bas, p. 406.
(2) Ousâma, trad. Derenbourg, *Autobiographie*, p. 394-411 et 456-465, et Derenbourg, *Vie d'Ousâma*, t. I, p. 173-190.

1183, qui avait même écrit une *Historia Saracenorum*, malheureusement perdue ; le cas aussi d'Onfroi IV de Toron (1179-1198) et du comte Renaud de Sidon (1171-1187), tous deux assez bons arabisants pour servir d'interprètes dans les négociations diplomatiques (1). Mais il s'agissait là d'accords diplomatiques comme les puissances en apparence les plus opposées peuvent toujours en conclure. Ce qui nous intéresse davantage (car c'est le fond de la question), c'est la situation des musulmans dans les États francs. Or, nous savons qu'ils pouvaient y accéder à des postes importants puisque, par exemple, le prince d'Antioche Bohémond III avait, antérieurement à 1188, confié les affaires musulmanes de la région de Djabala-Lattakié au qâdî arabe de Djabala, Mançoûr ibn-Nabîl (2). Peu importe qu'à l'heure de l'invasion de Saladin, Bohémond III ait été mal récompensé de sa confiance. Ce qui est intéressant, c'est que l'existence de ce haut fonctionnaire indigène ne dut certainement pas être un cas isolé. Du reste, sous la rubrique de 1184, Ibn Djobaïr, voyageur peu suspect de sympathies chrétiennes, note dans un passage célèbre : « Nous quittâmes Tibnîn par une route longeant constamment des fermes habitées par des musulmans qui vivent dans un grand bien-être sous les Francs. Les conditions qui leur sont faites sont l'abandon de la moitié de la récolte au moment de la moisson et le paiement d'une capitation d'un dinar et cinq qîrât, plus un léger impôt sur les arbres fruitiers. Les musulmans sont maîtres de leurs habitations et s'administrent comme ils l'entendent. Telle est la condition des musulmans dans tous les *rastâq*, c'est-à-dire dans les fermes et bourgades qu'ils habitent en territoire franc. Le malheur des musulmans, c'est que dans les pays gouvernés par leurs coreligionnaires ils ont toujours à se plaindre des injustices de leurs chefs, tandis qu'ils n'ont qu'à se louer de la conduite de leurs ennemis (les Francs), en la justice de qui on peut se fier. » Et plus loin : « Nous nous arrêtâmes dans un bourg de la banlieue d'Acre. Le maire qui était chargé de la surveillance, était musulman. Il avait été nommé par les Francs et préposé à l'administration des habitants cultivateurs. »

Comme le fait observer le Père Lammens, il y a lieu d'évoquer à ce propos la situation que les conquérants arabes au VIIe siècle, avaient faite en Syrie aux chrétiens indigènes, rangés par eux dans la classe des *dhimmi* ou gens en tutelle, à part cela nullement maltraités. Avec la domination franque, la situation se retourna. « La situation des musulmans et des juifs rappela celle des chrétiens en terre d'Islam, avec cette différence qu'ils étaient soumis à une fiscalité moins lourde. »

(1) Behâ ad-Dîn, p. 121-122 et p. 256-257. Cf. *Deux Jardins*, p. 395-400.
(2) Ibn al-Athîr, t. I, p. 717.

A Acre, note encore Ibn Djobaïr, si l'ancienne grande mosquée a été convertie en église chrétienne, les Francs en ont laissé un coin au culte musulman, véritable mosquée à l'intérieur d'une église. Au contraire une autre mosquée d'Acre avait été laissée à l'Islam, mais les Francs y avaient construit une chapelle attenante : « aussi le musulman et l'infidèle se réunissent dans cette mosquée et chacun y fait sa prière en se tournant vers le lieu de sa foi (1) ». Dussent musulmans et chrétiens s'en scandaliser également, il est impossible d'imaginer un accord religieux plus complet que ce partage des édifices du culte entre les deux confessions théoriquement ennemies. Et que dire du *modus vivendi* pour la répartition des grands sanctuaires de Jérusalem en 1229 ?

La foi et le commerce
Rôle des républiques maritimes italiennes dans la Syrie franque

L'histoire de la Syrie franque semble au premier abord n'être que celle des guerres entre Francs et musulmans. Et, de fait, le devant de la scène, tout au moins au xiie siècle, est occupé par la noblesse militaire, en majeure partie française, qui forme les cadres politiques du royaume de Jérusalem, du comté de Tripoli et de la principauté d'Antioche. Mais il ne faudrait pas négliger non plus le facteur naval italien, d'autant que la Syrie franque n'était guère qu'un *Sahel*, une longue bande maritime ne respirant que sur la mer, ne communiquant facilement avec l'Europe que par voie de mer. Dès le début, du reste, les Francs n'auraient pu se rendre maîtres des ports de Syrie et de Palestine s'ils n'avaient été aidés par les républiques maritimes italiennes dont les flottes étaient maîtresses de la mer. Les Génois avaient ainsi concouru à prendre Acre (1104), Giblet ou Djoubaïl (1104) et Tripoli (1109), les Pisans à prendre Lattakié (1108), les Génois et les Pisans à prendre Beyrouth (1110), les Vénitiens à prendre Sidon (1110) et Tyr (1124).

Bien entendu ces services se payèrent. En récompense de la part qu'ils avaient prise à la conquête du littoral, Génois, Pisans et Vénitiens obtinrent dans les villes conquises des quartiers pour leurs établissements commerciaux, avec privilèges économiques étendus. Ce fut ainsi que les Génois reçurent un tiers des recettes du port d'Acre, un tiers de Tripoli et la possession totale de Giblet, ville qui fut constituée en seigneurie pour la famille génoise des Embriaci, laquelle en resta maîtresse de 1109 à 1282 (2). Les Vénitiens eurent également leur quartier à Acre,

---

(1) Ibn Djobaïr, *Hist. Or.*, t. III, p. 448-451.
(2) Caffaro, *Annales Januenses*, p. 14-15 ; Guillaume de Tyr, l. XI, c. 9, *in fine* ; *De liberatione civitatum Orientis*, ch. xxv et xxviii ; *Hist. Occ.*, t. V, p. 72, 73.

et à Sidon et un tiers de Tyr (1) ; les Pisans un quartier à Lattakié. Finalement chacune des trois républiques maritimes obtint dans chaque port son quartier commerçant avec *fondaco* (entrepôt et magasin de vente), moulin, four, abattoir, bains, église propres (2). Chacune de ces « concessions » italiennes possédait, comme les « concessions » européennes dans la Chine du XIXe siècle, ses privilèges et immunités administratives et juridiques. Le quartier concédé était administré par un « vicomte » vénitien génois ou pisan ayant son tribunal pour juger toutes les affaires de ses ressortissants. L'exterritorialité commerciale et le privilège de la juridiction consulaire rendaient ces colonies italiennes aussi maîtresses dans leurs *fondachi* que le furent plus tard à Changhaï dans leur *settlement* les résidents anglo-saxons. C'était, ici aussi, l'équivalent de véritables municipalités en terre étrangère.

Il y eut ainsi dès le début dans la Syrie franque deux sociétés superposées, sociétés d'autant mieux différenciées qu'elles appartenaient à des éléments ethniques différents : une société nobiliaire et militaire française, une société bourgeoise et commerçante italienne, la première éminemment terrienne, la seconde essentiellement maritime. Leur stade social, leur idéal politique étaient non moins tranchés. L'idéal de la première était purement féodal. Celui de la seconde gravitait autour de ses franchises communales à la manière de toutes les cités italiennes de ce temps. Au XIIe siècle, tout au moins jusqu'à Hattîn, les colonies marchandes italiennes, satisfaites de leurs bénéfices, n'excédèrent pas ce rôle économique. Elles restaient nettement subordonnées aux cadres nobiliaires français. Mais la situation ne tarda pas à changer à la suite du désastre de Hattîn. Après la catastrophe de 1187 et la restauration de la domination franque sur le littoral, les colonies des trois républiques maritimes, jusque-là cantonnées dans leur rôle commercial, acquirent une importance proprement politique et bientôt devinrent autant de puissances dans l'État (3). A cela plusieurs raisons : d'une part, la faiblesse du pouvoir central et la faillite, sur le champ de bataille, de la société nobiliaire franque ; d'autre part, l'importance croissante du facteur naval pour les croisades ultérieures. Venise, comprenant l'importance de la révolution qui était en train de s'opérer, réorganisa ses colonies en installant à Acre vers 1192 un « bayle » pour toute la Syrie *(bajulus Venetorum in tota Syria)* (4). Gênes centralisa de même ses colonies de Syrie en les

---

(1) Guillaume de Tyr, l. XIII, c. 14 : Tafel et Thomas, *Urkunden zur älteren Handels und Staatsgeschichte der Republik Venedig*, t. I, 79 sq., 90 sq., 140 sq., 145 sq., 167 sq.
(2) Heyd, *Hist. du commerce du Levant*, trad. Furcy-Raynaud, t. I, p. 152-163.
(3) Heyd, *ibid.*, t. I, p. 316 sq.
(4) Heyd, *ibid.*, I, p. 330-331 ; *Urkunden...*, II, 203, 261, 354, 360 ; III, 151.

plaçant sous l'autorité de deux consuls en résidence à Acre (1192) (1). Vers la même date les colonies pisanes furent placées sous l'autorité de trois consuls, réduits en 1248 à un seul (2). L'exemption des droits de douane, fréquemment accordée par les princes francs aux commerçants génois, pisans ou vénitiens, achevait de donner aux ressortissants des trois républiques une situation économique prépondérante.

Les services ici rendus par les républiques italiennes sont incontestables. Il est douteux que sans l'aide de leurs flottes l'armée franque eût réussi entre 1100 et 1124 à s'emparer des ports libanais et palestiniens, cependant indispensables à la respiration de la Terre sainte ; non moins douteux que sans le même appui la troisième croisade aurait pu en 1191 reprendre pied en Palestine et que la Latinité eût réussi à s'y maintenir un siècle encore (1191-1291). Dans cette survie les colonies italiennes des Échelles Syriennes sont évidemment pour beaucoup, ne serait-ce qu'en raison de l'intérêt commercial qu'avaient à leur maintien leurs métropoles. Malheureusement, l'effacement, puis la disparition du pouvoir central laissaient à ces orgueilleux et turbulents communiers, qui disposaient en outre de la puissance que confèrent les capitaux, une autorité dont ils abusèrent. Vénitiens, Génois et Pisans transportèrent dans les ports de Syrie non seulement leur rivalité commerciale, mais aussi leurs luttes politiques. En 1222 la colonie pisane d'Acre entra en lutte avec la colonie génoise. Les Pisans, ayant eu d'abord le dessous, allumèrent un incendie qui dévora « une tour très haute et très belle », orgueil de la concession génoise. Forts de l'appui de Jean de Brienne, ils profitèrent de l'incendie pour battre les résidents génois. A la suite de ces événements, les Génois envoyèrent une flotte en Syrie, mais sans pouvoir obtenir d'indemnités pour les dommages qu'ils avaient subis. Ils s'abstinrent alors pendant plusieurs années de visiter le port d'Acre, boycottage qui se fit sentir sur les finances du royaume. Frédéric II, devenu roi de Jérusalem, réussit enfin à leur faire reprendre leur commerce avec Acre. En 1249 les hostilités reprirent à Acre entre Génois et Pisans. « On combattit pendant 21 jours avec toutes sortes de machines de siège. Les Génois eurent le dessous et un de leurs consuls fut tué. » A la fin, Jean d'Ibelin fit conclure une trêve entre les deux colonies rivales (3).

Notons que nous sommes ici en pleine croisade de saint Louis !

Plus grave encore fut la lutte qui éclata, à propos de la possession de l'église de Saint-Sabas à Acre, entre les colonies vénitienne et génoise de la ville, guerre de rues qui, on l'a vu, dura

---

(1) Heyd, I, p. 332.
(2) *Ibid.*, I, p. 333.
(3) *Ibid.*, I, p. 343-344, d'après les *Annales januenses*, p. 150.

deux ans (1256-1258) et qui finit par s'étendre à la Syrie franque tout entière, puis à tout le bassin de la Méditerranée. L'escadre vénitienne commandée par Lorenzo Tiepolo et Andrea Zeno remporta enfin dans les eaux d'Acre, le 24 juin 1258, une victoire décisive sur l'escadre génoise commandée par Rosso della Turca. Abandonnant Acre aux Vénitiens, les Génois ulcérés, se retirèrent alors à Tyr, ville dont le seigneur, Philippe de Montfort, était leur allié (1). La paix n'intervint qu'en 1270. Mais peu après s'alluma, cette fois entre Gênes et Pise et à propos de la Corse, une nouvelle guerre qui devait être marquée par le désastre des Pisans à la Meloria (6 août 1284) et qui s'accompagna de nouvelles hostilités dans les eaux d'Acre. En 1287 l'amiral génois Rolando Ascheri fit encore à Acre une nouvelle descente sur le territoire de la concession pisane (2).

Et ces guerres fratricides ne se limitaient pas au royaume de Jérusalem. Dans le comté de Tripoli, les seigneurs de Giblet (Djoubaïl) qui appartenaient à la famille génoise des Embriaci, étaient, on l'a vu, en lutte perpétuelle avec les derniers Bohémond, leurs suzerains. Dans un guet-apens dont le détail est mal connu, Bohémond VI laissa ou fit décapiter Bertrand de Giblet (vers 1258). Un quart de siècle plus tard, dans un drame plus sauvage encore, Bohémond VII fit enterrer vivant Guy II de Giblet (1282). Mais la vengeance n'allait pas tarder. A la mort de Bohémond VII (1287), Barthélemy de Giblet fit prononcer la déchéance de sa maison et constitua Tripoli en une commune indépendante qu'il s'empressa de placer sous le protectorat de Gênes. En réalité ces luttes atroces, sous l'œil de l'ennemi, ne pouvaient que faire le jeu de ce dernier. Encore eût-il fallu que le protectorat génois sous lequel les communiers de Tripoli venaient de se placer, protégeât effectivement la ville. Mais l'amiral génois Benedetto Zaccaria ne put empêcher la prise de la cité péninsulaire elle-même par les Mamelouks (1289) (3).

Ainsi la Syrie franque se trouvait impliquée dans toutes les luttes civiles qui désolaient l'Italie de ce temps. Depuis le couronnement de Frédéric II jusqu'à la reprise de Tyr par Balian III d'Ibelin (1229-1243), la lutte des Guelfes et des Gibelins y avait sévi en permanence. Et à peine celle-ci s'assoupissait-elle par l'écrasement des Impériaux qu'avait commencé dans les eaux de Syrie la grande guerre maritime vénéto-génoise qui devait com-

(1) *Gestes des Chiprois*, § 269-296 ; *Eracles*, l. XXIV, c. 3, p. 443-444 et *ibid.*, le *ms. de Rothelin*, c. 79, p. 634-635 ; *Annales januenses*, p. 238-240 ; Sanuto, p. 220 sq ; Heyd, *Commerce du Levant*, t. I, p. 344-355.
(2) Cf. Manfroni, *Storia della marina italiana dal trattato di Ninfeo alla caduta di Costantinopoli*, t. I, p. 35 sq.
(3) *Chiprois*, § 467-477. Cf. Heyd, *Histoire du commerce du Levant*, t. I, p. 354, 356.

promettre les derniers efforts de la défense franque au Levant comme dès 1261 elle amènerait en « Romanie » la chute de l'Empire Latin.

Carte économique de la Syrie franque

La rivalité politique entre Pisans, Génois et Vénitiens était à base commerciale. Les Échelles syriennes aux XIIe-XIIIe siècles valaient à la fois pour l'exportation des produits locaux et comme entrepôts des produits du monde arabo-persan ou du monde indien (1).

La carte économique de la Syrie franque à cette époque doit mentionner les bois de construction du Liban et du Djebel Ansarié, la garance du comté de Tripoli, les lins de Naplouse, les grenades (« pommes d'Adam ») et limons d'Antioche, les olivettes de Tyr, les palmeraies et plantations de bananiers *(musa paradisi)* de Beïsân, les melons de Çafed, les baumiers d'Engaddi et de Jéricho, l'indigo du Ghor, les champs de canne à sucre et l'industrie sucrière de Tyr (2) ainsi que de Jéricho et de la Transjordanie (« sucres du Crac et de Montréal »), les cotons de la principauté d'Antioche (Lattakié) et de Tripoli, les vignobles également de la principauté d'Antioche (« vins de La Liche », c'est-à-dire de Lattakié) et du comté de Tripoli (« vins de Néphin et de Boutron », c'est-à-dire d'Enfé et de Batroûn), les vignobles aussi de « Sagette » (Sidon), de « Sour » (Tyr) et de Galilée (vins de Nazareth, de Saffran, de Cayphas et de Casal-Imbert), les vignobles enfin de Jéricho et d'Engaddi, au bord de la mer Morte et les vignobles de Bethléem (3).

Tyr avait des fabriques de céramique (4). Tyr, Tripoli et Antioche fabriquaient des draps de soie appelés *cendals* et *samit*, ainsi que des moires. En 1283, Tripoli ne comptait pas moins de 4.000 métiers de tisseurs de soie ou de camelot. Au témoignage d'Idrîsî, vers 1150, Antioche fabriquait aussi des tissus de soie moirée, des brocarts à la manière d'Ispahan, des soieries décorées de figures de fils d'or et d'argent tissées dans la trame. Des fabriques de Tripoli et de Tortose, sortaient encore des camelots, étoffes épaisses en poil de chameau et de chèvre ou en laine (5). On doit mentionner aussi les teintureries de Lattakié,

---

(1) E. Rey, *Les colonies franques en Syrie aux XIIe et XIIIe siècles*, p. 188-255.
(2) Guillaume de Tyr, l. XIII, c. 3. Cf. Jacques de Vitry, p. 1075, 1099 ; Burchard de Mont-Sion, p. 24, 26, 87 ; Wilbrand d'Oldenburg, p. 167 ; Voir Heyd, *Commerce du Levant*, t. II, p. 686.
(3) Burchard du Mont-Sion, *ap.* Rey, *Colonies franques*, p. 250-251.
(4) Cf. *Assises de Jérusalem*, t. II, p. 179.
(5) Cf. *Assises de Jérusalem*, t. II, p. 362, 367. Voir Rey, *Colonies franques*, p. 214-221.

Tripoli, Sidon, Hébron et Jérusalem, les nattes de Tibériade, les savonneries d'Antioche, Tortose, Acre et Naplouse, les verreries de Tyr et de Tripoli, ainsi que d'Antioche, d'Acre et d'Hébron, les vases de cuivre incrusté de Tyr, de Tripoli et d'Antioche.

Mais surtout les Échelles syriennes étaient le marché où les marines italiennes venaient chercher tous les produits exotiques : les cotonnades et les mousselines de la Mésopotamie et de l'Iran, les tapis de l'Asie Centrale, tous pays dont la Syrie est le débouché naturel, les épices fines ou les pierres précieuses des Indes, même les soieries de l'Extrême-Orient venues par Bassora ou par Aden et que la place d'Acre disputait à celle d'Alexandrie (1).

L'architecture franque en Syrie et en Palestine

La Syrie franque à l'époque des croisades fut une Nouvelle France, « Nova Francia », selon l'expression même du pape Honorius III. En aucun domaine l'assertion ne se justifie aussi bien qu'au point de vue de l'art, à commencer par l'art roman. L'architecture romane de la Syrie franque au xiie siècle relève en grande partie des écoles du midi de la France. « Les édifices ont en général les dispositions des églises du Languedoc et le bel appareil de celles de Provence » avec, souvent aussi, des influences bourguignonnes.

A Jérusalem, les croisés élevèrent ainsi au Saint-Sépulcre une église romane « qui abritât sous un même toit les oratoires byzantins de Constantin Monomaque (datant de 1048) et qui servît de chœur à la rotonde de l'*Anastasis* de Constantin retouchée et embellie ». La nouvelle basilique fut consacrée le 15 juillet 1149. L'abside en est conçue « selon une disposition rhénane, mais dans un style plutôt français ». Le sanctuaire, lui, a tous les caractères de l'art français de la seconde moitié du xiie siècle (en l'espèce ici entre 1150 et 1180). La façade méridionale, le seul point aujourd'hui d'où le regard puisse embrasser l'édifice, appartient à la même époque. Le portail rappellerait l'école poitevine, n'étaient les tympans ornés, il est vrai, d'un simple tracé géométrique et peut-être jadis décorés de peintures. Ces tympans reposent sur des linteaux sculptés figurant l'un la résurrection de Lazare, les Rameaux et la Cène, de style assez provençal, l'autre des rinceaux à tiges perlées « analogues à l'ornementation du grand portail de Chartres ». « Ce sont encore des *tailleurs d'ymaiges* français qui ont sculpté les chapiteaux, d'une variété et d'une fantaisie admirables, qui décorent l'inté-

---

(1) Cf. Heyd, *Commerce du Levant*, t. II, notamment p. 595 (cannelle), 603 (girofle), 611 (coton), 614 (encens), 619 (gingembre), 648 (pierreries), 658 (poivre) et 693 (soieries et autres tissus de luxe).

rieur de l'édifice, ou ces modillons à figures sculptées qui ornent la corniche de la coupole (1). »

Les autres églises romanes de Syrie et de Palestine sont de style beaucoup plus net, parce qu'il ne s'agit plus d'une adaptation. Citons Notre-Dame de Tortose, Saint-Jean de Beyrouth aux absides de style auvergnat, la cathédrale de Djoubaïl, Saint-Jean-Baptiste de Sébaste, Sainte-Anne de Jérusalem, cette dernière datant, sous sa forme actuelle, de l'abbesse Yvette, fille de Baudouin II, et révélant une influence bourguignonne.

Quant à la sculpture romane qui ornait ces sanctuaires, elle a été naturellement détruite par les musulmans. Quelques fragments permettent de s'en faire une idée. Mentionnons les têtes de prophètes et les figures de chapiteaux retrouvées en 1908 à Nazareth et qui rappellent l'école bourguignonne, avec notamment la curieuse évocation d'un chapiteau de Plaimpied, en Berry (2).

En principe, le style roman correspond en Syrie à la « période de Jérusalem », le style gothique à celle de Saint-Jean-d'Acre. Le style gothique apparaît en effet au XIIIe siècle, époque où Jérusalem — abstraction faite de la « désannexion » frédéricienne des années 1229-1244 — était retombée au pouvoir des musulmans. Notre-Dame de Tortose montre bien la transition entre les deux époques. Cette église, célèbre par son pèlerinage, avait été, en 1188, dévastée par Saladin. Elle dut, après la troisième croisade, être restaurée, remaniée et le fut suivant « le style nouveau ». Les Francs réparèrent alors la façade avec son beau portail au cintre brisé surmonté de trois fenêtres. Si l'ordonnance et la structure générale de l'édifice conservèrent leur caractère roman, les chapiteaux et les clés de voûte s'inspirèrent désormais de modèles gothiques. Certains détails comme les roses des chapitaux de la nef rappellent Reims (3). Relèvent encore de l'art gothique le gros clocher carré du Saint-Sépulcre à Jérusalem, terminé sans doute vers 1229-1244 et l'ancienne église d'Athlît, le « château Pèlerin » des chroniqueurs (1218-1291). Nous savons que la cathédrale Saint-André d'Acre était également gothique.

La littérature « franque » en Syrie

Il y aurait évidemment quelque exagération à placer sous la rubrique de la littérature franco-syrienne toute la production des croisades. Une partie des chroniques dont il s'agit relèvent

(1) Enlart, *L'architecture romane*, Hist. de l'art d'André Michel, I, 2e partie, p. 584 ; Diehl, *Jérusalem*, p. 19. Cf. Vincent, *Jérusalem*, t. II, p. 132.
(2) P. Deschamps, *Un chapiteau roman du Berry imité à Nazareth au XIIe siècle*, Monuments Piot, 1932. Du même, *La sculpture française en Palestine et en Syrie à l'époque des Croisades*, Paris, 1931.
(3) Cf. Deschamps, *La Syrie antique et médiévale illustrée*, pl. 117-118.

uniquement des pays où elles furent composées. C'est ainsi que l'*Histoire anonyme de la première croisade* intéresse avant tout le pays normand, Albert d'Aix la Germanie et la Lotharingie, Raymond d'Agiles la France méridionale. Toutefois l'historien des croisades peut revendiquer pour la Syrie franque un certain nombre de chroniqueurs réellement fixés dans le pays. Parmi ceux d'entre eux qui écrivirent en latin, citons notamment trois témoins oculaires, à notre avis particulièrement précieux : Foucher de Chartres, chapelain de Baudouin Ier et qui nous a laissé une fort intelligente et vivante histoire des événements entre 1100 et 1127 avec des impressions personnelles souvent pittoresques, de savoureux détails et quelques réflexions d'une psychologie acérée ; Gautier le Chancelier, sans doute chancelier du prince d'Antioche Roger, le paladin d'une témérité folle dont il nous a raconté avec une émotion mal dissimulée, en scènes d'un pathétique intense, les prouesses et, en 1119, la mort épique (récit allant de 1115 à 1122) ; Guillaume de Tyr enfin, né en Syrie vers 1130 et précepteur de Baudouin IV, l'enfant lépreux qu'il a aimé tendrement. Chancelier du royaume depuis 1174 et archevêque de Tyr en 1175, Guillaume nous a laissé une histoire d'ensemble de l'Orient latin, de la première croisade à 1183.

Guillaume de Tyr est d'une autre classe que les chroniqueurs habituels. C'est un grand lettré. Il écrit en bon latin et est nourri de littérature romaine, citant, au cours de son récit, poètes et historiens. Il est également versé dans les lettres grecques ; de surcroît, arabisant, il avait composé une *Historia Saracenorum* malheureusement perdue, mais dont on sent l'acquis lorsqu'il nous parle des dynasties musulmanes, de l'opposition entre Sunnites et Chiites, etc. Familier de la question d'Orient depuis l'époque d'Héraclius dont le nom s'inscrit au frontispice de son livre, il connaît bien le milieu islamique. Enfin il a un sens puissant de l'histoire. Mêlé aux grandes affaires de son temps (il fut ambassadeur à Constantinople et a parfaitement compris la nécessité de l'alliance byzantine, encore que sans sympathie personnelle pour les Grecs), il a une vue fort lucide de la politique qu'il domine de haut. Les derniers chapitres de son histoire sont particulièrement poignants parce qu'il a été témoin et uteur des événements qu'il y raconte et qu'on sent que, si ses conseils avaient été écoutés, s'il l'avait emporté sur l'odieux patriarche Héraclius, peut-être la catastrophe aurait-elle pu être évitée, la Terre sainte sauvée...

Au XIIIe siècle nous rencontrons, en Syrie comme en France, des chroniqueurs qui emploient non plus le latin, mais la « langue vulgaire », le français. Mentionnons à ce titre les continuateurs de Guillaume de Tyr (continuation dite d'Ernoul et de Bernard le Trésorier) qui narrent les événements jusqu'en 1231. Comme Guillaume de Tyr lui-même, ses continuateurs ne se piquent pas d'une froideur impartiale. Mêlés au terrible drame de 1187, ayant vu la Terre sainte succomber par la faute de la *camarilla*, ils en ont conservé d'âpres rancunes, mais leur récit n'en présente que plus d'intérêt comme témoin des querelles politiques de leur temps.

Enfin le récit des luttes entre les Ibelin et Frédéric II au cours des années 1228-1243 par un des personnages qui y furent directement mêlés du côté des Ibelin : Philippe de Novare. Bien que d'origine piémontaise, Novare écrit en français dans une prose savoureuse, alerte et spirituelle, coupée par instants de poésies d'un joli tour, car c'est aussi un brillant poète, en même temps, d'ailleurs, qu'un juriste réputé. Ayant pris de l'âge, il finira donc comme légiste féodal et moraliste. Néanmoins, ce n'est pas un homme d'État comme Guillaume de Tyr, mais un ardent chevalier, franc comme son épée, tout dévouement pour ses amis, tout sarcasme pour ses adversaires. Son héros (et qui le mérite d'ailleurs), c'est le Vieux Sire de Beyrouth, Jean d'Ibelin dont il nous a laissé un inoubliable portrait. Sa bête noire, c'est l'empereur Frédéric II dont la mémoire a eu terriblement à souffrir de sa rancune. Avec ses admirations, ses dévouements et ses antipathies, c'est lui-même qu'il raconte sans dissimuler ses propres bévues, nous narrant ses coups d'épée comme ses à-propos en vers, toujours de belle humeur, même quand, par suite de sa témérité, il a été « navré » de quelque coup d'estoc. Au demeurant un des personnages les plus sympathiques de son milieu.

Il était inévitable que la croisade inspirât des « Chansons », c'est-à-dire des tentatives pour revêtir de la langue de l'épopée les événements auxquels avait donné lieu la conquête de la Syrie. Parmi les poèmes de la première croisade, citons en première ligne la *Chanson d'Antioche* dont on se demande si elle a été composée en Syrie même (1) ou plutôt (comme la chronique d'Albert d'Aix à laquelle elle s'apparente) dans les régions mosanes (2). En revanche la *Chanson des Chétifs* dont le thème se rattache également au siège d'Antioche en 1098 a bien été composée en Syrie, à la demande du prince d'Antioche Raymond de Poitiers (1136-1149) (3). Enfin, comme nous le disions plus haut, il y a de bien jolis vers chez le bon chroniqueur Philippe de Novare (4).

La Syrie franque a donc vu fleurir pendant les cent quatre-vingt-

(1) A. Hatem, *Les poèmes épiques des croisades*, 1932, p. 405.
(2) Cl. Cahen, *La Syrie du Nord à l'époque des croisades*, 1940, p. 13-15.
(3) Cf. Hatem, *l. c.*, p. 350 dq.
(4) Cf. Novare, §, 143, 147, 150, 151, 153.

treize ans de son existence (1098-1291) une brillante civilisation
« latine », de nuance particulièrement française. L'évolution
des institutions, de l'art, des lettres y révèle une vie intense
dont les manifestations nous intéressent doublement comme
partie intégrante de notre Occident médiéval et comme déjà
adaptées au milieu oriental. Il s'agit bien, en effet, d'une *colonie*
où se développait un état d'esprit particulier, en dépit du passage
incessant de nouveaux croisés et de nouveaux pèlerins, un état
d'esprit *créole*. L'opposition, sensible dès la deuxième croisade,
entre croisés et « poulains » atteste cette rapide différenciation.

Cette évolution fut arrêtée net par la catastrophe de 1291.
Toutefois l'histoire du royaume Lusignan de Chypre nous permet
à certains égards d'en suivre jusqu'à la fin du xve siècle l'ultime
développement.

Dynasties franques de Syrie (1)

Royaume de Jérusalem.

Godefroi de Bouillon	1099-1100
Baudouin Ier de Boulogne	1100-1118
Baudouin II du Bourg	1118-1131
(baylies d'Eustache Garnier 1123 et de Guillaume de Bures 1124).	
Foulque d'Anjou	1131-1143
Baudouin III	1143-1162
(régence de la reine-mère Mélisende 1143-1152).	
Amaury Ier	1162-1174
Baudouin IV	1174-1185
(régence du comte Raymond III de Tripoli, 1174-1176).	
Baudouin V, sous la régence du comte Raymond III de Tripoli	1185-1186
Guy de Lusignan	1186-1187
Conrad de Montferrat	1192
Henri de Champagne	1192-1197
Le roi de Chypre Amaury de Lusignan	1197-1205
Marie de Jérusalem-Montferrat	1205-1212
Jean de Brienne (époux de Marie de Jérusalem-Montferrat)	1210-1225
L'empereur Frédéric II de Hohenstaufen (comme époux d'Isabelle de Brienne-Jérusalem)	1225-(1250)
et leur fils Conrad, roi titulaire	1228-1254
Le roi de Chypre Hugues Ier de Lusignan	1246-1253
Le roi de Chypre Hugues II de Lusignan	1253-1267
Le roi de Chypre Hugues III d'Antioche-Lusignan	1268-1284
Le roi de Sicile Charles d'Anjou, anti-roi de Jérusalem	1277-1285

(1) Voir Ducange, *Les familles d'Outre-mer*, éd. Rey, Paris, 1869 ; Hopf, *Chroniques gréco-romanes*, Berlin, 1872 ; J. L. La Monte, *Chronology of the Orient latin*, dans *Bulletin of the Committee of Historical Sciences*, n° 47, janvier 1943, vol. XII, 2e partie, Paris, Presses universitaires, p.141-202, travail remarquable et fort complet.

Le roi de Chypre Jean d'Antioche-Lusignan....	1284-1285
Le roi de Chypre Henri II d'Antioche-Lusignan.	1285-1291

Comté d'Edesse (Rohas).

Baudouin Ier de Boulogne (depuis, roi de Jérusalem)	1098-1100
Baudouin II du Bourg (depuis, roi de Jérusalem).	1100-1118
(Gouvernement de Galéran du Puiset, 1118-1119).	
Jocelin Ier de Courtenay	1119-1131
(Gouvernement de Geoffroi le Moine, 1123).	
Jocelin II	1131-1146

Principauté d'Antioche.

Bohémond Ier de Tarente	1098-1111
Tancrède, deux fois régent d'Antioche, 1101-1103, 1104-1111, puis prince	1111-1112
Roger de Salerne	1112-1119
Régence du roi de Jérusalem Baudouin II	1119-1126
Bohémond II	1126-1130
Constance	1130-1163
2e régence du roi de Jérusalem Baudouin II....	1131
Régence du roi de Jérusalem Foulque	1131-1136
Régence du roi de Jérusalem Baudouin III.	1149-1153
Raymond de Poitiers, époux de Constance	1136-1149
Renaud de Châtillon, 2e époux de Constance...	1153-1160
Bohémond III, le Bègue	1163-1201
Bohémond IV, le Borgne	1201-1216
Raymond-Roubèn	1216-1219
Bohémond IV restauré	1219-1233
Bohémond V	1233-1251
Bohémond VI le Beau	1251-1268

Comté de Tripoli (Triple).

Raymond de Saint-Gilles, comte de Toulouse, à Tortose	1102-1105
Guillaume Jourdain, à Tortose	1105-1110
Bertrand, à Tripoli	1109-1112
Pons	1112-1137
Raymond II	1137-1152
Raymond III	1152-1187
Raymond IV d'Antioche	1187-1189?
Le prince d'Antioche Bohémond IV, le Borgne..	1189-1233
Le prince d'Antioche Bohémond V	1233-1251
Le prince d'Antioche Bohémond VI, le Beau....	1251-1275
Bohémond VII	1275-1287
Lucie	1287-1288

Seigneurie de Giblet (Djouball).

Guglielmo Ier Embriaco	1109-1118
Ugo Ier Embriaco	1127-c.1135
Guglielmo II Embriaco	1135-1157
Ugo II	1163-1184
Ugo III	1184-1187
Guido Ier	1199-1241

Enrico.................................. v. 1254-1262
Guido II................................ 1271-1282

Seigneurie de Tibériade (Tabarie) ou Princée de Galilée.

Tancrède 1099-1101
Hugues de Saint-Omer ou de Fauquenberge.... 1101-1106
Gervais de Bazoches..................... 1106-1108
Jocelin Ier de Courtenay................... 1112-1119
Guillaume de Bures...................... 1120-1141
Élinand de Tibériade.................... 1142-1148
Guillaume, frère d'Élinand.............. 1148-1158
Gautier de Saint-Omer................... 1159-1171
Le comte de Tripoli Raymond III......... 1174-1187

Seigneurie de Beyrouth (Barut).

Foulque de Guines....................... 1110
Gautier Ier Brisebarre.................... 1125
Guy Ier Brisebarre........................ 1138-1156
Gautier II Brisebarre................... 1157-1164
Gautier III Brisebarre.................. 1165-1166
Jean Ier d'Ibelin (le Vieux Sire de Barut).... v. 1205-1236
Balian III d'Ibelin..................... 1236-1247
Jean II d'Ibelin........................ 1247-1264
Isabelle d'Ibelin 1264-p. 1277
Échive d'Ibelin......................... — 1291

Seigneurie de Sidon (Sajette).

Eustache Garnier ou Grenier............. 1111-1123
Renaud.................................. 1171-1187
Balian 1229-1240
Julien 1247-1260

Seigneurie de Toron.

Onfroi Ier................................ 1107-1136
Onfroi II, connétable de Jérusalem...... 1137-1179
Onfroi IV............................... 1179-1180
Philippe de Montfort (seigneur de Tyr depuis 1246) 1240-1270
Jean de Montfort, seigneur de Tyr et de Toron .. 1270-1283

Seigneurie de Césarée (Césaire).

Eustache Garnier........................ 1101-1123
Gautier Ier .... v. 1123-1149
Hugues.................................. 1154-1168
Guy 1174-1176
Gautier II.............................. 1182-1191
Aymar de Lairon......................... 1193-1213
Gautier III............................. 1217-1229
Jean 1229-1241
Jean Aleman............................. 1249-1264

Seigneurie de Rama (Rames) et d'Ibelin.

Baudouin Ier............................. 1110-1120
Hugues.................................. 1122-1129

LES ÉTATS CROISÉS DE SYRIE ET DE PALESTINE 331

Baudouin II	1136-1138
Rénier	1144-1147
Balian Ier d'Ibelin	1143 et 1148-1150
Hugues d'Ibelin	v. 1154-1169
Baudouin d'Ibelin	1171-1186

Comté de Jaffa.

Hugues du Puiset	vers 1118
Hugues II du Puiset	v. 1120-1135
Gautier de Brienne	v. 1221-1246
Jean d'Ibelin, l'auteur des *Assises*	v. 1247-1266
Guy d'Ibelin	1266-1268

Seigneurie de Montréal ou d'Outre-Jourdain.

Romain du Puy	1118-1133
Payen de Milly	1133-1148
Philippe de Naplouse	1161-1168
Onfroi III de Toron	1168-1173
Miles de Plancy	1173-1174
Renaud de Châtillon	1177-1187

Grands maîtres de l'Hôpital en Terre sainte.

Le bienheureux Gérard	1100-1120
Raymond du Puy	1125-1158
Auger de Balben	1160-1162
Gilbert d'Assailly	1163-1170
Caste de Murols	1170-1172
Jobert	1173-1177
Roger de Moulins	1177-1187
Armengaud d'Asp	1188-1190
Garnier de Naplouse	1190-1192
Geoffroi de Donjon	1192-1204
Alphonse de Portugal	1204-1206
Geoffroi le Rat	1206-1207
Garin de Montaigu	1207-1227
Bertrand de Thessy	1230
Guérin	1231-1236
Bertrand de Comps	1236-1239
Pierre de Vieille-Bride	1240-1241
Guillaume de Châteauneuf	1243-1258
Hugues Revel	1258-1277
Nicolas Lorgne	1277-1283
Jean de Villiers	1285-1293

Grands maîtres du Temple en Terre sainte.

Hugues de Payens	1118-1136
Robert de Craon	1136-1148
Évrard des Barres	1148-1149
Bernard de Tremelay	1152-1153
Ébrard	1154
André de Montbard	1155
Bertrand de Blanchefort	1156-1168
Philippe de Milly	1169
Eude de Saint-Amand	1172-1179
Arnaud de Torroge	1183-1184

Gérard de Ridefort	1186-1189
Robert de Sablé	1191-1196
Gilbert Horal	1194
Philippe de Plessis	1204-1209
Guillaume de Puisset	1210-1219
Pierre de Montaigu	1220-1229
Armand de Périgord	1232-1244
Guillaume de Sonnac	1247-1250
Renaud de Vichiers	1250-1256
Thomas Bérard	1256-1273
Guillaume de Beaujeu	1273-1291

Grands maîtres de l'Ordre Teutonique en Terre sainte.

Heinrich Walpot	1198-1200
Otto von Kerpen	1200-1209
Heinrich Bardt	1209-1210
Hermann von Salza	1210-1239
Conrad von Thuringen	1239-1240
Gerhard von Malberg	1241-1244
Heinrich von Hohenlohe	1244-1249
Gunther von Schwarzburg	1250-1252
Poppo von Osterna	1253-1256
Anno von Sangershausen	1257-1273
Hartmann von Helderungen	1274-1282
Burchard von Schwenden	1282-1290
Conrad von Feuchtwangen	1290-1296

CHAPITRE II

HISTOIRE DE CHYPRE SOUS LES LUSIGNAN

1. La dynastie des Lusignan

Guy et Amaury de Lusignan (1)

La fondation de l'état latin de Chypre fut due à un contre-coup inattendu des croisades et ceux-là mêmes qui en furent les premiers auteurs ne semblent pas s'être doutés de l'importance de leur geste.

L'île de Chypre, on l'a vu, avait été conquise par les Arabes sur les Byzantins à partir de 686, reconquise par les Byzantins sur les Arabes en 964-965 et appartint aux Byzantins jusqu'en 1191. Elle se trouvait à cette dernière date au pouvoir du prince byzantin Isaac Comnène qui l'avait détachée à titre de principauté autonome de l'obédience de la Cour de Constantinople. Il est intéressant de rappeler qu'Isaac Comnène, menacé par une flotte impériale byzantine qu'avait envoyée de Constantinople l'empereur Isaac l'Ange, venait d'être sauvé par une escadre latine, escadre dépêchée par le roi normand de Sicile Guillaume II le Bon sous le commandement du comte de Malte, Margarit (ou Margaritone) de Brindisi. On entrevoit là comme l'amorce d'un protectorat de Chypre par la cour normande (2). L'idée de la mainmise occidentale sur l'île semblait donc dans l'air, lorsque Richard Cœur de Lion, partant pour la troisième croisade, y fut poussé par la tempête. Ayant débarqué à Limassol, Richard se heurta à la méfiance et à la mauvaise volonté d'Isaac. Il le battit séance tenante à Kolossi, le fit, sans grande peine, prisonnier à Trémithoussia (21 mai 1191) et occupa d'un seul élan Nicosie, la capitale chypriote (fin mai 1191). Maître de l'île, le roi d'Angleterre paraît en avoir été assez embarrassé. Ne sachant trop qu'en faire, il la vendit aux Templiers, mais le 5 avril 1192 la population grecque se souleva contre ceux-ci et les assiégea dans le château de Nicosie. Les Templiers triomphèrent de l'insurrection, mais, découragés par l'hostilité foncière des

---

(1) Sur les sources de l'histoire de Chypre, voir plus loin, p. 379 ; **Mas Latrie**, *Histoire de l'île de Chypre sous le règne des princes de la maison de Lusignan* (t. I, récit des faits de 1191 à 1291, Paris, 1861 ; t. II et III, recueil de sources avec notes, *ibid.*, 1852, 1855) ; Mas Latrie, *L'île de Chypre, sa situation présente et ses souvenirs du moyen âge*, Paris, 1879 ; Herquet, *Königsgestalten des Hauses Lusignan*, Halle, 1881 ; N. Jorga, *France de Chypre*, Paris, 1931 ; Enlart, *L'art gothique et la Renaissance en Chypre*, Paris, 1899.

(2) Cf. Chalandon, *Histoire de la domination normande en Italie et en Sicile*, t. II, p. 415.

habitants, ils prirent le parti de rendre l'île à Richard. Ce fut alors que Richard la céda pour 100.000 besants d'or à son protégé malheureux, l'ancien roi de Jérusalem, Guy de Lusignan (mai 1192). Solution élégante de l'inextricable question de la couronne de Jérusalem que Richard désirait conserver à Guy, alors que les barons de Terre sainte ne voulaient plus entendre parler de ce dernier. Guy, prenant son parti de cette solution, attira et installa dans l'île un grand nombre de Francs qui venaient d'être dépossédés de leurs biens en Palestine par les conquêtes de Saladin. Ce fut ainsi qu'il distribua des fiefs chypriotes à 300 chevaliers et à 200 écuyers ou turcoples (1).

Guy de Lusignan n'eut du reste guère le temps d'organiser plus avant son nouveau domaine. Il mourut en avril 1194. Il eut pour successeur son frère Amaury qui régna en Chypre de 1194 à 1205 et qui, comme nous l'avons déjà vu à propos de l'histoire franco-syrienne, lui était, à tous égards, nettement supérieur. Administrateur énergique et adroit, Amaury fut, en effet, le véritable fondateur du nouvel État. Disons qu'il y eut de lui à son frère la même distance que de Baudouin Ier à Godefroi de Bouillon. Tout d'abord, constatant que l'imprudente générosité de Guy avait aliéné en faveur de leurs compagnons une trop large partie de l'île, il procéda à une révision et à une redistribution des fiefs de manière à se réserver un domaine royal suffisant (2). Il assura l'organisation ecclésiastique de Chypre en obtenant du Saint-Siège la création d'un archevêché latin à Nicosie avec trois évêchés suffragants à Paphos, Limassol et Famagouste. Il se préoccupa surtout du statut juridique de son nouvel État. En effet, Guy de Lusignan qui, de son passage sur le trône de Jérusalem, avait conservé le titre royal, n'avait à la rigueur pas eu besoin de faire clarifier sa titulature dans l'île. Au contraire, pour Amaury le problème devait être résolu. Bien que son prédécesseur eût été investi par le roi d'Angleterre, ce fut vers les deux plus hautes autorités de l'Occident qu'il se tourna : la Papauté et le Saint Empire. En 1195, il obtint de l'empereur Henri VI le titre de *roi de Chypre* (Guy n'avait été que *roi en Chypre*). A l'automne de 1197 le Chancelier d'Empire Conrad, évêque de Hildesheim, vint le couronner solennellement à Nicosie. On a vu qu'en 1197 Amaury reçut de surcroît la couronne de Jérusalem, c'est-à-dire « le royaume d'Acre » (3).

(1) Cf. *Continuation d'Eracles, ap.* Mas Latrie, *Histoire de l'île de Chypre*, t. II, p. 1-9 ; Ambroise, vers 1403-2106.
(2) *Eracles, ap.* Mas Latrie, t. I, p. 121-122.
(3) *Eracles, ibid.*, t. II, p. 10-11 ; Ernoul, p. 302-303.

Séparation des couronnes de Jérusalem et de Chypre
Régence de Gautier de Montbéliard et gouvernement personnel
de Hugues Ier

L'investiture de 1197 avait eu pour résultat de rendre bien distinctes les deux couronnes de Chypre et de Jérusalem. De fait, à la mort d'Amaury (avril 1205), elles furent aussitôt séparées. Le royaume de Chypre passa à son fils Hugues Ier âgé seulement de dix ans (1). La régence fut confiée à un baron de Terre sainte, Gautier de Montbéliard, qui était le beau-frère de l'enfant comme ayant épousé la princesse Bourgogne, sœur aînée de Hugues Ier. Gautier se signala par une expédition contre les Turcs Seldjouqides à Sattalie ou Adalia sur la côte de Pamphylie (1206-1207). A l'intérieur, encore qu'administrateur avisé et ferme, il se révéla dur et cupide, si bien que Hugues Ier, proclamé majeur à la fin de sa quinzième année (1210), le disgrâcia, lui fit en partie rendre gorge et l'obligea à s'exiler à Acre.

Hugues Ier durant son gouvernement personnel (1210-1218) continua, de son côté, à se montrer vindicatif et dur, quoique sérieux et appliqué. On ne sait ce qu'eût donné ce roi en qui il était permis de pressentir une sorte de Philippe le Bel chypriote, quand il mourut prématurément à vingt-trois ans au cours d'un voyage à Tripoli, le 10 janvier 1218. De sa femme, Alix de Champagne-Jérusalem, il laissait un fils de neuf mois, qui fut Henri Ier (2).

La minorité de Henri Ier allait favoriser les intrigues étrangères et tout d'abord la mainmise de l'empereur Frédéric II sur l'île.

Chypre et la Guerre des Lombards

Le roi Henri Ier le Gros (1218-1253) — « Henri Gras », comme l'appellent nos chroniques — régna d'abord sous la régence nominale de sa mère Alix de Champagne, mais cette princesse, assez fantasque, semble-t-il, et qui ne paraît avoir eu ni le sens ni le goût du pouvoir, confia le gouvernement à son oncle Philippe d'Ibelin à qui elle finit, en 1223, par l'abandonner entièrement pour se retirer en Syrie. Là, elle se remaria avec le futur Bohémond V d'Antioche-Tripoli et se désintéressa pratiquement des affaires chypriotes. Philippe d'Ibelin, décédé en 1227, eut comme successeur dans la régence de Chypre son propre frère, Jean d'Ibelin, « le Vieux Sire » de Beyrouth. Ainsi commençait à s'établir en Chypre comme en Syrie l'ascendant de cette mai-

---

(1) Hugues Ier était le fils d'Amaury et de la première épouse de celui-ci, Echive d'Ibelin.
(2) *Eracles, ap.* Mas Latrie, t. II, p. 12-15.

son des Ibelin, originaire, comme on le sait, de la région de Chartres et dont les progrès, depuis le milieu du XIIe siècle, avaient été constants. Peu après, survint l'événement imprévu qui allait pendant une dizaine d'années bouleverser toute la vie chypriote. Le 21 juillet 1228, comme on l'a vu (p. 257), débarqua à Limassol l'empereur Frédéric II qui y fit escale en se rendant en Terre sainte. Au cours d'une scène orageuse, dramatiquement contée par Philippe de Novare, Frédéric déclara assumer lui-même la régence et sur-le-champ en dépouilla Jean d'Ibelin (1).

Notons qu'au point de vue purement juridique Frédéric II avait sans doute le droit d'agir ainsi. Il était suzerain du royaume de Chypre, Chypre ayant été érigée en royaume par son père Henri VI (1195) et le premier roi de Chypre, Amaury de Lusignan, ayant été sacré par le chancelier de l'Empire représentant l'empereur (1197). Mais ces droits impériaux n'excusent pas l'attitude brutale et cassante de Frédéric, attitude qui, de surcroît, était une maladresse car elle allait lui aliéner irrémédiablement la noblesse française de Chypre et de Syrie. Il tint ensuite sa cour à Nicosie où il reçut l'hommage sinon des barons, du moins de l'enfant-roi Henri Ier. La distinction était fort importante au point de vue féodal. Que le roi prêtât hommage à l'empereur, il n'y avait sans doute rien à redire, puisque, répétons-le, c'était de l'empire qu'émanait l'érection de Chypre en royaume. Ce qui eût été grave, c'eût été un serment de fidélité personnel des barons chypriotes à l'empereur, et ce serment fut évité. On a vu qu'après le départ de Frédéric II pour la Syrie (3 septembre 1228), puis après son retour en Occident (10 juin 1229), la question de la suzeraineté impériale sur Chypre rebondit. En quittant le Levant, il avait confié la tutelle du jeune Henri Ier à cinq barons chypriotes ralliés à la cause gibeline : Amaury Barlais, Gauvain de Chenichy, Amaury de Beisan, Hugues de Giblet et Guillaume de Rivet que Philippe de Novare poursuit de sa vindicte comme traîtres à la cause franque. Comme ils persécutaient le parti des Ibelin, — ils tentèrent d'assassiner l'excellent Philippe de Novare, — Jean d'Ibelin les attaqua, les défit devant Nicosie (14 juillet 1229) et fit capituler leur dernière forteresse, le château de Dieud'amour (mi-mai 1230) (2).

La victoire des Guelfes, c'est-à-dire du parti féodal et français, semblait dès ce moment complète. Mais Chypre constituait un poste d'étape trop important pour que la politique fridéricienne y renonçât si facilement. Frédéric II, on l'a vu, envoya alors au Levant un corps expéditionnaire commandé par son maréchal,

(1) Novare dans *Gestes des Chiprois*, § 126-133.
(2) Novare, *Chiprois*, § 140-154.

Riccardo Filangieri, lequel ne manquait pas de talent. En mai 1232 Filangieri débarqua en Chypre et, en l'absence des Ibelin retenus en Syrie, occupa sans difficulté l'île ; mais Jean d'Ibelin débarqué à son tour à la tête de la noblesse chypriote et palestinienne, lui infligea, le 15 juin 1232, une défaite décisive à Agridi (en français la Gride) près de Dikomo, à mi-chemin entre Nicosie et Cérines. La dernière forteresse tenue par les Impériaux, Cérines, capitula en avril 1233 (1). En 1247, au plus fort des luttes, en Italie, entre le Sacerdoce et l'Empire, le pape Innocent IV sanctionna l'expulsion des Impériaux de Chypre en relevant le roi Henri Ier de tout hommage envers Frédéric II. Décision juridique très importante, car elle annulait au point de vue international l'acte de 1197 par lequel le trône royal de Chypre avait été, de toutes pièces, créé par l'Empire. Les derniers liens de vassalité entre les Lusignan et les Hohenstaufen furent, de ce fait, dénoués par le chef même de la chrétienté.

Ainsi la politique inutilement brutale de Frédéric avait eu comme résultat de lui faire perdre la suzeraineté que son père lui avait léguée sur le royaume insulaire. Le fait n'est pas important seulement au point de vue juridique. Il l'est pour les destinées mêmes de Chypre. Si la couronne chypriote était restée vassale de celle de Sicile, la suzeraineté eût sans doute été par la suite transférée à la maison d'Anjou et l'on verra par l'histoire de la principauté de Morée combien un tel transfert pouvait entraîner d'inconvénients...

La rupture définitive avec la maison de Souabe eut comme contre-partie un resserrement des liens moraux des Chypriotes avec la France capétienne. La croisade de Louis IX en fut l'occasion. En septembre 1248, Henri Ier reçut avec beaucoup de zèle et d'amitié le roi de France qui hiverna à Nicosie avant d'aller attaquer l'Égypte. Henri, escorté de sa noblesse, s'embarqua à Limassol avec Saint Louis (mai 1249) et participa avec les chevaliers chypriotes à la prise de Damiette (2). Il rentra ensuite à Chypre et évita ainsi d'être enveloppé l'année suivante dans la catastrophe de la croisade. Il mourut à Nicosie — prématurément comme son père — le 18 janvier 1253. De sa femme, Plaisance d'Antioche, il ne laissait qu'un fils, Hugues II, âgé de quelques mois.

L'enfant Hugues II — « Huguet », comme l'appellent nos chroniqueurs — fut placé sous la régence de sa mère Plaisance d'Antioche (1253-1261), puis de son oncle (le frère de Plaisance), Hugues d'Antioche (1262-1267). Le petit roi étant décédé le 5 décembre 1267 à l'âge de quatorze ans, la couronne de Chypre passa à Hugues d'Antioche qui devint le roi Hugues III.

(1) *Ibid.*, § 158-193.
(2) Joinville, ch. XXIX, § 130 et sq.

Ainsi s'éteignit la branche des Lusignan directs, sans doute depuis longtemps atteinte dans sa vitalité, car nous avons vu coup sur coup décéder à vingt-trois ans Hugues Ier, à trente-cinq Henri Ier et à quatorze « Huguet » lui-même.

Avènement de la Maison d'Antioche-Lusignan
Règne de Hugues III

Après l'extinction des Lusignan directs, Hugues III se trouvait l'héritier légitime de la couronne : si son père n'était qu'un cadet de la maison d'Antioche, Hugues avait pour mère Isabelle de Lusignan, sœur du roi de Chypre Henri Ier. La maison d'Antioche-Lusignan qui monta avec lui sur le trône, était destinée à régner sur l'île de 1267 à 1474 ou, si l'on veut, jusqu'en 1489.

Hugues III (1267-1284) fut un bon roi, un prince intelligent et consciencieux, encore que les circonstances ne lui aient guère permis de donner toute sa mesure. Pleinement conscient de la gravité de l'heure en Terre sainte, il ne tint pas à lui d'y porter remède. En effet, ayant reçu, en plus de celle de Chypre, la couronne de Jérusalem (1268), il essaya en vain, nous l'avons vu (p. 274), de sauver les débris de la Syrie franque, « le royaume d'Acre », en l'arrachant à l'anarchie. Nous avons vu aussi l'opposition que lui firent à cet égard les barons d'Acre et les Templiers, notamment le grand-maître du Temple Guillaume de Beaujeu qui, travaillant pour le compte du roi de Sicile Charles d'Anjou, devait finir par contraindre Hugues à abandonner Saint-Jean-d'Acre (1276). Ajoutons que la chevalerie chypriote, par esprit « constitutionnel », par amour de ses privilèges féodaux, refusait de suivre Hugues en Syrie, sinon pour des « périodes » militaires de durée très limitée (1). Jacques d'Ibelin, interprète des barons chypriotes, déclarait expressément, les *Assises* en main, ne pas devoir le service hors de l'île elle-même (1271). On ne force pas à se sauver un pays, une société qui veulent périr. Quand Hugues III mourut à Tyr le 26 mars 1284, comme exilé de la ville d'Acre qui, à l'instigation de Guillaume de Beaujeu, lui fermait ses portes, tous ses efforts en vue d'un redressement de la puissance franque avaient échoué.

Règne de Henri II

Après la mort de Hugues III, la société franco-chypriote et la dynastie des Lusignan elle-même traversèrent une période assez trouble. Le roi Jean Ier, fils aîné de Hugues III, ne fit que passer

---

(1) *Assises* (Beugnot), t. II, p. 428-434.

sur le trône. Il décéda le 20 mai 1285. Henri II, frère cadet de Jean, eut un des règnes les plus dramatiques de l'histoire chypriote (1285-1324). C'était un jeune homme languissant et maladif, impropre aux armes, sujet à des attaques d'épilepsie et, de surcroît, atteint d'impuissance sexuelle, mais, avec cela, nullement dépourvu d'intelligence, ni (comme l'événement le prouva par la suite) d'une énergie à retardement assez inattendue. « Ce pauvre Louis XVI chypriote », comme l'a appelé Iorga, malgré ces sursauts d'intelligence et de volonté, n'était certes pas le chef qui eût convenu aux circonstances, car c'était le moment où en Syrie les sultans mamelouks livraient le suprême assaut aux colonies franques.

Henri II, nous l'avons vu, ne put qu'assister à la prise d'Acre par les mamelouks, encore qu'il ait tenu, par un sentiment du devoir qui l'honore, à se porter de sa personne dans la ville assiégée. La perte des derniers débris de l'ancien royaume de Jérusalem (dont il était toujours, comme son père Hugues III, roi titulaire) ne pouvait que nuire encore à son prestige. L'homme d'action était son frère Amaury, prince titulaire de Tyr, lequel en novembre 1299 opéra un débarquement — d'ailleurs sans succès — sur la côte de Syrie, devant Tortose. Bientôt la tentation vint à Amaury de profiter de ses avantages. En avril-mai 1306, se sentant soutenu par une partie des barons, il se fit nommer par eux « gouverneur de Chypre », en dépouillant Henri II de tout pouvoir (1). Il confina le malheureux roi dans son palais, puis dans une maison de campagne et finalement, en février 1310, l'exila en Arménie (Cilicie), en attendant, semblait-il, de ceindre lui-même la couronne (2).

Mais alors se produisit un redressement de l'opinion publique qui ne tarda pas à retourner la situation. La morgue d'Amaury ne connaissait plus de bornes. En persécutant les barons loyalistes, il avait provoqué des haines violentes. Le 5 juin 1310, il fut assassiné par un de ses familiers, Simon de Montolif, qui dans un de ces drames sauvages dont la cour de Chypre allait nous montrer le fréquent spectacle, emporta comme trophée la main droite de la victime (3). Les loyalistes, conduits par Ague de Betsan, se démasquèrent alors à Famagouste et firent bientôt rappeler d'Arménie Henri II. Restauration triomphale, tant le légitimisme tenait au cœur de cette population. Henri fut accueilli avec un prodigieux enthousiasme par les bourgeois de Nicosie et solennellement rétabli sur le trône (septembre 1310). Les barons qui, tel Hugues d'Ibelin, l'avaient persécuté, durent

---

(1) Makhairas, trad. Miller et Sathas, p. 29-38 ; Bustron, p. 188 ; Amadi, p. 320 ; Mas Latrie, *Histoire de Chypre*, II, p. 101.
(2) Bustron, éd. Mas Latrie, p. 192 ; Makhairas, trad. Miller, p. 29-39.
(3) Bustron. p. 197 ; Amadi, p. 330-331.

venir, nu-pieds, à genoux, lui demander pardon (1). D'autres furent jetés dans les oubliettes. La famille d'Ibelin qui s'était signalée parmi les ennemis du roi fut punie en plusieurs de ses membres et perdit beaucoup de son influence (2). L'esprit féodal, l'esprit des *Assises*, dont les Ibelin étaient depuis trois quarts de siècle, en Chypre comme en Terre sainte, les représentants officiels, en reçut un rude coup.

Henri II qui avait montré dans cette restauration de l'autorité monarchique une énergie que l'on n'eût pas attendue de lui, régna encore quatorze ans. Il mourut sans héritier le 30 ou le 31 mars 1324. La couronne passa à son neveu Hugues IV (3).

Hugues IV et la Sainte Union

Après les drames qui avaient marqué l'exil et la restauration de Henri II, le royaume de Chypre avait besoin d'un homme ferme, d'autorité indiscutée, qui effaçât le souvenir de tant de haines. Hugues IV (1324-1359) fut ce chef. Souverain avisé et sage, il acheva de rétablir l'autorité monarchique. Fort lettré, « il était, dit Florio Bustron, adonné aux études sacrées et administra son royaume avec une merveilleuse capacité ». Bien que personnellement peu guerrier, il fut en 1343 un des animateurs de la « Sainte Union », ligue formée avec le pape et la république de Venise contre les Turcs d'Anatolie, en l'espèce contre les émirats d'Aïdin et de Çâroûkhân sur les côtes d'Ionie. En effet, devant la décadence de l'empire byzantin sous les faibles successeurs de Michel Paléologue, Andronic II (1282-1328), Andronic III (1328-1341) et Jean Cantacuzène (1341-1355), les Turcs avaient repris leurs progrès en Asie (voir p. 599). L'Ionie même était tombée entre leurs mains. C'était le retour à la situation qui avait immédiatement précédé la première croisade. Le roi de Chypre, roi titulaire de Jérusalem, se devait de reprendre de ce côté la croisade à pied d'œuvre. Trop faible pour y parvenir seul, il unit ses forces à celles de la Papauté, de la Seigneurie de Saint-Marc et des Chevaliers de Rhodes (Hospitaliers). Ses quatre galères, sous le commandement d'Édouard de Beaujeu, prirent brillamment part à l'expédition. Le 28 octobre 1344, les croisés enlevèrent aux Turcs Smyrne qui fut confiée aux Hospitaliers (4) (voir p. 585). C'était un grand succès, mais purement local et

---

(1) Sur le rôle de Hugues d'Ibelin dans la déposition de Henri II, cf. Makhairas, trad. Miller et Sathas, p. 32-33.
(2) Amadi, p. 385-398 ; Bustron, p. 238-248 ; Philippe de Mézières, *Songe du vieil pèlerin* dans Mas Latrie, II, p. 115.
(3) Amadi, p. 402 ; Bustron, p. 253. Makhairas (p. 39) donne le 31 mars.
(4) Delaville Le Roulx, *La France en Orient au XIVe siècle*, t. I, p. 104 ; Iorga, *Philippe de Mézières*, p. 41-43.

que la faiblesse de la coalition ne permit pas d'exploiter plus avant. Du reste, Hugues IV, esprit positif et avisé, n'entendait pas se laisser entraîner au delà de ses objectifs. Ce fut ainsi qu'il maintint avec le sultan d'Égypte une paix fort profitable au commerce chypriote. Son règne, en général pacifique, fut une époque de grande prospérité ; sans doute même marqua-t-il l'apogée de l'économie chypriote. Boccace dédia à Hugues IV une de ses œuvres. De son vivant Hugues associa au trône son fils Pierre Ier (1358).

La croisade chypriote. Pierre Ier et la prise d'Alexandrie

Pierre Ier (1359-1369) forme avec son prédécesseur un contraste frappant, le contraste qui sépare nos premiers Valois de nos Capétiens directs. Il se présente à nous comme un fougueux paladin, un héros selon l'idéal chevaleresque du plus pur moyen âge, autrement dit, pour l'époque où nous sommes arrivés, un peu comme un homme d'un autre âge. La croisade qui pour Hugues IV avait été une affaire de convenance à laquelle on ne participait que dans la mesure où elle ne troublait pas les intérêts commerciaux du pays, Pierre Ier la prit réellement à cœur comme un Godefroi de Bouillon ou un Louis IX. Il s'y adonna tout entier. Toute sa vie ne fut même qu'une croisade en des temps qui s'y prêtaient de moins en moins. Il commença par faire occuper, sur la côte de Cilicie, le port de Korikos ou Gorigos, dont les derniers défenseurs arméniens (ou plutôt grecs), étroitement assiégés par les Turcs, l'avaient appelé à leur secours et s'étaient donnés à lui (15 janvier 1361) (1). Puis il enleva en personne aux Turcs (émirat de Tekké ou Téké), sur la côte de Pamphylie, le port de Sattalie ou Adalia (24 août 1361). Jean de Norès, « grand turcoplier de Chypre » fut le premier gouverneur de Sattalie. En mai 1362 l'amiral de Chypre, Jean de Tyr vint sur les côtes de Téké saccager et incendier la ville de Myra. En 1373 il saccagea de même Anamour sur la côte de l'émirat de Qaraman. (2).

Jusque-là, il ne s'agissait que de s'assurer sur les côtes méridionales de la presqu'île d'Asie Mineure les meilleures bases navales, les meilleurs points d'appui pour dominer les mers de Chypre. Politique encore conforme à celle du roi Hugues IV. Mais c'était tout autre chose que voulait maintenant Pierre Ier

---

(1) Iorga (*Philippe de Mézières*, p. 112), écrit : 15 janvier 1359. Et telle est en effet la date donnée par Makhairas, *l. c.*, p. 63. Mais 1361 *ap.* Bustron.
(2) Makhairas, trad. Miller-Sathas, p. 61-62 et 64-77 ; Bustron, p. 259-260 ; Cf. Iorga, *Philippe de Mézières*, p. 121-126 et Mas Latrie, *L'île de Chypre* (1879), p. 261-273 (d'après Amadi et Strambaldi). Sur les émirats de Téké et de Qaraman, voir plus loin, pages 598-599.

Ce qu'il ambitionnait, c'était de recommencer les croisades, de réussir là où avaient échoué Amaury Ier, Jean de Brienne et saint Louis, de délivrer la Terre sainte en conquérant l'Égypte. Dans cette pensée, Pierre Ier se rendit de sa personne en Occident pour solliciter le concours des seigneuries italiennes, des rois de France et d'Angleterre et des princes allemands (octobre 1362). Avec les contingents qu'il y recruta, il réunit sur une flotte de 115 voiles une armée de 10.000 hommes dont 1.000 chevaliers, archers et balistaires et cingla vers l'Égypte. Le 9 octobre 1365 il débarqua dans le Delta et du premier élan prit d'assaut Alexandrie (10 octobre 1365) (1).

Sur le moment Pierre Ier crut la partie gagnée. Alexandrie qui avait résisté à toutes les croisades antérieures, tombait enfin aux mains des chrétiens ! C'était un brillant succès, mais ce fut un succès sans lendemain. Pour tenir Alexandrie, pour triompher de la réaction musulmane, d'énormes contingents eussent été nécessaires et la chrétienté n'était pas disposée à les fournir. La plupart des croisés occidentaux et jusqu'aux barons chypriotes s'estimèrent en nombre insuffisant pour défendre la grande ville contre le retour offensif des Mamelouks. Après avoir pillé de fond en comble les richesses d'Alexandrie, ses palais, ses banques, ses entrepôts, aussi bien ceux des chrétiens que ceux des musulmans (ils pillèrent même les *fondachi* vénitiens, génois, catalans et marseillais), ils se rembarquèrent au bout de trois jours, en dépit des protestations et des supplications de Pierre Ier, désespéré d'évacuer sa conquête (2).

Mais ce n'était pas tout que d'avoir évacué Alexandrie. Il allait maintenant falloir subir les contre-mesures des Mamelouks. Le sultan mamelouk Cha'bân, après avoir réoccupé le grand port, se vengea par d'immédiates représailles économiques, en saisissant les biens des marchands latins dans toute l'étendue de l'Égypte et de la Syrie et en mettant l'embargo sur tout le commerce avec l'Occident. Le préjudice énorme que cette saisie porta aux intérêts des républiques maritimes italiennes, à Venise et à Gênes en particulier, les amena à s'opposer à toute nouvelle entreprise de Pierre Ier. Après de laborieuses négociations, les ambassadeurs vénitiens Francesco Bembo et Pietro Soranzo eurent grand'peine à obtenir du sultan le rétablissement des relations commerciales (1366) (3).

Rien ne pouvait être plus démoralisant pour les théoriciens

---

(1) Makhairas, *l. c.*, p. 87-94 ; Machaut, *Prise d'Alexandrie, in* Mas Latrie, *Histoire de Chypre* (1852), t. II, p. 273-280 et édition Mas Latrie (1877), p. 68-109. Liste des Croisés dans Delaville Le Roux, *La France en Orient au XIVe siècle*, t. II, p. 12-13. Cf. Iorga, *Philippe de Mézières*, p. 286-298.
(2) Iorga, *Philippe de Mézières*, p. 300-302.
(3) Machaut, p. 115-123 ; Makhairas, p. 95-101. Cf. Heyd, *Histoire du commerce du Levant*, t. II, p. 51-56.

de la croisade. Ainsi, on avait réussi à occuper la seconde capitale de l'Égypte, et, loin de pouvoir monnayer ce gage contre la récupération de la Terre sainte, il avait fallu l'évacuer en hâte, sans même attendre le choc des Mamelouks. Pis encore : l'expérience prouvait que toute tentative de croisade risquait de se solder désormais pour les Occidentaux par un désastre commercial. Il y avait désormais opposition entre la croisade et les intérêts économiques. Or, les intérêts économiques dominaient, même politiquement, la Méditerranée. La France des Valois et l'Angleterre, absorbées par la Guerre de Cent Ans, ne comptaient plus au Levant. C'étaient Gênes et Venise qui, par leurs escadres, représentaient la chrétienté et l'expérience de 1365 leur prouvait que toute tentative pour récupérer Jérusalem se terminerait pour elles par une catastrophe commerciale.

Pierre Ier, nous le savons par Machaut, fut amèrement déçu. Il s'estima trahi par la lâcheté de ses capitaines, de sa propre chevalerie, par la politique uniquement mercantile des Vénitiens et des Génois. Ce paladin hanté de rêves d'un autre âge et qui peut-être n'avait guère plus de sens politique que ses contemporains, les rois de France Philippe VI et Jean le Bon, ne renonça pas pour autant à la croisade. A défaut de l'Égypte, ce fut aux Turcs d'Anatolie, puis aux Échelles syriennes qu'il s'attaqua. A la fin de février 1367, il envoya son frère Jean, prince titulaire d'Antioche, sur la côte d'Anatolie pour défendre la ville de Korikos contre l'émir turc de Qaraman (Qonya) (1). En septembre-octobre de la même année Pierre opéra lui-même une série de débarquements sur les côtes de Syrie et de Cilicie, près de Tripoli, Tortose, Lattakié et Aias (Lajazzo) ; il fit du butin, mais ne put réaliser aucun gain territorial (2). Il repartit alors pour l'Occident afin d'essayer de convaincre les princes et les seigneuries de la nécessité d'une nouvelle croisade (octobre 1367). Tous ses efforts furent vains. Il était partout accueilli avec respect et poliment éconduit. La France et l'Angleterre, en pleine guerre de Cent Ans, le Saint Empire réduit à l'impuissance, les communes italiennes en lutte perpétuelle les unes contre les autres, sans parler de leurs guerres civiles, se désintéressaient de la guerre sainte. Les ambassadeurs vénitiens Niccolo Giustiniani et Pietro Marcello et les ambassadeurs génois Cassano Cigala et Paolo Giustiniani cherchaient même à obtenir de Pierre Ier qu'il consentît, dans l'intérêt du commerce, à faire la paix avec

---

(1) Makhairas, 106-108 ; Machaut, 116. Cf. Iorga, *Philippe de Mézières*, p. 357-359.
(2) Machaut, *ap.* Mas Latrie, t. II, p. 328 ; Makhairas, p. 115-118 ; Bustron, p. 264-266. Cf. Iorga, *Philippe de Mézières*, p. 365-369.

Carte 11. — Chypre

pais,
e Prémontrés

ffavent
ains de la Reine

Kythrea (la Quithrie,
Quétérie

Rhizo Karpasso, St André
S.t M.t Olympe
(le Casal dou Carpas)

Kantara ✡
(la Candaire)

Kanakarga
(Canacaire)

C A R P A

Gastria (Castrie), la Gastrie,
château des Templiers

orifites
Yenakra
(Enagre)

Kithi
Orniphe) Mores

Aschia
(Asquie)

Tyroghi
(Orighe)

Khellia
(Queille)

Sigouri
(Sivorie)

Paradisi
(le Paradisi)

MESSORÉE

Sindes

Tremithoussia
(la Tremétossie)

Pistaki (le Pistac)

Makrassyka
(Macrasie)

Pyla (les Piles)

Avgorom
(Avegore)

Aradippo (Radipe)
Larnaka
Les Salines de S.t Ladre

Haghios Serghios (S.t Sergui)

Famagouste

Capo Greco (le Chef de la Grée)

Débarquement de l'armée turque en 1570

Anaphoti
(Anafotides)

Khiti (le Quid)

Mazoto

LES LUSIGNAN

les Mamelouks (1). Le 23 septembre 1368 il se rembarqua d'Italie pour Chypre sans avoir rien obtenu.

Il y trouva une opinion hostile. Ses croisades avaient coûté fort cher. La noblesse, toujours indisciplinée, se montrait lasse d'obéir. Il y avait là un vieil état d'esprit. Rappelons l'opposition qui s'était déjà manifestée à l'époque de Hugues III contre l'extension du service militaire aux campagnes en Terre sainte, la protestation de Jacques d'Ibelin fondée sur la lettre des *Assises* (2). N'oublions pas non plus que l'incarcération et l'exil du roi Henri II ne dataient guère que d'un demi-siècle (1306-1310). La noblesse chypriote élevée dans ces souvenirs ne pouvait se plier aux tendances absolutistes de Pierre Ier. De plus, elle était jalouse de la faveur que le roi accordait, de préférence à elle, aux chevaliers de France : nous avons connu en Palestine cette jalousie des « Poulains » envers les seigneurs fraîchement débarqués d'Occident. La cour, quand Pierre Ier rentra dans l'île, était du reste en émoi, agitée par des scandales, divisée entre la reine, la belle et redoutable Éléonore d'Aragon, femme légitime de Pierre, et les deux maîtresses de ce prince, Jeanne Laleman, dame de Choulou, et Échive de Scandélion. En l'absence de Pierre, Éléonore avait fait jeter dans un cachot et atrocement torturer Jeanne Laleman, enceinte de huit mois (3). Mais la reine Éléonore elle-même était, non sans raison, accusée de tromper le roi avec Jean de Morf, comte titulaire de Rohas, c'est-à-dire d'Édesse. On voit dans quelle atmosphère s'opérait le retour du roi. Réunis en Haute Cour pour juger de l'accusation portée contre la reine, les barons se refusèrent à y donner suite, disculpèrent le comte de Rohas et firent condamner comme calomniateur le serviteur qui avait dénoncé Éléonore (4). Mais Pierre ne fut pas dupe. Aigri par ces trahisons, exaspéré par cette opposition, son caractère changea et il se mit à sévir cruellement contre les barons, voire contre tout son entourage (5). Il semble qu'à ce moment ses infortunes aient troublé sa raison. Les barons, d'accord avec son frère Jean, prince titulaire d'Antioche, résolurent alors de se débarrasser de lui. Dans la nuit du 17 au 18 janvier 1369, ils pénétrèrent dans la chambre royale et massacrèrent dramatiquement l'infortuné souverain. D'après une

---

(1) Heyd, *Commerce du Levant*, t. II, p. 56. Voir dans Makhairas, *l. c.*, p. 120-121, la protestation des Vénitiens et des Génois auprès du Pape contre le trouble apporté à leur commerce par les expéditions de Pierre Ier (1367-1368).
(2) *Assises*, II, p. 430-431, 434. Cf. Mas Latrie, *Histoire de Chypre* I, p. 437-441.
(3) Sur le drame dont fut victime Jeanne Laleman, dame de Choulou, veuve de Thomas de Montolif, Bustron, p. 268, 270 ; Strambaldi, p. 101 ; Makhairas, *l. c.*, p. 129-132. Cf. Iorga, *Philippe de Mézières*, p. 385-386.
(4) Makhairas, trad. Miller-Sathas, p. 132-113.
(5) Makhairas, p. 144-151.

version, non confirmée par Léonce Makhairas, sa tête sanglante aurait été présentée à la foule du haut du balcon du palais. Au premier rang des régicides avait figuré Philippe d'Ibelin, seigneur titulaire d'Arsouf, dont la famille depuis près d'un siècle et demi, en Chypre comme à Jérusalem, s'était toujours dressée contre les droits de la couronne (1).

Par un dernier scrupule, les meurtriers n'osèrent appeler au trône le prince Jean d'Antioche avec lequel ils étaient plus ou moins de connivence. Fidèles, malgré tout, à la légitimité, ils proclamèrent roi le fils de leur victime, Pierre II, âgé de onze ans, le « Perrin » des chroniqueurs. La régence fût attribuée à la reine douairière, l'inquiétante Éléonore d'Aragon et aux deux frères de Pierre Ier, Jean d'Antioche et Jacques. Nous verrons que le désaccord n'allait pas tarder à éclater entre les régents, en particulier entre Éléonore et le prince d'Antioche.

Les malheurs du règne de Pierre II
La mainmise génoise sur Famagouste

Ce n'était pas impunément que la noblesse chypriote avait abattu Pierre Ier. Certes, les projets de croisade pour lesquels il ruinait le pays pouvaient sembler anachroniques. Il pouvait, comme on l'a écrit, y avoir chez ce croisé attardé pas mal de « donquichottisme ». Et à la fin de son règne, il s'était comporté en tyran. Il n'en est pas moins vrai que c'était un grand roi avec l'âme d'un héros — d'un héros qui s'était seulement trompé de siècle. Surtout son assassinat affaiblissait dangereusement l'État chypriote. Ses frères, suspects d'avoir été au courant du complot où il avait trouvé la mort, sa femme, suspectée d'adultère, étaient, au moment même où ils assumaient la régence, déconsidérés. Les derniers drames, terminés par ce drame affreux, avaient laissé les esprits plus divisés que jamais. Or il était bien dangereux pour le royaume chypriote de s'abandonner ainsi, car sa richesse en faisait un objet de convoitise pour tous, chrétiens comme musulmans, et il se trouvait entouré d'ennemis. Le règne de Pierre II (1369-1382) allait voir les conséquences de toutes ces fautes.

Les malheurs commencèrent le jour du couronnement du jeune roi comme souverain titulaire de Jérusalem (12 octobre 1372). Ce jour-là, à Famagouste (2), une rixe grave éclata entre

(1) Machaut, dans Mas Latrie, *Histoire*, t. II, p. 333-338 ; Makhairas, *l. c.*, p. 151-161 ; Bustron, éd. Mas Latrie, p. 275 ; Strambaldi, *ap.* Mas Latrie, *Hist. de Chypre*, t. II, p. 338. Cf. Iorga, *Philippe de Mézières*, p. 390.
(2) Les rois de Chypre recevaient à Famagouste la couronne royale de « Jérusalem » (Makhairas, p. 51). Pierre II fut donc couronné à Nicosie le 12 janvier 1371 comme roi de Chypre, et à Famagouste le 12 octobre 1372 comme roi de Jérusalem (*ibid.*, p. 183).

la colonie génoise et la colonie vénitienne pour un prétexte, en apparence, futile : le bayle vénitien et le podestat génois se disputèrent l'honneur de tenir la rêne droite du coursier royal. Querelle de préséance qui dissimulait mal une âpre rivalité politique, tels les conflits qui au XIXe siècle eussent pu mettre aux prises l'ambassadeur d'Angleterre et l'ambassadeur de Russie auprès de la Porte ottomane. Ce que se disputaient, en réalité, les deux grandes républiques maritimes, c'était le protectorat économique du royaume insulaire. Les résidents vénitiens et génois en vinrent aux mains. Les premiers l'emportèrent. La colonie génoise, s'estimant lésée (de fait, la population de Famagouste avait pris parti contre elle), quitta Chypre en réclamant vengeance et en rendant les Lusignan responsables de l'affront qu'elle avait subi (1).

C'était la guerre et le royaume insulaire, dangereusement affaibli par la mort de Pierre Ier, n'était nullement prêt. Craignant de voir leur possession de Sattalie, en Anatolie, tomber aux mains des Génois, les Chypriotes préférèrent la rétrocéder à l'émir de Téké (mai 1373). Ainsi se trouva perdue la belle conquête de Pierre Ier (2).

Notons qu'indépendamment de leur désir de s'indemniser des pertes subies lors du pillage de leurs comptoirs de Famagouste, les Génois avaient su se ménager des prétextes honorables d'intervention. De fait, la reine douairière Éléonore, désireuse de venger sur ses beaux-frères le meurtre de son époux, l'infortuné Pierre Ier, avait secrètement demandé à la Seigneurie de Gênes de venir la délivrer, elle et son fils, le jeune Pierre II. Et sous ce pieux prétexte l'escadre génoise reçut du Saint-Siège toute liberté d'action. En octobre 1373, le chef de cette escadre, Pietro di Campofregoso, vint bloquer Famagouste avec de 36 à 43 galères et un corps de débarquement de 14.000 hommes. La ville fut prise et le château occupé par trahison (par la faute, semble-t-il, de Jean de Morf, comte titulaire d'Édesse) et Pierre II lui-même, attiré dans un guet-apens, tomba aux mains des Génois qui allèrent ensuite piller Nicosie (3).

Quatre ans avaient suffi pour que le royaume des Lusignan qui sous Pierre Ier avait un moment paru l'arbitre de la Méditerranée orientale, tombât au rang d'un État de troisième ordre qu'une simple escadre faisait capituler. Le jeune Pierre II, prisonnier de l'ennemi et d'ailleurs entouré d'embûches, maltraité même (Pietro de Campofregoso alla un jour jusqu'à le gifler), dut s'incliner devant le fait accompli. Par le traité du 21 octobre

---

(1) Makhairas, *l. c.*, p. 183-192 ; Bustron, *l. c.*, p. 288. Cf. Heyd, *Commerce du Levant*, t. II, p. 409-410.
(2) Makhairas, *l. c.*, p. 203-205.
(3) Makhairas, *l. c.*, p. 215-258 ; Bustron, p. 302-311.

1374 il dut s'engager à payer à la Seigneurie de Gênes une énorme indemnité de 2.146.400 écus d'or et à laisser, en attendant le dernier versement, les Génois maintenir leur occupation de Famagouste (1). C'était la mainmise économique de la république ligurienne sur le royaume des Lusignan, mainmise qui, par les moyens de pression dont elle disposait, entraînait un véritable protectorat politique. On peut voir là l'aboutissement de la lente évolution qui, commencée déjà dans la Syrie franque au XIIIe siècle, avait peu à peu assuré la suprématie des intérêts économiques représentés par les républiques maritimes italiennes, sur la société franque, ses princes, ses barons et ses chevaliers. Signe visible de la révolution ainsi accomplie : après le traité d'octobre 1374, un des oncles du roi Pierre II, le connétable Jacques, fut conduit à Gênes comme otage, c'est-à-dire comme prisonnier.

Comme s'il n'y avait pas assez de l'occupation étrangère, un nouveau drame se produisit dans la famille royale. La reine-mère Éléonore d'Aragon, bien qu'elle eût naguère été fortement soupçonnée de tromper son époux, l'infortuné Pierre Ier, brûlait maintenant de punir les assassins de ce monarque, en l'espèce un des frères du défunt, le prince Jean d'Antioche. En cette même année 1374, elle fit poignarder Jean sous ses yeux à Nicosie, après avoir déployé devant lui, dans une scène shakespearienne, la chemise ensanglanté du feu roi (son habit, dit simplement Makhairas) (2).

Que pouvait au milieu de cette succession de malheurs le faible roi Pierre II ? Il ne s'abandonnait pas, cependant, se cherchait contre les Génois des alliés jusqu'en Italie. Il épousa à cet effet Valentine (Valenza) Visconti, fille du duc de Milan Barnabo Visconti, duquel il espérait une pression efficace sur le territoire génois (3). Il se tourna aussi du côté de Venise. Quand la guerre de Chioggia (1378-1381) mit aux prises les Génois et les Vénitiens, il crut avoir partie gagnée et essaya de profiter des embarras des premiers pour leur reprendre Famagouste, mais sans pouvoir y parvenir. L'alliance des Visconti pas plus que celle de Venise ne put lui faire rendre par Gênes le grand port insulaire. Du moins verrons-nous l'influence milanaise s'exercer sur l'architecture chypriote de ce temps.

(1) Bustron, p. 332 ; Heyd, t. II, p. 409-410.
(2) Bustron, p. 338-339 ; Makhairas, trad. Miller, p. 318-320.
(3) Traité d'alliance entre Andrea Contarini, doge de Venise, et Barnabo Visconti, duc de Milan, celui-ci traitant en son nom et au nom du roi Pierre II de Chypre, son gendre, contre la république de Gênes (14 novembre 1377), dans Mas Latrie, II, p. 370-371.

Le protectorat génois et la Maona Cypri

Gênes, sortie de la Guerre de Chioggia, appesantit encore sa mainmise économique et aussi politique sur le royaume des Lusignan. Les Génois, qui avaient retrouvé les agents de Pierre II dans toutes les coalitions formées contre eux en Italie, avaient contre la cour de Nicosie de nouvelles rancunes. A la mort de Pierre II (octobre 1382), son successeur qui était son oncle, le connétable Jacques, se trouvait précisément, comme on l'a vu, prisonnier à Gênes (1). Pour pouvoir rentrer en Chypre, il dut, par le traité du 19 février 1383, céder définitivement Famagouste aux Génois et leur laisser en outre occuper l'importante place de Cérines, dans le nord de l'île (2).

Jacques Ier put, à ces conditions, recevoir la couronne de Chypre (1385) (3). Son règne (1385-1398) se passa à frapper son peuple d'impôts de plus en plus lourds afin de satisfaire ses insatiables créanciers génois (4). Plus exactement, il s'agissait pour lui de satisfaire les capitalistes génois qui se trouvaient créanciers de la Seigneurie de Gênes pour avoir été les armateurs de l'expédition de 1373 contre Famagouste. Ces créanciers s'étaient en effet constitués en une société par actions, la *Maona Cypri* ou *Mahone de Chypre*, à laquelle allaient les contributions et indemnités de guerre versées à la Seigneurie par les Chypriotes (5). De plus, les Génois se réservaient le monopole du commerce chypriote, tout le trafic de l'île devant obligatoirement passer par leurs douanes de Famagouste. Ce monopole étouffant porta un coup très grave au commerce de Chypre, car les rivaux des Génois, à commencer par les Vénitiens, eurent dès lors les meilleures raisons de boycotter systématiquement l'île (actes de la Seigneurie de Venise des 18 mars 1374 et 13 février 1375 interdisant à ses nationaux de commercer avec Chypre) (6).

Ainsi l'occupation génoise appauvrissait doublement Chypre. Tout d'abord parce qu'elle drainait vers Gênes tout le commerce de l'île. Ensuite parce que, du même coup, Chypre, qui était auparavant un des centres les plus actifs du commerce international, se voyait désertée par le trafic qui boycottait en elle la

---

(1) Le retour de Jacques Ier fut retardé par les intrigues d'un des barons chypriotes, Perrot de Montolif, amant de la reine douairière Valentine Visconti (Makhairas, *l. c.*, p. 346-350).
(2) Makhairas, trad. Miller, p. 351.
(3) Strambaldi, *ap.* Mas Latrie, II, p. 391-396 ; Bustron, p. 351-352 ; Makhairas, trad. Miller, p. 352.
(4) Makhairas, p. 353-355.
(5) Cf. Mas Latrie, *Note sur la Mahone de Chypre et l'origine de la banque de Saint-Georges*, dans l'*Histoire de Chypre*, t. II, p. 366-370 ; Heyd, II, p. 413.
(6) Mas Latrie, II, p. 363. Cf. Philippe de Mézières, *Songe du vieil pèlerin* dans Mas Latrie, II, p. 383-391 ; Piloti, *ibid.*, III, p. 57.

satellite des Génois. Finalement, le royaume des Lusignan se trouva ne plus travailler que pour le seul profit d'une banque italienne. Jamais exploitation capitaliste de tout un peuple par une société financière ne fut plus complètement réalisée.

Le fils et successeur de Jacques Ier, le roi Janus (1398-1432) avait été, lui aussi, assez longtemps otage à Gênes, et son nom même, tiré de celui de la ville, était une marque de flatterie servile envers l'orgueilleuse Seigneurie. Beau, intelligent, fort lettré, de mœurs pures, mais l'esprit assombri par les malheurs du temps, il allait avoir un règne douloureux. Ne pouvant oublier les traditions de sa famille, il essaya en 1402 de s'affranchir de la tutelle génoise et de recouvrer Famagouste (1). Tentative vaine. Gênes, en plus de ses escadres, disposait alors de l'aide de la France sous la protection de laquelle elle s'était placée. Le 7 juillet 1403 Janus dut signer avec le maréchal Boucicaut, gouverneur de Gênes, un traité qui maintenait les créances et le monopole génois (2). L'aveu du préjudice qu'un tel monopole causait à l'économie chypriote en général, à la prospérité de Famagouste en particulier nous est fourni par une délibération du conseil de la Seigneurie de Gênes, en date du 21 janvier 1449, en vue de remédier au dépeuplement de la ville, naguère bourdonnante d'activité, aujourd'hui désertée par le trafic (3).

L'agression égyptienne de 1426. Captivité du roi Janus

Aux charges de la tutelle économique génoise vint bientôt s'ajouter l'invasion mamelouke. Les Mamelouks, toujours maîtres de la Syrie et de l'Égypte, étaient les ennemis naturels du royaume de Chypre. Sans doute n'avaient-ils pas oublié le sac d'Alexandrie par Pierre Ier en 1365. En tout cas, dans l'état de faiblesse où se trouvait le royaume insulaire, il y aurait eu intérêt à éviter toute provocation envers ces redoutables voisins. Or les corsaires chypriotes ne se faisaient pas faute d'exercer leur activité sur les terres musulmanes, notamment sur les côtes de Syrie (4). En 1425, le sultan mamelouk Barsbaï, pour punir les Chypriotes de ces courses, envoya une escadre piller Limassol. (août 1425). L'année suivante, ce fut une véritable invasion : un corps expéditionnaire plus important, commandé par l'émir Tengriberdi Mahmoûd, débarqua au sud d'Avdimou et écrasa à Khérokoitia l'armée chypriote forte de 1.600 chevaliers et de 4.000 gens de pied (5 juillet 1426). Les « Francs » étaient bien dégénérés, bien peu dignes de leurs aïeux de Terre sainte, car

---
(1) Makhairas, trad. Miller, p. 359-360.
(2) Delaville Le Roulx, *France en Orient*, t. I, p. 432.
(3) Mas Latrie, t. III, p. 56-58.
(4) Makhairas, trad. Miller, p. 365-366.

leur impréparation n'avait eu d'égale que leur panique à l'heure du combat. Les détails donnés à ce sujet par Makhairas sont lamentables. Le chroniqueur gréco-chypriote ne manque pas de souligner aussi, lors de la veillée des armes, la morgue de la chevalerie latine à l'égard de la piétaille indigène... Ce fut un Crécy et un Azincourt sans gloire, — sans grandes pertes, non plus. Le roi Janus fut fait prisonnier. Les Mamelouks poussèrent d'une seule traite jusqu'à Nicosie dont les portes leur furent ouvertes par la trahison des résidents vénitiens, affirme Makhairas, et dont ils pillèrent les richesses, y compris les trésors de la Cour (10-12 juillet) (1). Puis ils s'en retournèrent avec leur butin et leurs 3.600 prisonniers qui défilèrent dans les rues du Caire, le roi Janus en tête (2).

On mesure par là la décadence du royaume Lusignan en une soixantaine d'années. En 1365, Chypre avait été assez forte pour attaquer l'Égypte et piller Alexandrie. Ses escadres faisaient la loi du Delta aux côtes d'Asie Mineure. Les émirs anatoliens la redoutaient et les Mamelouks s'avéraient impuissants à châtier ses provocations. Et voici qu'en 1426 elle ne put opposer aucune résistance à l'invasion de ces mêmes Mamelouks. Sur le champ de bataille de Khérokoitia son armée avait pris la fuite sans qu'on pût reconnaître dans ces fuyards les descendants des barons de Terre sainte et son roi était maintenant prisonnier en Égypte.

La population grecque, patiemment soumise depuis deux cent trente-cinq ans à la domination latine, ne se trompa point sur la signification du désastre de Khérokoitia. Les Latins, jusque-là réputés invincibles, avaient désormais « perdu la face ». Les paysans grecs se révoltèrent aussitôt. Ce fut à la fois une jacquerie comme le moyen âge en a tant connu et un soulèvement national de la masse indigène contre le conquérant étranger, contre les propriétaires français ou italiens, contre le clergé latin. Les paysans se donnèrent des chefs à eux aux divers centres insurrectionnels, à Leuka, à Limassol, dans la montagne, à Péristérona et à Morf ; même un *basileus* improvisé du nom d'Alexis, ancien préposé au bétail royal, fut proclamé à Leukonikon. Bien entendu, cette jacquerie indigène ne put tenir contre la chevalerie latine et le mouvement fut durement réprimé par le cardinal Hugues, archevêque de Nicosie et frère du roi Janus. Les « capitaineries » créées par les paysans révoltés furent détruites, les « capitaines » élus par eux furent pendus ou eurent le nez coupé. Le « *basileus* » Alexis, pris à Limassol, fut, lui aussi, solennellement pendu à Nicosie (12 mai 1427) (3).

---

(1) Bustron, *l. c.*, p. 361 et sq. ; Makhairas, trad. Miller, p. 378-389 ; Mas Latrie, *Hist. de Chypre*, t. II, p. 536, n. 2.
(2) Mas Latrie, *ibid.*, p. 542, n. 6.
(3) Cf. Makhairas, trad. Miller, p. 390-392. Le Grec loyaliste qu'est Léonce

L'insurrection fut donc facilement domptée comme toutes les révoltes sociales analogues du moyen âge. Elle n'en avait pas moins montré, dès la première occasion propice, la désaffection de la masse grecque envers ses maîtres francs. Là comme en Morée la francisation avait été toute superficielle. Nous reverrons, au jour de la conquête de Chypre par les Ottomans, la même absence de solidarité entre sujets grecs et maîtres latins.

Le jour même où avait été pendu le chef de l'insurrection grecque, le roi Janus, relâché par les Mamelouks, débarqua à Cérines. Mais il avait dû, pour obtenir sa délivrance, reconnaître la suzeraineté du sultan. La cour de Nicosie n'était plus qu'une vassale de la cour du Caire. Elle devait à la fois payer tribut aux Mamelouks, verser de lourdes contributions à la banque génoise et laisser les Génois encaisser tout le revenu des douanes de Famagouste.

Réapparition de l'influence byzantine

Le roi Janus ne se releva jamais d'une telle humiliation. Abattu et malade depuis la catastrophe de 1426, il décéda prématurément en 1432. De tout son règne, dit Makhairas, on ne l'avait jamais vu rire (Makhairas, *l. c.*, p. 393). Le règne de son fils, Jean II (1432-1458), fut marqué au dehors par une complète vassalité envers le sultan d'Égypte (1) — il n'y avait d'ailleurs pas d'autre politique possible — et, à l'intérieur, par l'influence grandissante de l'élément grec.

Ce réveil de l'hellénisme chypriote eut pour point de départ le mariage, le 3 février 1441, de Jean II avec la princesse byzantine Hélène Paléologue, fille du despote de Morée Théodore II. Femme intelligente, cultivée, intrigante et adroite, Hélène prit un empire absolu sur l'esprit de son époux qui ne gouverna plus que par ses conseils. Très dévouée à l'orthodoxie grecque, elle favorisa la vieille Église indigène, depuis si longtemps tenue en lisière par l'Église romaine : le couvent de la Mangana (Saint-Georges des Manganes), près de Nicosie, élevé par elle et doté de 15.000 ducats de revenu, attesta ses préférences. Après la chute de Constantinople (1453), elle accueillit un grand nombre d'exilés byzantins, présidant de la sorte à une pacifique réhellénisation de l'île (2).

Makhairas se désolidarise d'avec les Jacques : « Ils ouvrirent de force le cellier des honnêtes gens et prirent le vin. D'autres enlevèrent le blé, volèrent le sucre. Les chevaliers étaient arrêtés et tués, leurs femmes étaient violées. » Aussi Strambaldi, *ap.* Mas Latrie, t. II, p. 542.

(1) Lettre du sultan al-Achraf Saïf ad-Dîn Inal à Jean II, *ap.* Bustron, *l. c.*, p. 382.

(2) « Atque in hunc modum universa insula in potestatem Græcorum rediit. » Gobellinus, *Pii II commentarii*, *ap.* Mas Latrie, t. III, p. 80, n. 5 ; Bustron, p. 372-373 ; Makhairas, p. 395.

Plus sûrement que la révolte populaire grecque de 1426, cette rentrée « par en haut » de l'hellénisme dans la vie chypriote assura sa prochaine revanche. Depuis la conquête latine de 1191, l'élément grec avait été victime d'une véritable abaissement social. Selon la remarque de Mas Latrie, chaque classe sociale grecque était « descendue d'un cran » pour laisser le haut de la hiérarchie aux Latins. L'immigration en Chypre d'éléments byzantins ayant appartenu à l'élite de la société des Paléologues releva d'un seul coup le niveau et le prestige de l'élément grec. Les nouveaux venus, — prélats, lettrés, hauts fonctionnaires — comptaient dans ce que la chrétienté tout entière produisait de plus cultivé. En Italie de tels émigrés étaient accueillis comme les professeurs de toute science, les initiateurs de toute renaissance. En Chypre, le résultat ne pouvait être que le même : ces Grecs, hier encore si méprisés, voilà qu'ils faisaient figure de maîtres en civilisation.

Un prélat de la Renaissance : l'archevêque-roi Jacques II

Les destinées de Chypre semblaient irrémédiablement compromises. Famagouste était toujours occupée par les Génois. Le royaume était toujours vassal du sultanat mamelouk. Et la « reprise hellénique », à laquelle présidait la reine Hélène Paléologue, montrait toute la fragilité des assises sociales latines. Ce fut alors qu'apparut une personnalité hors série, capable de rénover cette société précocement décadente : Jacques le Bâtard.

Le roi Jean II, à sa mort (26 juillet 1458), avait laissé le trône à la fille qu'il avait eue d'Hélène Paléologue : la princesse Charlotte, mariée à Louis de Savoie, comte de Genève. Mais Jean II, avant son mariage avec Hélène, avait eu de Mariette de Patras, sa maîtresse, un bâtard nommé Jacques. Hélène, dans un accès de jalousie, fit couper le nez de la pauvre Mariette, mais elle ne put empêcher le roi d'élever le bâtard. Du moins, pour écarter celui-ci du trône, l'éleva-t-on dans les ordres : on en fit un archevêque de Nicosie et c'est sous ce nom de « Jacques l'Archevêque » en même temps que de « Jacques le Bâtard » qu'il sera connu des chroniqueurs (1).

C'était compter sans la personnalité de Jacques. Clerc malgré lui ou plutôt véritable prélat de la Renaissance, le moins qu'on puisse dire, c'est qu'il n'avait rien de religieux. On l'imagine plutôt dans l'entourage d'un Alexandre VI que sur un des sièges les plus vénérables de l'Orient latin. Versé dans toutes les intrigues de la cour, il s'était, tel un César Borgia, rendu coupable

---

(1) Cf. Mas Latrie, *Histoire des archevêques latins de Chypre*, Archives de l'Orient latin, t. II, p. 289. Mariette « de Patras », en réalité « des Flatri ».

de plusieurs assassinats perpétrés avec une audace inouïe contre ses ennemis politiques. Ce fut ainsi qu'il se débarrassa de Thomas de Morée, chambellan de la reine, et de Jacques Urri, vicomte de Nicosie (1). Après l'avènement de sa demi-sœur Charlotte, il s'enfuit en Égypte, chez les Mamelouks (1459). Depuis 1426, on l'a vu, les sultans d'Égypte se considéraient comme les suzerains du royaume insulaire. Pour satisfaire son ambition, Jacques n'hésita pas à s'entendre avec eux. Sans vergogne, l'étrange archevêque sollicita du sultan régnant —, al-Achraf Saïf ad-Dîn Inal —, l'investiture de Chypre.

Jamais la chrétienté n'avait assisté à pareil scandale. Mais le temps des croisades était loin et l'Archevêque ne s'embarrassait pas pour de tels scrupules. Ayant obtenu, moyennant une aggravation du tribut payé à l'Égypte, l'investiture sollicitée, il fut reconduit en Chypre par une escadre égyptienne avec un corps expéditionnaire de Mamelouks à ses ordres (septembre 1460).

Spectacle étrange que celui de l'archevêque de Nicosie, du bâtard royal, guidant vers sa patrie une nouvelle invasion musulmane ! Mais l'homme était un politique consommé qui sut se servir de ses redoutables auxiliaires sans s'asservir à eux. Grâce à ses mamelouks, il chassa Charlotte de Nicosie où il entra en vainqueur et aussitôt se proclama roi. La vieille noblesse française de Chypre, — qui montra presque sans exception un remarquable loyalisme envers la reine —, s'enferma dans Cérines, place qui résista encore trois ans. L'un de ces barons légitimistes, Gautier de Norès, tombé entre les mains de Jacques, se laissa dépouiller de tous ses fiefs plutôt que de prêter un serment de fidélité qu'il jugeait incompatible avec son honneur (1461) (2). On croirait, à lire le récit de son refus, entendre les fières paroles par lesquelles, en 1228, Jean d'Ibelin avait défendu l'honneur des barons de Terre sainte contre les invites de Frédéric II. Mais Jacques, comme tant d'hommes de la Renaissance, avait vraiment rompu avec le passé. A ces descendants des barons de croisade, il préférait des aventuriers étrangers, catalans, aragonais ou siciliens, dont il aimait à s'entourer et à qui il prodiguait titres et commandements, comme le Catalan Jean Perez Fabrice qu'il créa en 1461 comte de Carpas (3).

Mais en dépit des procédés peu recommandables par lesquels il s'était assuré le pouvoir, il sut l'exercer à la satisfaction générale. En politique le résultat seul compte. Or le règne de Jacques le Bâtard — de Jacques II — fut incontestablement un grand règne (1460-1473). Après avoir enlevé Cérines aux barons légitimistes (septembre-octobre 1463), il réalisa l'œuvre où avaient

(1) Bustron, p. 374-376.
(2) Bustron, p. 402-403.
(3) Bustron, p. 417. Sur Jean Perez Fabrice, *ibid.*, p. 407.

échoué tous ses prédécesseurs : le 6 janvier 1464 il chassa les Génois de Famagouste (1). Rien ne pouvait mieux asseoir son trône. La libération du grand port chypriote après une domination génoise de quatre-vingt-onze ans (1373-1464) assura du jour au lendemain, même dans les milieux jusque-là protestataires, la popularité du nouveau roi. Pour élargir cette popularité, il reprit à son compte la politique de sa marâtre, la reine Hélène Paléologue, et s'appuya comme elle sur l'élément indigène, sur l'élément grec, s'entourant d'officiers grecs et employant même le grec à côté du latin et du français dans ses documents officiels. D'autre part, après la reconquête de Famagouste, les auxiliaires mamelouks auxquels il devait le trône, devenaient inutiles, voire gênants. Jacques, qui n'en était pas à un crime près, s'en débarrassa par un massacre et cela — comble d'habileté — sans se brouiller avec la cour du Caire (1464). L'allégation d'un complot plus ou moins réel suffit à le couvrir diplomatiquement... La noblesse française, renonçant alors à un légitimisme sans espoir, se rallia à lui.

A la fin de son règne, Jacques le Bâtard avait donc reconstitué l'intégrité territoriale du royaume. Il avait rendu à celui-ci son indépendance économique. Il avait refait l'unité morale des esprits, fait cesser les âpres divisions qui, depuis l'assassinat de Pierre Ier, faisaient vivre le pays dans une atmosphère de guerre civile. Quels que fussent les procédés qui lui avaient permis de monter sur le trône, il mérite d'être considéré comme le restaurateur de la grandeur chypriote. Enfin, désireux d'obtenir une solide alliance extérieure et notamment de prévenir tout retour offensif des Génois, il épousa en 1472 la belle Catherine Cornaro, de l'illustre famille vénitienne de ce nom, famille qui possédait depuis plus d'un siècle de gros intérêts en Chypre (notamment dans les baillages de Morpho et de Piskopi où les Cornaro exploitaient de riches plantations de canne à sucre) (2). Pour ce mariage, la Seigneurie de Venise déclara adopter solennellement Catherine, marquant ainsi l'importance exceptionnelle qu'elle attribuait à cette union qui faisait entrer Chypre dans sa sphère d'influence. De son côté, Jacques II, assuré de la protection de la puissante république, libérateur de son pays et qui, de surcroît, venait de se réconcilier avec le Saint Siège, paraissait avoir dans tous les domaines atteint tous les objectifs des Lusignan quand il décéda brusquement le 6 juillet 1473. Il laissait Catherine Cornaro enceinte d'un fils qui devait être Jacques III, mais cet enfant mourut au bout de quelques mois

---

(1) *Ibid.*, p. 411-417.
(2) Cf. Heyd, *Histoire du Commerce du Levant*, t. II, p. 687 ; Mas Latrie, t. II, p. 363, 434, 455, 503 ; t. III, p. 179 et *ibid.*, III, p. 814-822 : *Note sur la famille de Catherine Cornaro* ; Marcel Brion, *Catherine Cornaro*, 1945.

de règne (1474). Bien entendu, la malveillance ne manqua pas de juger peu naturelles ces deux disparitions successives et d'en accuser la politique vénitienne à qui effectivement elles ne pouvaient que profiter. Sans entrer dans ces controverses, on ne peut que trouver assez mélancolique la carrière du hardi souverain qui quittait la scène au moment où il venait de réaliser toutes ses ambitions et de remplir enfin le programme de ses aïeux.

Règne de Catherine Cornaro

La mort inattendue de Jacques II laissa un grand vide. Celle de l'enfant Jacques III acheva de rendre les lendemains incertains. Catherine Cornaro — la reine Catherine — restait seule maîtresse de Chypre (1474-1489). Au début, une opposition assez sérieuse se manifesta sinon, à proprement parler, contre elle, du moins contre le régime vénitien dont elle se trouvait, qu'elle le voulût ou non, le docile instrument. Les chefs de cette opposition étaient des aventuriers siciliens, aragonais ou catalans, jadis au service de Jacques II et qui voulaient donner la couronne de Chypre au roi de Naples Ferdinand Ier.

Le fait est que la succession des Lusignan s'avérait ouverte. Toute la question était de savoir si l'héritière en serait la maison de Naples ou la République de Venise. La politique vénitienne était représentée par le propre oncle de la reine, Andrea Cornaro, qui tendait à gouverner sous le nom de Catherine, pour le seul profit de ses compatriotes et suivant les directions de la Seigneurie de Saint-Marc. Les gens de la faction sicilienne et aragonaise, tous gens de cape et d'épée, réagirent à leur manière. Le 15 novembre 1473 ils assassinèrent Andrea Cornaro ainsi que plusieurs autres résidents vénitiens. Venise employa la manière forte. Elle envoya à Famagouste une puissante escadre commandée par Pietro Mocenigo qui rétablit l'ordre, bannit ou fit disparaître les chefs du parti adverse et installa ouvertement ses compatriotes dans les principaux postes de l'État (1474) (1).

C'était, en fait sinon en droit, le protectorat vénitien. Néanmoins la royauté subsista quinze ans encore. Bien qu'étant par la force des choses l'instrument de la politique vénitienne, la reine Catherine, « aussi bonne que belle », restait fort chère au cœur de ses sujets. Ceux-ci lui montraient d'autant plus d'attachement qu'elle était le dernier symbole de leur ancienne indépendance, la dernière représentante de leur vieille dynastie.

Mais cette ombre d'indépendance inquiétait encore le Conseil des Dix. Savait-on de quoi cette jolie femme était capable ?

---

(1) Bustron, p. 439-449. Cf. Marcel Brion, p. 148, 162.

Que son cœur se laissât toucher par quelque prétendant intéressé, qu'elle s'avisât de se remarier, le joyau de la Méditerrané orientale échapperait aux Vénitiens. En 1489 le Sénat de Venise l'obligea donc à abdiquer en faveur de la République de Saint-Marc (26 février-14 mars 1489). Les Sénateurs avaient sans doute raison de se défier de leur ancienne compatriote, car Catherine outrée de la violence qui lui était faite, songea un instant à y échapper en se réfugiant à Rhodes. Mais les représentants de la Seigneurie épiaient tous ses actes et elle fut conduite à Venise où jusqu'à sa mort (1510) elle fut maintenue sous une discrète surveillance, tout en continuant à recevoir de la Seigneurie des honneurs royaux (1).

La domination vénitienne en Chypre.
Conquête de l'île par les Turcs

L'acquisition de Chypre porta à son apogée l'empire colonial vénitien dont elle parut constituer le plus beau fleuron. Cependant les désordres qui avaient troublé l'île depuis la conquête de Famagouste par les Génois (1374) jusqu'à la reprise du grand port par Jacques II (1464) avaient sérieusement atteint sa prospérité. Au moment de son annexion au domaine vénitien, Chypre ne comptait que 247.000 habitants (contre 310.000 de nos jours) dont 16.000 à Nicosie (aujourd'hui 18.600), 6.500 à Famagouste, 950 à Cérines, 77.066 *francomates* et 47.185 *pariques*.

Quant à l'annexion de Chypre par la Seigneurie de Saint-Marc, que faut-il en penser ? Convenons de bonne foi que devant la menace turque la réunion au domaine vénitien pouvait se concevoir. La puissante république, avec sa politique stable, sa diplomatie aux plans longuement mûris, paraissait peut être plus capable qu'une royauté sujette à tant de drames de cour, de maintenir l'île au pouvoir de la chrétienté. Toutefois les Chypriotes étaient trop habitués à leur vieille dynastie pour que le changement n'entraînât pas de regrets, et le régime vénitien, là comme ailleurs, fut loin de répondre à l'espoir des populations. « Auparavant, écrit en 1507 le chanoine normand Pierre Mésenge, les habitants faisaient leurs procès et écritures et plaidaient en français et maintenant ils le font en vénitien, de quoi ils sont assez mécontents, car tous, et spécialement les gentilshommes, sont aussi bons Français que nous sommes en France. » Envers ces éléments obstinément français, l'administration de la Seigneurie se montrait en effet soupçonneuse, tracassière et inquisitoriale. Pour affaiblir la noblesse terrienne française, on abattit

---

(1) Bustron, p. 457-458 ; Sanudo, *ap.* Mas Latrie, t. III, p. 435-445. Cf. Marcel Brion, *Catherine Cornaro*, p. 219 et sq.

ses châteaux, on s'efforça de la démilitariser, on la tint sous une sujétion étroite, on brisa le ressort de la vie locale. Grave imprudence dans ce poste avancé, face au péril turc.

Venise, du moins, parut se montrer fidèle aux engagements qu'elle avait en quelque sorte souscrits envers la chrétienté. Certes, on peut lui reprocher de n'avoir pas, en 1570, quand se produisit l'invasion ottomane, envoyé de renforts suffisants pour s'opposer au débarquement de l'armée ennemie. Ce fut ainsi qu'au bout de quarante-huit jours de siège Nicosie fut prise d'assaut par les Turcs (8 septembre 1570). Du moins le commandant de la garnison vénitienne, Niccolo Dandolo, avait-il péri dans la bataille. Et à Famagouste l'héroïque Marc'Antonio Bragadino qui s'était enfermé dans la place, résista avec 5.000 hommes de pied et 3.000 bourgeois ou paysans armés aux 80.000 soldats du pacha Mouçtafâ. Après avoir, depuis le 21 juin, repoussé six assauts, il obtint de sortir avec les honneurs de la guerre (1er août 1571). « Il sortit de la place à cheval, en grand costume de cérémonie, la tunique de pourpre sur ses armes, le parasol écarlate tenu par son écuyer au-dessus de sa tête. » Mais le pacha, violant sa parole, le fit écorcher vif (1). Sa mort clôt sur une page de gloire l'histoire de la domination latine à Chypre.

2. La vie a Chypre sous les Lusignan

Caractères de la royauté à Chypre

En droit, le royaume de Chypre n'était que « la continuation du royaume de Jérusalem » (2). Pour les théoriciens, ce n'était pas autre chose que le royaume de Jérusalem miraculeusement sauvé et perpétué. De fait, il était régi par les *Assises de Jérusalem* et avait ainsi, en principe tout au moins, la même constitution que l'ancien État de Terre sainte. Comme naguère à Jérusalem, la souveraineté y appartenait en dernier ressort au corps des féodaux réunis (à Nicosie) en *Haute Cour* ou *Cour des liges*. Toujours comme en Syrie (du moins en Syrie depuis 1162) la Haute Cour comprenait non seulement les vassaux immédiats de la couronne, mais aussi les arrière-vassaux. Pour que les décisions de la Haute Cour fussent valables, il fallait en principe qu'elle eût été convoquée et fût présidée par le roi. Sous cette réserve — d'ailleurs capitale — la Haute Cour, dès qu'elle était légale-

---

(1) Voir plus bas, p. 646, l'histoire de la conquête de Chypre par les Turcs. Cf. Jurien de la Gravière, *La guerre de Chypre et la bataille de Lépante*, t. I, p. 190-195.

(2) Les Lusignan, à leur avènement, étaient couronnés à Nicosie comme rois de Chypre et à Famagouste comme rois de Jérusalem (cf. Makhairas, trad. Miller-Sathas, p. 58).

ment constituée, avait une autorité supérieure à celle du roi (1). « C'est dans son sein, dit Mas Latrie, que les propositions royales recevaient force de loi ou d'assise et que se débattirent toutes les questions de successibilité, de minorité ou de régence. C'est en présence des feudataires que l'identité de la personne du souverain devait être constatée, son âge et sa filiation reconnues avant que le prince reçût de la cour elle-même l'investiture du pouvoir royal (2). » A propos de l'incarcération de Henri de Giblet par le roi Pierre Ier en 1369, le récit de Makhairas nous montre nettement que la couronne n'avait pas le droit de punir un lige sans avis conforme de la Haute Cour (3).

En théorie donc, la couronne chypriote restait, comme jadis la couronne de Jérusalem, non seulement étroitement contrôlée, mais, à un certain point de vue, subordonnée à la Haute Cour. Ou, si l'on préfère, l'autorité suprême ne résidait ni dans la royauté ni dans la Haute Cour, mais dans la personne du roi siégeant en Haute Cour ou encore dans la Haute Cour présidée par le roi. Toutefois la royauté en Chypre fut ou devint bientôt dans la pratique plus forte qu'à Jérusalem et surtout qu'à Saint-Jean-d'Acre. Il y avait d'abord une nette différence dans l'origine du pouvoir. Tandis qu'à Jérusalem Godefroi de Bouillon avait été élu par ses pairs, Guy de Lusignan avait directement acquis Chypre de Richard Cœur-de-Lion et en avait ensuite librement distribué les fiefs à ses propres compagnons. « En Chypre, remarque Mas Latrie, la royauté préexistait à la féodalité (4) ». Il n'y eut pas dans l'île comme en Syrie de grands fiefs capables de battre en brèche l'autorité royale : rien de semblable à la Principauté de Galilée, à la Terre d'Outre-Jourdain. L'érection de la presqu'île du Carpas en comté par Jacques II au bénéfice de l'aventurier catalan Jean Perez Fabrice devait être un fait tardif et exceptionnel. Guy de Lusignan ayant été trop généreux dans ses distributions de terres, son frère et successeur, le roi Amaury, reprit, nous l'avons vu, une partie de ses donations, rogna les fiefs et rétablit la prépondérance du domaine royal (5). Récupérations peut-être dénuées d'élégance, mais qui n'en consolidèrent pas moins l'autorité monarchique... De ce fait, l'île des Lusignan ne connut pas à proprement parler de grands

---

(1) *Assises de Jérusalem*, t. I, p. 453 ; t. II, p. 397. Voir dans Bustron, p. 282-288, les cérémonies du sacre d'un roi de Chypre (à propos du sacre de Pierre II en 1372). Aussi Strambaldi, p. 129-131. Voir dans Makhairas, trad. Miller, p. 182, la scène où le jeune roi Pierre II « fait ses preuves », c'est-à-dire expose ses titres à la couronne, auprès de la Haute Cour.
(2) Mas Latrie, *Histoire du royaume de Chypre*, t. I, p. 129.
(3) Makhairas, trad. Miller-Sathas, p. 150.
(4) Mas Latrie, t. II, p. 131.
(5) *Eracles*, p. 190, ms. G. On trouvera la nomenclature des principaux fiefs et des terres du domaine royal dans Mas Latrie, *L'île de Chypre, sa situation présente et ses souvenirs du Moyen Age* (1879), p. 402-430.

vassaux. Les prérogatives royales — droit de battre monnaie, droit de justice sur les bourgeois, privilèges commerciaux, etc. —, restèrent sans discussion entre les mains du roi. Les Lusignan, de Guy à Hugues III, avaient fait en Syrie une expérience trop amère des franchises féodales pour ne pas les restreindre, autant qu'ils le purent, dans leur domaine insulaire. Aussi un Amaury de Lusignan, un Hugues III, quand ils étaient à la fois rois de Chypre et de Jérusalem, s'intéressaient-ils avant tout à Chypre parce qu'ils s'y sentaient vraiment rois, tandis qu'en Syrie ils n'étaient que les premiers magistrats d'une république féodale : tel, plus tard, le Habsbourg ne s'intéressant réellement qu'à ses États autrichiens et négligeant le Saint Empire.

Il y eut à la consolidation de l'autorité royale en Chypre une autre cause, la même que dans la France capétienne : la continuité dynastique avec succession masculine à peu près constante. Le royaume de Jérusalem, ne l'oublions pas, avait sans cesse changé de dynastie, encore que ces changements aient été masqués par l'absence de loi salique. Dans la pratique, la couronne hiérosolymite, grâce à l'accession au trône des « princes-consorts », était, on l'a vu, passée de la maison de Boulogne à la dynastie ardennaise, de celle-ci à la maison d'Anjou, puis aux maisons de Lusignan, de Montferrat et de Champagne et de nouveau aux Montferrat, de là aux Brienne, des Brienne aux Hohenstaufen pour faire finalement retour au Lusignan. En Chypre, au contraire, la couronne resta aux « Lusignan directs » de 1192 à 1267, puis à une branche collatérale, la maison d'Antioche-Lusignan qui régna de 1267 à 1474. Encore Hugues III dans la personne duquel les Antioche-Lusignan accédèrent au trône, était-il, on s'en souvient, un Lusignan par sa mère, l'oncle maternel du dernier « roi direct ». De plus, avant d'accéder au trône, il avait exercé pendant cinq ans (1262-1267) les fonctions de régent, de sorte que son avènement ne fut marqué par aucune crise et que dans la pratique la continuité resta assurée (1). En fait, tout se passa comme si les Lusignan avaient continûment régné de 1192 à 1474. La question de légitimité soulevée en 1359 contre Pierre Ier par son cousin Hugues de Lusignan fut rapidement réglée par le retrait de la plainte de Hugues (2).

Pour achever le contraste, remarquons que les Lusignan résidèrent toujours en Chypre, tandis qu'à partir de 1225 la couronne de Jérusalem avait été détenue par des princes étrangers domiciliés en Italie ou en Allemagne (comme à partir de 1278 la principauté de Morée sera la plupart du temps gouvernée de Naples

---

(1) Cf. Mas Latrie, t. I, p. 385-388, 399-408, 424-428 (d'après les *Assises de Jérusalem, documents relatifs à la successibilité et à la régence*, t. II, p. 397 et sq., 415, 420).
(2) Makhairas, trad. Miller-Sathas, p. 59-61 et 71-72.

par des princes franco-italiens) (1). Cette présence réelle de la dynastie chypriote assura jusqu'au bout sa popularité, en dépit des excès d'un Pierre Ier et d'un Jacques II, de la faiblesse d'un Henri II ou d'un Pierre II. On n'en veut comme preuve que l'attachement désespéré des Chypriotes à Catherine Cornaro qui n'y avait d'autres titres que d'être l'épouse et la mère de leurs deux derniers rois.

Si l'on voulait outrer notre observation, on dirait que le royaume de Terre sainte au XIIIe siècle, à l'époque d'Acre, ressemblait un peu par ses institutions à la Pologne du *liberum veto*, tandis que le royaume de Chypre, nonobstant ses drames de palais, bénéficia d'une continuité dynastique presque capétienne.

Du roi féodal au prince de Machiavel

Ces diverses considérations expliquent l'évolution des pouvoirs en Chypre, évolution qui fut à l'inverse de ce que nous avons vu en Terre sainte. En Terre sainte, nous croyons l'avoir montré, la forte monarchie du XIIe siècle avait fait place, au XIIIe siècle, à une véritable république féodale. En Chypre au contraire, la royauté du XIIIe siècle, théoriquement toujours tenue en laisse par la noblesse, voit son pouvoir de fait s'accroître sans cesse et, à partir du XIVe siècle, dès Hugues IV et Pierre Ier, elle devient nettement prépondérante. « Les barons, occupés surtout de leurs divertissements et de leurs plaisirs » et qui n'ont plus, pour accroître leur prestige et leurs forces militaires, la raison valable de la guerre sainte, laissent la couronne acquérir une autorité personnelle allant avec Pierre Ier jusqu'au pouvoir absolu (2).

Sans doute cette marche ascendante comporta de nombreux pas en arrière, des reculs brusques, même des chutes profondes. La « tyrannie » de Pierre Ier aboutit en 1369 à son dramatique assassinat par les barons. Toutefois, remarquons-le, il s'agissait en l'espèce non d'une révolte de hauts barons terriens, de féodaux en tant que tels, mais d'un simple drame de cour, d'autant que les conspirateurs étaient sinon dirigés dans la coulisse par le propre frère du roi, Jean d'Antioche (3), du moins d'intelligence avec ce dernier : s'il n'a pas ordonné le meurtre de Pierre Ier, Jean était l'ami des meurtriers. Tragédie sensiblement analogue à celle qui coûtera la vie à ce même Jean d'Antioche lorsque, cinq ans plus tard, il sera poignardé par ordre et sous les yeux de la reine douairière, déployant devant lui la chemise ensanglantée du feu roi. Non point des luttes de féodaux, mais déjà et dans un

---

(1) Voir plus loin, p. 519.
(2) Cf. Bustron, p. 271-272 ; Makhairas, *l. c.*, p. 148.
(3) Sur ces titres de comte de Tripoli, prince d'Antioche, etc., portés par les fils du roi, cf. Makhairas, p. 50.

décor shakespearien, de beaux crimes domestiques de la Renaissance italienne avec toutes les fureurs de l'amour et de la haine. Sans doute, après l'assassinat de Pierre Ier les barons, ses meurtriers, cherchèrent-ils un instant à remettre en vigueur, dans la version due à Jean d'Ibelin, comte de Jaffa, les fameuses *Assises de Jérusalem*, c'est-à-dire la théorie de la monarchie subordonnée et contrôlée. La Haute Cour, réunie aussitôt après le meurtre, le 17 janvier 1369, déclara que les « novelletés et choses qui se faisaient sans l'agrément et l'octroi des hommes liges » devaient cesser. Une commission de seize barons fut chargée d'assurer ce retour à l'esprit et à la lettre des *Assises*. Mais les textes ne pouvaient aller contre l'évolution des mœurs (1). Même, un demi-siècle plus tôt, la déposition (1306), puis le rappel (1310) du roi Henri II n'avaient pas représenté non plus des révoltes féodales au sens territorial du mot, mais des drames de famille entre princes Lusignan, drames ayant déjà frôlé le fratricide.

En dépit de ces drames, à travers tous ces crimes fraternels, en dépit aussi de la personnalité assez pâle de plusieurs rois (au xive et au xve siècle, les Pierre Ier et les Jacques II sont rares) la dynastie reste incontestée et même elle se fortifie chaque jour. Elle se fortifie, fait paradoxal, malgré l'affaiblissement de l'État, quand de Pierre II à Jacques II (de 1369 à 1460), le pays subit la tutelle économique génoise, l'invasion mamelouke, l'agitation grecque, etc., mais parce que la royauté chypriote bénéficie de l'évolution générale de la souveraineté en Occident, évolution qui, du roi féodal, fait sortir le prince moderne. Le premier roi Lusignan, Amaury (1194-1205), était encore chargé de toutes les entraves féodales, legs des *Assises de Jérusalem* et de la « république d'Acre ». Le dernier, Jacques le Bâtard (1460-1473), sera un prince de la Renaissance italienne, un prince de Machiavel ne concevant l'autorité royale que comme un pouvoir absolu. L'histoire intérieure des Lusignan en Chypre nous permet ainsi de suivre « l'évolution posthume » des anciennes institutions monarchiques du royaume de Jérusalem comme si la catastrophe de 1291 n'avait pas eu lieu, comme si une courbe ininterrompue reliait Jacques le Bâtard à Baudouin de Boulogne.

La cour et l'administration

Ce qui, pour une bonne part, fait l'intérêt de l'histoire des institutions chypriotes, c'est, dans tous les domaines, la même continuité avec le passé de Terre sainte, parce qu'elles nous

---

(1) Cf. N. Iorga, *Philippe de Mézières*, p. 391 et *France de Chypre*, p. 63-64, 179-180.

montrent ce que serait devenu le royaume de Jérusalem s'il avait survécu. Le royaume insulaire n'est pas autre chose que l'ancienne Terre sainte transportée au milieu de la mer, y survivant près de deux siècles encore et y poursuivant, d'accord avec le mouvement général de la société occidentale, son évolution. C'est ainsi que les grands dignitaires de la cour de Nicosie sont en principe les mêmes que ceux de Jérusalem. Nous rencontrons ici encore le *sénéchal* qui a la surintendance du palais, des biens et revenus du roi, ainsi que l'inspection des châteaux-forts ; le *connétable* qui supplée le roi à la tête de l'armée comme à la présidence de la Haute Cour ; le *maréchal* qui seconde à son tour le connétable dans ses fonctions militaires ; le *chambellan*, chargé de la maison du roi ; le *grand bailli*, chargé de l'administration du trésor ou *secrète* ; l'*amiral* dont les fonctions furent naturellement beaucoup plus importantes dans l'île de Chypre qu'à Jérusalem (1) ; le *grand turcoplier* enfin qui commande les troupes indigènes. Notons aussi le *vicomte de Nicosie* et le *vicomte de Famagouste* qui étaient chargés dans ces deux villes de l'administration et de la police locales avec, sous leurs ordres, des *mathessep* qui étaient leurs lieutenants pour la police (2). A de légères différences près, nécessitées par l'adaptation locale, les magistratures hiérosolymites sont, dans tous ces postes, fidèlement conservées, tant en ce qui concerne les fonctions que la titulature.

Comme à Jérusalem, la justice était assurée par la *Haute Cour* pour les affaires féodales et par la *Cour des Bourgeois* ou *Cour du Vicomte*, présidée par ce dernier et composée de jurés nommés par le roi, pour les affaires civiles et criminelles intéressant les roturiers. Ajoutons, toujours comme à Jérusalem, la *cour de chaîne* et la *cour de fonde* pour les affaires maritimes et commerciales (3). Noms et choses qui, répétons-le, perpétuaient les institutions hiérosolymites comme les institutions quebecquoises du XIXe siècle ont souvent continué les institutions françaises du XVIIIe.

La noblesse française de Chypre

L'élément français en Chypre, comme naguère dans le royaume de Jérusalem, était principalement représenté par la noblesse. Cette noblesse appartenait à deux origines différentes : familles franques émigrées de la Terre sainte d'où elles avaient été chassées

---

(1) Voir en 1325, le rôle de l'amiral de Chypre dans la répression des corsaires qui infestaient les côtes de l'île (Makhairas, trad. Miller et Sathas, p. 39).
(2) Mas Latrie, *Histoire de Chypre*, t. I, p. 132-134.
(3) Mas Latrie, *Histoire de Chypre*, I, p. 134.

(entre 1191 et 1291) par la conquête musulmane ; ou familles directement venues de France en Chypre et parfois (mais plus rarement) originaires des autres « Frances d'outre-mer », par exemple émigrées de Naples au temps des Angevins. Mentionnons, parmi les plus connues des grandes maisons, les *Ibelin*, originaire, on s'en souvient, de Chartres, naguère seigneurs de Beyrouth, d'Arsoûf et de Jaffa, étroitement apparentés aux Lusignan et dont l'action fut prépondérante dans l'île de 1223 à 1310 ; les *Bessan* ainsi nommés de l'ancien fief de Beisân près du Jourdain (famille originaire de l'Artois); les *Giblet*, lesquels tiraient leur origine de la famille génoise des Embriaci, depuis assez longtemps francisée et qui au Liban avait, comme on l'a vu plus haut (1), possédé le fief de Djoubaïl, appelé Giblet ou Gibelet en vieux français ; les *Soissons*, les *Rivet*, les *Le Jaune*, les *Barlas* ou *Barlais* (ces derniers originaires du Poitou et dont un des représentants, Amaury Barlais, excite la colère de Philippe de Novare pour avoir pactisé en 1229 avec l'empereur Frédéric II), les *La Force*, les *Montfort*, les *Montbéliard*, les *Montolif*, les *Chenechy*, les *Babin*, les *Maugastel*, les *Novare* (ceux-ci d'origine piémontaise et à la famille desquels appartenait le célèbre chevalier-poète et chroniqueur), les *Dampierre*, les *l'Amandelée* (originaires de Calabre), les *l'Aleman* et les *Porcelet* (ces deux dernières maisons originaires de Provence et que nous avons mentionnées pour la dramatique histoire de l'infortunée maîtresse de Pierre Ier, la touchante Jeanne l'Aleman, dame de Choulou, qu'en 1368 la reine Éléonore d'Aragon fit affreusement torturer), les *Picquigny* (d'origine picarde), les *de Brie*, les *de Naplouse* (d'origine champenoise), enfin les *d'Arsur, de Tabarie* (Tibériade), *de Toron, de Montgisard, de Montréal, de Bélinas* (Bâniyâs, en haute Galilée), *de Néphin* (Enfé au Liban), *de Maraclée, de Scandélion* et *de Blanchegarde*, toutes maisons dont les noms, assez émouvants à retrouver ici, désignent leurs anciens fiefs syriens. Au contraire, les *d'Antioche* ne descendaient pas de l'ancienne famille princière de Syrie, mais d'une nouvelle maison flamande. Les *de Morf* ou *Morphu* étaient une famille poitevine apparentée aux Plessis-Richelieu (nous avons vu en 1368 Jean de Morf défrayer la chronique scandaleuse comme amant de la reine Éléonore d'Aragon) (2).

A lire les titres de plusieurs de ces seigneurs, on pourrait croire que nous sommes toujours en Terre sainte, que le drame de 1291 ne s'est pas produit. De fait, après la perte définitive de Saint-Jean-d'Acre, les Lusignan de Chypre, rois titulaires de Jérusalem, continuèrent à distribuer à leur entourage les an-

(1) Voir plus haut, p. 308 et 329.
(2) Mas Latrie, t. I, p. 135-139.

ciennes titulatures princières de Syrie et de Palestine. Ce fut ainsi qu'au xive siècle les de Morf purent s'intituler comtes de « Rohas », c'est-à-dire d'Édesse (ville perdue pour la chrétienté depuis 1144 !), et que le prince héritier de Chypre porta le titre de comte de Tripoli, tandis que ses frères cadets s'appelaient prince de Galilée ou de Tabarie, prince de Tyr, seigneur de Beyrouth, seigneur de Césarée, etc.

Il y a dans cette persistance des anciens souvenirs du temps des croisades une fidélité assez émouvante à la raison d'être de l'État chypriote, à ses origines, à son idéal. Certes, on ne voit guère, en dehors de Pierre Ier, de roi de Chypre qui ait sérieusement songé à reprendre à son compte le rôle d'un Godefroi de Bouillon. Les derniers d'entre eux étaient bien trop faibles pour cela et c'est à peine s'ils pouvaient défendre leur indépendance contre les Mamelouks. Ils ne s'en sentaient pas moins, et toute leur noblesse avec eux, les descendants des héros de jadis et ces grands souvenirs, pieusement conservés, constituaient l'orgueil du royaume Lusignan.

La raison de cette persistance était la persistance même du sentiment français. La noblesse chypriote resta en effet très fidèle à ses origines françaises et tout d'abord par le maintien de sa langue. En 1308 à Nicosie pour faire comprendre « au peuple » la condamnation des Templiers, il fallut traduire les bulles pontificales en français (1). La langue française survécut même à la disparition des Lusignan. Un voyageur normand qui passait par l'île en 1507, dix-huit ans après l'annexion de Chypre à Venise, notait encore, on l'a vu : « Tous ceux du pays et spécialement les gentilshommes sont aussi bons Français que nous sommes en France (2) ».

Est-ce à dire qu'au cours de cette longue période il n'y eut pas dégénérescence ? C'est ce qu'on ne saurait raisonnablement affirmer. Ce ne fut pas impunément que la noblesse franque, après avoir vécu pendant près de deux siècles (1097-1291) une vie de combats quotidiens en Syrie et en Palestine, se vit, pour près de trois cents ans (1291-1570), réduite à une existence oisive, loin de toute guerre, dans ce royaume sans frontières. A la place de la bataille quotidienne contre l'Islam, elle n'eut d'autres occupations que la vie de cour et de château, les intrigues et les drames de palais (nous avons vu qu'ils abondèrent), tous les dérivatifs, frivoles ou dangereux, de l'oisiveté.

L'ère des croisades était close, qui avait été la raison d'être de cette brillante noblesse. Elle ne put que se livrer tout entière à son goût pour le luxe et les plaisirs. Dans une page souvent

---

(1) Amadi, 286.
(2) Cf. Enlart, *L'art gothique et la Renaissance en Chypre*, I, III.

citée, Ludolphe de Sudheim en a laissé sous la rubrique de 1350 un portrait ébloui et quelque peu scandalisé : « Les princes, les seigneurs et les chevaliers de Chypre, écrit-il à son évêque, sont les plus riches de la chrétienté. Une fortune de trois mille florins annuels n'est pas plus estimée ici qu'un revenu de trois marcs chez nous. Mais les Chypriotes dissipent tous leurs biens dans les chasses, les tournois et les plaisirs. Le comte de Jaffa (un Ibelin) entretient une meute de plus de 500 chiens avec tout un personnel pour les garder, les baigner, les frictionner ; quant aux fauconniers il en a une dizaine (1). » Ces chasses, ajoutent nos sources, ne duraient pas moins d'un mois pendant lequel les seigneurs se déplaçaient à travers la campagne avec un train magnifique, leurs bagages étant portés par des chameaux, la queue de leurs chiens et de leurs chevaux étant teinte au henné en couleur orange selon la mode orientale et les bêtes sauvages étant poursuivies à l'aide de léopards apprivoisés. Bien entendu, ce luxe n'était pas toujours innocent et notre voyageur nous fera une peinture chargée du rôle et de la scandaleuse richesse des courtisanes chypriotes. Certes, dans ce passage célèbre, il faut faire la part de la rhétorique, comme naguère dans les diatribes de Jacques de Vitry à propos de la mollesse des « Poulains » de Syrie vers 1216 ; mais il y a certainement dans ces détails qu'on n'invente pas une peinture copiée sur le vif.

Enfin à côté de l'adaptation levantine, il faut tenir compte de l'italianisation, de l'hispanisation et aussi du métissage franco-grec. En effet, la noblesse chypriote, presque uniquement française au XIIIe siècle (2), se laissa, pendant la seconde moitié du XIVe siècle et surtout au XVe, pénétrer d'éléments italiens — surtout siciliens —, aussi, vers la fin, d'éléments catalans et aragonais. Nous avons déjà vu le rôle joué par ces aventuriers siciliens ou aragonais à la cour de Jacques II. La liste des possesseurs de fiefs donnée par le chroniqueur Florio Bustron pour les années 1464-1468 montre d'ailleurs bien cette lente pénétration. A côté des noms français, italiens, et espagnols, on relève aussi dans la même liste des noms de seigneurs d'origine grecque (Podocatharo, Dimitri Calamonioti, Alexandre Contostefano, Nicolas Sguro), cités visiblement sur un pied d'égalité avec les seigneurs d'origine latine (3).

Rôle du royaume de Chypre dans le commerce du Levant

Si les chroniqueurs médiévaux vantent tous la richesse de la société chypriote, si cette richesse excitait de telles convoitises,

---
(1) Mas Latrie, t. II, p. 215.
(2) Voir dans Mas Latrie, t. I, p. 135 la liste des principales familles de la noblesse chypriote aux XIIIe-XIVe siècles.
(3) Bustron, p. 417-424.

si elle valut finalement à Famagouste la catastrophe de l'occupation génoise, c'est que l'île bénéficiait d'une situation exceptionnelle pour le commerce du Levant.

L'importance de cette situation alla sans cesse en augmentant depuis les débuts de l'occupation latine. Déjà pendant le premier siècle de son existence (1192-1291) le royaume des Lusignan avait joué un rôle commercial assez considérable comme escale entre l'Occident et la Syrie franque. La meilleure preuve en est dans le soin que les Génois — favorisés ici par leur amitié traditionnelle avec la maison d'Ibelin — apportèrent à obtenir la franchise douanière (1218), ainsi que des concessions à Nicosie, Limassol, Famagouste et Baffo (Paphos) (1232). Venise obtint aussi la franchise douanière et des concessions analogues, notamment à Limassol (1). Toutefois, à cette époque, Chypre n'était encore qu'au second plan dans les préoccupations économiques des républiques italiennes. Ce n'était encore que la principale étape sur la route de la Syrie.

La situation changea brusquement à la chute des dernières possessions franques en Syrie, car il n'est pas douteux que ce fut la catastrophe définitive de la Terre sainte qui assura la fortune de Chypre (1291). L'importance commerciale des ports chypriotes s'en trouva du jour au lendemain décuplée. Dans les dix ans qui suivirent la chute d'Acre, Venise, Gênes, Pise et Barcelone, adaptant leurs méthodes commerciales aux conditions nouvelles, transférèrent dans l'île le siège de leurs affaires. Les ports chypriotes, Famagouste, Larnaka, Limassol, Baffo, héritèrent ainsi du trafic de Tripoli, de Tyr, de Saint-Jean-d'Acre et de Jaffa. Le royaume des Lusignan devint l'escale à peu près obligatoire du monde chrétien pour tout le trafic avec la Syrie et l'Égypte mameloukes, le principal entrepôt pour l'importation des produits de l'Asie musulmane, de l'Inde et de l'Extrême-Orient : soieries et cotonnades, draps d'or, tapis, faïences, cuivres, parfums, épices et pierreries (2). « Toutes les caravanes chargées d'épices et de coton arrivaient en Syrie ou à Alexandrie d'où on les chargeait pour les transporter par mer à Famagouste. Toutes les nations d'Occident se donnaient rendez-vous dans cette ville et y faisaient des affaires (3). »

Aux marchandises exotiques, il n'est que juste d'ajouter le produits de l'île elle-même, notamment le sucre des champs de canne à sucre de Limassol, de Baffo et de Kolossi (4) et le sel des salines de Larnaka. Chypre avait d'autre part son industrie

---

(1) Heyd, *Commerce du Levant*, t. I, p. 362-364. Documents dans Mas Latrie, t. II, p. 51 et sq.
(2) Cf. Philippe de Mézières, *ap.* Mas Latrie, II, p. 389-390.
(3) Heyd, t. II, p. 687.
(4) Cf. Piloti, *ap.* Heyd, t. II, p. 8. Aussi Pegolotti, *Pratica della mercatura*, p. 64.

propre. Elle fabriquait en effet des *camelots*, *samits* et draps d'or recherchés dans tout l'Occident. L'importance de ce commerce nous est attestée par Pegolotti qui séjourna en Chypre de 1324 à 1327 et de nouveau en 1335 comme agent de la banque florentine des Bardi. (1).

Dans l'antiquité la primauté commerciale en Chypre avait été disputée entre les ports de la côte orientale comme Salamine et les ports du sud-ouest comme Paphos et Citium. A l'époque des Lusignan ce fut le port de l'est, Famagouste, qui sans conteste l'emporta. Famagouste était le grand centre d'exportation des marchandises indigènes, le grand entrepôt des marchandises étrangères. C'était aussi le principal centre de l'activité commerciale des Génois à qui Pierre Ier, — sans doute dans l'espoir d'une aide navale pour ses projets de croisade — avait vers 1365 concédé des privilèges exceptionnels. Notons que les privilèges ainsi obtenus par la commune de Gênes ne se limitaient pas à ses seuls nationaux. De même qu'au XIXe siècle dans les « concessions » européennes de Changhaï le pavillon britannique ou français protégeait les résidents hindous ou annamites, les franchises accordées en Chypre aux citoyens de Gênes furent par la suite étendues aux *protégés génois*, marchands syriens pour la plupart « à qui, dit Makhairas, les consuls génois, dans l'intérêt de leur commerce, avaient décerné la nationalité ». Makhairas nous a conservé les noms d'un certain nombre de ces familles syriennes originaires d'Acre ou de Djoubaïl, les Gourri, les Daniel, les Goulis, etc. (2). Depuis 1329, la colonie génoise dans l'île avait à sa tête un *podestat* qui résidait dans la ville de Famagouste. Mais l'intérêt que la république italienne portait à Famagouste n'était pas sans danger. Déjà en 1364, sous le règne de Pierre Ier, la colonie génoise de ce port, s'estimant lésée dans ses immunités et privilèges, courut aux armes. Le podestat génois, Guglielmo de Lermi, n'hésita pas à menacer de représailles les autorités royales. Pierre Ier, pour conserver l'aide des Génois dans les croisades qu'il méditait, envoya au doge de Gênes, Gabriele Adorno, une ambassade conduite par Philippe de Mézières, pour lors chancelier de Chypre, ambassade qui accorda aux Génois de complètes réparations et qui confirma tous leurs privilèges jusqu'à une véritable exterritorialité (3). Gênes avait donc obtenu d'un roi fort comme Pierre Ier la satisfaction de toutes ses exigences. Ce fut bien pis lors des troubles provoqués par l'assassinat de celui-ci et avec un souverain faible comme Pierre II : nous avons vu qu'à la faveur de ces circons-

(1) Heyd, t. II, p. 9-10.
(2) Makhairas, trad. Miller-Sathas, p. 210.
(3) Makhairas, *l. c.*, p. 78-86.

tances les Génois, en 1374, finirent par s'emparer purement et simplement du grand port chypriote.

Richesse de Chypre

Sous la rubrique de 1350, c'est-à-dire sous le règne de Hugues IV qui, il est vrai, marque peut être l'apogée de l'économie chypriote, la richesse de l'île en général et en particulier de Famagouste nous est décrite avec précision par Ludolphe de Sudheim : « Les marchands de Chypre. ont acquis d'immenses richesses. Rien d'étonnant à cela, puisque leur île est la dernière terre des chrétiens vers l'Orient, de sorte que tous les navires et toutes les marchandises, de quelque rivage qu'ils soient partis, sont obligés de s'arrêter en Chypre. Quant à la ville de Famagouste, c'est une des plus riches cités qui existent. Ses habitants vivent dans l'opulence. L'un d eux, en mariant sa fille, lui a donné, pour sa coiffure seule, des bijoux qui valent plus que toutes les parures de la reine de France ensemble. Un marchand de Famagouste vendit un jour au sultan d'Égypte pour le sceptre royal une pomme d'or enrichie d'une escarboucle, d'une émeraude, d'un saphir et d'une perle. Ce joyau coûta 60.000 florins. Quelque temps après, le marchand voulut le racheter et en offrit — vainement — 100.000 florins. Il y a dans n'importe quelle boutique de Famagouste plus de bois d'aloès que cinq chars n'en pourraient porter. Je ne dis rien des épices : elles sont en aussi grande quantité dans cette ville, elles s'y vendent en aussi grande abondance que le pain. Pour les pierres précieuses, les draps d'or et les autres objets de luxe, mes compatriotes se refuseraient à en croire mes affirmations. Il y a aussi à Famagouste une infinité de courtisanes ; elles y ont fait des fortunes considérables et beaucoup d'entre elles possèdent plus de cent mille florins (1) ». Mais ne sommes-nous pas ici, comme le rappelait naguère M. Kammerer, « au pays d'Aphrodite », et les courtisanes « latines » du XIVe siècle ne perpétuent-elles point la tradition de leurs aïeules grecques ou phéniciennes, les prêtresses d'Amathonte, d'Idalie et de Paphos ?

Les colonies italiennes

Il en allait ici encore comme. naguère dans la Syrie franque du XIIIe siècle : la prospérité du pays provenait en grande partie de l'intérêt que lui portaient les républiques italiennes, leurs armateurs, leurs grandes maisons de commerce, leurs banques. Les foyers principaux de l'éclatante richesse chypriote, les animateurs

---

(1) Mas Latrie, t. II, p. 214.

de tout ce luxe, étaient les comptoirs génois, vénitiens, pisans ou florentins qui se pressaient dans la capitale et dans les ports. Les quartiers concédés à Famagouste et dans les autres grandes villes aux colonies génoise et vénitienne formaient, comme naguère en Syrie, des quartiers entiers, renfermant des églises, des entrepôts, des maisons d'administration, quartiers jouissant de franchises très étendues qui allaient pratiquement jusqu'à l'exterritorialité (1). Ces colonies étaient placées, on l'a vu, sous la direction d'un consul général, portant pour les Vénitiens le titre de bayle *(bailo)* et pour les Génois celui de podestat *(podestà)*. Au xive siècle le podestat génois et le bayle vénitien deviendront les personnages les plus puissants de l'île après le roi. Ainsi dans la Turquie du xixe siècle les ambassadeurs de Russie et d'Angleterre auprès de la Porte. La banque florentine des Bardi exerçait également une grande influence économique, notamment à Famagouste (2). Enfin les colonies barcelonaise et montpelliéraine, qu'il faut se garder d'oublier (cette dernière favorisée par Hugues IV et Pierre Ier), tinrent un rôle honorable (3).

Les négociants levantins

Aux courtiers des nations latines il convient d'ajouter les négociants syriens. Makhairas affirme expressément (sous la rubrique de 1364) que « les Syriens avaient la prédominance dans la riche ville de Famagouste » et qu'ils méprisaient la population grecque, traitée par eux d'esclave (4). Citons parmi ces négociants syriens les deux frères Lakha ou Lakhanopoulos, de religion nestorienne, qui étaient établis à Famagouste sous les règnes de Hugues IV et de Pierre Ier. Ils y avaient réalisé dans le commerce de commission, particulièrement dans la joaillerie, une fortune énorme. On les vit recevoir chez eux Pierre Ier et le traiter, lui et son entourage, avec une magnificence toute royale (5). Ce sont sans doute, pense Enlart, les frères Lakhanopoulos qui vers 1300 construisirent l'église nestorienne de Famagouste dont le style relève du Midi de la France (6).

Plusieurs indices nous permettent de penser que le cas des Lakhanopoulos n'était nullement une exception et que nombreux

---

(1) Heyd, t. II, p. 6 sq. Voir dans Mas Latrie, t. II, p. 51-56 le privilège commercial concédé par Henri Ier aux Génois.
(2) Heyd, *Commerce du Levant*, p. 12.
(3) *Ibid.*, p. 13-15 ; Germain, *Histoire... de Montpellier*, t. II, p. 541.
(4) Makhairas, trad. Miller et Sathas, p. 86.
(5) Bustron, p. 258, sous la rubrique de 1359 ; Strambaldi, p. 36-38 ; Makhairas, trad. Sathas, p. 52 et sq. ; Heyd, *l. c.*, II, p. 11 ; Iorga, *France de Chypre*, p. 146.
(6) Cf. Enlart, *L'art gothique et la Renaissance en Chypre*, t. I, p. 358. Sur les frères Lakhas, nombreux détails dans Makhairas, trad. Miller et Sathas, p. 51-55.

étaient les commerçants syriens ou arméniens qui avaient réalisé en Chypre des fortunes analogues.

Enrichissement de la bourgeoisie

Quelles que fussent ses origines, fort diverses, on le voit, nous nous trouvons là en présence d'une classe bourgeoise remarquablement prospère, avec la puissance que ne manque jamais d'assurer la fortune, et, au demeurant, fort consciente de cette puissance. Les nobles, la cour même comptaient avec elle, étant souvent ses obligés. Nous trouvons dans Amadi et dans Bustron un tableau fort vivant de cette riche société marchande à propos des fêtes qu'elle donna en 1310, à Nicosie, pour célébrer le retour d'exil du roi Henri II. Tableau fort pittoresque. Les bourgeois défilent par « compagnies » organisées, chacune vêtue à ses couleurs nationales : les Génois en sayons mi-partie jaune et violet, les Vénitiens en jaune et rouge, les Pisans tout en rouge, les Syriens en rouge et vert, et enfin les bourgeois proprement chypriotes, c'est-à-dire français ou « poulains », en blanc et rouge (1).

En effet, si nous avons jusqu'ici mentionné surtout les négociants italiens ou levantins, la bourgeoisie française insulaire ne doit pas être oubliée. Enrichie par le commerce avec les puissantes colonies étrangères, elle était parvenue, sinon en droit du moins en fait, à une situation politique non négligeable. Au témoignage de Léonce Makhairas, le roi Jacques Ier « établit cette loi que, si un bourgeois était maltraité par un chevalier ou un lige, on pourrait citer ce dernier devant les tribunaux de la part du roi ». Jacques Ier alla jusqu'à « choisir des enfants de bourgeois pour en faire sa garde et celle de son fils » (2). « Des bourgeois pouvaient être dignitaires du royaume et sous Jacques II le Bâtard on en trouve un qui est vicomte de Famagouste. » En 1473-1474 nous voyons les bourgeois de Nicosie s'organiser pour défendre contre le parti catalan les droits de la reine Catherine Cornaro (3). C'est ainsi que dans la Syrie franque les bourgeois d'Antioche et d'Acre s'étaient constitués en commune, pour se défendre, les premiers contre la mainmise arménienne en 1193, les seconds contre la menace frédéricienne en 1231. Dans les deux cas l'appel aux bourgeois, l'intervention de la bourgeoisie avaient été le suprême recours contre la dénationalisation. Mais en Chypre en 1473 le résultat de ce loyalisme dynastique, de ce sentiment chevaleresque envers une jeune veuve menacée devait être bien différent : en croyant travailler pour la reine Catherine les bourgeois

(1) Makhairas, *ibid.*, p. 55.
(2) Amadi, p. 383-384 ; Bustron, p. 237-238.
(3) Bustron, p. 444.

de Nicosie faisaient le jeu de Venise qui, quinze ans plus tard, en profitera pour annexer le royaume.

Situation politique et sociale de l'élément grec

Le vice secret du royaume des Lusignan, et cela aux jours de sa plus grande prospérité, résidait dans ses origines mêmes. Il n'avait pu être fondé que par la superposition brutale de l'élément franc au fond indigène byzantin. Nobles ou bourgeois, les Latins ne représentèrent jamais que les cadres du royaume chypriote. La masse de la population restait composée de Grecs. Lors de la conquête, les classes dirigeantes grecques s'étaient vues, selon l'expression de Mas Latrie, « rabaissées d'un degré, réduites à un état analogue à celui des premiers bourgeois récemment sortis, en Europe, du servage ». Par la suite cette classe d'indigènes libres et riches s'accrut par l'adjonction des *éleffthères* ou affranchis de la campagne, rachetés du servage.

Cette division ne s'effaça jamais. Aux jours de l'invasion mamelouke en 1426 ou de l'invasion ottomane en 1570, on eut l'impression que la masse grecque ne se sentait guère solidaire de ses maîtres latins. Du reste, l'invasion mamelouke avait été aussitôt suivie de l'insurrection rurale grecque de 1426-1427 qui avait prétendu restaurer en Chypre un despotat byzantin, c'est-à-dire rétablir la situation d'avant 1291.

Il y eut cependant, à cette hostilité ethnique et culturelle, de sensibles atténuations. Une cohabitation de près de trois siècles ne va pas sans provoquer un certain rapprochement. Certains Grecs entrèrent dans l'armée, s'y poussèrent même aux grades supérieurs et furent, par cette voie, admis dans les rangs de la noblesse : tel fut le cas d'un très curieux soldat de fortune, nommé suivant les sources Thibat ou Thomas Belpharadge, qui vers 1375-1376 obtint de Pierre II le grade de grand turcoplier avec plusieurs fiefs. Ce Belpharadge avait été nommé turcoplier pour avoir cherché à reprendre Famagouste aux Génois. Mais bientôt, rendu insolent par l'attachement de ses soldats, il fit assassiner le confesseur du roi et le vicomte de Nicosie qui faisaient obstacle à ses desseins. Il fut finalement exécuté (1376). On lira dans Bustron (p. 346) et dans Makhairas (trad. Miller, p. 334) les furieuses invectives qu'en marchant au supplice il adressa à la reine-mère Éléonore d'Aragon. (1). D'autres Grecs, grâce à leur culture et à leurs capacités, s'élevèrent aux premières places dans l'administration civile comme ce fut le cas pour les membres de la famille Makhairas : Pierre Makhairas qui en 1427 participa à l'écrasement de la jacquerie indigène, donnant ainsi

(1) Cf. Bustron, p. 339-346 et Makhairas, *l. c.*, p. 226. 321-335.

dans des circonstances décisives une éclatante preuve de son loyalisme « latin » (1), et Léonce Makhairas, l'historien, qui fut employé de la chancellerie royale et qui en 1432 fut envoyé comme ambassadeur auprès de l'émir de Qaraman, en Asie Mineure (2). On a vu enfin que lors de la redistribution des fiefs par Jacques II, en 1464-1468, plusieurs des seigneurs possesseurs de fiefs comme les Podokatharo, les Kontostefano, les Kalamonioti, les Sguro, portent des noms purement grecs. Le philhellénisme de Pierre II et surtout de la reine Hélène Paléologue était passé dans les faits.

Cependant il ne faut pas s'y tromper. Il s'agissait là de brillantes ascensions isolées. La bourgeoisie grecque resta en principe confinée à un rôle subalterne. Quant à la masse des paysans grecs, ils continuèrent, sous les Lusignan comme sous les Byzantins, à cultiver la terre sous le régime du colonat comportant la dépendance corporelle et le travail obligatoire. Au témoignage de Léonce Makhairas, ils formaient deux classes : ·les *pariques (paroikoi)* qui n'étaient, au fond, que de simples esclaves et les *perpiriens* ou perpériadides (ainsi appelés parce qu'ils payaient un hyperpère par tête), assez analogues aux « serfs de la glèbe » et aux « hommes de mainmorte » de nos « coutumes » françaises (3). Nous savons qu'ils devaient travailler trois jours sur six pour leur seigneur (4). Or, en 1364-1365, au témoignage de Léonce Makhairas, le roi Pierre Ier, pour se procurer des fonds, accorda la liberté à un grand nombre de perpiriens (5). D'autre part, à la longue, nombre de *pariques* améliorèrent aussi leur sort et réussirent à passer dans la classe des *élefthères* en s'enrôlant dans la guerre sainte ou dans les guerres civiles. En 1425, par exemple, Makhairas mentionne dans l'armée chypriote qui va repousser l'invasion des Mamelouks, des paysans grecs affranchis à cet effet (6). En 1460, Jacques II, récompensant des services de cet ordre, élèvera plusieurs d'entre eux à des grades subalternes.

Ainsi, au XVe siècle, cette « remontée » de l'élément grec s'imposait à la cour elle-même. Nous avons vu la reine Hélène Paléologue la favoriser de tout son pouvoir et y rallier son époux Jean II. A son tour Jacques II, bien que parvenu au trône contre le parti d'Hélène, suivra fidèlement sur ce point la politique de sa belle-mère.

(1) Mas Latrie, II, p. 542.
(2) Lettre de Bertrandon de la Brocquière, *ap.* Mas Latrie, III, p. 3-4.
(3) Mas Latrie, I, p. 49.
(4) Philippe de Mézières, *Songe du vieil pèlerin*, dans Mas Latrie, II, p. 382.
(5) Makhairas, trad. Miller et Sathas, p. 86-87.
(6) Makhairas, *l. c.*, p. 367

Le problème ecclésiastique

En Chypre comme dans l'empire latin de Constantinople et comme dans la principauté franque de Morée, le seul obstacle majeur entre conquérants et sujets était l'obstacle confessionnel, celui que constituaient la « procession du Paraclet » au point de vue du dogme, la prééminence du Siège romain au point de vue de la discipline (1). Non que les Lusignan aient cherché à « convertir » leurs sujets grecs, mais parce que de sérieuses difficultés n'en surgirent pas moins entre Latins et Grecs en matière ecclésiastique (2).

Naturellement, au lendemain de la conquête, l'Église romaine avait pourvu les sièges épiscopaux. En 1196-1197 le pape Célestin III avait nommé un archevêque à Nicosie et trois évêques à Famagouste, Limassol et Baffo. Le premier archevêque de Nicosie fut Alain, archidiacre de Lydda (3) ; le plus remarquable semble avoir été l'Auvergnat Eustorge de Montaigu, archevêque de 1217 à 1250 et qui fut un des principaux constructeurs de la cathédrale Sainte-Sophie de Nicosie (4). Par ailleurs, la plupart des Ordres religieux, Bénédictins, Cisterciens, Augustins, Carmes, Cordeliers, Dominicains et Prémontrés, s'établirent dans l'île. Enfin les Templiers et les Hospitaliers y reçurent d'importants établissements. De la chute d'Acre (1291) à leur installation à Rhodes (1308), les Hospitaliers eurent pour centre la ville de Limassol.

Cependant, comme nous l'avons vu, les rois Lusignan ne semblent pas avoir cherché à exercer de prosélytisme dans l'élément grec. On ne signale de leur part aucune tentative de conversion en masse (ni même partielle) des Grecs de Chypre à l'Église romaine, pas plus d'ailleurs qu'on n'avait relevé en Terre sainte aux XIIe-XIIIe siècles de pression royale pour faire adhérer à Rome les Jacobites, Grecs ou Nestoriens. Il y a là, dans les deux cas, un esprit de relatif libéralisme monarchique qu'il n'est pas mauvais de signaler. En Chypre, l'Église grecque conserva donc son archevêque, ses treize évêques et une partie au moins de ses biens, quoiqu'elle eût perdu beaucoup de ses dîmes, attribuées d'office aux évêques latins.

Toutefois, s'il n'y eut pas, comme on aurait pu le craindre, conflit spirituel immédiat, une âpre discussion ne s'en produisit

(1) Sur l'Église de Chypre et ses principaux représentants avant l'époque franque, cf. Makhairas, trad. Miller et Sathas, p. 20-28.
(2) Cf. J. Hackett, *A history of the Orthodox Church of Cyprus*, London, 1901.
(3) Mas Latrie, *Hist. de Chypre*, I, p. 123, III, p. 606-607.
(4) Mas Latrie, *Les archevêques latins de Chypre*, Archives de l'Orient latin, II, p. 214-229.

pas moins pour le partage des biens ecclésiastiques. L'Église latine, dotée en partie sur le temporel des cures et des monastères grecs, prétendait succéder à la totalité des biens qui avaient autrefois appartenu à ces établissements. Elle cherchait même à récupérer celles des terres en question qui après 1192 avaient été usurpées par la royauté ou par les seigneurs (1). Sur cette dernière question, un accord intervint à Limassol en octobre 1220 entre le légat Pélage et la régente Alix, accord par lequel la noblesse s'engagea à payer à l'Église la dîme pour tous les produits et revenus de ses biens, tandis que la couronne renonçait aux tailles ou prestations des serfs de domaines ecclésiastiques.

Quant aux difficultés entre l'Église grecque et l'État des Lusignan, elles furent généralement tranchées à l'amiable. Naturellement les Grecs considéraient leur vieille Église comme leur protectrice naturelle contre le conquérant. Ils se réfugiaient en elle, cherchaient à s'abriter derrière les privilèges qu'elle avait malgré tout conservés. Pour fuir la corvée et la taille, serfs ou paysans indigènes entraient en masse dans les monastères orthodoxes. Lors des accords de 1220, la régente Alix et le légat Pélage, tout en continuant d'exempter des liens du servage les membres du clergé grec, s'efforcèrent d'arrêter cette extension du monachisme indigène en spécifiant qu'aucun serf ne pourrait entrer au couvent sans l'assentiment de son seigneur (2). Pour qui connaît la puissance du monachisme dans l'Église orthodoxe — au point que les moines incarnent ici non seulement la foi, mais aussi l'ethnie grecque et, si l'on peut dire pour cette époque, le patriotisme grec, — il n'est pas douteux que la royauté franco-chypriote s'était heurtée là à un obstacle d'importance qu'elle semble d'ailleurs avoir adroitement surmonté.

Les différends entre les deux Églises ne s'arrangeaient pas aussi facilement et même ils paraissaient s'envenimer. Le clergé latin, — agissant du reste ici très nettement en dehors des volontés de la couronne — semblait méditer maintenant l'entière soumission de l'Église grecque, sinon peut-être ouvertement au point de vue spirituel et dogmatique, du moins au point de vue temporel et féodal. Il exigeait, en tout cas, que nul prélat grec, évêque, abbé, que nul *pappas*, ne prît possession de ses fonctions sans la permission expresse de l'évêque latin ; que tous les évêques grecs nouvellement nommés vinssent s'agenouiller devant l'évêque latin et que « mettant leurs mains dans ses mains, à la manière du vassal rendant hommage à son suzerain, ils lui jurassent fidélité et hommage ».

Comme on le voit, il ne s'agissait point de faire adhérer les

---

(1) Mas Latrie, *Hist. de Chypre*, I, p. 205-206.
(2) *Ibid.*, I, p. 207.

prélats grecs à la *foi* romaine, mais de faire d'eux les *vassaux* du prélat latin. Et c'est précisément le caractère purement temporel et féodal de cette prétention qui dut sans doute indisposer la couronne. De fait, la dynastie des Lusignan se fit ici la protectrice du clergé grec. Malgré la cour romaine qui ne voulait laisser aux Grecs que de simples évêques, la royauté toléra même un archevêque grec à côté de l'archevêque latin (1). Le cardinal d'Albano, légat du Pape, obtint seulement en 1222 que les quatre prélats grecs — l'archevêque de Nicosie, les évêques de Famagouste, Limassol et Baffo — dussent fixer leurs résidences hors de ces quatre villes, dans des localités secondaires, étant entendu en outre, ajoutait le légat, que les évêques latins seraient considérés comme leurs supérieurs spirituels. Plusieurs prélats grecs préférèrent s'exiler plutôt que de souscrire à ce qu'ils considéraient comme une apostasie, mais la plupart d'entre eux se résignèrent ou plutôt semblèrent en apparence se résigner à ces clauses de style, tout en continuant, eux et leurs ouailles, à ne considérer en réalité comme chef spirituel légitime que le patriarche orthodoxe de Nicée ou de Constantinople.

Il y eut encore des accès d'intolérance. Le conflit se réveilla notamment sous l'archevêque latin de Nicosie Hugues de Fagiano (1250). En 1251 Hugues excommunia tous les Grecs qui nieraient la prééminence de l'Église romaine ou qui refuseraient d'assister le dimanche aux offices latins.

Cette dernière règle ne tendait à rien de moins qu'à allumer une guerre de race doublée d'un conflit linguistique. A cet égard, Hugues de Fagiano ne paraît guère avoir reçu l'approbation du pape Innocent IV qui, au contraire, autorisa en cette même année 1251 l'installation d'un métropolite grec soumis (mais, de toute évidence, en paroles seulement) à l'Église romaine. En tout cas, le roi Henri Ier semble avoir nettement soutenu ici le clergé grec (2). Hugues de Fagiano s'attaquant aux prérogatives de l'archevêque grec, celui-ci — Germanos —, en appela au pape et non sans habileté se rendit à Rome (1260). Le pape Alexandre IV publia alors (3 juillet 1260) une bulle sur la constitution de l'Église de Chypre.

Il faut le reconnaître, l'acte pontifical de 1260 semble avoir marqué, tout au moins en théorie, une aggravation de la situation religieuse des Grecs. Le seul métropolite pour les Grecs comme pour les Latins devait être l'archevêque latin de Nicosie. Les Grecs conservaient quatre évêques, élus par leurs fidèles et titulaires de Nicosie, Baffo, Famagouste et Limassol, mais résidant en réalité dans des villes secondaires, savoir à Solia (pour

---

(1) *Ibid.*, I, p. 210-215.
(2) Mas Latrie, *Hist. de Chypre*, I, p. 355-358.

Nicosie), Arsinoé (pour Baffo), Riso Karpasso (pour Famagouste) et Lefkara (pour Limassol). Clause plus grave : les évêques grecs étaient installés par l'évêque latin entre les mains duquel ils prêtaient serment d'obéissance. Sans doute la signification de ce serment variait-elle selon les intéressés. Pour l'évêque latin, nul doute qu'il ne s'agît d'une totale adhésion théologique, tandis que, pour les prélats grecs, c'était un hommage purement politique, d'ailleurs forcé et par conséquent sans valeur. Enfin — ce qui ne laissait pas que de tarir les ressources des Orthodoxes, — la dîme était versée au seul clergé latin (1). Bien entendu, dans ces conditions, la tension ne pouvait que persister. A plusieurs reprises, notamment en 1313 et en 1359, l'hostilité confessionnelle à Nicosie faillit provoquer dans la population grecque de véritables émeutes. En décembre 1359, notamment, le légat Pierre Thomas, un Carme, convoqua les évêques et supérieurs de couvents grecs dans l'église Sainte-Sophie de Nicosie et essaya de les convertir de force. La population grecque se souleva, brisa les portes de l'église et faillit y mettre le feu. Le roi Pierre Ier s'entremit, força le légat à quitter l'île et, dit Makhairas, « recommanda aux prélats et prêtres grecs de continuer d'observer leur religion suivant les rites accoutumés ». Pierre Ier chargea ensuite trois chevaliers « d'aller raconter au Pape les folles imprudences de son légat en le priant de ne plus en envoyer qui occasionnassent de pareils scandales » (2).

En réalité pas plus en Chypre qu'en Morée les formalités imposées au clergé grec ne modifièrent sa foi intime, bien au contraire. Du reste, le jour vint où la situation morale des Grecs changea, comme nous l'avons vu, quand le roi Jean II eut épousé en 1441 la princesse byzantine Hélène Paléologue. Jusqu'à son décès (11 avril 1457) cette princesse gouverna au nom de son époux. Habile et prudente, elle n'en servit que mieux l'Église orthodoxe envers laquelle elle avait une profonde dévotion. Nous avons vu qu'après la chute de Constantinople (1453) elle accueillit un grand nombre de personnalités byzantines, tant laïques qu'ecclésiastiques et qu'elle fit élever à grands frais pour ces réfugiés le monastère grec de la Mangana (3). Pour les paysans et citadins grecs jusque-là traités en race inférieure, il ne pouvait y avoir de revalorisation ethnique plus éclatante que de voir une *basilissa* de leur race assise sur le trône des Lusignan et attirant auprès d'elle l'élite de la société byzantine.

(1) *Ibid.*, p. 379-384.
(2) Iorga, *France de Chypre*, p. 136. Cf. Amadi, p. 396, 409-410 ; Bustron, p. 247 ; Strambaldi, p. 39 ; Makhairas, trad. Miller-Sathas, p. 56-57.
(3) Makhairas. *l. c.*, p. 395 : Bustron, p. 371-372.

La vie intellectuelle

La francisation de Chypre est bien caractérisée par Léonce Makhairas : « Après que les Lusignan eurent fait la conquête de l'île, on a commencé à apprendre le français, et la langue hellénique est devenue barbare. Aussi aujourd'hui nous écrivons le grec et le français en faisant un tel mélange que personne ne peut plus comprendre notre langage. » Notons d'ailleurs que c'est un Grec insulaire qui parle et que son témoignage ne vaut que pour les contaminations françaises du dialecte hellénique local (1). Pour suivre le développement de la vie intellectuelle en Chypre, il faut la replacer dans le milieu occidental de ce temps. Les Lusignan eurent particulièrement à honneur de protéger les lettres, qu'il s'agisse d'œuvres latines ou d'ouvrages « en langue vulgaire », française ou italienne. Ce fut ainsi que saint Thomas d'Aquin composa le *De regimine principum* à l'intention de Hugues III et que Boccace écrivit le *De genealogia deorum* à la demande de Hugues IV.

Nous avons déjà parlé au titre de la Terre sainte (p. 327) de Philippe de Novare (né vers 1195, mort après 1264). On peut également compter à l'actif de la littérature chypriote d'expression française les œuvres de cet auteur : l'*Estoire de la guerre qui fu entre l'empereor Frederic et Johan d'Ibelin* dont une bonne partie a Chypre pour théâtre, le traité de droit féodal intitulé *Livre en forme de plaid* et le traité de morale *Des quatre âges de l'homme* (2). Un autre chroniqueur de langue française, « à cheval » par son sujet entre la Terre sainte et Chypre, est Gérard de Montréal qui composa vers 1320, sous le titre de *Gestes des Chyprois*, une histoire des royaumes latins allant de 1132 à 1300 (3).

Bien que le Picard Philippe de Mézières (né vers 1326, mort en 1405) n'ait pas fini ses jours en Chypre, il fut le conseiller, le chancelier et l'ami de Pierre Ier pour qui il garda jusqu'à la fin une si grande admiration (4). On peut donc rattacher à la vie chypriote une partie de ses œuvres. Les passages de son *Songe du vieil pèlerin* publiés par Mas Latrie évoquent douloureusement l'héroïsme et la fin tragique de ce roi qui fut vraiment le

---

(1) Makhairas, trad. Miller-Sathas, p. 87.
(2) Cf. Kohler dans son édition des *Gestes des Chiprois* (*Doc. arm.*, t. II, 1906, p. ccxxviii-ccxxxix).
(3) Édition Gaston Raynaud, Société de l'Orient Latin, Genève, 1887. Sur Gérard de Montréal (ou l'auteur que nous désignons sous ce nom), cf. Gaston Raynaud dans cette édition des *Gestes des Chiprois*, p. xiii-xx et Ch. Kohler, préface à l'édition *Doc. arm.*, t. II du même texte, p. ccxlvi. Aussi Iorga, *France de Chypre*, p. 103-107.
(4) Cf. N. Iorga, *Philippe de Mézières et la croisade au XIVe siècle*, Bibliothèque de l'École des Hautes Études, fasc. 110, 1896. Cf. *Vita S. Petri Thomasii*, dans *Acta Sanctorum*, III, 605-611 (Paris, 1863).

dernier des croisés (1). Le poète champenois Guillaume de Machaut dans son poème sur la prise d'Alexandrie (2) utilisa sans doute les renseignements du « vieil pèlerin ».

Nous avons signalé le glissement vers l'italianisme de la civilisation chypriote dans la seconde moitié du xive siècle et surtout au xve siècle. Bien que la majorité de la noblesse reste d'expression française, elle est de plus en plus pénétrée d'éléments siciliens, toscans, génois ou milanais. Du reste, c'est l'époque où en Europe la Renaissance a définitivement échappé à la France pour passer à l'Italie. Le triomphe de l'italianisme sera complet avec l'annexion vénitienne. Ne nous étonnons donc pas si les chroniques « latines » du xve siècle furent rédigées en italien. L'une d'elles, celle dite d'Amadi et qui a d'ailleurs été écrite sous la domination vénitienne, raconte, après un bref résumé des croisades, l'histoire de l'île jusqu'en 1442 (3). Ce récit a été abrégé et poursuivi jusqu'à la fin du règne de Catherine Cornaro (1489) par un Chypriote d'origine italienne, d'esprit demi-grec, Florio Bustron, qui est un auteur fort vivant (4).

En même temps que les progrès de l'italianisation, nous avons en effet signalé le réveil de l'hellénisme chypriote. Ce réveil s'affirme avec éclat dans le domaine littéraire. Nous possédons plusieurs chroniques grecques, notamment celle de Léonce Makhairas dont l'auteur est un Hellène, sujet des Lusignan. Employé, on l'a vu, à la chancellerie royale et un moment ambassadeur de la Cour de Nicosie auprès du Qaraman d'Anatolie, Léonce Makhairas était sincèrement rallié à la maison de Lusignan et son « patriotisme dynastique » est irréprochable, remarque intéressante en ce qu'elle nous montre un commencement d'union des races sous la direction de la couronne. Son récit est particulièrement développé et original pour la période entre 1359 et 1458 (5). Le second chroniqueur en langue grecque est Gorges Bustron, parent de Florio Bustron et qui nous a laissé un récit allant de 1456 à 1501. Georges Bustron était un ami du roi Jacques II dont il défend habilement la politique (6).

Georges Bustron était un « Franc » écrivant en grec. Le fait vaut la peine d'être signalé comme attestant la pénétration de la culture grecque dans les élites latines. Nous verrons la même

---

(1) Mas Latrie, II, p. 332.
(2) Guillaume de Machaut, *La prise d'Alexandrie ou chronique du roi Pierre Ier de Lusignan*, éd. Mas Latric, Société de l'Orient latin, Genève, 1877.
(3) Ed. René de Mas Latric, dans *Doc. Inéd. Hist. Fr.*, Paris, 1891.
(4) Ed. René de Mas Latrie, *Doc. Inéd. Hist. Fr.*, 1886.
(5) Leontios Makhairas, texte et trad. française par Miller et Sathas, 2 vol., Paris, 1881-1882 ; *Recital concerning the sweet land of Cyprus entitled Chronicle*, texte et trad. anglaise par R. M. Dawkins, 2 vol., Oxford, 1932. Bonnes observations dans Iorga, *France de Chypre*, p. 197-202.
(6) Cf. Mas Latrie, t. III, p. 82.

vogue hellénisante à la cour des ducs florentins d'Athènes de la maisons des Acciaiuoli (voir p. 541). Dans les deux cas, c'était l'humanisme de la Renaissance qui mettait les érudits occidentaux à l'école de l'hellénisme. Il était naturel que le mouvement fît particulièrement sentir ses effets en un pays de substratum grec comme Chypre. Inversement Diomède Strambaldi était un Grec écrivant en italien. Sa chronique, qui s'étend de 1306 à 1458, est en partie traduite de la chronique grecque de Makhairas (1). Sans la conquête ottomane de 1571 la littérature chypriote (qui échappait de plus en plus à la langue française) aurait abouti à un complexe gréco-italien fort intéressant pour l'historien.

L'architecture gothique

Comme on le voit par les chroniqueurs de race ou de langue grecque, le réveil de l'hellénisme chypriote s'affirmait déjà vers la fin de la dynastie des Lusignan et il ne devait que s'accentuer sous la domination vénitienne. La conquête turque de 1571, en balayant l'élément latin, assura le triomphe de cette reprise hellénique. De ce qui avait été la brillante civilisation des Lusignan, rien ne subsista que le témoignage, toujours debout, de leurs émouvantes cathédrales.

L'architecture gothique a, en effet, laissé en Chypre d'admirables témoins de la domination française (2).

L'avènement des Lusignan en Chypre (1192) coïncidait précisément avec le triomphe définitif du style gothique en France. Ce fut donc ce style que la dynastie poitevine propagea autour d'elle, avec, pour débuter, une influence particulièrement inspirée par les monuments de l'Ile de France. Dès 1209, l'archevêque Thierry invitait la jeune reine Alix de Champagne à poser la première pierre de la cathédrale Sainte-Sophie de Nicosie. « Le chœur de la nouvelle église, écrit Enlart, reçut le plan assez particulier qu'avait alors Notre-Dame de Paris et qui se retrouve à Mantes, à Gonesse, à Deuil, à Doullens : un déambulatoire sans chapelles rayonnantes et ce déambulatoire est couronné d'une corniche du type particulier à la Champagne et à la Bourgogne. » En réalité, la construction du monument dut se continuer pendant tout l'épiscopat d'Eustorge de Montaigu (1217-1250) et ne s'achever qu'après le milieu du XIIIe siècle, quand fut construit le portail de marbre blanc au sud du transept « dans le meilleur style français » (3). De même, à Famagouste, Saint-

---

(1) Ed. René de Mas Latrie, à la suite de la chronique d'Amadi (1893).
(2) Cf. Enlart, *L'art gothique et la Renaissance en Chypre* (1899),
(3) *Ibid.*, I, 2, 4, 20. Et dans l'*Histoire de l'Art* d'André Michel, t. II, 1re partie, p. 119. La cathédrale de Nicosie fut pratiquement presque achevée au commencement du XIVe siècle par l'archevêque Jean de Polo qui le 5 no-

Georges-des-Latins, construit à la fin du XIIIe siècle, « offre le plan et les proportions élancées de la Sainte-Chapelle et son style n'est pas moins pur » (1). Comme on le voit, les monuments de cette première époque trahissent bien l'influence directe de l'Ile-de-France.

La deuxième époque, qui va de 1250 à 1350 environ, dénote une influence champenoise. « Cette influence se traduit par l'emploi de passage à hauteur des fenêtres, de tympans décorés de feuillages au-dessus des portails, de corniches à modillons, d'arcs suraigus, de clochers à quatre pignons (2). »

De cette deuxième époque date la cathédrale Saint-Nicolas de Famagouste dont la première pierre fut posée en 1308 et qui fut rapidement achevée (3). « Quiconque a vu les monuments de Champagne, écrit Enlart, sera frappé de la ressemblance du plan et de l'élévation intérieure et extérieure de cette église avec Saint-Urbain de Troyes et de l'analogie de sa façade avec celle de la cathédrale de Reims (4). »

La troisième époque qui correspond à la fin du XIVe siècle, est marquée par l'influence du midi de la France, influence qui s'explique par les rapports commerciaux de Chypre avec la région de Narbonne et par les deux séjours du roi Pierre Ier à la cour d'Avignon. « Les clochers-arcades, les galeries extérieures fortifiées, les nefs uniques, l'absence de déambulatoires, l'emploi de culots pour la retombée des voûtes et de piliers ronds sont, dit Jean Longnon résumant Enlart, les principaux caractères communs aux deux pays (5). » Le monument le plus caractéristique de ce style est l'élégante abbaye de Lapaïs, abbaye de Prémontrés fondée par Hugues IV et dont le cloître, le chapitre et le dortoir datent en effet du XIVe siècle. Elle appartient presque complètement à l'art du Languedoc et l'extérieur en rappelle à première vue le Palais des Papes à Avignon. Toutefois l'architecture du sous-sol et le tracé circulaire de certains chapiteaux du cloître évoquent aussi secondairement une influence anglaise (ancien hôpital d'York) (6). Le style de Lapaïs se retrouve au monastère de Notre-Dame-des-Champs près de Nicosie. Ce même gothique du midi de la France a encore inspiré à Famagouste l'église Sainte-Anne (début du XIVe siècle) et Sainte-Marie-du-Carmel (fin du règne de Pierre Ier) (7).

---

vembre 1326 consacra solennellement l'édifice. Les travaux continuèrent cependant jusqu'en 1330. Cf. Enlart, *L'art gothique...*, t. I, p. 85.
(1) Cf. Enlart, *L'art gothique...*, t. I, p. 321.
(2) Jean Longnon, *Français d'Outre-mer*, p. 184.
(3) Cf. Enlart, *L'art gothique...*, t. I, p. 271.
(4) Enlart, dans *Histoire de l'Art*, t. II, 2e partie, p. 561 et *L'art Gothique...*, I, 2-3, 4, 6, 24-36.
(5) Enlart, *L'art gothique...*, I, 37-58.
(6) Enlart, *Hist. de l'Art*, II, 2e partie, p. 558-560.
(7) Enlart, *L'art gothique...*, t. I, p. 336 et 347.

Comme en Avignon, des peintres de l'école siennoise, collaborant avec des architectes du Languedoc et de la Provence, travaillèrent dans les monuments de cette époque, notamment à Lapaïs.

La quatrième période, au xve siècle, révèle l'influence de la Catalogne et de l'Italie du Nord, ce qui s'explique par les mariages des Lusignan avec des princesses aragonaises ou milanaises : Pierre Ier (1359-1369) avait épousé Éléonore d'Aragon, Pierre II (1369-1382) épousa Valentine Visconti, Janus (1398-1432) épousa, en premières noces, Helvis Visconti. C'est ainsi que le palais royal de Nicosie se rattache au flamboyant catalan (1). Venise importa à son tour sa décoration flamboyante propre, puis, dans les derniers temps, introduisit naturellement aussi l'art de la Renaissance (2).

Certains édifices offrent un curieux mélange des divers styles comme l'église Saint-Nicolas de Nicosie. « Le style gothique du xiiie au xve siècle s'y présente sous ses aspects français, peut-être espagnols ou vénitiens. Il s'y mêle, de plus, à des emprunts faits à l'art byzantin. Enfin le style de la Renaissance vient brocher sur le tout (3). »

L'architecture militaire franque a laissé en Chypre comme en Syrie des châteaux célèbres. Comme en Syrie on peut distinguer « les châteaux de plaine dont le plan régulier est à peu près celui du *castrum* byzantin, rectangulaire avec des tours d'angles, et les châteaux de montagne, inspirés par le système français, qui épousent la position et présentent généralement deux enceintes successives dont la seconde est située sur le point le plus élevé (4) ». A la première catégorie appartiennent les châteaux de Cérines, de Famagouste et de Sigouri, ce dernier construit à la fin du xive siècle. A la seconde, les châteaux de Saint-Hilarion ou Dieud'amour, Kantara et Buffavent, construits au xiiie siècle, restaurés au xive. Le château de Cérines existait déjà en 1211 (5), celui de Famagouste fut bâti en 1310, celui de Limassol (dont le plan rappelle le château de Foix) est du xiiie siècle. Parmi les châteaux de montagnes, Buffavent, le plus inaccessible de tous, « n'a jamais été pris ». Quant au château de Dieud'amour, dont on a vu le rôle dans les guerres contre les Impériaux (1228-1232), il servit ensuite de résidence d'été à la cour (6).

(1) Enlart, *L'art gothique...*, I, 59-61.
(2) Enlart, *Hist. de l'art*, III, 1re partie, 94-95.
(3) Enlart, *L'art gothique*, t. I, p. 161.
(4) Longnon, *Français d'Outre-mer*, p. 187 ; Enlart, *Hist. de l'Art*, II, 1re partie, p. 120-121, 2e partie, p. 562-564 ; *L'art gothique...*, I, p. 500 et suiv.
(5) Cf. Enlart, *L'art gothique...*, t. II, p. 559 et suiv. ; Jean de Kergorlay *Soirs d'épopée. En Chypre, à Rhodes*, p. 141.
(6) Enlart, *L'art gothique*, t. II, p. 578. Comme guide aux souvenirs de l'époque des Lusignan à Chypre, on ne peut que recommander le petit livre de M. Kammerer, *A Chypre*, Paris, Hachette, 1925, d'une documentation archéologique et historique très sûre, fort vivant et bien illustré.

Dynastie franque de Chypre

1° Maison de Lusignan.

Guy de Lusignan...	1192-1194
Amaury de Lusignan...	1195-1205
Hugues Ier...	1205-1218
Henri Ier...	1218-1253

(Régence de Philippe d'Ibelin 1218-1227
    » de Jean d'Ibelin (« le vieux sire de Barut ») 1227-1229.
    »· de l'empereur Frédéric II 1229).

Hugues II...	1253-1267

2° Maison d'Antioche-Lusignan.

Hugues III d'Antioche-Lusignan...	1267-1284
Jean Ier...	1284-1285
Henri II...	1285-1324

(Usurpation d'Amaury, prince de Tyr, frère de Henri II, 1306-1310).

Hugues IV...	1324-1359
Pierre Ier...	1359-1369
Pierre II...	1369-1382
Jacques Ier...	1382-1398
Janus...	1398-1432
Jean II...	1432-1458
Charlotte...	1458-1460
Jacques II le Bâtard...	1460-1473
Jacques III sous la régence de sa mère Catherine Cornaro...	1473-1474
Catherine Cornaro...	1474-1489

CHAPITRE III

LA PETITE ARMÉNIE (CILICIE)

1. L'Arménie cilicienne. Histoire politique (1)

Origines du peuplement arménien dans le Taurus

L'histoire du peuple arménien a beau se situer en Asie, il n'en reste pas moins un des grands peuples européens, toujours aux avant-gardes de la défense chrétienne aux Marches de l'Orient. Nous avons assisté à ces luttes de l'Arménie contre les Perses, à l'époque des Mamikonian, puis contre les Arabes à l'époque des Bagratides. A l'époque des croisades la résistance arménienne se déplace vers la région édesso-cilicienne. La conquête de l'Arménie par les Turcs Seldjouqides entre 1064 et 1071 avait en effet, comme nous l'avons vu (p. 175), provoqué l'émigration d'une partie du peuple arménien vers la région d'Édesse (Orfa), l'Anti-Taurus et la montagne cilicienne, tous pays alors soumis aux Byzantins (2). Les émigrés arméniens, on l'a vu aussi, profitèrent de l'effondrement définitif de la domination byzantine en 1081 pour se tailler dans ces pays de petites principautés qui s'efforcèrent, soit par les armes, soit par la diplomatie, de se maintenir tant bien que mal au milieu de l'invasion turque. Entre 1072 et 1086 environ, nous l'avons dit également, un de ces chefs arméniens, naguère officier au service des Byzantins et nommé Philarétos, se rendit ainsi maître des villes ciliciennes (Tarse et Mamistra), d'Édesse (1083) et de Malatya ou Mélitène (3). C'était une assez vaste domination, trop vaste même pour que les circonstances permissent au peuple arménien d'en retenir tout l'héritage. Nous avons montré (p. 176-185 comment Phila-

---

(1) Sources : dans la *Collection de l'histoire des croisades* publiée par l'Académie des Inscriptions, les *Documents arméniens*, t. I, éd. Dulaurier, 1869, t. II, éd. Kohler, 1906. Dans la *Bibliothèque historique arménienne*, Matthieu d'Edesse et Grégoire le Prêtre, trad. Dulaurier, Paris, 1858. Ouvrages généraux : Fr. Tournebize, *Histoire politique et religieuse de l'Arménie*, 8°, 872 p., Paris, 1900 ; J. de Morgan, *Histoire du peuple arménien*, 8°, 410 p., Paris, 1919. Rappelons que pour les noms arméniens nous avons en principe adopté la transcription arménienne orientale, conformément aux conseils de M. Archag Tchobanian.

(2) Cf. Nersès de Lambron, *Documents arméniens* (Hist. des Croisades), t. I, p. 576 ; Michel le Syrien, trad. Chabot, III, ii, p. 173.

(3) Michel le Syrien, livre XV, ch. iv, trad. Chabot, t. III, p. 173 ; Matthieu d'Edesse, trad. Dulaurier, p. 173, 187. Les injures des chroniqueurs syriaques et même arméniens proviennent de ce que Philaretos avait embrassé le rite grec, mais il s'agit bien d'un Arménien. Cf. J. Laurent, *Edesse entre 1071 et 1098* dans *Byzantion*, I, 1924, p. 387 ; J. Laurent, *Byzance et Antioche sous le curopalate Philarète*, dans *Revue des Études Arméniennes*, IX, 1929, p. 61-72.

rétos (qui devrait compter parmi les plus grandes figures de l'histoire arménienne) fut poursuivi par la vindicte de ses compatriotes pour avoir embrassé l'orthodoxie grecque ; et comment il finit par être dépouillé de la majeure partie de ses possessions par les Turcs. Précurseur de génie, méconnu des siens (avec lesquels il paraît d'ailleurs s'être montré dur et tyrannique), il avait en réalité fondé pour la première fois une Nouvelle-Arménie entre le Kurdistan et le golfe d'Alexandrette. Fondation en apparence bien éphémère. Mais tout ne fut pas perdu de son œuvre. Après lui, deux de ses lieutenants se maintinrent ou se rétablirent l'un, Gabriel, à Malatya (vers 1095-1103), l'autre, Thoros, à Édesse (vers 1094-1098). Nous avons raconté (p. 297) comment, lors de la première croisade, Baudouin Ier se substitua assez cyniquement à Thoros, fondant par cette élimination le comté franc d'Édesse, destiné à durer, grâce à une étroite collaboration franco-arménienne, de 1098 à 1144. Nous avons vu aussi qu'à Malatya, Gabriel avait donné sa fille Morfia au comte d'Édesse Baudouin II, le futur roi de Jérusalem. Mais Malatya, — place trop aventurée vers les confins turco-kurdes, — tomba dès 1103 au pouvoir des Turcs Dânichmendites de Cappadoce et ne retourna jamais plus en des mains chrétiennes.

Une troisième principauté arménienne avait été fondée dans l'héritage de Philarétos par un hardi partisan connu sous le nom de Kol Vasil, c'est-à-dire Basile « qui dérobe (les territoires) », qualificatif nullement péjoratif, car les chroniqueurs font ici allusion à l'énergie qu'il apportait à rassembler les terres arméniennes. Ce personnage énergique, adroit et vaillant était devenu, lors de l'arrivée de la première croisade, en 1097, seigneur de Kaisoun, de Raban et de Roumqala. C'était son frère Bagrat (Pakrad, Pancratius) qui avait, le premier, inspiré à Baudouin Ier l'idée de tenter fortune en terre arménienne, ce dont il avait été d'ailleurs assez mal récompensé (1). Kol Vasil lui-même avait en 1103 payé une forte partie de la rançon de Bohémond d'Antioche alors prisonnier des Turcs (2). Matthieu d'Édesse l'appelle « l'illustre guerrier auprès duquel s'étaient groupés les débris de notre armée nationale » (3). C'était aussi auprès de lui que s'était retiré et que mourut le patriarche arménien Grigor II Vikaïasser (décédé le 3 juin 1105), qu'il fit enterrer au couvent de Karmir-vanq (« le Couvent Rouge », près de Kaisoun). Kol Vasil sut à diverses reprises (1107-1108) tailler en pièces les bandes turques qui avaient envahi sa principauté de Kaisoun. Ses exploits au cours de ces campagnes sont, à juste titre, célébrés par Matthieu d'Édesse comme un digne

(1) Voir p. 297, n. 3 et 299, n. 6. Cf. Albert d'Aix, l. III, ch. 17-18.
(2) Voir plus haut, p. 209. Cf. Matthieu d'Édesse, III, ch. 178.
(3) Matthieu, III, ch. 187 et 210.

pendant de l'épopée franque (1). A diverses reprises aussi, il secourut contre les Turcs les Francs d'Édesse (2). Il devait d'ailleurs en être, lui aussi, mal récompensé, car en 1112, Baudouin II, comte d'Édesse, lui enleva un moment Raban (3). Kol-Vasil décéda la même année (12 octobre 1112). Matthieu d'Édesse lui consacre une oraison funèbre émue : « Cette perte occasionna un deuil universel dans notre nation. Auprès de lui s'étaient réunis les restes de l'armée arménienne, les troupes des Bagratides et des Pahlavouni ; à sa cour résidaient les princes de sang royal et la noblesse militaire de l'Arménie qui y vivaient en paix avec les honneurs dus à leur rang. Le siège du patriarcat avait été transféré dans ses États dont il avait reculé aux loin les limites par sa valeur (4). » Il fut enterré à Karmir-vanq par le patriarche Barsel Ier (5), son hôte. Son héritage échut à son fils adoptif, Vasil Tgha (Tla).

Vasil Tgha fut moins heureux que son prédécesseur. En 1114 il commit la faute de s'allier contre les Francs à l'atâbeg d'Alep Aq Sonqor Boursouqi. Le comte d'Édesse Baudouin II vint alors assiéger Raban (1115). Vasil Tgha se réfugia chez un autre prince arménien du voisinage, le roubénien Thoros Ier, seigneur de Vahka, mais Thoros le livra à Baudouin II. Ce dernier força Vasil Tgha à céder au comté d'Édesse Kaisoun, Raban et tout le reste de sa principauté (1116) (6).

Autrement vivaces, parce que mieux abritées, furent les principautés arméniennes de Cilicie. Vers 1080 le chef arménien Roubên ou Roupên s'installa sur un des points les plus inaccessibles de la montagne, à Bartzerberd ou Partzerpert, au nord-ouest de Sis (7). Un autre chef arménien, Ochin (vers 1072-1110), s'établit à Lambron ou Lampron (Nimroun), château qui domine la haute vallée de la rivière de Tarse. Peu importent les généalogies plus ou moins authentiques dont se sont prévalus les descendants de ces deux chefs pour se rattacher aux anciennes dynasties de la Grande Arménie. Ce qui nous intéresse ici, c'est que, fils, l'un et l'autre, de leur épée, ils allaient devenir eux-mêmes les ancêtres de lignées illustres. Roubên sera le fondateur de la dynastie roubénienne, et Ochin le fondateur de la dynastie

---

(1) Matthieu, III, ch. 197-198.
(2) Matthieu, III, ch. 204.
(3) Matthieu, III, ch. 209.
(4) Matthieu, III, ch. 210. Mais contre-partie des écrivains syriaques (Michel le Syrien, trad. Chabot, III, II, p. 199).
(5) Barsel Ier d'Ani, patriarche d'Arménie de 1105 à 1113, vivait dans les États de Kol-Vasil.
(6) Voir plus haut, p. 299, n. 6. Cf. Matthieu, III, ch. 221-223.
(7) Matthieu d'Edesse, trad. Dulaurier (1858), 2e partie, ch. CLI, p. 216. Sur le nom de ce prince, rappelons que *Roubên* correspond à la prononciation arménienne orientale (Grande Arménie) et *Roupên* à la prononciation arménienne occidentale (Cilicie et Constantinople).

héthoumienne, maisons qui, à elles deux, feront la grandeur de la nouvelle Arménie.

Débuts de la maison roubénienne : De Constantin Ier à Léon Ier

Ce fut la maison roubénienne qui marqua les progrès les plus rapides et fonda en fait comme en droit l'Arménie Nouvelle. L'adversaire, ici, était moins le Turc que le Byzantin. En effet, si à l'époque du sultan Malik-châh les Turcs Seldjouqides s'étaient installés dans la plaine cilicienne (notamment à Tarse), ils n'eurent pas le temps de s'attaquer aux forteresses arméniennes de la montagne. Du reste, l'arrivée de la première croisade — en l'espèce de Baudouin Ier et de Tancrède — ne tarda à les chasser des villes de la plaine que l'empereur byzantin Alexis Comnène se hâta de faire occuper. Ce fut donc sur les Byzantins que les Roubéniens, profitant, eux aussi, du trouble causé par le passage ou la proximité de la croisade, entreprirent la conquête du pays. Constantin Ier (1092-1100), fils de Roubên, enleva ainsi aux Byzantins la forteresse de Vahka (Fikhé), dans l'Anti-Taurus, sur le Seihoun supérieur, solide bastion où il établit sa résidence (1).

A l'exemple des autres seigneurs arméniens de la région, mais peut-être avec plus de bonheur qu'eux (car l'exemple de Thoros d'Édesse n'était guère encourageant), Constantin Ier mit à profit les contre-coups de la première croisade et de la fondation des États francs dans son voisinage pour contracter de ce côté de précieuses alliances. Ce fut ainsi qu'il maria sa fille à Jocelin Ier de Courtenay, seigneur de Turbessel et plus tard comte d'Édesse. Ce mariage, hâtons-nous de le dire, n'est qu'un des premiers dans la longue suite d'unions de famille entre princes arméniens et princes francs. Nous avons déjà mentionné celui de Baudouin Ier avec Arda, nièce du seigneur arménien de Gargar. Les chefs arméniens représentaient en effet une classe sociale avec laquelle les croisés se sentirent tout de suite de plain-pied (2).

De toutes les chrétientés orientales que les colons francs étaient appelés à fréquenter, la communauté arménienne était la seule qu'ils traitassent ainsi sur un niveau d'égalité parce que c'était la seule à laquelle ils reconnussent une valeur guerrière, la seule qui possédât une noblesse militaire et terrienne à laquelle ils pussent s'unir sans déchoir. Entre barons francs et *nakhararq* arméniens les alliances de famille allaient donc être incessantes.

(1) Sembat, dans *Historiens des Croisades, Documents arméniens*, t. I, p. 610.
(2) Matthieu d'Edesse, dans *Hist. des Croisades, Doc. arm.*, t. I, p. 33. Cf. Adontz dans *Byzantion*, 1935, p. 185.

Quelque paradoxal qu'il paraisse, il en allait presque de même au point de vue religieux. Sans doute, le monophysisme de l'Église grégorienne, qui était l'Église des Arméniens, était-il, au fond, bien plus éloigné de la foi romaine que le credo grec orthodoxe. Il n'en allait pas moins que le clergé arménien et le clergé latin, voyant l'un et l'autre dans l'Église grecque leur principale ennemie politique, montrèrent l'un envers l'autre une grande tolérance de fait. Il y eut là, pendant longtemps du moins, comme une entente tacite. Pour ne pas se heurter sur le terrain des dogmes, on ne s'y aventura guère, tandis qu'en matière politique on s'unissait à toute occasion contre les Grecs. Tout au long de l'histoire des croisades nous voyons une instinctive solidarité franco-arménienne jouer ainsi contre Byzance.

Constantin Ier avait ouvert les voies. Son fils et successeur, le prince arménien Thoros Ier (1100-1129), poussa plus au sud la « descente arménienne ». Ce fut ainsi qu'il enleva aux Byzantins la région des hauts affluents orientaux du Djeihoun avec les villes de Sis et d'Anazarbe, la première, destinée à devenir la capitale du futur royaume arménien (1). Léon Ier (1129-1137) (2), frère et successeur de Thoros, enleva de même aux Byzantins, vers 1132, Mamistra (Missis, Mopsueste), Adana et Tarse, c'est-à-dire les trois grandes villes de la plaine cilicienne.

La Nouvelle Arménie était créée. A défaut du vieux royaume des Tigrane et des Bagrat, la nation haïkane avait trouvé là une seconde patrie. Les chaînes du Taurus et de l'Anti-Taurus constituaient une citadelle naturelle qui devait rappeler aux Arméniens leur pays d'origine. Quant à la plaine cilicienne, c'était, avec ses alluvions deltaïques et ses cultures subtropicales, comme une nouvelle Égypte, d'une fertilité naturelle destinée à en faire un des greniers de l'Orient.

C'était une magnifique réussite, mais qui n'allait pas sans dangers. En effet, l'empire byzantin des Comnènes ne pouvait se résigner si facilement à la perte de la Cilicie, d'autant que cette province lui était indispensable pour assurer ses communications avec les États francs de Syrie. Aussi dès 1137 l'empereur Jean Comnène reparut dans le pays à la tête de la grande armée byzantine et, grâce à sa supériorité numérique, reprit sans grande difficulté aux Arméniens Tarse, Adana et Mamistra, puis, après un siège, celui-là fort pénible, Anazarbe (juillet 1137). Léon Ier se réfugia dans la montagne, autour de Sis et de Vahka où il prolongea la résistance six mois encore. Vahka fut enfin prise et Léon Ier envoyé prisonnier à Constantinople (1138) (3). Il devait

---

(1) *Chronique rimée de Petite Arménie*, Doc. arm., t. I, p. 499.
(2) Léon, en arménien *Lévond*. Les chroniqueurs francs (*Gestes des Chiprois*, etc.) transcrivent : Livon.
(3) Grégoire le Prêtre, p. 152-153 ; Sembat, *Chronique*, Doc., t. I, p. 616-617.

mourir en captivité en 1142. L'un de ses fils, Roubên, ayant inspiré des craintes aux Byzantins, fut aveuglé et périt de son supplice. La Cilicie tout entière fut réannexée à l'empire byzantin. L'œuvre des Roubéniens semblait à jamais détruite.

Expulsion définitive des Byzantins :
De Thoros II à Mlêh. Roubên III : l'apaisement

Si l'Arménie cilicienne était domptée, elle n'oubliait nullement ses aspirations. Ses anciens chefs n'attendaient qu'un flottement de la politique byzantine pour reprendre la lutte. De fait, l'indépendance de l'Arménie cilicienne devait être restaurée par le fils cadet de Léon Ier, par Thoros II. Exilé, lui aussi, avec son père à Constantinople, Thoros II qui avait su se faire bien voir de ses geôliers, s'échappa en 1143, rentra en Cilicie, se mit à la tête de ses rudes compatriotes de la montagne, et reconquit pied à pied sur les Byzantins les forteresses du nord comme Vahka, puis les grandes villes de la plaine comme Mamistra et Tarse (1151) et finalement tout l'héritage paternel (1). Mais les Byzantins n'avaient pas encore dit leur dernier mot. Renoncer à la Cilicie, c'était pour eux, nous venons de le voir, se laisser couper de l'Orient Latin et cela au moment où leur nouvel empereur, Manuel Comnène, prétendait de ce côté se subordonner la principauté franque d'Antioche. En 1158, Manuel Comnène envahit donc à nouveau la Cilicie, réoccupa Anazarbe, Tarse et pratiquement toute la province. Thoros II dut se réfugier dans les nids d'aigle de l'Anti-Taurus. Cette fois, cependant, les Byzantins ne poussèrent pas leur avantage jusqu'au bout. Le roi de Jérusalem Baudouin III ménagea une réconciliation entre les adversaires. Thoros se reconnut vassal du *basileus* et conserva à ce titre un certain nombre de châteaux dans la montagne, mais les Byzantins gardèrent de leur côté les villes de la plaine. Bien entendu, ce n'était là qu'une trêve. En 1162, Thoros reprit les armes et enleva aux Byzantins Vahka et Anazarbe (2), puis, craignant avec raison de provoquer un retour offensif de la grande armée impériale, il se réconcilia de nouveau avec Manuel (1163).

On était donc arrivé à un compromis : la montagne cilicienne aux Arméniens, la plaine deltaïque aux Impériaux. Thoros II mourut en 1168, laissant la principauté arménienne ainsi réduite à son jeune fils Roubên II. Mais cet enfant fut détrôné

---

(1) Michel le Syrien, trad. Chabot, t. III, p. 281 ; Matthieu d'Édesse, trad. Dulaurier, p. 334-336 ; Sembat, *Chroniques*, p. 618-619.
(2) Sembat, p. 621-622 ; Michel le Syrien, éd. arménienne, p. 356 ; Vahram d'Édesse, *Chronique rimée*, p. 508.

par le frère de Thoros, le prince Mlèh, qui s'était assuré l'appui de l'atâbeg d'Alep Noûr ad-Dîn (1169).

Mlèh est une exception dans l'histoire arménienne, un objet de scandale pour les chroniqueurs, moins parce qu'il était arrivé au pouvoir par une usurpation qu'en raison de son alliance ouverte avec les Turcs. En fait, il faut bien l'avouer, ce ne fut que grâce à cette alliance qu'il libéra la basse Cilicie du joug des Byzantins, en reprenant à ceux-ci les trois grandes villes de la plaine : Adana, Mamistra et Tarse. Ce fut alors seulement que la Cilicie tout entière redevint arménienne (1173) (1). Certes, la politique antifranque et islamophile qu'il pratiqua est une exception quelque peu choquante dans l'histoire de sa famille. Il n'en est pas moins vrai qu'elle réussit et que ce demi-renégat fut, en somme, le libérateur de son pays. Il est vrai aussi qu'une fois rendu ce service capital, on n'eut plus de raison de le ménager. « Ayant heurté les sentiments du peuple arménien », il fut assassiné en 1174 (2).

La Cilicie une fois affranchie de la domination byzantine, une politique de détente et de réconciliation pouvait intervenir. Dans cet esprit, les seigneurs arméniens donnèrent la couronne à Roubên III, neveu des deux derniers princes (de Thoros II et de Mlèh) et qui se trouvait en dehors des partis. Roubên III (1175-1187) eut, de surcroît, la chance de voir les Byzantins gravement affaiblis à la suite du désastre que les Turcs Seldjouqides leur infligèrent sur ces entrefaites à Myrioképhalon en Phrygie (1176). Désormais aux prises avec la « revanche turque » en Anatolie et, de ce fait, pratiquement coupés de la Cilicie, les Byzantins avaient d'autres soucis que de reconquérir cette dernière province. Roubên III profita de l'événement pour en finir une fois pour toutes avec les prétentions byzantines sur Mamistra, Adana et Tarse. Par ailleurs il effaça l'impression pénible qu'avait produite chez les Francs (notamment dans la principauté d'Antioche) l'islamophilie affichée de Mlèh, et rétablit ainsi l'alliance traditionnelle avec les États croisés. Il épousa même en 1181, au cours d'un voyage à Jérusalem, une princesse franque, Isabelle de Toron, fille d'Onfroi de Toron et d'Antoinette de Milly, dame d'Outre-Jourdain (3). Il entra cependant en conflit avec le prince d'Antioche Bohémond III qui convoitait Mamistra et Adana. Remarquons que les ennemis de Roubên III, les Byzantins d'abord, le prince d'Antioche ensuite, trouvèrent un allié dans la personne du principal seigneur de la montagne cilicienne, Héthoum de Lambron, chef de la seconde maison arménienne du pays. Roubên dut, pour intimider ce vassal

(1) Ibn al-Athîr, éd. *Hist. Crois.*, t. I, p. 588.
(2) Guillaume de Tyr, XXV, 28.
(3) Sembat, p. 627.

CARTE 12. — L

Carte de l'Arménie Cilicienne

- Césarée (Qaisaryé)
- ANTI-TAURUS
- Arabissos
- Comana
- Cocuse (Coxon)
- Albistan
- MÉLITÈNE
- Mélitène (Malatya)
- PARTZERPERT
- Vahka
- ZEITOUN
- Zeitoun
- Fernouz
- Adiaman (Hiçn-Mançour)
- ARMÉNIE
- Gaban
- GABAN
- MARACH
- Behesni
- Sis
- Anabad
- Marach
- Késoun
- COMTÉ D'ÉDESSE
- COBIDAR
- HAMDOUN
- Samosate
- Anazarbe
- Tell-Hamdoun (Boudroum-Kalé)
- Roumqala
- Hromgla
- Edesse, Rohas, Orfa
- Adana
- Servantikar
- Mamistra, Missis, Mopsueste
- Aintab
- Bira, Biredjik
- MAMISTRA
- Seïhoun Fl.
- Djehoun Fl.
- Aias, l'Aias
- Paias, La Portelle
- PRINCIPAUTÉ
- Lajazzo
- Alexandrette
- Col de Beïlan
- Baghrâs (Gastoun)
- Killis
- Euphrate
- St Siméon
- D'ANTIOCHE
- Hârim
- Alep

indocile, assiéger le château de Lambron. Comme on le voit par cet exemple, les féodaux arméniens étaient loin d'accepter l'autorité de la maison roubénienne. De fait, la famille de Héthoum n'aura de cesse qu'elle n'ait un jour remplacé les Roubéniens à la tête de l'Arménie cilicienne.

Roubèn III ayant pris l'habit religieux, son frère Léon II monta sur le trône.

Un grand règne : Léon II

Nous arrivons à l'apogée de l'État arméno-cilicien. Léon II, que l'histoire connaît sous le nom de Léon le Grand, fut en effet un des plus remarquables souverains de son temps (1187-1219).

Tout d'abord il consacra l'indépendance, définitivement acquise, de sa principauté, - - sa baronnie, comme traduisaient les Francs — en érigeant celle-ci en royaume. Pour cette transformation de droit international, il s'adressa aux deux plus hautes autorités de l'Occident, le Pape et l'Empereur, car c'est dans la société des États occidentaux qu'il entendait faire admettre la Nouvelle Arménie. Il sollicita donc et obtint de l'empereur Henri VI et du pape Célestin II la couronne royale que le cardinal Conrad de Wittelsbach vint placer sur sa tête dans la cathédrale de Tarse le 6 janvier 1199 (1) : geste symbolique qui faisait définitivement échapper l'Arménie cilicienne à l'attraction de Byzance et la rattachait à l'Orient latin. De fait, le couronnement de Léon avait eu comme condition le ralliement - en réalité assez fictif, — de celui-ci à la foi romaine (2).

Que l'on ne se trompe point sur cette soi-disant adhésion religieuse. A aucun moment le clergé arménien de Cilicie ni même la dynastie n'entendirent abjurer leur credo particulier pour souscrire aux « deux natures ». Il n'y eut à cet égard, comme en ce qui concernait la primauté du Siège romain, que des concessions verbales ou plutôt que des équivoques habilement ménagées qui permirent de maintenir avec les Latins l'alliance politique sans trop se heurter à l'obstacle religieux.

En revanche sur tout autre terrain que celui du dogme, l'entente avec les Latins se révéla fort intime. Léon II épousa successivement deux princesses franques : Isabelle d'Antioche (1189) et Sibylle, fille du roi de Chypre Amaury de Lusignan (1210). A ces unions de famille les Francs tenaient autant que le monarque arménien lui-même. Depuis qu'ils avaient perdu

---

(1) Date discutée. Cf. Sembat, p. 634 ; Dardel, c. xi ; Willebrand d'Oldenburg, *Peregrinatio*, XVI, dans *Peregrinatores medii aevi quatuor*, éd. Laurent, Leipzig, 1873. Cf. Tournebize, *Hist. de l'Arménie*, p. 185 ; Ormanian, *L'Église arménienne*, p. 52 ; Kohler dans *Doc. arm.*, t. II (1906), p. 9.

(2) Cf. Kirakos de Gandzak, ap. Morgan, *Hist. du peuple arménien*, p. 193-94.

Jérusalem, ils avaient plus besoin que jamais de l'alliance arménienne.

Ce n'est pas à dire que l'accord fût toujours parfait entre Arméniens et Francs. Précisément, dans la mesure où les premiers se rapprochaient de la vie franque, ils risquaient de se voir impliqués dans des litiges locaux. Ce fut ainsi que, malgré ses sympathies franques, Léon II entra en conflit avec le prince d'Antioche, Bohémond III. L'objet du litige était le canton-frontière au sud-est du golfe d'Alexandrette et que commandait le château appelé Gaston par les Francs et Bâghrâs par les musulmans avec le littoral depuis le défilé de la Portelle (entre Alexandrette et Saqaltoutân) jusqu'à la baie d'Aias (Lajazzo), à l'embouchure du Djihoun. Léon qui avait su mettre dans son jeu la princesse Sibylle, femme de Bohémond III, se rendit maître de la personne de celui-ci dans un guet-apens organisé sous prétexte de partie de plaisir à la fontaine de Bâghrâs. Grâce à ce gage, il faillit se faire livrer Antioche, mais il échoua, comme on l'a vu (p. 305), devant l'opposition du patriarche latin de cette ville, Aymeri de Limoges (1194) (1). Ces querelles franco-arméniennes qui ressemblaient à des querelles de famille, n'étaient d'ailleurs jamais poussées à fond. La réconciliation se fit par le mariage de la princesse Alix, nièce de Léon, avec Raymond IV, fils aîné de Bohémond III.

Le mariage de Raymond et d'Alix parut sceller l'union franco-arménienne. Il allait en réalité permettre à l'habile roi d'Arménie d'intervenir en arbitre dans les affaires franques et cela d'ailleurs à la suite de graves irrégularités dans la succession d'Antioche. En effet, à la mort de Bohémond III, en 1201, la principauté d'Antioche aurait dû normalement revenir au fils de Raymond et d'Alix, au jeune Raymond-Roubên, mais elle fut, contre tout droit, usurpée par le fils cadet de Bohémond III, Bohémond IV. Le roi Léon II qui se trouvait, comme on vient de le voir, le grand-oncle de Raymond-Roubên, prit les armes en sa faveur et réussit un moment (1216-1218) à le restaurer dans Antioche. Mais le protégé arménien ne put s'y maintenir ; Bohémond IV appuyé sur l'élément gréco-latin l'emporta définitivement et Léon II dut même abandonner aux Templiers le poste-frontière contesté, le château de Bâghrâs (2).

Ces interventions dans les affaires franques n'empêchèrent pas Léon II de poursuivre la guerre nationale contre les Turcs, en l'espèce contre les Seldjouqides d'Asie Mineure. Il remporta d'abord de grands succès à la suite desquels le jeune royaume arménien parut devoir prendre pied sur le plateau de Cappadoce.

(1) Voir plus haut, p. 305. Cf. *Continuation d'Eracles*, p. 207-209 ; Ernoul, p. 319.
(2) *Eracles*, p. 314 ; *Annales de Terre Sainte*, A. O. L., p. 436,

En 1211 il enleva aux Seldjouqides Érégli et Laranda (Qaraman), en Lycaonie, mais en 1216 il dut leur rendre ces places, ainsi que le district de Bozanti (1). Le royaume d'Arménie, pour ne pas dépasser ses moyens, dut rester limité à la région cilicienne.

Léon II mourut le 2 mai 1219. Comme il ne laissait pas d'héritier mâle, la couronne d'Arménie passa à sa fille, la jeune Zabel ou Isabelle. Zabel épousa un cadet de la maison d'Antioche, Philippe, qui avec la suffisance de la jeunesse essaya très maladroitement de franciser le pays (2). Or, les barons arméniens, en appelant Philippe au trône, avaient posé comme condition « qu'il vivrait à la mode arménienne, adopterait la foi et la communion des Arméniens et respecterait les privilèges de tous leurs nationaux ». Une fois prince consort, Philippe ne se gêna point pour traiter les dignitaires arméniens comme une race inférieure qu'il cherchait à remplacer par ses propres compatriotes. En 1224-1225 les barons arméniens excédés le détrônèrent et le firent disparaître. Les chroniqueurs nous décrivent les scènes dramatiques auxquelles cette révolution donna lieu, car Zabel, très éprise de son jeune époux qu'on était venu arracher jusque dans ses bras, essaya de le défendre et ne céda qu'à la violence. Le chef des barons, Constantin de Lambron, qui avait machiné la chute et l'exécution de Philippe, obligea ensuite Zabel à épouser son propre fils, le prince Héthoum (juin 1226).

Héthoum le Grand et l'avènement de la dynastie héthoumienne

Nous arrivons à la seconde phase de l'histoire arméno-cilicienne. Avec Héthoum Ier (« Hayton » dans les chroniques occidentales) monta en effet sur le trône la dynastie appelée de son nom la dynastie héthoumienne. Nous avons précédemment montré (p. 387) les origines de cette maison depuis la fin du XIe siècle. Comme on l'a vu, elle avait été presque toujours en opposition avec les princes roubéniens. On pouvait donc craindre que son avènement ne marquât une rupture des traditions politiques arméniennes. Il n'en fut rien. Entre les deux maisons si longtemps rivales, il n'y eut pas de solution de continuité, puisque le mariage de Héthoum et de Zabel devait faire de leurs enfants les héritiers légitimes aussi bien des Roubéniens que de la nouvelle dynastie. Quant aux sentiments de Zabel, il est certain qu'on ne les avait guère consultés pour lui faire épouser Héthoum, mais il faut reconnaître que les éminentes qualités

---

(1) Vahram, *Chronique rimée*, Doc. arm., t. I, p. 513 ; Sembat et Héthoum de Korikos, *ibid.*, p. 483 et 644-645. Cf. Tournebize, *Histoire... de l'Arménie*, p. 190.
(2) Bar Hebræus, *Chron. syr.*, p. 425 ; Sembat, p. 647-648 ; *Eracles*, p. 347-348 ; *Gestes des Chiprois*, § 80, 105.

de ce prince transformèrent en une union parfaite ce qui n'avait été qu'un dur mariage politique.

Héthoum Ier fut un des plus grands esprits, un des plus profonds et des plus adroits politiques de son temps. Son règne (1226-1269) fut un des plus grands règnes de l'histoire arménienne. Parvenu au pouvoir par une incontestable réaction du sentiment arménien contre la francisation, lors de l'assassinat de Philippe d'Antioche, il revint tout de suite à une politique nettement francophile. Il donna sa fille Sibylle en mariage au prince d'Antioche Bohémond VI le Beau avec lequel il vécut depuis en étroite amitié (1254). La rivalité des deux maisons fit place à une intime alliance, comme on va le voir notamment à propos des affaires mongoles (1).

C'était l'époque où les Mongols, après avoir, sous le règne de Gengis-khan, conquis la Chine du Nord, l'Asie Centrale et le Turkestan, étaient en train, sous la direction de ses fils, puis de ses petits-fils, d'achever aussi la conquête de l'Iran. Héthoum Ier eut le mérite — capital à notre avis — de discerner l'importance de ce nouveau facteur dans le duel, six fois centenaire, de la Croix et du Croissant. Reconnaissons tout de suite qu'il montra en cela plus de clairvoyance politique, plus « d'avenir dans l'esprit » qu'un Frédéric II ou qu'un Louis IX. Il conçut en effet l'idée hardie de se faire, de ces redoutables voisins, des protecteurs contre la reconquête musulmane si menaçante en Syrie. Il envoya à cet effet en ambassade en Mongolie son propre frère, le connétable Sembat (1247) (2). Sembat, qui nous a laissé une curieuse lettre de voyage, fut reçu par le grand-khan Guyuk, petit-fils et deuxième successeur de Gengis-khan. Guyuk lui remit un diplôme assurant le monarque arménien de sa protection (3). Mais si décisif pouvait être l'arbitrage mongol dans la question d'Orient que Héthoum, en 1254, se décida à partir en personne pour la Mongolie. Le 13 septembre il fut reçu en audience solennelle près de Qaraqoroum par un nouvel empereur mongol, le grand-khan Mongka, lui aussi petit-fils de Gengis-khan. Héthoum se reconnut le vassal de Mongka qui, en revanche, déclara à son tour prendre sous sa protection le royaume arménien et l'Église arménienne. Si nous en croyons les chroniqueurs arméniens, le grand-khan aurait même promis au roi d'Arménie d'envoyer une expédition contre le khalife de Baghdâd et contre les musulmans de Syrie (4). L'assertion a été mise en

---

(1) *Eracles*, p. 442.
(2) Sempad, ou mieux, dans la transcription nord-arménienne : Sembat.
(3) Lettre écrite de Samarqand par le connétable Sembat à son beau-frère le roi de Chypre Henri Ier (7 février 1248), dans *Documents arméniens*, t. I, p. 605 et 651. Cf. Nangis, ch. XXVIII.
(4) Kirakos de Gantzak, *Journal Asiatique*, 1833, p. 279 ; Hayton, *Flor des estoires... d'Orient*, l. II, ch. 16-17, *in Doc. armén.*, t. II, p. 164-166.

doute comme exagérée. Il semble cependant qu'elle correspondait effectivement au programme préparé par la politique mongole, programme qui, sur ce point précis, n'allait pas tarder à recevoir son application.

De fait, comme on l'a vu, quatre ans plus tard, en 1258, le khan Hulègu, frère cadet de Mongka et chargé par lui de cette guerre contre la capitale même du monde islamique, prit Baghdad, fit mourir le dernier khalife abbâsside et détruisit le khalifat. En 1260, Hulègu envahit de même la Syrie musulmane qu'il enleva du premier élan à ses possesseurs, les sultans aiyoubides, arrière-neveux de Saladin. Les deux grandes villes du sultanat, Alep et Damas, furent prises par les Mongols, la première en janvier, la seconde en avril 1260. Le roi Héthoum, qui voyait se réaliser tous les espoirs formés lors de son voyage en Mongolie, n'eut garde de manquer une si belle occasion. En fidèle vassal, il joignit ses forces aux siennes et participa à cette « croisade mongole ». Le prince d'Antioche, Bohémond VI, gendre de Héthoum, prit également part à cette brillante campagne. Tous deux entrèrent avec l'armée mongole à Alep et à Damas (1).

Alep, Damas, les villes musulmanes inviolées où n'avait réussi à pénétrer aucune croisade franque, voici que la « croisade mongole », en partie suscitée par le roi d'Arménie, s'en emparait sans effort. Héthoum et Bohémond VI, savourant leur triomphe et profitant de l'assentiment qu'ils trouvaient auprès du général mongol Kitbouqa, — un chrétien nestorien, — se donnèrent la joie de transformer en églises certaines mosquées de Damas.

Mais les lendemains de ce grand succès furent amers. La victoire que les Mamelouks remportèrent quelques mois après sur les Mongols à Aïn-Djaloûd, en Galilée, et l'évacuation de la Syrie musulmane par ces derniers en septembre 1260 laissèrent le royaume arménien dangereusement « en l'air ». S'étant compromis à fond en faveur des Mongols, il était maintenant exposé à toute la vengeance des Mamelouks.

Dans ce péril, Héthoum ne s'abandonna point. Tout de suite, il essaya de réagir en faisant organiser par le monde latin le blocus économique de l'Égypte mamelouke. Programme remarquable, très en avance sur son temps et dont l'application systématique aurait pu « asphyxier » le Delta ; mais le sultan mamelouk Baïbars, qui en avait compris le danger, en prévint la mise en œuvre par une attaque brusquée dirigée contre l'inspirateur même du blocus. Baïbars écrasa l'armée arménienne à Darbsak (le Trapessac des chroniqueurs latins) près d'Alexandrette (24 août 1266) et, une fois forcée cette marche-frontière, envahit sans difficulté la Cilicie. Ses mamelouks lancés au pillage saccagèrent

(1) *Flor des estoires*, l. II, ch. 20-21, p. 171 ; *Chiprois*, § 302-303, p. 751.

les villes de la plaine cilicienne, Mamistra, Adana, Tarse, le port d'Ayas (Laias ou Lajazzo), même Sis, la capitale du royaume, places où s'accumulaient depuis un siècle et demi toutes les richesses du Levant. Ils ne repartirent que chargés d'un énorme butin.

Le pis est que l'infortuné monarque arménien avait désormais les mains liées. En effet, les Mamelouks, au cours de leur raid avaient fait prisonnier le prince Léon, fils de Héthoum. Pour obtenir la liberté de Léon, le vieux roi dut céder au gouvernement du Caire les places-frontières de la région de Darbsak et d'Alexandrette, ainsi que plusieurs cols de l'Anti-Taurus, au nord-est du pays (1). C'étaient les clés mêmes de la Petite Arménie qui passaient à l'ennemi héréditaire.

Héthoum était brisé par ce désastre. En 1269 il laissa le trône à son fils, devenu le roi Léon III, et abdiqua pour se faire moine.

L'échec du grand monarque arménien était l'échec même des croisades, l'échec de l'Europe. Héthoum avait dominé par son intelligence la chrétienté de son temps, embrassé dans ses calculs toute l'Asie, de Saint-Jean-d'Acre à Pékin, discerné dans le vaste remous mongol où était le salut de l'Occident. Mais l'Occident ne l'avait pas écouté. Seul des princes francs, son gendre Bohémond VI d'Antioche l'avait suivi. Et maintenant l'Arménie et la principauté d'Antioche restaient exposées seules à la vengeance des Mamelouks triomphants.

Les derniers Héthoumiens : de Léon III à Léon V

Pour les Arméniens le seul espoir de salut résidait dans la protection mongole, puisque, aussi bien, aucune croisade ne s'annonçait en Occident. Léon III (1269-1289) comprenait mieux que quiconque cette nécessité. Aussi commença-t-il son règne en se rendant à la cour du khan mongol de Perse, l'ilkhan Abagha dont il se reconnut le vassal et dont il sollicita l'aide contre la menace mamelouke (1269).

Mais la force mongole, si impétueuse encore dans les années 1258-1260, commençait à mollir. En réalité les khans de Perse, dont l'Arménie était vassale, se trouvaient paralysés par leurs cousins, les khans de Qiptchaq (Russie méridionale) qui étaient, eux, partisans de l'Islam. Le résultat de ces luttes intestines fut de laisser carte blanche au gouvernement du Caire contre l'Arménie. En 1274-1275 les Mamelouks, qui se rappelaient leurs fructueuses razzias de 1266, vinrent de nouveau piller Ayas, Mamistra et Tarse. Lorsque Abagha envoya enfin en 1280 une armée

---

(1) Bar Hebræus, *Chron. syr.*, p. 544 ; Vahram, *Chron. rimée, Doc. arm.*, t. I, p. 522-524 ; Héthoum de Korikos, *Doc. arm.*, t. I, p. 487 ; *Flor des estoires*, l. II, ch. 28, p. 177 ; *Eracles*, p. 455.

en Syrie, Léon III se joignit aussitôt à elle, mais cette fois les Mongols furent battus par les Mamelouks à Homs et rejetés à l'est de l'Euphrate (1).

Ce nouveau désastre, renouvelant celui de Aïn-Djaloud, en aggravait les conséquences. Ces invincibles Mongols en qui les Arméniens avaient mis toute leur confiance, toutes leurs espérances, voilà que maintenant, à chaque grande rencontre, ils étaient mis en fuite par les Mamelouks. Et c'était l'Arménie abandonnée à elle-même qui était destinée à faire les frais de ces tentatives malheureuses.

On comprend que dans ces conditions Héthoum II, fils de Léon III, ait eu un règne difficile, de surcroît traversé de complications intérieures (1289-1301) (2). Dégoûté du monde et sollicité par la vocation monastique, il s'associa, pour pouvoir entrer au couvent, son frère Thoros III, mais il dut bientôt, sur les instances des siens, revenir aux affaires, roi malgré lui, pour conjurer une nouvelle menace mamelouke. Un moment détrôné par son deuxième frère Sembat (1296-1299), — car les compétitions familiales n'hésitaient pas à se manifester en dépit du danger d'invasion, — Héthoum II fut de nouveau rappelé au pouvoir par son peuple, toujours en raison du péril extérieur. En 1301, il put enfin abdiquer en faveur de son neveu Léon IV, mais tout en continuant, du fond de son cloître, à aider celui-ci de ses conseils. Il n'est pas de destinée plus douloureuse que celle de ces derniers rois héthoumïens dont on peut dire qu'ils avaient été trahis par la confiance même qu'ils avaient mise dans la Chrétienté, trahis par l'indifférence de la Chrétienté...

En effet, jamais la pression des Mamelouks n'avait été plus forte, surtout depuis qu'en 1291 ils avaient enlevé aux Francs Saint-Jean-d'Acre et jeté l'Orient Latin à la mer. Désormais ils n'avaient plus d'autre adversaire que l'Arménie, ils étaient libres de lui réserver tous leurs coups. En 1293 ils obligèrent Héthoum II à leur céder les places-frontières de l'est, Behesni, Marach et Tell-Hamdoun qui, jusque-là, avaient couvert la Cilicie du côté de l'Akhir-dagh. Comme ses prédécesseurs, Héthoum II ne pouvait plus avoir d'espoir que dans l'intervention de son suzerain, le khan mongol de Perse. C'était alors le khan Ghazan, personnellement bien disposé pour les Arméniens, quoique converti à l'islamisme et qui fut le dernier grand souverain de sa dynastie. En 1295 Héthoum II se rendit à sa cour pour le supplier d'envoyer une armée de secours. Quatre ans plus tard, Ghazan envahit en effet la Syrie et écrasa les Mamelouks à Homs (22 décembre 1299), mais aucune victoire ne fut plus décevante,

---

(1) *Flor des estoires*, l. II, ch. XXIX-XXXI, p. 179-184.
(2) Continuation de Sempad, Héthoum de Korikos et Maqrîzi, *ap.* Tournebize, *Histoire... de l'Arménie*, p. 220-228.

car, sans se donner la peine d'occuper la Syrie ou d'imposer ses conditions aux Mamelouks, il évacua ensuite sa conquête. Les Mongols revinrent, il est vrai, en 1303, mais cette fois ils furent battus par les Mamelouks près de Damas. Les Arméniens qui, les deux fois, s'étaient, en toute confiance, joints aux Mongols, restèrent plus que jamais exposés à la vengeance des vainqueurs. Du reste, nous l'avons vu, les Mongols de Perse venaient de se convertir à l'Islam. Dès lors ils devenaient pour les Arméniens des protecteurs beaucoup moins sûrs. Ce fut même un général mongol islamisé qui, en 1307, fit brutalement exécuter par fanatisme musulman le malheureux Héthoum II ainsi que son neveu Léon IV (1). Les infortunés Arméniens ne savaient maintenant plus ce qu'ils devaient redouter davantage, de leurs ennemis héréditaires, les Mamelouks, ou de leurs protecteurs mongols.

Il y eut cependant des accalmies. Le règne d'Ochin (1308-1320), dernier frère de Héthoum II, fut, à part quelques razzias mameloukes, relativement tranquille. Plus que jamais les Arméniens recherchaient l'amitié des Latins, en l'espèce des rois de Chypre, derniers survivants avec eux du grand passé des croisades. Ochin, qui avait épousé Isabelle, fille du roi de Chypre Hugues III, vécut en étroite intimité avec les Lusignan et se trouva, de ce fait, mêlé aux drames de la cour de Nicosie (exil, en Cilicie, du roi de Chypre Henri II, 1310). Léon V (1320-1341), fils d'Ochin, n'avait que dix ans à son avènement. La régence fut exercée par le comte de Korikos. En 1329 le jeune roi fit arrêter et mettre à mort le régent. Tous ces drames de palais indiquaient une situation intérieure trouble, coïncidant avec le péril extérieur. Sous ce règne en effet les invasions recommencèrent, tant du fait des Mongols islamisés d'Iran et d'Anatolie que des Mamelouks d'Égypte et de Syrie. En 1322 les Mamelouks détruisirent une première fois la grande ville maritime d'Ayas ou *Lajazzo* qui était, on le sait, un des principaux entrepôts du commerce du Levant. Ils y revinrent en 1337 et obligèrent Léon V à promettre d'en raser les fortifications : le grand port, désormais sans défense, restait à leur merci. Comme nous le verrons, il y avait dans cette obstination contre Ayas plus que des mobiles militaires. Ayas était pour le commerce du Levant la rivale d'Alexandrie. En la ruinant, les maîtres de l'Égypte assuraient à leur pays un monopole commercial incontesté.

L'Arménie entre les Lusignan et la réaction anti-franque

A mesure que la situation extérieure s'aggravait, la situation intérieure du royaume arménien devenait plus trouble. Exaspéré

---

(1) *Flor des estoires*, l. II, ch. 40-44, p. 194-206 ; Dardel, c. XIX, p. 17.

par ses malheurs, le nationalisme arménien se retournait contre les Latins qui l'avaient si mal secouru. Léon V finit assassiné, peut-être pour ses sympathies latines (28 août 1341 ?). Il ne laissait pas d'héritiers. Conformément aux clauses de son testament, la couronne d'Arménie passa de la dynastie héthoumienne dans une maison française, celle des Lusignan de Chypre.

Le testament de Léon V était d'ailleurs parfaitement correct. En effet la sœur des quatre précédents rois d'Arménie (Héthoum II, Thoros III, Sembat et Ochin), la princesse Zabel ou Isabelle, avait naguère épousé le cadet chypriote Amaury de Lusignan (1). Ce fut le fils aîné d'Amaury et d'Isabelle, Guy, qui fut, par le testament de Léon V, très régulièrement appelé au trône d'Arménie.

Indépendamment du respect dû à l'hérédité, le choix des Arméniens s'expliquait sans doute par des considérations politiques. Maintenant que le khanat mongol de Perse avait disparu, ils ne pouvaient recevoir de secours que des Puissances latines et en premier lieu du royaume de Chypre. Sans doute espéraient-ils qu'en appelant au trône un prince Lusignan, ils obtiendraient l'envoi de quelque croisade. En attendant l'arrivée du roi Guy, son frère Jean de Lusignan, parvenu le premier en Cilicie, assuma la régence. En octobre 1342 Guy se rendit enfin en Cilicie où il fut couronné roi. Il emmenait avec lui une troupe de chevaliers latins pour la défense du royaume. Mais au lieu de se consacrer à cette seule tâche, il se mêla aussitôt de querelles religieuses et, loin de se contenter des prudentes équivoques en usage, il prétendit imposer au clergé arménien une adhésion explicite à l'Église romaine. Initiative maladroite s'il en fut, les questions de dogme étant sans doute, les seules sur lesquelles l'accord cessât aussitôt entre Francs et Arméniens. Il heurta ainsi les sentiments les plus chers de ses nouveaux sujets et fut assassiné à son tour (17 novembre 1344) (2). Ainsi avait été assassiné naguère Philippe d'Antioche qui avait, lui aussi, voulu franciser de force le pays.

Les seigneurs arméniens renoncèrent alors à faire appel à un prétendant étranger et, au risque de rompre toute filiation avec leurs anciennes dynasties, ils élurent pour roi l'un d'entre eux, Constantin IV. Constantin IV qui régna près de vingt ans (1344-1363) eut une situation difficile. Bien que porté au trône par une réaction anti-latine très nette, il dut, pour se concilier les sympathies des Latins, feindre au concile de Sis d'adhérer à la foi romaine (1345). L'aide de la Latinité eût été en effet

---

(1) Deuxième fils du roi de Chypre Hugues III et frère du roi de Chypre Henri II. Sur son rôle dans les drames de la cour de Chypre, voir plus haut p. 339.
(2) Dardel, ch. XXXIII-XXXIX, *Doc. arm.*, t. II, p. 26-30.

indispensable. Mais cette aide ne se produisit point : aucune croisade, aucune expédition navale vénitienne ou génoise ne vinrent soulager le malheureux royaume cerné de toutes parts entre les États musulmans. Le port d'Ayas (Lajazzo) fut pris à nouveau par les Mamelouks qui, cette fois, le gardèrent définitivement (25 mai 1347) (1). En 1359 les Mamelouks envahirent encore la Cilicie et prirent les grandes villes d'Adana et de Tarse. La plaine cilicienne était perdue, le lamentable royaume rejeté dans la montagne.

On devine à travers les indications assez sèches des chroniqueurs une sourde irritation du peuple arménien contre les États latins qui, ne faisant rien pour lui venir en aide, ne savaient intervenir chez lui que pour y combattre son Église nationale. Aussi, après la mort de Constantin IV, les barons arméniens refusèrent de nouveau, en dépit des droits généalogiques, d'accepter un roi Lusignan. Ils donnèrent une seconde fois la couronne à l'un d'entre eux qui fut Constantin V (1365-1373). Mais Constantin V fut à son tour assassiné, car les querelles féodales s'aggravaient à mesure que l'État se dissociait. Les Arméniens, de plus en plus menacés par les Mamelouks, se décidèrent de guerre lasse à revenir aux Lusignan, dans l'espoir que ceux-ci provoqueraient enfin la prédication d'une croisade *in extremis*. Ils nommèrent donc roi Léon VI de Lusignan, fils de l'ancien régent, Jean de Lusignan. Débarqué en Cilicie le 2 avril 1374, Léon VI eut un voyage particulièrement pénible. Il dut éviter Tarse occupée par les Mamelouks et, à travers mille péripéties, parvint enfin à Sis où il fut régulièrement couronné (14 septembre). Le royaume ne comprenait plus guère que les villes de Sis et d'Anazarbe, tout le reste du pays étant au pouvoir des Mamelouks. Presque aussitôt Léon VI se vit assiégé par ceux-ci dans Sis. Situation tragique entre toutes : il se savait à la fois trahi par la chrétienté et par une partie de ses nouveaux sujets. D'où lui seraient venus des secours ? Le vaillant roi de Chypre Pierre Ier, le dernier des croisés, n'était plus là pour conduire en Cilicie l'expédition salvatrice. De leur côté, les escadres génoises sur lesquelles, en raison de leurs relations commerciales avec la Cilicie, on aurait pu compter pour dégager le littoral, ne se montrèrent point : Génois et Chypriotes usaient leurs forces, on l'a vu, dans une lutte impie, les premiers pour maintenir en état de servage le port insulaire de Famagouste, les seconds pour le recouvrer. Dans ces conditions, nul ne s'occupait plus de l'Arménie. Enfin à cette heure suprême, il semble que les querelles théologiques aient repris entre le clergé arménien et les moines latins qui avaient suivi Léon VI. D'où les défections

(1) Heyd, *Commerce du Levant*, t. II, p. 91.

qui menaçaient ce dernier. Du moins, au milieu de tous ces périls, fut-il jusqu'au bout égal à son rôle. Blessé au visage, il dut enfin après une défense héroïque rendre la forteresse de Sis (13 avril 1375) (1). Conduit en Égypte (2), il ne put se racheter qu'après une captivité de sept ans (octobre 1382) et se retira finalement en France. Le dernier roi d'Arménie mourut à Paris le 29 novembre 1393. Quant à la Cilicie, elle suivit dès lors les destinées de l'empire des Mamelouks, puis, à partir de 1516, de l'empire ottoman. L'occupation française de 1919-1921 devait faire naître dans la population arménienne de ce pays des espérances que les événements allaient singulièrement décevoir...

2. INSTITUTIONS ET CIVILISATION DU ROYAUME D'ARMÉNIE

Le royaume d'Arménie et l'influence franque

La proximité et le rayonnement des États francs firent sentir leur influence sur les institutions arméniennes. Le couronnement de Léon II comme roi *(thagavor)* par les mains d'un légat romain en 1199 avait définitivement fait entrer l'Arménie dans la société des monarchies latines (3). Mais en s'assimilant à un roi latin, le nouveau monarque s'assurait une autorité dont les anciens *thagavor* de Grande Arménie, les Bagratides de jadis (885-1045), étaient loin d'avoir joui. Ceux-ci n'avaient jamais pu se faire obéir par les grands féodaux ou *nakhararq*, anciens « satrapes » héréditaires, lesquels possédaient leur armée à eux, étaient maîtres absolus dans leurs domaines respectifs et n'étaient tenus à amener leurs contingents au *thagavor* qu'en cas d'invasion étrangère (4). Telle avait été d'ailleurs en Cilicie même la situation des premiers princes roubéniens à l'égard desquels des *nakhararq* comme les seigneurs de Lambron (maison « héthoumienne ») se considéraient comme pratiquement autonomes au point d'avoir leur politique étrangère propre, distincte de celle des princes roubéniens, parfois même en opposition avec elle. Les nouveaux rois d'Arménie avaient donc intérêt à s'inspirer des institutions franques. Ils pouvaient ainsi réclamer des

---

(1) Dardel, ch. XC-XCIX. Jean Dardel, qui a été un des compagnons de Léon VI au cours de ses longues pérégrinations, nous a laissé pour l'histoire de ce prince un récit de première main (ch. 48-144, p. 37-109 de l'éd. Kohler, *Doc. arm.*, t. II, 1906).

(2) Lettre de Pierre IV d'Aragon au sultan d'Égypte pour la libération de Léon VI dans Mas Latrie, *Hist. de Chypre*, t. III, p. 759.

(3) Les *dahékan* ou *tahégan* de Léon II le représentent assis sur un trône supporté par deux lions. « Il est ceint de la couronne. Sa main droite porte un globe surmonté de la croix et sa main gauche un sceptre en forme de fleurs de lys. Au-dessous, ces paroles en exergue : *Levon thagavor Haïòts* (Léon, roi des Arméniens) ».

(4) Cf. Dulaurier, *Documents arméniens*, Introduction, p. LVI-LVII.

nakhararq l'hommage précis, les services réguliers que le roi de Jérusalem, le prince d'Antioche, le roi de Chypre exigeaient de leurs vassaux. « Le régime allodial des satrapies, tel qu'il existait sous les Bagratides, fut changé. Propriétés libres, inamovibles dans la même famille, transmissibles par le seul fait de l'hérédité, sans aucun besoin d'investiture royale, elles furent converties en fiefs régis par les mêmes lois que connaissait notre jurisprudence féodale (1). »

La cour de Sis chercha à se modeler sur celles d'Antioche-Tripoli, d'Acre et de Nicosie. Les *nakhararq* devinrent des barons et plus tard des comtes liés au roi par un serment de ligesse, astreints à combattre personnellement sous ses enseignes ou tout au moins à lui fournir leurs contingents, toutes obligations beaucoup plus impérieuses et précises que celles des anciens *nakhararq* sous les Bagratides (2). La réunion des dignitaires et des barons autour du roi s'assimila à la Haute Cour des *Assises* franques (3). Les titres des dignitaires furent assimilés aux diverses titulatures latines. Avant de mourir Léon II nomma deux « bayles », pour assurer la régence de sa fille Zabel, ou plutôt il semble avoir assimilé aux « bayles » latins deux anciens dignitaires nationaux, le « père du roi » et le « prince des princes ». L'Arménie bagratide avait connu deux grands officiers militaires, empruntés l'un et l'autre à l'Iran sassanide : le *sparapet*, *spâhbadh* ou *spâhsâlâr* qui était un généralissime ou ministre des affaires militaires, et l'*aspabedh* qui était un général de cavalerie (4). Le *spâhsâlâr* prit désormais le nom de « connétable » et son lieutenant devint un « maréchal », l'*aspabedh* restant au troisième rang. D'autres équivalences firent apparaître parmi les dignitaires civils un « chancelier » (lequel fut d'ordinaire l'archevêque grégorien de Sis), un « chambellan », etc. Par ailleurs, les titres byzantins de *proximos* (ministre des finances), *sébaste* et *pansébaste* subsistèrent. Enfin le vieux titre arménien de *thagadir*, « poseur de couronne », fut rétabli par Héthoum Ier en faveur du dignitaire qui avait en effet le privilège de poser la couronne sur la tête royale le jour du sacre.

L'institution de la chevalerie fut elle-même introduite à la cour de Sis (5). Déjà avant 1199 les seigneurs arméniens aimaient à venir se faire armer chevaliers par le prince d'Antioche. Léon II avait ainsi reçu l'accolade du prince Bohémond III. Mais une fois devenu roi, il revendiqua le pouvoir de conférer

---

(1) *Ibid.*, p. LIX.
(2) Léon II les appelle *homines nostri, baroni nostri* (Dulaurier, *ibid.*, p. LX).
(3) *Ibid.*, p. XCIII.
(4) Christensen, *L'Empire des Sassanides*, p. 27 et *L'Iran sous les Sassanides*, p. 102, 125, 202 et 370, n. 1.
(5) Dulaurier, *Doc. arm.*, t. I, Introd., p. XC XCI.

lui-même la chevalerie à ses barons, trouvant d'ailleurs là un moyen d'accuser leur ligesse à son égard. Bientôt même les anciennes situations seront renversées et en 1274 Bohémond VII d'Antioche sera armé chevalier par son oncle maternel, le roi d'Arménie Léon III. Nersès de Lambron atteste qu'il y eut là une mode irrésistible qui entraîna la noblesse arménienne à adopter les mœurs et usages de la chevalerie franque, à latiniser titres et emplois en semblant oublier l'ancienne titulature nationale (1).

Les Arméniens, en adoptant les coutumes franques, se préoccupèrent d'en posséder les bases juridiques. Le connétable Sembat, frère du roi Héthoum Ier, ne se contenta point de composer une adaptation à la Cilicie du code grand-arménien écrit en 1184 par Mékhitar Goch (2). Il traduisit aussi en arménien entre 1254 et 1265 les *Assises d'Antioche* : œuvre précieuse, s'il en fut, car c'est dans cette seule traduction que le texte nous en est parvenu (3). Sembat nous dit lui-même que le besoin d'une telle traduction se faisait sentir en raison de la pénétration des coutumes franques en Cilicie. Il avait déjà montré son intérêt pour le droit franc en allant consulter le grand jurisconsulte Jean d'Ibelin (4). Ne nous étonnons pas si, à partir de 1201, les actes officiels furent transcrits simultanément en langue arménienne et en latin ou en français dans les registres du cartulaire royal (5).

La francisation fut appuyée par une série de mariages avec les maisons franques. La fille de Constantin Ier (1095-1100) avait épousé Jocelin de Courtenay, depuis comte d'Édesse. Léon Ier (1129-1139) épousa une sœur du roi de Jérusalem Baudouin II. Roubên III (1175-1187) épousa Isabelle de Toron-Montréal. Leur fille aînée, Alice de Montréal, épousa d'abord le seigneur arménien Héthoum de Sassoun, puis Raymond IV de Tripoli. Leur autre fille fut mariée au prince André de Hongrie. Le roi Léon II (1187-1219) épousa successivement Isabelle d'Antioche et Sibylle de Lusignan, cette dernière étant la fille du roi de Chypre-Jérusalem Amaury. Une de leurs filles, Stéphanie, épousa le roi de Jérusalem Jean de Brienne ; l'autre, la reine d'Arménie Isabelle (1219-1252), épousa d'abord (1222) Philippe d'Antioche, fils cadet du prince d'Antioche Bohémond IV. Parmi les filles que la reine Isabelle eut de son second mariage avec le roi Héthoum Ier (1226-1269), l'une, Sibylle, épousa le prince d'Antioche Bohémond VI, une autre, Fémie,

(1) Dulaurier, *ibid.*, p. LXXXI. Cf. V. Langlois, *Le trésor des chartes d'Arménie*, p. 31 et suiv.
(2) *Sempadsche Rechtsbuch*, trad. Karst, Strasbourg, 1905.
(3) Éd. et trad. Alishan, Venise, 1876.
(4) Dulaurier, *Doc. arm.*, Introd., p. LX.
(5) V. Langlois, *Cartulaire d'Arménie*, p. 13.

épousa le comte Julien de Sidon, une troisième, Marie, épousa le prince chypriote Guy de Lusignan. Le roi d'Arménie Léon III (1269-1282) donna une de ses filles, Isabelle, au cadet chypriote Amaury de Lusignan, prince de Tyr. Le roi Thoros III (1293-1299) épousa Marguerite, fille du roi de Chypre Hugues III. Le roi Sembat (1296-1299) épousa Isabelle d'Ibelin. Le roi Léon IV (1301-1307) épousa Agnès de Lusignan, fille d'Amaury de Tyr. Le roi Ochin (1308-1320) épousa d'abord Isabelle de Lusignan, sœur du roi de Chypre Henri II, puis Jeanne-Irène, fille du prince italo-angevin Philippe de Tarente. Enfin le roi Léon V (1320-1342) épousa Constance d'Aragon-Sicile, veuve de Henri II de Chypre.

On voit à quel point la dynastie arménienne s'était francisée. Finalement il advint que, par le jeu de ces alliances matrimoniales, des rois purement latins montassent sur le trône d'Arménie. Tel fut, à l'extinction de la lignée mâle de la dynastie roubénienne, le cas de Philippe d'Antioche qui devint roi d'Arménie (1222-1225) comme époux de la jeune reine Isabelle ; le cas aussi, à l'extinction de la dynastie héthoumienne, des rois d'Arménie Guy de Lusignan (1342-1344) et Léon VI (1374-1375).

Réaction arménienne contre la francisation

La francisation provoqua à diverses reprises dans la population arménienne une réaction assez nette. Cette réaction fut le fait des barons arméniens qui voyaient la dynastie se laisser gagner par l'influence latine au point de se dénationaliser quelque peu. Lorsque la jeune reine Isabelle eut épousé et associé au trône Philippe d'Antioche (1222), les « barons » posèrent comme condition que Philippe « vivrait à la mode arménienne, qu'il adopterait la foi et la communion des Arméniens, qu'il respecterait les privilèges de tous les nationaux (1) ». Mais une fois intronisé, Philippe se mit à enlever les postes aux dignitaires arméniens pour les distribuer à des Francs. « Il traitait les Arméniens non point en soldats, mais en paysans. Il ne les admettait point à sa table (2). » Le chef des barons, Constantin de Lambron, fit emprisonner l'imprudent et, malgré les supplications et les larmes de la jeune reine Isabelle, fort éprise de son époux, le mit à mort (1225). On a vu que Constantin obligea Isabelle à se remarier avec son propre fils, devenu le roi Héthoum Ier (1226) (4).

Cette première réaction nationaliste anti-franque, sortie des milieux féodaux, dura assez peu, parce que la dynastie héthou-

---

(1) Sembat, *Documents arméniens*, t. I, p. 647.
(2) Bar Hebræus, *Chron. syr.*, p. 425.
(3) *Eracles*, p. 347-348 ; *Kâmil at-tawârîkh*, t. II, p. 168-170.

mienne, ainsi parvenue au trône, reprit dès le règne de Héthoum Ier (1226-1269) la politique francophile de la maison précédente. Nul souverain arménien ne fut même, on l'a vu, en rapports aussi étroits avec les Francs, comme l'atteste son intime collaboration avec son gendre Bohémond VI d'Antioche. Mais l'échec de la « politique mondiale » de Héthoum Ier, les résultats finalement décevants de son système d'étroite alliance avec les Mongols (système qui échoua d'ailleurs non par sa faute, mais par la faute des Francs) empirèrent la situation. La conquête d'Antioche par les Mamelouks (1268), en coupant la Cilicie des États francs, isola, on l'a vu, le petit royaume arménien qui perdit peu à peu sa façade maritime (perte d'Ayas, 1347) et fut rejeté autour de Sis, dans la montagne. La réaction anti-franque se fit alors d'autant plus forte que la cour arménienne était plus francisée. La question confessionnelle se posa de nouveau avec acuité.

L'Église arménienne à l'époque roubénienne

Les Arméniens, nous l'avons vu (1), avaient leur Église nationale propre, l'Église grégorienne (2), qui se rattachait aux doctrines monophysites. Au moment de la conquête de la Grande Arménie par les Turcs le patriarcat était occupé par Grigor II Vikaïasser (1065-1105), fils de l'illustre Grégoire Magistros. Ce pontife avait fixé sa résidence à Tzamandos (Dzamindav, Zamintia), en Cappadoce, au milieu de l'émigration arménienne alors fort dense en cette région. Il eut pour coadjuteur (1081), puis comme successeur (1105) son neveu Barsel (Basile) Ier d'Ani qui maintint officiellement le siège patriarcal à Tzamandos, mais qui, en réalité, résida tantôt à Ani dans la Grande Arménie désormais turque, tantôt en Cilicie chez les princes roubéniens, tantôt en Commagène, sous la protection des comtes d'Édesse. Barsel finit par se fixer au monastère de Choughr à l'ouest de Marach, dans le Seav-Learn (Montagne Noire), aux confins du districnt de Kaisoun où régnait en ce temps-là le chef arménien Kol-Vasil (3). Barsel seconda aussi puissamment le prince Thoros, fondateur de la grandeur roubénienne (4).

Toutefois l'établissement du siège patriarcal dans la Nouvelle Arménie des confins ciliciens n'allait pas sans inconvénient. Le clergé de la Grande Arménie montrait une insubordination croissante à son égard. Contre le patriarche Grigor III Pahlavouni

---

(1) Voir plus haut, p. 76.
(2) Ainsi nommée, on s'en souvient, de saint Grégoire l'Illuminateur, apôtre de l'Arménie (v. 255-326). Voir p. 68.
(3) Sur l'importance considérable du rôle joué par Kol-Vasil, cf. Dulaurier, *Documents arméniens*, t. I, p. 69, n. 2. Voir plus haut, p. 386-387.
(4) Cf. Ormanian, *L'Église arménienne*, p. 42-43 ; Tournebize, *Histoire politique et religieuse de l'Arménie*, p. 166-167.

(1113-1166) l'archevêque d'A*l*thamar Davith Thornikian se proclama anti-patriarche (1114) (1). Grigor III réunit au couvent de Seav-Learn un synode auquel assistèrent les princes arméniens de Cilicie. Davith y fut excommunié, mais malgré cette condamnation le patriarcat dissident d'A*l*thamar refusa de s'incliner : en fait, il devait subsister jusqu'à nos jours (2).

Pour restreindre l'influence de « l'anti-patriarcat » d'A*l*thamar, Grigor III rapprocha quelque peu de la Grande Arménie le siège patriarcal. De 1125 à 1148 il résida au château de Dzovk, naguère identifié à la forteresse du lac Göldjuk, au sud-est de Kharpout, en réalité identique à la forteresse de Qal'at Çôf, dans le Djébel Çôf, récemment visitée par Haussknecht (3). Mais il y était encerclé et de plus en plus menacé par les émirs turcs de la famille ortoqide (4). En 1150, il se transporta à Roûmqal'a, en arménien Hromklay, forteresse située sur l'Euphrate, au grand coude nord du fleuve, au nord-est de Douloûk et qui, dans le lotissement de l'ancien comté d'Édesse, lui fut donnée par la comtesse Béatrix, veuve du dernier comte Jocelin II (5). Le patriarcat devait rester à Roûmqal'a de 1150 à 1293.

L'Église arménienne, Byzance et le Saint-Siège

La nécessité de l'alliance militaire avec les États croisés amena les prélats arméniens à tenter un certain rapprochement sinon proprement dogmatique, du moins politique avec l'Église romaine.

Le patriarche arménien Grigor III Pahlavouni (1113-1166) participa dans cet esprit à Antioche et à Jérusalem (à Jérusalem, en avril 1140) à un concile latin présidé par le légat Albéric d'Ostie (6). L'Église arménienne, en butte à l'hostilité séculaire du patriarcat grec, se ménageait un appui auprès de la Papauté. Ce fut en ce sens que des envoyés de Grigor III se rendirent en Italie, auprès du pape Eugène III qu'ils rencontrèrent à Viterbe (1145-1146) (7).

(1) Sur Grigor III, sa science et sa charité, voir Matthieu d'Edesse, III, 187, 214-215, trad. Dulaurier, p. 258 et 286.
(2) Cf. Tournebize, p. 236 ; Ormanian, p. 44. Sur le synode de Seav-Learn, voir Nersès IV, Lettre aux évêques, p. 65 ; *Études*, IX, p. 214 et sq.
(3) Cf. Honigmann, *Rûm Kal'a*, Encycl. de l'Islam, p. 1256. Et Claude Cahen, *La Syrie du Nord*, p. 115.
(4) Cf. Tournebize, p. 236.
(5) Sembat, *Chronique de Petite Arménie*, Doc. arm., t. I, p. 618 ; Michel le Syrien, trad. arménienne, *Documents arméniens*, t. I, p. 343. Le texte syriaque de Michel (éd. Chabot, III, III, p. 297), très hostile aux Arméniens, donne de la prise de possession de Roûmqal'a par Grigor III une version différente, naturellement désobligeante pour ce prélat. Cf. Honigmann, *Rûm Kal'a*, Encycl. de l'Islam, p. 1256.
(6) Guillaume de Tyr, l. XV, ch. 18. Cf. Tournebize, *Histoire politique et religieuse de l'Arménie*, p. 237 ; Ormanian, *L'Église arménienne* p. 48.
(7) Otto de Freisingen, *Chron.*, l, I, VII, ch. 31-33. Cf. Tournebize, p. 238.

Le patriarche arménien suivant, Nersès IV Chnorhali (1166-1173), chercha toute sa vie un terrain d'entente et, si l'on peut dire, un *modus vivendi* théologique entre les confessions arménienne, grecque et latine (1). En mai-juin 1170 et de nouveau en 1172 il reçut à Roumqal'a, à la demande de l'empereur Manuel Comnène, le théologien grec Théorianos avec lequel il eut de longs colloques en vue d'un accord entre Arméniens d'une part, Grecs et Latins de l'autre au sujet du concile de Chalcédoine (la question des « natures » dans la christologie). Notons qu'à ces colloques assistèrent aussi l'évêque Iwannis (Elias) de Kaisoun et le moine Théodoros Bar Wahboûn comme représentants du patriarche jacobite (monophysite syriaque) Michel le Grand de sorte que ce fut certainement la tentative la plus sérieuse qui ait été faite depuis longtemps pour concilier monophysites et dyophysites (2). L'honneur de cette tentative de réconciliation chrétienne revient au très grand esprit que fut Nersès Chnorhali.

Le patriarche Grigor IV Tgha qui gouverna ensuite l'Église arménienne (1173-1193), secondé par le grand prélat et écrivain Nersès de Lambron, archevêque de Tarse, réunit à Roumqal'a, en 1179, un concile qui, dit Mgr Ormanian, « sans adhérer aux propositions grecques (c'est-à-dire ici gréco-latines) proposa quelques formules de transaction » (3). Par ailleurs, Grigor Tgha entretint de bons rapports avec le pape Lucius III. En 1184, il envoya à celui-ci un messager qui rejoignit le pape à Vérone. Grigor Tgha protestait de son respect pour l'Église romaine et sollicitait une intervention en faveur des Arméniens persécutés par l'Église grecque. Lucius III répondit en envoyant à Grigor « un anneau, le pallium et la mitre » (4).

Cependant, le clergé arménien, surtout celui de la Grande Arménie s'opposait aux tendances « chalcédoniennes » que manifestait le patriarcat. A la mort de Grigor Tgha, les évêques Grigor Apirat et Nersès de Lambron, candidats à sa successsion, furent écartés comme trop favorables aux idées grecques et latines. On élut à leur place Grigor V Karavège, appelé aussi

---

(1) Sur Nersès IV Klaietsi (c'est-à-dire de Roûmqal'a) surnommé Chnorhali ou le Grâcieux à cause de sa valeur littéraire et du charme de sa poésie, voir Félix Nève, *L'Arménie chrétienne et sa littérature*, p. 269-286 ; Ormanian, p. 48-49 et Tournebize, p. 239-253.

(2) Cf. *Disputationes duo Theoriani orthodoxi, cum Armenorum catholico*, dans Migne, *Patrologie grecque*, t. CXXXIII, col. 114-298 ; Bar Hebræus, *Chron. eccles.*, éd. Abbeloos et Lamy, I, 549-551 et dans Michel le Syrien, III, 334-336.

(3) Ormanian, *L'Église arménienne*, p. 50. Cf. Tournebize, *Histoire politique et religieuse de l'Arménie*, p. 256. Sur Nersès de Lambron (1153-1198) et son activité en faveur de l'union de l'Église arménienne avec l'Église romaine, voir notice de Dulaurier dans *Documents Arméniens*, t. I, p. 558-568, et Tournebize, p. 260.

(4) Vardan, ch. XLIX, trad. Dulaurier, *Doc. arm.*, t. I, p. 438. Cf. Tchamitch III, 142. Voir Tournebize, p. 257-258.

Grigor Manoug (ou le Jeune) (1193-1194). Mais le prince arménien Léon II avait trop besoin de l'amitié latine pour céder à cette opposition. Grigor V fut déposé et Grigor Apirat, devenu Grigor VI, fut élevé au siège patriarcal qu'il occupa de 1194 à 1203 (1). Il est vrai que l'opposition nationaliste anti-latine provoqua alors une scission en Grande Arménie où on nomma un anti-patriarche, Barsel II d'Ani (1195-1206). Selon la remarque de Mgr Ormanian la politique de Léon II et de ses successeurs se trouvait en porte-à-faux entre les nécessités de l'alliance franque et l'opposition religieuse de la Grande Arménie qu'il n'avait aucun moyen de réduire (2).

Finalement Grigor Apirat, secondé par Nersès de Lambron, partisan résolu de l'union avec Rome, accepta au concile de Tarse (1196) l'essentiel des définitions du concile de Chalcédoine et se rapprocha sérieusement de la Papauté dont il parut reconnaître la suprématie (3). Cette reconnaissance permit, comme on l'a vu, à Léon II de recevoir la couronne royale qui lui fut présentée par le légat pontifical Conrad de Wittelsbach, tandis que le patriarche Grigor Apirat donnait au nouveau souverain l'onction royale (6 janvier 1199 ?). Innocent III envoya le pallium à Grigor Apirat.

En réalité, les concessions théologiques faites par l'Église arménienne à la Papauté n'avaient qu'une signification politique, le patriarcat arménien n'ayant jamais songé à abandonner réellement son *credo* pour la foi romaine (4). Le grand évêque de Tarse, Nersès de Lambron (1153-1198) qui avait été à la tête du rapprochement avec la Papauté, fut pris à partie par tout un groupe du clergé et obligé même de se justifier auprès du roi Léon II (5). L'opposition menaçait le patriarcat d'un schisme en se ralliant, contre ses chefs « latinisés », à l'anti-patriarche d'Althamar en Grande Arménie. De surcroît, le rapprochement politique du patriarcat arménien avec Rome provoquait l'hostilité de l'empire byzantin qui se remit à tracasser les ressortissants arméniens. Une mission de Nersès de Lambron à Constantinople (1196) resta à cet égard sans résultat. Du moins l'entente cordiale avec les Latins parut se maintenir et le patriarche Hovhannès VI Medzabaro, ou le Magnifique, reçut en 1205 le pallium du pape Innocent III (6).

---

(1) Michel le Syrien, III, 413, *Doc. arm.*, t. I, p. cxx.
(2) Ormanian, p. 52.
(3) Sur le concile de Tarse, Mansi, *Collect. concil.*, t. XXII, p. 197-206 ; Héfélé, *Histoire des conciles*, trad. Delarc; t. VII, p. 498. Cf. Tournebize, *Histoire de l'Arménie*, p. 261-267.
(4) Kirakos, *Doc. arm.*, t. I, p. 423. Et, de Nersès de Lambron lui-même, *Les institutions de l'Église*, ibid., p. 569-578, et sa lettre au roi Léon II, *ibid.*, p. 579-603.
(5) Tournebize, p. 275-276.
(6) Migne, t. CCXVI, p. 692. Cf. Tournebize, p. 279-280. Hovhannès VI

Sous la dynastie héthoumienne les mêmes relations continuèrent. Le roi Héthoum Ier (1226-1269) et le patriarche Constantin Ier de Bartzerberd (1221-1267), afin de consolider l'alliance politique avec les États latins, reconnurent à diverses reprises la suprématie de l'Église romaine, non sans provoquer les murmures des moines et du clergé arméniens. Ajoutons que les Églises de la Grande Arménie, lesquelles échappaient à la domination des rois ciliciens et n'avaient pas les mêmes raisons politiques qu'eux de transiger, se montraient ouvertement rebelles aux concessions dogmatiques, notamment en ce qui concernait la primauté du pape. A partir de 1262 le patriarche Constantin, devant cette opposition, commença à s'éloigner des partisans de Rome. On discerne de même une certaine réserve envers les avances de la Papauté chez les patriarches suivants : Hakob (Jacques) Ier de Kla, surnommé Gitnakan ou le Savant (1267-1286) et Constantin II Pronagortz (1286-1289). Il est vrai que le roi Héthoum II (1289-1301) dont la résistance de Constantin II gênait la politique francophile, le fit déposer (1289) (1).

Ainsi les phases de rapprochement ou d'éloignement par rapport à l'Église romaine se succédaient suivant les vicissitudes politiques. Sous le règne de Héthoum II se produisit une catastrophe qui rattacha plus étroitement le patriarcat à la royauté.

Le 29 juin 1292 le sultan mamelouk al-Achraf-Khalîl s'empara de Roumqal'a, la résidence patriarcale. Le patriarche Stéphanos IV fut conduit en captivité à Damas où il mourut l'année suivante (2). Le patriarche suivant, Grigor VII d'Anazarbe (Anavarza) (1293-1307), s'établit dans la capitale du royaume cilicien, à Sis, ville qui resta le siège du patriarcat de 1293 à 1441.

Comme le roi Héthoum II qui avait favorisé son élection, Grigor VII était partisan de l'entente avec Rome. Il adopta, en matière disciplinaire, une attitude assez nettement latine, attitude que consacra ou parut consacrer après sa mort, sous son successeur Constantin III, le concile de Sis, qui adopta même une partie des définitions romaines sur les deux natures du Christ (1307) (3).

Le mouvement qui emportait vers la latinité une fraction de la haute société cilicienne est illustré par l'exemple de Héthoum de Korikos, « le moine Hayton » (né entre 1230 et 1245, mort

Medzabaro fut patriarche de 1203 à 1221. Sur sa querelle avec le roi Léon II qui soutint un moment contre lui à Sis des antipatriarches, voir Tournebize, p. 277-279, et Ormanian, p. 53.

(1) Tournebize, p. 293 et 300 ; Ormanian, p. 54.
(2) Stéphanos IV Klaietsi, c'est-à-dire de Roumqal'a, patriarche de 1290 à 1293. Cf. Quatremère, *Histoire des sultans mamelouks*, II, p. 139 et sq. ; Bar Hebraeus, *Chron. syr.*, p. 579 ; Tournebize, p. 221 ; Honigmann, *Rūmqal'a*, Enc. Islam., p. 1258.
(3) Constantin III de Césarée, patriarche arménien de 1307 à 1322. Cf. Tournebize, *Histoire*, p. 320 à 656 ; Ormanian, *L'Église arménienne*, p. 54.

sans doute après 1314) (1). C'était un prince de la famille royale, peut-être un neveu du roi Héthoum Ier. En 1305 il se fit moine catholique dans le couvent des Prémontrés à Lapaïs, en Chypre. Il écrivit en français sa *Flor des estoires de la terre d'Orient* qu'il offrit en 1307, à Poitiers, au pape Clément V et où il montre une connaissance remarquable des problèmes asiatiques de son temps en s'affirmant un partisan résolu de l'alliance mongole (2).

Mais les traditionalistes n'admettaient pas ces ralliements. Après le concile de Sis en 1307 ils accusèrent le roi Héthoum II et ses prélats qui avaient abjuré le monophysisme, de trahir la foi nationale. Du reste, si le royaume cilicien, entraîné par sa dynastie, semblait ainsi adhérer à la foi romaine, les autres régions arméniennes — région euphratésienne et Grande Arménie, — refusaient de le suivre, d'abandonner le monophysisme. Et, bien qu'il s'agît là de pays subissant la domination musulmane, ils conservaient une importance religieuse considérable en raison des grands souvenirs qui s'y rattachaient.

L'opposition religieuse se traduisit sur le terrain politique. Le roi Léon V (1320-1342), pour obtenir des secours de l'Occident, multiplia les preuves de bonne volonté envers les papes Jean XXII et Benoît XII et favorisa l'Ordre des Frères-Unis de saint Grégoire, affiliés aux Dominicains (3), mais le patriarche arménien Hakob (Jacques) II de Tarse (1327-1341) refusa de souscrire à tous les desiderata de la Papauté dans le domaine tant disciplinaire que théologique (4). A la fin le conflit s'envenima. Hakob II menaça d'excommunier le roi, et le roi, en 1341, fit déposer le patriarche. Les traditionalistes, exaspérés de voir Léon V passer aux Latins, l'auraient même fait disparaître (28 août 1341, ou 1342 ?).

Les esprits étaient donc fort divisés quand fut appelé au trône d'Arménie le prince chypriote Guy de Lusignan (1342-1344). Catholique zélé, sa tentative d'imposer la confession romaine aboutit à son assassinat (17 novembre 1344) (5). Le baron arménien Constantin IV que le parti anti-franc porta alors sur le trône (1344-1363), essaya de se faire pardonner par la Papauté. Le concile de Sis de 1345 reconnut une fois de plus la primauté de l'Église romaine, mais, en dépit de cette clause de style, les légats du pape Clément VII ne purent jamais obtenir du patriarche Mékhitar Ier de Gerner (1341-1355) l'ensemble des déclarations

---

(1) Biographie de Héthoum de Korikos ou Gorighos par Ch. Kohler dans son introduction à *La flor des estoires de la terre d'Orient* dans *Recueil des historiens des Croisades, Doc. arm.*, t. II (1906), p. xxiii-lv.
(2) *Flor des estoires*, *l. c.*, l. III, c. xvi-xlix ; l. iv, c. xxvi-xxvii.
(3) Cf. Tournebize, *Histoire*, p. 320-333 ; Ormanian, p. 56.
(4) *Ibid.*, p. 333 sq.
(5) Jean Dardel, *Chronique d'Arménie*, c. xxxiii-xxxix (éd. Kohler, *Doc. arm.*, t. II, 1906, p. 26-30).

et rétractations exigées (1). Quant à Léon VI de Lusignan (1374-1375), lorsqu'il arriva de Chypre à Sis, il emmenait avec lui un évêque latin pour se faire sacrer à la manière franque. Devant les murmures de ses nouveaux sujets, il dut accepter une transaction et fut sacré par les représentants des deux Églises, suivant les deux rites. Malgré cette concession plusieurs barons du parti anti-latin conspirèrent pendant le dernier siège de Sis contre Léon VI et faillirent même l'attirer dans un guet-apens (2).

Ainsi la lutte des deux Églises avait jusqu'au bout troublé les relations du royaume d'Arménie et des États latins.

Le royaume arménien de Cilicie et le commerce du Levant

Au cours de ses deux cent quatre-vingt-trois ans d'existence (1092-1375), le royaume arménien de Cilicie avait joué un rôle considérable dans le commerce du Levant. Le port de *Lajazzo*, aujourd'hui Ayas (*Laias* en français médiéval) était le point d'arrivée de la grande route de commerce qui, par l'Anatolie orientale, gagnait la Perse, l'Asie Centrale et la Chine. La proximité des États francs de Syrie et de Chypre accrut singulièrement l'importance de ce marché. Dès 1201 les Génois, par l'ambassade d'Ogerio di Pallo, obtinrent du roi Léon II la franchise douanière, ainsi que des entrepôts à Sis, Mamistra (Mopsueste, Missis) et Tarse. En 1215 le « vicomte », c'est-à-dire le consul génois pour la Cilicie, Ugone Ferrario, obtint l'extension de ces privilèges. Venise, par la mission de Jacopo Badoaro, se fit aussi reconnaître des franchises, toutefois plus restreintes (1201) (3).

La chute d'Antioche (1268), puis celle d'Acre (1291) décuplèrent l'importance commerciale du royaume arménien en général, de Lajazzo en particulier (4). Lajazzo était désormais le seul grand marché du continent asiatique appartenant aux chrétiens. A ce titre tous les représentants de l'Europe s'y pressaient pour éviter les tarifs prohibitifs d'Alexandrie. Du reste, bien plus sûrement qu'Alexandrie, c'était, en raison de l'étroite amitié arméno-mongole, le point d'aboutissement des caravanes venues des immenses empires gengiskhanides — Chine, Turkestan et Iran —. A Lajazzo, par l'étape de Tauris, aboutissaient les pistes venues de l'Extrême-Orient avec leurs produits que se

---

(1) Voir cependant Daniel de Tauris, *Responsio ad errores impositos Hermenis*, Doc. arm., t. II, p. 572, 573, 609, 620.
(2) Dardel, *Chronique d'Arménie*, ch. LXXXVI, XC, XCVII, CXIII. Cf. Tournebize, p. 717-727.
(3) Heyd, *Hist. du Commerce du Levant*, t. I, p. 369-372.
(4) L'autre port arménien, Korikos ou Gorighos près de Sélefké, était situé plus à l'ouest, trop loin de la « Mésopotamie cilicienne ». Notons d'autre part l'importance du bureau de douanes établi par les Arméniens sur leur frontière syrienne, à « la Portelle » ou Portella, l'actuel Sakaltoutan. Cf. Claude Cahen, *La Syrie du Nord*, p. 149.

disputaient marchands génois, vénitiens, pisans, florentins, marseillais et catalans : les épices — poivre, gingembre, cannelle, nard, girofle, noix muscade — de l'Insulinde, les perles de l'océan Indien et les diamants du Dékhan, les bois de santal et de « brésil » d'origine indienne, l'indigo indien, les soieries de l'Extrême-Orient, les tapis et cotonnades de la Syrie musulmane, de l'Anatolie turque et de l'Iran, les « taffetas », « cendals », « brocarts d'or » et « filés de soie » de tout l'Orient. En plus de ce commerce de transit, la Cilicie livrait les produits de son sol et de ses métiers : fer des mines du Taurus, bois de construction de ses forêts, laines et poils de « chèvre d'Arménie », employés à la fabrication des « camelots », enfin le coton cilicien d'excellente qualité (1).

Le traité conclu entre Venise et le roi d'Arménie Léon III en 1271 prouve que la République de Saint-Marc entretenait déjà un *bayle* dans ce pays (2). Venise avait alors avec Lajazzo des services maritimes réguliers qui faisaient escale en Chypre (3). Le commerce génois n'était pas moins important. Les actes notariés génois datés de Lajazzo même nous en montrent le détail (4). Nous y voyons énumérés tous les produits exotiques ou indigènes que nous venons de citer. En contre-partie, les Génois importaient en Cilicie du vin, de l'huile, du froment et de l'orge, des draps et des étoffes de toutes sortes. Un nouvel accord conclu en 1288 entre le roi Léon III et l'amiral génois Benedetto Zaccaria régla les relations de la colonie génoise (elle avait toujours à sa tête un consul ou « vicomte ») avec le gouvernement royal (5). A côté des Vénitiens et des Génois la maison de banque et de commerce florentine des Bardi, grâce à la visite de son agent Pegolotti, — l'auteur du traité sur la *Pratica della mercatura* —, obtint en 1335 la franchise douanière.

Si Ayas-Lajazzo, de par sa position dans le golfe d'Alexan-

(1) Cf. Heyd, *Commerce du Levant*, t. II, p. 75, d'après Marco Polo, ch. xix, et Pegolotti, p. 7, 13, 48, 50, 79.
(2) Tafel et Thomas, t. III, p. 115 et Langlois, *Trésor des Chartes d'Arménie*, p. 151.
(3) Marco Polo qui a visité Lajazzo en 1271, écrit en 1298 : « Il y a sur les bords de la mer une ville appelée Laias qui est de grande marchandise. Car sachez que toute l'épicerie et les draps de soie et d'or des pays de l'Euphrate sont apportés à cette ville et beaucoup d'autres produits encore. Les marchands de Venise et de Gênes et d'autres contrées s'y rendent, y vendent leur chargement et y font leurs achats. Tous les voyageurs qui se dirigent vers les pays de l'Euphrate, marchands ou autres, passent par cette ville » (Marco Polo, ch. xx). Le texte latin porte : « Ibi ponuntur omnes species quae veniunt de Oriente, et mercatores Veneti, Pisani et Januenses et de omnibus partibus Indiae portant et levant, et panni qui portantur de Oriente, et inde est via eundi in partes superiores Orientis. »
(4) *Actes passés à L'Aïas (Petite Arménie) et à Beyrouth par devant des notaires génois*, publiés par Desimoni, *Archives de L'Orient latin*, t. I, p. 434-534.
(5) *Recueil des historiens des croisades*, Doc. arm., t. I, p. 746 et sq. ; Langlois, *Trésor des chartes d'Arménie*, p. 159 ; Heyd, *Commerce du Levant*, t. II, p. 84.

drette, au point d'arrivée de toutes les caravanes de l'Asie, restait le principal marché de la Cilicie, le port, plus occidental, de Korikos ou Gorighos (Curco, Kourk) eut aussi au XIVe siècle, son heure d'importance. « Les Génois, note Iorga, le préféraient comme le mieux situé pour le commerce avec Qonya. En 1375, sa douane produisait un revenu de 3.000 florins (1). »

La prospérité commerciale du royaume arménien de Cilicie, remarque Sanudo, fut une des causes qui provoquèrent sa destruction par les Mamelouks d'Égypte : Lajazzo concurrençait victorieusement Alexandrie. Du jour où les Mamelouks eurent définitivement occupé et ruiné Lajazzo (25 mai 1347), Alexandrie s'adjugea le monopole du commerce avec l'Inde et l'Asie Orientale (2).

Dynasties de la Petite Arménie (Cilicie)

1º Dynastie Roubénienne.

Roubên ou Roupên Ier, seigneur de Bartzerberd.	1080-1095
Constantin Ier, baron d'Arménie	1095-1099
Thoros Ie	1100-1129
Léon Ier	1129-1139
Thoros II	1145-1168
Roubên II	1168-1170
Mlêh	1170-1175
Roubên III	1175-1187
Léon II le Grand (reçoit le titre royal en 1199)..	1187-1219
Isabelle (1219) épouse Philippe d'Antioche lequel règne de	1222 à 1225

2º Dynastie Héthoumienne (et Lusignans).

Héthoum Ier (second époux de la reine Isabelle).	1226-1269
Léon III	1269-1289
Héthoum II	1289 1293, 1299-1301
Thoros III	1293-1299
Sembat, usurpateur	1296-1299
Constantin II	1299
Léon IV	1301-1307
Ochin	1308-1320
Léon V	1320-1342
Guy de Lusignan	1342-1344
Constantin IV	1344-1363
Constantin V	1365-1373
Léon VI de Lusignan	1374-1375

---

(1) Cf. Mas Latrie, *Des relations de l'Asie Mineure avec l'île de Chypre*, Bibl. de l'École des Chartes, 2e série, t. I, p. 303 ; Mas Latrie, *L'Île de Chypre*, p. 298 ; Iorga, *Philippe de Mézières*, p. 112.

(2) Heyd, t. II, p. 91.

3. En marge de la grande histoire.
La croisade géorgienne

La résistance géorgienne sous Bagrat IV et Giorgi II

A l'heure où Byzance s'effondrait, un peuple chrétien auquel elle avait donné sa religion « grecque-orthodoxe », le peuple géorgien, reprenait à son compte en Transcaucasie la lutte contre l'Islam. Pour se situer quelque peu à l'écart du théâtre principal où se déroulait le combat de la croix et du croissant, « la geste géorgienne » n'en doit pas moins occuper sa place légitime dans l'histoire de la question d'Orient (1).

Nous avons montré (p. 147), la première expansion géorgienne sous le roi bagratide Bagrat IV (1027-1072) qui, vers 1040, avait réduit en vassalité les musulmans de Tiflis. La fin de ce règne fut assombrie par l'invasion des Turcs Seldjouqides. Le sultan seldjouqide de Perse, Alp Arslan, après avoir arraché l'Arménie aux Byzantins (1064), envahit la Géorgie et occupa tout le Karthli où des multitudes de chrétiens furent tués ou faits prisonniers (décembre 1068) (2). Un des chefs géorgiens, Aghsarthan, prince de Kakhéthie, se vit contraint d'embrasser l'islamisme, tout au moins d'en faire le simulacre. En repartant, le sultan laissa Tiflis au chef kurde Fadloun, émir de Gandja, en même temps qu'il installait à Ani, l'ancienne capitale arménienne, un autre émir nommé Manoutchihr ibn Abou'l-Ouswâr. Au printemps de 1069, Bagrat IV reprit l'avantage et chassa Fadloun qui fut fait prisonnier par Aghsarthan. Toutefois Tiflis resta au pouvoir d'un autre émir, vassal des Seldjouqides.

Le roi géorgien Giorgi ou Kéorki II (1072-1089), fils et successeur de Bagrat IV, résida à Koutaïs (3). Il fut, comme ses prédécesseurs, en butte à l'insubordination de la puissante maison féodale des Orbélian. Le nouveau sultan seldjouqide de Perse, Malik-châh (1072-1092), ayant, au début de ce règne, fait une chevauchée en Transcaucasie, les Orbélian cherchèrent à se concilier sa faveur. Il n'en saisit pas moins leur forteresse de Samchwildé (sur la rivière Ktzia, au sud-ouest de Tiflis). Le sultan une fois parti, Giorgi II, avec l'aide d'Aghsarthan, prince de Kakhéthie, défit les forces turques locales à Fartzkhisi, sur l'Algéti, au sud de Tiflis. En même temps, l'effondrement de la puissance byzantine permit à Giorgi II de recouvrer sur les Byzan-

---

(1) Voir pour l'histoire de l'Église géorgienne, Michel Tamarati, *L'Église géorgienne, des origines jusqu'à nos jours*, Rome, Société Typographico-éditrice Romaine, 1910. Résumé des institutions politiques géorgiennes au Moyen Age dans A. Sanders, *Kaukasien*, p. 142-150.
(2) Brosset, *Histoire de la Géorgie*, I, p. 331-332.
(3) Sur la mort de Bagrat IV, cf. Brosset, *ibid.*, I, p. 336.

tins le port d'Anakopia (Nikopsia), sur la côte d'Aphkhazie, ainsi que les provinces de Chavchéthi, de Klardjeth et de Djavakhéti, dans l'hinterland de Batoum. En Arménie, Giorgi II occupa même un moment Kars, l'ancienne capitale arménienne, d'ailleurs ruinée par les Turcs.

Mais ces brillants succès durèrent peu. L'armée de Giorgi II fut surprise et mise en déroute par les Turcs près de Kwéli, sur la rivière Djaqis-tsqali, dans la province de Samtzkhé. Les Turcs ravagèrent tout le royaume, tandis que Giorgi II se réfugiait dans les forêts de la province d'Atchara, près de la mer Noire, en arrière de Batoum. Les provinces de Chavchéti et d'Atchara, le Klardjeth jusqu'à la côte, le Samtzkhé, l'Arguéti, tout le Karthli furent effroyablement ravagés. Les coureurs turcs brûlèrent même la capitale royale, la cité de Koutaïs (1).

Désespérant de sauver son pays, Giorgi II, qui, depuis l'effondrement byzantin, ne pouvait plus compter sur aucun secours, se résigna en 1080 à se rendre à Ispahan pour faire acte de vassalité envers Malik-châh. Le sultan agréa son hommage et le renvoya chez lui comme tributaire. La politique seldjouqide avait d'ailleurs soin d'affaiblir la Géorgie en attisant les discordes entre la dynastie bagratide d'Aphkhazie et de Karthli d'une part, et d'autre part la maison des Aghsarthani dans la principauté de Kakhéthie (2).

La croisade géorgienne sous Davith II le Restaurateur

Davith II *Aghmachénébéli*, c'est-à-dire « le Réparateur » ou « le Restaurateur » (1089-1125 ?) qui succéda à son père Giorgi II sur le trône d'Aphkhazie et de Karthli, présida, comme son surnom nous l'annonce, à une brillante restauration nationale (3).

Davith II était monté sur le trône à l'âge de seize ans, au milieu des circonstances les plus défavorables, quand une série d'événements heureux vint desserrer l'étreinte turque sur la Géorgie. Tout d'abord, le décès du sultan Malik-châh en 1092 provoqua, comme on le sait, le partage de l'empire seldjouqide ; puis l'arrivée de la première croisade au Levant (1097) détourna de la Transcaucasie l'attention des épigones seldjouqides. L'emprisonnement du prince orbélian Liparit en cette même année 1097, puis la mort de son fils Rati en 1101 privèrent de leurs chefs naturels les féodaux hostiles à la monarchie. En 1101 également, Davith II attaqua l'autre prince géorgien, Kwiriké IV, prince de Kakhéthie, et lui enleva l'importante forteresse de Zédazadéni,

---

(1) Brosset, I, p. 346 et sq.
(2) W. E. D. Allen, *History of the Georgian people*, p. 93-94.
(3) Résumé commode du règne dans A. Sanders, *Kaukasien, Geschichtlicher Umriss*, p. 132-138.

près du confluent de l'Aragvi dans la Koura, au nord de Tiflis. Le neveu et successeur de Kwiriké IV, Aghsarthan II qui régna sur la Kakhéthie de 1102 à 1104, fut livré par ses vassaux à Davith II (1104-1105) (1). La Kakhéthie, c'est-à-dire la Géorgie orientale, fut alors annexée au royaume et l'unité géorgienne se trouva définitivement réalisée au profit de la dynastie d'Aphkhazie et de Karthli.

Davith II régnait maintenant de la mer Noire aux montagnes du Daghestan. Cependant depuis la défaite de Giorgi II par les Seldjouqides, les tribus turques venaient périodiquement avec leurs troupeaux transhumer dans le pays. « Chaque année, en octobre, elles gagnaient la vallée du Mtkavari (nom géorgien de la Koura), depuis Tiflis jusqu'à Bardaa, d'où au printemps, elles remontaient dans les montagnes du Somkhéti et dans la région de l'Ararat (2) ».

Pour en finir avec ces incursions seldjouqides, Davith II conclut une précieuse alliance avec les Ossètes et avec les Qiptchaq. Les Ossètes étaient un rameau des Alains historiques, lesquels formaient eux-mêmes une branche de l'ancienne famille nord-iranienne des Scytho-Sarmates (3). Ils habitaient près du confluent de l'Ardon et du haut Térek, à l'ouest de l'actuel Vladicaucase. Les Qiptchaq étaient des Turcs de la steppe russe, restés nomades et païens, réfractaires par conséquent à l'islamisme. Davith II établit le contact avec ces tribus du Nord par la construction d'une puissante forteresse qui commandait le pas de Daryal, près du Kazbek. Il épousa même une princesse qiptchaq. Il put ainsi faire venir en Géorgie et prendre à sa solde des milliers de mercenaires qiptchaq, à cet effet plus ou moins convertis au christianisme (4). Renforcé par ces éléments guerriers, il refusa de payer le *kharadj* ou tribut dû aux Seldjouqides et interdit la transhumance des Turcs en Géorgie. Dès 1110 il avait chassé les Turcs de la province de Somkhéti (5), mais ce fut seulement en 1115 qu'il mit fin aux incursions saisonnières des bandes turques en s'emparant de la forteresse de Rousthavi, au sud-est de Tiflis, laquelle avait jusque-là protégé leurs mouvements à travers la vallée du moyen Mtkavari (Koura) et du Yori. En 1116 sa cavalerie chassa de même les Turcs du Klardjeth et du Tayq ou Tao. En 1118 la forteresse de Lori, sur le moyen Berdoudj, par où les Turcs avaient accès dans la province de Somkhéti,

---

(1) Brosset, *Histoire de la Géorgie*, I, p. 354 et sq.
(2) W. E. D. Allen, *History of the Georgian people*, p. 98.
(3) Sur la langue des Ossètes, reste de l'iranien oriental des peuples scythes, voir Meillet, dans *Les langues du monde*, p. 42.
(4) Cf. Brosset, I, p. 379.
(5) La province de Somkheti est située entre les sources du Débéda ou Berdoudj et celles de la Matchavéri. Voir p. 105, notre carte historique de la région transcaucasienne au Moyen Age.

fut prise par les Géorgiens et une armée turque fut détruite sur les bords de l'Araxe (1).

Davith II élargit le système de ses alliances en mariant sa fille Thamar au Chirvânchâh, c'est-à-dire au roi musulman du Chirvan. Il se fit de ce roi, nommé Akhistân, un client précieux. Il envoya à Constantinople une autre de ses filles, la princesse Kata, qui y épousa le fils du « césar » Nicéphore Bryenne.

Les succès de Davith II, la reconquête chrétienne qu'il avait réalisée étaient des événements si considérables qu'en 1121 le *djihâd*, ou guerre sainte musulmane, fut prêché contre lui. Le sultan seldjouqide de Perse Mahmoûd (1118-1131) envoya en Géorgie une armée commandée par l'émir turc de Mardin et d'Alep Ilghâzî l'Ortoqide, par l'émir arabe Doubaïs et par le cadet seldjouqide Toghril, prince de l'Arran et de Nakhitchévan. En août 1121 cette armée pénétra dans la province géorgienne du Thrialeth, mais elle fut entièrement battue par Davith II le 14 août 1121 à Manglisi, à l'ouest de Tiflis (2). L'année suivante, Davith II s'empara de Tiflis « pour que cette ville devînt à jamais l'arsenal et la résidence de ses fils » (3).

Il y avait près de quatre siècles que Tiflis était occupée par les musulmans. Sa délivrance eut en Orient un retentissement d'autant plus grand qu'elle coïncidait avec les victoires des États croisés en Syrie et en Palestine. La croisade géorgienne, prenant le monde musulman à revers, doublait la croisade franque. C'est là un fait qui ne doit jamais être oublié quand on étudie l'histoire de la question d'Orient au xiie siècle. Davith II eut d'ailleurs la sagesse de ménager après sa victoire le sentiment musulman en évitant toute persécution religieuse systématique (4).

En 1124 Davith II, dépassant la zone du pays proprement géorgien, pénétra dans la Grande Arménie, terre soumise depuis soixante ans aux Turcs. Il s'empara de Sper, ou Ispir, sur le Tchorokh (à mi-chemin entre Erzéroum et Trébizonde) et d'Ani, l'ancienne capitale arménienne, elle aussi au pouvoir des musulmans depuis 1064. Il fit prisonnier l'émir d'Ani, Abou'l Ouswâr

(1) Brosset, *Histoire de Géorgie*, I, p. 359 ; Allen, p. 98.
(2) Matthieu d'Edesse nous dit que Davith II avait été renforcé par 15.000 Qiptchaqs, 5.000 Alains et une centaine de Francs. L'armée turque était forte de 40.000 hommes. Matthieu d'Edesse, ch. 232, trad. Dulaurier, p. 304-305. Sur la date, cf. Dulaurier, *Recherches sur la chronologie arménienne*, 2e partie, *Anthol. chronol.*, n° LXVIII. Sur l'armée géorgienne sous Davith II (75.000 hommes), Sanders, *Kaukasien*, p. 147.
(3) Brosset, I, p. 365-367 et *Additions*, I, 230, 236-241. Cf. Ibn al-Athîr, X, 398-399 (Defrémery, *Fragments*, p. 26) ; Kamal ad-Dîn, dans *Hist. orientaux des Croisades*, III, p. 628.
(4) Minorsky, *Tiflis*, Encycl. de l'Islam, p. 794 d'après al-'Aïnî *ap*. Brosset, *Additions*, I, 241 ; et W. Barthold, *Ani*, Encyc. de l'Islam, t. I, p. 360, d'après Ibn Hawqal, éd. de Goeje, p. 242-243 ; Matthieu d'Edesse (ch. 232, p. 305) parle cependant de 500 musulmans empalés à la prise de Tiflis. Sur la date de la prise de Tiflis, cf. Brosset, *Histoire de la Géorgie*, I, p. 367, n. 3 et Dulaurier dans sa traduction de Matthieu d'Edesse (1858), p. 461, n. 5.

ou Abou'l Séwâr, de la dynastie kurde locale des Chaddâdides et rendit solennellement cette ville au christianisme. « Ainsi, chante Matthieu d'Édesse, fut affranchie cette cité royale du joug qui avait pesé pendant soixante ans sur elle. L'auguste et vaste cathédrale, que les infidèles avaient convertie en mosquée, réunit de nouveau dans son enceinte, par les soins de Davith, des évêques, des prêtres et des moines de l'Arménie, et fut bénie avec une pompe solennelle. Ce fut un grand bonheur pour notre nation de voir ce saint édifice arraché à la tyrannie des infidèles (1). »

Davith II donna Ani en fief à la famille arménienne des Zakharides dont la plupart des représentants portaient les prénoms de Zakharé ou d'Ivané (2). « Les murailles de la ville furent prolongées par les Zakharides jusqu'à la rive escarpée de l'Arpa-tchaï. Les édifices religieux qui datent de cette époque prouvent que la tendance *chalcédonienne* (grecque-orthodoxe) fut favorisée par les souverains géorgiens comme elle l'avait été précédemment par les souverains grecs et qu'elle devint alors prépondérante (3). »

Le reflux turc sous la poussée géorgienne en Haute Arménie eut un aussi grand retentissement dans le monde musulman que les victoires franques en Syrie. On vit les musulmans du Caucase se présenter en suppliants chez le khalife de Baghdâd pour solliciter la prédication d'une contre-croisade anti-géorgienne, comme, vers le même temps, les musulmans d'Alep y sollicitaient le déclenchement d'une contre-croisade anti-franque.

Ces appels furent vains. Toutefois, sous le règne de Dmitri Ier (1125-1154), fils et successeur de Davith II, la conquête géorgienne fit une pause. Le pays paraît d'ailleurs avoir alors joui d'une prospérité remarquable : restauré grâce aux guerres incessantes de Davith II, il se relevait de la période de désolation qui avait été celle des incursions seldjoukides. Mais toutes les conquêtes du règne précédent ne purent être maintenues. La ville d'Ani retomba au pouvoir des émirs Chaddâdides (1126). Il est vrai qu'en 1128 Dmitri s'empara de Dmanisi et de Khounani et battit les Turcs dans la plaine de Gagi qu'on situe entre le lac Sévan et la Koura, au nord-ouest de Gandja. Puis la chance parut tourner. Entre 1132 et 1139 les forces géorgiennes opérant sur les frontières de l'Arménie et de l'Azerbaidjan furent plusieurs fois mises en échec par l'atâbeg turc d'Azerbaidjan, Ildigiz. Enfin en 1153 les Géorgiens remportèrent un sérieux succès en battant près d'Ani l'émir turc d'Erzéroum, Saltouq ibn 'Alî (4).

---

(1) Matthieu d'Edesse, ch. 243, p. 313-314 (éd, Dulaurier) ou p. 140 (éd. des *Doc. arm.*, t. I).
(2) Tchamitch, t. III, p. 44.
(3) W. Barthold, *Ani*, Encyclopédie de l'Islam, t. I, p. 360.
(4) Cf. Minorsky, *Tiflis, l. c.*, p. 794 (d'après Ibn al-Athîr, XI, 126, *sub anno* 548 (1157), *Munedjdjim-bachi*, II, 577) ; Defrémery, *Fragments*, p. 40 ; Allen, p. 101-102.

Le récit de l'historien arabe Ibn al-Azraq qui visita Tiflis en 1153 atteste d'ailleurs que les musulmans n'étaient nullement persécutés sous la domination géorgienne : tout chrétien orthodoxe qu'il fût, Dmitri n'hésitait pas le vendredi, jour de la prière musulmane, à se rendre à la mosquée (1).

La croisade géorgienne sous Giorgi III et Thamar

Sous Giorgi III (1156-1184) l'expansion géorgienne reprit. En 1162, Giorgi reconquit Ani et même (juillet-août 1162) Dovin. « Il entra à Dovin, tandis que la garnison musulmane prenait la fuite. Il la mit en déroute et l'extermina. Ceux qui avaient échappé au glaive ayant cherché à se réfugier dans la ville, les Géorgiens y pénétrèrent avec eux, massacrèrent tous ceux qui se présentaient, firent des captifs et mirent le feu aux maisons. Après quoi ils reprirent le chemin de leur pays, chargés de butin et traînant avec eux une masse de prisonniers (2). » D'après Samuel d'Ani, ces prisonniers se montaient à 60.000, chiffre sans doute exagéré. L'atâbeg turc d'Azerbaidjan, Ildigiz, averti du désastre, chercha en vain à rejoindre l'armée géorgienne. Il se vengea en saccageant diverses localités chrétiennes, au nord de Dovin et poussa jusqu'à la province géorgienne de Gougarq ou Koukarkh, mais se retira à l'approche de Giorgi III (3). Rappelons que Dovin, bien que située en pleine Arménie, était une ville purement turque dont les rois bagratides d'Ani et de Kars, au temps de leur plus grande puissance, au xe siècle, n'avaient jamais pu s'emparer. Il était donc naturel que Giorgi III se contentât de la saccager. Au contraire Ani était restée chrétienne. Néanmoins l'atâbeg Ildigiz la reprit à la fin de 1165 (4). Mais Giorgi III ne renonçait pas à l'antique capitale arménienne. Le reste de son règne est rempli par des expéditions de ce côté et aussi vers Erzéroum, Nakhitchevan, Gandja, Bardaa et Bailaqan. La chronique géorgienne veut même que, pour aider son cousin, le châh de Chirvan, il ait poussé jusqu'à Derbend (5).

A l'intérieur, Giorgi III dompta par une répression féroce une révolte de la féodalité, notamment de la maison des Orbélian (6).

Giorgi III eut pour successeur sa fille Thamar, dont le règne (1184-1211) marqua le point culminant de l'histoire géorgienne.

(1) Cf. Amedroz, *J. R. A. S.*, 1902, p. 791.
(2) Grégoire le Prêtre, trad. Dulaurier, ch. 284, p. 365. La date du sac de Dovin est donnée par Ibn al-Athîr et Abou'l Fidâ (cha'bân 557 hég.).
(3) Tchamitch. t. III, p. 79-80. Cf. Dulaurier dans ses notes à la traduction de Grégoire le Prêtre, p. 488.
(4) Cf. Allen, p. 102.
(5) Brosset, I, 383-403 et *Additions*, I, 253-257, 266. Cf. Ibn al-Athîr, sous les années 556, 557, 559, 561, 569.
(6) Voir plus haut, p. 147. Cf. Allen, p. 102-103.

Thamar fut mariée d'abord (1185) au prince russe Georges Bogolyubskoi qu'elle dut bientôt répudier pour épouser le prince ossète Davith Soslan (1189). Georges Bogolyubskoi, qui s'était retiré à Constantinople, en revint pour essayer de recouvrer le pouvoir avec l'aide des féodaux (1190-1191). Thamar, presque encerclée dans Tiflis par les révoltés, fut dégagée par quelques fidèles : l'*amir-spasalari* Gamrékéli et les princes de la maison zakharide (ou des Mkhargrdzel), Zakharé et Ivané (1). Bogolyubskoi, fait prisonnier par les loyalistes, dut s'exiler de nouveau à Constantinople (1191).

Délivrée de cette tourmente, Thamar revint à la politique d'expansion militaire. Ses généraux, notamment Zakharé et Ivané, le prince consort Davith Soslan et l'évêque guerrier Antoine de Dchqondidi, se signalèrent par de brillantes expéditions contre les émirs ou atâbeg turcs du voisinage. Les Géorgiens intervinrent pour protéger le châh de Chirvan (« Chirvânchâh »), leur allié, contre l'atâbeg d'Azerbaidjan (dynastie ildigizide). Ils défirent l'armée de l'atâbeg à Dzagam (juin 1203) et prirent Chamkhor, Gandja et même Dovin. Le Chirvan, sauvé par leurs armes, redevint un royaume vassal de la Géorgie. Les Géorgiens eurent ensuite à lutter contre les Seldjouqides d'Erzéroum. Cette guerre, commencée en 1205, conduisit l'armée géorgienne à entreprendre le blocus de Kars. L'antique cité arménienne fut enfin prise par le prince consort Davith Soslan et par les frères Zakharé et Ivané Mkhargrdzéli (1208-1209). Kars fut annexée au royaume géorgien (2). Cependant durant l'été de 1208 l'émir d'Ardébil, en Azerbaidjan, avait dirigé une razzia contre la ville arménienne d'Ani où il avait massacré 12.000 chrétiens réfugiés dans leurs églises. L'année suivante, Zakharé et Ivané conduisirent contre lui une expédition punitive. L'émir fut tué et 12.000 musulmans furent massacrés en expiation des meurtres d'Ani (3). En 1210, les armées géorgiennes, encouragées par ce succès, traversèrent l'Araxe à Djoulfa et, sous le commandement d'Ivané et de Zakharé, vinrent de nouveau saccager l'Azerbaidjan (4).

A cette date le royaume chrétien de Géorgie contrôlait vraiment la Transcaucasie. Grâce à lui la lutte de la croix et du croissant en ces régions se terminait par une victoire chré-

---

(1) Sur Zakharé et Ivané et leur maison qui joua un rôle si considérable à cette époque, cf. Brosset, *Additions*, I, 267. Pour le règne de Thamar, carte dans Sanders, *Kaukasien*, p. 139. Monnaies de Thamar dans Morgan, *Mission*, II, p. 251, fig. 23.
(2) Brosset, I, 467 ; Allen, 106-107.
(3) Brosset, I, 469-473. Cf. Minorsky, *Tiflis, l. c.*, p. 795.
(4) On trouvera une bonne carte archéologique des monuments chrétiens en Géorgie (églises et monastères) avant 1300, dans A. Sanders, *Kaukasien*, p. 167. Cette carte montre bien le rayonnement de l'influence géorgienne dans l'Arménie septentrionale au XIIIe siècle.

tienne (1). Il ne devait perdre cette situation prépondérante que par suite de l'invasion mongole qui, bouleversant toutes les données du problème, devait courber sous le même joug chrétiens et musulmans (2).

(1) Cf. Ibn al-Athîr, *Kâmil at-tawârîkh*, Hist. orient., I, p. 331-332.
(2) Voir René Grousset, *L'empire des steppes*, p. 307, 327, 335, 337, 513, etc.

CHAPITRE IV

LA « CROISADE » BYZANTINE DES COMNÈNE

1. La reconquête byzantine de 1097 a 1176

Alexis Comnène et la reconquête de l'Anatolie occidentale

A côté de leurs résultats directs, — fondation des États francs de Syrie-Palestine et, par ricochet, de Chypre, — les croisades avaient eu des conséquences indirectes non moins intéressantes. L'une de ces conséquences, nous venons de le voir, fut la constitution en Cilicie d'un royaume néo-arménien fortement influencé par la civilisation franque. L'autre contre-coup des croisades dont il nous reste à parler est la récupération de l'Anatolie occidentale par l'hellénisme.

A l'avènement de l'empereur Alexis Comnène (1081), les Turcs, nous l'avons vu, n'étaient pas seulement maîtres de toute la partie orientale et de tout le centre de l'Asie Mineure, exception faite du domaine arménien de Cilicie que nous venons d'étudier. Ils occupaient encore presque toute l'Anatolie occidentale, y compris la presque totalité de la Bithynie, notamment Nicée, Nicomédie (1) et Cyzique (2). Le prince seldjouqide Soulaïman ibn Qoutloumouch s'était lui-même installé à Nicée d'où il contrôlait toute la région.

L'empereur Alexis Comnène (1081-1118) qui fut, à coup sûr, un des meilleurs politiques de l'histoire byzantine, n'attendit pas l'arrivée de la première croisade pour entreprendre la reconquête de la Bithynie. Dès la première année de son règne, il commença à chasser les Turcs de la campagne de Nicomédie (1081) (3), mais il semble que la ville ne fut définitivement dégagée qu'après la disparition du Seldjouqide Soulaïman ibn Qoutloumouch, tué dans une guerre de famille contre son cousin le Seldjouqide de Syrie Toutouch (1086) (4). De même, après la mort du grand sultan Malik-châh (1092), Alexis profita des nouvelles guerres civiles entre princes seldjouqides pour reprendre aux Turcs Apolloniade (Aboullonia) et Cyzique (5). Mais le roi seldjouqide Qilidj-Arslan Ier, fils de Soulaïman, se

(1) L'empereur ou usurpateur byzantin Nicéphore III Botaniate avait en effet, dans les années 1078-1080, installé les Turcs à Nicomédie comme à Nicée (Attaliatès, p. 268). Voir plus haut, p. 170. Cf. Laurent, *Byzance et les Turcs Seldjoucides*, p. 98.
(2) Cf. Chalandon, *Les Comnène*, t. I, p. 71.
(3) Chalandon, *Les Comnène*, I, p. 72.
(4) Cf. Mordtmann, *Izmîd*, Encycl. Isl., II, p. 603 (d'après Anne Comnène éd. Reifferscheidt, I, 212).
(5) Anne Comnène, *Alexiade*, l. VI, 3, 320 323 ; Chalandon, I, 136

maintenait toujours à Nicée. On a vu comment Alexis Comnène mit à profit le passage de la première croisade pour assiéger Nicée avec le concours des croisés. La ville capitula le 26 juin 1097 et, conformément aux accords conclus entre Alexis et les chefs de la croisade, elle fut remise aux Byzantins (1). La première croisade eut donc pour premier résultat la récupération totale de la Bithynie par l'empire grec.

La victoire remportée par les croisés sur Qilidj-Arslan le 1er juillet 1097 près de Dorylée (Eski-chéhir) acheva de paralyser la force seldjouqide. Les croisés, pénétrant au cœur des États de Qilidj-Arslan en Phrygie orientale, en Pisidie, en Lycaonie, campaient à leur gré à Aq-chéhir, à Qonya, à Érégli sans que (sauf devant cette dernière ville, à la date du 10 septembre), l'héritier des Seldjouq osât leur opposer une résistance effective. Comment, dans ces conditions, aurait-il pu aller défendre contre les armées byzantines la Bithynie, l'Ionie, la Lydie et la Phrygie occidentale ? Alexis Comnène avait donc les mains libres pour chasser les Turcs de cette vaste région.

Tandis que le cadet seldjouqide Soulaïman ibn Qoutloumouch, puis le fils de Soulaïmân, Qilidj-Arslan, s'étaient installés à Nicée, d'autres émirs turcs de moindre importance s'étaient vers la même époque (vers 1081) établis dans les villes ioniennes. Les deux principaux (que nous ne connaissons que par la transcription grecque de leur nom) s'étaient rendus maîtres, l'un, « Tzakhas », de Smyrne, l'autre, « Tangriperme », d'Éphèse. Leurs corsaires infestaient la mer Égée et ils avaient ajouté à leurs possession Chio et Rhodes.

Au lendemain de la prise de Nicée, Alexis Comnène envoya en Ionie une armée commandée par son beau-frère Jean Doukas et une escadre sous les ordres de Kaspax. Pour impressionner les Turcs il confia à Jean Doukas les prisonniers seldjouqides faits à Nicée, notamment la femme de Qilidj-Arslan qui était fille de Tzakhas. Lorsque Doukas arriva devant Smyrne, Tzakhas rendit la place sans combat, sous condition de pouvoir se retirer librement (juin 1097). De là Doukas marcha sur Éphèse dont il s'empara également sans grande difficulté. L'ancienne Ionie, « le thème de Samos », comme disaient les Byzantins, était délivrée (2).

Vers le printemps de 1098, Jean Doukas entreprit de même la reconquête du « Thème Thracésien » (c'est-à-dire de l'ancienne Lydie et de la Phrygie occidentale). Remontant la vallée de

---

(1) Voir plus haut, p. 197. Sur la participation du général byzantin Tatikios aux travaux du siège et sur le rôle de la flotille byzantine lancée sur le lac de Nicée sous le commandement de Michel Boutoumitès, *Alexiade*, XI, 2, p. 105-106, etc. ; Chalandon, *Les Comnène*, I, p. 191-192.

(2) *Alexiade*, XI, 5, 92-95 ; Chalandon, *Les Comnène*, I, p. 195-196.

l'Hermos (Ghediz-tchaï), il réoccupa Sardes (Sart) et Philadelphie (Ala-chéhir). De là, gagnant le moyen Méandre, il réoccupa encore Laodicée-Hiérapolis, près de l'actuel Dénizli (1). Cette campagne dut rendre à l'empire byzantin non seulement tout le Thème Thracésien, mais aussi l'ancienne Doride, l'ancienne Carie, l'ancienne Lycie et l'ancienne Pamphylie, c'est-à-dire le « Thème des Cibyrrhæotes » jusqu'à Adalia. Le général byzantin, remontant ensuite vers le nord-est, par-delà la région du Hoirangöl et du Sultan-dagh, atteignit Polybotos (Boulwadin) où il battit les Turcs (2). Il semble, comme le pense Chalandon, qu'à ce moment il allait à la rencontre de l'empereur Alexis Comnène. Pendant ce temps, en effet, le *basileus* avait achevé la réoccupation de la Bithynie, évacuée par les Turcs après la bataille de Dorylée. La jonction d'Alexis et de son lieutenant dut s'effectuer au centre du plateau de Phrygie. La reconquête de l'Anatolie occidentale une fois effectuée, Alexis Comnène vint en juin 1098 camper à Philomélion (Aq-chéhir) au cœur de l'ancien « Thème Anatolique » dont toute la partie occidentale faisait ainsi retour à l'empire (3). Reconnaissons d'ailleurs que cette première réoccupation de la Phrygie occidentale par les Comnènes dut être, pour le moment, assez superficielle, puisque, à la date de 1118, nous verrons que le prince seldjouqide Mas'oûd (fils et successeur de Qilidj-Arslan) était encore en possession de Sozopolis (Oulou-borlou) et qu'il avait même enlevé une fois de plus aux Byzantins Laodicée (près de Denizli). Nous verrons aussi que l'empereur Jean Comnène, successeur d'Alexis, dut reprendre Laodicée à Mas'oûd et en 1119 reconquérir définitivement Sozopolis (4).

Il n'en est pas moins vrai que dès 1098 Byzance, grâce à la première croisade, avait récupéré sur les Turcs le tiers environ de l'Asie Mineure, la partie la plus fertile de la péninsule. Comparons la carte de l'Orient en 1095 et en 1098. En 1095, la frontière turco-byzantine passait entre Nicée et Nicomédie, en pleine Bithynie occidentale, à quelques heures de la Marmara et du Bosphore. Des émirs turcs régnaient à Nicée, à Smyrne et à Éphèse. La chevauchée partie du Turkestan avait atteint de toutes parts la mer Égée. Prenons maintenant la carte de l'Orient en 1098. La Bithynie, la Mysie, l'Ionie, la Lydie, la Carie, la Doride, la Lycie et la Pamphylie sont dégagées. Les Turcs sont rejetés en Galatie, dans le Désert Salin et la Lycaonie. Les conséquences de l'effondrement byzantin de 1081 sont en partie réparées. La vie de la civilisation byzantine est prolongée de

(1) *Alexiade*, l. XI, 5, 95. Cf. Chalandon, I, p. 197.
(2) Chalandon, I, 198.
(3) *Alexiade*, XI, 6, 96 et sq. Cf. Chalandon, I, p. 198, 203.
(4) Chalandon, *Les Comnène*, t. II, p. 196-198.

trois siècles et demi. Et cela est si vrai que, le jour où la quatrième croisade abattra l'empire byzantin en Europe, en 1204, ce sera dans les provinces anatoliennes récupérées par Byzance à la faveur de la première croisade, ce sera à Nicée que l'hellénisme trouvera d'abord un refuge, puis un tremplin pour son nouvel essor.

Sous le règne même d'Alexis Comnène († 1118) il y eut encore de la part des Turcs des réactions assez vives. Vers 1109-1110 un corps turc venu de Cappadoce vint assiéger Philadelphie (Ala-chéhir), mais la place, défendue par le général byzantin Eumathios Philokalès, résista et Eumathios battit les unes après les autres les diverses bandes qui composaient cette armée (1).

Quant aux rois seldjouqides d'Asie Mineure ou, comme ils disaient, de « Roum » (c'est-à-dire de « Romanie »), de la lignée de Soulaïmân ibn Qoutloumouch, ils avaient, après la perte de Nicée, transféré leur capitale à Qonya, l'ancien Iconium, au cœur du plateau anatolien. Ainsi la Turquie kémaliste, après l'occupation de Stamboul par les Alliés, devait en 1920 se retirer à Ankara. Le troisième Seldjouqide de Roum, Malik-châh (vers 1107-1116), essaya encore de reprendre Philadelphie, mais se fit battre par le général byzantin Constantin Gabras (1112). En 1113 il fit un nouvel effort, envahit la Bithynie, vint un instant assiéger Nicée et pilla Pruse (Brousse), Apolloniade, Lopadion (Ouloubad), Poimanénon et même Abydos sur les Dardanelles et Adramytte en Mysie. Le général byzantin Eumathios Kamytzès se fit battre et capturer près de Poimanénon. L'empereur Alexis Comnène rétablit personnellement la situation en se lançant à la poursuite des Turcs qu'il atteignit pendant leur retraite et défit à Kotiaion (Koutahya), victoire qui dégagea tout le pays (1113) (2).

Les Seldjouqides ayant en 1116 repris leurs razzias en direction de Nicée et de Poimanénon, Alexis Comnène, bien que vieilli et malade, exécuta une marche militaire à travers la Phrygie par Dorylée et Polybotos (Boulwadin) jusqu'à Philomélion (Aq-chéhir), délivrant et ramenant un grand nombre de Grecs captifs. Le prince seldjouqide Malik-châh qui essaya de l'attaquer sur la route du retour, fut complètement défait près d'Ampoun ou Ambanaz. Pendant ce temps, un lieutenant d'Alexis, Bourtzès, était allé soumettre, au nord de Philomélion, la région d'Amorium (3).

Malik-châh aurait alors demandé la paix. Les clauses territoriales de cette paix ne sont pas précisées, mais Chalandon estime

(1) *Alexiade*, XIV, 1, 251 et sq. Cf. Ramsay, *The historical geography of Asia Minor*, p. 114-115 ; Chalandon, *Les Comnène*, t. I, p. 254-256.
(2) Chalandon, I, p. 265-266.
(3) *Alexiade*, XV, 3, 321 ; XV, 5, 329 ; Chalandon, I, 270.

que la frontière occidentale de l'empire byzantin dut à ce moment passer par. Gangra (Kanghéri), Ancyre (Ankara), Amorium et Philomélion (Aq-chéhir). Indépendamment des territoires ainsi délivrés au cœur du plateau de Phrygie, les Byzantins possédaient d'une part le littoral pontique (côte de l'ancien « Thème Arméniaque » et « duché » de Trébizonde) jusqu'à l'embouchure du Tchorokh, d'autre part le littoral méridional jusqu'à la Cilicie ou même (suivant les périodes) jusqu'à la principauté franque d'Antioche (1).

Il ne semble pas que, pour l'intérieur des terres, sur le plateau, le tracé que nous venons de jalonner d'après Chalandon ait pu être bien longtemps maintenu. Il est vraisemblable que la frontière définitive de Byzance sous Alexis Comnène ne dut point dépasser à l'est une ligne passant (du nord au sud) par Dorylée (Eski-chéhir), Kotiaion (Koutahya) et Laodicée *ad Lycum*, dans le bassin du haut Méandre, ville que Nikétas Khoniatès semble nous présenter au début du règne de Jean Comnène comme une place-frontière (2). Les régions de Gangra, d'Ancyre, d'Amorium durent rester pratiquement aux Turcs, puisque Gangra par exemple ne sera reconquise que par Jean Comnène. Quant à la région des lacs de Pisidie — Philomélion (Aq-chéhir), Polybotos (Boulwadin), même Sozopolis (Oulouborlou), — si les empereurs suivants, Jean et Manuel Comnène, y portèrent souvent leurs armes, elle devait rester une zone disputée, infestée de bandes turques et la frontière byzantine stable ne commençait, semble-t-il, que vers Soublaion (Homa) aux sources du Méandre, voire, comme on vient de le dire, plus à l'ouest encore, vers Laodicée du Méandre (près de Denizli).

Ce n'en était pas moins là pour l'empire byzantin de magnifiques récupérations. Quand Alexis Comnène mourut dans la nuit du 15 au 16 août 1118, la poussée seldjoukide était arrêtée et sensiblement refoulée. L'empire byzantin avait recouvré en Asie Mineure une large zone — l'Anatolie fertile —, en rejetant les Turcs sur les plateaux steppiques de l'intérieur.

La reconquête byzantine sous Jean Comnène

L'empereur Jean Comnène (1118-1143), fils et successeur d'Alexis, fit mieux encore. Véritable basileus-chevalier qui passa sa vie à la tête de ses troupes, il entendait pousser beaucoup plus loin la revanche byzantine sur le plateau anatolien. Il espérait bénéficier de la rivalité entre les Seldjoukides de Qonya

(1) Chalandon, I, p. 271 (rectifiant les exagérations de l'*Alexiade*, XV, 5, 330).
(2) Nikétas Khoniatès, *Vie de Jean Comnène*, c. 4, p. 17, *ap.* Chalandon, I, p. 271.

et les émirs dânichmendites de Sivas, mais cette rivalité entre les deux dynasties turques d'Asie Mineure n'empêcha pas en 1119 le seldjouqide Mas'oûd et l'émir dânichmendite Ghâzî de s'unir pour battre et capturer le « duc » byzantin de Trébizonde, Constantin Gabras (1). Ce fut en cette même année 1119 que Jean Comnène entreprit en Asie Mineure sa première campagne contre les Seldjouqides.

Les Seldjouqides venaient de réoccuper dans le territoire naguère atteint par Alexis Comnène, dans la région des lacs de Pisidie, Sozopolis (Oulou-borlou) et Laodicée *ad Lycum* (près Denizli). Jean Comnène, au printemps de 1119, obtint au premier assaut la reddition de Laodicée. Quelques mois plus tard, il prit Sozopolis par une ruse de guerre. De là, le *basileus* alla chasser les Seldjouqides de l'hinterland d'Adalia, en Pamphylie (2).

Pendant ce temps, la puissance turque en Asie Mineure était affaiblie par la rivalité entre les rois seldjouqides de Qonya (ils allaient prendre bientôt le titre de sultan) et les émirs dânichmendites de Sivas, en Cappadoce. De ces discordes entre Turcs, les Byzantins se trouvaient les arbitres. Ajoutons à Qonya même les querelles dans la famille seldjouqide. Vers 1125-1126 le seldjouqide Mas'oud, chassé de Qonya par son frère 'Arab, se réfugia à la cour de Constantinople où Jean Comnène lui donna les moyens de remonter sur le trône. Ce fut alors au tour de 'Arab de se réfugier chez les chrétiens, en l'espèce en Cilicie, auprès du prince arménien Thoros Ier qui l'appuya de même (v. 1126-1127). Par la suite, Mas'oud ayant définitivement recouvré le trône, 'Arab se retira à Constantinople (3).

Cependant si les Seldjouqides d'Anatolie, affaiblis par leurs dissensions, étaient réduits à subir l'arbitrage du *basileus*, Ghâzî, l'émir dânichmendite de Sivas, restait menaçant au point d'avoir occupé une partie de la côte de Paphlagonie, jusque-là possession byzantine. En 1130, l'empereur Jean Comnène dirigea contre lui, le long du littoral de la mer Noire, une expédition au cours de laquelle les Byzantins reconquirent une première fois Kastamon, l'actuel Qastamoûnî (4). Les Dânichmendites ayant, après son départ, réoccupé Qastamoûnî, Jean Comnène dirigea une nouvelle expédition qui lui rendit la place (décembre 1132). Reprenant le plan de la croisade lombarde de 1101 (5), mais plus heureux

---

(1) Michel le Syrien, III, p. 205 ; Matthieu d'Edesse, *Historiens des Croisades, Doc. arm.*, I, p. 333 ; Ibn al-Athîr, *Hist. or.*, I, p. 341.
(2) Kinnamos, I. 2, p. 6-7 ; Nikétas Khoniatès, p. 17. Cf. Ramsay, *Historical geography of Asia Minor*, p. 80, 130, 381, 420 et carte p. 104 ; Chalandon, *Les Comnène*, II, p. 46-48.
(3) Michel le Syrien, III, p. 219-224. Cf. Chalandon, II, p. 78-80.
(4) Kinnamos ,I, 5, p. 13 et 6, p. 14. Cf. Chalandon, II, 82-83. Rappelons que Kastamon était le château familial des Comnènes. Voir Mordtmann, *Kastamûnî*, Encyclopédie de l'Islam, l. 31, p. 855.
(5) Voir p. 199.

qu'elle, il franchit même l'Halys ou Qizil-irmâq et alla ravager les terres dânichmendites en direction d'Amasia. Plusieurs émirs turcomans de la région se reconnurent alors plus ou moins ses vassaux, notamment Alp-Arslan, émir de Gangra (Kanghéri) et Toghril, émir d'Amasia (1).

A son retour, Jean Comnène fit à Constantinople une entrée triomphale. « Après le long défilé des captifs, les spectateurs virent s'avancer à pied, la croix en main, le tout-puissant *basileus* précédant humblement le char triomphal traîné par quatre chevaux blancs sur lequel, se dressait, dominant la foule, l'image de la Vierge (2). » Cette description qui nous rappelle celle de Guillaume de Tyr à propos des rois de Jérusalem montant avec la Vraie Croix au Saint-Sépulcre après quelque expédition victorieuse, nous montre que les Byzantins menaient bien en Asie Mineure une véritable croisade, parallèle à la croisade des Francs en Syrie et en Palestine.

Un coup de main des Dânichmendites sur Qastamoûnî qu'ils surprirent et réoccupèrent une fois de plus, détermina Jean Comnène à une nouvelle campagne (automne 1134). Dans l'intervalle, leur chef, Ghâzî, mourut. De plus, Jean bénéficia de l'alliance du Seldjouqide de Qonya, Mas'oûd, qui lui fournit un contingent. Campagne pénible, mais qui finit bien. Après avoir hiverné dans le pays, le *basileus*, vers le début de 1135, reprit définitivement Qastamoûnî et força même Gangra (Kanghéri) à capituler. Gangra reçut une garnison byzantine de 2.000 hommes. L'Halys, l'actuel Qizil-Irmaq, redevint de ce côté la frontière de l'empire qui recouvra ainsi tout l'ancien « Thème de Paphlagonie ». La tâche où avait échoué la malheureuse croisade lombarde de 1101 était enfin accomplie, et par les Byzantins eux-mêmes (3).

Jean Comnène avait ainsi rendu à l'empire byzantin tout le littoral de la mer Noire depuis le Bosphore jusqu'au Tchorokh, à l'est du « duché » impérial de Trébizonde, comme son père avait recouvré tout le littoral de la mer Égée et de la mer de Chypre depuis les Dardanelles jusqu'aux environs du cap Anamour, à l'entrée de la Cilicie.

La Cilicie, comme on l'a vu plus en détail dans le chapitre consacré à ce pays, était tombée depuis peu au pouvoir des immigrés arméniens dont une des maisons seigneuriales, celle des Roubéniens, y avait fondé une principauté indépendante (4). Jean Comnène entreprit de reconquérir le pays (5).

(1) Chalandon, II, p. 86 d'après Prodromos dans Migne, *Patrologie grecque*, t. CXXXIII, p. 1375-1394 et Michel le Syrien, III, p. 233.
(2) Chalandon, II, p. 87.
(3) *Ibid.*, II, p. 88-91 d'après Michel le Syrien, III, p. 237 ; Bar Hebraeus, t. II, p. 317-319 et 328 ; Kinnamos, I, 6, p. 14-15 ; Nikétas Khoniatès, p. 27, Prodromos (dans *Byzantinische Zeitschrift*, t. XVI, p. 76).
(4) Voir plus haut, p. 388.
(5) Voir plus haut, p. 389.

Pour cette campagne de Cilicie, le *basileus* rassembla une des plus puissantes armées de l'époque, tant de Byzantins que d'auxiliaires tirés des peuples vassaux, avec une cavalerie nombreuse et un immense convoi pour le ravitaillement. Comme l'établit Chalandon, l'expédition dut passer par la Bithynie et la Lydie, puis, de Laodicée *ad Lycum* près Dénizli, elle dut gagner, en direction sud-est, la côte de Pamphylie vers Adalia et suivre de là le littoral de l'Isaurie depuis Antioche d'Isaurie et Skalendros (Kalandaran) jusqu'à Séleucie d'Isaurie (Séléfké), Lamos et Mersina.

Quand la grande armée byzantine, au printemps de 1137, déboucha dans la plaine cilicienne, sur le Tarsous-tchaï, le bas Seihoun et le bas Djeihoun, il fut évident que la jeune principauté roubénienne serait hors d'état de lui résister, d'autant que la féodalité arménienne, avec son indiscipline habituelle, était loin de supporter docilement la primauté des Roubéniens. De fait, le prince roubénien Léon Ier (1) semble avoir été abandonné à ses seules forces. Jean Comnène s'empara sans difficulté des trois villes de la plaine cilicienne, Tarse, Adana et Mamistra (Mopsueste ou Mississa, l'actuel Missis). De là, il alla assiéger plus au sud, dans le bassin du moyen Djeihoun, aux premiers contreforts du massif de Kozan, la ville d'Anazarbe qui était la capitale de Léon Ier. La ville, naturellement forte, résista. L'avant-garde impériale composée (le fait est révélateur) d'auxiliaires turcs, fut d'abord repoussée. Enfin après trente-sept jours de siège les machines de guerre byzantines acculèrent les défenseurs à capituler (juillet 1137) (2).

Cependant la cour fut déçue : Léon Ier avait échappé. Réfugié dans le massif de Kozan autour de Vahka (Fikkhé) et de Sis, il y prolongea la résistance pendant plus de six mois. Du reste, Jean Comnène était parti pour Antioche. Ce ne fut qu'à son retour de Syrie, à l'hiver de 1137-1138, que l'énergique *basileus* acheva la conquête de la Haute Cilicie par la prise de Vahka. Léon Ier put enfin être rejoint dans les hautes vallées du Taurus et emmené en captivité avec ses fils, à Constantinople (1138). Il y mourut en 1142 (3). De ses deux fils prisonniers avec lui, l'un, Roubên, ayant inspiré des craintes aux Byzantins, fut aveuglé et mourut de son supplice ; l'autre, Thoros II, sut au contraire gagner la faveur du *basileus*. Devenu l'hôte honoré de la cour de Constantinople, il n'oubliera cependant pas sa patrie. A la mort de Jean Comnène (1143), il s'enfuira de Cons-

---

(1) Voir plus haut, p. 389.
(2) Chalandon, II, p. 115-116, d'après notamment Grégoire le Prêtre, p. 152-153.
(3) Chalandon, II, p. 116-117, d'après Grégoire le Prêtre, *Doc. arm.*, t. I, p. 152-153 ; *Chronique rimée de Petite Arménie, ibid.*, t. I, p. 500-502 ; Sembat, *ibid.*, t. I, p. 616-617.

tantinople, gagnera le Taurus et restaurera l'État arménien de Cilicie (1144-1168) (1).

En attendant cette heure et jusqu'à la fin du règne de Jean Comnène, la Cilicie n'était plus qu'une province de l'empire byzantin dont le territoire devenait ainsi contigu aux possessions franques de Syrie. On a vu dans un autre chapitre (p. 222) la tentative de Jean Comnène pour rattacher à l'empire la principauté d'Antioche.

Manuel Comnène et le sultanat turc d'Asie Mineure

L'empereur Manuel Comnène (1143-1180), fils et successeur de Jean, fut, comme lui, un des plus grands souverains de l'histoire byzantine. Au cours de son règne il s'en fallut un moment de bien peu que toute l'Anatolie turque ne reconnût sa suzeraineté.

Pendant le règne de Jean Comnène, l'empire byzantin avait bénéficié de la rivalité entre les deux maisons turques établies sur le plateau d'Asie Mineure, les Seldjouqides de Qonya et les Dânichmendites de Sivas. Les émirs dânichmendites parurent alors l'emporter en raison des discordes de famille entre le seldjouqide Mas'oûd et ses frères, querelles qui allèrent si loin, on l'a vu, que Mas'oûd dut un moment chercher refuge à Constantinople (2). Puis, à partir de 1142 la situation se retourna et ce fut au contraire Mas'oûd qui profita des divisions de la famille dânichmendite pour lui enlever une partie de son domaine du côté de Kanghéri et d'Ankara (3). Mais alors l'émir dânichmendite Ya'qoûb Arslan fit appel à l'empereur Manuel Comnène. Celui-ci, heureux de ce prétexte d'intervention, envahit le royaume seldjouqide (1146). Par Dorylée (Eski-chéhir) et Philomélion (Aq-chéhir), le *basileus* marcha droit sur Qonya, la capitale ennemie (4). Après avoir déjoué, en avant d'Aq-chéhir, une embuscade de Mas'oûd, il prit et brûla cette ville, non sans y avoir délivré un grand nombre de captifs chrétiens. Ayant ensuite forcé les passes de Kabala (Tchighil), Manuel pénétra jusqu'à Qonya, défit les Seldjouqides à l'est de la ville et en saccagea les faubourgs. Toutefois, comme Mas'oûd, au lieu de s'enfermer dans sa capitale, s'était retiré dans le Désert Salin, du côté d'Aqséraï, pour appeler à lui les Turcomans de l'Anatolie orientale, Manuel, craignant une surprise ou pensant peut être

---

(1) Pour cette restauration, je renvoie à mon chapitre sur l'histoire de la principauté arménienne de Cilicie, p. 390.
(2) Voir p. 430. Cf. Chalandon, II, p. 79.
(3) Ibn al-Athîr, *Historiens des Croisades, Hist. or.*, t. I, p. 440 ; Grégoire le Prêtre, *ibid. Documents arméniens*, t. I, p. 176. Cf. Chalandon, II, p. 245.
(4) Chalandon, II, p. 249-257, d'après Nikétas Khoniatès, I, 2, p. 71 et Kinnamos, II, 5, p. 38 et 7, p. 47.

que la prise de Qonya ne terminerait rien, n'entreprit pas, comme on l'eût attendu, le siège de la ville, mais battit en retraite. Retraite pénible qui débuta par un combat acharné au défilé de Tzivrélitzémani (Dévent-keuï), à l'ouest de Qonya, où plusieurs corps byzantins furent écrasés par les Turcs avant que Manuel Comnène rétablît la situation (1). L'armée rentra ensuite en territoire byzantin par le lac Caralis (Beichéhir-göl) et les sources du Méandre.

Peu après, arriva à Constantinople la deuxième croisade, celle de l'empereur germanique Conrad III et du roi de France Louis VII (1147). Manuel Comnène put un moment caresser l'espoir d'utiliser les croisés pour mener à bien l'entreprise de l'année précédente et chasser les Turcs de Qonya, mais le désaccord qui éclata tout de suite entre lui et Conrad III provoqua une solution opposée. Il se rapprocha brusquement des Turcs et, contre Conrad, conclut une paix séparée avec le seldjouqide Mas'oùd. Il laissa même les Turcs entrer sur les terres de l'Empire pour s'opposer à la marche des croisés à travers l'Asie Mineure. On a vu le rôle de cette trahison byzantine dans le désastre que les Seldjouqides firent éprouver à Conrad III près d'Eski-chéhir (octobre 1147), puis à Louis VII entre Dénizli et Adalia (décembre 1147-janvier 1148) (2).

Sur le moment, les Byzantins parurent être les seuls gagnants de l'aventure. L'empereur Manuel Comnène, par l'intermédiaire des Turcs Seldjouqides devenus les exécuteurs de sa politique, avait infligé à la deuxième croisade un désastre dont elle ne se releva point. Après quoi il ne tarda pas à se retourner contre les Seldjouqides.

Les Seldjouqides étaient alors représentés par Qilidj-Arslan II, (1155-1192), fils de Mas'oùd. C'est le premier des princes de Qonya qui ait pris sur ses monnaies le titre de sultan (3). Manuel Comnène soutint contre lui la dynastie turque rivale, celle des Dànichmendites de Cappadoce. Le Seldjouqide, vaincu par l'émir dànichmendite Ya'qoùb Arslan, dut en 1160 céder à celui-ci plusieurs districts dont Abouloustain ou Albistan, entre Dérendé et Marach (4). Pendant ce temps, les armées byzantines attaquaient le sultanat de Qonya du côté de l'ouest (1160). Manuel Comnène en personne dégagea des bandes turques la région de Philadelphie et la vallée du haut Méandre. Son lieu-

(1) Chalandon, II, p. 253-256, d'après Kinnamos, II, 7 et 8, p. 46-47 et sq.
(2) Voir p. 225.
(3) Cf. Kramers, article *sultan*, Encyclopédie de l'Islam, p. 569. Les premiers Seldjouqides d'Anatolie dans les chroniques arabes ne sont qualifiés que de « rois » (*malik*), la dignité sultanienne étant en principe réservée à leurs cousins, les grands Seldjouqides de Perse. Cependant au témoignage d'Anne Comnène, de Grégoire le Prêtre, de Matthieu d'Edesse et de Michel le Syrien, Qilidj Arslan 1er avait déjà usurpé le titre de sultan.
(4) Grégoire le Prêtre, ch. CCLXXVIII, trad. Dulaurier, p. 361. Cf. Cha-

tenant Kontostéphanos, qui était allé en Cilicie et en Syrie recruter des auxiliaires auprès des princes arméniens et francs, remontait avec ces contingents vers l'Anatolie lorsqu'il se heurta à une partie de l'armée de Qilidj-Arslan II qu'il mit en fuite (1161) (1).

La situation du Seldjouqide après cette défaite était d'autant plus délicate que la politique byzantine excitait toujours contre lui son voisin, l'émir dânichmendite de Sivas et même l'atâbeg zengide d'Alep Noûr ad-Dîn. Ce dernier, prenant les Seldjouqides à revers par le sud-est, leur enleva la région de Marach et de Behesni (1159-1160) (2).

Ainsi encerclé par les armes ou la diplomatie byzantines, Qilidj-Arslan II demanda la paix au *basileus*. « Il offrit de fournir chaque année, chaque fois que cela serait nécessaire, un corps de troupes et s'engagea à respecter les frontières de l'empire grec. Il promettait en outre de combattre ceux qui attaqueraient l'empire, d'exécuter sans délai les volontés impériales et de restituer au *basileus* celles des villes grecques qui étaient tombées au pouvoir des musulmans (3) » (fin de 1161).

En 1162, Qilidj-Arslan se rendit en personne à Constantinople. Manuel Comnène lui ménagea une réception d'autant plus magnifique que sa venue revêtait les apparences d'une visite de vassal à suzerain. L'hospitalité qui lui fut accordée fut fastueuse. Toute la pompe du Palais Sacré fut mise en œuvre pour l'éblouir, toutes les richesses du trésor impérial lui furent prodiguées en cadeaux. Fasciné et acheté, le sultan répondit par des flatteries qui permirent de croire que l'Asie Mineure seldjouqide n'était plus qu'un protectorat byzantin. De plus, Qilidj-Arslan semble avoir promis, au détriment des Dânichmendites, de faire rendre à l'empire byzantin la région de Sivas, en Cappadoce. Et il renouvela avec Manuel l'alliance défensive et offensive précédemment conclue (4).

Cette date de 1162 est ainsi une des grandes dates de l'histoire orientale. L'héritier des invincibles Seldjouqides du xie siècle, le

---

andon, II, p. 457, d'après Nikétas Khoniatès III, 5, p. 154 ; Grégoire le Prêtre, passage cité, *ap. Hist. d. Croisades, Doc. arm.*, I, p. 194 ; Ibn al-Athîr, *ibid., Hist. orient.*, I, p. 543.

(1) Chalandon, II, 460-461, d'après Kinnamos, IV, 24, p. 198-201 et Ibn al-Athîr, *l. c.*, I, p. 544.

(2) Grégoire le Prêtre, *l. c.*, ch. CCLXXVII, p. 194 des *Hist. des Croisades* (*Doc. arm.*, t. I) et p. 360 de la traduction Dulaurier ; Michel le Syrien, trad. arménienne, p. 353 ; Dérenbourg, *Vie d'Ousâma*, II, p. 272 ; Guillaume de Tyr, l. XVIII, ch. p. 27.

(3) Chalandon, II, p. 462, d'après Kinnamos, p. 200-201.

(4) Chalandon, II, p. 465, d'après Michel le Syrien, trad. Chabot, III, p. 319 et version arménienne *ap. Doc. arm.*, t. I, p. 355 ; Bar Hebraeus, *Chronicon*, II, p. 358 ; Nikétas Khoniatès, III, 6, p. 154-158 ; Kinnamos, V, 3, p. 204-207 ; Grégoire le Prêtre, ch. CCLXXXII, trad. Dulaurier, p. 364. Claude Cahen, *l. c.*

prédécesseur des Ottomans, le sultan turc du Proche-Orient venait faire acte de vassalité à Constantinople devant l'héritier des empereurs « romains ». Quel rétablissement depuis le désastre de Mantzikert, quelle halte avant 1453 ! Manuel Comnène apparaissait en Asie Mineure comme l'arbitre des deux dynasties turques, de même qu'en Syrie il faisait figure d'arbitre entre les Francs et l'atâbeg d'Alep.

2. La revanche seldjouqide : Myrioképhalon

Le désastre byzantin de Myrioképhalon

L'apparente capitulation du sultan Qilidj-Arslan II lors de cette visite à Constantinople où sa présence ne servait qu'à rehausser le triomphe de Manuel, n'était en réalité qu'une ruse. Le prince turc cherchait à gagner du temps, à obtenir la dissolution de la ligue formée contre lui par Manuel Comnène. Dès qu'il eut, par les assurances prodiguées à Constantinople, endormi la vigilance du *basileus*, il se retourna contre les ennemis intimes de sa maison, contre l'autre dynastie turque d'Asie Mineure, celle des émirs dânichmendites de Sivas, en Cappadoce. Le décès de l'émir dânichmendite Ya'qoub Arslan et les divisions qui suivirent entre ses héritiers facilitèrent la tâche du Seldjouqide. De 1170 à 1177, Qilidj-Arslan réussit, malgré les Byzantins comme malgré l'atâbeg d'Alep Noûr ad-Dîn, à déposséder les derniers successeurs du Dânichmend et à annexer la Cappadoce (Amasia, Niksar, Sivas, Qaiçariya, Tzamandos et Malatya) (1). L'émir dânichmendite Dhou'l Noûn n'eut d'autre ressource que de se réfugier à Constantinople.

Après quatre-vingts ans de luttes entre les deux maisons turques rivales, l'unité de l'Asie Mineure musulmane se trouvait réalisée au profit des Seldjouqides.

Manuel Comnène comprit la faute qu'il avait commise en laissant détruire l'émirat dânichmendite et se réaliser la redoutable unité turque. Déjà des bandes turques, officiellement désavouées par Qilidj-Arslan II, bien que sans doute poussées par lui, venaient de surprendre Laodicée *ad Lycum* dans le bassin du haut Méandre (2). Le *basileus* commença par renforcer les garnisons des villes-frontières, reconstruisant notamment Do-

---

(1) Dès 1174, l'ensemble du domaine dânichmendite était tombé au pouvoir de Qilidj-Arslan à l'exception de Malatya qui ne fut prise qu'en 1177. Cf. Michel le Syrien, III, p. 357 et trad. arménienne, *ap. Doc. arm.*, t. I, p. 366 ; Bar Hebraeus, t. II, p. 381. Restitution de la chronologie par Chalandon, II, p. 493-498.
(2) Cf. Chalandon, II, p. 499, d'après Nikétas Khoniatès, III, 6, p. 162-163.

rylée (1) et, près des sources du Méandre, Soublaion (Homa) (1175) (2), puis il prépara son attaque.

En 1176, au début du printemps, Manuel Comnène réunit la grande armée byzantine à Lopadion (Ouloubad), à l'angle nord-ouest du lac d'Apollonia, aux confins de la Bithynie et de la Mysie. Un corps de 30.000 hommes sous les ordres d'Andronic Vatatzès fut chargé d'aller, de la Paphlagonie, assiéger la ville de Niksar, l'ancienne Néocésarée, dans la Cappadoce Pontique, pour y restaurer l'émir dânichmendite Dhou'l Noûn, lequel accompagnait l'expédition, mais le siège de Niksar échoua et Andronic Vatatzès fut tué dans sa retraite. La tête du malheureux général byzantin fut envoyée au sultan Qilidj-Arslan II en guise de trophée (3).

Pendant ce temps, Manuel Comnène avait pris le commandement du gros de l'armée. Il s'agissait pour lui d'en finir avec le sultanat seldjouqide en s'emparant de Qonya, sa capitale. Manuel gagna Laodicée *ad Lycum* (près de Denizli) d'où il remonta la vallée du haut Méandre. Il avait dépassé la forteresse byzantine de Myrioképhalon, près du col de Tchardagh (4) et il continuait en direction d'Egherdir lorsque, au passage des gorges, son armée fut surprise et coupée par les Seldjouqides. « L'avant-garde, commandée par Jean et Andronic l'Ange, et le gros de l'armée sous les ordres de Constantin Makrodoukas, d'Andronic Lampardas, de Maurozomès et de Baudouin d'Antioche (un prince franc au service de Byzance) ne furent point d'abord inquiétés. La longue colonne de chariots que suivait Manuel et l'arrière-garde avec son chef, Andronic Kontostéphanos, entrèrent à leur tour dans le défilé. Quand toute l'armée y fut engagée, les Turcs se montrèrent sur les hauteurs, des deux côtés du chemin et la bataille commença (5). »

Pour mieux jeter la panique dans les rangs byzantins, les Turcs concentrèrent d'abord leur effort sur l'arrière-garde. Cernée, criblée de traits, coupée du reste de l'armée par l'énorme convoi impérial qui obstruait le défilé, elle fut bousculée, précipitée dans les ravins et massacrée. Manuel Comnène qui chevauchait avec le convoi, perdit la tête. Il donna aux siens l'exemple du

---

(1) « L'ancienne ville s'élevait dans la plaine, là où est l'actuelle Charé-yak, un peu au nord d'Eski-chéhir. La nouvelle ville fut bâtie à six milles au sud-ouest de cette localité dans une situation naturellement fortifiée sur un plateau qui borde la vallée du Tembris, là où est le village de Qara-chéhir » (Chalandon, II, p. 503, d'après Ramsay, *Historical geography of Asia Minor*, p. 86). Cf. Kinnamos, VII, 2, p. 294-298 et Nikétas Khoniatès, VI, 1, p. 227.
(2) Cf. Ramsay, *l. c.*, p. 136.
(3) Michel le Syrien, III, p. 369 ; Bar Hebræus, II, p. 385 ; Nikétas Khoniatès, VI, 2, p. 236.
(4) *Encyclop. de l'Islam*, art. *Kilij Arslan*, l. 33, p. 1066.
(5) Chalandon, II, p. 509.

sauve-qui-peut, tandis que les Turcs, à toutes les issues du défilé, massacraient les fuyards. Son bouclier criblé de flèches, son casque défoncé, il réussit, presque seul de son corps d'armée, à forcer les lignes ennemies et, après une poursuite mouvementée « durant laquelle il entendit longtemps résonner à ses oreilles le grelot des chevaux turcs », il réussit à rejoindre son avant-garde.

Le centre byzantin lui-même avait presque autant souffert et Baudouin d'Antioche notamment avait péri en combattant. Seule, l'avant-garde qu'avaient pu également rejoindre Kontostéphanos et les débris des autres corps, restait intacte, réfugiée sur une colline, quand la tombée de la nuit vint interrompre le combat. Tel était l'abattement de Manuel Comnène qu'au milieu de la nuit il annonça à son état-major son intention de prendre la fuite en abandonnant ses troupes. Il en fut empêché par les représentations d'Andronic Kontostéphanos et aussi par l'indignation des soldats.

Quand le jour se leva, Jean l'Ange et Makrodoukas tentèrent vainement de briser le cercle des ennemis par des charges désespérées. Il fallut, pour éviter une capitulation renouvelée de Mantzikert, accepter les conditions du sultan Qilidj-Arslan II, promettre, avec une contribution de guerre, le démantèlement des deux places-frontières de Dorylée (Eski-chéhir) au nord et de Soublaion (Homa) au sud, qui interdisaient respectivement aux Turcs l'accès des vallées du Poursak et du Méandre. A ces conditions, les débris de la grande armée byzantine, après une pénible retraite, encore harcelée par les irréguliers turcs, purent par Soublaion et Khonai (Khonas, près de Dénizli), regagner Philadelphie (Ala-chéhir) où ils trouvèrent enfin la sécurité (1).

Conséquences du désastre de Myrioképhalon

Le désastre de Myrioképhalon que Manuel Comnène lui-même compara à celui de Mantzikert (2) eut des contre-coups fort graves. La Cilicie où les princes arméniens se montraient de plus en plus rebelles à la suzeraineté byzantine, échappa définitivement à l'Empire (3). Mais surtout l'espoir de reconquérir Qonya, l'antique Iconium, de chasser les Turcs de la Phrygie, de la Lycaonie et de la Cappadoce dut être à jamais abandonné.

Cependant si la journée de Myrioképhalon provoqua l'arrêt définitif de la reconquête byzantine, elle n'entraîna pas la reprise de la poussée turque. Si Manuel Comnène, pour se tirer du guê-

---

(1) Chalandon, II, p. 507-513, d'après Nikétas Khoniatès, VI, 1, p. 230 ; VI, 6, p. 248 ; Michel le Syrien, III, p. 371-372 ; Guillaume de Tyr, l. XXI, ch. 10, p. 1025.
(2) Cf. Chalandon, II, p. 513. Voir Guillaume de Tyr, l. c, p. 1025 de l'édition des *Historiens des Croisades*.
(3) Voir plus bas, p. 391.

pier, dut faire raser les fortifications de Soublaion (Homa), il refusa, une fois en sécurité, d'en faire autant pour Dorylée. Qilidj-Arslan II, furieux de ce manquement, envoya des bandes ravager la vallée du Méandre, y compris les villes d'Antioche du Méandre et de Tralles (près d'Aïdin). Le général byzantin Jean Vatatzès réussit à chasser ces bandes, mais d'autres Turcs s'étaient installés à demeure plus à l'est, à Panasios et à Lakérios, dans la région de Laodicée et Manuel Comnène en personne ne put en débarrasser le pays. Enfin un des lieutenants du *basileus*, Andronic l'Ange, se fit à son tour battre par les Turcs près de Kharax, dans la région des sources du Méandre, entre Khonai (Khonas) et Soublaion (Homa) (1177-1180) (1).

Les discordes qui éclatèrent dans la famille seldjouqide à la mort du sultan Qilidj-Arslan II (1192) empêchèrent les Turcs de pousser leur succès à l'heure où l'empire byzantin, sous la dynastie des Anges (1185-1204) tombait en décadence. Un des fils du sultan défunt, Kaikhosrau Ier qui jusque-là gouvernait la province d'Olou-bourlou dans la région des lacs de Pisidie, se saisit de Qonya, la capitale seldjouqide, mais il en fut chassé par ses frères et se réfugia à Constantinople auprès de l'empereur Alexis III. Bien accueilli par celui-ci, il épousa la fille du notable byzantin Manuel Maurozomès. En 1204 il réussit à remonter sur le trône de Qonya. L'avènement de ce couple turco-grec aurait, en temps normal, pu être susceptible de développements intéressants, mais c'était l'époque où la conquête de Constantinople par les Latins de la quatrième croisade allait bouleverser en Asie Mineure comme dans la péninsule balkanique toutes les données de la question d'Orient.

(1) Chalandon, *Les Comnène*, II, p. 514, d'après Nikétas Khoniatès, VI, 7, p. 251 ; VI, 8, p. 254.

CARTE

L'Empire latin

CHAPITRE V

L'HÉGÉMONIE LATINE DANS LES MERS DE GRÈCE

1. La quatrième croisade (1)

Les précédents de la quatrième croisade

Dans l'énumération des croisades nous avons volontairement omis la quatrième (p. 252). C'est qu'elle ne fut pas, comme les autres, dirigée contre les musulmans, mais contre un État chrétien, l'empire byzantin et que ses créations n'intéressent pas le monde islamique, mais le monde grec.

En dépit de passagères périodes d'accord ou même d'alliance, les rapports n'avaient jamais été bons entre Byzance et les « Francs ». Il y avait longtemps que la tentation se faisait sentir chez les croisés de se venger de la défiance ou de la secrète hostilité des Byzantins. Les Byzantins n'étaient-ils pas schismatiques ? Avant de reconquérir le tombeau du Christ, ne fallait-il pas commencer par les ramener à la confession romaine ? L'animosité entre Byzantins et Francs s'était d'ailleurs accrue du fait même de leur contact au cours des croisades. Déjà lors de la première croisade, en janvier 1097, les soldats de Godefroi de Bouillon, sous les murs de Constantinople, avaient eu d'assez sérieuses escarmouches avec ceux de l'empereur Alexis Comnène (2). En octobre 1107 le prince d'Antioche Bohémond de Tarente, furieux de l'opposition de la politique byzantine à son établissement syrien, débarqua d'Italie en Épire et vint assiéger Durazzo, la grande forteresse byzantine sur l'Adriatique, mais en septembre 1108 il fut fait prisonnier devant cette place par l'empereur Alexis Comnène et la conquête latine de la « Romanie » dut être ajournée (3). En 1147, lors du passage de la deuxième croisade sur le Bosphore, l'empereur germanique Conrad III, irrité de la mauvaise foi des Byzantins, songea un instant à donner l'assaut à Constantinople. En cette même année

---

(1) Sources principales : Geoffroi de Villehardouin, *La conquête de Constantinople*, éd. Faral, 1938-1939, 2 vol. des *Classiques français de l'histoire du moyen âge* ; Henri de Valenciennes, *Histoire de l'empereur Henri*, éd. de Wailly, à la suite de son édition de Villehardouin, 1882, p. 303 ; Robert de Cléry (« Clari »), *La conquête de Constantinople*, éd. Lauer, 1924 (« Classiques français du moyen âge ») ; *Devastatio Constantinopolitana* dans les *Monumenta Germaniæ historica, Scriptores*, t. XVI, p. 9-12 ; Nikétas Khoniatès, texte et trad. latine de Bekker, Bonn, 1835.
(2) Albert d'Aix, l. II, c. xii, *Hist. Occ.*, t. IV, p. 307 ; Ekkehard d'Aura, ch. XIII, *Hist. Occ.*, t. V, p. 21 ; Anne Comnène, l. X (*Hist. grecs des Croisades*, t. I, ii, p. 22-25).
(3) Anne Comnène, *Alexiade*, l. XII-XIII. Cf. Chalandon, *Les Comnène*, t. I, p. 243-249.

1147, le roi normand de Sicile Roger II envoya sa flotte avec un corps de débarquement ravager l'Eubée et l'Attique, piller Thèbes et Corinthe (1). En 1185 un autre roi normand de Sicile, Guillaume II, envoya contre l'empire byzantin une armée plus considérable qui, débarquée à Durazzo (juin 1185), marcha contre Thessalonique (Salonique) dont elle s'empara (août 1185). Les Normands s'avançaient vers Constantinople où Guillaume II songeait à ceindre la couronne des *basileis* comme fondateur d'un empire latin d'Orient (l'idée, on le voit, était dans l'air), quand l'armée normande fut battue par les Byzantins à Démétiza (Démir-hissar), en Macédoine (7 septembre 1185) et rejetée à la mer (2). Enfin, lors de la troisième croisade, en 1189-1190, l'empereur Frédéric Barberousse rencontra chez le *basileus* régnant Isaac l'Ange une telle mauvaise volonté qu'il saccagea Andrinople et fut à son tour sur le point de donner l'assaut à Constantinople (3). De fait, nous savons aujourd'hui qu'Isaac l'Ange, comme le soupçonnaient les croisés, avait bien conclu contre eux une alliance avec Saladin.

L'empereur germanique Henri VI, fils et successeur de Barberousse et, de surcroît, devenu, par son mariage avec la dernière des princesses normandes, roi de Sicile, résolut d'en finir avec cette vieille hostilité. Préparant en 1197 une nouvelle croisade, il décida de la faire précéder de la conquête de Constantinople. Il faisait en Sicile ses derniers préparatifs d'embarquement quand la mort arrêta ses projets (28 septembre 1197). Mais l'idée faisait son chemin et son frère Philippe de Souabe, qui lui succéda partiellement en Allemagne (1197-1208), continuait à s'en montrer partisan. De fait, Philippe semble avoir été l'un des inspirateurs du « détournement » de la quatrième croisade (4).

La quatrième croisade

Contrairement aux intentions de Henri VI, le pape Innocent III (1198-1216) restait partisan d'une politique de tolérance envers les Byzantins. Il consacrait tout son effort à l'organisation d'une quatrième croisade uniquement destinée à la récupération de la Terre sainte sur les musulmans (5). Cette croisade, prêchée no-

---
(1) Chalandon, *Les Comnène*, t. II, p. 318-323 ; Chalandon, *Histoire de la domination normande en Italie et en Sicile*, t. II, p. 136-137.
(2) Cf. Chalandon, *Hist. de la domination normande en Italie et en Sicile*, t. II, p. 400-415.
(3) Cf. B. Zimmert, *Der deutsch-byzantinische Konflikt vom Juli 1189 bis Februar 1190*, dans *Byzantinische Zeitschrift*, XII, p. 42 et suiv.
(4) Bréhier, *L'Église et l'Orient au moyen âge. Les Croisades*, p. 137-141 avec bibliographie (Nikétas, *Annales Marbacenses*, Otton de Saint-Blaise, Arnold de Lübeck).
(5) Cf. Riant, *Innocent III, Philippe de Souabe et Boniface de Montferrat*, Revue des questions historiques, t. XVII, 1875, p. 321-374 et XVIII, p. 5-

tamment en France par Foulque de Neuilly, enrôla un grand nombre de seigneurs de l'Ile-de-France et de la Champagne, entre autres le comte Louis de Blois et Geoffroi de Villehardouin, le futur historien de l'expédition (1199). Le comte de Flandre Baudouin IX prit également la croix avec son frère Henri d'Angre ou Henri de Hainaut et un grand nombre de seigneurs flamands. (1200). En avril 1201 les Vénitiens s'engagèrent à transporter les croisés en Orient contre paiement de 85.000 marcs (1). Il fut décidé que, conformément à l'exemple du roi Amaury Ier, la croisade irait attaquer l'Égypte, point vital du sultanat aiyoubide (2).

Le comte Thibaud III de Champagne que les croisés avaient élu pour chef étant mort sur ces entrefaites (mai 1201), ils le remplacèrent par un prince lombard, le marquis Boniface II de Montferrat, frère de l'ancien roi de « Jérusalem », Conrad de Montferrat (3).

Lorsque, à l'automne de 1202, les croisés furent rassemblés à Venise en vue de leur embarquement, ils se trouvèrent incapables de réunir la somme promise aux Vénitiens. La Seigneurie de Saint-Marc offrit de les tenir quittes de leur dette s'ils l'aidaient à reconquérir sur le roi de Hongrie la ville de Zara en Dalmatie. Les croisés ayant accepté, le doge Enrico Dandolo se joignit à eux en prenant la croix avec un grand nombre de Vénitiens et tous s'embarquèrent à Venise pour Zara (1er octobre 1202). Le siège de Zara dura du 13 au 24 novembre et se termina par la prise de la ville, en dépit des protestations et des menaces d'Innocent III, indigné de voir les croisés tourner leurs armes contre un peuple non seulement chrétien, mais encore de confession romaine.

Cependant l'empire byzantin était troublé par de graves révolutions de palais. L'empereur byzantin Isaac II l'Ange (1185-1195) avait été détrôné et aveuglé par son frère Alexis III qui lui succéda (1195-1203). Mais le fils d'Isaac, Alexis le Jeune, — depuis Alexis IV, — parvint à s'échapper de Constantinople

---

75 et *Le changement de direction de la quatrième croisade, ibid.*, t. XXIII, p. 71-114 ; Hanotaux, *Les Vénitiens ont-ils trahi la chrétienté en 1202 ?* dans *Revue historique*, t. IV, 1877, p. 74-102 et *Sur les chemins de l'histoire*, 1924, t. I, p. 19-52 ; J. Tessier, *La quatrième croisade. La diversion sur Zara et Constantinople*, 1884 ; E. Gerland, *Der vierte Kreuzzug und seine Probleme* dans *Neue Jahrbücher für das klass. Altertum Geschichte und deutsche Literatur*, t. XIII (1904), 1re partie, p. 505-514 ; A. Luchaire, *Innocent III et la question d'Orient*, 1907, p. 77-148 ; F. Faral, *Geoffroi de Villehardouin, question de sincérité*, Revue historique, 1936, p. 530-582 ; Jean Longnon, *Recherches sur la vie de Geoffroi de Villehardouin*, 1939, p. 75-82.

(1) Villehardouin, § 22 donne 94.000 marcs. Mais le texte du traité franco-vénitien de nolis porte 85.000 (Tafel et Thomas, t. I, p. 362). Cf. Faral, *Le traité de nolis de 1201* dans son édition de Villehardouin, t. I, p. 215-220.

(2) Voir plus haut, p. 254.

(3) Voir plus haut, p. 243.

et vint solliciter l'aide des croisés. Il promettait à ceux-ci des paiements considérables —, sans compter la soumission de l'Église grecque à la Papauté, — si les croisés l'aidaient à restaurer son père, le malheureux Isaac, en chassant l'usurpateur Alexis III. Les Vénitiens dont les intérêts commerciaux ne pouvaient que gagner à placer un prince ami sur le trône de Constantinople, déterminèrent les croisés à accepter les propositions du jeune Alexis (janvier 1203) (1). En dépit de l'opposition d'Innocent III contre un tel « détournement de croisade », la flotte vénitienne, le 24 mai, emporta les croisés de Corfou vers Constantinople.

Après avoir franchi les Dardanelles, les croisés arrivèrent le 26 juin 1203 devant Scutari, en face de Constantinople. Le 6 juillet ils s'emparèrent de la tour de Galata, puis entreprirent le siège de la grande ville (11 juillet). Le 17, ils commencèrent à donner l'assaut. Une sortie des défenseurs ayant échoué, l'empereur Alexis III, abandonnant ses sujets, prit la fuite (2). Les habitants de Constantinople tirèrent alors de prison l'empereur aveugle Isaac II et le rétablirent sur le trône (18 juillet). Son fils, le jeune Alexis IV, l'homme des croisés, dont le pacte avec ceux-ci avait amené cette restauration, s'assit à ses côtés sur le trône comme co-empereur (3).

Les croisés exigèrent alors de leurs deux protégés l'exécution du « pacte de Zara » : soumission de l'Église grecque à la Papauté, versement d'une gratification de 200.000 marcs d'argent, départ de 10.000 soldats byzantins pour la croisade de Jérusalem aux côtés des Latins (4). Tandis que les pourparlers à ce sujet continuaient laborieusement, les croisés s'installèrent à Galata. Entre eux et les Grecs les rapports ne tardèrent pas à s'envenimer. Les heurts se multiplièrent. Mis aux abois, Isaac et Alexis IV ne parvenaient pas à réunir les sommes exigées. Néanmoins leur complaisance à l'égard des croisés leur avait aliéné le patriotisme byzantin et ils furent détrônés au profit du représentant du parti anti-latin, Alexis-Doukas, surnommé Mourtzouphle, qui devint l'empereur Alexis V (28-29 janvier 1204).

Les croisés durent entreprendre pour la seconde fois le siège de Constantinople. Auparavant ils conclurent entre eux entre

---

(1) Voir dans Villehardouin, § 70-72 les propositions d'Alexis le Jeune, avec intervention, dans l'affaire, du roi germanique Philippe de Souabe, héritier des projets balkaniques de l'empereur Henri VI. *Ibid.*, § 92-93, l'intervention de Philippe de Souabe se précise en faveur d'Alexis et entraînera l'adhésion de la majorité des croisés.
(2) Pour la chronologie, voir Faral, *La journée du 17 juillet 1203*, dans son éd. de Villehardouin, t. I, append. II, p. 221.
(3) Ce furent les croisés qui imposèrent Alexis IV comme associé au trône aux côtés de son père, spontanément restauré par les Byzantins. Cf. Faral dans son Villehardouin, t. I, p. 227-229.
(4) Villehardouin, § 188 (et 93).

Vénitiens et barons — un accord en vue du partage éventuel de l'empire (mars 1204). Il fut convenu qu'un collège formé de six barons et de six Vénitiens élirait un empereur, lequel recevrait le quart des territoires de l'empire. Des trois autres quarts, la moitié serait attribuée à Venise, l'autre moitié aux barons (1).

L'attaque par terre et par mer contre Constantinople commença le 9 avril. Le 12 avril, à la suite d'un furieux assaut, les croisés entrèrent dans la ville. Le lendemain Mourtzouphle prit la fuite et ils ne trouvèrent plus de résistance. Conrad de Montferrat alla occuper le palais impérial de Boukoléon (« la Bouche-de-lion ») et Henri de Hainaut celui des Blakhernes.

La prise de Constantinople fut suivie d'un pillage affreux, avec, dans cette ville qui était comme un conservatoire des trésors de l'Antiquité gréco-romaine, une destruction irréparable d'objets d'art. « Le butin fut si grand qu'on n'en saurait dire le compte : or et argent et vaisselle et pierres précieuses et satin et vêtements de soie et manteaux de vair, de gris et d'hermine et tous les objets de prix qui furent jamais trouvés sur terre (2). » Tout ce butin fut en principe rassemblé, puis redistribué entre les croisés, tant français que lombards et vénitiens.

Les croisés s'assemblèrent ensuite en « parlement » et choisirent six prélats et six Vénitiens pour procéder à l'élection d'un empereur (3). Deux candidats se disputaient les suffrages : le marquis Boniface de Montferrat et le comte de Flandre Baudouin IX. Les Vénitiens soutinrent Baudouin qui fut élu (9 mai 1204) (4). Il fut couronné à Sainte-Sophie le 16 mai. Pour éviter la rancune du candidat évincé, on avait préalablement décidé que ce dernier recevrait en compensation l'Anatolie et la Grèce. Boniface de Montferrat à qui, après son échec électoral, ces terres auraient dû revenir, demanda à échanger l'Anatolie contre le « royaume de Thessalonique », c'est-à-dire la Macédoine, ce que le nouvel empereur lui accorda sans difficulté (5). Correctement, du reste, Boniface fit hommage à Baudouin.

(1) Villehardouin, § 234.
(2) Villehardouin, § 250 ; Robert de Cléry, ch. 81.
(3) Villehardouin, § 256-259 ; Cléry, ch. 94.
(4) Une partie des électeurs avaient songé au doge Dandolo, mais celui-ci avait refusé (*Chronique de Morée*, texte français, § 63-64 ; version grecque, vers 902-1018). Le doge reçut le titre de « seigneur du quart et demi de l'empire latin », *dominus quartæ partis et dimidiæ totius imperii Romaniæ* (Cf. Hopf, *Geschichte Griechenlands im Mittelalter*, t. I, p. 208).
(5) Villehardouin, § 258, 264-265 ; Cléry, ch. 99. « Thessalonique, dont l'importance stratégique était considérable, puisqu'elle fournissait une base maritime de premier ordre, était encore au point de vue commercial une des villes les plus riches de l'empire grec. La foire qui s'y tenait chaque année, au mois d'octobre, était très importante, et les représentants des nations occidentales y accouraient en foule, pour trafiquer avec les marchands juifs et arméniens. La ville comprenait tout un quartier habité par les Latins » (Chalandon, *Histoire de la domination normande*, t. II, p. 406-407, sous la rubrique de 1185).

2. La « Romanie » sous les empereurs latins

Règne de l'empereur Baudouin de Flandre (1)

Il ne faut pas se dissimuler que, même après la conquête de Constantinople, la fondation de l'Empire latin semblait une gageure. Pour que cette fondation eût quelque chance de durée, il aurait fallu que les vainqueurs disposassent soit d'une supériorité numérique écrasante, capable de noyer l'hellénisme sous les flots de l'invasion, soit d'une supériorité culturelle capable d'en imposer au vieux monde byzantin. Or, la conquête de Constantinople avait été l'œuvre d'une poignée de barons sans cohésion entre eux, sans connaissance du milieu oriental, sans initiation préalable à la vénérable culture byzantine et, de surcroît, manœuvrés par la politique vénitienne. Tout se passait comme si la « Romanie » avait été surprise par une association temporaire d'aventuriers, qui, une fois leur coup de main accompli, n'auraient même pas disposé d'une armée d'exploitation suffisante pour occuper effectivement la terre. Quand le comte de Flandre Baudouin IX, devenu l'empereur Baudouin Ier, eut été couronné à Sainte-Sophie le 16 mai 1204, l'empire restait en réalité à conquérir. A dire vrai, la distribution des fiefs qui avait suivi la prise de Constantinople avait révélé chez les vainqueurs une ignorance totale non seulement du milieu politique mais même des données géographiques les plus évidentes. Que pouvait signifier par exemple l'idée, un moment envisagée, d'attribuer Andrinople aux Vénitiens ? Même quand on revint à un partage moins fantaisiste, cette distribution réduisait pratiquement à la Thrace et à l'éventuelle Anatolie latine le domaine impérial proprement dit. L'empereur Baudouin, aidé de son frère Henri de Hainaut, se mit du moins en devoir d'occuper la Thrace.

Il est vrai que la terreur produite par la chute de Constantinople continuait à opérer. Baudouin reçut la soumission de Tzouroulon (Tchorlou), Didymoteikhon (Démotika), Andrinople, Philippopoli et Mosynopolis, la Messinople de Villehardouin, l'actuel Missy. L'ex-empereur byzantin Alexis III qui s'était réfugié dans cette dernière ville, prit à nouveau la fuite jusqu'en Thessalie (2). Les Grecs ne tenaient nulle part. Les croisés pensaient avoir en tout partie gagnée. Nul doute, dans leur esprit, que leur

---

(1) Cf. Du Cange, *Histoire de l'empire de Constantinople sous les empereurs français*, 1826 (éd. Buchon) et 1867 ; Hopf, *Chroniques gréco-romanes*, Berlin, 1873, Tableaux généalogiques, p. 469-536 ; E. Gerland, *Geschichte des lateinischen Kaiserreiches von Konstantinopel*, I Teil, *Geschichte der Kaiser Balduin und Heinrich, 1204-1216*, Homburg, v. d. Höhe, 1905.

(2) Villehardouin, § 269-274.

conquête dût s'étendre aussi loin qu'avaient régné les anciens *basileis*.

L'équipe qui avait mené à bien la conquête de Constantinople se composait en gros, nous l'avons vu, de deux groupes de croisés : les Franco-Flamands qui avaient élu Baudouin, et les Lombards venus avec Boniface de Montferrat. La compétition pour la couronne impériale avait failli provoquer une première mésentente entre les deux hommes. A peine l'entremise des barons et du doge Dandolo les avait-elle réconciliés que survint entre eux une brouille plus grave qui faillit arrêter net la conquête franque. Baudouin, au lendemain de son couronnement, avait promis comme dédommagement à Boniface, — pour lui faire oublier le trône impérial — le « royaume de Thessalonique », c'est-à-dire la Macédoine (1). Mais au lieu de laisser Boniface se mettre en possession de ce pays, Baudouin alla l'occuper lui-même. Reconnaissons que rien ne l'autorisait à agir ainsi, une telle conduite remettant en question tous les partages antérieurs. Furieux, Boniface vint par représailles assiéger dans le domaine impérial la seconde cité de la Thrace, la ville d'Andrinople. Ulcéré par le manque de parole des Flamands, il affectait même de se désolidariser publiquement des autres Latins, en se faisant contre eux le défenseur de l'élément grec. Ayant épousé Marguerite de Hongrie, veuve du *basileus* Isaac l'Ange, il avait à sa disposition le jeune Manuel, fils d'Isaac et de Marguerite et se servait de ce jeune homme pour s'assurer contre Baudouin l'appui des Grecs. Il présentait Manuel aux populations grecques comme l'héritier légitime de leurs empereurs et, dans ce rôle équivoque, n'hésitait pas à se donner comme le protagoniste de la société byzantine contre l'empereur flamand : jeu singulièrement dangereux quand la conquête était loin d'être terminée (2). Mais la politique vénitienne veillait. Elle qui, plus que quiconque, avait poussé à la fondation de l'Empire latin, n'entendait pas en laisser aussitôt saper les bases par ces barons indisciplinés. D'autre part les compagnons mêmes des deux adversaires s'employèrent à apaiser le différend. Les comtes de Saint-Paul et de Blois et Geoffroi de Villehardouin notamment, conscients du péril que toutes ces discordes faisaient courir à l'œuvre commune, s'entendirent avec le doge Dandolo dont l'âge, la sagesse et l'autorité exercèrent une action déterminante et tous quatre réussirent à temps à réconcilier les deux rivaux. L'alerte avait été chaude.

Chacun reprit alors pour son compte la conquête des territoires qui lui étaient dévolus. Boniface, levant le siège d'Andri-

---

(1) Villehardouin, § 264-265.
(2) Villehardouin, § 279, 281 ; Cléry, ch. 101 ; Khoniatès, p. 790-795.

nople, alla reprendre possession de Thessalonique que lui remirent les gens de Baudouin. Après avoir occupé les autres places de la Macédoine maritime telles que Serrès et Berrhoé (Verria), il descendit en Thessalie, pays appelé alors par les Francs « la Grande Blaquie » à cause des bergers valaques qui y transhumaient. Il y trouva l'ex-*basileus* Alexis III qui s'était réfugié à Larissa — « l'Ars », comme disaient les Francs — et le chassa de cette place. Le seigneur byzantin Léon Sgouros, personnage énergique et retors, essaya d'arrêter Boniface aux Thermopyles. Comme jadis son lointain prédécesseur Philippe de Macédoine au cours de la première Guerre Sacrée, le roi de Thessalonique se trouvait en présence du barrage grec, mais, plus heureux que lui, il en triompha du premier élan et balaya les défilés. L'archevêque grec Michel Acominate (Mikhael Akominatos) qui commandait à Athènes, jugea la défense impossible et rendit la ville sans combat. Mais Léon Sgouros était allé se retrancher dans les places-fortes de l'Isthme et de l'Argolide, à Corinthe, Argos et Nauplie où il se prépara à une résistance opiniâtre. Boniface occupa dans les trois cités la ville basse, mais ne put emporter les forteresses : la célèbre citadelle de Corinthe, « l'Acrocorinthe » résista à tous les efforts de son lieutenant Jacques d'Avesnes et lui-même échoua devant Nauplie, de sorte que Corinthe, Argos et Nauplie échappèrent pour le moment à la domination latine : les trois forteresses devaient rester au pouvoir des Grecs jusqu'en 1210-1212 (1).

Du moins la chevauchée de Boniface eut-elle pour résultat de soumettre aux Latins l'Hellade centrale. Ses lieutenants s'en partagèrent les provinces : le croisé parmesan Guido Pallavicini s'installa à Bodonitza, aux Thermopyles et le croisé comtois Othon de la Roche à Athènes et à Thèbes. Ainsi furent fondées la baronnie (plus tard marquisat) de « Bodenice » (2) et la baronnie (plus tard duché) d'Athènes et de Thèbes, cette dernière destinée à un si brillant avenir (1205). En même temps Boniface donna à un autre de ses lieutenants, au baron champenois (ou plutôt comtois) Guillaume de Champlitte, licence d'aller conquérir la « Morée » ou « Achaïe », c'est-à-dire le Péloponnèse (3). Nous verrons plus loin la suite, particulièrement intéressante, de cette dernière inféodation. Disons seulement ici que, quand le roi de Thessalonique la consentait à Champlitte, il ne pouvait se douter que, de tant de terres au nom sonore distribuées à ses compagnons sous le soleil de Romanie, la « princée de

(1) Villehardouin, § 301, 324, 331-332, 389 ; Nikétas Khoniatès, éd. Bekker, p. 800-816. Voir plus loin, p. 478.
(2) Voir dans Hopf, *Chroniques gréco romanes*, p. 478, la généalogie de la maison de Bodonitza.
(3) Villehardouin, § 327. Le nom de *Morée* est celui qui prévaut dans les sources françaises, le nom d'*Achaïe* dans les textes en latin.

l'Amorée », comme écrivent les chroniques, serait pratiquement la seule où les conquérants venus de France et d'Italie feraient œuvre durable et perpétueraient leur souvenir.

Les territoires de l'ancienne Grèce constituaient la partie la plus facile à coloniser et à défendre des nouvelles possessions latines. Il n'en allait pas de même du côté de la Thrace où on risquait de se heurter aux Bulgares, ni du côté de l'Asie Mineure où l'hellénisme, sous des chefs nouveaux et pleins d'allant, s'était retranché. En se réservant dans le partage général la Thrace et, éventuellement, l'Anatolie grecque, l'empereur Baudouin avait donc assumé la tâche la plus dure. Ces « terres d'Empire », il commença par les organiser selon la conception féodale du temps, c'est-à-dire par les distribuer, lui aussi, à ses fidèles, en leur attribuant même ses futures conquêtes en Anatolie. Ce fut ainsi qu'il inféoda en Europe à un gentilhomme du Hainaut, à Renier de Trit (1), « le comté de Finepople » (Philippopoli) et promit en Asie à Louis de Blois « le duché de Niquée » (Nicée) et à Étienne du Perche « le duché de Finadelfe » (Philadelphie, en Lydie) (2). En réalité ces deux dernières villes, comme toute l'Anatolie byzantine, restaient, nous l'avons vu, au pouvoir des Grecs. Installé à Nicée et à Brousse, le « despote » grec Théodore Ier Lascaris barrait aux Latins la route de l'intérieur.

Baudouin semble s'être assez bien rendu compte de l'importance de l'opposition grecque en Anatolie. Lui qui allait sous-estimer la force bulgare, paraît avoir compris le péril que représentait le refus d'obéissance de Théodore Lascaris. En tout cas, il fit alors un sérieux effort pour briser cette résistance. Deux de ses lieutenants, Pierre de Bracieux, ou plutôt de Bracheux, et Payen d'Orléans, partis de Constantinople en avant-garde le 1er novembre 1204, passèrent « le Bras Saint-Georges », c'est-à-dire ici les Dardanelles, et prirent « l'Espigal », place qui semble correspondre à Spiga, à l'ouest de Cyzique (3). Le 11 novembre, le frère de Baudouin, Henri de Hainaut, traversa à son tour les Dardanelles et occupa Abydos (« Avie ») en Troade (4). Un autre croisé, Macaire de Sainte-Menehould, franchit le Bosphore et se mit en possession de Nicomédie (« Nicomie »). Le 6 décembre les Francs défirent Théodore Lascaris à Poimanenon (« Puméniénor ») en Mysie. Cette place, Lopadion (« Lupaire ») et Apollo-

(1) Cf. Buchon, *Recherches et matériaux*, 1re partie, p. 61-62.
(2) Villehardouin, § 304, 316. Le détail du partage des fiefs latins, y compris les possessions vénitiennes, est donné par le *Liber pactorum*, texte dans Tefel et Thomas, *Urkunden zur alteren Handels und Staatsgeschichte der Republik Venedig* (in *Fontes rerum austriacarum*, t. XII, Vienne, 1856), p. 445-452. Résumé par Faral, dans son éd. de Villehardouin, t. II, p. 111, note 6.
(3) Villehardouin, § 305. On a songé aussi à identifier l'Espigal avec Pegai (Bigha), plus à l'ouest, mais à l'intérieur des terres. Cf. Faral, éd. de Villehardouin, t. II, p. 114, n. 2.
(4) Villehardouin, § 310.

nia (« Pulinach ») tombèrent entre leurs mains (1). Henri de Hainaut, parti d'Abydos, poussa jusqu'à Adramytte (« Landremite ») et battit devant cette ville Théodore Lascaris (19 mars 1205). Toute la Mysie se trouva rattachée à l'empire latin (2). Si l'on suit sur la carte les progrès ainsi réalisés par les Latins, on s'apercevra que la partie de l'Anatolie déjà soumise à leurs armes représentait une « tête de pont » fort précieuse.

Que serait-il arrivé si ce rythme s'était maintenu ? L'Anatolie grecque à l'exemple de la Thrace et de la Macédoine serait-elle passée tout entière au pouvoir des croisés ? Nicomédie une fois tombée, rien, semble-t-il, n'empêchait les Latins de conquérir au cours de campagnes ultérieures Nicée et Philadelphie de Lydie, après quoi le despotat des Lascaris aurait vécu. Les lieutenants de Baudouin en Asie comme Boniface de Montferrat en Grèce étendaient partout la domination latine. Il semblait en cette année cruciale 1205 qu'elle dût bientôt recouvrir toutes les terres byzantines quand l'entrée en scène des Bulgares vint arrêter net cet essor.

Les Bulgares ont eu au cours de l'histoire un destin mouvementé. Tour à tour à la veille de se rendre maîtres des Balkans et soudain précipités du haut de leurs espérances, ils avaient, au Xe siècle, absorbé tout l'intérieur de la Macédoine lorsqu'ils furent totalement subjugués par l'empire byzantin (conquête des différentes fractions de la Bulgarie par la dynastie macédonienne, de 971 à 1018). En 1185, ils recouvrèrent leur indépendance, unis aux Vlaques ou Valaques de la région. De 1197 à 1207 le tsar vlaco-bulgare Johannitza (Ionitsa, Jean) sut habilement mettre à profit la chute de l'empire byzantin et les difficultés des Latins. Vieil ennemi de Byzance, il songeait depuis quelque temps à s'appuyer sur la latinité (3). La Papauté crut même se l'attacher : le 8 novembre 1204 un légat d'Innocent III vint le couronner dans la cathédrale de Tirnovo, après que l'Église bulgare eût été — au moins théoriquement — rattachée à l'Église romaine. Il y avait là pour l'empire latin, en même temps qu'un voisinage dangereux, une chance inespérée de neutraliser ce voisinage en encourageant les velléités culturelles du tsar. En tout état de cause l'empereur Baudouin, aurait eu un intérêt majeur à suivre la politique d'Innocent III en se ménageant l'amitié de la jeune puissance bulgare. Tout au contraire, il réclama avec hauteur de Johannitza les anciens territoires byzantins détenus par ce dernier. Ce fut la guerre, une guerre pour laquelle les Latins n'étaient nullement préparés. Les popu-

(1) *Ibid.*, § 319-320.
(2) Villehardouin, § 321.
(3) Robert de Cléry, ch. 64 et Nikétas, p. 809. Cf. Luchaire, *Innocent III et la question d'Orient*, p. 176.

lations grecques de la Thrace en profitèrent pour se révolter, notamment à Didymoteikhon (Démotika) et à Andrinople. Arcadiopolis même (l'actuel Lulé-Bourgas) dut être évacuée par les Latins qui se virent en quelques jours réduits à la grande banlieue de Constantinople.

Le premier résultat de la guerre bulgare, si imprudemment provoquée, fut d'obliger les Latins à abandonner la conquête de l'Anatolie grecque : leurs effectifs n'étaient pas suffisants pour mener la lutte sur les deux fronts. A la nouvelle des événements de Thrace, l'empereur Baudouin, rappelant précipitamment ses troupes d'Asie, marcha contre les révoltés qu'aidaient les premières bandes bulgares. Mais il avait compté sans la grande armée bulgare elle-même qui n'allait pas tarder à intervenir. Il assiégeait Andrinople quand il fut attaqué devant cette ville par le tsar Johannitza en personne qu'étaient venus renforcer des auxiliaires Comans ou Qiptchaq, Turcs païens de la steppe russe. La tactique de ces barbares déconcerta complètement la lourde chevalerie de croisade et la bataille d'Andrinople se termina pour les Latins par un terrible désastre (14 avril 1205). L'empereur Baudouin fut lui-même fait prisonnier par le tsar bulgare. Le malheureux souverain périt en captivité sans qu'on connaisse exactement les circonstances de sa mort. Il s'en fallut de peu que pas un Latin n'échappât. Le maréchal de Romanie Geoffroi de Villehardouin — l'historien de la croisade, — qui commandait l'arrière-garde, parvint, à force de fermeté et de prudence, à sauver les débris de l'armée et dirigea la retraite jusqu'à Constantinople (1). La catastrophe paraissait d'autant plus terrible que depuis leur triomphe de l'année précédente les Latins se croyaient invincibles. Leur prestige militaire se trouva du jour au lendemain remis en question, comme la destruction des croisades de renfort sur le plateau d'Anatolie en 1101 avait failli détruire aux yeux des Turcs le prestige des compagnons d'armes de Godefroi de Bouillon.

Henri de Hainaut et le redressement latin

L'armée aux trois quarts détruite, l'empereur prisonnier, la bataille d'Andrinople rappelait pour les Francs de « Romanie » ce qu'avait été pour les Francs de Terre sainte en 1187 la journée de Hattîn. De fait, il s'en fallut de bien peu qu'elle ne fût suivie de l'effondrement immédiat de l'empire latin. La situation de ce dernier était terrible. Les Latins se trouvaient pris entre l'insurrection spontanée des Grecs de la Thrace et l'invasion bulgare et

---

(1) Villehardouin, § 362-375 ; Cléry, CXII. Cf. Jean Longnon, *Recherches sur la vie de Geoffroy de Villehardouin* (1939), p. 90.

comane déferlant du Nord. La quatrième croisade n'aurait-elle d'autre résultat que d'avoir finalement substitué à l'empire byzantin et à l'empire latin le plus inattendu des empires bulgares ? Le tsar bulgare, accueilli comme un libérateur par la population grecque, se rendit maître de la Thrace entière jusqu'aux portes de Constantinople, tandis qu'en Asie Théodore Lascaris recouvrait d'un seul coup la plupart des villes de la Bithynie et de la Mysie. Les Latins ne conservaient plus que Constantinople, Sélymbria et Rodosto (« Rodestoc ») (1) sur la côte de la Marmara et le château de Pygai en Mysie.

Dans ces circonstances désespérées, le frère de Baudouin, Henri de Hainaut, fut nommé régent de l'empire. Cette nomination changea la face des choses. Brave, énergique, intelligent, Henri fit front partout et partout sauva la situation. Mais il dut batailler âprement avant de respirer. Il avait réoccupé Tzouroulon (Tchorlou) et Arcadiopolis quand une nouvelle victoire des Bulgares et de leurs auxiliaires comans à Rhusion (l'actuel Kéchan) remit tout en question (29-31 janvier 1206). Le tsar Johannitza prit Rodosto, Tzouroulon et arriva devant Constantinople. La ville semblait perdue quand un revirement inattendu se produisit. Les ravages et les cruautés de l'armée bulgare, notamment de ses féroces auxiliaires comans, furent tels que la population grecque, terrifiée, se rapprocha de ces Latins, hier encore si détestés. Tout les premiers, les habitants des deux grandes villes d'Andrinople et de Didymoteikhon se donnèrent aux Latins, ou plus exactement (mais ce qui, en l'espèce, revenait au même) à un prince grec rallié aux Latins, à Théodore Branas qui occupa les deux places au nom du régent Henri de Hainaut (juin 1206) (2). Ralliement sans enthousiasme, uniquement dicté par les circonstances, ralliement tout de même et que Henri mit aussitôt à profit. De fait, ce revirement de la population citadine grecque privait les Bulgares d'un appoint précieux et, du coup, la meilleure partie de la Thrace put être récupérée par les Latins.

Sur ces entrefaites, la mort de Baudouin ayant été confirmée, Henri de Hainaut reçut la couronne impériale (20 août 1206). Mais il n'eut guère le loisir de s'attarder dans les honneurs du Palais Sacré. Tout de suite il eut à faire face à une nouvelle invasion bulgare, également conduite par le tsar Johannitza en personne. Didymoteikhon fut encore une fois pris et pillé, mais Henri réagit énergiquement. Il réussit à sauver Andrinople, re-

---

(1) Villehardouin, § 387.
(2) Le Grec Théodore Branas avait épousé la *basilissa* Agnès de France, fille du roi Louis VII et veuve de l'empereur Andronic Comnène. Sur ces opérations, Villehardouin, § 390-440. Voir dans l'éd. Faral, p. 199-253, la comparaison avec Nikétas Khoniatès.

lança les Bulgares jusqu'à Béroé (l'actul Stara-Zagora) et à Bourgas, dans leur propre pays, et leur reprit une partie de leur butin. En Asie, sur la côte méridionale de la Marmara, les Latins étaient pour le moment réduits à la défensive. Pour contenir la poussée des Grecs de Nicée, ils fortifièrent de ce côté Cyzique (« Equise »), Hériké (« Caracas »), Kibotos (« Civetot ») (1) et Nicomédie (2). Avant de reprendre la marche en terre d'Asie, il fallait en finir en Europe avec le péril bulgare.

Du reste, pour étonnant qu'il fût, le redressement de 1206 ne terminait rien. Le danger était que le *basileus* de Nicée Théodore Lascaris, politique aussi délié que Henri lui-même, ne s'entendît avec le tsar bulgare pour attaquer simultanément les Latins sur les deux fronts. On conçoit qu'une telle éventualité ait été le cauchemar des Latins. Ce fut précisément ce qui se produisit en 1207. Le Bulgare vint assiéger Andrinople, tandis que Lascaris assiégeait la place bithynienne de Kibotos. L'infatigable Henri triompha de ce double péril. Coup sur coup, il força les Bulgares à lever le siège d'Andrinople et débloqua en Asie Kibotos (2 avril 1207), ainsi que Cyzique et Nicomédie.

Cette guerre sur les deux fronts n'en était pas moins épuisante pour les Latins. Il fallait choisir « l'ennemi principal » et, de l'autre côté, faire au moins provisoirement la part du feu. Henri se résigna à abandonner à Lascaris Nicomédie et Cyzique et put ainsi obtenir la paix en Asie (juin 1207). Ayant enfin les mains libres de ce côté, il se retourna contre les Bulgares dont il alla, au nord d'Andrinople, ravager les places-frontières. Malgré le rétablissement de la situation à cet égard, des bandes bulgares continuaient à courir le pays et l'une d'elles surprit près de Mosynopolis le roi de Thessalonique Conrad de Montferrat, qui resta sur le terrain (4 septembre 1207) (3).

La fin dramatique du prince lombard survenant un an après celle du premier empereur latin pouvait remettre en question le redressement miraculeusement opéré par Henri de Hainaut. A défaut de Constantinople trop bien défendue, les Bulgares allaient-ils s'emparer de la Macédoine latine ? Le tsar Johannitza voulut en effet profiter de ce succès inattendu pour surprendre Thessalonique, mais il échoua, des dissensions se mirent dans son entourage et il fut assassiné devant la place (octobre 1207) (4). Son neveu et successeur Boril poursuivit, il est vrai, quelque temps encore la guerre, mais il était loin d'avoir l'étoffe du défunt et l'empereur Henri lui infligea devant Philippopoli une dé-

---

(1) Civetot, au sud du golfe de Nicomédie. Cf. E. Faral, *Kibotos-Civetot*, C. R. de l'Acad. des Inscriptions, mars-avril 1940, p. 112.
(2) Sur ces opérations, Villehardouin, § 441-460.
(3) Villehardouin, § 459-500.
(4) Cf. Buchon, *Recherches et matériaux*, II, p. 211.

faite décisive qui assura enfin aux Latins la possession incontestée de la Thrace (1er août 1208) (1). Pour la première fois depuis le désastre d'Andrinople l'empire latin put respirer.

A cette date de 1208 la guerre franco-bulgare qui avait mis l'empire latin à deux doigts de sa perte, se terminait donc, et grâce à la valeur personnelle de l'empereur Henri de Hainaut, par la victoire finale de ce dernier. Succès magnifique mais qui ne doit pas nous faire illusion. Si l'admirable résistance de Henri avait empêché la formation d'un grand empire bulgare étendu à « Tzarigrad », les victoires bulgares de 1205-1206 avaient, de leur côté, empêché l'empire latin de conquérir l'Épire et Nicée, de recouvrir tout l'ancien territoire byzantin, au bref de devenir viable.

De surcroît, chez les Latins les querelles menaçaient de reprendre entre Flamands et Lombards. Dans le « royaume de Thessalonique », Boniface de Montferrat avait eu pour successeur son fils Démétrius (1207-1222). Démétrius n'ayant que deux ans, la régence fut assumée par un baron lombard, le comte Oberto de Biandrate, personnage volontaire et vindicatif, dont dès le début la politique personnelle s'opposa violemment à celle de l'empereur Henri. Ce dernier, qui n'était pas homme à laisser bafouer son autorité, résolut de briser la résistance. Il se rendit en personne à Thessalonique. La question, notons-le, était grave. Il s'agissait de savoir si le royaume lombard de Macédoine (qui, ne l'oublions pas, commandait aussi aux baronnies de l'ancienne Hellade) serait ou non indépendant de l'empire latin. Les Lombards lui refusant l'entrée de Thessalonique, Henri s'en fit de force ouvrir les portes (2 janvier 1209) et mit Biandrate en état d'arrestation. Il couronna roi l'enfant Démétrius sous la tutelle de sa mère Marguerite de Hongrie, mais en affirmant nettement à son égard les prérogatives du suzerain (6 janvier 1209) (2). Il dut encore réduire les résistances locales de gouverneurs lombards à Serrès et à Christoupolis (Kavala), tant cet élément lombard, qui ne pouvait se consoler de la mort de Boniface de Montferrat et du renversement de Biandrate, s'était déjà organisé en Macédoine en une entité ethnique et politique, opposée à l'élément franco-flamand de Constantinople (3).

Mais Henri ne s'en tint pas là. En avril 1209, il pénétra en Thessalie. Il y retrouva d'autres Lombards et les battit à Larissa (« l'Ars ») (4). En mai 1209 il tint à Ravennika, près de Lamia

---

(1) Henri de Valenciennes, ch. IV, § 514 ; ch. VIII, § 544, dans l'édition Wailly de Villehardouin, p. 313-331.
(2) La régence dans le royaume de Thessalonique fut attribuée à Berthold de Katzenelnbogen qui l'exerça de 1209 à 1217.
(3) Henri de Valenciennes, ch. XII, § 560 ; ch. XXIX, § 646
(4) *Ibid.*, ch. XXIX, § 646 ; ch. XXXI, § 662.

(Zeitoun) en Phthiotide, un « parlement » solennel (1). Il y reçut l'hommage des barons latins de la Grèce, hier encore vassaux des Montferrat, l'hommage notamment d'Othon de la Roche, seigneur d'Athènes, et de Geoffroi de Villehardouin, bayle de Morée. Devant lui, les Lombards, opiniâtrement, s'accrochaient au terrain. Il les chassa de Thèbes qu'il rendit à Othon de la Roche et poussa jusqu'à Athènes dont ce même Othon lui fit les honneurs. L'irréductible Oberto de Biandrate s'étant échappé et réfugié à Nègrepont (Eubée) chez le « tercier » Ravano dalle Carceri dont, en raison, peut-être, de sa nationalité, il espérait l'appui, celui-ci, qui venait de se rallier à la cause impériale, accomplit correctement son devoir et l'obligea enfin à se soumettre (2). Hâtons-nous d'ajouter que le farouche Lombard ne se résigna pas à servir son vainqueur. Il repartit pour l'Italie où on a voulu que dans sa haine, il ait dès ce moment comploté l'assassinat de Henri.

La marche militaire de Henri de Hainaut n'avait été qu'un triomphe. Tel était, au retour de cette expédition, le prestige de l'empereur latin que le despote grec d'Épire Michel Ange Doukas vint près de Thessalonique lui rendre hommage. La soumission — tout au moins apparente — de ce personnage en disait long : c'était, nous le verrons par la suite, le pire ennemi de la Latinité.

Remarquons qu'en tout cela l'œuvre de Henri de Hainaut s'apparente à celle qu'avait naguère accomplie en Syrie le roi de Jérusalem Baudouin Ier (voir p. 215). Comme Baudouin Ier avait fédéré sous son autorité les autres États francs de Syrie-Palestine, Henri de Hainaut avait assis l'autorité impériale (au début si incertaine) sur le royaume de Thessalonique, la seigneurie d'Athènes et la principauté de Morée. Sous son prédécesseur, l' « empire » latin n'avait eu sur le roi de Thessalonique qu'une prééminence purement protocolaire. Henri transforma cette prééminence en une suzeraineté effective. Son œuvre nous frappe moins que celle du premier roi de Jérusalem parce que l'empire latin s'est pratiquement effondré au lendemain de sa mort, tandis que le royaume de Jérusalem a duré plus de quatre-vingts ans, mais l'histoire doit rapprocher les deux hommes dans une admiration commune.

Henri de Hainaut avait heureusement sérié les questions, remettant à plus tard la lutte contre les Grecs de Nicée tant que le péril bulgare et aussi la dissidence lombarde n'étaient pas écartés. Désormais tranquille en Europe, il reprit la guerre en

---

(1) Henri de Valenciennes, § 669, 670. Cf. Gerland, *Geschichte des lateinischen Kaiserreiches*, p. 185-187.
(2) Henri de Valenciennes, § 671-688. Sur la famille véronaise des Carceri, « terciers » de Négrepont, voir p. 546.

Asie. Le 15 octobre 1211 il infligea au *basileus* de Nicée Théodore Lascaris, à Léopadion près du fleuve Luperkos (le Rhyndakos), en Mysie, une écrasante défaite. Il reprit la place de Poimanenon et poussa à travers la Mysie et l'Éolide jusqu'à Pergame. Le 13 janvier 1212 il écrivait de Pergame un triomphal bulletin de victoire aux prélats italiens. A la paix il conserva : 1º toute la côte de Bithynie y compris Nicomédie (la Bithynie intérieure, avec Nicée et Brousse, restant à Lascaris), 2º la majeure partie de la Mysie y compris Poimanenon et Akhyraos (Lascaris gardant la province de Néocastra, avec Kalamos, Khliara et Pergame).

Comme on le voit par ce tracé, ses annexions en terre d'Asie étaient considérables. Elles assuraient à la Latinité une large bande côtière avec un hinterland suffisant. L'hellénisme était repoussé profondément à l'intérieur. Toutefois il n'était pas anéanti. En dépit de ses victoires, Henri laissait à Théodore Lascaris Nicée, capitale de la Bithynie et Philadelphie, capitale de la Lydie, avec la majeure partie des territoires ci-devant byzantins, refuge inviolé de l'hellénisme d'où ce dernier, quand seront passés les mauvais jours, s'élancera à la reconquête des Détroits. D'où vient cette modération de l'empereur latin au milieu de son triomphe ? Il a pris soin lui-même de nous en exposer les raisons. Dans sa lettre aux prélats italiens, Henri, en effet, ne dissimulait pas que, pour compléter ses victoires, il lui aurait fallu « être entouré de plus de Latins, afin de pouvoir leur distribuer les terres recouvrées, car rien ne sert de conquérir si l'on manque de soldats pour garder les conquêtes (1) ». Il était impossible de dénoncer avec plus de netteté l'oliganthropie qui causait l'arrêt de la conquête latine. Grave faiblesse qui devait provoquer à brève échéance la ruine de l'empire latin de Constantinople comme, en Syrie, la ruine du royaume latin de Jérusalem. Nous ne pouvons que renvoyer à ce que nous avons déjà dit à ce sujet à propos de la Terre sainte (p. 202 et 314).

Quoi qu'il en soit, nous ne saurions rendre Henri de Hainaut responsable d'un mal qu'il a été le premier à dénoncer. Son œuvre militaire et diplomatique s'égale (l'éloge, à notre avis, n'est pas mince) à celle des plus grands rois de Jérusalem. En mettant fin dans le royaume de Thessalonique à la dissidence lombarde, en regroupant sous sa suzeraineté, au « parlement » de Ravennika, les barons de toute la Grèce, il avait reconstitué le faisceau des forces franques. Il avait chassé de la Thrace les Bulgares et de la Mysie les Grecs de Nicée. Bien plus que son frère Baudouin dont les fautes avaient failli amener la catastrophe, il reste, aux yeux de l'histoire, le véritable fondateur de

---

(1) Cf. Ph. Lauer, *Une lettre inédite de l'empereur Henri Ier d'Angre*, dans *Mélanges G. Schlumberger*, t. I, p. 194-195 (1924).

l'empire latin. Sa figure s'élève avec d'autant plus de relief que, comme nous le verrons par la suite, il ne devait avoir que des successeurs bien indignes de lui.

De vaillants capitaines, des diplomates avisés, le monde féodal en a connu plus d'un. Ce qui était plus rare dans cette société, c'étaient les qualités de l'administrateur. Or, ces qualités, nul ne les posséda à un degré plus éminent que Henri de Hainaut. Son œuvre intérieure est particulièrement digne d'intérêt, notamment dans le domaine, si délicat, des affaires ecclésiastiques. De ce côté, il faut bien le reconnaître, les difficultés abondaient, non seulement entre le nouveau clergé latin et la population grecque orthodoxe, mais entre les clercs latins eux-mêmes.

Tout d'abord éclata un âpre conflit ecclésiastique franco-vénitien, ayant à l'origine une étrange hypothèque mise par la Seigneurie de Saint-Marc sur le patriarcat de Constantinople. En 1203, les croisés, conformément aux engagements contractés envers la Seigneurie et à la demande du doge Dandolo, avaient nommé patriarche de Constantinople le Vénitien Tommaso Morosini. Jusque-là rien que d'assez acceptable, en raison du rôle décisif joué par les Vénitiens dans la fondation du nouvel empire. Mais (et c'est ici que les prétentions vénitiennes deviennent quelque peu choquantes), avant de quitter Venise, Morosini dut s'engager auprès de ses compatriotes à ne nommer aux archevêchés de son ressort que des clercs exclusivement Vénitiens, mieux encore, à tout préparer pour n'avoir que des successeurs vénitiens. Un tel engagement, en faisant par avance du patriarcat un monopole de la Seigneurie, allait à l'encontre de toutes les règles de la discipline ecclésiastique au point d'avoir provoqué de la part d'Innocent III la plus énergique protestation (1). Mais la politique vénitienne était tenace et le pontificat de Morosini (1203-1211) fut, de ce fait, une lutte permanente entre clercs français et clercs vénitiens.

Par ailleurs, — et c'est ici une des plus tristes conséquences de cette « curée d'un empire » — le partage des anciennes possessions de l'Église grecque donnait lieu à d'âpres contestations entre la noblesse et le clergé latins. Ce clergé entendait hériter de tous les biens ecclésiastiques arrachés à l'Église orthodoxe, mais les « barons de conquête » ne se montraient pas d'humeur à se dessaisir de ceux de ces biens qu'ils avaient usurpés. Ainsi la société latine apportait avec elle en « Romanie » sa querelle du Sacerdoce et de l'Empire. L'empereur Henri de Hainaut, avec son ferme bon sens et son esprit de conciliation, essaya d'obtenir un accord à ce sujet au second « parlement » de Ravennika,

---

(1) A. Luchaire, *Innocent III et la question d'Orient*, p. 155.

tenu en mai 1210 (1), parlement qui fut uniquement consacré aux affaires ecclésiastiques.

Si telles étaient les difficultés entre les Latins eux-mêmes, on imagine quelles étaient celles que faisait naître le fossé confessionnel entre conquérants et sujets. La principale, pour le nouvel empire, provenait de l'opposition catégorique du clergé grec à la hiérarchie romaine. Souvenons-nous que pour un Grec du XIII⁰ siècle sa nationalité résidait essentiellement dans sa confession orthodoxe. L'orthodoxie était sa patrie, le *credo* orthodoxe son drapeau. A cet égard les transactions étaient bien difficiles. Innocent III, avec son sens politique si avisé, n'était pas sans deviner toute la délicatesse du problème. Il avait nommé des prélats latins aux sièges archiépiscopaux. Mais pour les simples évêchés, il ne demandait, dans la plupart des cas tout au moins, qu'à maintenir en place les prélats grecs à condition, bien entendu, que ceux-ci adhérassent à la foi romaine. Sous le choc de la conquête, pensant que leur siège valait bien une équivoque, un grand nombre d'entre eux se plièrent ou plutôt feignirent de se plier à cette exigence, mais d'une adhésion toute nominale qui n'empêchait pas le clergé grec, politiquement soumis aux Latins, de considérer tacitement comme son seul chef spirituel légitime le patriarche orthodoxe de Nicée. Il s'agissait pour ces prélats de gagner du temps, d'attendre que la bourrasque fût passée...

Leur tâche se trouva facilitée par le libéralisme de la curie romaine et, disons-le, par la haute intelligence d'Innocent III. Non que celui-ci ait pu transiger sur le fond, mais il montra dans l'application une tolérance remarquable pour tous les cas particuliers. C'est ainsi que le clergé rallié put continuer à officier selon le rite grec. On évita de la sorte de doubler la querelle théologique, déjà assez regrettable en soi, d'une inutile querelle linguistique. Innocent III essaya d'accroître les ralliements par la persuasion. Son légat, le cardinal Benoît de Sainte-Suzanne, eut à cet effet en 1206 des colloques avec l'archevêque grec Michel Acominate. Le successeur de Benoît, le légat Pélage, cardinal d'Albano, organisa même à Sainte-Sophie, en 1213, une conférence avec le métropolite grec d'Éphèse, Nikolaos Mésaritès, en vue de l'union des deux Églises, y compris — le point est fort remarquable — la partie de l'Église orthodoxe qui vivait dans l'empire de Nicée (2).

Il faut s'incliner devant cette tentative pour résoudre le différend théologique gréco-latin par la démonstration philo-

---

(1) Gerland, *Geschichte des lateinischen Kaiserreiches*, 1ʳᵉ partie, p. 192-210 ; A Luchaire, *Innocent III*, p. 204-206. Textes dans Buchon, *Nouvelles Recherches*, I, 1, p. XLIX-LVII.
(2) Luchaire, *Innocent III et la question d'Orient*, p. 246-248.

sophique, la discussion amiable, le raisonnement. Elle est tout à l'honneur de l'intellectualisme latin comme de l'agile raison byzantine. Est-il utile d'ajouter que dans l'état de cristallisation des dogmes un tel colloque n'avait aucune chance d'aboutir ? Ou plutôt, il ne réussit qu'à faire mesurer toute la profondeur du fossé qui séparait les deux Églises. Pélage, prélat autoritaire et plein de morgue, se fiait d'ailleurs beaucoup moins aux vertus de la discussion syllogistique qu'au bras séculier. Si ses arguments échouaient, il entendait obtenir par la coercition pure et simple le ralliement du clergé adverse. De fait, il n'hésitait pas à emprisonner les clercs récalcitrants, à fermer les sanctuaires schismatiques. Les Grecs ainsi persécutés en appelèrent à l'empereur Henri, en menaçant, si Pélage continuait à les tracasser, d'émigrer en masse, eux et leurs ouailles, chez le despote de Nicée, menace qui n'était pas sans portée, car c'était la guerre religieuse en même temps que l'appauvrissement de l'empire latin avec les résultats économiques d'une « Révocation » (1). Henri, comprenant le péril, n'hésita point à leur donner satisfaction. Passant outre aux instructions du légat, il fit, de sa propre autorité, rouvrir les églises ou couvents orthodoxes et libéra prêtres et moines (2) Faut-il penser que pour autant il soit entré en lutte avec l'Église romaine ? Non, car s'il rompait ainsi avec la lettre des instructions d'un Pélage, il restait en harmonie avec l'esprit d'un Innocent III.

Du reste la politique religieuse de Henri de Hainaut était fonction de sa politique générale. L'apaisement confessionnel qu'il préconisait concourait à l'union des races, objectif de son administration. Il réussit de la sorte à rallier à sa personne une bonne part de la population indigène. Le jugement final des Grecs à son égard a été exprimé avec beaucoup de netteté par Georges Acropolite : « Il traitait les indigènes avec beaucoup de douceur et de bienveillance. Plusieurs d'entre eux exerçaient de hautes charges dans son palais, même dans son armée et il témoignait à notre plèbe autant d'affection qu'au peuple de son propre pays (3). » Rarement conquérant a mérité des vaincus pareille oraison funèbre. Convenons qu'il n'est pas de plus bel éloge.

Henri, ayant triomphé de tous ses ennemis au dehors, de toutes les difficultés à l'intérieur, semblait n'avoir plus qu'à

---

(1) « Nés d'une autre race que toi et obéissant aux lois d'un autre pontife, quand nous nous sommes soumis à toi, il était bien entendu que nous te donnions seigneurie sur nos corps, mais non sur nos âmes » (Georges Acropolite, c. 18. Cf. Buchon, *Recherches et matériaux pour servir à une histoire de la domination française aux XIII*[e], *XIV*[e] *et XV*[o] *siècles*, 1re partie, p. 445).
(2) Luchaire, *l, c.*, p. 248-251.
(3) Acropolite, 31. Cf. Miller, *The Latins in the Levant*, p. 73-74 ; E. Gerland, *Geschichte des lateinischen Kaiserreiches*, t. I. p. 251 ; A Luchaire, *Innocent III et la question d'Orient*. p. 250.

jouir d'un règne prospère, quand il mourut à Thessalonique le 11 juin 1216, âgé seulement de quarante ans et prétend-on,empoisonné à l'instigation du Lombard Oberto de Biandrate qu'il avait naguère chassé de cette ville. Il avait tout fait pour obtenir le ralliement de ses sujets grecs. Si quelqu'un pouvait amener la réconciliation, la collaboration des deux peuples, c'était lui. Malheureusement pour son œuvre il disparut trop tôt, car ce soldat valeureux, cet homme d'État plein de sagesse n'allait avoir que les plus médiocres successeurs. Étrange destinée des empires : le roi Baudouin Ier à Jérusalem et l'empereur Henri de Hainaut à Constantinople avaient réalisé une œuvre analogue, œuvre de constructeurs au meilleur sens du mot. Mais la construction du premier devait tenir solide plus de trois quarts de siècle, celle du second se délabrer au bout d'une décade.

L'empire latin dans la maison de Courtenay

Henri de Hainaut ne laissait pas d'enfants (1). Les barons élurent, pour lui succéder, son beau-frère Pierre de Courtenay, comte d'Auxerre (2). Sacré empereur à Rome par le pape Honorius III (9 avril 1217), Pierre, au lieu de gagner les Détroits par la voie maritime, prit terre à Durazzo et emprunta pour se rendre à Constantinople l'ancienne Voie Egnatienne. Grave imprudence car il fallait traverser ou longer les États du despote d'Épire,Théodore Ange Comnène,un des plus redoutables ennemis des Latins. De fait, Pierre fut surpris dans les gorges d'Elbassan, en Albanie, par Théodore qui dispersa ou captura son escorte et le fit lui-même prisonnier. Malgré les démarches du souverain pontife pour obtenir sa libération, l'infortuné mourut l'année suivante en captivité (1218). Sa veuve, Yolande de Hainaut assura quelques mois la régence (3). Leur fils Robert de Courtenay, fut ensuite appelé au trône. Parti de France à la fin de 1220, il fut couronné à Sainte-Sophie le 25 mars 1221 (4).

L'empereur Robert, au cours d'un règne assez bref (1221-1228), ne présida qu'à des désastres. Le malheur voulut que les deux trônes de la « Romanie » latine fussent simultanément occupés

---

(1) Il avait épousé en premières noces Agnès de Montferrat, sœur du marquis Boniface, roi de Thessalonique, et en secondes noces, une fille du roi bulgare Boril.
(2) Voir sur la filiation de Pierre de Courtenay, Aubry de Trois Fontaines, ap. Buchon, *Recherches et Matériaux*, t. I, p. 142-144.
(3) Elle eut comme bayles Conon de Béthune, sénéchal de Romanie, et Marino Michelli (1219-1221).
(4) Robert était le troisième fils de Pierre et de Yolande. L'aîné s'était fait moine. Le deuxième, Philippe, fut marquis de Namur. Sur ce règne, cf. Ducange, *Histoire de l'empire de Constantinople sous les empereurs français*, éd. Buchon (1826), t. I, p. 146-168 et W. Miller, *The Latins in the Levant*, p. 82-83.

par deux jeunes gens incapables, lui-même et le nouveau roi de Thessalonique Démétrius de Montferrat. Ce dernier, qui sentait sa faiblesse, étant allé chercher des secours en Italie, le despote grec d'Épire Théodore Ange Doukas profita de son absence pour s'emparer par surprise de Thessalonique (1224). L'armée que l'empereur Robert envoya de ce côté pour essayer du moins de disputer Serrès aux vainqueurs, fut battue devant la ville et dut se retirer précipitamment en Thrace (1224). Tout le royaume macédonien fondé une vingtaine d'années plus tôt par Boniface de Montferrat tomba ainsi d'un seul coup aux mains des Grecs (1). L'indifférence avec laquelle le monde latin apprit cette catastrophe faisait mal augurer de la défense de Constantinople elle-même.

Remarquons que le royaume de Thessalonique avait été condamné du jour où les Latins s'étaient résignés à laisser l'Épire avec une partie de l'Albanie aux Grecs. Le despotat fondé dans ce pays par la famille Ange Doukas devait, du haut de ses montagnes, guetter la première défaillance des Latins établis dans la Macédoine maritime pour les en chasser. Le cas était analogue en Asie Mineure. Sur sa façade asiatique l'empire latin était, en effet, pris à revers par le nouveau *basileus* de Nicée. Jean Vatatzès. Celui-ci infligea aux troupes de Robert de Courtenay à Poimanenon une grande défaite où périt un des plus vaillants croisés de la première heure, Macaire de Sainte-Menehould (1224) (2). Malgré l'hiver, Vatatzès reprit coup sur coup aux Latins Poimanenon, l'importante place de Cyzique et la Troade, bref toutes les côtes d'Asie jusque-là en leur pouvoir, en ne leur laissant que la presqu'île de Scutari, en face de Constantinople. Il leur enleva de même les îles de Lesbos, Chios et Samos, fait qui en dit long sur leur découragement, si l'on songe que grâce aux escadres vénitiennes ils avaient en principe la maîtrise de la mer. Enfin ses troupes passèrent les Dardanelles, occupèrent Madytos et Gallipoli — « la clé des Détroits » —, pénétrèrent en Thrace et chassèrent — sans combat, semble-t-il, — les Latins d'Andrinople (1224). Presque aussitôt d'ailleurs son rival, le *basileus* d'Épire Théodore Ange, après avoir enlevé à Robert de Courtenay Xanthéia, Mosynopolis et Didymoteikhon, se présenta à son tour devant Andrinople et força les gens de Vatatzès à lui abandonner la ville, sans que les Latins aient essayé de profiter de cette rivalité entre Grecs pour manœuvrer diplomatiquement ou militairement et tenter de regagner du terrain (1225) (3).

(1) Ducange, I, p. 178.
(2) Acropolite, éd. Heisenberg, 22, p. 35-36. Cf. Ducange, *Hist. de l'empire de Constantinople*, t. I, p. 180-182.
(3) Sources latines dans Ducange, t. I, p. 182-184. Sources grecques dans Vasiliev, *Histoire de l'empire byzantin*, t. II (1932), p. 190-201.

Ainsi la question n'était pas de savoir si les Latins pourraient longtemps résister à la revanche grecque, mais seulement de prévoir qui, du *basileus* de Nicée ou du *basileus* d'Épire, arriverait le premier à leur reprendre Constantinople. Simple course de vitesse pour le partage de leurs dépouilles.

Seule une décisive intervention de l'Occident aurait pu sauver l'empire latin. Pour cela une grande croisade eût été nécessaire, mais les « Francs » sortaient à peine de la cinquième qui, en Égypte, en 1221, s'était terminée par le désastre que l'on sait (voir plus haut, p. 255). Du moins la Papauté était-elle consciente du péril. Au milieu de tant de catastrophes, entre la perte de Thessalonique et celle d'Andrinople, le pape Honorius III dans une émouvante lettre à Blanche de Castille, en date du 20 mai 1224, réclamait l'intervention capétienne en faveur de cet empire latin de Romanie qui, écrivait le pontife, était « comme une nouvelle France (1) ». Mais il avertissait que, faute d'un secours rapide, la création de la quatrième croisade allait périr (2).

A la gravité de la situation, il fallait ajouter l'incapacité des hommes, la carence de la dynastie. Tandis que son empire s'effondrait, Robert de Courtenay restait inactif. Ce jeune homme apathique et voluptueux — les chroniqueurs n'hésitent même pas à le taxer de stupidité (3) — n'avait paru sur aucun des champs de bataille où se jouait le sort de la « Romanie ». Méprisé des barons pour son indolence, discrédité pour la perte d'Andrinople et de la majeure partie de la Thrace, ayant perdu tout prestige jusque dans son entourage immédiat, il subit bientôt dans sa personne les conséquences de ce discrédit. Il avait pris pour maîtresse ou épouse morganatique une jeune femme de la maison de Neuville en Artois. Un jour les barons, conduits par un ancien fiancé évincé et qui brûlait de se venger, envahirent le palais, se saisirent de la malheureuse et lui coupèrent le nez et les lèvres sans que le faible Robert pût seulement tirer vengeance d'un tel attentat (4). A la suite de ce drame Robert, dévorant sa honte et sa colère, alla voyager en Italie où le pape essaya de le consoler. Mais il était brisé. Il décéda pendant son voyage de retour (1228). La misère de l'empire et de son empereur, si elle avait touché le cœur paternel du pontife, n'arrivait plus à émouvoir personne en Occident.

Étrange influence du milieu byzantin : au bout d'une vingtaine d'années de séjour sur le Bosphore, les barons de France tombaient dans le même abâtardissement que naguère les plus faibles *basileis*, que plus tard les plus indolents des Osmanlis.

(1) *Ibique noviter quasi Nova Francia est creata.*
(2) Bouquet, *Recueil des historiens des Gaules* (1833), t. XIX, p. 754.
(3) *Quasi rudis et idiota*, dit Aubry de Trois Fontaines (507).
(4) Sanudo et Baudouin d'Avesnes, *ap.* Ducange, t. I, p. 195-196.

Les derniers exploits de Jean de Brienne

Un homme fort eût été indispensable. La loi successorale appela au trône le frère de Robert, Baudouin II, un enfant de onze ans. On songea un instant à confier la régence au tsar bulgare Jean Asèn, choix qui n'était certes pas sans péril, mais qui eût du moins assuré au malheureux empire un puissant protecteur. Finalement on prit peur de ce voisin trop marquant. Les barons et le clergé latin lui préférèrent l'ancien roi de Jérusalem Jean de Brienne, chevalier de toute bravoure certes, mais octogénaire et d'ailleurs personnage de médiocre sens politique (nous avons vu comment en 1225 il s'était fait naïvement jouer par l'empereur Frédéric II qui l'avait évincé du royaume de Jérusalem). Ce choix rejeta le tsar bulgare dans l'alliance hellénique.

C'était jouer la difficulté. Les Francs allaient avoir sur les bras un ennemi de plus, à l'heure où ils avaient toutes les peines du monde à résister à la revanche hellénique.

Comme aux plus mauvais jours de 1205, les deux périls se conjuguèrent : Jean de Brienne proclamé, en même temps que régent, co-empereur (1231-1237), eut à faire face à la coalition du *basileus* de Nicée Vatatzès et du tsar bulgare Jean Asèn qui vinrent de concert assiéger Constantinople (1235-1236). Pour défendre la place, Brienne n'avait que 160 chevaliers, quelques sergents à cheval et peu d'infanterie, contre des masses ennemies de peut-être cent mille hommes (1). Mais au terme de sa carrière, il retrouva le magnifique héroïsme dont il avait déjà fait preuve en 1218 lors du siège de Damiette. Constantinople fut sauvée par la vaillance légendaire de ce vieillard. Les Vénitiens, qui savaient qu'en laissant tomber la ville, ils perdraient l'hégémonie commerciale en Romanie, le secondèrent de tout leur pouvoir. Leur bayle, Giovanni Michiel, fit preuve d'une belle énergie et l'entrée en scène d'une de leurs escadres, en assurant la maîtrise de la mer aux Latins, découragea les gens de Nicée. N'oublions pas non plus l'arrivée singulièrement opportune du prince de Morée Geoffroi II de Villehardouin qui, avec ses navires, força le blocus ennemi et, escorté par la fleur de sa chevalerie, entra triomphalement dans Constantinople (2). Une brouille entre Grecs et Bulgares acheva de desserrer l'étreinte. Les uns et les autres levèrent le siège de Constantinople.

Cette brillante résistance assura à l'empire latin une survie d'un quart de siècle.

---

(1) Philippe Mousket, vers 29.052 et sq.
(2) Philippe Mousket, vers 29.238 et sq. ; Aubry de Trois Fontaines, p. 558. Cf. Ducange, *Histoire de l'empire de Constantinople*, t. I, p. 220-226 ; Buchon, *Recherches et matériaux*, I, p, 152-153 et *Histoire des conquêtes* (1846), t. I, p. 224 ; Hopf, *Geschichte Griechenlands im Mittelalter*, t. I, p. 272.

Règne de Baudouin II. Narjot de Toucy

Ce fut le dernier exploit de Jean de Brienne. Après la mort du vieux croisé (23 mars 1237), Baudouin II resta seul empereur. C'était, semble-t-il, un personnage assez faible qui, en tout cas, ne paraît pas avoir été doué de grandes qualités militaires. Il fit du moins preuve d'une réelle activité diplomatique. Il se rendit à diverses reprises en Occident pour mendier des secours, brocantant à cet effet les reliques de ses églises (ce fut ainsi que la Couronne d'Épines parvint à la Sainte-Chapelle). On le vit en 1245 au concile de Lyon aux côtés du pape Innocent IV. Mais l'Occident, absorbé par la lutte du Sacerdoce et de l'Empire, ne fit pratiquement rien pour lui.

Ajoutons que, comme l'établissement latin de Constantinople était soutenu par la Papauté, l'empereur Frédéric II, en haine de cette dernière, appuyait ouvertement les Grecs et que son attitude apporta à ceux-ci un appoint diplomatique nullement négligeable.

L'inertie de l'Occident était d'autant plus coupable que peut-être eût-il suffi d'un léger effort de sa part pour que Constantinople fût durablement dégagée. Pendant un des voyages de Baudouin II en Occident la « baylie » de l'empire latin fut donnée (1238-1241) à un baron actif et bien adapté au milieu balkanique, Narjot de Toucy qui enrôla des bandes de Comans ou Qiptchaqs, Turcs païens de la steppe russe (1238) (1). Grâce à ces rudes auxiliaires, les Latins reprirent un instant aux Grecs de Nicée la ville de Tzouroulon ou Tchorlou (1240), mais, faute de nouveaux renforts, cette place fut presque aussitôt reperdue (1247) (2).

Ce fut le dernier sursaut de l'empire latin. Réduit à sa capitale il ne survécut vingt ans encore que grâce à la mésentente entre ses ennemis. Quand, le 25 juillet 1261, les soldats du *basileus* de Nicée Michel Paléologue enlevèrent Constantinople à Baudouin II, il y avait longtemps que l'œuvre de la quatrième croisade était, de ce côté, condamnée (3).

Signalons qu'après la chute de Constantinople, un grand

---

(1) Sur les Comans et leurs rapports avec les Latins de Romanie, Robert de Cléry, LXV et Joinville, c. xcvii, § 495-498. Cf. Ducange, t. I, p. 271-278 ; Buchon, *Histoire des conquêtes*, I, p. 230-234.

(2) Voici la liste des régents ou bayles qui exercèrent le pouvoir d'abord pendant la minorité de Baudouin II, puis au cours de ses absences : sa sœur Marie de Courtenay, veuve de Théodore Lascaris, (1228) ; Narjot de Toucy (1228-1231 et 1238-1240) ; Jean de Brienne, co-empereur et beau-père de Baudouin II (1231-1237) : Philippe de Toucy, fils de Narjot (1244-1248)

(3) Sur la prise de Constantinople par le césar nicéen Stratégopoulos, voir Georges Acropolite, p. 190 de l'édition de Bonn, trad. dans Buchon, *Recherches et matériaux*, t. I, p. 181. Aussi Buchon, *Histoire des conquêtes*, p. 313-316. Bibliographie dans Conrad Chapman, *Michel Paléologue* (1926), p. 43-45.

nombre de chevaliers francs, fuyant devant la reconquête byzantine, se réfugièrent en Grèce, où le prince de Morée, Guillaume de Villehardouin, leur donna des terres et les fixa auprès de lui (1). Ainsi, après la chute de Jérusalem en 1187, nombre de chevaliers de Terre sainte étaient venus s'établir en Chypre.

Jugement sur l'empire latin

Le moment est sans doute venu de porter un jugement d'ensemble sur l'empire latin. Disons-le sans détours : cet empire qui n'avait dû son temporaire éclat qu'à l'homme vraiment supérieur qu'était Henri de Hainaut, se présente à nous comme une construction « en l'air », tout artificielle, sans fondements. La poignée de barons et de chevaliers du jour au lendemain superposés à la société byzantine n'avait ni la supériorité massive d'effectifs ni la supériorité culturelle nécessaires pour s'imposer. Du reste, le détournement de la quatrième croisade, — cet acte de brigandage international, anathématisé dès le début par la Papauté, — fut un malheur européen. Les vainqueurs de 1204 brisèrent l'unité byzantine sans la remplacer par rien de viable. La restauration grecque de 1261 elle-même ne pourra réparer ces dégâts. Elle sera loin de pouvoir rendre au vieil empire tous ses territoires de 1203, de sorte que dans cette « Romanie » irrémédiablement morcelée (nous dirions aujourd'hui « balkanisée ») par le coup de force de 1204, la poussée turque s'exercera impunément et que la quatrième croisade se trouvera ainsi avoir préparé à longue échéance mais sûrement la conquête ottomane.

L'hégémonie commerciale de Venise en Romanie

La fondation de l'empire latin intéresse surtout l'histoire économique, comme manifestation de l'impérialisme vénitien. Après la prise de Constantinople en 1204, les Vénitiens s'étaient flattés eux-mêmes de devenir « seigneurs d'un quart et demi » du nouvel empire. De fait, ils avaient été les véritables bénéficiaires de sa fondation. Pendant toute sa durée (1204-1261), ils exercèrent à Constantinople et dans les mers grecques une hégémonie navale et commerciale incontestée.

Au partage de 1204 un certain flottement s'était trahi dans les ambitions vénitiennes. La Seigneurie de Saint-Marc s'était fait attribuer de vastes territoires continentaux sur lesquels les événements ne lui permirent pas, faute d'armée de terre, d'exercer une domination effective : Andrinople où, par suite de la guerre permanente contre les Bulgares et les Grecs, les droits du doge

---

(1) Cf. Buchon, *Recherches et matériaux*, I, p. 186.

restèrent théoriques ; l'Épire, l'Acarnanie et l'Étolie que les Vénitiens durent laisser aux despotes grecs de la famille Ange ; même les îles Ioniennes qu'ils durent laisser de même, Céphalonie aux Orsini et Corfou aux Ange ; le Péloponnèse enfin qui, à l'exception de Modon et de Coron, était tombé aux mains de Guillaume de Champlitte et de Geoffroi de Villehardouin.

Dans tous ces territoires, les Vénitiens, en dépit du titre de *seigneurs d'un quart et demi de l'empire romain* qu'ils s'octroyaient, avaient eu, dans la première poussée d'orgueil de 1204, « l'ambition plus grande que la faculté d'absorption ». Leur force ne consistant que dans leur marine, ils s'étaient trouvés incapables d'occuper effectivement la plupart des terres convoitées. Du reste, ils étaient très vite revenus à un sens plus juste de leurs possibilités et surtout à la pratique de leur jeu traditionnel qui préférait les réalités du pouvoir à ses apparences et la mainmise économique aux titres politiques directs. Même pour les îles de l'Archipel que la république de Saint-Marc aurait pu purement et simplement annexer, elles préféra, comme on le verra plus loin, une méthode de lotissement en seigneuries autonomes au profit de ses familles patriciennes (voir p. 554).

En revanche, Venise apporta un souci constant à assurer sa mainmise économique sur le nouvel empire en exploitant au maximum tous les avantages que lui conférait sa situation dans les Détroits. De ce côté, le traité de partage de 1204 lui avait attribué les clés des Dardanelles et du Bosphore avec Gallipoli Rodosto et Héraclée. Ce sont les positions maîtresses qu'au cours de l'histoire toutes les puissances qui ont revendiqué le contrôle des Détroits ont toujours convoitées, depuis les Athéniens dans l'Antiquité jusqu'aux thalassocraties du xxe siècle. En les occupant, la Seigneurie de Saint-Marc avait fait preuve de son habituelle clairvoyance.

A Constantinople même, les Vénitiens se sentaient désormais chez eux, le nouvel empire latin, qui était leur œuvre, n'ayant rien à leur refuser. Ce fut ainsi que l'ancien quartier vénitien s'y accrut de nouvelles dépendances au fond de la Corne d'Or, jusque vers le palais des Blakhernes. Le premier podestat vénitien après la conquête, Marino Geno, ferma ce quartier d'un mur qui le sépara des concessions voisines et qui, le mettant à l'abri des coups de main, en faisait « comme une ville dans la ville ». Un de ses successeurs, le podestat Jacopo Tiepolo, construisit encore à Constantinople vers 1220 un magnifique *fondaco* destiné à affirmer l'hégémonie commerciale de sa patrie dans l'ancienne capitale des *basileis*. Le podestat vénitien de Constantinople n'était d'ailleurs pas seulement le chef de la colonie locale, mais aussi le gouverneur de toutes les possessions vénitiennes de Romanie, en somme une sorte de consul général aux pouvoirs très étendus. Dans la hiérarchie de l'empire latin, il était assimilé aux barons francs et aux « despotes » grecs. En réalité, son rôle ne peut se comparer qu'à celui que joueront par la suite auprès de la Porte ottomane les ambassadeurs d'Angleterre ou de Russie. Ou plutôt, il s'agit ici d'un rôle plus considérable encore, puisque c'était la Seigneurie de Saint-Marc qui était la véritable fondatrice de l'empire latin et que ses flottes restaient les plus sûres garantes du maintien de celui-ci. De ce fait, le podestat vénitien, protecteur de l'empire latin, se trouvait en réalité, et après l'empereur, le second personnage de l'État.

Mais, bien entendu, les honneurs que se faisait ainsi rendre le podestat vénitien de Constantinople, n'avaient d'autre but que de mieux assurer à ses compatriotes les énormes avantages économiques que ceux-ci avaient eus en vue le jour où ils avaient détourné vers le Bosphore les chefs de la quatrième croisade. Ce détournement, encore que les croisés ne s'en rendissent pas compte, avait été fonction de la lutte commerciale vénéto-génoise ou vénéto-pisane : concurrence pour la conquête des marchés et bataille de bilans bancaires. Les banquiers et armateurs de la lagune avaient d'ailleurs magnifiquement réussi leur opération. La situation politique privilégiée que le représentant de la Seigneurie occupait à la cour impériale assurait désormais au commerce vénitien une prépondérance absolue par rapport à la concurrence génoise ou pisane. Sous le coup de leur désastre économique, les Pisans et les Génois recoururent aux armes, mais la possession des Détroits assurait à Venise une supériorité écrasante. Pise s'inclina la première et, en acceptant l'hégémonie maritime de la Seigneurie de Saint-Marc, elle obtint le maintien des traités de commerce conclus au temps des Byzantins (1206). Gênes continua plus longtemps la guerre, mais elle finit, elle aussi, par reconnaître sous la forme d'un armistice le fait accompli (1212), armistice suivi bientôt d'une paix définitive (1218). Les Génois recouvrèrent ainsi les droits et propriétés dont ils avaient joui sous les Comnènes et les Anges. Mince réparation, en réalité, puisqu'ils restaient soumis aux mêmes taxes qu'à cette époque, tandis que Venise bénéficiait désormais de la franchise douanière et des privilèges commerciaux et fiscaux les plus étendus. Comme elle avait militairement vaincu les Byzantins en lançant contre eux les croisés de 1204, elle venait, grâce à cette première victoire, d'en remporter une autre, non moins importante, mais économique celle-là, sur sa grande concurrente italienne.

Entre Vénitiens et Génois l'équilibre commercial était rompu. La vieille rivalité des deux raisons sociales semblait se terminer par un triomphe écrasant de la république adriatique. L'histoire des croisades, à l'époque où nous sommes arrivés, semblait n'avoir abouti qu'à ce résultat. Les Génois, d'ailleurs, ne s'abandonnèrent point. Ils cherchèrent aussitôt à compenser cette grave infériorité en délaissant autant que possible Constantinople pour aller de préférence commercer dans les autres possessions latines, notamment dans le royaume lombard de Thessalonique dont la capitale était, elle aussi, un centre industriel important et dans la seigneurie bourguignonne d'Athènes où ils s'intéressaient aux antiques fabriques de soieries de la ville de Thèbes.

Mais ce n'était là qu'une médiocre compensation. Gênes, malgré les exhortations que la Papauté ne cessait d'adresser à ses fidèles pour maintenir la solidarité latine, ne pouvait se résigner à une situation secondaire qui lésait si gravement ses intérêts. Finalement, pour briser le monopole vénitien, les Génois n'hésitèrent plus à franchir le pas décisif en s'alliant aux Grecs de Nicée contre l'empire latin. Exaspérés par leurs déboires en matière douanière, ils misaient sur une restauration grecque à Constantinople comme sur le seul moyen de recouvrer leur ancienne situation commerciale ou, mieux encore, de renverser les valeurs en se faisant attribuer à eux-mêmes les privilèges aujourd'hui détenus par Venise. Le 13 mars 1261, les ambassadeurs génois Guglielmo Vesconte et Guarnerio Giudice signèrent avec Michel Paléologue, à Nymphaion, en Lydie, un traité d'alliance en ce sens (1).

Ne nous dissimulons pas l'espèce de trahison qu'un tel accord comportait à l'égard de la latinité. L'intérêt de la latinité, Gênes le sacrifiait délibérément à ses intérêts propres. Il est vrai que Venise, de son côté, avait si délibérément confondu la croisade avec les avantages du commerce vénitien qu'il semblait assez naturel de lui rendre l'équivalent. Au reste les Génois n'étaient pas les premiers à agir de la sorte. Peu auparavant, nous l'avons vu, la plus haute autorité temporelle de l'Occident, l'empereur Frédéric II, n'avait pas hésité non plus (en haine de la Papauté, lui) à s'allier avec le *basileus* de Nicée contre les Latins de Constantinople...

L'alliance des Génois avec Michel Paléologue n'en était pas moins assez gênante dans leurs rapports avec la Papauté. Fort heureusement pour les explications qu'ils purent avoir à donner par la suite au Saint-Siège, cette alliance n'eut pas le temps de jouer, du moins en ce qui concernait la reprise de Constantinople. En effet, le traité de Nymphaion ne put être ratifié à Gênes que le 10 juillet et, dès le 25, les Grecs entraient à Constantinople, bien avant que la flotte génoise qui venait de prendre la mer sous les ordres de Martino Boccanegra, fût arrivée dans le Bosphore.

(1) Cf. Buchon, *Recherches et matériaux*, 1re partie, p. 462-472 et *ibid.*, p. 179 le récit de Caffaro, *Annales januenses*, l. 6, p. 528, dans Muratori, t. VI.

De même les galères de secours envoyées par les Vénitiens à l'empereur Baudouin II sous les ordres de Jacopo Quirino, arrivèrent, elles aussi, trop tard. Mais les positions étaient prises. Le but économique poursuivi par les négociateurs de Nymphaion n'en était pas moins atteint : l'hégémonie commerciale de Gênes allait désormais remplacer celle de Venise dans les Détroits (1).

Une nouvelle période de l'histoire du Levant commençait (2).

3. La domination latine en Morée
De Guillaume de Champlitte a Guillaume
de Villehardouin

*Guillaume de Champlitte
et la fondation de la principauté de Morée*

Si les fondations de la quatrième croisade s'étaient limitées au royaume de Thessalonique et à l'empire latin, son œuvre historique eût été assez médiocre. Fort heureusement, à côté de ces bâtisses hâtives et inachevées, elle laissa deux monuments plus solides et plus durables : la principauté d'Achaïe ou de Morée et le duché d'Athènes. Tandis que les États fondés par les Latins en Macédoine et en Thrace n'eurent qu'une existence éphémère, ceux qu'ils avaient établis dans la Grèce propre devaient se perpétuer pendant plus de deux siècles (3).

(1) Voir plus loin, p. 570.
(2) Sur la prépondérance vénitienne dans les Détroits de 1204 à 1261, voir Heyd, *Histoire du commerce du Levant*, t. I, p. 285-294 (d'après Tafel et Thomas, Dandolo, Canale, etc.). Sur le traité de Nymphaion, *ibid.*, p. 427-430.
(3) SOURCES PRINCIPALES POUR L'HISTOIRE DE LA MORÉE FRANQUE : *Livre de la conqueste de la princée de l'Amorée, version française de la Chronique de Morée*, éd. Jean Longnon, Société de l'histoire de France, Paris, 1911 (remplaçant l'édition de Buchon parue en 1845, sous le titre de : *Recherches historiques sur la Principauté française de Morée et ses hautes baronnies*, I, *Le livre de la conqueste de la princée de la Morée*, 1845) ; *Chronique des guerres des Français en Romanie et en Morée*, texte métrique grec et traduction française de Buchon dans *Chroniques étrangères relatives aux expéditions françaises pendant le XIII⁰ siècle*, p. 1-213 (1848) ; Nouvelle édition de la chronique grecque, éd. Schmitt, *The Chronicle of Morea*, Londres, 1904 ; Chronique de Morée, version italienne dans Hopf, *Chroniques gréco-romanes*, p. 414-468, Berlin, 1873 ; Version aragonaise : *Libro de los fechos et conquistas del Principado della Morea*, éd. Morel-Fatio, Genève, 1885 ; R. Muntaner, *Chronique du très magnifique seigneur Ramon Muntaner*, traduction Buchon, dans *Chroniques étrangères relatives aux expéditions françaises*, p. 217-564 ; Buchon, *Recherches et matériaux pour servir à une histoire de la domination française dans les provinces démembrées de l'ancien empire grec*, 1840 ; Buchon, *Nouvelles recherches historiques sur la principauté française de Morée et ses hautes baronnies, seconde époque, de 1334 à 1470, archives de Toscane, Naples, Sicile, Malte, Corfou et diplômes retrouvés*, Paris, 1843 ; Sanudo (Marino Torsello l'Ancien), *Istoria del Regno di Romania*, éd. Hopf dans *Chroniques gréco romanes*, p. 99-174 ; *Assises de Romanie*, éd. Georges Recoura, Bibliothèque de l'École des Hautes Études, fasc. 258, 1930.
OUVRAGES D'ENSEMBLE : Buchon, *Histoire des conquêtes et de l'établisse-*

Les établissements latins dans la Grèce propre ne remontent pas à la quatrième croisade elle-même mais seulement, on l'a vu (p. 449), à la chevauchée du roi de Thessalonique Boniface de Montferrat à travers l'Hellade centrale en 1204-1205. Boniface, on s'en souvient, avait inféodé la baronnie (plus tard marquisat) de « Bondenice » (1), c'est-à-dire Bodonitza, dans la région de Thermopyles, au seigneur parmesan Guido Pallavicini, la baronnie de « Salone » (l'ancienne Amphissa à l'ouest de Delphes) à Thomas de Stromoncourt, et la baronnie d'Athènes et de Thèbes (« Satine » et « Estives ») au comtois Othon de la Roche. La première de ces seigneuries constituait pour celui qui en était investi un poste de confiance : c'était la clé même de l'Hellade et il est à remarquer que Boniface de Montferrat en avait attribué l'investiture à un de ses compatriotes (nous avons vu combien la rivalité entre Italiens et Franco-Flamands était vive à cette époque). La baronnie de Salone, établie au sud-ouest du Parnasse, dans les montagnes de l'ancienne Locride Ozolienne et de l'ancienne Phocide, avait un rôle stratégique à peine moins important. Quant au duché d'Athènes et de Thèbes, c'était, bien entendu, le cœur même de l'ancienne Hellade.

Du Péloponnèse il n'avait pas encore été question, si ce n'est que dans le projet de partage de 1204 les Vénitiens s'étaient fait en principe réserver les côtes occidentales et méridionales de la presqu'île : Achaïe, Élide, Messénie et Laconie. Mais là comme sur bien d'autres points, Venise s'était révélée incapable de réaliser l'hypothèque revendiquée en sa faveur par le doge Dandolo, et ce fut tout au plus si, deux ans plus tard, elle occupa effectivement les deux ports messéniens de Modon et de Coron. La place restait donc vacante. Or, tandis qu'il assiégeait Nauplie où s'était réfugié le seigneur grec Léon Sgouros, Boniface vit arriver à son camp le Champenois Geoffroi de Villehardouin. Geoffroi était le neveu du célèbre chroniqueur et « maréchal de Romanie » de même nom. Il n'avait pas participé à la conquête de Constantinople, mais (et le fait est tout à son honneur) était de ces croisés qui s'étaient directement rendus en Palestine. En revenant de la Terre sainte, il avait abordé en Messénie, à Modon, l'ancienne Méthone, et, dans le désarroi de ces terres en déshérence, il s'était rendu maître de la ville. Au camp de Boniface il rencontra un de ses compatriotes, Guillaume de Champlitte (2), et lui proposa de

ment des Français dans les États de l'ancienne Grèce sous les Villehardouin (1206-1290), 1846 ; K. Hopf, *Geschichte Griechenlands vom Beginn des Mittelalters*, Leipzig, 1867-1868 ; Diane de Guldencrone, *L'Achaïe féodale*, 1886 ; Rcn. Rodd, *The princes of Achaia or Morea*, 2 vol., Londres, 1907 ; W. Miller, *The Latins in the Levant*, Londres, 1908.

(1) Aussi « Bondance » ou « l'Abondance », suivant la transcription par jeu de mots employée par les Francs. Ainsi « la Crémonie » pour Lacédémone, etc.

(2) Champlite près de Vesoul en Franche-Comté.

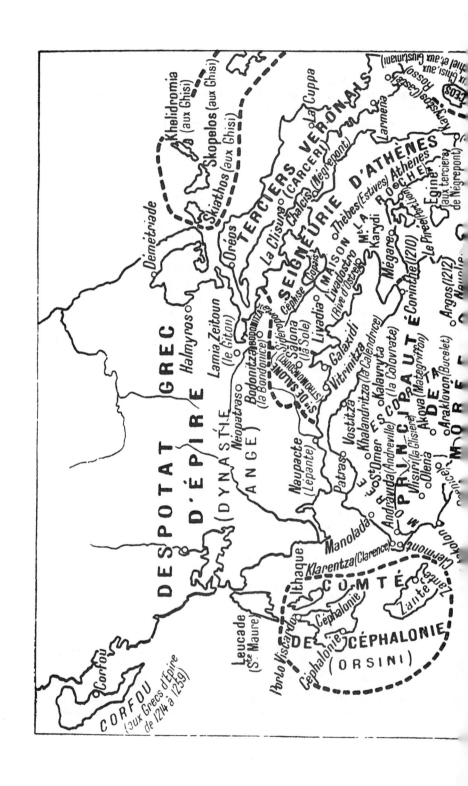

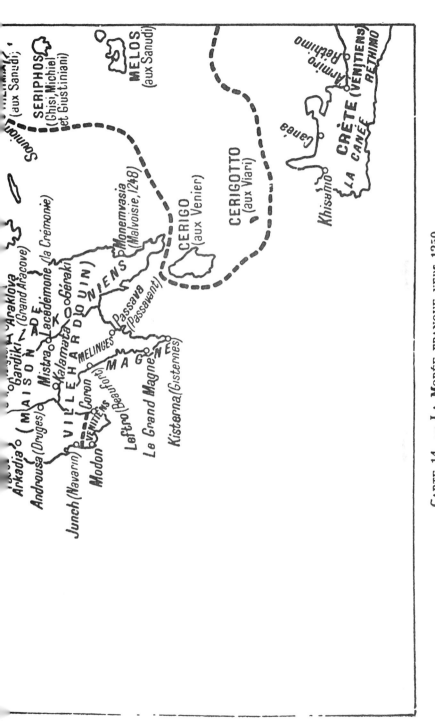

CARTE 14. — LA MORÉE FRANQUE VERS 1250.

conquérir à eux deux « l'Achaïe » ou « Morée », c'est-à-dire l'ancien Péloponnèse (1). Pour cette conquête Geoffroi de Villehardouin se déclarait d'avance le vassal de Guillaume de Champlitte (2).

Le récit qui nous est donné à ce sujet par la chronique nous montre bien le caractère de l'association qui se conclut entre les deux barons champenois. D'une part c'est Geoffroi de Villehardouin qui, à la suite de son voyage de découverte en Messénie, a le premier l'idée de conquérir la presqu'île. Il y a là à son actif une antériorité sur laquelle le chroniqueur est sans doute bien aise d'insister, car elle légitimera moralement par la suite le tour de passe-passe assez désinvolte par lequel Geoffroi évincera les légitimes héritiers de Champlitte. Et en même temps il est significatif que Geoffroi, bien qu'étant l'animateur de l'entreprise, se soit dès le début borné au rôle de brillant second. Sans doute Champlitte avait-il, par son amitié antérieure avec Boniface de Montferrat, une situation personnelle prépondérante devant laquelle son nouvel associé ne pouvait que s'incliner.

Quelle qu'eût été au fond la nature de leur pacte d'association, les deux Champenois, avec une centaine de chevaliers, se mirent aussitôt à l'œuvre. Leurs moyens étaient faibles, mais les forces qu'ils trouvaient en face d'eux étaient sans doute assez peu redoutables. Dans ce Péloponnèse, désorganisé par la chute du pouvoir central byzantin, ils ne rencontraient que les contingents des grands propriétaires grecs et la guerilla des montagnards. Ils prirent Patras, occupèrent Andravida qui était la principale cité de l'Élide (3), et s'emparèrent de la ville maritime de Pontikokastron (près de l'actuel Katakolon) qui devint la forteresse latine de « Beauvoir » ou « Belvéder » (1206) (4). Les grands propriétaires grecs, les « archontes » de la basse vallée de l'Alphée, et les montagnards de la haute vallée — le pays d' « Escorta » ou Skorta —, se voyant abandonnés à eux-mêmes, comprirent l'inutilité de la résistance. Ils conclurent avec le vainqueur un accord par lequel ils remirent à Champlitte les terres impériales, plus un certain nombre de domaines privés, à condition de garder le reste en toute propriété, sous la seule réserve

(1) Villehardouin, témoin oculaire, atteste que Champlitte n'avait pas quitté jusqu'à ce moment la Macédoine et la Thrace (Villehardouin, 45, 138, 152, 167, 201, 226, 262, 279, 284). Il y a donc lieu de récuser ici la *Chronique de Morée* qui fait (§ 90-91) débarquer le même Champlitte à Patras.
(2) Villehardouin, § 325-327. La *Chronique de Morée* nous affirme même qu'avant de regagner Thessalonique, Boniface de Montferrat « fit appeler Guy de la Roche, duc (sic) d'Athènes, et le marquis de Bodonitza et leur commanda, à eux qui étaient ses vassaux et lui devaient l'hommage et le service, de rendre à messire Guillaume de Champlitte l'hommage et le service auxquels ils étaient tenus envers lui » (*Libro de los fechos*, § 102).
(3) *Chronique de Morée*, § 92-93.
(4) *Chronique de Morée*, § 110, éd. Longnon, p. 36, n. 2. Version grecque, vers 1672-1676.

du vasselage féodal (1). De l'Élide, Champlitte passa en Messénie, prit d'assaut la ville maritime de Coron et fit capituler l'importante place de Kalamata qu'il donna en fief à Geoffroi de Villehardouin.

Notons que dès cette première course conquérante, les Latins se trouvèrent avoir délimité le domaine qu'ils devaient le plus durablement marquer de leur empreinte. L'Achaïe l'Élide, la Messénie, conquises par eux en 1206, leurs derniers héritiers devaient les conserver jusqu'au premier quart du xve siècle. Dans l'intervalle, on va le voir, les Latins soumettront aussi le reste du Péloponnèse, mais ce sera pour le reperdre progressivement ensuite. En somme, la domination latine allait avoir son foyer principal sur la côte occidentale de la presqu'île, sur les terres qui regardent vers l'Italie.

Cependant les populations grecques de la Laconie — les citadins de Nikli (l'ancienne Tégée), de Véligosti (près de l'ancienne Mégalopolis) et de Lacédémone — ainsi que les belliqueux Mélinges ou montagnards slaves du Taygète, avaient pris les armes pour arrêter l'invasion. Le despote grec d'Épire, Michel Ange Doukas qui était à cette époque le plus redoutable champion de l'hellénisme en Europe, traversa le golfe de Corinthe et vint se joindre à leurs contingents. Guillaume de Champlitte se trouvait dans une infériorité numérique alarmante : environ sept cents hommes contre plus de quatre mille. Il n'en offrit pas moins la bataille aux ennemis et les mit en fuite à Kondouros ou Koundoura près de Kapsikia (2). Cette victoire décisive lui assura virtuellement la possession du Péloponnèse. Le despote d'Épire une fois rejeté de l'autre côté du golfe de Corinthe, Champlitte n'allait plus avoir devant lui que des défenses locales dont il aurait facilement raison. Il fit capituler Arkadia (Kyparissia), le chef-lieu de la Messénie, qui avait tenu jusque-là (1207) et qu'il donna à Geoffroi de Villehardouin (3) et brisa la suprême résistance du chef grec Doxopatrès — un héros de chansons populaires — qui défendait le fort d'Oréoklovon (appelé depuis par les Latins « Bucelet » ou « Bosselet ») dans l'Arcadie occidentale, à l'entrée des gorges de « l'Escorta ».

Cependant les Champenois n'allaient plus se trouver seuls à se partager le Péloponnèse. Venise avait encore son mot à dire. Tandis que Guillaume de Champlitte et Geoffroi de Villehar-

(1) *Chronique de Morée*, § 106.
(2) Entre le pas de Makryplagi et la haute vallée du Lakkos, au nord-est de Messène, disait Buchon. Jean Longnon retrouve Kapsikia dans l'actuelle Kapsia dépendant de Mantinée (*ap. Chronique de Morée*, § 113, p. 38, n. 1). Sur la descente de Michel Ange dans le Péloponnèse, Villehardouin, § 328-329. Buchon la dissociait de la résistance laconienne qui aboutit à la bataille de Kondouros. Faits rétablis dans Miller, *Latins in the Levant*, p. 38.
(3) *Chronique* (grecque) *de Morée*, vers 1715-1770 ; *Chronique* (française) *de Morée*, § 115-116.

douin prenaient ainsi sans grand effort possession de la presqu'île, une escadre vénitienne avait occupé sur les terres qu'ils se réservaient les deux ports messéniens de Modon et de Coron, la Méthone et la Coroné de Thucydide (1206). Une nouvelle « Guerre du Péloponnèse » allait-elle éclater entre maîtres de la terre et maîtres de la mer ? Guillaume de Champlitte et Geoffroi de Villehardouin ne pouvaient se dissimuler que, s'ils avaient reçu une investititure en bonne et due forme de Boniface de Montferrat, le projet de partage de 1204 avait non moins valablement attribué la côte occidentale du Péloponnèse à la Seigneurie de Saint-Marc. En Champenois avisés, ils eurent la sagesse de ne pas insister. Ils renoncèrent de bonne grâce à la possession de Modon et de Coron pour conserver la précieuse alliance vénitienne (1). Dès 1207, les Vénitiens installèrent leurs gouverneurs dans ces deux places, Giovanni Quirini à Modon et Jacopo Dolfini à Coron (2).

Geoffroi Ier de Villehardouin et l'escamotage de la succession des Champlitte

Guillaume de Champlitte et Geoffroi de Villehardouin avaient pendant trois ans maintenu leur association, pour le plus grand profit de l'un et de l'autre et sans que rien, à notre connaissance, vînt déceler une quelconque mésentente entre eux. Mais l'événement n'allait pas tarder à prouver que cet accord parfait dissimulait chez le second de secrètes ambitions personnelles. C'est ce que le départ de Guillaume de Champlitte n'allait pas tarder à révéler. Guillaume quitta la Grèce en mai 1209 pour aller en Bourgogne recueillir l'héritage de son frère et il décéda peu après. Il avait laissé la baylie à son neveu Hugues de Champlitte, mais ce dernier mourut aussi la même année (1209). Les barons de Morée choisirent alors tout naturellement comme bayle le vieux compagnon de Guillaume, Geoffroi de Villehardouin qui l'avait aidé à conquérir le pays et qui, du reste, avait eu le premier l'idée de cette conquête. Que Geoffroi ait eu tous les titres à la baylie, c'est ce qui n'est pas douteux. Toutefois les circonstances dans lesquelles il y accéda allaient être bientôt volontairement laissées dans l'ombre. C'est ainsi que la *Chronique de Morée* oubliera le nom de Hugues et il sera dès lors admis que Guillaume de Champlitte, en partant, avait directement confié la régence à Geoffroi de Villehardouin. Guillaume, si nous en croyons le chroniqueur, aurait même spécifié que si, après sa mort, ses héri-

---

(1) Le port de « Junch », c'est-à-dire Navarin, resta à la principauté de Morée.
(2) Sanudo dans Buchon, *Recherches et matériaux*, I, 304.

tiers ne faisaient pas valoir leurs droits en temps utile (un an et un jour), la couronne princière passerait à Villehardouin (1). Mais il est vraisemblable que c'est une interpolation postérieure pour fonder en légitimité l'avènement des Villehardouin et pour établir un lien de continuité juridique entre les Champlitte et eux.

Du reste Geoffroi n'avait garde d'oublier tout ce qui pouvait juridiquement consolider son pouvoir. En cette même année 1209, l'empereur Henri de Hainaut qui, contre les Lombards de Thessalonique, pouvait avoir besoin d'un aussi habile politique, le nomma, au « parlement » de Ravennika, sénéchal de l'empire. C'était un « avancement » considérable, une consécration officielle, singulièrement opportune : Geoffroi devint ainsi —, par-dessus la tête du roi de Thessalonique, — vassal direct de l'empereur latin. Ces précautions et ces hauts appuis n'étaient pas inutiles. En effet, tout n'était pas fini avec les droits de la maison de Champlitte. Un parent du prince décédé, Robert de Champlitte, vint revendiquer l'héritage moréote (2). Ses titres, pour tout homme de bonne foi, paraissaient incontestables. Le droit féodal lui impartissait, pour les faire valoir, un délai d'un an et un jour. Mais il avait compté sans l'astuce de Geoffroi de Villehardouin. Celui-ci, fort de la possession « qui vaut titre », bénéficiait de la complicité des barons et des chevaliers, tous ses compagnons d'armes, ses obligés, ses amis. Ajoutons que le droit pur eût été ici la suprême « injure », car il y aurait eu injustice flagrante à dépouiller le fondateur réel de la principauté de Morée au profit d'un inconnu, d'un étranger, survenant au lendemain de la victoire pour se faire attribuer le résultat du labeur des autres. Il y eut donc accord tacite général pour écarter le malencontreux nouveau venu. Avec l'aide, notamment, des Vénitiens et à force de subterfuges, Geoffroi parvint ainsi à berner Robert de Champlitte jusqu'à l'expiration des délais légaux (3). Il le déclara alors forclos et le pauvre garçon, joué et furieux, n'eut plus qu'à se rembarquer. Après un an de régence, Geoffroi de Villehardouin put alors changer son titre de bayle en celui de prince (vers janvier-février 1210) (4). Toute l'histoire de cet épisode a, dans la *Chronique de Morée*, l'ironie narquoise et la saveur d'un fabliau. Il n'en est pas moins certain que l'événement fit quelque peu scandale, comme le prouve le passage des

---

(1) *Chronique de Morée*, § 125.
(2) Hopf, *Geschichte Griechenlands*, t. I, p. 225-240. Guillaume de Champlitte avait laissé deux fils : Eudes III de Champlitte, seigneur de La Marche, en Bourgogne, qui mourut en 1250 et Guillaume II de Champlitte, vicomte de Dijon et qui fut seigneur de La Marche après la mort de son frère. Aucun des deux ne revendiqua la Morée.
(3) *Chronique*, § 140-171.
(4) Jean Longnon, *Recherches sur la vie de Geoffroy de Villehardouin* (1939), p. 31, note 7.

Assises de Jérusalem où Philippe d'Ibelin y fait allusion sous la rubrique de 1218 comme mauvais exemple à éviter (1).

Conquête de l'Arcadie et de la Laconie par Geoffroi Ier

Dans la société de croisade plus que partout ailleurs la fin — quand elle servait les intérêts de la conquête — justifiait les moyens. Si Geoffroi de Villehardouin, avec une ruse de procureur, détourna à son profit l'héritage de Guillaume de Champlitte, il se montra le fidèle continuateur de son œuvre. La Laconie et les cantons de l'Arcadie voisins avaient échappé à la conquête de Guillaume. Geoffroi se préoccupa de les enlever à leurs possesseurs, seigneurs grecs des villes et de la plaine ou tribus slaves de la montagne. Il prit d'assaut la ville de Veligosti (« Béligoste ») près de Mégalopolis, fit capituler au bout de trois jours Nikli (« Nicles »), qui est l'ancienne Tégée, et après cinq jours de siège capituler de même Lacédémone (« la Crémonie ») (2).

Les modalités de cette conquête furent assez douces. Il n'y avait pas ici, semble-t-il, la haine irréconciliable de race qui, à Byzance, séparait le Grec du Latin. Du reste, l'élément grec, à cette date, se rendait certainement compte qu'il ne pouvait attendre de secours de nulle part. Le mieux pour lui était de se rallier sans plus de retard. Les habitants se soumirent donc en obtenant l'assurance de conserver leurs biens et de continuer à professer librement la foi orthodoxe (3). Les Grecs tenaient encore quelques forteresses de la côte orientale, savoir l'Acrocorinthe ou citadelle de Corinthe, Nauplie, Argos et Monemvasia (« Malvoisie »), places dont les trois premières, on s'en souvient, avaient résisté à toutes les attaques du roi de Thessalonique Boniface de Montferrat. Geoffroi de Villehardouin demanda le concours d'Othon de la Roche, seigneur d'Athènes et de Thèbes. Avec l'aide de celui-ci, il s'empara de l'Acrocorinthe (1210), puis, avec l'aide de la marine vénitienne, de Nauplie. En 1212 il enleva de même aux Grecs la citadelle d'Argos. Il récompensa Othon de la Roche de son concours en lui inféodant Argos et Nauplie. Cette dernière disposition est intéressante. Elle nous montre la loyale collaboration des barons français de Grèce pour achever la conquête, ainsi que l'imbrication de leurs intérêts. Le baron d'Athènes s'était comporté en brillant second du prince de Morée. Il y avait gagné la châtellenie de Corinthe et une partie de l'Argolide, en échange de quoi il entrait pour ces fiefs dans la vassa-

---

(1) Buchon, *Recherches et matériaux*, I, p. 85 et 109-110.
(2) *Chronique grecque*, vers 2017-2074. Cf. Jean Longnon dans *Chron. que de Morée*, p. 48, n. 2.
(3) *Chronique grecque*, vers 2093-2094.

lité du prince. Nous verrons, à propos des événements de 1258, les problèmes juridiques que suscita cette inféodation.

Les Grecs ne conservèrent (jusqu'en 1248) que Monemvasia (1).

Organisation de la principauté de Morée par Geoffroi Ier

Geoffroi de Villehardouin ne fut pas seulement un conquérant. Il se montra aussi un administrateur avisé, fort préoccupé d'organiser méthodiquement le pays. Dès 1209 il avait réuni à cet effet à Andravida ou, comme disaient les Francs, « Andreville », un « parlement » où fut dressé le bilan de la conquête. Nous y voyons la Morée latine divisée en douze baronnies (2) dont nous donnerons la liste d'après leur répartition entre les anciennes provinces grecques (état de choses de 1225).

a) *dans l'ancienne Achaïe propre :* 1º la baronnie de Vostitza (« Voutice ») qui est l'ancien Ægion, à Hugues de Lille aussi appelé Hugues de Charpigny ; 2º la baronnie de Patras, au seigneur provençal Guillaume Alaman ; et 3º la baronnie de Khalandritza (« la Calendrie ») à Robert de Trémolay (3), mal appelé Audebert de la Tremoille ;

b) *en « Mésarée », l'ancienne Arcadie :* 4º la baronnie de Kalavryta (« la Colovrate »), à Othon de Tournai ; 5º la baronnie d'Akova, avec son château de Matagrifon, Mate-Griffon ou Mate-Griphon (littéralement : Mate-Grecs), à Gautier de Rosières (4) ; 6º la baronnie de Karytaina (« Caraintaine »), forteresse destinée à tenir en respect les Slaves de Skorta (« l'Escorta », ancienne Gortys), à Hugues de Bruyères (lequel épousa une fille du prince de Morée Geoffroi Ier de Villehardouin) (5) et 7º la baronnie de Nikli (« Nicles », l'ancienne Tégée), à Guillaume de Morlay ;

c) *aux confins de l'Arcadie méridionale et du Taygète septen-*

---

(1) La *Chronique de Morée*, § 191-195 veut que l'Acrocorinthe et Nauplie n'aient été conquis qu'en 1247 et 1249 (par le 2e successeur de Geoffroi Ier, Guillaume de Villehardouin). C'est une des erreurs de cette source. Cf. Hopf, *Geschichte Griechenlands vom Beginn des Mittelalters*, t. I, p. 240 et Jean Longnon dans son édition de la *Chronique de Morée*, p. xxix.
(2) Cf. *Chronique de Morée*, § 128. Remarquer ce chiffre. La Morée propre eut douze baronnies, elle groupa également douze pairs ou *bers de terre* comme la France capétienne, comme le Charlemagne des chansons de geste avaient eu douze pairs. Voir plus loin, p. 503-504.
(3) Jean Longnon, *Chronique de Morée*, p. xciii.
(4) Remarquons qu'en 1190, le roi d'Angleterre, Richard Cœur de Lion, ayant eu, à son départ pour la Troisième Croisade, des difficultés avec la population, en partie grecque, de Messine, construisit, pour la tenir, un château de bois auquel il donna le nom de Mate-Grifon (Chalandon, *Histoire de la domination normande en Italie et en Sicile*, t. II, p. 439).
(5) La *Chronique*, § 118 mentionne comme noyau de cette baronnie, avant « Cariténa », le château d'Oréoclovon (Araklovon), en français Bucelet, donné par Guillaume de Champlitte à « Geoffroi » de Bruyères.

trional : 8° la baronnie de Veligosti (« Véligourt »), à Matthieu de Walincourt aussi appelé Matthieu de Mons ;

d) *en Laconie* : 9° la baronnie de Géraki (« Giérachy »), chargée de surveiller les montagnards de la Tzakonie, à Guy de Nivelet (1) et 10° la baronnie de Passava (« Passavant ») près de l'ancien Gythion, à Jean de Neuilly ;

e) *en Messénie* enfin, 11° la baronnie de Gritzéna dans la vallée de Lakkos, à un seigneur nommé Luc, et 12° la baronnie de Kalamata et d'Arkadia (Kyparissia), naguère donnée par Guillaume de Champlitte à Geoffroi de Villehardouin lui-même (2).

Ajoutons les terres ecclésiastiques de l'épiscopat latin, savoir l'archevêque de Patras, les évêques de Corinthe, Lacédémone, Oléna, Modon, Coron, Argos et Nikli (3).

Le centre de la principauté restait l'Élide, province que ses plaines fertiles avec leurs belles prairies faisaient préférer par la chevalerie française aux districts plus montagneux du reste du Péloponnèse. Cette vocation de l'Élide, comme aussi de la Thessalie et de la Béotie, remonte d'ailleurs à l'Antiquité. Ainsi au IVe siècle avant J.-C. les Spartiates avaient établi à Scillonte leur ami Xénophon qui put s'y adonner à son goût pour l'élevage des chevaux et y écrire son traité de l'équitation. Par ailleurs, l'Élide présentait aux yeux des Latins l'avantage de regarder vers l'Occident. N'oublions pas qu'elle était la Morée proprement dite et que ce n'est pas sans raison que son nom avait été ensuite étendu par les Latins à l'ensemble de la presqu'île (4). Andravida (« Andreville »), près de l'ancienne Élis, y jouait le rôle de capitale avec, comme port, Klarentza (« Clarence »), l'ancienne Cyllène. « Les Villehardouin placèrent leur résidence d'été sur ces collines modérées, pareilles de formes à certains côteaux de Champagne et plantées de vignes. » Plus généralement il y a lieu de remarquer que la Morée franque, ce fut essentiellement le Péloponnèse occidental. Ce fut là que les Francs s'installèrent, ce fut là qu'ils se maintinrent le plus longtemps, tandis que le Péloponnèse oriental restait beaucoup plus grec. Il y a ici, sans parler des motifs stratégiques, une raison d'affinités géographiques évidente : « La grande île de Pélops, comme disent les vieux poètes, offre un double aspect, sécheresse et stérilité sur la côte orientale qui semble le prolongement de

---

(1) Après la reprise de Géraki par les Grecs en 1262, Jean Ier de Nivelet fondera une nouvelle baronnie « de Nivelet » à Phanari (*Libro de los fechos*, § 624 ; Hopf, *Chroniques gréco-romanes*, p. 472 ; Zakythinos, *Le despotat de Morée*, p. 19). Voir plus bas, p. 494.

(2) *Chronique de Morée*, § 124. En 1261, Arkadia passera des Villehardouin aux d'Aunay par inféodation à Villain d'Aulnay.

(3) *Libro de los fechos*, § 128-130.

(4) L'Élide, à l'époque franque, est, en effet, la « Morée » proprement dite. Ce nom dériverait, par un déplacement d'accent, du mot *Romania* (Cf. Recoura *Assises de Romanie*, p. XVIII, n. 4).

l'Attique, fécondité grasse sur l'autre versant qui rappelle l'Italie et parfois nos régions du Nord (1). » C'est cette vocation « nordique » de la bande occidentale qui explique la préférence des Francs.

Geoffroi Ier et l'élément grec

La politique indigène d'un Geoffroi de Villehardouin en Morée ressemble à certains égards à celle du roi Baudouin Ier en Terre sainte, du moins à la politique de Baudouin Ier à l'égard des l'élément syrien chrétien. Il s'agissait dans les deux cas d'associer les chrétiens indigènes à la politique de l'État latin, avec cette difficulté, en ce qui concerne la Morée, que les Grecs y étaient des ennemis de la veille, des vaincus qui ne pouvaient oublier leur ancienne indépendance. Ce furent ces rancunes que Geoffroi de Villehardouin s'appliqua à éteindre. Il sut, par une politique adroitement philhellène, obtenir le ralliement de l'élément grec tant urbain que rural. La tâche était particulièrement difficile dans les montagnes de la Laconie où les populations avaient toujours montré un sentiment d'indépendance qui ne s'était même pas toujours plié à la centralisation byzantine. Nous avons vu qu'après la conquête de cette province, Geoffroi Ier accorda aux habitants des garanties laissant « chacun selon son état ». En d'autres termes, là comme dans le reste du Péloponnèse les terres furent partagées en deux catégories : d'une part celles qui étaient laissées aux Grecs, y compris les fiefs des grands seigneurs ruraux ou « archontes », d'autre part le « surplus », abandonné au prince pour être distribué à ses gens (2). La chronique aragonaise ajoute — et le texte est capital — que les « gentilshommes grecs » comme les gentilshommes francs, « les monastères et les chapelains » furent maintenus dans la possession de leurs biens (3).

C'est l'affirmation d'un libéralisme tout à l'honneur de l'avisé Champenois qui présidait aux destinées du pays. Hâtons-nous d'ajouter qu'un tel libéralisme était d'excellente politique. Si le régime franc a duré plus de deux siècles, c'est qu'il avait su, somme toute, obtenir le ralliement des vaincus. En même temps, Geoffroi de Villehardouin sut imposer respect aux tribus montagnardes, toujours turbulentes, — les unes grecques, les autres slaves — du district de Skorta, du Taygète (Mélinges, Maïnotes) et de la Tzakonie. Ces montagnards indomptés qui, la plupart du temps, n'avaient accordé à l'empire byzantin qu'une obéissance toute nominale, renoncèrent à inquiéter les châteaux

---

(1) Louis Bertrand, *La Grèce du soleil et des paysages*, p. 157.
(2) *Chronique de Morée*, § 133.
(3) *Libro de los fechos*, § 134.

latins du voisinage et, sans doute, reçurent en récompense la reconnaissance de leur autonomie.

Enfin Geoffroi Ier eut à défendre ses prérogatives contre l'aurité ecclésiastique latine. C'est ainsi qu'en 1212 nous le voyons en conflit avec le pape Innocent III à propos de l'évêché d'Andravida dont il avait saisi les biens (1).

La principauté de Morée comme grande puissance. Règne de Geoffroi II de Villehardouin

Geoffroi Ier avait eu de sa femme, Elisabeth de Chappes, deux fils, Geoffroi II et Guillaume (et une fille, qui épousa Hugues de Bruyères, seigneur de Karytaina). A sa mort (v. 1229) Geoffroi II lui succéda et occupa le trône de Morée de 1229 environ (?) à 1246

La constitution de la société médiévale en pays latin voulait que périodiquement y éclatât la querelle, latente dans les institutions, entre l'autorité laïque et l'Église. La principauté de Morée, sous le règne des Geoffroi, n'échappa point à cette fatalité. Le prince eut en effet de sérieuses contestations avec le clergé latin qui refusait de lui fournir des contingents pour les levées féodales. C'est le même sujet de querelle, on s'en souvient, qui avait mis aux prises le roi de Jérusalem Baudouin Ier et le patriarche Daimbert, quand le patriarche refusait au roi un prélèvement sur les biens ecclésiastiques pour subvenir aux frais de la guerre sainte. On se rappelle avec quelle brutalité Baudouin Ier avait contraint le patriarche à céder. Geoffroi montra dans des circonstances analogues une énergie identique. Ses barons, nous affirme la *Chronique grecque*, étaient les premiers à lui conseiller la manière forte : « Les églises, leur fait dire notre texte, possèdent presque le tiers de la Morée. Le clergé est là, tout tranquille et tout paisible, sans s'inquiéter en rien de la guerre que nous avons avec les Grecs. Nous vous conseillons, Monseigneur, de convoquer vos hommes du clergé pour qu'ils viennent armés, nous aider à conquérir ces forteresses. Et, s'ils refusent, saisissez leurs fiefs (2) ! » Le clergé refusa en effet de céder sur la question de principe et Geoffroi, « s'emportant », réalisa la menace naguère formulée en Terre sainte par le premier roi de Jérusalem : il fit saisir par ses sergents tous les biens ecclésiastiques. Avec les revenus confisqués il construisit en Élide l'importante forteresse côtière de « Clairmont » (Khloumoutzi), débarcadère tendu à l'extrémité de la presqu'île de Khélonatas pour recevoir les renforts venus d'Occident et do-

---

(1) Buchon, *Recherches et matériaux*, I, p. 110.
(2) Cette lutte contre l'Église, jusqu'ici attribuée à Geoffroi II, est imputée à Geoffroi Ier par Jean Longnon, *Journ. des Savants*, juillet 1946, p. 157.

miner la mer Ionienne (1219-1222) (1). Cependant ce n'était jamais impunément qu'on narguait l'Église : le légat Jean Colonna excommunia Geoffroi Celui-ci plaida sa cause. Comme on l'avait vu au siècle précédent pour le roi de Jérusalem Baudouin Ier, la Papauté était pleine d'indulgence pour ces princes croisés qui maintenaient en terre infidèle ou hérétique le flambeau de la foi. Geoffroi obtint sans trop de peine du pape Honorius III la levée de l'interdit (fin 1222 ou 1223) (2) et (ce qui était sans doute moins commode) il fit même sa paix particulière avec l'archevêque latin de Patras, métropolite de Morée. Sans doute réussit-il à convaincre celui-ci en lui montrant l'utilité de la citadelle élevée avec les deniers ecclésiastiques. « Si nous perdions jamais la Morée, déclarait Geoffroi à l'archevêque de Patras, grâce à la forteresse de Clairmont nous saurions la reconquérir, car c'est la véritable clé du pays (3). »

Hâtons-nous de dire à l'honneur de Geoffroi II que ses trophées ne se bornèrent pas à la confiscation des biens ecclésiastiques. Comme on l'a vu plus haut (p. 464), il se porta en 1236 au secours de l'empereur latin Baudouin II assiégé dans Constantinople par les Grecs de Nicée et les Bulgares. Vaillamment, nous dit Aubry de Trois Fontaines, il força le blocus de la mer de Marmara, avec une escadre portant 100 chevaliers, 300 arbalétriers, 500 archers et sauva la ville (4). Philippe Mousket ne nous parle que de 10 galères. Quoi qu'il en soit, cette brillante intervention contribua, autant que l'héroïsme du vieux roi-empereur Jean de Brienne, à délivrer Constantinople et à prolonger d'un quart de siècle la survie de l'empire latin. La principauté de Morée qui venait de jouer un rôle si important, vit son prestige singulièrement accru. En remerciement, l'Empereur Baudouin aurait conféré à Geoffroi la suzeraineté sur le duché vénitien de Naxos, c'est-à-dire sur l'Archipel, ainsi que sur les terciers de l'Eubée et sur le marquisat de Bodonitza (Thermopyles) (5).

A la suite de cette inféodation, la principauté de Morée fit figure de grande puissance. Si l'on compare l'étendue de ses territoires propres (avec l'aire d'influence qui venait de lui être reconnue) d'une part, et, d'autre part, les dimensions dérisoires de l' « Empire » de Constantinople, réduit à la banlieue de sa

(1) Sur Khloumoutzi ou Khlémoutzi, voir Buchon, *La Grèce continentale et la Morée*, p. 510. « De la petite halte d'Andravida, qui fut l'Andreville des princes, j'aperçois le Clairmont des Francs avec le château Tournois que Geoffroi II hérissa d'un donjon » (E. Herriot, *Sous l'olivier*, p. 241).
(2) *Chronique grecque*, traduction Buchon, *Livre de la conqueste*, p. 82.
(3) Cf. Rinaldi, ap. Buchon, *Recherches et matériaux*, I, p. 148-149.
(4) Aubry de Trois Fontaines, p. 558 ; Philippe Mousket, vers 29.238 et suiv. Cf. Buchon, *Le livre de la conqueste* (1845), p. 83 et *Histoire des conquêtes* (1846), p. 224-225.
(5) Suzeraineté en réalité plus tardive (Longnon, *Journal des Savants*, 1946, p. 150).

capitale, on s'apercevra que la Morée avait remplacé l'Empire comme grand État latin.

Le revers de cette brillante situation était l'étroitesse de sa base ethnique : les « Latins » (c'est-à-dire ici les Français) ne constituaient toujours qu'une aristocratie de cadres et cela même au point de vue des cadres militaires. Préoccupé de parer à ce danger, Geoffroi II travailla à la francisation du Péloponnèse en y attirant un grand nombre de chevaliers venus principalement de la Champagne, de la Bourgogne ou de la Franche-Comté. « Il en entretenait toujours à sa cour quatre-vingts avec éperons d'or (1) ». De fait, la domination franque ne pouvait se maintenir que par le renouvellement périodique du sang français, l'arrivée continue de nouveaux éléments nationaux destinés à combattre l'effet des unions mixtes, désormais de plus en plus nombreuses.

La principauté de Morée comme grande puissance.
Règne de Guillaume de Villehardouin : l'apogée

Geoffroi II avait épousé Agnès de Courtenay, fille de l'empereur de Constantinople Pierre de Courtenay (2). N'ayant pas eu d'enfant, il laissa en mourant sa succession à son frère Guillaume de Villehardouin, lequel régna de 1246 à 1278.

Guillaume était le premier prince de Morée né dans le pays (à Kalamata) (3) et nous savons qu'il parlait le grec aussi bien qu'un indigène (4). Les chroniqueurs moréotes mentionnent le fait avec la même satisfaction que Guillaume de Tyr nous parlant du roi de Jérusalem Baudouin III comme du premier prince franc né en Terre sainte.

Avec ce prince déjà solidement enraciné en terre grecque, la principauté de Morée allait atteindre son apogée. Dès son avènement Guillaume entreprit le blocus de la dernière forteresse grecque du Péloponnèse, Monemvasia (1246). Guy Ier de la Roche, seigneur d'Athènes (5), Angelo Sanudo, duc de Naxos, Matteo Orsini, comte de Céphalonie et une escadre vénitienne vinrent lui prêter leur concours. Dans cette circonstance, il fit nettement figure de suzerain des autres barons franco-italiens de Grèce. Tout se passait comme s'il avait été roi féodal de la

---

(1) Sanudo, *ap.* Hopf, *Chroniques gréco-romanes*, p. 100-101.
(2) Cf. Buchon, *Recherches et matériaux*, I, p. 143-144.
(3) D'où le nom de Guillaume de Kalamata sous lequel il est parfois désigné. On le surnommait aussi Guillaume Grande-Dent (Buchon, *Recherches et Matériaux*, t. I, p. 157).
(4) *Chronique grecque de Morée*, vers 2805.
(5) Othon de la Roche, seigneur d'Athènes et de Thèbes (1205-1225), étant retourné en France en 1225, avait eu comme successeur son neveu Guy Ier qui fut seigneur d'Athènes et de Thèbes de 1225 à 1263. Sur Othon de la Roche, voir Buchon, *Nouvelles Recherches...* t, I, p. LXXXIV-LXXXIX.

Grèce franque. Devant un tel concours de forces, Monemvasia finit par capituler (1248) (1). Cette conquête acheva la pacification de la Laconie. Guillaume vint tenir sa cour à Lacédémone (« la Crémonie »), ville dont le séjour semble lui avoir plu particulièrement et où on le voit résider en février 1249. Il était naturel que, comme plus tard Maurice Barrès et Louis Bertrand, les chevaliers de France aient aimé cette vallée de l'Eurotas, cette vaste plaine laconienne « toute luxuriante de verdure, à l'atmosphère humide et lourde, où se cachent des marécages et des rigoles de rizières ». Les rudes tribus montagnardes du voisinage — Mélinges ou Slaves du Taygète, Maïnotes, de race grecque, dans la presqu'île du Ténare et Tzakoniens, également grecs, de la chaîne du Parnon —, jusque-là pratiquement indépendantes, furent effectivement rattachées à la principauté. Pour mieux les tenir, Guillaume éleva les forteresses de Mistra (en grec de la *Chronique*, Mitzithra) au sud-ouest de Lacédémone (1249), du Grand Magne (Maïna) dans le massif du Ténare (1250) et de Beaufort (Leuktron du Magne près de l'ancienne Cardamyle) (1251) (2). De Mistra, il tenait toute la contrée : « Là on est suspendu au-dessus des gorges de Trypi, on découvre la plaine laconienne jusqu'aux arrière-plans de la vallée. Le rocher perpendiculaire, qui porte le palais et le rempart, se dérobe sous vous : du vide, de l'espace, des champs et des rivières. Toute la contrée s'étalait ainsi aux pieds du maître, qui, de cet effrayant belvédère pouvait surveiller les chemins du pays, les défilés des montagnes, voir approcher l'ennemi (3). » L'importance stratégique de Mistra éclatera à tous les yeux quand la situation, après 1262, sera retournée et que les Byzantins s'y seront réinstallés : de cette inexpugnable position ils refouleront lentement mais invinciblement les Latins vers la mer Ionienne. Quant au Grand Magne, ce sera plus tard encore que s'affirmera son rôle stratégique, quand, à l'époque de la domination ottomane, les montagnards défieront de là les attaques des pachas turcs.

Désormais maître incontesté de la totalité du Péloponnèse et reconnu comme chef par les autres barons francs de la Grèce, Guillaume entreprit une série d'interventions au dehors de ses frontières. Son frère et prédécesseur Geoffroi II était allé sauver l'empire latin de Constantinople. Guillaume, avec sa brillante chevalerie, se joignit à saint Louis au cours de la Croisade d'Égypte et participa à la prise de Damiette (6 juin 1249) (4).

(1) *Chronique de Morée*, § 202-205, lacune comblée par Longnon, p. 73, d'après la *Chronique grecque*, vers 2934-3024. Cf. Zakythinos, *Le despotat de Morée*, p. 21-22.
(2) *Chronique de Morée*, § 207, 218.
(3) Louis Bertrand, *La Grèce du soleil et des paysages*, p. 220.
(4) Joinville, § 148 ; Nangis, c. xxxiii ; Sanudo, *ap.* Hopf, *Chroniques gréco-romanes*, p. 102.

Plus que jamais, au cours de cette croisade, la principauté de Morée avait fait figure de grande puissance. De fait, Guillaume de Villehardouin, dont l'ambition dépassait maintenant l'horizon du Péloponnèse, commençait à étendre son action sur l'Hellade centrale. Des questions de succession l'amenèrent à intervenir en Eubée contre la famille véronaise des Carceri, « terciers » de l'île. Veuf d'une fille du bayle de Constantinople Narjot de Toucy, il avait épousé Carintana dalle Carceri, fille du tercier d'Oreos, Rizzardo dalle Carceri. Bien que cette princesse fût morte à son tour en 1255, elle lui avait légué des droits qu'il entendit défendre contre les autres membres de la famille Carceri. Venise, qui depuis 1209 exerçait sur les terciers un véritable protectorat, prit parti pour ses clients. Guillaume de Villehardouin se trouva donc entraîné en Eubée à une guerre à la fois contre les Carceri et contre les Vénitiens (1256-1258). Il passa dans l'île, mit en état d'arrestation, au château de la Coupa, Narzotto dalle Carceri et Guido *alias* Guglielmo dalle Carceri, respectivement terciers de Karystos et de la ville de Nègrepont (Chalcis), et chassa le bayle vénitien Paolo Gradenigo (1256). Il songea même à chasser les Vénitiens de Coron, en Messénie. Cependant le contrôle de l'Eubée était trop nécessaire à l'hégémonie vénitienne dans la mer Égée pour que la Seigneurie de Saint-Marc y renonçât si facilement. De fait, une escadre vénitienne, sous le commandement du provéditeur Marco Gradenigo (1256-1258), ne devait pas tarder à replacer l'île sous le protectorat de la République (1).

L'événement devait d'ailleurs prouver que Guillaume de Villehardouin, emporté par son orgueil, avait commis une faute en se brouillant avec les Vénitiens. Ceux-ci, comme l'avaient naguère si bien compris Champlitte et Geoffroi Ier, étaient les alliés naturels de la principauté de Morée, car ils avaient dans la personne des Grecs les mêmes ennemis. Qu'ils le voulussent ou non, Véni- et princes de Morée étaient partout solidaires. Au reste, Guillaume de Villehardouin eut la sagesse de ne pas pousser à fond la brouille de 1256.

La politique d'hégémonie de Guillaume de Villehardouin finit par susciter contre lui une coalition des barons de l'Hellade centrale. Au premier rang de ceux-ci figurait Guy Ier de la Roche, seigneur d'Athènes et de Thèbes, que Guillaume considérait comme un vassal. La question pouvait être discutée en ce qui concernait la seigneurie d'Athènes et de Thèbes elle-même, mais il était certain que Guy de la Roche était vassal de la principauté de Morée comme seigneur d'Argos et de Nauplie, villes qu'en 1212 Geoffroi Ier de Villehardouin avait inféodées à Othon de

---

(1) Cf. Sanudo dans Hopf, *Chroniques gréco-romanes*, p. 103-106 et Andrea Dandolo dans Buchon, *Recherches et matériaux*, t. I, p. 164-165 (*sub anno* 1256).

la Roche, oncle et prédécesseur de Guy. Or, en dépit de cette allégeance, Guy s'était abstenu d'aider Guillaume de Villehardouin contre les Carceri, dans les affaires de l'Eubée (1). Sommé de prêter à Guillaume le serment d'hommage lige, Guy se déroba, puis, levant le masque, il se joignit contre lui au parti des terciers et des Vénitiens.

Comme on le voit, on se trouvait là en présence d'un de ces cas litigieux de droit féodal que l'imbrication des mouvances rendait alors si fréquents. Guy, qui se considérait à Athènes comme un souverain indépendant, n'était à Argos qu'un simple féal du prince de Morée : ainsi le Plantagenet, roi en Angleterre, n'était à Bordeaux qu'un duc de Guyenne vassal du Capétien.

Le danger pour Guillaume de Villehardouin était dans le faisceau des forces réunies autour de Guy de la Roche. Les deux autres grands barons autonomes de l'Hellade, Thomas Ier de Stromoncourt, baron de Salone (Amphissa), et Ubertino Pallavicini, marquis de Bodonitza (Thermopyles), firent cause commune avec le seigneur d'Athènes et vinrent joindre leurs contingents aux siens. La Grèce française et féodale voyait donc s'allumer une autre « guerre du Péloponnèse » dans laquelle Guy de la Roche, héritier inattendu de Périclès, s'opposait à Guillaume de Villehardouin, successeur non moins imprévu des rois de Sparte. Et le résultat fut, comme au ve siècle avant J.-C., la victoire des Péloponnésiens. Guillaume de Villehardouin marcha contre les coalisés, les rencontra au mont Karydi, entre Mégare et le Cithéron, les y battit et les poursuivit, l'épée dans les reins, jusqu'à Thèbes où, séance tenante, il les assiégea (1258) (2). Notons que Thèbes, bien plus qu'Athènes, était la résidence favorite des la Roche. C'était donc la capitale réelle de Guy qui était directement en jeu. Or sa citadelle, la Cadmée, est loin d'avoir la valeur défensive de l'Acropole. La place pouvait être asséz rapidement prise...

La chute de Thèbes, la capture des barons de l'Hellade par les barons moréotes eussent entraîné, dans l'état d'irritation où se trouvait Guillaume de Villehardouin, de regrettables conséquences. Le pays grec n'était pas si totalement soumis que les Français pussent sans péril s'entre-détruire sous les yeux de leurs sujets. L'Église heureusement s'entremit. Guillaume de Ville-

---

(1) Les barons d'Athènes comptèrent finalement parmi les douze pairs, les « bers de terre » de la principauté de Morée (*Assises de Romanie*, § 191). Mais même si cette vassalité, « d'hommage franc », n'avait pas encore la valeur juridique qu'elle acquit après la bataille de Karydi (et précisément Guy Ier la contestait), Guy devait assurément l'hommage, et même l'hommage lige au prince de Morée au titre des seigneuries d'Argos et de Nauplie qu'en 1210-1212 le prince Geoffroi Ier de Villehardouin avait inféodées au premier seigneur d'Athènes, Othon de la Roche (voir plus haut, p. 478).

(2) *Chronique de Morée*, § 220-235. Buchon, *Histoire des conquêtes*, p. 263-269 ; Hopf, *Geschichte Griechenlands*, I, p. 277-280.

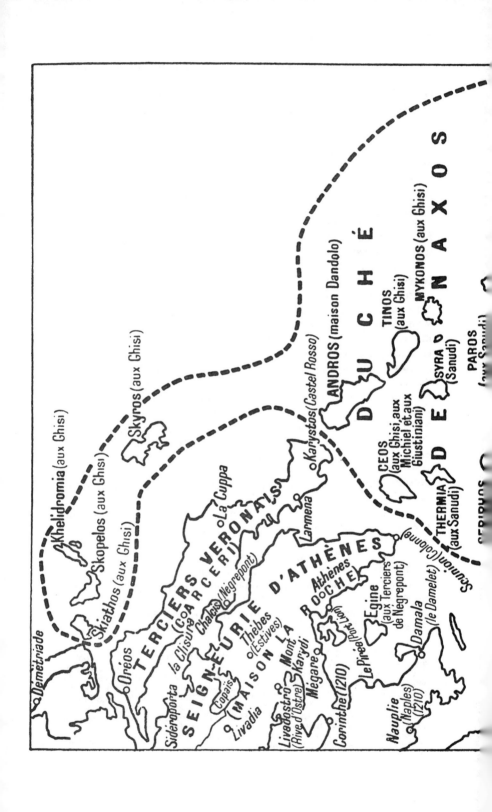

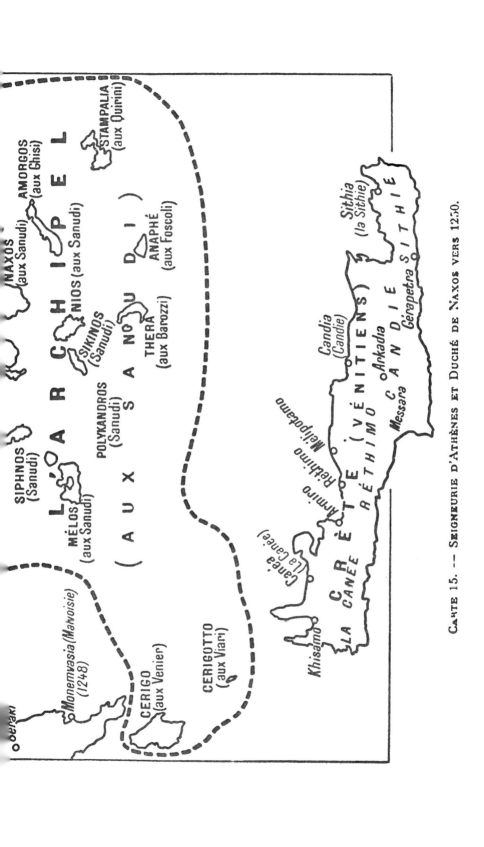

CARTE 15. — SEIGNEURIE D'ATHÈNES ET DUCHÉ DE NAXOS VERS 1250.

hardouin pardonna, mais il exigea des trois barons d'Athènes, de Bodonitza et de Salone la prestation formelle de l'hommage et même, pour ce qui était de Guy de la Roche, de l'hommage lige. Il tint à cet effet à Nikli (Tégée) un « parlement » solennel où il reçut leur serment (1).

Mais le cas de Guy de la Roche n'était pas le seul litige féodal soumis au parlement de Nikli. Un cas plus grave encore, au double point de vue juridique et personnel, était celui d'un des barons péloponnésiens, le chevaleresque et romanesque Geoffroi de Bruyères, seigneur de Karytaina (« Caritène »), qui avait abandonné son suzerain, le prince de Morée, pour aller se battre aux côtés du seigneur d'Athènes. Le problème politique se compliquait là d'une double question familiale. D'une part, Geoffroi de Bruyères se trouvait par sa mère le neveu de Guillaume de Villehardouin : son père Hugues de Bruyères, premier seigneur de Karytaina, avait épousé la propre sœur de Guillaume. Mais, d'autre part, Geoffroi de Bruyères avait lui-même épousé Isabelle de la Roche, fille de Guy. Les chroniqueurs nous laissent entrevoir le combat qui s'était livré dans sa conscience. Il n'est pas douteux que son devoir féodal l'obligeait comme possesseur du fief de Karytaina, à suivre la bannière du prince de Morée. Mais l'amour d'Isabelle de la Roche l'avait emporté chez lui. Violant son serment, il était allé se joindre aux chevaliers de son beau-père, le duc d'Athènes, et on l'avait vu, sur le champ de bataille de Karydi, combattre contre son légitime seigneur. Finalement Guillaume de Villehardouin lui pardonna à lui aussi, mais en transformant son fief, — régression humiliante —, de « seigneurie de conquête » en « seigneurie de donation » (2).

En ce qui concernait le seigneur d'Athènes, Guillaume de Villehardouin paraît s'être sincèrement réconcilié avec lui, sous réserve, on l'a vu, d'un serment d'allégeance formel : de ce jour en effet, la vassalité de la seigneurie d'Athènes et de Thèbes à l'égard de la principauté de Morée ne devait plus jamais être contestée, même après le désastre de 1259. Pour le surplus, sur la punition méritée par Guy, la Haute Cour embarrassée déclara s'en remettre à l'arbitrage du roi de France Louis IX. Guy partit donc pour Paris où le saint roi rendit un jugement modéré, destiné à éteindre l'affaire. Si nous en croyons la *Chronique de Morée*, saint Louis aurait alors concédé à Guy la couronne ducale, en effet portée depuis par tous ses successeurs. Jusque-là, on l'a vu, les la Roche s'étaient contentés du titre de « seigneurs d'Athènes », en grec « grand seigneur », *mégas kyr*. A partir de

(1) *Chronique de Morée*, § 236-243.
(2) *Chronique de Morée*, § 227-228. Comme on le verra (p. 504) 'e fief de conquête était transmissible à tous les héritiers sans exception et le fief de donation aux seuls héritiers directs.

1280, ils ne s'intituleront plus que « ducs d'Athènes » (1). Toutefois, ainsi que le remarque J. Longnon (2), il n'est pas vraisemblable que l'érection de la seigneurie d'Athènes en duché soit, comme le veut la *Chronique*, l'œuvre de saint Louis. Quant à Guillaume de Villehardouin, après cette victoire, il défit encore en Eubée, à Oréos, le parti « carceri » et vénitien de l'île (3). Nous verrons plus loin, à propos de l'histoire de « Nègrepont », les diverses phases de cette affaire.

Le désastre de Pélagonie

Les accords de Nikli, sanctionnant les résultats de la bataille de Karydi, avaient une portée considérable. On peut les comparer, pour le résultat, aux accords de Tripoli de 1109 où le roi de Jérusalem Baudouin Ier avait groupé sous son commandement le faisceau de toutes les forces franques de Palestine. Nul doute en effet que sans la disparition de la lignée masculine des Villehardouin en 1278, l'unité politique ainsi réalisée eût été viable. La suzeraineté désormais incontestée de Guillaume de Villehardouin s'étendait jusqu'au delà des Thermopyles. Toute la Grèce franco-italienne, du cap Matapan à l'Othrys, le reconnaissait pour seigneur. Sa cour, où se pressaient de 700 à 1.000 chevaliers, était, nous dit Sanudo, plus brillante que celle d'un grand roi (4). Ce fut alors que survint la catastrophe imprévue qui mit brusquement fin à cette prospérité.

Ce fut une intervention du prince de Morée dans les querelles entre Grecs qui causa cette régression. Guillaume de Villehardouin vœuf de Carintana dalle Carceri, venait d'épouser en troisièmes noces (1259) une princesse grecque, Anne, fille de Michel II Ange Doukas, despote d'Épire. Or le despote disputait l'hégémonie en Macédoine à un autre prince grec, le *basileus* de Nicée et de la Thrace, Michel Paléologue. Contre ce dernier, il fit appel à l'aide de Guillaume devenu son gendre et son allié. Le prince de Morée ne refusa pas son concours. Chevaleresque comme il l'était, il considérait comme un devoir de porter secours au père d'Anne. Par ailleurs, il ne lui déplaisait pas de faire figure d'arbitre entre les princes grecs, c'est-à-dire, à cette date, d'arbitre des Balkans. Son orgueil, démesurément accru depuis la victoire de Karydi, ne pouvait qu'y trouver son compte. Suivi de sa chevalerie au grand complet, il alla donc rejoindre l'armée du despote d'Épire dans la région des lacs, en Haute Macédoine. La bataille se livra

(1) *Chronique de Morée*, § 253.
(2) J. Longnon, *Chronique de Morée*, § 253, p. 92, note 1.
(3) Cf. Heyd, *Histoire du commerce du Levant*, t. I, p. 283.
(4) Sanudo, *ap.* Hopf, *Chroniques gréco-romanes*, p. 103. Sur la prospérité économique de la Morée à cette époque, cf. Sanudo, *ibid.*, p. 102.

de ce côté, dans les montagnes de la Pélagonie, près de Monastir (1). Au dernier moment, le despote d'Épire planta là ses alliés latins qui durent supporter seuls le poids de l'action. Les chevaliers auraient pu se dégager à temps, mais à condition d'abandonner leurs fantassins. A l'appel de Geoffroi de Bruyères, sire de Karytaina, ils refusèrent noblement, affrontèrent seuls les masses ennemies et furent écrasés sous le nombre. Ce fut une de ces « magnifiques défaites » comme en a valu à notre pays l'état d'esprit de Crécy et d'Azincourt. Guillaume de Villehardouin fut fait prisonnier avec Geoffroi de Bruyères et la fleur de sa chevalerie (octobre 1259). Désastre aussi complet, militairement tout au moins, que celui qu'avait subi en 1187 la chevalerie de Terre sainte aux champs historiques de Hattîn.

Cession des forteresses laconiennes

En refusant de s'échapper à temps du champ de bataille de Kastoria, Guillaume de Villehardouin s'était conduit en chevalier plus qu'en homme d'État. Sa personne allait constituer entre les mains de ses vainqueurs un gage inestimable dont le rachat provoquerait le démantèlement de la principauté ; tel Jean le Bon après la journée de Poitiers. Avec ses chevaliers, Guillaume fut conduit en captivité auprès de l'empereur Michel Paléologue qui le traita courtoisement (2), mais réclama, pour le mettre en liberté, la cession pure et simple de la principauté de Morée. Guillaume refusa (3). Sur ces entrefaites, Michel Paléologue avait enlevé Constantinople aux Latins (25 juillet 1261). Contrairement à ce qu'on eût pu craindre, cet événement diminua ses prétentions. Menacé d'une croisade de représailles, le *basileus* devait éviter d'en provoquer la formation. Il n'exigea pratiquement plus, pour prix de la libération de Guillaume de Villehardouin et de ses barons, en plus d'une reconnaissance de vassalité toute protocolaire, que la remise des quatre grandes forteresses de la Laconie : Monemvasia, Géraki, Mistra et le Grand Magne (4).

La demande avait l'air modeste. En réalité, sous son apparence

---

(1) *Chronique de Morée*, § 254-305. Georges Acropolite, éd. de Bonn, p. 183 et sq. : Nicéphore Grégoras, l. 3, c. 5, p. 36 et sq. et Pachymère, l. 1, c. 30, p. 81-86 (trad. Buchon, *Recherches et matériaux*, I, p. 157-175). Sur le rôle chevaleresque de Geoffroi de Bruyères à Kastoria, *Chronique de Morée*, § 286-289 et 297. Sur la campagne de Pélagonie en général, Dendias, *Le roi Manfred de Sicile et la bataille de Pélagonie*, dans *Mélanges Charles Diehl*, t. I, p. 55-60.
(2) *Chronique grecque*, vers 4206 et suivants.
(3) *Chronique de Morée*, § 313 et suivants.
(4) *Chronique de Morée*, § 317 ; Pachymère, I, p. 77-88, trad. Buchon, *Recherches et matériaux*, I, p. 184-185. Cf. Zakythinos, *Le despotat grec de Morée*, p. 16-17.

modérée, elle engageait lourdement l'avenir, elle grevait la principauté d'une hypothèque écrasante, car les forteresses revendiquées constituaient proprement, comme on l'a dit, les clés du Péloponnèse. De guerre lasse, Guillaume de Villehardouin, excédé par trois ans de captivité, eut la faiblesse d'accepter ces conditions (traité de Constantinople, de 1262) (1).

Cependant, dans les « usances » de la principauté, l'assentiment du prince de Morée ne suffisait point à donner force exécutoire à un tel accord. La coutume féodale en vigueur et telle qu'elle fut plus tard codifiée dans les *Assises de Romanie*, ne lui permettait pas de céder ainsi des forteresses aussi importantes sans le consentement des liges réunis en Haute Cour (2). Guillaume de Villehardouin envoya donc, de Constantinople, son compagnon de captivité Geoffroi de Bruyères convoquer la Haute Cour qui se réunit aussitôt à Nikli (Tégée). Devant cette assemblée, le duc d'Athènes Guy de la Roche protesta hautement contre la cession des forteresses de la Laconie. Il faisait valoir que livrer aux Byzantins ces nids d'aigle, c'était leur livrer le pays, et que, pour commencer, on aurait, avec l'ennemi chez soi, la guerre en permanence (3). Sans doute y avait-il dans ses paroles le souvenir de sa défaite de Karydi, de l'humiliation que lui avait infligée quatre ans plus tôt en cette même ville de Nikli l'orgueil de son vainqueur. Mais sa rancune contre Guillaume de Villehardouin ne l'empêchait pas, bien au contraire, de raisonner juste, et c'était payer bien cher la liberté du prince que de ruiner, pour l'obtenir, tout l'avenir de la principauté.

En somme, la raison d'État avait parlé par la bouche de Guy de la Roche, mais c'était compter sans les considérations humaines. La plupart des seigneurs français qui constituaient la Haute Cour étaient prisonniers à Constantinople avec Guillaume de Villehardouin. C'étaient leurs femmes qui légalement les représentaient et avaient à leur place voix délibérative. Or, ces épouses aimantes « avaient hâte de revoir leurs maris » (4). Elles ne voulurent rien entendre des alarmes du duc d'Athènes et appuyèrent énergiquement Geoffroi de Bruyères qui, fol à son ordinaire, plaidait pour elles, c'est-à-dire pour la cession des forteresses. Ajoutons que la princesse de Morée, épouse de Guillaume de Villehardouin, Anne d'Épire, était elle-même une Grecque qui ne pouvait éprouver la même inquiétude que Guy de la Roche à voir des garnisons byzantines s'installer en La-

---

(1) Pachymère, l. 1, p. 86-88 de l'édition de Bonn, trad. dans Buchon, *Recherches et matériaux*, t. I, p. 184-186. Cf. Buchon, *Histoire des conquêtes*, p. 319-321.
(2) *Assises de Romanie*, § 19 (Recoura, p. 169-170).
(3) *Chronique de Morée*, § 325 ; *Chronique grecque*, vers 4429 et suivants ; *Libro de los fechos*, § 299 et suivants.
(4) Cf. Aristophane, *Lysistrata*...

conie. L'étrange « parlement féminin » de Nikli ratifia donc le traité de Constantinople (1). Monemvasia, Géraki, Mistra et le Grand Magne furent remis aux Byzantins et Guillaume de Villehardouin avec ses compagnons recouvra sa liberté. Par une concession bien byzantine et qui dut coûter à son orgueil, il reçut de Michel Paléologue, en compensation des places cédées, le titre de *grand-domestique*, un des plus enviés de la hiérarchie impériale (2).

Pour comprendre le caractère désastreux d'une telle cession, il suffit de regarder la carte de la Laconie avec la double chaîne du Parnon et du Taygète qui longe à l'est et à l'ouest le couloir de l'Eurotas et où les Byzantins venaient de se réinstaller. Ces quatre forteresses, c'était Guillaume de Villehardouin lui-même qui en avait fait d'inaccessibles citadelles pour s'assurer de là la soumission des farouches montagnards du voisinage. Et voici qu'il ne les avait à ce point fortifiées que pour y introduire lui-même des garnisons byzantines qui, appuyées par les tribus de la montagne voisine, y seraient désormais inexpugnables ! A peine de retour en Morée, Guillaume comprit que, comme l'avait prédit le duc d'Athènes, il venait de livrer à l'ennemi les clés de sa maison. Qu'importait qu'il conservât Lacédémone si l'imprenable citadelle, désormais byzantine, de Mistra dominait toute la Laconie, si le Grand Magne fournissait aux montagnards maïnotes et même mélinges du Taygète, comme Géraki aux montagnards tzakoniens, un refuge à l'abri de toute atteinte, tandis qu'à Monemvasia les corsaires grecs trouveraient en toute saison un débarcadère assuré ? (3). Guillaume de Villehardouin, découvrant l'énormité de la faute commise, se hâta de faire cesser les anciennes discordes, de réaliser l'unité latine. Courant au plus pressé, il conclut la paix avec les Vénitiens en reconnaissant leur situation prépondérante en Eubée. Ceux-ci, non moins menacés que lui-même par la rentrée des Grecs à Constantinople, reconnurent de leur côté sa suzeraineté sur les terciers de l'île, condominium qui réalisait heureusement l'accord des deux partis (1262). Ajoutons que, dans la pratique, la suzeraineté moréote sur l'Eubée resta purement juridique et protocolaire, tandis que la tutelle vénitienne, basée sur la mainmise économique, alla toujours se resserrant. (4).

(1) *Chronique de Morée*, § 323-328 ; *Libro de los fechos*, § 301.
(2) Pachymère dans Buchon, *Recherches et matériaux*, I, p. 185.
(3) « A l'armée navale du *basileus*, note Nicéphore Grégoras, étaient venus se joindre les Laconiens, appelés Tzakoniens en langue vulgaire » (Nicéphore, t. I, p. 98. Cf. Buchon, *Recherches et matériaux*, t. I, p. 187). Voir Zakythinos, *Le despotat de Morée*, p. 21-24.
(4) Texte du traité vénéto-moréote dans Tafel et Thomas, *Urkunden*, III, 46-55 et dans Hopf, *Chroniques gréco-romanes* (édition de Sanudo), p. 108-111 ; Hopf, *Geschichte Griechenlands*, p. 285-286 ; Heyd, *Histoire du Commerce du Levant*, t. I, p. 283.

En réalité, comme le laissent deviner les circonstances au milieu desquelles le traité avait été conclu, il s'agissait là, entre le prince de Morée et Venise, d'une véritable alliance de guerre contre Michel Paléologue. C'était l'époque où l'Occident, ému de la chute de l'empire latin, parlait de recommencer la quatrième croisade Nul n'y songeait plus sérieusement que Venise qui avait tant perdu à la révolution de 1261. Quant à Guillaume de Villehardouin, il n'avait pas à chercher les Byzantins à Constantinople, puisqu'il les trouvait désormais chez lui. Jusqu'à sa mort, il n'eut qu'un but : recouvrer les forteresses perdues de la Laconie. Mis au courant de ses intentions, l'empereur Michel Paléologue envoya à Mistra de puissants renforts ; ses troupes prirent l'offensive et, par une attaque brusquée, marchèrent à travers l'Arcadie sur Andravida en Élide, capitale de la principauté (1). Les montagnards grecs du pays de Skorta, acclamant le retour des bannières impériales, se joignirent avec enthousiasme à elles. C'était la révolte de l'élément indigène coïncidant avec l'invasion. La situation ne pouvait être plus grave. Pour comble de malheur, Guillaume de Villehardouin se trouvait alors absent (il était à Corinthe pour attendre les secours du duc d'Athènes, du marquis de Bodonitza et des autres barons de l'Hellade centrale). Le plus brillant paladin de la Morée, Geoffroi de Bruyères, sire de Karytaina, oubliant son devoir de soldat pour une intrigue amoureuse à l'heure de la bataille, venait de partir pour Naples en enlevant la jeune femme d'un vieux chevalier, Jean de Catavas ou de Carevas (2). C'était justement Jean de Catavas que Guillaume de Villehardouin avait chargé de commander en son absence l'armée de la principauté. Jean était vieux et podagre, mais il se conduisit en bon capitaine, alla au-devant des Byzantins, les mit en complète déroute à Prinitza (« la Brenice »), près de l'ancienne Pise, en Élide, dégagea cette province et les rejeta sur Mistra (1263) (3). Le danger avait été d'autant plus grand que les Grecs de la Skorta, sujets de Guillaume de Villehardouin, n'attendaient qu'une occasion pour se révolter, ce qu'ils firent d'ailleurs l'année suivante. En 1264, en effet, la lutte recommença. Guillaume de Villehardouin, avec un autre de ses lieutenants, Ancelin de Toucy qui commandait son avant garde, remporta alors sur les Byzantins dans le défilé de Makry-

---

(1) *Chronique de Morée*, § 337.
(2) *Chronique de Morée*, § 399-414.
(3) *Chronique de Morée*, § 338, 347, ap. Longnon, p. 128 ; *Chronique grecque de Morée*, vers 4779 et sq. Cf. Buchon, *Histoire des conquêtes*, p. 329-332 ; Zakythinos, *Despotat de Morée*, p. 36-39. Au cours d'une campagne précédente, une armée byzantine partie de la Laconie, avait une première fois menacé l'Élide. Guillaume de Villehardouin qui se trouvait alors à Andravida, marcha au devant des ennemis et les mit en déroute à un mille de Sergiana. Les chroniqueurs nous montrent le général byzantin Cantacuzène restant parmi les morts (*Libro de los fechos*, § 338-345).

plagi, entre Diavolitsi et Mégalopolis, une seconde victoire encore plus complète qui acheva de dégager l'Arcadie comme l'Élide, et qui obligea les Grecs de la Skorta à rentrer dans l'obéissance, mais, malgré tous ses efforts, il ne put reprendre Mistra (1).

L'épreuve était concluante. Il était établi qu'en rase campagne les Latins conservaient toute leur supériorité militaire sur les Grecs. En revanche, derrière les murailles de Mistra ou du Grand Magne ceux-ci étaient inexpugnables. Les fatales cessions de 1262 ne pourraient jamais être réparées. Désespérant de reconstituer par ses propres moyens l'intégrité territoriale de la principauté de Morée, Guillaume de Villehardouin s'adressa au roi français de Sicile, Charles d'Anjou, universel prétendant qui aspirait à tous les trônes de l'Orient latin. Précisément l'ancien empereur latin de Constantinople, Baudouin II, venait, par le traité de Viterbe du 27 mai 1267, de céder à Charles la suzeraineté de la Morée (2). Guillaume se rendit à Naples auprès de son nouveau suzerain avec lequel il conclut un pacte étroit (1268). Il fiança sa fille aînée Isabelle à l'un des fils de Charles d'Anjou et, bien que les deux « fiancés » ne fussent encore que des enfants, l'héritage de la principauté de Morée — Guillaume n'ayant pas de fils — fut dès lors assuré aux Angevins (3).

La décision de Guillaume de Villehardouin se comprend. Charles d'Anjou n'était pas seulement roi de Sicile et comte de Provence. Il se trouvait à cette époque l'arbitre de l'Italie. Suzerain de la Morée, ayant acquis les droits du dernier empereur latin de Constantinople, il allait de surcroît devenir roi de Jérusalem ou, tout au moins, de Saint-Jean-d'Acre (1277). Qui mieux que ce puissant monarque pouvait rendre à la principauté de Morée ses forteresses perdues, chasser les Byzantins de Mistra comme il se vantait de les chasser bientôt de Constantinople ? Le mariage d'un de ses fils avec Isabelle de Villehardouin semblait, pour la Morée latine, le gage du plus brillant avenir. En réalité, ces espérances allaient ici tout comme en Terre sainte se trouver cruellement déçues. Pour commencer, la mainmise angevine se montra aussi inopérante en Grèce qu'à Saint-Jean-

(1) *Chronique de Morée*, § 364-388. Cf. Buchon, *Histoire des conquêtes*, p. 338-342 ; Zakythinos, p. 40-43. Notons qu'Ancelin de Toucy savait le turc, ce qui lui permit d'établir une intimité précieuse avec un condottiere turc nommé Mélik qui venait d'abandonner le service des Byzantins pour celui de Guillaume de Villehardouin (*Libro de los fechos*, § 360-364). Sur l'alliance de Narjot de Toucy avec les Turcs Comans en 1238, voir plus haut, p. 465.

(2) Buchon, *Recherches et matériaux*, I, p. 192-193. Cf. Ducange (Buchon), *Histoire de l'empire de Constantinople*, t. I, p. 401 ; Miller, *The Latins in the Levant*, p. 127.

(3) La seconde fille de Guillaume de Villehardouin, Marguerite de Matagriffon, épousa Isnard de Sabran. Sur les titres de la maison des Baux à l'héritage de la principauté de Morée (voir plus loin, p. 522). Cf. Buchon, *Recherches et matériaux*, I, p. 261.

d'Acre. Pendant les dix ans qui restèrent à vivre à Guillaume de Villehardouin sous la suzeraineté de Charles d'Anjou, ce dernier ne fit pratiquement rien pour la Morée.

Guillaume de Villehardouin mourut à Kalamata le 1er mai 1278. De ce jour, la principauté de Morée ne fut plus qu'une dépendance du royaume italo-angevin (1).

Le duché d'Athènes d'Othon de la Roche à Gautier de Brienne

Nous avons raconté plus haut la fondation de la seigneurie d'Athènes et de Thèbes par le croisé Othon (ou Eudes) de la Roche, fils de Pons de la Roche-sur-Ognon, en Franche-Comté (2). Othon de la Roche avait été investi de ce fief par le roi de Thessalonique Boniface de Montferrat. Il ne fut mis en possession de Thèbes que vers 1211, mais occupa Athènes dès 1205 après l'expulsion de l'archevêque byzantin de cette ville, Michel Acominate. On a vu qu'en 1209, au premier « parlement » de Ravennika, il vint rendre hommage à l'empereur latin Henri de Hainaut. Il aida le prince d'Achaïe Geoffroi 1er de Villehardouin à enlever aux Grecs en 1210 la citadelle de l'Acrocorinthe, puis en 1212 Argos et Nauplie. En récompense, Geoffroi lui inféoda ses « droits de port » à Corinthe, Nauplie et Argos qu'Othon tint ainsi comme vassal de la principauté de Morée.

Le titre d'Othon de la Roche était « *dominus Athenarum* », « sire d'Athènes », traduit en grec *megas kyr*, « grand seigneur ». Vassal, pour sa seigneurie athénienne, de l'empereur latin, il n'apparaît pas qu'il l'ait été aussi, de ce chef, du prince de Morée dont il ne relevait que pour Corinthe, Argos et Nauplie. Depuis lors jusqu'à son départ en 1225 il eut un règne paisible, la nouvelle seigneurie n'ayant pas d'ennemis. Tout au plus voit-on Othon de la Roche en difficulté avec la cour romaine pour la possession de biens ecclésiastiques qu'on le soupçonnait de retenir indûment. Une lettre du pape Innocent III, de juillet 1210, adressée à l'archevêque de Thèbes et aux évêques de Damala et de Zeitoun l'en accuse expressément. En juin 1212, à propos de la création de l'archevêché de Corinthe, nouvelle lettre d'Innocent III adressée, cette fois, à Othon de la Roche et au prince de Morée Geoffroi 1er de Villehardouin pour leur enjoindre d'avoir à restituer des biens soustraits aux deux archevêchés de Corinthe et de Thèbes (3).

Othon de la Roche avait épousé Isabelle de Ray. Leurs fils et

---

(1) *Chronique de Morée*, § 442-455. *Libro de los fechos*, § 412-418.
(2) Sur Othon de la Roche, Buchon, *Recherches et matériaux*, I, p. 315-322 et *Nouvelles recherches*, I, p. LXXXIV-LXXXIX. Voir dans Hopf, *Chroniques gréco romanes*, p. 473 la généalogie des la Roche.
(3) Lettres d'Innocent III dans Buchon, *Recherches et matériaux*, I, p. 318-321.

petit-fils, Guy et Othon de Ray, restèrent tous les deux en France (Othon de Ray ne devait faire le voyage d'Athènes qu'en 1265, mais sans prétendre à la succession de cette seigneurie). En 1225, Othon de la Roche lui-même, sans doute repris par la nostalgie de sa Franche-Comté natale, rentra en France après avoir paisiblement régné vingt ans sur la cité de Périclès (1205-1225) (1). Il avait auparavant fait venir en Grèce son neveu, Guy Ier de la Roche (fils de son frère Pons de Flagey) qui lui succéda.

Guy Ier gouverna la baronnie d'Athènes et de Thèbes d'abord avec le titre de *mégas kyr* (1225-1260), puis sous le titre de duc (1260-1263). Nous avons vu qu'une tradition sans fondement, semble-t-il, veut que ce soit saint Louis qui lui ait décerné la couronne ducale que portèrent après lui tous ses successeurs (2). Nous avons vu également que, vassal du prince de Morée Guillaume Ier de Villehardouin au titre de la châtellenie de Corinthe et de la seigneurie d'Argos et de Nauplie, il n'en refusa pas moins le « service » réclamé par Guillaume dans les affaires d'Eubée, ce qui provoqua entre eux la guerre de Karydi (1258) (voir plus haut, p. 487). On sait aussi que Guillaume de Villehardouin lui pardonna sa révolte et lui rendit même ses fiefs péloponnésiens de Corinthe, Argos et Nauplie. D'ailleurs, les alliances de famille amortissaient ici les rancunes : Guy Ier avait épousé une nièce de Guillaume de Villehardouin. Il eut d'elle deux fils, Jean et Guillaume dont nous allons parler et trois filles : Alice qui épousa Jean II d'Ibelin, seigneur de Beyrouth, Catherine qui épousa Charles de Lagonesse, sénéchal de Sicile, et Isabelle qui fut mariée successivement à Geoffroi de Bruyères, seigneur de Karytaina et à Hugues de Brienne, comte de Lecce.

Guy Ier eut pour successeur son fils aîné Jean de la Roche (1263-1280). L'influence de ce prince fut considérable et se fit sentir jusqu'en Thessalie, pays qui formait alors le despotat grec de « Grande-Vlaquie », au pouvoir d'un rameau de la famille Ange (3). En 1275 l'intervention de Jean délivra le despote de Thessalie d'une invasion byzantine : la petite troupe du duc d'Athènes — 300 chevaliers d'après Pachymère, 500 hommes d'après Nicéphore Grégoras —, mit les Byzantins en déroute à la bataille de Néopatras (l'actuel Hypati) (4). Plus heureux que

---

(1) Othon de la Roche mourut en France en 1234.
(2) Cf. Buchon, *Recherches et matériaux*, I, p. 324-325.
(3) Cf. Sanudo, 136.
(4) Cf. Pachymère, l. IV, c. 26, 309, trad. Buchon dans *Recherches et matériaux*, I, p. 198-199 et Nicéphore Grégoras, l. IV, c. 9, *ibid.*, p. 327-328. Aussi Sanudo, ap. Hopf, *Chroniques gréco-romanes*, p. 121. Sanudo nous montre ici Jean de la Roche disant en grec à ses compagnons d'armes, au sujet de la nombreuse armée byzantine : « Beaucoup de peuple, mais peu d'hommes (πολὺς λοὸς, ὀλι οἱ ἀνθρωποι) ce qui montre à quel point la langue grecque était familière aux barons francs. Cette victoire de Jean de la Roche fut malheureusement suivie, dès 1275, du grave échec de ses alliés, les

le prince de Morée Guillaume de Villehardouin qui n'avait trouvé dans une intervention analogue que le désastre de Kastoria, Jean acquit à cette occasion un prestige considérable et fit figure d'arbitre entre les divers princes grecs. Jean défendit aussi les « terciers » véronais de l'Eubée et leurs protecteurs vénitiens contre les attaques des escadres byzantines. Il est vrai qu'au cours de cette intervention il eut précisément cette fois le sort de Guillaume de Villehardouin : il fut battu et capturé à Varonda (Vathondas) près d'Oréos par l'amiral impérial Licario, un redoutable aventurier italien passé au service de l'empereur Michel Paléologue. Jean fut conduit à Constantinople où il s'attendait peut-être à se voir demander des cessions de territoires aussi pénibles que dix-sept ans plus tôt Guillaume de Villehardouin, mais Michel Paléologue, qui songeait à lui donner une de ses filles, le reçut avec honneur et lui réserva des ménagements inattendus. C'était en effet l'époque où le roi de Sicile Charles d'Anjou préparait une nouvelle croisade pour reprendre Constantinople aux Byzantins. Dans la crainte de hâter le déclenchement de cette expédition en émettant des prétentions sur le duché d'Athènes, le *basileus* libéra presque aussitôt son prisonnier (1279) (1).

Jean mourut sans avoir contracté mariage (1280). Il eut pour successeur son frère Guillaume de la Roche qui avait été jusque-là seigneur de Livadia, en Béotie, ville, on le voit, érigée en grand fief au bénéfice d'un cadet. Guillaume qui régna sur le duché d'Athènes et de Thèbes de 1280 à 1287, fut en outre un moment bayle de Morée (1285-1287). Il épousa la fille du despote grec de Thessalie, la princesse Hélène Ange qui lui apporta en dot le district de Zeitoun (Lamia, en Phthiotide) et de Gardiki. A la mort de Guillaume (1287) Hélène exerça la régence pour leur fils mineur Guy II. En 1291, elle se remaria avec le baron français Hugues de Brienne qu'elle associa à la régence. Ce fut ainsi que la maison de Brienne s'assit sur les marches du trône.

Guy II (1287-1308) devait être le dernier des la Roche. On dirait qu'en lui se résume toute la séduction de cette brillante maison française installée au pied du Parthénon. Ayant atteint en 1294 sa majorité légale, il se fit à cette occasion armer chevalier par un de ses amis, Boniface de Vérone, au cours d'une scène de chanson de geste décrite par le chroniqueur Muntaner (2). En 1297, à la mort du despote de Thessalie Constantin, il fut.

---

terciers de l'Eubée et les Sanudi de Naxos, qui se firent maladroitement battre sur mer par les Byzantins près de Démétriade sur le golfe d'Almyro. Cf. Sanudo, *l. c.*, p. 122. Buchon, *Histoire des conquêtes*, I, p. 383-385.
(1) Cf. Nicéphore Grégoras, I, 95 ; Pachymère, I, p. 205 et l. V, c. 26-27, p. 410-413, trad. Buchon, dans *Recherches et matériaux*, I, p. 202-203 ; Sanudo, p. 125-126 et 136. Buchon, *Histoire des conquêtes*, I, p. 391-392.
(2) Muntaner, c. CCXLIV, trad. Buchon, *Chroniques étrangères*, p. 481-482.

en raison des liens de famille, chargé de la tutelle de l'héritier de ce prince, tutelle qu'il exerça, selon le code de l'honneur féodal, avec une magnifique courtoisie et beaucoup de vigilance (1). La *Chronique de Morée* célèbre sa belle allure, son ardeur juvénile, sa fougue sportive au tournoi de Corinthe (mai 1304), quand, malgré la fragilité de sa constitution, il défia un des plus redoutables jouteurs du temps, le chevalier Guillaume Bouchart (2). De ces joutes qui, sous le regard des châtelaines, réunissaient l'élite de la chevalerie française de Grèce, Guy II rapporta une réputation de paladin, « le plus puissant homme après le prince (de Morée) et le mieux chevauchant ». Et ce dernier éloge était le plus flatteur que pût décerner chroniqueur du temps.

L'intérêt porté aux derniers ducs d'Athènes par la *Chronique de Morée* s'explique par des raisons de date : le centre de gravité de la civilisation française en Grèce se déplaçait maintenant du Péloponnèse vers l'Attique et la Béotie. Depuis la bataille de Pélagonie (1259) et la réinstallation des Byzantins en Laconie (1262), depuis surtout que la principauté de Morée n'était plus qu'une dépendance de l'Italie angevine (1278) et que, de ce fait, ses titulaires habitaient le plus souvent l'Italie, le duché d'Athènes se trouvait l'État le plus florissant de la Grèce latine. Ses ducs, eux, étaient pratiquement indépendants et surtout ils résidaient. C'est d'ailleurs à Thèbes, de préférence à Athènes, qu'ils séjournaient le plus volontiers, car la plaine béotienne se prêtait mieux que la rocheuse Attique aux évolutions de leur nombreuse cavalerie. Leur cour, qu'elle se tînt à « Estives » ou à « Satines » (les noms de Thèbes et d'Athènes dans la langue de nos chroniqueurs), était une des plus brillantes du temps et, autant que celle d'Andravida, un actif foyer de la « prud'homie » et de la « courtoisie » françaises selon d'idéal de Villehardouin, de Joinville et du *Livre de la Conqueste* (3).

Cependant, malgré son amour pour le rude jeu des lices, Guy II, nous l'avons dit, était de santé fragile (on peut, à divers symptômes, soupçonner chez cette brillante famille quelque épuisement physiologique : déjà son oncle Jean de la Roche était perclus de goutte). Les plaisirs achevèrent d'ébranler sa constitution et il mourut âgé seulement de vingt-huit ans le 5 octobre 1308, avant d'avoir eu le temps de consommer son mariage avec sa fiancée, Mathilde de Hainaut, héritière de la maison de Villehardouin. Faute d'héritier mâle des la Roche, le duché d'Athènes et de Thèbes passa à Gautier V de Brienne, cousin de Guy II par les femmes.

Gautier de Brienne tenait au duché d'Athènes par des liens

(1) *Chronique de Morée*, § 873-908.
(2) *Chronique de Morée*, § 1018-1021.
(3) Voyez la réception de Muntaner par Guy II (Muntaner, c. CCXXXVIII).

étroits. Il était fils de Hugues de Brienne et d'Isabelle de la Roche, sœur du duc Guy Ier. D'autre part Hugues de Brienne, devenu veuf d'Isabelle, avait, on l'a vu, épousé en secondes noces la duchesse Hélène, veuve du duc Guillaume de la Roche et avait été, à ce titre, associé à la régence pendant la minorité de Guy II (1).

Gautier avait donc les titres les plus incontestables à l'héritage de la dynastie des la Roche. En même temps, ce n'était pas un étranger pour le pays, où il était connu de longue date. Malheureusement, comme on le verra, il n'avait aucune qualité de gouvernement. C'était Philippe de Valois succédant aux Capétiens directs. Et le Crécy vers lequel il allait, sa défaite par la Grande Compagnie catalane sur les bords du lac Copaïs en 1311 — bien autrement grave que notre Crécy français — allait marquer la fin de ce brillant État bourguignon de l'Hellade centrale.

Gautier de Brienne sera le dernier duc français d'Athènes.

4. La vie en Morée sous les Villehardouin

Le prince et les barons d'après les Assises et la Chronique de Morée

En Morée, la situation respective de la dynastie et de la féodalité se présente un peu comme en Chypre et à l'opposé de ce qui s'était passé à Jérusalem. A Jérusalem, on s'en souvient, Godefroi de Bouillon avait été choisi par ses pairs. En Morée, Guillaume de Champlitte a été investi par le roi de Thessalonique et il a, à son tour, inféodé la terre à ses propres compagnons. La couronne est donc, comme en Chypre, « antérieure à la féodalité » (2). Quant à la transmission du pouvoir, nos sources veulent nous persuader qu'elle a été parfaitement régulière. Guillaume de Champlitte, en rentrant en France, aurait (du moins si nous en croyons la *Chronique de Morée*) désigné Geoffroi Ier de Villehardouin pour lui succéder dans le cas où, au bout d'un an et un jour après son décès, il ne se serait pas présenté d'héritier des Champlitte (3). La même source, il est vrai, ne nous dissimule pas comment Geoffroi Ier, avec une rouerie de procureur, réussit à faire jouer en sa faveur la lettre de cette clause. Nous avons raconté plus haut cette véritable comédie : en jouant à cache-cache avec l'héritier des Champlitte, il le « lanterna » si bien que quand ce dernier arriva enfin auprès de lui, le délai légal venait d'expirer depuis huitaine, et ce fut par ce tour de

---

(1) Cf. Buchon, *Nouvelles Recherches*, I, 1, 231-233.
(2) Jean Longnon, *Les Français d'Outre-mer*, p. 219.
(3) *Chronique de Morée*, § 125, 140-171.

passe-passe que Geoffroi devint prince de Morée. On remarquera que les juristes qui ont inspiré notre chronique n'ont rien à redire au procédé : la lettre des « coutumes » était pour le sire de Villehardouin comme étaient pour lui, nous l'avons montré plus haut, l'antériorité de la possession et le fait accompli. Au reste, le jugement de la Haute Cour rendu à cette occasion — toujours si nous en croyons la *Chronique de Morée* —, aurait porté moins sur le choix du prince, que sur l'interprétation de la clause testamentaire. Il ne s'agissait pas pour elle d'élire un nouveau seigneur, mais d'exécuter les volontés du seigneur précédent. Et depuis lors (1210) jusqu'en 1278 la couronne se transmit directement, sans aucune contestation, de Geoffroi Ier à son fils aîné Geoffroi II(v.1229) puis au frère cadet de Geoffroi II, Guillaume de Villehardouin (1246). Ils étaient princes de droit. La Haute Cour n'avait pas à les choisir ou désigner, mais simplement à les reconnaître comme héritiers légitimes, à prendre acte de cette légitimité. Elle agissait là moins peut-être comme organe constitutionnel que comme office d'état civil et chambre d'enregistrement.

Aussi l'histoire des Villehardouin ne connaît-elle pas (à une exception près, que nous allons rappeler) les révoltes féodales qui avaient si souvent agité la Terre sainte. Contrairement aux précédents de Jérusalem, de Saint-Jean-d'Acre ou de Tripoli, on ne voit pas ici d'opposition féodale. La seule qu'on puisse signaler est celle de 1258, quand Guillaume eut à briser la résistance du seigneur d'Athènes Guy Ier de la Roche. Encore les relations de la seigneurie d'Athènes avec la principauté de Morée n'avaient-elles jamais été clairement définies jusque-là. Guy, nous l'avons constaté, pouvait se considérer comme ne relevant pas de la Morée pour Athènes et pour Thèbes, mais seulement pour les fiefs d'Argos et de Nauplie qui, en 1212, avaient été concédés à son père par Geoffroi Ier.

Plus délicat encore, on l'a vu, mais juridiquement moins douteux, fut dans cette révolte le cas de Geoffroi de Bruyères, sire de Karytaina. Ou plutôt le point de droit ici ne se posait point. Le « sire de Carantaine » avait beau être le gendre de Guy de la Roche, c'était incontestablement un des principaux barons de la principauté. Le devoir féodal le plus strict aurait dû lui faire rejoindre l'oriflamme des Villehardouin. Nous savons que, « fol » et galant comme il l'était, il préféra suivre les beaux yeux de la princesse athénienne qu'il avait épousée et que ce modèle de chevalerie en arriva ainsi à trahir la foi jurée à son seigneur. Il est vrai qu'au point de vue familial aussi il pouvait avoir le cœur partagé puisque Guillaume n'était pas seulement son suzerain légitime, mais aussi son oncle. En résumé, si la lutte de Guy de la Roche contre Guillaume de Villehardouin ne représentait pas une révolte féodale à proprement parler, la révolte féodale était patente dans le cas de Geoffroi de Bruyères. Au reste comme on l'a vu, la victoire de Guillaume au mont Karydi (1258) les ramena tous deux à l'obéissance et établit définitivement la suzeraineté de la principauté sur les trois seigneuries latines de l'Hellade, celles d'Athènes, de Salone et de Bodonitza.

Les grands vassaux de la principauté de Morée

Quand on parle de la principauté de Morée, il convient de distinguer les grandes baronnies extérieures qui, au moins depuis 1258, lui devaient hommage, et les fiefs intérieurs au Péloponnèse. Les baronnies extérieures étaient d'après les *Assises de Romanie* : le duché d'Athènes, le duché (vénitien) de Naxos, les trois baronnies des « terciers » en Eubée, le marquisat de Bodonitza (Thermopyles) et le comté de Céphalonie, à quoi, bien que non mentionnée par les *Assises de Romanie*, il faut sans doute ajouter la seigneurie de « la Sole » (Salone, Amphissa). Les *Assises* — qui paraissent ici confondre les deux catégories que nous avons distinguées plus haut — ajoutent à la liste des baronnies extérieures quatre grands fiefs situés dans le Péloponnèse même, les seigneuries de Karytaina, de Patras, de Matagriffon et de Kalavryta. Les possesseurs de ces onze fiefs, auxquels les *Assises* adjoignent le « maréchal de Romanie », portaient le titre de *bers de terre* et avaient rang de pairs à la cour princière, « pairs de Messire le Prince » (1).

Comme on le voit, nous avons affaire ici à la volonté très nette de retrouver en Grèce douze *bers de terre* comme il y avait douze pairs dans le cycle carolingien ; c'est ainsi que, pour pouvoir inclure dans la liste le maréchal de Romanie, on omet le seigneur de Salone. Du reste, la liste ainsi établie semble assez artificielle : si le duché d'Athènes resta fort étroitement associé à la vie de la principauté, d'autres vassaux extérieurs, par exemple le duc Sanudo de Naxos, ne furent jamais que très protocolairement rattachés à la cour d' « Andreville », encore que nous les voyons figurer dans certaines réunions exceptionnelles, « parlements » ou prises d'armes contre les Grecs. C'est ainsi que, lors du « parlement » de Corinthe de mai 1304, le prince de Morée Philippe de Savoie convoquera, à côté du duc d'Athènes et des autres barons de l'Hellade centrale (Bodonitza, Salone), les terciers de l'Eubée et le duc Sanudo de Naxos. On se rappelle que c'est l'empereur latin Baudouin II qui, en 1236-1237, avait remercié Geoffroi II de Villehardouin de son aide en lui conférant la suzeraineté sur le

---

(1) *Assises de Romanie*, § 43 a, éd. Recoura, p. 191.

duché de Naxos, sur les terciers de l'Eubée et sur le marquisat de Bodonitza (voir plus haut, p. 483).

L'ordre duodénaire n'était pas adopté seulement pour les « bers de terre ». Dans le Péloponnèse même, la hiérarchie féodale comportait les douze grands vassaux ou *liges* dont nous avons plus haut donné la liste (p. 479), sans parler de nombreux petits vassaux ou « hommes de plein hommage » (1). La distinction entre les premiers et les seconds est à noter et oppose une fois de plus les institutions moréotes à celles de Terre sainte. « Le royaume de Jérusalem, remarque à ce sujet Recoura, était réglé par le principe de la ligesse unique qui met tous les feudataires au même niveau, les subordonnant tous également à l'autorité du roi (2). Au contraire, toute la législation des *Assises de Romanie* a été constituée pour établir les privilèges des liges qui forment une classe restreinte et fermée de grands feudataires. En *Romanie*, la classe des liges, pourvue de tous les privilèges, se distingue avec la plus grande netteté de la masse des vassaux de simple hommage (3). » Une autre particularité des institutions moréotes était la hiérarchie des tenures comportant des privilèges en matière successorale pour celles qui dataient de la conquête. les « fiefs de conquête » étant transmissibles à tous les héritiers directs ou indirects, tandis que les simples « fiefs de donation » ne pouvaient se transmettre qu'aux héritiers directs (4).

Il y avait là, dans les familles des premiers conquérants, la volonté de se constituer en une sorte de syndicat pour se réserver les principaux avantages de la conquête. La distinction ainsi établie entre, si l'on peut dire, barons de première ou de seconde zone, ne put se maintenir que parce que la Morée fut longtemps une terre paisible, à l'abri des attaques extérieures, où aucune menace sérieuse ne venait bouleverser l'ordre établi. Une distinction aussi artificielle n'aurait pu subsister longtemps dans le royaume de Jérusalem où les fiefs passaient sans cesse de main en main, suivant les péripéties de la guerre sainte. Enfin, — mais nous nous trouvons ici sous le régime féodal habituel — les douze baronnies du Péloponnèse se divisaient elles-mêmes en arrière-fiefs dont les uns, les « fiefs de domaine », restaient en propre au baron et les autres, les « fiefs d'hommage », étaient inféodés par celui-ci à ses vassaux. La baronnie de Matagriffon, la plus considérable, comptait ainsi 24 fiefs dont 15 « de domaine » et neuf « d'hommage » (5).

(1) *Assises*, § 47 *a*.
(2) Cf. plus haut, p. 479-480.
(3) Recoura, dans son éd. des *Assises de Romanie*, p. 22.
(4) *Ibid.*, p. xvii. Cf. *Chronique de Morée*, § 241.
(5) *Chronique*, § 525. Cf. Longnon, *Français d'Outre-mer*, p. 229.

Aux baronnies laïques, il faut ajouter les fiefs ecclésiastiques dont les possesseurs étaient l'archevêque de Patras avec ses six suffragants, les évêques d'Oléna, de Modon, de Coron, de Véligosti, d'Amyclée et de Lacédémone. Nous avons vu l'archevêque de Patras entrer en lutte avec Geoffroi II à propos de la contribution demandée aux fiefs ecclésiastiques pour la guerre contre les Grecs.

En somme, la Morée des Villehardouin est le modèle même de l'État féodal selon le type français du xiiie siècle. N'ayant connu ni la menace extérieure constante qui avait été le régime quotidien du royaume de Jérusalem, ni les drames de cour qui agitèrent si fréquemment le royaume Lusignan de Chypre, il ne lui manqua, pour survivre, qu'une chose : le miracle capétien, je veux dire la continuité dynastique en ligne masculine.

La cour et les grandes charges

La cour d'« Andreville » avait une organisation analogue à celles de Jérusalem et de Chypre, à cette différence près que les charges et fonctions s'inspiraient à la fois du type français et du type byzantin et que les titres nous en sont donnés sous cette double transcription. Le pouvoir central était représenté par le prince entouré de ses grands officiers, parmi lesquels on voit le maréchal *(prôtostratoras)* qui commandait l'armée en l'absence du prince. Le maréchalat était héréditaire dans la famille de Neuilly d'où il passa par mariage dans la famille de Saint-Omer (par le mariage de Jean de Saint-Omer avec Marguerite de Neuilly, dame de Passava et d'Akova, en 1270) (1). Notons aussi le chancelier *(logothétès)*, le chambellan *(prôtobistiarès)*, le connétable *(kontostaulos)* que suppléait le maréchal (la connétablie était héréditaire dans la famille de Chauderon, d'où elle se transmit à la famille, d'origine vénitienne, des Ghisi), le trésorier *(trizouriérès)* et l'inspecteur des fortifications *(probeourès tôn kastrôn)*.

Constitution de la principauté de Morée

La principauté de Morée est, comme les royaumes de Jérusalem et de Chypre, une monarchie constitutionnelle, en ce sens que le prince est astreint à respecter les droits et privilèges de la noblesse et que les « coutumes » et « usances » qui le lient à cet égard jouent le rôle d'une véritable constitution. Les textes rédigés par les juristes moréotes sont ici formels. A son avènement, disent les *Assises de Romanie,* le prince de Morée doit « être présent personnellement » pour « jurer en la main de ses barons,

---

(1) *Libro de los fechos,* § 387.

hommes liges et fidèles et de ses autres sujets qu'il maintiendra et garantira et fera maintenir et garantir de tout son pouvoir par ses officiers toutes les franchises et usances de l'empire de Romanie. Et après que Messire le Prince aura fait ce serment à ses barons, lesdits barons et hommes liges sont tenus de faire audit prince hommage, ligesse et fidélité (1) ».

Il ne s'agit point là de simples clauses de style. L'hommage des barons est subordonné à des conditions fort précises. Dans le cas où le nouveau prince se ferait remplacer par un bayle, les liges pourront refuser de prêter serment à toute autre personne qu'au prince. Mieux encore, la réunion du prince et des liges ne suffira point. Il faudra en outre que la prestation du serment ait lieu sur la terre même de la principauté (2). Nous avons vu que c'est une considération de même ordre qui avait permis aux barons de Terre sainte de refuser leur obéissance effective à Conrad IV de Hohenstaufen sous prétexte que ce dernier n'avait pas mis les pieds outre-mer.

En Morée comme en Terre sainte, l'espèce de monarchie constitutionnelle que nous entrevoyons là s'accompagne d'une sorte de parlementarisme féodal. A Andravida comme à Saint-Jean-d'Acre, les barons dont le pouvoir limite ainsi l'autorité du prince, exercent ce pouvoir réunis en Haute Cour. Dans les deux pays, la Haute Cour ou Parlement forme à la fois le conseil du prince et la cour supérieure de justice. C'est elle qui décide sur les cas féodaux (3). Si l'un des liges a, devant la Haute Cour, contestation avec le prince, le prince, pour n'être pas juge et partie, doit ce jour-là se faire suppléer à la présidence de l'assemblée (4).

Ce contrôle féodal limite singulièrement l'initiative du prince. Ni le droit de justice ni le droit fiscal n'appartiennent intégralement à celui-ci Le prince ne peut en droit punir ses feudataires ou lever de nouveaux impôts sans le consentement de la majorité des liges ; il ne peut arrêter un lige que pour homicide ou haute trahison ; il ne peut même céder de territoire à l'ennemi sans le consentement de la Haute Cour (5). Nous avons vu par l'exemple du parlement de Nikli en 1262 que cette dernière clause est rigoureusement observée, même quand l'aliénation de territoire est indispensable pour délivrer le prince de captivité.

En revanche, et comme à Jérusalem ou à Nicosie, les obligations des vassaux sont nombreuses. Tous doivent par an au prince quatre mois de service en campagne et quatre mois de service

---

(1) *Assises de Romanie*, § 2 *m* (Recoura, p. 154-155).
(2) *Chronique grecque*, vers 7881-7901.
(3) J. Longnon, *Français d'Outre-mer*, p. 130.
(4) *Assises*, § 8 *a*.
(5) Cf. *Chronique de Morée*, § 323-328.

de garnison (1). Chaque baron possédant plus de quatre fiefs doit servir par lui-même avec un chevalier et deux sergents pour chaque fief ; les barons de quatre fiefs, avec un chevalier et douze sergents (2). Les princes de Morée pouvaient ainsi réunir dans le seul Péloponnèse une armée de 300 à 400 cavaliers et sans doute le double de fantassins, à quoi il faut ajouter, le cas échéant, les contingents des pairs extérieurs, par exemple environ 200 cavaliers pour le duc d'Athènes (3).

On ne remarque pas qu'en Morée les liges aient protesté, comme ils le firent en Chypre, contre la fréquence des « périodes » militaires. A notre connaissance, rien de semblable au manifeste de Jacques d'Ibelin déniant en 1271 au roi Hugues III le droit de conduire la chevalerie chypriote en Terre sainte. C'est que les expéditions des Villehardouin, même les plus lointaines (en Épire ou à Constantinople par exemple), ne pouvaient se comparer à la terrible guerre musulmane. Nous avons, il est vrai, remarqué un refus de servir, celui de Geoffroi de Bruyères, en 1258, mais le motif qui inspirait ici le sire de Karytaina, d'ordre purement sentimental et privé, ne relevait en rien de considérations juridiques.

Le pouvoir judiciaire en Morée comme à Jérusalem et en Chypre était représenté, on l'a vu, par la Haute Cour, mais il existait là aussi une Cour des Bourgeois, laquelle s'égeait à Klarentza. En effet entre la noblesse et les vilains prenait rang — toujours comme en Terre sainte et en Chypre — une bourgeoisie d'*hommes francs* (c'est-à-dire libres) à laquelle s'assimilaient naturellement les riches marchands italiens et sans doute aussi une partie de la population citadine grecque (4). A cet égard encore nous retrouvons la même constitution sociale qu'en Terre sainte : à Antioche notamment nous avons vu les citadins de rite grec assimilés à la bourgeoisie franque et faisant partie, avec elle, de la commune instituée en 1194 sous les auspices du patriarcat (voir plus haut, p. 303).

La question de l'élément grec

La colonisation latine en Morée se trouvait placée devant le même problème qu'en Chypre : celui de l'élément grec.

Problème en réalité insoluble. En Morée comme en Chypre la colonisation latine se limitait pratiquement aux cadres nobiliaires français, plus tard franco-italiens, et à la classe commer-

(1) *Assises*, § 70-71.
(2) *Chronique de Morée*, § 129-130.
(3) Jean Longnon, *Français d'Outre mer*, p. 236, d'après *Chronique de Morée*, § 461, 475 c et 982.
(4) Jean Longnon, *Français d'Outre mer*, p. 232.

çante italienne. Le fond de la population rurale et aussi citadine restait composé de Grecs. Ces Grecs, il ne pouvait être question de les éliminer ni même de les opprimer systématiquement. Force fut donc de chercher un *modus vivendi* avec eux. On a vu qu'au moment de la conquête les « archontes », c'est-à-dire les riches propriétaires grecs de l'Élide et de l'Arcadie, puis de la Laconie avaient, les uns après les autres, accepté la domination latine sous condition de conserver une partie de leurs *latifundia* mués en fiefs et en entrant ainsi dans la hiérarchie sociale franque : « Li noble homme dou plain de la Morée et le pueple des casaux de toute la contrée et des montagnes de l'Escorta, dit la *Chronique de Morée*, si se accordèrent avec le Champenois (Guillaume de Champlitte) en tel manière que li gentil homme grec qui tenoient fiez et terres et casaux, eust cescun et tenist selonc sa qualité et le surplus fust départi à nostre gent, et que le pueple payassent et servicent ainxi comme il estoit usé à la seignorie de l'empereor de Costantinople (1). » La *Chronique de Morée* nous dit ailleurs qu'en 1209 on constitua, en vue du partage des fiefs, une commission composée de deux chevaliers, de deux prélats latins et de quatre « archontes » grecs (2).

Un tel texte éclaire d'un jour nouveau l'histoire des rapports franco-helléniques. Ainsi, la redistribution du sol se fait à l'amiable, sur un pied d'égalité. Dans la commission de répartition, les vainqueurs ne cherchent même pas à s'attribuer la majorité des voix, ce qui nous incline à admettre que la même égalité régna dans le partage des fiefs, tout au moins des arrière-fiefs.

Les résultats de ce libéralisme furent considérables. D'une part, l'élément grec conserva en Morée une importance sociale bien plus grande qu'en Chypre où nous n'avons pas aperçu envers les Grecs de ménagements de cet ordre. D'autre part, le système féodal s'implanta dans la société grecque elle-même. La principauté de Morée se donna et conserva ainsi, à côté de la féodalité latine, une féodalité indigène. Les *Assises de Romanie* défendent les droits des *archontes* au même titre que ceux des seigneurs latins : « Dans les fiefs des feudataires grecs tenus de longue date, dit le paragraphe 138, les fils et les filles succèdent également (3). » Certains archontes accédèrent même, nous le savons, aux grandes charges de la cour (4). Ces Grecs ralliés à la cause latine firent souvent preuve d'un véritable patriotisme franc, comme le prouve le ton de la chronique grecque. Nous

(1) *Chronique de Morée*, § 106-107. Cf. aussi § 133 ; *Chronique grecque*, vers 2093-2094.
(2) *Chronique de Morée*, § 120-121. Cf. Recoura, *Assises de Romanie*, p. 33-34.
(3) *Assises de Romanie*, § 138.
(4) J. Longnon, *Français d'Outre-mer*, p. 212, citant la *Chronique de Morée*.

voyons d'autre part, sous la rubrique des années 1262 et suivantes, que dans sa lutte contre les Byzantins de Mistra Geoffroi de Bruyères, sire de Karytaina, n'eut pas de meilleurs auxiliaires que ses sujets grecs : « La plus grande guerre qu'il leur faisait (aux Byzantins), il la faisait avec ses Grecs qui étaient très vaillants et fidèles et loyaux, parce qu'ils avaient été nourris et élevés par lui (1). »

En somme, la dynastie des Villehardouin en Morée, bien plus que celle des Lusignan en Chypre, fit preuve, dès le début, d'un réel philhellénisme.

Le point délicat pour les Latins en pays grecs, — nous l'avons vu à propos de Chypre comme de l'empire latin de Constantinople —, était celui des rapports avec le clergé orthodoxe. Les rapports entre seigneurs latins et archontes grecs pouvaient devenir cordiaux. Ils restaient toujours tendus entre les deux Églises. Cependant il semble qu'en Morée cette tension se soit réduite au minimum. Le clergé grec resta, dans la plupart des cas, en possession de ses biens et la dynastie régnante paraît n'avoir appuyé aucun prosélytisme de la part du clergé latin (2). Selon la remarque de W. Miller, on a pu voir les princes de Morée lutter contre le clergé latin, ce qui fut le cas de Geoffroi II dans l'affaire de la saisie des revenus ecclésiastiques pour la construction du château de Clairmont (3), mais on ne connaît pas de mesure analogue contre le clergé grec (4). Tout au plus limita-t-on le nombre des prêtres ruraux grecs, comme en Chypre on avait limité le nombre de paysans admis à entrer dans les monastères orthodoxes (voir p. 376).

Nous avons vu en Terre sainte le métissage se pratiquer sur une assez grande échelle entre les colons francs et les femmes syriennes et produire la race mixte des *Poulains*. En Morée, les unions entre Latins et Grecs furent non moins nombreuses. Les métis qui en sortirent étaient connus sous le nom de *Gasmules* dont l'étymologie proviendrait du mot français *gars* et du grec moréote *moulos* qui signifie bâtard (5). Nés de pères francs et de mères grecques, ils présentaient, dit Pachymère, « la prudente adresse des uns et le fougueux courage des autres » (6). Bien mieux : comme princes de Morée et ducs d'Athènes — pour ne citer que ceux-là — épousèrent souvent des princesses grecques, les deux dynasties finirent par être, elles aussi, des maisons « gasmules » ; Guillaume de Villehardouin épousa en 1259 Anne Ange

---

(1) *Libro de los fechos*, § 313.
(2) *Chronique de Morée*, § 133.
(3) *Chronique grecque de Morée*, vers 2640 et sq. Traduction par Buchon dans son éd. de la *Chronique française* (*Le livre de la conqueste*, 1845), p. 80-83.
(4) Cf. W. Miller, *The Latins in the Levant*, p. 59.
(5) Cf. Miller *The Latins in the Levant*, p. 121.
(6) Pachymère, 188.

Comnène, fille du despote Michel II d'Épire, et le duc d'Athènes Guillaume de la Roche (1280-1287) épousa une autre Grecque, Hélène Ange, fille du despote d'Épire Thomas. Les exemples iront se multipliant au xive et au xve siècle.

Maurice Barrès, dans son *Voyage de Sparte*, a rêvé aux jeunes filles gasmules du xiiie siècle. « Une jeune gasmule s'avance, d'une allure bondissante. Quand elle pénètre dans la vie des princes francs, ses demi-frères, c'est un jeune oiseau cruel dont la présence fait taire les humbles bosquets chanteurs. Son regard, l'éclat de ses joues, l'harmonie de son corps, son épaule nue, l'approche de son secret exigent-ils que l'on meure ? Les Francs aventureux ont fondu à cette flamme (1). » Ajoutons que la fidélité des *gasmules* envers l'autorité latine fut souvent assez douteuse. Après la réoccupation des forteresses laconiennes par les Byzantins, en 1262, on les vit prendre en grand nombre du service dans les armées des Paléologues. Ces derniers les préféraient à leurs propres troupes (2).

Les mœurs chevaleresques dans la Morée latine

La Morée des Villehardouin et l'Attique des la Roche, comme le royaume de Saint-Jean-d'Acre à l'époque des Ibelin ou comme le royaume Lusignan de Chypre, furent de brillants foyers de civilisation — cette civilisation française du xiiie siècle qui marqua un des points culminants de notre culture. A « Andreville » comme à Nicosie ou à Acre la francisation est évidente, attestée par toutes les sources. « Toujours depuis la conquête, écrit· le chroniqueur catalan Muntaner, les princes de Morée avaient pris femme dans les meilleures maisons de France et il en était de même des autres barons et chevaliers. Aussi disait-on que la plus noble chevalerie de France était la chevalerie de Morée. On y parlait aussi bon français qu'à Paris (3). » Un autre chroniqueur, le Vénitien Sanudo, nous dit dans le même esprit que cette cour de Morée, avec ses sept cents ou mille chevaliers, était, à l'époque de Guillaume de Villehardouin, « plus magnifique que celle d'un grand roi » (4). Quant au sentiment français, il est attesté par plusieurs textes. La *Chronique* nous montre, au « parlement » de Nikli, en 1258, Guillaume de Villehardouin et les membres de la Haute Cour s'en remettant, pour trancher le cas du seigneur d'Athènes Guy de la Roche, au jugement de saint Louis. Plus loin, la *Chronique* nous dit que dans la lutte

---

(1) *Le voyage de Sparte*, p. 265.
(2) Pachymère, l. 3, ch. 17, p. 208 de l'édition de Bonn, *ap.* Buchon, *Recherches et matériaux*, I, p. 120.
(3) Muntaner, ch. cclxi, trad. Buchon, *Chroniques étrangères*, p. 502. Cf. J. Longnon, *ap. Chronique de Morée*, p. x.
(4) Sanudo, *ap.* Hopf, *Chroniques gréco-romanes*, p. 102.

entre Charles d'Anjou et Conradin pour la possession du royaume de Sicile, Guillaume de Villehardouin vint se ranger sous les bannières angevines « parce qu'il était français » (1).

Nous pouvons, à l'aide de nos sources, reconstituer la vie à la cour de Morée — à « Andreville », cité qui faisait office de capitale, ou bien autour de « Clarence » (Klarentza, également en Élide) durant l'été, à « la Crémonie » (Lacédémone) ou autour de Kalamata, en Messénie, pendant l'hiver. Noms et « décor de la vie », tout ici était français. « Tout ce que le milieu de chevalerie et de courtoisie occidentale a pu produire de noblesse et de magnificence, écrit Jean Longnon, semble s'être épanoui sur le sol de Grèce. Au rapport des chroniqueurs, la principauté de Morée était considérée comme la plus brillante école de chevalerie (2). » Que la précieuse *Chronique* nous parle de Guillaume de Villehardouin ou des ducs d'Athènes Jean (1263-1280) et Guy II de la Roche (1287-1308), ce ne sont que réceptions magnifiques, tournois, discussions de points de droit féodal où les parties adverses rivalisent de courtoisie et de bonne grâce, prises d'armes chevaleresques pour le droit et l'honneur. Tous ces barons sont « prud'homes, courtois et bien disants », capables de se faire hacher pour les couleurs de leur dame, avec cela malicieux à la manière de notre Villehardouin et de notre Joinville, leurs compatriotes. La chance les avait d'ailleurs favorisés. Ils étaient partis pour la guerre sainte la plus meurtrière, vers les âpres solitudes de la Judée. Et voici qu'ils avaient trouvé les paysages de Grèce, le milieu hellénique, si vite rallié à leur domination, la douceur de vivre. Dans cette Attique et cette Morée du xiiie siècle où la vie leur était si facile, leur existence se déroulait en passes d'armes fastueuses, en plaisirs élégants. Aux tournois de Corinthe de mai 1304 qui sont comme la revue que se donne à elle-même cette belle noblesse française avant de disparaître dans le marais sanglant du lac Copaïs, on ne voit pas moins de mille jouteurs, tant chevaliers que hauts barons, ces derniers, tel Guy II de la Roche, se lançant dans la lice avec la même fougue que de simples chevaliers.

Un Geoffroi de Bruyères, sire de Karytaina, est le plus brillant représentant de cet idéal de « prud'homie ». Dans son *Voyage de Sparte*, Maurice Barrès s'est complu à évoquer sa physionomie en la replaçant dans son cadre : « Sur la paroi la plus lointaine, le rocher solitaire de Caritena... Le château de Caritena, trophée de notre race, attend, comme une rose de Jéricho, qu'une imagination puissante l'aide à refleurir. Tout le jour, je rôde sur les deux collines, dans l'église, sur toutes les pierrailles et, par l'étroit

---

(1) *Libro de los fechos*, § 401.
(2) Longnon, *Français d'Outre-mer*, p. 216.

sentier du pic desséché, je reviens au donjon que construisit, le lendemain de la conquête, le Champenois Messire Hugues de Bruyères (1). » Puis, le fils de Hugues, notre Geoffroi, le plus aimable héros d'une geste authentiquement vécue. Mais les qualités de Geoffroi avaient leur revers. « Les femmes eurent sur lui une extrême influence. Pour l'amour de celle qu'il épousa, il fit la guerre à son suzerain. » Cet éblouissant paladin se conduisit plus légèrement encore lorsqu'en pleine crise de 1262, à l'heure où les Byzantins envahissaient la Morée, il enleva sous un déguisement la jeune femme du sire de Catavas « laquelle était la plus belle dame de toute la Romanie », pour aller avec elle courir l'aventure le long des routes napolitaines, sous le pieux prétexte, il est vrai, de visiter ensemble les églises d'Italie (2). Mais les exploits de chevalerie font passer sur tout. Geoffroi de Bruyères, à son retour, sera pardonné (3). « Deux fois il vint, la corde au cou, demander grâce. Ses compagnons qu'il avait trahis, l'embrassèrent avec amour et tout le monde pleurait. C'était un si gentil compagnon et un si brave batailleur ! Il le fit bien voir quand il voulut, contre l'avis unanime des chefs, un combat follement inégal où tout son monde fut haché. » Il est vrai qu'ici encore il avait la plus magnifique excuse, non plus cette fois l'amour de sa dame, mais le respect de l'honneur, car ce fut pour ne pas forfaire, pour éviter une félonie qu'il entraîna toute la « France de Morée » dans l'héroïque et folle chevauchée de Kastoria (4).

Même atmosphère et toujours dans la *Chronique de Morée*, à propos des tournois qui se déroulèrent, on l'a vu, au « parlement » de Corinthe en mai 1304 et où le successeur des princes de Morée, Philippe de Savoie, et le duc d'Athènes Guy II de la Roche « joutent noblement » parmi les chevaliers en des chocs furieux qui n'étaient pas sans péril et qui n'en excitaient que davantage l'enthousiasme de la brillante assemblée (5). La belle attitude de Philippe de Savoie dans ces joutes lui fait pardonner par la *Chronique* les fautes de sa politique personnelle.

La littérature française en Morée

Comme la Syrie de croisade, comme Chypre des Lusignan, la Morée française a été un brillant foyer de notre littérature médiévale. « Ces conquérants se feront suivre de ménestrels et de troubadours. La *Chanson de Roland*, les poèmes de la *Table*

---

(1) Maurice Barrès, *Le Voyage de Sparte*, p. 251-253.
(2) *Chronique de Morée*, § 399-414 et 497 ; *Chronique grecque*, vers 7225-7232 ; Sanudo, *ap.* Hopf, *Chroniques gréco-romanes*, p. 117.
(3) *Libro de los fechos*, § 375-381.
(4) Voir plus haut, p. 492. Cf. *Chronique de Morée*, § 287-288.
(5) *Chronique de Morée*, § 1014-1021 (texte malheureusement incomplet).

Ronde, Lancelot du Lac et le *roi Arthur* envahiront à leur tour le domaine de l'Odyssée. » La principauté de Morée a d'ailleurs valu elle-même quelques œuvres intéressantes à notre littérature. La famille des Villehardouin avait donné l'exemple. On sait que le maréchal de Champagne et depuis maréchal de Romanie Geoffroi de Villehardouin (né vers 1148, mort entre 1212 et 1218) (1) est un des premiers et des plus grands prosateurs de notre langue. Son *Histoire de la conquête de Constantinople* fut vraisemblablement composée dans son fief de « Messinople » (Mosinopolis), en Thrace. Son neveu et homonyme, le deuxième prince de Morée Geoffroi Ier, aurait laissé des poésies « sur les thèmes courtois habituels : le loyal amour et la saison nouvelle ». Le quatrième prince de Morée, Guillaume de Villehardouin, est peut-être l'auteur véritable de ces chansons(2).

Il y a lieu de rappeler surtout deux textes en prose fort importants, dont il est regrettable que le premier tout au moins soit si peu mentionné dans nos manuels littéraires : les *Assises de Romanie* et la *Chronique de Morée*. Les *Assises* représentent le « coutumier de la principauté de Morée », demeuré sans doute oral pendant plus d'un siècle et qui, selon le regretté Recoura, fut codifié sous cette forme aux environs de 1320 (3). Quant à la *Chronique de Morée*, c'est, selon son dernier éditeur, Jean Longnon, la copie partielle d'un livre de la conquête de Constantinople et de la Morée, aujourd'hui perdu et qui avait été d'abord rédigé en italien, — probablement en dialecte vénitien —, entre 1305 et 1331. Le texte en vieux français aurait été écrit, d'après M. Longnon, entre 1331, ou mieux 1341 et 1346 (4). En tout état de cause, selon l'expression du savant médiéviste qui nous l'a définitivement restituée, la *Chronique de Morée* nous offre un récit « extrêmement vivant, romanesque même en certaines parties ; elle abonde en détails pittoresques, en descriptions et en traits de mœurs qui font revivre à nos yeux l'histoire merveilleuse des chevaliers français en Grèce (5) ». La version grecque, en vers, de cette même source, est non moins précieuse, d'abord parce qu'elle nous vaut des variantes et des développements qui comblent nombre de lacunes du texte en français, puis parce qu'elle nous montre sur le vif la collaboration étroite de l'élément

---

(1) Jean Longnon, *Recherches sur la vie de Villehardouin* (1939), p. 46 et 108.
(2) Sur Guillaume de V. poète, J. Longnon, *Romania*, LXV, 1939, 95.
(3) Entre 1316 et 1330. G. Recoura, *Les Assises de Romanie*, 1930, p. 45 et ibid., note 5 de Jean Longnon.
(4) Jean Longnon, dans son éd. de la *Chronique de Morée*, p. LXXXIV. M. Jean Longnon ajoute (*Français d'Outre-mer*, p. 247) que la version originale peut avoir été composée « par un personnage de l'entourage de Bartholomeo Ghisi, Vénitien francisé et connétable de Morée, qui la posséda vers 1330 ».
(5) Jean Longnon, *Français d'Outre-mer*, p. 248.

grec et de l'élément latin. Nous parlerons plus loin, à propos du grand-maître Heredia, de la version catalane.

Nous sommes moins favorisés pour l'histoire de l'art. Rien de comparable ici à Notre-Dame de Tortose ou aux cathédrales gothiques de Chypre. Il ne reste presque rien des églises que les Français avaient construites dans leurs capitales de l'Élide, « Andreville » et « Clarence ». On peut citer comme exemple du « gothique moréote » la petite église de l'Hypapandi à Athènes, dont l'abside et les absidioles subsistent seules et qui présente certains rapports avec des monuments du gothique du Languedoc et de Lombardie ; aussi le cloître de l'abbaye cistercienne de Daphni (« Delfinable ») en Attique, qui servait de sépulture aux ducs d'Athènes de la maison de la Roche et dont l'ordonnance rappelait celle du cloître de Pontigny. Et enfin l'église de Chalcis (« Nègrepont ») dont le chevet plat se rattache à l'école champenoise (1).

5. La Morée latine aux XIVe et XVe siècles

La Morée sous le gouvernement de Charles d'Anjou

Nous avons vu les mobiles, en soi parfaitement plausibles, qui avaient porté le prince de Morée Guillaume de Villehardouin, à partir 1268, à s'inféoder étroitement au roi de Sicile Charles d'Anjou en fiançant sa fille aînée Isabelle à l'un des fils de ce roi. Tant que vécut Guillaume, cette inféodation, si elle ne rapporta presque rien à la Morée, ne lui nuisit pas non plus : on pouvait toujours espérer que la reconquête de Constantinople, alors préparée par Charles d'Anjou, vaudrait à la principauté la récupération de Mistra et des autres forteresses laconiennes perdues en 1262. La mort de Guillaume de Villehardouin (1278), puis l'effondrement des projets de Charles d'Anjou aux Vêpres Siciliennes (1282) rendirent vaines ces espérances. Jusque-là, les princes de Morée, par suite de la décadence, puis de la disparition de l'empire latin, avaient été aussi indépendants « que s'ils fussent rois ». A partir de 1278, l'histoire de la principauté de Morée ne sera plus qu'un chapitre de l'histoire (assez inglorieuse) des Angevins de Naples. Après le décès de Guillaume de Villehardouin, Charles d'Anjou, comme son successeur, et aussi beau-père de sa fille Isabelle, gouverna le pays (1278-1285) — sans jamais y venir — par l'intermédiaire de « bayles » dont les

---

(1) J. Longnon, *Français d'Outre-mer*, p. 241 ; Enlart, dans *Hist. de l'Art* d'André Michel, *Formation de l'Art gothique*, p. 123 et 565. Cf. Miller, *Latins in Levant*, p. 219 ; Millet, *Le monastère de Daphni*. Sur les peintures (représentant les croisades de Syrie) qui ornèrent le château du maréchal Nicolas de Saint-Omer à Thèbes, cf. *Chronique grecque de Morée*, vers 8083-8085, et *Chronique italienne*, p. 461.

deux premiers furent le connétable de Morée Jean de Chauderon (1278) (1) et le sénéchal de Sicile Galeran d'Ivry (1278-1280) (2).

Dès ces premières années, la principauté eut l'occasion de sentir sa dépendance. Situation en somme assez analogue à celle du royaume de Jérusalem en 1231, quand l'empereur Frédéric II dépêchait, pour l'y représenter, un Riccardo Filangieri. Et les bayles angevins en Morée, comme naguère les bayles impériaux de Saint-Jean-d'Acre, avaient la main brutale. Déjà Galeran d'Ivry avait tendance à gouverner la féodalité française de Morée pourtant si jalouse de ses « usances » et franchises, dans la manière absolutiste que les Angevins avaient héritée de Frédéric II. Les liges de Morée députèrent à Naples, auprès de Charles d'Anjou, Jean de Chauderon et Narjot de Rémy pour se plaindre de cette violation des promesses royales. Charles, qui avait intérêt à ménager la noblesse moréote à l'heure où il préparait une expédition contre Byzance, accorda satisfaction aux liges. Il rappela Galeran et le remplaça par un autre bayle franco-napolitain, Philippe de Lagonesse, seigneur de Rocca di Guglielmo, qui reçut ordre de respecter les privilèges des barons (1280-1282 (3). La baylie fut même confiée ensuite à des barons du pays, Guy de Trémolay, seigneur de Khalandritza (1282-1285), le duc d'Athènes Guillaume de la Roche (1285-1287) (4), Nicolas II de Saint-Omer, co-seigneur de Thèbes (1287-1289) et Guy de Charpigny, baron de Vostitza (1289). Il y a lieu de remarquer que la désignation de seigneurs locaux comme bayles coïncide avec les embarras auxquels la maison d'Anjou était aux prises en Italie depuis les Vêpres siciliennes. Les Angevins avaient trop à faire chez eux pour se mettre encore sur les bras une révolte de leurs vassaux péloponnésiens.

Isabelle de Villehardouin et Florent de Hainaut

Ce furent sans doute les mêmes considérations qui rendirent

---

(1) *Chronique de Morée*, § 533. *Libro de los fechos*, § 418-421 ; Guillaume de Villehardouin dans son testament avait désigné comme bayle Geoffroi de Chauderon. Celui-ci étant mort peu après son maître, fut remplacé par son fils Jean. Sur le rôle de Jean de Chauderon dans le remariage d'Isabelle de Villehardouin avec Florent de Hainaut, mariage qu'il négocia, *Chronique de Morée*, § 587-589. *Libro de los fechos*, § 447-450.

(2) Sur l'armada de trente galères envoyée par Charles d'Anjou dans les eaux grecques pour lutter contre les Byzantins et qui, selon Sanudo, fit plus de mal que de bien, cf. Sanudo, ap. Hopf, *Chroniques gréco-romanes*, p. 129-130. Sur le traité d'alliance conclu à Orvieto le 3 juillet 1281 entre Charles d'Anjou et le doge de Venise Giovanni Dandolo, voir Sanudo, p. 132.

(3) Buchon, *Nouvelles recherches*, I, 1, 223 ; II, 1, 327-328 ; Hopf, *Geschichte Griechenlands*, I, 316 a. Sur les devoirs des bayles, *Assises de Romanie*, § 136 (Recoura, p. 245-246) où on voit que le bayle, en prenant ses fonctions, devait jurer sur les évangiles de respecter les franchises et « usages » des barons. Liste des bayles dans Hopf, *Geschichte*, I, 315-316 et *Chroniques gréco-romanes*, p. 471.

(4) *Chronique grecque de Morée*, § 461, ap. Longnon, *Chronique*, p. 178.

la liberté de ses actes politiques — et de son cœur — à Isabelle de Villehardouin. L'héritière de la principauté de Morée était, à l'âge de dix-sept ans, devenue veuve du fils de Charles d'Anjou. En 1289 elle se remaria avec le connétable de Sicile, Florent de Hainaut, jeune seigneur doué de grandes qualités qui se trouva ainsi associé au trône princier (16 septembre 1289) (1) En 1290 les deux époux vinrent résider en Morée (2).

On peut imaginer avec quelle joie la jeune femme qui depuis tant d'années se trouvait comme exilée à la cour de Naples, revit les paysages de Grèce au milieu desquels s'était écoulée son enfance. On peut imaginer aussi la satisfaction des liges à revoir enfin la fille de leurs princes. Aussi bien n'était-il que temps. Depuis la mort de Guillaume de Villehardouin le pays était comme à l'abandon. Le gouvernement d'une cour étrangère qui se désintéressait de cette dépendance extérieure et l'insécurité causée par la réinstallation des Byzantins à Mistra avaient, nous le savons, ruiné l'agriculture. Les récoltes locales ne suffisaient plus à nourrir la population et il fallait maintenant importer des vivres du royaume de Naples. Florent de Hainaut, « qui était un homme très capable », s'appliqua à relever le pays et, pour cela, il conclut enfin la paix avec les Byzantins, paix qui, nous dit la *Chronique de Morée*, rendit en peu de temps le terroir plantureux et gras (traité de Klarentza, 1290) (3).

La paix de Klarentza était un acte de sagesse. L'état de guerre permanente entre Latins et Grecs ne pouvait aboutir qu'à la ruine du Péloponnèse. Maintenant que l'établissement définitif des Aragonais en Sicile empêchait les Angevins de Naples de diriger des renforts sérieux en Morée, tout espoir était perdu de chasser les Grecs de Mistra. Mieux valait, dans ces conditions, s'entendre définitivement avec ceux-ci. Cependant les habitudes de guérilla ne pouvaient être du jour au lendemain supprimées. Trois ans après la paix de Klarentza, les Slaves du Taygète, qui dépendaient du gouverneur byzantin de Mistra, s'emparèrent par surprise de la ville latine de Kalamata (1293). Florent de Hainaut envoya en ambassade à Constantinople Jean de Chauderon et Geoffroi d'Aulnay qui protestèrent contre cet acte de brigandage auprès de l'empereur Michel Paléologue. Ils obtinrent satisfaction et le *basileus* donna les instructions nécessaires pour que

---

(1) Cf. Hopf, *Geschichte Griechenlands*, I, p. 333 et *Chroniques gréco-romanes*, p. 469.
(2) *Chronique de Morée*, § 593 et sq. Cf. Buchon, *Recherches*, II, p. 498 et *Nouvelles recherches*, II, 1, p. 338-342.
(3) *Chronique de Morée*, § 601-605 ; Version grecque, vers 8707-8775. *Libro de los fechos*, § 455 et 471 (« La paix une fois rétablie dans le pays, tous commencèrent à s'enrichir d'argent et d'autres biens, le prince comme ses sujets... La terre était en paix et en bon état ; les barons et chevaliers étaient riches et bien fournis. Le prince (Florent de Hainaut) allait par sa terre, faisant fêtes et réjouissances et se donnant du plaisir »).

les Latins pussent récupérer la place (1). Ce ne fut d'ailleurs pas la dernière alerte, car l'hellénisme était partout renaissant. En 1296 un notable grec, outragé par un seigneur franc, se vengea en s'emparant par un stratagème du château de Saint-Georges récemment construit par Florent dans les montagnes de Skorta (Arcadie). La guerre recommença donc. Florent vint aussitôt mettre le siège devant Saint-Georges et fit bâtir près de là, pour faciliter la reconquête de la place et marquer sa volonté d'aller jusqu'au bout, le château de Beaufort. Nul doute que l'entreprise ne dût, en effet, être menée à bien, quand il mourut prématurément pendant le siège (23 janvier 1297) et la contre-offensive latine fut aussitôt arrêtée (2).

Isabelle de Villehardouin et Philippe de Savoie

La disparition de Florent de Hainaut fut pour la Morée un véritable malheur, peut-être égal à la disparition de la lignée masculine chez les Villehardouin. Il avait pris au sérieux son rôle de prince, avait su se faire aimer des liges moréotes, si jaloux de leurs privilèges, su conclure avec Michel Paléologue la paix nécessaire et pourtant maintenu ses sujets grecs dans l'obéissance. Sa veuve, Isabelle de Villehardouin, gouverna seule la principauté (1297-1301), avec, comme bayles, Riccardo Orsini, comte de Céphalonie (1297-1300), puis Nicolas III de Saint-Omer, co-seigneur de Thèbes et maréchal de Romanie (1300-1301). Quant aux opérations, une fois Florent disparu, elles paraissent s'être ralenties. En 1299 la paix fut à nouveau conclue avec les Byzantins (3).

Dans un État aussi menacé, avec la guerre presque permanente à ses portes, un homme fort était nécessaire. Obéissant sans doute à cette préoccupation, Isabelle en 1301 se remaria en troisièmes noces avec Philippe de Savoie (4). De fait, Philippe était un prince belliqueux qui projetait fermement de reconquérir sur les Byzantins toute la Laconie. Malheureusement son

(1) *Chronique de Morée*, § 706-721. Cf. Zakythinos, *Le despotat de Morée*, p. 62 63.
(2) *Chronique de Morée*, § 826-827. Version différente dans le *Libro de los fechos*, § 472-486. Cf. Hopf, *Geschichte*, I, p. 346 et Zakythinos, *Le despotat grec*, p. 65. Pour la période qui suit, fort compliquée en raison de la dualité entre les princes titulaires de Morée et les chefs réels du pays, voir dans Hopf, *Chroniques gréco-romanes*, p. 469, la généalogie des princes de Morée et p. 470, celle de la maison d'Anjou-Naples.
(3) Hopf, *Geschichte Griechenlands*, I, p. 350 ; Rodd, *The princes of Achaia*, t. II, p. 37 ; Zakythinos, p. 66. Voir dans Hopf, *Chroniques gréco-romanes*, p. 471 la précieuse liste des bayles de Morée entre 1278 et 1430.
(4) *Chronique de Morée*, § 846-848 ; Sanudo, 136. Voir *Assises*, § 33 (Recoura, p. 179). Cf. Buchon, *Recherches*, II, 379 ; *Nouvelles Recherches*, II, 339-343. Voir dans Hopf, *Chroniques gréco-romanes*, p. 231-235, le journal des dépenses de Philippe de Savoie pour son mariage avec Isabelle.

caractère autoritaire et les habitudes d'absolutisme qu'il avait contractées, nous apprend la *Chronique de Morée*, près des tyrans des villes lombardes, le mirent bientôt en conflit avec les barons du pays. Ceux-ci, pendant longtemps habitués par l'absence de princes résidants à une quasi-indépendance, n'entendaient pas laisser abolir leurs « usances ». C'était l'état d'esprit que nous avons connu aux barons francs de Saint-Jean-d'Acre à l'égard des « rois de Jérusalem » non résidants, Frédéric II et Conrad IV.

Le plus puissant des barons moréotes était le maréchal héréditaire Nicolas III de Saint-Omer (1). Ses allures d'indépendance portaient ombrage à Philippe de Savoie. N'osant s'en prendre directement à lui, Philippe le frappa dans son entourage. Sous prétexte de malversations, il fit arrêter le chancelier de la principauté, Benjamin de Calamata, qui se trouvait être un ami personnel du maréchal. Ce dernier bondit sous l'outrage. Dans une scène orageuse, il fit observer à Philippe qu'une telle mesure était contraire aux coutumes qui régissaient le pays, un lige ne pouvant être arrêté sans l'assentiment de ses pairs réunis en Haute Cour (2). C'était un appel à ce « parlementarisme féodal » auquel tenaient tant les Francs d'Outre-mer. De fait, c'est dans les mêmes termes qu'en 1228 le chef de la noblesse franque de Terre sainte et de Chypre, Jean d'Ibelin, avait protesté contre l'absolutisme de Frédéric II. Mais le prince savoyard, élevé à la même école que jadis l'empereur souabe, n'entendait pas laisser restreindre son pouvoir par le contrôle des liges. « Ah ! cousin, demanda-t-il ironiquement à Nicolas, où avez-vous trouvé ces coutumes ? » Le maréchal, furieux, tira son épée : « Nos coutumes, les voici ! C'est par cette épée que nos ancêtres firent la conquête du pays et c'est par cette épée que nous défendrons nos franchises et nos usances contre quiconque voudrait nous les enlever ou nous les rogner ! » La princesse Isabelle affolée se jeta entre eux et on réconcilia tant bien que mal les deux hommes (3). Du reste, l'affaire ne se maintint pas à ce diapason. Philippe de Savoie dut apprendre à composer avec ces orgueilleux barons et eux, de leur côté, n'avaient pas intérêt à rompre avec lui. Finalement les fêtes magnifiques que Philippe donna à la

---

(1) Les Saint-Omer, maréchaux héréditaires (depuis Nicolas III) de la principauté de Morée, y possédaient de nombreux fiefs. Ils étaient, de plus, co-seigneurs de Thèbes dans le duché d'Athènes. Trois châteaux élevés par eux portèrent leur nom : 1° le château de Saint-Omer construit à Thèbes sur l'antique citadelle de la Cadmée ; 2° le Saint-Omer de l'Élide dans les monts appelés, aujourd'hui encore, Santaméri ; 3° le Saint-Omer de la baie de Navarin en Messénie. Voir dans Hopf, *Chroniques gréco-romanes*, p. 477, la généalogie de la maison de Saint-Omer.
(2) Recoura, *Assises de Romanie*, p. 39.
(3) *Chronique de Morée*, § 858-866. Ce récit dramatique est quelque peu affaibli dans la version aragonaise (*Libro de los fechos*, § 507-513).

noblesse de Morée lors du « parlement » de Corinthe en mai 1304 et où il prit lui-même part aux tournois, « joutant noblement » aux côtés des meilleurs chevaliers, semblent lui avoir rallié quelque peu les sympathies, d'abord si réticentes, des liges (1). Assistèrent à cette brillante assemblée, sur la convocation de Philippe de Savoie, le duc d'Athènes Guy II de la Roche, le maréchal Nicolas III de Saint-Omer, le comte de Céphalonie Giovanni Orsini, le tercier eubéen Bonifazio da Verona, seigneur de Karystos, et le marquis de Bodonitza Alberto Pallavicini. Notons que le duc de Naxos, Guglielmo Ier Sanudo, fut aussi convoqué. Ce fut, autour de Philippe de Savoie, un des plus fastueux « parlements » de ce temps.

Le gouvernement de Philippe de Savoie n'en fut pas moins malheureux. Il avait dès le début indisposé la noblesse franque. Il suscita le premier soulèvement considérable de la population hellénique. La fiscalité qu'il faisait peser sur la terre provoqua en effet la révolte des « archontes » et des paysans grecs de la région de Skorta, en Arcadie. Les Byzantins de Mistra en profitèrent pour recommencer la guerre. Ils vinrent raser les châteaux latins de Sainte-Hélène et de Crèvecœur, après quoi il mirent le siège devant celui de Beaufort que Philippe arriva juste à temps pour dégager (2). Mais les Latins se trouvaient réduits à une pénible défensive et tout espoir de recouvrer Mistra était à jamais abandonné.

La Morée sous Philippe de Tarente

La cour angevine de Naples avait paru pendant quelque temps se désintéresser des affaires de Morée ou tout au moins laisser agir à leur guise ses vassaux moréotes -- puisque, depuis le traité de Viterbe de 1267, la principauté restait vassale des Angevins. Mais ce n'était là qu'une tolérance temporaire. En 1307 Philippe de Savoie et Isabelle de Villehardouin se virent tout à coup dépossédés par le bon plaisir de leur suzerain, le roi de Naples Charles II.

Ainsi, vingt-neuf ans après la mort de Guillaume de Villehardouin, sa fille se trouvait chassée de son héritage par cette même cour de Naples à la protection de laquelle il l'avait confiée. Charles II donna la principauté de Morée à son propre fils Philippe de Tarente (3). Celui-ci se rendit en effet en Morée et reprit la guerre contre les Byzantins de Mistra. Si les Angevins

---

(1) *Chronique de Morée*, § 1014-1016.
(2) *Chronique de Morée*, § 918-940 ; Miller, *The Latins in the Levant*, p. 198-199 ; Zakythinos, *Histoire du despotat de Morée*, p. 67-68.
(3) *Libro de los fechos*, § 519. Quant à Isabelle de Villehardouin, elle mourut en 1311,

Carte 16.

métriade
Reconquête byzantine
Skiathos
Khelidromia
Skopelos
éos
La Clisura
Skyros
Chalcis (Négrepont)
La Cuppa
D'ATHÈNES
Larmina
Karystos
Égine
(terciers de Karystos)
Andros
Céos DUCHÉ
Tinos
DE NAXOS
Thermia Syra Mykonos
Seriphos (AUX SANUDI)
Paros
Naxos
Siphnos
Amorgos
Milos
byzantine Nios 1278-1303 Astypalaia
Théra

VERS 1280,

lançaient dans cette guerre des forces suffisantes, la Morée latine pouvait, après tout, gagner au changement de régime. De fait, les Byzantins furent battus près de Tripotamos et perdirent plusieurs forteresses (1). Malheureusement Philippe de Tarente, après une tentative malheureuse contre le despotat grec d'Épire, se lassa vite de cette vie pénible et, laissant là la guerre et la principauté, il repartit pour le royaume de Naples en confiant la baylie de la Morée et la conduite des opérations au maréchal de Sicile Tommaso Marzano (1309). La chance alors tourna. Les Byzantins de Mistra battirent les troupes de Marzano dans le défilé de Gérina et lui reprirent toutes les places fortes que Philippe de Tarente avait récemment occupées (2). On mesure par là la décadence militaire des Angevins. Les armées des Paléologues ne passaient certes pas pour des troupes invincibles. Or, les bayles angevins n'arrivaient même pas à en triompher.

La Morée sous Mathilde de Hainaut

En 1313 Philippe de Tarente, devenu empereur titulaire de C.P. céda la Morée à la princesse Mathilde ou Mahaut de Hainaut, fille de Florent de Hainaut et d'Isabelle de Villehardouin. Dans la personne de cette jeune femme, la dynastie des Villehardouin -- la légitimité moréote — était donc restaurée. La même année Mathilde épousa à Paris le prince français Louis de Bourgogne qui se trouva ainsi associé au trône de Morée (3). Mais une péripétie inattendue se produisit : avant que Louis et Mathilde aient eu le temps de venir prendre possession de la Morée, un autre prétendant se manifesta, l'infant aragonais Ferrand de Majorque qui, par sa femme, Isabelle de Sabran, avait, lui aussi, des droits à la succession des Villehardouin.

Il nous faut ici remonter quelque peu en arrière et rappeler la généalogie des Villehardouin. Le dernier Villehardouin, le prince Guillaume († 1278), avait laissé deux filles, l'aînée, Isabelle, dont nous venons de résumer l'histoire, et une cadette, Marguerite de Matagriffon, qui avait épousé le baron provençal Bertrand des Baux. De ce mariage était sortie Isabelle de Sabran dont le mari, Ferrand de Majorque, revendiquait maintenant la couronne de Morée (4). Or, Ferrand était un des plus vaillants chevaliers de son temps, qui, une fois sa décision prise, apporta à la réaliser une fougue extraordinaire. Il aborda en Élide, à l'été

---

(1) *Libro de los fechos*, § 520-523. Cf. Zakythinos, p. 68-69.
(2) *Libro de los fechos*, § 528 ; Zakythinos, p. 69.
(3) Buchon, *Recherches et matériaux*, I, p. 53-54, 237-248.
(4) Muntaner, ch. CCLXII. Cf. Rubio y Lluch, *Contribucio à la biografia de l'infant Ferran de Mallorca*, Estudis Universitaris Catalans, t. VII (1913), p. 291-379.

de 1315, débarqua de vive force devant Klarentza dont il s'empara, fit capituler la forteresse de Clairmont, occupa Andravida, capitale de la principauté, fit encore capituler la forteresse de Beauvoir (Belveir) et obligea les barons, ainsi que l'évêque d'Olena, à le reconnaître. A l'exception de la place de Kalamata, où s'était réfugié le bayle angevin Nicolas Mauro, il put alors se croire maître de la Morée (1315) (1). Il est à noter que la Grande Compagnie Catalane du duché d'Athènes, fidèle au loyalisme dynastique, lui envoya des renforts (2). Cependant la princesse Mathilde de Hainaut et son époux Louis de Bourgogne qui avaient quitté la France en octobre 1315, débarquèrent à leur tour en Morée vers le début de 1316 avec une armée de chevaliers bourguignons. Ou plutôt Mathilde, arrivée la première, débarqua au port de Junch, l'actuel Navarin, en Messénie. Les barons de Morée, qui ne s'étaient soumis qu'à contre-cœur à l'infant, se rallièrent pour la plupart à elle, ainsi que l'archevêque de Patras, primat latin de Morée. Cependant les Catalans de l'infant infligèrent à ses Bourguignons et à ses Moréotes un sérieux échec près d'Élis, en Élide et Mathilde dut faire appel à son mari, Louis de Bourgogne. Ce dernier débarqua enfin à son tour et arriva près de Beauvoir avec de nouveaux renforts bourguignons (3). De son côté, Ferrand de Majorque demanda à Athènes de nouveaux renforts de Catalans, mais ceux-ci n'eurent pas le temps d'arriver. Au contraire, les Byzantins de Mistra, grâce à l'intervention de l'archevêque de Patras, firent parvenir des auxiliaires à Louis. Le fils du duc vénitien de Naxos, Guglielmo Sanudo, et le comte de Céphalonie Giovanni Ier Orsini vinrent également combattre sous les drapeaux de Louis de Bourgogne. Une bataille décisive fut livrée à Manolada en Élide le 5 juillet 1316. Ferrand de Majorque, malgré sa folle bravoure, y fut vaincu et tué (4). Les derniers Aragonais, assiégés dans Klarentza, finirent par se rendre. Louis de Bourgogne à qui cette victoire assurait la couronne de Morée, semblait, avec ses chevaliers, appelé à refranciser le pays, quand lui-même décéda en plein triomphe, peut-être empoisonné par le perfide comte de Céphalonie, Giovanni Orsini (5).

Les événements tournaient, en tout état de cause, au complet

---

(1) Muntaner, ch. CCLXVII, p. 512 de la trad. Buchon et *ibid.*, p. 518, le manuscrit de Ducange. *Libro de los fechos*, § 560-568 ; Ducange, éd. Buchon, *Histoire de l'empire de Constantinople*, t. II, p. 176-179.
(2) *Libro de los fechos*, § 602 et 623.
(3) *Libro de los fechos*, § 584-600. Cf. W. Miller, *The Latins in the Levant*, p. 254 et sq.
(4) Muntaner, ch. CCLXX ; *Libro de los fechos*, § 602-620 ; Ducange, *Declaratio sommaria super facto et morte domini infanti Ferrandi de Majorica*, ap. Buchon, *Chroniques étrangères*, p. 518-521 ; Ducange, *Hist. de l'empire de Constantinople*, t. II, p. 181-189.
(5) Cf. Buchon, *l. c.*, I, 442-450, 475-476, II, 455-459.

désavantage du pays. Ferrand de Majorque et Louis de Bourgogne auraient pu l'un et l'autre donner à la principauté de Morée une direction énergique. Leur disparition simultanée était un désastre pour tous. Quant à Mathilde de Hainaut, ainsi devenue veuve, elle resta quelque temps princesse de Morée. Puis il lui arriva — et en pis — la même mésaventure que onze ans plus tôt à sa mère, Isabelle de Villehardouin. En 1318 le comte de Gravina, frère cadet du roi de Naples Robert, sous prétexte de l'épouser, la fit enlever, la séquestra au château de l'Œuf, à Naples et la dépouilla de la principauté. En réalité la romanesque Mathilde s'était remariée en secret à l'élu de son cœur, Hugues de la Palisse, d'où les refus obstinés qu'elle opposa à Jean de Gravina et qui achevèrent de causer sa perte (1).

Jean de Gravina. Reconquête de l'Arcadie par les Grecs

La Morée latine retombait sous la domination napolitaine, indifférente à ses intérêts et qui la traitait comme une simple colonie. La cour de Naples fit administrer le pays par ses bayles Eustachio Pagano de Nocera (1317-1318), Frederico Trogisio (1318-1321), Ligorio Guindazzo (1321-1322), Perronet de Villamastray (1322-1323) et Nicolas de Joinville (1323-1325) (2). Encore si les Napolitains avaient eu à cœur de défendre la principauté contre ses ennemis, on aurait pu leur pardonner la brutale déposition de Mathilde de Hainaut. Mais ils laissaient sans réagir sérieusement les Byzantins de Mistra poursuivre, district par district, la reconquête du pays. Ce fut ainsi que les Byzantins enlevèrent aux Latins la ville d'Akova avec son château-fort de Matagriffon, au nom symbolique, qui dominait le pays de Skorta (3), puis la ville de Karytaina (« Caritena »), jusque-là un des principaux fiefs de la principauté (4), et enfin la forteresse de Saint-Georges (5). Le bayle angevin Frederico Trogisio qui avait voulu sauver Saint-Georges, subit devant cette place une sanglante défaite où furent faits prisonniers l'évêque latin Jacques d'Oléna et le connétable de Morée, tercier de Nègrepont, Bartolomeo Ghisi (6). En 1321 à peu près toute l'Arcadie était ainsi retombée, par l'incurie de la cour de Naples, au pouvoir des Byzantins (7). Or, qui tient le plateau de l'Arcadie domine tout le Péloponnèse. Le gouvernement de Jean de Gra-

---

(1) *Libro de los fechos*, § 626 et 631-635 ; Buchon, I, p. 450.
(2) Cf. Hopf, *Chroniques gréco-romanes*, p. 471 ; Buchon, *Nouvelles recherches*, I, 54.
(3) *Libro de los fechos*, § 641.
(4) *Libro de los fechos*, § 642.
(5) *Libro de los fechos*, § 642-647. Cf. Miller, *Latins in the Levant*, p. 259.
(6) *Libro de los fechos*, § 648-652.
(7) Zakythinos, *Despotat de Morée*, p. 71-72.

vina livrait l'héritage des Villehardouin à la reconquête grecque. Il fallait aviser. Les barons de Morée, indignés contre l'inertie ou l'impuissance de leurs maîtres napolitains, songèrent, pour arrêter la reconquête byzantine, à se donner à Venise. La Seigneurie de Saint-Marc, avec sa continuité diplomatique et sa puissance navale, semblait seule en mesure de sauver les parties encore latines du Péloponnèse. Le 11 juin 1321, le chancelier de la principauté, Benjamin, et l'évêque latin d'Olena (Oliva), Jacques, écrivirent en ce sens au doge (1). Jean de Gravina, « comprenant que miséricorde se perdait », se décida alors à venir personnellement en Morée, voire à prendre la direction de la guerre. Il débarqua en 1325 à Klarentza et réunit contre les Byzantins de Mistra les forces de divers seigneurs latins. Il s'assura notamment le concours de Pietro dalle Carceri et de Bartolomeo Ghisi, terciers de Nègrepont, et de Niccolo Ier Sanudo, duc de Naxos, sans parler de l'archevêque de Patras, Guglielmo Frangipani, primat de Morée. Mais, depuis la disparition des Villehardouin la valeur des Latins avait bien dégénéré. Leur armée ne réussit même pas à reconquérir Karytaina (2). Jean de Gravina, que cet effort avait déjà fatigué, abandonna la direction de la guerre à Niccolo Sanudo et rentra honteusement en Italie (3). Du moins Niccolo Sanudo brisa-t-il devant Saint-Omer une nouvelle attaque des Byzantins (4)

Catherine de Valois

Jean de Gravina était maintenant dégoûté de la Morée. En 1333, il céda la principauté à sa belle-sœur, Catherine de Valois, veuve de Philippe II d'Anjou-Tarente et impératrice titulaire de Constantinople. Cette jeune et jolie femme, célèbre par son élégance et la magnificence de sa cour, résida, elle aussi, le plus souvent à Naples en se contentant de faire administrer la Morée par ses bayles : Gaudino Romano della Scala (1333), Pietro de San Severo (1333-1336) et Bertrand des Baux (1336-1338). En octobre 1338, Catherine se rendit enfin en Morée, par la traversée habituelle de Brindisi à Klarentza. Elle s'établit à Patras où elle tint sa cour et ne repartit pour Naples qu'à la fin du mois de juillet 1341 (Elle devait décéder à Naples en 1346) (5). Au cours de son séjour en Morée elle avait comblé de donations dans le pays son conseiller et favori, le banquier florentin Nicola Acciaiuoli.

---

(1) Mas Latrie, *Commerce et expéditions militaires de la France et de Venise au moyen âge*, dans *Mélanges historiques, choix de documents*, t. III, Paris, 1880, p. 54-57.
(2) *Libro de los fechos*, § 655-661.
(3) *Libro de los fechos*, § 662. Cf. Zakythinos, *Despotat de Morée*, p. 74-75.
(4) *Libro de los fechos*, § 663-668.
(5) *Libro de los fechos*, § 674-678.

Ce fut ainsi que la maison des Acciaiuoli prit pied en Grèce (1). Nous verrons plus loin son éclatante fortune.

La principauté de Morée sous Marie de Bourbon

Après Catherine de Valois, la principauté de Morée échut à son fils, Robert II d'Anjou-Tarente (1346-1364). Robert II avait en même temps hérité de sa mère la titulature impériale de Constantinople. On aurait donc pu croire qu'il s'intéressait particulièrement à ses possessions grecques. En réalité, fort absorbé par les affaires italiennes (et, du reste, longtemps prisonnier en Hongrie), il passa sa vie dans le royaume de Naples sans jamais venir en Morée (2). Après sa mort (1364), la principauté de Morée, de plus en plus simple dépendance du royaume voisin et dont l'histoire reflète toutes les vicissitudes de l'histoire napolitaine, fut disputée entre sa veuve, Marie de Bourbon, et le frère du défunt, Philippe III de Tarente. Les barons moréotes, notamment le Florentin Ange Acciaiuoli, archevêque de Patras et primat de Morée, et le Génois Centurione Zaccaria, seigneur de Khalandritza et bayle de la principauté, se prononcèrent en faveur de Philippe III que Centurione alla reconnaître en leur nom à Tarente (3). Marie de Bourbon passa alors en Morée, avec le fils qu'elle avait eu d'un premier mariage, le prince chypriote Hugues de Lusignan, dit Hugues de Galilée, qu'accompagnait une imposante armée de 12.000 hommes, tant chypriotes que provençaux, etc. Elle et Hugues vinrent assiéger la ville archiépiscopale de Patras, mais Ange Acciaiuoli et le lieutenant de celui-ci, le Vénitien Carlo Zeno, résistèrent pendant six mois à tous ses efforts (1366) (4). Antérieurement déjà, d'après la chronologie aragonaise, les troupes de Marie de Bourbon avaient été repoussées jusqu'à Navarin(Junch), ville qui faisait partie de son douaire. Le capitaine qui commandait pour elle la place de Navarin, Guillaume de Talay, se voyant pressé par l'ennemi, fit appel au seigneur français d'Argos et de Nauplie, Guy d'Enghien (5) et aussi, ce qui était beaucoup plus grave, aux Byzan-

---

(1) Cf. *Libro de los fechos*, § 674-678 ; Ducange, *Hist. de l'Empire de Constantinople*, II, p. 213-230 ; Buchon, *Nouvelles recherches*, I, 1, 46, 90-113, II, 1, 31-117 ; Émile Léonard, *Histoire de Jeanne I*re, t. I, p. 184 et sq.

(2) Sur l'activité de Robert II dans le royaume de Naples, voir E. G. Léonard, *Histoire de Jeanne I*re, t. III (1937), p. 173 sq.

(3) *Libro de los fechos*, § 691, 692.

(4) Jacopo Zeno, *Vita Caroli Zeni*, ap. Muratori, XIX, 212-214 ; Hopf, *Chroniques gréco-romanes*, 227 ; Gerland, *Geschichte des lateinischen Erzbistums Patras*, Leipzig, 1903, p. 39-40 ; W. Miller, *The Latins in the Levant*, p. 267 ; Émile G. Léonard, *La nomination de l'archevêque de Patras Giovanni Acciaiuoli*, dans les *Mélanges Iorga*, Paris, 1933.

(5) Guy d'Enghien, seigneur d'Argos et de Nauplie de 1356 à 1377. Il était fils de Gautier III d'Enghien. Il avait épousé Bonne de Foucherolles, fille de Nicolas II, gouverneur d'Argos. Notons qu'il était aussi, par sa mère

tins de Mistra. C'était là, il faut le reconnaître, une véritable trahison, les despotes de Mistra étant les ennemis héréditaires de tous les Latins. Bien entendu, les Grecs ne manquèrent pas de répondre à l'appel de Guillaume de Talay, et, avec les troupes de Guy d'Enghien, ils vinrent de Mistra ravager l'Élide jusque dans la banlieue même d'Andravida (1). Ainsi les discordes napolitaines, désormais introduites à demeure dans le Péloponnèse, y faisaient systématiquement le jeu de la revanche grecque.

Cependant le siège du château de Navarin par les partisans de Philippe III se poursuivait et les affaires de Marie de Bourbon étaient fort mal en point, lorsque le comte de Savoie Amédée VI qui partait pour la guerre sainte (voir plus loin, p. 610), croisa devant le port. Son intervention amena une trêve entre les belligérants. Les troupes de l'archevêque de Patras levèrent le siège (2). Finalement en 1369-1370, Marie de Bourbon, sentant la partie perdue, renonça à ses prétentions sur la Morée contre versement annuel de 6.000 pièces d'or. Philippe III de Tarente resta donc seul maître de la principauté, ou de ce qui en subsistait (1370-1373). Il envoya comme bayle en Morée le comte de Conversano qui conclut la paix avec les Grecs de Mistra mais qui essaya en vain de chasser d'Athènes la Grande Compagnie Catalane (3).

Le grand-maître Johan Ferrandez de Heredia

On aurait pu penser que, si la domination de cadets angevins était une cause d'affaiblissement pour la principauté de Morée, celle-ci aurait gagné à être directement rattachée au royaume de Naples. Ce fut précisément ce qui arriva après le décès de Philippe III de Tarente, mort en Italie en 1373. Comme Marie de Bourbon avait renoncé à ses droits (elle devait mourir à Naples en avril 1387, sans les avoir à nouveau revendiqués), la Morée ne dépendit plus, directement, que de la reine de Naples Jeanne Ire, laquelle se trouvait en même temps, par le jeu des successions féodales, suzeraine de la principauté (4). Et, de fait, le gouvernement royal parut d'abord tenter un effort pour arracher aux Byzantins de Mistra leurs récentes conquêtes. Le nouveau bayle de Jeanne en Morée, Francesco de San Severino, essaya de leur reprendre le château de Gardiki, situé dans le sud de l'Arcadie, au sud-ouest de Mégalopolis, mais, s'il défit sous les murs

---

Isabelle de Brienne, le petit-fils de Gautier V de Brienne, duc d'Athènes tué à la bataille du lac Copaïs en 1311. Cf. Buchon, *Nouvelles Recherches*, I, 1, p. 136 : Hopf, *Chroniques gréco-romanes*, p. 474.
(1) *Libro de los fechos*, § 697-698.
(2) *Ibid.*, § 699-700.
(3) *Ibid.*, § 703.
(4) *Ibid.*, § 705-712.

de Gardiki les Grecs de Mistra, venus au secours de la place, il ne put enlever celle-ci (vers 1374-1376) (1). En 1377, la reine Jeanne, dont la vie agitée avait d'autres soucis que le sort de la Morée, confia pour cinq ans ce pays aux Hospitaliers ou Chevaliers de Rhodes, en l'espèce à leur grand-maître l'Aragonais Johan Ferrandez de Heredia (2).

Heredia, dont nous aurons l'occasion de reparler à propos de l'histoire de Rhodes, était un des esprits politiques les plus ouverts de son temps. Peut-être eût-il pu beaucoup pour sauver la domination latine dans le Péloponnèse, mais il se heurta dès le début au problème albanais. Nous arrivons en effet à l'époque où commence partout en Hellade comme en Macédoine l'infiltration de cette énergique race montagnarde. Déjà répandus à travers l'Épire, l'Acarnanie et l'Étolie, les Albanais convoitaient maintenant, sur le golfe de Corinthe, la ville de Lépante, l'ancienne Naupacte. Lépante appartenait aux Latins depuis 1294, leur ayant été alors apportée en dot par Thamar, fille du despote grec Nicéphore d'Épire, quand cette princesse avait épousé le cadet angevin Philippe II de Tarente (3). En 1378, les Albanais, par un coup de main hardi, enlevèrent la ville à la principauté de Morée. Heredia marcha aussitôt contre eux et brillamment leur reprit la ville, mais il commit la faute de les relancer jusqu'à Arta, en Épire, et y fut fait prisonnier (été de 1378) (4). Les Albanais réoccupèrent Lépante (1380).

La Compagnie Navarraise

La mésaventure de Heredia mit fin à une tentative d'où aurait pu sortir le redressement de la Morée latine. Plus que jamais c'était une terre à l'abandon, un champ clos pour les querelles de tous les princes angevins. La couronne de Morée était pour lors disputée à la reine Jeanne de Naples par un autre prince italo-provençal, Jacques des Baux. Jacques des Baux, pour faire valoir ses droits, s'adressa à une des « Grandes Compagnies » qui parcouraient, rançonnaient et désolaient alors l'Occident, à la Compagnie Navarraise. Cette bande de routiers avait été naguère employée par le roi de Navarre Charles le Mauvais contre le roi de France Charles V. Elle se trouvait pour le moment sans emploi et accueillit avec joie les propositions de Jacques des Baux. Les Navarrais, étant passés en Grèce, commen-

---

(1) *Ibid.*, § 714-722.
(2) Voir plus loin, p. 586.
(3) Sur ce mariage, Buchon, *Nouvelles recherches*, I, II, p. 313. Cf. Hopf, *Chroniques gréco-romanes*, p. 470 ; W. Miller, *The Latins in the Levant*, p. 182-183.
(4) Delaville le Roulx, *Les Hospitaliers à Rhodes* p. 201-203.

cèrent par envahir la Béotie et l'Attique où ils s'emparèrent un instant de Livadia et de Thèbes mais qu'ils ne purent finalement arracher aux maîtres du pays, leurs émules et semi-compatriotes, les Catalans, car si grand était l'épuisement des éléments franco-italiens en Grèce qu'une ville comme Athènes n'était plus qu'un enjeu dans la rivalité de deux compagnies de routiers espagnols (1). De là les Navarrais se rendirent dans le Péloponnèse et s'emparèrent sans grand effort, semble-t-il, de la majeure partie de la principauté de Morée (1381, 1382). Correctement, ils affectèrent d'abord de tenir la terre pour le compte et au nom de Jacques des Baux, puis, après le décès de ce prince (1383), ils ne se mirent plus en frais de prétextes protocolaires et gouvernèrent la Morée directement par leurs bayles Mahiot de Coquerel (1383-1386) et Pierre Bordo de Saint-Supéran (1386-1402) (2). Les centres de leur domination furent les villes d'Androusa et de Kalamata en Messénie (3). Comme nous le verrons, le domaine latin était, à cette époque, pratiquement réduit à la bande occidentale du Péloponnèse.

Centurione Zaccaria

La domination des Navarrais fut éphémère. Cette compagnie de reîtres, plus encore que les Catalans en Attique, se montra incapable de rien fonder de durable. Là comme ici les aventuriers ne survécurent guère à l'aventure. Peu après la mort de Saint-Supéran († 1402), le pouvoir fut arraché à sa veuve Maria Zaccaria et à leur fils mineur par son beau-frère, le Génois Centurione II Zaccaria, seigneur de Khalandritza (20 avril 1404) (4). Centurione gouverna la principauté de Morée — ou ce qui en subsistait —, de 1404 à 1428. Encore faut-il ajouter qu'en 1421 Carlo de Tocco, de la famille napolitaine des comtes de Céphalonie et qui se trouvait depuis 1418 maître de l'Épire, enleva à Centurione d'abord Klarentza, puis (1424-1428) tout le reste de l'Élide. Le morcellement territorial était à son comble. A la veille de la reconquête grecque, les derniers seigneurs latins s'arrachaient les misérables débris de l'héritage des Villehardouin.

(1) Sur la domination catalane en Béotie et Attique, voir plus bas, p. 534-538.

(2) Pierre de Saint-Supéran, surnommé Bordo, c'est-à-dire le Bâtard (*Bort*). Cf. Rubio y Lluch, *Los Navarros en Grecia*, p. 309, n. 2.

(3) Cf. Rubio y Lluch, *Los Navarros*, p. 167 et sq. Sur les fiefs relevant de la principauté à cette époque (v. 1391), voir Buchon, *Recherches*, I, 288-289 et *ibid.*, p. 296-298 ; Hopf, *Chroniques gréco-romanes*, p. 229-230 ; Miller, *The Latins in the Levant*, p. 343 ; Androusa est la « Druge » des chroniques franques. Elles attribuent la construction de ce château à Guillaume de Villehardouin (*Libro de los fechos*, § 216).

(4) Voir le *libro de los fechos*, § 689 sur Centurione 1ᵉʳ Zaccaria qui en 1364 avait été bayle de Morée. Cf. Buchon, *Recherches et matériaux*, I, p. 305 ; *Nouvelles recherches*, II, 273.

Comme on le voit, les noms des derniers seigneurs de la Morée latine sont tous des noms italiens. En effet, si l'on fait abstraction de l'occupation navarraise qui est un phénomène tardif de faible amplitude (1381-1404), l'histoire de la principauté de Morée au xive siècle est caractérisée par la disparition de l'influence française au profit de l'influence italienne. Changement sans heurt, ni violence, mais automatique et continu. La domination angevine avait favorisé cette italianisation : la Morée s'était italianisée comme la dynastie angevine elle-même, comme les seigneurs capétiens ou provençaux que Charles d'Anjou avait emmenés avec lui à Naples. Dans la seconde moitié du xive siècle, les descendants des anciennes familles françaises de la conquête sont remplacés dans presque tous les fiefs du Péloponnèse par des Napolitains ou des Génois (1). Notons que la même italianisation s'était déjà remarquée, bien qu'à un degré beaucoup moindre, en Terre sainte à la fin du xiiie siècle et qu'elle se faisait également sentir, comme nous l'avons vu, dans le royaume Lusignan de Chypre au xve siècle (voir plus haut, p. 367). Dans toute la Méditerranée orientale les xiie et xiiie siècles avaient été des siècles français. Les xive et xve siècles furent des siècles italiens et, subsidiairement, italo-aragonais. La France, absorbée, dépeuplée, ruinée par la Guerre de Cent Ans, ne comptait plus en Méditerranée. Quant aux Angevins de Naples, après l'avortement du rêve méditerranéen et impérial de Charles d'Anjou, leur histoire n'est qu'une décadence continue, sans gloire pour la France extérieure, sans profit pour l'italianité.

La reconquête grecque

Ce n'est pas impunément qu'une colonie établie en terre étrangère se livre à de telles dissensions et fait preuve d'une pareille instabilité politique. Tandis que la Morée latine, subissant le contre-coup de toutes les révolutions de la cour de Naples, se débattait dans cette anarchie, les Grecs, réinstallés depuis 1262 en Laconie, autour de Mistra, sous le commandement de « despotes » de l'énergique famille des Cantacuzènes (1348-1384), puis de la dynastie impériale des Paléologues (1384-1460), n'avaient cessé de regagner du terrain (2). Convenons qu'ils avaient beau jeu avec une adversaire telle que la Morée latine, morcelée en principautés ennemies, partagée entre clientèles rivales et dont les Angevins distribuaient les fiefs à leurs favoris, hommes d'affaires et banquiers, sans qu'il fût jamais question de la

(1) Hopf, *Geschichte Griechenlands*, t. I, p 108 ; Bisson de Sainte-Marie, *Le testament de Jacques de Tarente*, dans *Bibl. de l'École des Chartes*, t.25, p. 189-193 ; Miller, *The Latins in the Levant*, p. 291.
(2) Cf. Zakythinos, *Le despotat de Morée*, p. 95 et sq.

défense militaire du pays. Nous avons vu (p. 524) que dès 1320 les Grecs de Mistra avaient ainsi enlevé aux Angevins les deux importantes places-fortes d'Akova (« Matagriffon ») et de Karytaina, en Arcadie (1). A la fin du xive siècle, le despotat grec de Mistra, qui s'étendait maintenant de Kalavryta aux caps Matapan et Malée, avait rejeté vers l'ouest la principauté latine en la réduisant à la côte de l'Achaïe propre (Patras), à l'Élide et à la Messénie avec la frange correspondante de l'Arcadie occidentale.

Contre cette lente mais inexorable reconquête byzantine qui rejetait progressivement les Latins vers la mer Ionienne, que pouvait le bayle navarrais Pierre de Saint-Supéran avec ses faibles contingents pyrénéens ? Seule, une grande expédition napolitaine ou aragonaise aurait pu dégager les débris de la Morée latine, et la situation politique dans l'Italie méridionale en excluait l'éventualité. En désespoir de cause, Pierre de Saint-Supéran, pour arrêter la poussée grecque, n'hésita pas à s'allier aux Turcs (1394). Geste dont la gravité n'a pas besoin d'être soulignée. C'était en effet le moment où la conquête ottomane, après avoir imposé son joug aux Balkans, venait de soumettre la Thessalie elle-même (2). Accepter le Turc comme arbitre de la rivalité gréco-latine, c'était se préparer à le subir pour maître. Le Génois Centurione Zaccaria qui, comme on l'a vu, succéda à Saint-Supéran à la tête de la principauté latine, vit la reconquête grecque s'accentuer. En effet, le désastre des Ottomans à Ankara, en 1402, dont il sera parlé plus loin (3), en annihilant pour un temps la force turque, rendait leur liberté aux Grecs. Ceux-ci en profitèrent. En 1417 le despote de Mistra enleva à Centurione la ville d'Androusa en Messénie (4). Le 1er mai 1428 il enleva de même au rival de Centurione, à Carlo Tocco, la ville de Klarentza en Élide (5). Les Grecs s'attaquèrent ensuite à Patras dont le territoire constituait, on l'a vu, une seigneurie ecclésiastique latine. En juin 1429, en l'absence de l'archevêque italien Pandolfo Malatesta, ils s'emparèrent de la ville (6). La même année ils enlevèrent à Centurione Zaccaria la forteresse de Khalandritza, au sud de Patras. Centurione, le dernier seigneur latin du Péloponnèse, se vit dans l'obligation de marier sa fille et héritière Caterina à son vainqueur, le despote de Mistra Thomas Paléologue (janvier 1430) (7). La reconquête finale de la Morée occidentale par les Grecs prit donc la forme courtoise d'une union

---
(1) *Libro de los fechos*, § 641, 642, p. 140. Cf. Zakythinos, *Le despotat de Morée*, p. 72.
(2) Voir plus loin, p. 614.
(3) Voir plus loin, p. 621.
(4) Sanudo, ap. Muratori, XXII, col. 916. Cf. Zakythinos, p. 181.
(5) Phrantzès, p. 128. Cf. Zakythinos, p. 205.
(6) Phrantzès, p. 156. Cf. Zakythinos, p. 209.
(7) Phrantzès, p. 148, 151. Cf. Buchon, *Nouvelles recherches*, II, 272 et sq. Zakythinos, p, 209.

de famille entre la dernière princesse latine et le « libérateur » byzantin. Ce n'en était pas moins une revanche ethnique et linguistique, l'abolition de tout ce qui s'était fait depuis 1206, la fin, à jamais, de la *francocratie*, de la colonisation latine en terre péloponnésienne.

La Morée latine, à la veille de la conquête turque, était redevenue grecque.

La Grande Compagnie Catalane en Béotie et en Attique

Il n'est pas douteux que les accords conclus en 1268 par Guillaume de Villehardouin avec Charles d'Anjou avaient détourné de son destin la principauté latine de Morée. Le rattachement, depuis 1278 jusqu'à la fin du xive siècle, de la principauté de Morée au royaume de Naples avait entraîné la dénationalisation de cette principauté. De même le mariage d'Isabelle de Jérusalem avec l'empereur Frédéric II en 1225 aurait abouti, si les barons français de Terre sainte — le parti des Ibelin — n'avaient réagi à temps, à la « siculisation » de l'ancien royaume de Saint-Jean-d'Acre. Mais la Morée, malgré la protestation du connétable Nicolas de Saint-Omer en 1301, n'avait pas eu ses Ibelin. Et le destin s'était accompli. La Morée si nettement française des Villehardouin (ou ce qui en subsistait) s'était transformée en terre napolitaine. La « Nouvelle France » dont parlait naguère le pape Honorius III, était devenue une Nouvelle Italie. Toutefois cette dénationalisation se produisit par un processus presque insensible, parce que les cadets napolitains à qui la Morée se trouvait échoir, n'oubliaient pas entièrement leurs origines françaises et que leurs héritières épousaient fréquemment des princes français. En Grèce continentale, au contraire, dans le duché d'Athènes et de Thèbes, la défrancisation fut plus brusque parce qu'elle fut l'œuvre de l'invasion catalane (1).

La Compagnie catalane était une de ces compagnies de routiers, comme le xive en a tant connu et qui avait longtemps guerroyé en Italie pour les rois aragonais de Sicile contre la dynastie angevine de Naples. Rendus sans emploi par la paix aragono-angevine de 1302, les aventuriers catalans avaient pris du service dans l'empire byzantin où l'empereur Andronic II les employa en Anatolie contre les Turcs. Ils dégagèrent les villes de l'Ionie et de la Lydie menacées par ces derniers, notamment, en Lydie,

---

(1) Bibliographie dans Miller, *The Latins in the Levant*, p. 212 (Pachymère, II, 393-562 ; Nicéphore Grégoras, I, 218-254). Ouvrages : Rubio y Lluch, *La expedicion y dominacion de los Catalanos en Oriente*, Memorias de la Real Academia de Buenas Letras, t. IV, Barcelone, 1883 ; G. Schlumberger, *Expédition des Almugavares*, Paris, 1902 ; Miller, *The Catalan great company* et *Catalans and their neighbours* dans *The Latins in the Levant*, p. 211-268.

Philadelphie, Koulé et Phourni (1303-1304) (1) ; puis les chefs de la Compagnie catalane, Roger de Flor, Berenguer d'Entença et Berenguer de Rocafort, la ramenèrent en Europe où ils s'établirent à Gallipoli. Là, les Catalans se brouillèrent avec les Byzantins qui firent massacrer Roger de Flor (avril 1305). Ce crime allait faire couler des flots de sang. Solidement retranchés à Gallipoli, les Catalans ravagèrent pendant deux ans la Thrace (1305-1307). A l'hiver de 1307-1308 ils s'installèrent à Kassandreia, dans la presqu'île de Chalcidique, en Macédoine. En 1309, ils descendirent en Thessalie, province qui formait toujours le despotat grec indépendant de Grande-Vlaquie, alors gouverné par Jean II Ange Comnène et où, comme partout, ils vécurent sur le pays.

Les routiers catalans étaient de magnifiques soldats — ils l'avaient prouvé en Asie Mineure contre les Turcs —. C'étaient des ennemis redoutables, mais des alliés plus redoutables encore : les Byzantins venaient d'en faire l'expérience. Ce fut par une véritable aberration que le duc d'Athènes Gautier V de Brienne, qui roulait dans son esprit de grands projets de conquêtes, eut l'idée de les prendre à sa solde. Au printemps de 1310, il les fit venir de Thessalie et les installa chez lui, en Béotie, au nombre de 3.500 cavaliers et 4.000 fantassins, ces derniers connus sous le nom arabe hispanisé d' « Almugavares ». Quelle conquête Gautier voulait-il entreprendre à l'aide de ces dangereux mercenaires ? Sans doute ne le savait-il pas bien lui-même, étant une tête folle comme en a tant produit chez nous l'époque de nos premiers Valois. Après avoir commis l'imprudence d'attirer les Catalans chez lui, il commit celle, plus grande encore, de se brouiller avec eux en refusant brutalement — déloyalement aussi — de les payer. Voulant maintenant se défaire d'eux, mais prenant peur devant leur colère, il appela à lui ses voisins, Alberto Pallavicini, marquis de Bodonitza, Thomas III de Stromoncourt, seigneur de Salone, les terciers de l'Eubée et l'élite de la chevalerie française de Morée, en tout « sept cents chevaliers dont deux cents aux éperons d'or, six mille quatre cents hommes de cheval et huit mille hommes de pied ».

L'état d'esprit de cette belle noblesse était celui de nos propres « éperons d'or » à la veille de Courtrai, de Granson ou de Morat. Or, si les chevaliers moréotes avaient la morgue et l'insouciance de ceux de Philippe le Bel ou de Charles le Téméraire, les routiers catalans, entraînés par cinq ans de campagnes à travers l'Anatolie turque ou l'empire byzantin, étaient des combattants autrement aguerris que les communiers flamands ou les paysans suisses de 1302 et de 1476. La rencontre entre eux et les Français se pro-

(1) Voir plus loin, p. 599-605.

duisit sur les bords du lac Copaïs, près de l'embouchure du Céphise béotien. Stupidement, Gautier de Brienne avait accepté comme terrain de combat ce sol marécageux où sa lourde chevalerie, dès la première charge, culbuta ou s'enlisa. Dès lors la partie n'était plus égale. Il fut tué avec presque tous les siens et, comme dit la *Chronique de Morée*, tué « par sa coulpe » (15 mars 1311) (1). Avec lui périrent le marquis de Bodonitza, le seigneur de Salone et deux des terciers eubéens. Presque toute la chevalerie française de l'Hellade centrale resta sur le champ de bataille. Celle du Péloponnèse, qui était venue en grand nombre au secours de Gautier de Brienne, fut elle-même décimée, lourde hécatombe qui, survenant un demi-siècle après le désastre de Pélagonie, acheva d'épuiser la noblesse française du Levant. Le peuplement français s'était toujours borné à une immigration de barons et de chevaliers. Saigné à blanc après la Pélagonie et le lac Copaïs, il ne se trouva plus de force à empêcher l'hispanisation en Béotie et en Attique, l'italianisation dans le Péloponnèse (2). Le désastre du lac Copaïs eut à cet égard pour la *Nova Francia* de l'Hellade Centrale les mêmes conséquences que le désastre de Hattîn de 1187 pour les colonies franques de Syrie. Ce fut la fin d'une colonisation, la fin d'un monde. Quant à l'impression ressentie par l'élément grec de l'Attique et de la Béotie, elle nous est exprimée par Nicéphore Grégoras qui nous dit que les Grecs échangèrent leur ancienne servitude pour un joug beaucoup plus grossier (3).

Les Catalans vainqueurs semblent avoir été presque embarrassés de leur victoire qu'évidemment ils n'avaient pu prévoir aussi totale. Ils occupèrent d'un seul élan Thèbes, Athènes et les autres places jusqu'à l'isthme de Corinthe, y compris la baronnie de Salone (Amphissa) près de Delphes. Seul, le marquisat de Bodonitza, aux Thermopyles, survécut comme par miracle entre les mains des Pallavicini, puis (1338) de la famille vénitienne des Giorgi ou Zorzi. (4).

A cette exception près, dans toute l'Hellade centrale hier encore si française, ce fut la fin d'une brillante et riche civilisation, sombrée à pic. L'ancien duché bourguignon d'Athènes et de Thèbes, dénationalisé d'un seul coup, devint une sorte de répu-

(1) Discussion de la date dans Miller, p. 229, n. 3. Sources : Muntaner, c. CCXL ; *Chronique grecque*, vers 7272-7300 ; Nicéphore Grégoras, I, 251-254 ; Buchon a inséré dans ses *Chroniques étrangères*, p. 475-476, à côté du récit de Muntaner, la traduction de Nicéphore Grégoras. Cf. Schlumberger, *Expédition des Almugavares*, p. 278-302.
(2) Voir p. 524.
(3) Cf. W. Miller, *The Latins in the Levant*, p. 263.
(4) L'héritière des Pallavicini, la marquise Guglielmina, épousa en 1338 Niccolo Giorgio, de la famille vénitienne des Giorgi ou Zorzi, famille qui acquit ainsi Bodonitza et, grâce à la protection de Venise, s'y maintint jusqu'à la conquête turque. Le dernier des Giorgi, le marquis Niccolo II, fut fait prisonnier par les Turcs en 1414. Voir plus bas, p. 592. Cf. généalogie de la maison de Bodonitza dans Hopf, *Chroniques gréco-romanes*, p. 478,

blique militaire catalane où la langue de Barcelone remplaça celle de l'Ile-de-France. (1) En 1318, à la mort du dernier despote grec de Thessalie (« Grande-Vlaquie »), les Catalans occupèrent également une bonne partie de cette province. La ville thessalienne de Néopatras (Hypati) devint, avec Athènes, Thèbes et Livadia, une de leurs capitales. Le duché catalan se trouva ainsi plus étendu que ne l'avait été le duché français. Avec ce beau domaine, avec l'énergie de la race conquérante et la valeur militaire de ses épiques Almugavares, il semblait qu'un avenir illimité lui fût promis.

Disons tout de suite, pour ne pas avoir à y revenir, qu'en 1331 le fils du vaincu du Copaïs, le comte Gautier VI de Brienne, devenu dans l'intervalle comte de Lecce, dans le royaume de Naples et qui devait laisser un nom fameux dans l'histoire florentine (2), essaya de reconquérir son patrimoine. Il arriva d'Italie avec 800 chevaliers français et 500 hommes d'élite toscans sans parler des contingents de son comté de Lecce. Mais sa brillante chevalerie ne put rien contre l'habileté tactique des routiers catalans et il rentra en Italie sans avoir rien fait (1332). Les Catalans, craignant qu'il ne s'emparât du château de Saint-Omer à Thèbes, avaient détruit entre temps ce précieux témoin de l'art français du temps des la Roche (3).

Organisation du duché catalan d'Athènes

Aussitôt maîtres de l'Hellade centrale et ne trouvant plus d'ennemi qui osât leur tenir tête, les heureux routiers s'étaient mis en devoir de normaliser leur aventure, de rentrer tant bien que mal dans les cadres de la société monarchique et féodale de leur temps. Leurs officiers commencèrent par épouser les dames françaises ou gasmules de l'Attique et de la Béotie, veuves des chevaliers tombés en foule au lac Copaïs. Loyaux sujets de la couronne d'Aragon, ils firent correctement hommage de leur conquête au roi aragonais de Sicile Frédéric (ou Fadrique) II (4). Ni Frédéric ni ses successeurs ne vinrent d'ailleurs prendre possession de ce nouveau domaine, pas plus que les rois angevins de Naples ne s'étaient rendus de leur personne dans leurs dé-

---

(1) Cf. Jean Longnon, dans Recoura, *Assises de Romanie*, p. XIII.
(2) Gautier VI, duc titulaire d'Athènes, comte de Lecce, seigneur d'Argos et de Nauplie de 1311 à 1356, seigneur de Florence en 1342-1343, connétable de France en 1355, tué le 19 septembre 1356 à la bataille de Maupertuis. Cf. Hopf, *Chroniques gréco-romanes*, p. 473 ; Perrens, *Histoire de Florence*, t. IV, p. 249-326.
(3) Cf. W. Miller, *The Latins in the Levant*, p. 262.
(4) « Et parce qu'ils n'avaient pas de seigneurs pour les défendre et les gouverner, ils envoyèrent auprès du roi de Sicile et le firent leur seigneur et lui donnèrent leurs villes et les droits qui appartenaient à leur seigneur » (*Libro de los fechos*, § 555).

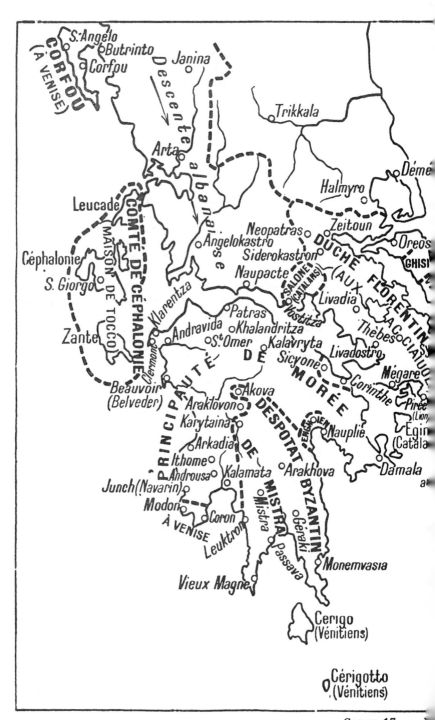

CARTE 17. —
N. B. — La capitale de la seigne

pendances de Morée, mais, comme les Napolitains en Morée, ils déléguèrent, pour administrer le duché catalan d'Athènes, des représentants dont nous donnerons plus loin la liste complète (1). Les plus connus de ces gouverneurs siculo-aragonais sont Berenguer Estañol (1312-1316), le bâtard royal Alfonso-Fadrique d'Aragon-Sicile (1317-1330), Jaime Fadrique d'Aragon (1356-1359), Matteo de Moncada (1359-1361 et 1363-1367), Roger de Lluria (1361-1363 et 1367-1371), Matteo Peralta (1371-1375), Luis Fadrique d'Aragon (1375-1381) et Pedro de Pau (1385-1387). Il est à remarquer qu'à l'exception du prince Alfonso-Fadrique qui présida treize ans aux destinées du nouveau duché, la plupart de ces gouverneurs envoyés ou investis par la cour de Palerme n'eurent qu'un mandat très éphémère.

La race catalane a toujours été une race âpre et forte, supérieure à son destin. Au xive siècle, appuyée sur le pouvoir de la maison d'Aragon-Sicile et participant à l'expansion de celle-ci, elle pouvait sembler de taille à conserver la colonie inattendue que la victoire du lac Copaïs lui avait value en Grèce. Mais il eût fallu que cette colonisation fût perpétuellement renouvelée par l'afflux de nouveaux arrivants. De fait, les routiers catalans apportèrent un soin assez touchant à maintenir le contact avec leur pays natal dont ils implantèrent fidèlement les institutions en Attique et en Béotie. Chaque district ou cité eut son *veguer*, *castellano* ou *capitan*. Au-dessus, un « vicaire général », remplaçant l'ancien duc, avec un maréchal, choisi dans les rangs de la Compagnie catalane (pratiquement dans la famille de Novelles) (2).

Toutefois, cette « catalanisation » administrative n'entraîna pas pour autant une immigration de quelque densité. L'élément catalan resta aussi clairsemé que naguère l'élément français. Comme la Compagnie cessait de se recruter en Espagne et qu'au fond les princes de la maison d'Aragon se désintéressaient de son sort, comme après tant de combats elle passa sans transition à une vie d'oisiveté, dans le luxe et les plaisirs faciles, elle tomba dans une rapide décadence. La race même, au témoignage des auteurs byzantins comme Nicéphore Grégoras, s'abâtardit et dégénéra (3).

Cette rapide dégénérescence des terribles Almugavares allait faire le jeu des plus inattendus des rivaux : les banquiers florentins de la maison Acciaiuoli. Le duché catalan d'Athènes allait finir comme le duché français qui l'avait précédé, faute de

---

(1) Voir p. 591. Voir aussi dans Hopf, *Chroniques gréco-romanes*, p. 474, la généalogie des ducs titulaires d'Athènes de la maison d'Aragon-Sicile.
(2) Cf. W. Miller, *The Catalans at Athens*, Rome, 1907.
(3) Nicéphore Grégoras, *sub annis circa* 1340, t. II, p. 657 de l'édition de Bonn. Cf. Buchon, *Nouvelles Recherches*, I, 1, p. 99.

colons. Ou plutôt ce dernier était tombé dans une belle bataille, « épées contre épées et honneur contre honneur ». Le duché catalan allait s'effondrer sans choc, sapé par la puissance occulte d'une banque italienne.

Émules des Médicis : les Acciaiuoli

La seconde moitié du xive siècle est en Grèce une époque trouble et curieuse. Les anciennes seigneuries franques sont en complète décadence. Les pouvoirs qui les ont remplacés — notamment la Compagnie catalane en Béotie et en Attique — sont rapidement gagnés par la même dégénérescence. Les Turcs ne sont pas encore arrivés. Dans cet intermède historique, la scène appartient aux puissances d'argent. Les puissantes maisons de commerce qui s'appellent la République de Gênes et la République de Venise font la loi dans les mers de Grèce. Et dans la Grèce continentale la banque florentine des Acciaiuoli guette la chute prochaine des Catalans. (1)

Les Acciaiuoli étaient une famille d'habiles banquiers florentins qui s'étaient poussés au service de la dynastie angevine et que celle-ci avait intéressés dans toutes les affaires du royaume de Naples. Ils y avaient accumulé titres, honneurs et profits. On a vu que Nicola Acciaiuoli (2) avait été chargé par Catherine de Valois, princesse de Morée (1332-1346), de nombreuses missions dans le Péloponnèse. Il l'y avait accompagnée en 1338 et y avait passé trois ans auprès d'elle. Elle lui avait alors concédé la baronnie de Kalamata (3). Le fils et successeur de Catherine, Robert II d'Anjou-Tarente (1346-1364), donna à Nicola par acte du 21 avril 1358 la seigneurie de Corinthe avec son inexpugnable citadelle, l'Acrocorinthe (4). Comme le fait remarquer E. G. Léonard, « la générosité de Robert de Tarente n'était point désintéressée : la châtellenie de Corinthe, placée, comme il l'indique lui-même, sur les frontières de divers ennemis, tant Catalans que Turcs et Grecs, était sur le point de lui échapper s'il n'en confiait pas le soin à une direction énergique (5) ». De fait, Nicola mit la place en état de défense, répara les fortifications, fit cesser les inquiétudes de la population et rappela dans

---

(1) Cf. Miller, *The rise of the Acciaiuoli, 1333-1373*, dans *The Latins in the Levant*, p. 269-302 et surtout Émile G. Léonard, *Histoire de Jeanne Ire, reine de Naples, comtesse de Provence (1343-1382)*, Paris-Monaco, en cours de publication.
(2) Né à Florence en 1310, mort à Amalfi le 8 novembre 1365.
(3) Buchon, *Nouvelles recherches*, I, 1, p. 60-61.
(4) Nicola Ier acquit aussi en 1363-1364 les seigneuries de Vostitza et de Nivelet. Cf. Buchon, *Nouvelles recherches*, II, 221 ; II, 2, p. 32, 44, 153 ; Hopf, *Chroniques gréco-romanes*, 476.
(5) Buchon, *Nouvelles recherches*, t. II, 1re partie, p. 143 ; E. Léonard, *Histoire de Jeanne Ire*, t. III (1937), p. 329.

le pays les paysans qui s'étaient enfuis (1) Après sa mort (1365) ce fief passa à son fils Angelo ou Agnolo, comte de Malte (2). En 1371, Agnolo engagea la seigneurie de Corinthe à un sien cousin, Nerio Iᵉʳ Acciaiuoli.

C'est une bien curieuse personnalité que Nerio Iᵉʳ Acciaiuoli. Véritable fondateur de la grandeur territoriale de sa maison, il exerça son activité en Grèce pendant près d'un quart de siècle (1371-1394). Par un coup de maître et sans grand effort, grâce à une savante préparation diplomatique et financière, il conquit en 1387 sur les Catalans affaiblis le duché d'Athènes et de Thèbes. La forteresse de l'Acropole où s'était réfugié le chef catalan Pedro de Pau, résista encore près d'un an, mais dut à la fin capituler (1ᵉʳ mai 1388). Par diplôme du 11 janvier 1394 le roi Ladislas de Naples consacra l'événement en accordant à Nerio le titre de duc. Inféodation, notons-le, parfaitement régulière, puisque, de par le traité de Viterbe de 1267 entre l'empereur Baudouin II et Charles d'Anjou, le roi de Naples se trouvait le suzerain légitime de la Morée et, par conséquent, de l'Attique (3).

Le duché des la Roche, disparu dans la catastrophe du lac Copaïs, se voyait donc restauré en faveur de l'héritier d'une banque toscane, après une domination catalane de près d'un siècle. Restauré et accru. En effet, la « châtellenie de Corinthe » qui s'étendait de Sicyone à Trézène et le duché d'Athènes avec Mégare, Athènes, Thèbes et Livadia, formaient en faveur de l'heureux florentin une belle terre d'un seul tenant. « Son étoile, dit joliment Miller, l'avait guidé de Florence à l'Acrocorinthe et de l'Acrocorinthe à l'Acropole (4). »

Évidemment une telle domination gardait quelque chose de précaire et d'artificiel, car pour légitime que fût devenu le gouvernement de Nerio depuis sa consécration ducale par le roi de Naples, suzerain de la Grèce latine, il n'en était pas moins vrai que le secret de sa puissance résidait moins dans ses troupes que dans ses florins et c'était une force qui ne pourrait longtemps prévaloir devant la menace turque qui dès cette époque s'annonçait du côté de la Macédoine. Du moins Nerio mit-il à profit l'accalmie qui était encore laissée aux dynastes chrétiens de l'Hellade. Le régime qu'il établit se signala par son intelligence, son habileté, par la prospérité, depuis longtemps inconnue, qu'il assura au pays. Ce descendant des banquiers florentins géra son duché avec la même sagesse que ses aïeux avaient mise au service de leurs opérations. Nerio eut d'ailleurs les élégances de

---
(1) Buchon, *Nouvelles recherches*, I, 1, p. 105-107.
(2) Cf. Buchon, *Recherches historiques*, t. II, p. 388-415 et *Nouvelles recherches*, t. II, 1ʳᵉ partie, p. 161-198 et 2ᵉ partie, 207 ; Tanfani, *Nicola Acciaiuoli*, p. 123-127 ; Léonard, *Histoire de Jeanne Iʳᵉ*, t. III, p. 373.
(3) Buchon, *N. R.*, I, 1, p. 138 et I, 2, p. 223.
(4) Miller, *The Latins in the Levant*, p. 338.

son rôle et afficha un philhellénisme digne du Trecènto florentin. Dans sa tolérance à cet égard, il permit à un archevêque grec de s'installer à Athènes (ce qui, ne l'oublions pas, ne s'était jamais vu depuis la conquête franque). Tout au plus y eut-il ici une différence « d'étage », l'archevêque grec résidant dans la ville basse, tandis que l'archevêque latin conservait « l'église du Parthénon ». Le grec redevint même, à côté du latin, la langue de l'administration.

Ce n'étaient pas seulement là procédés de diplomate pour se faire valoir dans la population indigène. Chez Nerio, il semble bien que le cœur ait été véritablement conquis par l'hellénisme. En effet, quand il lui fallut choisir un époux pour sa fille Bartolomea, — la plus belle femme de son temps, nous affirme Chalcocondyle —, ce ne fut pas à un Latin qu'il la maria, mais avec le despote byzantin de Morée, Théodore Paléologue lui-même. Et sa politique allait dans le même sens, n'hésitant pas à appuyer les Paléologues contre ses compatriotes italiens. En 1377 venait de mourir le dernier seigneur français d'Argos et de Nauplie, Guy d'Enghien, et la fille de Guy, la jeune Marie, venait de se placer sous le protectorat de Venise en épousant le patricien vénitien Pierre Cornaro (1), mais Nerio Acciaiuoli s'entendit contre cette combinaison avec Théodore Paléologue et tous deux, unissant leur forces, devancèrent les Vénitiens en occupant de compte à demi Argos (1388) (2). Il est vrai que les Vénitiens avaient, pour se défendre, des armes dont un esprit aussi réaliste que Nerio ne pouvait méconnaître la valeur : pour protester contre l'alliance du duc d'Athènes avec les Grecs, ils prirent contre celui-ci une série de mesures douanières fort gênantes, notamment dans leurs possessions de l'Eubée (3). Après une guerre commerciale où le dernier mot ne pouvait que rester à la Seigneurie de Saint-Marc, la paix intervint enfin et Argos fut rendue par les alliés à Venise (11 juin 1394) (4).

A cette date, le duc Nerio Ier était au terme de sa carrière. Après une vie presque constamment heureuse à force d'adresse, il mourut à Athènes le 25 septembre 1394. Son beau domaine fut divisé, car, chose curieuse, cet habile homme s'était désintéressé du sort de son œuvre et même, semble-t-il, de sa famille après lui. Comme chez tant de fortes personnalités italiennes de

---

(1) Voir dans Hopf, *Chroniques gréco-romanes*, p. 474 la généalogie des seigneurs d'Argos et de Nauplie de la maison d'Enghien. Aussi Hopf, *Geschichte Griechenlands*, II, p. 25.
(2) Buchon, *Nouvelles recherches*, I, 1, p. 141 .Nauplie resta finalement aux Vénitiens (1389).
(3) R. Cessi, *Venezia et l'acquisto di Nauplia et d'Argo*, Nuovo Archivio Veneto, n. s., t. XXX, 1915, p. 158-159.
(4) Nous voyons alors Nério ajouter à son titre de citoyen de Florence le titre, à lui nouvellement concédé, de citoyen de Venise (Buchon, *Nouvelles recherches*, I, 1, 143).

la Renaissance, l'individualisme était poussé chez lui au point d'avoir tout construit en viager. Nous avons vu qu'il avait ignoré le patriotisme latin au point de préférer les Grecs aux Italiens. Voici qu'il n'avait guère davantage le sentiment de la continuité dynastique, puisqu'il lotissait son héritage au point de le pulvériser. Il avait, il est vrai, désigné comme héritière principale, au titre de la châtellenie de Corinthe, sa fille cadette Francesca, mariée au comte de Céphalonie Carlo Tocco, deshéritant ainsi sa fille aînée Bartolomea et le mari de cette dernière, le despote byzantin de Mistra Théodore Paléologue (1). On pouvait voir là un suprême sentiment de solidarité latine pour maintenir en des mains italiennes la grande forteresse de l'Isthme. Seulement il était bien tard pour s'en aviser et, en tout cas, cette volonté posthume ne fut pas respectée. Théodore Paléologue s'empara de la seigneurie de Corinthe qui retourna ainsi aux Grecs (2). La domination latine sur l'Isthme, depuis la conquête de l'Acrocorinthe par le prince d'Achaïe Geoffroi Ier de Villehardouin et par le duc d'Athènes Othon de la Roche, avait duré cent quatre-vingt quatre ans (1210-1394).

Nerio Acciaiuoli, pour n'avoir pas pris à temps ses précautions, se trouva ainsi avoir préparé la perte de l'Isthme par les Latins. Quant au duché d'Athènes et de Thèbes, la meilleure partie de ses possessions, Nerio, inexplicablement, l'avait partagé Il avait laissé seulement la Béotie (Thèbes et Livadia) à son bâtard Antonio et légué Athènes « à l'église de la Madone du Parthénon ». Clause étrange, car il n'était pas besoin d'être prophète pour prédire qu'une position aussi convoitée ne serait pas laissée tranquillement aux prêtres de la *Panaghia*. En fait, le gouverneur à qui Nerio avait confié l'Acropole, Matteo de Montona, peu sûr de la fidélité de l'élément grec et d'autre part menacé par les incursions turques, — c'était l'époque où les Turcs commençaient à apparaître au sud des Thermopyles ! — ne vit d'autre ressource que de se mettre sous la protection de la République de Saint-Marc, seule capable de le défendre contre la menace ottomane. Il appela donc à son aide le bayle vénitien de l'Eubée. Ce fut ainsi que de 1394 à 1402 Athènes se trouva administrée par des podestats vénitiens.

C'était compter sans le bâtard Antonio Acciaiuoli. Ce curieux personnage, qui avait hérité du génie politique de son père, n'entendait pas se contenter modestement de la Béotie, en laissant Athènes à qui voudrait la garder ou la prendre, des Turcs, de la République de Saint-Marc ou de la Vierge. Car les Turcs, désormais maîtres des Balkans, poussaient maintenant leurs

---

(1) Cf. Buchon, *Nouvelles recherches*, I, 1, p. 145-155 et 2, p. 254, 258-259.
(2) Cf. Zakythinos, *Le despotat de Morée*, p. 143-144.

raids jusqu'en Attique (1397). Antonio, par un coup d'audace qui montre bien l'absence de « patriotisme chrétien » chez ces hommes de la Renaissance, n'hésita point : il se tourna vers les Turcs et réussit à se ménager leur appui. En même temps il provoqua dans Athènes une révolte de la population grecque contre la domination vénitienne : disons ici, ce qui explique bien des choses, qu'il était né d'une mère grecque et qu'à ce titre, les orthodoxes le regardaient un peu comme un compatriote (1). Grâce à ces divers concours, il chassa les Vénitiens de la ville basse (1402), puis de l'Acropole (1404). Il eut même la suprême habileté de se faire pardonner sa conduite par Venise en acceptant spontanément la suzeraineté de la Seigneurie (1405). Maintenant qu'il s'était rendu maître de l'Attique, il ne pouvait que gagner à un tel protectorat. Il y trouvait auprès des flottes vénitiennes une contre-assurance en cas d'invasion du pays par ses dangereux alliés turcs.

Ouvrons ici une parenthèse pour montrer combien la carrière d'un Antonio Acciaiuoli à Athènes évoque celle d'un Jacques le Bâtard en Chypre (p. 354). Les deux hommes sont presque contemporains (Antonio † 1435, Jacques † 1473). L'un et l'autre sont de magnifiques spécimens du Quattrocènto, le premier d'ailleurs de race italienne, le second déjà tout italianisé, mais tous deux n'ayant d'autre règle morale que « le fait du prince », d'autre mesure de l'univers que celle de leur propre personnalité. Deux hommes qui auraient pu servir de modèles à Machiavel.

Il est curieux de voir cet émule des grands aventuriers italiens du Quattrocènto appliquer si désinvoltement leurs théories au milieu du guêpier balkanique. Mais il est évident que de tels jeux étaient à la limite des possibilités permises, car rien n'était scabreux comme de s'appuyer sur l'amitié turque au moment où le sultan Bâyazîd se préparait à soumettre les dernières chrétientés des Balkans. Il est vrai que l'heureux Antonio bénéficia d'une chance imméritée. En cette même année 1402, Bâyazîd fut vaincu et capturé par Tamerlan à Ankara et la menace turque fut dissipée pour un quart de siècle. Grâce à cette circonstance inespérée, le nouveau duc d'Athènes put avoir un règne paisible et encore fort brillant (1402-1435). Athènes était alors comme une autre Florence : nous y voyons établis des Medici, des Pitti, des Machiavelli, tous plus ou moins apparentés à la maison régnante (2). L'hellénisme, un hellénisme désormais parfaitement conscient de tout ce qu'il représentait et favorisé par le mouvement de la Renaissance italienne, était en

---

(1) Portrait très vivant de la personnalité d'Antonio Acciaiuoli dans Miller, *The Latins in the Levant*, p. 361-397, 404.
(2) Buchon, *Nouvelles recherches*, I, 1, p. 131 et 186 et I, 2, p. 220 ; Miller, p. 400.

grand honneur à la cour d'Antonio. Celui-ci avait établi sa résidence aux Propylées (« le monument de Mnésiklès devint alors un palais florentin ») (1). Il possédait une belle villa près de la fontaine Kallirhoé. Près de lui, grandissaient les humanistes grecs Laonikos Chalcocondyle, « l'Hérodote de la Grèce moderne », et aussi son frère Démétrios Chalcocondyle, le même qui diffusera l'hellénisme en Italie. Ce fut dans la même famille qu'il choisit sa première femme, la duchesse Hélène. Sa seconde femme fut également une Grecque de grande famille, Marie Mélissène, de l'illustre maison des « archontes » d'Ithome, en Messénie (2). Son protonotaire, son chancelier furent des Grecs et les documents officiels furent, pour lui aussi, rédigés en grec (3). On s'étonne que cette curieuse figure n'ait pas davantage attiré les historiens de l'humanisme.

Mais c'était là un équilibre instable, une grandeur paradoxale qui ne reposaient que sur quelques personnalités exceptionnelles et surtout sur la providentielle éclipse de la puissance turque. Or cette éclipse touchait à sa fin et les successeurs d'Antonio Acciaiuoli n'héritèrent ni de sa chance ni de sa valeur. Il fut le dernier duc d'Athènes vraiment digne de ce nom, le dernier représentant encore respecté de cette curieuse maison gréco-florentine qui ne se maintenait que par une sorte de miracle, à force d'adresse diplomatique et de diplomatie bancaire, entre la reconquête grecque triomphante au Péloponnèse et la conquête turque, qui de nouveau déferlait du Nord jusqu'aux Thermopyles. Certes, les époques de grande culture, celles où les élites ont pu goûter la douceur de vivre, d'apprendre et de penser, sont souvent une brève halte entre deux déchaînements de barbarie, mais le cas est ici particulièrement frappant.

A la mort d'Antonio (1435), après les inévitables querelles de succession dans sa famille, ce fut son cousin Nerio II qui finit par l'emporter (1435-1439 et 1441-1451), mais il ne l'emporta que grâce à la protection des Turcs, protection qui se traduisait maintenant par un véritable protectorat (l'intervalle 1439-1441 avait été marqué par l'usurpation d'Antonio II, frère de Nerio II). Puis se produisirent, comme dans tant de seigneuries italiennes de la Renaissance, une série de tragédies de palais qui achevèrent de faire le jeu de l'ennemi. Après Nerio II la régence avait été dévolue à sa veuve, une princesse de Bodonitza, d'origine vénitienne, Chiara Giorgi (1451-1454). En 1453 — l'année de la prise de Constantinople par les Turcs — Chiara

---

(1) Miller, p. 401.
(2) Buchon, *Nouvelles recherches*, I, 1, p. 173.
(3) Cf. Buchon, *Nouvelles recherches*, I, 1, 162-180 ; II, 272-280 ; Miller, p. 403-404. Sur la prospérité matérielle d'Athènes sous son gouvernement, Miller, p. 397.

qui s'était follement éprise d'un patricien vénitien nommé Bartolomeo Contarini, l'épousa au prix d'un crime affreux, car Contarini, pour se rendre libre, était allé, au préalable, assassiner sa première femme à Venise. Or, un membre de la famille ducale, Franco Acciaiuoli, fils d'Antonio II, vivait à Constantinople où il était devenu l'équivoque favori du sultan Mahomet II. Sur ses instances, le sultan, qui n'avait rien à lui refuser, envoya à Athènes une armée pour remplacer sur le trône la duchesse Chiara, accusée de complicité d'assassinat, par lui-même, Franco. Chiara tomba aux mains des Turcs et Franco, ajoutant le crime au crime, la fit exécuter ou, dit-on, l'étrangla ou la décapita de ses propres mains soit au monastère de Daphni, soit au donjon de Mégare (1456). Il devint ainsi duc d'Athènes sous la tutelle ottomane, mais, comme on pouvait le prévoir, il ne tarda pas à se brouiller avec ses redoutables protecteurs. Ceux-ci vinrent l'assiéger sur l'Acropole. Il rendit finalement la forteresse au sultan qui, en échange d'Athènes, eut encore la condescendance de lui laisser Thèbes (1458). Mais ce reste de faveur dura peu. En 1460 le pacha de Thessalie fit purement et simplement étrangler l'indigne héritier de la brillante dynastie florentine (1). Enchaînement de tragédies atroces dans un décor de rêve et digne d'inspirer Shakespeare.

6. L'EMPIRE COLONIAL ITALIEN DANS LES MERS GRECQUES

Venise et l'Eubée

Nous avons mentionné (p. 466) la situation prépondérante que la quatrième croisade avait value aux Vénitiens dans les mers grecques. La reprise de Constantinople par Michel Paléologue en 1261 leur avait fait perdre le bénéfice de cette situation dans les Détroits, mais ils en conservèrent beaucoup plus durablement les avantages dans l'Eubée, les îles de l'Archipel et les îles Ioniennes. Toutefois, l'établissement de la domination vénitienne dans ces diverses zones fut une œuvre de longue haleine traversée de bien des vicissitudes et qui exigea toute la persévérance politique de la Seigneurie de Saint-Marc. Ce fut ainsi, par exemple, que, si le traité de partage de 1204 avait attribué aux Vénitiens l'île d'Eubée — « Nègrepont », comme on l'appelait —, ils eurent le désagrément de s'y voit devancés. En 1205 le roi de Thessalonique Boniface de Montferrat fit conquérir l'île par le croisé flamand Jacques d'Avesnes. Si celui-ci s'y était établi, nul doute que l'île ne fût devenue par la suite une seigneurie complètement

---

(1) Cf. Buchon, *Nouvelles recherches*, I, 1, p. 187-190 ; Miller, *The Latins in the Levant*, p. 436 437. Voir dans Hopf, *Chroniques gréco-romanes*, p. 476, la généalogie de la maison Acciaiuoli.

indépendante au même titre qu'Athènes ou la Morée. Toutefois, Jacques ne s'y fixa point mais rentra bientôt en Flandre (1), et Boniface, qui semble avoir partout favorisé de préférence ses compatriotes italiens, la donna au seigneur véronais Ravano dalle Carceri et à deux parents de ce dernier, Ghiberto da Verona et Pegoraro dei Pegorari. De ce jour, l'Eubée resta partagée en trois fiefs, savoir Oreos au nord, Chalcis ou « ville de Nègrepont » au centre, Karystos au sud, fiefs dont les possesseurs, lesquels appartenaient tous à la maison des Carceri ou à d'autres maisons véronaises alliées, portaient le titre de *terziari*, *tierciers* ou mieux *terciers* (2). Lors de cette première répartition, Ravano dalle Carceri reçut Karystos, Ghiberto da Verona eut Chalcis (« Nègrepont ») et le troisième tercier, Pegoraro dei Pegorari, eut Oreos. Disons tout de suite que Ravano devait finir par réunir dans sa main « les trois tiers ». A sa mort (1216), Oréos et Karystos passeront à deux membres de la famille des Carceri et Chalcis-Nègrepont reviendra aux fils de Ghiberti da Verona. Des terciers de Karystos dépendait l'île d'Égine.

Restaient les droits de la République de Venise qui pouvait bien en différer la réclamation, mais qu'il n'était pas dans ses habitudes de laisser prescrire entièrement. Les seigneurs véronais à qui le hasard avait attribué l'Eubée, connaissaient trop bien la Seigneurie de Saint-Marc pour vouloir s'en faire une ennemie. Ravano dalle Carceri qui fut tercier de Karystos de 1205 à 1216, alla dès 1209 au-devant des protestations des Vénitiens en acceptant spontanément leur suzeraineté. Cette suzeraineté fut dès lors exercée par un *bailo* vénitien résidant dans la ville de Nègrepont et assisté de deux juges et de trois « conciliatori ». La même dépendance se marqua au spirituel : l'église Saint-Marc de Chalcis releva de San Giorgio Maggiore à Venise (3). Mais en même temps, tout au moins depuis 1236, les terciers de l'Eubée entraient dans la hiérarchie féodale française en se reconnaissant aussi les vassaux de la principauté de Morée : tous trois figurent dans les *Assises de Romanie* parmi les douze pairs de la conquête (4). Ils étaient de la sorte parés des deux côtés : le protectorat vénitien les garantissait du côté de la mer et la suze-

(1) Buchon, *Nouvelles recherches*, I, 1, p. xxiii.
(2) Sur l'histoire de l'Eubée à cette époque, Hopf, *Schicksale von Karystos in den Zeitraume von 1205-1270*, Sitzungsb. der Wiener Akad. Wiss. Phil.-hist. Cl., t. IX, 1853, p. 564 ; Mas Latrie, *Les seigneurs tierciers de Négrepont*, Revue de l'Orient latin, 1893, p. 413 ; Bury, *Lombards and Venitians in Euboia*, Journal of Hellenic studies, t. VII (1886), p. 309-352, VIII (1887), p. 194-213, IX (1888), p. 91-117. On trouvera une généalogie détaillée des diverses branches des terciers de Négrepont dans Hopf, *Chroniques gréco-romanes*, Berlin, 1873, p. 479. Et *ibid.*, p. 371-373 la liste des *baili et capitani* vénitiens de Négrepont, de 1216 à 1470.
(3) Miller, *The Latins in the Levant*, p. 78.
(4) *Assises de Romanie*, § 43 ; *Chronique grecque de Morée*, vers 3194 et sq. Cf. Hopf, *Geschichte Griechenlands*, I, p. 272 a.

raineté des Villehardouin du côté de la Grèce continentale. Plusieurs terciers paraissent d'ailleurs avoir pris très au sérieux cette vassalité envers la principauté de Morée, vassalité qui les faisait entrer dans la hiérarchie nobiliaire franco-moréote, alors si recherchée. C'est ainsi que nous verrons figurer en bonne place au « parlement » de Corinthe, en 1304, à la cour du prince de Morée Philippe de Savoie, le tercier de Karystos, Bonifazio da Verona.

Mais en même temps que ses avantages, la situation ainsi comprise présentait ses inconvénients : cette double suzeraineté faillit dès 1256-1258 écarteler l'Eubée lombarde. On se rappelle les faits. Le prince de Morée, le puissant et orgueilleux Guillaume de Villehardouin, avait épousé Carintana dalle Carceri, fille d'un des terciers, Rizzardo dalle Carceri, seigneur d'Oréos. Comme on l'a vu, il réclama aux deux autres terciers, Guglielmo — *alias* Guido — dalle Carceri (ou da Verona) et Narzotto dalle Carceri — respectivement terciers de Karystos et de Chalcis —, l'héritage de sa femme et, sur leur refus, envahit l'Eubée. Il y manda à sa barre, au château de la Coupa, Guglielmo et Narzotto et les retint prisonniers. — Geste plus grave, — il chassa même le bayle vénitien Paolo Gradenigo (1). On a également vu (p. 486) que Venise, comme il était à prévoir, eut le dernier mot : le pro-véditeur Marco Gradenigo qui succéda à Paolo comme bayle vénitien en Eubée (1256-1258) vint finalement replacer l'île sous le protectorat de la Seigneurie. Grâce à l'aide du seigneur d'Athènes Guy de la Roche, il finit après treize mois de siège par reprendre Chalcis aux gens du prince Guillaume. Andrea Barozzi qui lui succéda à la tête des forces vénitiennes (1258-1259) repoussa un retour offensif des « Moréotes » devant Chalcis (2). Toutefois, l'affaire s'arrangea quand le triomphe des Grecs sur Guillaume de Villehardouin à Monastir en 1261 et la reprise de Constantinople par Michel Paléologue la même année eurent également fait du prince de Morée et de la République de Venise des vaincus menacés par la revanche byzantine. Aussi la seigneurie de Saint-Marc, par le traité du 15 mai 1262, n'hésita pas à admettre que les terciers, tout en restant économiquement et politiquement liés à elle, reconnussent en droit féodal la pleine suzeraineté de Guillaume de Villehardouin (3). Venise et le prince de Morée devaient en effet s'unir contre l'empire byzantin restauré dont l'Eubée était précisément l'un des objectifs immédiats.

(1) Cf. Sanudo, *ap.* Hopf, *Chroniques gréco-romanes*, p. 103. Paolo Gradenigo fut *bailo* vénitien de Négrepont de 1254 à 1256. Cf. Hopf, *Ibid.*, p. 371.
(2) Sanudo, *l. c.*, p. 104. Cf. Bury, *Lombards and Venitians in Euboia*, I, p. 13-21 ; Hopf, *Geschichte Griechenlands*, p. 277, 280-286.
(3) Mas Latrie, *Les terciers*, p. 5 ; Tafel et Thomas, *Urkunden*, III, p. 46-51.

Le danger était réel. Déjà en 1275 les terciers et leurs amis vénitiens sous le commandement de Filippo Sanudo se firent battre sur mer par les Byzantins près de Démétriade, sur le golfe d'Almyro, défaite où le tercier Guglielmo II dalle Carceri trouva la mort. La menace byzantine contre l'Eubée se précisa au cours des années 1276-1279. L'empereur Michel Paléologue avait trouvé contre les Latins un auxiliaire inattendu : Licario. Ce curieux personnage que Nicéphore Grégoras appelle Ikarios et dont les sources latines font un Zaccaria, était un aventurier italien d'origine vicentine, bien que né en Eubée, et qui avait réussi à se faire aimer par la veuve du tercier Narzotto dalle Carceri, la dame Felisa, ce qui le brouilla à mort avec le frère de celle-ci, l'orgueilleux tercier Ghiberto II da Verona. Plein de rancune, ulcéré dans ses sentiments intimes, l'aventurier passa aux Byzantins qui, reconnaissant ses talents, s'empressèrent de l'utiliser et le nommèrent amiral de leur flotte.

Tenant ainsi l'arme de sa vengeance, Licario débarqua en Eubée à la tête des forces impériales, enleva Karystos (« Castel Rosso ») au tercier local Othon de Cicon (1) et s'empara de même des forteresses de la Cuppa, Larmena et la Clisura dont il accrut encore les défenses (2). Les terciers éperdus avaient appelé à leur aide le duc d'Athènes Jean de la Roche, mais Licario battit à Varonda (Vathondas) les forces coalisées des terciers et de Jean (1279). Le duc et Ghiberto da Verona tombèrent entre ses mains. Il revint à Constantinople pour présenter solennellement ses deux prisonniers à l'empereur Michel Paléologue, scène tragique car Ghiberto da Verona, en voyant environné d'honneurs, sur les marches du trône son ennemi personnel, le transfuge italien, ravisseur de la belle Felisa, fut pris d'une telle rage qu'il s'écroula, foudroyé (3). Imaginons Licario savourant sa vengeance, et le *basileus* assistant, impassible, à ces *vendettas* entre Latins détestés.

Sur le moment, toute l'Eubée sembla devoir redevenir byzantine, mais la reconquête byzantine n'était qu'un feu de paille, tandis que la politique vénitienne n'abandonnait jamais ses objectifs. L'énergie du bayle vénitien Nicola Morosini Rosso avait d'ailleurs permis de sauver la ville de Nègrepont (Chalcis). Et, comme les Byzantins ne purent soutenir leur effort, que leurs succès maritimes n'étaient dus qu'à la personnalité de Licario et que ce dernier disparut brusquement de la scène, avant la fin

---

(1) Othon de Cicon, tercier de Karystos de 1250 à 1278. Sur ces événements, voir Sanudo, *ap.* Hopf, *Chroniques gréco-romanes*, p. 119 sq.

(2) Cf. Sanudo, *ap.* Hopf, *Chroniques gréco-romanes*, p. 123 (il castello dell'Armene, et quello della Cuppa in la Vallona et quel della Chiesura).

(3) Buchon, *Recherches et matériaux*, I, p. 191 ; Miller, *The Latins in the Levant*, p. 137-141 (d'après Sanudo, 119, 126-127, 144 ; Pachymère, I, 413 et Nicéphore Grégoras, l. IV, c. 5, I, 98). Licario devait avoir comme successeur à la tête de la marine byzantine un autre corsaire italo-grec, Jean de lo Cavo (de Capite), originaire de l'île d'Anaphé. Cf. Sanudo, p. 132.

du siècle ils avaient reperdu l'île. Leur expulsion fut pour un bonne part l'œuvre d'un nouveau tercier, Bonifazio da Verona, personnage, semble-t-il, énergique et plein de ressources, qui venait d'obtenir Karystos en épousant (1294) l'héritière de ce fief, Agnès de Cicon (1). Bonifazio chassa les Byzantins de Karystos et finalement de toute l'île (1296) (2). Mais, bien entendu, leur défaite était surtout le résultat de la patiente et tenace politique vénitienne qui n'avait jamais renoncé à ses positions et avait toujours soutenu les terciers (3).

Comme l'a bien montré Heyd, l'intérêt que les Vénitiens portaient à l'île d'Eubée s'expliquait en partie par sa situation maritime, pour surveiller Constantinople et dominer à la fois la Grèce continentale et l'Archipel, en partie aussi par son impotance économique. Sous le régime des terciers, non seulement les Vénitiens y possédaient la franchise douanière, mais encore les droits de douane sur les marchands des autres pays entraient dans les caisses de la République. Tout se passait comme si, au point de vue commercial, l'Eubée avait fait partie du territoire vénitien. L'île était d'ailleurs d'une grande fertilité, exportant le blé, le vin, l'huile, la cire, le miel et la soie grège ou ouvrée *(seta et setae opera)* (4). N'oublions pas que dans l'antiquité grecque les Athéniens l'avaient maintenue sous leur domination comme productrice de blé. Sur bien d'autres points nous verrons la thalassocratie vénitienne retrouver ainsi les positions de la thalassocratie athénienne.

Bien que rattachée au point de vue commercial et maritime à l'empire vénitien, l'Eubée ne s'en trouvait pas moins exposée aux conséquences des révolutions dont l'Hellade continentale était le théâtre. Ce fut ainsi qu'elle subit le contre-coup de la bataille du lac Copaïs où, comme on l'a vu, le duc d'Athènes Gautier de Brienne fut vaincu et tué par la Grande Compagnie catalane (1311). Les liens entre le duché d'Athènes et les terciers avaient toujours été fort étroits. Deux des terciers venus combattre aux côtés du duc périrent avec lui, mais le troisième, Bonifazio da Verona, seigneur de Karystos, avait pu s'échapper du champ de carnage et il obtint la paix des vainqueurs. Les Ca-

---

(1) Sur Bonifazio da Verona, Muntaner, c. CCXLIV, trad. Buchon dans *Chroniques étrangères*, p. 481-482. Cf. Hopf, *Chroniques gréco-romanes*, 130 et 177.
(2) Cf. Sanudo, ap. Hopf, *Chroniques gréco-romanes*, p. 130.
(3) Les bailes vénitiens de Négrepont de cette époque furent tous des personnages énergiques. Ce sont Nicolo Morosini Rosso surnommé « le Bon Baile » (1278-1280), Nicolo Falier (1280-1282), Andrea Zeno (1282-1283), Giovanni Zeno (1283-1285), Jacopo Molino (1285-1287), Marino Soranzo (1287-1289), Marco Michieli (1289-1291) et Jacopo Barozzi (1295-1297). Cf. Hopf, *Chroniques gréco-romanes*, p. 371.
(4) Heyd, *Histoire du commerce du Levant*, t. I, p. 283 d'après Tafel et Thomas, II, 93, 95, 176, 179, 181, 183, III, 14, 47, 53 et Pegolotti, p. 145.

talans, installés à demeure en Béotie et en Attique, n'en constituaient pas moins pour l'Eubée un dangereux voisinage. De fait, ils ne se firent pas faute d'intervenir dans l'île et la politique vénitienne eut grand mal à y entraver leur action. Puis un heureux mariage les favorisa. En 1317 le chef du nouveau duché catalan d'Athènes, le prince Alfonso Fadrique d'Aragon-Sicile, épousa l'héritière du tercier Bonifazio da Verona et devint ainsi seigneur de Karystos. Évidemment la descendante des petits aventuriers véronais était fière de s'unir au bâtard royal. Un de leurs fils, Bonifazio-Fadrique, leur succéda dans le fief de Karystos (1).

Cependant la Seigneurie de Venise ne perdait pas l'Eubée de vue. Patiente, elle attendait son heure. En 1365 enfin, elle acquit de la famille de Fadrique le fief de Karystos pour la somme de 6.000 ducats (2). Les deux autres « tiers » n'allaient pas tarder à lui revenir aussi. En 1383, le dernier des Carceri, Niccolo III, ayant été assassiné, cette famille se trouva éteinte. En 1390, la dernière famille de terciers, celle des Ghisi, s'éteignit de même dans la personne de Giorgio Ghisi qui légua ses biens à Venise. Il ne tenait qu'à la Seigneurie de Saint-Marc de garder l'administration directe de l'île entière. Elle préféra, là comme dans l'Archipel, gouverner par seigneurs interposés, politique de protectorat, économique et adroite, qui lui évitait les inconvénients de la colonisation avérée. Elle conserva donc des terciers qui, dans la pratique, n'étaient plus que les dociles agents de son bayle. Ce fut ainsi qu'en 1386 elle donna Karystos aux trois frères Giustiniani, famille vénitienne qui possédait déjà dans l'Archipel l'île de Sériphos. Elle donna semblablement les deux tiers de Nègrepont (Chalcis) à Maria Sanudo, de la famille des ducs vénitiens de Naxos et à l'époux de Maria, Januli d'Anoe, de la famille française des d'Aulnoye, depuis lontemps italianisée (3). La Seigneurie s'était d'ailleurs prudemment réservé la possession des châteaux-forts et exigeait, comme suzeraine, un hommage de complète vassalité. De fait, il y avait longtemps que les princes titulaires de Morée, co-suzerains de l'Eubée, avaient pratiquement abandonné leurs droits à Venise.

Il faut reconnaître qu'en Eubée comme à Corfou, comme dans l'Archipel, l'administration vénitienne fut, en principe, bienfaisante, bien supérieure à celle des petits dynastes locaux du voisinage. Sa sollicitude était même ici assez méritoire, car

(1) Miller, *The Latins in the Levant*, p. 243. Ajoutons, en ce qui concerne les incessants partages entre terciers, qu'en 1278 un des « tiers » était passé à la famille vénitienne des Ghisi, seigneurs de Tinos et Mykonos, dans les Cyclades. Sur l'Eubée, à cette époque, comme foyer de corsaires italiens qui allaient de là écumer les côtes byzantines, voir Sanudo, ap. Hopf, *Chroniques gréco-romanes*, p. 146-147.
(2) Hopf, *Carystos*, 602-606.
(3) Cf. *Annali Veneti di Stefano Magno*, ap. Hopf, *Chroniques gréco romanes*, p. 185.

l'Eubée, désormais, coûtait à la Seigneurie de Saint-Marc plus qu'elle ne lui rapportait. La prospérité agricole de l'île, hier encore si remarquable, se trouvait maintenant ruinée par la guerre et la piraterie. Si grave était l'appauvrissement causé par tant de luttes que cet ancien grenier à grain avait besoin d'être lui-même ravitaillé. Mais Venise paraît avoir pris sa tâche au sérieux. A partir de 1430 nous voyons les autorités vénitiennes travailler méthodiquement à rétablir la richesse agricole, en irriguant les terrains qui s'y prêtaient, notamment la plaine de Lilanto. Nous remarquons au nombre des administrateurs un *potamarque* spécialement chargé de cet office (1). Au point de vue moral la Seigneurie avait obtenu du Saint-Siège que l'archevêque latin de Nègrepont (Chalcis) reçût le titre de patriarche de Constantinople, ce qui faisait de ce prélat (qu'elle tenait dans sa main) le chef de tous les archevêchés et évêchés latins de Grèce. Rien ne montre mieux à quel point l'Eubée était devenue à cette date le centre de la domination vénitienne dans les mers grecques. Enfin le gouvernement vénitien se considérait si bien dans l'île comme le légitime héritier de l'ancien empire latin qu'en 1453 il fit faire à l'usage de ses protégés eubéens une nouvelle recension des *Assises de Romanie* (2).

L'Eubée resta protectorat vénitien jusqu'en 1470. Le sultan Mahomet II vint alors faire en personne le siège de la capitale, Nègrepont (Chalcis). Les escadres de la République ne surent pas intervenir à temps, et malgré la défense du bayle vénitien Erizzo, la ville fut prise au cinquième assaut (12 juillet 1470). Presque toute la population italienne fut massacrée (3).

Notons pour mémoire que, lors de la conquête turque, les derniers terciers étaient Niccolo Sommaripa à Nègrepont (Chalcis), Antonio Giorgi à Karystos et Januli III d'Anoe ou de Noe (d'Aulnay) — un Français italianisé — à Oréos.

Les Cyclades sous la domination vénitienne

Pour certains auteurs, Venise, dans le partage de 1204, aurait reçu les Cyclades (4) Pour d'autres, on lui aurait seulement promis l'île d'Andros, comme suite à ses possessions éventuelles en Eubée, tandis que Tinos aurait été attribuée à l'empire latin et que le reste de l'Archipel aurait été réservé aux « pèlerins ».

(1) Sur l'administration vénitienne en Eubée. Cf. Hopf, *Geschichte Griechenlands*, p. 30 et sq., 319 et sq., et Miller, *The Latins in the Levant*, p. 366.
(2) Recoura, *Assises de Romanie*, p. 77 ; Miller, *The Latins* p. 461. Cf. Buchon, *Recherches et matériaux*, t. I, p. 112.
(3) Cf. Mas Latrie, *Les tierciers de Nègrepont*, Revue de l'Orient Latin, 1893, p. 432.
(4) Opinion combattue par Fotheringham, *Marco Sanudo, conqueror of the Archipelago*, Oxford, 1915, p. 61, J. Longnon, *J. S.*, avril 1946, 78.

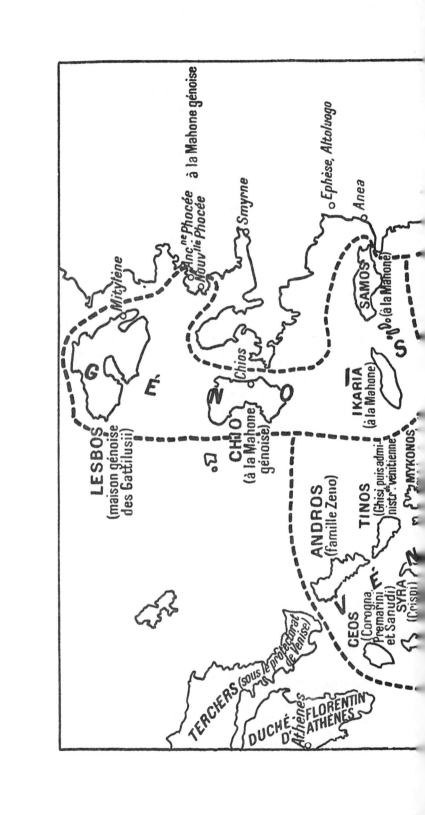

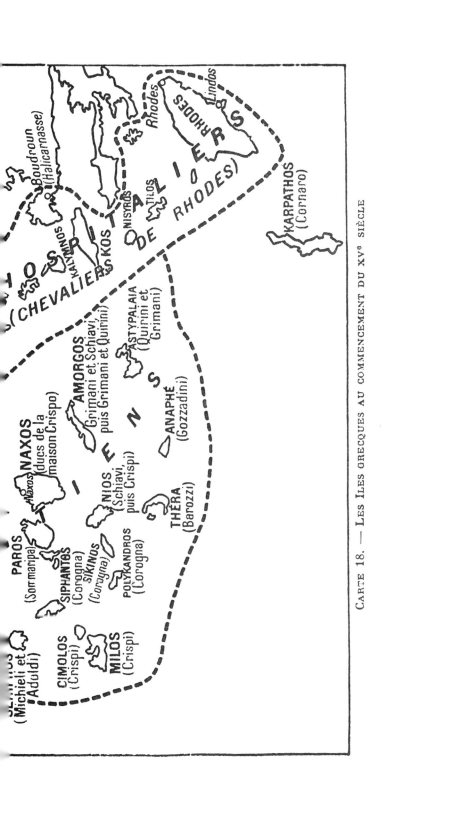

CARTE 18. — LES ÎLES GRECQUES AU COMMENCEMENT DU XVᵉ SIÈCLE

Quoi qu'il en soit, la Seigneurie de Saint-Marc, principale intéressée dans une question aussi essentiellement maritime, adopta au sujet des Cyclades une solution intermédiaire. Au lieu de les occuper directement, elle invita ses familles patriciennes à y fonder sous sa suzeraineté des fiefs héréditaires. Marco Sanudo, le propre neveu du vieux doge Enrico Dandolo, s'établit ainsi à Naxos et dans le reste de l'Archipel (1207). Il garda pour lui Naxos, qui est l'île principale, Paros, Syra, Thermia, Siphnos, Milos, Polykandros, Sikinos et Nios avec le titre de duc (1), tandis que ses compagnons, devenus ses vassaux, se partageaient les autres îles : Marino Dandolo eut Andros (2) ; Geremia et Andrea Ghisi eurent Tinos et Mykonos, Scyros, Khelidromia, Skopelos et Sciathos, Amorgos, plus une partie de Seriphos et de Ceos (le reste de ces deux îles appartenant aux Michiel et aux Giustiniani); Jacopo Barozzi reçut Santorin ; Leonardo Foscolo, Anaphé ; Giovanni Quirini, Stampalia ; Marco Venier et Jacopo Viaro eurent Cerigo et Cerigotto (3).

Comme on le voit, le partage s'était fait assez au hasard. Si les terres « ducales » des Sanudi restaient assez bien groupées au centre de l'Archipel, les possessions des Ghisi étaient dispersées depuis les Sporades du Nord jusqu'à Anaphé. Quant à Filocalo Navigajoso, autre patricien vénitien qui s'était établi à Lemnos (Stalimène) avec le titre de « grand duc », il opérait en dehors de Marco Sanudo et ne fut jamais vassal de ce dernier, mais directement de l'empire latin. Aussi bien son « mégaduché », au lieu de survivre comme celui de Naxos jusqu'au xvɪe siècle, devait-il partager le sort de l'empire latin et succomber avec celui-ci dès le xɪɪɪe.

On aurait pu s'attendre de la part des nouveaux seigneurs insulaires à une grande fidélité envers la mère patrie. Bien au contraire, — et le fait est curieux — tous ces patriciens vénitiens devenus du jour au lendemain, grâce au succès de la quatrième croisade, « principicules souverains », prirent très au sérieux leurs nouveaux titres. Les Sanudi eux-mêmes eurent tout de suite tendance à oublier quelque peu leur origine vénitienne, en tout cas à abolir toute allégeance envers la seigneurie de Saint-Marc pour ne plus se considérer que comme des vassaux d'abord de l'empire latin (4), puis, après 1236, de la principauté de Morée. Comme la suzeraineté de l'Empire ou de la Morée était, au fond

---

(1) Cf. Mas Latrie, *Les ducs de l'Archipel ou des Cyclades*, Deputazione Veneta, studia di Storia Patria, Venise, 1887. Généalogie de la famille Sanudo dans Hopf, *Chroniques gréco-romanes* (Berlin, 1873), p. 480.
(2) Cf. Hopf, *Storia della isola di Andros, 1207-1566* (1859).
(3) On trouvera les généalogies de toutes ces maisons insulaires dans Hopf, *Chroniques gréco-romanes*, *in fine* (p. 486 pour les Ghisi, p. 487 pour les Barozzi, p. 489 pour les Quirini, etc.).
(4) Marco Sanudo se serait reconnu vassal de l'empereur Henri dès 1207. Cf. Fotheringham, *Marco Sanudo, conqueror of the Archipelago*, p. 60-61.

toute nominale, ils devenaient ainsi — du moins s'ils ne voulaient plus se considérer comme sujets du doge —, pratiquement indépendants. Telle fut déjà l'attitude du premier duc Sanudo, Marco Ier (1207-1227). Son titre ducal avait d'ailleurs été reconnu en 1209 par l'empereur latin Henri à l'assemblée de Ravennika ; il était ainsi officiellement entré dans les cadres de la noblesse franco-lombarde du nouvel empire. Un fait incroyable montre toute l'étendue de la désaffection — de l'ingratitude aussi — dont Venise se trouvait ainsi la victime de la part des représentants les authentiques de son aristocratie. Quand en 1212 la population grecque de l'île de Crète se révolta contre la domination vénitienne, la Seigneurie crut encore pouvoir compter sur le duc de Naxos et fit appel à son concours pour dompter l'insurrection. Marco Sanudo accourut, mais, dans le chimérique espoir de devenir « roi de Crète », il n'hésita pas à trahir ses compatriotes et à se retourner contre eux. Une escadre vénitienne dut venir le chasser de la grande île comme un ennemi (1213). Spectacle étonnant, avouons-le, neuf ans seulement après la quatrième croisade !

Marco Sanudo pouvait avoir été grisé par la perspective d'ajouter la Crète à l'Archipel, de troquer sa récente couronne ducale de Naxos contre une royauté de Candie. Mais ce n'était pas là une aberration individuelle. Le fils de Marco, Angelo Sanudo, deuxième duc de Naxos (1227-1262), continua la politique paternelle : entente étroite avec les Français de Romanie, froideur marquée envers Venise (1). Dans le premier ordre d'idées, il aida, on l'a vu, le prince de Morée Geoffroi II de Villehardouin à sauver Constantinople des mains des Grecs (1236), puis il aida de même le successeur de Geoffroi II, Guillaume de Villehardouin, à enlever à d'autres Grecs le port de Monemvasia sur la côte orientale de la Laconie (1245-1248). En revanche, appelé au secours des Vénitiens lors d'une nouvelle révolte des Crétois (1229), il imita la conduite de son père et, lui aussi, fit défection.

On remarquera à ce propos l'attraction qu'au XIIIe siècle la civilisation nobiliaire française exerçait sur les anciens citoyens vénitiens, génois ou autres, que les hasards de la croisade en Terre sainte ou en « Romanie » avaient investis de fiefs territoriaux. Les Sanudi se francisaient en Grèce comme les Embriaci au Liban. La cause de cette attraction provient sans doute de ce qu'en y cédant le duc vénitien de Naxos comme le seigneur génois de Giblet achevait et faisait consacrer son ascension sociale : il prenait définitivement rang dans la haute noblesse franque. En se francisant, il s'élevait. Au XIVe et surtout au XVe

---

(1) Cf. Sanudo, *ap.* Hopf, *Chroniques gréco-romanes*, 100, 102, 115, 124, 172. Rappelons que le meilleur résumé pour l'histoire du duché des Sanudi est celui de W. Miller, *The Latins in the Levant*, p. 570-649.

siècle, ce sera le phénomène inverse qui s'observera. L'élément français, appauvri, sera fasciné par la richesse matérielle des républiques italiennes, aussi par leur niveau culturel désormais supérieur. Et on verra s'italianiser d'anciennes maisons françaises comme les d'Aulnoye ou les d'Enghien de la branche d'Argos.

Mais la désinvolture, l'ingratitude dont les nouveaux seigneurs de l'Archipel faisaient preuve envers la Seigneurie de Saint-Marc ne pouvaient se prolonger qu'autant qu'aucun péril extérieur ne les menaçait. Vienne ce péril, les ingrats principicules n'auront d'espoir de salut qu'en implorant humblement la protection de Venise. C'est ce qui n'allait pas tarder à se produire. Sous le duc de Naxos Marco II (1262-1303), l'Archipel subit en effet comme l'Eubée, le contre-coup de la restauration grecque à Constantinople. L'amiral « byzantin » Licario — cet aventurier vicentin passé au service de Michel Paléologue et dont nous avons montré l'étrange carrière — reconquit pour le compte de son maître un grand nombre d'îles (1276-1278). Licario chassa le « grand-duc » de Lemnos Paolo Navigajoso et fit prisonnier Filippo Ghisi. Grâce à lui, l'empire byzantin recouvra sur les Navigajosi Lemnos, sur les Ghisi Sciathos, Skopelos et Scyros, Céos, Sériphos et Amorgos (Filippo Ghisi fut emmené prisonnier à Constantinople), sur les Barozzi Santorin, sur les Quirini Stampalia et sur le duc Marco II Sanudo lui-même Nios, Sikinos et Siphnos (1). Comme on le voit, près de la moitié des principautés insulaires étaient ravies à leurs dynastes vénitiens. Toutes les Sporades septentrionales, une bonne partie des Cyclades occidentales et méridionales retombaient au pouvoir des Grecs. Seul, le domaine ducal des Sanudi demeurait à peu près intact. Et même pour lui l'établissement de corsaires grecs dans les îles voisines constituait une grave cause d'insécurité.

Par malheur, aux amputations territoriales causées par la revanche maritime byzantine venaient s'ajouter entre principicules insulaires des haines d'île à île analogues à celles qui, en Italie, divisaient de ville à ville les cités toscanes ou lombardes. C'est ainsi que les ducs de la maison Sanudo et leurs principaux vassaux, les Ghisi, étaient en rivalité permanente. Jeu compliqué. Comme les Sanudi cherchaient à s'affranchir du protectorat vénitien, les Ghisi, pour s'affranchir eux-mêmes de la suzeraineté des Sanudi, recherchaient contre ces derniers l'appui de Venise. A Andros, à la mort de Marino Dandolo, les Ghisi avaient usurpé l'île. Les Sanudi leur firent lâcher prise, mais saisirent Andros pour eux-mêmes. A la requête des Ghisi, le doge de Venise invita le duc Marco II Sanudo à comparaître. Marco s'y refusa fièrement en déniant à la Seigneurie tout droit sur l'Archipel : le

---

(1) Cf. Sanudo, *l. c.*, p. 123, 127.

duché de Naxos ne relevait que de la principauté de Morée, c'est-à-dire, à cette date, de la cour angevine de Naples (1). Venise, reconnaissons-le, fit preuve envers ces nationaux rebelles de beaucoup de longanimité, tandis que dans l'Archipel Marco II et les Ghisi se heurtaient dans la ridicule « guerre de l'âne » (1290) (2). Aussi bien, la Seigneurie de Saint-Marc qui avait sur les bras la défense d'un empire, avait-elle raison de ne pas prendre très au sérieux les défis que s'envoyaient gravement, du haut de leurs îlots, les fils de ses patriciens qui jouaient là-bas aux féodaux ; pas même les défis qu'ils semblaient lui adresser à elle-même.

Cependant, comme nous le disions plus haut, Venise seule pouvait protéger contre la revanche grecque ces principicules ingrats. Et sans s'arrêter à leurs querelles, elle agissait pour le bien de tous. L'intervention de sa diplomatie et de sa flotte força enfin les Byzantins à rendre celles des Cyclades qu'ils avaient conquises vingt-cinq ans plus tôt. Ce fut ainsi qu'ils rétrocédèrent aux Ghisi Céos, Scriphos et Amorgos et aux Barozzi Santorin et Thérasia (1303). Seuls les Navigajosi de Lemnos se trouverent définitivement dépossédés.

On aurait pu croire que l'épreuve aurait ramené les Sanudi à de meilleurs sentiments. Il n'en fut rien, peut-être parce que l'intervention de la marine vénitienne avait principalement profité à leurs rivaux, les Ghisi. Les ducs de Naxos Guglielmo Ier (1303-1323) et Niccolo Ier (1323-1341) maintinrent obstinément la politique traditionnelle de leur maison. Surtout ils cherchaient à s'agrandir au détriment de leurs voisins et vassaux. En dépit des remontrances de Venise, Guglielmo Ier arracha Amorgos aux Ghisi et Niccolo Ier ravit Santorin aux Barozzi (1335). Niccolo enleva même dans Mykonos une princesse Ghisi, et de telles injures familiales ne faisaient qu'ajouter aux haines politiques, aux contestations juridiques aussi. A cet égard, les Ghisi et les autres principicules insulaires déclaraient ne relever que de Venise et nullement du duc de Naxos. Leur attitude était imitée par les familles nouvellement possessionnées dans l'Archipel et qui étaient aussi pour la plupart de souche vénitienne comme les Quirini et les Grimani à Stampalia, les Bragadini à Sériphos, les Prémarini à Céos, etc. (3). Une telle thèse juridique ruinait toutes les prétentions de suzeraineté du duc de Naxos qui se trouvait pris entre la révolte de ses « vassaux » et les revendications de la Seigneurie de Venise.

---

(1) Cf. Buchon, *Recherches et matériaux*, I, 32 ; Hopf, *Chroniques gréco-romanes*, 113 ; Miller, *The Latins in the Levant*, p. 579-580. Voir la lettre de Marco II à la Seigneurie en 1282 dans Hopf, *Andros*, p. 166.
(2) Miller, p. 581.
(3) Miller, p. 585-586.

Le duc Giovanni Ier (1341-1361) fut le premier des Sanudi à adopter une politique nettement vénitienne. Malheureusement il se trouva ainsi impliqué dans les guerres entre Venise et Gênes et fut un moment prisonnier des Génois (1354). Au reste, c'était de la part des Sanudi un ralliement bien tardif aux intérêts de la mère-patrie : Giovanni devait être le dernier duc de sa famille.

Le décès de Giovanni († 1361) posa un grave problème de succession qui paraît avoir beaucoup préoccupé la République de Venise. Giovanni ne laissait qu'une fille, Fiorenza, laquelle avait naguère épousé un « tercier » de l'Eubée, de la famille véronaise des Carceri. Mais Fiorenza au moment du décès de son père se trouvait veuve avec un fils en bas âge. De crainte qu'elle n'accordât sa main à quelque adversaire de la Seigneurie, génois ou autre, les Vénitiens la forcèrent à se remarier d'office avec un Sanudo de branche cadette, Niccolo Spezzabanda (1364) (1). En 1371 le duché revint correctement au fils que Fiorenza avait eu de son premier mariage, Niccolo dalle Carceri. Mais le jeune homme dont on avait ainsi ménagé les droits, se révéla une des natures les plus vicieuses de son époque. Il gouverna en tyran, ce qui n'aurait peut-être pas été, en ce siècle, une raison suffisante pour le détrôner, s'il n'avait, de surcroît, commis la faute capitale de trahir dans les affaires de l'Eubée les Vénitiens au profit des Génois (1380). C'étaient crimes que la Seigneurie de Venise ne pardonnait point. Elle suscita contre lui un autre seigneur véronais de l'Eubée, Francesco Crispo, qui, du reste, pouvait, lui aussi, avoir des titres valables à la succession du duché comme ayant épousé une Sanudo. Une tragédie de palais dans le meilleur décor italien du *Trecènto* amena la solution désirée. En 1383, au cours d'une partie de plaisir, Francesco Crispo fit assassiner Niccolo dalle Carceri et, par le droit de son crime, monta aussitôt sur le trône ducal (2). L'histoire des seigneuries italiennes en Orient est pleine de ces sombres drames dantesques transportés sous le ciel de Grèce.

La tragédie de 1383 valait d'ailleurs la peine d'avoir été jouée. Les Crispi se montrèrent beaucoup plus fidèles que les Sanudi au système vénitien. La menace turque, il est vrai, leur en faisait une nécessité. Le temps était passé où les ducs de Naxos pouvaient se payer le luxe de fronder la Seigneurie, où la Seigneurie pouvait s'offrir l'élégance d'ignorer leurs outrages. L'irruption victorieuse des Ottomans dans les Balkans obligeait les maîtres de l'Archipel comme tous les autres principicules latins à se serrer autour de la mère patrie. Le troisième duc de la maison Crispo, Giovanni II (1418-1437), dont les titres au trône étaient

(1) Cf. Miller, 590 et sq ; Recoura, *Assises de Romanie*, p. 56.
(2) Cf. *Annali Veneti di Stefano Magno*, ap. Hopf, *Chroniques gréco-romanes*, p. 183. Voir *ibid.*, p. 481-482, la généalogie de la maison Crispo.

contestés, ne l'emporte qu'en se reconnaissant formellement vassal de Venise : conclusion d'un long procès ouvert depuis 1209 par le premier duc de la maison Sanudo et qui se terminait enfin conformément aux thèses juridiques de la Seigneurie de Saint-Marc (1).

Les redistributions de territoires qui s'ensuivirent furent inspirées par la nouvelle politique vénétophile inaugurée par les Crispi. Francesco Crispo avait, en 1383, remercié les Vénitiens de leur appui en donnant Andros et Syra à Pietro Zeno, fils de leur bayle en Eubée. Par ailleurs, il fit épouser à l'héritière de l'île de Paros un seigneur d'origine véronaise, Gasparo Sommaripa qui y fit souche d'une nouvelle dynastie (2). En 1440, l'île d'Andros devenant vacante, Venise la donnera au chef de cette maison, Crusino Sommaripa. A Tinos et à Mykonos les Vénitiens en agirent autrement : à l'extinction des Ghisi (1390), ils annexèrent purement et simplement les deux îles (3). C'était, remarquons-le, leur première dérogation au principe, respecté par eux pendant près de deux siècles, de ne gouverner les îles grecques que par seigneurs interposés. Devant la menace turque, chaque jour croissante, la Seigneurie sentait maintenant la nécessité d'assumer elle-même la défense de l'Archipel. Le régime du gouvernement direct paraît d'ailleurs avoir été conforme au vœu des populations qui trouvaient plus de sécurité, d'équité aussi auprès des agents de la Seigneurie qu'auprès de leurs fantasques tyranneaux. C'est ainsi qu'en 1462 nous voyons Venise administrer directement non seulement Tinos et Mykonos, mais aussi Cerigo et Amorgos, ainsi que Scyros, Skopelos et Sciathos qui s'étaient spontanément données à elle après la chute de Constantinople. Les ducs de la dynastie Crispo à Naxos et à Milos et les Sommaripa à Andros et à Paros, entourés de tous côtés par la menace ottomane, vivaient désormais réfugiés dans l'étroite vassalité de la Seigneurie de Saint-Marc. Mais les corsaires turcs ne cessaient d'infester l'Archipel. En 1468 ils ravagèrent Andros et tuèrent le seigneur local, Giovanni Sommaripa (4). A la paix de 1479 Venise fut cependant encore assez forte pour faire reconnaître par les Turcs son protectorat de l'Archipel. Ce protectorat était la seule planche de salut des familles insulaires.

« Le salut, ici comme dans toute la Méditerranée orientale, ne pouvait être attendu que de Venise ». Ce fut donc par un sin-

---

(1) Sur le règne de Jacopo II (Giacomo II) Crispo (1437-1447) qui épousa en 1444 Genevra Gattilusio (des seigneurs de Lesbos), cf. Stefano Magno, *ap.* Hopf, *Chroniques gréco-romanes*, p. 187-194. Sur l'avènement de Crusino Sommaripa à Andros, *ibid.*, p. 192-194.
(2) Voir dans Hopf, *Chroniques gréco-romanes*, p. 483-485, la généalogie des Sommaripa.
(3) Cf. Miller, p. 365 et 635 ; Heyd, *Commerce du Levant*, t. II, p. 273.
(4) Cf. Stefano Magno, *l. c.*, p. 205.

gulier anachronisme, par une étrange aberration que le duc de Naxos Giovanni III — qui gouvernait d'ailleurs en parfait tyran — se montra rebelle envers la Seigneurie, tant ces principicules de la Renaissance italienne régnant sur le plus beau des archipels, avaient le cœur gâté par l'immoralité du temps. Quand Giovanni eut été tué dans une émeute, la population supplia Venise d'assumer l'administration directe (1494) (1). Mais le Conseil des Dix avait des traditions politiques invétérées qui ne pouvaient céder pour autant. En 1500 la Seigneurie rendit donc le pouvoir au fils de Giovanni, Francesco III. Restauration particulièrement malheureuse. Ce jeune homme dévoyé, précoce tyran au cerveau détraqué et à moitié fou, souleva par ses extravagances et ses crimes l'indignation générale. Quand il eut horriblement assassiné sa jeune femme, une patricienne de Venise de la plus haute société, Caterina Loredano, il fallut aviser. La Seigneurie de Saint-Marc, malgré sa longanimité, dut reprendre directement en mains le gouvernement du duché (1511) (2). Venise replaça ensuite et maintint sur le trône les ducs Giovanni IV (1518-1564) et Jacopo IV (1564-1566), simples instruments entre ses mains. Puis vint le coup de grâce depuis si longtemps attendu : en 1566 les Turcs enlevèrent définitivement Naxos à Jacopo IV, en même temps qu'Andros aux Sommaripa (3). Venise conserva seulement — jusqu'en 1718 —, l'héritage des Ghisi : Tinos et Mykonos, îlots en soi de peu d'importance, mais points centraux d'où ses flottes continuaient à surveiller la mer Égée (4).

Les îles Ioniennes : Céphalonie, Zante et Leucade

L'histoire des îles Ioniennes est à certains égards plus liée encore que celle de l'Archipel à l'histoire italienne, mais c'est une « histoire en marge » d'un accent assez particulier. Chose curieuse, le commencement de l'italianisation de ces îles est antérieur à la quatrième croisade et remonte, — un quart de siècle plus tôt —, au roi normand de Sicile, Guillaume II. Au moment de la quatrième croisade, en effet, trois des îles Ioniennes — Céphalonie, Zante et Ithaque —, se trouvaient déjà détachées de l'empire byzantin. Les Normands de Sicile qui avaient toujours eu le projet de conquérir Byzance, avaient jeté leur dévolu

---

(1) Stefano Magno, *ap.* Hopf, *Chroniques gréco-romanes,* p. 209. Cf. Miller, p. 617.
(2) Miller, p. 619.
(3) Les Turcs firent d'abord administrer Naxos par le Juif Joseph Nasi, « le duc juif » (1566-1579), puis annexèrent directement l'île. Cf. Miller, p. 637-642.
(4) On trouvera dans Hopf, *Chroniques gréco-romanes,* p. 373-376 la liste des *rettori* vénitiens à Tinos et à Mykonos, de 1407 à 1717.

sur ce débarcadère. Ils s'en étaient emparés en 1185 et un des meilleurs lieutenants de leur roi Guillaume II, son amiral Margarit ou Margaritone de Brindisi, comte de Malte, s'y était taillé un curieux fief (1185-1194). Margarit avait eu comme successeur son gendre ou plutôt le fils de celui-ci, Matteo Orsini, qui fut « comte palatin » de Céphalonie de 1194 à 1238 (1). Cependant au partage de 1204, les îles Ioniennes étaient tombées dans le lot de Venise qui y voyait le complément de son empire adriatique. Matteo qui risquait de se voir dépossédé, eut dès 1209 l'adresse de reconnaître la suzeraineté de la Seigneurie. Sous cette condition, les Vénitiens qui, nous l'avons vu, avaient fort à faire à occuper tous les territoires que la Quatrième croisade venait de leur valoir, le laissèrent en possession de son comté. Par la suite, et pour s'assurer également une garantie — une contre-garantie à l'est, il se reconnut également vassal de la principauté de Morée (2). De fait, au témoignage des *Assises de Romanie* comme de la *Chronique de Morée*, les « comtes palatins » de Céphalonie compteront au nombre des douze pairs de la principauté ; nous les verrons siéger à ce titre à la Haute Cour d' « Andreville » et aux divers « parlements » réunis pour traiter des grandes affaires pendant toute la durée de la domination franque dans le Péloponnèse.

Matteo Orsini avait donc réussi à se tirer d'une passe difficile, mieux encore à faire consacrer en droit, dans le statut juridique de la Romanie latine, son comté de hasard. L'habile palatin se trouvait paré aussi bien du côté de la reine des mers que des États croisés de Grèce. Son fils Riccardo Orsini lui succéda (1238-1278). Riccardo maria — assez déloyalement, du reste, par une sorte d'abus de confiance et le détournement d'une jeune hôtesse à lui confiée, — son fils Giovanni à la fille du despote grec d'Épire (Arta) Nicéphore Ange Doukas (3). Cette princesse lui apporta en dot l'île de Leucade (Sainte-Maure) qui avait manqué jusque-là au comté de Céphalonie et qui le compléta heureusement (4).

Mais ce n'était là qu'un premier pas. Ce mariage devait un peu plus tard permettre aux Orsini des agrandissements beaucoup plus inattendus.

Le fils de Giovanni et de la princesse épirote, Niccolo Orsini, comte de Céphalonie de 1317 à 1323, montra ce que pouvait produire cette double hérédité : d'un côté le sang des aventuriers italiens venus chercher fortune dans les mers grecques, de l'autre

(1) Voir la généalogie de la maison des Orsini dans Hopf, *Chroniques gréco-romanes*, p. 529.
(2) *Libro de los fechos*, 236-241. Cf. Hopf, *Geschichte Griechenlands*, I, p. 315 a.
(3) *Libro de los fechos*, § 467-468.
(4) Cf. Buchon, *Recherches historiques*, II, 482.

ces redoutables rois des montagnes épirotes chez lesquels la ruse byzantine dissimulait mal le vieux banditisme albanais. En 1318, Niccolo Orsini assassina son oncle maternel, le despote d'Épire Thomas et, par ce procédé primitif, acquit sans autre difficulté le despotat. Mais de telles mœurs n'allaient pas sans risque. Il fut assassiné à son tour par son propre frère Giovanni II (1), lequel espérait régner comme lui à la fois sur le comté latin de Céphalonie et sur le despotat grec d'Épire (1323). C'était compter sans les surprises du sort. En 1324, il fut dépouillé du comté de Céphalonie par le prince napolitain Jean de Gravina, qui réunit l'archipel à la principauté angevine de Morée (2). En revanche, Giovanni II conserva l'Épire. L'homme d'ailleurs, en dépit du fratricide auquel il devait le trône, ne manquait ni de sens gouvernemental ni de culture. Pour obtenir le ralliement de ses sujets épirotes, Giovanni II (il n'en était pas à une apostasie près) adopta ou tout au moins feignit d'adopter l'orthodoxie grecque. Son philhellénisme se manifesta aussi lorsqu'il commanda à Constantin Harmoniakos une paraphrase d'Homère en octosyllabes (3). Il n'en fut pas moins — et toujours suivant les mœurs familiales de cette étrange maison — empoisonné par son épouse grecque, Anna Ange (1335), après quoi Anna exerça nous dit-on, avec beaucoup de dignité, de sagesse et d'habileté la régence au nom de leur fils Nicéphore Orsini. Mais avec ce dernier devait prendre fin la fortune de la famille : en 1339 il fut dépossédé par l'empereur byzantin Andronic III et l'Épire fut momentanément réunie à l'empire grec. Par la suite, il est vrai, Nicéphore essaya de se rétablir à Arta (1356), mais il périt peu après (1358) dans une révolte de l'élément albanais —, les clans albanais étant finalement les principaux bénéficiaires de ces révolutions de palais gréco-italiennes qui par les désordres qu'elles provoquaient, favorisaient leur méthodique infiltration.

La mort de Nicéphore marqua la fin des Orsini, cette curieuse dynastie italienne et insulaire, devenue sur le tard continentale et qui, du même coup, s'était si notablement hellénisée.

L'aventure des Orsini fut assez exactement recommencée par les Tocchi.

Nul pouvoir plus régulièrement constitué que le leur. On vient de voir qu'en 1324 le prince angevin Jean de Gravina, prince de Morée, avait enlevé à Giovanni II Orsini le comté palatin de Céphalonie — Céphalonie, Zante, Ithaque et Leucade —, comté qui avait alors, comme il se devait en droit féodal, fait retour à la principauté de Morée, c'est-à-dire à la cour angevine de Naples. Mais nous avons vu aussi combien la maison d'Anjou attachait

(1) *Libro de los fechos*, § 628-630.
(2) Miller, *The Latins in the Levant*, p. 260.
(3) Miller, p. 250 (d'après Nicéphore Grégoras et le *Libro de los fechos*).

maintenant peu d'importance à ces dépendances grecques qui ne l'avaient naguère intéressée que comme points de départ pour une éventuelle reconquête de Constantinople. Le prince angevin de Morée, Robert II d'Anjou-Tarente, donna en 1357 Céphalonie et Zante et en 1362 Leucade au seigneur napolitain Leonardo Ier de Tocco dont la mère était d'ailleurs une Orsini (1). L'ancien comté de Céphalonie se trouvant de la sorte reconstitué, la maison de Tocco commença à convoiter les terres épirotes naguère au pouvoir des Orsini. De fait, le fils de Leonardo, Carlo Ier de Tocco, comte de Céphalonie de 1381 à 1429, réussit en 1414, et en partie grâce à l'appui de l'élément grec, à acquérir le despotat d'Épire (Arta et Janina) : l'ancienne domination des Orsini se trouva ainsi intégralement rétablie en sa faveur (2). Il épousa Francesca Acciaiuoli, fille du duc florentin d'Athènes Nerio Ier Acciaiuoli. Cette fille de la terre toscane, grandie sous le ciel de l'Attique et maintenant appelée à régner sur la mer Ionienne, fut une vraie princesse de la Renaissance, aussi cultivée en langue grecque qu'en italien. Il y a là tout un côté de l'histoire de l'humanisme qu'on néglige trop souvent alors qu'il devrait tout particulièrement nous intéresser comme ayant eu pour cadre la Grèce elle-même.

Mais cette Renaissance italienne en terre hellénique devait bientôt prendre fin. L'heure de la conquête turque allait sonner. Carlo II de Tocco (1430-1448) fut le dernier prince de sa maison qui ait régné en Épire. Dès 1430 les Turcs atteignirent Janina et en 1449 ils s'emparèrent d'Arta (3). Pour ses possessions insulaires Carlo II s'inféoda étroitement à la politique vénitienne. Le 15 mars 1433 nous le voyons obtenir la dignité de membre du Grand Conseil de Venise (4). Le fils de Carlo II, Leonardo III de Tocco (1448-1479), fut réduit au « comté de Céphalonie », savoir les îles de Céphalonie, Zante, Ithaque et Leucade et encore ne les conserva-t-il que parce qu'il s'y plaça en 1458 franchement sous le protectorat de la République de Venise, seule capable de les protéger contre un débarquement turc (5). A partir de 1482-1483, Venise annexa directement les quatre îles. La Seigneurie de Saint-Marc qui tenait à cette acquisition, fit ce qu'il fallait pour la maintenir. C'est ainsi que Zante, un moment occupée par les Turcs sous le règne de Leonardo III, leur fut rachetée par Venise en 1490. La possession des îles Ioniennes était en effet indis-

(1) *Libro de los fechos*, § 684. Voir dans Hopf, *Chroniques gréco-romanes*, p. 341-345 *la Storia... di Zante* de Baldassar Maria Remondini, sub annis 1357-1460. Aussi Buchon, *Nouvelles recherches*, I, 307, 410.
(2) Cf. Hopf, *Chroniques gréco-romanes*, 195, 301, 342, 368.
(3) *Annali Veneti di Stefano Magno*, ap. Hopf, *Chroniques gréco-romanes*, p. 196. *Ibid.*, p. 343, le texte de Baldassare Remondini. Cf. Buchon, *Nouvelles recherches*, II, 350 ; Miller, *The Latins in the Levant*, 396-397.
(4) Buchon, *Nouvelles recherches*, I, II, p. 350.
(5) Buchon, *Nouvelles recherches*, I, 1, 322. Cf. Miller, 485.

pensable à la Seigneurie de Saint-Marc pour défendre l'accès de l'Adriatique.

Histoire de Corfou

L'histoire de l'empire vénitien dans les mers grecques n'a pas la simplicité que lui prêtent nos manuels. Cette histoire est faite en effet de demi-mesures, d'avances et de reculs partiels, de « repentirs » comme il convenait à une aristocratie dirigeante qui avait pour elle la continuité, les longs espoirs et les vastes pensées. Le traité de partage de 1204, nous l'avons dit, avait d'ailleurs attribué à Venise un domaine considérable qu'elle se trouva sur le moment incapable d'occuper. Selon le mot réaliste d'un de ses historiens, elle avait eu « les yeux plus gros que l'estomac ». Nous venons de voir que pour les Cyclades, pourtant si nécessaires à sa thalassocratie, elle se contenta d'inviter ses familles patriciennes à s'y tailler des seigneuries autonomes, pis aller dont elle ne devait pas tarder à mesurer les inconvénients. En revanche dès 1206 elle avait, en forçant à lâcher prise le prince de Morée Guillaume de Champlitte, occupé les deux ports de la Messénie, Modon et Coron, points de relâche pour ses navires en direction de l'Archipel et des Détroits et qu'à ce titre elle devait défendre et conserver jusqu'aux temps modernes.

Les mêmes considérations de stratégie navale lui firent jeter les yeux sur l'île de Corfou qui lui avait été dévolue dans le traité de partage, mais où s'était bien inopportunément installé sur ces entrefaites le corsaire génois Leone Vetrano (1). A vrai dire, la possession de Corfou n'était peut-être pas, pour le moment, indispensable à la République, mais elle ne pouvait admettre que ses ennemis héréditaires, les Génois, s'y installassent à ses dépens, car de là ils pouvaient dangereusement contrôler l'Adriatique. Dès 1206 une escadre vénitienne aborda dans l'île et défit Vetrano qui fut pris et aussitôt exécuté ; toutefois ici encore, comme dans les Cyclades, la Seigneurie, au lieu d'administrer directement sa conquête, préféra la donner en fief à dix familles patriciennes, sous condition, bien entendu, du maintien de son hégémonie commerciale (1207) (2). Mais en 1214 se produisit une revanche hellénique inattendue. A cette date, Corfou fut reconquise par le despote grec d'Épire, Michel Ange Doukas. De 1214 à 1259, l'île fit partie du despotat d'Épire. Puis elle subit un destin assez chaotique, suivant les vicissitudes des

---

(1) Sur Corfou de 1214 à 1485, voir Miller, *The Latins in the Levant*, p. 512-549.
(2) Buchon, *Nouvelles recherches*, I, II, p. 397 ; Tafel et Thomas, *Urkunden zur älteren Handels und Staatsgeschichte der Republik Venedig*, II, 54-59.

rapports italo-grecs. De 1259 à 1266 elle releva du roi de Sicile Manfred de Hohenstaufen, fils naturel et successeur de l'empereur Frédéric II en Sicile, puis en 1267 elle tomba avec Naples et la Sicile au pouvoir de Charles d'Anjou (1). De 1267 à 1386, elle dépendit de la maison angevine de Naples et de Morée. En 1351, il est vrai, le prince angevin Robert de Tarente songea à vendre aux Vénitiens Corfou (avec, en vis-à-vis, le port continental de Butrinto), Zante et Céphalonie. Un accord fut négocié en ce sens (30 janvier 1351), mais cet accord fut ensuite annulé (11 février 1351), et Corfou resta à la maison d'Anjou (2).

Nous avons vu à propos de la Morée combien il était désavantageux pour les terres grecques de dépendre ainsi de la cour de Naples et le peu d'intérêt que cette cour portait à ses sujets d'au delà de la mer Ionienne. Les Corfiotes, fatigués d'une telle situation, las de subir le contre-coup des incessantes révolutions napolitaines, finirent par se donner à la République de Venise comme à la puissance dont la politique présentait le plus de continuité et stabilité et de sagesse. Le 28 mai 1386 ils nommèrent une députation chargée de se rendre à Venise pour demander leur rattachement pur et simple à la Seigneurie (3).

Venise fit droit à cette requête qui ne pouvait que flatter son orgueil tout en répondant à ses secrets désirs. Elle établit dans l'île un *bailo* ou gouverneur et un *provveditore* chargé de la défense militaire. Là comme en Eubée son administration fut libérale et relativement philhellène. Une large place fut laissée dans les affaires à l'élément indigène (4). La population était appelée à élire un conseil de cent cinquante notables, tant grecs qu'italiens, lesquels choisissaient trois juges annuels, servant d'assesseurs au *bailo* et deux conseillers, ainsi que divers fonctionnaires locaux (5). La politique vénitienne, rompant avec des traditions obstinées se montra surtout fort large au point de vue religieux, envers l'Église grecque (6). On sait que c'était là la pierre de touche pour le sentiment que les populations helléniques ressentaient à l'égard de leurs maîtres latins. Aussi les Corfiotes manifestèrent-ils en général un réel loyalisme envers la Seigneurie (7). Lorsqu'en 1537 les Turcs sous le commandement du fameux corsaire Khaireddin Barberousse vinrent assiéger Corfou, ils échouèrent non seulement devant la résistance obstinée des Vénitiens, mais aussi devant ce loyalisme de la popu-

(1) Cf. Buchon, *Nouvelles recherches*, I, 195-201 ; II, 309-311.
(2) Léonard, *La jeunesse de Jeanne I*^{re}, t. II, Picard 1932, p. 100 et 305.
(3) Buchon, *Nouvelles recherches*, I, II, p. 415, 419. Cf. Miller, *The Latins in the Levant*, p. 527.
(4) Cf. Buchon, *Nouvelles recherches*, II, I, 425.
(5) Voir dans Hopf, *Chroniques gréco-romanes*, p. 392-396, la liste des *baili* vénitiens de Corfou de 1386 à 1796.
(6) Miller, *op. cit.*, p. 535.
(7) Cf. Miller, *The Ionian islands under Venice, 1485-1540*, p. 550-569.

lation (1). Étroitement associée à la vie de la métropole, l'île de Corfou devait rester au pouvoir de la République de Venise jusqu'à la chute de cette dernière en 1797 (2).

La Crète et le régime vénitien

Il est difficile de porter un jugement uniforme sur le régime vénitien dans l'ensemble des possessions grecques de la République. La preuve en est dans la différence des réactions que produisit ce régime à Corfou d'une part, en Crète d'autre part. L'île de Crète avait été théoriquement attribuée dans le partage de 1204 au roi de Thessalonique Boniface de Montferrat. Ce prince qui n'avait que faire d'une possession aussi excentrique, l'avait aussitôt cédée à Venise dont elle faisait bien mieux l'affaire (12 août 1204) (3). Or, sur ces entrefaites, la Crète fut occupée par le comte de Malte, le Génois Enrico Pescatore (1206). Les Vénitiens ne pouvaient pas plus admettre la domination génoise en Crète qu'à Corfou. Mais Enrico Pescatore était un rude lutteur et il leur fallut deux ans pour le chasser (1206-1208).

Selon la remarque de Iorga, « le régime vénitien fut (au moins en principe) assez doux et dès le commencement l'île de Crète fut traitée avec une particulière bienveillance. Les indigènes gardèrent leurs propriétés et leurs lois civiles. On leur accorda même une part au gouvernement » (4). Au point de vue administratif, l'île fut divisée en trois districts : Candie, qui fut le siège du gouvernement, Réthimo et la Sithie. Le gouverneur vénitien portait le titre de « duc de Candie ». Il était assisté de deux conseillers. Tous trois étaient nommés pour deux ans par le Grand Conseil de Venise. Chacun des trois districts était gouverné par un recteur assisté de deux conseillers et avait sous ses ordres un certain nombre de castellans ou capitaines de châteaux-forts (5).

Cependant la domination vénitienne ne s'établit pas sans peine. La population grecque de l'île, profondément attachée à ses traditions et chez laquelle la guerilla était une habitude millénaire, entreprit contre ses maîtres étrangers une série d'insurrec-

(1) Cf. Miller, *Ionian islands*, p. 559.
(2) Sur les prudentes règles de gouvernement que le Sénat de Venise pratiquait dans l'administration de ses colonies de Grèce, voir dans Hopf, *Chroniques gréco-romanes*, p. 210-222 le texte de la *Commissio ducalis*, dont l'auteur est Michele Steno, en date du 19 avril 1408. Cette circulaire était adressée aux « syndics de Romanie » Andrea Barbaro et Jacopo Michieli pour la Crète, Giovanni Emo et Luca Tron pour Corfou, Modon, Coron, Nauplie et Nègrepont.
(3) Voir plus haut, p. 446.
(4) Iorga, *Philippe de Mézières*, p. 229.
(5) Hippolyte Noiret, *Documents inédits sur la domination vénitienne en Crète*, p. VII.

tions graves. La révolte de 1212 fut péniblement réprimée par le « duc » vénitien Jacopo Tiepolo (1213). Celle de 1229 fut non moins sérieuse. Pour mieux tenir l'île et mater la population, Venise installa alors en Crète des colonies militaires. Avec les anciennes terres impériales ou avec les biens récemment confisqués aux révoltés, elle constitua des domaines privilégiés qu'elle distribua à ses nationaux immigrés en Crète, tant patriciens que plébéiens, sous condition que les uns et les autres assureraient le service militaire pour la défense de sa domination. Les familles patriciennes reçurent sur ce fonds des « fiefs de chevaliers », les familles plébéiennes, des « fiefs de fantassins » (1).

En Crète comme dans les autres terres grecques soumises aux Latins, le danger devint particulièrement grave quand Michel Paléologue, ayant recouvré Constantinople et restauré l'empire byzantin (1261), put partout soutenir de son prestige et de ses armes les révoltes locales contre l'autorité « franque ». La Crète fut précisément une des premières provinces qu'il tenta de délivrer. Il y envoya un corps expéditionnaire qui, se joignant aux insoumis, ne manqua pas de mettre un moment les colons vénitiens dans une situation critique (1264). Venise, cependant, tint bon et au traité de 1265 fit reconnaître sa possession par le *basileus*. La Seigneurie avait d'autre part des mécomptes avec ses propres colons, comme en 1269, quand un acte de vengeance privée provoqua l'insurrection d'un certain nombre de familles vénitiennes contre le « duc de Candie », Andrea Zeno (2). Plus dangereux furent les soulèvements de l'élément indigène dirigés par les familles de grands propriétaires grecs, les *archontes*. Le premier de ces soulèvements qui se prolongea de 1273 à 1277 eut pour chefs les deux frères Khortatzès (en italien Cortazzi), Georges et Théodore Khortatzès, qui en 1274 surprirent le duc Marino Zeno dans un défilé : la moitié de la noblesse vénitienne resta sur le champ de bataille. En 1277 les Khortatzès acculèrent le duc Pietro Zeno dans la capitale, Candie, qu'ils assiégèrent. La domination vénitienne fut sur le point de s'effondrer. L'arrivée d'une armée de renfort sous les ordres de Marino Gradenigo obligea les insurgés à lever le siège, puis à se soumettre. Un peu plus tard le chef grec Alexis Kalergis dirigea un nouveau soulèvement qui ne dura pas moins de seize ans (1283-1299). Pour en finir, Venise se résigna à acheter sa soumission : elle obtint sa fidélité en accroissant ses domaines. Les insurrections de 1319 et 1333 ne furent que partielles. Celle de 1332-1333 eut pour cause l'armement de deux galères qui devait se faire aux frais des habitants, contrainte fiscale qui rendit solidaires dans

---

(1) Cf. Tafel et Thomas, *Urkunden*, II, 129 et sq., 234 et sq., 314, 470 et sq.
(2) Hopf, *Geschichte Griechenlands*, p. 304.

un mécontentement général les colons et les indigènes. La révolte de 1341-1342, fomentée par le « patriote » grec Costa Kapsokalini, s'étendit à toute la population indigène et un moment réduisit de nouveau les Vénitiens à la ville de Candie et à la possession de quelques châteaux (1). Le mouvement fut enfin dompté grâce aux colons vénitiens propriétaires de fiefs qui remplirent énergiquement leur devoir militaire.

Une dernière insurrection de l'élément grec -- la plus grave — fut provoquée en 1363 par l'introduction d'un nouvel impôt, destiné aux réparations du port de Candie, mais, cette fois, elle engloba un grand nombre de colons vénitiens appartenant aux meilleures familles — un Tito Venier, un Marco Gradenigo — qui n'hésitèrent pas à s'unir aux chefs du parti indigène, Georges Kalergi et Zanakhi Kalergi. Le duc ou gouverneur vénitien de l'île, Leonardo Dandolo, fut arrêté, emprisonné et remplacé par un des colons vénitiens en révolte, Marco Gradenigo. A l'étendard de Saint-Marc, les insurgés substituèrent celui de Saint-Titus, patron de l'église de Crète. La colonie se trouvait en pleine sécession. Venise dut envoyer une armada considérable, commandée par Domenico Michiel da Santa Fosca. Candie fut enfin reprise aux insurgés le 10 mai 1364. Le capitaine vénitien Jean Mocenigo soumit ensuite Réthimo et la Canée et obligea les insurgés à se réfugier dans la montagne. Les dernières bandes ne furent détruites qu'en 1366 (2).

Au point de vue religieux, les Vénitiens semblent s'être montrés moins libéraux en Crète qu'ailleurs, peut-être en raison même de la violence du sentiment hellénique. Ils substituèrent à la hiérarchie grecque une hiérarchie romaine avec un archevêché à Candie et des évêchés à la Canée, Chisamo, Réthimo, Gérapétra, la Sithie, Arcadia, Chiron et Mélipotamo. Quant aux Grecs, ils n'avaient plus de prélat résidant, les ordinations de leurs *pappas* étant assurées par les évêques orthodoxes de Modon et de Coron en Messénie. Il est impossible de ne pas voir là la volonté bien arrêtée de la Seigneurie de Saint-Marc de décapiter l'opposition grecque en la privant de ses chefs naturels (3).

Venise devait conserver la Crète jusqu'en plein XVIIe siècle. Le 28 mai 1667 les Turcs commencèrent le siège de Candie. La

---

(1) Cf. Romanin, *Storia documentata di Venezia*, III, p. 114 et 146.

(2) Cette révolte des nobles crétois faillit provoquer l'intervention du roi de Chypre Pierre Ier en faveur des Vénitiens. Cf. Navagero, *Cronica di Venezia* dans Muratori, XXIII, c. 1046-1050 ; Sanudo, *Vite dei duchi*, dans Muratori, XXII, c. 656-663 ; Romanin, *Storia documentata di Venezia*, III, p. 217-224. ; Mas Latrie, *Hist. de Chypre*, t. II, p. 251-252 et III, p. 742-719 ; N. Iorga, *Philippe de Mézières*, p. 230 et sq., 251 et sq.

(3) Cf. E. Gerland, *Das Archiv des Herzogs von Kandia, in Staatsarchiv zu Venedig*, Strasbourg, 1899 ; E. Gerland, *Kreta als venezianische Kolonie*, Hist. Jahrb., t. XX, 1899 ; E. Gerland, *Histoire de la noblesse crétoise au moyen âge*, Revue de l'Orient latin, t. X et XI, 1910.

place, défendue par un Morosini, résista deux ans, en partie grâce à un corps expéditionnaire français commandé par les ducs de Navailles et de Beaufort. Le 6 septembre 1669, la République de Venise céda la Crète au sultan en ne conservant que les trois ports secondaires de Corabusa, la Sude et Spina-longa.

Les bases navales vénitiennes en Grèce

Dans la constitution d'un empire maritime, les possessions compactes ont souvent moins d'importance que les bases navales : dans les préoccupations de l'empire britannique, Gibraltar a parfois compté autant que le Canada, Malte que l'Égypte, Singapour que l'Inde elle-même. La remarque est encore plus valable pour Venise. Reconnaissons d'ailleurs que l'Amirauté vénitienne sut particulièrement bien choisir ses points d'appui. Nous avons vu que, sur la côte de Messénie, les Vénitiens avaient occupé dès 1206 les deux ports de Modon et de Coron qu'ils conservèrent jusqu'en 1500 et d'où ils surveillaient la Morée (1). Comme on l'a vu aussi, l'héritière de Guy d'Enghien, le dernier baron français de l'Argolide, épousa en 1377 le patricien vénitien Pietro Cornaro, mais les Grecs de Mistra et le duc d'Athènes Nerio Ier Acciaiuoli disputèrent l'héritage aux Vénitiens. Finalement Nauplie (1389) et Argos (1394) restèrent à Venise. La République devait conserver l'Argolide jusqu'à la conquête turque en 1463. Son administration sage et prudente rendit à cette terre ruinée une relative prospérité (2). Les Vénitiens occupèrent encore de 1407 à 1499 le port phocidien de Lépante, l'ancienne Naupacte, qu'ils achetèrent ou arrachèrent aux Albanais et par lequel ils contrôlaient l'entrée du golfe de Corinthe ; de 1451 à 1537 l'île d'Égine d'où ils surveillaient l'Attique et l'Argolide, et de 1464 à 1540 le port laconien de Monemvasia (Malvoisie), base navale particulièrement importante pour la domination de l'Archipel (3).

(1) Voir dans Hopf, *Chroniques gréco-romanes*, p. 378 382 la liste des *castellani* et *provveditori* vénitiens de Modon et de Coron, de 1209 à 1500.
(2) Voir plus haut, p. 541. Tafel et Thomas, t. II, p. 211 ; Hopf, *Geschichte Griechenlands*, p. 74 ; Heyd, *Commerce du Levant*, II, 272. Cf. Cessi, *Venezia e l'acquista di Nauplia et d'Argo* dans *Nuovo Archivio Veneto*, N. S., XXX, p. 147. Liste des rettori vénitiens d'Argos et de Nauplie de 1389 à 1539 dans Hopf, *Chroniques gréco-romanes*, p. 382-384.
(3) Sur l'occupation d'Égine, *Annali Veneti di Stefano Magno*, ap. Hopf, *Chroniques gréco-romanes*, p. 197. Sur l'occupation de Monemvasia, *ibid.*, p. 203-204. *Ibid.*, p. 376, la liste des *rettori* vénitiens d'Égine, de 1451 à 1537. Et p. 385, liste des podestats vénitiens de « Malvasia » de 1464 à 1538 ; p. 391-392 liste des *provveditori* vénitiens de Lépante de 1416 à 1498. Sur la soi-disant occupation de Monemvasia par les Vénitiens en 1419, cf. Zakythinos, *Le despotat de Morée*, p. 187-188.

L'empire génois en mer Egée

On a montré plus haut le préjudice qu'avait causé au commerce génois la situation prépondérante acquise après 1204 par les Vénitiens dans l'empire latin de Constantinople. On a vu aussi (p. 469) qu'à la veille de la reconquête de Constantinople par les Grecs les Génois avaient conclu avec l'empereur Michel Paléologue, à Nymphaion, le 13 mars 1261, un traité d'aillance dirigé contre Venise et contre l'empire latin (1). Sans doute la rentrée des Grecs à Constantinople (10 juillet 1261) ne fut due qu'aux Grecs eux-mêmes, sans que l'alliance génoise ait eu le temps de jouer. Gênes n'en bénéficia pas moins très largement de cette alliance. Conformément aux clauses du traité de Nymphaion les Génois eurent la satisfaction — vengeance qu'ils savourèrent — de se voir donner à Constantinople le terrain occupé sous le régime latin par la citadelle vénitienne.

Mais la colonie génoise avait le triomphe bruyant et ses prétentions incommodaient les Byzantins eux-mêmes. En 1267, Michel Paléologue la transféra d'office dans le faubourg de Péra-Galata dont commença ainsi l'éclatante fortune. Ce qui, somme toute, était pour les Génois une demi-disgrâce devint pour eux une source de profits inespérés. Là du moins ils étaient désormais bien chez eux, beaucoup plus à l'abri du contrôle impérial qu'à Constantinople même. Entre leurs mains, le commerce de Pera-Galata prit un tel développement au détriment de celui de la capitale que vers 1337 les recettes de la douane allaient y atteindre un chiffre de 200.000 hyperpres, tandis qu'à Constantinople elles ne dépassaient pas 30.000 hyperpres (2). Enorgueillie par cette prospérité en accroissement vertigineux, encouragée aussi par la rapide décadence et par les querelles intestines des Byzantins dont elle avait le spectacle sous les yeux, la colonie génoise de Péra-Galata devait finir par se comporter en véritable commune autonome, une commune pratiquement indépendante des derniers *basileis* et qui, le cas échéant, faisait preuve d'une non moindre insubordination envers sa propre métropole. C'est ainsi qu'en 1348 on verra les Pérotes, pour élargir l'étendue de leur « concession », faire une guerre en règle aux Byzantins et cela de leur propre chef, sans l'aveu et même contrairement aux instructions de la Seigneurie de Gênes. Ils auront d'ailleurs le dernier mot puisque l'empereur Jean Canta-

---

(1) Texte du traité de Nymphaion dans les *Atti della Societa Ligure de Storia patria*, t. XXVIII (1898), p. 791-809. Cf. Heyd, *Histoire du commerce du Levant*, t. I, p. 427-430 ; G. Manfroni, *Le relazioni fra Genova, l'Impero Bizantino e i Turchi*, Gênes, 1898, p. 658 et sq ; Manfroni, *Storia della marina italiana dal trattato di Ninfeo alla caduta di Costantinopoli*, Livourne, 1902, p. 3 ; Conrad Chapman, *Michel Paléologue* (1926), p. 42.

(2) Heyd, *Commerce du Levant*, I, 436-437 et 498.

cuzène, en dépit de leur insolence, finira, pour avoir la paix, par consentir à l'extension du quartier génois (1). Éclatant exemple de la faiblesse byzantine, qui ne manqua pas d'accroître l'insolence des Génois.

Cependant, quelle que fût l'autonomie de fait que s'arrogea leur colonie de Péra, les Génois s'y trouvaient trop près de la capitale byzantine pour y prétendre à une complète indépendance. Au contraire, dans la Grèce d'Asie, l'éloignement était déjà suffisant pour qu'ils allassent jusqu'au bout de leurs prétentions. De ce côté, le traité de Nymphaion leur avait donné un quartier de Smyrne. C'était pratiquement l'établissement de l'autorité génoise dans le grand port ionien, sous la condition, exigée par les Byzantins, que les Génois y respecteraient le siège de l'évêque grec (2). Mais ici les espérances de la Seigneurie de Gênes se trouvèrent frustrées : les Turcs — en l'espèce Aïdîn, le fondateur éponyme de l'émirat de même nom, en Ionie — n'allaient pas tarder à rendre la donation caduque en s'emparant de Smyrne (vers 1300 d'après Iorga, vers 1320 d'après la date, rectifiée, de Mordtmann) (3). Le traité de Nymphaion garantissait encore aux Génois l'établissement de simples colonies avec justice consulaire à Kassandreia dans la presqu'île de Chalcidique, à Adramytte (Edrémid) en Mysie et à Anæa entre Éphèse et Priène, dans le sud de l'Ionie. Enfin les Génois reçurent des stations commerciales avec consulat à Chio et à Lesbos.

Le groupement de ces établissements est caractéristique. Il prouve que Gênes avait déjà jeté son dévolu sur les îles et les côtes de l'Ionie. Dès 1275, Michel Paléologue avait cédé en fief au Génois Manuele Zaccaria la ville de Phocée (Fogia ou Folia) en Ionie avec ses riches mines d'alun. A Manuele, décédé en 1288, succéda de 1288 à 1307, son frère Benedetto Zaccaria que le commerce de l'alun enrichit prodigieusement. En 1298 il vendait 650 quintaux d'alun 1.500.000 livres (4). Vers 1300 ces Génois, pour les commodités de l'exploitation de l'alun, fondèrent au nord de l'ancienne Phocée une « Nouvelle Phocée » dont le trafic doubla celui de la première (5). En 1314 Phocée passa à d'autres Génois, d'ailleurs cousins des Zaccaria, aux Cattanei, savoir Andreolo Cattaneo (1314-1331) et Domenico Cattaneo (1331-1336) (6). Comme on le voit, le domaine génois dans ces parages s'accroissait rapidement.

(1) Heyd, t. I, p. 498-501.
(2) Cf. Chapman, *Michel Paléologue*, p. 42.
(3) Cf. Heyd, t. I, p. 318 ; Iorga, *Philippe de Mézières*, p. 12 ; J. H. Mordtmann, *Izmir (Smyrne)*, Encyclopédie de l'Islam, p. 604.
(4) Heyd, t. I, p. 462. Voir la biographie de Benedetto Zaccaria dans Hopf, trad. Vlasto, *Les Giustiniani, dynastes de Chio* (1888), p. 10-15. Et la précieuse généalogie des Zaccaria dans Hopf, *Chroniques gréco-romanes*, p. 502.
(5) Cf. Heyd, t. I, p. 462.
(6) Hopf, *Les Giustiniani*, p. 17-18.

Phocée n'était qu'un commencement. De là, les Génois n'avaient pas tardé à jeter leurs regards sur la grande île byzantine de Chio. En 1304, le seigneur de Phocée, Benedetto Zaccaria, occupa — d'ailleurs pacifiquement — Chio dont le faible empereur Andronic II se résigna, plutôt que d'entreprendre une action énergique, à lui laisser comme vassal le gouvernement (1). Avec Byzance en décadence, ses anciens alliés du traité de Nymphaion ne prenaient plus guère de ménagements. Il est vrai que la présence des Génois pouvait être ici d'un précieux secours contre la menace turque. De 1314 à 1329, nous voyons Chio au pouvoir de Martino Zaccaria qui se distingua précisément dans les guerres contre les Turcs (2).

Cependant, devant les empiètements des Génois, Byzance eut encore un sursaut d'énergie. En 1329 l'empereur Andronic III, résolu à faire cesser leur usurpation à Chio, vint en personne reconquérir l'île et sa capitale. Il fit Martino prisonnier et expulsa les Zaccaria. Il fit également capituler la Nouvelle Phocée, mais laissa la ville en fief aux Cattanei.

L'importance économique des îles asiatiques était trop grande pour que les Génois ne cherchassent pas à prendre leur revanche. En 1333, le seigneur de Phocée Domenico Cattaneo, aidé d'ailleurs par les Chevaliers de Rhodes et par le duc vénitien de Naxos, — toute une coalition, comme on le voit, des forces latines du voisinage — enleva aux Byzantins, à défaut de Chio, l'île de Lesbos, mais l'empereur Andronic III, qui continua dans toute cette affaire à montrer suffisamment d'énergie, vint assiéger Phocée, ce qui força Cattaneo à évacuer l'île (1336). A Phocée même la population grecque se souleva, chassa les Génois et se donna à Andronic (1340). Mais ce fut là le dernier effort des Byzantins en ces régions. En 1346 une escadre génoise, commandée par Simone Vignosi, leur reprit Chio et les deux Phocée, la Vieille Phocée le 18 septembre et la Nouvelle Phocée le 20 septembre (3). Il est vrai que deux ans après, les Byzantins réoccupèrent les deux Phocées (1348). Les Génois eurent d'ailleurs le dernier mot. Ils recouvrèrent les deux Phocées, la première en 1351, la seconde en 1358 (4). L'obstination d'une poignée de marchands avait eu raison de toutes les forces du lamentable « empire romain ».

Désormais définitivement maîtresse de Chio et de Phocée, la Seigneurie de Gênes en concéda les revenus et, partant, l'administration aux armateurs et capitaines de l'escadre qui

---

(1) Hopf, *Les Giustiniani*, p. 14.
(2) Biographie de Martino Zaccaria dans Hopf, *Les Giustiniani*, p. 18-24. La chronique aragonaise nous dit qu'il était assez riche pour avoir acheté (aux environs de 1317) la seigneurie de Khalandritza, en Morée (*Libro de los fechos*, § 627).
(3) Cantacuzène, l. III, c. 95.
(4) Cf. Hopf, *Chroniques gréco romanes*, p. 502.

les avait reconquises. Les personnalités en question se constituèrent à cet effet en une société par actions, la *Maona* ou *Mahone*, destinée à faire valoir leurs droits et à encaisser leurs revenus. Les membres de la Mahone — les *Mahons* ou *Maonesi*, comme on les appelait —, s'installèrent presque tous à Chio même, comme marchands, banquiers, rentiers, en s'y partageant dans les finances et l'administration toutes les fonctions publiques (1). Les gouverneurs génois de Chio et de Phocée (ils portaient le titre de podestats) étaient nommés par la Seigneurie de Gênes sur la désignation des *mahons*. Les ressources de la Mahone étaient assurées par les mines d'alun de Phocée et par les plantations de lentisque de Chio, lentisque dont la résine fournissait le mastic, alors activement recherché. La Mahone vendait annuellement 120 quintaux de mastic pour l'Occident, 114 dans le Levant asiatique et l'Égypte, et 200 en Romanie. Le revenu annuel était de 19.530 livres pour les *Maonesi*. Chio produisait aussi des soies estimées (2). En 1329 les revenus de la Mahone atteignaient, assure-t-on, 120.000 hyperpres d'or. Par un accord bancaire, la « Vieille Mahone » passa la main en 1358 à une « Nouvelle Mahone », autre société par actions fondée sur les mêmes principes. A partir de 1362 les membres de la Mahone prirent le nom de *Giustiniani* (du nom du Palazzo Giustiniani, propriété de la société, à Gênes) (3). En plus de Chio et de Phocée, le domaine de la Mahone embrassa les îles de Samos et de Nikaria et les îlots d'Œnoussæ (aujourd'hui Spalmatori, à l'est de Chio) et Santa Panagia.

Notons que ce sera exactement le même système que Gênes, après la conquête de Famagouste en 1373, appliquera dans l'île de Chypre (4). La « Mahone de Chypre » copiera les méthodes des Mahons de Chio. Dans les deux cas, ce sera l'exploitation méthodique d'un pays par une banque métropolitaine transformée en grande compagnie coloniale à la manière de nos *Chartered*.

Les agrandissements des Génois ne se limitèrent pas là. L'empire byzantin, désormais en complète décadence, se lotissait lui-même par des concessions bénévoles de territoires, concessions qui se targuaient de réserver sa souveraineté mais qui, dans la pratique, étaient autant d'aliénations. En 1355, l'empereur byzantin Jean V, pour récompenser les services que lui avait rendus le Génois Francesco Gattilusio, lui donna, avec la main de sa sœur Marie, l'île de Lesbos. La « dynastie » des Gattilusii ainsi fondée et qui compta cinq représentants, régna sur Lesbos

---

(1) Hopf, *l. c.*, p. 38.
(2) Hopf, *Les Giustiniani*, p. 128-130.
(3) Hopf, *l. c.*, p. 45. Aussi dans Hopf, *Chroniques gréco romanes*, p. 503-520, les généalogies des *Maonesi* et *Giustiniani* de Chio.
(4) Voir p 350.

de 1355 à 1462. Sa sage administation valut à l'île une réelle prospérité. Francesco Gattilusio († 1401) afferma à ses compatriotes, les Mahons de Chio, la vieille ville de Phocée. Son frère et successeur Niccolo acquit de même (en 1384 ou mieux antérieurement à 1384) la ville d'Ænos sur la côte de Thrace. Le troisième Gattilusio, Dorino (1427), se fit encore céder par les Byzantins les îles de Lemnos (Stalimène) et de Thasos (1). Ænos devint le siège d'une branche cadette de la famille Gattilusio. Le deuxième seigneur de cette branche, Palamède Gattilusio (1409-1455), se fit à son tour donner en fief par les Byzantins les îles d'Imbros et de Samothrace, si importantes pour le contrôle des Détroits.

Ainsi, au milieu du xve siècle les Génois s'étaient, à des titres divers, rendus maîtres des îles de Thasos, Samothrace, Imbros, Lemnos, Lesbos, Chio, Samos et Nikaria, sans parler des ports d'Ænos en Thrace et de Phocée en Ionie. Ils dominaient donc la partie septentrionale et la partie orientale de la mer Égée. Si l'on y joint Péra sur le Bosphore, aussi Famagouste en Chypre et, dans la mer Noire, les comptoirs de Crimée dont nous parlerons plus loin, on concevra toute l'importance de cet empire génois du Levant. Et si l'on ajoute que dans le même temps les Vénitiens étaient maîtres des Cyclades, de l'Eubée, de la Crète, de nombreux points du Péloponnèse, on conviendra que la thalassocratie italienne à cette époque avait retrouvé les principales positions de l'empire maritime athénien du ve siècle. Mais cette brillante situation était minée de l'intérieur. En dépit de la menace turque, chaque jour croissante, les colonies génoises n'échappaient pas aux guerres incessantes entre républiques italiennes. En 1379 une escadre vénitienne vint ravager Phocée et Chio. Pis encore : comme nous l'avons vu pour Péra, les colonies génoises n'hésitaient pas à se mettre en révolte ouverte contre leur métropole. En 1408, quand Gênes se fut donnée à la France, la Mahone, refusant de suivre l'évolution politique de la mère-patrie, proclama son indépendance et il fallut que l'amiral génois Corrado Doria vînt mettre Chio à la raison (1409). Puis la lutte avec les Vénitiens recommença, d'autant plus dangereuse que, par les Cyclades et la Crète, ceux-ci étaient les voisins immédiats du lot génois en Ionie. En 1431 une escadre vénitienne, sous le commandement d'Andrea Mocenigo, vint à nouveau attaquer Chio, mais les Mahons, groupés autour du podestat génois Raffaello di Montaldo, parvinrent à repousser l'agression (2).

(1) Heyd, *Hist. du Commerce du Levant*, I, 510-512, II, 289. Voir dans Hopf, *Chroniques gréco-romanes*, p. 502, la généalogie des Gattilusii. Cf. Hasluck, *Monuments of the Gattilusii*, dans l'*Annual of the British School of Athens*, XV, p. 248-269.

(2) Heyd, t. I, p. 519 ; II, p. 275-276, 286 ; Hopf, *Les Giustiniani*, p. 57-58, 65-67.

Cette situation de premier plan, cette orgueilleuse domination maritime avec tous les privilèges économiques qui en découlaient furent d'un seul coup remises en question après la prise de Constantinople par les Turcs (1453). Malgré leur bonne volonté à payer à la Porte des tributs de plus en plus lourds, les colonies génoises se trouvèrent condamnées. Les Turcs s'emparèrent presque aussitôt de la Vieille Phocée (1455) et de la Nouvelle Phocée (1458), dépouillèrent un peu plus tard le dernier Gattilusio de Lesbos (1462) (1) et enlevèrent finalement à la Mahone de Chio l'île de Samos (1475). Quant à Chio elle-même, les Turcs, au prix d'un étroit vasselage, la laissèrent à la Mahone pendant près d'un siècle encore, mais ce n'était plus une libre colonie en terre étrangère ; c'était simplement une ferme que des *roumis* à la merci du sultan exploitaient par sa tolérance et — tant les impôts étaient lourds — de compte à demi à son bénéfice. En 1566 la Porte mit fin à cette tolérance et annexa définitivement Chio (2).

Les comptoirs génois de « Gazarie »

La colonisation italienne en Crimée aux XIIIe-XVe siècles rappelle la colonisation grecque en ces mêmes régions pendant l'antiquité. Dès le VIe siècle avant J.-C., on avait vu s'établir sur les côtes de la « Chersonèse Taurique » des colons ioniens (milésiens principalement) qui fondèrent Panticapée ou Bosporos (Kertch), son vis-à-vis de Phanagorie (près de Taman), et Théodosie, tandis que des Doriens (Mégariens) fondaient Chersonnèsos (Sébastopol). Cette colonisation hellénique s'était maintenue pendant toute la période gréco-romaine et ses derniers descendants avaient permis aux Byzantins de conserver sur la côte méridionale de la Crimée un gouvernement ou thème de Cherson, aussi appelé Gothie du nom de l'arrière-ban goth qui y était resté depuis le IVe siècle de notre ère. A l'intérieur de la Crimée comme, plus au nord, dans la grande steppe sud-russienne, se succédaient en effet des hordes éphémères, Goths au IVe siècle, Huns au Ve, Khazar au VIIe etc. Au XIIIe siècle arrivèrent les Mongols Gengiskhanides qui fondèrent en Russie méridionale le khanat de Qiptchaq (plus tard Horde d'Or).

Ce fut à ces khans mongols du Qiptchaq que les premiers Génois eurent affaire. C'était l'époque où l'alliance de l'empereur Michel Paléologue assurait à la seigneurie de Gênes, par la maîtrise des Détroits, l'empire de la mer Noire. A une date mal dé-

---
(1) Cf. Stefano Magno, *ap.* Hopf. *Chroniques gréco-romanes*, p. 201. Et *ibid.*, p. 359-366, la lettre de l'évêque de Lesbos Léonard de Chio (1444-1482) adressée au pape Pie II, *De Lesbo a Turcis capta*.
(2) Hopf, p. 73-85.

terminée, — entre 1266 et 1289 (1) —, les Génois obtinrent des khans de Qiptchaq un établissement à Caffa sur la côte sud-est de la Crimée, près de l'actuelle Théodosie. Les premiers colons auraient appartenu à la famille dell'Orto qui, en effet, y jouit depuis lors d'une situation à part (2). Comme l'a montré Georges Bratianu, les débuts de cette colonisation sont assez incertains. Le premier consul génois de Caffa qui nous soit connu est un certain Alberto Spinola dont l'activité serait, semble-t-il, antérieure à 1285 (3). Mais les Génois ici n'étaient pas seuls. De leur côté, les Vénitiens fondèrent un comptoir à Soldaia, Sougdea ou Soudak. Bientôt se manifesta là comme partout la vieille hostilité entre Génois et Vénitiens. En 1296, l'amiral vénitien Giovanni Soranzo chassa de Caffa les Génois, mais ceux-ci en reprirent possession dès 1299. Surtout planait sur les colonies italiennes la menace mongole, les Mongols étant toujours susceptibles d'une saute d'humeur qui leur ferait révoquer leurs concessions et chasser les Occidentaux. C'est ce qui arriva en 1308 : le khan de Qiptchaq Toqtaï prit Caffa et força les Génois à se rembarquer.

La colonisation italienne en Crimée semblait définitivement détruite. N'oublions pas que les Mongols du Qiptchaq étaient alors à l'apogée de leur puissance, qu'ils avaient réduit à un étroit vasselage les grands-duchés russes et que tout dans l'Est européen tremblait devant eux. Mais la Crimée avait une importance commerciale trop grande pour que les Génois y renonçassent si facilement. De là ils exportaient les pelleteries de la Russie septentrionale, les blés de l'Ukraine, le poisson salé de la mer d'Azov et de la Volga, les soieries et les épices de l'Extrême-Orient, voire les esclaves qiptchaq à destination de l'Égypte mamelouke. En bons commerçants, ils laissèrent passer l'orage et attendirent le changement de règne. Après la mort de Toqtaï, deux ambassadeurs génois, Antonio Grillo et Niccolo di Pagana, vinrent solliciter de son successeur, le khan Uzbek, l'autorisation de rétablir leur colonie. Ils durent plaider leur cause avec adresse, montrer l'intérêt qu'avaient les Mongols eux-mêmes à rétablir les relations commerciales, car Uzbek y consentit et dès 1316 nous voyons l'établissement de Caffa à nouveau florissant.

Gênes portait d'autant plus d'intérêt à ses comptoirs de Crimée que, comme nous l'avons dit, sa situation économique et politique privilégiée à la cour des Paléologues lui assurait, par sa colonie de Péra, le contrôle des Détroits, par conséquent l'hégémonie navale et commerciale en mer Noire. Aussi, pour mieux

---

(1) Heyd, *Commerce du Levant*, t. II, p. 165.
(2) G. Bratianu, *Le commerce génois dans la mer Noire au XIII* siècle, p. 327.
(3) Heyd, t. II, p. 170.

centraliser et diriger toutes les affaires relatives à ce secteur, avait-elle créé chez elle une véritable commission des colonies de Crimée, l'*Officium Gazariæ*, ainsi nommé des Khazar, anciens habitants du pays aux VIIIe-IXe siècles. De l'*Officium Gazariæ* dépendait le consul génois de Caffa (1).

La Crimée était alors, comme à l'époque gréco-romaine, le débarcadère par où les marchands occidentaux prenaient pied en terre d'Asie. De là, ils remontaient les grands fleuves russes à la recherche des produits du Nord et de l'Extrême-Orient. Les marchands italiens s'intéressaient notamment à la région du Don inférieur où du temps des Khazar, au IXe siècle, s'était élevée la ville commerçante de Sarkel, la Bielaveja ou Bielavetchie des chroniques russes. Dans les années 1320-1330 le khan Uzbek concéda aux Génois, puis (1332) aux Vénitiens des comptoirs à Tana près d'Azov à l'embouchure du Don, sur la rive méridionale du fleuve (2). Pegolotti nous donne à ce propos une précieuse énumération des marchandises exportées de Tana à Venise : blé et cire de l'Ukraine, épices venues par caravanes de l'Asie orientale, vair et autres fourrures, en échange de quoi les Vénitiens débarquaient des draps de laine, des toiles de lin, de l'étain, du cuivre (3).

Le khan Uzbek, en établissant Vénitiens et Génois à ce débouché de caravanes, à cette « porte de l'Asie », avait comblé leurs vœux. Mais les relations entre les colons italiens et l'autorité mongole ne tardèrent pas à s'y gâter. En 1343, à la suite d'une rixe survenue à Tana entre marchands italiens et « Tartares » (c'était le nom que les Occidentaux donnaient aux Mongols), les représentants du khan se fâchèrent et expulsèrent tous les Italiens de la ville. Cette « fermeture de l'Asie Centrale » entraîna les répercussions économiques les plus graves. Dans tout l'empire byzantin il y eut aussitôt disette de blé et de poisson salé, et en Italie le prix de la soie et des épices doubla d'un seul coup, ce qui prouve bien l'importance du commerce de caravanes entre l'Extrême-Orient et la mer Noire *via* Tana, comme aussi du commerce maritime entre la mer d'Azov et le Bosphore.

Les Tartares ne se contentèrent pas de ces représailles économiques. Le khan Djanibeg, fils et successeur d'Uzbek, vint assiéger la colonie génoise de Caffa, mais il fut repoussé avec pertes (1344). Une seconde attaque de Djanibeg contre Caffa en 1345-1346 échoua de même (4). En 1347 Djanibeg, ayant

(1) Heyd, p. 171-172.
(2) Ambassade d'Andrea Geno auprès d'Uzbek. Cf. G. Bratianu, *Les Vénitiens dans la mer Noire au XIVe siècle*, Académie Roumaine, Études et recherches, t. XI, 1939, p. 15 ; Heyd, t. II, p. 182.
(3) Pegolotti, *La pratica della mercatura*, éd. Evans, p. 150-151.
(4) L'épidémie née pendant ce second siège de Caffa se répandit en Occident : ce fut la fameuse Peste noire.

éprouvé la valeur militaire des Occidentaux, consentit enfin au rétablissement du trafic à Tana contre, il est vrai, une sérieuse augmentation des droits de douane (5 % au lieu de 3 %) (1). A peine la paix fut-elle rétablie avec les Tartares que les querelles reprirent entre Vénitiens et Génois. Gênes qui possédait Caffa en propre et qui se sentait (l'événement venait de le prouver) en sécurité dans cette place solidement fortifiée, aurait voulu forcer les Vénitiens à y faire obligatoirement escale au lieu de pousser jusqu'à Tana. Ainsi les Vénitiens pour tout leur commerce en Crimée auraient été tributaires des Génois, tandis qu'à Tana Génois et Vénitiens étaient pratiquement égaux sous le bon plaisir du khan. Naturellement les Vénitiens repoussèrent cette prétention et, ce fut là l'origine ou le prétexte d'une nouvelle guerre entre les deux républiques italiennes (1348-1355). A la paix de 1355 Venise reprit son trafic direct avec Tana. L'envoyé vénitien Andrea Venier obtint aussi des Tartares le droit de commercer dans les ports de Calitra (Köktebel) et Provato (1356, 1358). En somme, les Vénitiens avaient fait échouer les prétentions de Gênes à une situation privilégiée en Crimée.

Mais les progrès des Génois étaient encore plus considérables. Tout d'abord, se souvenant de l'expérience des années 1344-1346, ils résolurent de rendre leurs positions inexpugnables en se mettant à l'abri de toute agression tartare. Leur consul, Goffredo di Zoagli (1352-1353), acheva donc le système de fortifications de Caffa. Et dans ce poste avancé de la colonisation latine il ne fallait pas se défendre seulement du côté de la steppe, mais aussi du côté de la mer. En 1361, Caffa eut à repousser une attaque navale des Turcs de Sinope. L'anarchie où tomba peu après le khanat de Qiptchaq et la décadence qui s'ensuivit dans la horde permirent d'ailleurs aux Génois de passer bientôt à l'offensive. Le 19 juillet 1365, sous le consulat de Bartolomeo di Jacopo, ils enlevèrent aux Tartares la ville de Soldaia (Soudak), brillant fait d'armes qui doublait l'étendue de leur colonie. Sous le consulat de Giannone del Bosco, poussant leur avantage, ils obtinrent des Tartares, en plus de cette ville, toute la côte depuis Soldaia jusqu'à Cembalo, l'actuel Balaclava, y compris Cembalo même et Yalta (traités des 28 novembre 1380 et 23 février 1381, confirmés le 12 août 1387 par les représentants du khan Toqtamich recevant les ambassadeurs génois Gentile dei Grimaldi et Giannone del Bosco) (2). Ils furent alors maîtres de la majeure partie de la côte méridionale de la Crimée, c'est-à-dire de l'ancien thème byzantin de Cherson.

Ce fut l'apogée de la « Gazarie » génoise. Appuyée sur les villes

(1) Heyd, t. II, p. 199.
(2) Heyd, Commerce du Levant, t. II, p. 205 207.

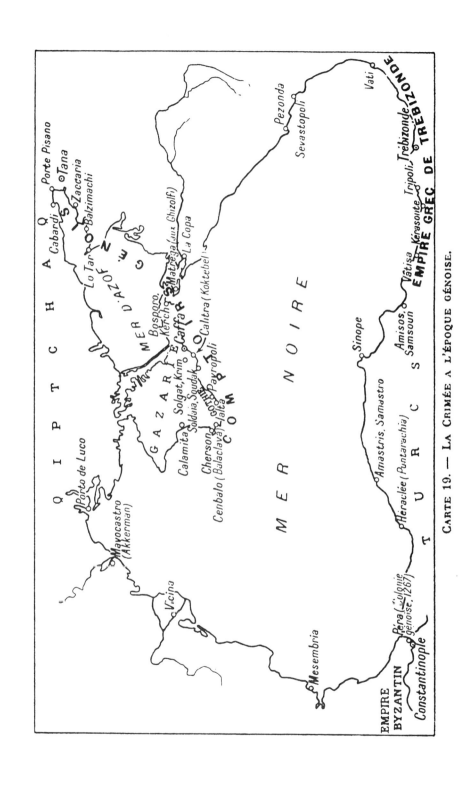

CARTE 19. — LA CRIMÉE A L'ÉPOQUE GÉNOISE.

bien fortifiées de Caffa et de Soldaia et assurée de la collaboration des vieilles populations chrétiennes indigènes — grecque et germanique — de la « Gothie », elle bénéficiait ici, comme dans l'empire byzantin, de la décadence des maîtres du pays. Dans ces conditions favorables, sa prospérité s'accrut rapidement. Un siècle plus tard, au moment de sa chute, la seule Caffa ne comptera pas moins de 70.000 habitants. Les fortifications de la ville avaient été achevées par les consuls Jacopo Spinola, Pietro Gazaro et Benedetto Grimaldi (1384-1386). Les fortifications de Soldaia furent de même achevées en 1414. Un minimum de centralisation administrative locale compléta ces précautions militaires : le consul génois de Caffa eut la prééminence sur les autres représentants de la mère-patrie en Crimée. D'autre part, les Génois avaient importé leurs institutions municipales et la commune de Caffa, dont le statut fut réformé plusieurs fois (10 avril 1398, 28 février 1419), jouissait d'une assez large autonomie (1).

Dans les colonies de Crimée des froissements comme en Grèce et en Chypre pouvaient être à craindre entre rite romain et rite orthodoxe. Il ne semble pas qu'il s'en soit produit. Sans doute, la proximité des Tartares, l'isolement de cette poignée de chrétiens aventurés au seuil de l'immense Asie mongole les amenèrent à faire abstraction de leurs dissentiments théologiques. La population grecque de l'ancien « thème de Cherson » et son clergé vécurent, semble-t-il, en bonne harmonie avec les Génois qui ne leur opposèrent aucune entrave confessionnelle. Les Grecs furent d'ailleurs jusqu'à un certain point associés à la gestion des affaires locales. Nous savons qu'ils étaient officiellement représentés à côté des Génois dans certaines commissions administratives ou commerciales (2). Quant aux Tartares qui résidaient à l'intérieur des concessions génoises, les rapports avec eux étaient plus délicats. Ils étaient en principe placés sous la juridiction d'un de leurs compatriotes portant le titre de *toudoun*, mais qui dépendait du consul génois. A diverses reprises les incidents qui se produisirent entre ces résidents tartares et les colons génois dégénérèrent en conflits graves.

L'activité des républiques maritimes italiennes ne se limitait pas à cette colonie purement génoise de Crimée. En dehors de la presqu'île, Tana, à l'embouchure du Don, près des cités actuelles d'Azov et de Rostov, restait en territoire purement tartare. C'était une ville tartare, mais une ville ouverte aux commerçants latins, tant génois que vénitiens : Venise, qui évitait avec soin le port génois de Caffa, expédiait chaque année à Tana une flotille de 6 à 8 navires de commerce.

(1) *Ibid.*, p. 368.
(2) Par exemple pour l'administration de la sous-colonie de Copa (Heyd, t. II, p. 379).

Cette prospérité, nous l'avons vu, était due en partie à la décadence des Tartares du Qiptchaq et de leurs khans gengiskhanides. La situation changea, ou faillit changer, quand le khanat de Qiptchaq fut envahi et dévasté par le conquérant transoxianais Tamerlan. Après avoir écrasé les khans du Qiptchaq, Tamerlan s'attaqua sinon aux possessions génoises de la côte sud-criméenne, du moins à la ville ouverte de Tana. A l'automne de 1395, il prit et détruisit Tana et réduisit en captivité tous les résidents chrétiens. Après son départ les Vénitiens relevèrent leur quartier et leurs entrepôts, mais le commerce de la ville subit le contre-coup des destructions opérées par ce même Tamerlan à l'intérieur du khanat de Qiptchaq, notamment de la ruine de la capitale mongole, Saraï sur la basse Volga.

Saraï avait été de 1253 à 1395 un des principaux entrepôts du commerce transasiatique, le terminus des pistes de caravanes venues de Pékin ou de Samarqand, le grand marché qui approvisionnait Tana et Caffa (1). Sa sauvage destruction par Tamerlan jeta la perturbation dans le commerce de la mer Noire et appauvrit d'autant les colonies italiennes. Du reste, l'exemple de Tamerlan annonçait comme un retour offensif de la barbarie. En 1410 le khan de Qiptchaq Poulad-beg surprit de nouveau Tana, saccagea les entrepôts et fit prisonniers tous les Vénitiens qu'il y trouva (10 août 1410). Mais la République de Saint-Marc, écartée de Caffa par la domination génoise, ne pouvait abandonner Tana sans renoncer à tout commerce avec le monde mongol. Malgré leurs pertes (640 résidents tués, 200.000 ducats de dommages) les Vénitiens, la tourmente passée, relevèrent, une fois encore, leurs comptoirs (2). Remarquable exemple de cette tenacité dont la Seigneurie de Venise était coutumière.

Quant à la colonie génoise de Caffa, ses fortifications, son éloignement de la steppe la mettaient relativement à l'abri de semblables catastrophes. Elle profitait de sa tranquillité pour essaimer du côté du Kouban. Les Génois avaient établi près de l'embouchure du fleuve une station à Copa ou Cuba près d'Anapa. Là se négociaient au printemps les achats de poisson salé et de caviar provenant des pêcheries locales. Sur le détroit de Kertch, à Matréga près de Taman, non loin de l'ancienne Phanagorie, s'était établie la famille génoise des Ghizolfi dont la seigneurie, bien qu'héréditaire, n'en dépendait pas moins du consul de Caffa. Nous voyons donc apparaître ici une principauté génoise un peu analogue à celles des Zaccaria à Chio, des Cattanei à Phocée ou des Gattilusii à Lesbos, mais bien plus étroitement soumise à l'administration coloniale de la métropole. En face, sur la côte

(1) Cf. René Grousset, *L'empire des steppes*, p. 478.
(2) Heyd, II, 377-379.

criméenne, à Vosporo près de Kertch, l'ancienne Panticapée, les Génois possédaient d'ailleurs en 1429 une autre station (1). Ainsi la colonisation génoise n'avait pas retrouvé seulement les positions des anciennes colonies mégariennes de la côte méridionale, mais aussi celles des anciennes colonies milésiennes de la côte orientale.

Cet essor colonial n'était possible qu'autant que les maîtres de la steppe le toléreraient. A cet égard et contrairement à ce qu'on eût pu croire, la dissolution du khanat de Qitpchaq fut un malheur pour les Génois. De ses dépouilles se forma vers 1430 un khanat tartare local, le khanat de Crimée (dynastie Gireï) beaucoup plus fanatiquement musulman et qui commença aussitôt à exercer une pression redoutable sur la colonie de Caffa. En même temps se manifestait, pour la première fois, semble-t-il, une certaine désaffection de l'élément grec de « Gothie » envers ses maîtres italiens. En 1433, la population grecque de Cembalo (Balaclava) se révolta contre les Génois et les chassa. Gênes envoya en 1434 une escadre avec un corps expéditionnaire sous les ordres de Carlo Lomellino qui reprit bien Cembalo, mais qui se fit battre près de Solgat (Vieux-Krim) par le khan de Crimée Hadji Gireï, car les Tartares n'avaient pas manqué de profiter de cette agitation (2).

Là comme dans la mer Égée, la prise de Constantinople par les Ottomans (1453) sonna le glas de la domination génoise. Si elle n'amena pas la chute immédiate des colonies de Crimée, elle porta un coup terrible à leur prospérité. Contrôlant le Bosphore comme les Dardanelles, la Porte fut à même d'interdire ou tout au moins de disputer sérieusement aux navires italiens l'entrée de la mer Noire. Cette mer, qui avait été pendant un siècle et demi « un lac génois », devint du jour au lendemain d'un accès difficile aux escadres de la république ligure. Le khan de Crimée Hadji-Gireï chercha aussitôt à exploiter à son profit les conséquences de la chute de Constantinople en s'alliant contre les Génois au sultan Mahomet II. La coalition ainsi formée pouvait assaillir la colonie génoise sur les deux fronts : de fait, en juillet 1454 les Ottomans attaquèrent Caffa par mer tandis que Hadji-Gireï l'assiégeait par terre. Pour cette fois cependant la ville s'en tira en acceptant de payer un tribut annuel.

A Gênes même on ne se dissimulait nullement la gravité de la situation. La Seigneurie se sentait financièrement autant que militairement dans l'incapacité de défendre contre une attaque de quelque durée ses colonies de Crimée. Elle recourut à un palliatif : elle les céda à une société par actions — de nationaux génois,

(1) Heyd, t. II p. 379-380.
(2) Heyd, t. II, p. 381-382

bien entendu, — l'*Office* ou *Banque de Saint-Georges*, laquelle était en réalité une association des créanciers de l'État dirigée par un conseil de huit « protecteurs » (1).

C'est là une des plus curieuses expériences d'histoire coloniale qu'il soit donné de rencontrer. Devant la mauvaise gestion de l'État génois, celui-ci proclamait sa propre carence et passait la main au profit d'un syndicat de banquiers, persuadé que ce dernier, grâce à l'habitude des affaires, saurait du moins rétablir l'ordre et assurer la discipline dans la colonie menacée. Le 15 novembre 1453 le doge Piero di Campofregoso entérina officiellement cette cession. Mais les Turcs avaient établi sur le Bosphore un blocus si rigoureux qu'ils empêchaient pratiquement les communications entre la Banque et sa nouvelle colonie. Les représentants de la Banque réussirent enfin à forcer le blocus pour envoyer des renforts à Caffa, les actionnaires consentirent à ouvrir leurs coffres et le sultan accepta la paix en portant le tribut à 3.000 ducats (1455).

Mais ce n'était là qu'un sursis. Même pour la Banque de Saint-Georges l'affaire allait se révéler mauvaise. La fermeture des Détroits par les Turcs, ou tout au moins l'obligation, pour tout navire, de se soumettre au droit de visite, causait au commerce de la Crimée des préjudices énormes. Les finances de Caffa se trouvèrent bientôt devant un effroyable déficit. Dans ces conditions, les Protecteurs de la Banque de Saint-Georges, pour ne pas mécontenter leurs actionnaires, ne pouvaient s'engager dans les dépenses considérables qui eussent été nécessaires pour armer sérieusement Caffa : ils se trouvaient dans la même situation que plus tard, en France, les actionnaires de la Compagnie des Indes devant les dépenses militaires de Dupleix. Néanmoins il s'en faut qu'on puisse les comparer à des Godeheu. (2) La vigilance et aussi l'habile diplomatie des Protecteurs assurèrent même à la colonie de Crimée quelques années d'ordre et de répit. Mais en 1475 les Génois de Caffa ayant commis la faute de s'immiscer malencontreusement dans des querelles entre chefs tartares (3), le sultan Mahomet II, qui n'attendait qu'une telle occasion, profita de ce prétexte pour intervenir. Devant l'énorme supériorité des moyens mis en action, la résistance génoise fut faible. Le 2 juin 1475 l'escadre ottomane commençait le siège de Caffa et dès le 6 les défenseurs capitulaient. La population latine, dépouillée de ses biens, fut déportée à Constantinople. La colonie génoise de Soldaia se défendit mieux et ne put être réduite que

---

(1) D'abord *Uffizio di San Giorgio*, puis *Banca di San Giorgio* (Heyd, t. II, p. 384). Cf. Iorga, *Comptes de la colonie génoise de Caffa au XVe siècle*, Revue de l'Orient latin, 1896, p. 25.
(2) Heyd, t. II, p. 387-391.
(3) Heyd, t. II, p. 399-400.

par la faim. Quant à Zaccaria Ghizolfi, le seigneur génois de Matréga, il abandonna sa ville et réussit à passer en Russie, Rien ne resta en Crimée de l'ancienne colonisation génoise, comme rien n'était resté en Terre sainte de l'ancienne colonisation franque, comme rien ne devait rester en Chypre ou en Grèce de l'ancienne colonisation latine...

Les Chevaliers de Rhodes. L'apogée

A travers les vicissitudes de la vie de l'Orient latin, l'histoire des Hospitaliers ou Chevaliers de l'Hôpital de Saint-Jean de Jérusalem offre une belle continuité depuis le second quart du XIIe siècle jusqu'aux Temps Modernes. Et cependant il n'est pas d'histoire traversée de plus terribles catastrophes, toujours suivies, il est vrai, de relèvements étonnants.

Après la chute des dernières villes franques en Syrie (1291), les Hospitaliers avaient, une dizaine d'années encore, conservé l'îlot de Rouad (Arad) au sud de Tortose, d'où ils surveillaient le rivage de la Terre sainte, mais ils en avaient été chassés en 1302 par une flotte arabe. Ils se trouvaient désormais sans possessions territoriales, bien que le roi de Chypre Henri II (1285-1324) les eût installés chez lui, à Limassol. Ils auraient pu alors finir lamentablement comme les Templiers, faisant la banque comme ceux-ci et, comme eux, craints ou détestés de beaucoup de monarques. La réforme que leur imposa leur grand-maître Guillaume de Villaret (1296-1304) leur valut une revalorisation religieuse et morale ainsi qu'un regain d'activité, en même temps que la suppression de l'Ordre du Temple, ordre rival dont ils héritèrent en partie (1312), accrut leur puissance et leur richesse (1).

L'Ordre de l'Hôpital s'était donc retrempé pour de nouveaux combats quand advint pour lui un coup de fortune inespéré, contre-coup, à un siècle de distance, de la quatrième croisade : sous le gouvernement du grand-maître Foulque de Villaret (1305-1319), neveu et successeur de Guillaume, les Hospitaliers conquirent sur les Byzantins l'île de Rhodes. Débarqués dans l'île en juillet 1306, ils firent, après un long siège, capituler le château de Rhodes le 15 août 1308 (2). En même temps que de l'île principale, les Hospitaliers, — « les Chevaliers de Rhodes », comme on les appela désormais —, se rendirent maîtres des petites îles voisines : Piscopia (l'ancienne Télos, l'actuel Tilo), Nisyros et Cos (Lango).

La conquête de Rhodes, convenons-en, n'était guère justifiable

---

(1) Delaville le Roulx, *Les Hospitaliers en Terre Sainte et à Chypre*, p. 263-265.
(2) *Ibid.*, p. 276-278 ; John Edwards, *The Knights Hospitallers and the conquest of Rhodes* dans *Proceed. of the R. S. of Glasgow*, 1930 ; N. Iorga, *Rhodes sous les Hospitaliers*, 1931, p. 21.

en droit. Attaquer en pleine paix une terre de l'empire byzantin, simplement parce qu'elle se trouvait à la convenance de l'agresseur, était un acte qu'aucun prétexte de croisade ne pouvait légitimer. En revanche, au point de vue stratégique, l'occupation de Rhodes témoignait d'une remarquable clairvoyance. De Rhodes, les Hospitaliers faisaient la police de la Méditerranée orientale, surveillant à la fois la mer Égée et la mer d'Égypte, menaçant Alexandrie, imprimant une crainte salutaire aux émirats turcs du littoral anatolien et donnant la main aux Lusignan de Chypre, aux Vénitiens des Cyclades et de Crète et aux Génois de Chio. Ils assuraient heureusement ainsi la liaison des forces chrétiennes. Aussi prirent-ils une part active aux tentatives de croisade qui se poursuivirent pendant tout le xive siècle. Sous le gouvernement de leur grand-maître Hélion de Villeneuve (1319-1346), leur flotte, forte de six galères et commandée par le « prieur de Lombardie » Jean de Biandrate, se joignit à quatre galères pontificales commandées par le Génois Martino Zaccaria, à une escadre vénitienne de cinq galères, commandée par Pietro Zeno, et aux navires chypriotes (quatre galères) commandés par Édouard de Beaujeu. Avec d'autres navires encore, génois et catalans, en tout une trentaine de galères (1). Cette armada, dont l'amiralissime fut le Vénitien Pietro Zeno, alla attaquer la ville de Smyrne, sur les terres de l'émir turc d'Aïdin, Omourbeg (2). Le 28 octobre 1344, les Alliés s'emparèrent de Smyrne. Smyrne fut alors confiée par eux à la garde des Hospitaliers qui y bâtirent « sur le port, près du futur établissement des douanes, le fort Saint-Pierre ; par contre, le château de montagne resta entre les mains des émirs d'Aïdin » (3).

Le grand-maître suivant, Dieudonné de Gozon (1346-1353), à qui la légende attribue des exploits renouvelés de Saint-Georges (lutte contre un dragon monstrueux), fit œuvre plus positive en empêchant les Ottomans de s'établir dans l'île d'Imbros, clé des Dardanelles (victoire navale de mai 1347) (4). Sous le grand-maître Raymond Bérenger, un Provençal qui gouverna l'ordre de 1365 à 1374, dix galères des Chevaliers de Rhodes se joignirent au roi de Chypre Pierre Ier et participèrent avec celui-ci à l'éphémère conquête d'Alexandrie dont nous avons parlé plus haut (10-11 octobre 1365) (5). Le grand-maître Robert

---

(1) Hammer, *Histoire de l'empire ottoman*, II, 279-281 ; Delaville le Roulx, *La France en Orient au XIVe siècle*, t. I, p. 104 ; Delaville le Roulx, *Les Hospitaliers à Rhodes*, p. 95 ; Delaville le Roulx, *L'occupation chrétienne à Smyrne*, dans *Mélanges sur l'Ordre de saint Jean de Jérusalem* (1910) ; Iorga, *Philippe de Mézières*, p. 42 ; Aziz Suryal Atiya, *The crusades in the later Middle Ages* (1938), p. 294.
(2) Iorga, *Philippe de Mézières*, p. 42.
(3) Cf. Mas Latrie, *Histoire de Chypre*, t. II, p. 221.
(4) Delaville le Roulx, *Les Hospitaliers à Rhodes*, p. 109.
(5) *Ibid.*, p. 153. Avant d'accéder à la maîtrise, Raymond Béranger avait

de Juilly ou Juillac (1374-1377) vit le Saint-Siège réunir définitivement Smyrne aux possessions de l'Ordre (1374). De fait, celui-ci constituait la seule force politique assez dévouée pour se consacrer à une aussi rude tâche que la défense de la ville, car Smyrne ne « respirait » que sur la mer, assiégée qu'elle était en permanence du côté de la terre par les Turcs d'Aïdin.

Le grand-maître Johan Ferrandez de Heredia (1377-1396), un Aragonais énergique et lettré, se présente à nous comme une personnalité hors série qui tenta d'engager la défense chrétienne — et son Ordre avec elle — sur des chemins nouveaux. Trouvant sans doute l'île de Rhodes trop exiguë pour son ambition, il conçut le projet hardi de transporter dans les possessions latines du Péloponnèse le centre d'action des Hospitaliers (1). Dans cet esprit, il loua pour cinq ans à la reine Jeanne Ire de Naples la principauté de Morée ou ce qui en subsistait encore (partie occidentale du Péloponnèse (1377-1381). Mais nous avons vu qu'après avoir bien besogné en chassant les Albanais de la ville de Lépante, il s'engagea imprudemment dans leur pays et fut fait prisonnier par eux près d'Arta (été de 1378). Les Albanais qui, en ce temps-là, n'étaient guère que des bandits, eurent, bien que chrétiens, la déloyauté de le vendre aux Turcs, mais quelques mois plus tard il put se racheter et rentra à Rhodes (2). Malgré cet échec, Heredia montra l'intérêt qu'il continuait à porter aux affaires de Grèce en faisant traduire en 1393 dans sa langue maternelle, en aragonais, le *Livre de la Conqueste de la Morée* : c'est le *Libro de los fechos et conquistas*, particulièrement précieux pour ses additions originales relatives au xive siècle (3).

On a discuté sur les idées de Hérédia. Que valait son projet de transférer en Grèce le siège de son Ordre ? Delaville le Roulx pense que, pour longtemps invulnérables à Rhodes, les Hospitaliers se seraient affaiblis en se mêlant aux affaires de Morée, à la guerre quotidienne que s'y faisaient Grecs et Latins. On répond que l'Ordre aurait pu en finir militairement avec le despotat de Mistra, unifier la presqu'île et, de cette base territoriale plus large, reprendre avec de meilleures chances la lutte contre le Turc. De fait, ce qui vouait les terres chrétiennes à la conquête turque, c'était le morcellement, la pulvérisation de la souveraineté dont elles étaient victimes. Mais il aurait fallu que les Grecs acceptassent sincèrement la domination latine. Or, l'ex-

---

déjà en 1357 commandé les navires de l'Ordre qui, joints à ceux de Venise, des Byzantins et du bayle de Morée Gautier de Lor, incendièrent une escadre turque de 35 navires dans les eaux de Mégare (*Libro de los fechos*, § 685).
(1) Delaville le Roulx, p. 201.
(2) Et non pas en 1381 comme on l'écrit souvent. Rectification de cette erreur dans Delaville le Roulx, *op. cit.*, p. 203.
(3) Morel-Fatio, Préface à l'édition du *Libro de los fechos* ; Delaville le Roulx, *Les Hospitaliers à Rhodes*, p. 244-246.

périence allait prouver quelques années plus tard au successeur même de Hérédia quelle haine ils nourrissaient pour la « francocratie ».

A défaut de cette solution hardie, les Hospitaliers n'avaient qu'à mettre leur épée au service de toute guerre sainte. Ce fut ainsi que le grand-maître suivant, Philibert de Naillac (1396-1421), prit part avec l'élite de ses chevaliers à la malheureuse « croisade de Nicopolis » (septembre 1396) (1). Philibert de Naillac reprit ensuite les projets de Hérédia sur le Péloponnèse et même il fut sur le point de les faire aboutir. En 1400 il acheta, en effet, à Théodore Paléologue, despote de Mistra (qu'on est surpris de voir se prêter à une telle abdication), Corinthe et Mistra elle-même, mais il avait compté sans le sentiment des populations grecques, objet de ce marché et que leur despote avait négligé de consulter. Dans leur haine de l'Église romaine et de la latinité, les Grecs de Mistra refusèrent énergiquement d'accepter un tel transfert (2). Devant l'opposition populaire qui menaçait de dégénérer en soulèvement général, les Hospitaliers ne purent même pas prendre pied à Mistra. Quant à Corinthe où ils s'étaient effectivement installés, ils comprirent eux-mêmes qu'il ne leur restait qu'à la revendre aux Grecs (1404) (3). Le projet ne fut jamais repris...

On peut regretter pour l'avenir de l'Orient latin et même pour la défense de la chrétienté que la politique de Ferrandez de Hérédia et de Philippe de Naillac ait échoué. S'ils avaient réussi à substituer à la poussière de principautés latines ou grecques qui se partageaient le territoire hellénique l'élément stable que représentait l'Ordre, s'ils avaient pu se faire accepter des Grecs et grouper sous leur bannière le faisceau des forces chrétiennes, peut-être auraient-ils retardé de ce côté l'heure du destin. Leur échec pour prendre pied en Grèce força leurs successeurs à rester cantonnés dans leur petit domaine insulaire, base de départ trop étroite, en marge de la grande histoire (4).

Les Chevaliers de Rhodes. Le déclin

On a vu que depuis 1343 Smyrne avait été confiée aux Hospitaliers. Mais là comme dans les comptoirs vénitiens de la mer d'Azov survint la conquête timouride qui bouleversa tout. En 1402, le conquérant transoxianais Tamerlan, après avoir écrasé les Ottomans à Ankara, vint assiéger le grand port ionien. Les fortifications de Smyrne avaient été, il est vrai, restaurées en 1398

---

(1) Sur la croisade de Nicopolis, voir plus bas, p. 614-615.
(2) Delaville le Roulx, *Les Hospitaliers à Rhodes*, p. 279-281.
(3) Miller, *Latins in the Levant*, p. 368 ; Zakythinos, p. 160.
(4) Cf. Delaville le Roulx, *La France en Orient*, t. I, p. 395.

et l'amiral de l'Ordre, Buffilo Panizati, venait, en 1402 même, d'inspecter les préparatifs de défense et d'amener des renforts : la garnison comptait maintenant 200 chevaliers sous le commandement du frère Inigo d'Alfaro. Mais en dépit de ces précautions, il ne leur était pas possible de tenir longtemps contre les moyens énormes dont disposait l'ennemi. Malgré les prodiges de valeur qu'ils accomplirent, Smyrne fut prise par Tamerlan et complètement détruite (décembre 1402) (1). Tous les chevaliers, tous les chrétiens qui tombèrent en son pouvoir furent massacrés. N'échappèrent à ses ordres d'exécution que ceux que leur flotte put recueillir.

Notons qu'il y avait là, de la part de Tamerlan une sorte d'obligation (ou d'hypocrisie) religieuse. Musulman fanatique, il n'en avait pas moins à Ankara annihilé pour de longues années l'empire ottoman, bouclier de l'Islam contre la chrétienté. Qu'il le voulût ou non, il avait, en abattant le sultan Bâyazîd, sauvé Constantinople. Pour se laver de ce reproche, il fallait qu'il massacrât des chrétiens. Où l'occasion pouvait-elle mieux s'en présenter qu'à Smyrne, place depuis longtemps bloquée par les Turcs d'Asie Mineure ?

Naillac essaya de compenser cette perte en occupant le site de l'ancienne Halicarnasse, l'actuel Boudroun, près duquel il construisit le fort Saint-Pierre, - - faible consolation pour une aussi grande catastrophe.

Le sac de Smyrne annonçait que les temps étaient changés. Jusque-là, de leur île inviolée, les Chevaliers menaçaient tous les rivages musulmans. Désormais, c'était Rhodes elle-même qui allait subir les assauts du monde turc. Sous le grand-maître Jean de Lastic (1437-1454), l'île fut trois fois attaquée par les Mamelouks d'Égypte (1440, 1442, 1444). Il est vrai que, chaque fois ceux-ci furent repoussés (2). Mais la dernière année du magistère de Lastic, Constantinople fut prise par les Turcs (1453). Rhodes allait désormais devenir le principal objectif de ces derniers. Sous le gouvernement de Jacques de Milly (1454-1461) l'orage éclata. L'Ordre s'était attiré la colère de Mahomet II en refusant, malgré la chute de Constantinople, de lui payer tribut, mais l'escadre que le sultan lança contre Rhodes échoua (1455). Mahomet II n'avait pas renoncé. Sous le magistère de Pierre d'Aubusson (1476-1503), il envoya contre Rhodes un corps expéditionnaire plus considérable, fort de 50.000 hommes, sur une centaine de vaisseaux, avec une puissante artillerie (1480).

(1) Cheref ed-Dîn, *Zaferndmé*, II, 464-477 ; Doukas, p. 72 suiv. ; Chalcocondyle, p. 161. Cf. Hammer, *Gesch. des Osman. Reiches*, I, 332-333 et 626-627 ; Delaville le Roulx, *Les Hospitaliers à Rhodes*, p. 284.; Aziz Suryal Atiya, *l. c.*, p. 298-300.
(2) Bibliographie des sources arabes dans Aziz Suryal Atiya, p. 473-475.

L'attaque, commencée dans les derniers jours de mai, dura presque sans interruption jusqu'en septembre. L'indomptable énergie de Pierre d'Aubusson, l'héroïsme des chevaliers, le loyalisme aussi de la population grecque qu'il ne faut pas négliger ici, assurèrent la victoire. Les Turcs se retirèrent, ayant perdu 9.000 morts et 15.000 blessés. Pierre d'Aubusson, en remerciement de la délivrance de la ville, fit construire à Rhodes l'église Sainte-Marie-de-la-Victoire.

La résistance de Rhodes, survenant vingt-sept ans après la chute de Constantinople, fut le premier arrêt sérieux infligé à la poussée ottomane. Le règne de Mahomet II s'encadre entre ce triomphe et cet échec. Le fait est tout à l'honneur des chevaliers-moines dont les fondateurs avaient, sous la bannière des rois de Jérusalem, combattu en Terre sainte contre les anciens Turcs Seldjouqides et qui continuaient aujourd'hui encore à arrêter l'assaut, partout ailleurs victorieux, des Osmanlis.

Le drame final devait être retardé de quarante-deux ans encore. Ce fut sous le magistère de Philippe Villiers de l'Isle-Adam (1521-1534) qu'il se produisit. Soliman le Magnifique vint en personne diriger le siège de Rhodes (juillet 1522) (1). Après une défense héroïque, Villiers de l'Isle-Adam dut accepter la reddition (22 décembre). Soliman, retrouvant, sans le savoir, le geste de Saladin en 1187, traita le vieillard avec courtoisie et lui permit de quitter Rhodes avec les honneurs de la guerre, accompagné de tous les siens. En 1530, Charles-Quint céda aux Hospitaliers l'île de Malte où ils allaient commencer une nouvelle carrière et dont ils devaient rester maîtres jusqu'à la conquête de l'île par Bonaparte, en 1798.

Monuments des Hospitaliers à Rhodes

Pendant les deux cent quatorze ans de leur domination à Rhodes (1308-1522) les Hospitaliers couvrirent la capitale de l'île de monuments (2). La cathédrale Saint-Jean commencée en 1310 participait de l'art catalan et de celui de l'Italie du Sud (3). La petite église Sainte-Catherine (mosquée Kantouri), construite en 1330, rappelle plutôt le gothique françois de Sainte Anne de Famagouste, avec des fenêtres aux réseaux flamboyants d'importation anglaise.

Il convient de mentionner encore le Palais des grands-maîtres, réédifié par Pierre d'Aubusson (1476-1503), la Châtellenie ou tribunal de commerce, l'Hospice des pèlerins qui semble avoir été commencé en 1439 par le grand-maître Jean de Lastic et

(1) Vertot, *Histoire de l'Ordre des chevaliers de Malte*, t. III, p. 212 et sq.
(2) Gabriel, *La cité de Rhodes*, 1921.
(3) Enlart, *Histoire de l'Art*, t. II, p. 564.

termine sans doute sous la direction du commandeur Clouet en 1473, enfin les diverses portes monumentales comme la Porte de la Marine, flanquée de deux tours rondes à machicoulis rappelant la porte principale de Villeneuve-lez-Avignon.

On sait que l'Ordre était divisé en huit « langues » ou « nations » : les langues de France, d'Auvergne, de Provence, d'Italie, d'Aragon, de Castille, d'Allemagne et d'Angleterre. A ces « langues » se rattachent les diverses « auberges ». L'auberge la mieux conservée est celle de France, sans doute réparée après le grand siège de 1480 et dont la porte est surmontée d'une inscription de 1492, au nom du grand prieur Aymeri d'Amboise. L'auberge de Provence porte, avec l'écu fleurdelisé, celui de Fabrice de Carretto, grand-maître de 1513 à 1521.

La défense de l'enceinte était partagée en secteurs confiés aux différentes « langues » : « La langue de France allait de la tour de Naillac à la porte d'Amboise ; la langue d'Allemagne de la porte d'Amboise à la tour Saint-Georges ; la langue d'Auvergne, de la tour Saint-Georges à la tour d'Espagne ou tour d'Auvergne ; la langue d'Aragon, de la tour d'Espagne à la tour Sainte-Marie ; la langue d'Angleterre, de la tour Sainte-Marie à la tour Saint-Jean ; la langue de Provence, de la porte Saint-Jean à la tour d'Italie ; la langue d'Italie, de la tour de ce nom jusqu'à l'endroit où le rempart tourne vers le port marchand. Enfin la langue de Castille avait à défendre la tour de France avec sa jetée et les remparts du grand port, la tour Sainte-Catherine jusqu'à la tour de Naillac. Là elle se rejoignait avec la langue de France » (1).

Dynasties franques de Romanie et de Grèce (2)

Empire latin de Constantinople.

Baudouin Ier, comte de Flandre	1204-1206
Henri Ier de Hainaut (ou Henri d'Angre)	1206-1216
Pierre de Courtenay	1216-1218
Robert de Courtenay	1219-1228
Baudouin II	1228-1261
Jean de Brienne, co-empereur	1231-1237

Royaume de Thessalonique.

Boniface de Montferrat	1204-1207
Démétrius de Montferrat	1207-1222

Principauté d'Achaïe ou de Morée.

Guillaume de Champlitte	1205-1209

(1) Jean de Kergorlay, *Soirs d'épopée, Chypre, Rhodes*, p. 251.
(1) Voir bibliographie, p. 470, notamment Hopf, *Chroniques gréco-romanes*, p. 469-536 et John L. La Monte, *Chronology of the Orient latin*, dans le *Bulletin of the International Committee of Historical Sciences*, n° 47, janvier 1943, vol. XII, 2e partie, Paris, Presses Universitaires, p. 174-202.

Geoffroi Ier de Villehardouin (bayle en 1209-1210)	1210-v. 1229
Geoffroi II de Villehardouin	v. 1229-1246
Guillaume de Villehardouin	1246-1278
Isabelle de Villehardouin	1278-1307
épouse Florent de Hainaut devenu ainsi prince de Morée	1289-1297
puis Philippe de Savoie devenu ainsi prince de Morée	1301-1307
Philippe Ier d'Anjou-Tarente	1307-1313
Mathilde de Hainaut	1313-1318
épouse Louis de Bourgogne devenu ainsi prince de Morée	1313-1316
Jean d'Anjou, comte de Gravina	1318-1332
Catherine de Valois	1332-1346
Robert II d'Anjou-Tarente	1346-1364
Marie de Bourbon, veuve de Robert II	1364-1369
Philippe III d'Anjou-Tarente	1370-1373
La reine Jeanne de Naples	1374-1382
Jacques des Baux (représenté par la Compagnie Navarraise)	1382-1383
Pierre de Saint-Supéran, chef de la Compagnie Navarraise	1383-1402
Centurione II Zaccaria	1404-1428

Duché d'Athènes et de Thèbes.

1º *Maison de la Roche.*

Othon de la Roche, seigneur d'Athènes	1205-1225
Guy Ier (prend en 1260 le titre de duc)	1225-1263
Jean	1263-1280
Guillaume	1280-1287
Guy II	1287-1308
Gautier de Brienne	1309-1311

2º *Chefs de la Compagnie Catalane.*

Roger Deslaur, 1311-1312. Berenguer Estañol, 1312-1316. Guillaume Thomas, 1316-1317. Alfonso Fadrique d'Aragon-Sicile, 1317-1330. Nicolo Lancia, 1330-1335. Raimondo Bernardi, ?-1356. Jaime Fadrique d'Aragon, 1356-1359. Gonsalvo Ximenès d'Arenos, 1359. Matteo de Moncada, 1359-1361. Roger de Lluria, 1361-1363. Matteo de Moncada rétabli, 1363-1367. Roger de Lluria rétabli, 1367-1371. Matteo Peralta, 1371-1375. Luis Fadrique d'Aragon, 1375-1381. Filippo Delmau de Rocaberti, 1381-1382. Ramon de Villanueva, 1382-1383. Roger II de Lluria et Antonio de Lluria, 1383-1385. Pedro de Pau, 1385-1387.

3º *Maison des Acciaiuoli.*

Nerio Ier (seigneur de Corinthe en 1370), duc d'Athènes et de Thèbes	1385-1394
Antonio (seigneur de Thèbes en 1394), duc d'Athènes	1404-1435
Nerio II duc d'Athènes	1435-1439, 1441-1451
La duchesse Chiara Giorgio (comme régente pour son fils Francesco et associée depuis 1453 à son second époux Bartolomeo Contarini)	1451-1456
Franco Acciaiuoli	1456-1458

Marquisat de Bodonitza (Thermopyles).

1º *Maison des Pallavicini.*

Guido Pallavicini	1204-1237
Ubertino	1237-c.1278
Isabella	1278-1286
Tommaso	1286
Alberto	1311
Guglielmina ou Guglielma	1311-1358

2º *Maison Giorgio.*

Niccolo Ier Giorgio (mari de Guglielmina Pallavicini)	1338-1345
Francesco	1354-1388
Jacopo	1388-1410
Niccolo II	1410-1414

Seigneurie de Salone (« La Scle »), l'ancienne Amphissa.

Thomas Ier de Stromoncourt	1205-1212
Thomas II	1258
Guillaume	1275
Thomas III	1294-1311

Duché de Naxos.

1º *Maison Sanudo.*

Marco Ier	1207-1227
Angelo	1227-1262
Marco II	1262-1303
Guglielmo Ier	1303-1323
Niccolo Ier	1323-1341
Giovanni Ier	1341-1361
Fiorenza	1361-1371
Niccolo II Spezzabanda, époux de Fiorenza	1364-1371
Niccolo III dalle Carceri, fils de Fiorenza	1371-1383

2º *Maison Crispo.*

Francesco Ier	1383-1397
Giacomo Ier	1397-1418
Giovanni II	1418-1437
Giovan-Giacomo	1447
Guglielmo II	1453-1463
Francesco II, régent de 1450 à 1463	1463
Giacomo III	1463-1480
Giovanni III	1480-1494
Francesco III	1494-1518
Giovanni IV	1518-1564
Francesco IV	1545 ?
Giacomo IV	1564-1566

Comté de Céphalonie.

1º *Maison Orsini.*

Matteo Orsini	1194-1238
Riccardo	1238-1278
Giovanni Ier	1303-1317
Niccolo	1317-1323
Giovanni II perd en 1324 le comté de Céphalonie.	

Conserve le despotat d'Épire	1323-1335
Nicéphore Orsini, despote d'Épire (sans le comté de Céphalonie)	1335-1358

2º *Maison de Tocco.*

Lionardo Ier, comte de Céphalonie	1358-1381
Carlo Ier	1381-1430
Carlo II	1430-1448
Lionardo II	1448-1479
Antonio	1481-1483

Grands maîtres de l'Hôpital à Rhodes.

Foulque de Villaret	1305-1319
Hélion de Villeneuve	1319-1346
Dieudonné de Gozon	1346-1353
Pierre de Cornillon	1354-1355
Roger de Pins	1355-1365
Raymond Bérenger	1365-1374
Robert de Juillac	1374-1377
Johan Ferrandez de Heredia	1377-1396
Philibert de Naillac	1396-1421
Antoine Fluvian	1421-1437
Jean de Lastic	1437-1454
Jacques de Milly	1454-1461
Pierre-Raymond Zacosta	1461-1467
Jean-Baptiste des Ursins	1467-1476
Pierre d'Aubusson	1476-1503
Aimery d'Amboise	1503-1512
Guy de Blanchefort	1512-1513
Fabrice Caretto	1513-1521
Philippe Villiers de l'Isle-Adam	1521-1534

Nous avons reproduit, pages 479-480, la liste des fiefs moréotes, telle que la donne la chronique de Morée sous la rubrique de 1209. En réalité, M. J. Longnon vient d'établir que cette liste se rapporte à l'état de choses de 1225 (Jean Longnon, *Problèmes de l'histoire de la Principauté de Morée, Journal des Savants*, avril-juin 1947, pages 85-86). M. Longnon prouve, dans ce même article, que c'est par erreur que Robert de Trémolay a été identifié à un Trémoille.

Par ailleurs, nous avions d'abord suivi, pages 482, 483 et 591, l'opinion courante qui fait mourir vers 1218 le duc d'Athènes, Geoffroi Ier. M. Longnon montre, au contraire, que Geoffroi Ier vivait encore en 1223, et que le règne de Geoffroi II ne s'avère qu'à partir de 1231. Ce serait donc Geoffroy Ier, et non Geoffroi II, qui aurait confisqué les biens d'Église. Enfin, Geoffroi II serait mort en 1246 et non en 1245 (*Journal des Savants*, juillet-décembre 1946, pages 157-158).

Page 544, nous avons évoqué la physionomie du duc d'Athènes Nerio II. Notons que sa politique à l'égard des Turcs fut fort servile. D'abord vassal du sultan Mourad II, il eut à subir pour cela les attaques du vaillant despote grec de Mistra, Constantin Dragasès, le futur empereur. Au printemps de 1444, Constantin franchit l'isthme de Corinthe, prit Thèbes, Livadia, et força Nerio II à lui payer tribut. Après la bataille de Varna (10 novembre 1444) Nerio obtint son pardon du sultan. Constantin l'attaqua alors de nouveau et vint assiéger Athènes. Sur quoi, Nerio implora ouvertement l'aide des Turcs. Mourad II enjoignit aussitôt à Constantin d'évacuer l'Attique. Sur son refus, le sultan — d'ailleurs toujours excité par Nerio — assaillit la Morée avec des forces écrasantes qui, le 10 décembre 1446, forcèrent le mur de l'Hexamilion « le dernier boulevard de la liberté de la Grèce », écrit pathétiquement le chroniqueur Georges Phratzis.

QUATRIÈME PARTIE

LA QUESTION D'ORIENT A LA FIN DU MOYEN AGE : LA SOLUTION TURQUE

CHAPITRE PREMIER

LES ÉTAPES DE LA CONQUÊTE TURQUE

1. CHUTE DE L'HELLÉNISME ANATOLIEN

L'empire de Nicée et la stabilisation de la frontière gréco-turque

Nous avons vu (p. 438) que dans les dernières années de la dynastie des Comnènes et pendant le règne de la brève dynastie des Anges, dans le dernier quart du XIIe siècle, les conséquences du désastre byzantin de Myrioképhalon (1176) étaient loin d'être réparées. Les bandes turques ne cessaient de traverser la frontière gréco-turque, notamment dans la vallée du haut Méandre, pour venir ravager l'ancienne Lydie et l'ancienne Ionie. La situation de l'hellénisme anatolien semblait assez instable quand la quatrième croisade s'empara de Constantinople, tandis qu'un des généraux byzantins, Théodore Lascaris, fondait (1204-1222) dans les anciennes provinces byzantines d'Asie Mineure, — dans la partie du moins qui en avait échappé aux croisés —, un nouvel empire grec, au début simple « despotat », avec capitale à Nicée (1).

Quelle allait être, en présence de la catastrophe byzantine, la réaction des Turcs ? Le sultan seldjouqide régnant, Kaikhosrau Ier (1204-1210), ne put manquer de voir dans ces événements une occasion inespérée. Il songea évidemment à mettre à profit l'écrasement de l'hellénisme par les Latins en Europe pour enlever aux Grecs leurs possessions asiatiques, ou tout au moins se subordonner celles-ci. Comment le faible « empire de Nicée », aux prises avec les empereurs latins en Bithynie et en Mysie (2), pourrait-il tenir simultanément tête aux Seldjouqides tout enhardis encore par leur récent triomphe de Myrioképhalon ? Kaikhosrau ne manquait d'ailleurs pas de prétextes d'intervention. Son beau-père grec, Manuel Maurozomès, se saisit avec son

---

(1) Voir plus haut, p. 450. Nicée fut la capitale administrative et religieuse du nouvel empire grec. Mais les « empereurs de Nicée » résidèrent souvent aussi à Nymphaion et à Philadelphie (Cf. Blemmydès, éd. Heisenberg, p. 7).
(2) Voir plus haut, p. 450-451, 456-457.

appui de plusieurs villes de la vallée du Méandre (1). Le maître de Nicée, Théodore Lascaris, montra dans ces conjonctures difficiles une énergie et une adresse remarquables. Il battit Maurozomès, mais, de peur de provoquer l'intervention seldjouqide, lui reconnut le gouvernement des villes occupées (1206) (2). Mais les difficultés redoublaient. Un peu plus tard, Kaikhosrau reçut la visite de l'ancien empereur byzantin Alexis III l'Ange, celui-là même qui l'avait naguère accueilli avec tant de bienveillance à Constantinople et qui venait aujourd'hui à son tour solliciter son aide contre « l'usurpation » de Théodore Lascaris (1210) (3). Ce fut donc comme protecteur de la légitimité byzantine qu'en cette même année 1210, le sultan de Qonya attaqua l'empire de Nicée en envahissant la vallée du Méandre.

Théodore Lascaris se porta à la rencontre des Turcs. Il n'avait avec lui que 800 mercenaires latins et 1.200 soldats grecs, tandis qu'on prête à Kaikhosrau 20.000 hommes. La rencontre se produisit près d'Antioche du Méandre, ville que le sultan, toujours accompagné d'Alexis III, était venu assiéger, tandis que Lascaris accourait pour la défendre. Les Turcs eurent d'abord l'avantage et le contingent latin, malgré sa vaillance, resta presque tout entier sur le terrain. Théodore Lascaris fut en danger d'être pris, mais grâce à son courage personnel et à sa présence d'esprit, il rétablit la situation. Dans la rencontre suivante, il aurait tué de sa main Kaikhosrau ou l'aurait renversé de cheval après quoi un soldat aurait décapité le sultan. Toujours est-il que le sultan tomba de sa monture et perdit la vie. L'ex-empereur Alexis III qui avait voulu, avec l'aide des Turcs, détrôner Théodore, fut capturé par ce dernier (1210) (4). Le nouveau sultan de Qonya, Kaïkaous 1er (1210-1219), fils et successeur de Kaikosrau, se hâta de conclure la paix avec Lascaris (5).

Sous le règne de l'empereur de Nicée Théodore II (1254-1258), le sultan seldjouqide Kaïkaous II (1245-1257), menacé par les Mongols, demanda l'aide des Grecs. Kaïkaous II vint en personne à Sardes solliciter en ce sens Théodore II (1257). Pour convaincre celui-ci, il lui rétrocéda les villes de Laodicée *ad Lycum* et de

---

(1) Nikétas Khoniatès, 12, p. 828, 1 4. Cf. Muralt, *Chronographie*, II, p. 297.
(2) Khoniatès, 12, p. 828, 19-23, 16, p. 842, 4-13. Cf. Muralt, p. 299.
(3) Georges Acropolite, 8, 9, p. 16, 5-17, 10, résumé dans Buchon, *Recherches et matériaux*, I, p. 455. Cf. Muralt, p. 309.
(4) Cf. Nicéphore Grégoras, éd. de Bonn, I, 16-21 ; Georges Acropolite, *Annales*, ch. x, éd. de Bonn (Heisenberg), p. 13-17. Aussi l'éloge de la victoire de Lascaris par Nikétas Khoniatès *ap.* Sathas, *Bibl. gr.*, I, 129-136 et la lettre de Michel Acominate à Lascaris à ce sujet (Acominate, II, 353 et sq). La bataille au cours de laquelle Théodore Lascaris tua Kaïkhosrau est d'ordinaire localisée près d'Antioche du Méandre. L'*Encyclopédie de l'Islam* (art. *Kaikhusraw*, p. 679) la situe plus en amont dans le bassin de Méandre, à Khonâs, la Khonai byzantine.
(5) Acropolite, X, p. 19-20 ; Grégoras, I, p. 21, 12-15.

Khonai, dans le bassin du haut Méandre, qui, à l'époque des Comnènes, avaient été si souvent disputées entre Seldjouqides et Byzantins. Théodore II y rétablit des garnisons byzantines qu'il ne tarda pas d'ailleurs à en retirer, estimant la région indéfendable contre l'infiltration des bandes turques. Le sultan, n'ayant pu obtenir l'aide des Grecs, se résigna à reconnaître définitivement la suzeraineté mongole (1).

Arrêt et reprise de la poussée turque vers les mers helléniques

Pendant tout le haut moyen âge, du ve au xie siècle, la péninsule d'Asie Mineure, depuis longtemps hellénisée, avait été le bastion de l'empire byzantin. Le tournant de l'histoire anatolienne, nous l'avons vu, se situe vers la date de 1081 à partir de laquelle la partie orientale et centrale du plateau, correspondant aux anciennes provinces de Cappadoce, Galatie, Phrygie et Lycaonie, avait été enlevée aux Byzantins par les Seldjouqides. L'œuvre de ces Seldjouqides anatoliens (1081-1302) avait été décisive pour le destin de la race turque et l'avenir du Proche-Orient. Ce sont eux, en effet, qui ont déshellénisé le plateau d'Asie Mineure pour en faire, à l'instar de leur patrie originelle d'Asie centrale, un autre Turkestan destiné à devenir la Turquie définitive. D'autre part ces Seldjouqides de Qonya portent dans l'histoire musulmane le titre de « sultans de Roum », en d'autres termes, « sultans de Rome », c'est-à-dire de Byzance, empereurs de Romanie. Le fait est que, régnant sur une bonne partie de l'ancienne Asie byzantine, ils pouvaient espérer être appelés un jour à hériter aussi du reste des terres grecques, de Nicée et de Constantinople.

Or cet héritage leur fut refusé. La tourmente mongole que nous avons racontée ailleurs, brisa leurs forces à l'heure précise où le duel de l'empire latin et des Grecs de Nicée leur faisait la partie belle. Depuis 1243, année où ils furent écrasés par les Mongols au Közedagh près d'Erzindjan, jusqu'à l'extinction de leur dynastie en 1302, les derniers Seldjouqides ne furent plus que d'humbles satellites du khan mongol de Perse, nommés ou cassés à son caprice (2). Prostrés sous cette oppressive suzeraineté et tant qu'elle dura, les Turcs anatoliens durent interrompre leur poussée vers les mers grecques. Ce fut pour l'hellénisme anatolien (ouest-anatolien), un sursis de cinquante ans que nous ne saurions mieux comparer qu'au sursis, tout à fait analogue, que vaudra à Byzance, de 1402 à 1453, la victoire d'un autre conquérant « mongol », de Tamerlan sur le sultan Bajazet (3).

(1) Voir René Grousset, *L'empire des steppes*, p. 427 et sq.
(2) Voir René Grousset, *L'empire des steppes*, p. 328, 423, 433, 445.
(3) Voir plus bas, p. 619.

CARTE 20. — L'ASIE OCCIDENTALE ET L'EUROPE ORIENTALE VERS 1240-1260.

La poussée turque vers le monde byzantin ne reprit qu'après la disparition des Seldjouqides (1302) et surtout lorsque, — peu après d'ailleurs —, le khanat mongol de Perse, qui avait étouffé sous son oppressif protectorat cette Turquie anatolienne, disparut à son tour (1335). Chacun des petits émirats turcs qui s'étaient partagé les dépouilles du sultanat seldjouqide de Qonya reprit alors pour son compte la conquête des terres byzantines.

Les émirats turcomans de l'Anatolie intérieure

Le principal de ces émirats turcs, menue monnaie de l'ancien royaume seldjouq, fut longtemps celui de Qaraman (1). Les émirs Qaraman, ou *Qaraman-oghlou*, d'origine turcomane, étaient établis dans la montagneuse région d'Ermènek (Germanicopolis) et de Laranda, devenue depuis la « ville de Qaraman », en Isaurie. Après la disparition des Seldjouqides ils s'emparèrent de la capitale de ceux-ci, Qonya, mais en furent un instant chassés par les derniers Mongols. Toutefois, lors du passage d'Ibn-Battoûta en 1332, nous les voyons définitivement maîtres de la ville (2). C'était là l'État territorialement le plus considérable parmi les principautés turques nées du démembrement du royaume seldjouqide, mais sa situation à l'intérieur du plateau anatolien lui interdit toute expansion vers les côtes égéennes. En revanche il acquit un large débouché sur la mer de Chypre en occupant les ports de la côte d'Isaurie, Candelore (Alàyâ) et Anamour (3). Le roi de Chypre Hugues IV (1324-1359), dans les premiers temps de son règne, rendit les deux cités tributaires (4). De même, le roi de Chypre Pierre Ier (1359-1369) empêcha en 1367 le Qaramân 'Alâ ad-Dîn d'enlever aux Arméniens le port de Korikos ou Korykos (5).

Un deuxième émirat fondé dans le lotissement du sultanat seldjouqide fut celui de Hamîd, dans la région des lacs de Pisidie (v. 1302-1390) (6). Coupé de la mer dans une zone de bassins fermés, cet émirat ne put s'agrandir au détriment des Byzantins. Au contraire l'émirat de Kermiân ou mieux Germiân, en Phrygie (v. 1302-1428), qui s'était fondé dans les provinces de Koutahyé et de Qara-hissar (l'ancienne Synnada), acheva d'éliminer les

---

(1) Cf. J. H. Kramers, *Karaman-oghlou*, Enc. Isl., p. 792-797.
(2) Ibn Battoûta, II, 281, 284.
(3) Sur le commerce de Candelore avec l'Égypte et Chypre, Heyd, *Commerce du Levant*, I, p. 547 ; II, p. 356. Sur l'identité de Candelore et d'Alàyâ, cf. Mas Latrie dans la *Bibliothèque de l'École des Chartes*, 2e série, I, 315 et Houtsma, *Étude sur une chronique turque*, p. 14.
(4) Ludo phe de Saxe, dan. Mas Latrie, *Hist. de Chypre*, t. II, p. 216, et Mas Latrie, *L'île de Chypre*, p. 249.
(5) Machaut, p. 135-171 et Strambaldi, sub ann. 1366 (vieux style)-1367. Cf. Mas Latrie, *l. c.*, p. 287-304.
(6) Cf. Mordtmann, *Hamîd*, Enc. de l'Islam, p. 266.

Byzantins des villes, si longtemps disputées, du bassin du haut Méandre : Khonai, Hiérapolis, Laodicée et Tripolis (1). Le fondateur des Germiân-oghlou, 'Alichîr, chercha même à s'emparer de la grande ville byzantine de Philadelphie (l'actuel Alachéhir), mais il échoua et en 1303-1304 il subit de sérieux revers du fait de la grande compagnie catalane des « Almugavares » que les Byzantins lui avaient opposée. Les Catalans dégagèrent Philadelphie, Koulé, Phourni et les autres places grecques de la région (2).

L'émirat de Tekké ou Téké s'était établi en Lycie et en Pamphylie (3). Ses princes tiraient, semble-t-il, leur origine d'un certain Téké-beg qui s'était rendu maître de l'ancien port byzantin d'Adalia (la Sattalie des croisés) sous la suzeraineté des derniers Seldjouqides. En 1333 le voyageur arabe Ibn Battoûta trouva installé à Adalia son petit-fils, Khidr-beg. En 1361, le roi de Chypre Pierre 1er enleva à l'émirat le port en question (4). Les Chypriotes rendirent en 1373 Adalia à l'émir de Téké Mohammed, de peur de voir les Génois s'y établir (5). Le Téké devait être annexé par les Ottomans en 1392, puis, après une éphémère restauration en 1402, définitivement réuni à l'empire ottoman en 1424.

Les émirats riverains de la mer Egée

L'émirat de Mentéché (vers 1300-1426) s'était établi dans l'ancienne Carie avec capitale à Mîlâs, l'ancienne Mylasa où régnait déjà vers 1300 le héros éponyme Mentéché-beg ibn Béhâ ad-Dîn al-Kourdî. Les émirs Mentéché dépossédèrent les Byzantins non seulement de la Carie, mais des côtes de l'ancienne Doride (6).

L'émirat de Sasan était la plus petite de ces principautés turques. Il ne comprenait que le territoire des anciennes villes ioniennes de Magnésie du Méandre, Éphèse, Priène et Milet, toutes enlevées aux Byzantins. L'émirat de Sasan dut d'ailleurs être rapidement absorbé par ceux de Mentéché et d'Aïdin. En ce qui concerne Éphèse (l'Altoluogo des Italiens, l'Aya-soloûq turque), nous savons qu'en 1304, lors de l'expédition des Catalans (Al-

---

(1) Cf. Mordtamnn, *Germian-oghlu*, Enc. de l'Islam, p. 140.
(2) Voir plus haut, p. 532. Cf. Pachymère, II, 421 et Muntaner, ch. ccv, trad. Buchon, p. 423 ; Schlumberger, *Expédition des Almugavares*, p. 52-66 (Schlumberger confond ici Germian et Qaraman).
(3) Cf. Fr. Babinger, *Téké-oghlu*, Enc. de l'Islam, p. 757-758.
(4) Voir plus haut, p. 341. Cf. Mas Latrie, *L'île de Chypre*, p. 261 (d'après Bustron, p. 261 et 281).
(5) Voir plus haut, p. 348. Cf. Bustron, p. 296.
(6) Cf. Fr. Babinger, *Menteshe oghlulari*, Enc. Isl., p. 526 ; P. Wittek, *Das Fürstentum Menteshe*, Istanbuler Mitteilungen, n° 2, Istanbul, 1934 ; C. R. de Claude Cahen, *Journal Asiatique*, juillet-septembre 1936.

Map content:

NOIRE

- Sinope
- (Qastamouni)
- PHLAGONIE
- PAPHLAGONIE
- ISF...ONDYA...PO...N...
- ARMÉNIAQUES
- Amisos
- Kerasonte
- Trébizonde
- CHALDÉE
- Gangra
- Merzifoun
- Amasia
- Néocésarée (Niksar)
- Coloneia
- Paipert
- KHARSIAN
- Komana
- Erzindjan
- kara
- CAPPADOCE
- Sébaste (Sivas)
- Téphriké
- MÉSOPOTAMIE
- Aqseraï
- Tzamandos
- Césarée (Qaiçariya)
- Lykandos
- Taranda
- Kharpout
- Nazianze
- LYKANDOS
- Militène
- Zapétra
- Tyane (Nigdé)
- Göksun
- Albistan
- Eregli
- Kokusos
- Podandos (Butrenton)
- Sis
- Gaban
- Marach
- Samosate
- Laranda (Qaraman)
- Adana
- Anazarbe
- Aintab
- Edesse
- ...NIE
- Tarse
- Mamistra, Mopsueste, Missis
- CILICIE
- enek
- IS...
- Korykos
- Séleucie
- Antioche
- Alep
- amour

...RE AU MOYEN AGE.

mugavares) au service de l'empereur byzantin Andronic II, la ville était encore byzantine, ainsi que le port voisin d'Ania (la Scala nuova des Italiens, le Kouch-adassi des Turcs) : à cette date les chefs de la compagnie catalane, Roger de Flor, Béranger de Rocafort et le chroniqueur Ramon Muntaner y séjournèrent et dégagèrent de Turcs le voisinage, non d'ailleurs sans mettre le pays en coupe réglée pour leur propre compte (1). Dans la seconde moitié du xive siècle, les Vénitiens obtinrent des privilèges commerciaux à Altoluogo (Éphèse) et à Palatia (l'ancienne Milet). Le pays à cette époque relevait plutôt (du moins temporairement) de l'émirat de Mentéché puisque l'émir de Mentéché Mouzaffar ad-Dîn Ilyâs (1391 et 1402-1421) confirma deux fois ces privilèges par deux traités de commerce, l'un avec Marco Faliero, duc vénitien de Crète (1403), l'autre avec l'amiral vénitien Pietro Civrano (2).

L'émirat d'Aïdin (v. 1302-1390) enleva aux Byzantins le bassin du moyen Méandre, celui du haut et du moyen Caystre, la région de Smyrne et la presqu'île d'Érythrée et de Clazomène. Aïdin, le héros éponyme de la dynastie, s'installa dans les premières années du xive siècle dans l'ancienne Tralles, depuis appelée de son nom (3). C'est sur le territoire où naissait ainsi l'émirat d'Aïdin qu'en 1304 la Compagnie Catalane au service de l'empereur Andronic II, défit les Turcs à Thyra ou Thyraion (Thiré, au nord-est d'Éphèse), bataille où fut tué le sénéchal catalan Corbéran d'Alet (4). En 1333, le voyageur arabe Ibn Battoûta trouva le fils d'Aïdin, Mohammed, installé dans l'ancienne ville byzantine de Pyrgion, devenue la turque Berki ou Birgé, entre Thyra et Sardes (5). Dès avant cette date, deux des fils de Mohammed s'étaient installés plus à l'ouest en territoire byzantin, l'un Omar-beg ou Oumour-beg à Smyrne, l'autre, Khidr-beg, à Aya-soloùq ou Altoluogo (Éphèse), ville qui, comme on le voit, une fois arrachée aux Byzantins, était tiraillée entre les émirats de Mentéché et d'Aïdin (6). Oumour-beg († 1348) se donna une marine avec laquelle il intervint dans la mer Égée (7). Ce fut sur

(1) Muntaner, ch. ccvi-ccvii, trad. Buchon, p. 424-427 ; Schlumberger, *Almugavares*, p. 67-71.
(2) Mas Latrie, *Commerce d'Éphèse et de Milet au moyen âge*, dans la *Bibliothèque de l'École des Chartes*, 5e série, V, 122 (1864), p. 226 et sq. ; Heyd, *Hist. du commerce du Levant*, t. II, p. 262, 268-269, 353.
(3) Cf. Karabacek dans *Wiener numismatische Zeitschrift*, II (1870), p. 530 et sq. et IX (1877), p. 207 et sq.
(4) Muntaner, ch. ccvi, p. 424. Toutefois Muntaner dit que ces Turcs venaient de « Macunxia », c'est-à-dire de Maghnisa ou Magnésie de Sipyle, autrement dit des territoires du Çaroù-khân.
(5) Ibn Battoûta, II, 298 et sq. Cf. Pachymère, II, 436.
(6) Ibn Battoûta, II, 309-310. Cf. Heyd, *Commerce du Levant*, I, p. 535-536.
(7) Il intervint même dans les guerres civiles byzantines, où il soutint Jean VI Cantacuzène contre Jean V Paléologue (1343, 1345). Cf. Cantacuzène, II, 29-30, 480-484 ; III, 96, 591-596 (Enc. Isl., *Sârâ-khân*, p. 181).

lui que Smyrne fut conquise le 28 octobre 1344 par une armada chrétienne où figuraient les galères de Venise (sous Pietro Zeno), de Gênes, des Chevaliers de Rhodes, du pape Clément VI (sous les ordres du Génois Martino Zaccaria) et du roi de Chypre Hugues IV (1). Cependant Oumour-beg restait maître de l'hinterland et en janvier 1345 il tailla en pièces une partie de la garnison chrétienne de Smyrne qui s'était aventurée au dehors. La ville fut dégagée par la croisade du Dauphin Humbert II de Viennois, qui, vers le 24 juin 1346, défit les Turcs devant Smyrne (2). Smyrne, on l'a vu, fut par la suite (1374) confiée par le pape à la garde des Chevaliers de Rhodes qui la conservèrent jusqu'à l'invasion de Tamerlan (1402) (3).

L'émirat de Sarou-khan et mieux Çâroù-khân (v. 1302-1390) fut fondé par un prince de ce nom dans l'ancienne Lydie. En 1303-1304 les routiers catalans au service de l'empereur byzantin Andronic II ravagèrent les terres de l'émir au cours d'une marche militaire *via* Thyatira et Sardes (4). Ils dégagèrent ainsi pour une dizaine d'années les villes byzantines de Nymphaion et de Magnésie du Sipyle où nous voyons l'armée catalane cantonner entre la délivrance de Philadelphie et la victoire de Thyra (5). Mais les Catalans une fois repartis pour l'Europe (1304), l'émir Çâroukhan (règne entre 1302 et 1345) reprit le cours de ses conquêtes. Vers 1313 il enleva définitivement aux Byzantins Magnésie du Sipyle, ville dont il fit sa capitale (6). Un de ses frères s'établit à Nymphaion, devenu la turque Nîf. Çâroù-khân régnait également sur Sardes (Sart), Qassaba et Thyatira (Aq-hissar). Même les comptoirs commerciaux établis depuis 1275 par les Génois à Phocée (Fotcha, la Fogia ou Folia des Italiens) lui payèrent pour le commerce de l'alun (7) un tribut annuel (8). Il s'était, du reste, donné une marine qui, à diverses reprises, ravagea les îles grecques de la mer Égée (9). Ses successeurs Fakhr ad-Dîn Ilyâs (1345-1374), Mouzaffar ad-Dîn Ichâq (1374-1388) et Khiḍr Châh-beg (1388-1390) consolidèrent leur pouvoir sur ces belles terres de Lydie et d'Ionie.

L'émirat de Qarasî était d'origine turcomane comme les précédents (10). Le héros éponyme de cette maison aurait, pour

---

(1) Delaville le Roulx, *La France en Orient au XIVᵉ siècle*, p. 104 ; Iorga, *Philippe de Mézières*, p. 42 ; Aziz Suryal Atiya, *The crusade in the later Middle Ages* (1938), p. 293-294.
(2) Delaville le Roulx, p. 107 ; Atiya, p. 313.
(3) Voir plus haut, p. 340 et 585.
(4) Cf. Schlumberger, *Almugavares*, p. 54.
(5) Muntaner, ch. ccv, p. 424 de l'édition de Buchon.
(6) Fr. Babinger, *Sârûkhân*, Enc. Islam., p. 184-185.
(7) Voir p'us haut, p. 571. Cf. Heyd, I, p. 461 et sq.
(8) Ibn Battoûta, II, 314.
(9) Cf. v. Hammer, *Gesch. d. Osman. Reiches*, I, 70, d'aprè Pachymère.
(10) Cf. J. H. Mordtmann, *Ueber das türkische Fürstengeschlecht der Karasi*

le compte de l'avant-dernier sultan seldjouqide Mas'oûd II (règne de 1286 à 1296 environ), enlevé à l'empereur byzantin Andronic II (règne de 1282 à 1328) une grande partie de l'ancienne Mysie et de l'ancienne Éolide, avec les villes d'Esseron devenue Balikesri et de Pergame devenue Berghama (1). En 1303 les Turcs de Qarasî s'apprêtaient à conquérir la région de Cyzique (Artaki) lorsque l'empereur Andronic II lança contre eux la Compagnie Catalane commandée par le « mégaduc » Roger de Flor qui les mit en déroute. Les Catalans traversèrent ensuite du nord au sud le jeune émirat de Qarasî et défirent de nouveau ses troupes à Germa (entre Balikesri et Pergame) (printemps de 1303), puis, par Khliara (Kirk-Agatch) à l'est de Pergame, leur armée gagna, comme on l'a vu, les émirats de la région lydienne (2). Simple épisode, car après le passage des Catalans la conquête des dernières villes grecques de la Mysie par les Turcs de Qarasî reprit de plus belle. Adramytte (Édrémid) et Assos même succombèrent. Néanmoins l'émirat de Qarasî eut une existence fort brève : entre 1334 et 1336 il fut annexé par le prince ottoman Orkhan (3).

La Paphlagonie était tombée au pouvoir de la famille turcomane des Isfendiyar-oghlou qui eut pour capitale Qastamouni, l'ancienne ville grecque de Kastamon. Vers 1291 le fondateur de la dynastie, Chems ad-Dîn Djândar, révolté contre le sultan seldjouqide Mas'oûd II, se serait emparé de Qastamouni et aurait reçu l'investiture des Mongols de Perse. Son fils Choudjà' ad-Dîn Souleïmân (vers 1300-1339) enleva la ville de Sinope à la fille du dernier sultan, Mas'oûd. Sinope resta depuis la capitale de la dynastie. Les Isfendiyar-oghlou devaient être dépossédés par les Ottomans en 1392-1393. Un moment restaurés par Tamerlan (1402), ils seront définitivement déposés par les Ottomans en 1459 (4).

Cependant, et bien qu'encerclée par les possessions des Isfendiyar, la ville maritime d'Amastris, la Samastro des Italiens (l'actuelle Amassera), était dès le début restée possession byzantine, ainsi que Ponto-Héraclea (5). Cette dernière ville ne tomba au pouvoir des Turcs qu'en 1360. Quant à Amastris, nous y voyons établi en 1398 un consulat génois. Elle devint

---

in Mysien dans *Sitzungsb. Preuss. Akad. Wiss.*, 1911, p. 2-7 et J. H. Krammers, *Karasî*, Encycl. Islam, p. 801.

(1) Dukas, éd. Bekker, Bonn 1834, p. 13-14.
(2) Pachymère, trad. Buchon dans son éd. de Muntaner, p. 123. Cf. Schlumberger, *Almugavares*, p. 41-45, 53 54.
(3) Discussion des sources byzantines et ottomanes par Kramers, *l. c.*, p. 801.
(4) Cf. J. H. Mordtmann, *Isfendiyâr oghlou*, Enc. de l'Islam, p. 565 566.
(5) Sanudo dans Hopf, *Chroniques gréco romanes*, p. 145 ; Aboul Fedà, *Géographie*, trad. Reinaud, II, 1, p. 39, II, 2, p. 142. Cf. Nicéphore Grégoras, I, 429 ; Cantacuzène, II, 589 ; Georges Acropolite, p. 20.

bientôt, au commencement du xvᵉ siècle, une véritable possession génoise et elle resta génoise jusqu'à la conquête ottomane en 1459 (1). Plus à l'est, Simisso, l'actuel Samsoun était une ville turque avec, au xivᵉ siècle, un quartier génois (2).

Fondation de l'État ottoman : Ertoghroul, 'Othmân et Orkhan

L'expédition des routiers catalans au service de l'empereur Andronic II avait été la dernière tentative faite par Byzance pour délivrer les vieilles terres helléniques de Mysie, de Lydie et d'Ionie des émirats turcomans qui venaient de s'y établir. La tentative avait échoué. Ces émirats — Qarasi, Çâroû-khan, Aïdin et Germian, pour ne citer que ceux-là — avaient sa s doute subi de rudes défaites. Ils n'en avaient pas moins survécu à la bourrasque et, après le départ des Catalans, repris leur descente vers les mers helléniques. Du reste, les Catalans, pillards incorrigibles et mercenaires toujours révoltés contre l'autorité impériale, avaient finalement fait plus de mal que de bien et les villes momentanément délivrées par eux, comme Magnésie, avaient été si bien ruinées que le passage de ces terribles libérateurs ne fit peut-être qu'accélérer la conquête turque. Cependant ce n'était pas aux émirats d'Ionie, de Lydie ou de Mysie qu'était destinée la gloire d'abattre un jour le vieil empire byzantin, mais à un émirat plus jeune encore, surgi aux confins de la Phrygie et de la Bithynie : l'émirat ottoman.

Les ancêtres des Ottomans appartenaient à la tribu turque des Oghouz qui nomadisait dans les steppes au nord de l'Aral et de la Caspienne. Le premier chef du clan, Ertoghroul, serait, d'après la tradition, venu de l'Iran oriental s'établir en Asie Mineure où les Seldjouqides lui auraient assigné comme « pâturages d'hiver » le district de Sögud, l'ancienne Thébazion, au confluent de la Saqaria et du Poursaq, à mi-chemin entre Eski-chéhir (l'ancienne Dorylée) et la ville, encore byzantine, de Bélikoma (Biledjik) ; et comme « pâturages d'été » les monts d'Er-ménibéli et le Domanitch (3). C'était une petite marche-frontière entre les terres seldjouqides de la Phrygie et de la Galatie et la province, encore byzantine, de Bithynie (4).

Le fils d'Ertoghroul, 'Othmân Iᵉʳ, lui succéda à la tête du clan (5). Il est possible que dès son avènement il ait été en posses-

---

(1) Témoignage de Clavijo en 1404 (Clavijo, p. 80). Cf. Heyd, *Histoire du commerce du Levant*, t. II, p. 358 et 391.
(2) Heyd, II, p. 359.
(3) Cf. J. H. Mordtmann, *Ertoghrul*, Enc. de l'Islam, t. II, p. 33.
(4) Quant à la chronologie de ces faits, elle est mal établie. « La date de la mort d'Entoghroul, écrit J. H. Kramers, est incertaine. Les sources postérieures la font varier entre 1264 et 1282. »
(5) J. H. Kramers, *'Othmân Iᵉʳ*, Encycl. Isl., p. 1074-1076.

sion d'Eski-chéhir, ville déjà turque et qui dut lui revenir dans le lotissement général du sultanat seldjouqide. 'Othmân, dès le début de sa carrière (les histoires officielles la font sans preuves commencer vers 1300), enleva aux seigneurs byzantins du voisinage plusieurs villes bithyniennes, notamment Bélikoma ainsi devenue Biledjik et Angelokommon devenu Inégöl, cette dernière place à mi-chemin entre la grande cité byzantine de Pruse — l'actuelle Brousse — et Nicée (1). Il s'empara enfin de la position-clé u'Yéñi-chéhir, d'où il pouvait menacer à la fois Brousse et Nicée (2). Il semble que c'est lui qui, en 1301, battit à Baphaion l'hétérarque byzantin Mouzalon, victoire qui dut livrer à 'Othmân Leukai (Lefké) et Aq-hissar sur la Saqaria (3) ; vers 1308 'Othmân s'empara de même de Tricoccia, ville située entre Nicée et Brousse (4). Plus près de la Marmara il enleva encore aux Byzantins Lopadion, devenu Ouloubad. Enfin Brousse, depuis longtemps bloquée par les bandes turques, fut prise, la dernière année, semble-t-il, du règne de 'Othmân par son fils aîné Orkhan (1326). La charmante cité allait devenir la première capitale du nouvel empire « ottoman ».

L'empereur Andronic II (1282-1328), un des plus lamentables souverains qu'ait eus Byzance, assistait, inerte, à la formation de la puissance ottomane sans paraître soupçonner le péril immédiat qu'un tel État surgi aux bords de la Marmara, à quelques heures de marche ou de navigation de Constantinople, constituait pour cette dernière. Notons que c'était le retour à la situation de 1081, quand, une première fois, les Turcs — alors les Turcs Seldjouqides — s'étaient installés à Nicée (5). Mais en 1081 était monté sur le trône un grand souverain, Alexis Comnène, qui avait énergiquement réagi. D'autre part, Alexis Comnène, dès 1097, avait bénéficié du concours inappréciable de la première croisade. Or au XIVe siècle les Ottomans n'allaient trouver en face d'eux que des *basileis* de décadence et aucune grande croisade ne se lèverait à l'Occident pour sauver le rempart de la chrétienté.

Orkhan semble avoir régné de 1326 à 1359 (6). Ayant pris pour objectif Nicomédie, il commença par couper la ville de ses communications avec Constantinople en s'emparant des forteresses byzantines qui défendaient la « presqu'île du Tchatak-dagh », la Mésothénie des Byzantins, savoir Semendra (Khodja-ili) et Aïdos, puis Héréké (la seule place qui lui ait opposé une sérieuse

---

(1) Cf. Pachymère, éd. de Bonn, II, 413.
(2) Cf. F. Taeschner, *Das Stammgebiet der Osmanen* dans *Anatolische Forschungen*, Z. D. M. G., N. F., VII, 83 et sq.
(3) Pachymère, *l. c.*, II, 337.
(4) *Ibid.*, II, 637.
(5) Voir plus haut, p. 170-171.
(6) Cf. Franz Babinger, *Orkhan*, Enc. de l'Islam, p. 1067-1070.

résistance), enfin Yalova. Ayant ainsi dégagé le terrain, il se rendit maître de Nicomédie devenue la turque Izmîd (entre 1326 et 1330) (1). Les Byzantins qui, par une inexplicable incurie, n'avaient rien fait pour sauver Nicomédie, tentèrent un effort pour garder Nicée. L'empereur Andronic III (1328-1341) envoya au début de 1330 des renforts de ce côté, mais ses généraux se laissèrent battre par les Ottomans près de Philokrène (Tawchandjil) en Mésothénie (2). A la suite de cette bataille, Nicée, devenue Iznîq, tomba, après un long investissement, au pouvoir d'Orkhan (1331) qui y transféra un moment sa résidence (3). Orkhan doubla par ailleurs l'étendue de sa façade sur les mers grecques en annexant entre 1334 et 1336 l'émirat de Qarasi qui correspondait, on l'a vu, à l'ancienne Mysie et à l'ancienne Éolide. Il accrut enfin sa puissance militaire en créant, vraisemblablement vers 1330, le corps des Yéñi-tchéri ou Janissaires, infanterie turque composée d'enfants de chrétiens (4).

Jusque-là, la conquête turque s'était limitée aux anciennes provinces byzantines d'Asie Mineure. Ce furent les Byzantins eux-mêmes qui, au cours de leurs guerres civiles, pour favoriser chez eux les divers prétendants, appelèrent les Turcs en Europe. Le trône de Constantinople était disputé entre l'empereur légitime Jean V Paléologue (1341-1376) et l'usurpateur Jean VI Cantacuzène (1341-1355). Jean Cantacuzène, un des hommes d'État les plus remarquables qu'ait produits Byzance, commit cependant la faute capitale de demander l'aide de l'émir d'Aïdin, Omar-beg, ou Oumour-beg (années 1343, 1345) (5). De son côté l'impératrice Anne de Savoie, régente pour son jeune fils Jean V, sollicita l'appui de l'émir de Lydie, Çâroû-khan (6), et de l'émir ottoman, Orkhan. Grave imprudence, surtout en ce qui concernait Orkhan. Cantacuzène, pour neutraliser l'émir ottoman, lui donna en mariage, en janvier 1345, sa fille Théodora. Les noces d'Orkhan et de la princesse byzantine furent célébrées à Sélymbria (Silivri) en mai 1346 (7). En retour, Orkhan envoya à Cantacuzène 10.000 soldats qui d'ailleurs ne tardèrent pas à retourner

(1) D'après les sources turques en l'an de l'hégire 727 (1325-1326), ou en l'an 728 (1326-1327) ou en 731 (1330-1331) ; d'après les Byzantins (qui doivent ici se tromper) seulement en 1338. Cf. v. Hammer, *Gesch. des Osman. Reiches* I, 85 et 580 et Mordtmann, *Izmîd*, Enc. Islam, p. 603-604.
(2) Cantacuzène, éd. de Bonn, I, 341 et sq. ; Nicéphore Grégoras, éd. de Bonn, I, 434.
(3) Cf. Achiqpachazâdé et Leunclavius, *Histoire*, p. 525 ; Mordtmann, *Iznîk*, Enc. Isl., p. 606.
(4) Cf. Cl. Huart, *Janissaires*, Enc. Isl., p. 609-611.
(5) Discussion sur les responsabilités de Cantacuzène par Vassiliev, *Histoire de l'empire byzantin* (1932), t. II, p. 305-306 et 307-308.
(6) Voir plus haut, p. 602. Cf. Cantacuzène ap. v. Hammer, *Gesch. Osman. Reiches*, I, 136.
(7) Cf. Cantacuzène, III, 31 et III, 95, éd. de Bonn, p. 498 et p. 585-588 ; Nicéphore Grégoras, XV, 5, p. 762 ; Dukas, 9, éd. de Bonn, p. 33, 35 ; Chalcocondyle, I, 24.

leurs armes contre les Byzantins et qui rentrèrent en Asie après avoir commis dans l'Europe byzantine d'effrayants pillages. En 1349 Cantacuzène n'en implora pas moins à nouveau l'aide d'Orkhan qui lui envoya, dit-on, 20.000 hommes. Cette fois encore les contingents turcs firent défection et repassèrent les Dardanelles après avoir tout brûlé sur leur chemin (1).

En somme Cantacuzène, en apprenant aux Turcs le chemin de l'Europe, avait commis la même lourde faute qu'un siècle et demi plus tôt Nicéphore Botaniate et Nicéphore Mélissène quand, pour favoriser, eux aussi, leurs ambitions dynastiques, ils avaient appelé ces mêmes Turcs en Anatolie occidentale. Mais la faute de 1081, grâce au génie politique d'Alexis Comnène, avait pu se réparer. Celle de 1345 ne se réparera jamais.

Orkhan, éclairé par les Byzantins eux-mêmes sur leur irrémédiable décadence et introduit par eux au cœur de leurs affaires, franchit enfin le pas décisif. En 1357, il s'empara de Gallipoli, la clé des Dardanelles du côté de l'Europe. Comme il tenait déjà les positions de la côte asiatique avec Abydos et Lampsaque, il se trouva maître des Détroits. Constantinople se vit, du jour au lendemain, coupée de l'Europe et à la merci du Turc. Ses habitants, nous dit un contemporain, Démétrios Cydonès, se sentirent « pris comme dans un filet » (2).

Au début de son règne, Orkhan n'avait porté, comme ses ancêtres et comme les autres princes turcomans de l'Asie Mineure depuis la chute des Seldjouqides, que le titre d'émir. A la suite de ses conquêtes, il prit, comme nous l'apprennent quelques-unes de ses monnaies, le titre impérial de sultan, vacant depuis les derniers Seldjouq dont il revendiquait ainsi la succession (3).

2. Conquête des Balkans par les Osmanlis

Mourâd Ier. Prise d'Andrinople et bataille de Kossovo

Le sultan Mourâd Ier, le troisième souverain de l'empire ottoman (v. 1359-1389), était le fils d'Orkhan et d'une Byzantine. Politique adroit et ferme en même temps que guerrier fougueux, il discerna l'impuissance à laquelle les discordes de la Chrétienté vouaient le monde balkanique (4). Les étonnantes victoires qui illustrèrent son règne devaient déterminer pour cinq siècles le sort de l'Orient. Mais il ne faut pas oublier que ses conquêtes, pour surprenantes qu'elles nous paraissent, s'expliquent par l'anarchie balkanique et, plus généralement, par l'anarchie

(1) Cf. F. Babinger, *Orkhan*, *l. c.*, p. 1069.
(2) Démétrios Cydonès, *ap.* Migne, *Patrologie grecque*, v. 154, col. 1013.
(3) J. H. Kramers, *Sultân*, Enc. Islam, p. 570.
(4) Bibliographie dans Kramers, *Murâd Ier*, Enc. Isl., p. 776-779.

européenne de l'époque : d'une part mésentente entre l'empire byzantin, l'empire serbe et le royaume bulgare ; d'autre part rivalité, allant périodiquement jusqu'à la guerre ouverte, entre les républiques maritimes de Gênes et de Venise ; enfin fossé confessionnel, plus infranchissable que jamais, entre l'Église romaine et l'orthodoxie grecque. Dans ces conditions, les Balkans attendaient un maître. Les débris de l'empire byzantin, en particulier, étaient terres à prendre. Toute la question était de savoir qui s'en emparerait. La grande compagnie catalane, en 1305, avait été sur le point de surprendre Constantinople, mais elle était trop éloignée de son Espagne natale pour pouvoir faire œuvre durable et même si elle avait réussi, elle aurait rapidement disparu dans sa victoire comme elle disparut en Attique après son triomphe du lac Copaïs, comme l'empire latin avait disparu à Constantinople même cent ans auparavant. La descente serbe vers la mer Égée parut un moment avoir plus de chances et sous le grand roi serbe Stepan Douchan (1331-1355) on put croire qu'elle aboutirait à Constantinople comme à Salonique. Mais l'anarchie yougoslave, au lendemain même de la mort de Douchan, vint arrêter cette poussée, en apparence irrésistible. Finalement ce fut l'Ottoman qui réussit parce que se trouvant à pied d'œuvre, sur les bords de la Marmara, mais aussi parce qu'il eut la fortune de compter à sa tête une succession de chefs de guerre incomparables, sachant ce qu'ils voulaient, suscités par la conquête et n'ayant pas d'autre but.

Mourad Ier commença la conquête de la Thrace en enlevant aux Byzantins Tzurulon (Tchorlou) et Didymoteikhon (Démotika), mais l'événement capital, celui qui décida de l'avenir des Balkans, fut l'occupation, vers 1362, de la grande ville byzantine d'Andrinople (Édirné) (1), occupation suivie de celle de Philippopoli. Il y a lieu de signaler que parmi les généraux de Mourâd on comptait nombre de ralliés d'origine grecque, à commencer par le fameux Evrénos qui soumit pour son maître une bonne partie des côtes de la Thrace et de la Macédoine (2). L'armée ottomane se présente ainsi comme *une condotte musulmane* qui s'accroît de tous les éléments qu'elle rencontre : l'institution des janissaires qui assurera son triomphe sur la chrétienté, n'a pas d'autre signification. Notons que dans une certaine mesure la grande compagnie catalane n'avait pas procédé autrement, elle

---

(1) Les sources turques et les données des auteurs occidentaux sont contradictoires, mais la lettre de Mourâd Ier annonçant sa victoire et datée du commencement de *dhoul-qada*, c'est-à-dire de la fin d'août 1362, donne le point de repère chronologique. Cf. von Hammer, *Geschichte des Osmanischen Reiches*, I, 163 et sq.

(2) Notamment Ipsala (1361), Xanthi et Maronée (1374) et Sérès en Macédoine (1382 ou 1385). Cf. Mordtmann, *Evrenos*, Enc. Isl., II, p. 37-38, rectifiant von Hammer.

qui à ses premiers éléments barcelonais et aragonais avait ajouté tant d'étrangers, à commencer par son premier chef, l'Allemand Roger de Flor (Roger Blum). Par le ralliement de tant de renégats, l'enlèvement et le recrutement de tant d'enfants chrétiens pour le service militaire, l'enlèvement aussi de tant de filles grecques ou slaves destinées à devenir les mères des nouvelles générations ottomanes, la « condotte turque » allait conquérir les Balkans grâce à des éléments balkaniques. Mais cette « grande compagnie musulmane » avait sur les grandes compagnies chrétiennes qui l'avaient précédée, — compagnie catalane ou compagnie navarraise — le double avantage de l'institution monarchique et de l'idéologie, avec, d'une part une dynastie vigoureuse qui ne s'abâtardit qu'une fois la conquête achevée, d'autre part avec un fanatisme musulman retrempé à ses sources, renouvelé de la première guerre sainte coranique des compagnons de Mahomet.

A défaut des Byzantins désormais réduits à l'impuissance (car la chute d'Andrinople, après celle de Démotika, encerclait Constantinople), les Puissances danubiennes sentirent le péril. Serbes, Bosniaques et Hongrois se coalisèrent, mais se firent battre par les Turcs sur la Maritza (1363). Mourâd tira la leçon de cette victoire en installant en 1366 sa résidence à Andrinople, ville qui allait rester jusqu'en 1453 la capitale des Ottomans. Ceux-ci se trouvaient maintenant en présence des Bulgares auxquels Mourâd enleva, pour commencer, la ville maritime de Sozopolis (Ichtébol, ou Sizebolou, près de Bourgas).

Devant l'ampleur du péril turc, le pape Urbain V (1362-1370) chercha à organiser une croisade générale, mais ni les États italiens, plus divisés que jamais, ni la France et l'Angleterre, en pleine guerre de Cent ans, ne répondirent à son appel. Le seul à y répondre fut le comte de Savoie Amédée VI, dit « le Comte Vert ». Parti de Venise vers le 20 juin 1366, Amédée, après une escale dans le protectorat vénitien d'Eubée, débarqua le 16 août dans la presqu'île de Gallipoli. Il reprit aux Ottomans la ville même de Gallipoli, réputée à bon droit « la clé des Dardanelles » (1). Au commencement de septembre, il aborda à Constantinople. De là il gagna les côtes de la mer Noire où il enleva encore aux Turcs Sozopolis. Mais là s'arrêta sa croisade. Ou plutôt il en fut détourné par l'obligation d'aller délivrer l'empereur byzantin Jean V Paléologue, pour lors prisonnier du roi de Bulgarie Chichman, car en présence du péril turc Grecs et Bulgares continuaient à se quereller. Amédée obtint du moins la libération de Jean V

---

(1) Cf. Dalta, *Spedizione in Oriente di Amedeo VI*, Turin, 1832 ; Delaville le Roulx, *La France en Orient au XIVe siècle*, p. 151 ; Iorga, *Philippe de Mézières*, p. 335 et sq. ; Atiya, *The crusade in the later Middle Ages* (1938), p. 388.

(21 décembre 1366). De retour à Constantinople, il reprit encore aux Ottomans les deux forts d'Eueacassia et de Coloveyro sur les côtes de la Marmara (14 mai 1367), puis, son vœu accompli, il rentra en Italie. Il aurait évidemment fallu, pour arrêter la conquête ottomane, autre chose que de si faibles équipées.

En 1371 une armée serbe (1) s'avança à nouveau pour chasser les Ottomans de la Thrace, mais elle fut écrasée dans la journée du *Sirb sindighi*, près de Tchirmèn sur la Maritza (26 septembre 1371). Cette victoire assura aux Ottomans la possession de la Macédoine serbe, dans l'hinterland de Sérès.

Comme son père, Mourâd Ier ne manqua pas d'intervenir dans les querelles intérieures de l'empire byzantin. Rappelons que cet « empire » se trouvait réduit à cinq tronçons de territoires séparés les uns des autres : 1º Constantinople et sa grande banlieue ; 2º quelques ports de la mer Noire comme Mesembria (Misivria) et Anchialos, au nord de Bourgas ; 3º Thessalonique (Salonique) avec une partie de la Chalcidique ; 4º le despotat de Mistra ou de Morée, dans le Péloponnèse ; 5º la ville de Philadelphie (Alachéhir) à l'intérieur de la Lydie, ville entièrement isolée et encerclée par les possessions turques d'Asie Mineure. En 1375 l'empereur byzantin Jean V Paléologue ayant cédé l'îlot de Ténédos, un des derniers lambeaux de ses États, mais une des « clés des Détroits », à la République de Venise, les Génois déclarèrent la guerre aux Vénitiens et se rapprochèrent du sultan (2). D'accord avec Mourâd, ils aidèrent l'opposition byzantine à détrôner l'empereur Jean V et à le remplacer par un de ses fils, Andronic IV (1376). En 1379, Mourâd, ayant changé de camp, aida à la restauration de Jean V. Ainsi les derniers *basileis* étaient nommés ou déposés au caprice du sultan. Mais pour prix de son appui, Mourâd allait exiger de Jean V la cession de Philadelphie de Lydie (Alachéhir), la dernière place que les Byzantins possédassent encore en Asie Mineure.

En Asie Mineure Mourâd avait d'autre part commencé le rassemblement des terres turques. Son père Orkhan avait dès 1354 enlevé à l'émir de Qaramân la ville et la région d'Ankara dans l'ancienne Galatie (3). Lui-même se fit céder par l'émir de Germiān la région de Koutahya en Phrygie comme cadeau de mariage lorsque son fils Bâyazîd épousa une princesse de Germiân (vers 1381). Peu après il acheta la majeure partie de

---

(1) Depuis la mort du grand roi serbe Stépan Douchan (1331-1355), la Serbie, sous son successeur Stépan Ouroch (1355-1371), s'était morcelée entre plusieurs chefs. Le prince qui en 1371 marcha contre les Turcs est Voukachin, lequel régnait sur la Macédoine occidentale.
(2) Sur la « guerre de Ténédos », Heyd, *Histoire du commerce du Levant*, t. I, p. 517. Sur ce sujet en général, cf. C. Manfroni, *Le relazioni fra Genova, l'impero bizantino e i Turchi* (Gênes, 1898).
(3) Cf. Wittek, *Festschrift Jacob*, 1932, p. 347-351 et sq.

l'émirat de Hamîd, en Pisidie, et conquit une partie de l'émirat de Téké (Lycie et Pamphylie). Mourâd s'attaqua enfin au plus puissant de ces émirats turcomans d'Asie Mineure, à celui de Qaraman qui semblait lui disputer l'héritage des Seldjouqides : de ces derniers, les émirs de Qaraman avaient en effet obtenu en partage la capitale : Qonya. De fait, ce fut à Qonya même qu'en 1385-1386 l'armée ottomane écrasa celle du « Qaraman » 'Ala ad-Dîn. En raison de leurs alliances de famille, Mourâd consentit à laisser à 'Alâ ad-Dîn son royaume, sous condition de payer tribut.

Dans les Balkans, l'avance turque n'était pas moins foudroyante. En Bulgarie les Ottomans prirent Sofia (vers 1385) et en Serbie, Nich (vers 1386). Le *knez* serbe Lazare Greslianovitch (1) et le prince bulgare Chichman s'apprêtaient à unir leurs forces, mais Mourâd les prévint. Son vizir 'Ali-pacha marcha droit aux Bulgares, prit Choumla et Tirnovo (1388) et obligea Chichman à se réfugier dans Nicopolis. De nouveau vaincu et fait prisonnier, le roi bulgare dut céder la moitié de ses États. Quant aux Serbes, ce fut Mourâd en personne qui les affronta. La rencontre se produisit à Kossovo-poljé le 20 juin 1389 (2). L'armée serbe était conduite par Lazare, secondé par son gendre Vouk Brankovitch et par un autre prince yougoslave, Tvrtko, ban de Bosnie. Le choc de ces deux fortes races militaires fut terrible et un instant Lazare faillit l'emporter. Finalement les Serbes furent écrasés, mais Mourâd fut tué au milieu de sa victoire. Lazare, tombé aux mains des Turcs, fut exécuté.

Bâyazîd Yildirim et la croisade de Nicopolis

Avec le sultan Bâyazîd Ier — notre Bajazet — surnommé *Yildirim* ou l'Éclair (1389-1402) la conquête ottomane devint irrésistible. Proclamé sultan à la mort de son père Mourâd, sur le champ de bataille de Kossovo, Bâyazîd cueillit les conséquences de la victoire. La Serbie était brisée. Il acheva de la soumettre. Le prince serbe Stepan, fils de Lazare, du vaincu de Kossovo, se reconnut vassal et, à ce titre, conserva un semblant d'autonomie. A Constantinople Bâyazîd suscita une révolution de palais. A son instigation le vieil empereur Jean V Paléologue fut renversé en 1390 par son propre petit-fils Jean VII (3).

---

(1) Les pays serbes étaient toujours partagés entre plusieurs chefs. Lazare, seigneur de Rudnik, était le plus puissant d'entre eux. Il régnait sur toute la région de la Morava depuis le Danube jusqu'à Novobrdo.
(2) Date acceptée par Kramers, *Murâd Ier*, *l. c.*, p. 778. Cf. Giese, dans *Ephémérides orientales*, n° 34, avril 1928, p. 2.
(3) Fils d'Andronic IV. Cf. Silberschmidt, *Das orientalische Problem zur Zeit der Entstehung des Türkischen Reiches nach venezianischen Quellen*, 1923, p. 66-68.

Toutefois, au bout de quelques mois, Jean V fut rétabli sur le trône grâce à l'activité de son fils cadet Manuel. Le vieillard dut encore subir une dernière humiliation. Contre la menace turque, il avait fait restaurer les murailles de Constantinople et construire de nouvelles fortifications. Bâyazîd lui ordonna de détruire celles-ci, le menaçant, en cas de refus, de faire crever les yeux de son fils Manuel qui se trouvait à cette époque à la cour ottomane. Le malheureux empereur dut s'exécuter. Pis encore. Bâyazîd avait exigé que Manuel vînt, avec un corps d'auxiliaires byzantins, participer à une expédition ottomane en Asie Mineure. Le récit que nous a laissé de cette campagne Manuel lui-même nous fait toucher du doigt la désolation de ces anciennes terres helléniques transformées en un nouveau Turkestan. Il écrit à propos des villes ruinées qu'il rencontrait partout en Asie Mineure : « A mes questions au sujet du nom de ces villes, mes interlocuteurs répondaient « De même que nous les avons détruites, le temps a détruit leur nom (1) ».

On discerne là le double caractère de l'occupation turque de l'Asie Mineure à l'époque où nous sommes arrivés : d'une part la *désurbanisation* qui accompagnait l'installation de clans turcomans encore à demi-nomades au milieu des anciennes provinces byzantines, processus qui, à quelques exceptions près, a rapidement transformé nombre d'antiques cités en de misérables bourgades ; d'autre part la *turcisation* intégrale de l'onomastique qui, imposant aux villes, aux montagnes et aux cours d'eau des appellations entièrement nouvelles, rend aujourd'hui si difficile l'identification des sites (2). La rupture avec le passé est ainsi devenue complète. Comme Manuel Paléologue, le voyageur qui parcourt les terres du plateau anatolien se croirait plutôt aux environs de Tachkend ou de Kachghar que sur l'emplacement de cités qui furent celles de Basile de Césarée et de Grégoire de Nazianze.

Malgré les ordres que Bâyazîd avait arrachés à la faiblesse du malheureux Jean V, le commandant de la garnison de Philadelphie de Lydie (l'actuel Ala-chéhir), la dernière place byzantine en Asie Mineure, refusait héroïquement de la rendre. Le contingent byzantin prêté par Jean V au sultan fut contraint d'aider les Turcs à s'emparer de la ville sur ses propres compatriotes (1391).

Jean V était mort le 16 février 1391. Son fils et héritier Manuel II se trouvait à ce moment à la cour de Bâyazîd. Il réussit à s'échapper et à gagner Constantinople où il fut couronné empereur. Mais la ville, entièrement et étroitement encerclée, n'était qu'une place en état de siège.

(1) *Lettres de l'empereur Manuel Paléologue* publiées par E. Legrand, Paris, 1893, p. 23, n° 16.
(2) Cf. Ramsay, *Historical geography of Asia Minor*, Londres, 1890.

Dans les Balkans la conquête ottomane ne rencontrait plus d'obstacles. Le général turc Évrénos-beg battit le dernier « césar » grec de Thessalie (« Grande-Valachie »), Manuel Ange Philanthropenos, et s'installa à demeure dans cette province. Dès la fin de 1392, peut-être même dès 1387, il intervint en Morée, pays alors disputé entre d'une part le despote byzantin de Mistra Théodore Paléologue (un frère de l'empereur Manuel II) et d'autre part le chef des routiers navarrais, Bordo de Saint-Supéran (1). Saint-Supéran ne craignit pas, contre le despote, de s'allier aux Turcs et en 1394 il alla même rendre visite à Bâyazîd (2). Le Péloponnèse étant ainsi ouvert aux Turcs, Évrénosbeg en 1395 ravagea le despotat grec de Morée, saccagea notamment Léontarion (Véligosti ou le Véligourt des Francs près de l'ancienne Mégalopolis) et Akova en Arcadie, puis il rentra avec son butin dans ses cantonnements de Thessalie (3).

Succès plus grands encore en Bulgarie. En juillet 1393 la capitale bulgare, Tirnovo, tomba définitivement aux mains des Turcs. Le roi de Bulgarie, Chichman, fut réduit en captivité ou tué (4). Toute la Bulgarie jusques y compris les forteresses de la rive droite du Danube, — Silistrie, Sistovo, Nicopolis, Viddin —, fut annexée. En 1394 Bâyazîd enleva aux Byzantins la capitale de la Macédoine maritime, la grande ville de Thessalonique ou Salonique (5).

La Hongrie était maintenant menacée à son tour. Son roi Sigismond fit appel à la Chrétienté et ce fut alors que s'organisa la croisade dite depuis de Nicopolis et qui fut l'effort le plus considérable de ce temps pour arrêter la conquête turque (6). La majeure partie des croisés vinrent de France et d'Allemagne. La noblesse française fournit un brillant contingent à la tête duquel figurèrent Jean Sans Peur, héritier du duché de Bourgogne, le maréchal Boucicaut et l'amiral Jean de Vienne. Au printemps de 1396 les croisés se mirent en route vers la Hongrie. Le roi Sigismond qui savait que le sultan se préparait à attaquer la Hongrie, conseillait fort sagement de l'y attendre, mais la fougue inconsidérée de la noblesse franco-bourguignonne fit décider l'offensive. L'armée descendit donc la rive droite du Danube par Viddin et Rahova. Le 12 septembre 1396 elle arriva devant Nicopolis dont elle commença le siège. Elle n'avait encore pu s'en

(1) Voir plus haut, p. 529.
(2) Discussion de cette date par Zakythinos, *Le despotat grec de Morée*, p. 153-154, où l'auteur rectifie Hopf, *Geschichte Griechenlands*, II, p. 61.
(3) Zakythinos, p. 155.
(4) Cf. Jiretchek, *Geschichte der Bulgaren*, p. 350-351.
(5) Cf. Hammer, *Histoire de l'empire ottoman*, I, p. 324-427 ; Tafrali, *Thessalonique au XIV® siècle, loc. cit.*; J. H. Kramers, *Selânîk*, Enc. isl., p. 214.
(6) Cf. Delaville le Roulx, *La France en Orient au XIV® siècle*, p. 211-326 ; A. S. Atiya, *The crusade of Nicopolis*, Londres 1934 ; A. S. Atiya, *The crusade in the later Middle Ages*, Londres, 1938, p. 435-462.

emparer quand Bâyazîd apparut avec une centaine de mille hommes. L'effectif des croisés était à peu près égal, mais l'armée turque était infiniment supérieure par sa discipline et, de ce fait, la meilleure machine de guerre du temps. Chez les seigneurs français, en effet, l'indiscipline était totale. On allait à la croisade comme à une partie de plaisir, avec la plus folle présomption : l'esprit de Crécy et d'Azincourt.

En dépit des conseils de prudence du roi de Hongrie et aussi du maréchal Boucicaut qui ne partageait point, semble-t-il, l'entraînement général, les croisés attaquèrent (25 septembre 1396). Avec une folle bravoure la chevalerie franco-bourguignonne se lança à l'assaut des positions turques que protégeaient des alignements de pieux. Elle réussit par son élan à percer les deux premières lignes des Turcs qui perdirent là environ 5.000 hommes ; mais mal soutenue par les Hongrois avec lesquels elle avait perdu le contact, elle n'eut pas la sagesse de se replier à temps sur le gros de l'armée (1). Elle était épuisée quand Bâyazîd ordonna la contre-attaque. Cette contre-attaque massive, conduite par 40.000 hommes dont les troupes d'élite ottomanes, — les fameux janissaires, — brisa tout devant elle. La chevalerie française se trouva bientôt encerclée, étouffée sous le nombre, disloquée par petits groupes qui succombaient isolément. Le gros des Hongrois fut entraîné dans la déroute. Les chefs bosniaques, transylvaniens et valaques, pour d'anciennes rancunes politiques, lâchèrent pied ou passèrent aux Turcs. Un noyau de 12.000 hommes sous les ordres du palatin de Hongrie avec des contingents bohémiens et germaniques résista cependant et fit même un moment fléchir les janissaires. Le roi Sigismond avec une partie de la noblesse hongroise et les croisés allemands et polonais tenta alors un effort suprême pour dégager les chevaliers français. Ceux-ci se reformèrent et tout, semble-t-il, pouvait encore être sauvé quand les contingents serbes de l'armée turque commandés par leur prince Stepan Lazarévitch et qui jusque-là étaient restés immobiles malgré les objurgations du sultan, se décidèrent à obéir aux ordres de celui-ci. L'entrée en ligne de ces 5.000 hommes de troupes fraîches fit définitivement pencher la balance en faveur des Turcs.

Ainsi les Balkaniques concoururent eux-mêmes à l'asservissement définitif des Balkans.

La noblesse française encerclée par petits groupes, sans aucun espoir de se dégager, vendit du moins chèrement sa vie. L'amiral Jean de Vienne qui brandissait l'étendard de la Vierge, se fit tuer en héros. Le maréchal Boucicaut, après des prodiges de

---

(1) Chronique du religieux de Saint-Denis, éd. Bellaguet (1839-1852), II, 504-508.

valeur, fut fait prisonnier ainsi que l'héritier bourguignon qui gagna dans cette journée terrible son surnom de Jean sans Peur (1). Tout ce qui ne périt pas fut capturé. Toutefois Sigismond de Hongrie qui s'était bien battu mais dont on avait méprisé les sages conseils, réussit à s'embarquer sur le Danube. Bâyazîd était pleinement vainqueur, mais il avait subi encore plus de pertes que les chrétiens. Dans sa fureur il ordonna le massacre collectif des prisonniers à l'exception de quelques hauts personnages — environ une quarantaine — dont il pouvait espérer une riche rançon (2). Ces derniers furent transférés à Andrinople, puis à Brousse où se poursuivirent de longues négociations pour leur rachat (3). En juin 1397 Bâyazîd se décida enfin à les libérer moyennant 200.000 florins. Le principal de ces captifs, Jean sans Peur, fut de retour à Dijon le 23 février 1398.

Le désastre de la croisade de secours laissait les Byzantins sans défense. A Constantinople l'empereur Manuel Paléologue et dans le Péloponnèse son frère Théodore, despote de Mistra, se sentirent perdus. Ce fut du côté de la Grèce, moins bien défendue, que se porta la première attaque turque. Dès 1397 le seigneur turc de la Thessalie, Évrénos-beg, et son collègue Yaqoùb, à la tête de 50.000 hommes, forcèrent le mur de l'Hexamilion qui défendait l'isthme de Corinthe, prirent d'assaut et détruisirent la ville, alors vénitienne, d'Argos et ravagèrent tout le pays jusqu'aux portes de Modon et de Coron, les deux ports vénitiens de la Messénie. Ils défirent le 21 juin 1397 les troupes du despote Théodore de Mistra à Léontarion ou Léondari (Mégalopolis), en Arcadie, l'obligèrent à se reconnaître tributaire et n'évacuèrent le Péloponnèse qu'en ramenant en Thessalie un énorme butin (4).

Quant à Constantinople, Bâyazîd connaissait la force de ses murailles. Au lendemain de son triomphe de Nicopolis, il avait sommé l'empereur Manuel de lui remettre les clés de la ville. La Seigneurie de Venise chargea en hâte Tommaso Mocenigo qui commandait une de ses escadres au Levant, de sauver Constantinople. Mocenigo, renforcé par les vaisseaux des Chevaliers de Rhodes et par ceux des Gattilusii, seigneurs génois de Lesbos, arriva à temps pour dégager les comptoirs latins de Péra que les Turcs serraient de près et qui auraient été, sans lui, réduits à capituler (1396) (5). Bâyazîd différa alors l'attaque en se contentant d'un étroit blocus. Il essayait en même temps de dissocier

(1) *Livre des faits du bon messire Jean le Maingre dit Bouciquaut*, dans le *Panthéon littéraire* de Buchon, t. III des Chroniques de Froissart, I, ch. xxiv, p. 595-596.
(2) Froissart, éd. Kervyn de Lettenhove, XV, 321-323.
(3) Schiltberger, *Die Reisen des Johann Schiltberger*, Munich, 1859, p. 55-57.
(4) Cf. Delaville le Roulx, *La France en Orient*, p. 350-353 et Zakythinos, *Le despotat de Morée* (1932), p. 156-157.
(5) Cf. Heyd, *Histoire du commerce du Levant*, t. II, p. 262 et 264.

l'opinion byzantine en soutenant contre l'empereur Manuel II le neveu de celui-ci, l'anti-césar Jean VII, despote de Sélymbria, dont il affecta d'embrasser la cause et à qui il fournit une armée turque pour assiéger Constantinople (1).

L'empereur Manuel ne s'abandonna point. Sans forces militaires, sans argent, n'ayant pour lui que son droit, son prestige et sa haute valeur morale, il en imposait à tous, amis comme ennemis, par sa noblesse d'âme, sa dignité, sa volonté de tout mettre en œuvre pour sauver la cité-empire, par sa constance à ne jamais désespérer (2). Au lendemain du désastre de Nicopolis il avait envoyé auprès des cours de l'Occident Nicolas Notaras, chargé de mendier des secours (1397). Ce fut en France, à la cour de Charles VI, que Notaras réussit le mieux. Charles VI chargea le maréchal Boucicaut, le héros malheureux de Nicopolis, de conduire à Constantinople un contingent de 400 hommes d'armes et 400 valets armés, sans compter les archers (3).

Boucicaut s'embarqua à Aigues-Mortes le 26 juin 1399. En arrivant devant les Dardanelles dont le passage était défendu par le fort turc de Gallipoli (4), la petite flotte de Boucicaut se heurta à une escadre turque de dix-sept navires. Boucicaut qui avait envoyé en éclaireur son lieutenant Jean de Chateaumorand avec deux galères, se vit obligé d'engager tous ses vaisseaux pour sauver Chateaumorand et fut assez heureux pour chasser l'ennemi (5). Le lendemain il fut rejoint devant Ténédos par une escadre vénitienne, deux galères des Chevaliers de Rhodes et une galère de Francesco Gattilusio, seigneur génois de Lesbos. Ayant franchi les Détroits sans nouvelle attaque de la part des Turcs, il fut reçu comme un sauveur à Constantinople par Manuel II.

Boucicaut entreprit aussitôt d'attaquer les Turcs, mais avec les quelques centaines d'hommes dont il disposait, il ne pouvait affronter les armées immenses de Bâyazîd. Il fut réduit à diriger quelques coups de main sur les côtes. Ce fut ainsi qu'il opéra sur le golfe de Nicomédie un débarquement au bourg de Daskili qu'il brûla, mais il ne put s'emparer de Nicomédie même (Izmîd).

---

(1) Jean VII était fils de l'ancien anti-césar Andronic IV. Voir plus haut, p. 612.
(2) Cf. Berger de Xivrey, *Mémoire sur la vie et les ouvrages de l'empereur Manuel Paléologue* (*Mémoires de l'Institut de France, Académie des Inscriptions*, t. XIX, 2ᵉ partie, 1853).
(3) *Livre des faits du bon messire... Bouciquaut*, éd. Buchon, I, ch. xxix, p. 601 et ch. xxx, p. 602. Cf. Delaville le Roulx, *La France en Orient*, p. 359.
(4) Bâyazîd avait en effet discerné l'importance de Gallipoli pour « asphyxier » Constantinople. Il avait fait construire à l'entrée du port une grosse tour, sur la côte d'Europe. Par ordre de son fils Soulaïmân, un Génois de la famille Negro entré au service des Ottomans construisit une tour semblable sur la côte d'Asie, a Lampsaque, en face de Gallipoli. Cf. Heyd, *Commerce du Levant*, II, p. 283.
(5) Delaville le Roulx, *La France en Orient*, p. 365-368 ; Schlumberger, *Jean de Chateaumorand* dans *Byzance et Croisades* (1927), p. 301-303.

Il prit encore d'assaut le château de Riva-kalessi, sur la côte asiatique du Bosphore. Ces coups de main, pour limités qu'ils fussent, n'en avaient pas moins quelque peu dégagé Constantinople de l'étreinte turque (1). Boucicaut, laissant alors pour la garde de la ville, sous le commandement de Jean de Chateaumorand, le petit contingent français qu'il avait amené avec lui, se rembarqua pour l'Occident le 10 décembre 1399 (2) Il emmenait à son bord l'empereur Manuel II. Auparavant il avait réconcilié avec Manuel le neveu de celui-ci, l'anti-césar Jean VII. Boucicaut était allé chercher lui-même Jean à Sélymbria et l'avait ramené, repentant, auprès de Manuel. Ce dernier pardonna si bien à son neveu qu'il le chargea de la régence pendant la durée de son voyage.

Manuel II, comme Boucicaut, avait compris que pour sauver Constantinople, ce n'étaient pas quelques contingents de chevaliers ou d'arbalétriers occidentaux qui étaient nécessaires, mais une levée en masse de l'Occident, l'envoi d'une croisade aussi dense que celle de Nicopolis, mais plus sérieusement organisée. Pour l'obtenir, Manuel, par un sacrifice héroïque, se déclarait prêt à céder Constantinople à qui jurerait de la défendre, par exemple à la république de Venise (3) ou au roi de France Charles VI (4). C'était dans ces dispositions que l'impérial ambassadeur entreprenait une tournée diplomatique auprès des divers États latins.

Manuel reçut partout l'accueil le plus empressé, d'abord à Venise où la Seigneurie et le peuple rivalisèrent d'empressement à son égard, puis à Milan où il fut l'hôte du duc Jean Galéas Visconti, à Paris où Charles VI lui fit une réception magnifique (3 juin 1400) et l'hébergea au Louvre, en Angleterre où le roi Henri IV lui ménagea un accueil non moins flatteur (décembre 1400) et enfin, pendant son voyage de retour, à Gênes, ville dont son ami, le maréchal Boucicaut, était devenu gouverneur (5). En réalité, Manuel n'obtint pas autre chose que des promesses. L'Occident abandonnait les débris de l'empire byzantin à leur inéluctable sort.

Byzance semblait condamnée quand l'événement le plus imprévu vint lui accorder un sursis inespéré, un sursis d'un demi-siècle. Tandis que Manuel II se trouvait en Occident, Tamerlan, à la bataille d'Ankara, venait d'écraser l'empire ottoman.

(1) Delaville le Roulx, *La France en Orient*, p. 370-373.
(2) Chateaumorand assura la défense de Constantinople de décembre 1399 à environ août 1402, date de son retour en France. Cf. Schlumberger, *Jean de Chateaumorand*, l. c., p. 304-312.
(3) Heyd, *Histoire du commerce du Levant*, t. I, p. 264 et Delaville le Roulx, *La France en Orient*, p. 378.
(4) Texte dans Delaville le Roulx, l. c., p. 378, n. 1.
(5) Cf. Schlumberger, *Un empereur de Byzance à Paris et à Londres*, dans *Byzance et Croisades* (1927), p. 87-147.

La bataille d'Ankara ou Byzance sauvée

Les origines du conflit entre Tamerlan et Bâyazîd doivent être recherchées dans les conquêtes anatoliennes de ce dernier. Le sultan ottoman, en effet, en même temps qu'il portait en Europe ses armes jusqu'au Danube et à la Morée, avait achevé l'annexion des autres États turcs d'Asie Mineure. En 1390 l'émir d'Aïdin, en Ionie, Isâ (1), avait été dépossédé par le terrible sultan. Ce fut ensuite (1390 ou 1391) le tour de Khidr-châh-beg, le dernier descendant de Çâroû-khan dont le territoire correspondait au bassin de l'Hermos (Ghödiz-tchaï) en Lydie et en Ionie (2). En 1391 également Bâyazîd déposséda le dernier émir de Hamîd en Pisidie, Mouçtafâ (3). La même année un sort semblable frappa l'émir de Mentéché, en Carie et en Doride, Mouzaffar ad-Dîn Ilyâs (4). En 1392, Mohammed beg, émir de Téké, en Lycie et en Pamphylie, vit, lui aussi, sa principauté incorporée d'office à l'empire ottoman (5). Tous ces petits émirats furent annexés sans peine, aucun d'eux n'ayant été capable de se mesurer avec les Ottomans. Au contraire l'émir de Qaramân, 'Alâ ad-Dîn 'Alî (v. 1350-1390), dont les possessions embrassaient la Lycaonie, une partie de la Phrygie et le sud-ouest de la Cappadoce (6), affronta l'orage. Il prit même les devants, envahit le territoire ottoman au cours d'une pointe hardie en direction d'Ankara et de Brousse et ramena prisonnier le général ottoman Timourtach. Mais Timourtach, aussitôt racheté par son maître, reprit l'offensive, défit complètement 'Alâ ad-Dîn dans la plaine d'Aqséraï (dans l'ancien territoire de Germiân), le captura et, séance tenante, le fit pendre. Le vaste émirat de Qaraman fut alors annexé par Bâyazîd (1390-1391) (7). Vers 1392-1393, une autre dynastie

(1) Isâ, d'après les études numismatiques de Stanley Lane Poole, aurait régné sur Aïdin de 1347 à 1390 (et de nouveau de 1402 à 1421).
(2) Khidr châh beg, le dernier des émirs de la famille de Çâroû-khan, regna de 1386 à 1390 ou 1391, et de nouveau de 1402 à 1410. Cf. J. H. Kramers, *Sâroûkhân*, Enc. Isl., p. 184-185.
(3) Cf. Mordtmann, *Hamîd*, Enc. Isl., p. 266.
(4) Ilyâs fut détrôné par Bâyazîd l'année même de son avènement (1391). Il devait régner à nouveau sur Mentéché de 1402 à 1421. Cf. Babinger, *Menteshe-oghlulari*, Enc. Isl., p. 527-528.
(5) Son fils 'Othmân Tchélébi sera restauré en 1402 et régnera jusqu'à l'annexion définitive en 1424. Cf. Babinger, *Teke-oghlu*, Enc. isl., p. 758.
(6) En principe les Qaraman-oghlou possédaient en Phrygie Aq-chéhir, en Lycaonie Qonya (l'ancien Iconium), Laranda, ville appelée de leur nom Qaraman, en Cilicie Trachée Ermének, en Cappadoce Nigdé et Aqséraï. Le reste de la Cappadoce avec Qaiçariya, Sivas et Amasia, appartenait à une autre maison turque, celle des Arténa-oghlou qui y régna de 1335 à 1380 environ. Les Arténa-oghlou furent remplacés à Sivas et à Qaiçariya par le roi-poète turc Bourhân ad-Dîn.
(7) J. H. Kramers, *Karaman-oghlu*, Enc. Isl., p. 795 et Franz Babinger, *Timurtash*, ibid., p. 823-824,

turcomane, celle des Isfendiyâr-oghlou qui, on se le rappelle, régnait depuis la dernière décade du xiiie siècle sur la Paphlagonie, c'est-à-dire sur Qastamouni et Amasia, fut également dépossédée (1). Le nord-est de la Cappadoce, c'est-à-dire le pays de Sivas et de Qaiçariya, avait un moment appartenu à un brillant aventurier, le poète turc Bourhân ad-Dîn (vers 1380-1396). Celui-ci venait (vers 1397) d'être tué par un autre chef turcoman, Qara-Yuluk, chef de la horde dite « du Mouton Blanc », ou Aq-qoyounlou (2). Les gens de Sivas, nous dit le chroniqueur Arabchâh, refusaient cependant d'obéir à Qara-Yuluk. Ils firent appel contre lui au sultan Bâyazîd qui, heureux de ce prétexte pour s'agrandir du côté de la Cappadoce, fit occuper leur ville par son fils Soulaïmân (3). Enfin, portant ses visées jusqu'au haut Euphrate, Bâyazîd somma le chef turcoman Tahertèn, émir d'Erzindjan, d'avoir à se reconnaître son vassal (4).

Or, tous ces vaincus de la conquête ottomane, ceux du moins que Bâyazîd n'avait pas fait exécuter ou emprisonner, se réfugiaient auprès de « l'émir Timour », le Tamerlan de notre histoire classique.

Tamerlan, on le sait, n'était pas, comme le prétendent encore d'assez récents manuels, « un Mongol », mais, au même titre que Bâyazîd, un Turc. C'était le roi des Turcs de Transoxiane, c'est-à-dire du pays de Samarqand et Boukhara, qui, tandis que Bâyazîd étendait son empire du Danube au Taurus, avait, de son côté fondé un empire encore plus vaste qui englobait le Turkestan, l'Afghanistan, l'Iran, la Mésopotamie, la Transcaucasie et qui avait porté ses armes victorieuses de la Kachgarie à la Syrie, de l'Inde au haut Euphrate. Tamerlan avait accueilli à sa cour les familles des émirs anatoliens dépossédés par le monarque ottoman, comme, de son côté, Bâyazîd offrait l'hospitalité à un autre émir turcoman, chassé, celui-là, par Tamerlan, — Qara Yousoûf, chef de la horde Qara-qoyounlou ou du « Mouton Noir ».

Tamerlan, disent les historiens musulmans, aussi bien Charaf ad-Dîn qu'Arabchâh, était pressé d'intervenir contre les Ottomans par tous les anciens émirs d'Asie Mineure réfugiés auprès de lui. Il l'était également — bien que ses biographes musulmans ne s'en vantent point — par les Puissances chrétiennes elles-

---

(1) Les sources ottomanes et byzantines ne sont pas d'accord pour savoir si ce fut l'émir de Qastamouni Djélâl ad-Dîn Bâyazîd Köturum, qui fut dépossédé par son homonyme, le sultan ottoman Bâyazîd Yildirim, ou si ce fut son fils Soulaïman-beg. Cf. Mordtmann, *Isfendiyâr oghlu*, Enc. Isl., p. 565.
(2) Cf. Arabchâh, trad. Sanders, *Tamerlane or Timur the Great Amir from the Arabic life by Ahmed ibn Arabshâh* (1936), p. 107-113.
(3) Arabchâh, trad. Sanders, *l. c.*, p. 114.
(4) Charaf ad-Dîn, l. V, ch. xiii, trad. Pétis de la Croix, t. III, p. 257.

mêmes. Jean VII, régent de Constantinople, et le podestat génois de Galata s'étaient mis en rapport avec lui par l'intermédiaire de l'empereur grec de Trébizonde en se déclarant prêts, s'il attaquait les Ottomans, à lui payer le tribut annuel jusque-là versé à Bâyazîd (1). De son côté le roi de France Charles VI sollicitait en faveur de son ami l'empereur Manuel II l'intervention du conquérant transoxianais (2).

Après des échanges de notes insultantes et qui prouvaient qu'aucune conciliation n'était possible entre eux, les deux conquérants turcs en vinrent aux hostilités. En août 1400 Tamerlan marcha sur l'Asie Mineure. Après avoir reçu à Erzeroum et à Erzindjan l'hommage de son vassal Tahertèn, il pénétra au début de septembre sur le territoire ottoman et vint assiéger Sivas qui se rendit au bout d'une vingtaine de jours. Musulman fanatique plus encore que Bâyazîd, il accorda quartier aux « Croyants », mais fit enterrer vivants ou jeter dans des puits les 4.000 soldats arméniens de la garnison ottomane. Satisfait de cet exemple, il ne poussa pas, pour cette fois, plus avant et rentra en Mésopotamie. Bâyazîd en profita pour enlever Erzindjan à Tahertèn et capturer la famille de l'émir.

Ce ne fut qu'en juin 1402 que Tamerlan entreprit une guerre à fond contre les Ottomans. Après avoir rétabli Tahertèn dans Erzindjan, il marcha par la route de Qaiçariya vers Ankara où la présence de Bâyazîd lui était signalée. La bataille décisive se livra au nord-est de cette ville, à Tchiboukâbâd le 20 juillet 1402. Bâyazîd s'était fait suivre des contingents des peuples vaincus. Si les Serbes lui restèrent fidèles, les Turcs d'Aïdin, de Mentéché, de Çaroû-khan et de Germiân, qui voyaient leurs princes dans les rangs de l'armée de Tamerlan, passèrent à celui-ci. Au coucher du soleil la défaite de Bâyazîd était irrémédiable. Il chercha à s'enfuir, mais son cheval s'abattit et il fut fait prisonnier. Bien que traité humainement par Tamerlan, il devait mourir de douleur en captivité, le 9 mars 1403 (3).

L'armée ottomane une fois détruite et le sultan prisonnier, la conquête de l'Anatolie occidentale ne fut plus pour Tamerlan qu'une promenade. Par Koutahya, il alla saccager Brousse, la première capitale ottomane, tandis que ses lieutenants couraient jusqu'à Nicée (Iznik) « tuant et pillant tout ce qu'ils rencontraient ».

(1) Voir dans Sanudo, p. 797 et sq., la lettre de Tamerlan à Jean VII, du 15 mai 1402 et la relation de Clavijo, p. 98. Cf. Fallmerayer, *Geschichte Trapezunts*, p. 224 et Heyd, *Commerce du Levant*, II, p. 265.
(2) Cf. Sylvestre de Sacy, *Mémoire sur une correspondance inédite de Tamerlan avec Charles VI*, dans *Mémoires de l'Académie des Inscriptions*, VI, 1822, p. 470 et sq. Et Heyd, *l. c.*, II, p. 267.
(3) Sur la bataille d'Ankara, Charaf ad-Dîn, livre V, ch. XLVIII, XLIX, trad. Pétis de la Croix, t. IV, p. 11-20 ; Arabchâh, livre II, ch. XXII-XXIV, trad. Sanders, p. 180-186.

Tamerlan restaura partout en Asie Mineure les principautés turcomanes récemment annexées par les Ottomans (1402). Ce fut ainsi qu'il rétablit en Lycaonie et en Phrygie orientale l'héritier des émirs de Qaraman, Mohammed II (1). Il restaura de même en Phrygie occidentale l'émir de Germiân, Ya'qoùb II (2), en Lydie le descendant de Çaroû-khan, l'émir Khidr-châh beg (3), en Ionie l'ancien émir d'Aïdin, 'Isâ, en Carie l'émir de Mentéché, Mouzaffar ad-Dîn Ilyâs, en Lycie et en Pamphylie l'héritier des émirs de Téké, 'Othman Tchélébi (4), en Paphlagonie enfin l'héritier des Isfandiyâr-oghlou, Moubâriz ad-Dîn Isfandiyâr (5). Le domaine ottoman en Asie Mineure se trouva ainsi réduit à ce qu'il était à la mort d'Orkhan (1359), c'est-à-dire à la Phrygie du nord-ouest, à la Bithynie et à la Mysie.

Quelle allait être l'attitude de Tamerlan à l'égard du monde chrétien ? La question se posa au lendemain même de sa victoire d'Ankara. Musulman fanatique, il l'était, nous l'avons dit, plus encore peut-être que Bâyazîd. De fait, avant de quitter l'Asie Mineure, il vint enlever Smyrne aux Chevaliers de Rhodes (décembre 1402) (6). L'historien timouride Charaf ad-Dîn, l'auteur du *Zafar-nâmé*, fait grand état de cette victoire en terre chrétienne. C'est qu'elle servait de justification à Tamerlan devant les reproches possibles de l'Islam. Les musulmans réfléchis ne pouvaient en effet manquer de reprocher au conquérant transoxianais d'avoir, en brisant l'empire ottoman, porté un coup terrible à la conquête islamique. Au contraire la prise de Smyrne et le copieux massacre de chrétiens qui s'ensuivit réhabilitaient l'œuvre de Tamerlan aux yeux de ses coreligionnaires. « Smyrne que le sultan ottoman avait inutilement assiégée pendant sept ans, Tamerlan l'a conquise en moins de deux semaines ! Les musulmans entrèrent dans la ville en célébrant les louanges de Dieu à qui ils présentèrent en actions de grâces les têtes de ses ennemis (7). » Les forces timourides allèrent ensuite assiéger Phocée (Fogia), concession génoise dont nous avons vu l'importance pour le commerce de l'alun (8), mais les résidents génois se rachetèrent à temps en se soumettant au tribut (9). La *Mahone*,

---

(1) Charaf ad-Dîn, l. V, ch. LII (Pétis de la Croix, t. IV, p. 33). Cf. Kramers, *Karamân-oghlu*, Enc. Isl., p. 795.
(2) Charaf ad-Dîn, l. V, ch. LVIII (Pétis, t. IV, p. 60). Cf. Mordtmann, *Germiânoghlu*, Enc. Isl., p. 140.
(3) Cf. Kramers, *Sârûkhân*, Enc. Isl., p. 185.
(4) Cf. Babinger, *Menteshe-oghlulari*, Enc. Isl., p. 526 et *Teke-oghlu, ibid.*, p. 758.
(5) Cf. Mordtmann, *Isfandiyar-oghlou*, Enc. Isl., p. 565.
(6) Voir plus haut, p. 588. Cf. Delaville le Roulx, *La France en Orient au XIVe siècle*, p. 395 ; Delaville le Roulx, *Les Hospitaliers à Rhodes*, p. 284 ; A. S. Atiya, *The crusade in the later Middle Ages*, p. 298-300
(7) Charaf ad-Dîn, l. V, ch. LVI, trad. Pétis de la Croix, t. IV, p. 51).
(8) Voir plus haut, p. 571-573.
(9) Charaf ad-Dîn, l. V, ch. LVII (Pétis, t. IV, p. 56).

la compagnie de commerce génoise qui possédait l'île de Chio et en exploitait le lentisque pour l'exportation du mastic, prêta spontanément hommage à Tamerlan. Enfin à Constantinople Jean VII, régent de l'empire byzantin pendant le séjour en Occident de son oncle l'empereur Manuel II, fut sommé par Tamerlan de faire à son tour acte de soumission et de payer tribut, ainsi, d'ailleurs, que la colonie génoise de Péra (1).

Le gouvernement byzantin et les Pérotes n'eurent garde de refuser. Ils étaient trop fins politiques pour ne pas s'apercevoir que, malgré la brutalité de la sommation, malgré le sac de Smyrne, la journée d'Ankara les avait sauvés. Une ambassade partit sur le champ de Constantinople. Tamerlan lui réserva un accueil favorable. « Les ambassadeurs grecs, écrit Charaf ad-Dîn, vinrent faire leur soumission à Timour. Ils furent admis aux honneurs de l'audience et lui ayant témoigné les respects et l'obéissance de leur maître aux ordres de sa Hautesse, ils s'engagèrent pour celui-ci à payer un tribut annuel. Ensuite ils offrirent des présents consistant en une quantité de pièces d'or et bijoux de prix. Timour leur imposa le tribut qu'il jugea convenable et ils le confirmèrent par un traité qu'ils jurèrent avec des serments solennels. Ensuite il leur fit donner des vestes d'honneur et leur permit de s'en retourner (2). » Tamerlan, devenu le suzerain de Byzance, aurait même promis à Jean VII un renfort de 5.000 auxiliaires transoxianais pour continuer en Europe la guerre contre les Ottomans (3). La colonie génoise de Péra alla jusqu'à arborer l'étendard de Tamerlan sur ses murs (4).

1403. L'anarchie turque et la survie byzantine

Tamerlan, dès 1403, repartit pour l'Iran, mais auparavant, pour achever de ruiner la puissance ottomane, il eut soin d'attiser la discorde entre les fils de Bâyazîd. De ces princes, l'un, Soulaïmân, s'était établi à Andrinople d'où il régnait sur les provinces d'Europe. Un autre, Içâ, s'était proclamé sultan à Brousse que lui disputa son frère, Moûsâ Tchélébi. Un quatrième fils de Bâyazîd, Mohammed Ier, menait une guerre de partisan du côté d'Amasia et de Toqat, en Cappadoce. Ce morcellement aggravait pour les Ottomans les conséquences du désastre d'Ankara (5).

Les Puissances chrétiennes se hâtèrent d'en profiter. Du reste

---

(1) Charaf ad-Dîn, l. V, ch. LVIII (Pétis, t. IV, p. 59) ; Hopf, *Les Giustiniani, dynastes de Chio*, p. 56 ; Heyd, *Histoire du commerce du Levant*, II, p. 267.
(2) Charaf ad-Dîn, l. V, ch. LIV (Pétis, t. IV, p. 38-39).
(3) Sanudo, p. 800, *ap.* Heyd, *Commerce du Levant*, II, p. 267.
(4) Heyd, *Commerce du Levant*, II, p. 267.
(5) Cf. Krammers, *Mûsâ Celebi*, Enc. Isl., p. 790 et *Muhammad I, ibid.*, p. 703.

Soulaïmân, le sultan d'Andrinople, rechercha lui-même leur appui, en l'espèce l'appui du régent byzantin Jean VII et de la République de Venise. Les Vénitiens chargèrent de la négociation le seigneur d'Andros, Pietro Zeno. Celui-ci commença par mettre sur pied une « ligue » des Puissances intéressées : Jean VII, Venise, Gênes et les Chevaliers de Malte. Puis, en leur nom, il obtint de Soulaïmân un traité qui marquait un sérieux recul de l'influence ottomane (1403). Le sultan acceptait l'ouverture de toutes les « Échelles » de son empire au commerce des quatre Puissances et, recul plus grave encore, il consentait « à ce que les navires turcs ne pussent entrer dans les Dardanelles ou en sortir sans une autorisation du *basileus* ou de la Ligue (1) ». Par le même traité Soulaïmân restituait aux Byzantins Salonique et son territoire que le capitaine ottoman Evrénos-beg leur avait récemment enlevés. Il exemptait du tribut accoutumé l'empereur byzantin, les colonies génoises de la mer Noire et la Mahone génoise de Chio (tribut payé jusque-là pour les comptoirs génois d'Éphèse et de Phocée). Enfin le sultan donnait son adhésion aux accroissements que la Seigneurie de Venise pourrait obtenir en Grèce (Athènes, etc.) (2).

Ces résultats étaient loin d'être négligeables. Que Salonique, la deuxième ville grecque en importance politique, démographique et économique, fît retour à l'empire byzantin, que le contrôle des Détroits repassât des mains des Turcs à celles des marines italiennes, c'est ce qu'au lendemain du désastre de Nicopolis la chrétienté n'eût certes pas osé espérer. Il n'en est pas moins certain que ces rétrocessions spontanées eurent pour résultat de calmer l'animosité et d'éteindre les désirs de revanche des nations chrétiennes. Au lendemain d'Ankara, tout, dans ce domaine, était possible. Une révolte des Serbes et des Bulgares, une intervention armée des Hongrois jointe à une démonstration de la flotte vénitienne auraient sans grande difficulté chassé le Turc des Balkans, refoulé l'Asiatique en Asie. Mais les Latins, contents d'obtenir quelques satisfactions de prestige, surtout quelques stipulations commerciales avantageuses, laissèrent, sans agir, passer l'heure du destin...

Car le morcellement ottoman, si propice aux intérêts de la chrétienté, ne tarda pas à prendre fin. Quatre fils de Bâyazîd, — Soulaïmân, Içâ, Moûsâ et Mohammed 1er — se disputaient, on l'a vu, l'empire. Mais dès 1403, Mohammed avait arraché Brousse à Içâ. En 1410-1411, Soulaïmân, malgré l'aide qu'il

---

(1) Sub anno 1403. Datation de Heyd (*Commerce du Levant*, II, p. 269) rectifiant Hopf (*Geschichte von Andros*, p. 78 et article *Griechenland, op.cit.* LXXXVI, 71).

(2) Cf. Heyd, *Commerce du Levant*, II, p. 268-269. Aussi Iorga, *Byzance et l'anarchie turque* dans *Histoire de la vie byzantine*, t. III (1934), p. 254-255, d'après Chalcocondyle, p. 172-177 et Phrantzès, p. 87-97.

avait implorée des Byzantins, fut vaincu par Moûsâ, lequel se rendit ainsi maître de la Turquie d'Europe. Enfin en juillet 1413 Moûsâ fut à son tour vaincu à Tchamourlou en Bulgarie (entre Samokov et Ichtiman) par Mohammed Ier qui rétablit ainsi l'unité de l'empire ottoman.

Mohammed Ier, devenu sultan unique (1413-1421), entretint, comme avant lui Soulaïmân, des rapports d'amitié avec l'empereur byzantin Manuel II qui lui avait, au moment du combat décisif, prêté des troupes et qu'il appelait son père (1). Mais en dépit de ces liens d'amitié personnelle, la restauration de la puissance ottomane ne devait pas tarder à porter ses fruits, et on vit bientôt la flotte turque ravager à nouveau les côtes de l'Eubée et des Cyclades, malgré le protectorat vénitien sur ces îles. En 1416 une flottille de galères vénitiennes de commerce, revenant de Trébizonde et de Constantinople, trouva, contrairement aux accords sur la navigation des Détroits, les Dardanelles barrées par les navires du sultan à hauteur de Gallipoli. Elle dut s'ouvrir le passage de vive force. Le 29 mai 1416 l'amiral vénitien Pietro Loredano infligea enfin à la marine ottomane devant cette même ville de Gallipoli un complet désastre (2).

(1) Iorga, *Histoire de la vie byzantine*, III, p. 255-256, d'après Phrantzès, p. 94-97, 112-113. Chalcocondyle, p. 178-179, 181 et Doukas, p. 103 (entrevues amicales de Manuel II et de Mohammed Ier en rade de Gallipoli en 1416 et à Constantinople en 1420).
(2) Cf. Heyd, *Commerce du Levant*, II, p. 277 et 283.

CHAPITRE II

SOLUTION TURQUE DE LA QUESTION D'ORIENT

1. De Mourad II a la prise de Constantinople

Le relèvement ottoman à la fin du règne de Mohammed Ier

Le sultan Mohammed Ier, dans les dernières années de son règne, avait repris à peu de chose près la grande politique de son père Bâyazîd l'Éclair, le programme d'expansion ottomane en Europe et en Asie. Les conséquences du désastre d'Ankara étaient déjà effacées. Ce fut ainsi qu'en Europe les armées de Mohammed Ier intervinrent en Valachie, firent des incursions en Bosnie, en Hongrie et jusqu'en Styrie (1416). En Asie de vastes parties de l'émirat de Qastamouni comprenant Tosia et Qanghéri furent réannexées.

A Constantinople le vieil empereur Manuel II dont le règne se prolongeait (1391-1425), pouvait se reprocher de n'avoir pas profité à temps de l'éclipse ottomane, du concours de circonstances inespéré dû à la bataille d'Ankara. « S'il avait été un homme, écrit énergiquement Sanudo, il aurait alors profité de la panique des Turcs pour récupérer tout l'ancien territoire grec (1). » A dire vrai, Manuel II n'avait jamais possédé lui-même ni les forces militaires ni les finances indispensables à un tel effort. La ligue à laquelle il avait participé en 1403 aux côtés de Venise, de Gênes et des Chevaliers de Rhodes avait, nous l'avons vu, obtenu des Turcs quelques rétrocessions territoriales et le principe, théoriquement inappréciable, de la liberté des Détroits. Seulement, ce principe ne valait qu'autant que les Puissances chrétiennes auraient la force de le faire respecter, ces rétrocessions étaient subordonnées à l'abaissement de l'armée turque. Pour qu'au lendemain d'Ankara les conséquences de Nicopolis pussent être réellement effacées, il aurait fallu que la Ligue fût appuyée par les Puissances militaires chrétiennes, la Hongrie, les États germaniques, la France. Faute d'une telle coalition (dont la cour de Charles VI semble avoir eu l'idée, mais qu'elle se montra bien incapable de réaliser), la chrétienté avait laissé passer l'heure favorable et Mohammed Ier s'en était tiré avec quelques concessions qu'il n'avait pas tardé à révoquer.

La cour byzantine comprit sans doute toute l'étendue de la faute commise. Malgré les rapports personnellement fort amicaux de Manuel II avec Mohammed Ier, le vieux *basileus* chercha

---

(1) Cf. Iorga, *Histoire de la vie byzantine*, III, p. 254.

à tenir désormais la balance égale entre le sultan et ses adversaires. En 1419, un aventurier nommé Dözmé Mouçtafâ qui se faisait passer pour fils de Bâyazîd, se révolta sur le Danube avec l'appui du prince Mircéa de Valachie. Il était soutenu par un autre aventurier turc nommé Djounaïd qui prétendait descendre des émirs d'Aïdin (1). Battus par l'armée de Mohammed Ier près de Salonique, Dözmé Mouçtafâ et Djounaïd se réfugièrent dans cette ville dont le gouverneur byzantin refusa de les livrer. Sur la demande du sultan, Dözmé Mouçtafâ fut seulement interné par l'empereur Manuel II dans l'île de Lemnos et Djounaïd dans un couvent de Constantinople. Manuel II tenait ainsi un prétendant ottoman en réserve pour l'opposer au sultan et tenter, le cas échéant, de provoquer de nouvelles scissions dans l'empire ennemi.

Mourâd II et la reprise de l'avance ottomane

Lorsque Mohammed Ier eut été remplacé par son fils Mourâd II (1421-1451), Manuel II, comme il était prévu, lui opposa Dözmé Mouçtafâ que soutenait toujours Djounaïd. Parti de Salonique sous l'œil bienveillant des autorités byzantines, le prétendant réussit d'abord à se faire reconnaître en Turquie d'Europe, tandis que Mourâd II était réduit aux provinces anatoliennes. Les forces que Mourâd II envoya de Brousse se firent battre par Dözmé Mouçtafâ à Sazli-déré. Les Byzantins profitèrent de cette guerre civile ottomane pour venir attaquer Gallipoli, la clé des Dardanelles (2). Mais Dözmé Mouçtafâ se crut bientôt assez fort pour rompre son alliance avec les Byzantins et pour les forcer à renoncer à leurs prétentions sur Gallipoli. Lui et Djounaïd allèrent ensuite relancer Mourâd II en Asie Mineure. Ils rencontrèrent celui-ci à Ouloubad, l'ancien Lopadion, en Bithynie. Au cours de l'action, Djounaïd prit la fuite. Dözmé Mouçtafâ, resté seul, fut battu. S'étant réfugié à Andrinople, il y fut fait prisonnier par les troupes de Mourâd II et exécuté (1422). Quant à Djounaïd, il avait gagné l'Ionie où il tua l'émir d'Aïdin et s'empara de son territoire. Mourâd II ne pouvait l'y laisser longtemps tranquille. Les forces sultaniennes, après avoir battu celles de Djounaïd à Aq-hissar, l'ancienne Thyatira, le forcèrent à capituler lui-même à Hypséla ou Ipsili, sur la côte en face de Samos (1425). Lui aussi fut décapité.

Il est à remarquer qu'au cours de ces diverses opérations

(1) Cf. Cl. Huart, *Djunaid*, Enc. Isl., p. 1095-1096 ; Kramers, *Dözme Mustafâ*, ibid., s. v. *Mustafâ*, p. 814-815.
(2) Cf. Phrantzès, p. 115 ; Chalcocondyle, p. 203-204, 220-227 ; Doukas, p. 117-121, 131, 134-135, 139 et sq., 187-189. Voir Iorga, *Vie byzantine*, III, p. 256.

Mourâd II avait été secondé par les Génois. Dès 1421 l'un des fermiers de la *Mahone* génoise de Phocée, Giovanni Adorno, avait mis à sa disposition une flotte et un corps de troupes pour combattre Dözmé-Mouçtafâ. En 1425 Percivalle Pallavicini, successeur d'Adorno dans la « ferme » de Phocée, aida Mourâd à faire capituler Djounaïd à Hypséla qu'il investit par mer, tandis que l'armée du sultan bloquait le château du côté de la terre (1).

Mourâd II, une fois définitivement maître de la totalité de l'empire ottoman, ne pardonna jamais aux Byzantins l'aide apportée à ses rivaux. Il demanda à la colonie génoise de Phocée, qui ne put les lui refuser, des navires de guerre avec lesquels il alla reprendre Gallipoli. Dès lors maître des Détroits, il vint à l'été de 1422 mettre le siège devant Constantinople. Les Byzantins se défendirent avec le courage du désespoir ; ils repoussèrent les assaillants et brûlèrent leurs machines de guerre. Si l'attitude des Génois de Chio avait été suspecte, les Vénitiens, sous la conduite de leur bayle à Constantinople, Benedetto Emo, prirent une part active à la défense (2). « L'or byzantin », par l'intermédiaire du vizir grécophile Ibrâhîm-pacha, ne fut peut-être pas étranger non plus à la levée du siège. Enfin la révolte d'un des frères de Mourâd II que ce dernier dut aller abattre à Iznîq (Nicée), constitua une heureuse diversion et permit au sultan de se retirer sans perdre la face.

Mourâd II se retourna contre la Morée où l'année suivante il fit diriger par son lieutenant Tourakhan-beg une campagne de dévastation. Tourakhan attaqua le mur de l'Hexamilion qui défendait l'isthme de Corinthe (21 mai 1423), s'en empara et ravagea effroyablement le despotat byzantin de Mistra, alors gouverné par Théodore II Paléologue (3).

A Constantinople, l'empereur Manuel II, vieilli et paralysé, avait, avant de mourir, associé au trône son fils aîné Jean VIII qui devait régner sur « l'empire » byzantin de 1425 à 1448. En réalité, nous l'avons vu, le malheureux empire ne comprenait plus que Constantinople et sa banlieue, quelques ports de la mer Noire sans hinterland comme Anchialos (au nord de Bourgas) et Mésembria (Misivria) et le despotat de Morée. Encore, pour conserver Mésembria et les ports de la mer Noire, Jean VIII dut-il payer à Mourâd II un tribut de 300.000 aspres (1425) (4).

(1) Hopf, *Les Giustiniani, dynastes de Chio*, p. 63-64 ; Heyd, *Commerce du Levant*, II, p. 279.
(2) Heyd, *Commerce du Levant*, II, p. 279-280. Sources : Phrantzès, p. 91 ; Chalcocondyle, p. 228, 231 et sq. ; Doukas, p. 182, 185-187.
(3) Théodore II Paléologue, fils cadet de l'empereur Manuel II et neveu du despote de Mistra, Théodore Ier, fut lui-même despote de Mistra de 1407 à 1443. Cf. Zakythinos, *Le despotat grec de Morée*, p. 196-198 qui montre bien comment le manque d'accord entre Grecs et Vénitiens paralysa la défense chrétienne. Sources : Phrantzès, p. 117 ; Doukas, p. 515 et sq.
(4) Doukas, p. 196.

Quant à Thessalonique, notre Salonique, l'empereur Manuel II l'avait érigée en gouvernement pour un de ses fils nommé Andronic, mais en 1423 Mourâd II avait mis le siège devant la place. Les habitants, se jugeant perdus, décidèrent de se donner à la république de Venise qu'ils estimaient seule capable de les défendre. Andronic se rallia à cette solution et moyennant 50.000 ducats céda à la Seigneurie de Saint-Marc la ville (elle comptait alors 30.000 habitants) et son territoire (1423). Les Vénitiens occupèrent aussitôt Salonique et diverses autres cités voisines, notamment Platanea et Cassandria, en Chalcidique.

Mourâd, qui se croyait à la veille de prendre Salonique, se montra furieux de se voir devancé et joué par les Vénitiens. Ce ne fut qu'en 1427 qu'il consentit à reconnaître l'occupation vénitienne. Encore exigea-t-il de continuer à percevoir, comme sous le régime byzantin, 10.000 aspres sur les revenus de la ville. Il fut entendu en outre que Venise installerait à Salonique un juge turc chargé de connaître des contestations financières avec les résidents ottomans. Mais ces accords n'étaient de la part du sultan qu'un trompe-l'œil. Trois ans après, il investit brusquement la ville et après un siège de 40 à 50 jours l'arracha aux Vénitiens (29 mars 1430 d'après Anagnostès, 13 mars selon les sources vénitiennes) (1). Il semble que la population grecque, peu attachée à ses nouveaux maîtres vénitiens ait mal coopéré avec eux.

Dans sa détresse, l'empereur Jean VIII résolut, comme naguère son père Manuel, de se rendre en Occident pour solliciter l'intervention des Puissances de rite latin (1437-1440). Comme la prédication d'une croisade générale dépendait de la Papauté, il se montra favorable à l'union des Églises et, dans cet esprit, assista aux conciles de Ferrare (1438) et de Florence (1439). L'archevêque de Nicée, Bessarion, le futur cardinal, fit accepter par la majorité des autres délégués ecclésiastiques grecs et par l'empereur Jean VIII lui-même une adhésion, au moins apparente, aux définitions théologiques romaines et à la primauté du pape (2). Mais la croisade générale sollicitée par le *basileus* ne s'organisa jamais. On peut dire qu'en ces années décisives l'Occident manqua à sa mission ; les nations européennes, par égoïsme et paresse intellectuelle, « suicidèrent l'Europe ».

Toutefois un des États catholiques, le royaume de Hongrie, obéit aux directions pontificales et prit la croisade à son compte.

---

(1) Cf. Johannes Anagnostès, *De extremo Thessalonicensi excidio narratio* (éd. de Bonn, 1838), 481-528 ; Phrantzès, p. 91, 121-122 ; Chalcocondyle, p. 235-236. Voir Heyd, *Histoire du commerce du Levant*, t. II, p. 280-281 ; bibliographie dans Vasiliev, *Histoire de l'Empire Byzantin*, t. II, p. 332.
(2) Sur les discussions dans l'Église grecque à ce sujet et sur l'état d'esprit de ses principaux représentants, voir Iorga, *Histoire de la vie byzantine*, III, p. 263-270 et sq.

Aussi bien, depuis que les Turcs avaient annexé la Bulgarie et vassalisé la Serbie, la Hongrie se trouvait la voisine immédiate de l'empire ottoman, directement menacée par celui-ci.

La Hongrie avait alors à sa tête un roi de seize ans, le prince polonais Ladislas III Jagellon (1440-1444) à qui devait succéder un enfant, Ladislas le Posthume (1444-1457). Le véritable chef de la nation hongroise fut, dans ces années décisives, un seigneur d'origine valaque, le voïévode de Transylvanie, Jean Hunyadi, en roumain Jean d'Inidoara. Les Turcs venaient, en 1440, d'investir Belgrade, ville qui faisait alors partie du royaume de Hongrie. Jean Hunyadi leur fit lever le siège. En 1442, sous les ordres de Yezîd-beg, ils pénétrèrent en Transylvanie et assiégèrent Hermannstadt (Nagy-szében, Sibiu). Hunyadi marcha contre eux et les écrasa près de là, à Saint-Emmerich (Szent-Imré). Vingt mille Turcs restèrent sur le champ de bataille. Le prince serbe Georges Brankovitch qui oscillait entre ses sympathies chrétiennes et ses obligations de vassal des Ottomans, avait prêté au héros hongrois un concours que celui-ci reconnut en lui envoyant en trophée la tête de Yezîd-beg. En cette même année 1442 Hunyadi anéantit encore à Vasag une deuxième armée ottomane dont il fit prisonnier le chef, Chihâb ad-Dîn pacha.

En juillet 1443 Hunyadi et le roi Ladislas Jagellon portèrent la guerre en territoire ottoman. Après avoir passé le Danube à Sémendria, ils remontèrent la vallée de la Morava, battirent les Turcs près de Nich et occupèrent Sofia. Pendant l'hiver, les Hongrois franchirent les Balkans et écrasèrent à nouveau les Turcs à Yalovatch, entre Sofia et Philippopoli. La route d'Andrinople était ouverte. Mourâd II demanda la paix.

La diète de Hongrie qui siégeait à Szégéd décida d'accueillir les propositions du sultan. La paix fut donc conclue à Szégéd même, en juillet 1444, pour une durée de dix ans. Par ce traité la Valachie sous son prince Vlad III le Diable et la Serbie sous son prince Georges Brankovitch passaient de la suzeraineté ottomane à la suzeraineté hongroise. Les conséquences du désastre de Nicopolis semblaient effacées. La vague ottomane refluait. La reconquête chrétienne des Balkans paraissait déjà en bonne voie. Mourâd II, assombri par son échec, se retira dans une demi-retraite à Maghnisa, l'ancienne Magnésie du Sipyle, en Ionie. En réalité, comme l'a démontré O. Halecki, le traité n'était dans la pensée de Mourâd qu'une trêve, destinée à lui permettre d'aller en Anatolie parer à la menace que faisait peser sur ses frontières orientales l'émir de Qaramân.

A Maghnisa, Mourâd II apprit brusquement que le traité de Szégéd, à peine signé, venait d'être déchiré par les Hongrois eux-mêmes. A la nouvelle de ce traité, les représentants du pape

Eugène IV, son neveu, le cardinal Condolmieri, et le légat Juliano Cesarini auxquels s'étaient joints les représentants vénitiens et byzantins, étaient accourus pour supplier la Diète de recommencer la guerre. Malgré l'opposition de Jean Hunyadi, ils avaient fait triompher leur opinion et finalement rallié l'adhésion de Jean lui-même. Mais ici encore il faut tenir compte de la thèse de O. Halecki qui montre que Mourâd avait été aussi peu sincère que les chrétiens lors des négociations de Szégéd (1).

Hunyadi et le roi Ladislas Jagellon que vint renforcer Vlad de Valachie envahirent donc à nouveau l'empire ottoman du côté de la Bulgarie et en septembre 1444 vinrent assiéger la ville maritime de Varna. Ils n'avaient avec eux qu'une quinzaine de mille hommes, car le prince serbe Georges Brankovitch avait maintenu sa paix particulière avec le sultan, mais ils comptaient que Mourâd II, qui se trouvait toujours en Asie Mineure, n'aurait ni le temps ni le moyen d'amener des renforts en Europe. En effet le pape Eugène IV venait d'envoyer vers les Dardanelles des navires qui, joints à la flotte de l'amiral vénitien Alvise Loredano, devaient empêcher l'armée sultanienne de retraverser les Détroits. Mais, « chose diabolique », dit la chronique bourguignonne de Jean de Wawrin, les Génois, prenant une fois de plus contre les Vénitiens le parti des Turcs, prêtèrent à Mourâd II les vaisseaux nécessaires (2).

Hunyadi croyait encore Mourâd II au fond de l'Asie Mineure quand il le vit arriver en foudre sur lui avec 40.000 hommes. Le 10 novembre 1444 le sultan attaqua les Hongrois près de Varna et, malgré les charges héroïques de leur cavalerie, les écrasa sous le nombre. Le roi Ladislas et le légat restèrent parmi les morts (3). Une révolte des janissaires à Andrinople empêcha Mourâd de tirer tout le profit de cette victoire et de porter la guerre jusqu'en Hongrie (1445). Mais les Balkans retombèrent sous l'hégémonie turque. Venise elle-même se résigna à renouveler les trêves avec le sultan (23 février 1446) (4).

Ce fut contre le despotat byzantin de Morée que les Turcs victorieux portèrent d'abord leurs armes. Le despotat, on s'en souvient, était gouverné par deux frères de l'empereur Jean VIII, Constantin Dragasès et Thomas Paléologue. Le 10 décembre

---

(1) O. Halecki, *La croisade de Varna*, Bulletin of the International Committee of Historical Sciences, n° 45, oct. 1939, p. 489.
(2) Heyd, *Commerce du Levant*, t. II, p. 286 ; Sathas, *Documents inédits relatifs à l'histoire de la Grèce au moyen âge*, t. I, p. 208-211 ; Iorga, *Notes et extraits pour servir à l'histoire des croisades au XVe siècle*, t. III, p. 181. Aussi la chronique bourguignonne de Jean de Wawrin, rééditée par Iorga, *La campagne des croisés sur le Danube*, Paris, 1927 ; Zakythinos, *Le despotat grec de Morée*, p. 237.
(3) Cf. Phrantzès, p. 197 et sq. ; Chalcocondyle, p. 235 et sq. ; Doukas, p. 221-222. Cf. O. Halecki, *l. c.*, p. 494-495.
(4) Cf. Hopf, *Geschichte Griechenlands*, II, p. 111,

1446 Mourâd II prit d'assaut le mur de l'Hexamilion qui barrait l'isthme de Corinthe. Il brûla Sicyone, saccagea toute la Morée jusqu'à Klarentza et ne quitta le pays qu'en ramenant un convoi de 60.000 prisonniers. Les deux despotes Constantin Dragasès et Thomas durent se reconnaître tributaires (1).

Dans les Balkans terrifiés un seul homme tint, debout au milieu de la tempête : le chef albanais Georges Kastriota, plus connu sous le nom de Skander-beg. Pendant sa jeunesse le futur Skander-beg avait vécu comme page *(itch-oghlan)* à la cour de Mourâd II où il avait dû embrasser l'islamisme. Ayant pu ensuite regagner son pays, il y leva en 1443 l'étendard de la révolte autour de la forteresse de Croïa ou Krouya. Mourâd en personne marcha contre lui mais sans pouvoir le réduire (1447).

Jean Hunyadi, devenu depuis 1444 *gubernator regni*, c'est-à-dire régent de Hongrie, voulut profiter des embarras des Turcs au front albanais pour recommencer la croisade et effacer la honte de Varna. Cette fois ce fut du côté de la Serbie qu'il attaqua l'empire ottoman, espérant qu'à son appel les Serbes se lèveraient en masse, mais le prince serbe Georges Brankovitch qui avait donné sa fille en mariage à Mourâd II, refusa de bouger. Hunyadi n'en pénétra pas moins jusqu'à la plaine de Kossovo-poljé, déjà illustrée par le désastre yougoslave de 1389. Mourâd l'y attendait avec 150.000 hommes. Or Hunyadi n'en avait que 24.000 dont 10.000 Valaques qui, au milieu de la bataille, firent défection. Du reste le héros hongrois avait commis la faute de ne pas concerter son action avec les Albanais de Skander-beg. Engagée dans ces conditions, la seconde bataille de Kossovo, qui dura trois jours, fut une mêlée furieuse où les Hongrois firent des prodiges de valeur mais furent finalement écrasés sous le nombre (17-19 octobre 1448). Quant aux Turcs, ils auraient perdu 40.000 hommes.

Cette victoire décisive confirma Mourâd II dans l'hégémonie incontestée de la péninsule balkanique. Seule, dans les montagnes de l'ouest, l'insurrection albanaise défia tous ses efforts. En vain vint-il en personne assiéger Croïa (1449). Il ne put prendre ce nid d'aigle et, quand il se retira, Skander-beg décima son arrière-garde dans les défilés (1450). A cette exception près qui tenait à l'extraordinaire personnalité du héros albanais et au caractère sauvage de ses montagnes natales, à l'exception aussi de la précaire survie byzantine à Constantinople et dans le Péloponnèse, les Balkans étaient bien domptés.

En même temps, Mourâd II avait définitivement annexé la plupart des derniers émirats turcomans d'Asie Mineure, savoir

---

(1) Chalcocondyle, p. 341-349 ; Phrantzès, p. 202 et sq. ; Doukas, p. 223. Cf. Zakythinos, *Le despotat grec de Morée*, p. 232-235.

ceux de Téké en Lycie (1424), d'Aïdin et de Mentéché en Ionie et en Carie (1425-1426) et de Germiân en Phrygie occidentale (1428). L'émirat de Qastamouni ou des Isfendiyâr-oghlou en Paphlagonie ne devait être annexé qu'en 1459-1460 par le sultan Mahomet II et l'émirat de Qaraman, en Lycaonie, qu'en 1466-1467, date de la prise de Qonya par les généraux du même sultan (1). En réalité, en Asie Mineure comme dans les Balkans, le règne de Mourâd II, effaçant les dernières conséquences du désastre d'Ankara, avait marqué le triomphe définitif des Ottomans.

A Constantinople Jean VIII était mort le 31 octobre 1448, laissant « l'empire » dans une situation désespérée. Sa succession faillit être disputée entre ses trois frères, Constantin XI Dragasès et Thomas, despotes de Morée (2) et Démétrios, gouverneur des possessions byzantines de la mer Noire. Constantin Dragasès l'emporta par la grâce du sultan Mourâd qui fit pencher la balance en sa faveur. Il fit son entrée à Constantinople le 12 mars 1449. Quant à Démétrios, il fut associé à Thomas à la tête du despotat de Morée (3).

Mahomet II et la prise de Constantinople

Le sultan Mourâd II mourut à Andrinople dans les premiers jours de février 1451. Il avait depuis longtemps associé au trône son fils Mohammed, âgé de vingt-et-un ans, que l'histoire classique connaît sous le nom de Mahomet II et qui lui succéda (1451-1481).

Prévoyant l'attaque prochaine du nouveau sultan contre Constantinople, l'empereur Constantin Dragasès, pour s'assurer le concours des Puissances latines, accepta de faire proclamer à Sainte-Sophie, en décembre 1452, la formule de l'*Hénotikon*, l'union des deux Églises, ainsi que la primauté du pape, en l'espèce du pape Nicolas V. Mais les orthodoxes intransigeants, comme le moine et futur patriarche Gennadios, *alias* Georges Scholarios, tonnaient contre cette capitulation morale (4). Certains allaient jusqu'à dire avec Loukas Notaras, — un des plus hauts dignitaires de Byzance — : « Mieux vaut voir régner à Constantinople le turban des Turcs que la mitre des Latins (5) ! »

Mahomet II avait décidé de conquérir Constantinople. Pour

---
(1) Les Qaraman-oghlou gardèrent quelques années encore Laranda (ou Qaraman) et Ermének. La dynastie s'éteignit en 1483. Cf. Kramers, *Karaman-oghlu*, Enc. Isl., p. 795-797, avec tableau généalogique.
(2) Constantin Dragasès fut despote de Morée de 1428 à 1448, en partie, depuis 1432, de concert avec Thomas Paléologue.
(3) Thomas Paléologue, 1432-1460 ; Démétrios Paléologue, 1449-1460.
(4) Doukas, p. 253. Cf. Iorga, *Histoire de la vie byzantine*, t. III p. 285.
(5) Doukas, XXXVII, p. 264. Cf. Schlumberger, *Le siège et la prise de Constantinople par les Turcs en 1453*, p. 9-10.

l'isoler, il conclut la paix avec le régent de Hongrie Jean Hunyadi et renouvela les trêves avec les républiques de Venise (1) et de Gênes, les Chevaliers de Rhodes, le chef albanais Skander-beg, même avec les despotes de Morée, Thomas et Démétrios Paléologue, frères de l'empereur Constantin Dragasès.

Pour assurer le blocus de Constantinople, le sultan Bâyazîd avait naguère construit sur la rive asiatique du Bosphore le fort d'Anatoli-hissar. Mahomet II éleva de même sur la rive européenne, au nord de la grande ville, la forteresse de Roumili-hissar qui fut achevée à la fin d'août 1452 et dont l'artillerie devait interdire aux escadres italiennes de secours le passage du détroit (2). Un capitaine de vaisseau vénitien, Antonio Rizzo qui essaya de forcer le passage, fut empalé par les Turcs (26 novembre).

Constantin Dragasès lança des appels désespérés au régent de Hongrie Jean Hunyadi et à la république de Venise. Hunyadi dont on ne peut suspecter le « patriotisme chrétien », laissa inexplicablement passer l'heure. Quant aux Vénitiens, ils équipèrent sous le commandement de Jacopo Loredano une belle escadre de dix galères qui aurait peut-être sauvé la ville, mais qui s'attarda en route et devait arriver trop tard (3). L'Europe abandonnait à eux-mêmes les derniers Byzantins.

Du moins les résidents latins dans la ville assiégée firent-ils leur devoir. Cinq galères vénitiennes sous le commandement de Gabriele Trevisano, — trois de commerce et deux armées en guerre, — se trouvaient de passage dans le Bosphore. Le bayle vénitien Girolamo Minotto prit sur lui de les retenir pour la défense (décembre 1452) (4). Le 26 janvier 1453 on vit arriver dans le port avec 400 soldats le vaillant corsaire génois Giovanni Guglielmo Longo, dit Giovanni Giustiniani parce qu'il faisait partie des Giustiniani ou « mahons » de Chio (5). Il offrit ses services à Constantin Dragasès et fut préposé, aux côtés du *basileus*, à la garde de la porte Saint-Romain (aujourd'hui Top-kapou), un des points vitaux de l'enceinte. Il devait être, avec Constantin, l'âme ardente de la défense (6). Un autre capitaine

---

(1) Les traités de la Porte ottomane avec la Seigneurie de Venise furent renouvelés le 10 septembre 1451 entre Mahomet II et l'ambassadeur vénitien Lorenzo Moro. A la demande des Vénitiens le sultan exempta de tribut le duc de Naxos. Cf. Heyd, II, p. 303, d'après Romanin, IV, 245 et Sanudo, *Vite*, p. 1154-1156.
(2) Cf. Hammer, *Geschichte des Osmanischen Reiches*, I, 235.
(3) Cf. Heyd, *Commerce du Levant*, II, p. 304, d'après Barbaro, *Giornale dell assedio di Costantinopoli*, p. 34 et 66 ; Sanudo, p. 1148; Romanin, IV, 248, 254, 260.
(4) Heyd, II, 305, d'après Barbaro. p. 3, 68-71 et sq.
(5) Voir p'us haut, p. 573.
(6) Cf. Mordtmann, *Die Belagerung und Eroberung von Constantinopel*, p. 45 ; Heyd, *l. c.*, II, p. 307 et Schlumberger, p. 42-43, d'après Critobule, p. 74, 80 et sq. ; Phrantzès, p. 241, 246, 253, 263, 283.

génois, Maurizio Cattaneo, qui le 20 avril, avec trois navires de sa nation et un bâtiment grec, s'ouvrit à travers la flotte turque un passage jusqu'à la Corne d'Or, reçut la garde de la porte dite de Sélymbria (Silivri-kapoussi) (1). Le bayle vénitien Girolamo Minotto assuma la défense d'un secteur non moins important au nord-est de la ville, dans le voisinage des palais de l'Hebdomon et des Blakhernes (2). Le capitaine de galères vénitien Gabriele Trevisano défendait l'entrée de la Corne d'Or, depuis la pointe actuelle du Sérail jusqu'à la Porte Impériale (3).

Mahomet II disposait d'une artillerie puissante, en grande partie fondue pour lui par des chrétiens renégats, dont un canon géant qu'il achemina d'Andrinople devant Constantinople en février 1453 et qui, après avoir terrifié les assiégés par ses projectiles, devait éclater en tuant son ingénieur. Le rôle de l'artillerie turque dans la chute de la ville n'en est pas moins souligné par les témoins (4). Dès avril 1453, le sultan cerna la ville du côté de la terre avec « une armée immense » que les évaluations des diverses sources font varier entre 150.000 et 265.000 hommes ou même plus (5). D'après l'évaluation de Barbaro témoin oculaire, 140 voiles turques, dont douze grandes galères, assuraient le blocus maritime, mais, comme on vient de le voir, les marins turcs, malgré leur supériorité numérique, ne réussirent même pas le 20 avril à barrer l'entrée du port à quatre navires amenés par le Génois Maurizio Cattaneo (6). Le combat naval livré à cette occasion et qui fut un brillant succès pour la petite flotte italo-byzantine, prouve que, si la grande escadre vénitienne, napolitaine et pontificale qu'attendaient avec angoisse les assiégés, avait pu arriver avec des renforts, Constantinople aurait peut-être été sauvée.

Pour interdire aux navires turcs l'accès du port, Constantin Dragasès, dès le 3 avril, avait fait tendre, sous la direction du Vénitien Bartolomeo Soligo, une énorme chaîne qui allait de tour Saint-Eugène (près de la pointe du Vieux Sérail) jusqu'à la tour de la Croix de Galata (7). Mais si sur mer la défense, malgré son infériorité numérique, faisait bonne figure, sur terre cette infériorité s'affirmait telle que la ville était déjà condamnée. En réalité, la population civile de Constantinople, bien que depuis quelque temps fort diminuée, comptait encore 150.000 âmes. Or, si démilitarisée était la Byzance des derniers temps que

---

(1) Cf. Heyd, II, p. 307, d'après Phrantzès, p. 247.
(2) Cf. Mordtmann, *Die Belagerung*, p. 141 et Schlumberger, p. 99, d'après Barbaro.
(3) Phrantzès, p. 254, *ap*. Schlumberger, 99.
(4) Notamment Critobule, I, 31, 3, éd. C. Muller, p. 80.
(5) Cf. Schlumberger, p. 54-55.
(6) Récits de Barbaro et de Phrantzès, *ap*. Schlumberger, p. 124-140.
(7) Cf. Barbaro, *ap*. Schlumberger, p. 43.

l'armée byzantine n'excédait pas le chiffre dérisoire de 4.973 soldats (1). Ajoutons les 400 soldats génois amenés par Giustiniani et 1.600 autres combattants étrangers dont la colonie vénitienne sous son vaillant bayle Minotto. Cette poignée d'hommes allait faire preuve d'un courage admirable et, dans la carence des Puissances latines, sauver du moins l'honneur de l'Europe.

Car ces derniers « croisés » furent jusqu'au bout laissés à l'abandon par leurs métropoles. Si la colonie vénitienne de Constantinople fit plus que son devoir, la république de Venise qui se trouvait, avec la Hongrie, la principale intéressée au salut de Byzance, ne sut, pas plus que les Hongrois, envoyer à temps les secours indispensables. Répétons-le : il n'est pas douteux que l'arrivée d'une escadre vénitienne aux Dardanelles et une démonstration militaire hongroise sur le Danube auraient obligé le sultan à ajourner sa tentative. Quant aux Génois, leur attitude fut plus indécise encore. Gênes, on l'a vu, était en possession du faubourg de Péra-Galata où sa colonie formait une véritable commune autonome. Cette commune, pendant le siège de Constantinople, déclara sa neutralité entre Byzantins et Turcs. On vit donc les Génois de Péra prodiguer leurs témoignages d'amitié à l'armée turque et, à l'occasion, ravitailler celle-ci en vivres. Cependant le sentiment de la solidarité chrétienne jouait malgré tout et il arriva fréquemment que les Génois de Péra profitassent de la nuit pour passer à Constantinople et, combattre le lendemain dans les rangs des Grecs (2). Le sultan ne laissait pas que d'en être instruit, mais feignait de l'ignorer. S'il avait menacé la colonie génoise de Péra pour infractions à la neutralité officielle, la république de Gênes et derrière elle le duc de Milan, Francesco Alessandro Sforza, n'auraient pas manqué d'envoyer une escadre et des renforts à Constantinople, ce qui aurait sans doute obligé les Turcs à lever le siège (3).

Après l'échec naval des Turcs le 20 avril, le grand vizir Khalîl qui avait des intelligences avec les Byzantins, conseilla à Mahomet II de conclure une trêve. Le sultan ne voulut rien entendre. La fameuse chaîne de fer interdisant à ses navires l'accès de la Corne d'Or, il résolut de les y amener par la voie de terre. Par un travail gigantesque il les tira au sol et les fit « glisser » en arrière de Péra sur des rouleaux de bois préalablement graissés, depuis un point à situer entre Kabatach et Dolma-baghtché sur le Bosphore, jusqu'à hauteur de l'arsenal de Ters-hané et du port de guerre actuels, sur la Corne d'Or (4). L'opération, pour

(1) Chiffre donné par Phrantzès, p. 240-241. Cf. Schlumberger, p. 93-94 et Iorga, *Vie byzantine*, III, p. 284.
(2) Doukas, p. 267, 275, 278 et sq. ; Chalcocondyle, p. 383 ; Phrantzès, p. 237 et 259. Cf. Heyd, II, p. 306.
(3) Cf. Schlumberger, p. 150.
(4) Topographie, *ap.* Schlumberger, p. 153 et 164.

formidable qu'elle fût, se trouva menée à bien en une journée et une nuit (22 avril). Le lendemain matin la flotte ottomane s'embossait en face du palais des Blakhernes.

Tous les chroniqueurs nous montrent, à cette vue, la surprise et la terreur des assiégés. Le 24 avril un conseil de guerre se réunit à l'instigation des Vénitiens pour chercher les moyens de détruire les navires ennemis. Un hardi marin italien, Jacomo Coco, qui commandait une galère de Trébizonde, s'offrit à aller les incendier pendant la nuit. Que se passa-t-il alors ? D'après le chroniqueur vénitien Barbaro et aussi, ce qui est plus grave, au témoignage des chroniqueurs grecs Doukas et Critobule, ce furent les Génois de Péra qui auraient fait échouer cette suprême tentative. D'après Barbaro, le podestat génois de Péra, Angelo Giovanni Lomellino, prévint à temps Mahomet II. En même temps les Génois de Péra auraient agi auprès des chefs de la défense pour faire ajourner le coup de main projeté. Or celui-ci n'avait chance de réussir que par l'effet de la surprise immédiate (1). De fait, ce fut seulement dans la nuit du 28 avril que le coup fut tenté. Y participèrent avec Jacomo Coco deux autres capitaines, aux noms vénitiens, Silvestro Trevisano et Girolamo Morosini, avec deux navires légers accompagnés de brûlots. Mais la flotte turque qui avait été alertée à temps coula le bateau de Jacomo Coco et fit échouer l'entreprise (2).

Le 23 mai, Mahomet II fit aux assiégés une ultime proposition : Constantin Dragasès, à condition de rendre Constantinople, pourrait se retirer en Morée avec tous ceux qui voudraient le suivre et y régner en paix sous la suzeraineté ottomane. Le dernier *basileus* repoussa noblement cette offre (3).

Même à ce moment il est certain qu'une démonstration hongroise sur le Danube ou l'arrivée d'une escadre de secours aurait déterminé le sultan à lever le siège. De fait, une flotte vénitienne et pontificale d'une trentaine de voiles, sous le commandement de Jacopo Loredano, se rassemblait partie en Eubée, partie à Chio, mais des vents contraires la retenaient de ce côté et son amiral ne semblait pas comprendre la gravité de l'heure. Ce fut le renégat albanais Zagan qui, dans un conseil de guerre tenu les 26-27 mai, démontra à Mahomet II que sans doute les Puissances continentales n'interviendraient point mais qu'en revanche, pour prévenir l'arrivée de la grande flotte chrétienne, il était urgent de livrer l'assaut final (4).

La journée du 28 mai se passa des deux côtés en préparatifs

---

(1) Cf. Barbaro, Doukas et Critobule, ainsi que Phrantzès (p. 275, 277-278), *ap.* Schlumberger, p. 171-175, 232-233 ; Heyd, II, p. 306-307 estime aussi que ce furent les Génois de Péra qui firent échouer le projet vénitien.
(2) Récit de Barbaro, *ap.* Schlumberger, p. 176-179.
(3) Chalcocondyle et Doukas, *ap.* Schlumberger, p. 243-246.
(4) Phrantzès, p. 266-268

militaires et aussi en manifestations religieuses. Dans le camp turc la prédication du *djihâd*, de la guerre sainte coranique, avait porté l'exaltation à son comble. A Constantinople, Constantin Dragasès, suivi de toute sa cour, de tout le clergé grec et latin, vint une dernière fois communier à Sainte-Sophie. Dans la nuit du 28 au 29 mai vers deux heures du matin, les Turcs se lancèrent à l'assaut. Leurs deux premières vagues échouèrent devant l'héroïsme des combattants grecs et italiens animés par la présence de leurs chefs au premier rang desquels se distinguaient l'empereur Constantin Dragasès, le capitaine génois Giovanni Giustiniani et le capitaine vénitien Gabriele Trevisano (1).

Quand le jour parut, Mahomet II lança un troisième assaut, cette fois avec les janissaires et autres troupes d'élite. L'effort le plus violent des Turcs portait sur la vallée du Lykos et la porte de Saint-Romain (Top-kapou), défendue par l'empereur Constantin Dragasès en personne et par Giovanni Giustiniani. Mais Giustiniani fut grièvement blessé (il devait en mourir dans les deux jours) et abandonna la bataille pour se retirer sur son vaisseau (2). Son départ démoralisa les défenseurs. En les voyant refluer, le sultan joyeux se mit lui-même à la tête de nouvelles colonnes d'assaut. La muraille fut escaladée et les janissaires s'engouffrèrent dans la vallée du Lykos. D'autres assiégeants avaient pris par surprise la Kerkoporta ou Porte du Cirque et s'emparèrent du secteur allant de là à la Porte d'Andrinople (Edirné-kapou). Quand tout fut perdu, Constantin Dragasès se fit magnifiquement tuer. « Il mit pied à terre, se dépouilla de ses insignes impériaux, à l'exception de ses brodequins de pourpre, tira son épée et se précipita au plus fort de la mêlée. » On le reconnut sous un monceau de cadavres, à ses brodequins de pourpre aux aigles d'or (3).

Le pillage et le massacre furent ce qu'on pouvait attendre (4). Parmi les défenseurs de Constantinople, ceux des combattants italiens qui ne purent, comme le mémorialiste Barbaro, se sauver à temps sur leurs navires, furent exécutés ou vendus. Le bayle vénitien Girolamo Minotto, tombé aux mains des Turcs, fut massacré le lendemain (30 mai) (5). De la population civile grecque, plus de 50.000 personnes furent réduites en esclavage. Quant aux pertes spirituelles — statues antiques broyées, ma-

(1) Cf. Schlumberger, p. 278-287 d'après Barbaro et Critobule.
(2) Les sources vénitiennes comme Barbaro et plusieurs sources byzantines comme Phrantzès et Critobule accusent Giustiniani d'avoir déserté. Voir la discussion dans Mordtmann, p. 141, ou Schlumberger, p. 296-299, qui prouvent que Giustiniani ne se retira que mortellement blessé, mais, il est vrai, sans prendre le temps de se faire remplacer dans son commandement.
(3) Récit de Phrantzès dans Schlumberger, 308-310 et 314.
(4) Notamment récit de Critobule, *ap.* Schlumberger, p. 334-335.
(5) Barbaro, *ap.* Schlumberger, p. 333.

nuscrits anciens livrés aux flammes —, elles devaient s'avérer irréparables. « On donnait dix volumes de Platon ou d'Aristote pour un besant (1). »

Mahomet II fit, de la porte Saint-Romain à Sainte-Sophie, une entrée triomphale. A Sainte-Sophie il ordonna à un imâm de monter dans la chaire chrétienne et d'y lire le symbole de la foi musulmane. Lui-même, devant le grand autel de marbre, fit, tourné vers la Mecque, sa première prière. Il donna ensuite l'ordre de cesser le massacre.

La commune génoise de Péra avait espéré, en maintenant sa neutralité pendant la durée du siège, en fournissant même aux Turcs divers renseignements précieux, se concilier après leur victoire leurs bonnes grâces. Dès le lendemain de la chute de Constantinople, le podestat génois de la colonie, Angelo Giovanni Lomellino, put mesurer toute son erreur. Il envoya à Mahomet II les clés de Péra, mais ses représentants trouvèrent celui-ci violemment irrité. Le sultan n'ignorait rien du double jeu des Pérotes, de la part que certains d'entre eux avaient officieusement prise à la défense de Constantinople. Ce fut à grand peine qu'il consentit à épargner leur vie et leurs biens. Zagan-pacha se rendit en son nom à Péra et y proclama la souveraineté ottomane. Tout au plus octroya-t-il aux Pérotes une sorte de charte qui assimilait leur ville à une ville turque (paiement du *kharadj* ou capitation, interdiction de sonner les cloches, de construire de nouvelles églises, etc.), mais qui les autorisait sous ces réserves à poursuivre leur activité commerciale (2). Au reste, Lomellino, jugé indésirable par les autorités turques, dut résigner ses fonctions de podestat. Zagan le remplaça par un fonctionnaire nommé par le sultan (3). Dans les premiers jours de juin, Mahomet II vint en personne visiter Péra. Il obligea les Pérotes à livrer leur artillerie, leurs armes, leurs munitions, à abattre leurs murailles, tout au moins du côté de la terre, à combler leurs fossés. « A partir de ce moment, Péra fut ravalée à peu près au rang d'un village turc dont les habitants chrétiens payaient l'impôt de la capitation et vivaient sous la domination d'un *esclave* du sultan (4). »

(1) Schlumberger, p. 342.
(2) Texte dans Hammer, *Geschichte des Osmanischen Reiches*, I, 675 et sq. Cf. Heyd, *Histoire du commerce du Levant*, t. II, p. 309-311.
(3) Heyd, II, p. 311, d'après Chalcocondyle, p. 401.
(4) Heyd, II, p. 313.

2. La menace turque et l'Occident

*Conséquences de la chute de Constantinople.
Autres conquêtes de Mahomet II*

Quand Mahomet II s'empara de Constantinople, il n'avait que vingt-quatre ans. Pendant le reste de son long règne (1451-1481) il n'eut qu'à recueillir les résultats moraux de sa victoire. La conquête de la Ville que depuis le temps des khalifes omaiyades l'Islam avait vainement tenté de conquérir, valut au jeune padichâh, dans tout le monde musulman, un prestige inouï. En Asie Mineure, les derniers émirats turcomans n'eurent qu'à disparaître. Mahomet II fit dans la péninsule, en 1459-1460, une expédition triomphale au cours de laquelle il enleva aux Génois leur colonie d'Amastris ou Samastri, sur la côte de Paphlagonie, si importante pour le commerce de la mer Noire (1), annexa l'émirat des Isfendiyâr-oghlou (ancienne Paphlagonie, avec Qastamouni et Sinope) et, sur la côte du Pont, l'empire grec de Trébizonde (2). L'émirat de Qaramân devait être annexé de même en 1466-1467 (bataille de Laranda et prise de Qonya). Toute l'Asie Mineure était ottomane. En 1475 Caffa et les autres colonies génoises de Crimée succombèrent à leur tour : la Mer Noire devint un lac turc (3).

En Europe, Mahomet II ne pouvait, après la chute de Constantinople, laisser subsister bien longtemps le despotat byzantin de Morée (ou de Mistra) sur lequel régnaient toujours Thomas et Démétrios Paléologue, les deux frères du malheureux empereur Constantin Dragasès. En 1458 il se rendit en personne dans le pays, prit Patras et Corinthe qu'il annexa, ainsi que Vostitza et Kalavryta, mais il laissa pour le moment encore aux deux frères Paléologue, à titre de vassaux, Mistra et le reste du despotat (4). En 1459, Thomas Paléologue, à l'instigation du pape Pie II, se révolta contre la suzeraineté ottomane. Mahomet II fit alors (1460) dans le Péloponnèse une seconde expédition au cours de laquelle il fit capituler Mistra (30 mai 1460), prit d'assaut les forteresses qui résistaient et annexa tout le despotat (5). Dans les mers grecques, les Turcs enlevèrent Lemnos à son

---

(1) Cf. Heyd, *Histoire du commerce du Levant*, t. II, p. 391 (d'après Critobule, éd. Muller, p. 126 et sq.).
(2) Doukas, p. 340 et sq. ; Chalcocondyle, p. 485 et sq ; Critobule, p. 137-142.
(3) Voir plus haut, p. 583. Cf. C. Manfroni, *Caduta di Caffa*, dans *Storia della marina italiana dalla caduta di Costantinopoli alla battaglia di Lepanto* (1897), p. 97.
(4) Critobule, p. 121-128 ; Chalcocondyle, p. 443-452. Cf. Zakythinos, *Le despotat grec de Morée*, p. 256-260.
(5) Zakythinos, p. 267-274.

dernier seigneur génois, Niccolo Gattilusio (1455) (1). Mahomet II en personne vint arracher l'Eubée aux Vénitiens (prise de Nègrepont, l'ancienne Chalcis, 12 juillet 1470) (2). La conquête ottomane ne se limitait d'ailleurs pas à la mer Égée. Elle portait maintenant sur la mer Ionienne, menaçant directement les eaux vénitiennes et les côtes napolitaines. C'est ainsi qu'en 1479 les Turcs s'emparèrent, dans les îles Ioniennes, de Sainte-Maure (Leucade) et de Zante (3). Pis encore : ils opérèrent à l'improviste un débarquement dans le royaume de Naples où, le 11 août 1480, ils surprirent et pillèrent Otrante (4).

Les Turcs en Italie ! On mesure ce que les Puissances latines avaient perdu à ne pas sauver Constantinople.

Dans les Balkans les conséquences de la chute de Constantinople n'avaient pas été moins graves. Bien que le prince serbe Georges Brankovitch, déjà vassal des Turcs, n'eût rien fait pour secourir Constantinople, Mahomet II envahit de nouveau la Serbie. Brankovitch appela à son aide le Hongrois Jean Hunyadi. Celui-ci défit d'abord les Turcs à Krouchévats (1454), mais le désaccord confessionnel entre Serbes (rite orthodoxe) et Hongrois (rite latin) ne tarda pas à amener la rupture de l'alliance. En 1456 Mahomet II, avec 150.000 guerriers et 300 canons, vint assiéger Belgrade, ville qui faisait alors partie du royaume de Hongrie dont elle constituait le boulevard face à la menace turque. Devant le péril, le pape Calixte III fit prêcher la croisade par le franciscain Capistrano et envoya son légat, le cardinal Angelo, à Jean Hunyadi. Celui-ci, de son côté, agissait, mettant sur pied 60.000 soldats. Le 6 août 1456, devant Belgrade, il infligea un désastre complet aux Ottomans, leur tuant 24.000 hommes et capturant toute leur artillerie. Ce fut le dernier triomphe du héros hongrois, qui mourut la même année. « Avec lui, dit le pape Pie II, sont mortes nos espérances. » Le prince serbe Georges Brankovitch décéda presque en même temps. Mahomet II put alors annexer définitivement la Serbie (1459), puis la Bosnie (1464). On sait que, tandis que les Serbes restèrent fidèles au christianisme, la plupart des seigneurs bosniaques, pour conserver leurs fiefs, se convertirent à l'islam.

Seul, en Albanie, Skander-beg résistait obstinément, s'alliant au pape, au roi de Naples, aux Vénitiens et faisant aux troupes ottomanes qui s'aventuraient dans ses montagnes une épuisante

---

(1) Cf. Heyd, *Commerce du Levant*, t. II, p. 321.
(2) Voir plus haut, p. 551. Cf. Heyd, II, p. 325 ; Manfroni, *Storia della marina italiana dalla caduta di Costantinopoli alla battaglia di Lepanto*, p. 60 (*la guerra di Negreponte*).
(3) Sainte-Maure et Zante appartenaient, on s'en souvient, à Leonardo Tocco (voir plus haut, p. 563).
(4) Cf. Manfroni, *l. c.*, p. 115-116 (*li Turchi in Italia*).

guerilla. En vain Mahomet II en personne vint-il conduire les opérations contre lui (1465-1466). Le héros albanais restait irréductible et insaisissable, mais son décès en 1467 marqua la fin de la résistance. Dix ans après, toute l'Albanie était soumise au sultan.

Règnes de Bâyazîd II et de Sélîm Ier
L'empire ottoman, puissance mondiale

Sous le fils de Mahomet II, le sultan Bâyazîd II (1481-1512), la conquête ottomane parut se ralentir (1). Le nouveau maître eut à dompter la révolte de son frère Djem, qui se réfugia auprès des Chevaliers de Rhodes, lesquels le cédèrent au pape. La présence de cet otage constitua dès lors pour la papauté un moyen de pression singulièrement précieux sur Bâyazîd (2). En même temps le roi de France Charles VIII, après avoir conquis le royaume de Naples (1493), annonçait son intention d'aller délivrer Constantinople : il avait, à cette intention, acquis des derniers Paléologues des « droits » à l'empire d'Orient. Mais Bâyazîd II se débarrassa de Djem en versant au pape Alexandre VI 300.000 ducats pour faire empoisonner le malheureux prétendant, crime qui fut effectivement perpétré le 24 ou le 25 février 1495. Quant aux projets de croisade de Charles VIII, ils ne survécurent pas à son expulsion de Naples en cette même année 1495.

Bâyazîd II put alors reprendre ses opérations contre les Vénitiens. Il leur enleva leurs plus belles possessions de la Grèce continentale, savoir les ports de Lépante (29 août 1499) (3), Modon (9 août 1500) (4), Coron (16 août 1500) (5) et Navarin (également août 1500) (6). Seule « Nauplie de Malvoisie », c'est-à-dire Monemvasia, défendue par le provéditeur Contarini, résista. En 1501, il est vrai, l'amiral vénitien Benedetto Pesaro remporta un brillant succès en détruisant une escadre turque à Prévéza, à l'entrée du golfe d'Arta, sur la côte d'Épire (7). La papauté faisait depuis plusieurs mois prêcher une nouvelle croisade, mais tout se borna à la formation d'une ligue contre les Turcs entre le pape lui-même, Venise et la Hongrie (30 mai 1501). D'après les stipulations des contractants, Venise devait armer

---

(1) Cf. Hammer, *Histoire de l'empire ottoman*, III, 337-374.
(2) Cf. Thuasne, *Djem-sultan, 1459-1495*, 1892.
(3) Sur l'inutile envoi d'une escadre vénitienne à Lépante, voir Manfroni, *Storia della marina italiana dalla caduta di Costantinopoli alla battaglia di Lepanto*, p. 220-221.
(4) Manfroni, *ibid.*, p. 224-228.
(5) Manfroni, p. 229.
(6) Navarin est le « port de Junch » des chroniques françaises, le « Zonchio » des Italiens.
(7) Manfroni, p. 232-233.

100 galères, et le pape 20. L'escadre de la Ligue opéra une descente contre la ville de Mytilène (Lesbos), sans pouvoir chasser les Turcs de la forteresse (17 octobre 1501). En revanche, la ville et la forteresse de Sainte-Maure (Leucade) furent reconquises (30 août 1502) (1) et rentrèrent ainsi sous l'autorité de Venise. A cette récupération se limitèrent les bénéfices de l'action entreprise.

Sous le règne du sultan Sélîm Ier (1512-1520) l'avance ottomane reprit son cours, mais au détriment des autres États musulmans (2). La victoire de Sélîm sur le châh de Perse Ismâ'îl à Tchaldirân (23 août 1514) fut suivie d'annexions en Arménie et au Diyârbékir. Ce fut ensuite la guerre non moins victorieuse de Sélîm contre les Mamelouks (victoires de Merdj Dâbiq, au nord d'Alep, le 24 août 1516, et de Rîdâniya près du Caire, le 22 janvier 1517), guerre qui entraîna l'annexion de la Syrie et de l'Égypte (3). D'autre part, deux corsaires turcs originaires de Mytilène, les frères 'Aroûdj et Khair ad-Dîn, celui-ci connu en Europe sous le nom de Barberousse, s'étaient en 1516 rendus maîtres d'Alger. Pour consolider leur conquête, ils en firent hommage à Sélîm II (4).

Ces conquêtes en Asie et en Afrique firent de l'empire ottoman une puissance vraiment mondiale. Trop occupé à les réaliser, Sélîm Ier avait laissé en paix les États chrétiens, mais l'accroissement démesuré des forces turques présageait à l'Europe, désormais menacée d'Alger comme du Danube, de redoutables lendemains.

Soliman le Magnifique. Défense de Vienne. Résistance de Malte

Sous Soulaïmân II ou Soliman le Magnifique (1520-1566), la conquête turque continua en Asie (prise de Baghdâd sur les Persans, novembre 1534) et reprit en Europe (5). En octobre 1522, Soliman, comme on l'a vu, enleva Rhodes aux Chevaliers de l'Hôpital (6). La Hongrie, qui jusque-là avait constitué pour la Chrétienté un inébranlable bastion, point de départ pour de périodiques contre-attaques, s'effondra à son tour. Le 29 août 1521 la garnison hongroise de Belgrade dut capituler. Le 28 août 1526 Soliman en personne écrasa l'armée hongroise à Mohacs, après une journée longtemps incertaine où l'artillerie ottomane

---

(1) Manfroni, p. 239.
(2) Cf. Kramers, *Selîm Ier*, Enc. Isl., p. 222-226.
(3) Cf. Gaston Wiet, *L'Égypte arabe (Histoire de la nation égyptienne)*, t. IV, 1937. p. 632-636.
(4) Cf. Yver, *'Arûj* et *Khaîr al-Dîn*, Enc. Isl., p. 477-479 et 923-925.
(5) Cf. Hammer, *Geschichte des Osmanischen Reiches*, III, I, p. 1-495 ; Kramers, *Sulaïmân II*, Enc. Isl., p. 543-548.
(6) Voir plus haut, p. 589.

finit par emporter la décision. Le roi Louis II de Hongrie périt dans la déroute. Soliman entra en vainqueur à Bude (11 septembre). La couronne de Hongrie fut alors disputée entre le prince autrichien et futur empereur Ferdinand Ier, frère de Charles-Quint, et Jean Zapolya, voïvode de Transylvanie. Soliman se prononça, bien entendu, pour Zapolya contre le Habsbourg et en 1529 il entreprit une nouvelle campagne en Hongrie pour installer son protégé. Il enleva Bude à Ferdinand (8 septembre 1529) et vint mettre le siège devant Vienne (27 septembre).

Un tel événement nous permet de mesurer le chemin parcouru. En 1453 la frontière de l'Europe était encore sur le Bosphore. Trois quarts de siècle après, elle avait reculé jusqu'au cœur de l'Autriche. Si la capitale germanique des Habsbourg succombait, le Saint-Empire était démantelé, l'Europe centrale envahie.

Vienne, pour le salut de la civilisation occidentale, résista. Le 15 octobre 1529 Soliman dut se résigner à lever le siège. Mais il ne renonçait pas encore à ses visées. En 1532 il menaça de nouveau la capitale autrichienne et saccagea la Styrie. La situation se compliquait du fait que les jeux de la politique européenne faisaient trouver aux Turcs des alliés inattendus en Occident. Le roi de France François Ier, menacé d'encerclement par la maison d'Autriche, cherchait à rétablir l'équilibre par une entente avec Soliman. Ce fut ainsi qu'en 1543 la flotte turque se joignit à la flotte française pour défendre les côtes de Provence contre les escadres de Charles-Quint (prise de Nice).

La flotte turque en question était commandée par le *beylerbey* d'Alger, le corsaire Khair ad-Dîn Barberousse, dont Soliman avait fait son *qapoudan-pacha* et qui disputait l'hégémonie navale au célèbre amiral de Charles-Quint, le Génois Andrea Doria. Charles-Quint voulut frapper l'ennemi à la tête en s'emparant d'Alger : son débarquement se termina par un désastre (23-25 octobre 1541). En dépit des efforts conjugués des Habsbourg, des Chevaliers de Malte et de la république de Venise, la Méditerranée, à cette date, était en grande partie contrôlée par les Turcs (1). En moins d'un siècle depuis la prise de Constantinople, les pâtres de la steppe anatolienne, les descendants des nomades de la steppe turco-mongole, les fils de la Haute Asie non seulement s'étaient donné une marine, mais encore dominaient par leurs escadres les eaux de l'ancienne mer latine depuis l'Égypte jusqu'à l'Oranie.

Au milieu de cette mer désormais turque, l'île de Malte constituait un bastion chrétien. Après la prise de Rhodes par les

---

(1) Manfroni, *Storia della marina italiana*, p. 345.

Turcs (1522), Charles-Quint, en 1530, avait, on l'a vu, donné Malte aux Chevaliers de l'Hôpital (1). Solidement installés dans l'île, ceux-ci « coupaient en deux la Méditerranée », gênant sérieusement les communications entre le sultan et ses nouveaux sujets, les « Barbaresques » d'Alger. « Malte, disait en ce sens Soliman le Magnifique, est pire que Rhodes (2). » En 1565 il fit, pour en finir avec les indomptables chevaliers-moines, un grand effort. Cent cinquante voiles turques cinglèrent vers Malte sous les ordres de chefs éprouvés : le qapoudan-pacha Piyâle, Mouçtafâ-pacha, Çâlih-réïs et Torghoud-réïs, « le « Dragut » des sources occidentales. Le débarquement commença le 19 mai. Le grand-maître Jean de la Valette (grand-maître de 1557 à 1568) s'attendait à l'attaque. Il avait mis la place en état de défense. Le 23 juin 1565 les janissaires s'emparèrent cependant de la forteresse avancée du fort Saint-Elme, non sans que Torghoud-reïs ait été tué en préparant l'assaut (3). Ce fut là le seul succès des Turcs. L'héroïsme de Jean de la Valette et de ses chevaliers fit échouer tous les assauts suivants. Le 6 septembre le vice-roi espagnol de Sicile, Garcia de Toledo, jeta dans l'île 5.000 hommes de renfort qui achevèrent la défaite des Turcs. Le 12 septembre ceux-ci se rembarquèrent. Le siège leur avait coûté, affirment certaines relations, jusqu'à 30.000 hommes. Les chrétiens avaient perdu 260 chevaliers et près de 8.000 soldats (4).

Sélîm II et la bataille de Lépante

Sous le sultan Sélîm II (1566-1574) les Turcs obtinrent leur dernier grand succès, — la conquête de Chypre sur les Vénitiens, — et subirent une défaite qui marqua l'arrêt définitif de l'expansion ottomane : la défaite de Lépante.

Nous avons mentionné plus haut la conquête de Chypre (5). Signalons seulement ici que, dans cette circonstance comme lors de la prise de Constantinople, le sentiment de la solidarité européenne ne joua guère. L'ambassadeur vénitien Jacopo Soranzo ne réussit pas à obtenir de l'empereur Maximilien II une diversion en Hongrie. Le roi d'Espagne Philippe II comprit mieux son devoir européen. A la demande du pape Pie V, il offrit cinquante galères sous le commandement de Gian-Andrea Doria,

---

(1) Voir plus haut, p. 589
(2) Cf. Jurien de la Gravière, *Les chevaliers de Malte et la marine de Philippe II*, t. I, p. 150.
(3) Jurien de la Gravière, *Les chevaliers de Malte*, t. II, p. 29 et sq.
(4) *Ibid.*, II, p. 260.
(5) Voir plus haut, p. 359. Pour la critique des sources de cette guerre, cf. Manfroni, *Storia della marina italiana dalla caduta di Costantinopoli alla battaglia di Lepanto*, p. 437-452 (*la guerra di Cipro e le sue fonti*).

fils de l'illustre amiral génois. Pie V fréta lui-même une petite escadre qu'il plaça sous les ordres de Marc'Antonio Colonna. Mais pendant que les navires espagnols et pontificaux attendaient dans l'inaction à Otrante et que la flotte vénitienne elle-même, sous le commandement de Gerolamo Zane, s'attardait en Crète, l'armada turque avait, depuis le début de juillet 1570, débarqué en Chypre un corps expéditionnaire considérable sous le commandement de Mouçtafâ-pacha et de Piyâle-pacha. Après quarante-huit jours de siège, Nicosie, la capitale de l'île, fut prise d'assaut le 8 septembre par Mouçtafâ. Le commandant vénitien, Nicolo Dandolo, avait péri en combattant (1). Le 22 septembre Mouçtafâ vint poser son camp devant la place maritime de Famagouste où se concentra dès lors la résistance. La flotte des alliés, — Vénitiens, Espagnols et Pontificaux, — qui arriva à ce moment dans les eaux de Chypre, aurait pu essayer de détruire la flotte ottomane. Le corps turc de débarquement, coupé de ses bases, se fût trouvé en position difficile. Tel était, dans l'état-major chrétien, l'avis de Marc'Antonio Colonna. Mais Gian-Andrea Doria, impressionné par la chute de Nicosie, fit décider la retraite. Les trois flottes, y compris, chose assez inexplicable, les navires vénitiens de Zane, repartirent donc en direction de la Crète (2).

Dans ces conditions, les défenseurs de Famagouste étaient abandonnés à eux-mêmes. L'armée assiégeante comptait 80.000 hommes appuyés par une flotte de 250 voiles. Or, le commandant de Famagouste, Marc'Antonio Bragadino, n'avait que 4.000 fantassins, 800 cavaliers, 200 Albanais, plus environ 3.000 miliciens, « tant de la bourgeoisie que des paysans d'alentour ». Là encore, comme lors de la prise de Constantinople, la supériorité de l'artillerie ottomane, avec ses 64 pièces de canon, s'affirmait écrasante. Après un blocus de dix mois et soixante-cinq jours d'attaques violentes, dont quatre assauts magnifiquement repoussés, l'armée vénitienne ne comptait plus que 1.800 fantassins sur 4.000. Bragadino, n'ayant plus ni poudre ni vivres, accepta de traiter. Mouçtafâ-pacha lui promit les honneurs de la guerre et la faculté de se rembarquer librement avec ses troupes. Ayant reçu le serment du pacha, Bragadino sortit de Famagouste (4 août 1571). A peine Mouçtafâ le tint-il en sa possession qu'il le supplicia avec des raffinements inouïs de cruauté. Il le fit battre de verges, lui fit couper le nez et les oreilles, puis l'exposa tout sanglant à l'antenne d'une galère et, pour finir, le fit écorcher vif. La peau du héros vénitien, bourrée de paille, fut envoyée à Constantinople avec les têtes de ses lieutenants, Luigi Marti-

(1) Cf. Jurien de la Gravière, *La guerre de Chypre et la bataille de Lépante*, t. I, p. 133 ; Manfroni, *Storia della marina italiana*, p. 459.
(2) Cf. Manfroni, p. 460-465.

nengo et Gian'Antonio Quirini. Un autre de ses lieutenants, Paolo Tiepolo, avait été seulement pendu (1).

Les escadres alliées, même l'escadre vénitienne, n'avaient rien fait pour sauver Famagouste. Mieux encore, elles s'étaient séparées, laissant ainsi la maîtrise de la mer à la grande flotte ottomane. L'amiral 'Alî-pacha en profita pour venir, en pleine Adriatique, attaquer le port vénitien de Cattaro. A la fin d'août 1571, les flottes de la Ligue se réunirent enfin de nouveau dans les eaux de Sicile. Elles comptaient un peu plus de 200 galères, dont 109 vénitiennes, 50 à Philippe II (Espagne, Naples et Sicile), 29 génoises, 13 au pape Pie V et 3 aux Chevaliers de Malte (2). Les navires espagnols, siciliens et napolitains étaient sous les ordres de don Juan d'Autriche, fils naturel de Charles-Quint, qui se trouvait de surcroît « capitaine général » de la Ligue. Les navires vénitiens obéissaient à Sébastiano Venier et à Agostino Barbarigo (3), les navires pontificaux à Marc'Antonio Colonna. Le plus connu des capitaines génois était Gian-Andrea Doria. Sur cette flotte étaient embarqués de 28 à 30.000 soldats, éléments indispensables à cette époque où les navires s'attaquaient à l'abordage (4).

L'escadre turque, qui croisait à l'entrée du golfe de Corinthe, était de force sensiblement égale : 208 galères et 66 galiotes portant 25.000 hommes dont 2.500 janissaires. Elle était commandée par le qapoudan-pacha 'Alî, Mohammed beg, pacha de Nègrepont, Mohammed Chaoulaq (le « Scirocco » des sources italiennes), pacha d'Alexandrie, Euldj-'Alî, beylerbey d'Alger, et Pertew-pacha, chef des troupes embarquées.

La bataille s'engagea dans le golfe de Corinthe, entre Lépante et Patras, le 7 octobre 1571. Dans l'escadre chrétienne les divers éléments nationaux avaient été amalgamés pour la commodité de la manœuvre. L'avant-garde se trouvait commandée par l'Espagnol Juan de Cardona, l'aile gauche par le Vénitien Barbarigo, le corps de bataille par don Juan d'Autriche, l'aile droite par le Génois Gian-Andrea Doria, l'arrière-garde et la réserve par l'Espagnol don Alvaro de Bazan, marquis de Santa-Cruz (5). A l'aile droite les Turcs eurent d'abord l'avantage. Barbarigo fut tué. Puis les chrétiens rétablirent le combat, et Mohammed Chaoulaq fut tué à son tour. Au centre, un duel furieux avec abordage s'engagea entre la galère de Juan d'Autriche et celle

(1) Cf. Jurien de la Gravière, *La guerre de Chypre et la bataille de Lépante*, p. 190-195 ; Manfroni, p. 485.
(2) Jurien de la Gravière, II, p. 49-51.
(3) Une violente dispute de l'amiral vénitien Sébastiano Venier avec don Juan d'Autriche amena le premier des deux interlocuteurs à laisser sa place dans le conseil de guerre au provéditeur Barbarigo. Cf. Jurien de la Gravière, II, p. 126-127.
(4) Cf. Manfroni, *Storia della marina italiana*, p. 478-480.
(5) Cf. Jurien de la Gravière, II, p. 52-59.

du qapoudan-pacha 'Alî : Juan conquit le navire amiral turc, 'Alî fut tué ou noyé. Le combat se termina donc au centre par une victoire chrétienne fort nette. A gauche, au contraire, Gian Andrea Doria commit la faute de trop étirer sa ligne. Le pacha d'Alger, Euldj-'Alî, en profita pour foncer dans les intervalles et accabler les galères de Cardona et celles des Chevaliers de Malte, puis, devant la défaite des autres amiraux turcs, il prit à son tour la fuite (1). La bataille avait coûté aux chrétiens 12 galères et 7.500 hommes dont 17 capitaines vénitiens et 60 Chevaliers de Malte ; aux Turcs, 15 galères brûlées ou coulées, 177 galères prises et, affirmait-on, de 20.000 à 30.000 morts, chiffre certainement trop élevé puisqu'il correspond à la totalité des soldats ottomans se trouvant à bord.

Les vainqueurs de Lépante, à leur retour en Italie et en Espagne, furent accueillis comme des sauveurs. A Rome Marc'Antonio Colonna monta en triomphe au Capitole, et le pape Pie V appliqua à don Juan d'Autriche les paroles de l'Évangile : « *Fuit homo missus a Deo cui nomen erat Johannes.* » Quant à Venise où le doge alla immédiatement à Saint-Marc entendre un *Te Deum* d'actions de grâces, la joie y fut plus grande encore : la République, hier encore menacée jusque dans ses lagunes, était délivrée d'un véritable cauchemar.

La victoire de Lépante ne valut cependant pas aux chrétiens d'avantages territoriaux. En juin 1572 Venise se résigna à signer avec la Porte une paix qui consacrait la perte de Chypre. La journée de Lépante n'en marque pas moins une date capitale dans l'histoire de la question d'Orient. Elle avait arrêté la poussée turque en Méditerranée comme l'échec de Soliman devant Vienne l'avait, soixante-deux ans plus tôt, arrêtée en Europe centrale. La marée ottomane pendant quelque temps va rester étale, puis elle refluera lentement, mais il faudra trois siècles encore avant que les Balkans fassent retour aux peuples balkaniques.

(1) On trouvera la « critique militaire » de la bataille de Lépante dans Jurien de la Gravière, II, p. 162-205, et chez Manfroni, p. 490-501.

TABLE DES CARTES

1. L'Anatolie Orientale à l'époque byzantine........ 88–89
2. La région arméno-géorgienne à l'époque byzantine. 104–105
3. Le comté d'Edesse à son maximum d'extension.. 200–201
4. Le royaume de Jérusalem. Descente vers la mer Rouge................................... 207
5. Judée et Samarie à l'époque franque 216–217
6. La Galilée à l'époque franque................. 232–233
7. Principauté d'Antioche 248–249
8. L'Orient latin à son maximum d'extension...... 264–265
9. Reconquêtes franques en Syrie entre 1225 et 1244. 271
10. Le comté de Tripoli........................ 275
11. Chypre sous les Lusignan.................... 344–345
12. L'Arménie cilicienne........................ 392–393
13. L'Empire latin 440–441
14. La Morée franque vers 1250.................. 472–473
15. Seigneurie d'Athènes et Duché de Naxos vers 1250. 488–489
16. La Grèce vers 1280 520–521
17. La Grèce vers 1388 536–537
18. Les Iles grecques au commencement du xve siècle. 552–553
19. La Crimée à l'époque génoise 578
20. L'Asie Occidentale et l'Europe Orientale vers 1240-1260 597
21. L'Asie Mineure au moyen âge 600–601

*Cet ouvrage reproduit par procédé photomécanique
a été achevé d'imprimer sur presse Cameron
par* **Bussière Camedan Imprimeries**
à Saint-Amand-Montrond (Cher), en mars 2000

ISBN : 2-228-88506-1
Dépôt légal : mars 2000.
N° d'imprimeur : 001467/1.
Imprimé en France